# GUIDA ALLA CONSULTAZIONE

**beweglich** *agg.* 1 mobile 2 (*di persona*) agile, dinamico.

**Bindung** *die* [-,-*en*] 1 legame (*anche fig.*) 2 (*mus.*) legatura 3 (*di sci*) attacchi.

**bitte** *avv.* prego, per favore, per cortesia: *würden Sie mir — helfen?*, per favore, potrebbe aiutarmi?; *hören Sie — zu!*, la prego di ascoltarmi! ● — *sehr* (o — *schön*), prego | *wie* —*?*, come (dice)?

**Blase** *die* [-,-*n*] 1 bolla 2 (*anat., med.*) vescica.

**Buckel** *der* [-*s*,-] 1 gobba 2 (*fam.*) schiena, dorso.

**Geldbörse** *die* [-,-*n*] (*austr.*) portamonete.

**Kantine** *die* [-,-*n*] mensa.

**FALSCHER FREUND**
Da non confondere con l'italiano 'cantina', che si traduce *Keller*.

- glosse esplicative per i diversi significati del lemma
- esempi
- il simbolo ● introduce la sezione di **fraseologia**
- indicatori di settore, di registro, di origine
- segnalazione dei **falsi amici**
- indicazione dei **verbi separabili** anche nella sezione italiano-tedesco

(*zu*), mit·helfen (bei) 2 (*cooperare*) (*a*) mit·wirken (an).

# GARZANTI
I DIZIONARI MINI

## Tedesco

GARZANTI
LINGUISTICA

**IL DIZIONARIO MINI GARZANTI DI TEDESCO**

*Coordinamento redazionale e supervisione lessicografica*: Paola Di Cataldo

*Redazione*: Carla Gavi
*con la collaborazione di*: Marialuisa Antonini, Daria Cavallini, Anna Fino, Camilla Turelli

*Consulente madrelingua*: Sabine Kürner

*Note culturali a cura di*: Luigina Sale

*Copertina*: Ugo Nespolo

Garzanti Linguistica
www.garzantilinguistica.it

© De Agostini Scuola S.p.A. - Garzanti Linguistica, 2008

Chiusura redazionale: febbraio 2008
Finito di stampare nel febbraio 2014 da L.E.G.O. - Stabilimento di Lavis (TN)

Questo dizionario riporta anche parole che sono o si ritiene siano marchi registrati senza che ciò implichi una valutazione del loro reale stato giuridico. Nei casi accertati dalle ricerche redazionali, accanto al lemma appare il simbolo ®.

| *Ristampe* | 6 | 7 |
|---|---|---|
| | 2014 | 2015 |

Il Sistema di Gestione per la Qualità di De Agostini Scuola S.p.A.
è certificato per l'attività di "Progettazione, realizzazione
e distribuzione di prodotti di editoria scolastica"

# ABBREVIAZIONI - *ABKÜRZUNGEN*

| | | |
|---|---|---|
| *abbigl.* | abbigliamento | *Bekleidung* |
| *abbr.* | abbreviazione | *Abkürzung* |
| *Acc* | accusativo | *Akkusativ* |
| *aer.* | aeronautica | *Luftfahrt* |
| *agg.* | aggettivo | *Adjektiv* |
| *agr.* | agricoltura | *Landwirtschaft* |
| *amm.* | amministrazione | *Verwaltung* |
| *anat.* | anatomia | *Anatomie* |
| *arch.* | architettura | *Architektur* |
| *art.* | articolo | *Artikel* |
| *astr.* | astronomia, astrologia | *Astronomie, Astrologie* |
| *attr.* | attributivo | *attributiv* |
| *aus.* | ausiliare | *Hilfsverb* |
| *austr.* | austriaco | *österreichisch* |
| *aut.* | automobile | *Auto* |
| *avv.* | avverbio | *Adverb* |
| *biol.* | biologia | *Biologie* |
| *bot.* | botanica | *Botanik* |
| *card.* | cardinale | *Grundzahl* |
| *catt.* | cattolico | *katholisch* |
| *chim.* | chimica | *Chemie* |
| *cinem.* | cinematografia | *Film* |
| *comm.* | commercio | *Handel* |
| *compar.* | comparativo | *Komparativ* |
| *compl.* | complemento | *Objekt* |
| *cond.* | condizionale | *Konditional* |
| *cong.* | congiunzione | *Konjunktion* |
| *Dat* | dativo | *Dativ* |
| *deriv.* | derivati | *Ableitung* |
| *det.* | determinativo | *bestimmt* |
| *dimostr.* | dimostrativo | *demonstrativ* |
| *dir.* | diritto | *Rechtswesen* |
| *ecc.* | eccetera | *usw.* |
| *econ.* | economia | *Wirtschaft* |
| *edil.* | edilizia | *Bauwesen* |
| *edit.* | editoria | *Buchwesen* |
| *elettr.* | elettricità, elettronica | *Elektrizität, Elektronik* |
| *escl.* | esclamativo | *ausrufend* |
| *estens.* | estensivo | *bedeutungserweiternd* |
| *etw* | | *etwas* |
| *f.* | femminile | *weiblich, Femininum* |

# Abbreviazioni - *Abkürzungen*

| | | |
|---|---|---|
| *fam.* | familiare | *familiär, umgangssprachlich* |
| *farm.* | farmacia | *Pharmazie* |
| *ferr.* | ferrovie | *Eisenbahnwesen* |
| *fig.* | figurato | *übertragen* |
| *fin.* | finanza | *Finanzwesen* |
| *fis.* | fisica | *Physik* |
| *fot.* | fotografia | *Fotografie* |
| *fut.* | futuro | *Futur* |
| *gastr.* | gastronomia | *Gastronomie* |
| *Gen* | genitivo | *Genitiv* |
| *geogr.* | geografia | *Geografie* |
| *geol.* | geologia | *Geologie* |
| *geom.* | geometria | *Geometrie* |
| *gerg.* | gergale | *Jargon* |
| *gramm.* | grammatica | *Grammatik* |
| *impers.* | impersonale | *unpersönlich* |
| *indef.* | indefinito | *indefinit* |
| *indet.* | indeterminativo | *unbestimmt* |
| *inf.* | infinito | *Infinitiv* |
| *inform.* | informatica | *Informatik* |
| *inter.* | interiezione | *Interjektion* |
| *interr.* | interrogativo | *interrogativ* |
| *intr.* | intransitivo | *intransitiv* |
| *invar.* | invariabile | *unveränderlich* |
| *iron.* | ironico | *ironisch* |
| *jdm* | | *jemandem* |
| *jdn* | | *jemanden* |
| *jds* | | *jemandes* |
| *letter.* | letteratura | *Literaturwissenschaft* |
| *ling.* | linguistica | *Linguistik* |
| *m.* | maschile | *männlich, Maskulinum* |
| *mar.* | marina | *Schifffahrt* |
| *mat.* | matematica | *Mathematik* |
| *mecc.* | meccanica | *Mechanik* |
| *med.* | medicina | *Medizin* |
| *metall.* | metallurgia | *Metallurgie* |
| *meteor.* | meteorologia | *Meteorologie* |
| *mil.* | militare | *Militär* |
| *mit.* | mitologia | *Mythologie* |
| *mus.* | musica | *Musik* |
| *n.* | neutro | *Neutrum* |
| *n.pr.* | nome proprio | *Eigenname* |
| *num.* | numerale | *Zahlwort* |
| *ogg.* | oggetto | *Objekt, Akkusativ* |
| *ord.* | ordinale | *Ordinalzahl* |
| *part.pass.* | participio passato | *Partizip Perfekt* |
| *pers.* | personale, persona | *persönlich, Person* |
| *pitt.* | pittura | *Malerei* |
| *pl.* | plurale | *Plural* |

## Abbreviazioni - *Abkürzungen*

| | | |
|---|---|---|
| *pol.* | politica | *Politik* |
| *pop.* | popolare | *salopp* |
| *poss.* | possessivo | *possessiv* |
| *pred.* | predicativo | *prädikativ* |
| *prep.* | preposizione | *Präposition* |
| *pron.* | pronome, pronominale | *Pronomen, pronominal* |
| *prot.* | protestante | *evangelisch* |
| *prov.* | proverbio | *Sprichwort* |
| *psic.* | psicologia | *Psychologie* |
| *qlco* | qualcosa | |
| *qlcu* | qualcuno | |
| *region.* | regionale | *regional* |
| *rel.* | relativo | *relativ* |
| *relig.* | religione | *Religion* |
| *rif.* | riferito | *bezüglich* |
| *s.* | sostantivo | *Substantiv* |
| *scherz.* | scherzoso | *scherzhaft* |
| *scient.* | scientifico | *wissenschaftlich* |
| *scol.* | scuola | *Schulwesen* |
| *sing.* | singolare | *Singular* |
| *sogg.* | soggetto | *Subjekt* |
| *sost.* | sostantivo | *Substantiv* |
| *spec.* | specialmente | *besonders* |
| *spreg.* | spregiativo | *abwertend* |
| *st.* | storia | *Geschichte* |
| *superl.* | superlativo | *Superlativ* |
| *svizz.* | svizzero | *schweizerisch* |
| *teatr.* | teatro | *Theater* |
| *tecn.* | tecnica | *Technik* |
| *tel.* | telecomunicazioni | *Telekommunikation* |
| *teol.* | teologia | *Theologie* |
| *tess.* | tessile | *Textilindustrie* |
| *tip.* | tipografia | *Druckwesen* |
| *tr.* | transitivo | *transitiv* |
| *tv* | televisione | *Fernsehen* |
| *v.* | verbo | *Verb* |
| *vet.* | veterinaria | *Tiermedizin* |
| *volg.* | volgare | *vulgär* |
| *zool.* | zoologia | *Zoologie* |

# LA PRONUNCIA TEDESCA

| Lettera o combinazione di lettere | Pronuncia | Esempi in tedesco |
|---|---|---|
| a | Si pronuncia come la 'a' di 'casa', ma può essere breve o lunga. | *die Tasse* (la tazza) *haben* (avere) |
| ä | 'E' aperta, come in 'caffè'. | *die Wäsche* (la biancheria) |
| äu | Si pronuncia come 'oi' dell'italiano 'poi'. | *die Häuser* (le case) |
| b | Come in italiano. In finale di parola si pronuncia però come una 'p'. | *die Brücke* (il ponte) *gelb* (giallo) |
| c | Si pronuncia 'z', come in 'alzarsi', se seguita da 'e' oppure 'i'; in tutti gli altri casi si pronuncia come la doppia 'c' di 'pacco'. | *circa* (circa) *das Café* (il caffè, il bar) |
| ch | Presenta due varianti sonore senza corrispondenza in italiano. La prima (dopo *e, eu, i, ü, ä, äu, ö*) è simile al suono italiano 'sc' di 'scena' ma pronunciato portando la lingua verso il palato. La seconda (dopo *a, o, u*) assomiglia alla 'j' dello spagnolo e alla 'c' aspirata della parlata toscana. | *sprechen* (parlare) *ich* (io) *die Bücher* (i libri) *das Gespräch* (il dialogo) *der Bach* (il torrente) *das Buch* (il libro) *hoch* (alto) |
| chs | Si pronuncia 'ks'. | *sechs* (sei) |
| ck | Si pronuncia come la doppia 'c' di 'pacco'. | *die Ecke* (l'angolo) |
| d | Come in italiano, in finale di parola si pronuncia però come una 't'. | *das Dach* (il tetto) *das Bad* (il bagno) |
| e | In genere si pronuncia come in italiano, in finale di parola è però quasi muta (come in francese). | *essen* (mangiare) *die Tasse* (la tazza) |
| ei | Si pronuncia 'ai', come in 'mai'. | *drei* (tre) |
| eu | Si pronuncia come 'oi' di 'poi'. Suono identico a '*äu*'. | *teuer* (caro) *die Freundin* (l'amica) |
| f | Come in italiano. | *falsch* (sbagliato) |

# Abbreviazioni - *Abkürzungen*

| Lettera o combinazione di lettere | Pronuncia | Esempi in tedesco |
|---|---|---|
| g | Si pronuncia come la 'g' di 'gara'. | *gehen* (andare a piedi) |
| h | All'inizio di parola si aspira; se invece segue una vocale, ne determina l'allungamento. | *haben* (avere) *ohne* (senza) |
| i | Si pronuncia breve. | *mit* (con) |
| ie | Si pronuncia come una 'i' italiana lunga. | *Sie* (Lei, Loro) |
| -ig | Si pronuncia come la prima delle due versioni di 'ch' (vedi *sprechen, ich*). | *vierzig* (quaranta) |
| j | Si pronuncia come la 'i' di 'aiuto'. | *ja* (sì) |
| k | Si pronuncia come la 'c' di 'casa'. | *kommen* (arrivare, venire) |
| l | Come in italiano. | *lang* (lungo) |
| m | Come in italiano. | *Mama* (mamma) |
| n | Come in italiano. | *nein* (no) |
| o | Come in italiano. | *oft* (spesso) |
| ö | Si pronuncia come la 'eu' francese di 'bleu'. | *hören* (ascoltare) |
| p | Come in italiano. | *der Papst* (il Papa) |
| ph | Si pronuncia come la 'f' di 'filosofia'. | *die Philosophie* (la filosofia) |
| q | Sempre seguita da 'u' e da un'altra vocale, si pronuncia 'kv'. | *quasi* (per così dire) |
| r | Si pronuncia come la 'r' francese o la 'erre moscia' italiana. | *das Radio* (la radio) |
| s | All'inizio di parola, seguita da vocale e tra vocali, si pronuncia come la 's' di 'rosa'. In finale di parola e davanti a consonante si pronuncia come la 's' di 'sole'. | *sehen* (vedere) *die Rose* (la rosa) *der Rest* (il resto) *das Haus* (la casa) |
| sp | All'inizio di parola e di sillaba, la 's' seguita da 'p', si pronuncia come la 'sc' di 'scena'; in tutti gli altri casi come nell'italiano 'sparire'. | *der Sport* (lo sport) *die Wespe* (la vespa) |

## Abbreviazioni - *Abkürzungen*

| Lettera o combinazione di lettere | Pronuncia | Esempi in tedesco |
|---|---|---|
| sch | Come la 'sc' di 'scena'. | *schön* (bello) *die Kirsche* (la ciliegia) |
| ß, ss | Come la doppia 's' di 'asso'. '*ß*' indica che la vocale che la precede è lunga; '*ss*', invece, che è breve. | *die Straße* (la strada) *der Fluss* (il fiume) |
| st | All'inizio di parola e e di sillaba, la 's' seguita da 't' si pronuncia come la 'sc' di 'scena'; in tutti gli altri casi come in 'asta'. | *die Straße* (la strada) *das Fest* (la festa) |
| t | Come in italiano. Davanti a '*-ion*' e '*-ien*' si pronuncia come la 'z' di 'azione'. | *der Tee* (il tè) *der Patient* (il paziente) |
| tsch | Come la 'c' di 'ciao'. | *deutsch* (tedesco) |
| u | Come in italiano. | *das Ufer* (la riva) |
| ü | Si pronuncia come la 'u' francese di 'lumière'. | *die Bücher* (i libri) |
| v | Si pronuncia come la 'f', tranne rare eccezioni (parole di origine latina) in cui si pronuncia come la 'v' italiana. | *viel* (molto) *der Vater* (il padre) ma *das Verb* (il verbo) |
| w | Come la 'v' italiana. | *der Wein* (il vino) |
| x | Come in italiano. | *das Taxi* (il taxi) |
| y | Suono identico a quello della '*ü*'. | *der Typ* (il tipo, l'individuo) |
| z | Come la 'z' di 'azione'. | *zehn* (dieci) |

# Tedesco • Italiano
*Deutsch • Italienisch*

# Aa

**A** *das* [-,-(s)] (*mus.*) la.
**Aal** *der* [-e(s),-e] anguilla.
**ab** *prep.* (+ *Dat*) **1** (*luogo*) da (in avanti), (con inizio) da: — *Düsseldorf fliegen*, partire in aereo da Düsseldorf **2** (*tempo*) da, a partire da **3** (*successione*) da..., in su ♦ *avv.* via, lontano ● — *sein*, essere isolato, essere lontano | — *und zu*, ogni tanto.
**ab·ändern** *v.tr.* modificare.
**Abänderung** *die* [-,-en] modifica, cambiamento.
**ab·arbeiten** *v.tr.* estinguere (un debito) lavorando ♦ **sich abarbeiten** *v.pron.* (*fam.*) sgobbare.
**Abbau** *der* [-(e)s,-e] **1** estrazione **2** demolizione; smontaggio **3** (*chim.*) decomposizione.
**ab·bauen** *v.tr.* **1** estrarre **2** smontare **3** (*chim.*) decomporre.
**ab·bekommen** (→ *bekommen*) *v.tr.* **1** ricevere **2** prendere **3** riuscire a togliere.
**ab·berufen** (→ *rufen*) *v.tr.* richiamare, rimuovere.
**Abberufung** *die* [-,-en] richiamo.
**ab·bestellen** *v.tr.* disdire.
**Abbestellung** *die* [-,-en] (*spec. di ordine*) annullamento.
**ab·biegen** (→ *biegen*) *v.intr.* [*sein*] deviare; svoltare.
**Abbild** *das* [-(e)s,-er] **1** copia, riproduzione **2** immagine; ritratto.
**ab·bilden** *v.tr.* rappresentare.
**Abbildung** *die* [-,-en] illustrazione, figura.
**ab·blenden** *v.intr.* [*haben*] abbassare i fari.
**ab·brechen** (→ *brechen*) *v.tr.* spezzare, rompere ♦ *v.intr.* [*sein*] smettere, interrompersi.
**ab·bremsen** *v.tr.* e *intr.* [*haben*] frenare (*anche fig.*).
**ab·brennen** (→ *brennen*) *v.tr.* bruciare, dar fuoco a ♦ *v.intr.* [*sein*] bruciare (*anche fig.*).
**ab·bringen** (→ *bringen*) *v.tr.* sviare, deviare ● *jdn davon —, etw zu tun*, dissuadere qlcu dal fare qlco.
**Abbruch** *der* [-(e)s, -brüche] **1** demolizione **2** interruzione, rottura.
**Abc** *das* [-,-] abbicì, alfabeto.
**ab·danken** *v.intr.* [*haben*] abdicare; dimettersi.
**Abdankung** *die* [-,-en] abdicazione; (*estens.*) dimissioni.
**ab·decken** *v.tr.* **1** scoprire **2** scoperchiare (edifici) **3** sparecchiare (tavola) **4** estinguere (debiti).
**ab·dichten** *v.tr.* sigillare; turare.
**ab·drehen** *v.tr.* **1** spegnere (luce); chiudere (acqua, gas ecc.) **2** staccare ♦ *v.intr.* [*sein* o *haben*] virare, cambiare rotta.
**Abdruck**[1] *der* [-(e)s,-e] (*tip.*) stampa, pubblicazione.
**Abdruck**[2] *der* [-s,-drücke] **1** impronta **2** copia.
**ab·drucken** *v.tr.* stampare.
**Abend** *der* [-s,-e] sera, serata ● *am —*, di sera, la sera | *eines Abends*, una sera | *guten —!*, buona sera! | *heute, morgen*

# Abendbrot / Abgott

—, questa sera, domani sera | *Montagabend*, lunedì sera | *zu — essen*, cenare.
**Abendbrot** *das* [-(e)s,-e] cena.

NOTA L'*Abendbrot* è una cena fredda a base di pane, *Wurst* e formaggio, consumata solitamente verso le sette di sera.

**Abenddämmerung** *die* [-] crepuscolo.
**Abendessen** *das* [-s,-] cena.
**Abendland** *das* [-(e)s] (l')occidente.
**abendlich** *agg.* serale, della sera.
**Abendmahl** *das* [-(e)s,-mähler o -e] (*relig.prot.*) Comunione ● (*arte*) *das Letzte* —, Ultima Cena, Cenacolo.
**abends** *avv.* la sera, di sera.
**Abenteuer** *das* [-s,-] avventura.
**abenteuerlich** *agg.* **1** avventuroso **2** strano, bizzarro.
**aber** *cong.* **1** ma, però, invece **2** (*limitativo*) ma, tuttavia ♦ *das ist — schrecklich!*, ma è terribile!
**Aberglaube** *der* [-ns] superstizione.
**abergläubisch** *agg.* superstizioso.
**abermals** *avv.* un'altra volta, di nuovo, da capo.
**ab·fahren** (→ *fahren*) *v.intr.* [*sein*] partire ♦ *v.tr.* **1** portare (via) **2** consumare.
**Abfahrt** *die* [-,-en] **1** partenza **2** (*sport*) discesa **3** (*di autostrada*) uscita.
**Abfall** *der* [-(e)s,-fälle] **1** caduta **2** (*fig.*) diminuzione, calo **3** rifiuti.
**Abfallbeseitigung** *die* [-] smaltimento dei rifiuti.
**Abfalleimer** *der* [-s,-] pattumiera.
**ab·fallen** (→ *fallen*) *v.intr.* [*sein*] **1** cadere, staccarsi **2** diminuire, scendere.
**abfällig** *agg.* negativo, sprezzante ♦ *avv.* con disprezzo.
**ab·fangen** (→ *fangen*) *v.tr.* **1** afferrare **2** captare, intercettare **3** attutire; parare (colpi).
**ab·färben** *v.intr.* [*haben*] (*di stoffa*) stingere.
**ab·fassen** *v.tr.* redigere.
**ab·fertigen** *v.tr.* **1** spedire, mandare **2** (*fam.*) liquidare.
**Abfertigung** *die* [-,-en] **1** spedizione **2** controllo (di polizia, doganale).
**ab·finden** (→ *finden*) *v.tr.* (*mit*) ricompensare (con) ♦ *sich abfinden v.pron.* (*mit*) rassegnarsi (con).
**Abfindung** *die* [-,-en] indennizzo, liquidazione.
**ab·fliegen** (→ *fliegen*) *v.intr.* [*sein*] **1** partire con l'aereo **2** (*di aereo*) decollare; (*di uccelli*) spiccare il volo ♦ *v.tr.* sorvolare.
**ab·fließen** (→ *fließen*) *v.intr.* [*sein*] defluire.
**Abflug** *der* [-(e)s,-flüge] partenza (in aereo).
**Abfluss** *der* [-flusses,-flüsse] deflusso, scolo.
**Abfuhr** *die* [-,-en] **1** rimozione **2** (*fam.*) rifiuto.
**ab·führen** *v.tr.* **1** condurre via **2** versare (una somma) ♦ *v.intr.* [*haben*] (*med.*) essere lassativo.
**Abführmittel** *das* [-s,-] lassativo.
**ab·füllen** *v.tr.* **1** imbottigliare **2** travasare.
**Abgabe** *die* [-,-n] **1** consegna **2** vendita **3** (*fin.*) imposta, tassa.
**abgabenfrei** *agg.* esente da tasse.
**Abgang** *der* [-(e)s,-gänge] **1** partenza **2** ritiro (da un'attività).
**Abgas** *das* [-es,-e] (*aut.*) gas di scarico.
**ab·geben** (→ *geben*) *v.tr.* **1** consegnare **2** depositare (bagagli ecc.) **3** dare, cedere ♦ *sich abgeben v.pron.* (*mit*) occuparsi (di), dedicarsi (a): *sich mit jdm —*, frequentare qlcu.
**ab·gehen** (→ *gehen*) *v.intr.* [*sein*] **1** andarsene, partire **2** ritirarsi **3** (*di strada*) deviare ♦ *v.tr.* ispezionare.
**abgelegen** *agg.* appartato; sperduto.
**abgemacht** *agg.* concordato ● *—!*, d'accordo!, intesi!
**abgeneigt** *agg.* non favorevole; contrario.
**Abgeordnete** *der* e *die* [-n,-n] (*pol.*) deputato (*m.*; *f.* -a).
**Abgeschiedenheit** *die* [-] solitudine; isolamento.
**abgespannt** *agg.* spossato, esausto.
**ab·gewöhnen** *v.tr.*: *jdm etw —*, far perdere a qlcu l'abitudine di qlco.
**Abgott** *der* [-es,-götter] idolo (*anche fig.*).

**ab·grenzen** *v.tr.* delimitare.
**Abgrund** *der* [-(e)s,-gründe] abisso, precipizio (*anche fig.*).
**abgründig** *agg.* impenetrabile, indecifrabile.
**ab·halten** (→ *halten*) *v.tr.* **1** tenere lontano **2** tenere (lezioni ecc.) ♦ **jdn davon — etw zu tun**, impedire a qlcu di fare qlco.
**abhanden** *avv.* ● **— kommen**, andare smarrito.
**Abhandlung** *die* [-,-en] trattato, saggio.
**Abhang** *der* [-(e)s,-hänge] pendio, versante.
**ab·hängen** (→ *hängen¹*) *v.intr.* [haben] **(von)** dipendere (da): **es hängt von dir ab**, dipende da te ● **das hängt davon ab, ob...**, dipende se...
**abhängig** *agg.* **(von)** dipendente (da).
**Abhängigkeit** *die* [-] dipendenza.
**ab·hauen** (→ *hauen*) *v.intr.* (fam.) svignarsela.
**ab·heben** (→ *heben*) *v.tr.* **1** levare, togliere **2** prelevare ♦ *v.intr.* (aer.) decollare ♦ **sich abheben** *v.pron.* **(von** o **gegen)** distinguersi (fra), risaltare (su).
**ab·helfen** (→ *helfen*) *v.intr.* [haben] (+ Dat) rimediare, porre rimedio (a).
**Abhilfe** *die* [-] rimedio.
**ab·holen** *v.tr.* andare a prendere, ritirare.
**ab·hören** *v.tr.* **1** interrogare **2** intercettare (telefonate).
**Abitur** *das* [-s,-e] (esame di) maturità, licenza liceale.
**Abiturient** *der* [-en,-en; die *-in*] maturando (*m.*; *f.* -a).
**ab·kaufen** *v.tr.* comperare ● (fam.) **das wird dir niemand —**, nessuno ti crederà.
**ab·kehren, sich** *v.pron.* **(von)** voltare le spalle (a).
**ab·kochen** *v.tr.* (med.) sterilizzare.
**ab·kommen** (→ *kommen*) *v.intr.* [sein] **(von)** allontanarsi (da) ● **vom Thema —**, divagare.
**Abkommen** *das* [-s,-] accordo; patto.
**abkömmlich** *agg.* disponibile.
**ab·kratzen** *v.tr.* raschiare via ♦ *v.intr.* [sein] (pop.) crepare.

**ab·kühlen** *v.tr.* raffreddare (*anche fig.*) ♦ *v.refl.* [sein o haben] raffreddarsi.
**Abkühlung** *die* [-,-en] raffreddamento.
**ab·kürzen** *v.tr.* accorciare, abbreviare.
**Abkürzung** *die* [-,-en] **1** scorciatoia **2** abbreviazione.
**ab·laden** (→ *laden*) *v.tr.* scaricare (*anche fig.*).
**Ablage** *die* [-,-n] deposito; magazzino.
**ab·lagern** *v.tr.* depositare ♦ *v.intr.* [haben] **1** depositarsi **2** stagionare.
**ab·lassen** (→ *lassen*) *v.tr.* scaricare; far defluire ♦ *v.intr.* [haben] **(von)** desistere (da).
**Ablauf** *der* [-(e)s,-läufe] **1** scarico, scolo **2** corso; svolgimento **3** scadenza.
**ab·laufen** (→ *laufen*) *v.intr.* [sein] **1** (di acqua) defluire; (di tempo) scorrere **2** (amm.) scadere **3** (fig.) andare a finire **4** svolgersi.
**ab·legen** *v.tr.* **1** togliersi (abiti) **2** deporre, posare.
**ab·lehnen** *v.tr.* rifiutare, negare.
**ab·leiten** *v.tr.* **1** deviare **2 (aus** o **von)** dedurre (da), trarre (da).
**Ableitung** *die* [-,-en] **1** deviazione **2** derivazione (*anche fig.*).
**ab·lenken** *v.tr.* **1** deviare (*anche fig.*) **2** distrarre.
**ab·lesen** (→ *lesen*) *v.tr.* **1** leggere **2** (tecn.) rilevare.
**ab·liefern** *v.tr.* consegnare.
**Ablieferung** *die* [-,-en] consegna, recapito.
**ab·lösen** *v.tr.* **1** staccare **2** subentrare a; dare il cambio a **3** saldare (debito).
**ab·machen** *v.tr.* **1** togliere, staccare **2** concordare.
**Abmachung** *die* [-,-en] accordo.
**ab·magern** *v.intr.* [sein] dimagrire.
**Abmagerungskur** *die* [-,-en] cura dimagrante.
**ab·melden** *v.tr.* disdire ♦ **sich abmelden** *v.pron.* **1** (amm.) notificare il proprio cambio di residenza **2 (von)** ritirarsi (da).
**ab·messen** (→ *messen*) *v.tr.* misurare, valutare (*anche fig.*).
**Abmessung** *die* [-,-en] misurazione, valutazione (*anche fig.*).

**ab·montieren** *v.tr.* smontare.
**Abnahme** *die* [-,-n] **1** asportazione **2** diminuzione, calo **3** collaudo, verifica.
**ab·nehmen** (→ *nehmen*) *v.tr.* **1** togliere, levare; asportare **2** prendere; ritirare ◆ *v.intr.* [*haben*] **1** diminuire, calare **2** dimagrire.
**Abneigung** *die* [-,-en] (*gegen*) antipatia (verso), avversione (verso).
**ab·nutzen, ab·nützen** *v.tr.* consumare, logorare ◆ **sich abnutzen** *v.pron.* usurarsi, logorarsi.
**Abnutzung** *die* [-] usura, consumo.
**Abonnement** *das* [-s,-s] abbonamento.
**Abonnent** *der* [-en,-en; die -*in*] abbonato (*m.; f.* -a).
**abonnieren** *v.tr.* abbonarsi a.
**Abort**[1] *der* [-(e)s,-e] gabinetto, latrina.
**Abort**[2] *der* [-(e)s,-e] (*med.*) aborto.
**ab·prallen** *v.intr.* [*sein*] rimbalzare.
**ab·putzen** *v.tr.* **1** pulire **2** intonacare.
**ab·raten** (→ *raten*) *v.intr.* [*haben*] (+ *Dat*) sconsigliare.
**ab·räumen** *v.tr.* sbarazzare, sgombrare ● **den Tisch —**, sparecchiare.
**ab·rechnen** *v.intr.* detrarre ◆ *v.intr.* [*haben*] regolare i conti ● **mit jdm —**, fare i conti con qlcu.
**Abrechnung** *die* [-,-en] **1** detrazione **2** regolamento (di conti).
**ab·reiben** (→ *reiben*) *v.tr.* **1** sfregare, strofinare **2** grattugiare.
**Abreise** *die* [-,-n] partenza.
**ab·reisen** *v.intr.* [*sein*] (*nach*) partire (per).
**ab·reißen** (→ *reißen*) *v.tr.* **1** staccare, strappare **2** demolire, smantellare.
**ab·riegeln** *v.tr.* **1** chiudere col chiavistello **2** sbarrare.
**Abriss** *der* [-sses,-sse] **1** demolizione **2** schizzo, bozzetto.
**Abruf** *der* [-s,-e] richiamo, revoca.
**ab·rufen** (→ *rufen*) *v.tr.* richiamare.
**Abrüstung** *die* [-,-en] disarmo.
**ABS** *das* [-,-] (*Antiblockiersystem*) ABS, sistema antibloccaggio.
**Abs.** *abbr.* (*Absender*) mittente.
**Absage** *die* [-,-en] **1** risposta negativa, rifiuto **2** (*comm.*) annullamento.
**ab·sagen** *v.tr.* disdire, revocare ◆ *v.intr.* [*haben*] rinunciare (a partecipare).
**Absatz** *der* [-es,-sätze] **1** capoverso, paragrafo **2** tacco **3** (*comm.*) smercio, vendita.
**ab·schaffen** *v.tr.* **1** eliminare **2** abolire, abrogare.
**Abschaffung** *die* [-,-en] **1** eliminazione **2** abrogazione.
**ab·schalten** *v.tr.* disinserire, staccare; spegnere.
**ab·schätzen** *v.tr.* valutare, stimare.
**Abschaum** *der* [-(e)s] schiuma.
**Abscheu** *der* [-(e)s] avversione, ripugnanza.
**abscheulich** *agg.* disgustoso, ripugnante.
**ab·schicken** *v.tr.* spedire; inviare.
**ab·schieben** (→ *schieben*) *v.tr.* **1** scostare, spingere via **2** (*dir.*) espellere.
**Abschied** *der* [-(e)s] congedo, addio.
**ab·schießen** (→ *schießen*) *v.tr.* **1** sparare **2** lanciare **3** (*mil.*) abbattere, colpire.
**ab·schirmen** *v.tr.* proteggere, riparare.
**ab·schleppen** *v.tr.* rimorchiare, trainare.
**ab·schließen** (→ *schließen*) *v.tr.* **1** chiudere a chiave **2** portare a termine **3** stipulare, concordare ◆ *v.intr.* [*haben*] terminare, concludersi.
**Abschluss** *der* [-schlusses,-schlüsse] conclusione, fine ● **zum —**, alla fine, infine.
**ab·schminken** *v.tr.* struccare ◆ **sich abschminken** *v.pron.* struccarsi.
**ab·schneiden** (→ *schneiden*) *v.tr.* tagliare; recidere ◆ *v.intr.* [*haben*] prendere una scorciatoia ● **bei etw gut, schlecht —**, cavarsela bene, male in qlco.
**Abschnitt** *der* [-(e)s,-e] **1** ritaglio; sezione **2** capitolo; paragrafo.
**ab·schrecken** *v.tr.* intimidire, impaurire.
**Abschreckung** *die* [-,-en] deterrente.
**ab·schreiben** (→ *schreiben*) *v.tr.* [*haben*] (*scol.*) (ri)copiare; trascrivere.
**Abschrift** *die* [-,-en] copia.

**Abschürfung** *die* [-,-*en*] escoriazione.
**ab·schwächen** *v.tr.* indebolire, attenuare (*anche fig.*) ♦ **sich abschwächen** *v.pron.* diminuire; affievolirsi.
**ab·sehen** (→ *sehen*) *v.tr.* prevedere ♦ *v.intr.* [*haben*] (*von*) **1** prescindere (da) **2** (*estens.*) rinunciare (a), desistere (da) ♦ **abgesehen von**, a prescindere da.
**abseits** *prep.* (+ *Gen*) fuori (da, di) ♦ *avv.* (*von*) lontano (da), fuori (da).
**Abseits** *das* [-*s*] (*sport*) fuorigioco (*anche fig.*).
**ab·senden** (→ *senden*) *v.tr.* spedire, inviare.
**Absender** *der* [-*s*,-] mittente.
**absetzbar** *agg.* detraibile, deducibile.
**ab·setzen** *v.tr.* **1** togliersi (occhiali, cappello ecc.) **2** destituire, rimuovere **3** interrompere **4** detrarre **5** revocare, annullare ♦ *v.intr.* [*haben*] interrompersi.
**Absicht** *die* [-,-*en*] intenzione, proposito ♦ **mit —**, apposta.
**absichtlich** *agg.* intenzionale, voluto ♦ *avv.* di proposito.
**absolut** *agg.* assoluto (*anche scient.*) ♦ *avv.* assolutamente.
**ab·sperren** *v.tr.* sbarrare, chiudere.
**Absperrung** *die* [-,-*en*] blocco, barriera.
**ab·spielen** *v.tr.* **1** (far) suonare **2** (*sport*) passare (la palla) ♦ **sich abspielen** *v.pron.* svolgersi.
**ab·sprechen** (→ *sprechen*) *v.tr.* **1** concordare **2** negare.
**ab·springen** *v.intr.* [*sein*] **1** saltar giù **2** saltar via, staccarsi.
**ab·spülen** *v.tr.* **1** lavare **2** (ri)sciacquare.
**ab·stammen** *v.intr.* [*sein*] (*von*) discendere (da), derivare (da).
**Abstand** *der* [-(*e*)*s*,-*stände*] distanza; (*sport*) distacco.
**ab·stauben** *v.tr.* spolverare.
**ab·stehen** (→ *stehen*) *v.intr.* [*haben*] essere distante.
**ab·steigen** (→ *steigen*) *v.intr.* [*sein*] scendere, smontare ● **im Hotel —**, prendere alloggio in albergo.
**ab·stellen** *v.tr.* **1** appoggiare (a terra), deporre **2** riporre **3** spegnere, chiudere (acqua, gas ecc.) **4** eliminare.
**Abstieg** *der* [-(*e*)*s*,-*e*] **1** discesa **2** (*sport*) retrocessione.
**ab·stimmen** *v.intr.* [*haben*] (*über* + *Acc*) votare (su).
**Abstimmung** *die* [-,-*en*] **1** votazione **2** accordo, sintonia.
**abstinent** *agg.* **1** astemio **2** casto, astinente.
**Abstinenz** *die* [-] astinenza.
**ab·stoßen** (→ *stoßen*) *v.tr.* **1** respingere **2** disgustare.
**abstoßend** *agg.* disgustoso, ripugnante.
**abstrakt** *agg.* astratto.
**Abstraktion** *die* [-,-*en*] astrazione.
**ab·streiten** (→ *streiten*) *v.tr.* negare; confutare.
**Absturz** *der* [-*es*,-*stürze*] caduta.
**ab·stürzen** *v.intr.* [*sein*] precipitare.
**absurd** *agg.* assurdo.
**ab·tauen** *v.tr.* sbrinare ♦ *v.intr.* [*sein*] sciogliersi, sgelarsi.
**Abtei** *die* [-,-*en*] abbazia.
**Abteil** *das* [-(*e*)*s*,-*e*] (*ferr.*) scompartimento.
**Abteilung** *die* [-,-*en*] sezione; reparto (*anche mil.*).
**ab·treiben** (→ *treiben*) *v.tr.* **1** trascinare via **2** (*med.*) abortire ♦ *v.intr.* [*sein*] (*mar.*) andare alla deriva.
**Abtreibung** *die* [-,-*en*] aborto.
**ab·trennen** *v.tr.* staccare; separare.
**ab·treten** (→ *treten*) *v.tr.* **1** consumare **2** cedere ♦ *v.intr.* [*sein*] ritirarsi; andarsene ● **sich** (*Dat*) **die Schuhe —**, pulirsi le scarpe.
**ab·trocknen** *v.tr.* asciugare, asciugarsi ♦ *v.intr.* [*haben*] asciugare.
**ab·wägen** (→ *wägen*) *v.tr.* soppesare, valutare: *das Für und Wider —*, valutare i pro e i contro.
**ab·warten** *v.tr.* attendere.
**abwärts** *avv.* all'ingiù, verso il basso.
**ab·waschen** (→ *waschen*) *v.tr.* lavare ♦ *v.intr.* [*haben*] lavare i piatti.

**Abwasser** *das* [-s,-] acqua di scarico.
**ab·wechseln, sich** *v.pron.* [*haben*] alternarsi; darsi il cambio.
**Abwehr** *die* [-] **1** difesa (*anche sport*) **2** resistenza.
**ab·wehren** *v.tr.* **1** respingere **2** (*sport*) parare ♦ *v.intr.* [*haben*] opporre un rifiuto.
**Abwehrstoff** *der* [-(*e*)*s*,-*e*] (*biol.*) anticorpo.
**ab·weichen** (→ *weichen*) *v.intr.* [*sein*] **1** allontanarsi; scostarsi **2** differire (da).
**ab·weisen** (→ *weisen*) *v.tr.* respingere, rifiutare.
**abweisend** *agg.* scostante, brusco.
**ab·wenden** (→ *wenden*) *v.tr.* **1** distogliere (lo sguardo); voltare (la testa) **2** evitare ♦ **sich abwenden** *v.pron.* **1** voltarsi (dall'altra parte).
**ab·werfen** (→ *werfen*) *v.tr.* **1** gettare (a terra); disarcionare (da cavallo) **2** (*carte*) scartare.
**ab·werten** *v.tr.* **1** (*econ.*) svalutare **2** sminuire.
**abwesend** *agg.* assente (*anche fig.*).
**Abwesenheit** *die* [-] **1** assenza **2** (*dir.*) contumacia.
**ab·wiegen** (→ *wiegen*) *v.tr.* dosare, pesare.
**ab·wischen** *v.tr.* **1** togliere **2** (*estens.*) pulire.
**Abwurf** *der* [-(*e*)*s*,-*würfe*] lancio.
**ab·würgen** *v.tr.* ingolfare (un motore).
**ab·zahlen** *v.tr.* pagare a rate.
**ab·zählen** *v.tr.* contare.
**Abzahlung** *die* [-,-*en*] rata.
**Abzeichen** *das* [-*s*,-] distintivo.
**ab·zeichnen** *v.tr.* **1** copiare, ritrarre **2** siglare ♦ **sich abzeichnen** *v.pron.* **1** stagliarsi **2** delinearsi.
**ab·ziehen** (→ *ziehen*) *v.tr.* **1** togliere **2** pelare, sbucciare **3** scuoiare **4** sottrarre, detrarre (una somma) ● *das Bett* —, disfare il letto.
**Abzug** *der* [-(*e*)*s*,-*züge*] **1** fotocopia; copia **2** (*comm.*) deduzione; sottrazione.
**abzüglich** *prep.* (+ *Gen*) detratto, dedotto.
**ab·zweigen** *v.intr.* [*sein*] (*di strada*) deviare; diramarsi.

**Abzweigung** *die* [-,-*en*] diramazione, biforcazione.
**ach** *inter.*: — *ja!*, ma certo!; — *so!*, ah ecco!; — *was?*, ma va?
**Achse** *die* [-,-*n*] asse ● **ständig auf**(*der*) — *sein*, essere sempre in giro.
**Achsel** *die* [-,-*n*] **1** spalla **2** → Achselgrube.
**Achselgrube**, **Achselhöhle** *die* [-,-*n*] ascella.
**acht** *agg.num.card.invar.* otto ● *es ist halb* —, sono le sette e mezzo | *es ist Punkt* —, sono le otto in punto.
**Acht** *die* [-] attenzione, considerazione ● *gib* —!, stai attento! | *sich in* — *nehmen*, stare attenti, riguardarsi.
**achtbar** *agg.* rispettabile.
**achte** *agg.num.ord.* ottavo: *der* — *Januar*, l'otto gennaio.
**Achtel** *das* [-*s*,-] ottavo.
**achten** *v.tr.* **1** rispettare **2** (*auf* + *Acc*) prestare attenzione a.
**Achterbahn** *die* [-,-*en*] ottovolante.
**acht·geben** (→ *geben*) *v.tr.* (*auf* + *Acc*) badare a; fare attenzione (a).
**achthundert** *agg.num.card.invar.* ottocento.
**achtjährig** *agg.* di otto anni.
**achtmal** *avv.* otto volte.
**achtsam** *agg.* accurato, attento ♦ *avv.* con cura.
**Achtung** *die* [-] **1** (*vor*) considerazione (di *o* per), stima (di *o* per); rispetto (di *o* per) **2** attenzione.
**achtzehn** *agg.num.card.invar.* diciotto.
**achtzig** *agg.num.card.invar.* ottanta.
**Acker** *der* [-*s*, *Äcker*] campo, terreno.
**ADAC** *der* [-(*s*)] (*Allgemeiner Automobil-Club*) Automobilclub tedesco.
**addieren** *v.tr.* addizionare.
**Addition** *die* [-,-*en*] addizione.
**ade** *inter.* addio.
**Adel** *der* [-*s*] nobiltà, aristocrazia.
**Ader** *die* [-,-*n*] vena (*anche fig.*).
**Adjektiv** *das* [-*s*,-*e*] (*gramm.*) aggettivo.
**Adler** *der* [-*s*,-] aquila.
**adlig** *agg.* nobile.

**Admiral** der [-s,- e o -räle] (mil.) ammiraglio.
**adoptieren** v.tr. adottare (anche estens.).
**Adoption** die [-,-en] adozione.
**Adoptiveltern** pl. genitori adottivi.
**Adoptivkind** das [-(e)s,-er] figlio adottivo.
**Adrenalin** das [-] adrenalina.
**Adresse** die [-,-n] indirizzo (anche fig.) ● *an die — von*, all'indirizzo di.
**adressieren** v.tr. (*an* + *Dat*) indirizzare (a).
**Advent** der [-(e)s,-e] Avvento.
**Adverb** das [-s,-(i)en] (gramm.) avverbio.
**Affäre** die [-,-n] 1 affare, faccenda 2 relazione amorosa.
**Affe** der [-n,-n] scimmia.
**affektiert** agg. affettato, ricercato.
**Afghane** der [-n,-n; die *Afghanin*] afgano (m.; f. -a).
**Afrika** das Africa.
**Afrikaner** der [-s,-; die -*in*] africano (m.; f. -a).
**afrikanisch** agg. africano.
**After** der [-s,-] (anat.) ano.
**AG** die [-,-s] (*Aktiengesellschaft*) Spa, Società per Azioni.
**Agent** der [-en,-en; die -*in*] agente (m. e f.).
**Agentur** die [-,-en] agenzia.
**Aggregat** das [-(e)s,-e] (scient.) aggregato.
**Aggression** die [-,-en] aggressione.
**aggressiv** agg. aggressivo.
**Ägypten** das Egitto.
**Ägypter** der [-s,-; die -*in*] egiziano (m.; f. -a).
**Ahn** der [-(e)s,-en; die -*in*] avo (m.; f. -a), antenato (m.; f. -a).
**ähneln** v.intr. [haben] (+ *Dat*) assomigliare (a).
**ahnen** v.tr. prevedere; immaginare ♦ v.intr. [haben] avere il presentimento di.
**ähnlich** agg. (+ *Dat*) simile (a) ● *jdm — sehen*, assomigliare a qlcu.
**Ähnlichkeit** die [-,-en] somiglianza.
**Ahnung** die [-,-en] 1 presagio, presentimento 2 (fam.) idea ● *ich habe keine —*, non ne ho idea.
**Ahorn** der [-s,-e] acero.
**AIDS** das [-] AIDS.
**Akademie** die [-,-n] accademia.
**Akademiker** der [-s,-; die -*in*] laureato (m.; f. -a).
**akklimatisieren** v.tr. acclimatare ♦ *sich akklimatisieren* v.pron. (*an* + *Acc*) acclimatarsi (a) (anche fig.).
**Akkord** der [-(e)s,-e] (mus.) accordo.
**Akkordeon** das [-s,-s] fisarmonica.
**Akkusativ** der [-s,-e] (gramm.) accusativo.
**Akrobat** der [-en,-en; die -*in*] acrobata (m. e f.).
**Akt** der [-(e)s,-e] 1 atto 2 (pitt.) nudo 3 cerimonia.
**Akte** die [-,-n] pratica, dossier ● *etw zu den Akten legen*, mettere qlco agli atti.
**Aktentasche** die [-,-n] borsa portadocumenti.
**Aktie** die [-,-n] (fin.) azione.
**Aktiengesellschaft** die [-,-en] società per azioni.
**Aktion** die [-,-en] azione: *in — treten*, entrare in azione.
**Aktionär** der [-s,-e; die -*in*] azionista (m. e f.).
**aktiv** agg. attivo.
**aktivieren** v.tr. attivare.
**Aktivität** die [-,-en] attività.
**Aktualität** die [-,-en] attualità.
**aktuell** agg. attuale, d'attualità.
**Akupunktur** die [-,-en] agopuntura.
**Akustik** die [-] acustica.
**Akzent** der [-(e)s,-e] accento.
**akzeptieren** v.tr. accettare.
**Alarm** der [-(e)s,-e] allarme.
**alarmieren** v.tr. dare l'allarme a.
**albern** agg. sciocco, stupido.
**Album** das [-s, *Alben*] album.
**Alge** die [-,-n] alga.
**Algebra** die [-] algebra.
**Algerien** das Algeria.
**Alibi** das [-s,-s] alibi.
**Alimente** pl. (dir.) alimenti; mantenimento.
**Alkohol** der [-s,-e] alcol.
**alkoholfrei** agg. analcolico.

**Alkoholiker** *der* [-s,-; die *-in*] alcolista (*m.* e *f.*); alcolizzato (*m.*; *f.* -a).
**alkoholisch** *agg.* alcolico.
**all** *agg.indef.* **1** tutto, tutti: — *mein Geld*, tutto il mio denaro; *alle Menschen*, tutti gli uomini **2** (*ripetitivo*) ogni: *alle halbe Stunde*, ogni mezz'ora ♦ **alle beide**, tutt'e due | **alle sein**, essere finito: *der Wein ist alle*, il vino è finito | *alles Gute*, tanti auguri, buona fortuna | *alles in allem*, tutto sommato | *das ist alles*, ecco tutto | *vor allem*, soprattutto.
**All** *das* [-s] universo, cosmo.
**Allee** *die* [-,-n] viale alberato.
**allein** *agg.pred.* e *avv.* (da) solo ♦ *cong.* —, solo soletto.
**Alleinstehende** *der* e *die* [-n,-n] **1** single (*m.* e *f.*) **2** (*di uomo*) celibe (*m.*) **3** (*di donna*) nubile (*f.*).
**allerbest...** *agg.* il migliore di tutti.
**allerdings** *avv.* **1** senz'altro **2** (ma) certo **3** tuttavia, ma.
**Allergie** *die* [-,-n] allergia.
**allergisch** *agg.* allergico (*anche fig.*).
**allerhand** *agg.* di ogni tipo ♦ *avv.* in tutti i modi.
**Allerheiligen** *das* [-] Ognissanti.
**allerhöchst...** *agg.* supremo, sommo.
**allerlei** *agg.invar.* di ogni tipo ♦ *pron.* molte cose.
**allerletzt...** *agg.* ultimissimo.
**allerseits** *avv.* **1** da tutti; dappertutto **2** a (*o* da) tutti.
**allerwenigst...** *agg.* minimo ♦ *am allerwenigsten*, meno che mai, non... affatto.
**allgemein** *agg.* **1** generale, universale **2** comune **3** generico, vago ♦ *avv.* **1** generalmente **2** ovunque ♦ *im allgemeinen*, in genere, per lo più.
**allieren, sich** *v.pron.* allearsi.
**Alliierte** *der* e *die* [-n,-n] alleato (*m.*; *f.* -a).
**allmählich** *agg.* lento, graduale ♦ *avv.* a poco a poco, gradualmente.
**Alltag** *der* [-(*e*)s,-e] **1** vita quotidiana **2** giorno feriale.
**alltäglich** *agg.* quotidiano.
**allzu** *avv.* troppo.
**Alphabet** *das* [-(*e*)s,-e] alfabeto.
**alphabetisch** *agg.* alfabetico ♦ *avv.* in ordine alfabetico.
**Alptraum** *der* [-s,*-träume*] incubo.
**als** *prep.* **1** come, in qualità di, in veste di, da **2** (*dopo comparativo*) di, che **3** (*dopo la negazione*) nient'altro che, solo: *nichts* — *als*, altro che ♦ *cong.* (*tempo*) quando, nel momento in cui ♦ — *ob*, (*con congiuntivo*) come se.
**also** *cong.* quindi, dunque, allora: *ihr kommt* — *nicht mit?*, allora, non venite con noi? ♦ — *schön!*, va bene! | *na* —*!* (*o* — *doch!*), ecco!, vedi!
**alt** *compar.* **älter** *superl.* **älteste** *agg.* **1** vecchio; (*di persona*) anziano **2** antico ♦ *alter Junge!*, vecchio mio! | *wie* — *bist du?*, quanti anni hai?

**FALSCHER FREUND**
Da non confondere con l'italiano 'alto', che si traduce *hoch*, *groß*.

**Altar** *der* [-(*e*)s,*-täre*] altare.
**Alte** *der* e *die* [-n,-n] vecchio (*m.*; *f.* -a), anziano (*m.*; *f.* -a).
**Alter** *das* [-s,-] **1** vecchiaia **2** età **3** epoca, era ♦ *im* — *von 75 Jahren*, all'età di 75 anni.
**älter** *agg.compar.* → **alt**.
**altern** *v.intr.* [*sein* o *haben*] invecchiare ♦ *v.tr.* fare invecchiare.
**alternativ** *agg.* alternativo.
**Alternative** *die* [-,-n] alternativa.
**Altersheim** *das* [-(*e*)s,-e] casa di riposo, ospizio.
**Altertum** *das* [-s,*-tümer*] antichità.
**ältest...** *agg.superl.* → **alt**.
**altmodisch** *agg.* fuori moda; antiquato.
**Altstadt** *die* [-] città vecchia, centro storico.
**Aluminium** *das* [-s] alluminio.
**am** *prep.art.* (an + dem) → **an**.
**Amateur** *der* [-s,-e; die *-in*] dilettante (*m.* e *f.*).
**ambulant** *agg.* **1** ambulante **2** (*med.*) ambulatoriale.
**Ameise** *die* [-,-n] formica.
**Amerika** *das* America.
**Amerikaner** *der* [-s,-; die *-in*] americano (*m.*; *f.* -a).
**amerikanisch** *agg.* americano.

**Amnesie** *die* [-,-n] amnesia.
**Ampel** *die* [-,-n] semaforo.
**amputieren** *v.tr.* amputare.
**Amsel** *die* [-,-n] merlo.
**Amt** *das* [-(e)s, Ämter] **1** posto, impiego, incarico, carica **2** ufficio, ente.
**amtieren** *v.intr.* [haben] svolgere una mansione, ricoprire una carica.
**amtlich** *agg.* ufficiale.
**amüsant** *agg.* divertente.
**Amüsement** *das* [-s,-s] divertimento, svago.
**amüsieren** *v.tr.* divertire ♦ **sich amüsieren** *v.pron.* divertirsi.
**an** *prep.* (+ *Dat* / *Acc*) **1** (*stato in luogo*) (+ *Dat*) a, su, in: *er sitzt am Tisch*, siede a tavola; *das Bild hängt — der Wand*, il quadro è appeso alla parete; *Köln liegt am Rhein*, Colonia è situata sul Reno **2** (*moto a luogo*) (+ *Acc*) a: *er setzt sich — den Tisch*, si siede a tavola; *er hängt das Bild — die Wand*, appende il quadro alla parete **3** (*senza articolo*) a: — *Bord*, a bordo **4** (*tempo, spesso non si traduce*) (+ *Dat*) a, di: *am 1. Januar*, il 1° gennaio **5** (*col superlativo*) (+ *Dat*) soprattutto, particolarmente **6** (+ *Dat*) di, a: *er arbeitet — einem Theaterstück*, sta lavorando a un'opera teatrale ♦ *avv.* **1** circa **2** (*tempo*) in avanti, in poi: *von heute —*, da oggi in poi **3** (*fam.*) acceso, in funzione: *das Licht ist —*, la luce è accesa.
**analog** *agg.* **1** (*zu*) analogo (a) **2** (*tecn.*) analogico.
**Analogie** *die* [-,-n] analogia.
**Analyse** *die* [-,-n] analisi.
**analysieren** *v.tr.* analizzare.
**Ananas** *die* [-,-nasse] ananas.
**Anarchie** *die* [-,-n] anarchia.
**Anatomie** *die* [-,-n] anatomia.
**Anbau** *der* [-(e)s,-ten] **1** edificio annesso, ala **2** coltivazione.
**an-bauen** *v.tr.* **1** aggiungere (un nuovo edificio) **2** coltivare.
**an-beißen** (→ *beißen*) *v.tr.* **1** addentare **2** (*di pesci*) abboccare.
**an-beten** *v.tr.* adorare.
**Anbetracht** ● *in* — (+ *Gen*), in considerazione (di).

**an-bieten** (→ *bieten*) *v.tr.* **1** offrire **2** proporre ♦ **sich anbieten** *v.pron.* [haben] **1** proporsi **2** (*für*) essere indicato (per).
**an-binden** (→ *binden*) *v.tr.* legare (*anche fig.*).
**Anblick** *der* [-(e)s,-e] vista ● *beim ersten —*, a prima vista.
**an-blicken** *v.tr.* guardare, rivolgere lo sguardo a.
**an-bringen** (→ *bringen*) *v.tr.* **1** portare **2** applicare, installare.
**andauernd** *agg.* continuo, persistente ♦ *avv.* continuamente, di continuo.
**Andenken** *das* [-s,-] **1** ricordo **2** souvenir.
**ander...** *agg.* e *pron.indef.* altro ● *auf die eine oder andere Weise*, in un modo o nell'altro | *nichts anderes tun als...*, non fare altro che... | *unter anderem*, tra l'altro.
**andererseits** *avv.* d'altra parte, d'altronde.
**ändern** *v.tr.* cambiare, modificare ♦ **sich ändern** *v.pron.* cambiare, mutare: *das Wetter ändert sich*, il tempo sta cambiando.
**anders** *agg.pred.* diverso: — *werden*, cambiare ♦ *jemand —*, qualcun altro | *niemand —*, nessun altro.
**andersartig** *agg.* diverso, differente.
**anderthalb** *agg.invar.* uno e mezzo.
**Änderung** *die* [-,-en] cambiamento, modifica.
**an-deuten** *v.tr.* **1** accennare **2** lasciar intendere **3** abbozzare, schizzare ♦ **sich andeuten** *v.pron.* delinearsi, profilarsi.
**Andeutung** *die* [-,-en] accenno; allusione.
**an-drehen** *v.tr.* **1** accendere; aprire (acqua, gas); avviare, azionare (macchine) **2** (*fam.*) rifilare.
**an-eignen** *v.tr.* ● **sich** (*Dat*) *etw —*, appropriarsi di qlco; acquisire qlco.
**aneinander** *avv.* l'un l'altro, l'uno all'altro, l'un con l'altro.
**an-erkennen** (→ *erkennen*) *v.tr.* **1** apprezzare, approvare **2** riconoscere (*anche dir.*).
**anerkennend** *agg.* di approvazione, di lode ♦ *avv.* in segno di approvazione.

**an·fahren** (→ *fahren*) *v.tr.* **1** investire, travolgere **2** dirigersi verso ♦ *v.intr.* [*sein*] avviarsi, mettersi in moto.
**Anfall** *der* [-(*e*)*s,-fälle*] **1** attacco, crisi (*anche med.*) **2** (fig.) slancio.
**an·fallen** (→ *fallen*) *v.tr.* aggredire, assalire.
**anfällig** *agg.* (*für*) soggetto (a).
**Anfang** *der* [-(*e*)*s,-fänge*] inizio; principio ● — (o *am* —) (+ *Gen*), all'inizio (di) | — *Juni*, ai primi di giugno | *von* — *bis Ende*, dal principio alla fine.
**an·fangen** (→ *fangen*) *v.tr.* cominciare, iniziare ♦ *v.intr.* [*haben*] cominciare, iniziare: *von neuem* —, ricominciare da capo.
**Anfänger** *der* [-*s,-*; *die -in*] principiante (*m. e f.*).
**anfangs** *avv.* all'inizio, in principio ♦ *prep.* (+ *Gen*) all'inizio (di).
**Anfangsbuchstabe** *der* [-*ns,-n*] iniziale.
**an·fassen** *v.tr.* toccare ♦ **sich anfassen** *v.pron.* dare una sensazione (al tatto).
**an·fechten** (→ *fechten*) *v.tr.* **1** contestare **2** (dir.) impugnare.
**an·fliegen** (→ *fliegen*) *v.tr.* dirigersi in volo (su) ♦ *v.intr.* [*sein*] (+ *Dat*) avvicinarsi in volo (a).
**Anflug** *der* [-(*e*)*s,-flüge*] (aer.) volo (in arrivo, in avvicinamento).
**an·fordern** *v.tr.* richiedere, ordinare.
**Anforderung** *die* [-*,-en*] **1** richiesta **2** (*pl.*) pretese, esigenze.
**Anfrage** *die* [-*,-n*] domanda, richiesta.
**an·fragen** *v.intr.* (*bei*) rivolgere una domanda (a).
**an·freunden, sich** *v.pron.* (*mit*) fare amicizia (con).
**an·fügen** *v.tr.* aggiungere; allegare.
**an·führen** *v.tr.* **1** guidare, condurre (*anche mil.*) **2** citare.
**Anführungsstriche**, **Anführungszeichen** *pl.* (tip.) virgolette.
**Angabe** *die* [-*,-n*] indicazione ● *Angaben machen* (*zu*), dare informazioni (su); rilasciare dichiarazioni (su).
**an·geben** (→ *geben*) *v.tr.* **1** indicare, dare; declinare (generalità) **2** segnare ♦ *v.intr.* **1** (*fam.*) (*mit*) darsi delle arie (per), vantarsi (di) **2** (*sport*) battere; servire ● *jdn* (o *etw*) *bei der Polizei* —, denunciare qlco (o qlcu) alla polizia.
**angeblich** *agg.* presunto ♦ *avv.* a quanto pare.
**angeboren** *agg.* innato, congenito.
**Angebot** *das* [-(*e*)*s,-e*] offerta ● *im* —, in offerta.
**angebracht** *p.p.* di **anbringen** ♦ *agg.* opportuno, adatto.
**an·gehen** (→ *gehen*) *v.intr.* [*sein*] **1** iniziare **2** (*di luce*) accendersi ♦ *v.tr.* riguardare: *das geht ihn nichts an*, non è affar suo.
**an·gehören** *v.intr.* [*haben*] (+ *Dat*) appartenere (a), essere membro (di).
**Angehörige** *der* e *die* [-*n,-n*] **1** parente (*m. e f.*), familiare (*m. e f.*) **2** membro (*m.*).
**Angeklagte** *der* e *die* [-*n,-n*] (dir.) imputato (*m.; f. -a*), accusato (*m.; f. -a*).
**Angel** *die* [-*,-n*] **1** cardine **2** canna da pesca.
**Angelegenheit** *die* [-*,-en*] faccenda, affare.
**angeln** *v.tr.* pescare (*anche* con la lenza).
**angenehm** *agg.* piacevole, gradito ♦ *avv.* piacevolmente ● *sehr* —!, piacere!, molto lieto!
**angenommen** *p.p.* di **annehmen** ● —, *dass*, supposto che.
**angesichts** *prep.* (+ *Gen*) in vista (di), in considerazione (di), alla luce (di).
**Angestellte** *der* e *die* [-*n,-n*] dipendente (*m. e f.*), impiegato (*m.; f. -a*).
**angewiesen** *agg.* ● *auf jdn* — *sein*, dipendere da qlcu.
**an·gewöhnen** *v.tr.* abituare ● *jdm etw* —, abituare qlcu a qlco.
**an·greifen** (→ *greifen*) *v.tr.* **1** attaccare (*anche fig.*) **2** iniziare **3** usare, intaccare (denaro).
**an·grenzen** *v.intr.* [*haben*] (*an* + *Acc*) confinare (con).
**Angriff** *der* [-(*e*)*s,-e*] attacco (*anche fig.*).
**Angst** *die* [-*, Ängste*] (*vor*) paura (di); ansia (*anche psic.*).

**ängstigen** *v.tr.* angosciare ♦ **sich ängstigen** *v.pron.* angosciarsi.

**an·haben** (→ *haben*) *v.tr.* (*fam.*) indossare, avere addosso.

**an·halten** (→ *halten*) *v.tr.* **1** fermare, arrestare **2** sollecitare ♦ *v.intr.* **1** fermarsi, arrestarsi **2** durare, perdurare.

**anhaltend** *agg.* continuo, incessante ♦ *avv.* continuamente, ininterrottamente.

**Anhalter** *der* [-s,-; *die -in*] autostoppista (*m. e f.*) ● (*fam.*) *per — fahren*, viaggiare in autostop.

**Anhaltspunkt** *der* [-(e)s,-e] punto di riferimento.

**anhand** *prep.* (+ *Gen*) in base a.

**Anhang** *der* [-(e)s,-hänge] **1** appendice **2** allegato.

**an·hängen** *v.tr.* **1** attaccare, apprendere **2** aggiungere **3** (*fam.*) affibbiare ♦ **sich anhängen** *v.pron.* accodarsi, unirsi.

**Anhänger** *der* [-s,-] **1** rimorchio **2** pendente, ciondolo **3** [*die -in*] (*fig.*) seguace (*m. e f.*).

**an·häufen** *v.tr.* accumulare ♦ **sich anhäufen** *v.pron.* accumularsi.

**an·hören** *v.tr.* **1** ascoltare (fino in fondo) **2** sentire (per caso) ♦ **sich anhören** *v.pron.* (*fam.*) suonare, sembrare: *der Vorschlag hört sich nicht schlecht an*, la proposta non suona male.

**Anis** *der* [-es,-e] anice.

**Anker** *der* [-s,-] ancora (*anche fig.*).

**Anklage** *die* [-,-n] (*dir.*) accusa ● *unter — stehen*, essere sotto accusa.

**an·klagen** *v.tr.* (*wegen*) accusare (di) ♦ **sich anklagen** *v.pron.* incolparsi.

**Anklang** *der* [-(e)s,-klänge] **1** eco, risonanza **2** riconoscimento, approvazione.

**an·kleiden** *v.tr.* vestire ♦ **sich ankleiden** *v.pron.* vestirsi, abbigliarsi.

**an·klopfen** *v.intr.* bussare.

**an·knüpfen** *v.tr.* attaccare ♦ *v.intr.* (*an + Acc*) fare riferimento (a) ● *Gespräch —*, attaccare discorso.

**an·kommen** (→ *kommen*) *v.intr.* [*sein*] **1** arrivare **2** (*bei*) avere successo (con) **3** imporsi, avere la meglio ● *es kommt darauf an*, dipende.

**an·kündigen** *v.tr.* annunciare, comunicare ♦ **sich ankündigen** *v.pron.* manifestarsi, (pre)annunciarsi.

**Ankündigung** *die* [-,-en] annuncio.

**Ankunft** *die* [-,-künfte] arrivo.

**Anlage** *die* [-,-n] **1** costruzione, fabbricato; (*tecn.*) impianto **2** (*fin.*) investimento **3** (*comm.*) allegato: *in der* (o *als*) *—*, in allegato ● *öffentliche Anlagen*, giardini pubblici.

**Anlass** *der* [-sses,-lässe] occasione; motivo ● *— geben zu*, dare adito a.

**an·lassen** (→ *lassen*) *v.tr.* **1** mettere in moto **2** (*fam.*) tenere addosso (indumenti, scarpe) **3** lasciare acceso (radio, luce).

**Anlauf** *der* [-(e)s,-läufe] **1** (*sport*) rincorsa, slancio **2** tentativo: *beim ersten — gelingen*, riuscire al primo colpo.

**an·laufen** (→ *laufen*) *v.intr.* [*sein*] **1** accorrere **2** (*gegen*) correre (verso) **3** iniziare, mettersi in moto (*anche fig.*) ♦ *v.tr.* (*mar.*) fare rotta (verso) ● *rot —*, arrossire.

**an·legen** *v.tr.* **1** applicare **2** appoggiare **3** indossare; mettere **4** (*fin.*) investire **5** mirare (*anche fig.*) ♦ *v.intr.* (*mar.*) attraccare, approdare.

**an·lehnen** *v.tr.* **1** (*an + Acc*) appoggiare (a) **2** socchiudere ♦ **sich anlehnen** *v.pron.* (*an + Acc*) appoggiarsi (a) (*anche fig.*).

**Anleitung** *die* [-,-en] **1** guida **2** istruzioni.

**an·liegen** (→ *liegen*) *v.intr.* [*haben*] (*an + Dat*) aderire (a).

**an·machen** *v.tr.* **1** accendere **2** condire.

**anmaßend** *agg.* arrogante, presuntuoso ♦ *avv.* con arroganza, con presunzione.

**Anmeldeformular** *das* [-s,-e] modulo di iscrizione.

**an·melden** *v.tr.* **1** annunciare **2** iscrivere ♦ **sich anmelden** *v.pron.* **1** iscriversi **2** prendere appuntamento **3** annunciarsi.

**Anmeldung** *die* [-,-en] **1** iscrizione **2** prenotazione, appuntamento: *ohne vorherige —*, senza appuntamento **3** (*amm.*) notifica **4** annuncio.

**an·merken** *v.tr.* notare.

# Anmerkung / anschließend

**Anmerkung** *die* [-,-en] osservazione; annotazione.
**an·nähern** *v.tr.* avvicinare (*anche fig.*) ♦ **sich annähern** *v.pron.* avvicinarsi (*anche fig.*).
**an·nähernd** *agg.* approssimativo ♦ *avv.* all'incirca, pressappoco.
**Annahme** *die* [-,-n] **1** accettazione, approvazione **2** adozione **3** supposizione: *in der —, dass...*, supponendo che...
**annehmbar** *agg.* accettabile.
**an·nehmen** (→ *nehmen*) *v.tr.* **1** accettare; accogliere **2** prendere **3** adottare **4** supporre, presumere **5** ammettere: *nehmen wir an, dass...*, ammettiamo che...
**Annehmlichkeit** *die* [-,-en] comodità, agio.
**Annonce** *die* [-,-n] annuncio, inserzione.
**annullieren** *v.tr.* annullare (*anche dir.*).
**anonym** *agg.* anonimo.
**Anonymität** *die* [-] anonimato.
**Anorak** *der* [-s,-s] giacca a vento.
**an·ordnen** *v.tr.* **1** ordinare, disporre **2** (*med.*) prescrivere.
**Anordnung** *die* [-,-en] **1** ordine, disposizione **2** (*med.*) prescrizione.
**anormal** *agg.* anormale.
**an·packen** *v.tr.* **1** afferrare (saldamente) **2** (*fig.*) affrontare.
**an·passen** *v.tr.* adattare ♦ **sich anpassen** *v.pron.* adattarsi.
**an·probieren** *v.tr.* provare (capi di vestiario).
**an·rechnen** *v.tr.* calcolare, mettere in conto ♦ *das rechne ich Ihr hoch an*, te ne rendo merito.
**Anrecht** *das* [-(e)s,-e] diritto.
**Anrede** *die* [-,-n] **1** modo di rivolgersi **2** appellativo.
**an·reden** *v.tr.* rivolgersi a.
**an·regen** *v.tr.* **1** stimolare **2** proporre **3** indurre.
**anregend** *agg.* stimolante.
**Anregung** *die* [-,-en] **1** stimolo **2** proposta.
**Anreise** *die* [-,-n] (viaggio di) andata.
**an·richten** *v.tr.* **1** preparare (per la tavola) **2** condire; guarnire **3** combinare, causare.

**Anruf** *der* [-(e)s,-e] chiamata, telefonata.
**Anrufbeantworter** *der* [-s,-] segreteria telefonica.
**an·rufen** (→ *rufen*) *v.tr.* chiamare, telefonare.
**an·rühren** *v.tr.* **1** toccare **2** mescolare, impastare.
**ans** *prep.art.* (*an + das*) → **an**.
**Ansage** *die* [-,-n] **1** annuncio **2** (*carte*) dichiarazione.
**an·sagen** *v.tr.* annunciare ♦ **sich ansagen** *v.pron.* preannunciare la propria visita.
**an·sammeln** *v.tr.* accumulare ♦ **sich ansammeln** *v.pron.* **1** accumularsi **2** radunarsi.
**ansässig** *agg.* residente ● *— sein*, risiedere.
**Ansatz** *der* [-(e)s,-sätze] **1** aggiunta **2** attaccatura **3** accenno **4** inizio.
**an·schaffen** *v.tr.* procurare, acquistare ♦ *v.intr.* (*volg.*) battere il marciapiede.
**Anschaffung** *die* [-,-en] acquisto.
**an·schalten** *v.tr.* accendere.
**an·schauen** *v.tr.* guardare, osservare.
**anschaulich** *agg.* chiaro, evidente.
**Anschauung** *die* [-,-en] opinione, concezione.
**Anschein** *der* [-(e)s] apparenza, aspetto ● *allem — nach*, evidentemente.
**anscheinend** *avv.* apparentemente, a quanto pare.
**Anschlag** *der* [-(e)s,-schläge] **1** manifesto; avviso, affisso **2** attentato **3** (*mus.*) tocco; rintocco.
**an·schlagen** (→ *schlagen*) *v.tr.* (*an + Acc*) **1** affiggere (su), attaccare (a), inchiodare (a) **2** urtare (contro): *sich (Dat) den Kopf an etw —*, battere la testa contro qlco ♦ *v.intr.* [*haben*] **1** risuonare, rintoccare **2** (*bei*) giovare (a), essere efficace (su) **3** frangersi.
**an·schließen** (→ *schließen*) *v.tr.* (*an + Dat*) attaccare (a) ♦ **sich anschließen** *v.pron.* **1** (*an + Dat*) unirsi (a), associarsi (a) **2** (*an + Acc*) seguire (a), fare seguito (a) **3** (*an + Acc*) confinare (con), essere attiguo (a).
**anschließend** *agg.* successivo ♦ *avv.* in seguito, immediatamente dopo.

**Anschluss** *der* [-sses,-schlüsse] **1** collegamento **2** (*tecn.*) allacciamento **3** (*ferr.*) coincidenza **4** (*st.*) annessione ● (*comm.*) *im — an* (+ *Acc*), facendo seguito a.

**an·schnallen** *v.tr.* allacciare (*spec.* la cintura di sicurezza) ♦ **sich anschnallen** *v.pron.* allacciarsi la cintura di sicurezza.

**an·schreiben** (→ *schreiben*) *v.tr.* **1** scrivere a **2** mettere in conto, (far) segnare (sul conto).

**Anschrift** *die* [-,-en] indirizzo, recapito.

**an·schwellen** (→ *schwellen*) *v.intr.* [*sein*] ingrossarsi, gonfiarsi (*anche estens.*).

**an·sehen** *v.tr.* **1** guardare, osservare **2** (*estens.*) (*als o für*) vedere (come), considerare (come) ● *sich* (*Dat*) *eine Kirche* —, visitare una chiesa (*sich* (*Dat*) *jdn* (*o etw*) —, guardare, esaminare qlcu (*o* qlco).

**Ansehen** *das* [-s] considerazione, stima.

**an·setzen** *v.tr.* **1** (*an* + *Acc*) portare (a), mettere (a) **2** cucire, attaccare (per allungare) **3** fissare, stabilire ♦ *v.intr.* [*haben*] incominciare ● *zu etw* —, mettersi a fare qlco.

**Ansicht** *die* [-,-en] **1** veduta **2** opinione, parere: *der — sein, dass...*, essere del parere che...; *meiner — nach*, a mio avviso.

**Ansichtskarte** *die* [-,-n] cartolina (illustrata).

**ansonsten** *avv.* altrimenti, del resto.

**an·spannen** *v.tr.* **1** attaccare (*spec.* animali da tiro) **2** tendere ♦ **sich anspannen** *v.pron.* tendersi.

**an·spielen** *v.tr.* iniziare a suonare **2** (*sport*) iniziare (la partita) ● *auf jdn —*, alludere a qlcu.

**Anspielung** *die* [-,-en] (*auf* + *Acc*) allusione (a).

**Ansporn** *der* [-(*e*)*s*,-*e*] (*zu*) stimolo (a), incitamento (a).

**Ansprache** *die* [-,-n] discorso.

**an·sprechen** (→ *sprechen*) *v.tr.* **1** rivolgere la parola a **2** ricordare a ♦ *v.intr.*

**1** (*med.*) reagire, rispondere **2** (*bei*) avere effetto (su).

**an·springen** (→ *springen*) *v.intr.* [*sein*] (*di motore*) avviarsi, mettersi in moto ♦ *v.tr.* saltare addosso a.

**Anspruch** *der* [-(*e*)*s*,-*sprüche*] **1** pretesa; aspettativa **2** diritto: *auf etw einen — haben*, avere diritto a qlco.

**anspruchslos** *agg.* senza pretese, modesto.

**anspruchsvoll** *agg.* esigente, impegnativo.

**Anstalt** *die* [-,-en] **1** ente, istituto **2** casa di cura.

**Anstand** *der* [-(*e*)*s*,-*stände*] educazione, buone maniere.

**anständig** *agg.* decente, decoroso; onesto.

**an·starren** *v.tr.* guardare fisso, fissare.

**anstatt** *prep.* (+ *Gen*) invece di, al posto di ♦ *cong.* (*zu, dass*) invece (di), al posto (di): *er arbeitet — zu arbeiten*, dorme invece di lavorare.

**an·stecken** *v.tr.* **1** contagiare (*anche fig.*) **2** (*an* + *Acc* o *Dat*) fermare con spilli; appuntare (a) **3** (*an* + *Acc*) infilare (anello) ♦ *v.intr.* [*haben*] essere contagioso (*anche fig.*) ● *sich bei jdm —*, essere contagiato da qlcu.

**ansteckend** *agg.* contagioso (*anche fig.*).

**an·stehen** (→ *stehen*) *v.intr.* [*haben*] **1** fare la fila **2** (*di lavoro*) essere in arretrato.

**an·steigen** (→ *steigen*) *v.intr.* [*sein*] salire (*anche fig.*).

**anstelle** *prep.* (+ *Gen*) invece di, al posto (di).

**an·stellen** *v.tr.* **1** (*an* + *Acc*) appoggiare (a) **2** accendere (apparecchi), aprire (acqua) **3** impiegare, assumere ♦ **sich anstellen** *v.pron.* **1** mettersi in fila **2** comportarsi ● *es so —, dass...*, fare in modo che... | *Vermutungen —*, formulare delle ipotesi.

**Anstellung** *die* [-,-en] **1** assunzione **2** posto, impiego.

**Anstieg** *der* [-(*e*)*s*, -*e*] **1** salita **2** aumento.

**an·stiften** *v.tr.* istigare (a).

**Anstoß** *der* [-es,-stöße] **1** (*sport*) calcio d'inizio **2** impulso iniziale **3** scandalo.
**an·stoßen** (→ *stoßen*) *v.tr.* **1** dare un colpo a; (*estens.*) mettere in movimento **2** (*sport*) dare il calcio d'inizio ♦ *v.intr.* [*haben*] (*an* + *Acc*) confinare (con) **1** [*sein*] (*an* + *Acc*) urtare (contro) ● *auf etw —*, brindare a qlco.
**an·streben** *v.tr.* tendere a, aspirare a.
**an·streichen** (→ *streichen*) *v.tr.* **1** verniciare, dipingere **2** segnare, evidenziare.
**an·strengen** *v.tr.* affaticare, stancare ♦ **sich anstrengen** *v.pron.* affaticarsi, stancarsi; sforzarsi.
**anstrengend** *agg.* **1** faticoso, impegnativo **2** stressante.
**Anstrengung** *die* [-,-en] **1** sforzo **2** fatica.
**Anstrich** *der* [-(e)s,-e] **1** tinteggiatura **2** vernice, colore.
**Anteil** *der* [-(e)s,-e] **1** parte, quota **2** partecipazione.
**Antenne** *die* [-,-n] antenna.
**Antibiotikum** *das* [-s,-ka] antibiotico.
**antik** *agg.* antico.
**Antike** *die* [-,-n] antichità.
**Antikörper** *der* [-s,-] anticorpo.
**Antipathie** *die* [-,-n] antipatia.
**Antiquariat** *das* [-(e)s,-e] antiquariato.
**Antiquität** *die* [-,-en] antichità, pezzo d'antiquariato.
**Antrag** *der* [-(e)s,-träge] **1** istanza, richiesta **2** (modulo di) domanda.
**an·treffen** (→ *treffen*) *v.tr.* trovare.
**an·treiben** (→ *treiben*) *v.tr.* **1** incitare, esortare **2** muovere, azionare.
**an·treten** (→ *treten*) *v.tr.* **1** cominciare **2** assumere: *ein Amt —*, assumere un incarico ♦ *v.intr.* [*sein*] **1** mettersi in fila **2** (*sport*) (*gegen*) incontrare (uno sfidante), giocare (contro).
**Antrieb** *der* [-(e)s,-e] **1** azionamento, comando, trazione **2** (*fig.*) impulso, stimolo: *aus eigenem —*, di propria iniziativa, spontaneamente.
**Antritt** *der* [-(e)s,-e] **1** inizio **2** assunzione ● *bei —* (+ *Gen*), all'inizio (di).
**an·tun** (→ *tun*) *v.tr.* arrecare, causare ● *jdm unrecht —*, fare un torto a qlcu.

**Antwort** *die* [-,-en] risposta.
**antworten** *v.intr.* [*haben*] rispondere.
**an·vertrauen** *v.tr.* **1** affidare **2** confidare ♦ **sich anvertrauen** *v.pron.* (+ *Dat*) confidarsi (con).
**Anwalt** *der* [-(e)s,-wälte] **1** avvocato **2** (*estens.*) difensore.
**Anwältin** *die* [-,-nen] (donna) avvocato, avvocatessa.
**Anweisung** *die* [-,-en] **1** disposizione **2** istruzione **3** (*amm.*) ordine di pagamento; vaglia.
**anwenden** (→ *wenden*) *v.tr.* impiegare, utilizzare; applicare.
**Anwendung** *die* [-,-en] uso, impiego; applicazione.
**anwesend** *agg.* (*bei*) presente (a).
**Anwesenheit** *die* [-] presenza: *in — von*, in presenza di.
**Anzahl** *die* [-] numero, quantità.
**an·zahlen** *v.tr.* dare in acconto, anticipare.
**Anzahlung** *die* [-,-en] acconto, anticipo.
**Anzeichen** *das* [-s,-] segno, indizio **2** (*med.*) sintomo.
**Anzeige** *die* [-,-n] **1** (*dir.*) denuncia **2** inserzione, annuncio **3** avviso.
**an·zeigen** *v.tr.* **1** comunicare **2** fare un'inserzione per **3** (*dir.*) (*wegen*) denunciare (per) **4** (*di strumenti di misurazione*) indicare, segnalare.
**Anzeiger** *der* [-s,-] (*tecn.*) indicatore.
**an·ziehen** (→ *ziehen*) *v.tr.* **1** indossare; calzare **2** attirare, attrarre (*anche fig.*) **3** (*mecc.*) serrare, stringere ♦ *v.intr.* [*haben*] **1** mettersi in moto **2** salire, aumentare ♦ **sich anziehen** *v.pron.* vestirsi.
**anziehend** *agg.* attraente, avvincente.
**Anzug** *der* [-(e)s,-züge] vestito da uomo.
**an·zünden** *v.tr.* accendere, dar fuoco a.
**apathisch** *agg.* apatico.
**Apfel** *der* [-s, *Äpfel*] mela.
**Apfelsine** *die* [-,-n] arancia.
**Apostel** *der* [-s,-] apostolo.
**Apostroph** *der* [-s,-e] apostrofo.
**Apotheke** *die* [-,-n] farmacia.

## Apotheker / Arsch

**Apotheker** *der* [-s,-; die -*in*] farmacista (*m. e f.*).

**Apparat** *der* [-(*e*)*s*,-*e*] 1 apparecchio, macchina 2 telefono 3 macchina fotografica 4 apparato, organizzazione.

**Appell** *der* [-*s*,-*e*] appello.

**Appetit** *der* [-(*e*)*s*,-*e*] appetito: *guten* —!, buon appetito!

**Applaus** *der* [-*es*,-*e*] applauso.

**Aprikose** *die* [-,-*n*] albicocca.

**April** *der* [-(*s*)] aprile: *im* (*Monat*) —, in aprile.

**Aprilscherz** *der* [-*es*,-*e*] pesce d'aprile.

**Aquamarin** *der* [-*s*,-*e*] acquamarina.

**Aquarell** *das* [-*s*,-*e*] acquarello.

**Aquarium** *das* [-*s*,-*rien*] acquario.

**Äquator** *der* [-*s*] equatore.

**arabisch** *agg.* arabo.

**Arbeit** *die* [-,-*en*] lavoro.

**arbeiten** *v.intr.* [*haben*] 1 lavorare 2 funzionare 3 lievitare; (*di mosto*) fermentare.

**Arbeiter** *der* [-*s*,-; die -*in*] 1 lavoratore (*m.; f.* -trice) 2 operaio (*m.; f.* -a).

**Arbeitgeber** *der* [-*s*,-; die -*in*] datore (*m.; f.* -trice) di lavoro.

**Arbeitnehmer** *der* [-*s*,-; die -*in*] lavoratore (*m.; f.* -trice) dipendente.

**Arbeitsamt** *das* [-(*e*)*s*,-*ämter*] ufficio di collocamento.

**Arbeitskraft** *die* [-] forza lavoro.

**arbeitslos** *agg.* disoccupato.

**Arbeitslose** *der* e *die* [-*n*,-*n*] disoccupato (*m.; f.* -a).

**Arbeitslosigkeit** *die* [-] disoccupazione.

**Arbeitsplatz** *der* [-(*e*)*s*,-*plätze*] posto di lavoro.

**Archäologe** *der* [-*n*,-*n*; die *Archäologin*] archeologo (*m.; f.* -a).

**Archäologie** *die* [-] archeologia.

**Architekt** *der* [-*en*,-*en*; die -*in*] architetto (*m.; f.* -a).

**Architektur** *die* [-,-*en*] architettura.

**Archiv** *das* [-*s*,-*e*] archivio.

**arg** *agg.* **ärger** *superl.* **ärgste** *agg.* 1 grave, forte 2 cattivo, malvagio.

**Argentinien** *das* Argentina.

**Ärger** *der* [-*s*] stizza, rabbia.

**ärgerlich** *agg.* 1 arrabbiato, adirato 2 spiacevole, increscioso ● *über etw, jdn* — *sein*, essere arrabbiato per qlco, con qlcu.

**ärgern** *v.tr.* irritare, far arrabbiare ♦ *sich ärgern* *v.pron.* (*über* + *Acc*) irritarsi (per), arrabbiarsi (per).

**arglos** *agg.* 1 ignaro 2 ingenuo.

**Argument** *das* [-(*e*)*s*,-*e*] argomento.

**Argwohn** *der* [-(*e*)*s*] sospetto, diffidenza.

**argwöhnisch** *agg.* (*gegen*) sospettoso (verso), diffidente (verso).

**Aristokrat** *der* [-*en*,-*en*; die -*in*] aristocratico (*m.; f.* -a).

**Aristokratie** *die* [-] aristocrazia.

**aristokratisch** *agg.* aristocratico.

**arithmetisch** *agg.* aritmetico.

**arm** *compar.* **ärmer** *superl.* **ärmste** *agg.* 1 (*an* + *Dat*) povero (di) 2 misero, disgraziato.

**Arm** *der* [-(*e*)*s*,-*e*] 1 braccio (*anche fig.*) 2 (*di fiume*) braccio, ramo ● *auf den* — *nehmen*, prendere in braccio; prendere in giro.

**Armatur** *die* [-,-*en*] 1 (*tecn.*) armatura 2 rubinetteria.

**Armaturenbrett** *das* [-(*e*)*s*,-*er*] (*aut.*) cruscotto.

**Armband** *das* [-(*e*)*s*,-*bänder*] braccialetto.

**Armbanduhr** *die* [-,-*en*] orologio da polso.

**Arme** *der* e *die* [-*n*,-*n*] povero (*m.; f.* -a) ● *du* —!, poveretto!

**Armee** *die* [-,-*n*] esercito, armata.

**Ärmel** *der* [-*s*,-] manica.

**armselig** *agg.* povero; misero (*anche fig.*).

**Armut** *die* [-] 1 povertà, miseria 2 (*an* + *Dat*) scarsità (*di*).

**Aroma** *das* [-*s*,-*s* o -*men*] aroma.

**aromatisch** *agg.* aromatico.

**arrangieren** *v.tr.* 1 sistemare; organizzare 2 (*mus.*) arrangiare ♦ *sich arrangieren* *v.pron.* adattarsi: *sich mit jdm* —, accordarsi.

**Arrest** *der* [-*es*,-*e*] arresto.

**arrogant** *agg.* arrogante.

**Arsch** *der* [-*es*, *Ärsche*] (*volg.*) culo.

**Art** *die* [-,-en] **1** stile **2** maniera, modo **3** tipo, specie, genere.

FALSCHER FREUND
Da non confondere con l'italiano 'arte', che si traduce *Kunst*.

**Arterie** *die* [-,-n] (*anat.*) arteria.
**artig** *agg.* ubbidiente, bene educato.
**Artikel** *der* [-s,-] articolo.
**Arznei** *die* [-,-en] medicina.
**Arzt** *der* [-es, Ärzte] medico, dottore.
**Ärztin** *die* [-,-nen] dottoressa.
**ärztlich** *agg.* medico.
**Asbest** *der* [-es,-e] amianto.
**Asche** *die* [-,-n] cenere.
**Aschenbecher** *der* [-s,-] posacenere.
**Aschermittwoch** *der* [-(e)s] mercoledì delle ceneri.
**asiatisch** *agg.* asiatico.
**Asien** *das* Asia.
**Aspekt** *der* [-(e)s,-e] aspetto.
**Asphalt** *der* [-(e)s,-e] asfalto, bitume.
**asphaltieren** *v.tr.* asfaltare.
**Ass** *das* [-ses,-se] **1** asso (*anche fig.*) **2** (*tennis*) ace.
**Ast** *der* [-es, Äste] ramo.
**ästhetisch** *agg.* estetico.
**Asthma** *das* [-] (*med.*) asma.
**Asthmatiker** *der* [-s,-; die -in] asmatico (*m.; f.* -a).
**Astrologe** *der* [-n,-n] astrologo.
**Astrologie** *die* [-] astrologia.
**Astrologin** *die* [-,-nen] astrologa.
**Astronaut** *der* [-en,-en; die -in] astronauta (*m.* e *f.*).
**Astronomie** *die* [-] astronomia.
**astronomisch** *agg.* astronomico (*anche fig.*).
**Asyl** *das* [-s,-e] asilo ● *um politisches — bitten*, chiedere asilo politico.
**Asylrecht** *das* [-] diritto d'asilo.
**Atelier** *der* [-s,-s] **1** atelier **2** (*cinem.*) studio.
**Atem** *der* [-s] respiro, fiato ● *— holen* (o *schöpfen*), tirare il fiato *in einem —*, tutto d'un fiato *| jdn in — halten*, tenere qlcu col fiato sospeso.
**atemlos** *agg.* senza fiato ♦ *avv.* trattenendo il respiro.
**Atheismus** *der* [-] ateismo.
**Atheist** *der* [-en,-en; die -in] ateo (*m.; f.* -a).
**Äther** *der* [-s,-] etere.
**Athlet** *der* [-en,-en; die -in] atleta (*m.* e *f.*).
**athletisch** *agg.* atletico.
**Atlantik** *die* [-] oceano Atlantico.
**Atlas** *der* [-o -sses, Atlanten o -se] atlante.
**atmen** *v.intr.* [*haben*] respirare.
**Atmosphäre** *die* [-,-en] atmosfera.
**Atmung** *die* [-,-en] respirazione.
**Atom** *das* [-s,-e] atomo.
**atomar** *agg.* atomico, nucleare.
**Atombombe** *die* [-,-n] bomba atomica.
**Atomkern** *der* [-(e)s,-e] (*fis.*) nucleo.
**Atomkraft** *die* [-] energia nucleare.
**Atomwaffen** *pl.* armi atomiche.
**Attentat** *das* [-(e)s,-e] attentato.
**Attentäter** *der* [-s,-; die -in] attentatore (*m.; f.* -trice).
**Attest** *der* [-(e)s,-e] certificato.
**Attraktion** *die* [-,-en] attrazione.
**attraktiv** *agg.* attraente.
**Attrappe** *die* [-,-n] **1** imitazione **2** manichino.
**Attribut** *das* [-(e)s,-e] attributo.
**ätzen** *v.tr.* (*chim.*) trattare con acido.
**ätzend** *agg.* **1** (*chim.*) corrosivo **2** (*fig.*) pungente, caustico.
**Aubergine** *die* [-,-n] melanzana.
**auch** *avv.* anche, pure; perfino: *ich weiß es —*, lo so anch'io ● *sowohl ... als — ..., sia ... sia ...* (o *anche*) *| und wenn —!*, e se anche fosse (*o che male ci sarebbe*)! *| wenn ich ihm — alles schenken sollte*, quand'anche dovessi regalargli tutto *| wo du — immer bist*, ovunque tu sia.
**auf** *prep.* (*Dat* / *Acc*) **1** (*stato in luogo*) (+ *Dat*) su, sopra, in, a: *ich sitze — dem Stuhl*, sono seduta sulla sedia **2** (*moto a luogo*) (+ *Acc*) su, sopra, in, a: *ich setze mich — das Sofa*, mi siedo sul divano; *— den Bahnhof gehen*, andare alla stazione **3** (*tempo*) (+ *Dat*) in, a: *— der Reise*, in viaggio **4** (*tempo indeterminato*) (+ *Acc*) per: *— drei Wochen verreisen*, andare in viaggio per tre settimane **5** (*tempo determinato*)

(+ *Acc*) per, a **6** (*modo*) (+ *Acc*) in: — *diese Weise*, in questo modo; — *keinen Fall*, in nessun caso **7** (*indicazioni di misura*) (+ *Acc*) su: *sein Vermögen wird — eine Million Euro geschätzt*, il suo patrimonio viene stimato circa un milione di Euro **8** (*causa*) (+ *Acc*) su, secondo, a: — *Wunsch der Kinder*, secondo il desiderio dei bambini ♦ *avv.* **1** (*fam.*) aperto: *die Tür ist —*, la porta è aperta **2** in piedi, alzato: *er ist noch —*, è ancora in piedi **3** (*esortativo*) su **4** (*luogo*) su: — *und ab*, su e giù ● — *der Straße*, in strada | — *der Universität*, all'università | — *Deutsch*, in tedesco | — *geht's!*, cominciamo! | *es geht — zehn Uhr zu*, sono quasi le 10.

**auf·atmen** *v.intr.* [*haben*] tirare un respiro di sollievo.

**Aufbau** *der* [*-(e)s,-ten*] **1** costruzione, erezione; montaggio **2** struttura **3** sovrastruttura **4** (*aut.*) carrozzeria, scocca.

**auf·bauen** *v.tr.* **1** costruire **2** montare **2** sistemare; strutturare ♦ *v.intr.* [*haben*] (*auf* + *Acc*) basarsi (su).

**auf·bekommen** (→ *kommen*) *v.tr.* (*fam.*) riuscire ad aprire.

**auf·bewahren** *v.tr.* conservare, custodire: *kühl —*, conservare al fresco.

**auf·bleiben** *v.intr.* [*sein*] **1** rimanere alzato (di notte) **2** rimanere aperto.

**auf·brechen** (→ *brechen*) *v.tr.* scassinare, rompere ♦ *v.intr.* [*sein*] **1** sbocciare **2** partire, mettersi in viaggio **3** aprirsi, sanguinare.

**auf·bringen** (→ *bringen*) *v.tr.* **1** (*fam.*) (riuscire ad) aprire **2** trovare: *den Mut zu etw —*, trovare il coraggio per qlco.

**auf·decken** *v.tr.* scoprire, smascherare ♦ *sich aufdecken v.pron.* scoprirsi.

**auf·drängen** *v.tr.* offrire con insistenza ♦ *sich aufdrängen v.pron.* essere invadente.

**auf·drehen** *v.tr.* aprire: *das Gas —*, aprire il gas ● (*fam.*) *das Radio —*, alzare il volume (della radio).

**auf·drücken** *v.tr.* **1** aprire (premendo) **2** imprimere, stampare ♦ *v.intr.* calcare, pigiare.

**aufeinander** *avv.* **1** uno sull'altro **2** uno dopo l'altro, di seguito **3** uno contro l'altro ● — *folgen*, susseguirsi.

**Aufenthalt** *der* [*-(e)s,-e*] **1** soggiorno, permanenza **2** sosta, fermata.

**Aufenthaltsgenehmigung** *die* [*-,-en*] permesso di soggiorno.

**auf·essen** (→ *essen*) *v.tr.* mangiare tutto, finire.

**auf·fahren** (→ *fahren*) *v.intr.* [*sein*] **1** (*auf* + *Acc*) (*aut.*) urtare, tamponare; (*mar.*) incagliarsi **2** (*di auto*) incolonnarsi.

**auf·fallen** (→ *fallen*) *v.intr.* [*sein*] attirare l'attenzione ● *mir ist aufgefallen, dass...*, ho notato che...

**auffallend, auffällig** *agg.* vistoso, appariscente ♦ *avv.* visibilmente.

**Auffassung** *die* [*-,-en*] **1** concezione, opinione: *ich bin der —, dass...*, sono dell'idea che... **2** interpretazione.

**auf·fordern** *v.tr.* **1** esortare (a), invitare (a) **2** ordinare.

**Aufforderung** *die* [*-,-en*] **1** esortazione, incitamento **2** invito.

**auf·führen** *v.tr.* **1** rappresentare, mettere in scena; (*mus.*) eseguire; (*cinem.*) proiettare **2** portare, addurre ♦ *sich aufführen v.pron.* comportarsi.

**Aufführung** *die* [*-,-en*] **1** rappresentazione, recita; (*mus.*) esecuzione **2** registrazione.

**Aufgabe** *die* [*-,-n*] **1** compito, dovere **2** (*scol.*) compiti **2** consegna (alla Posta), spedizione **3** rinuncia; (*comm.*) cessione.

**Aufgang** *der* [*-(e)s,-gänge*] **1** sorgere, levata **2** scala; salita (d'accesso).

**auf·geben** (→ *geben*) *v.tr.* **1** consegnare, dare **2** smettere: *das Rauchen —*, smettere di fumare ● *eine Annonce —*, fare un'inserzione | *ein Gedicht —*, dare una poesia da studiare.

**auf·gehen** (→ *gehen*) *v.intr.* **1** spuntare, sorgere **2** aprirsi; sbocciare **3** sciogliersi, slacciarsi **4** lievitare.

**aufgeschlossen** *p.p.* di **aufschließen** ♦ *agg.* (*gegenüber* + *Dat*) aperto (nei confronti di), disponibile (nei confronti di).

**auf·haben** (→ *haben*) *v.tr.* **1** indossare **2** tenere aperto, essere aperto.

**auf·halten** (→ *halten*) *v.tr.* **1** tenere aperto: *die Augen kaum noch — können*, tenere a stento gli occhi aperti **2** fermare, arrestare ♦ **sich aufhalten** *v.pron.* trovarsi, trattenersi: *sich im Ausland —*, trattenersi all'estero.

**auf·hängen** *v.tr.* **1** appendere: *die Wäsche zum Trocknen —*, stendere la biancheria **2** impiccare ♦ *v.intr.* (*al telefono*) riattaccare ♦ **sich aufhängen** *v.pron.* impiccarsi.

**auf·heben** (→ *heben*) *v.tr.* **1** raccogliere; sollevare **2** conservare, mettere da parte **3** abolire; annullare: *ein Gesetz —*, abrogare una legge.

**auf·holen** *v.tr.* recuperare, riguadagnare ♦ *v.intr.* recuperare.

**auf·hören** *v.intr.* [*haben*] (*mit*) finire (di), smettere (di) • *hör auf!*, smettila!, piantala!

**auf·klären** *v.tr.* **1** chiarire, far luce su **2** (*mil.*) fare una ricognizione **3** (*über + Acc*) informare (di); (*estens.*) dare un'educazione sessuale ♦ **sich aufklären** *v.pron.* **1** schiarirsi **2** illuminarsi **3** (*fig.*) chiarirsi.

**Aufklärung** *die* [-,-en] **1** chiarimento **2** (*mil.*) ricognizione **3** informazione; (*estens.*) educazione sessuale.

**auf·kleben** *v.tr.* attaccare, incollare.

**auf·kommen** (→ *kommen*) *v.intr.* [*sein*] **1** sorgere, nascere; (*di vento*) levarsi **2** (*für*) rispondere (per), garantire (per).

**auf·laden** (→ *laden*) *v.tr.* **1** caricare, ricaricare (*anche elettr.*) **2** (*fig.*) addossare ♦ **sich aufladen** *v.pron.* caricarsi.

**Auflage** *die* [-,-n] **1** strato; rivestimento **2** (*edit.*) edizione; (*estens.*) tiratura **3** condizione.

**auf·lassen** (→ *lassen*) *v.tr.* (*fam.*) lasciar aperto.

**Auflauf** *der* [-(*e*)*s*,-*läufe*] **1** assembramento **2** (*gastr.*) sformato, soufflé.

**auf·legen** *v.tr.* **1** mettere **2** (*tel.*) riattaccare **3** (*edit.*) stampare.

**auf·lehnen, sich** *v.pron.* (*gegen*) ribellarsi (a).

**auf·lösen** *v.tr.* **1** sciogliere (*anche fig.*) **2** liquidare ♦ **sich auflösen** *v.pron.* sciogliersi; dissolversi.

**auf·machen** *v.tr.* e *intr.* [*haben*] aprire ♦ **sich aufmachen** *v.pron.* mettersi in viaggio.

**aufmerksam** *agg.* attento ♦ *avv.* con attenzione • *auf jdn* (o *etw*) *— machen*, richiamare l'attenzione su qlcu (o qlco).

**Aufmerksamkeit** *die* [-, -en] attenzione: *jdm* (o *etw*) *— schenken*, prestare attenzione a qlcu (o qlco).

**Aufnahme** *die* [-,-*n*] **1** accoglienza **2** ammissione; (*di ospedale*) ricovero **3** (*cinem.*) ripresa; (*fot.*) fotografia; (*mus.*) registrazione.

**Aufnahmeprüfung** *die* [-, -*en*] esame d'ammissione.

**auf·nehmen** (→ *nehmen*) *v.tr.* **1** contenere **2** accogliere **3** (*cinem.*) riprendere, girare; (*fot.*) fotografare; registrare.

**auf·passen** *v.intr.* [*haben*] (*auf + Acc*) **1** fare attenzione (a) **2** badare (a), curarsi (di) • *aufgepasst!*, attenzione!

**Aufpreis** *der* [-*es*,-*e*] sovrapprezzo; supplemento.

**auf·pumpen** *v.tr.* gonfiare, pompare.

**auf·raffen, sich** *v.pron.* **1** rimettersi in sesto **2** (*zu*) (*zu*) raccogliere le forze (per), farsi coraggio (per).

**auf·räumen** *v.tr.* mettere in ordine, riordinare.

**aufrecht** *agg.* **1** ritto, diritto **2** (*fig.*) sincero.

**aufrecht·erhalten** *v.tr.* mantenere; conservare.

**auf·regen** *v.tr.* agitare; (*estens.*) irritare ♦ **sich aufregen** *v.pron.* **1** agitarsi **2** (*über + Acc*) indignarsi (per).

**aufregend** *agg.* eccitante.

**Aufregung** *die* [-, -*en*] agitazione, eccitazione.

**auf·reißen** (→ *reißen*) *v.tr.* aprire, spalancare ♦ *v.intr.* [*sein*] **1** (*di ferita*) aprirsi **2** scucirsi.

**aufrichtig** *agg.* onesto, sincero.

**Aufruf** *der* [-(*e*)*s*,-*e*] **1** chiamata **2** appello.

**auf·rufen** (→ *rufen*) *v.tr.* **1** chiamare (ad alta voce); annunciare (treno ecc.).

**Aufruhr** *der* [-(*e*)*s*] **1** agitazione **2** rivolta.

**aufs** *prep.art.* (*auf + das*) → **auf**.

## Aufsatz / auf·wärmen

**Aufsatz** der [-es,-sätze] 1 (scol.) tema 2 saggio.
**auf·saugen** (→ saugen) v.tr. assorbire (anche fig.).
**auf·schieben** (→ schieben) v.tr. 1 aprire (con una spinta) 2 rimandare.
**Aufschlag** der [-(e)s,-schläge] 1 urto, impatto 2 (sport) battuta; (tennis) servizio 3 (abbigl.) risvolto 4 (comm.) sovrapprezzo.
**auf·schlagen** (→ schlagen) v.tr. 1 aprire (con forza) 2 montare: ein Zelt —, montare una tenda ♦ v.intr. [haben] (sport) dare il calcio d'inizio; servire, battere ● die Augen —, spalancare gli occhi.
**auf·schließen** (→ schließen) v.tr. aprire.
**aufschlussreich** agg. informativo, istruttivo.
**auf·schnallen** v.tr. slacciare.
**auf·schneiden** (→ schneiden) v.tr. tagliare e affettare.
**Aufschnitt** der [-(e)s,-e] affettato.
**auf·schrecken** (→ schrecken) v.tr. spaventare ♦ v.intr. [sein o haben] trasalire.
**auf·schreiben** (→ schreiben) v.tr. scrivere; annotare.
**Aufschrift** die [-,-en] scritta.
**Aufschub** der [-(e)s,-schübe] rinvio; proroga.
**Aufschwung** der [-(e)s,-schwünge] 1 slancio, entusiasmo 2 ascesa.
**auf·sehen** (→ sehen) v.intr. [haben] sollevare lo sguardo.
**aufsehenerregend** agg. sensazionale.
**Aufseher** der [-s,-; die -in] sorvegliante (m. e f.).
**auf·setzen** v.tr. 1 mettere 2 mettere giù, posare ● die Brille —, inforcare gli occhiali.
**Aufsicht** die [-,-en] controllo, sorveglianza.
**auf·sperren** v.tr. spalancare; aprire.
**auf·springen** (→ springen) v.intr. 1 spalancarsi di colpo 2 spaccarsi 3 balzare in piedi.

**Aufstand** der [-(e)s,-stände] rivolta, insurrezione.
**auf·stehen** (→ stehen) v.intr. 1 [sein] alzarsi 2 [sein] (gegen) ribellarsi (a) 3 [haben] restare aperto.
**auf·steigen** (→ steigen) v.intr. 1 salire, montare 2 (fig.) avanzare, far carriera.
**auf·stellen** v.tr. 1 disporre, collocare 2 erigere; alzare 3 formare, mettere insieme ● einen Rekord —, stabilire un record.
**Aufstellung** die [-,-en] 1 disposizione 2 (sport) formazione.
**Aufstieg** der [-(e)s,-e] 1 scalata, salita 2 (fig.) ascesa, carriera.
**auf·suchen** v.tr. 1 fare visita a 2 cercare.
**auf·tauchen** v.intr. [sein] 1 riemergere, salire in superficie 2 (fig.) comparire, affiorare: ein Zweifel taucht in mir auf, mi sorge un dubbio.
**auf·tauen** v.intr. [sein] sciogliersi ♦ v.tr. scongelare.
**auf·teilen** v.tr. (unter + Acc) dividere (tra).
**Aufteilung** die [-,-en] divisione, spartizione.
**Auftrag** der [-(e)s,-träge] 1 ordine, incarico 2 (comm.) ordinazione, commessa ● im — von..., per conto di...
**auf·tragen** (→ tragen) v.tr. 1 portare in tavola, servire 2 applicare (trucco ecc.) ● jdm etw —, incaricare qlcu di qlco.
**Auftraggeber** der [-s,-; die -in] (comm.) committente (m. e f.).
**auf·treiben** (→ treiben) v.tr. 1 sollevare, alzare 2 (fam.) scovare.
**auf·treten** (→ treten) v.intr. [sein] 1 (als) presentarsi (come) 2 (teatr.) (als) esibirsi (nella parte di).
**Auftritt** der [-(e)s,-e] 1 apparizione (in pubblico) 2 (teatr.) (entrata in) scena.
**auf·wachen** v.intr. [sein] svegliarsi.
**auf·wachsen** (→ wachsen) v.intr. [sein] crescere.
**Aufwand** der [-(e)s] 1 (von) spesa (di) 2 (fig.) (an) dispendio (di).
**auf·wärmen** v.tr. riscaldare.

**auf·warten** *v.intr.* [*haben*] servire: *jdm mit etw —*, servire qlco a qlcu.

**aufwärts** *avv.* verso l'alto, in alto; in su ● *es geht —*, le cose stanno migliorando.

**auf·wecken** *v.tr.* svegliare.

**auf·weisen** (→ *weisen*) *v.tr.* presentare.

**auf·wenden** (→ *wenden*) *v.tr.* impiegare.

**auf·werfen** (→ *werfen*) *v.tr.* lanciare ● *eine Frage —*, sollevare una questione.

**auf·werten** (→ *werten*) *v.tr.* rivalutare (*anche fig.*).

**auf·zählen** *v.tr.* enumerare.

**auf·zeichnen** *v.tr.* **1** disegnare **2** registrare.

**Aufzeichnung** *die* [-,-en] **1** appunti **2** registrazione.

**auf·ziehen** (→ *ziehen*) *v.tr.* **1** alzare **2** caricare (un orologio) **3** (*bambini*) allevare **4** organizzare **5** (*fam.*) prendere in giro ● *die Vorhänge —*, tirare (su) le tende.

**Aufzug** *der* [-(e)s,-*züge*] **1** ascensore; montacarichi **2** sfilata **3** (*teatr.*) atto.

**auf·zwingen** (→ *zwingen*) *v.tr.* imporre.

**Auge** *das* [-s,-n] **1** occhio **2** (*bot.*) occhio, gemma ● *ein — zudrücken* (*bei*), chiudere un occhio (su) | *mit bloßem —*, a occhio nudo | *seinen* (*eigenen*) *Augen nicht trauen*, non credere ai propri occhi | *unter vier Augen*, a quatt'occhi.

**Augenarzt** *der* [-es,-*ärzte*; die -*ärztin*] oculista (*m. e f.*).

**Augenblick** *der* [-*es*,-e] istante, attimo; *im —*, al momento.

**Augenbraue** *die* [-,-n] sopracciglio.

**August** *der* [-(e)s] agosto: *im* (*Monat*) *—*, in agosto.

**Auktion** *die* [-,-en] asta (pubblica).

**Aula** *die* [-,-s o -*len*] aula magna.

**aus** *prep.* (+ *Dat*) **1** (*luogo*) da: *sie kommt — der Schule*, torna da scuola **2** (*provenienza*) da, di: *er stammt — Köln*, è (originario) di Colonia **3** (*tempo*) di: *ein Gebäude — dem 18. Jahrhundert*, un edificio del Settecento **4** (*materia*) di: *ein Kleid — Wolle*, un vestito di lana **5** (*causa*) per: *— welchem Grund?*, per quale motivo? ♦ *avv.* **1** finito, terminato **2** spento **3** finito, esaurito **4** (*sport*) fuori (campo) ● (*fam.*) *von mir —*, per me, da parte mia.

**Ausbau** *der* [-(e)s,-*ten*] **1** ampliamento (*anche fig.*) **2** smontaggio.

**aus·bauen** *v.tr.* **1** smontare **2** ampliare; sviluppare **3** (*zu*) trasformare (in).

**aus·beuten** *v.tr.* sfruttare.

**aus·bilden** *v.tr.* formare, addestrare, istruire.

**Ausbildung** *die* [-,-en] **1** formazione scolastica; istruzione **2** tirocinio.

**aus·bleiben** (→ *bleiben*) *v.intr.* [*sein*] **1** non verificarsi **2** rimanere fuori.

**Ausblick** *der* [-(e)s,-e] **1** vista, panorama **2** (*fig.*) (pre)visione, prospettiva.

**aus·brechen** (→ *brechen*) *v.intr.* [*sein*] **1** fuggire, scappare **2** scoppiare (*anche fig.*) ♦ *v.tr.* **1** rompere (involontariamente) **2** rimettere, vomitare.

**aus·breiten** *v.tr.* distendere, spiegare ♦ *sich ausbreiten* *v.pron.* estendersi; diffondersi.

**Ausbruch** *der* [-(e)s,-*brüche*] **1** fuga, evasione **2** scoppio, manifestazione improvvisa **3** (*di vulcano*) eruzione.

**aus·dehnen** *v.tr.* dilatare; (*estens.*) estendere ♦ *sich ausdehnen* *v.pron.* ampliarsi; estendersi, dilatarsi.

**aus·denken** *v.tr.* escogitare, pensare ● *sich* (*Dat*) *etw —*, inventarsi qlco.

**Ausdruck**[1] *der* [-(e)s,-*drücke*] espressione ● *etw zum — bringen*, esprimere qlco.

**Ausdruck**[2] *der* [-(e)s,-e] stampa, stampata.

**aus·drucken** *v.tr.* finire di stampare.

**aus·drücken** *v.tr.* **1** spremere; strizzare **2** spegnere (sigarette) **3** (*fig.*) esprimere ♦ *sich ausdrücken* *v.pron.* esprimersi ● *seine Gefühle —*, esprimere i propri sentimenti.

**ausdrücklich** *avv.* espressamente, esplicitamente.

**ausdruckslos** *agg.* inespressivo.

**auseinander** *avv.* lontani l'uno dall'altro, separati.

**auseinander·gehen** (→ *gehen*) *v.intr.* [*sein*] **1** dividersi **2** (*di rapporti,*

*relazioni*) sciogliersi, rompersi **3** divergere.
**auseinander·halten** (→ *halten*) *v.tr.* distinguere.
**auseinander·setzen** *v.tr.* spiegare, esporre ♦ **sich auseinandersetzen** *v.pron.* (*mit*) **1** occuparsi (di) **2** confrontarsi (con).
**Auseinandersetzung** *die* [-,-*en*] **1** spiegazione **2** discussione, diverbio.
**aus·fahren** (→ *fahren*) *v.intr.* [*sein*] uscire; (*in auto*) partire **2** *v.tr.* **1** portare fuori **2** consegnare (con un veicolo).
**Ausfahrt** *die* [-,-*en*] uscita: *die* — *Köln-Süd*, l'uscita Colonia-sud ● — *freihalten!*, passo carrabile.
**Ausfall** *der* [-(e)s,-*fälle*] **1** annullamento **2** (*tecn.*) guasto, avaria.
**aus·fallen** (→ *fallen*) *v.intr.* [*sein*] **1** (*tecn.*) guastarsi; (*di corrente*) venire a mancare **2** non aver luogo ● *gut, schlecht* —, andare bene, male.
**aus·fertigen** *v.tr.* (*amm.*) redigere, rilasciare (documenti).
**Ausflug** *der* [-(e)s,-*flüge*] gita, scampagnata.
**Ausfluss** *der* [-*sses*,-*flüsse*] **1** efflusso, scarico **2** (*med.*) perdita.
**Ausfuhr** *die* [-,-*en*] esportazione.
**aus·führen** *v.tr.* **1** portare fuori **2** esportare **3** completare, portare a termine **4** spiegare.
**ausführlich** *agg.* dettagliato, esauriente.
**Ausführung** *die* [-,-*en*] **1** esecuzione, realizzazione **2** esposizione, argomentazione **3** modello, versione.
**aus·füllen** *v.tr.*(*mit*) riempire (di) ● *ein Formular —*, compilare un modulo.
**Ausgabe** *die* [-,-*en*] **1** distribuzione, consegna **2** spesa **3** edizione **4** numero (di giornale).
**Ausgang** *der* [-(e)s,-*gänge*] **1** uscita **2** fine, conclusione.
**Ausgangspunkt** *der* [-(e)s,-*e*] punto di partenza.
**aus·geben** (→ *geben*) *v.tr.* **1** distribuire **2** spendere, pagare **3** (*econ.*) emettere ♦ **sich ausgeben** *v.pron.* (*als* o *für*) spacciarsi (per).

**ausgeglichen** *p.p.* di *ausgleichen* ♦ *agg.* equilibrato; stabile.
**aus·gehen** (→ *gehen*) *v.intr.* [*sein*] andar fuori, uscire **2** derivare, diramarsi **3** (*von*) partire (da), basarsi (su) ● (*auf* + *Acc*) mirare (a), tendere (a) **4** concludersi; esaurirsi.
**ausgenommen** *p.p.* di *ausnehmen* ♦ —, *dass*, a meno che ...
**ausgerechnet** *avv.* proprio.
**ausgesprochen** *p.p.* di *aussprechen* ♦ *agg.* spiccato, forte, grande ♦ *avv.* molto, decisamente.
**ausgezeichnet** *agg.* eccellente, ottimo.
**Ausgleich** *der* [-(e)s,-*e*] **1** accomodamento, compromesso **2** compensazione **3** risarcimento **4** (*sport*) pareggio.
**aus·gleichen** (→ *gleichen*) *v.tr.* **1** pareggiare, uguagliare **2** appianare **3** compensare **4** (*comm.*) saldare ♦ **sich ausgleichen** *v.pron.* equilibrarsi, bilanciarsi.
**Ausgrabung** *die* [-,-*en*] scavo, reperto (archeologico).
**aus·grenzen** *v.tr.* omettere, escludere; emarginare.
**aus·halten** (→ *halten*) *v.tr.* sopportare, reggere.
**Aushang** *der* [-(e)s,-*hänge*] avviso, comunicato.
**aus·hängen**[1] (→ *hängen*[1]) *v.intr.* [*haben*] essere esposto, affisso.
**aus·hängen**[2] *v.tr.* affiggere, esporre; mettere in mostra.
**aus·helfen** (→ *helfen*) *v.intr.* [*haben*] (+ *Dat*) aiutare, dare una mano (a).
**Aushilfe** *die* [-,-*n*] **1** aiuto **2** aiutante temporaneo.
**Aushilfskraft** *die* [-,-*kräfte*] supplente, aiutante temporaneo.
**Ausklang** *der* [-(e)s,-*klänge*] (*mus.*) nota finale.
**aus·klingen** (→ *klingen*) *v.intr.*[*sein* o *haben*] (*di suono*) svanire (*anche fig.*).
**aus·kommen** (→ *kommen*) *v.intr.* [*sein*] **1** farcela con i propri mezzi **2** (*mit*) andare d'accordo (con).
**Auskommen** *das* [-*s*] **1** sostentamento **2** accordo, intesa.
**aus·kugeln** *v.tr.* slogare.

# Auskunft / aus·schauen

**Auskunft** *die* [-,-künfte] **1** informazione **2** (*pl.*) (ufficio) informazioni.
**aus·lachen** *v.tr.* deridere ♦ **sich aus·lachen** *v.pron.* farsi una bella risata.
**Ausland** *das* [-(e)s] — *im* — *leben*, vivere all'estero; *ins* — *fahren*, andare all'estero.
**Ausländer** *der* [-s,-; die *-in*] straniero (*m.*; *f.* -a).
**Auslandsgespräch** *das* [-(e)s,-e] (*tel.*) comunicazione internazionale.
**aus·lassen** [-lassen] *v.tr.* **1** omettere **2** dare libero sfogo a ♦ **sich auslassen** *v.pron.* (**über** + *Acc*) pronunciarsi (su), esprimersi (su).
**Auslauf** *der* [-(e)s,-läufe] scarico, sfogo.
**aus·legen** *v.tr.* **1** esporre **2** anticipare (denaro) **3** interpretare **4** (*mit*) rivestire (di).
**aus·leihen** (→ *leihen*) *v.tr.* **1** prendere in prestito **2** prestare, dare in prestito.
**Auslese** *die* [-,-n] **1** selezione **2** vino scelto.
**aus·lesen**[1] (→ *lesen*) *v.tr.* selezionare.
**aus·lesen**[2] (→ *lesen*) *v.tr.* finire di leggere.
**aus·liefern** *v.tr.* **1** (*dir.*) estradare **2** distribuire, consegnare.
**aus·löschen** *v.tr.* **1** spegnere **2** cancellare (*anche fig.*).
**aus·losen** *v.tr.* estrarre a sorte.
**aus·lösen** *v.tr.* **1** (*mecc.*) azionare, far scattare **2** suscitare, provocare ♦ **sich auslösen** *v.pron.* attivarsi, scattare.
**Auslöser** *der* [-s,-] **1** (*mecc.*, *fot.*) (dispositivo di) scatto **2** (*fig.*) molla.
**aus·machen** *v.tr.* **1** (*fam.*) spegnere; chiudere (gas) **2** stabilire, fissare; (*estens.*) pattuire **3** ammontare a **4** costituire, formare ● *das macht nichts aus*, non importa.
**aus·malen** *v.tr.* dipingere (*anche fig.*) ● *sich* (*Dat*) *etw* —, immaginarsi qlco.
**Ausmaß** *das* [-(e)s,-e] dimensione (*anche fig.*).
**aus·messen** (→ *messen*) *v.tr.* misurare.
**Ausnahme** *die* [-,-en] eccezione.

**Ausnahmezustand** *der* [-(e)s] stato di emergenza.
**ausnahmsweise** *avv.* in via eccezionale.
**aus·nehmen** (→ *nehmen*) *v.tr.* **1** cavare fuori, estrarre **2** (*fam.*) spennare, pelare **3** escludere.
**aus·nutzen**, **aus·nützen** *v.tr.* **1** approfittare di; utilizzare **2** sfruttare.
**aus·packen** *v.tr.* disfare (valigia); spacchettare (imballaggio) ♦ *v.intr.* [*haben*] **1** disfare i bagagli **2** (*fam.*) vuotare il sacco.
**Ausrede** *die* [-,-n] scusa, pretesto.
**aus·reden** *v.intr.* [*haben*] finire di parlare ♦ *v.tr.* dissuadere da: *jdm eine Idee* —, dissuadere qlcu da un'idea.
**aus·reichen** *v.intr.* [*haben*] (+ *Dat*) bastare (a), essere sufficiente (a).
**ausreichend** *agg.* sufficiente.
**Ausreise** *die* [-,-n] **1** espatrio **2** passaggio del confine.
**aus·reisen** *v.intr.* [*sein*] espatriare.
**aus·reißen** (→ *reißen*) *v.tr.* strappare, estirpare ♦ *v.intr.* [*sein*] **1** staccarsi **2** (*vor*) svignarsela (di fronte a).
**aus·richten** *v.tr.* **1** riferire: *jdm Grüße* —, portare i saluti a qlcu **2** disporre.
**Ausruf** *der* [-(e)s,-e] **1** esclamazione **2** proclamazione.
**aus·rufen** (→ *rufen*) *v.tr.* **1** esclamare, strillare **2** far chiamare **3** proclamare ♦ *v.intr.* [*haben*] esclamare, gridare.
**Ausrufezeichen** *das* [-s,-] punto esclamativo.
**aus·ruhen** *v.tr.* far riposare ♦ **sich ausruhen** *v.pron.* riposarsi.
**aus·rüsten** *v.tr.* equipaggiare, attrezzare.
**Ausrüstung** *die* [-,-en] attrezzatura, equipaggiamento.
**aus·rutschen** *v.intr.* [*sein*] (*auf* + *Dat*) scivolare (su).
**Aussage** *die* [-,-n] dichiarazione, asserzione.
**aus·sagen** *v.tr.* dichiarare ● (*dir.*) *falsch* —, deporre il falso.
**aus·schalten** *v.tr.* **1** spegnere **2** eliminare, escludere.
**aus·schauen** *v.intr.* [*haben*] (*nach*)

**aus·scheiden / Aussicht**

cercare (con lo sguardo) ● *wie schaut es aus?*, come va?

**aus·scheiden** (→ *scheiden*) *v.tr.* **1** eliminare, espellere; (*med.*) secernere **2** scartare ♦ *v.intr.* [*sein*] (*aus*) dimettersi (da), ritirarsi (da).

**Ausschlag** *der* [-(*e*)*s*,-*schläge*] **1** (*med.*) eruzione cutanea **2** (*fis.*) ampiezza; escursione ● *den — geben*, essere determinante.

**aus·schlagen** (→ *schlagen*) *v.tr.* **1** buttar giù, far cadere **2** foderare **3** rifiutare, respingere ♦ *v.intr.* [*haben o sein*] **1** germogliare **2** (*di cavallo ecc.*) scalciare.

**aus·schließen** (→ *schließen*) *v.tr.* **1** chiudere fuori **2** (*aus*) espellere (da) **3** (*von*) escludere (da).

**ausschließlich** *agg.* unico, esclusivo ♦ *avv.* solo, esclusivamente ♦ *prep.* (+ *Gen*) escluso.

**Ausschluss** *der* [-*sses*,-*schlüsse*] espulsione, esclusione ● *mit — von*, ad eccezione di.

**aus·schneiden** (→ *schneiden*) *v.tr.* ritagliare.

**Ausschnitt** *der* [-(*e*)*s*,-*e*] **1** ritaglio **2** frammento; particolare **3** (*abbigl.*) scollatura.

**Ausschuss** *der* [-*schusses*,-*schüsse*] **1** commissione, comitato **2** (*comm.*) merce di scarto, articoli difettosi.

**aus·schütten** *v.tr.* **1** vuotare, rovesciare **2** gettare via **3** distribuire (gli utili, i dividendi) ● *jdm sein Herz —*, aprire il proprio cuore con qlcu | *sich vor Lachen —*, spanciarsi dalle risate.

**aus·sehen** (→ *sehen*) *v.intr.* [*haben*] sembrare | *gut —*, avere un bell'aspetto | *sie sieht wie ihre Schwester aus*, assomiglia a sua sorella.

**Aussehen** *das* [-*s*] aspetto, apparenza; *dem — nach*, a giudicare dall'aspetto.

**aus·sein** (→ *sein*) *v.intr.* [*sein*] **1** essere finito **2** essere spento **3** (*fam.*) essere fuori, non essere in casa **4** (*auf* + *Acc*) essere in cerca (di), mirare (a).

**außen** *avv.* fuori, di fuori; all'esterno ● *nach —*, all'infuori, verso l'esterno | *von —*, dal di fuori, dall'esterno.

**Außendienst** *der* [-*es*,-*e*] servizio fuori sede, esterno.

**Außenhandel** *der* [-*s*] commercio con l'estero.

**Außenminister** *der* [-*s*,-; *die* -*in*] ministro (*m.*) degli esteri.

**Außenpolitik** *die* [-,-*en*] politica estera.

**Außenseite** *die* [-,-*n*] **1** lato esterno **2** facciata (*anche fig.*).

**Außenseiter** *der* [-*s*,-; *die* -*in*] outsider (*m. e f.*) (*anche fig.*).

**Außenstelle** *die* [-,-*n*] (*comm.*) succursale, filiale.

**außer** *prep.* (+ *Dat*) **1** (*luogo*) fuori (di): *er ist — Haus*, è fuori casa **2** eccetto, tranne **3** oltre a ♦ *cong.* tranne, a meno che, a parte il fatto (che) ● *— sich sein*, essere fuori di sé.

**äußer...** *agg.* esterno, esteriore ● *nach dem äußeren Schein urteilen*, giudicare secondo le apparenze.

**außerdem** *avv.* inoltre.

**außerehelich** *agg.* extraconiugale.

**außergewöhnlich** *agg.* straordinario, eccezionale.

**außerhalb** *prep.* (+ *Gen*) fuori, fuori di: *er wohnt — der Stadt*, abita fuori città ♦ *avv.* fuori (città).

**äußerlich** *agg.* **1** esterno **2** superficiale.

**äußern** *v.tr.* esprimere, esternare ♦ *sich äußern* *v.pron.* **1** esprimersi, pronunciarsi **2** mostrarsi.

**außerordentlich** *agg.* straordinario, eccezionale ♦ *avv.* **1** eccezionalmente **2** estremamente.

**äußerst** *agg.* estremo ● *im äußersten Fall*, nel peggiore dei casi.

**Äußerste** *das* [-*n*] (*solo sing.*) estremo; (*estens.*) massimo ● *das — befürchten*, temere il peggio.

**Äußerung** *die* [-,-*en*] **1** osservazione, commento **2** espressione, manifestazione.

**aus·setzen** *v.tr.* **1** esporre **2** abbandonare ♦ *v.intr.* [*haben*] smettere; (*di motore*) fermarsi ● *an allem etw auszusetzen haben*, avere qualcosa da ridire su tutto | *sich einer Gefahr —*, esporsi a un pericolo.

**Aussicht** *die* [-,-*en*] **1** vista, veduta **2** (*fig.*) prospettiva.

**aussichtslos** *agg.* senza speranza, vano.

**Aussprache** *die* [-,-en] 1 pronuncia 2 colloquio, scambio di idee.

**aus·sprechen** (→ *sprechen*) *v.tr.* 1 pronunciare 2 esprimere ♦ *v.intr.* [*haben*] finire di parlare ● **sich für etw** —, esprimersi a favore di qlco.

**Ausspruch** *der* [-(e)s,-sprüche] detto, massima.

**Ausstand** *der* [-(e)s,-stände] sciopero.

**Ausstattung** *die* [-,-en] 1 equipaggiamento, attrezzatura 2 arredamento 3 (*teatr.*) allestimento.

**aus·stehen** (→ *stehen*) *v.intr.* [*haben*] sopportare: *jdn nicht* — *können*, non poter soffrire qlcu.

**aus·steigen** (→ *steigen*) *v.intr.* [*sein*] 1 (*aus*) scendere (da) 2 (*aus*) lasciare, uscire (da).

**aus·stellen** *v.tr.* 1 esporre 2 rilasciare (documenti); emettere (fattura).

**Ausstellung** *die* [-,-en] 1 esposizione, mostra 2 rilascio; emissione.

**aus·sterben** (→ *sterben*) *v.intr.* [*sein*] estinguersi, scomparire.

**Ausstieg** *der* [-(e)s,-e] 1 discesa; uscita (da un veicolo) 2 (*fig.*) via d'uscita.

**aus·stoßen** (→ *stoßen*) *v.tr.* 1 (*aus*) espellere; esiliare (da) 2 (*di vulcano*) eruttare 3 emettere ● *Gase* —, esalare gas.

**aus·strahlen** *v.tr.* emanare (*anche fig.*) (*fis.*) trasmettere.

**Ausstrahlung** *die* [-,-en] 1 emanazione; (*fis.*) radiazione 2 (*radio, tv*) trasmissione 3 (*fig.*) fascino, carisma.

**aus·strecken** *v.tr.* (di)stendere, allungare ♦ **sich ausstrecken** *v.pron.* (di)stendersi, sdraiarsi.

**aus·strömen** *v.intr.* [*sein*] (*di acqua*) defluire; (*di gas*) esalare, fuoriuscire ♦ *v.tr.* emanare (*anche fig.*).

**aus·suchen** *v.tr.* scegliere.

**Austausch** *der* [-(e)s] cambio; scambio (*anche fig.*).

**austauschbar** *agg.* intercambiabile.

**aus·tauschen** *v.tr.* cambiare, sostituire ● *Gedanken* —, scambiarsi delle idee.

**aus·teilen** *v.tr.* distribuire; dare.

**aus·tragen** (→ *tragen*) *v.tr.* 1 consegnare (a domicilio) 2 (*una partita*) disputare ● *ein Kind* —, portare a termine una gravidanza.

**australisch** *agg.* australiano.

**aus·treten** (→ *treten*) *v.intr.* [*sein*] 1 uscire, andarsene 2 (*fig.*) (*aus*) ritirarsi (da) 3 (*del sangue*) sgorgare.

**aus·trinken** (→ *trinken*) *v.tr.* 1 finire di bere 2 vuotare.

**Austritt** *der* [-(e)s,-e] 1 uscita 2 ritiro.

**aus·trocknen** *v.tr.* asciugare; seccare ♦ *v.intr.* [*sein*] asciugarsi, seccarsi.

**aus·üben** *v.tr.* esercitare; praticare ● *Einfluss auf jdn* (o *etw*) —, avere influenza su qlcu (o qlco).

**Ausübung** *die* [-,-en] esercizio, pratica.

**Ausverkauf** *der* [-(e)s,-käufe] svendita, liquidazione.

**ausverkauft** *agg.* esaurito.

**Auswahl** *die* [-,-en] 1 scelta 2 assortimento.

**aus·wählen** *v.tr.* scegliere, selezionare.

**aus·wandern** *v.intr.* [*sein*] emigrare.

**Auswanderung** *die* [-,-en] emigrazione.

**auswärtig** *agg.* 1 esterno 2 estero ● *Auswärtiges Amt*, Ministero degli Esteri.

**auswärts** *avv.* 1 verso l'esterno 2 fuori 3 altrove.

**Ausweg** *der* [-(e)s,-e] via d'uscita (*anche fig.*).

**ausweglos** *agg.* senza via d'uscita (*anche fig.*).

**aus·weichen** (→ *weichen*) *v.intr.* [*sein*] 1 (+ *Dat*) evitare; eludere (*anche fig.*) 2 (*auf* + *Dat*) ripiegare (su).

**Ausweis** *der* [-es,-e] documento d'identità; tessera.

**aus·weisen** (→ *weisen*) *v.tr.* 1 espellere, dare il foglio di via 2 mostrare, indicare ♦ **sich ausweisen** *v.pron.* provare la propria identità.

**Ausweispapiere** *pl.* documenti d'identità.

**Ausweisung** *die* [-,-en] espulsione.

**aus·weiten** *v.tr.* allargare ♦ **sich ausweiten** *v.pron.* allargarsi, slargarsi.

**auswendig** *avv.* a memoria.
**aus·wirken, sich** *v.pron.* (*auf* + *Acc*) influire (su), ripercuotersi (su).
**Auswirkung** *die* [-,-*en*] effetto, conseguenza.
**aus·zahlen** *v.tr.* pagare; (*estens.*) liquidare ♦ **sich auszahlen** *v.pron.* (*fam.*) valere la pena.
**aus·zeichnen** *v.tr.* **1** prezzare **2** onorare **3** premiare; decorare.
**Auszeichnung** *die* [-,-*en*] **1** (cartellino con il) prezzo **2** onore **3** onorificenza, premio ● *mit* —, con lode.
**aus·ziehen** (→ *ziehen*) *v.tr.* **1** estrarre **2** togliere, levare (indumenti) ♦ *v.intr.* [*sein*] andarsene; uscire ♦ **sich ausziehen** *v.pron.* spogliarsi.
**Auszubildende** *der* e *die* [-*n*,-*n*] apprendista (*m.* e *f.*), tirocinante (*m.* e *f.*).
**Auszug** *der* [-(*e*)*s*,-*züge*] **1** uscita, emigrazione; (*Bibbia*) esodo **2** trasloco **3** estratto, (*di libro*) passo, brano.
**Auto** *das* [-*s*,-*s*] automobile ● — *fahren*, guidare (l'automobile).
**Autobahn** *die* [-,-*en*] autostrada.
**Autobiographie** *die* [-,-*n*] autobiografia.
**autobiographisch** *agg.* autobiografico.
**Autofahrer** *der* [-*s*,-; die -*in*] automobilista (*m.* e *f.*).
**Autogramm** *das* [-*s*,-*e*] autografo.
**Automat** *der* [-*en*,-*en*] **1** distributore automatico **2** robot.
**Automatik** *die* [-,-*en*] **1** automatismo **2** comando automatico.
**automatisch** *agg.* automatico.
**Autonomie** *die* [-,-*n*] autonomia.
**autonom** *agg.* autonomo.
**Autor** *der* [-*s*,-*en*; die -*in*] autore (*m.*; *f.* -*trice*).
**Autorität** *die* [-,-*en*] autorità.
**Autoverleih** *der* [-(*e*)*s*,-*e*] **Autovermietung** *die* [-,-*en*] autonoleggio, noleggio di auto.
**Axt** *die* [-, *Äxte*] ascia, accetta, scure.
**Azubi** *der* [-*s*,-*s*] e *die* [-,-*s*] (*fam.*) tirocinante (*m.* e *f.*).

# Bb

**B** *das* [-,-(*s*)] (*mus.*) si bemolle.
**Baby** *das* [-*s*,-*s*] bebé, neonato.
**Bach** *der* [-(*e*)*s*, *Bäche*] ruscello.
**Backe** *die* [-,-*n*] guancia, gota.
**backen** [*bäckt* o *backt* / *backte* o *buk* / *gebacken*] *v.tr.* e *intr.* [*haben*] cuocere al forno.
**Bäcker** *der* [-*s*,-; die -*in*] fornaio (*m.; f. -a*), panettiere (*m.; f. -a*).
**Bäckerei** *die* [-,-*en*] **Bäckerladen** *der* [-*s*,-*läden*] panetteria.
**Backpulver** *das* [-*s*,-] lievito in polvere.
**Bad** *das* [-(*e*)*s*, *Bäder*] **1** bagno (*anche chim., fot.*) **2** (*locale*) bagno, toilette **3** stabilimento balneare **4** località termale.
**Badeanzug** *der* [-(*e*)*s*,-*züge*] costume da bagno.
**Bademantel** *der* [-*s*,-*mäntel*] accappatoio.
**Bademeister** *der* [-*s*,-; die -*in*] bagnino (*m.; f. -a*).
**baden** *v.tr.* fare il bagno a ♦ *v.intr.* fare il (o un) bagno: *im Meer* —, fare un bagno nel mare ♦ **sich baden** *v.pron.* fare il (o un) bagno.
**Baden-Württemberg** *das* Baden-Württemberg.
**Badeort** *der* [-(*e*)*s*,-*e*] **1** località balneare **2** stazione termale.
**Badetuch** *das* [-(*e*)*s*,-*tücher*] asciugamano.
**Badewanne** *die* [-,-*n*] vasca da bagno.
**Badezimmer** *das* [-*s*,-] (stanza da) bagno.

**Bagger** *der* [-*s*,-] scavatrice.
**Bahn** *die* [-,-*en*] **1** via (*anche fig.*); strada **2** corsia, carreggiata **3** ferrovia **4** stazione **5** (*astr.*) orbita.
**Bahnhof** *der* [-(*e*)*s*,-*höfe*] stazione.
**Bahnsteig** *der* [-(*e*)*s*,-*e*] (*ferr.*) marciapiede.
**Bahnübergang** *der* [-(*e*)*s*,-*gänge*] passaggio a livello.
**Bakterie** *die* [-,-*n*] batterio.
**bald** *compar.* **eher** *superl.* **ehest** *avv.* **1** presto **2** subito, tra poco.
**Balken** *der* [-*s*,-] trave.
**Balkon** *der* [-*s*,-*s*] **1** balcone **2** balconata.
**Ball**[1] *der* [-(*e*)*s*, *Bälle*] palla.
**Ball**[2] *der* [-(*e*)*s*, *Bälle*] ballo, festa da ballo.
**Ballast** *der* [-(*e*)*s*] zavorra (*anche fig.*).
**Ballaststoffe** *pl.* fibre (alimentari).
**Ballett** *das* [-(*e*)*s*,-*e*] balletto; corpo di ballo.
**Balletttänzer** *der* [-*s*,-; die -*in*] ballerino (*m.; f. -a*).
**Ballon** *der* [-*s*,-*s*] **1** (*aer.*) pallone (aerostatico) **2** (*giocattolo*) palloncino **3** damigiana.
**Balsam** *der* [-*s*,-*e*] balsamo (*anche fig.*).
**banal** *agg.* banale.
**Banane** *die* [-,-*n*] banana.
**Band**[1] *das* [-(*e*)*s*, *Bänder*] **1** nastro; fascia **2** nastro (magnetico) **3** (*radio*) banda **4** nastro trasportatore, catena di montaggio **5** (*anat.*) legamento.
**Band**[2] *der* [-(*e*)*s*, *Bände*] volume, tomo.

**Band³** *die* [-,-s] (*mus.*) complesso, band.
**Bande** *die* [-,-n] banda, gang.
**Bank¹** *die* [-, *Bänke*] **1** panca, panchina **2** banco (di lavoro).
**Bank²** *die* [-,-en] **1** banca **2** banco (da gioco).
**Bankangestellte** *der* e *die* [-n,-n] impiegato (*m.*; *f.* -a) di banca, bancario (*m.*; *f.* -a).
**Bankier** *der* [-s,-s] banchiere.
**Bankkonto** *das* [-s,-konten] conto bancario.
**Banknote** *die* [-,-n] banconota, biglietto di banca.
**Bankrott** *der* [-(e)s,-e] bancarotta, fallimento: — *machen*, — *gehen*, fare bancarotta, fallire.
**Banküberfall** *der* [-(e)s,-fälle] rapina in banca.
**Banküberweisung** *die* [-,-en] bonifico bancario.
**bar** *agg.* (*di denaro*) contante, in contanti ♦ *avv.* in contanti.
**Bar** *die* [-,-s] **1** night(-club) **2** bancone, bar.
**Bär** *der* [-en,-en] orso (*anche fig.*) ● (*astr.*) *Großer* —, orsa maggiore; *Kleiner* —, orsa minore.
**Baracke** *die* [-,-n] baracca.
**barbarisch** *agg.* barbarico.
**barfuß** *avv.* a piedi nudi, scalzo.
**Bargeld** *das* [-(e)s] denaro contante.
**Bariton** *der* [-s,-e] (*mus.*) baritono.
**barmherzig** *agg.* caritatevole, misericordioso.
**Barock** *das* o *der* [-s] barocco.
**Barometer** *das* [-s,-] barometro.
**Barriere** *die* [-,-n] barriera.
**barsch** *agg.* brusco, sgarbato.
**Bart** *der* [-(e)s, *Bärte*] barba.
**Barzahlung** *die* [-,-en] pagamento in contanti.
**Basel** *das* Basilea.
**Basilikum** *das* [-s] basilico.
**Basis** *die* [-, *Basen*] base (*anche estens.*).
**Basketball** *der* [-(s)] pallacanestro, basket.

**Bass** *der* [*Basses, Bässe*] (*mus.*) **1** basso **2** contrabbasso.
**basteln** *v.intr.* [*haben*] praticare il bricolage.
**Batterie** *die* [-,-n] batteria (*anche elettr.*).
**Bau¹** *der* [-(e)s,-ten] **1** edificio, fabbricato; struttura **2** corporatura.
**Bau²** *der* [-(e)s,-e] tana (*anche fig.*).
**Bauarbeiter** *der* [-s,-; die *-in*] lavoratore (*m.*; *f.* -trice) edile.
**Bauch** *der* [-(e)s, *Bäuche*] ventre, pancia.
**Bauchschmerzen** *pl.* mal di pancia.
**bauen** *v.tr.* **1** costruire, edificare **2** fondare, istituire ♦ *v.intr.* [*haben*] **1** costruire, edificare **2** (*an* + *Dat*) lavorare (a).
**Bauer** *der* [-n,-n] contadino, agricoltore.
**Bäuerin** *die* [-,-nen] contadina.
**bäuerlich** *agg.* rustico, rurale.
**Bauernhof** *der* [-(e)s,-höfe] podere, fattoria.
**Baukunst** *die* [-,-künste] architettura.
**Bauland** *das* [-(e)s,-länder] area edificabile.
**baulich** *agg.* edilizio, costruttivo.
**Baum** *der* [-(e)s, *Bäume*] albero.
**baumeln** *v.intr.* [*haben*] penzolare, ciondolare.
**Baumschule** *die* [-,-n] vivaio.
**Baumwolle** *die* [-,-n] cotone.
**Baustein** *der* [-(e)s,-e] pietra da costruzione.
**Baustelle** *die* [-,-n] **1** cantiere **2** (*segnaletica*) lavori in corso.
**Bayer** *der* [-n,-n; die *-in*] bavarese (*m.* e *f.*).
**bay(e)risch** *agg.* bavarese.
**Bayern** *das* Baviera.
**Bazille** *die* [-,-n] bacillo.
**beabsichtigen** *v.tr.* avere intenzione di.
**beachten** *v.tr.* **1** fare attenzione a, tenere conto di **2** osservare, rispettare.
**beachtlich** *agg.* considerevole, notevole.
**Beamte** *der* [-n,-n; die *Beamtin*] funzionario (*m.*; *f.* -ia), impiegato (*m.*; *f.* -a) statale.

**beängstigen** *v.tr.* impaurire, mettere paura a.

**beanspruchen** *v.tr.* pretendere, esigere ● *seine Arbeit beansprucht ihn voll und ganz*, il suo lavoro lo assorbe totalmente.

**beanstanden** *v.tr.* obiettare, contestare.

**Beanstandung** *die* [-,-en] critica (*anche estens.*).

**beantragen** *v.tr.* chiedere, fare domanda di (o per).

**beantworten** *v.tr.* rispondere a; reagire a.

**bearbeiten** *v.tr.* **1** lavorare, trattare **2** elaborare (dati); sbrigare (pratiche).

**Bearbeitung** *die* [-,-en] **1** lavorazione: *in —*, in lavorazione, in preparazione **2** (*tecn.*) trattamento **3** disbrigo (di pratica) **4** (*mus.*) arrangiamento **5** (*teatr., cinem.*) adattamento.

**Beatmung** *die* [-,-en] ● (*künstliche*) —, respirazione artificiale.

**beaufsichtigen** *v.tr.* sorvegliare, controllare, vigilare su.

**beauftragen** *v.tr.* incaricare.

**Beauftragung** *die* [-,-en] incarico.

**bebauen** *v.tr.* **1** fabbricare, edificare su **2** (*agr.*) coltivare.

**beben** *v.intr.* [*haben*] tremare.

**Becher** *der* [-s,-] **1** calice, coppa; vasetto **2** bicchiere.

**Becken** *das* [-s,-] **1** lavandino **2** piscina **3** (*geogr., anat.*) bacino **4** (*pl.*) (*mus.*) piatti.

**bedacht** *p.p.* di **bedenken** ♦ *agg.* **1** soppesato, ben valutato **2** circospetto.

**bedanken, sich** *v.pron.* ringraziare: *sich bei jdm für etw —*, ringraziare qlcu di qlco.

**Bedarf** *der* [-(e)s] fabbisogno; bisogno ● *an Benzin — haben*, avere bisogno di benzina | *nach —*, a seconda del fabbisogno, a richiesta.

**bedauerlich** *agg.* deplorevole; spiacevole.

**bedauern** *v.tr.* compiangere; dispiacersi per.

**Bedauern** *das* [-s] rammarico, dispiacere.

**bedauernswert** *agg.* **1** (*di cosa*) deplorevole **2** compassionevole.

**bedecken** *v.tr.* (*mit*) coprire (di), ricoprire (di) ♦ *sich bedecken* *v.pron.* (*mit*) coprirsi (con).

**bedenken** (→ *denken*) *v.tr.* considerare, tenere conto di.

**bedenklich** *agg.* **1** preoccupante **2** dubbioso.

**bedeuten** *v.tr.* significare, voler dire (*anche estens.*).

**bedeutend** *agg.* importante, eminente ♦ *avv.* considerevolmente, in modo rilevante.

**Bedeutung** *die* [-,-en] significato, senso.

**bedeutungslos** *agg.* insignificante, irrilevante.

**bedeutungsvoll** *agg.* **1** importante **2** significativo, eloquente.

**bedienen** *v.tr.* servire: *jdn mit etw —*, servire qlco a qlcu **2** (*tecn.*) manovrare ♦ *v.intr.* [*haben*] servire **2** (*a carte*) rispondere ♦ *sich bedienen* *v.pron.* (+ *Gen*) **1** servirsi (di) **2** usare, fare uso (di).

**Bedienung** *die* [-,-en] **1** servizio **2** cameriere; personale di servizio.

**bedingen** *v.tr.* **1** causare, determinare **2** presupporre.

**bedingt** *p.p.* di **bedingen** ♦ *agg.* **1** limitato **2** condizionato ♦ *avv.* con riserva, in parte ● (*dir.*) *— verurteilt*, condannato con la condizionale.

**Bedingung** *die* [-,-en] **1** condizione **2** (*spec.pl.*) circostanza ● *unter jeder —*, a ogni costo.

**bedingungslos** *agg.* **1** incondizionato **2** totale, assoluto ♦ *avv.* senza riserve, incondizionatamente.

**bedrängen** *v.tr.* incalzare; assalire.

**bedrohen** *v.tr.* minacciare.

**bedrohlich** *agg.* minaccioso.

**Bedrohung** *die* [-,-en] minaccia.

**bedrücken** *v.tr.* deprimere, opprimere.

**bedrückt** *agg.* depresso, abbattuto.

**bedürfen** [*bedarf / bedurfte / bedurft*] *v.intr.* [*haben*] (*Gen*) avere bisogno (di).

**Bedürfnis** *das* [-ses,-se] (*nach*) bisogno (di), necessità (di).
**bedürftig** *agg.* 1 (+ *Gen*) bisognoso (di) 2 povero.
**beeilen, sich** *v.pron.* sbrigarsi.
**beeindrucken** *v.tr.* impressionare, colpire.
**beeinflussen** *v.tr.* influenzare, influire su.
**beend(ig)en** *v.tr.* terminare; completare.
**beerdigen** *v.tr.* seppellire, sotterrare.
**Beerdigung** *die* [-,-en] 1 sepoltura 2 funerale.
**Beere** *die* [-,-n] bacca; (*di uva*) acino, chicco.
**Beet** *das* [-(e)s,-e] aiuola.
**befallen** (→ *fallen*) *v.tr.* 1 colpire, assalire 2 (*di parassiti*) infestare.
**Befangenheit** *die* [-] imbarazzo.
**befassen, sich** *v.pron.* (*mit*) occuparsi (di).
**Befehl** *der* [-(e)s,-e] ordine, comando.
**befehlen** [*befiehlt / befahl / befohlen*] *v.tr.* ordinare, comandare ♦ *v.intr.* [*haben*] (*über* + *Acc*) comandare.
**befestigen** *v.tr.* fissare, attaccare.
**befeuchten** *v.tr.* inumidire, umettare.
**befinden** (→ *finden*) *v.intr.* [*haben*] (*über* + *Acc*) deliberare (su), decidere (su, di) ♦ **sich befinden** *v.pron.* 1 trovarsi, essere situato 2 (*fig.*) sentirsi.
**beflecken** *v.tr.* macchiare (*anche fig.*).
**befolgen** *v.tr.* seguire, attenersi a (consigli, ordini).
**befördern** *v.tr.* 1 spedire, inoltrare (merci); trasportare 2 promuovere.
**Beförderung** *die* [-,-en] 1 spedizione, trasporto 2 promozione, avanzamento.
**befragen** *v.tr.* 1 interrogare 2 consultare ♦ **sich befragen** *v.pron.* chiedersi ● *jdn nach seiner Meinung* —, chiedere l'opinione di qlcu.
**Befragung** *die* [-,-en] 1 (*scol.*) interrogazione 2 (*estens.*) inchiesta, sondaggio.
**befreien** *v.tr.* 1 liberare 2 esonerare ♦ **sich befreien** *v.pron.* (*von*) liberarsi (di).

**Befreiung** *die* [-,-en] liberazione (*anche fig.*).
**befreunden, sich** *v.pron.* (*mit*) 1 stringere amicizia (con) 2 abituarsi (a).
**befriedigen** *v.tr.* soddisfare, appagare.
**befriedigend** *agg.* soddisfacente, discreto (*anche scol.*).
**Befriedigung** *die* soddisfacimento; soddisfazione.
**befristet** *agg.* limitato, a termine.
**befruchten** *v.tr.* fecondare (*anche fig.*).
**Befruchtung** *die* [-,-en] fecondazione.
**befugen** *v.tr.* autorizzare.
**Befugnis** *die* [-,-se] autorizzazione, facoltà, potere.
**befühlen** *v.tr.* tastare, toccare.
**Befund** *der* [-(e)s,-e] referto, esito.
**befürchten** *v.tr.* temere.
**Befürchtung** *die* [-,-en] timore.
**befürworten** *v.tr.* appoggiare, sostenere.
**Befürwortung** *die* [-,-en] appoggio, sostegno.
**begabt** *agg.* 1 (*mit*) dotato (di) 2 (*für*) portato (per).
**Begabung** *die* [-,-en] talento, disposizione.
**begeben** (→ *geben*) *v.tr.* (*econ.*) mettere in circolazione, emettere ♦ **sich begeben** *v.pron.* 1 recarsi 2 (*an* + *Acc*) dare inizio (a).
**begegnen** *v.intr.* [*sein*] (+ *Dat*) 1 incontrare, imbattersi in 2 trattare: *jdm unfreundlich* —, trattare qlcu in modo scortese 3 affrontare.
**Begegnung** *die* [-,-en] incontro (*anche sport*).
**begehen** (→ *gehen*) *v.tr.* 1 percorrere 2 commettere: *einen Fehler* —, commettere un errore 3 festeggiare.
**begehren** *v.tr.* desiderare, bramare.
**begeistern** *v.tr.* entusiasmare ♦ **sich begeistern** *v.pron.* (*für*) entusiasmarsi (per).
**begeistert** *agg.* (*von*) entusiasta (di), appassionato (di) ♦ *avv.* con entusiasmo.
**Begeisterung** *die* [-] entusiasmo.

**begießen** (→ *gießen*) *v.tr.* **1** versare su **2** (*estens.*) annaffiare, bagnare.
**Beginn** *der* [-(e)s] inizio, principio.
**beginnen** [*begann / begonnen*] *v.tr.* e *intr.* cominciare, iniziare.
**beglaubigen** *v.tr.* **1** convalidare, autenticare **2** accreditare.
**begleiten** *v.tr.* accompagnare (*anche mus.*).
**Begleitung** *die* [-,-en] **1** compagnia **2** accompagnamento (*anche mus.*) ● *in —* (+ *Gen* o *von*), in compagnia (di).
**beglückwünschen** *v.tr.* fare gli auguri a, congratularsi con.
**begnügen, sich** *v.pron.* (*mit*) accontentarsi (di); limitarsi (a).
**begraben** (→ *graben*) *v.tr.* seppellire, sotterrare.
**Begräbnis** *das* [-*ses*,-*se*] sepoltura, funerale.
**begreifen** (→ *greifen*) *v.tr.* comprendere, capire.
**begrenzen** *v.tr.* (*auf* + *Acc*) limitare (a) (*anche fig.*).
**begrenzt** *agg.* limitato, ristretto (*anche fig.*).
**Begriff** *der* [-(e)s,-e] concetto; idea.
**begründen** *v.tr.* **1** motivare, giustificare **2** creare, fondare.
**begrüßen** *v.tr.* salutare; dare il benvenuto a; accogliere.
**Begrüßung** *die* [-,-en] saluto; benvenuto.
**begünstigen** *v.tr.* favorire; agevolare.
**begutachten** *v.tr.* fare una perizia di.
**Begutachtung** *die* [-,-en] perizia.
**behaart** *agg.* peloso, villoso.
**behaglich** *agg.* confortevole; gradevole ♦ *avv.* a proprio agio.
**behalten** (→ *halten*) *v.tr.* **1** tenere; trattenere **2** serbare, conservare **3** tenere a mente ● *etw für sich —*, tenere qlco per sé.
**Behälter** *der* [-*s*,-] recipiente, contenitore.
**behandeln** *v.tr.* **1** trattare (*anche tecn.*) **2** (*med.*) curare.
**Behandlung** *die* [-,-en] **1** trattamento (*anche tecn., med.*) **2** (*di argomento*) trattazione.

**beharren** *v.intr.* [*haben*] (*auf* + *Dat*) persistere (in), perseverare (in).
**behaupten** *v.tr.* affermare; (*estens.*) sostenere ♦ **sich behaupten** *v.pron.* affermarsi, imporsi.
**Behauptung** *die* [-,-en] **1** affermazione, asserzione **2** sostegno; difesa.
**beherbergen** *v.tr.* alloggiare; ospitare.
**beherrschen** *v.tr.* dominare, controllare (*anche fig.*) ♦ **sich beherrschen** *v.pron.* dominarsi, controllarsi.
**Beherrschung** *die* [-] **1** dominio, controllo **2** padronanza.
**behilflich** *agg.* utile ● *jdm bei etw — sein*, essere di aiuto a qlcu in qlco.
**behindern** *v.tr.* **1** ostacolare, impedire; intralciare **2** (*sport*) marcare.
**behindert** *agg.* handicappato, disabile.
**Behinderung** *die* [-,-en] **1** ostacolo, impedimento **2** handicap, invalidità.
**Behörde** *die* [-,-*n*] **1** autorità (statale) **2** ufficio (statale).
**behördlich** *agg.* ufficiale, amministrativo.
**behüten** *v.tr.* **1** custodire **2** (*vor*) proteggere (da) ● *ein Geheimnis —*, mantenere un segreto.
**behutsam** *agg.* cauto, prudente ♦ *avv.* con cautela.
**bei** *prep.* (+ *Dat*) **1** (*luogo*) vicino (a), presso, nei pressi di **2** (*riferito a persone*) da, con: *wir treffen uns heute — Peter*, oggi ci troviamo da Peter; *— uns*, da noi **3** (*in ambito lavorativo*) a, in: *er arbeitet — Siemens*, lavora alla Siemens **4** (*tempo*) di, in: *— Tag und Nacht*, di giorno e di notte; *— dieser Gelegenheit*, in questa occasione **5** (*con infinito sostantivato*) quando: *beim Lesen brauche ich eine Brille*, quando leggo ho bisogno degli occhiali **6** (*condizione*) con: *— offenem Fenster schlafen*, dormire con la finestra aperta **7** (*tradotto con gerundio*): *beim Lachen*, ridendo.
**bei·behalten** (→ *behalten*) *v.tr.* mantenere, conservare.
**bei·bringen** (→ *bringen*) *v.tr.* **1** addurre; fornire (prove ecc.) **2** causare, provocare **3** (*fig.*) insegnare, far capire.

**Beichte** *die* [-,-n] confessione.
**beichten** *v.tr.* confessare ♦ *v.intr.* confessarsi.
**beide** *agg.* entrambi, tutti e due: — *Schwestern sind sehr hübsch,* tutte e due le sorelle sono molto graziose ♦ *pron.pl.* entrambi, tutti e due: *ihr* —, entrambi voi ● *beides,* entrambe le cose, tutt'e due le cose: *beides ist richtig,* tutt'e due le cose sono esatte.
**beiderseitig** *agg.* 1 da entrambe le parti 2 reciproco, mutuo.
**beiderseits** *prep.* (+ *Gen*) da entrambi i lati (di) ♦ *avv.* da ambedue le parti.
**beieinander** *avv.* 1 uno vicino all'altro 2 insieme.
**Beifahrer** *der* [-s,-; die -in] passeggero (*m.; f.* -a) (accanto al conducente).
**Beifall** *der* [-(e)s,-fälle] 1 applauso 2 approvazione.
**bei·fügen** *v.tr.* allegare, accludere.
**bei·geben** (→ *geben*) *v.tr.* allegare; (*estens.*) aggiungere ● *klein* —, darsi per vinto.
**Beihilfe** *die* [-,-n] sussidio, sovvenzione.
**Beil** *das* [-(e)s,-e] scure.
**Beilage** *die* [-,-n] 1 allegato; (*di giornale*) supplemento 2 (*gastr.*) contorno.
**beiläufig** *agg.* occasionale, casuale — *gesagt,* per inciso, fra parentesi.
**bei·legen** *v.tr.* 1 accludere, allegare 2 attribuire 3 comporre (una lite).
**Beileid** *das* [-(e)s] condoglianze.
**bei·liegen** (→ *liegen*) *v.intr.* [*haben*] essere accluso.
**beiliegend** *agg.* allegato ♦ *avv.* qui accluso, in allegato.
**beim** *prep.art.* (*bei + dem*) → **bei**.
**bei·messen** (→ *messen*) *v.tr.* attribuire, ascrivere.
**Bein** *das* [-(e)s,-e] gamba; (*di animale*) zampa.
**beisammen** *avv.* insieme, in compagnia.
**beiseite** *avv.* da parte, in disparte ● — *lassen,* tralasciare; trascurare.
**bei·setzen** *v.tr.* seppellire.
**Beisetzung** *die* [-,-en] funerale; sepoltura.

**Beispiel** *das* [-(e)s,-e] esempio ● *zum* —, per esempio.
**beispielsweise** *avv.* per esempio.
**beißen** [*biss / gebissen*] *v.tr.* 1 mordere; morsicare 2 (*di insetti*) pungere ♦ *v.intr.* [*haben*] (*in* + *Dat*) dare un morso (a), addentare ● *diese Farben* — *sich,* questi colori fanno a pugni.
**Beistand** *der* [-(e)s] 1 assistenza, aiuto 2 (*dir.*) consulente legale ● *jdn um* — *bitten,* chiedere aiuto a qlcu.
**bei·stehen** (→ *stehen*) *v.intr.* [*haben*] (+ *Dat*) aiutare, assistere.
**Beitrag** *der* [-(e)s,-träge] 1 contributo 2 (*in un giornale*) articolo; (*in un convegno*) intervento 3 quota (associativa) 4 (*assicurazione*) premio.
**bei·tragen** (→ *tragen*) *v.intr.* [*haben*] (*zu*) contribuire (a).
**bei·treten** (→ *treten*) *v.intr.* [*sein*] (+ *Dat*) aderire (a).
**Beitritt** *der* [-(e)s,-e] adesione.
**bei·wohnen** *v.intr.* [*haben*] (+ *Dat*) partecipare (a), assistere (a).
**bejahen** *v.tr.* e *intr.* [*haben*] rispondere affermativamente; dire di sì a qlco.
**bekämpfen** *v.tr.* combattere (*anche fig.*).
**Bekämpfung** *die* [-,-en] lotta (organizzata).
**bekannt** *agg.* 1 noto, risaputo 2 famoso; conosciuto ● *jdn mit jdm* — *machen,* presentare qlcu a qlcu.
**Bekannte** *der* e *die* [-n,-n] conoscente (*m.* e *f.*); (*fam.*) amico (*m.; f.* -a).
**bekannt·geben** (→ *geben*) *v.tr.* comunicare, rendere noto.
**Bekanntheit** *die* [-] notorietà; fama.
**bekanntlich** *avv.* notoriamente, come tutti sanno.
**bekannt·machen** *v.tr.* 1 comunicare, rendere noto 2 (*mit*) prendere dimestichezza (con).
**Bekanntmachung** *die* [-,-en] comunicato, dichiarazione.
**Bekanntschaft** *die* [-,-en] 1 conoscenza 2 (*estens.*) conoscenti.
**bekannt·werden** (→ *werden*) *v.intr.* [*sein*] diventare noto.
**bekehren** *v.tr.* 1 (*zu*) convertire (a) 2

**(zu)** convincere (a) ♦ **sich bekehren** *v.pron.* (zu) convertirsi (a).
**Bekehrung** *die* [-,-en] conversione.
**bekennen** (→ *kennen*) *v.tr.* ammettere, riconoscere ♦ **sich bekennen** *v.pron.* professarsi, dichiararsi.
**Bekenntnis** *das* [-ses,-se] 1 dichiarazione 2 (*pl.*) confessioni.
**beklagen** *v.tr.* lamentare, deprecare ♦ **sich beklagen** *v.pron.* (**über** + *Acc*) lamentarsi (di).
**bekleiden** *v.tr.* vestire; rivestire.
**Bekleidung** *die* [-,-en] 1 vestiti, abbigliamento 2 rivestimento.
**beklemmen** *v.tr.* opprimere; angosciare.
**bekommen** (→ *kommen*) *v.tr.* 1 ricevere, ottenere 2 avere, provare ♦ *v.intr.* [*sein*] giovare, far bene ● *eine Erkältung* —, prenderai un raffreddore | *Lust* —, *etwas zu tun*, avere voglia di fare qualcosa | *sie bekommt ein Kind*, aspetta un bambino.
**Belag** *der* [-(e)s,-*Beläge*] 1 strato; patina 2 rivestimento 3 (*tecn.*) guarnizione.
**Belang** *der* [-(e)s,-e] 1 importanza: *ohne* (o *nicht von*) —, senza importanza; *von* —, importante 2 (*pl.*) interessi.
**belanglos** *agg.* irrilevante, senza importanza.
**belästigen** *v.tr.* importunare; disturbare.
**Belästigung** *die* [-,-en] noie; disturbo.
**Belastung** *die* [-,-en] 1 carico; peso (*anche fig.*) 2 (*fin.*) addebito; onere.
**beleben** *v.tr.* 1 rianimare 2 (*fig.*) ravvivare, vivacizzare.
**Beleg** *der* [-(e)s,-e] 1 prova 2 quietanza; ricevuta.
**belegen** *v.tr.* (*mit*) (ri)coprire (con, di).
**Belegschaft** *die* [-,-en] personale (dipendente); maestranze.
**belehren** *v.tr.* 1 istruire 2 informare: *jdn über etw* —, informare qlcu di qlco.
**beleidigen** *v.tr.* offendere (*anche fig.*).
**Beleidigung** *die* [-,-en] offesa, insulto.
**beleuchten** *v.tr.* illuminare.
**Beleuchtung** *die* [-,-en] illuminazione; luce.

**belichten** *v.tr.* (*fot.*) impressionare, esporre (alla luce).
**Belieben** *das* [-s] piacimento, gradimento ● *nach* —, a piacere.
**beliebig** *agg.* 1 qualsiasi 2 facoltativo ♦ *avv.* a scelta, a piacere.
**beliebig...²** *pron.indef.* qualsiasi, chiunque.
**beliebt** *agg.* (*bei*) benvoluto (da), amato (da) ♦ *sich* — *machen*, farsi benvolere.
**bellen** *v.intr.* e *v.tr.* [*haben*] abbaiare.
**belohnen** *v.tr.* (*für*) ricompensare (per).
**Belohnung** *die* [-,-en] ricompensa: *zur* —, come ricompensa.
**belüften** *v.tr.* aerare, ventilare.
**bemalen** *v.tr.* dipingere; colorare.
**bemerken** *v.tr.* notare, osservare; accorgersi di.
**bemerkenswert** *agg.* degno di nota.
**Bemerkung** *die* [-,-en] 1 osservazione 2 annotazione, appunto.
**bemitleiden** *v.tr.* compatire, compiangere.
**bemühen** *v.tr.* incomodare, disturbare ♦ **sich bemühen** *v.pron.* 1 (*um*) sforzarsi (di), impegnarsi (per) 2 incomodarsi, disturbarsi ● *sich um jdn* —, adoperarsi per qlcu.
**benachrichtigen** *v.tr.* informare, avvisare.
**Benachrichtigung** *die* [-,-en] informazione; avviso.
**benachteiligen** *v.tr.* svantaggiare, danneggiare.
**benehmen** (→ *nehmen*) *v.tr.* togliere, impedire ♦ **sich benehmen** *v.pron.* comportarsi.
**Benehmen** *das* [-s] 1 comportamento 2 (*estens.*) buone maniere.
**beneiden** *v.tr.* (*um*) invidiare (per).
**benennen** (→ *nennen*) *v.tr.* dare un nome a (persone); intitolare (strade, piazze).
**benötigen** *v.tr.* aver bisogno di, necessitare di.
**benutzen, benützen** *v.tr.* 1 utilizzare, usare 2 servirsi di 3 approfittare di.
**Benutzer** *der* [-s,-; die -*in*] utente (*m.*

e *f.*) 2 (*estens.*) consumatore (*m.*; *f.* -trice).
**Benutzung** *die* [-] 1 uso, impiego 2 (*estens.*) sfruttamento.
**Benzin** *das* [-s,-e] benzina.
**beobachten** *v.tr.* 1 osservare; scrutare 2 notare, accorgersi di 3 sorvegliare.
**bequem** *agg.* 1 comodo, confortevole 2 (*di persona*) pigro, indolente ♦ *avv.* 1 comodamente 2 con facilità.
**Bequemlichkeit** *die* [-,-en] 1 comodità, comfort 2 (*estens.*) comodo; calma 3 pigrizia, indolenza.
**beraten¹** (→ *raten*) *v.tr.* consigliare; consigliarsi su ♦ *v.intr.* [*haben*] (*über* + *Acc*) discutere (di), deliberare.
**beraten²** *p.p.* di **beraten¹** ● *damit bist du gut* (*o schlecht*) —, è un buon (*o* cattivo) consiglio.
**Berater** *der* [-s,-; *die* -*in*] 1 consigliere (*m.*; *f.* -a) 2 consulente (*m.* e *f.*).
**Beratung** *die* [-,-en] 1 discussione, dibattito 2 (*dir.*) consulenza 3 (*med.*) consulto.
**Beratungsstelle** *die* [-,-n] consultorio.
**berauschen** *v.tr.* inebriare; ubriacare.
**berechenbar** *agg.* 1 calcolabile, valutabile 2 (*di persone, reazioni*) prevedibile.
**berechnen** *v.tr.* 1 calcolare (*anche fig.*) 2 mettere in conto.
**berechnend** *agg.* calcolatore, interessato.
**Berechnung** *die* [-,-en] calcolo (*anche fig.*) ● *aus* — *handeln*, agire per calcolo.
**berechtigen** *v.tr.* autorizzare, legittimare ♦ *v.intr.* (*zu*) dare diritto (di).
**Berechtigung** *die* [-,-en] 1 autorizzazione, diritto 2 fondatezza.
**Bereich** *der* [-(*e*)*s*,-*e*] 1 cerchia (*fig.*) campo, settore 3 (*inform.*) area.
**bereichern** *v.tr.* arricchire (*anche fig.*).
**Bereicherung** *die* [-,-en] arricchimento.
**bereit** *agg.* (*zu*) pronto (a), preparato (a); disposto (a).
**bereiten** *v.tr.* 1 preparare 2 causare, procurare.

**bereit·halten** (→ *halten*) *v.tr.* tenere pronto.
**bereit·legen** *v.tr.* preparare, approntare.
**bereits** *avv.* già.
**Bereitschaft** *die* [-,-en] disponibilità.
**bereuen** *v.tr.* pentirsi di: *nichts zu — haben*, non avere rimpianti.
**Berg** *der* [-(*e*)*s*,-*e*] monte, montagna.
**bergab** *avv.* 1 in giù, in discesa; a valle 2 (*fam.*) di male in peggio.
**Bergarbeiter** *der* [-*s*-] minatore.
**bergauf** *avv.* in salita; a monte.
**bergen** [*birgt* / *barg* / *geborgen*] *v.tr.* 1 ricuperare; (*estens.*) salvare 2 nascondere, celare: *Gefahren in sich* —, comportare (dei) pericoli.
**Bergführer** *der* [-*s*,-; *die* -*in*] guida (*f.*) alpina.
**bergig** *agg.* montuoso, montagnoso.
**Bergkette** *die* [-,-n] catena montuosa.
**Bergmann** *der* [-(*e*)*s*,-*leute*] minatore.
**Bergrutsch** *der* [-(*e*)*s*,-*e*] frana.
**Bergsteigen** *das* [-*s*] alpinismo.
**Bergwerk** *das* [-(*e*)*s*,-*e*] miniera.
**Bericht** *der* [-(*e*)*s*,-*e*] relazione, rapporto ● *über etw — erstatten*, stendere un rapporto su qlco.
**berichten** *v.tr.* riferire, raccontare ♦ *v.intr.* [*haben*] (*über* + *Acc*, *von*) raccontare (di); fare il resoconto (su).
**Berichterstatter** *der* [-*s*,-; *die* -*in*] inviato (*m.*; *f.* -a); corrispondente (*m.* e *f.*).
**Berlin** *das* Berlino.
**Bern** *das* Berna.
**Bernstein** *der* [-(*e*)*s*] ambra.
**bersten** [*birst* / *barst* / *geborsten*] *v. intr.* [*sein*] fendersi, spaccarsi.
**berücksichtigen** *v.tr.* prendere in considerazione, tenere conto di.
**Beruf** *der* [-(*e*)*s*,-*e*] professione; mestiere ● *was sind Sie von* —?, che lavoro fa?
**berufen** (→ *rufen*) *v.tr.* 1 chiamare, far venire 2 nominare, designare ♦ *sich berufen* *v.pron.* (*auf* + *Acc*) appellarsi (a).
**beruflich** *agg.* professionale ♦ *avv.* per lavoro.
**Berufsausbildung** *die* [-,-en] formazione professionale.

**berufstätig** *agg.* che esercita una professione; attivo.
**Berufstätige** *der* e *die* [*-n,-n*] lavoratore (*m.*; *f.* -trice).
**Berufstätigkeit** *die* [*-,-en*] attività professionale.
**Berufung** *die* [*-,-en*] **1** vocazione **2** (*estens.*) nomina, designazione **3** (*dir.*) appello, ricorso.
**beruhen** *v.intr.* [*haben*] (*auf* + *Dat*) basarsi (su), fondarsi (su).
**beruhigen** *v.tr.* calmare, tranquillizzare; alleviare (dolori) ♦ **sich beruhigen** *v.pron.* calmarsi, tranquillizzarsi.
**Beruhigung** *die* [*-,-en*] **1** acquietamento **2** (*di dolori*) alleviamento **3** consolazione, conforto.
**Beruhigungsmittel** *das* [*-s,-*] sedativo, tranquillante.
**berühmt** *agg.* celebre; noto.
**Berühmtheit** *die* [*-,-en*] celebrità.
**berühren** *v.tr.* toccare (*anche estens.*); sfiorare.
**Berührung** *die* [*-,-en*] **1** contatto **2** (*fig.*) rapporto.
**Besatzung** *die* [*-,-en*] **1** (*aer., mar.*) equipaggio **2** (*mil.*) presidio, guarnigione.
**beschädigen** *v.tr.* danneggiare, guastare.
**Beschädigung** *die* [*-,-en*] **1** danneggiamento **2** danno, guasto, avaria.
**beschaffen** *v.tr.* procurare, fornire.
**beschäftigen** *v.tr.* dare lavoro a, impiegare **2** impegnare; dare da pensare a ♦ **sich beschäftigen** *v.pron.* (*mit*) occuparsi (di), dedicarsi (a).
**beschäftigt** *agg.* occupato, impegnato ● *bei einer Firma — sein*, lavorare presso una ditta.
**Beschäftigung** *die* [*-,-en*] **1** attività, lavoro **2** occupazione.
**Bescheid** *der* [*-(e)s,-e*] informazione, avviso ● *jdm — sagen*, informare qlcu, dare una risposta a qlcu.
**bescheiden** *agg.* modesto, semplice.
**Bescheidenheit** *die* [*-*] modestia.
**bescheinigen** *v.tr.* attestare, certificare.
**bescheren** *v.tr.* fare un regalo (di Natale) a ● *jdm eine Überraschung —*, fare una sorpresa a qlcu.
**Bescherung** *die* [*-,-en*] distribuzione di regali (natalizi).
**beschimpfen** *v.tr.* insultare.
**Beschlag**[^1] *der* [*-(e)s,-schläge*] **1** borchia **2** (*tecn.*) guarnizione di metallo.
**Beschlag**[^2] *der* [*-(e)s,-schläge*] (*dir.*) sequestro, confisca ● *in — nehmen*, sequestrare.
**beschleunigen** *v.tr.* accelerare.
**Beschleunigung** *die* [*-,-en*] accelerazione.
**beschließen** (→ *schließen*) *v.tr.* **1** decidere, deliberare **2** concludere, terminare ♦ *v.intr.* [*haben*] (*über* + *Acc*) decidere (di, su), deliberare (su).
**Beschluss** *der* [*-schlusses,-schlüsse*] decisione.
**beschmieren** *v.tr.* **1** spalmare su **2** (*estens.*) sporcare, ungere.
**beschmutzen** *v.tr.* sporcare (*anche fig.*).
**beschneiden** (→ *schneiden*) *v.tr.* **1** tagliare **2** accorciare (*anche fig.*); spuntare; potare (alberi) **3** circoncidere.
**beschränken** *v.tr.* limitare; ridurre ♦ **sich beschränken** *v.pron.* (*auf* + *Acc*) limitarsi (a).
**beschreiben** (→ *schreiben*) *v.tr.* scrivere su; descrivere.
**Beschreibung** *die* [*-,-en*] descrizione.
**beschuldigen** *v.tr.* incolpare, accusare.
**Beschuldigung** *die* [*-,-en*] accusa, imputazione.
**beschützen** *v.tr.* proteggere.
**Beschwerde** *die* [*-,-n*] **1** (*pl.*) disturbi, dolori **2** lamentela, reclamo.
**beschweren** *v.tr.* **1** mettere un peso su; appesantire **2** (*fig.*) gravare ♦ **sich beschweren** *v.pron.* (*über* + *Acc*, *wegen* + *Gen/Dat*) lamentarsi (di).
**beschwören** (→ *schwören*) *v.tr.* **1** (*dir.*) giurare **2** scongiurare, implorare **3** esorcizzare.
**beseitigen** *v.tr.* **1** eliminare **2** allontanare.
**Besen** *der* [*-s,-*] scopa.
**besessen** *agg.* ossessionato.

**besetzen** v.tr. 1 occupare (anche mil.) 2 affidare, assegnare.
**besetzt** agg. 1 occupato 2 completo, pieno ● *nicht* —, libero.
**Besetzung** die [-,-en] 1 (mil.) occupazione 2 (abbigl.) guarnizione 3 (teatr.) assegnazione delle parti; cast 4 (sport) formazione.
**besichtigen** v.tr. 1 visitare 2 (mil.) ispezionare.
**Besichtigung** die [-,-en] 1 visita 2 (mil.) ispezione.
**besiegen** v.tr. vincere (anche fig.).
**Besinnung** die [-] coscienza, conoscenza ● *die — verlieren*, perdere i sensi; (fig.) perdere la testa | *wieder zur — kommen*, tornare in sé.
**Besitz** der [-es,-e] 1 patrimonio (anche fig.) 2 possesso.
**besitzen** (→ *sitzen*) v.tr. possedere, avere.
**besonder...** agg. speciale, particolare ● *im Besonderen*, in particolare.
**Besonderheit** die [-,-en] particolarità, peculiarità.
**besonders** avv. particolarmente ● *wie geht es dir? Nicht —*, come stai? Non molto bene.
**besorgen** v.tr. 1 procurare 2 eseguire, sbrigare 3 occuparsi di.
**Besorgnis** die [-,-se] preoccupazione.
**besorgt** agg. (um) preoccupato (per), inquieto (per).
**besprechen** (→ *sprechen*) v.tr. 1 discutere (di), parlare (di) 2 recensire.
**Besprechung** die [-,-en] discussione; colloquio.
**besser** compar. di *gut* agg. migliore ♦ avv. meglio: *es ist —, du kommst sofort*, è meglio che tu venga subito ● *es geht mir —*, sto meglio.
**bessern** v.tr. migliorare, correggere ♦ v.intr. [haben] (an + Dat) correggere | **sich bessern** v.pron. migliorare, correggersi.
**Besserung** die [-,-en] miglioramento ● *gute —!*, guarisci presto!
**Bestand** der [-es,-stände] 1 quantità, consistenza 2 stabilità, durata: *von — sein* (o — haben), durare, avere (lunga durata).
**beständig** agg. 1 (*gegen*) duraturo; resistente (contro) 2 costante; (*di tempo*) stabile ♦ avv. 1 continuamente, senza sosta 2 costantemente.
**Beständigkeit** die [-] 1 stabilità; resistenza 2 costanza.
**Bestandsaufnahme** die [-,-n] 1 inventario 2 (fig.) analisi (della situazione).
**Bestandteil** der [-(e)s,-e] componente, elemento, parte.
**bestätigen** v.tr. 1 confermare: *Ausnahmen — die Regel*, l'eccezione conferma la regola 2 (amm.) attestare, certificare ♦ **sich bestätigen** v.pron. trovare conferma.
**Bestätigung** die [-,-en] conferma, convalida.
**Bestattung** die [-,-en] 1 sepoltura 2 funerale.
**Beste** der e die [-n,-n] il migliore, la migliore ♦ *das* [-n] il meglio, la cosa migliore ● *aufs —*, nel modo migliore | *sein Bestes tun*, fare del proprio meglio.
**bestechen** (→ *stechen*) v.tr. corrompere.
**Besteck** das [-(e)s,-e] 1 posate 2 (med.) ferri chirurgici.
**bestehen** (→ *stehen*) v.intr. [haben] 1 esistere 2 (*aus*) essere costituito (da), essere (di) 3 (*in* + Dat) consistere (in), constare (di): *es besteht darin, dass...*, consiste in... 4 (*auf* + Dat) insistere (su) ♦ v.tr. superare, passare: *eine Prüfung —*, superare un esame.
**bestehend** agg. 1 esistente; attuale 2 (*di leggi*) vigente, in vigore.
**bestehlen** (→ *stehlen*) v.tr. (um) derubare (di).
**besteigen** (→ *steigen*) v.tr. 1 salire su; montare su 2 scalare (montagne) ● *den Thron —*, ascendere al trono.
**Besteigung** die [-,-en] scalata, ascensione.
**bestellen** v.tr. 1 ordinare; commissionare 2 prenotare 3 far venire, mandare a chiamare 4 riferire, trasmettere.
**Bestellung** die [-,-en] ordine; commissione ● *auf —*, su (o dietro) ordinazione | *eine — aufgeben*, fare un'ordinazione.
**bestenfalls** avv. nel migliore dei casi.

**bestens** *avv.* **1** nel miglior modo **2** benissimo.
**Bestie** *die* [-,-*n*] bestia (feroce), belva.
**bestimmen** *v.tr.* **1** stabilire; determinare **2** (*zu*, *als*) destinare (a) ♦ *v.intr.* (*haben*) (*über* + *Acc*) decidere (di).
**bestimmt** *agg.* **1** stabilito, fissato **2** determinato, preciso **3** (*mat.*) definito **4** (*gramm.*) determinativo ♦ *avv.* **1** certamente, senz'altro **2** con fermezza.
**Bestimmung** *die* [-,-*en*] **1** determinazione **2** scopo **3** (*spec.pl.*) disposizione, norma **4** classificazione; definizione.
**bestrafen** *v.tr.* punire.
**bestrahlen** *v.tr.* illuminare.
**Bestrahlung** *die* [-,-*en*] illuminazione.
**bestreichen** (→ *streichen*) *v.tr.* spalmare.
**bestreiten** (→ *streiten*) *v.tr.* **1** contestare, impugnare **2** sostenere, far fronte a.
**bestreuen** *v.tr.* (*mit*) cospargere (di).
**Besuch** *der* [-(*e*)*s*,-*e*] **1** visita (*anche med.*) **2** frequenza ● *ich habe* —, ho ospiti.
**besuchen** *v.tr.* **1** far visita a, andare a trovare **2** frequentare (scuola ecc.) **3** (*estens.*) recarsi (in un luogo).
**Besucher** *der* [-*s*,-; *die* -in] **1** visitatore (*m.*; *f.* -trice) **2** ospite (*m.* e *f.*) **3** spettatore (*m.*; *f.* -trice) **4** frequentatore (*m.*; *f.* -trice).
**betäuben** *v.tr.* **1** stordire, intontire **2** (*med.*) anestetizzare **3** (*di rumore*) assordare.
**Betäubung** *die* [-,-*en*] **1** stordimento, intontimento **2** (*med.*) anestesia.
**Betäubungsmittel** *das* [-*s*,-] narcotico; (*med.*) anestetico.
**beteiligen** *v.tr.* (*an* + *Dat*) far partecipare (a) ♦ *sich beteiligen* *v.pron.* (*an* + *Dat*) partecipare (a), collaborare (a).
**beteiligt** *agg.* partecipe, interessato.
**beten** *v.intr.* [*haben*] (*um*) pregare (per) ♦ *v.tr.* dire, recitare.
**Beton** *der* [-*s*,-*s*] calcestruzzo; cemento armato.
**betonen** *v.tr.* **1** accentare **2** (*fig.*) accentuare, sottolineare.
**betonieren** *v.tr.* cementare.

**Betonung** *die* [-,-*en*] accento (*anche fig.*).
**Betracht** *der* [-(*e*)*s*] considerazione.
**betrachten** *v.tr.* **1** guardare, osservare **2** (*estens.*) esaminare, considerare.
**beträchtlich** *agg.* considerevole, notevole.
**Betrag** *der* [-(*e*)*s*,-*träge*] importo, ammontare.
**betragen** (→ *tragen*) *v.intr.* [*haben*] ammontare a ♦ *sich betragen* *v.pron.* comportarsi.
**Betragen** *das* [-*s*] comportamento.
**Betreff** *der* [-(*e*)*s*,-*e*] (*amm.*) oggetto ● *in* —, per quanto riguarda, riguardo a.
**betreffen** (→ *treffen*) *v.tr.* concernere, riguardare: *was mich betrifft*, per quel che mi riguarda.
**betreffend** *agg.* **1** concernente, riguardante; competente **2** in questione, suddetto.
**betreffs** *prep.* (+ *Gen*) riguardo a, a proposito di.
**betreiben** (→ *treiben*) *v.tr.* **1** esercitare (attività, sport) **2** gestire (locali pubblici) **3** (*mecc.*) azionare.
**betreten** (→ *treten*) *v.tr.* entrare in, mettere piede in ● *den Rasen nicht* —, vietato calpestare le aiuole.
**betreuen** *v.tr.* aver cura di, assistere.
**Betreuung** *die* [-,-*en*] assistenza.
**Betrieb** *der* [-(*e*)*s*,-*e*] **1** azienda, impresa **2** attività, esercizio **3** movimento, traffico **4** (*mecc.*) azionamento; funzionamento ● *außer* —, fuori servizio | *in* — *setzen*, mettere in moto.
**Betriebssystem** *das* [-*s*,-*e*] (*inform.*) sistema operativo.
**Betriebswirtschaft**, **Betriebswirtschaftslehre** *die* [-] economia aziendale.
**betrinken**, **sich** (→ *trinken*) *v.pron.* ubriacarsi.
**betroffen** *agg.* (*über* + *Acc*) colpito (da), turbato (da).
**betrüben** *v.tr.* affliggere, rattristare ♦ *sich betrüben* *v.pron.* (*über* + *Acc*) affliggersi (per).
**betrüblich** *agg.* triste; spiacevole.

**betrübt** *agg.* (*über* + *Acc*) afflitto (per), triste (per).
**Betrug** *der* [-(e)s,-e] inganno, imbroglio; truffa.
**betrügen** [*betrügt* / *betrog* / *betrogen*] *v.tr.* **1** ingannare, imbrogliare **2** (*dir.*) truffare ♦ **sich betrügen** *v.pron.* illudersi, ingannarsi.
**Betrüger** *der* [-*s*,-; die -*in*] imbroglione (*m.*; *f.* -a); truffatore (*m.*; *f.* -trice).
**betrunken** *agg.* ubriaco.
**Bett** *das* [-(e)*s*,-*en*] letto: *zu* (o *ins*) — *gehen*, andare a letto; *sich ins* — *legen*, mettersi a letto.
**betteln** *v.intr.* [*haben*] (*um*) mendicare.
**Bettler** *der* [-*s*,-; die -*in*] mendicante (*m.* e *f.*).
**Betttuch** *das* [-(e)*s*,-*tücher*] lenzuolo.
**beugen** *v.tr.* **1** piegare (*anche fig.*); curvare, chinare **2** (*gramm.*) declinare (sostantivo); coniugare (verbo) ♦ **sich beugen** *v.pron.* piegarsi, curvarsi; chinarsi.
**Beule** *die* [-,-*n*] **1** bernoccolo **2** ammaccatura.
**beunruhigen** *v.tr.* preoccupare, inquietare ♦ **sich beunruhigen** *v.pron.* (*über* + *Acc*) inquietarsi (per).
**beurteilen** *v.tr.* giudicare (*anche estens.*).
**Beurteilung** *die* [-,-*en*] giudizio; (*estens.*) valutazione.
**Beute** *die* [-] **1** preda **2** bottino.
**Beutel** *der* [-*s*,-] **1** sacchetto, borsa **2** (*estens.*) borsellino **3** (*zool.*) marsupio.
**bevölkert** *agg.* (*von* o *mit*) popolato (di o da).
**Bevölkerung** *die* [-] popolazione.
**bevollmächtigen** *v.tr.* **1** autorizzare **2** delegare.
**bevor** *cong.* prima che, prima di.
**bevor·stehen** (→ *stehen*) *v.intr.* [*haben*] essere imminente, incombere.
**bevorzugen** *v.tr.* preferire; privilegiare.
**Bewachung** *die* [-,-*en*] sorveglianza, custodia.
**bewaffnen** *v.tr.* (*mit*) armare (di).
**bewahren** *v.tr.* **1** conservare **2** preservare, proteggere ♦ **sich bewahren**

*v.pron.* serbarsi, mantenersi ● *die Fassung* —, mantenere il controllo (di sé).
**bewährt** *agg.* **1** provato, (già) sperimentato **2** (*estens.*) esperto, versato.
**Bewährung** *die* [-,-*en*] **1** dimostrazione, conferma **2** (*dir.*) (sospensione) condizionale.
**bewältigen** *v.tr.* far fronte a; sbrigare (lavoro, incarico) ● *ein Problem* —, risolvere un problema.
**bewässern** *v.tr.* irrigare.
**bewegen** *v.tr.* **1** muovere, mettere in moto **2** (*fig.*) commuovere ♦ **sich bewegen** *v.pron.* muoversi; (*estens.*) avviarsi, mettersi in moto.
**Beweggrund** *der* [-(e)*s*,-*gründe*] movente, motivo.
**beweglich** *agg.* **1** mobile **2** (*di persona*) agile, dinamico.
**bewegt** *agg.* **1** mosso **2** commosso **3** vivace.
**Bewegung** *die* [-,-*en*] **1** movimento, moto (*anche fis.*) **2** (*fig.*) commozione **3** movimento, corrente.
**Beweis** *der* [-*es*,-*e*] prova (*anche dir., mat.*).
**beweisbar** *agg.* dimostrabile, provabile.
**beweisen** (→ *weisen*) *v.tr.* provare, dimostrare (*anche fig.*).
**bewerben, sich** (→ *werben*) *v.pron.* (*um*) fare domanda (per); concorrere (a), aspirare (a).
**Bewerbung** *die* [-,-*en*] domanda d'impiego.
**bewerten** *v.tr.* valutare, giudicare.
**Bewertung** *die* [-,-*en*] **1** valutazione, giudizio **2** (*scol.*) voto.
**bewirken** *v.tr.* provocare, causare.
**Bewohner** *der* [-*s*,-; die -*in*] **1** abitante (*m.* e *f.*) **2** (*estens.*) inquilino (*m.*; *f.* -a).
**bewölkt** *agg.* **1** nuvoloso **2** (*fig.*) offuscato.
**bewundern** *v.tr.* ammirare, contemplare.
**Bewunderung** *die* [-,-*en*] ammirazione.
**bewusst** *agg.* **1** (+ *Gen*) consapevole (di), cosciente (di) **2** intenzionale, voluto ● *jdm etw* —, rendere cosciente qlcu

di qlco | *sich* (*Dat*) *etw — werden*, rendersi conto di qlco.
**bewusstlos** *agg.* privo di sensi, svenuto.
**Bewusstlosigkeit** *die* [-] svenimento, incoscienza.
**Bewusstsein** *das* [-] coscienza ● *bei* (*o mit*) *vollem —*, in piena coscienza.
**bezahlen** *v.tr.* pagare (*anche fig.*).
**Bezahlung** *die* [-,-*en*] pagamento.
**bezaubern** *v.tr.* incantare, affascinare.
**bezeichnen** *v.tr.* **1** indicare, segnalare **2** (*mit*) segnare (con), contrassegnare (con).
**bezeugen** *v.tr.* **1** testimoniare di (*o* su), attestare **2** manifestare (rispetto, buona volontà).
**beziehen** (→ *ziehen*) *v.tr.* **1** (*mit*.) ricoprire (di), rivestire (di) **2** acquisire ad abitare in **3** acquistare, comprare ♦ *sich beziehen* *v.pron.* (*auf + Acc*) fare riferimento (a).
**Beziehung** *die* [-,-*en*] **1** rapporto, relazione **2** (*pl.*) agganci, appoggi ● *in dieser —*, a questo proposito.
**beziehungsweise** *cong.* **1** per la precisione, ovvero **2** rispettivamente.
**Bezirk** *der* [-(*e*)*s*,-*e*] **1** distretto, circoscrizione **2** zona, regione.
**Bezug** *der* [-(*e*)*s*,-*züge*] rivestimento, copertura; fodera; (*di cuscino*) federa ● *auf etw — nehmen*, riferirsi a qlco | *mit — auf* (+*Acc*), in (*o* con) riferimento a.
**bezüglich** *agg.* relativo.
**bezwecken** *v.tr.* mirare a, ambire a.
**bezweifeln** *v.tr.* dubitare di: *ich bezweifle es, dass…*, dubito che…
**BH** *der* [-(*s*),-(*s*)] (*fam.*) (*Büstenhalter*) reggiseno.
**Bibel** *die* [-,-*n*] Bibbia.
**Bibliothek** *die* [-,-*en*] biblioteca.
**Bibliothekar** *der* [-*s*,-*e*; die -*in*] bibliotecario (*m.; f.* -a).
**biblisch** *agg.* biblico.
**biegen** [*bog* / *gebogen*] *v.tr.* piegare; curvare ♦ *v.intr.* [*sein*] voltare, piegare, fare una curva ♦ *sich biegen* *v.pron.* piegarsi; curvarsi.
**Biene** *die* [-,-*n*] ape.

**Bienenzucht** *die* [-] apicoltura.
**Bier** *das* [-(*e*)*s*,-*e*] birra ● *— vom Fass*, birra alla spina.
**Biergarten** *der* [-*s*,-*gärten*] birreria all'aperto.

> NOTA | I primi *Biergärten* nacquero a Monaco nel XIX secolo; qui, sulle rive del fiume Isar, i grandi produttori di birra allestirono le loro cantine dove conservare e vendere la birra. Ancora oggi il tipico *Biergarten* è un locale all'aperto, situato all'ombra di grandi alberi, luogo di ritrovo nella bella stagione.

**Bierkrug** *der* [-(*e*)*s*,-*krüge*] boccale per birra.
**bieten** [*bot* / *geboten*] *v.tr.* **1** offrire, presentare **2** porgere, tendere ● (*comm.*) *höher —*, fare un'offerta maggiore.
**Bilanz** *die* [-,-*en*] bilancio (*anche fig.*): *die — ziehen*, fare il bilancio.
**Bild** *das* [-(*e*)*s*,-*er*] **1** quadro, dipinto **2** immagine, illustrazione **3** fotografia; fotogramma **4** scena.
**bilden** *v.tr.* **1** costruire, costituire **2** formare, istruire ♦ *sich bilden* *v.pron.* **1** formarsi, costituirsi **2** farsi una cultura ● *sich* (*Dat*) *eine Meinung über etw* (*Acc*) —, farsi un'opinione su qlco.
**Bildhauer** *der* [-*s*,-; die -*in*] scultore (*m.; f.* -trice).
**Bildnis** *das* [-*ses*,-*se*] ritratto.
**Bildschirm** *der* [-(*e*)*s*,-*e*] schermo; video.
**Bildung** *die* [-,-*en*] **1** costituzione, fondazione **2** (*estens.*) cultura, formazione.
**Billard** *das* [-*s*,-*s*] biliardo.
**billig** *agg.* conveniente, a buon mercato; (*di prezzo*) modico, basso.
**billigen** *v.tr.* approvare.
**Binde** *die* [-,-*n*] **1** benda, fascia **2** fasciatura **3** assorbente (igienico).
**Bindehaut** *die* [-,-*häute*] (*anat.*) congiuntiva.
**Bindehautentzündung** *die* [-] (*med.*) congiuntivite.
**binden** [*band* / *gebunden*] *v.tr.* **1** (*an + Acc*) legare (a); fissare (a) **2** allacciare, annodare **3** (*fig.*) impegnare, vincolare

# Bindestrich / bleich

♦ **sich binden** *v.pron.* legarsi (*anche fig.*)
**Bindestrich** *der* [-(e)s,-e] lineetta.
**Bindung** *die* [-,-en] 1 legame (*anche fig.*) 2 (*di sci*) attacco.
**binnen** *prep.* (*Dat* o *Gen*) entro, fra, nel giro di.
**Binnenhandel** *der* [-s] commercio interno (*o* nazionale).
**Binse** *die* [-,-en] giunco.
**Biographie** *die* [-,-n] biografia.
**Biologie** *die* [-] biologia.
**biologisch** *agg.* biologico.
**Birke** *die* [-,-n] betulla.
**Birnbaum** *der* [-(e)s,-bäume] pero.
**Birne** *die* [-,-n] 1 pera 2 (*elettr.*) lampadina.
**bis** *prep.* (+ *Acc*) 1 (*luogo*) fino a, sino a: — *wohin fahren Sie?*, fin dove va? 2 (*tempo*) fino, sino a: — *wann?*, fino a quando?; *von 10 — 17 Uhr geöffnet*, aperto dalle 10 alle 17; — (*zum*) *ersten Mai*, fino al primo maggio; — *jetzt*, finora; — *morgen!*, a domani! 3 (*stima*) da ... a ♦ *cong.* fino a che, finché ● — *auf* (*Acc*), tranne, eccetto: *alle* — *auf einen*, tutti meno uno | — *auf weiteres*, fino a nuovo avviso.
**Bischof** *der* [-s, *Bischöfe*] vescovo.
**bisher, bislang** *avv.* finora, fino adesso.
**Biss** *der* [-es, -e] morso.
**bisschen** *agg.invar.* poco, po': *ein* — *Geduld*, un poco di pazienza ● *ein* —, un poco, un po' | *kein* —, nemmeno un po', per niente.
**Bissen** *der* [-s,-] boccone.
**bissig** *agg.* 1 che morde 2 (*fig.*) pungente, mordace ● *Achtung, bissiger Hund*, attenti al cane.
**Bistum** *das* [-(e)s,-tümer] episcopato; diocesi.
**bitte** *avv.* prego, per favore, per cortesia: *würden Sie mir* — *helfen?*, per favore, potrebbe aiutarmi?; *hören Sie* — *zu!*, la prego di ascoltarmi! ● — *sehr* (*o* — *schön*), prego | *wie* —?, come (dice)?
**Bitte** *die* [-,-n] domanda, richiesta.
**bitten** [*bat | gebeten*] *v.tr.* pregare, chiedere a ● *jdn um einen Gefallen* —, chiedere un favore a qlcu | *jdn zum Essen* —, invitare qlcu a pranzo.
**bitter** *agg.* amaro (*anche fig.*) ♦ *avv.* 1 amaramente (*anche fig.*) 2 estremamente, terribilmente.
**Bizeps** *der* [-(e)s,-e] (*anat.*) bicipite.
**blähen** *v.tr.* gonfiare ♦ **sich blähen** *v.pron.* gonfiarsi.
**Blamage** *die* [-,-n] figuraccia.
**blamieren** *v.tr.* far fare una figuraccia a ♦ **sich blamieren** *v.pron.* fare una figuraccia.
**blank** *agg.* 1 lucente, lucido; liscio 2 pulito 3 nudo (*anche fig.*) ● — *sein*, essere al verde.
**Blankoscheck** *der* [-s,-s] assegno in bianco.
**Blase** *die* [-,-n] 1 bolla 2 (*anat., med.*) vescica.
**blasen** [*bläst | blies | geblasen*] *v.tr.* 1 soffiare (su) 2 (*mus.*) suonare (uno strumento a fiato) ♦ *v.intr.* [*haben*] 1 soffiare: *ins Feuer* —, soffiare sul fuoco 2 (*mus.*) (*auf* + *Dat*) suonare (uno strumento a fiato) ● *es bläst*, (*del tempo*) tira vento.
**blass** *compar.* **blasser** *o* **blässer** *agg.* 1 pallido 2 (*di colore ecc.*) scolorito, sbiadito 3 (*fam.*) lieve ● *ich habe keine blasse Ahnung*, non ne ho la più pallida idea.
**Blatt** *das* [-(e)s, *Blätter*] 1 (*bot.*) foglia 2 foglio; pagina (*anche fig.*).
**blättern** *v.intr.* [*haben*] (*in* + *Dat*) sfogliare.
**Blattgrün** *das* [-s,-s] clorofilla.
**blau** *agg.* 1 azzurro, blu; celeste 2 (*di pelle*) livido 3 (*fam.*) brillo, sbronzo.
**Blau** *das* [-s,-s] azzurro, blu.
**Blech** *das* [-(e)s,-e] 1 latta, lamiera 2 (*di ferro*) piastra 3 (*mus.*) ottoni.
**Blechdose** *die* [-,-n] barattolo di latta.
**bleiben** [*blieb | geblieben*] *v.intr.* [*sein*] rimanere; restare ● — *Sie bitte am Apparat*, resti in linea.
**bleibend** *agg.* permanente.
**bleiben·lassen** (→ *lassen*) *v.tr.* lasciar stare, smettere.
**bleich** *agg.* pallido, smorto: — *werden*, impallidire.

**bleichen** *v.tr.* **1** sbiancare, candeggiare **2** ossigenare (capelli).
**bleiern** *agg.* di piombo; (*fig.*) pesante.
**bleifrei** *agg.* senza piombo ● *bleifreies Benzin*, benzina senza piombo, verde.
**Bleistift** *der* [-(e)s,-e] matita.
**Blende** *die* [-,-n] **1** schermo **2** (*di casco*) visiera **3** (*fot.*) diaframma.
**blenden** *v.tr.* abbagliare (*anche fig.*); accecare ♦ *v.intr.* [*haben*] ingannare.
**Blick** *der* [-(e)s,-e] **1** occhiata, sguardo: *etw auf den ersten — sehen*, afferrare qlco a prima vista **2** veduta, vista.
**blicken** *v.intr.* [*haben*] **1** guardare, gettare uno sguardo (a, verso) **2** (*fig.*) (*aus*) trasparire (da) ● (*fam.*) *das lässt tief —*, questo spiega molte cose.
**Blickpunkt** *der* [-es,-e] punto di vista (*anche fig.*).
**blind** *agg.* **1** cieco (*anche fig.*) **2** falso, simulato: *ein blinder Alarm*, falso allarme **3** (*di vetro, di finestra*) offuscato, sporco ♦ *avv.* alla cieca.
**Blinddarm** *der* [-(e)s] (*anat.*) intestino cieco; appendice.
**Blinddarmentzündung** *die* [-,-en] (*med.*) appendicite.
**Blinde** *der* e *die* [-n,-n] cieco (*m.*; *f.* -a).
**Blindenschrift** *die* [-] scrittura Braille.
**Blindheit** *die* [-] cecità (*anche fig.*).
**blinken** *v.intr.* [*haben*] **1** scintillare, luccicare **2** fare segnali luminosi **3** (*aut.*) mettere la freccia.
**Blinker** *der* [-s,-] segnalatore luminoso; (*di automobile*) freccia.
**Blitz** *der* [-es,-e] lampo; fulmine.
**Blitzableiter** *der* [-s,-] parafulmine.
**blitzen** *v.intr.* [*haben*] luccicare, brillare ● (*del temporale*) *es blitzt*, lampeggia.
**Blitzlicht** *das* [-(e)s,-er] (*fot.*) flash.
**Block**[1] *der* [-(e)s, *Blöcke*] **1** blocco **2** isolato (di case).
**Block**[2] *der* [-(e)s,-e] bloc notes, blocco di carta.
**Blockade** *die* [-,-n] blocco.
**Blockflöte** *die* [-,-n] flauto dolce.
**blockieren** *v.tr.* bloccare (*anche fig.*).
**Blockschrift** *die* [-] stampatello.
**blöd**, **blöde** *agg.* **1** (*med.*) deficiente **2** (*fam.*) scemo.
**blödsinnig** *agg.* (*fam.*) sciocco, idiota.
**blöken** *v.intr.* [*haben*] belare.
**blond** *agg.* biondo.
**blondieren** *v.tr.* ossigenare.
**bloß** *agg.* **1** nudo **2** puro, solo ♦ *avv.* solo, soltanto ● *was ist denn — los?*, che diavolo succede?
**Blöße** *die* [-,-n] **1** nudità **2** (*fig.*) punto debole.
**blühen** *v.intr.* [*haben*] fiorire (*anche fig.*).
**Blume** *die* [-,-n] **1** fiore (*anche fig.*) **2** (*di vino*) bouquet.
**Blumenkohl** *der* [-(e)s,-e] cavolfiore.
**Blumenstrauß** *der* [-es, *-sträuße*] mazzolino di fiori, bouquet.
**Bluse** *die* [-,-n] camicetta.
**Blut** *das* [-(e)s] **1** sangue: *— abnehmen*, fare un prelievo di sangue **2** (*fig.*) stirpe, razza.
**blutarm** *agg.* (*med.*) anemico.
**Blutdruck** *der* [-(e)s] (*med.*) pressione sanguigna.
**Blüte** *die* [-,-n] **1** fiore **2** fioritura **3** (*fig.*) periodo aureo.
**bluten** *v.intr.* [*haben*] **1** sanguinare **2** (*fam.*) dissanguarsi.
**Blütenstaub** *der* [-(e)s,-e o *-stäube*] polline.
**Blutgefäß** *das* [-es,-e] vaso sanguigno.
**Blutgruppe** *die* [-,-n] gruppo sanguigno.
**Bluthochdruck** *der* [-(e)s] ipertensione.
**blutig** *agg.* **1** insanguinato **2** sanguinoso, cruento **3** (*di persona*) sanguinario, omicida.
**Blutkörperchen** *das* [-s,-] globulo: *rote, weiße —*, globuli rossi, bianchi.
**Blutmangel** *der* [-s] anemia.
**Blutprobe** *die* [-,-n] prelievo del sangue.
**Blutung** *die* [-,-en] emorragia.
**BLZ** *die* [-,-] (*Bankleitzahl*) CAB.
**Bö** *die* [-,-en] raffica di vento, folata.
**Boa** *die* [-,-s] boa.
**Bock** *der* [-(e)s, *Böcke*] **1** (*di alcuni animali*) maschio; (*della capra*) caprone; (*della pecora*) montone; capriolo **2** cavalletto.

**Boden** *der* [-s, *Böden*] **1** suolo, terra, terreno **2** territorio **3** fondo **4** pavimento ♦ **den — unter den Füßen verlieren**, sentirsi mancare il terreno sotto i piedi.
**Bodenschätze** *pl.* risorse minerarie.
**Bodensee** *der* Lago di Costanza.
**Bogen** [-s,- o *Bögen*] **1** arco; arcata **2** curva; curvatura **3** (*mus.*) archetto.
**Bogenschießen** *das* [-s] tiro con l'arco.
**Bohne** *die* [-,-n] **1** fagiolo **2** chicco (di caffè, cacao) ● **grüne Bohnen**, fagiolini.
**bohren** *v.tr.* **1** trapanare, forare **2** scavare (gallerie) ♦ *v.intr.* [*haben*] **1** trapanare; perforare **2** (*fig.*) (*in* + *Dat*) insistere (con) ♦ **sich bohren** *v.pron.* conficcarsi, penetrare ● **nach Erdöl —**, trivellare in cerca di petrolio.
**Bohrung** *die* [-,-en] **1** trivellazione, perforazione **2** (*mecc.*) alesaggio.
**Boiler** *der* [-s,-] scaldabagno, boiler.
**Bolzen** *der* [-s,-] bullone.
**bombardieren** *v.tr.* bombardare.
**Bombe** *die* [-,-n] **1** bomba **2** (*sport*) cannonata.
**Bomber** [-s,-] aereo da bombardamento, bombardiere.
**Bonbon** *der* o *das* [-s,-s] caramella.
**Boom** [-s,-s] boom.
**Boot** *das* [-(e)s,-e] barca; battello; canotto.
**Bord** *der* [-(e)s,-e] **1** bordo, orlo **2** (*mar., aer.*) bordo ● **an — gehen**, salire a bordo | *über — gehen*, cadere in mare | *über — werfen*, gettare in mare; (*fig.*) rinunciare.
**Bordkarte** *die* [-,-n] (*aer.*) carta d'imbarco.
**borgen** *v.tr.* **1** prestare, dare in prestito **2** prendere in prestito.
**Börse** *die* [-,-n] **1** borsellino, portamonete **2** (*econ.*) borsa.
**Börsenkurs** *der* [-es,-e] quotazione di borsa.
**bösartig** *agg.* **1** cattivo, malvagio; malizioso **2** (*med.*) maligno.
**böse** *agg.* **1** cattivo, maligno, malvagio **2** (*estens.*) adirato: *auf* (o *mit*) *jdm — sein*, essere arrabbiato (o avercela) con qlcu **3** (*fam.*) grave, serio, brutto ♦ *avv.* con cattiveria, con malignità.
**Bösewicht** *der* [-(e)s,-er o -e] malvagio, scellerato.
**Boss** *der* [-es, -e] (*fam.*) capo, boss.
**böswillig** *agg.* **1** malevolo, malintenzionato **2** (*dir.*) intenzionale; doloso ♦ *avv.* **1** in malafede, con malevolenza **2** (*dir.*) intenzionalmente.
**Botanik** *die* [-] botanica.
**botanisch** *agg.* botanico.
**Bote** *der* [-n,-n; *die* Botin] **1** messaggero (*m.; f.* -a) **2** fattorino (*m.; f.* -a); corriere (*m.; f.* -a) ● **durch —**, per corriere.
**Botschaft** *die* [-,-en] **1** messaggio; notizia **2** (*istituzione*) ambasciata.
**Botschafter** *der* [-s,-] ambasciatore.
**boxen** *v.intr.* [*haben*] (*sport*) fare del pugilato ♦ *v.tr.* prendere a pugni.
**Boxen** *das* [-s] pugilato, boxe.
**Boxer** *der* [-s,-; *die* -in] (*sport*) pugile (*m.* e *f.*).
**Boykott** *der* [-(e)s,-e] boicottaggio.
**boykottieren** *v.tr.* boicottare.
**Bozen** *das* Bolzano.
**Branche** *die* [-,-n] settore, ramo.
**Brand** *der* [-(e)s, *Brände*] **1** fuoco; incendio: *in — geraten*, prendere fuoco; *in — stecken*, incendiare **2** (*med.*) cancrena.
**brandaktuell** *agg.* (*fam.*) recentissimo, di grande attualità.
**Brandenburg** *das* Brandeburgo.
**Brandmal** *das* [-(e)s,-e o -mäler] marchio (a fuoco) (*anche fig.*).
**brandmarken** *v.tr.* marchiare (a fuoco) (*anche fig.*).
**Brandwunde** *die* [-,-n] ustione.
**Branntwein** *der* [-(e)s,-e] acquavite.
**brasilianisch** *agg.* brasiliano.
**Brasilien** *das* Brasile.
**braten** [*brät / briet / gebraten*] *v.tr.* **1** arrostire, cuocere in forno **2** friggere (col grasso) ♦ *v.intr.* [*haben*] cuocere (*anche fig.*).
**Braten** *der* [-s,-] arrosto.
**Bratkartoffeln** *pl.* patate arrostite; patate fritte.
**Bratsche** *die* [-,-n] (*mus.*) viola.

**Bratwurst** *die* [-,*-würste*] salsiccia (da arrostire).
**Brauch** *der* [-(*e*)*s*, *Bräuche*] uso, usanza.
**brauchbar** *agg.* utilizzabile; utile, adatto.
**brauchen** *v.tr.* **1** aver bisogno di, necessitare: *wir — Wasser*, ci serve dell'acqua **2** impiegare, metterci: *er braucht eine Stunde*, ci impiega un'ora **3** consumare **4** (*solo in frasi negative*) dovere, essere necessario: *du brauchst keine Angst (zu) haben*, non devi aver paura.
**brauen** *v.tr.* fabbricare, produrre (birra).
**Brauerei** *die* [-,*-en*] **Brauhaus** *das* [*-es*,*-häuser*] fabbrica di birra.
**braun** *agg.* **1** marrone; (*di capelli*) castano, bruno **2** (*di pelle*) abbronzato, scuro.
**Braun** *das* [*-s*,- o *-s*] marrone.
**Bräune** *die* [-] abbronzatura.
**bräunen** *v.tr.* **1** tingere di marrone **2** (*estens.*) abbronzare **3** (*gastr.*) rosolare ♦ *v.intr.* [*sein*] abbronzarsi.
**braun gebrannt** *agg.* abbronzato.
**Brause** *die* [-,*-n*] **1** doccia **2** bevanda gasata.
**brausen** *v.intr.* [*haben*] **1** rumoreggiare; (*di acqua*) scrosciare; (*del mare*) mugghiare **2** (*estens.*) bollire, ribollire; spumeggiare **3** (*fig.*) sfrecciare, correre ♦ *sich brausen v.pron.* farsi la doccia.
**Braut** *die* [-, *Bräute*] fidanzata; (*il giorno delle nozze*) sposa.
**Bräutigam** *der* [*-s*,*-e*] fidanzato; (*il giorno delle nozze*) sposo.
**Brautpaar** *das* [-(*e*)*s*,-*e*] sposi.
**brav** *agg.* buono, bravo ♦ *avv.* da bravo.
**BRD** *die* [-] (*Bundesrepublik Deutschland*) RFT.
**brechen** [*bricht* / *brach* / *gebrochen*] *v.tr.* spezzare, rompere ♦ *v.intr.* [*sein*] (*an + Dat*) rompersi (contro, su), spezzarsi (contro, su) ♦ *sich brechen v.pron.* **1** rompersi; infrangersi **2** vomitare ♦ *sein Wort —*, non essere di parola.
**Brei** *der* [-(*e*)*s*,*-e*] **1** pappa; purè; crema **2** (*estens.*) poltiglia.

**breiig** *agg.* denso, pastoso.
**breit** *agg.* **1** largo **2** ampio, vasto **3** (*fig.*) lungo, prolisso **4** (*di pronuncia*) largo, aperto.
**Breite** *die* [-,*-n*] **1** larghezza; (*di stoffa*) altezza **2** ampiezza, vastità **3** (*geogr.*) latitudine.
**breiten** *v.tr.* (di)stendere; spiegare.
**Bremen** *das* Brema.
**Bremse** *die* [-,*-n*] freno (*anche fig.*): *in die — treten*, premere sul freno.
**bremsen** *v.tr.* frenare (*anche fig.*) ♦ *v.intr.* [*haben*] frenare.
**Bremslicht** *das* [-(*e*)*s*,*-er*] luce d'arresto.
**Bremspedal** *das* [*-s*,*-e*] pedale del freno.
**brennbar** *agg.* combustibile; infiammabile.
**brennen** [*brannte* / *gebrannt*] *v.intr.* [*haben*] **1** ardere, bruciare (*anche fig.*) **2** (*di luce, forno*) essere acceso **3** scottare ♦ *v.tr.* **1** bruciare **2** (*gastr.*) abbrustolire **3** (*inform.*) masterizzare **4** torrefare, tostare (*caffè*) **5** distillare **6** cuocere (porcellana) ● *es brennt!*, al fuoco!
**brennend** *agg.* **1** ardente, infocato, in fiamme **2** (*fig.*) cocente; pungente ♦ *avv.* vivamente.
**Brenner** *der* [*-s*,-] **1** bruciatore **2** distillatore (per alcol) **3** (*inform.*) masterizzatore.
**Brennholz** *das* [*-es*,*-hölzer*] legna da ardere.
**Brennmaterial** *das* [*-s*,*-ien*] combustibile.
**Brennnessel** *die* [-,*-n*] ortica.
**Brennofen** *der* [*-s*,*-öfen*] fornace.
**Brennpunkt** *der* [-(*e*)*s*,*-e*] **1** (*geom., fis.*) fuoco **2** (*fig.*) punto focale.
**Brennstoff** *der* [-(*e*)*s*,*-e*] combustibile, carburante.
**Brett** *das* [-(*e*)*s*,*-er*] **1** asse, tavola **2** mensola **3** scacchiera **4** (*elettr.*) quadro di comando ● *schwarzes —*, bacheca, tabellone (degli affissi).
**Brezel** *die* [-,*-n*] (*gastr.*) brezel.

> NOTA Ciambella salata e croccante che, nei monasteri cattolici, costituiva il pane del digiuno. Secondo una leggenda, fu

creata da un panettiere che avrebbe dovuto pagare con la vita un sacrilegio, a meno di non riuscire a inventare un *Brot, durch welches drei Mal die Sonne scheint* (pane attraverso cui il sole splende tre volte); nacque così questa ciambella dalla tipica forma intrecciata.

**Brief** *der* [-(e)s,-e] **1** lettera **2** (*fin.*) titolo.
**Briefkarte** *die* [-,-n] cartoncino, biglietto.
**Briefkasten** *der* [-s,-kästen] buca, cassetta delle lettere.
**Briefmarke** *die* [-,-n] francobollo.
**Brieftasche** *die* [-,-n] portafoglio.
**Briefträger** *der* [-s,-; die -*in*] postino (*m.; f.* -a).
**brillant** *agg.* brillante, splendido.
**Brillant** *der* [-en,-en] brillante.
**Brille** *die* [-,-n] occhiali: *eine — tragen*, portare gli occhiali.
**bringen** [*brachte / gebracht*] *v.tr.* **1** portare **2** accompagnare **3** rendere, fruttare (*anche fig.*).
**Brise** *die* [-,-n] (*meteor.*) brezza.
**britisch** *agg.* britannico.
**bröckelig** *agg.* friabile, fragile.
**bröckeln** *v.tr.* sbriciolare, spezzettare ♦ *v.intr.* [*sein*] sbriciolarsi; (*di muro*) sgretolarsi.
**Brocken** *der* [-s,-] pezzo; (*di pane*) tozzo.
**Brombeere** *die* [-,-n] mora.
**Bronchie** *die* [-,-n] (*anat.*) bronco.
**Bronchitis** *die* [-] bronchite.
**Bronze** *die* [-,-n] bronzo.
**Brosche** *die* [-,-n] fermaglio, spilla.
**broschiert** *agg.* (rilegato) in brossura.
**Broschüre** *die* [-,-n] **1** brossura **2** (*estens.*) opuscolo, dépliant.
**Brot** *das* [-(e)s,-e] **1** pane **2** fetta di pane **3** pagnotta.
**Brötchen** *das* [-s,-] panino.
**Bruch** *der* [-(e)s, Brüche] **1** rottura, spaccatura (*anche fig.*) **2** (*fig.*) infrazione **3** (*med.*) frattura; (*estens.*) ernia **4** (*mat.*) frazione ● (*dir.*) — *eines Vertrag*, rescissione di un contratto.
**brüchig** *agg.* fragile; friabile.

**Bruchstück** *das* [-(e)s,-e] frammento (*anche fig.*).
**Bruchteil** *der* [-(e)s,-e] frazione.
**Bruchzahl** *die* [-,-en] (*mat.*) frazione.
**Brücke** *die* [-,-n] **1** ponte (*anche fig.*) **2** passerella.
**Bruder** *der* [-s, Brüder] **1** fratello (*anche fig.*) **2** (*relig.*) frate.
**brüderlich** *agg.* fraterno.
**Bruderschaft** *die* [-,-en] confraternita.
**Brühe** *die* [-,-n] brodo.
**brüllen** *v.intr.* [*haben*] muggire; (*di leone*) ruggire ♦ *v.tr.* urlare, gridare.
**brummen** *v.intr.* [*haben*] **1** ronzare **2** (*di motore*) rombare ♦ *v.tr.* borbottare, brontolare.
**brummig** *agg.* burbero, scontroso.
**brünett** *agg.* castano, bruno.
**Brunnen** *der* [-s,-] **1** pozzo **2** fonte, sorgente (*anche fig.*) **3** acque (minerali).
**Brust** *die* [-, Brüste] **1** petto (*anche fig.*); torace **2** seno, mammella.
**brüsten, sich** *v.pron.* (*mit*) darsi delle arie (per); vantarsi (di).
**Brustkasten** *der* [-s,-kästen] **Brustkorb** *der* [-(e)s,-körbe] cassa toracica.
**Brüstung** *die* [-,-en] parapetto, ringhiera.
**Brustwarze** *die* [-,-n] capezzolo.
**brutal** *agg.* brutale.
**Brutalität** *die* [-,-en] brutalità.
**brüten** *v.intr.* [*haben*] (*auf, über + Dat*) **1** covare **2** (*fig.*) riflettere (su), meditare (su).
**Brutkasten** *der* [-s,-kästen] incubatrice.
**brutto** *avv.* (al) lordo.

FALSCHER FREUND

Da non confondere con l'italiano 'brutto', che si traduce *hässlich*.

**Bruttogehalt** *das* [-(e)s,-hälter] stipendio lordo.
**Bruttogewicht** *das* [-(e)s,-e] peso lordo.
**Bruttosozialprodukt** *das* [-(e)s,-e] (*econ.*) prodotto nazionale lordo.
**Buch** *das* [-(e)s, Bücher] libro ● — *führen über* (+ *Acc*), tenere la contabilità di.
**Buchbinderei** *die* [-,-en] legatoria.

**Buche** *die* [-,-n] faggio.
**Bucheinband** *der* [-(e)s,-bände] copertina (di libro).
**buchen** *v.tr.* **1** (*comm.*) registrare, contabilizzare **2** prenotare, riservare.
**Bücherei** *die* [-,-en] biblioteca.
**Bücherregal** *das* [-s,-e] scaffale per libri.
**Bücherschrank** *der* [-(e)s,-schränke] libreria.
**Buchhalter** *der* [-s,-; die -in] contabile (*m.* e *f.*).
**Buchhaltung** *die* [-,-en] contabilità.
**Buchhändler** *der* [-s,-; die -in] libraio (*m.*; *f.* -a).
**Buchhandlung** *die* [-,-en] (*negozio*) libreria.
**Buchmacher** *der* [-s,-] allibratore.
**Büchse** *die* [-,-n] **1** barattolo; lattina **2** fucile.
**Büchsenfleisch** *das* [-(e)s] carne in scatola.
**Büchsenöffner** *der* [-s,-] apriscatole.
**Buchstabe** *der* [-ns,-n] lettera, carattere: *großer, kleiner —*, lettera maiuscola, minuscola.
**buchstabieren** *v.tr.* **1** compitare, sillabare; fare lo spelling di **2** (*estens.*) leggere stentatamente.
**buchstäblich** *agg.* letterale.
**Bucht** *die* [-,-en] baia, insenatura.
**Buchung** *die* [-,-en] **1** (*comm.*) registrazione **2** prenotazione.
**Buckel** *der* [-s,-] **1** gobba **2** (*fam.*) schiena, groppa.
**buckelig** *agg.* **1** (*di persone*) gobbo **2** (*di terreno*) gibboso; accidentato.
**bücken, sich** *v.pron.* chinarsi, curvarsi.
**Bückling** *der* [-s,-e] inchino, riverenza.
**Buddhismus** *der* [-] buddismo.
**Buddhist** *der* [-en,-en; die -in] buddista (*m.* e *f.*).
**Bude** *die* [-,-n] **1** baracca **2** (*estens.*) bancarella; chiosco **3** negozio **4** (*fam.*) camera ammobiliata.
**Budget** *das* [-s,-s] bilancio, budget.
**Büfett** *das* [-(e)s,-e] buffet.
**Büffel** *der* [-s,-] bufalo.

**Bügel** *der* [-s,-] **1** ometto, gruccia **2** (*sport*) staffa **3** stanghetta (di occhiale).
**Bügelbrett** *das* [-(e)s,-er] asse da stiro.
**Bügeleisen** *das* [-s,-] ferro da stiro.
**bügeln** *v.tr.* stirare.
**Bühne** *die* [-,-n] palcoscenico, scena.
**Bukett** *das* [-(e)s,-e] bouquet.
**Bulldogge** *die* [-,-n] bulldog.
**Bulle** *der* [-n,-n] (*zool.*) toro **2** maschio (di alcuni animali).
**Bumerang** *der* [-s,-e] boomerang.
**Bummel** *der* [-s,-] passeggiata, giro.
**bummeln** *v.intr.* [*haben*] gironzolare.
**bumsen** *v.intr.* [*haben*] **1** (*fam.*) rimbombare; fare un tonfo **2** (*volg.*) scopare.
**Bund**[1] *der* [-(e)s, Bünde] **1** vincolo, legame **2** confederazione, federazione.
**Bund**[2] *das* [-(e)s,-e] **1** fascio; mazzo **2** fastello, fascina (di legna).
**Bündel** *das* [-s,-] **1** (*scient.*) fascio **2** mazzo; (*di legna*) fascina **3** fardello, fagotto **4** (*amm.*) incartamento, dossier.
**bündeln** *v.tr.* legare (insieme), fare mazzi di; affastellare (fieno, paglia).
**Bundesbahn** *die* [-] ferrovie dello Stato.
**Bundeskanzler** *der* [-s,-; die -in] cancelliere (*m.*; *f.* -a) federale.
**Bundesland** *das* [-(e)s,-länder] Land dello stato federale.
**Bundespräsident** *der* [-en,-en; die -in] presidente (*m.*; *f.* -essa) della repubblica federale.
**Bundesrat** *der* [-(e)s] Bundesrat, consiglio federale.
**Bundesrepublik** *die* [-,-en] repubblica federale ● *— Deutschland*, Repubblica Federale Tedesca.
**Bundesstaat** *der* [-(e)s,-en] **1** stato federale **2** stato federato.
**Bundestag** *der* [-(e)s] Bundestag, parlamento federale.
**Bundesverfassungsgericht** *das* [-(e)s,-e] corte costituzionale (federale).
**Bündnis** *das* [-ses,-se] alleanza, patto.
**Bunker** *der* [-s,-] **1** (*mil.*) bunker, fortino **2** (*aer.*) rifugio (antiaereo).
**bunt** *agg.* **1** colorato, multicolore; variopinto **2** (*zool.*) chiazzato, pezzato

**3** (fig.) vario, multiforme **4** (fig.) movimentato, vivace ♦ *avv.* **1** a colori **2** (fig.) alla rinfusa.
**Bürde** *die* [-,-*n*] carico, peso (*anche fig.*).
**Burg** *die* [-,-*en*] fortezza; roccaforte.
**Bürge** *der* [-*n*,-*n*] garante.
**bürgen** *v.intr.* [*haben*] (**für**) garantire (per), farsi garante (di).
**Bürger** *der* [-*s*,-] **1** [die -*in*] cittadino (*m.; f.* -a) **2** (*pl.*) cittadinanza **3** [die -*in*] (*st.*) borghese (*m.* e *f.*).
**Bürgerkrieg** *der* [-(*e*)*s*,-*e*] guerra civile.
**bürgerlich** *agg.* **1** civile **2** cittadino, civico **3** (*st.*) borghese.
**Bürgermeister** *der* [-*s*,-; die -*in*] sindaco (*m.; f.* -a).
**Bürgerrecht** *das* [-(*e*)*s*,-*e*] diritti (di un cittadino).
**Bürgertum** *das* [-(*e*)*s*] borghesia.
**Bürgschaft** *die* [-,-*en*] garanzia.
**Büro** *das* [-*s*,-*s*] **1** ufficio **2** agenzia.
**Büroangestellte** *der* e *die* [-*n*,-*n*] impiegato (*m.; f.* -a).
**Büroklammer** *die* [-,-*n*] fermaglio, graffetta.

**Bürokrat** *der* [-*en*,-*en*] burocrate.
**Bürokratie** *die* [-,-*n*] burocrazia.
**bürokratisch** *agg.* burocratico.
**Bürste** *die* [-,-*en*] spazzola.
**bürsten** *v.tr.* spazzolare.
**Bus** *der* [-*ses*,-*se*] (auto)bus.
**Busch** *der* [-*es, Büsche*] **1** cespuglio; arbusto **2** (*estens.*) boscaglia **3** ciuffo (di penne), pennacchio.
**Büschel** *das* [-*s*,-] **1** ciocca, ciuffo **2** (*fis.*) fascio.
**Busen** *der* [-*s*,-] **1** seno, petto **2** (*geogr.*) golfo.
**Bushaltestelle** *die* [-,-*n*] fermata dell'autobus.
**Buße** *die* [-,-*n*] penitenza.
**büßen** *v.tr.* scontare, espiare ♦ *v.intr.* [*haben*] espiare, far penitenza.
**Büste** *die* [-,-*n*] (*arte*) busto.
**Büstenhalter** *der* [-*s*,-] reggiseno.
**Butter** *die* [-] burro.
**butterig** *agg.* burroso.
**Byte** *das* [-*s*,-(*s*)] (*inform.*) byte.
**bzw.** *abbr.* (*beziehungsweise*) rispettivamente.

# Cc

**C** *das* [-,-(s)] (*mus.*) do.
**ca.** *abbr.* (*circa*) circa.
**Café** *das* [-s,-s] caffè, bar.
**Cafeteria** *die* [-,-*rien*] self-service, tavola calda.
**Camper** *der* [-s,-; die -*in*] campeggiatore (*m.; f.* -trice).
**Campingplatz** *der* [-es,-*plätze*] campeggio, camping.
**Campingzelt** *das* [-(e)s,-e] tenda (da campeggio).
**Caravan** *der* [-s,-s] **1** (vettura) familiare **2** roulotte, caravan.
**CD** *die* [-,-(s)] **CD-Platte** *die* [-,-n] CD, compact disc.
**CD-ROM** *die* [-,-(s)] CD-ROM.
**Cello** *das* [-s,-s] (*mus.*) violoncello.
**Cellophan** *das* [-s] → **Zellophan**.
**Celsiusgrad** *der* [-(e)s,-e] (*fis.*) grado centigrado, grado Celsius.
**Cembalo** *das* [-s,-s *o* -*ali*] clavicembalo, cembalo.
**Cent** *der* [-(s),-(s)] cent, centesimo.
**CH** *abbr.* (*Confoederatio Helvetica*) CH.
**Chamäleon** *das* [-s,-s] camaleonte.
**Champagner** *der* [-s,-] champagne (francese).
**Chance** *die* [-,-n] occasione (favorevole); probabilità (di riuscita), chance: *gute Chancen haben*, avere buone probabilità, avere delle chance.
**Chaos** *das* [-] caos.
**chaotisch** *agg.* caotico.
**Charakter** *der* [-s,-e] **1** carattere, indole **2** carattere, natura ● *ein Mann von —*, un uomo di carattere.

**charakterisieren** *v.tr.* caratterizzare.
**Charakteristik** *die* [-,-*en*] **1** descrizione; (*di persona*) profilo, ritratto **2** (*scient.*) caratteristica.
**charakteristisch** *agg.* (*für*) caratteristico (di), peculiare (di).
**Charakterzug** *der* [-(e)s,-*züge*] caratteristica, tratto caratteristico.
**charmant** *agg.* affascinante.
**Charterflug** *der* [-(e)s,-*flüge*] (*aer.*) (volo) charter.
**Charterflugzeug** *das* [-(e)s,-e] **Chartermaschine** *die* [-,-n] (aereo) charter.
**chartern** *v.tr.* (*aer., mar.*) noleggiare, prendere a noleggio.
**chatten** *v.intr.* (*inform.*) chattare.
**Chauffeur** *der* [-s,-e] autista.
**Chef** *der* [-s,-s] capo, principale.

**FALSCHER FREUND**
Da non confondere con l'italiano 'chef', che si traduce *Chefkoch*.

**Chefarzt** *der* [-es,-*ärzte*; die -*ärztin*] (medico) primario (*m.; f.* -a).
**Chefkoch** *der* [-(e)s,-*köche*; die -*köchin*] capocuoco (*m.; f.* -a), chef (*m.* e *f.*).
**Chemie** *die* [-] chimica: *angewandte, organische —*, chimica applicata, organica.
**Chemiefaser** *die* [-,-n] fibra sintetica, fibra artificiale.
**Chemikalie** *die* [-,-n] sostanza chimica.
**Chemiker** *der* [-s,-; die -*in*] chimico (*m.; f.* -a).

**chemisch** *agg.* chimico ● *chemische Reinigung*, lavaggio a secco.
**Chemotherapie** *die* [-] chemioterapia.
**Chicorée** *die* [-] cicoria di Bruxelles, indivia.
**Chiffre** *die* [-,-n] 1 cifra 2 (*su documenti*) sigla 3 cifra, segno convenzionale.
**chiffrieren** *v.tr.* cifrare.
**China** *das* Cina.
**Chinese** *der* [-n,-n; die *Chinesin*] cinese (*m.* e *f.*).
**chinesisch** *agg.* cinese.
**Chip** *der* [-s,-s] 1 (*inform.*) chip 2 chip, gettone (nei giochi d'azzardo) 3 (*pl.*) (*gastr.*) patatine fritte, chips.
**Chirurg** *der* [-en,-en; die -in] chirurgo (*m.; f.* -a).
**Chirurgie** *die* [-,-n] chirurgia.
**Chlor** *das* [-s] cloro.
**Chlorophyll** *das* [-s] clorofilla.
**Cholera** *die* [-] colera.
**cholerisch** *agg.* collerico.
**Cholesterin** *das* [-s] colesterolo, colesterina.
**Chor** *der* [-(e)s, *Chöre*] 1 coro: *im — singen*, cantare in coro 2 (*arch.*) coro; cantoria.
**Choreograph** *der* [-en,-en; die -in] coreografo (*m.; f.* -a).
**Choreographie** *die* [-,-n] coreografia.
**Chorsänger** *der* [-s,-; die -in] corista (*m.* e *f.*).
**Christ** *der* [-en,-en; die -in] cristiano (*m.; f.* -a).

**Christbaum** *der* [-es,-bäume] albero di Natale.
**Christentum** *das* [-s] 1 cristianesimo, religione cristiana 2 cristianità.
**Christkind** *das* [-(e)s] Gesù Bambino.
**christlich** *agg.* 1 cristiano 2 religioso; pio.
**Christnacht** *die* [-] (*region.*) notte di Natale.
**Christus** *n.pr.m.* Cristo: *vor, nach —*, avanti, dopo Cristo.
**chromatisch** *agg.* cromatico (*anche mus.*).
**Chromosom** *das* [-s,-en] cromosoma.
**Chronik** *die* [-,-en] cronaca.
**chronisch** *agg.* cronico.
**Chronist** *der* [-en,-en; die -in] cronista (*m.* e *f.*).
**chronologisch** *agg.* cronologico.
**circa** *avv.* circa, all'incirca.
**Clan** *der* [-s,-s] clan.
**Clique** *die* [-,-n] compagnia, combriccola.
**Clown** *der* [-s,-s] clown, pagliaccio.
**Club** *der* [-s,-s] club.
**Code** *der* [-s,-s] codice.
**Comics** *pl.* fumetti.
**Computer** *der* [-s,-] computer.
**Computerspiel** *das* [-(e)s,-e] gioco elettronico.
**Container** *der* [-s,-] container.
**Couch** *die* [-,-s o -er] divano, sofà.
**Coupon** *der* [-s,-s] coupon, tagliando.
**Cousin** *der* [-s,-s] cugino.
**Cousine** *die* [-,-n] cugina.
**Creme** *die* [-,-s] crema (*anche fig.*).

# Dd

**D** *das* [-,-] (*mus.*) re.
**Dach** *das* [-(e)s, *Dächer*] tetto.
**da** *avv.* **1** (*luogo*) qui, qua, ci; lì, là: *wer kommt —?*, chi arriva? **2** (*tempo*) allora, a quel punto **3** in questo caso: — *hast du recht*, in questo caso hai ragione ♦ *cong.* poiché, dato che ● — *bin ich*, eccomi qua | *hier und* —, qua e là.
**dabei** *avv.* **1** (*luogo*) accanto, vicino **2** dentro, ci: *er verdient nichts —*, non ci guadagna niente **3** (*allo stesso tempo*) intanto: *er arbeitet und hört — Musik*, lavora e intanto sente la musica **4** eppure, ciò nonostante ● — *haben*, avere con sé: *hast du den Pass —?*, ce l'hai il passaporto? | *es bleibt —*, rimaniamo intesi così | *ich bleibe —*, resto della mia opinione.
**dabei sein** (→ *sein*) *v.intr.* [*sein*] **1** (*bei*) essere presente (a); partecipare (a) **2** stare facendo: *ich bin gerade dabei, einen Brief zu schreiben*, sto scrivendo una lettera **3** essere in procinto di: *ich war dabei auszugehen, als...*, stavo per uscire quando... ● *ich bin dabei!*, ci sto!
**Dach** *das* [-(e)s, *Dächer*] tetto.
**Dachboden** *der* [-s,-*böden*] soffitta, solaio.
**Dachrinne** *die* [-,-n] grondaia.
**Dackel** *der* [-s,-] bassotto.
**dadurch** *avv.* **1** (*luogo*) per di là **2** (*modo*) con questo, in tal modo, perciò, ciò ● *dadurch, dass...*, per il fatto che...: *er hat seine Position — verbessert, dass er seine Stelle gewechselt hat*, ha migliorato la sua posizione cambiando il posto di lavoro.
**dafür** *avv.* **1** per questo: — *ist er noch zu jung*, per questa cosa è ancora troppo giovane **2** in cambio: *was gibst du mir —?*, che cosa mi dai in cambio?
**dagegen** *avv.* **1** (*luogo*) contro **2** contro, a sfavore di: — *sein*, essere sfavorevole **3** in confronto, in paragone **4** al contrario, invece ● *nichts — haben*, non avere nulla in contrario.
**daheim** *avv.* (*region.*) a casa.
**daher** *avv.* **1** (*luogo*) da lì, da quella parte **2** perciò, per questo motivo.
**dahin** *avv.* **1** (*luogo*) lì, là: *ich gehe oft —*, ci vado spesso **2** a questo, a ciò **3** (*tempo*) fino (ad) allora: *um drei treffe ich Sabine: kannst du auch bis — warten?*, alle tre mi trovo con Sabine: puoi aspettare anche tu fino ad allora? ● *jdn — bringen, dass...*, indurre qlcu a...
**dahinten** *avv.* là dietro.
**dahinter** *avv.* **1** dietro, lì dietro **2** (*fig.*) sotto.
**damalig** *agg.* di allora, di quel periodo.
**damals** *avv.* allora, a quel tempo; quella volta.
**Dame** *die* [-,-n] **1** signora: *meine Damen und Herren*, signore e signori **2** (*carte*) donna, regina **3** (*scacchi*) regina **4** (*gioco*) dama.
**damit** *avv.* **1** con questo, con ciò **2** con questo, così (dicendo) ♦ *cong.* affinché, perché ● *das hat nichts — zu tun*, questo non c'entra.
**Damm** *der* [-(e)s, *Dämme*] **1** diga, argine **2** terrapieno.

**dämmern** *v.intr.* [haben] (*del mattino*) albeggiare; (*della sera*) imbrunire.
**Dämmerung** *die* [-,-en] **1** crepuscolo **2** alba.
**Dämon** *der* [-s,-en] demonio, demone.
**dämonisch** *agg.* diabolico.
**Dampf** *der* [-(e)s, Dämpfe] vapore.
**dampfen** *v.intr.* [haben] emanare vapore; fumare.
**dämpfen** *v.tr.* **1** cuocere al vapore **2** (*fig.*) smorzare.
**Dampfer** *der* [-s,-] piroscafo, nave a vapore.
**Dampfkochtopf** *der* [-(e)s,-töpfe] pentola a pressione.
**danach** *avv.* **1** poi, dopo; quindi **2** conformemente a ciò, di conseguenza.
**Däne** *der* [-n,-n; die *Dänin*] danese (*m.* e *f.*).
**Dänemark** *das* Danimarca.
**dänisch** *agg.* danese.
**dank** *prep.* (+ *Gen* o *Dat*) grazie a.
**Dank** *der* [-(e)s] **1** ringraziamento **2** gratitudine, riconoscenza ● **besten** (o **schönen** o **vielen**) —, tante grazie, molte grazie.
**dankbar** *agg.* grato, riconoscente.
**danke** *inter.* grazie: — **schön** (o **sehr**)!, tante grazie!
**danken** *v.intr.* [haben] (+ *Dat*) ringraziare: *ich danke dir für deine Hilfe*, ti ringrazio per il tuo aiuto ● — *v.tr.* ricompensare, ripagare: *wie kann ich dir das* —?, come posso ripagarti per questo? ● *nichts zu* —!, non c'è di che!
**dann** *avv.* **1** poi, dopo **2** allora: — *besser nicht*, allora è meglio di no ● *bis* —, a più tardi | — *und wann*, di quando in quando.
**Danzig** *das* Danzica.
**daran** *avv.* **1** a questo, a ciò **2** a causa di questo, in seguito a ciò ● — *ist nichts mehr zu ändern*, non ci si può più fare niente | *es liegt mir viel* —, ci tengo molto | *nahe* — *sein, etw zu tun*, essere sul punto di fare qlco.
**darauf** *avv.* **1** (*luogo*) sopra questo **2** (*tempo*) più tardi, dopo ● *bald* (o *kurz*) —, poco dopo | — *kommt es mir nicht an*, non mi importa | *es kommt* — *an*, dipende | *wie kommst du* —?, ma come ti viene in mente?
**daraus** *avv.* da ciò, da qui, ne ● — *folgt, dass...*, ne consegue che...
**dar·bieten** (→ *bieten*) *v.tr.* **1** porgere, offrire **2** (*teatr., mus.*) rappresentare ♦ **sich darbieten** *v.pron.* presentarsi.
**darin** *avv.* **1** qua dentro, lì dentro, ci, vi **2** (*fig.*) in questo, in ciò: *der Unterschied liegt* —, *dass...*, la differenza consiste nel fatto che...
**dar·legen** *v.tr.* esporre.
**Darlehen** *das* [-s,-] prestito, mutuo.
**Darm** *der* [-(e)s, Därme] intestino.
**dar·stellen** *v.tr.* **1** rappresentare; raffigurare **2** (*teatr.*) interpretare (un ruolo).
**Darsteller** *der* [-s,-; die *-in*] (*teatr.*) interprete (*m.* e *f.*).
**Darstellung** *die* [-,-en] **1** illustrazione; raffigurazione **2** (*teatr.*) rappresentazione; interpretazione.
**darüber** *avv.* **1** (*luogo*) qua sopra, là sopra; di sopra **2** su ciò **3** in più, in di più ● — *hinaus*, inoltre: — *will ich noch sagen...*, inoltre voglio dire...
**darum** *avv.* **1** (*luogo*) intorno, attorno a ciò **2** perciò, per questo: *es geht eben* —, si tratta proprio di questo.
**darunter** *avv.* **1** (*luogo*) di sotto, lì sotto **2** tra questi, tra cui **3** con ciò, per questo **4** sotto, di meno.
**das¹** *art.det.n.sing.* → **der¹** il, lo, la.
**das²** *pron.dimostr.n.sing.* → **der²** questo, quello: *was ist* —?, che cos'è questo? ● — *heißt*, cioè.
**das³** *pron.rel.n.sing.* → **der³** che, il quale.
**dasein** (o *sein*) *v.intr.* [sein] **1** essere presente, esserci **2** esistere.
**dasjenige** *pron.dimostr.n.sing.* ciò.
**dass** *cong.* che: *ich weiß,* — *er sehr klug ist*, so che è molto intelligente; *das liegt daran,* —..., dipende dal fatto che... ● *so* —, cosicché.
**dasselbe** *agg.dimostr.n.sing.* stesso, medesimo ♦ *pron.dimostr.n.sing.* lo stesso, la stessa cosa ● *ein und* —, la stessa cosa.
**dastehen** *v.intr.* stare là, stare in piedi.

**Datei** *die* [-,-en] 1 archivio dati 2 (*inform.*) file.

**Daten** *pl.* dati.

**Datenbank** *die* [-,-en] (*inform.*) banca dati.

**Datenverarbeitung** *die* [-,-en] (*inform.*) elaborazione di dati.

**datieren** *v.tr.* datare ♦ *v.intr.* (**von**) portare la data (di).

**Dativ** *der* [-s,-e] (*gramm.*) dativo.

**Dattel** *die* [-,-n] dattero.

**Datum** *das* [-s, Daten] data.

**Dauer** *die* [-] durata: *auf die —*, a lungo andare.

**dauerhaft** *agg.* duraturo; costante.

**dauern** *v.intr.* [haben] durare: *wie lange dauert es noch?*, quanto ci vuole ancora?

**dauernd** *agg.* duraturo; permanente ♦ *avv.* in continuazione.

**Dauerwelle** *die* [-,-n] permanente.

**Daumen** *der* [-s,-] pollice ● (*fam.*) *ich drücke dir den —!*, in bocca al lupo!

**Daune** *die* [-,-n] piuma.

**davon** *avv.* 1 (*luogo*) di qua, di là, di lì 2 di ciò, ne 3 da ciò, ne 4 con questo: — *kann man nicht leben*, questo non basta per vivere.

**davon·laufen** (→ *laufen*) *v.intr.* [sein] (*fam.*) scappare via.

**davor** *avv.* 1 (*luogo*) davanti a questo, davanti a ciò 2 di ciò, ne: *ich habe wirklich keine Angst —*, non ne ho per niente paura.

**dazu** *avv.* 1 a questo, per ciò 2 insieme a, con: — *trinkst man Weißwein*, con questo (piatto) si beve vino bianco 3 a questo proposito: *was sagen Sie —?*, qual è il suo parere?

**dazu·kommen** (→ *kommen*) *v.intr.* [sein] 1 sopraggiungere, sopravvenire 2 aggiungersi: *kommt noch etwas dazu?*, desidera altro?

**dazwischen** *avv.* 1 (*luogo*) in mezzo, tra questi 2 (*tempo*) nel frattempo.

**dazwischen·kommen** (→ *kommen*) *v.intr.* [sein] 1 accadere, intervenire 2 intromettersi, frapporsi ● *wenn nichts dazwischenkommt*, se tutto va bene.

**DDR** *die* [-] (*Deutsche Demokratische Republik*) (*st.*) RDT.

**Dealer** *der* [-s,-; die -in*] spacciatore (*m.*; *f.* -trice).

**Debatte** *die* [-,-n] dibattito; discussione.

**Deck** *das* [-(e)s,-s] 1 (*mar.*) ponte, coperta 2 (*di autobus*) piano superiore.

**Decke** *die* [-,-n] 1 coperta 2 soffitto.

**Deckel** *der* [-s,-] coperchio.

**decken** *v.tr.* 1 coprire (*anche fig., econ.*) 2 soddisfare: *einen Bedarf —*, soddisfare una necessità 3 (*di animali*) montare 4 apparecchiare (tavola) 5 (*sport*) marcare ♦ **sich decken** *v.pron.* coincidere.

**Deckung** *die* [-,-en] 1 copertura (*anche fig., econ.*) 2 riparo 3 (*mil.*) protezione, difesa 4 (*sport*) marcatura.

**defekt** *agg.* difettoso, guasto.

**Defekt** *der* [-(e)s,-e] 1 guasto 2 (*med.*) deficienza.

**defensiv** *avv.* 1 difensivo 2 (*sport*) in difesa.

**Defensive** *die* [-,-n] 1 difensiva: *in der — bleiben*, stare sulla difensiva 2 (*sport*) difesa.

**definieren** *v.tr.* definire.

**Definition** *die* [-,-en] definizione.

**Defizit** *das* [-s,-e] deficit; carenza.

**Deformation** *die* [-,-en] deformazione; deformità.

**Degen** *der* [-s,-] spada.

**Degeneration** *die* [-,-en] degenerazione.

**degradieren** *v.tr.* degradare.

**dehnbar** *agg.* 1 dilatabile 2 duttile, elastico.

**dehnen** *v.tr.* dilatare; allungare ♦ **sich dehnen** *v.pron.* 1 dilatarsi 2 (*di persona*) stiracchiarsi.

**Deich** *der* [-(e)s,-e] diga, argine.

**dein** *pron.poss.* 1 il tuo, la tua, i tuoi, le tue: *mein Auto und deines*, la mia auto e la tua 2 (*come agg.*) tuo, tua, tuoi, tue.

**deinerseits** *avv.* da parte tua.

**deinesgleichen** *pron.invar.* uno tuo pari, uno come te.

**deinetwegen** *avv.* 1 per te, per amor tuo 2 per causa tua.

**Deklination** *die* [-,-en] declinazione.
**dekodieren, decodieren** *v.tr.* (*inform.*) decodificare.
**Dekolletee, Dekolleté** *das* [-s,-s] scollatura, decolleté.
**Dekorateur** *der* [-s,-e; *die* -in] **1** vetrinista (*m.* e *f.*) **2** decoratore (*m.*; *f.* -trice) d'interni **3** scenografo (*m.*; *f.* -a).
**Dekoration** *die* [-,-en] **1** allestimento (di una vetrina) **2** decorazione **3** scenografia.
**dekorieren** *v.tr.* decorare, ornare.
**Dekret** *das* [-(e)s,-e] decreto.
**Delegation** *die* [-,-en] delegazione.
**Delegierte** *der* e *die* [-n,-n] delegato (*m.*; *f.* -a).
**delikat** *agg.* **1** delicato, difficile **2** squisito.
**Delikatesse** *die* [-,-n] ghiottoneria, prelibatezza.
**Delikt** *das* [-(e)s,-e] delitto, crimine.
**Delphin** *der* [-s,-e] delfino.
**dementieren** *v.tr.* smentire.
**dementsprechend** *agg.* conforme, corrispondente.
**demnach** *avv.* dunque, quindi, per cui.
**Demokratie** *die* [-,-n] democrazia.
**demokratisch** *agg.* democratico.
**demolieren** *v.tr.* demolire; distruggere.
**Demonstrant** *der* [-en,-en; *die* -in] dimostrante (*m.* e *f.*), manifestante (*m.* e *f.*).
**Demonstration** *die* [-,-en] dimostrazione, manifestazione.
**demonstrativ** *agg.* **1** dimostrativo **2** evidente, ostentato ♦ *avv.* intenzionalmente, in segno di protesta.
**demonstrieren** *v.tr.* dimostrare; (*estens.*) mettere in evidenza ♦ *v.intr.* [*haben*] (*gegen* o *für*) dimostrare (contro o per), manifestare (contro o per).
**Demut** *die* [-] umiltà.
**demütig** *agg.* umile.
**demütigen** *v.tr.* **1** umiliare **2** sottomettere, assoggettare.
**den** → **der¹, der², der³**.
**denen** → **der², der³**.
**Den Haag** *das* L'Aia.

**denjenigen** *pron.dimostr.m.sing.* colui, quello.
**denkbar** *agg.* pensabile, concepibile.
**denken** [*dachte / gedacht*] *v.tr.* pensare; immaginare: *was denkst du von ihm?*, cosa pensi di lui? ♦ *v.intr.* [*haben*] (*an*+Acc) pensare (a): *wie denkt ihr darüber?*, cosa ne pensate?
**Denken** *das* [-s] pensiero.
**Denkmal** *das* [-(e)s,-mäler] monumento.
**denn** *cong.* **1** (*causa*) perché, poiché **2** (*nei comparativi*) che: *schöner — je*, più bella che mai ● *es sei —, dass...*, a meno che... | *warum —?*, e perché mai? | *wo bist du —?*, ma dove sei?
**dennoch** *avv.* tuttavia, nondimeno.
**denunzieren** *v.tr.* denunciare.
**Depot** *das* [-s,-s] deposito.
**Depression** *die* [-,-en] depressione.
**deprimieren** *v.tr.* deprimere.
**der¹** *art.det.m.sing.* il, lo, la.

NOTA Declinazione dell'articolo determinativo

|     | m.  | f.  | n.  | pl. |
|-----|-----|-----|-----|-----|
| Nom | der | die | das | die |
| Acc | den | die | das | die |
| Dat | dem | der | dem | den |
| Gen | des | der | des | der |

**der²** *pron.dimostr.m.sing.* questo, questi, costui, quello.

NOTA Declinazione del pronome dimostrativo

|     | m.    | f.    | n.    | pl.   |
|-----|-------|-------|-------|-------|
| Nom | der   | die   | das   | die   |
| Acc | den   | die   | das   | die   |
| Dat | dem   | der   | dem   | denen |
| Gen | dessen| deren | dessen| deren |

**der³** *pron.rel.m.sing.* che, il quale, la quale: *der Herr, — da kommt, ist mein Chef*, l'uomo che sta arrivando è il mio capo.

NOTA Declinazione del pronome relativo

|     | m.    | f.    | n.    | pl.   |
|-----|-------|-------|-------|-------|
| Nom | der   | die   | das   | die   |
| Acc | den   | die   | das   | die   |
| Dat | dem   | der   | dem   | denen |
| Gen | dessen| deren | dessen| deren |

**derart** *avv.* così, a tal punto, talmente.
**derartig** *agg.* simile, del genere.
**derb** *agg.* 1 (*materiale*) grossolano, grezzo 2 (*fig.*) rude, rozzo.
**dergleichen** *agg.dimostr.invar.* simile, del genere ♦ *pron.dimostr.invar.* di simile, del genere: *und* — *mehr*, e simili.
**derjenige** *pron.dimostr.m.sing.* colui, quello.
**dermaßen** *avv.* così, a tal punto.
**derselbe** *agg.dimostr.m.sing.* stesso, medesimo ♦ *pron.dimostr.m.sing.* lo stesso, il medesimo: *ein und* —, lo stesso.
**desertieren** *v.intr.* [*sein*] disertare.
**deshalb** *cong.* perciò, per questo (motivo) ♦ *avv.* perciò: *eben* —, proprio per questo.
**Desinfektionsmittel** *das* [-s,-] disinfettante.
**desinfizieren** *v.tr.* disinfettare.
**Dessert** *das* [-s,-s] dessert, dolce.
**Destillat** *das* [-(e)s,-e] distillato.
**destillieren** *v.tr.* distillare.
**desto** *avv.* tanto ● *je...,* —..., quanto..., tanto...: *je schneller du sprichst,* — *weniger verstehe ich dich,* quanto più velocemente parli, tanto meno riesco a capirti; *je früher du kommst,* — *besser ist es,* prima arrivi, meglio è.
**deswegen** *avv.* e *cong.* → **deshalb**.
**Detail** *das* [-s,-s] dettaglio, particolare ● *ins* — *gehen,* entrare nei dettagli.
**Detektiv** *der* [-s,-e] detective, investigatore.
**deuten** *v.tr.* interpretare, spiegare ♦ *v.intr.* [*haben*] (*auf + Acc*) indicare.
**deutlich** *agg.* 1 chiaro; inequivocabile 2 comprensibile; leggibile 3 (*fig.*) schietto, franco: — *werden,* parlare chiaro ♦ *avv.* 1 chiaramente 2 sensibilmente; decisamente 3 in modo schietto.
**deutsch** *agg.* tedesco ♦ *avv.* (in) tedesco.
**Deutsch** *das* [-s] tedesco, lingua tedesca: *wie heißt das auf* —?, come si dice in tedesco?
**Deutsche** *der* e *die* [-n,-n] tedesco (*m.*; *f.* -a).
**Deutschland** *das* Germania.
**deutschsprachig** *agg.* di lingua tedesca.
**Deutung** *die* [-,-en] interpretazione.
**Devise** *die* [-,-n] motto; divisa.
**Dezember** *der* [-(s),-] dicembre: *im* (*Monat*) —, in (o *a,* o nel mese di) dicembre.
**dezent** *agg.* 1 discreto, delicato 2 (*di colore ecc.*) smorzato.

**FALSCHER FREUND**
Da non confondere con l'italiano 'decente', che si traduce *anständig*.

**dezimal** *agg.* decimale.
**d.h.** *abbr.* (*das heißt*) cioè.
**Dia** *das* [-s,-s] diapositiva.
**Diabetes** *der* [-] diabete.
**Diabetiker** *der* [-s,-; die -*in*] diabetico (*m.*; *f.* -a).
**Diagnose** *die* [-,-n] diagnosi.
**Diagonale** *die* [-,-n] diagonale.
**Diagramm** *das* [-s,-e] diagramma.
**Dialekt** *der* [-(e)s,-e] dialetto.
**Dialog** *der* [-(e)s,-e] dialogo.
**Dialyse** *die* [-,-n] dialisi.
**Diamant** *der* [-en,-en] diamante.
**Diät** *die* [-] dieta: *auf* — *sein,* — *halten,* essere a dieta.
**dich** *pron.pers.Acc* → **du** 1 te, ti 2 (*retto da prep.*) te.
**dicht** *agg.* 1 fitto, folto 2 ermetico; impermeabile 3 (*di foresta*) impenetrabile ♦ *avv.* 1 da vicino 2 densamente.
**Dichte** *die* [-,-n] 1 foltezza; impermeabilità 2 densità (*anche fis.*).
**dichten** *v.tr.* comporre, scrivere.
**Dichter** *der* [-s,-; die -*in*] 1 poeta (*m.*; *f.* -essa) 2 (*estens.*) scrittore (*m.*; *f.* -trice), letterato (*m.*; *f.* -a).
**dichterisch** *agg.* poetico.
**Dichtung**[1] *die* [-,-en] poesia; poema.
**Dichtung**[2] *die* [-,-en] (*mecc.*) guarnizione.
**dick** *agg.* 1 spesso, grosso 2 corpulento; grasso.
**Dicke**[1] *die* [-] 1 spessore 2 corpulenza; pinguedine.
**Dicke**[2] *der* e *die* [-n,-n] grassone (*m.*; *f.* -a), ciccione (*m.*; *f.* -a).
**dickflüssig** *agg.* denso; corposo.

# Dickicht / Distanz

**Dickicht** *das* [-s,-e] **1** boscaglia, sterpaglia **2** (*fig.*) intrico, caos.
**didaktisch** *agg.* didattico.
**die** *art.det.f.sing.* e *art.det.pl.* → **der¹** il, lo, la; i, gli, le.
**Dieb** *der* [-(e)s,-e; die -*in*] ladro (*m.*; *f.* -a).
**Diebstahl** *der* [-(e)s,-*stähle*] furto.
**diejenige** *pron.dimostr.f.sing.* colei, quella.
**Diele** *die* [-,-n] **1** ingresso, anticamera **2** tavola, asse per pavimenti.
**dienen** *v.intr.* [*haben*] **1** (+ *Dat*) servire, essere al servizio di (*anche fig.*) **2** giovare, essere d'aiuto **3** (*als*) servire (da).
**Diener** *der* [-s,-; die -*in*] **1** domestico (*m.*; *f.* -a), servitore (*m.*; *f.* -trice) **2** inchino.
**Dienst** *der* [-es,-e] **1** servizio, turno: *welche Apotheke hat heute —?*, quale farmacia è di turno oggi? **2** lavoro, servizio.
**Dienstag** *der* [-(e)s,-e] martedì ● *am —*, (il) martedì.
**dienstags** *avv.* il martedì, di martedì.
**Dienstzeit** *die* [-,-*en*] **1** orario d'ufficio **2** (*mil.*) periodo di leva.
**dies** *pron.dimostr.invar.* questo: *— alles*, tutto questo; *— und das*, questo e quello.
**diese(...)** *agg.dimostr.* questo ♦ *pron. dimostr.* questo, ciò: *dieser und jener*, questo e quello.
**dieselbe** *agg.dimostr.f.sing.* stessa, medesima ♦ *pron.dimostr.f.sing.* la stessa, la medesima.
**Dieselöl** *das* [-(e)s,-e] gasolio, nafta.
**diesmal** *avv.* questa volta; (*fam.*) stavolta.
**diesseits** *prep.* (+ *Gen*) al di qua (di) ♦ *avv.* di qua, da questa parte: *er wohnt —*, abita da questa parte.
**Differenz** *die* [-,-*en*] **1** differenza (*anche mat.*) **2** (*fig.*) divergenza **3** (*comm.*) ammanco.
**differenzieren** *v.tr.* distinguere; differenziare (*anche mat.*).
**digital** *agg.* (*inform.*) digitale.
**Diktat** *das* [-(e)s,-e] **1** dettatura **2** (*scol.*) dettato **3** imposizione; (*pol.*) diktat.
**Diktator** *der* [-s,-*ren*] dittatore.
**diktieren** *v.tr.* **1** dettare **2** imporre, prescrivere **3** determinare.
**Dimension** *die* [-,-*en*] dimensione.
**DIN** *abbr.* (*Deutsche Industrie Norm*) DIN.
**Ding¹** *das* [-(e)s,-e] **1** cosa; oggetto **2** (*spec.pl.*) cose; affari.
**Ding²** *das* [-(e)s,-*er*] (*fam.*) coso, affare: *was ist das für ein —?*, che roba è?
**Dings, Dingsbums, Dingsda** *der* o *die* o *das* [-] (*fam.*) **1** tale, tizio **2** affare, coso.
**Diphterie** *die* [-,-*en*] (*med.*) difterite.
**Diplom** *das* [-(e)s,-e] **1** diploma **2** laurea **3** attestato.
**Diplomat** *der* [-*en*,-*en*; die -*in*] diplomatico (*m.*; *f.* -a).
**Diplomatie** *die* [-] diplomazia.
**diplomatisch** *agg.* diplomatico.
**dir** *pron.pers.Dat* → **du** **1** a te, ti **2** (*retto da prep.*) te.
**direkt** *agg.* **1** diretto; immediato **2** (*di persona*) schietto, diretto ♦ *avv.* **1** direttamente **2** proprio **3** (*tv*) in diretta.
**Direktion** *die* [-,-*en*] direzione.
**Direktor** *der* [-s,-*en*; die -*in*] direttore (*m.*; *f.* -trice) **2** preside (*m.* e *f.*).
**Dirigent** *der* [-*en*,-*en*; die -*in*] direttore (*m.*; *f.* -trice) d'orchestra.
**dirigieren** *v.tr.* **1** dirigere (*anche mus.*) **2** guidare, convogliare.
**Diskette** *die* [-,-n] (*inform.*) floppy disk, dischetto.
**Disko, Disko-** [-,-*s*] → **Diskothek.**
**Diskont** *der* [-s,-e] (*econ.*) sconto.
**Diskothek** *die* [-,-*en*] discoteca.
**Diskretion** *die* [-,-*en*] discrezione.
**Diskriminierung** *die* [-,-*en*] discriminazione.
**Diskussion** *die* [-,-*en*] discussione.
**diskutieren** *v.tr.* e *intr.* [*haben*] (*über* + *Acc*) discutere (di).
**Disposition** *die* [-,-*en*] **1** disposizione (*anche amm.*) **2** (*med.*) (*zu* o *für*) predisposizione (per).
**Distanz** *die* [-,-*en*] **1** distanza **2** (*fig.*) distanze (*pl.*): *— halten* (o *wahren*),

(man)tenere le distanze; *auf — gehen*, prendere le distanze.
**distanzieren** *v.tr.* (*sport*) distanziare ♦ **sich distanzieren** *v.pron.* (**von**) prendere le distanze (da), dissociarsi (da).
**Distel** *die* [-,-n] cardo.
**Distinktion** *die* [-,-en] distinzione.
**Disziplin** *die* [-,-en] disciplina.
**dividieren** *v.tr.* (*mat.*) (**durch**) dividere (per).
**Division** *die* [-,-en] divisione.
**doch** *cong.* ma, però ● *"Ist das nicht korrekt?" "Doch",* "Non è corretto?" "Come no!" | *pass — auf!,* ma stai un po' attento! | *warte —!,* aspetta!
**Dogge** *die* [-,-n] alano.
**Doktor** *der* [-s,-en; die -in] **1** dottore (*m.*; *f.* -essa) di ricerca **2** (*fam.*) dottore (*m.*; *f.* -essa), medico (*m.*).
**Doktrin** *die* [-,-en] dottrina.
**Dokument** *das* [-(e)s,-e] documento; attestato.
**dokumentieren** *v.tr.* documentare.
**Dolch** *der* [-(e)s,-e] pugnale.
**Dollar** *der* [-s,-s] dollaro.
**dolmetschen** *v.tr.* tradurre (oralmente) ♦ *v.intr.* [*haben*] fare da interprete.
**Dolmetscher** *der* [-s,-; die -in] interprete (*m.* e *f.*).
**Dolomiten** *pl.* Dolomiti.
**Dom** *der* [-(e)s,-e] duomo.
**dominieren** *v.tr.* dominare ♦ *v.intr.* [*haben*] (**über** + *Acc*) predominare (su).
**Donau** *die* Danubio.
**Donner** *der* [-s,-] **1** tuono **2** (*fig.*) fragore, rombo.
**donnern** *v.intr.* [*haben*] tuonare ● *es donnert,* tuona.
**Donnerstag** *der* [-(e)s,-e] giovedì ● *am —,* (il) giovedì.
**donnerstags** *avv.* di giovedì, al giovedì.
**Donnerwetter** *das* [-s,-] (*fam.*) **1** sfuriata, putiferio **2** (*escl.*) accipicchia, accidenti.
**doof** *agg.* (*fam.*) stupido, scemo, tonto.
**dopen** *v.tr.* (*sport*) dopare.
**Doping** *das* [-s,-s] doping.
**Doppel** *das* [-s,-] (*tennis*) doppio.
**Doppelbett** *das* [-(e)s,-en] letto a due piazze (*o* matrimoniale).
**Doppelgänger** *der* [-s,-; die -in] sosia (*m.* e *f.*).
**Doppelpunkt** *der* [-(e)s,-e] due punti.
**Doppelsinn** *der* [-(e)s,-e] doppio significato, doppio senso.
**doppelt** *agg.* **1** doppio, duplice **2** (*fig.*) doppio, ambiguo ♦ *avv.* doppiamente, due volte ● *— soviel,* due volte tanto.
**Doppelzentner** *der* [-s,-] quintale.
**Doppelzimmer** *das* [-s,-] camera a due letti, camera doppia.
**Dorf** *das* [-(e)s, Dörfer] paese, villaggio.
**Dorn** *der* [-(e)s,-en] (*bot.*) spina.
**Dörrobst** *das* [-es] frutta secca.
**Dorsch** *der* [-es,-e] merluzzo.
**dort** *avv.* là, lì, ci.
**dorther** *avv.* ● *von —,* di là, di lì.
**dorthin** *avv.* lì, là, in quel luogo: *bis —,* fin là.
**dorthinauf** *avv.* lassù.
**dorthinein** *avv.* là dentro.
**Dose** *die* [-,-n] **1** barattolo; lattina **2** scatola di conserva **3** presa di corrente.
**dösen** *v.intr.* [*haben*] (*fam.*) sonnecchiare.
**Dosenöffner** *der* [-s,-] apriscatole.
**Dosis** *die* [-,-sen] dose.
**Dotter** *der* o *das* [-s,-] rosso d'uovo, tuorlo.
**Dozent** *der* [-en,-en; die -in] (all'università) docente (*m.* e *f.*).
**Drache** *der* [-n,-n] drago.
**Drachen** *der* [-s,-] **1** aquilone **2** (*sport*) deltaplano.
**Draht** *der* [-(e)s, Drähte] filo metallico.
**Drahtseilbahn** *die* [-,-en] funivia.
**Drall** *der* [-(e)s,-e] **1** (*mecc.*) torsione **2** (*di arma*) rigatura.
**Drama** *das* [-s,-men] dramma.
**dramatisch** *agg.* drammatico.
**dran** *avv.* (*fam.*) → **daran** ● *ich bin jetzt —,* ora tocca a me.
**Drang** *der* [-(e)s] impulso, spinta.
**drängen** *v.tr.* spingere ♦ *v.intr.* [*haben*] **1** spingere **2** (*fig.*) (**auf** + *Acc*) sollecitare (a), spingere (a) ♦ **sich drängen** *v.pron.* far ressa, accalcarsi.

**drastisch** *agg.* drastico.
**drauf** *avv.* (*fam.*) → **darauf**.
**draußen** *avv.* fuori ● **bleib —!**, rimani fuori! | *da* —, là fuori.
**Dreck** *der* [-(e)s] **1** sudiciume, sporcizia **2** schifezze, porcherie.
**dreckig** *agg.* (*fam.*) **1** sporco, sudicio **2** volgare, triviale.
**Drehbank** *die* [-,-*bänke*] tornio.
**Drehbuch** *das* [-(e)s,-*bücher*] copione, sceneggiatura.
**drehen** *v.tr.* **1** girare, far girare **2** arrotolare **3** ritorcere (lana) **4** (*cinem.*) girare ♦ *v.intr.* [*haben*] girare, volgere ♦ **sich drehen** *v.pron.* **1** girare, girarsi **2** trattarsi: *worum dreht es sich?*, di che si tratta? ● *mir dreht sich alles*, mi gira la testa.
**Drehung** *die* [-,-*en*] **1** giro, rotazione **2** volteggio.
**drei** *agg.num.card.invar.* tre → **acht**.
**Dreieck** *das* [-(e)s,-*e*] triangolo.
**dreieckig** *agg.* triangolare.
**dreifach** *agg.* triplice, triplo ♦ *avv.* tre volte tanto, in tre parti.
**dreifarbig** *agg.* tricolore.
**dreihundert** *agg.num.card.invar.* trecento.
**Dreikönigsfest** *das* [-(e)s,-*e*] (*relig.*) Epifania.
**dreimal** *avv.* tre volte (tanto).
**Dreirad** *das* [-(e)s,-*räder*] **1** triciclo **2** furgoncino a tre ruote.
**dreißig** *agg.num.card.invar.* trenta.
**dreißigjährig** *agg.* di trent'anni, trentenne.
**dreist** *agg.* **1** arrogante **2** sfacciato.
**dreizehn** *agg.num.card.invar.* tredici.
**dreschen** [*drischt / drosch / gedroschen*] *v.tr.* **1** trebbiare **2** (*fam.*) picchiare.
**dressieren** *v.tr.* **1** ammaestrare (animali) **2** (*gastr.*) condire, guarnire.
**Dressur** *die* [-,-*en*] addestramento.
**dribbeln** *v.intr.* [*haben*] (*sport*) dribblare.
**drillen** *v.tr.* **1** addestrare **2** trapassare, perforare.
**drin** *avv.* (*fam.*) → **darin**.
**dringen** [*drang / gedrungen*] *v.intr.* [*sein*] **1** (*in + Acc*) penetrare (in), entrare (in), farsi strada (in) **2** (*in + Acc*) far pressioni (su).
**dringend** *agg.* **1** urgente **2** impellente.
**dringlich** *agg.* urgente.
**drinnen** *avv.* (*fam.*) dentro, di dentro.
**dritt** *avv.* ● *zu* —, a tre; in tre.
**dritte** *agg.num.ord.* terzo → **achte**.
**drittens** *avv.* in terzo luogo, terzo.
**Droge** *die* [-,-*n*] droga, stupefacente.
**Drogenabhängige** *der* e *die* [-*n*,-*n*] drogato (*m.; f.* -a), tossicodipendente (*m.* e *f.*).
**Drogerie** *die* [-,-*n*] drogheria.
**drohen** *v.intr.* [*haben*] (+ *Dat*) **1** minacciare **2** incombere (su) ● *es droht zu regnen*, minaccia di piovere.
**dröhnen** *v.intr.* [*haben*] **1** rintronare, rimbombare **2** risuonare, scrosciare.
**Drohung** *die* [-,-*en*] minaccia; intimidazione.
**Dromedar** *das* [-*s*,-*e*] dromedario.
**drüben** *avv.* di là, dall'altra parte.
**drüber** *avv.* (*fam.*) → **darüber**.
**Druck**[1] *der* [-(e)s, *Drücke*] **1** pressione: *niedriger* —, bassa pressione **2** (*fig.*) peso: *einen — auf dem Magen haben*, avere un peso sullo stomaco ● (*fam.*) *unter — stehen*, essere sotto pressione.
**Druck**[2] *der* [-(e)s,-*e*] **1** stampa; pubblicazione **2** (*tip.*) caratteri (*pl.*).
**drucken** *v.tr.* stampare; (*estens.*) pubblicare.
**drücken** *v.tr.* **1** premere; schiacciare **2** (*fig.*) stringere: *an sich —*, stringere a sé **3** comprimere (prezzi ecc.) ♦ *v.intr.* [*haben*] **1** (*di scarpe*) stringere **2** (*fig.*) (*auf + Acc*) opprimere, deprimere ♦ **sich drücken** *v.pron.* (*fam.*) **1** svignarsela **2** (*vor* o *von*) sottrarsi (a), defilarsi (da).
**Drucker** *der* [-*s*,-] **1** (*die -in*) tipografo (*m.; f.* -a) **2** (*inform.*) stampante.
**Drücker** *der* [-*s*,-] **1** maniglia **2** (*di arma*) grilletto **3** (*elettr.*) pulsante, bottone.
**Druckerei** *die* [-,-*en*] **1** tipografia **2** (*arte*) grafica.
**Druckfehler** *der* [-*s*,-] (*tip.*) errore di stampa, refuso.

**Druckknopf** *der* [*-es,-knöpfe*] **1** pulsante **2** (*bottone*) automatico.

**Druckluft** *die* [-] aria compressa.

**Druckschrift** *die* [-] **1** carattere tipografico **2** stampatello **3** stampato.

**drunter** *avv.* (*fam.*) → **darunter**.

**Drüse** *die* [*-,-n*] ghiandola.

**Dschungel** *der* [*-s,-*] giungla (*anche fig.*).

**du** *pron.pers.sing.Nom* tu: — *zueinander sagen*, darsi del tu.

**Dübel** *der* [*-s,-*] **1** tassello **2** (*falegnameria*) caviglia, cavicchio.

**ducken, sich** *v.pron.* piegarsi (*anche fig.*).

**Dudelsack** *der* [*-(e)s,-säcke*] cornamusa, zampogna.

**Duell** *das* [*-s,-e*] duello.

**Duett** *das* [*-(e)s,-e*] duetto.

**Duft** *der* [*-(e)s, Düfte*] profumo; fragranza.

**duften** *v.intr.* [*haben*] avere un buon odore.

**duftig** *agg.* **1** odoroso, profumato **2** soffice, vaporoso.

**dulden** *v.tr.* **1** sopportare, tollerare **2** permettere, ammettere.

**duldsam** *agg.* (*gegen*) tollerante (verso), paziente (verso).

**dumm** *compar.* **dümmer** *superl.* **dümmste** *agg.* sciocco, stupido: *sich — stellen*, far finta tonto.

**Dummheit** *die* [*-,-en*] **1** stupidità **2** sciocchezza, stupidaggine.

**dumpf** *agg.* **1** (*di aria*) pesante **2** (*di idea ecc.*) vago, lontano, pallido **3** apatico.

**Düne** *die* [*-,-n*] duna.

**Dung** *der* [*-(e)s*] (*agr.*) concime.

**Dünger** *der* [*-s,-*] fertilizzante; concime.

**dunkel** *compar.* **dunkler** *superl.* **dunkelste** *agg.* **1** buio, scuro **2** (*di colore*) scuro, cupo **3** (*di suono*) sordo, cupo **4** (*intuitivo*, *vago*) **5** sospetto, losco.

**Dunkelheit** *die* [-] oscurità, buio.

**dunkeln** *v.intr.* [*sein*] scurirsi ♦ *es dunkelt*, diventa buio, si fa sera.

**dünn** *agg.* **1** sottile **2** (*di persona*) esile; magro **3** (*fig.*) scarso **4** (*di bevanda*) allungato.

**Dünne** *die* [-] **1** sottigliezza **2** (*di persona*) magrezza **3** (*fig.*) scarsità.

**Dunst** *der* [*-es, Dünste*] **1** foschia, nebbia; vapore **2** fumo; esalazione.

**Dur** *das* [-] (*mus.*) modo maggiore.

**durch** *prep.* (+ *Acc*) **1** (*luogo*) attraverso, per: — *Deutschland reisen*, viaggiare attraverso la Germania **2** (*modo*) attraverso, per mezzo di **3** a causa di: — *das viele Rauchen schadest du deiner Gesundheit*, fumando troppo ti rovini la salute ♦ **1** passato: *es war drei Uhr —*, erano le tre passate **2** completamente, nel profondo: — *und — überzeugt sein*, essere completamente convinto ♦ *darf ich mal —?*, permesso? | *das ganze Jahr —*, per tutto l'anno | — *und — nass*, bagnato fradicio.

**durchaus** *avv.* **1** assolutamente **2** completamente, del tutto: — *nicht*, (niente) affatto, per niente.

**durch·blättern, durchblättern** *v.tr.* sfogliare (le pagine), dare una scorsa a.

**Durchblick** *der* [*-(e)s,-e*] **1** veduta, colpo d'occhio **2** sguardo, visione d'insieme.

**durch·blicken** *v.intr.* [*haben*] **1** guardare attraverso **2** (*fam.*) capire ♦ *etw — lassen*, lasciar trapelare qlco.

**durch·brechen** (→ *brechen*) *v.tr.* spezzare, rompere (in due) ♦ *v.intr.* [*sein*] **1** spezzarsi, rompersi (in due) **2** (*di porta, parete*) sfondarsi **3** (*di denti, bocciolo*) spuntare; (*estens.*) apparire, manifestarsi **4** aprirsi un passaggio.

**Durchbruch** *der* [*-(e)s,-brüche*] **1** breccia, apertura; falla **2** (*di denti*) lo spuntare **3** (*di malattia*) insorgenza **4** (*mil.*) sfondamento (*anche fig.*): *zum — kommen*, sfondare.

**durcheinander** *avv.* disordinatamente, in disordine, sottosopra.

**durcheinanderbringen** (→ *bringen*) *v.tr.* **1** mettere in disordine **2** mettere in agitazione **3** confondere.

**Durchfahrt** *die* [*-,-en*] passaggio, transito: — *verboten!*, divieto di transito.

**Durchfall** *der* [*-(e)s*] diarrea.

**durch·fallen** (→ *fallen*) *v.intr.* [*sein*] **1**

cadere 2 (teatr.) far fiasco 3 (fam.) essere bocciato.
**durch·ge·hen** (→ *gehen*) *v.intr.* [*sein*] 1 (*durch*) attraversare, passare (attraverso) 2 (*di treno, aereo*) essere diretto 3 (*bis zu*) proseguire (fino a) 4 (*di legge, progetto*) passare ♦ *v.tr.* rivedere; esaminare.
**durchgehend** *agg.* continuo, continuato ♦ *avv.* ininterrottamente ● *— geöffnet*, orario continuato.
**durch·hal·ten** (→ *halten*) *v.tr.* e *intr.* resistere (a).
**durch·kom·men** (→ *kommen*) *v.intr.* [*sein*] 1 (*durch*) passare (attraverso), attraversare 2 (*al telefono*) ottenere la linea 3 (*riuscire a*) superare, farcela, cavarsela 4 passare, superare (un esame) 5 riuscire, farcela.
**durch·las·sen** (→ *lassen*) *v.tr.* 1 lasciar passare 2 lasciar correre.
**durch·lau·fen** (→ *laufen*) *v.tr.* 1 percorrere, attraversare (correndo) 2 concludere 3 assalire, cogliere ● *es hat mich eiskalt —*, mi sono venuti i brividi.
**durch·leuch·ten** *v.tr.* (*med.*) fare una radiografia a.
**durch·ma·chen** *v.tr.* 1 soffrire, sopportare 2 trascorrere.
**Durch·mes·ser** *der* [*-s,-*] diametro.
**durch·neh·men** (→ *nehmen*) *v.tr.* trattare, spiegare.
**Durch·sa·ge** *die* [*-,-n*] comunicato; annuncio.
**durch·schau·en**[1] *v.intr.* [*haben*] (*region.*) → *durchsehen*.
**durch·schau·en**[2] *v.tr.* riuscire a capire.
**Durch·schlag** *der* [*-(e)s,-schläge*] 1 copia carbone 2 (*tecn.*) perforazione.
**durch·schla·gen** (→ *schlagen*) *v.intr.* 1 [*sein*] penetrare; sfondare 2 [*haben*] (*auf + Acc*) avere effetto (su) ♦ *v.tr.* sfondare, spaccare ♦ *sich durchschlagen v.pron.* 1 (*bis zu* o *bis in + Acc*) riuscire a raggiungere 2 (*fig.*) tirare avanti.
**durch·schnei·den** (→ *schneiden*) *v.tr.* tagliare (in due).
**Durch·schnitt** *der* [*-(e)s,-e*] media (*anche mat.*) ● *im —*, in media.
**durchschnittlich** *agg.* 1 medio 2 (*spreg.*) mediocre ♦ *avv.* in media, mediamente.
**Durch·schrift** *die* [*-,-en*] copia.
**durch·se·hen** (→ *sehen*) *v.tr.* 1 guardare attraverso 2 controllare; verificare.
**durch·set·zen** *v.tr.* affermare, imporre ♦ *sich durchsetzen v.pron.* affermarsi, imporsi.
**Durch·sicht** *die* [*-*] revisione, verifica.
**durchsichtig** *agg.* 1 trasparente 2 (*fig.*) chiaro, evidente.
**durch·sickern** *v.intr.* [*sein*] 1 stillare 2 (*fig.*) trapelare.
**durch·su·chen** *v.tr.* (*nach*) frugare (in cerca di); perquisire (in cerca di).
**Durch·su·chung** *die* [*-,-en*] perquisizione.
**durch·trän·ken** *v.tr.* (*mit*) impregnare (di) 2 (*fig.*) pervadere.
**durchweg**, **durchwegs** *avv.* completamente; indistintamente.
**Durch·zug** *der* [*-(e)s,-züge*] 1 corrente (d'aria) 2 (*di uccelli*) migrazione 3 (*mil.*) attraversamento (in marcia).
**dürfen** [*darf / durfte / gedurft*] *v.intr.-modale* [*haben*] 1 (non) potere, (non) avere il permesso di fare qlco 2 (*come forma di cortesia*) potere: *darf ich Sie bitte mal stören?*, posso disturbarLa? 3 (*in frasi negative: con valore morale*) dovere: *die Natur darf man nicht zerstören*, non si deve distruggere la natura ● *was darf es sein?*, cosa desidera?
**dürftig** *agg.* misero, povero; scarso, insoddisfacente.
**dürr** *agg.* 1 arido 2 scarno.
**Dürre** *die* [*-*] 1 siccità, aridità 2 magrezza.
**Durst** *der* [*-(e)s*] sete.
**durstig** *agg.* assetato.
**Dusche** *die* [*-,-n*] doccia.
**duschen** *v.intr.* [*haben*] fare la doccia ♦ *sich duschen v.pron.* farsi la doccia.
**düster** *agg.* 1 scuro, buio 2 (*fig.*) deprimente, opprimente.
**Dutzend** *das* [*-(e)s,-e*] dozzina.
**dutzendweise** *avv.* 1 a dozzine 2 (*fig.*) in grande quantità.
**duzen** *v.tr.* dare del tu a.

**DVD** *die* [-,-] (*Digital Versatile Disc*) DVD.
**DVD-Spieler** *der* [-s,-] lettore DVD.
**Dynamik** *die* [-] **1** (*fis.*) dinamica **2** (*fig.*) dinamismo.
**dynamisch** *agg.* dinamico.
**Dynamit** *das* [-s] dinamite.
**Dynamo** *der* [-s,-s] dinamo.
**Dynastie** *die* [-,-n] dinastia.
**DZ** *abbr.* (*Doppelzimmer*) camera doppia.

# Ee

**E** *das* [-,-] (*mus.*) mi.
**Ebbe** *die* [-,-n] bassa marea.
**eben**[1] *agg.* **1** piano **2** piatto, liscio.
**eben**[2] *avv.* proprio ora; poco fa: *der Zug fährt — ein*, il treno è in arrivo ● *das ist ja —*, intendevo proprio questo.
**Ebene** *die* [-,-n] **1** pianura **2** piano (*anche fig., geom.*).
**ebenfalls** *avv.* anche; altrettanto.
**Ebenholz** *das* [-es,-hölzer] ebano.
**ebenso** *avv.* allo stesso modo; come; tanto... quanto: *er ist — alt wie du*, ha la tua stessa età ● *gut*, altrettanto bene | *— viel, (di quantità)* altrettanto.
**Echo** *das* [-s,-s] eco (*anche fig.*).
**echt** *agg.* vero, autentico; tipico ♦ *avv.* (*fam.*) veramente; davvero ● (*fam.*) *das ist ja wieder einmal — Hans*, questo è proprio tipico di Hans.
**Echtheit** *die* [-] genuinità; autenticità (*anche fig.*).
**Ecke** *die* [-,-n] **1** angolo (*anche fig.*) **2** spigolo ● *an der —*, all'angolo.
**eckig** *agg.* angolare, spigoloso ● *eckige Klammern*, parentesi quadre.
**edel** *agg.* **1** nobile; prezioso, pregiato **2** di razza, purosangue.
**Edelstein** *der* [-(e)s,-e] pietra preziosa.
**Edelweiß** *das* [-es,-e] stella alpina.
**Efeu** *der* [-s] edera.
**Effekt** *der* [-(e)s,-e] effetto.
**EG** *die* [-] (*Europäische Gemeinschaft*) CE, Comunità Europea.

**egal** *agg.* (*fam.*) indifferente ● *das ist mir —*, per me è lo stesso.
**Egoist** *der* [-en,-en; die -in] egoista (*m. e f.*).
**ehe** *cong.* **1** prima di, prima che; finché **2** piuttosto.
**Ehe** *die* [-,-n] matrimonio.
**Ehebett** *das* [-es,-en] letto matrimoniale.
**Ehebruch** *der* [-(e)s,-brüche] adulterio.
**Ehefrau** *die* [-,-en] moglie.
**ehelich** *agg.* **1** coniugale **2** legittimo.
**ehemalig** *agg.* **1** ex: *die ehemaligen Schüler*, gli ex allievi **2** di una volta.
**Ehemann** *der* [-(e)s,-männer] marito.
**Ehepaar** *das* [-(e)s,-e] coniugi, sposi.
**eher** *avv.* (*compar. di bald*) **1** prima; più presto: *kannst du ein paar Stunden — kommen?*, puoi venire qualche ora prima? **2** meglio **3** piuttosto: *ich nehme — einen Tee*, piuttosto bevo un tè.
**ehest** *agg.* prossimo, più vicino, più presto: *bei ehester Gelegenheit*, alla prossima occasione ● *am ehesten*, prima (in assoluto); più facile.
**ehrbar** *agg.* **1** rispettabile, onesto **2** onorato, stimato.
**Ehre** *die* [-,-n] onore ● *der Wahrheit zu Ehren*, a onor del vero.
**ehren** *v.tr.* onorare; fare onore a.
**Ehrgeiz** *der* [-es] ambizione.
**ehrlich** *agg.* **1** onesto **2** sincero.
**Ehrlichkeit** *die* [-] **1** onestà **2** sincerità; schiettezza.
**Ei** *das* [-(e)s,-er] uovo.
**Eiche** *die* [-,-n] quercia.

**Eichel** *die* [-,-n] ghianda.
**Eichhörnchen** *das* [-s,-] scoiattolo.
**Eid** *der* [-(e)s,-e] (*auf + Acc*) giuramento (su).
**Eidechse** *die* [-,-n] lucertola.
**Eidgenosse** *der* [-n,-n; die *Eidgenossin*] l cittadino (*m*.; *f*. -a) elvetico ♦ confederato (*m*.; *f*. -a).
**Eidgenossenschaft** *die* [-] ● *Schweizerische* —, Confederazione elvetica.
**Eidotter** *der* o *das* [-s,-] tuorlo.
**Eierschale** *die* [-,-n] guscio d'uovo.
**Eierstock** *der* [-(e)s,-stöcke] (anat.) ovaia.
**Eifer** *der* [-s] zelo; (estens.) foga; entusiasmo.
**Eifersucht** *die* [-] gelosia.
**eifersüchtig** *agg*. (*auf + Acc*) geloso (di).
**eifrig** *agg*. zelante; entusiasta.
**Eigelb** *das* [-s,-e] tuorlo.
**eigen** *agg*. 1 proprio; privato 2 indipendente, separato 3 tipico 4 strano.
**Eigenart** *die* [-,-en] 1 particolarità 2 (estens.) stranezza.
**eigenartig** *agg*. 1 insolito, strano 2 caratteristico, peculiare.
**Eigenheit** *die* [-,-en] stranezza, particolarità.
**eigens** *avv*. 1 appositamente 2 espressamente.
**Eigenschaft** *die* [-,-en] 1 qualità 2 caratteristica.
**eigentlich** *agg*. 1 vero, proprio 2 originario ♦ *avv*. effettivamente ● *was machst du —?*, ma che cosa stai facendo?
**Eigentum** *das* [-s] proprietà (*anche* estens.).
**Eigentümer** *der* [-s,-; die *-in*] proprietario (*m*.; *f*. -a).
**eignen, sich** *v.pron.* (*zu, für, als*) essere adatto (a), addirsi (a).
**Eilbote** *der* [-n,-n] corriere espresso ● *durch* (o *per*) —, per espresso.
**Eile** *die* [-] 1 fretta 2 urgenza ● *in aller* —, in tutta fretta | *in der* —, nella fretta.
**eilen** *v.intr*. 1 [*sein*] affrettarsi 2 [*haben*] essere urgente ● *sich eilen* *v.pron.* affrettarsi ● *eilt!*, urgente!

**eilig** *agg*. 1 frettoloso 2 urgente ● *er hat es* —, ha fretta, va di fretta.
**Eilzug** *der* [-(e)s,-züge] (treno) diretto.
**Eimer** *der* [-s,-] secchio.
**ein**[1] *art.indet*. uno, un, una: *einen Kaffee, bitte!*, un caffè per favore ♦ *pron.indef*. 1 uno, una: *die einen und die anderen*, gli uni e gli altri 2 (*uso impers*.) uno, si: *das kann einem leicht passieren*, può succedere ♦ *agg.num*. uno, una: *es ist — Uhr*, è l'una.
**ein**[2] *avv*. dentro.
**einander** *pron*. l'un l'altro, a vicenda.
**ein-arbeiten, sich** *v.pron.* (*in + Acc*) far pratica (in), impratichirsi (di).
**ein-atmen** *v.tr*. e *intr*. [*haben*] inspirare.
**Einbahnstraße** *die* [-,-n] strada a senso unico.
**Einband** *der* [-(e)s,-bände] copertina.
**ein-bauen** *v.tr*. 1 installare, montare 2 (fig.) (*in + Acc*) inserire (in).
**ein-beziehen** (→ *ziehen*) *v.tr*. (*in + Acc*) 1 includere (in) 2 (fig.) coinvolgere (in).
**ein-biegen** (→ *biegen*) *v.intr*. [*sein*] svoltare, girare.
**ein-bilden** *v.intr*. [*haben*] immaginarsi; credere.
**Einbildung** *die* [-] 1 immaginazione, illusione 2 presunzione.
**Einbildungskraft** *die* [-] immaginazione, fantasia.
**ein-binden** (→ *binden*) *v.tr*. (tip.) rilegare.
**Einblick** *der* [-(e)s,-e] sguardo, visione; (fig.) idea.
**ein-brechen** (→ *brechen*) *v.intr*. [*sein*] (*in + Dat*) irrompere (in), fare irruzione (in).
**Einbrecher** *der* [-s,-; die *-in*] scassinatore (*m*.; *f*. -trice).
**Einbruch** *der* [-(e)s,-brüche] 1 irruzione, scasso 2 crollo (*anche* econ.).
**ein-bürgern** *v.tr*. naturalizzare, dare la cittadinanza a ♦ *sich einbürgern v.pron.* prendere la cittadinanza.
**ein-büßen** *v.tr*. perdere ♦ *v.intr*. [*haben*] (*an + Dat*) perdere (di).
**ein-checken** *v.intr*. [*haben*] 1 (*in aero-*

**eindeutig** *agg.* chiaro, evidente.
**ein-dringen** (→ *dringen*) *v.intr.* [sein] 1 (*in* + *Acc*) penetrare (in); irrompere (in) 2 (*mil.*) (*in* + *Acc*) invadere.
**Eindruck** *der* [-(*e*)*s,-drücke*] impressione ♦ *bei jdm* (o *auf jdn*) *einen guten* — *machen*, fare buona impressione su qlcu.
**eindrucksvoll** *agg.* 1 impressionante 2 convincente.
**eineinhalb** *agg.num.invar.* uno e mezzo.
**einerlei** *agg.invar.* dello stesso genere; uguale.
**einerseits** *avv.* da un lato, da una parte.
**einfach** *agg.* 1 facile, semplice 2 modesto ♦ *avv.* 1 (*di biglietto*) solo andata 2 alla buona ● *das ist* — *toll!*, è veramente fantastico!
**Einfachheit** *die* [-] semplicità.
**ein-fädeln** *v.tr.* infilare ♦ *sich einfädeln v.pron.* infilarsi; (*di auto*) incolonnarsi.
**ein-fahren** (→ *fahren*) *v.intr.* [sein] entrare, arrivare: *das Schiff fährt in den Hafen ein*, la nave entra in porto ♦ *v.tr.* 1 (*aut.*) rodare 2 riporre ♦ *sich einfahren v.pron.* 1 fare pratica di guida 2 (*fig.*) abituarsi.
**Einfahrt** *die* [-,-en] entrata; ingresso.
**Einfall** *der* [-(*e*)*s,-fälle*] 1 idea, intuizione 2 invasione.
**ein-fallen** (→ *fallen*) *v.intr.* [sein] 1 venire in mente 2 crollare (*anche fig.*) 3 (*in* + *Acc*) invadere, fare irruzione (in) ● *das fällt mir nicht ein!*, non ci penso nemmeno! | *was fällt dir ein?*, cosa ti salta in mente?
**einfältig** *agg.* 1 semplice, ingenuo 2 semplicotto.
**ein-fassen** *v.tr.* 1 recintare 2 bordare.
**Einfassung** *die* [-,-en] 1 recinzione, recinto 2 (*abbigl.*) bordo.
**ein-finden, sich** (→ *finden*) *v.pron.* 1 presentarsi, comparire (*anche dir.*) 2 trovarsi, riunirsi.
**Einfluss** *der* [-es,-flüsse] influenza, in-

---

flusso: — *ausüben* (o *haben*) *auf* (+ *Acc*), avere influenza (su).
**einflussreich** *agg.* influente, potente.
**einförmig** *agg.* uniforme; monotono.
**ein-frieren** (→ *frieren*) *v.intr.* [sein] gelare, ghiacciare ♦ *v.tr.* congelare (*anche fig.*).
**ein-fügen** *v.tr.* (*in* + *Acc*) inserire (in) ♦ *sich einfügen v.pron.* (*in* + *Acc*) 1 inserirsi (in) 2 (*estens.*) adattarsi (in).
**Einfuhr** *die* [-,-en] importazione.
**ein-führen** *v.tr.* 1 (*comm.*) importare 2 (*in* + *Acc*) introdurre (in), avviare (a).
**Einführung** *die* [-,-en] 1 (*in* + *Acc*) introduzione (in); avviamento (a); (*comm.*) lancio (su) 2 (*zu*) introduzione (a).
**Eingabe** *die* [-,-n] 1 petizione 2 (*inform.*) input.
**Eingang** *der* [-es,-gänge] entrata; ingresso.
**ein-geben** (→ *geben*) *v.tr.* 1 (*med.*) somministrare 2 (*inform.*) introdurre; inserire.
**eingebildet** *agg.* 1 presuntuoso 2 immaginario.
**Eingeborene** *der* e *die* [-n,-n] indigeno (*m.*; *f.* -a).
**ein-gehen** (→ *gehen*) *v.intr.* [sein] 1 arrivare, giungere 2 entrare 3 restringersi, ritirarsi 4 (*auf* + *Acc*) interessarsi (di); aderire (a) ♦ *v.tr.* contrarre; stipulare ● *ein Risiko* —, correre un rischio.
**eingeschrieben** *agg.* (*di posta*) raccomandato.
**eingetragen** *agg.* registrato ● *eingetragenes Warenzeichen*, marchio registrato.
**Eingeweide** *das* [-s,-] intestino, viscere.
**ein-gewöhnen, sich** *v.pron.* (*in* + *Acc*) abituarsi (a).
**ein-greifen** (→ *greifen*) *v.intr.* [haben] 1 (*fig.*) intervenire 2 (*mecc.*) ingranare 3 (*mil.*) entrare in azione.
**Eingriff** *der* [-(*e*)*s, -e*] intervento (*anche med.*).
**ein-halten** (→ *halten*) *v.tr.* 1 rispettare, osservare 2 mantenere, adempiere.
**ein-hängen** *v.tr.* riattaccare ♦ *v.intr.* [haben] riattaccare (il ricevitore) ●

(fam.) *sich bei jdm* —, prendere a braccetto qlcu.
**einheimisch** *agg.* **1** indigeno, nativo **2** nostrano, locale.
**Einheit** *die* [-,-en] unità.
**ein·holen** *v.tr.* **1** recuperare **2** richiedere **3** ammainare.
**einhundert** *agg.num.card.invar.* cento.
**einig** *agg.* **1** unito **2** (*über*, *in* + *Acc*) d'accordo (su), concorde (su) ● *wir sind uns* (*Dat*) *darüber nicht* —, non siamo d'accordo su questo.
**einig...** *agg.indef.* **1** (*sing.*) qualche, un po' **2** notevole: *dazu gehört einiger Mut*, per questo ci vuole un certo coraggio **3** (*pl.*) alcuni, alcune ♦ *pron.indef.* **1** (*sing.*) qualcosa **2** (*sing.*) non poco, abbastanza **3** (*pl.*) alcuni, alcune.
**einigen** *v.tr.* **1** unire, unificare **2** mettere d'accordo; conciliare ♦ *sich einigen* *v.pron.* (*auf* o *über* + *Acc*) accordarsi (su).
**einigermaßen** *avv.* **1** abbastanza, discretamente: *wie geht es dir?* —, come stai? Così così **2** (*fam.*) piuttosto.
**Einigkeit** *die* [-] (*über* + *Acc*) unione (su); concordia (su).
**Einigung** *die* [-,-en] unione, unificazione.
**ein·kassieren** *v.tr.* incassare, riscuotere.
**Einkauf** *der* [-(e)s,-käufe] **1** spesa, acquisto **2** (*comm.*) ufficio acquisti.
**ein·kaufen** *v.tr.* comperare, acquistare ♦ *v.intr.* [*haben*] fare acquisti.
**Einkaufszentrum** *das* [-s,-zentren] centro commerciale.
**Einklang** *der* [-(e)s,-klänge] **1** (*mus.*) unisono **2** armonia: *mit jdm in* — *sein*, essere in armonia con qlcu.
**ein·klemmen** *v.tr.* **1** incastrare **2** schiacciare.
**Einkommen** *das* [-s,-] reddito.
**Einkünfte** *pl.* entrate, profitto.
**ein·laden** (→ *laden*) *v.tr.* invitare; offrire: *jdn ins Theater*, *zum Essen* —, invitare qlcu a teatro, a mangiare.
**Einladung** *die* [-,-en] (*zu*) invito (a).
**Einlage** *die* [-,-n] **1** inserto **2** (*teatr.*) intermezzo, fuori programma.

**Einlass** *der* [-es,-lässe] ingresso, entrata ● *kein* —!, vietato l'ingresso.
**ein·lassen** (→ *lassen*) *v.tr.* **1** lasciare entrare; ammettere **2** incastrare, inserire ♦ *sich einlassen* *v.pron.* **1** (*spreg.*) avere a che fare **2** (*auf*, *in* + *Acc*) invischiarsi (in).
**ein·laufen** (→ *laufen*) *v.intr.* [*sein*] **1** entrare; (*mar.*) entrare in porto **2** ritirarsi, restringersi.
**ein·leben, sich** *v.pron.* (*in* + *Dat*; *bei*) ambientarsi (in).
**ein·legen** *v.tr.* **1** inserire **2** (*econ.*) depositare, versare.
**ein·leiten** *v.tr.* **1** dare inizio a **2** introdurre.
**Einleitung** *die* [-,-en] introduzione; (*di libro*) prefazione.
**ein·leuchten** *v.intr.* [*haben*] essere chiaro ● *das will mir nicht* —, questo non lo capisco.
**ein·liefern** *v.tr.* **1** portare, trasportare **2** (*in ospedale*) ricoverare.
**ein·lösen** *v.tr.* **1** (*comm.*) pagare **2** riscuotere **3** mantenere: *sein Wort* —, mantenere la parola.
**einmal** *avv.* una volta: *noch* —, ancora una volta ● *auf* —, improvvisamente | *das ist nun* — *so!*, non ci si può far niente! | (*mat.*) — *vier ist vier*, quattro per uno fa quattro | *es war* — *ein König*, c'era una volta un re | *nicht* —, neppure.
**einmalig** *agg.* **1** unico, solo **2** straordinario.
**ein·marschieren** *v.intr.* [*sein*] (*mil.*) (*in* + *Acc*) entrare (marciando) (in); invadere.
**ein·mischen, sich** *v.pron.* (*in* + *Acc*) immischiarsi (in), intromettersi (in).
**einmütig** *agg.* unanime.
**Einnahme** *die* [-,-n] **1** (*comm.*) guadagno **2** (*pl.*) entrate, reddito **3** assunzione (*di farmaci*) **4** (*mil.*) conquista.
**ein·nehmen** (→ *nehmen*) *v.tr.* **1** (*comm.*) riscuotere, incassare **2** assumere (*farmaci*) **3** (*mil.*) conquistare **4** assumere.
**ein·ordnen** *v.tr.* ordinare, classificare ♦ *sich einordnen* *v.pron.* **1** inserirsi, integrarsi **2** (*di auto*) immettersi nella corsia giusta.

**ein·packen** *v.tr.* 1 impacchettare, imballare 2 avvolgere, coprire.
**ein·pflanzen** *v.tr.* 1 piantare 2 (*fig.*) inculcare 3 (*med.*) trapiantare.
**ein·prägen** *v.tr.* imprimere (*anche fig.*).
**ein·rahmen** *v.tr.* incorniciare.
**ein·räumen** *v.tr.* 1 disporre (i mobili); riporre (la biancheria ecc.) 2 concedere, accordare.
**ein·reden** *v.tr.* far credere ● *auf jdn —*, cercare di convincere qlcu; *jdm etw —*, mettere in testa qlco a qlcu.
**Einreise** *die* [-,-n] entrata, ingresso (in paese straniero).
**Einreiseerlaubnis** *die* [-] permesso d'entrata (in paese straniero).
**ein·richten** *v.tr.* 1 arredare; attrezzare 2 fondare; aprire 3 (*tecn.*) regolare 4 (*med.*) ridurre 5 (*teatr., mus.*) arrangiare, adattare ♦ *sich einrichten v.pron.* 1 sistemarsi, mettere su casa 2 arrangiarsi, adattarsi 3 (*fam.*) (*auf + Acc*) prepararsi (a).
**Einrichtung** *die* [-,-en] 1 arredamento; mobili 2 allestimento 3 istituzione (*anche fig.*) 4 (*med.*) riduzione 5 (*econ.*) apertura (di conto) 6 (*tecn.*) impianto; messa a punto ● *soziale Einrichtungen*, servizi sociali.
**eins** *agg.num.card.invar.* uno: *ich esse um —*, mangio all'una ♦ *pron.indef.* 1 una cosa, qualcosa 2 una cosa sola ♦ *agg.pred.* 1 d'accordo: *— werden*, mettersi d'accordo 2 indifferente: *das ist mir —*, per me fa lo stesso.
**einsam** *agg.* 1 solo; appartato 2 deserto, isolato.
**Einsamkeit** *die* [-] solitudine; isolamento.
**Einsatz** *der* [-es,-sätze] 1 aggiunta, inserto 2 impiego, impegno 3 (*nel gioco*) puntata, posta 4 deposito, cauzione 5 (*mil.*) azione, missione.
**ein·schalten** *v.tr.* 1 accendere; avviare 2 inserire 3 far intervenire ♦ *sich einschalten v.pron.* 1 accendersi 2 (*fig.*) (*in + Acc*) inserirsi (in); intervenire (in).
**ein·schätzen** *v.tr.* valutare, stimare.
**ein·schiffen** *v.tr.* imbarcare ♦ *sich einschiffen v.pron.* (*nach*) imbarcarsi (per).
**ein·schlafen** (→ *schlafen*) *v.intr.* [*sein*] addormentarsi (*anche fig.*).
**Einschlag** *der* [-(e)s,-schläge] 1 (*di fulmine*) caduta; (*di proiettile*) impatto 2 impronta; tratto.
**ein·schlagen** (→ *schlagen*) *v.tr.* 1 piantare, conficcare 2 rompere 3 avvolgere 4 prendere, imboccare (*anche fig.*): *einen Weg —*, imboccare una strada ♦ *v.intr.* [*haben*] 1 colpire; (*di fulmine*) cadere 2 avere successo, fare colpo.
**ein·schließen** (→ *schließen*) *v.tr.* 1 chiudere, rinchiudere 2 (*fig.*) comprendere, includere ♦ *sich einschließen v.pron.* chiudersi, rinchiudersi.
**einschließlich** *prep.* (+ *Gen*) incluso, comprensivo (di) ♦ *avv.* incluso, compreso ● *— Mehrwertsteuer*, IVA inclusa.
**ein·schneiden** (→ *schneiden*) *v.tr.* tagliare; incidere ♦ *v.intr.* [*haben*] (*in + Acc*) incidere (su), segnare (su).
**Einschnitt** *der* [-(e)s,-e] 1 taglio, incisione (*anche med.*) 2 (*fig.*) svolta.
**ein·schränken** *v.tr.* limitare, ridurre ♦ *sich einschränken v.pron.* limitarsi (nelle spese).
**Einschränkung** *die* [-,-en] 1 limitazione, restrizione 2 riserva.
**Einschreib(e)brief** *der* [-(e)s,-e] (lettera) raccomandata.
**ein·schreiben** (→ *schreiben*) *v.tr.* 1 (tra)scrivere 2 iscrivere ♦ *sich einschreiben v.pron.* (*an + Acc*) iscriversi (a) ● *einen Brief — lassen*, fare una raccomandata.
**Einschreibung** *die* [-,-en] immatricolazione, iscrizione.
**ein·schreiten** (→ *schreiten*) *v.intr.* [*sein*] intervenire.
**ein·sehen** (→ *sehen*) *v.tr.* 1 riconoscere 2 esaminare.
**ein·seifen** *v.tr.* insaponare.
**einseitig** *agg.* 1 unilaterale 2 parziale, soggettivo.
**ein·senden** (→ *senden*) *v.tr.* inviare, spedire.
**ein·setzen** *v.tr.* 1 inserire 2 impiegare, utilizzare 3 (*nel gioco*) puntare 4 insediare ♦ *v.intr.* [*haben*] incominciare

## Einsicht / einzeln

● **sich für etw** (o *jdn*) —, impegnarsi, darsi da fare per qlco (o qlcu).
**Einsicht** *die* [-,-en] **1** visione **2** comprensione **3** giudizio ● **zu der — kommen, dass ...**, venire alla convinzione che ...
**einsichtig** *agg.* **1** comprensibile **2** comprensivo.
**Einsiedler** *der* [-s,-; die -in] eremita (*m. e f.*).
**ein·sperren** *v.tr.* (*in + Acc*) rinchiudere (in).
**ein·spielen** *v.tr.* **1** fruttare, rendere **2** provare ♦ **sich einspielen** *v.pron.* (*sport*) riscaldarsi.
**Einspruch** *der* [-s,-sprüche] **1** protesta **2** (*comm.*) reclamo **3** (*dir.*) obiezione.
**ein·stecken** *v.tr.* **1** (*in + Acc*) infilare (in), introdurre (in) **2** (*fam.*) imbucare.
**ein·stehen** (→ *stehen*) *v.intr.* [*haben*] (*für*) garantire (per).
**ein·steigen** (→ *steigen*) *v.intr.* [*sein*] (*in + Acc*) **1** (*su veicolo*) salire (in, su) **2** salire a bordo (di), imbarcarsi (in) (*anche fig.*).
**ein·stellen** *v.tr.* **1** assumere **2** (*auf + Acc*) (*tecn.*) regolare; (*radio, tv*) sintonizzare (su) **3** interrompere ♦ **sich einstellen** *v.pron.* **1** (*auf + Acc*) adeguarsi (a), abituarsi (a) **2** presentarsi.
**Einstellung** *die* [-,-en] **1** (*zu*) mentalità, atteggiamento (verso) **2** assunzione **3** (*tecn.*) messa a punto **4** (*cinem.*) ripresa.
**einstimmig** *agg.* **1** (*mus.*) per una voce sola **2** (*fig.*) unanime.
**Einsturz** *der* [-es,-stürze] crollo.
**einstweilen** *avv.* **1** per il momento, per ora **2** nel frattempo.
**ein·tauschen** *v.tr.* scambiare, scambiarsi.
**eintausend** *agg.num.card.invar.* mille.
**ein·teilen** *v.tr.* **1** (*in + Acc*) (sud)dividere (in); classificare **2** assegnare.
**eintönig** *agg.* monotono; noioso.
**Eintrag** *der* [-(*e*)s,-träge] **1** registrazione, iscrizione **2** (*amm., scol.*) nota.
**ein·tragen** (→ *tragen*) *v.tr.* registrare,

iscrivere ♦ **sich eintragen** *v.pron.* iscriversi.
**ein·treten** (→ *treten*) *v.intr.* [*sein*] (*in + Acc*) **1** entrare (in) **2** iniziare, cominciare **3** verificarsi, accadere ♦ *v.tr.* sfondare (entrando) ● **für jdn** —, prendere le parti di, intercedere per qlcu.
**Eintritt** *der* [-(*e*)s,-e] entrata, ingresso.
**Eintrittskarte** *die* [-,-n] biglietto d'ingresso.
**einverstanden** *agg.* consenziente ♦ *avv.* d'accordo ● **sich mit**, essere d'accordo con | —!, d'accordo!, intesi!
**Einverständnis** *das* [-ses,-se] consenso, approvazione ● **in gegenseitigem** —, di comune accordo.
**Einwand** *der* [-(*e*)s,-wände] obiezione.
**Einwanderer** *der* [-s,-; die *Einwanderin*] immigrato (*m.; f.* -a).
**ein·wandern** *v.intr.* [*sein*] immigrare.
**Einwanderung** *die* [-,-en] immigrazione.
**einwandfrei** *agg.* irreprensibile; ineccepibile.
**ein·weihen** *v.tr.* inaugurare.
**ein·weisen** (→ *weisen*) *v.tr.* **1** (far) ricoverare **2** (*in + Acc*) istruire, avviare (a).
**ein·wenden** (→ *wenden*) *v.tr.* obiettare, ridire.
**ein·werfen** (→ *werfen*) *v.tr.* **1** introdurre: *einen Brief* —, imbucare una lettera **2** frantumare.
**Einwirkung** *die* [-,-en] azione, effetto; influenza.
**Einwohner** *der* [-s,-; die *-in*] abitante (*m. e f.*).
**Einzahl** *die* [-] (*gramm.*) singolare.
**Einzahlung** *die* [-,-en] versamento.
**Einzel** *das* [-s,-] (*sport*) singolo.
**Einzelbett** *das* [-es,-en] letto singolo.
**Einzelhandel** *der* [-s] commercio al dettaglio.
**Einzelheit** *die* [-,-en] dettaglio, particolare.
**Einzelkind** *das* [-(*e*)s,-er] figlio unico.
**einzeln** *agg.* **1** solo, unico; isolato **2** (*pl.*) alcuni ♦ *avv.* singolarmente, separatamente.

**Einzelteil** *das* [-s,-e] singolo pezzo, componente.
**Einzelzimmer** *das* [-s,-] camera singola.
**Einzelzimmerwohnung** *die* [-,-en] monolocale.
**ein·ziehen** (→ *ziehen*) *v.tr.* **1** (*in* + Acc) introdurre (in), inserire (in) **2** inspirare **3** incassare, riscuotere **4** (*fin.*) ritirare dalla circolazione **5** (*dir.*) sequestrare, confiscare **6** (*una rete*) tirare (a riva) **7** (*una bandiera*) ammainare ♦ *v.intr.* [*sein*] (*in* + Acc) **1** andare ad abitare (in) **2** (*mil.*) entrare (in) **3** penetrare (in), venir assorbito (in *o* da).
**einzig** *agg.indef.* **1** unico, solo **2** eccezionale, unico.
**einzigartig** *agg.* unico (nel suo genere); straordinario.
**Einzug** *der* [-(e)s,-züge] **1** ingresso **2** incasso.
**Eis** *das* [-es] **1** ghiaccio **2** (*gastr.*) gelato.
**Eisberg** *der* [-(e)s,-e] iceberg.
**Eisdiele** *die* [-,-n] gelateria.
**Eisen** *das* [-s,-] **1** ferro **2** ferro di cavallo.
**Eisenbahn** *die* [-,-en] ferrovia.
**eisern** *agg.* **1** di ferro **2** (*fig.*) ferreo, irremovibile ♦ *avv.* ostinatamente, tenacemente ● (*st.*) *eiserner Vorhang*, cortina di ferro.
**Eishockey** *das* [-s] hockey su ghiaccio.
**eisig** *agg.* gelido, glaciale (*anche fig.*).
**eiskalt** *agg.* **1** gelido, ghiacciato **2** (*fig.*) glaciale.
**Eislauf** *der* [-(e)s] pattinaggio su ghiaccio.
**Eiszeit** *die* [-] era glaciale.
**eitel** *agg.* vanitoso.
**Eitelkeit** *die* [-,-en] vanità.
**Eiter** *der* [-s] pus.
**eitern** *v.intr.* [*haben*] suppurare.
**Eiweiß** *das* [-es] **1** chiara d'uovo, albume **2** (*biol.*) proteina.
**Ekel** *der* [-s] nausea.
**ekelerregend, ekelhaft** *agg.* nauseante, disgustoso.
**ekeln** *v.tr.* disgustare ♦ *sich ekeln v.pron.* provare disgusto. ● *es ekelt ihn vor diesem Geruch*, questo odore gli fa schifo.
**Ekstase** *die* [-,-n] estasi.
**Ekzem** *das* [-s,-e] eczema.
**elastisch** *agg.* elastico.
**Elastizität** *die* [-] elasticità.
**Elefant** *der* [-en,-en] elefante.
**elegant** *agg.* elegante.
**Eleganz** *die* [-] eleganza.
**Elektriker** *der* [-s,-; die *-in*] elettricista (*m. e f.*).
**elektrisch** *agg.* elettrico.
**elektrisieren** *v.tr.* elettrizzare (*anche fig.*).
**Elektrizität** *die* [-] elettricità.
**Elektrogerät** *das* [-(e)s,-e] apparecchio elettrico; elettrodomestico.
**elektronisch** *agg.* elettronico.
**Element** *das* [-(e)s,-e] **1** elemento (*anche estens.*) **2** (*elettr.*) pila.
**elementar** *agg.* elementare.
**elend** *agg.* **1** misero, povero **2** debole **3** (*spreg.*) infame ♦ *avv.* terribilmente, incredibilmente ● (*fam.*) *sich — fühlen*, sentirsi a pezzi.
**Elend** *das* [-(e)s] miseria; indigenza.
**elf** *agg.num.card.invar.* undici → *acht*.
**Elfenbein** *das* [-(e)s] avorio.
**Ellbogen** *der* [-s,-] gomito.
**Ellipse** *die* [-,-n] **1** (*geom.*) ellisse **2** (*gramm.*) ellissi.
**Elster** *die* [-,-n] gazza: *diebische —*, gazza ladra.
**Eltern** *pl.* genitori.
**elternlos** *agg.* orfano.
**E-Mail** *das* [-s,-s] e-mail.
**Email** *das* [-s,-s] **Emaille** *die* [-,-n] smalto.
**Emanzipation** *die* [-,-en] emancipazione.
**emanzipieren** *v.tr.* emancipare ♦ *sich emanzipieren v.pron.* emanciparsi.
**Embryo** *der* [-s,-nen] embrione.
**Emigration** *die* [-,-en] emigrazione.
**emigrieren** *v.intr.* [*sein*] emigrare.
**Empfang** *der* [-(e)s,-fänge] **1** ricevimento: *etw im — nehmen*, prendere in consegna qlco **2** (*radio, tv*) ricezione **3** accoglienza; (*di hotel*) reception.
**empfangen** (→ *fangen*) *v.tr.* **1** riceve-

re **2** accogliere, ricevere **3** concepire (un bambino).
**Empfänger** *der* [-s,-; die -*in*] destinatario (*m.; f.* -a); beneficiario (*m.; f.* -a).
**empfänglich** *agg.* **1** (*für*) sensibile (a); ricettivo (a) **2** soggetto (a).
**Empfängnis** *die* [-,-*se*] concepimento.
**Empfängnisverhütung** *die* [-] contraccezione.
**Empfangsbestätigung** *die* [-,-*en*] (*comm.*) ricevuta.
**empfehlen** [*empfiehlt / empfahl / empfohlen*] *v.tr.* raccomandare, consigliare.
**Empfehlung** *die* [-,-*en*] **1** consiglio **2** raccomandazione ● *auf* —, su consiglio.
**empfinden** (→ *finden*) *v.tr.* sentire, provare.
**empfindlich** *agg.* **1** (*gegen*) sensibile (a) **2** delicato **3** (*fig.*) permaloso.
**Empfindung** *die* [-,-*en*] **1** sensazione **2** sentimento, senso.
**empor** *avv.* (all')insù, verso l'alto.
**empören** *v.tr.* indignare ♦ **sich empören** *v.pron.* **1** (*über + Acc*) indignarsi (per); andare in collera (per) **2** (*gegen*) sollevarsi (contro), ribellarsi (a).
**Ende** *das* [-s,-*n*] **1** fine, termine; conclusione **2** fondo, estremità: *am — der Straße*, in fondo alla strada **3** fine, morte ● *am* —, alla fine, in fin dei conti | — *April*, alla fine di aprile | *ich bin am* —, sono sfinito | *zu — bringen*, portare a termine.
**enden** *v.intr.* [*haben*] **1** finire; concludersi **2** (*di termine*) scadere.
**endgültig** *agg.* definitivo.
**endlich** *avv.* infine, alla fine; finalmente ♦ *agg.* finito (*anche mat.*) ● *komm doch* —!, su, dai, vieni! | (*fam.*) *na* —!, era ora!; finalmente!
**endlos** *agg.* infinito; interminabile.
**Endstation** *die* [-,-*en*] capolinea.
**Endung** *die* [-,-*en*] desinenza.
**Energie** *die* [-,-*ien*] energia.
**energisch** *agg.* energico, deciso, risoluto.
**eng** *agg.* **1** stretto, angusto **2** (*abbigl.*) attillato, aderente **3** limitato, ristretto (*anche fig.*) **4** intimo.
**Engadin** *das* Engadina.

**engagieren** *v.tr.* assumere, ingaggiare ♦ **sich engagieren** *v.pron.* impegnarsi, adoperarsi.
**engagiert** *agg.* impegnato.
**Engel** *der* [-s,-] angelo.
**England** *das* Inghilterra.
**Engländer** *der* [-*n*,-*n*; die -*in*] inglese (*m.* e *f.*).
**englisch** *agg.* inglese.
**en gros** *avv.* (*comm.*) all'ingrosso.
**Enkel** *der* [-s,-; die -*in*] nipote (*m.* e *f.*) (di nonno).
**Enkelkind** *das* [-(*e*)*s*,-*er*] nipote (di nonno).
**Ensemble** *das* [-*s*,-*s*] **1** ensemble, complesso **2** (*abbigl.*) completo **3** (*fig.*) insieme, complesso.
**entbinden** (→ *binden*) *v.tr.* (*med.*) assistere nel parto ♦ *v.intr.* [*haben*] partorire.
**Entbindung** *die* [-,-*en*] **1** dispensa, esonero **2** (*med.*) parto.
**entblößen** *v.tr.* scoprire, mettere a nudo (*anche fig.*). ♦ **sich entblößen** *v.pron.* spogliarsi (*anche fig.*).
**entdecken** *v.tr.* scoprire **2** trovare.
**Entdeckung** *die* [-,-*en*] scoperta.
**Ente** *die* [-,-*n*] **1** anatra **2** (*fig.*) falsa notizia, bufala.
**enteignen** *v.tr.* espropriare.
**enterben** *v.tr.* diseredare.
**entfallen** (→ *fallen*) *v.intr.* [*sein*] **1** sfuggire (di mano), cadere **2** sfuggire (di mente) **3** venire meno; non aver luogo.
**entfalten** *v.tr.* **1** spiegare, aprire **2** sviluppare, realizzare **3** presentare, mostrare ♦ **sich entfalten** *v.pron.* **1** aprirsi; spiegarsi **2** svilupparsi; realizzarsi.
**Entfaltung** *die* [-,-*en*] **1** spiegamento, apertura **2** sviluppo; realizzazione ● *zur — bringen*, sviluppare | *zur — kommen*, svilupparsi.
**entfernen** *v.tr.* **1** (*aus*) rimuovere (da) **2** allontanare (da un servizio) **3** (*med.*) asportare ♦ **sich entfernen** *v.pron.* allontanarsi (*anche fig.*).
**entfernt** *agg.* lontano; remoto (*anche fig.*).
**Entfernung** *die* [-,-*en*] **1** distanza al-

lontanamento; rimozione 3 (*med.*) asportazione 4 lontananza: *aus* (o *in*) *der —*, da lontano.
**entfremden** *v.tr.* alienare ♦ **sich entfremden** *v.pron.* (+ *Dat*) estraniarsi (da).
**entfrosten** *v.tr.* sbrinare.
**entführen** *v.tr.* 1 sequestrare, rapire 2 (*aer.*) dirottare.
**Entführung** *die* [-,-en] 1 sequestro, rapimento 2 (*aer.*) dirottamento.
**entgegen** *prep.* (+ *Dat*) in contrasto (con), contrariamente (a).
**entgegen·bringen** (→ *bringen*) *v.tr.* 1 portare, offrire 2 mostrare, dimostrare.
**entgegengesetzt** *agg.* opposto, contrario.
**entgegen·kommen** (→ *kommen*) *v.intr.* [*sein*] venire incontro (*anche fig.*).
**entgegen·setzen** *v.tr.* opporre, contrapporre.
**entgegen·stehen** (→ *stehen*) *v.intr.* [*haben*] opporsi, essere contrario.
**entgegen·stellen** *v.tr.* opporre ♦ **sich entgegenstellen** *v.pron.* opporsi, contrapporsi.
**entgegnen** *v.tr.* ribattere, replicare.
**entgehen** (→ *gehen*) *v.intr.* [*sein*] (+ *Dat*) sfuggire (a) (*anche fig.*): *einer Gefahr —*, sfuggire a un pericolo; *lass dir den Film nicht —*, non perderti quel film.
**enthalten** (→ *halten*) *v.tr.* contenere ♦ **sich enthalten** *v.pron.* (+ *Gen*) trattenersi (da); rinunciare (a); astenersi (da).
**enthaltsam** *agg.* 1 sobrio 2 astemio 3 casto.
**enthüllen** *v.tr.* 1 scoprire 2 (*fig.*) rivelare, svelare; smascherare ♦ **sich enthüllen** *v.pron.* 1 scoprirsi 2 rivelarsi.
**entkleiden** *v.tr.* spogliare ♦ **sich entkleiden** *v.pron.* spogliarsi.
**entkommen** (→ *kommen*) *v.intr.* [*sein*] fuggire, scappare; (*da prigione*) evadere.
**entladen** (→ *laden*) *v.tr.* scaricare ♦ **sich entladen** *v.pron.* (*elettr.*) scaricarsi.
**entlang** *prep.* lungo: *den Fluss —*, *dem Fluss*, lungo il fiume ♦ *avv.* lungo:

*hier* (o *dort*) *—*, *bitte!*, per di qua (o di là), per favore!
**entlassen** (→ *lassen*) *v.tr.* 1 rilasciare; (*da prigione*) scarcerare; (*da ospedale*) dimettere 2 licenziare.
**entlasten** *v.tr.* 1 alleggerire; *jdn von seinen Verpflichtungen —*, sollevare qlcu dai propri obblighi 2 decongestionare 3 (*dir.*) scagionare.
**Entlastung** *die* [-,-en] 1 alleggerimento 2 decongestionamento 3 (*dir.*) discolpa.
**entmündigen** *v.tr.* (*dir.*) interdire.
**entnehmen** (→ *nehmen*) *v.tr.* 1 prendere, trarre 2 prelevare (sangue) 3 (*fig.*) dedurre 4 venire a sapere.
**entschädigen** *v.tr.* ricompensare; risarcire.
**Entschädigung** *die* [-,-en] risarcimento, indennizzo.
**entscheiden** (→ *scheiden*) *v.tr.* (*dir.*) giudicare ♦ *v.intr.* [*haben*] (*über* + *Acc*) prendere una decisione (su) ♦ **sich entscheiden** *v.pron.* 1 decidersi 2 (*für*) scegliere.
**Entscheidung** *die* [-,-en] 1 decisione: *eine — treffen*, prendere una decisione 2 (*dir.*) sentenza.
**entschieden** *agg.* determinato, risoluto.
**entschließen, sich** (→ *schließen*) *v.pron.* (*zu*) decidersi (a).
**entschlossen** *agg.* deciso, risoluto: *zu allem —*, disposto a tutto.
**Entschluss** *der* [-*es*,-*schlüsse*] proposito; decisione.
**entschuldigen** *v.tr.* scusare; giustificare ♦ **sich entschuldigen** *v.pron.* (*bei*) chiedere scusa (a); giustificarsi (con).
**Entschuldigung** *die* [-,-en] 1 scusa 2 giustificazione ● *—!*, scusi!; scusa!
**entsetzen** *v.tr.* indignare ♦ **sich entsetzen** *v.pron.* indignarsi.
**entsetzlich** *agg.* 1 spaventoso, terrificante 2 (*fig.*) terribile.
**entspannen** *v.tr.* rilassare, distendere (*anche fig.*) ♦ **sich entspannen** *v.pron.* distendersi, rilassarsi (*anche fig.*).
**Entspannung** *die* [-,-en] 1 rilassamento, distensione (*anche fig.*) 2 svago.

**entsprechen** (→ *sprechen*) *v.intr.* [*haben*] (+ *Dat*) corrispondere (a), essere conforme (a).
**entsprechend** *agg.* 1 corrispondente 2 adeguato, opportuno ♦ *prep.* (+ *Dat*) in conformità (a), secondo.
**entspringen** (→ *springen*) *v.intr.* [*sein*] 1 (*di fiume*) nascere, scaturire 2 (*fig.*) provenire, derivare.
**entstehen** (→ *stehen*) *v.intr.* [*sein*] 1 nascere, sorgere: *den Eindruck — lassen, als ob...*, dare l'impressione di... 2 (+ *Dat*) nascere (da), derivare (da).
**Enttäuschung** *die* [-,-*en*] delusione.
**entweder** *cong.* o: *— komme ich vorbei oder ich rufe dich an*, o passo da te o ti telefono.
**entwerfen** (→ *werfen*) *v.tr.* 1 progettare 2 (*arte*) fare il bozzetto di 3 (*edit.*) fare la prima stesura di.
**entwerten** *v.tr.* 1 svalutare 2 obliterare, convalidare.
**entwickeln** *v.tr.* 1 sviluppare 2 realizzare ♦ **sich entwickeln** *v.pron.* 1 svilupparsi 2 (*zu*) trasformarsi (in), diventare.
**Entwicklung** *die* [-,-*en*] 1 sviluppo (*anche fig.*) 2 (*estens.*) evoluzione: *in der — sein*, essere nell'età dello sviluppo 2 concezione, elaborazione.
**entwöhnen** *v.tr.* svezzare.
**entwürdigend** *agg.* umiliante, degradante.
**Entwurf** *der* [-*s,-würfe*] 1 piano, progetto 2 (*arte*) disegno, schizzo 3 (*edit.*) prima stesura.
**entziehen** (→ *ziehen*) *v.tr.* 1 togliere, negare 2 ritirare (*patente*) ♦ **sich entziehen** *v.pron.* (+ *Dat*) sottrarsi (a), sfuggire (a) ● *jdm etw —*, disintossicare qlcu da qlco.
**entzückend** *agg.* incantevole; favoloso.
**entzünden** *v.tr.* accendere; infiammare ♦ **sich entzünden** *v.pron.* 1 prendere fuoco 2 (*med.*) infiammarsi 3 divampare.
**Entzündung** *die* [-,-*en*] (*med.*) infiammazione.
**Enzyklopädie** *die* [-,-*n*] enciclopedia.
**Epidemie** *die* [-,-*ien*] epidemia.

**Epilepsie** *die* [-,-*n*] epilessia.
**Epoche** *die* [-,-*n*] epoca.
**Epos** *das* [-, *Epen*] poema epico.
**er** *pron.pers.m.sing.* (*spesso non si traduce*) 1 lui, egli: *da ist —*, eccolo 2 (*riferito ad animali e cose*) esso, essa.
**Erbarmen** *das* [-*s*] pietà, misericordia ● *mit jdm — haben*, aver pietà di qlcu.
**erbärmlich** *agg.* 1 pietoso 2 scarso, povero 3 (*fig.*) meschino, misero ♦ *avv.* 1 male: *sich — fühlen*, sentirsi male 2 in modo meschino.
**Erbauung** *die* [-,-*n*] 1 costruzione 2 (*fig.*) edificazione.
**Erbe**[1] *der* [-*n*,-*n*; *die Erbin*] erede (*m.* e *f.*).
**Erbe**[2] *das* [-*s*] eredità (*anche fig.*).
**erben** *v.tr.* ereditare.
**Erbgut** *das* [-(*e*)*s,-güter*] patrimonio genetico.
**erbittert** *agg.* ostinato; accanito.
**Erbkrankheit** *die* [-,-*en*] malattia ereditaria.
**erblassen** *v.intr.* [*sein*] (*vor*) impallidire (per).
**erblich** *agg.* ereditario.
**erbrechen** (→ *brechen*) *v.tr.* 1 scassinare 2 vomitare ♦ **sich erbrechen** *v.pron.* vomitare.
**Erbschaft** *die* [-,-*en*] eredità.
**Erbse** *die* [-,-*n*] pisello.
**Erdachse** *die* [-] asse terrestre.
**Erdbeben** *das* [-*s*,-] terremoto.
**Erdbeere** *die* [-,-*n*] fragola.
**Erde** *die* [-,-*n*] 1 terra; suolo 2 (*elettr.*) terra, massa.
**Erdgas** *das* [-*es*] gas naturale.
**Erdgeschoss** *das* [-*es,-e*] pianterreno.
**Erdkunde** *die* [-] geografia.
**Erdnuss** *die* [-,-*nüsse*] nocciolina americana, arachide.
**Erdöl** *das* [-(*e*)*s*] petrolio.
**erdrücken** *v.tr.* schiacciare, stritolare (*anche fig.*).
**Erdrutsch** *der* [-*es,-e*] frana, smottamento.
**Erdteil** *der* [-(*e*)*s,-e*] continente.
**erdulden** *v.tr.* sopportare.
**ereifern, sich** *v.pron.* scaldarsi, infervorarsi.

**ereignen, sich** *v.pron.* accadere.
**Ereignis** *das* [-ses,-se] avvenimento.
**Eremit** *der* [-en,-en] eremita.
**erfahren**[1] (→ *fahren*) *v.tr.* 1 apprendere, venire a sapere 2 provare, conoscere.
**erfahren**[2] *agg.* (*in* + *Dat*) esperto (in), pratico (di).
**Erfahrung** *die* [-,-en] esperienza ● *aus eigener* —, per esperienza personale | *etw in* — *bringen*, venire a sapere qlco.
**erfassen** *v.tr.* 1 comprendere 2 prendere, afferrare 3 rilevare.
**erfinden** (→ *finden*) *v.tr.* inventare; ideare.
**Erfinder** *der* [-s,-; die -in] inventore (*m.*; *f.* -trice).
**Erfindung** *die* [-,-en] invenzione.
**Erfolg** *der* [-(e)s,-e] successo; risultato ● *viel* —!, buona fortuna!
**erfolgen** *v.intr.* [*sein*] 1 accadere 2 (*aus*) risultare (da).
**erfolglos** *agg.* 1 senza successo 2 inefficace; vano ♦ *avv.* inutilmente.
**erfolgreich** *agg.* 1 di successo 2 efficace.
**erforderlich** *agg.* necessario.
**erfordern** *v.tr.* esigere, richiedere.
**erforschen** *v.tr.* 1 esplorare 2 indagare, studiare.
**Erforscher** *der* [-s,-; die -in] esploratore (*m.*; *f.* -trice).
**Erforschung** *die* [-,-en] 1 esplorazione 2 indagine, ricerca.
**erfreuen** *v.tr.* rallegrare, fare piacere a ♦ *sich erfreuen* *v.pron.* (*an* + *Dat*) rallegrarsi (di).
**erfreulich** *agg.* piacevole, gradito.
**erfrischen** *v.tr.* rinfrescare ♦ *sich erfrischen* *v.pron.* 1 rinfrescarsi 2 (*fig.*) ristorarsi.
**Erfrischung** *die* [-,-en] 1 rinfresco 2 rinfrescata.
**erfüllen** *v.tr.* 1 adempiere, compiere 2 riempire, colmare 3 (*fig.*) appagare, soddisfare ♦ *sich erfüllen* *v.pron.* avverarsi.
**ergänzen** *v.tr.* completare, integrare.
**Ergänzung** *die* [-,-en] 1 aggiunta; integrazione 2 (*gramm.*) complemento.
**ergeben** (→ *geben*) *v.tr.* risultare: *die Umfrage hat —, dass...*, dal sondaggio risulta che... ♦ *sich ergeben* *v.pron.* 1 delinearsi, nascere 2 (+ *Dat*) arrendersi (a).
**Ergebnis** *das* [-ses,-se] 1 risultato, esito 2 conseguenza 3 frutto, ricavato.
**ergiebig** *agg.* 1 fertile, fecondo 2 redditizio.
**ergreifen** (→ *greifen*) *v.tr.* 1 prendere, afferrare: *die Gelegenheit* —, cogliere l'opportunità 2 catturare 3 (*fig.*) colpire, commuovere.
**ergreifend** *agg.* commovente.
**Erguss** *der* [-es,-güsse] 1 sfogo 2 fiume di parole 3 (*geol.*) eruzione.
**erhaben** *agg.* 1 rialzato 2 (*über* + *Acc*) superiore (a) 3 sublime, solenne.
**erhalten** (→ *halten*) *v.tr.* 1 ricevere, ottenere 2 conservare 3 mantenere, sostentare ♦ *sich erhalten* *v.pron.* 1 mantenersi 2 sostentarsi.
**erhältlich** *agg.* in vendita, disponibile.
**Erhaltung** *die* [-] 1 mantenimento, conservazione 2 sostentamento.
**erhängen** *v.tr.* impiccare ♦ *sich erhängen* *v.pron.* impiccarsi.
**erheben** (→ *heben*) *v.tr.* 1 alzare, sollevare: *die Stimme* —, alzare la voce 2 innalzare (*anche fig.*) 3 rivendicare: *eine Forderung* —, avanzare una richiesta ♦ *sich erheben* *v.pron.* 1 alzarsi in piedi 2 ergersi 3 insorgere, sollevarsi.
**erhitzen** *v.tr.* riscaldare ♦ *sich erhitzen* *v.pron.* scaldarsi (*anche fig.*).
**erhöhen** *v.tr.* 1 aumentare (tasse) 2 alzare 3 promuovere ♦ *sich erhöhen* *v.pron.* aumentare: *die Preise* — *sich*, i prezzi salgono.
**erholen, sich** *v.pron.* 1 riposarsi 2 (*von*) riprendersi (da) 3 (*econ.*) ricuperare.
**erholsam** *agg.* riposante, rilassante.
**Erholung** *die* [-,-en] 1 riposo, distensione 2 guarigione 3 (*econ.*) ripresa.
**erinnern** *v.tr.* (*an* + *Acc*) ricordare: *das erinnert mich an etwas*, questo mi ricorda qualcosa ♦ *sich erinnern* *v.pron.* (*an* + *Acc*) ricordarsi (di), ricordare.
**Erinnerung** *die* [-,-en] 1 ricordo 2 memoria 3 (*comm.*) avviso, sollecito.

**erkalten** *v.intr.* [*sein*] raffreddarsi (*anche fig.*).
**erkälten, sich** *v.pron.* raffreddarsi, prendere il raffreddore.
**Erkältung** *die* [-,-*en*] raffreddore.
**erkennbar** *agg.* riconoscibile.
**erkennen** (→ *kennen*) *v.tr.* 1 (*an* + *Dat*) riconoscere (da); distinguere (da) 2 capire, riconoscere ♦ *v.intr.* [*haben*] (*dir.*) (*auf* + *Acc*) emettere una sentenza (di) ● *sich zu* — *geben*, farsi riconoscere.
**erkenntlich** *agg.* ● *sich bei jdm für etw* — *zeigen*, mostrarsi riconoscente con qlco per qlco.
**Erkenntnis** *die* [-,-*se*] 1 conoscenza 2 riconoscimento: *zur* — *kommen*, riconoscere.
**erklären** *v.tr.* 1 spiegare; chiarire 2 dichiarare ♦ *sich erklären* *v.pron.* 1 spiegarsi 2 dichiararsi.
**Erklärung** *die* [-,-*en*] 1 spiegazione; commento 2 dichiarazione.
**erkranken** *v.intr.* [*sein*] (*an* + *Dat*) ammalarsi (di).
**erkunden** *v.tr.* esplorare; sondare.
**erkundigen, sich** *v.pron.* (*nach*) chiedere informazioni (su).
**Erkundigung** *die* [-,-*en*] informazione.
**Erlass** *der* [-*es*,-*e*] 1 decreto; emanazione 2 condono.
**erlassen** (→ *lassen*) *v.tr.* 1 emanare 2 condonare.
**erlauben** *v.tr.* permettere, concedere: — *Sie?*, lei permette?
**Erlaubnis** *die* [-] permesso, autorizzazione.
**erläutern** *v.tr.* spiegare.
**Erläuterung** *die* [-,-*en*] spiegazione; commento.
**erleben** *v.tr.* 1 fare l'esperienza di 2 vivere, sperimentare.
**Erlebnis** *das* [-*ses*,-*se*] 1 evento 2 esperienza 3 avventura.
**erledigen** *v.tr.* 1 sbrigare; eseguire 2 (*pop.*) togliere di mezzo, far fuori ♦ *sich erledigen* *v.pron.* risolversi, chiarirsi.
**erleichtern** *v.tr.* 1 facilitare, agevolare 2 alleggerire 3 sollevare, sfogare ♦ *sich erleichtern* *v.pron.* sollevarsi, sfogarsi ● *sich* (*Dat*) *sein Gewissen* —, togliersi un peso dalla coscienza.
**Erleichterung** *die* [-,-*en*] 1 sollievo 2 agevolazione.
**erleiden** (→ *leiden*) *v.tr.* 1 subire 2 sopportare, patire.
**erlernen** *v.tr.* imparare, apprendere.
**erleuchten** *v.tr.* illuminare (*anche fig.*) ♦ *sich erleuchten* *v.pron.* illuminarsi (*anche fig.*).
**Erleuchtung** *die* [-,-*en*] illuminazione; lampo di genio.
**Erlös** *der* [-*es*,-*e*] ricavato.
**erlösen** *v.tr.* 1 liberare, salvare 2 (*relig.*) redimere.
**Erlösung** *die* [-] 1 liberazione 2 (*relig.*) redenzione.
**ermächtigen** *v.tr.* autorizzare.
**Ermächtigung** *die* [-,-*en*] (*zu*) autorizzazione (a); delega a.
**ermahnen** *v.tr.* 1 (*zu*) esortare (a) 2 ammonire, riprendere.
**Ermahnung** *die* [-,-*en*] esortazione, ammonimento.
**ermäßigen** *v.tr.* ribassare, diminuire.
**Ermäßigung** *die* [-,-*en*] diminuzione; ribasso.
**ermessen** (→ *messen*) *v.tr.* 1 dedurre, concludere 2 valutare, giudicare 3 capire.
**Ermessen** *das* [-*s*] discrezione; giudizio.
**ermitteln** *v.tr.* 1 rintracciare, scoprire 2 determinare ♦ *v.intr.* [*haben*] (*gegen*) indagare (su).
**Ermittlung** *die* [-,-*en*] indagine; inchiesta.
**ermöglichen** *v.tr.* rendere possibile; consentire.
**ermorden** *v.tr.* assassinare.
**Ermordung** *die* [-,-*en*] assassinio.
**ermüden** *v.tr.* stancare, affaticare ♦ *v.intr.* [*haben*] stancarsi, affaticarsi.
**ermutigen** *v.tr.* incoraggiare.
**ernähren** *v.tr.* 1 nutrire, alimentare 2 mantenere ♦ *sich ernähren* *v.pron.* 1 (*von*) nutrirsi (di) 2 (*mit*) mantenersi (con), vivere (di).
**Ernährung** *die* [-,-*en*] 1 nutrizione 2 alimentazione 3 mantenimento.

**ernennen** (→ *nennen*) *v.tr.* nominare.
**erneuern** *v.tr.* 1 rinnovare; rimettere a nuovo; ristrutturare (edifici) 2 cambiare, sostituire 3 rinnovare (forze) 4 prorogare ♦ **sich erneuern** *v.pron.* rinnovarsi.
**Erneuerung** *die* [-,-en] rinnovamento; (*di edifici*) ristrutturazione.
**erneut** *agg.* 1 rinnovato, nuovo 2 ripetuto, ulteriore ♦ *avv.* di nuovo, nuovamente.
**erniedrigen** *v.tr.* umiliare, mortificare ♦ **sich erniedrigen** *v.pron.* abbassarsi; umiliarsi.
**ernst** *agg.* serio; (*di situazione*) critico ● *jdn* (*o etw*) — *nehmen*, prendere qlcu (*o* qlco) sul serio.
**Ernst** *der* [-es] serietà, gravità ● *im* —, sul serio | *mit etw* — *machen*, fare qlco sul serio, realizzare qlco.
**ernsthaft, ernstlich** *agg.* serio, grave ♦ *avv.* sul serio, seriamente.
**Ernte** *die* [-,-n] 1 raccolta, raccolto; (*estens.*) vendemmia 2 (*estens.*) messe.
**ernten** *v.tr.* 1 raccogliere; (*estens.*) vendemmiare 2 (*fig.*) mietere, ottenere.
**erobern** *v.tr.* conquistare.
**Eroberung** *die* [-,-en] conquista.
**eröffnen** *v.tr.* 1 aprire; inaugurare (esposizione ecc.) 2 rivelare, far sapere ♦ **sich eröffnen** *v.pron.* presentarsi.
**Eröffnung** *die* [-,-en] 1 apertura; (*estens.*) inaugurazione 2 comunicazione.
**Erotik** *die* [-] erotismo.
**erotisch** *agg.* erotico.
**erpressen** *v.tr.* 1 ricattare 2 estorcere.
**Erpressung** *die* [-,-en] 1 ricatto 2 estorsione.
**erproben** *v.tr.* sperimentare; (*fig.*) mettere alla prova.
**erraten** (→ *raten*) *v.tr.* indovinare.
**erregen** *v.tr.* 1 suscitare, causare 2 eccitare ♦ **sich erregen** *v.pron.* (*über* + *Acc*) scaldarsi (per).
**Erregung** *die* [-,-en] eccitazione, agitazione.
**erreichbar** *agg.* raggiungibile.

**erreichen** *v.tr.* 1 raggiungere 2 conseguire, ottenere.
**errichten** *v.tr.* erigere, innalzare.
**erröten** *v.intr.* [*sein*] arrossire.
**Ersatz** *der* [-es] 1 sostituzione 2 sostituto 3 (*mecc.*) (pezzo di) ricambio 4 risarcimento 5 (*sport*) riserva.
**erschaffen** (→ *schaffen*) *v.tr.* creare.
**erscheinen** (→ *scheinen*) *v.intr.* [*sein*] 1 apparire; sembrare 2 (*edit.*) essere pubblicato ● *als Zeuge vor Gericht* —, comparire come testimone in tribunale | *es erscheint mir...*, mi sembra...
**Erscheinung** *die* [-,-en] 1 apparenza, aspetto 2 fenomeno 3 apparizione, fantasma.
**erschießen** (→ *schießen*) *v.tr.* 1 uccidere (con arma da fuoco) 2 fucilare.
**erschlagen** (→ *schlagen*) *v.tr.* (*mit*) uccidere (a colpi di).
**erschöpfen** *v.tr.* 1 esaurire (*anche fig.*) 2 estenuare, spossare ♦ **sich erschöpfen** *v.pron.* esaurirsi.
**erschöpfend** *agg.* 1 esauriente, completo 2 estenuante, spossante.
**Erschöpfung** *die* [-] esaurimento; spossatezza.
**erschrecken** *v.tr.* spaventare, far paura a ♦ *v.intr.* [*erschrickt / erschrak / erschrocken*] (*sein*) (*über* + *Acc*, *vor* + *Dat*) spaventarsi (per) ♦ **sich erschrecken** *v.pron.* (*über* + *Acc*, *vor* + *Dat*) spaventarsi (per).
**erschreckend** *agg.* spaventoso.
**erschüttern** *v.tr.* scuotere (*anche fig.*).
**Erschütterung** *die* [-,-en] 1 scossa 2 (*fig.*) shock, colpo.
**ersehen** (→ *sehen*) *v.tr.* 1 vedere 2 (*estens.*) dedurre, desumere.
**ersetzen** *v.tr.* 1 sostituire, cambiare 2 sostituire, fare le veci di 3 rimborsare; risarcire (un danno).
**ersichtlich** *agg.* evidente, chiaro.
**ersparen** *v.tr.* 1 risparmiare 2 (*fig.*) fare a meno di; evitare.
**Ersparnis** *die* [-,-se] (*spec.pl.*) risparmi.
**erst** *avv.* 1 per prima cosa 2 non prima di, solo: *wir treffen uns — um 5*, ci incontriamo non prima delle 5 3 solo,

non più di: *sie ist* — *17*, ha solo 17 anni ● — *einmal*, innanzitutto.
**erst...** *agg.num.ord.* primo ♦ *pron.n. sing.* la prima cosa: *fürs Erste*, per ora.
**erstatten** *v.tr.* rimborsare ● *eine Anzeige* —, sporgere (una) denuncia | *jdm Bericht* —, rendere conto (*o* fare rapporto) a qlcu.
**Erstaufführung** *die* [-,-*en*] (*teatr.*) prima.
**erstaunen** *v.tr.* stupire, meravigliare ♦ *v.intr.* [*sein*] (*über* + *Acc*) stupirsi (di).
**erstaunlich** *agg.* **1** sorprendente **2** straordinario.
**erstechen** (→ *stechen*) *v.tr.* pugnalare, accoltellare a morte.
**erstens** *avv.* primo; per prima cosa.
**ersticken** *v.tr.* **1** soffocare **2** (*fig.*) reprimere: *etw im Keim* —, soffocare qlco sul nascere ♦ *v.intr.* [*sein*] asfissiare.
**erstklassig** *agg.* eccellente; di prim'ordine.
**Erstkommunion** *die* [-] (*relig.catt.*) prima comunione.
**erstmals** *avv.* per la prima volta.
**erstrecken, sich** *v.pron.* (*über* + *Acc*) **1** estendersi (su) **2** (*fig.*) durare (per), protrarsi (per) **3** riguardare, concernere.
**ertappen** *v.tr.* sorprendere, cogliere sul fatto.
**erteilen** *v.tr.* **1** dare **2** (*spec. amm.*) concedere, accordare ● *Unterricht* —, dare, impartire lezioni.
**Ertrag** *der* [-(*e*)*s*,-*träge*] **1** profitto; rendita **2** raccolto.
**ertragen** (→ *tragen*) *v.tr.* sopportare.
**erträglich** *agg.* sopportabile.
**ertränken** *v.tr.* annegare, affogare ♦ *sich ertränken* *v.pron.* affogarsi.
**erwachen** *v.intr.* [*sein*] svegliarsi (*anche fig.*).
**Erwachen** *das* [-*s*,-] risveglio.
**erwachsen** *agg.* adulto.
**Erwachsene** *der* e *die* [-*n*,-*n*] adulto (*m.*; *f.* -a).
**erwägen** (→ *wägen*) *v.tr.* ponderare, soppesare.
**erwähnen** *v.tr.* menzionare, accennare a.

**erwarten** *v.tr.* aspettare (*anche fig.*) ● *das habe ich erwartet*, me l'aspettavo | *kaum* — *können*, non vedere l'ora.
**Erwartung** *die* [-,-*en*] attesa, speranza: *in* — (+ *Dat*), in attesa (di); *die Erwartungen befriedigen*, soddisfare le aspettative.
**erwecken** *v.tr.* suscitare: *Vertrauen* —, ispirare fiducia; *den Eindruck* —, dare l'impressione ● *zum Leben* —, risuscitare.
**erweisen** (→ *weisen*) *v.tr.* dimostrare, provare ♦ *sich erweisen* *v.pron.* risultare: *sich als richtig* —, risultare vero. ● *jdm einen Gefallen* —, fare un piacere a qlcu.
**Erwerb** *der* [-(*e*)*s*,-*e*] **1** acquisto **2** guadagno, profitto.
**erwerben** (→ *werben*) *v.tr.* acquistare (*anche fig.*); acquisire.
**erwidern** *v.tr.* **1** replicare, ribattere **2** ricambiare (cortesia, piacere) ♦ *v.intr.* [*haben*] (*auf* + *Acc*) replicare (a), ribattere (a).
**erwischen** *v.tr.* **1** (*pop.*) acchiappare **2** afferrare.
**erwünscht** *agg.* desiderato; gradito.
**erwürgen** *v.tr.* strozzare, strangolare.
**erzählen** *v.tr.* raccontare, narrare ● *davon kann ich etwas* —, ne so qualcosa.
**Erzählung** *die* [-,-*en*] racconto; narrazione.
**erzeugen** *v.tr.* **1** produrre; creare **2** causare.
**Erzeugnis** *das* [-*ses*,-*se*] prodotto ● *eigenes* —, produzione propria.
**Erzeugung** *die* [-,-*en*] produzione; fabbricazione.
**erziehen** (→ *ziehen*) *v.tr.* educare; abituare ♦ *sich erziehen* *v.pron.* educarsi.
**Erziehung** *die* [-,-*en*] educazione.
**erzielen** *v.tr.* raggiungere, ottenere.
**es** *pron.pers.n.* **1** esso, essa: *gefällt dir das Haus? Es gehört meiner Schwester*, ti piace la casa? È di mia sorella **2** lo, la: *siehst du das Auto? Ja, ich sehe* —, vedi l'auto? Sì, la vedo **3** (*sogg.impers.*): — *gibt* (+ *Acc*), c'è, ci sono; — *regnet*, piove; — *ist kalt*, fa freddo; — *war einmal...*, c'era una volta...; — *ist sicher*,

*dass er kommt*, è sicuro: verrà **4** (*pleonastico in inizio di frase*): — *meldete sich ein junger Mann*, ha risposto un giovanotto.

**Esel** *der* [-s,-] **1** asino **2** (*spreg.*) somaro, stupido.

**Eskimo** *der* [-(s),-(s)] eschimese.

**essbar** *agg.* commestibile.

**essen** [*isst* / *aß* / *gegessen*] *v.tr.* e *intr.* [*haben*] mangiare: *zu Abend* —, cenare; *zu Mittag* —, pranzare.

**Essen** *das* [-s,-] **1** il mangiare **2** cibo, vitto **3** pasto.

**Essig** *der* [-s,-e] aceto.

**Esskastanie** *die* [-,-n] **1** castagna **2** castagno.

**Esswaren** *pl.* viveri.

**Este** *der* [-n,-n; *die Estin*] estone (*m.* e *f.*).

**estnisch** *agg.* estone.

**Estonien** *das* Estonia.

**Etage** *die* [-,-n] piano (di edificio).

**Ethik** *die* [-] etica.

**ethisch** *agg.* etico, morale.

**Etikett** *das* [-(e)s,-e o -s] etichetta (*anche fig.*).

**etlich...** *agg.indef.* parecchio ♦ *pron.indef.* **1** (*sing.*) non poco, parecchio **2** (*pl.*) parecchi, parecchio.

**Etsch** *die* Adige.

**Etui** *das* [-s,-s] astuccio, custodia.

**etwa** *avv.* **1** circa, all'incirca **2** per esempio ● *Sie glauben doch nicht* —, *dass...?*, non crederà mica che...?

**etwas** *pron.indef.* **1** qualcosa: *und nun zu* — *anderem*, passiamo ad altro **2** un po' di: *er spricht* — *Russisch*, parla un po' di russo ● *das ist doch wenigstens* —, meglio di niente | *hast du* — *von ihm gehört?*, hai avuto sue notizie? | *ich möchte noch* — *lesen*, vorrei leggere ancora un po'.

**EU** *die* [-] (*Europäische Union*) UE, Unione Europea.

**euch** *pron.pers.* **1** (*Dat*) a voi, vi **2** (*Acc*) voi, vi.

**euer** *pron.poss.* **1** il vostro: *mein Vater und eurer*, mio padre e il vostro **2** (*come agg.*) vostro.

**Eule** *die* [-,-n] gufo; civetta.

**eure** *pron.poss.* → **euer**.

**eurerseits** *avv.* da parte vostra.

**euretwegen** *avv.* per causa (*o* colpa) vostra.

**Euro** *der* [-s,-] euro.

**Europa** *das* Europa.

**Europäer** *der* [-s,-; *die -in*] europeo (*m.*; *f.* -a).

**europäisch** *agg.* europeo.

**Euroscheck** *der* [-s,-s] eurocheque.

**Euthanasie** *die* [-] eutanasia.

**e.V.** *abbr.* (*eingetragener Verein*) associazione registrata.

**evakuieren** *v.tr.* evacuare; sfollare.

**evangelisch** *agg.* **1** protestante **2** evangelico.

**Evangelium** *das* [-s,-lien] vangelo.

**eventuell** *agg.* eventuale.

**ewig** *agg.* **1** eterno: *das ewige Leben*, la vita eterna **2** perenne ♦ *avv.* **1** eternamente, in eterno **2** (*fam.*) (per) un'eternità.

**Ewigkeit** *die* [-,-en] eternità (*anche fig.*).

**exakt** *agg.* esatto, preciso.

**Examen** *das* [-s, o -mina] esame (universitario).

**Exemplar** *das* [-s,-e] **1** esemplare; (*di libro*) copia **2** campione.

**Exil** *das* [-s,-e] esilio.

**Existenz** *die* [-,-en] esistenza.

**exklusiv** *agg.* esclusivo.

**exotisch** *agg.* esotico.

**Experiment** *das* [-s,-e] esperimento.

**experimentieren** *v.intr.* [*haben*] (*mit*) fare esperimenti (su).

**Experte** *der* [-n,-n; *die Expertin*] (*in* o *für*) esperto (*m.*; *f.* -a) (in).

**explodieren** *v.intr.* [*sein*] esplodere, scoppiare (*anche fig.*).

**Explosion** *die* [-,-en] esplosione, scoppio (*anche fig.*).

**explosiv** *agg.* esplosivo.

**Exponent** *der* [-en,-en] (*mat.*) esponente.

**Export** *der* [-(e)s,-e] esportazione.

**exportieren** *v.tr.* esportare.

**extra** *avv.* **1** separatamente, a parte **2** in più, in aggiunta **3** particolarmente: *ein* — *starker Kaffee*, un caffè partico-

larmente forte **4** appositamente: *ich komme — für dich*, vengo apposta per te **5** di proposito.
**extrem** *agg.* **1** estremo **2** radicale ♦ *avv.* estremamente; eccessivamente.
**Extremist** *der* [*-en,-en;* die *-in*] estremista (*m.* e *f.*).

**exzentrisch** *agg.* eccentrico.
**Exzess** *der* [*-es,-e*] eccesso.
**exzessiv** *agg.* eccessivo.
**EZ** *abbr.* (*Einzelzimmer*) camera singola.

# Ff

**F** *das* [-,-] (*mus.*) fa.
**Fabel** *die* [-,-n] favola, fiaba.
**fabelhaft** *agg.* **1** incredibile, fantastico **2** stupendo, meraviglioso.
**Fabrik** *die* [-,-en] fabbrica; stabilimento.
**Fabrikant** *der* [-en,-en; die -in] **1** fabbricante (*m. e f.*), produttore (*m.; f.* -trice) **2** titolare (*m. e f.*) (di fabbrica).
**Fabrikat** *das* [-(e)s,-e] prodotto.
**Fach** *das* [-(e)s, Fächer] **1** (di borsa, valigia) scomparto; (*di armadio, scaffale*) scomparto, ripiano **2** cassetto **3** casella (della posta) **4** (*estens.*) settore, campo: *vom — sein*, essere del mestiere **5** materia, disciplina.
**Facharbeiter** *der* [-s,-; die -in] operaio (*m.; f.* -a) specializzato.
**Fächer** *der* [-s,-] ventaglio.
**fachlich** *agg.* professionale; specializzato.
**Fachmann** *der* [-(e)s,-leute] esperto, specialista.
**Fachschule** *die* [-,-n] scuola professionale, istituto tecnico.
**Fachsprache** *die* [-,-n] linguaggio settoriale.
**Fachwerkhaus** *das* [-es,-häuser] casa a graticcio.

NOTA La **Fachwerkhaus** è il tipo di costruzione più diffusa nell'Europa centrale a partire dall'alto medioevo sino al XIX secolo. La struttura portante è il legno, il resto in argilla e mattoni. Nei secoli la struttura rimane invariata, ma cambiano gli elementi decorativi. Nonostante le distruzioni avvenute durante la seconda guerra mondiale, in Germania sono ancora numerose.

**fad(e)** *agg.* **1** insipido **2** noioso, insulso, scialbo.
**Faden** *der* [-s, Fäden] **1** filo **2** (*spec.pl.*) (*med.*) punti ● *den — (des Gesprächs) verlieren*, perdere il filo (del discorso) | *der rote —*, il filo conduttore.
**fähig** *agg.* **1** (*zu*) capace (di), in grado (di) **2** abile; dotato.
**Fähigkeit** *die* [-,-en] **1** capacità **2** abilità; dote.
**fahnden** *v.intr.* [haben] (*nach*) ricercare, indagare (su).
**Fahndung** *die* [-,-en] ricerca, indagine.
**Fahne** *die* [-,-n] **1** bandiera (*anche fig.*) **2** (*di fumo*) scia.
**Fahrbahn** *die* [-,-en] carreggiata.
**Fähre** *die* [-,-n] traghetto.
**fahren** [*fährt / fuhr / gefahren*] *v.intr.* [sein] **1** (di veicoli) andare, viaggiare **2** (di persone) spostarsi (con un mezzo di trasporto) **3** partire: *wann fährt der nächste Zug?*, quando parte il prossimo treno? **4** (*über, durch + Acc*) passare **5** guidare: *links, rechts —*, tenere la sinistra, la destra ♦ *v.tr.* **1** guidare **2** accompagnare, portare (in automobile) **3** trasportare ● *mit der Bahn —*, andare, viaggiare in treno | *Ski —*, sciare.
**Fahrer** *der* [-s,-; die -in] conducente (*m. e f.*) (di veicolo).
**Fahrgast** *der* [-es,-gäste] passeggero.

**Fahrgeld** *das* [-(e)s,-er] prezzo della corsa, del biglietto.
**Fahrkarte** *die* [-,-n] biglietto (di viaggio).
**Fahrkosten** *pl.* spese di viaggio.
**fahrlässig** *agg.* 1 negligente, trascurato 2 (*dir.*) colposo.
**Fahrlehrer** *der* [-s,-; die -in] istruttore (*m.; f.* -trice) di guida.
**Fahrplan** *der* [-(e)s,-pläne] orario.
**Fahrpreis** *der* [-es,-e] prezzo del biglietto.
**Fahrrad** *das* [-(e)s,-räder] bicicletta.
**Fahrschein** *der* [-(e)s,-e] → **Fahrkarte**.
**Fährschiff** *das* [-(e)s,-e] traghetto.
**Fahrschule** *die* [-,-n] scuola guida, autoscuola.
**Fahrstuhl** *der* [-(e)s,-stühle] ascensore.
**Fahrt** *die* [-,-en] 1 viaggio; corsa 2 velocità: *in voller* —, a tutta velocità.
**Fährte** *die* [-,-n] traccia, pista.
**Fahrtkosten** *pl.* → **Fahrkosten**.
**Fahrzeug** *das* [-(e)s,-e] 1 veicolo, vettura 2 (*mar.*) imbarcazione.
**fair** *agg.* leale, corretto.
**Faktor** *der* [-s,-en] fattore.
**Fakultät** *die* [-,-en] facoltà.
**Falke** *der* [-n,-n] falco.
**Fall** *der* [-(e)s, Fälle] 1 caduta; crollo 2 caso ♦ *auf jeden* — (o *auf alle Fälle*), in ogni caso, comunque | *auf keinen* —, in nessun caso | *im* —, *dass*..., nel caso in cui...
**Falle** *die* [-,-n] trappola (*anche fig.*).
**fallen** [*fällt | fiel | gefallen*] *v.intr.* [*sein*] 1 cadere, cascare (*anche estens.*) 2 diminuire, calare 3 (di festività) (*auf* + *Acc*) cadere (di), capitare (di, il) 4 (di colpo d'arma) partire ♦ *das fällt mir schwer*, mi riesce difficile.
**fällen** *v.tr.* 1 abbattere (alberi) 2 (*fig.*) prendere: *eine Entscheidung* —, prendere una decisione.
**fallen lassen, fallen·lassen** (→ *lassen*) *v.tr.* 1 abbandonare, lasciar perdere 2 non sostenere, piantare in asso 3 (*fig.*) lasciar cadere, buttare là.
**fällig** *agg.* 1 in scadenza, che scade 2 atteso.

**falls** *cong.* se, nel caso in cui.
**Fallschirm** *der* [-(e)s,-e] paracadute.
**falsch** *agg.* 1 falso (*anche fig.*) 2 sbagliato; errato 3 (*di dente, perla ecc.*) finto ♦ *avv.* 1 falsamente, in modo falso 2 in modo sbagliato, in modo errato: *etw* — *machen*, sbagliare qlco.
**fälschen** *v.tr.* falsificare, contraffare.
**Fälscher** *der* [-s,-; die -in] falsificatore, contraffattore (*m.; f.* -trice).
**Fälschung** *die* [-,-en] 1 falsificazione, contraffazione 2 (*quadro*) falso.
**Falte** *die* [-,-n] 1 piega (*anche geol.*) 2 ruga.
**falten** *v.tr.* 1 piegare 2 corrugare (la fronte) ♦ *die Hände* —, congiungere le mani.
**familiär** *agg.* 1 di famiglia 2 familiare, confidenziale.
**Familie** *die* [-,-n] famiglia (*anche biol.*).
**Familienname** *der* [-ns,-n] cognome.
**Familienstand** *der* [-(e)s] stato civile.
**Fanatiker** *der* [-s,-; die -in] fanatico (*m.; f.* -a).
**fanatisch** *agg.* fanatico.
**Fanfare** *die* [-,-n] fanfara.
**Fang** *der* [-(e)s, Fänge] 1 presa (*anche sport*) 2 (*caccia*) cattura 3 preda.
**fangen** [*fängt | fing | gefangen*] *v.tr.* prendere, pigliare; catturare ♦ *sich fangen* *v.pron.* riprendersi, controllarsi.
**Fantasie** *die* [-,-n] fantasia, immaginazione.
**fantasieren, phantasieren** *v.intr.* [*haben*] 1 (*von*) fantasticare (su, di) 2 (*med.*) delirare, vaneggiare 3 (*mus.*) improvvisare.
**fantastisch** *agg.* 1 fantastico, irreale 2 (*fam.*) incredibile, fantastico.
**Farbaufnahme** *die* [-,-n] fotografia a colori.
**Farbe** *die* [-,-n] 1 colore 2 colorazione, tinta 3 pittura, vernice 4 colorito, incarnato.
**färben** *v.tr.* 1 colorare, tingere: *sie hat ihr Haar gefärbt*, si è tinta i capelli 2 (*fig.*) colorire ♦ *v.intr.* stingere, scolorire ♦ *sich färben* *v.pron.* tingersi, colorarsi.
**farbenblind** *agg.* daltonico.
**Farbfilm** *der* [-(e)s,-e] pellicola a colori 2 film a colori.
**Farbfoto** *das* [-s,-s] fotografia a colori.

**farbig** *agg.* **1** colorato, a colori **2** (*di persona*) di colore.

**farblos** *agg.* **1** incolore; neutro **2** pallido, smorto **3** (*fig.*) scialbo, insignificante.

**Farbstoff** *der* [-(e)s,-e] sostanza colorante, colorante.

**Färbung** *die* [-,-en] **1** colorazione, tintura **2** tonalità, tinta **3** (*fig.*) colorazione; tendenza.

**Fasching** *der* [-s,-e o -s] carnevale.

NOTA Il termine **Fasching** viene usato in numerose zone della Germania accanto alla parola *Karneval* per indicare il periodo di allegria e festeggiamenti prima del digiuno della quaresima. Sono famosi il carnevale di Colonia, Düsseldorf e Coblenza. Si inizia già il lunedì grasso con un grande corteo; molte associazioni organizzano balli, ma si festeggia anche per strada e nei locali.

**Faschismus** *der* [-] fascismo.
**Faschist** *der* [-en,-en; die -in] fascista (*m.* e *f.*).
**Faser** *die* [-,-n] fibra.
**Fass** *das* [*Fasses, Fässer*] botte; barile, fusto: *Bier vom —*, birra alla spina.
**fassbar** *agg.* **1** comprensibile **2** tangibile, concreto.
**fassen** *v.tr.* **1** afferrare, prendere (*spec.* con le mani) **2** catturare **3** contenere **4** mettere in (cornice, forma ecc.) **5** (*fig.*) capire, afferrare ♦ *v.intr.* [*haben*] **1** toccare: *nach etw —*, cercare di raggiungere qlco **2** (*tecn.*) ingranare; far presa ♦ **sich fassen** *v.pron.* riprendersi ● *einen Entschluss —*, prendere una decisione | *fasse dich!*, calmati! | *sich kurz —*, essere breve.
**Fassung** *die* [-,-en] **1** montatura (di occhiali, gioielli) **2** stesura (di testo) **3** calma, controllo.
**fassungslos** *agg.* sconcertato; fuori di sé.
**Fassungsvermögen** *das* [-s] capienza, capacità.
**fast** *avv.* quasi.
**fasten** *v.intr.* [*haben*] digiunare.
**faszinieren** *v.tr.* affascinare.
**fatal** *agg.* fatale, nefasto.

**faul** *agg.* **1** pigro **2** marcio, guasto; (*di dente*) cariato.
**faulen** *v.intr.* [*sein*] **1** marcire, imputridire **2** (*di dente*) cariarsi.
**faulenzen** *v.intr.* [*haben*] poltrire.
**Faulheit** *die* [-] pigrizia.
**Faust** *die* [-, *Fäuste*] pugno ● *auf eigene —*, per proprio conto.
**Favorit** *der* [-en,-en; die -in] **1** favorito (*m.*; *f.* -a), beniamino (*m.*; *f.* -a) **2** (*sport*) favorito (*m.*; *f.* -a).
**faxen** *v.tr.* trasmettere via fax.
**Februar** *der* [-(s),-e] febbraio: *im (Monat) —*, in (o a, o nel) mese di febbraio.
**fechten** [*ficht* / *focht* / *gefochten*] *v.intr.* [*haben*] tirare di scherma; combattere.
**Fechtsport** *der* [-(e)s] scherma.
**Feder** *die* [-,-n] **1** penna **2** piuma **3** (*pl.*) (*fam.*) letto **4** (*mecc.*) molla.
**federn** *v.intr.* [*haben*] **1** (*mecc.*) essere elastico **2** (*sport*) molleggiarsi ♦ *v.tr.* (*mecc.*) molleggiare, ammortizzare.
**Federung** *die* [-,-en] molleggio, sospensione elastica.
**Fee** *die* [-,-n] fata.
**fegen** *v.tr.* **1** spazzare, scopare **2** spazzar via ♦ *v.intr.* [*sein*] turbinare, infuriare.
**fehl** *avv.* ● *— am Platz*, fuori posto; inopportuno.
**fehlen** *v.intr.* [*haben*] **1** mancare **2** essere assente **3** (*an* + *Dat*) essere privo (di): *es fehlt uns am Nötigsten*, ci manca il necessario ♦ *fehlt dir was?*, c'è qualcosa che non va?
**Fehler** *der* [-s,-] **1** sbaglio, errore: *einen — begehen*, commettere un errore **2** difetto; imperfezione.
**fehlerfrei** *agg.* corretto, perfetto.
**fehlerhaft** *agg.* sbagliato, difettoso.
**Fehlgeburt** *die* [-,-en] aborto spontaneo.
**Fehltritt** *der* [-(e)s,-e] passo falso (*anche fig.*).
**Feier** *die* [-,-n] festa, festeggiamento.
**Feierabend** *der* [-s,-e] riposo dopo il lavoro, fine del lavoro: *— machen*, smettere di lavorare.
**feierlich** *agg.* festivo, solenne.

**Feierlichkeit** *die* [-,-en] **1** festosità, solennità **2** cerimonia, celebrazione.
**feiern** *v.tr.* **1** festeggiare **2** celebrare ♦ *v.intr.* [*haben*] **1** (*iron.*) smettere di lavorare **2** (*fam.*) far festa.
**Feiertag** *der* [-es,-e] giorno di festa, giorno festivo.
**feig, feige** *agg.* vile, vigliacco.
**Feige** *die* [-,-n] (*frutto*) fico.
**Feigheit** *die* [-] viltà, codardia.
**Feigling** *der* [-(e)s,-e] vile, vigliacco.
**Feile** *die* [-,-n] lima.
**feilen** *v.tr.* limare ♦ *v.intr.* [*haben*] (*an + Dat*) limare, smussare (*anche fig.*).
**fein** *agg.* **1** fine, sottile **2** raffinato, macinato fine **3** sensibile, acuto **4** elegante, fine, raffinato: *feine Manieren*, maniere raffinate ♦ *avv.* bene, favorevolmente: — *aussehen*, avere un aspetto distinto.
**Feind** *der* [-(e)s,-e; die -*in*] nemico (*m.; f.* -a); avversario (*m.; f.* -a).
**feindlich** *agg.* nemico, ostile.
**Feindschaft** *die* [-,-en] inimicizia, ostilità.
**feindselig** *agg.* ostile.
**feinfühlig** *agg.* **1** sensibile **2** pieno di tatto.
**Feingefühl** *das* [-(e)s,-e] **1** delicatezza (d'animo) **2** sensibilità; tatto.
**Feinheit** *die* [-,-en] **1** finezza, delicatezza **2** sottigliezza, sfumatura.
**Feinschmecker** *der* [-s,-; die -*in*] buongustaio (*m.; f.* -a).
**Feld** *das* [-(e)s,-er] **1** campo (*anche fis., sport*) **2** casella.
**Feldwebel** *der* [-s,-] (*mil.*) maresciallo.
**Feldzug** *der* [-es,-züge] campagna (militare).
**Fell** *das* [-es,-e] **1** pelo, pelliccia; (*di cavallo*) mantello **2** pelle (conciata).
**Fels** *der* [-en,-en] **Felsen** *der* [-s,-] **1** roccia, rupe **2** scoglio.
**Feminismus** *der* [-,-men] femminismo.
**Feministin** *die* [-,-nen] femminista.
**feministisch** *agg.* femminista.
**Fenchel** *der* [-s] finocchio.
**Fenster** *das* [-s,-] **1** finestra **2** finestrino.
**Fensterbank** *die* [-,-bänke] davanzale.

**Fensterladen** *der* [-s,-läden] persiana, imposta.
**Fensterscheibe** *die* [-,-n] vetro (della finestra).
**Ferien** *pl.* vacanze, ferie (*spec. scol.*).
**Feriendorf** *das* [-es,-dörfer] villaggio turistico.
**Ferienort** *der* [-es,-e] località turistica.
**fern** *agg.* **1** (*von*) lontano (da), distante (da): — *von hier*, lontano da qui **2** (*tempo*) remoto, lontano ♦ *avv.* lontano, distante: *von* —, da lontano.
**Fernbedienung** *die* [-,-en] telecomando.
**Ferne** *die* [-,-n] lontananza, distanza.
**ferner** *agg.compar.* → **fern** ♦ *avv.* in seguito, in avvenire ♦ *cong.* inoltre.
**Ferngespräch** *das* [-(e)s,-e] telefonata interurbana.
**Fernglas** *das* [-es,-gläser] binocolo.
**Fernkurs** *der* [-es,-e] corso per corrispondenza.
**Fernlicht** *das* [-(e)s] (*aut.*) abbaglianti.
**Fernmeldewesen** *das* [-s] telecomunicazioni.
**fern·sehen** (→ *sehen*) *v.intr.* [*haben*] guardare la televisione.
**Fernsehen** *das* [-s,-] televisione.
**Fernseher** *der* [-s,-] **Fernsehgerät** *das* [-(e)s,-e] televisore.
**Fernsehkamera** *die* [-,-s] telecamera.
**Fernsehschirm** *der* [-(e)s,-e] teleschermo.
**Fernsehsender** *der* [-s,-] emittente televisiva; (*estens.*) canale televisivo.
**Fernsehsendung** *die* [-,-en] trasmissione televisiva.
**Fernsicht** *die* [-] **1** vista, panorama **2** visibilità.
**Fernverkehr** *der* [-(e)s] **1** trasporti interurbani **2** collegamenti telefonici interurbani.
**Ferse** *die* [-,-n] calcagno; tallone.
**fertig** *agg.* **1** finito; concluso, terminato **2** pronto **3** sfinito, esausto ● —!, basta!, chiuso!
**fertig bringen, fertig·bringen** (→ *bringen*) *v.tr.* **1** portare a termine **2** (*fam.*) combinare **3** riuscire a fare, farcela a.

**fertig machen, fertig·machen** *v.tr.* **1** finire, terminare **2** (*fam.*) preparare **3** (*fam.*) sfinire, esaurire ♦ **sich fertig machen** *v.pron.* (**zu**) prepararsi (per, a).

**fertig stellen, fertig·stellen** *v.tr.* finire, completare, terminare.

**Fertigung** *die* [-,-*en*] produzione; (*abbigl.*) confezione.

**Fessel** *die* [-,-*n*] **1** catena; manette **2** (*fig.*) legame; obbligo.

**fesseln** *v.tr.* **1** incatenare, ammanettare **2** (*fig.*) avvincere.

**fest** *agg.* **1** solido **2** robusto, energico **3** (*mil.*) fortificato **4** forte, intenso **5** irremovibile, definitivo **6** fisso ♦ *avv.* **1** fortemente, solidamente **2** fermamente, decisamente **3** (*fam.*) tanto, molto ● — *schlafen*, dormire sodo.

**Fest** *das* [-(*e*)*s*,-*e*] festa.

**fest·binden** (→ *binden*) *v.tr.* legare (saldamente).

**fest·fahren** (→ *fahren*) *v.intr.* [*sein*] **1** restare bloccato, affondare **2** (*fig.*) arenarsi ♦ **sich festfahren** *v.pron.* (*fig.*) arenarsi.

**fest·halten** (→ *halten*) *v.tr.* **1** trattenere, tenere fermo, reggere **2** fissare, registrare, annotare **3** tenere a mente ♦ *v.intr.* [*haben*] (*an* + *Dat*) restare fedele (a) ♦ **sich festhalten** *v.pron.* (*an* + *Dat*) tenersi (saldamente) (a) (*anche fig.*).

**Festigkeit** *die* [-,-*en*] **1** solidità, stabilità **2** resistenza **3** (*fig.*) fermezza, risolutezza.

**Festland** *das* [-*es*] terraferma; continente.

**fest·legen** *v.tr.* **1** fissare, stabilire: *einen Termin* —, fissare un appuntamento **2** (*econ.*) vincolare, immobilizzare ♦ **sich festlegen** *v.pron.* vincolarsi, impegnarsi.

**festlich** *agg.* festivo, solenne ♦ *avv.* a festa.

**Festlichkeit** *die* [-,-*en*] solennità; festa.

**fest·machen** *v.tr.* **1** (*fam.*) fermare, fissare **2** fissare, stabilire **3** (*mar.*) attraccare ♦ *v.intr.* [*haben*] (*mar.*) attraccare.

**Festnahme** *die* [-,-*n*] arresto; cattura.

**fest·nehmen** (→ *nehmen*) *v.tr.* arrestare; catturare.

**Festplatte** *die* [-,-*n*] (*inform.*) disco fisso, hard disk.

**fest·setzen** *v.tr.* **1** fissare, stabilire **2** imprigionare, arrestare ♦ **sich festsetzen** *v.pron.* **1** stabilirsi **2** (*di polvere ecc.*) depositarsi.

**Festspiel** *das* [-(*e*)*s*,-*e*] **1** rappresentazione di gala **2** (*pl.*) festival.

> **NOTA** In Germania e in Austria vengono organizzati numerosi festival di musica classica. Alcuni, dedicati ai grandi compositori tedeschi e austriaci, si svolgono ogni anno nella loro città natale o in quella dove hanno scritto e rappresentato le loro opere. Famosi in tutto il mondo sono il Festival di Salisburgo, città natale di Wolfgang Amadeus Mozart, il Festival internazionale di Bonn, che ha dato i natali a Ludwig van Beethoven e quello di Richard Wagner a Bayreuth.

**fest·stehen** (→ *stehen*) *v.intr.* [*sein*] essere fissato, stabilito ● *es steht fest, dass...,* è sicuro che...

**fest·stellen** *v.tr.* **1** stabilire, accertare **2** constatare **3** (*tecn.*) fissare.

**Festung** *die* [-,-*en*] **1** rocca, fortezza **2** (*fig.*) baluardo, roccaforte.

**fett** *agg.* **1** grasso; grosso **2** ricco, fertile **3** (*tip.*) (in) neretto.

**Fett** *das* [-(*e*)*s*,-*e*] **1** grasso **2** (*chim.*) lipide.

**fettarm** *agg.* a basso contenuto di grassi.

**fettig** *agg.* **1** grasso **2** unto, untuoso.

**Fettsucht** *die* [-] obesità.

**feucht** *agg.* umido; inumidito.

**Feuchtigkeit** *die* [-,-*en*] umidità.

**Feuer** *das* [-*s*,-] **1** fuoco **2** fiamme; incendio.

**feuerfest** *agg.* resistente al fuoco.

**Feuerlöscher** *der* [-*s*,-] estintore.

**feuern** *v.intr.* [*haben*] **1** fare (un) fuoco **2** (*mil.*) (*auf* + *Acc*) far fuoco (su), sparare (su) ♦ *v.tr.* **1** (*fam.*) buttare fuori; mandar via, licenziare in tronco **2** (*fam.*) scaraventare.

**Feuerwehr** *die* [-,-en] vigili del fuoco, pompieri.
**Feuerwerk** *das* [-(e)s,-e] fuochi d'artificio.
**Feuerzeug** *das* [-(e)s,-e] accendino; accendisigari.
**feurig** *agg.* 1 ardente, infuocato 2 *(fig.)* focoso.
**Fichte** *die* [-,-n] abete rosso.
**Fieber** *das* [-s] febbre.
**Fieberanfall** *der* [-(e)s,-fälle] attacco di febbre.
**fieberhaft** *agg.* 1 febbrile 2 *(fig.)* febbrile, frenetico.
**Fieberwahn** *der* [-(e)s] delirio.
**Figur** *die* [-,-en] 1 figura 2 figura, contorno, forma 3 linea, fisico.
**Filiale** *die* [-,-n] filiale, succursale.
**Film** *der* [-(e)s,-e] 1 film 2 *(fot.)* pellicola, rullino 3 strato sottilissimo, pellicola.
**filmen** *v.tr.* filmare, riprendere ♦ *v.intr.* [*haben*] girare un film.
**Filmkamera** *die* [-,-s] cinepresa, videocamera.
**Filter** *der* o *das* [-s,-] filtro.
**filtern** *v.tr.* filtrare.
**Filz** *der* [-es,-e] feltro.
**Filzstift** *der* [-(e)s,-e] pennarello.
**Finale** *das* [-s,-(s)] *(mus., teatr.)* finale; *(sport)* finale.
**Finanz** *die* [-,-en] *(spec.pl.)* 1 finanza (pubblica) 2 *(fam.)* finanze, mezzi (finanziari).
**Finanzamt** *das* [-es,-ämter] intendenza di finanza.
**finanziell** *agg.* finanziario.
**finanzieren** *v.tr.* finanziare, sovvenzionare.
**Finanzierung** *die* [-,-en] finanziamento.
**finden** [*fand / gefunden*] *v.tr.* 1 trovare *(anche fig.)* 2 considerare, giudicare: *das finde ich sehr komisch*, lo trovo molto strano ♦ *v.intr.* [*haben*] trovare la strada ♦ **sich finden** *v.pron.* ritrovarsi.
**Finger** *der* [-s,-] dito.
**Fingerabdruck** *der* [-s,-drücke] impronta digitale.
**fingieren** *v.tr.* simulare.

**Finne** *der* [-n,-n; die *Finnin*] finlandese *(m. e f.)*.
**finnisch** *agg.* finlandese, finnico.
**Finnland** *das* Finlandia.
**finster** *agg.* 1 buio, scuro: *finstere Nacht*, notte fonda 2 tetro, cupo 3 losco, ambiguo.
**Finsternis** *die* [-,-se] oscurità, tenebre.
**Firma** *die* [-,-men] 1 ditta; azienda 2 *(comm.)* ragione sociale.

**FALSCHER FREUND**
Da non confondere con l'italiano 'firma', che si traduce *Unterschrift*.

**Fisch** *der* [-(e)s,-e] 1 pesce 2 *(pl.)* *(astr.)* Pesci.
**fischen** *v.tr.* e *intr.* [*haben*] pescare *(anche fig.)*.
**Fischer** *der* [-s,-; die -*in*] pescatore *(m.; f.* -*trice)*.
**Fischerei** *die* [-] pesca.
**fit** *agg.* e *avv.* in forma; *(fam.)* in gamba.
**Fitness** *die* [-] fitness.
**fix** *agg.* 1 fisso 2 *(fam.)* svelto, sveglio ♦ *avv.* *(fam.)* presto, in fretta ● — *und fertig*, bell'e pronto; *(fam.)* stanco morto.
**fixieren** *v.tr.* fissare.
**FKK** *abbr.* *(Freikörperkultur)* nudismo.
**flach** *agg.* 1 piano, piatto; pianeggiante 2 basso; poco profondo 3 *(fig.)* superficiale.
**Fläche** *die* [-,-n] 1 *(geom.)* superficie, area 2 pianura 3 faccia (di pagina).
**Flachland** *das* [-es] pianura, zona pianeggiante.
**Flagge** *die* [-,-n] bandiera.
**Flamme** *die* [-,-n] 1 fiamma *(anche fig.)* ● *eine alte* — *von mir*, una mia vecchia fiamma.
**Flasche** *die* [-,-n] 1 bottiglia 2 biberon 3 bombola (di gas ecc.) 4 *(fam.)* schiappa, brocco.
**Flaschenöffner** *der* [-s,-] apribottiglie.
**flattern** *v.intr.* [*sein*] 1 svolazzare 2 sventolare.
**flau** *agg.* debole, fiacco.
**Flaum** *der* [-(e)s] 1 piume 2 peluria.
**Flaute** *die* [-,-n] 1 *(mar.)* bonaccia, calma 2 *(econ.)* ristagno 3 *(fig.)* fase di calo.

**flechten** [*flicht / flocht / geflochten*] *v.tr.* intrecciare, intessere; impagliare (una sedia).
**Fleck** *der* [-(e)s,-e] **Flecken** *der* [-s,-] **1** pezza, toppa **2** macchia, chiazza **3** posto; punto.
**fleckig** *agg.* **1** macchiato **2** (*di animali*) maculato, pezzato.
**flehen** *v.intr.* [*haben*] (*bei*) supplicare, implorare.
**Fleisch** *das* [-(e)s] **1** carne **2** (*di frutta*) polpa.
**Fleischer** *der* [-s,-; die *-in*] macellaio (*m.; f. -a*).
**Fleischerei** *die* [-,-en] **Fleischerladen** *der* [-s,-läden] macelleria.
**Fleiß** *der* [-es] diligenza, zelo.
**fleißig** *agg.* diligente, zelante.
**fletschen** *v.tr.* e *intr.* [*haben*] digrignare.
**flexibel** *agg.* flessibile, elastico.
**flicken** *v.tr.* rammendare, riparare.
**Flicken** *der* [-s,-] toppa, pezza.
**Fliege** *die* [-,-n] **1** mosca **2** farfallino, papillon.
**fliegen** [*flog / geflogen*] *v.intr.* [*sein*] **1** volare **2** andare in aereo, viaggiare in aereo **3** (*fam.*) essere licenziato ♦ *v.tr.* **1** (*aer.*) pilotare **2** percorrere in volo **3** trasportare in aereo.
**Fliegen** *das* [-s,-] volo: *beim —*, in volo.
**Flieger** *der* [-s,-] **1** [die *-in*] pilota (*m. e f.*), aviatore (*m.; f. -trice*) **2** (*fam.*) aereo, aeroplano **3** [die *-in*] (*ciclismo*) velocista (*m. e f.*).
**fliehen** [*floh / geflohen*] *v.intr.* [*sein*] scappare, fuggire, evadere.
**Fließband** *das* [-(e)s,-bänder] catena di montaggio; nastro trasportatore.
**fließen** [*floss / geflossen*] *v.intr.* [*sein*] **1** correre, scorrere, fluire **2** sgorgare, scaturire **3** (*in* + *Acc*) sfociare (in), gettarsi (in).
**fließend** *agg.* **1** corrente: *fließendes Wasser*, acqua corrente **2** (*fig.*) fluido, scorrevole **3** indefinito, fluttuante ♦ *avv.* correntemente: *— Englisch sprechen*, parlare correntemente l'inglese.
**flink** *agg.* **1** svelto, agile **2** sveglio, vispo.

**Flinte** *die* [-,-n] (*fam.*) fucile.
**Flirt** *der* [-es,-s] flirt.
**flirten** *v.intr.* [*haben*] flirtare.
**Flitterwochen** *pl.* luna di miele.
**Flocke** *die* [-,-n] **1** fiocco (di neve) **2** batuffolo.
**Floh** *der* [-(e)s, *Flöhe*] pulce.
**Flohmarkt** *der* [-(e)s,-märkte] mercato delle pulci.
**Flora** *die* [-,-ren] flora.
**Florenz** *die* Firenze.
**florieren** *v.intr.* [*haben*] fiorire, prosperare.
**Floß** *das* [-es, *Flöße*] zattera.
**Flosse** *die* [-,-n] **1** pinna **2** (*aer.*) deriva, piano stabilizzatore **3** (*fam.*) zampa.
**Flöte** *die* [-,-n] flauto.
**flott** *agg.* (*fam.*) **1** svelto, sveglio **2** spensierato, allegro **3** chic, elegante.
**Flotte** *die* [-,-n] flotta.
**Fluch** *der* [-(e)s, *Flüche*] **1** maledizione **2** bestemmia, imprecazione.
**fluchen** *v.intr.* [*haben*] **1** bestemmiare **2** (*auf* o *über* + *Acc*) imprecare (contro), inveire (contro).
**Flucht** *die* [-,-en] fuga; evasione: *auf der — sein*, essere in fuga.
**flüchten** *v.intr.* [*sein*] (*vor*) fuggire (davanti a), darsi alla fuga (davanti a) ♦ *sich flüchten* *v.pron.* rifugiarsi, trovare rifugio.
**flüchtig** *agg.* **1** in fuga; latitante **2** rapido; (*estens.*) superficiale **3** fugace **4** (*chim.*) volatile ♦ *avv.* **1** di sfuggita; superficialmente **2** in fretta.
**Flüchtigkeit** *die* [-,-en] **1** fugacità **2** superficialità **3** (*chim.*) volatilità.
**Flüchtling** *der* [-s,-e] profugo, rifugiato.
**Flug** *der* [-(e)s, *Flüge*] **1** volo **2** (*di uccelli*) stormo; sciame ● *im Fluge*, al volo | *wie im —*, in un baleno.
**Flugblatt** *das* [-(e)s,-blätter] volantino.
**Flügel** *der* [-s,-] **1** ala (*anche fig.*) **2** (*di finestra*) anta **3** pala **4** pianoforte a coda.
**Fluggast** *der* [-es,-gäste] passeggero (d'aereo).

**Fluggesellschaft** *die* [-,-en] compagnia aerea.
**Flughafen** *der* [-s,-häfen] aeroporto, scalo aereo.
**Fluglotse** *der* [-n,-n] controllore di volo.
**Flugplatz** *der* [-(e)s,-plätze] **1** campo d'aviazione **2** aeroporto.
**Flugticket** *das* [-s,-s] biglietto aereo.
**Flugzeug** *das* [-(e)s,-e] aeroplano, velivolo.
**Fluor** *der* [-s] fluoro.
**Flur** *der* [-(e)s,-e] ingresso; corridoio.
**Fluss** *der* [Flusses, Flüsse] **1** fiume **2** flusso.
**flüssig** *agg.* **1** liquido (*anche econ.*) **2** scorrevole, sciolto ♦ *avv.* con scioltezza, correntemente ● *im Moment bin ich nicht —*, in questo momento sono a corto di soldi.
**Flüssigkeit** *die* [-,-en] **1** liquido, fluido **2** scorrevolezza.
**flüstern** *v.tr.* e *intr.* [haben] bisbigliare, sussurrare.
**Flut** *die* [-,-en] **1** alta marea **2** acque, flutti **3** (*fig.*) marea, fiumana.
**Fohlen** *das* [-s,-] puledro.
**Föhn** *der* [-(e)s,-e] **1** föhn, fon **2** asciugacapelli, fon.

NOTA Il **Föhn** è un vento secco che si riscalda notevolmente nella discesa lungo il versante sottovento delle Alpi. In primavera è responsabile dello scioglimento delle nevi e del conseguente rischio di valanghe.

**föhnen** *v.tr.* asciugare con il fon.
**Folge** *die* [-,-n] **1** conseguenza: *etw zur — haben*, aver qlco come conseguenza **2** seguito, continuazione **3** serie, successione **4** puntata, episodio; (*di rivista ecc.*) edizione.
**folgen** *v.intr.* [sein] **1** (+ *Dat*) seguire **2** (+ *Dat, auf* + *Acc*) seguire (a); (*di persona*) succedere (a) **3** risultare, conseguire: *daraus folgt, dass...*, ne consegue che... **4** [haben] (+ *Dat*) ubbidire (a); osservare (regole ecc.).
**folgend** *agg.* successivo; seguente.
**folgendermaßen, folgenderweise** *avv.* nel seguente modo, come segue.

**folgerichtig** *agg.* coerente, logico.
**folgern** *v.tr.* dedurre, arguire; concludere.
**Folgerung** *die* [-,-en] deduzione, conclusione.
**folglich** *cong.* di conseguenza, quindi.
**Folie** *die* [-,-n] **1** (*metall.*) foglia; lamina **2** pellicola.
**folkloristisch** *agg.* folcloristico.
**Folter** *die* [-,-n] **1** tortura **2** (*fig.*) supplizio, tormento.
**foltern** *v.tr.* torturare; tormentare (*anche fig.*).
**Förderband** *das* [-(e)s,-bände(r)] nastro trasportatore.
**förderlich** *agg.* **1** propizio, favorevole **2** utile.
**fordern** *v.tr.* **1** (ri)chiedere, esigere; rivendicare **2** sfidare.
**fördern** *v.tr.* favorire, promuovere; incentivare.
**Forderung** *die* [-,-en] **1** richiesta, domanda; pretesa **2** esigenza; necessità **3** (*comm.*) credito.
**Förderung** *die* [-,-en] incremento; promozione.
**Forelle** *die* [-,-n] trota.
**Form** *die* [-,-en] **1** forma, aspetto, esteriorità **2** forma, modo, maniera **3** (*sport*) forma fisica: *in — sein* (*anche fig.*), essere in forma **4** (*tecn.*) modello, stampo.
**formal** *agg.* formale.
**Format** *das* [-(e)s,-e] **1** formato **2** statura, levatura; prestigio.
**formatieren** *v.tr.* (*inform.*) formattare.
**Formation** *die* [-,-en] **1** (*geol.*) formazione **2** (*mil.*) formazione, schieramento.
**formbar** *agg.* plasmabile, malleabile.
**Formel** *die* [-,-n] formula.
**formell** *agg.* formale.
**formen** *v.tr.* modellare, plasmare; forgiare (*anche fig.*).
**förmlich** *agg.* **1** formale, ufficiale **2** convenzionale; tradizionale.
**Förmlichkeit** *die* [-,-en] formalismo, formalità.

**formlos** *agg.* 1 informe, privo di forma 2 informale, disinvolto.
**Formular** *das* [-(e)s,-e] modulo.
**formulieren** *v.tr.* formulare; esprimere.
**forschen** *v.intr.* [haben] (nach) 1 condurre indagini (su) 2 condurre studi, ricerche (su).
**Forscher** *der* [-s,-; die -in] ricercatore (*m.*; *f.* -trice).
**Forschung** *die* [-,-en] ricerca.
**Forst** *der* [-(e)s,-e(n)] foresta.
**Förster** *der* [-s,-; die -in] guardia (*f.*) forestale.
**fort** *avv.* 1 via, assente 2 avanti: *und so weiter und so —*, e così via.
**fort·bilden, sich** *v.pron.* aggiornarsi.
**fort·fahren** (→ *fahren*) *v.tr.* trasportare via (con un mezzo) ♦ *v.intr.* 1 [sein] partire, andarsene 2 [haben] continuare, proseguire.
**fort·führen** *v.tr.* 1 condurre via 2 continuare, proseguire.
**fort·gehen** *v.intr.* andarsene, andar via.
**fortgeschritten** *agg.* progredito; evoluto, avanzato.
**fortgesetzt** *agg.* ininterrotto, continuato.
**fort·kommen** (→ *kommen*) *v.intr.* [sein] andarsene.
**fort·pflanzen, sich** *v.pron.* 1 (biol.) riprodursi 2 propagarsi, diffondersi (*anche fig.*).
**fort·schreiten** (→ *schreiten*) *v.intr.* [sein] 1 procedere 2 (fig.) (in + Dat) progredire (in), fare progressi (in).
**Fortschritt** *der* [-es,-e] progresso.
**fortschrittlich** *agg.* 1 progressista, innovatore 2 innovativo.
**fort·setzen** *v.tr.* continuare, proseguire.
**Fortsetzung** *die* [-,-en] continuazione, seguito.
**fossil** *agg.* fossile, fossilizzato.
**Fossil** *das* [-s,-ien] fossile.
**Foto** *das* [-s,-s] foto(grafia).
**Fotograf** *der* [-en,-en; die -in] fotografo (*m.*; *f.* -a).
**Fotografie** *die* [-,-n] fotografia.

**fotografieren** *v.tr.* fotografare.
**Fotokopie** *die* [-,-n] fotocopia.
**fotokopieren** *v.tr.* fotocopiare.
**Foul** *das* [-s,-s] (sport) fallo.
**Fr.** *abbr.* (Frau) sig.ra, signora.
**Fracht** *die* [-,-en] (comm.) 1 carico 2 nolo; spese di spedizione 3 merce.
**Frachter** *der* [-s,-] nave mercantile, cargo.
**Frachtgut** *das* [-es,-güter] (comm.) merce.
**Frachtschiff** *das* [-es,-e] nave mercantile, cargo.
**Frage** *die* [-,-n] 1 domanda 2 problema, questione: *es ist nur eine — der Zeit*, è solo questione di tempo ● *das kommt nicht in —*, non se ne parla neanche | *das steht außer —*, è fuori discussione | *jdm eine — stellen*, rivolgere una domanda a qlcu.
**Fragebogen** *der* [-s,-] questionario.
**fragen** *v.tr.* domandare, chiedere: *jdn nach dem Weg —*, domandare la strada a qlcu; *jdn nach der Zeit —*, chiedere l'ora a qlcu ♦ *v.intr.* [haben] 1 fare domande 2 (*nach*) chiedere (di), cercare 3 (*nach*) informarsi (su) ♦ *sich fragen* *v.pron.* domandarsi, chiedersi ● *es fragt sich, ob...*, resta da vedere se...
**Fragezeichen** *das* [-s,-] punto interrogativo.
**fraglich** *agg.* dubbio; discutibile.
**Fragment** *das* [-(e)s,-e] frammento.
**fragwürdig** *agg.* 1 dubbio, incerto 2 discutibile.
**Frankfurt** *das* Francoforte.
**frankieren** *v.tr.* affrancare (posta).
**Frankreich** *das* Francia.
**Franse** *die* [-,-n] frangia.
**Franzose** *der* [-n,-n; die *Französin*] francese (*m.* e *f.*).
**französisch** *agg.* francese.
**Fratze** *die* [-,-n] smorfia.
**Frau** *die* [-,-en] 1 donna 2 moglie, signora 3 signora: *Guten Tag, — Müller!*, buongiorno, signora Müller!; *— Professor*, professoressa.
**Frauenarzt** *der* [-es,-ärzte; die -ärztin] ginecologo (*m.*; *f.* -a).

**Fräulein** *das* [-s,-] **1** signorina: — *Braun*, signorina Braun **2** cameriera.
**frech** *agg.* impertinente, sfacciato.
**frei** *agg.* **1** libero, indipendente **2** libero, spregiudicato **3** libero, non occupato **4** all'aperto: *auf freiem Feld*, in aperta campagna **5** scoperto, nudo **6** gratis: *freier Eintritt*, entrata gratuita ♦ *avv.* liberamente.
**Freibad** *das* [-(e)s,-bäder] piscina all'aperto.
**Freiburg** *die* Friburgo.
**Freie** *das* [-n] aria aperta, aperto.
**Freigabe** *die* [-,-n] **1** rilascio, liberazione **2** sblocco **3** restituzione.
**frei·geben** (→ *geben*) *v.tr.* **1** rilasciare, lasciare libero **2** sbloccare, liberare **3** dare un permesso (di lavoro).
**freigebig** *agg.* generoso, liberale, munifico.
**frei·halten** (→ *halten*) *v.tr.* tenere libero: *die Einfahrt* —, lasciare libero il passaggio; *jdm (o für jdn) einen Platz* —, tenere un posto per qlcu ♦ *sich freihalten v.pron.* tenersi libero (da impegni).
**Freiheit** *die* [-,-en] libertà.
**Freiheitsstrafe** *die* [-,-n] (*dir.*) pena detentiva: *lebenslängliche* —, ergastolo.
**Freikarte** *die* [-,-n] biglietto gratuito.
**frei·lassen** (→ *lassen*) *v.intr.* [*haben*] liberare, rimettere in libertà.
**frei·legen** *v.tr.* scoprire, portare alla luce; dissotterrare.
**freilich** *avv.* certo, certamente; naturalmente: *ja,* —!, sì, certo!
**Freilichtbühne** *die* [-,-n] teatro all'aperto.
**frei·machen** *v.tr.* **1** prendere una vacanza (o vacanze): *eine Woche* —, prendere una settimana di vacanza **2** affrancare (posta) ♦ *v.intr.* [*haben*] fare vacanza ♦ *sich freimachen v.pron.* **1** liberarsi (da impegni) **2** spogliarsi.
**freimütig** *agg.* franco, sincero.
**Freiplatz** *der* [-(e)s,-plätze] posto gratuito.
**frei·sprechen** (→ *sprechen*) *v.tr.* (*dir.*) (*von*) assolvere (da); prosciogliere (da).
**Freispruch** *der* [-(e)s] (*dir.*) assoluzione.
**frei·stehen** (→ *stehen*) *v.intr.* [*haben*] **1** essere libero **2** essere vuoto.
**frei·stellen** *v.tr.* **1** lasciar decidere **2** (*von*) dispensare (da).
**Freitag** *der* [-(e)s,-e] venerdì ● *am* —, il venerdì.
**freitags** *avv.* di venerdì, il venerdì.
**freiwillig** *agg.* volontario; spontaneo.
**Freizeit** *die* [-] tempo libero.
**freizügig** *agg.* **1** elastico **2** (*fig.*) libero.
**fremd** *agg.* **1** straniero, estero; forestiero: — *sein*, non essere del posto **2** altrui, d'altri **3** sconosciuto, ignoto; estraneo **4** strano, singolare ● *unter fremdem Namen*, sotto mentite spoglie.
**Fremde**[1] *der* e *die* [-n,-n] **1** straniero (*m.*; *f.* -a) **2** estraneo (*m.*; *f.* -a).
**Fremde**[2] *die* [-] paese lontano, sconosciuto.
**Fremdenführer** *der* [-s,-; die -*in*] guida (*f.*) turistica.
**Fremdenverkehr** *der* [-s] turismo.
**Fremdkörper** *der* [-s,-] **1** (*med.*) corpo estraneo **2** intruso.
**Fremdsprache** *die* [-,-n] lingua straniera.
**Fremdwort** *das* [-(e)s,-wörter] parola straniera.
**frenetisch** *agg.* frenetico.
**Frequenz** *die* [-,-en] (*tecn.*) frequenza.
**Freske** *die* [-,-n] **Fresko** *das* [-s,-ken] affresco.
**fressen** [*frisst* / *fraß* / *gefressen*] *v.tr.* **1** (*di animali*) mangiare **2** (*fam.*) divorare **3** consumare ♦ *v.intr.* [*haben*] (*an* + *Dat*) **1** intaccare, corrodere **2** (*fig.*) consumare, logorare ♦ *sich fressen v.pron.* (*durch, in* + *Acc*) penetrare, farsi strada (in).
**Freude** *die* [-,-n] gioia; *jdm* — *machen, bereiten*, far felice qlcu.
**freudig** *agg.* gioioso, lieto.
**freuen** *v.tr.* rallegrare, far piacere a ♦ *sich freuen v.pron.* (*auf, über* + *Acc*) gioire (di), essere contento (di): *ich freue mich dich zu sehen*, sono contento di vederti ● *freut mich sehr!*, piacere!, molto lieto! | *ich freue mich schon darauf!*, non vedo l'ora.
**Freund** *der* [-(e)s,-e; die -*in*] **1** amico

(*m.; f.* -a) **2** (*fam.*) fidanzato (*m.; f.* -a), ragazzo (*m.; f.* -a), compagno (*m.; f.* -a).
**Freundin** *die* [-,-*nen*] **1** amica **2** (*fam.*) fidanzata, ragazza, compagna.
**freundlich** *agg.* (*zu*) gentile (con), cortese (con) ● **mit freundlichen Grüßen**, cordiali saluti.
**Freundlichkeit** *die* [-,-*en*] gentilezza, cortesia.
**Freundschaft** *die* [-,-*en*] amicizia: **mit jdm — schließen**, stringere amicizia con qlcu.
**freundschaftlich** *agg.* amichevole.
**Frevel** *der* [-*s*,-] sacrilegio, empietà.
**frevelhaft** *agg.* sacrilego, empio.
**Friaul** *das* Friuli.
**Frieden** *der* [-*s*] pace.
**Friedensbewegung** *die* [-, -*en*] movimento pacifista.
**Friedensvertrag** *der* [-(*e*)*s*,-*träge*] trattato di pace.
**Friedhof** *der* [-(*e*)*s*,-*höfe*] cimitero.
**friedlich** *agg.* **1** pacifico **2** quieto, tranquillo.
**frieren** [*fror / gefroren*] *v.intr.* **1** [*haben*] aver freddo **2** [*sein*] gelarsi ● **draußen friert es**, fuori si gela | **es friert mich**, ho freddo.
**Friesische Inseln** *pl.* Isole Frisoni.
**Frikadelle** *die* [-,-*n*] polpetta.
**frisch** *agg.* fresco: **frische Eier**, uova fresche ♦ *avv.* di fresco: **— gestrichen**, vernice fresca ● (*dir.*) **auf frischer Tat**, in flagrante.
**Friseur, Frisör** *der* [-*s*,-*e*] parrucchiere; barbiere.
**Friseuse, Frisöse** *die* [-,-*n*] parrucchiera.
**frisieren** *v.tr.* pettinare, acconciare ♦ **sich frisieren** *v.pron.* pettinarsi.
**Frist** *die* [-,-*en*] **1** termine; limite di tempo, scadenza **2** proroga, dilazione ● **in kürzester —**, al più presto.
**fristlos** *agg.* senza preavviso.
**Frisur** *die* [-,-*en*] acconciatura.
**frittieren** *v.tr.* (*gastr.*) friggere.
**froh** *agg.* contento, lieto: **ich bin über diese Nachricht —**, sono contento di questa notizia ● **frohe Ostern!**, buona Pasqua! | **frohe Weihnachten!**, buon Natale!
**fröhlich** *agg.* allegro, felice.
**Fröhlichkeit** *die* [-] gioia, contentezza.
**fromm** *compar.* **frommer** *o* **frömmer** *superl.* **frommste** *o* **frömmste** *agg.* pio, religioso, devoto.
**Frömmigkeit** *die* [-] religiosità, devozione.
**Fronleichnam** *der* [-*s*] (*relig.catt.*) Corpus Domini.
**Front** *die* [-,-*en*] **1** (*arch.*) facciata **2** (*mil.*) fronte, prima linea (*anche estens.*) **3** (*pol.*) fronte **4** (*meteor.*) fronte.

**FALSCHER FREUND**
Da non confondere con il sostantivo femminile italiano 'fronte', che si traduce **Stirn**.

**frontal** *agg.* frontale.
**Frosch** *der* [-(*e*)*s*, **Frösche**] rana.
**Froschmann** *der* [-(*e*)*s*,-*männer*] sommozzatore.
**Frost** *der* [-(*e*)*s*, **Fröste**] gelo, freddo.
**frostig** *agg.* gelido, glaciale.
**Frostschutzmittel** *das* [-*s*,-] antigelo.
**Frottee, Frotté** *das* o *der* [-(*s*),-*s*] (*tess.*) spugna.
**Frucht** *die* [-, **Früchte**] frutto (*anche fig.*).
**fruchtbar** *agg.* fertile, fecondo, prolifico.
**Fruchtbarkeit** *die* [-,-*en*] fecondità, fertilità.
**fruchtlos** *agg.* infruttuoso, inutile.
**Fruchtsaft** *der* [-(*e*)*s*,-*säfte*] succo di frutta.
**früh** *agg.* primo: **am frühen Morgen**, di primo mattino ♦ *avv.* presto, di buon'ora: **morgen —**, domani mattina; **er arbeitet von — bis spät**, lavora dalla mattina alla sera.
**frühe** *agg.* e *avv.* → **früh**.
**Frühe** *die* [-] mattina, mattino: **in der —**, di mattina; **in aller —**, di buon mattino.
**früher** *agg.* (*compar. di* früh) precedente, di una volta, ex ♦ *avv.* una volta, un tempo.
**frühestens** *avv.* al più presto, non prima di.

**Frühgeburt** *die* [-,-en] (*med.*) parto prematuro.
**Frühling** *der* [-(e)s,-e] primavera.
**frühreif** *agg.* precoce.
**Frühstück** *das* [-s,-e] (prima) colazione: *zum —*, a colazione.
**frühstücken** *v.intr.* [*haben*] fare la (prima) colazione.
**Frustration** *die* [-,-en] frustrazione.
**frustrieren** *v.tr.* frustrare.
**Fuchs** *der* [-es, *Füchse*] volpe (*anche fig.*).
**Füchsin** *die* [-,-en] volpe (femmina).
**Fuge¹** *die* [-,-n] **1** fessura **2** (*tecn.*) giunto, giunzione.
**Fuge²** *die* [-,-n] (*mus.*) fuga.
**fügen** *v.tr.* connettere, congiungere ♦ **sich fügen** *v.pron.* **1** (+ *Dat*) adattarsi (a); rassegnarsi (a) **2** (+ *Dat*) sottomettersi (a).
**fühlbar** *agg.* **1** sensibile, palpabile **2** (*fig.*) sensibile, tangibile.
**fühlen** *v.tr.* **1** sentire, avvertire **2** palpare, tastare ♦ **sich fühlen** *v.pron.* sentirsi: *ich fühle mich wohl*, mi sento bene.
**Fühler** *der* [-s,-] **1** (*zool.*) antenna **2** (*tecn.*) sonda.
**führen** *v.tr.* **1** condurre **2** guidare **3** tenere, trattare: *diesen Artikel — wir nicht*, non teniamo questo articolo **4** scrivere: *ein Tagebuch —*, tenere un diario ♦ *v.intr.* [*haben*] **1** (*sport*) essere in testa **2** portare: *die Straße führt aus der Stadt hinaus*, la strada porta fuori città ♦ **sich führen** *v.pron.* comportarsi.
**führend** *agg.* **1** di primo piano **2** (il) più rinomato, (il) migliore.
**Führer** *der* [-s,-; *die -in*] **1** dirigente (*m.* e *f.*), direttore (*m.*; *f.* -trice) **2** capo (*m.*), leader (*m.* e *f.*) **3** conducente (*m.* e *f.*), pilota (*m.*) **4** guida (*f.*) (turistica).
**Führerschein** *der* [-(e)s,-e] patente (di guida).
**Führung** *die* [-,-en] **1** direzione, dirigenza; (*estens.*) dirigenti, gruppo dirigente **2** visita guidata.
**Fülle** *die* [-,-n] **1** (gran) quantità **2** pienezza: *in der — seiner Kraft*, nel pieno delle forze **3** corpulenza.
**füllen** *v.tr.* **1** riempire **2** (*fig.*) colmare **3** versare ♦ **sich füllen** *v.pron.* riempirsi.

**Füller** *der* [-s,-] **Füllfederhalter** *der* [-s,-] penna stilografica.
**Füllung** *die* [-,-en] **1** riempimento **2** (*di cuscino*) imbottitura **3** (*di dente*) otturazione.
**Fund** *der* [-(e)s,-e] **1** ritrovamento, scoperta **2** oggetto rinvenuto, scoperta.
**Fundament** *das* [-(e)s,-e] **1** fondamenta **2** (*fig.*) base, fondamenti: *das — legen zu*, gettare le basi per.
**fundamental** *agg.* fondamentale, basilare.
**Fundamentalist** *der* [-en,-en; *die -in*] fondamentalista (*m.* e *f.*).
**Fundbüro** *das* [-s,-s] ufficio oggetti smarriti.
**fünf** *agg.num.card.invar.* cinque → **acht**.
**fünfhundert** *agg.num.card.invar.* cinquecento.
**fünfmal** *avv.* cinque volte.
**fünfte** *agg.num.ord.* quinto → **achte** ♦ *das — Rad am Wagen*, l'ultima ruota del carro.
**Fünftel** *das* [-s,-] quinto, quinta parte.
**fünfzehn** *agg.num.card.invar.* quindici.
**fünfzig** *agg.num.card.invar.* cinquanta.
**Funk** *der* [-(e)s] **1** radio: *über —*, via radio **2** radiodiffusione.
**Funke** *der* [-ns,-n] scintilla (*anche fig.*).
**funkeln** *v.intr.* [*haben*] **1** scintillare **2** brillare, sfavillare (*anche fig.*).
**funken** *v.tr.* trasmettere per (*o* via) radio ♦ *v.intr.* [*haben*] fare scintille.
**Funktaxi** *das* [- o -s,-s] radiotaxi.
**Funktion** *die* [-,-en] **1** funzione **2** (*amm.*) carica, funzioni: *eine — erfüllen*, adempiere a una funzione.
**funktionell** *agg.* funzionale (*anche fig.*).
**funktionieren** *v.intr.* [*haben*] funzionare.
**für** *prep.* (+ *Acc*) **1** per, a favore di **2** al posto di **3** (*destinazione*) di, per **4** (*prezzo, quantità*) a, per: *— diesen Preis kaufe ich das nicht*, a questo prezzo non lo compro **5** (*durata*) per: *ein Auto — eine Woche mieten*, noleggiare un'auto per una settimana ● *— alle Fälle*, per ogni

evenienza | **Schritt — Schritt**, passo passo.
**Für** *das* [-] pro: *das — und Wider*, il pro e il contro.
**Furche** *die* [-,-*n*] (*agr.*) solco.
**Furcht** *die* [-] **1** (*vor*) paura (di) **2** timore.
**furchtbar** *agg.* terribile ♦ *avv.* terribilmente, estremamente.
**fürchten** *v.tr.* temere ♦ *v.intr.* [*haben*] (*um, für* + *Acc*) temere (per), stare in pensiero (per) ♦ **sich fürchten** *v.pron.* (*vor*) temere, aver paura (di).
**fürchterlich** *agg.* terribile.
**furchtlos** *agg.* senza paura, temerario.
**furchtsam** *agg.* pauroso, timoroso.
**füreinander** *avv.* (l')uno per l'altro: *sie waren — bestimmt*, erano fatti l'uno per l'altra.
**fürs** *prep.art.* (*für* + *das*) → **für**.
**Fürsorge** *die* [-] **1** cura **2** assistenza, previdenza (sociale).
**Fürsprache** *die* [-,-*n*] intercessione.
**Fürst** *der* [-*en*,-*en*] principe.

**Fürstin** *die* [-,-*nen*] principessa.
**fürstlich** *agg.* principesco.
**Fuß** *der* [-*es*, *Füße*] **1** piede: *zu — gehen*, andare a piedi **2** (*di animale*) zampa; (*di cavallo*) zoccolo.
**Fußball** *der* [-(*e*)*s*,-*bälle*] **1** pallone da calcio **2** (*sport*) calcio: *— spielen*, giocare a calcio.
**Fußboden** *der* [-*s*,-*böden*] pavimento.
**Fußgänger** *der* [-*s*,-; die -*in*] pedone (*m.*).
**Fußgängerzone** *die* [-,-*n*] zona pedonale.
**Fußnote** *die* [-,-*n*] nota a piè di pagina.
**Fußtritt** *der* [-(*e*)*s*,-*e*] calcio, pedata.
**Futter¹** *das* [-*s*] foraggio; mangime.
**füttern¹** *v.tr.* **1** imboccare (bambini, ammalati) **2** dar da mangiare a (animali).
**Futter²** *das* [-*s*] fodera (di vestito).
**füttern²** *v.tr.* foderare, rivestire.
**Futur** *das* [-*s*,-*e*] (*gramm.*) futuro.

# Gg

**G** *das* [-,-] (*mus.*) sol.
**Gabe** *die* [-,-n] **1** offerta, dono **2** (*fig.*) dote, dono, talento.
**Gabel** *die* [-,-n] forchetta.
**gabeln, sich** *v.pron.* biforcarsi, ramificarsi.
**Gab(e)lung** *die* [-,-en] biforcazione, bivio.
**gähnen** *v.intr.* [*haben*] sbadigliare.
**Galerie** *die* [-,-ien] **1** galleria **2** (*teatr.*) loggione.
**Galgen** *der* [-s,-] forca, patibolo.
**Galle** *die* [-,-n] bile.
**Galopp** *der* [-s,-s o -e] galoppo: *im —*, al galoppo.
**galoppieren** *v.intr.* [*sein*] galoppare.
**Gang** *der* [-(e)s, Gänge] **1** andatura, modo di camminare **2** moto, movimento: *in — bringen*, mettere in moto; avviare **3** corso, andamento **4** (*aut.*) marcia **5** corridoio, passaggio **6** piatto, portata.
**gängig** *agg.* **1** corrente, comune **2** (*comm.*) richiesto.
**Gangschaltung** *die* [-] (*aut.*) cambio.
**Gangway** *die* [-,-s] (*mar., aer.*) passerella.
**Gans** *die* [-, Gänse] oca.
**Gänsehaut** *die* [-] (*fam.*) pelle d'oca: *ich habe eine — bekommen*, mi è venuta la pelle d'oca.
**Gänseleberpastete** *die* [-,-n] (*gastr.*) paté di fegato d'oca.
**Gänsemarsch** *der* [-es] fila indiana: *im — gehen*, camminare in fila indiana.
**Gänserich** *der* [-s,-e] maschio dell'oca.
**ganz** *agg.* **1** tutto, intero: *den ganzen Tag*, tutto il giorno **2** parecchio: *sie hat eine ganze Menge Bücher*, possiede una gran quantità di libri ♦ *avv.* **1** molto, particolarmente: *ein — armer Mann*, un uomo poverissimo **2** proprio, del tutto, completamente: *er lebt — allein*, vive completamente solo; *das ist etwas — anderes*, è tutt'altra cosa **3** abbastanza: *es geht mir — gut*, sto abbastanza bene ● *| — und gar*, del tutto, assolutamente *| — und gar nicht*, per niente *| im Großen und Ganzen*, nel complesso, globalmente *| in — Deutschland*, in tutta la Germania.
**Ganze** *das* [-n] intero, tutto, totalità ● *aufs — gehen*, rischiare il tutto per tutto *| nichts Ganzes und nichts Halbes*, né carne né pesce.
**gänzlich** *agg.* completo, totale.
**gar**[1] *agg.* (ben) cotto.
**gar**[2] *avv.* **1** addirittura, perfino **2** affatto, assolutamente: *sie hat — nichts verstanden*, non ha capito assolutamente niente ● *— nicht*, niente affatto *| — nicht übel*, mica male.
**Garage** *die* [-,-n] (auto)rimessa, garage, box.
**Garantie** *die* [-,-n] garanzia: *die — für etw übernehmen*, garantire per qlco.
**garantieren** *v.tr.* garantire ♦ *v.intr.* [*haben*] (*für*) garantire (per), farsi garante (per).
**Garbe** *die* [-,-n] **1** covone **2** raffica.
**Gardasee** *der* Lago di Garda.

**Garderobe** *die* [-,-n] **1** guardaroba **2** camerino.

**Gardine** *die* [-,-n] tenda, tendina.

**Garn** *das* [-(e)s,-e] filo, filato.

**garnieren** *v.tr.* (*mit*) guarnire (con).

**Garnison** *die* [-,-en] guarnigione, presidio.

**Garnitur** *die* [-,-en] **1** completo, insieme; parure **2** servizio (di piatti, posate).

**Garten** *der* [-s, Gärten] **1** giardino **2** orto; frutteto: *botanischer —*, orto botanico.

**Gartenbau** *der* [-es] **1** giardinaggio **2** orticoltura.

**Gärtner** *der* [-s,-; *die -in*] giardiniere (*m.; f.* -a).

**Gärtnerei** *die* [-,-en] **1** giardinaggio **2** vivaio.

**Gärung** *die* [-,-en] **1** fermentazione **2** (*fig.*) fermento, subbuglio.

**Gas** *das* [-es,-e] gas: *das — anmachen, ausmachen*, accendere, spegnere il gas ♦ (*aut.*) *— geben*, dare gas, accelerare.

**Gasanzünder** *der* [-s,-] accendigas.

**Gasflasche** *die* [-,-n] bombola del gas.

**gasförmig** *agg.* (*chim.*) (allo stato) gassoso.

**Gasherd** *der* [-(e)s,-e] cucina a gas.

**Gaskammer** *die* [-,-n] camera a gas.

**Gasmaske** *die* [-,-n] maschera antigas.

**Gaspedal** *das* [-s,-e] pedale dell'acceleratore.

**Gasse** *die* [-,-n] vicolo, viuzza.

**Gast** *der* [-(e)s, Gäste] **1** ospite **2** invitato: *bei jdm zu — sein*, essere ospite di qlcu **3** cliente.

**Gastarbeiter** *der* [-s,-; *die -in*] lavoratore (*m.; f.* -trice) straniero.

**gastfreundlich** *agg.* ospitale.

**Gastfreundlichkeit** *die* [-] **Gastfreundschaft** *die* [-] ospitalità.

**Gastgeber** *der* [-s,-; *die -in*] ospite (*m.* e *f.*), padrone (*m.; f.* -a) di casa.

**Gasthaus** *das* [-es,-häuser] **Gasthof** *der* [-(e)s,-höfe] trattoria; locanda.

**Gastlichkeit** *die* [-] ospitalità.

**Gastronomie** *die* [-] gastronomia.

**Gaststätte** *die* [-,-n] locale (pubblico), ristorante.

**Gaststube** *die* [-,-n] trattoria, osteria.

**Gastwirt** *der* [-(e)s,-e; *die -in*] oste (*m.; f.* -essa), albergatore (*m.; f.* -trice).

**Gaszähler** *der* [-s,-] contatore del gas.

**Gatte** *der* [-n,-n] (*letter.*) consorte; (*dir.*) coniuge.

**Gattin** *die* [-,-nen] coniuge.

**Gattung** *die* [-,-en] **1** genere, specie **2** (*bot., zool.*) genere.

**Gaumen** *der* [-s,-] palato.

**Gauner** *der* [-s,-; *die -in*] imbroglione (*m.; f.* -a), furfante (*m.* e *f.*).

**Gaze** *die* [-,-n] garza.

**Gazelle** *die* [-,-n] gazzella.

**Gebäck** *das* [-(e)s] biscotti, paste.

**Gebärde** *die* [-,-n] gesto.

**Gebärmutter** *die* [-,-mütter] (*anat.*) utero.

**Gebäude** *das* [-s,-] edificio, fabbricato.

**Gebell** *das* [-(e)s] **Gebelle** *das* [-s] l'abbaiare.

**geben** [*gibt* / *gab* / *gegeben*] *v.tr.* dare: *Antwort —*, dare una risposta; *jdm die Hand —*, dare, porgere la mano a qlcu ♦ *v.intr.* **1** (*carte*) dare **2** (*sport*) servire, battere ♦ *v.impers.* (+ *Acc*) **1** esserci: *es gibt viele Parks in München*, ci sono molti parchi a Monaco **2** succedere, avvenire ♦ **sich geben** *v.pron.* comportarsi ● *das gibt es nicht!*, non è possibile!, non esiste! | (*al telefono*) *gib mir bitte schnell mal die Tante*, passami un attimo la zia | *viel auf etw —*, tenere molto a qlco | *was gibt es?*, che (cosa) c'è? | *was wird heute im Kino gegeben?*, che cosa danno oggi al cinema?

**Gebet** *das* [-(e)s,-e] preghiera.

**Gebiet** *das* [-(e)s,-e] **1** territorio, zona **2** campo, ambito.

**Gebilde** *das* [-s,-] **1** forma, struttura **2** creazione.

**gebildet** *agg.* colto, istruito.

**Gebirge** *das* [-s,-] **1** montagna; monti: *ins — fahren*, andare in montagna **2** catena montuosa.

**Gebiss** *das* [-es,-e] **1** denti, dentatura **2** dentiera.

**Gebläse** *das* [-s,-] (*tecn.*) compressore; ventilatore.

**geblümt** *agg.* a fiori, fiorato.

**geboren** *agg.* **1** nato: *— werden*, na-

**scere** 2 di nascita: *geborener Deutscher*, tedesco di nascita.

**geborgen** *p.p.* di **bergen** ♦ *agg.* al sicuro, protetto.

**Geborgenheit** *die* [-] sicurezza; intimità.

**Gebot** *das* [-(*e*)*s*,-*e*] 1 (*relig.*) comandamento: *die Zehn Gebote*, i dieci comandamenti 2 precetto, dettame 3 comando, ordine.

**Gebr.** *abbr.* (*Gebrüder*) F.lli, Fratelli.

**Gebrauch** *der* [-(*e*)*s*,-*bräuche*] 1 uso, impiego: *außer* —, fuori uso 2 (*spec.pl.*) usanze, costumi.

**gebrauchen** *v.tr.* adoperare, usare.

**gebräuchlich** *agg.* usato, in uso.

**Gebrauchsanweisung** *die* [-,-*en*] istruzioni per l'uso.

**gebraucht** *agg.* usato, di seconda mano.

**gebrechlich** *agg.* debole, fragile.

**gebrochen** *p.p.* di **brechen** ♦ *agg.* 1 spezzato, rotto 2 (*fig.*) distrutto, affranto.

**Gebühr** *die* [-,-*en*] 1 tassa, tariffa, canone 2 dovere, spettanza: *nach* —, a dovere, in modo adeguato; *über* —, più del dovuto.

**gebühren** *v.intr.* [*haben*] spettare, essere dovuto.

**gebührenfrei** *agg.* e *avv.* 1 esente da tasse 2 gratuito.

**gebührenpflichtig** *agg.* 1 soggetto a tassa 2 a pedaggio, a pagamento.

**Geburt** *die* [-,-*en*] 1 nascita 2 parto (*anche fig.*) 3 origine, nascita: *von* — *Deutscher sein*, essere tedesco di nascita ● *vor Christi* —, *nach Christi* —, avanti Cristo, dopo Cristo.

**gebürtig** *agg.* nativo, oriundo.

**Geburtsdatum** *das* [-*s*,-*daten*] data di nascita.

**Geburtshaus** *das* [-*es*,-*häuser*] casa natale.

**Geburtshelfer** *der* [-*s*,-] ostetrico (*m.*).

**Geburtshelferin** *die* [-,-*nen*] ostetrica, levatrice.

**Geburtsjahr** *das* [-(*e*)*s*,-*e*] anno di nascita.

**Geburtstag** *der* [-(*e*)*s*,-*e*] 1 giorno di nascita 2 compleanno: *alles Gute zum* —*!*, buon compleanno!; *heute hat er* —, oggi è il suo compleanno.

**Geburtsurkunde** *die* [-,-*n*] atto di nascita.

**Gebüsch** *das* [-(*e*)*s*,-*e*] boscaglia.

**Gedächtnis** *das* [-*ses*,-*se*] 1 memoria (*anche estens.*) 2 ricordo.

**Gedächtnisfeier** *die* [-,-*n*] → **Gedenkfeier**.

**Gedanke** *der* [-*ns*,-*n*] pensiero, idea: *in Gedanken vertieft* (o *versunken*) *sein*, essere assorto nei propri pensieri; *sich über jdn* (o *etw*) *Gedanken machen*, preoccuparsi di qlcu (o qlco).

**gedankenlos** *agg.* 1 sbadato, distratto 2 spensierato ♦ *avv.* 1 soprappensiero 2 distrattamente.

**Gedankenstrich** *der* [-(*e*)*s*,-*e*] lineetta, trattino.

**Gedankenübertragung** *die* [-] telepatia.

**Gedeck** *das* [-(*e*)*s*,-*e*] coperto.

**gedeihen** [*gedieh* / *gediehen*] *v.intr.* [*sein*] 1 crescere (bene), prosperare 2 procedere bene.

**Gedenkfeier** *die* [-,-*n*] commemorazione.

**Gedenktag** *der* [-(*e*)*s*,-*e*] giorno commemorativo.

**Gedicht** *das* [-(*e*)*s*,-*e*] poesia.

**Gedränge** *das* [-*s*] calca, ressa.

**gedrückt** *agg.* abbattuto, avvilito.

**Geduld** *die* [-] pazienza, tolleranza.

**geduldig** *agg.* paziente, indulgente.

**geeignet** *agg.* 1 (*für, zu*) adatto (a, per), idoneo (a) 2 opportuno, appropriato.

**geerdet** *agg.* (*elettr.*) a massa, a terra.

**Gefahr** *die* [-,-*en*] pericolo, rischio: *auf eigene* —, a proprio rischio e pericolo; *außer* — *sein*, essere fuori pericolo; *bei* —, in caso di pericolo; *in* — *kommen* (o *geraten*), essere in pericolo.

**gefährden** *v.tr.* mettere in pericolo, mettere a repentaglio, compromettere.

**gefährlich** *agg.* pericoloso; grave.

**Gefährlichkeit** *die* [-] pericolosità; gravità.

# Gefährte / Gegenseite

**Gefährte** *der* [-n,-n] **1** compagno; amico **2** coniuge, convivente.
**Gefährtin** *die* [-,-nen] **1** compagna; amica **2** coniuge, convivente.
**Gefälle** *das* [-s,-] **1** pendenza, inclinazione **2** dislivello, divario (*anche fig.*).
**gefallen** [*gefällt / gefiel / gefallen*] *v.intr.* [*haben*] (+ *Dat*) piacere (a): *dieses Modell gefällt mir nicht*, questo modello non mi piace.
**Gefallen¹** *der* [-s,-] favore, piacere ● *tu mir den* — *und hör auf!*, fammi il piacere di smetterla!
**Gefallen²** *das* [-s] piacere, diletto: — *finden an* (+ *Dat*), provare piacere in.
**gefällig** *agg.* **1** cortese, disponibile **2** piacevole, gradevole, attraente.
**Gefälligkeit** *die* [-,-en] cortesia, piacere, favore.
**gefälligst** *avv.* per cortesia.
**Gefangene** *der* e *die* [-n,-n] **1** detenuto (*m.; f. -a*) **2** (*mil.*) prigioniero (*m.; f. -a*).
**gefangen·halten** (→ *halten*) *v.tr.* **1** tenere prigioniero **2** (*fig.*) avvincere.
**Gefangennahme** *die* [-,-n] cattura.
**gefangen·nehmen** (→ *nehmen*) *v.tr.* **1** (*mil.*) fare prigioniero, catturare **2** (*fig.*) affascinare, colpire.
**Gefangenschaft** *die* [-] **1** (*mil.*) prigionia **2** cattività.
**Gefängnis** *das* [-ses,-se] prigione, carcere.
**Gefäß** *das* [-es,-e] **1** recipiente, vaso **2** (*anat.*) vaso.
**gefasst** *agg.* calmo, controllato: *darauf war ich* —, me l'aspettavo ♦ *avv.* con calma.
**Gefieder** *das* [-s,-] piumaggio.
**gefiedert** *agg.* piumato, pennuto.
**gefleckt** *agg.* pezzato.
**Geflügel** *das* [-s] volatili, pollame.
**geflügelt** *agg.* alato.
**Geflüster** *das* [-s] bisbiglio, mormorio.
**Gefolgschaft** *die* [-] **1** seguito **2** (*iron. spreg.*) seguaci.
**gefragt** *agg.* richiesto, ricercato.
**Gefreite** *der* [-n,-n] (*mil.*) caporale.
**Gefrieren** *das* [-s] congelamento.
**gefrieren** [*gefror / gefroren*] *v.intr.* [*sein*] gelare, ghiacciare.

**Gefrierfach** *das* [-(e)s,-fächer] scomparto congelatore (del frigorifero).
**Gefüge** *das* [-s,-] struttura, costruzione (*anche fig.*).
**Gefühl** *das* [-(e)s,-e] **1** sentimento **2** sensibilità, sensazione, senso **3** sensazione: *ich habe das* —, *dass...*, ho la sensazione che... **4** intuizione, istinto.
**gefühllos** *agg.* **1** insensibile, arido **2** insensibile, intorpidito.
**gefühlsmäßig** *agg.* emotivo, istintivo; (*estens.*) sentimentale ♦ *avv.* istintivamente.
**gefühlvoll** *agg.* sentimentale.
**gegeben** *p.p.* di **geben** ♦ *agg.* **1** dato **2** determinato, preciso: *bei den* — *Umständen*, date le circostanze.
**gegebenenfalls** *avv.* eventualmente.
**gegen** *prep.* (+ *Acc*) **1** (*lungo*) contro: *stell den Tisch* — *die Wand*, metti il tavolo contro la parete **2** verso, circa: *wir treffen uns* — *6 Uhr*, ci incontriamo verso le 6 **3** contro, verso: — *unseren Willen*, contro la nostra volontà; *ich habe nichts* — *Paul*, non ho nulla contro Paul **4** (*controvalore*) dietro, in cambio di **5** in confronto a.
**Gegenanzeige** *die* [-,-n] (*med.*) controindicazione.
**Gegend** *die* [-,-en] **1** regione, zona **2** dintorni, vicinanze, paraggi **3** quartiere.
**gegeneinander** *avv.* **1** (l')uno contro l'altro **2** uno verso l'altro: *sie haben etwas* —, provano antipatia uno verso l'altro.
**Gegenfahrbahn** *die* [-,-en] corsia opposta.
**Gegengewicht** *das* [-(e)s,-e] contrappeso.
**Gegengift** *das* [-(e)s,-e] antidoto.
**Gegenpartei** *die* [-,-en] (*dir.*) controparte, parte avversa.
**Gegensatz** *der* [-es,-sätze] **1** opposizione, contrasto: *im* — *zu*, contrariamente a, a differenza di **2** (*fig.*) contrasto, dissidio **3** opposto: *Gegensätze ziehen sich an*, gli opposti si attraggono.
**gegensätzlich** *agg.* opposto, contrario, contrastante.
**Gegenseite** *die* [-,-n] **1** parte opposta,

lato opposto **2** (*dir.*) controparte, parte avversa.
**gegenseitig** *agg.* reciproco, vicendevole ♦ *avv.* reciprocamente, a vicenda.
**Gegenspieler** *der* [-s,-; die -*in*] avversario (*m.; f.* -a).
**Gegenstand** *der* [-(*e*)*s*,-*stände*] **1** oggetto **2** (*fig.*) argomento.
**gegenständlich** *agg.* concreto.
**gegenstandslos** *agg.* **1** (*dir.*) insussistente, nullo **2** inconsistente, infondato.
**Gegenstimme** *die* [-,-*n*] **1** opinione contraria; voto contrario **2** (*mus.*) controcanto.
**Gegenteil** *das* [-(*e*)*s*,-*e*] contrario: *im —*, al contrario, anzi.
**gegenüber** *prep.* (+ *Dat*) **1** (*luogo*) di fronte (a), dirimpetto **2** nei riguardi di, verso ♦ *avv.* di fronte: *seine Eltern wohnen —*, i suoi genitori vivono dirimpetto.
**gegenüber·liegen** (→ *liegen*) *v.intr.* [*sein*] (+ *Dat*) stare di fronte (a).
**gegenüber·stehen** (→ *stehen*) *v.intr.* [*sein*] (+ *Dat*) trovarsi di fronte (a); porsi (riguardo a, nei confronti di) ♦ **sich gegenüberstehen** *v.pron.* confrontarsi.
**gegenüber·stellen** *v.tr.* **1** mettere di fronte **2** confrontare **3** contrapporre.
**Gegenüberstellung** *die* [-,-*en*] confronto.
**Gegenwart** *die* [-] **1** presente (*anche gramm.*) **2** presenza: *in eurer —*, in vostra presenza.
**gegenwärtig** *agg.* presente; attuale ♦ *avv.* attualmente, al presente.
**Gegenwert** *der* [-(*e*)*s*,-*e*] controvalore, equivalente.
**Gegner** *der* [-*s*,-; die -*in*] oppositore (*m.; f.* -trice), avversario (*m.; f.* -a) (*anche sport*) **2** nemico (*m.; f.* -a).
**gegnerisch** *agg.* avversario (*anche sport*) **2** ostile, nemico.
**Gegnerschaft** *die* [-] **1** ostilità, avversione **2** nemico, parte avversa.
**Gehalt¹** *der* [-(*e*)*s*,-*e*] **1** contenuto, valore intrinseco **2** contenuto, percentuale; (*chim.*) titolo.
**Gehalt²** *das* [-(*e*)*s*, *Gehälter*] stipendio.
**gehaltvoll** *agg.* **1** ricco di contenuti, di valore **2** nutriente, sostanzioso.

**Gehäuse** *das* [-*s*,-] **1** scatola, involucro **2** cassa **3** torsolo.
**geheim** *agg.* **1** segreto: *im Geheimen*, in segreto, segretamente **2** riservato: *geheimes Dokument*, documento riservato.
**Geheimdienst** *der* [-(*e*)*s*,-*e*] servizio segreto.
**geheim halten** (→ *halten*) *v.tr.* tenere segreto.
**Geheimnis** *das* [-*ses*,-*se*] **1** segreto **2** mistero: *kein — aus etw machen*, non fare mistero di qlco.
**geheimnisvoll** *agg.* misterioso ● *— tun*, fare il misterioso.
**gehemmt** *agg.* inibito, bloccato.
**gehen** [*ging* / *gegangen*] *v.intr.* [*sein*] **1** andare; camminare, andare a piedi: *auf und ab —*, andare su e giù **2** (*tecn.*) funzionare **3** partire **4** andare bene: *das geht nicht*, non va bene **5** (*gastr.*) lievitare ♦ *v.impers.* andare: *wie geht es dir?*, come va?, come te la passi?; *es geht (so)*, va così e così ♦ *v.tr.* percorrere ● *das Fenster geht nach der Straße*, la finestra dà sulla strada | *dieser Artikel geht gut*, questo articolo si vende bene | *jdn — lassen*, lasciare in pace qlcu | (*fam.*) *sie — miteinander*, stanno (*o* escono) insieme | *worum geht es?*, di che cosa si tratta? | *zu weit —*, passare i limiti.
**geheuer** *agg.* ● *nicht — sein*, essere sinistro, sospetto.
**Gehirn** *das* [-(*e*)*s*,-*e*] cervello.
**Gehirnerschütterung** *die* [-,-*en*] commozione cerebrale.
**Gehör** *das* [-(*e*)*s*,-*e*] **1** udito **2** orecchio (*musicale*): *nach dem — spielen*, suonare ad orecchio **3** (*fig.*) ascolto.
**gehorchen** *v.intr.* [*haben*] ubbidire.
**gehören** *v.intr.* [*haben*] **1** (+ *Dat*) appartenere (a) **2** (*zu*) far parte (di) **3** spettare: *dieser Teil gehört ihm*, questa parte spetta a lui **4** essere necessario ♦ **sich gehören** *v.pron.* addirsi ● *das gehört nicht hierher*, questo non c'entra | *das gehört sich nicht*, non sta bene, non si fa | *wohin gehört der Stuhl?*, dove va messa la sedia?
**gehörig** *agg.* **1** dovuto, debito **2** (*fam.*)

grande, bello, forte ♦ *avv.* come si deve, doverosamente ● *jdm — die Meinung sagen*, dire a qlcu quello che si merita.
**gehörlos** *agg.* sordo.
**gehorsam** *agg.* ubbidiente.
**Gehorsam** *der* [-s] **Gehorsamkeit** *die* [-] ubbidienza.
**Geier** *der* [-s,-] avvoltoio.
**Geige** *die* [-,-n] violino.
**Geigenbauer** *der* [-s,-] liutaio.
**Geiger** *der* [-s,-; die -in] violinista (*m.* e *f.*).
**geil** *agg.* 1 (*di piante*) rigoglioso, esuberante 2 (*spreg.*) libidinoso, lascivo 3 (*pop.*) figo.
**Geisel** *die* [-,-n] ostaggio.
**Geist** *der* [-(e)s,-er] spirito.
**geisterhaft** *agg.* spettrale.
**Geisteskrankheit** *die* [-,-en] malattia mentale.
**Geisteswissenschaften** *pl.* 1 scienze umane 2 discipline umanistiche.
**geistig** *agg.* 1 intellettuale; mentale 2 spirituale, interiore ● *— arbeiten*, svolgere un lavoro intellettuale.
**geistlich** *agg.* 1 religioso, sacro; spirituale 2 ecclesiastico.
**Geistliche** *der* [-n,-n] ecclesiastico.
**geistlos** *agg.* privo d'ingegno, di spirito; (*estens.*) insulso.
**geistreich, geistvoll** *agg.* spiritoso, arguto.
**Geiz** *der* [-es] avarizia; (*fam.*) spilorceria.
**geizen** *v.intr.* [*haben*] (*mit*) essere avaro (di); lesinare (su).
**geizig** *agg.* (*mit*) avaro (di).
**Gejammer** *das* [-s] lamentela continua, lagna.
**gekünstelt** *agg.* artificioso, affettato.
**Gel** *das* [-s,-e] gel.
**Gelächter** *das* [-s,-] risa, risate.
**geladen** *p.p.* di **laden** ♦ *agg.* (*mit*) caricato (di), carico (di).
**Gelände** *das* [-s,-] terreno; area, zona.
**Geländer** *das* [-s,-] 1 ringhiera 2 parapetto, balaustra.
**gelangen** *v.intr.* [*sein*] (*an* + *Acc; in* + *Acc; zu*) arrivare (a, in), giungere (a, in) (*anche fig.*).

**gelassen** *agg.* calmo, tranquillo, rilassato.
**Gelassenheit** *die* [-] calma, tranquillità.
**Gelatine** *die* [-] gelatina.
**geläufig** *agg.* corrente, comune.
**gelaunt** *agg.* ● *gut, schlecht —*, di buon, cattivo umore.
**gelb** *agg.* giallo ● *gelbe Seiten*, pagine gialle (del telefono).
**Gelb** *das* [-s] giallo.
**Gelbsucht** *die* [-] (*med.*) itterizia.
**Geld** *das* [-(e)s,-er] 1 denaro, soldi 2 (*pl.*) fondi ● *das große — machen*, fare fortuna.
**Geldanlage** *die* [-,-n] investimento di fondi.
**Geldautomat** *der* [-en,-en] bancomat.
**Geldbeutel** *der* [-s,-] portamonete, borsellino.
**Geldbörse** *die* [-,-n] (*austr.*) portamonete.
**Geldgeber** *der* [-s,-; die -in] finanziatore (*m.; f.* -trice); sponsor (*m.*).
**geldgierig** *agg.* avido.
**Geldschein** *der* [-es,-e] banconota.
**Geldstrafe** *die* [-,-n] multa, ammenda (*dir.*) pena pecuniaria.
**Geldstück** *das* [-es,-e] moneta.
**Geldwechsel** *der* [-] cambio (di valute).
**Geldwert** *der* [-es,-e] valore monetario.
**Gelee** *das* o *der* [-s,-s] gelatina.
**gelegen** *p.p.* di **liegen** ♦ *agg.* opportuno, adeguato: *das kommt mir ganz —*, mi capita a proposito.
**Gelegenheit** *die* [-,-en] opportunità, occasione.
**gelegentlich** *agg.* occasionale ♦ *avv.* 1 all'occasione, occasionalmente 2 ogni tanto, di tanto in tanto.
**gelehrig** *agg.* 1 che apprende facilmente 2 docile.
**gelehrt** *agg.* dotto, erudito.
**Gelehrte** *der* [-n,-n] studioso (*m.; f.* -a); letterato (*m.; f.* -a).
**Geleit** *das* [-(e)s,-e] 1 seguito 2 scorta 3 (*fig.*) introduzione ● (*dir.*) *freies —*, salvacondotto.

**geleiten** *v.tr.* accompagnare; scortare.
**Gelenk** *das* [-(e)s,-e] **1** articolazione, giuntura **2** *(mecc.)* giunto.
**gelenkig** *agg.* agile; flessuoso, snodato.
**Gelenkigkeit** *die* [-] agilità.
**gelernt** *agg.* qualificato; provetto.
**geliebt** *agg.* amato, caro.
**Geliebte** *der* e *die* [-n,-n] amante (*m.* e *f.*).
**gelingen** [gelang / gelungen] *v.intr.* [*sein*] riuscire: *es gelingt mir nicht, sie zu überzeugen*, non riesco a convincerla.
**gellend** *agg.* acuto, stridulo.
**gelten** [gilt / galt / gegolten] *v.intr.* [*haben*] **1** essere valido, essere in vigore **2** valere: *sein Rat gilt mir viel*, il suo consiglio è molto importante per me **3** (*als*) essere considerato (come); passare (per) ● *das gilt das Leben*, questo è sicuro; *es gilt das Leben*, si tratta della vita.
**geltend** *agg.* **1** valido **2** (*dir.*) in vigore, vigente **3** dominante, generale.
**Geltung** *die* [-,-en] **1** validità **2** considerazione: *sich — verschaffen*, farsi valere; *zur — bringen*, mettere in risalto.
**Gelübde** *das* [-s,-] (*relig.*) voto.
**gemächlich** *agg.* **1** calmo, tranquillo **2** comodo, confortevole ♦ *avv.* pian piano, con calma.
**Gemälde** *das* [-s,-] dipinto, tela.
**Gemäldegalerie** *die* [-,-n] galleria; pinacoteca.
**gemäß** *prep.* (+ *Dat*) secondo, in conformità con; (*dir.*) ai sensi di ♦ *agg.* degno di, adeguato a.
**gemäßigt** *agg.* **1** moderato **2** (*meteor.*) temperato.
**gemein** *agg.* **1** comune, corrente, normale: *der gemeine Mann*, l'uomo della strada **2** cattivo, perfido; meschino.
**Gemeinde** *die* [-,-n] **1** comune **2** popolazione, abitanti (di un comune) **3** comunità (*anche relig.*).
**Gemeindehaus** *das* [-es,-häuser] **1** municipio, Comune **2** (*relig.*) casa parrocchiale.
**Gemeinderat** *der* [-(e)s,-räte] **1** consiglio comunale **2** consigliere comunale.

**Gemeingut** *das* [-] **1** (*dir.*) bene comune **2** (*fig.*) patrimonio comune.
**Gemeinheit** *die* [-,-en] cattiveria; meschinità, bassezza.
**gemeinnützig** *agg.* di pubblica utilità.
**Gemeinplatz** *der* [-es,-plätze] luogo comune.
**gemeinsam** *avv.* **1** in comune: *etw — haben*, avere qlco in comune **2** insieme ♦ *agg.* comune.
**Gemeinsamkeit** *die* [-,-en] **1** comunanza, comunione **2** affinità.
**Gemeinschaft** *die* [-,-en] **1** comunità (*anche relig.*) **2** collettività.
**gemeinschaftlich** *agg.* **1** comune **2** comunitario, della comunità ♦ *avv.* in comune; insieme.
**Gemenge** *das* [-s,-] **1** miscuglio, mescolanza **2** (*fig.*) confusione, disordine **3** rissa, mischia.
**gemessen** *p.p.* di **messen** ♦ *agg.* misurato, compassato.
**Gemisch** *das* [-(e)s,-e] miscela, miscuglio.
**Gemurmel** *das* [-s] borbottio.
**Gemüse** *das* [-s,-] verdura, ortaggi.
**Gemüsegarten** *der* [-s,-gärten] orto.
**Gemüsesuppe** *die* [-,-n] minestra di verdure.
**Gemüt** *das* [-(e)s,-er] animo; natura.
**gemütlich** *agg.* **1** accogliente, confortevole **2** piacevole, simpatico.
**Gemütlichkeit** *die* [-] comodità, tranquillità; intimità.
**Gemütsverfassung** *die* [-,-en] **Gemütszustand** *der* [-(e)s,-stände] stato d'animo.
**Gen** *das* [-s,-e] (*biol.*) gene.
**genau** *agg.* **1** preciso, esatto **2** meticoloso, pignolo **3** minuzioso, circostanziato ♦ *avv.* **1** precisamente: *es sind — 2 Meter*, sono esattamente 2 metri; *ganz —!*, proprio così! **2** in orario: *— um sechs Uhr*, alle sei precise **3** proprio: *das kommt — zur rechten Zeit*, succede proprio al momento opportuno.
**Genauigkeit** *die* [-,-en] precisione, accuratezza.
**genehmigen** *v.tr.* **1** permettere a, autorizzare **2** accogliere, accettare, ap-

provare: *genehmigt!*, approvato! **3** permettersi, concedersi.
**Genehmigung** *die* [-,*-en*] permesso, autorizzazione.
**geneigt** *agg.* **1** inclinato **2** chino, abbassato **3** (*fig.*) (*zu*) incline (a), propenso (a); ben disposto (a): *jdm — sein*, essere ben disposto nei confronti di qlcu.
**General** *der* [-(*e*)*s*,-*e* o -*räle*] generale.
**Generation** *die* [-,*-en*] generazione.
**Generator** *der* [-*s*,-*en*] (*tecn.*) generatore.
**generell** *agg.* generale; generico.
**Genesung** *die* [-] guarigione, convalescenza.
**Genetik** *die* [-] genetica.
**Genf** *das* Ginevra.
**genial** *agg.* geniale, ingegnoso, brillante.
**Genialität** *die* [-] genialità.
**Genick** *das* [-(*e*)*s*,-*e*] nuca.
**Genie** *das* [-*s*,-*s*] genio.
**genieren, sich** *v.pron.* essere imbarazzato; vergognarsi.
**genießbar** *agg.* commestibile.
**genießen** [*genoss / genossen*] *v.tr.* **1** gustare; mangiare, bere (di gusto) **2** (*fig.*) godere di, godersi: *das Leben —*, godersi la vita.
**Genitalien** *pl.* (organi) genitali.
**Genitiv** *der* [-*s*,-*e*] (*gramm.*) genitivo.
**Genosse** *der* [-*n*,-*n*; die *Genossin*] **1** compagno (*m.*; *f.* -a), collega (*m.* e *f.*) **2** (*pol.*) compagno (*m.*; *f.* -a).
**Genossenschaft** *die* [-,*-en*] cooperativa, consorzio.
**Gentechnik** *die* [-] ingegneria genetica.
**Genua** *das* Genova.
**genug** *avv.* **1** abbastanza, sufficientemente: *ich habe — Geld*, ho abbastanza denaro **2** (*posposto ad agg.*): *der Tisch ist groß — für acht Leute*, il tavolo basta per otto persone ● *jetzt habe ich aber — davon!*, non ne posso più! | *jetzt ist's aber —!*, ora basta!
**genügen** *v.intr.* [*haben*] bastare, essere sufficiente.
**genügend** *agg.* sufficiente ◆ *avv.* a sufficienza, abbastanza.

**genügsam** *agg.* di poche pretese; modesto.
**Genugtuung** *die* [-] soddisfazione.
**Genuss** *der* [-*es*,-*nüsse*] **1** ingestione, consumo **2** piacere, gioia.
**genüsslich** *agg.* voluttuoso ◆ *avv.* di gusto, con gusto.
**Geographie, Geografie** *die* [-] geografia.
**geographisch, geografisch** *agg.* geografico.
**Geologe** *der* [-*n*,-*n*; die *Geologin*] geologo (*m.*; *f.* -a).
**Geologie** *die* [-] geologia.
**Geometrie** *die* [-] geometria.
**geordnet** *agg.* ordinato: *alphabetisch —*, in ordine alfabetico.
**Gepäck** *das* [-(*e*)*s*] bagaglio, bagagli.
**Gepäckaufbewahrung** *die* [-] deposito bagagli.
**Gepäckausgabe** *die* [-] consegna bagagli.
**Gepäckträger** *der* [-*s*,-] **1** facchino, portabagagli **2** (*aut.*) portabagagli; portapacchi.
**gepflegt** *agg.* **1** curato, ben tenuto **2** raffinato.
**gerade** *agg.* **1** rettilineo, diritto **2** (*mat.*) pari ◆ *avv.* **1** in questo momento, ora: *er ist — weggegangen*, è appena andato via **2** (*esprime contemporaneità*): *er telefoniert —*, sta telefonando (*o* è al telefono) **3** eretto, diritto: *Sitz —!*, stai (seduto) diritto! **4** proprio, giusto: *das kommt — recht*, arriva proprio a proposito.
**Gerade** *die* [-*n*,-*n*] **1** (*geom.*) retta **2** (*boxe*) diretto **3** (*aut.*) rettilineo.
**geradeaus** *avv.* d(i)ritto.
**gerade-stehen, gerade stehen** (→ *stehen*) *v.intr.* [*haben*] (*solo nel sign. 1*) **1** stare diritto **2** (*für*) rispondere (a); assumersi la responsabilità (di).
**geradezu** *avv.* addirittura, perfino, quasi.
**Gerät** *das* [-(*e*)*s*,-*e*] **1** attrezzo (*anche sport*); utensile **2** apparecchio, strumento.
**geraten** (→ *raten*) *v.intr.* [*sein*] **1** riuscire, venire (bene o male) **2** (*in* + *Acc*) imbattersi (in), finire (in, a): *in Schwie-*

*rigkeiten —*, trovarsi in difficoltà **3** (*an + Acc*) trovare, capitare (con): *an die richtige Person —*, trovare la persona giusta.
**Geratewohl** *das* [*-s*] ● *aufs —*, a caso, a casaccio.
**geräumig** *agg.* vasto, spazioso.
**Geräusch** *das* [*-(e)s,-e*] rumore.
**gerecht** *agg.* giusto, equo.
**Gerechtigkeit** *die* [*-*] giustizia.
**Gerede** *das* [*-s*] chiacchiere, pettegolezzi.
**gereizt** *agg.* agitato, nervoso.
**Gereiztheit** *die* [*-*] agitazione, nervosismo.
**Gericht¹** *das* [*-(e)s,-e*] tribunale, corte ● *Jüngstes —*, giudizio universale.
**Gericht²** *das* [*-(e)s,-e*] piatto, portata.
**gerichtlich** *agg.* giudiziario, del tribunale; legale ♦ *avv.* in giudizio, legalmente.
**Gerichtsbarkeit** *die* [*-,-en*] giurisdizione, giustizia.
**Gerichtshof** *der* [*-(e)s,-höfe*] corte di giustizia.
**Gerichtssaal** *der* [*-(e)s,-säle*] aula di tribunale.
**Gerichtsverfahren** *das* [*-s,-*] procedimento giudiziario.
**Gerichtsvollzieher** *der* [*-s,-*]; die *-in* ufficiale (*m.*) giudiziario.
**gering** *agg.* **1** piccolo, scarso; (*estens.*) irrilevante, trascurabile **2** breve.
**geringfügig** *agg.* insignificante.
**geringschätzig** *agg.* sdegnoso, sprezzante.
**gerinnen** (→ *rinnen*) *v.intr.* [*sein*] **1** coagulare **2** cagliare.
**Gerippe** *das* [*-s,-*] scheletro; (*anche di nave*) ossatura.
**gerissen** *p.p.* di *reißen* ♦ *agg.* (*fam.*) scaltro, astuto.
**Germanistik** *die* [*-*] germanistica.
**gern(e)** *compar.* **lieber** *superl.* **liebst** *avv.* **1** volentieri: *ich spiele — Tennis*, mi piace giocare a tennis **2** senz'altro, pure: *aber —!*, ma certo!; *ja —!*, senz'altro! ● *ich habe dich —*, ti voglio bene.
**Geröll** *das* [*-(e)s,-e*] (*geol.*) detriti.
**Gerste** *die* [*-*] orzo.

**Geruch** *der* [*-(e)s, Gerüche*] **1** odore; profumo **2** odorato, olfatto.
**geruchlos** *agg.* inodore, senza profumo.
**Geruchssinn** *der* [*-(e)s*] olfatto, odorato.
**Gerücht** *das* [*-(e)s,-e*] voce, diceria.
**gerührt** *agg.* commosso.
**geruhsam** *agg.* tranquillo ♦ *avv.* con calma.
**Gerümpel** *das* [*-s*] ciarpame, cianfrusaglie.
**Gerüst** *das* [*-(e)s,-e*] **1** struttura (*anche fig.*) **2** (*edil.*) ponteggio, impalcatura.
**gesamt** *agg.* totale; completo, complessivo.
**Gesamtbild** *das* [*-es,-er*] quadro generale.
**Gesamtheit** *die* [*-,-en*] totalità, insieme.
**Gesamtwerk** *das* [*-(e)s,-e*] opera completa, opera omnia.
**Gesandtschaft** *die* [*-,-en*] legazione.
**Gesang** *der* [*-(e)s,-sänge*] canto.
**Gesäß** *das* [*-es,-e*] sedere.
**Geschäft** *das* [*-(e)s,-e*] **1** affare; affari: *in ein — einsteigen*, entrare in un affare **2** negozio **3** azienda, ditta: *ein — führen*, dirigere un'azienda **4** (*fam.*) posto di lavoro, ufficio: *ins — gehen*, andare in ufficio **5** incarico; faccenda.
**geschäftig** *agg.* attivo, operoso.
**geschäftlich** *agg.* d'affari; professionale ♦ *avv.* per affari.
**Geschäftsbedingungen** *pl.* condizioni contrattuali.
**Geschäftsfrau** *die* [*-,-en*] **1** commerciante, negoziante **2** donna d'affari.
**Geschäftsführer** *der* [*-s,-*]; die *-in* **1** gerente (*m. e f.*), gestore (*m.*) **2** amministratore (*m.*; *f.* -trice) (delegato).
**Geschäftsführung** *die* [*-*] **1** dirigenza, amministrazione **2** gestione.
**Geschäftsmann** *der* [*-(e)s,-leute*] **1** commerciante, negoziante **2** uomo d'affari.
**Geschäftspartner** *der* [*-s,-*]; die *-in* socio (*m.*; *f.* -a) (d'affari).
**Geschäftsreise** *die* [*-,-n*] viaggio d'affari.

**Geschäftsschluss** *der* [-es] orario di chiusura (di negozi e uffici).
**Geschäftsverkehr** *der* [-s] **1** rapporti d'affari **2** (campo di) attività.
**Geschäftswelt** *die* [-] mondo degli affari.
**Geschehen** *das* [-s] avvenimento, evento.
**geschehen** [*geschieht / geschah / geschehen*] *v.intr.* [*sein*] succedere, accadere ♦ **das geschieht ihm ganz recht!**, gli sta bene! | *etw — lassen*, permettere (che succeda) qlco.
**gescheit** *agg.* intelligente; (*estens.*) ragionevole, giudizioso.
**Geschenk** *das* [-(e)s,-e] regalo, dono.
**Geschichte** *die* [-,-n] **1** storia **2** racconto **3** faccenda, affare.
**geschichtlich** *agg.* storico ♦ *avv.* da un punto di vista storico.
**Geschichtsbuch** *das* [-(e)s,-bücher] libro di storia.
**Geschichtsschreiber** *der* [-s,-; *die -in*] storiografo (*m.; f.* -a), storico (*m.; f.* -a).
**Geschick**[1] *das* [-(e)s,-e] (*letter.*) destino, sorte.
**Geschick**[2] *das* [-(e)s] (*zu, für*) talento (per); attitudine (per).
**Geschicklichkeit** *die* [-] abilità, destrezza.
**geschickt** *agg.* abile; capace; bravo ♦ *avv.* abilmente.
**geschieden** *p.p.* di **scheiden** ♦ *agg.* divorziato.
**Geschirr** *das* [-(e)s,-e] **1** stoviglie, piatti **2** finimenti.
**Geschirrspüler** *der* [-s,-] **Geschirrspülmaschine** *die* [-,-n] lavastoviglie.
**Geschlecht** *das* [-(e)s,-er] **1** sesso **2** genere, specie: *menschliches —*, genere umano **3** stirpe, famiglia **4** generazione **5** (*gramm.*) genere.
**geschlechtlich** *agg.* sessuale.
**Geschlechtsteil** *der* [-(e)s,-e] organo genitale.
**Geschlechtsverkehr** *der* [-(e)s] rapporti sessuali.
**geschlossen** *p.p.* di **schließen** ♦ *agg.* **1** chiuso **2** compatto, unito **3** ristretto; esclusivo: *eine geschlossene Gesellschaft*, una festa privata ♦ *avv.* compatto, unito; all'unanimità.
**Geschmack** *der* [-(e)s,-schmäcke] gusto (*anche fig.*): *einen guten — haben*, avere in un buon sapore; avere buon gusto; *an etw — finden*, trovare gusto in qlco.
**geschmacklos** *agg.* **1** privo di gusto; insipido **2** di cattivo gusto; privo di tatto ♦ *avv.* **1** senza gusto **2** senza tatto.
**geschmackvoll** *agg.* di (buon) gusto ♦ *avv.* con (buon) gusto.
**geschmeidig** *agg.* **1** morbido, soffice **2** flessibile, elastico, duttile (*anche fig.*).
**Geschöpf** *das* [-(e)s,-e] creatura, essere vivente.
**Geschoss**[1] *das* [-es,-e] proiettile, pallottola.
**Geschoss**[2] *das* [-es,-e] piano.
**Geschrei** *das* [-s] grida; rumore, chiasso.
**Geschütz** *das* [-es,-e] cannone, pezzo d'artiglieria.
**Geschwätz** *das* [-es] chiacchiere.
**geschwätzig** *agg.* chiacchierone.
**geschwind** *agg.* veloce, rapido.
**Geschwindigkeit** *die* [-,-en] velocità; rapidità.
**Geschwindigkeitsbegrenzung** *die* [-,-en] limite di velocità.
**Geschwindigkeitsüberschreitung** *die* [-,-en] eccesso di velocità.
**Geschwister** *pl.* fratelli (e sorelle).
**Geschworene** *der* e *die* [-n,-n] giudice (*m.* e *f.*) popolare, giurato (*m.; f.* -a).
**Geschwulst** *die* [-,-schwülste] (*med.*) tumore.
**Geschwür** *das* [-s,-e] (*med.*) ulcera.
**gesellen, sich** *v.pron.* (*zu*) aggiungersi (a), unirsi (a).
**gesellig** *agg.* **1** socievole **2** gradevole, piacevole.
**Geselligkeit** *die* [-,-en] **1** socievolezza **2** incontro conviviale (fra amici).
**Gesellschaft** *die* [-,-en] **1** società (*anche estens.*): *jdn in die — einführen*, introdurre qlcu in società **2** compagnia: *jdm — leisten*, far compagnia a qlcu **3** associazione, unione.
**Gesellschafter** *der* [-s,-] (*dir.*) socio.

**Gesellschafterin** *die* [-,-nen] **1** (*dir.*) socia **2** dama di compagnia.
**gesellschaftlich** *agg.* sociale.
**Gesellschaftsspiel** *das* [-(*e*)*s*,-*e*] gioco di società.
**Gesetz** *das* [-*es*,-*e*] legge: *ein — verabschieden* (o *beschließen*), approvare una legge.
**Gesetzbuch** *das* [-(*e*)*s*,-*bücher*] codice ● *bürgerliches —*, codice civile.
**Gesetzgeber** *der* [-*s*,-; *die -in*] legislatore (*m.; f. -trice*).
**Gesetzgebung** *die* [-,-*en*] legislazione.
**gesetzlich** *agg.* di legge, legale; legittimo ♦ *avv.* per legge.
**gesetzmäßig** *agg.* conforme alla legge, legale.
**gesetzt** *agg.* posato, calmo.
**gesetzwidrig** *agg.* illegale, contrario alla legge.
**Gesicht** *das* [-*s*,-*er*] **1** viso, faccia (*anche fig.*) **2** vista, facoltà visiva ● *das — verlieren, wahren,* perdere, salvare la faccia | *ein langes — machen,* tenere il muso.
**Gesichtskreis** *der* [-*es*,-*e*] **1** campo visivo **2** (*fig.*) orizzonte.
**Gesichtspunkt** *der* [-(*e*)*s*,-*e*] punto di vista (*anche fig.*).
**Gesichtszüge** *pl.* lineamenti (del volto).
**gesinnt** *agg.* disposto, intenzionato: *jdm freundlich — sein,* essere ben disposto verso qlcu.
**Gesinnung** *die* [-] modo di pensare, idee; atteggiamento.
**gespannt** *agg.* (*auf + Acc*) teso (per); ansioso (di); curioso (di) ♦ *avv.* con attenzione, attento.
**Gespenst** *das* [-(*e*)*s*,-*er*] spettro, fantasma.
**gespensterhaft, gespenstisch** *agg.* spettrale, sinistro.
**Gespött** *das* [-(*e*)*s*] zimbello.
**Gespräch** *das* [-(*e*)*s*,-*e*] **1** dialogo, colloquio; conversazione: *ein — mit jdm anknüpfen,* attaccare bottone con qlcu; *mit jdm im — bleiben,* mantenere i contatti con qlcu **2** conversazione telefonica, chiamata.
**gesprächig** *agg.* loquace.
**Gesprächspartner** *der* [-*s*,-; *die -in*] interlocutore (*m.; f. -trice*).
**Gestalt** *die* [-,-*en*] **1** forma, figura **2** statura, corporatura **3** personaggio, figura.
**gestalten** *v.tr.* **1** formare, dar forma a **2** arredare; allestire ♦ *sich gestalten v.pron.* prendere forma.
**Gestaltung** *die* [-,-*en*] **1** progettazione; preparazione **2** allestimento **3** creazione.
**Geständnis** *das* [-*ses*,-*se*] confessione.
**Gestank** *der* [-(*e*)*s*] puzza, cattivo odore.
**gestatten** *v.tr.* permettere, concedere: *— Sie, dass wir rauchen?,* possiamo fumare?
**Geste** *die* [-,-*n*] gesto (*anche fig.*).
**gestehen** (→ *stehen*) *v.tr.* confessare.
**Gestein** *das* [-(*e*)*s*,-*e*] roccia.
**Gestell** *das* [-(*e*)*s*,-*e*] **1** struttura **2** rastrelliera, scaffale **3** (*mecc.*) telaio.
**gestern** *avv.* ieri.
**gestikulieren** *v.intr.* [*haben*] gesticolare.
**Gestirn** *das* [-(*e*)*s*,-*e*] astro, corpo celeste.
**gestört** *agg.* disturbato.
**gestreift** *agg.* a strisce, a righe.
**gestrig** *agg.* di ieri.
**Gesuch** *das* [-(*e*)*s*,-*e*] (*dir.*) istanza, richiesta.
**gesucht** *agg.* ricercato, elaborato.
**gesund** *agg.* **1** sano: *halte dich —, bleib —,* riguardati; *jdm — schreiben,* attestare la guarigione di qlcu **2** salutare, salubre.
**Gesundheit** *die* [-] salute ● *—!,* salute!
**gesundheitlich** *agg.* **1** che riguarda la salute **2** medico, sanitario ♦ *avv.* dal punto di vista della salute: *wie geht es Ihnen —?,* come sta di salute?
**Gesundheitsamt** *das* [-(*e*)*s*] ufficio d'igiene.
**gesundheitsschädigend, gesundheitsschädlich** *agg.* nocivo alla salute.
**Gesundheitswesen** *das* [-*s*,-] (pubblica) sanità.

**geteilt** agg. 1 diviso, spartito 2 (fig.) contrastante, divergente.

**Getränk** das [-(e)s,-e] bevanda, bibita.

**Getreide** das [-s,-] 1 cereali 2 granaglie.

**getrennt** agg. diviso, separato ♦ avv. separatamente.

**Getriebe** das [-s,-] (mecc.) 1 meccanismo 2 trasmissione.

**Getto, Ghetto** das [-s,-s] ghetto.

**Getümmel** das [-s,-] mischia; trambusto.

**geübt** agg. esperto, pratico.

**Gewächs** das [-es,-e] 1 pianta 2 (med.) escrescenza.

**gewachsen** p.p. di **wachsen**[1] ♦ agg. (+ Dat) all'altezza (di): er ist immer der Situation —, è sempre all'altezza della situazione.

**Gewächshaus** das [-es,-häuser] serra.

**gewagt** agg. 1 audace, azzardato 2 spinto, osé.

**gewählt** agg. scelto, ricercato, elegante.

**Gewähr** die [-] 1 garanzia 2 responsabilità: für etw keine — übernehmen, declinare ogni responsabilità nei confronti di qlco ● ohne —, soggetto a cambiamenti.

**gewähren** v.tr. accordare, concedere.

**gewährleisten** v.tr. garantire.

**Gewahrsam** der [-(e)s,-e] (dir.) 1 custodia: in — nehmen, prendere in custodia 2 detenzione.

**Gewährung** die [-,-en] concessione.

**Gewalt** die [-,-en] 1 violenza, forza 2 potere 3 forza, furia ● mit aller —, con tutte le proprie forze | sich in der — haben, avere il controllo di sé.

**gewaltig** agg. 1 enorme, immenso 2 potente, possente 3 forte, violento ♦ avv. (fam.) molto, troppo.

**gewaltsam** agg. violento; (estens.) forzato.

**gewalttätig** agg. violento, brutale.

**Gewalttätigkeit** die [-,-en] violenza, brutalità.

**gewandt** p.p. di **wenden** ♦ agg. 1 abile, esperto, bravo 2 spigliato, disinvolto.

**Gewandtheit** die [-] 1 abilità, destrezza 2 disinvoltura.

**Gewässer** das [-s,-] 1 acqua 2 (mar.) acque.

**Gewebe** das [-s,-] tessuto (anche biol.).

**Gewehr** das [-(e)s,-e] fucile.

**Gewehrlauf** der [-es,-läufe] canna del fucile.

**Geweih** das [-(e)s,-e] corna (dei cervidi).

**Gewerbe** das [-s,-] 1 mestiere, attività 2 ditta, attività commerciale.

**Gewerbeschein** der [-es,-e] licenza di esercizio.

**Gewerbetreibende** der e die [-n,-n] esercente (m. e f.).

**gewerblich** agg. 1 commerciale 2 industriale 3 artigianale.

**Gewerkschaft** die [-,-en] sindacato.

**Gewerkschaft(l)er** der [-s,-; die -in] sindacalista (m. e f.).

**gewerkschaftlich** agg. sindacale.

**Gewicht** das [-(e)s,-e] peso (anche fig.).

**Gewichtheben** das [-s] (sport) sollevamento pesi.

**gewichtig** agg. 1 importante 2 influente.

**Gewimmel** das [-s] brulichio, formicolio.

**Gewinde** das [-s,-] (mecc.) filettatura, filetto.

**Gewinn** der [-(e)s,-e] 1 utile, profitto 2 (fig.) tornaconto, vantaggio: aus etw seinen — schlagen, trarre vantaggio da qlco 3 vincita, premio.

**gewinnbringend** agg. redditizio, remunerativo.

**gewinnen** [gewann / gewonnen] v.tr. 1 vincere 2 ottenere, conseguire, raggiungere 3 guadagnare, conquistare: jdn für sich —, conquistarsi le simpatie di qlco 4 estrarre 5 (aus) ricavare (da) ♦ v.intr. [haben] 1 vincere (an + Dat) guadagnare (in).

**Gewinner** der [-s,-; die -in] vincitore (m.; f. -trice).

**Gewinnzweck** der [-es,-e] scopo di lucro: zu Gewinnzwecken, a scopo di lucro.

**Gewirr** *das* [-(e)s,-e] groviglio, massa confusa.
**gewiss** *agg.* **1** certo: *ein gewisser Herr Meier*, un signor Herr Meier **2** (+ *Gen*) sicuro ♦ *avv.* certamente, sicuramente: *aber —!*, ma certo!, eccome!; *so viel ist —*, questo è poco ma sicuro.
**Gewissen** *das* [-s] coscienza: *etw auf dem — haben*, avere qlco sulla coscienza.
**gewissenhaft** *agg.* coscienzioso, scrupoloso.
**gewissenlos** *agg.* e *avv.* senza scrupoli, senza coscienza.
**Gewissensbiss** *der* [-es,-e] rimorso.
**gewissermaßen** *avv.* in certo qual modo, in una certa qual misura.
**Gewissheit** *die* [-,-en] certezza, sicurezza.
**Gewitter** *das* [-s,-] **1** temporale **2** tempesta (*anche fig.*).
**gewöhnen** *v.tr.* (*an* + *Acc*) abituare (a) ♦ **sich gewöhnen** *v.pron.* (*an* + *Acc*) abituarsi (a).
**Gewohnheit** *die* [-,-en] abitudine: *aus —*, per abitudine; *zur — werden*, diventare un'abitudine.
**gewöhnlich** *agg.* **1** solito, usuale **2** comune, normale ♦ *avv.* di solito, solitamente.
**gewohnt** *agg.* consueto, abituale.
**Gewöhnung** *die* [-] assuefazione.
**Gewölbe** *das* [-s,-] (*arch.*) volta.
**gewölbt** *agg.* a volta.
**Gewürz** *das* [-es,-e] spezia; erba aromatica.
**Geysir** *der* [-s,-e] (*geol.*) geyser.
**Gezeiten** *pl.* maree.
**Gezwitscher** *das* [-s] **1** cinguettio **2** (*fig.*) cicaleccio.
**gezwungen** *p.p.* di **zwingen** ♦ *agg.* forzato (*anche fig.*).
**gezwungenermaßen** *avv.* forzatamente, per forza.
**Gicht** *die* [-,-en] (*med.*) gotta.
**Giebel** *der* [-s,-] (*arch.*) timpano, frontone.
**Gier** *die* [-] (*nach*) avidità di), cupidigia (di).

**gierig** *agg.* (*nach*) avido (di), cupido (di).
**gießen** [goss / gegossen] *v.tr.* **1** (*in* + *Acc*) versare (in) **2** annaffiare **3** gettare (nelle forme); fondere ● *es gießt*, piove a dirotto.
**Gießerei** *die* [-,-en] fonderia.
**Gießkanne** *die* [-,-n] annaffiatoio.
**Gift** *das* [-(e)s,-e] veleno (*anche fig.*).
**giftig** *agg.* velenoso, tossico.
**Giftmüll** *der* [-(e)s] rifiuti tossici.
**Giftpilz** *der* [-es,-e] fungo velenoso.
**Giftschlange** *die* [-,-n] serpente velenoso.
**Giftstoff** *der* [-(e)s,-e] sostanza tossica.
**Gigant** *der* [-en,-en] gigante.
**gigantisch** *agg.* gigantesco (*anche fig.*).
**Ginster** *der* [-s,-] ginestra.
**Gipfel** *der* [-s,-] **1** cima, vetta **2** (*fig.*) apice, culmine ● *das ist der —!*, è il colmo!
**gipfeln** *v.intr.* [haben] (*in* + *Acc*) culminare (in).
**Gipfeltreffen** *das* [-s,-] (*pol.*) incontro al vertice, summit.
**Gips** *der* [-es,-e] (*med.*) gesso ● *in — legen*, ingessare.
**Gipsabdruck** *der* [-(e)s,-e] calco in gesso.
**Gipsverband** *der* [-(e)s,-bände] (*med.*) ingessatura.
**Giraffe** *die* [-,-n] giraffa.
**Girlande** *die* [-,-n] **1** ghirlanda **2** ghirlanda, festone di carta.
**Girokonto** *das* [-s,-ten] conto corrente.
**Gitarre** *die* [-,-n] chitarra.
**Gitarrist** *der* [-en,-en; die *-in*] chitarrista (*m.* e *f.*).
**Gitter** *das* [-s,-] **1** inferriata, grata **2** graticcio.
**Gittertür** *die* [-,-en] cancello, cancellata.
**Gladiole** *die* [-,-n] gladiolo.
**Glanz** *der* [-es] luminosità, lucentezza, splendore (*anche fig.*).
**glänzen** *v.intr.* [haben] **1** splendere, brillare, luccicare **2** (*fig.*) distinguersi, brillare.
**glänzend** *agg.* **1** splendente, scintillan-

**glanzvoll / gleichsam**

te, lucente 2 (*fig.*) brillante, eccellente: *in glänzender Form sein*, essere in splendida forma ♦ *avv.* splendidamente.

**glanzvoll** *agg.* splendido, magnifico.

**Glas** *das* [*-es*, *Gläser*] 1 vetro 2 bicchiere 3 barattolo, vasetto ● ***Vorsicht —!***, fragile.

**Glaser** *der* [*-s*,-]; die *-in*] vetraio (*m.*; *f.* -a).

**Glaserei** *die* [-,-*en*] vetreria.

**gläsern** *agg.* 1 di vetro, vitreo 2 (*fig.*) trasparente.

**Glasfaser** *die* [-,-*n*] fibra di vetro.

**glasieren** *v.tr.* 1 smaltare a vetro 2 (*gastr.*) glassare.

**glasig** *agg.* vitreo.

**glasklar** *agg.* trasparente, cristallino.

**Glasur** *die* [-,-*en*] 1 smalto vitreo, vetrina 2 (*gastr.*) glassa.

**glatt** *compar.* glatter o glätter *superl.* glattest o glättest *agg.* 1 piano, piatto, liscio 2 facile, agevole 3 scivoloso ♦ *avv.* completamente, totalmente.

**glatt·gehen** (→ *gehen*) *v.intr.* [*sein*] (*fam.*) andare liscio.

**Glatze** *die* [-,-*n*] testa calva; (*scherz.*) pelata: *eine — bekommen*, diventare calvo.

**Glaube** *der* [-*ns*,-*n*] 1 fede, credenza: *in gutem —*, in buona fede 2 (*relig.*) fede, confessione.

**glauben** *v.tr.* 1 (+ *Dat*) credere (a), prestare fede (a): *das glaube ich gern*, lo credo bene 2 pensare, credere: *ich glaubte ihn in der Schule*, lo credevo a scuola ♦ *v.intr.* [*haben*] 1 (+ *Dat*, *an* + *Acc*) credere (a, in) 2 (*relig.*) credere, aver fede 3 (*an* + *Acc*) aver fiducia (in) ● *kaum zu —!*, incredibile!

**glaubhaft** *agg.* credibile, attendibile.

**gläubig** *agg.* credente; devoto.

**Gläubige** *der* e *die* [-*n*,-*n*] credente (*m.* e *f.*), fedele (*m.* e *f.*).

**Gläubiger** *der* [-*s*,-; die -*in*] creditore (*m.*; *f.* -trice).

**glaubwürdig** *agg.* credibile; (*estens.*) attendibile.

**Glaubwürdigkeit** *die* [-] credibilità.

**gleich** *agg.* 1 stesso, identico 2 simile ♦ *avv.* 1 subito, immediatamente 2 altrettanto 3 qui vicino ♦ *prep.* (+ *Dat*) come: *— einer Bombe kam diese Nachricht*, questa notizia arrivò come una bomba ● *bis —!*, a tra poco! | *es ist mir —*, per me fa lo stesso | *— gesinnt*, della stessa opinione | *wie heißt — unser Hotel?*, com'è che si chiama il nostro albergo?

**gleichalt(e)rig** *agg.* (*mit*) coetaneo (di).

**gleichbedeutend** *agg.* (*mit*) sinonimo (di), equivalente (a).

**gleichberechtigt** *agg.* con gli stessi diritti, con pari diritti.

**Gleichberechtigung** *die* [-] equiparazione dei diritti, parità di diritti.

**gleich·bleiben** *v.intr.* [*sein*] rimanere immutato.

**Gleiche** *das* [-*n*] lo stesso, la stessa cosa, le stesse cose.

**gleichen** [*glich* / *geglichen*] *v.intr.* [*haben*] somigliare, assomigliare ● *sich aufs Haar —*, somigliarsi come due gocce d'acqua.

**gleichermaßen, gleicherweise** *avv.* in egual misura, allo stesso modo.

**gleichfalls** *avv.* altrettanto: *danke —*, grazie, altrettanto.

**gleichförmig** *agg.* 1 regolare, uniforme 2 monotono.

**Gleichgewicht** *das* [-(*e*)*s*,-*e*] equilibrio (*anche fig.*).

**gleichgültig** *agg.* (*gegen*) indifferente (a).

**Gleichgültigkeit** *die* [-] indifferenza.

**Gleichheit** *die* [-,-*en*] uguaglianza, parità.

**gleich·kommen** (→ *kommen*) *v.intr.* [*sein*] (+ *Dat*) 1 equivalere (a), eguagliare: *jdm an etw —*, uguagliare qlcu in qlco.

**gleich·machen** *v.tr.* 1 uguagliare, pareggiare 2 livellare: *dem Erdboden —*, radere al suolo.

**gleichmäßig** *agg.* 1 regolare; costante; uniforme 2 equilibrato ♦ *avv.* in parti uguali.

**gleichnamig** *agg.* omonimo.

**Gleichnis** *das* [-*ses*,-*se*] similitudine.

**gleichsam** *avv.* per così dire.

**gleichschenklig** *agg.* (geom.) isoscele.
**Gleichschritt** *der* [-(e)s] passo (cadenzato): *im — marschieren*, marciare al passo.
**gleich·stellen** *v.tr.* equiparare (nei diritti); mettere allo stesso livello.
**Gleichstrom** *der* [-es] (elettr.) corrente continua.
**gleich·tun** (→ *tun*) *v.tr.* 1 imitare 2 uguagliare.
**Gleichung** *die* [-,-en] (mat.) equazione.
**gleichwertig** *agg.* equivalente; di ugual valore.
**gleichzeitig** *agg.* contemporaneo, simultaneo.
**Gleichzeitigkeit** *die* [-] contemporaneità, simultaneità.
**Gleis** *das* [-es,-e] binario.
**gleiten** [*glitt / geglitten*] *v.intr.* [*sein*] (far) scivolare; scorrere.
**gleitend** *agg.* 1 flessibile 2 (econ.) mobile: *gleitende Lohnskala*, scala mobile.
**Gletscher** *der* [-s,-] ghiacciaio.
**Gletscherspalte** *die* [-,-n] crepaccio.
**Glied** *das* [-(e)s,-er] 1 elemento, componente; membro 2 (anat.) membro, arto 3 falange 4 membro; pene 5 anello, maglia.
**gliedern** *v.tr.* 1 suddividere, strutturare 2 organizzare ♦ **sich gliedern** *v.pron.* articolarsi, suddividersi, strutturarsi.
**Gliederung** *die* [-,-en] 1 suddivisione; struttura 2 disposizione, organizzazione.
**glimmen** [*glomm / geglommen*] *v.intr.* [*haben*] ardere (senza fiamma).
**glitzern** *v.intr.* [*haben*] scintillare, luccicare.
**global** *agg.* globale.
**Globalisierung** *die* [-] globalizzazione.
**Globus** *der* [-ses,-se o *Globen*] globo, mappamondo.
**Glocke** *die* [-,-n] 1 campana 2 campanello, soneria.
**Glockenblume** *die* [-,-n] campanula.
**Glockenspiel** *das* [-(e)s,-e] carillon.
**Glockenturm** *der* [-(e)s,-türme] campanile.
**glorreich** *agg.* glorioso, illustre.
**Glossar** *das* [-s,-e] glossario.
**Glotze** *die* [-,-n] (fam.) tivù.
**glotzen** *v.intr.* [*haben*] (fam.) 1 guardare (con gli occhi fissi) 2 guardare a bocca aperta.
**Glück** *das* [-(e)s] 1 fortuna, buona sorte: *zum —, per fortuna* 2 fortuna: *— bei jdm haben*, avere successo con qlcu; *sein — machen*, fare fortuna 3 felicità ♦ **viel —!**, buona fortuna!, in bocca al lupo!
**glücken** *v.intr.* [*sein*] riuscire, aver successo.
**glücklich** *agg.* 1 fortunato 2 (*über* + *Acc*) felice (di, per) 3 felice 4 opportuno, favorevole ♦ *avv.* fortunatamente, felicemente.
**glücklicherweise** *avv.* per fortuna.
**Glücksbringer** *der* [-s,-] portafortuna.
**Glücksfall** *der* [-(e)s,-fälle] caso fortunato.
**Glückskind** *das* [-(e)s,-er] tipo fortunato.
**Glücksklee** *der* [-s] quadrifoglio.
**Glückwunsch** *der* [-es,-wünsche] 1 augurio: *herzliche Glückwünsche zu deinem Geburtstag!*, auguri vivissimi di buon compleanno! 2 felicitazioni, congratulazioni.
**Glühbirne** *die* [-,-n] lampadina.
**glühen** *v.intr.* [*haben*] 1 essere incandescente, ardere 2 bruciare, scottare 3 (fig.) bruciare, ardere.
**glühend** *agg.* 1 (metall.) incandescente, rovente 2 ardente, accecante (anche fig.).
**Glühwurm** *der* [-(e)s,-würmer] **Glühwürmchen** *das* [-s,-] lucciola.
**Glut** *die* [-,-en] 1 brace, carboni accesi 2 calura.
**Glyzerin, Glycerin** *das* [-s] glicerina.
**GmbH** *die* (*Gesellschaft mit beschränkter Haftung*) Srl., Società a responsabilità limitata.
**Gnade** *die* [-,-n] 1 grazia (anche estens.) 2 pietà, clemenza: *aus —*, per pietà.

**gnädig** agg. 1 (+ *Dat*) clemente (con) 2 benevolo.

**Gold** das [-(e)s] 1 oro 2 ori, oggetti d'oro.

**Goldbarren** der [-s,-] lingotto d'oro.

**golden** agg. 1 d'oro, aureo 2 dorato ● *die goldene Mitte* (o *der goldene Mittelweg*), il giusto mezzo.

**Goldfisch** der [-s,-e] pesciolino rosso.

**goldgelb** agg. giallo oro ♦ avv. dorato.

**Goldgrube** die [-,-n] miniera d'oro (anche fig.).

**Goldschmied** der [-(e)s,-e] orafo.

**Goldstück** das [-s,-] 1 moneta d'oro 2 (scherz.) tesoro.

**Golf** der [-(e)s,-e] golfo.

**Golf** das [-s] (sport) golf.

**Golfplatz** der [-(e)s,-plätze] campo da golf.

**Golfspieler** der [-s,-; die -in] giocatore (m.; f. -trice) di golf, golfista (m. e f.).

**Gondel** die [-,-n] gondola.

**Gong** der [-s,-s] gong.

**gönnen** v.tr. concedere, permettere.

**Gönner** der [-s,-; die -in] benefattore (m.; f. -trice); mecenate (m. e f.).

**Gorilla** der [-s,-s] gorilla (anche fig.).

**Gotik** die [-] (arte) gotica.

**gotisch** agg. (st., arte) gotico.

**Gott** der [-(e)s, Götter] Dio ● *— sei Dank*, meno male | *um Gottes Willen!*, per l'amor del cielo!

**Gottesanbeterin** die [-,-nen] mantide religiosa.

**Gottesdienst** der [-(e)s,-e] (relig. prot.) servizio; culto.

**Göttin** die [-,-nen] dea.

**göttlich** agg. divino (anche fig.).

**Götze** der [-n,-n] idolo (anche fig.).

**Grab** das [-(e)s, Gräber] tomba, sepolcro; fossa.

**graben** [gräbt / grub / gegraben] v.tr. scavare ♦ v.intr. [haben] 1 scavare 2 (nach) cercare (scavando).

**Graben** der [-s, Gräben] 1 fossato, fosso 2 trincea.

**Grabmal** das [-(e)s,-mäler] monumento (funebre); lapide sepolcrale.

**Grabstein** der [-(e)s,-e] pietra tombale.

**Grabung** die [-,-en] scavo.

**Grad** der [-(e)s,-e] 1 grado (anche estens.) 2 titolo: *akademischer —*, titolo accademico.

**Graf** der [-en,-en] conte.

**Gräfin** die [-,-nen] contessa.

**grafisch**, **graphisch** agg. grafico.

**Grafschaft** die [-,-en] contea.

**Gramm** das [-s,-e] grammo.

**Grammatik** die [-,-en] 1 grammatica 2 testo di grammatica.

**grammatisch** agg. 1 grammaticale 2 (grammaticalmente) corretto.

**Granit** der [-s,-e] granito.

**Grapefruit** die [-,-s] pompelmo.

**Graphit**, **Grafit** der [-s,-e] grafite.

**Gras** das [-es, Gräser] erba.

**grasen** v.intr. [haben] pascolare.

**Grashalm** der [-(e)s,-e] filo d'erba.

**Grasmücke** die [-,-n] capinera.

**grässlich** agg. orrendo, orribile, atroce.

**Grat** der [-(e)s,-e] 1 cresta (di montagna) 2 spigolo.

**Gräte** die [-,-n] lisca.

**gratinieren** v.tr. (gastr.) gratinare.

**gratis** agg.invar. gratuito, gratis.

**Gratulation** die [-,-en] congratulazioni, felicitazioni.

**gratulieren** v.intr. [haben] 1 (+ *Dat*) congratularsi (con), felicitarsi (con) 2 (+ *Dat*) fare gli auguri (a): *jdm zum Geburtstag —*, augurare buon compleanno a qlcu.

**grau** agg. 1 grigio (anche fig.) 2 (fig.) triste, tetro.

**Grau** das [-s] 1 grigio 2 grigiore, monotonia.

**Graubünden** das Grigioni.

**grauen** v.intr. [haben] (vor) provare orrore (per): *mir graut (es) vor Spinnen*, i ragni mi fanno orrore.

**Grauen** das [-s] orrore, terrore.

**grauenhaft**, **grauenvoll** agg. orrendo, orribile.

**grauhaarig** agg. grigio di capelli.

**grausam** agg. crudele, spietato.

**Grausamkeit** die [-,-en] crudeltà, spietatezza.

**Grausen** das [-s] orrore, terrore.

**gravieren** v.tr. incidere.

**Gravitation** *die* [-,-en] (*fis.*) gravitazione.

**Grazie** *die* [-,-n] **1** grazia **2** (*pl.*) Grazie.

**greifbar** *agg.* **1** a portata di mano **2** concreto.

**greifen** [*griff* / *gegriffen*] *v.intr.* [*haben*] **1** (*zu*) afferrare; acciuffare **2** (*fig.*) (*zu*) ricorrere (a) **3** (*an*, + *Acc*) stendere (o allungare) la mano (verso) **4** aderire, fare presa ♦ *v.tr.* prendere, afferrare ● *um sich* —, espandersi, diffondersi.

**Greis** *der* [-es,-e] vecchio.

**grell** *agg.* **1** abbagliante, accecante **2** (*di colore*) sgargiante **3** acuto, stridulo.

**Gremium** *das* [-s,-mien] organo; comitato.

**Grenze** *die* [-,-n] **1** confine, frontiera **2** (*fig.*) limite: *alles hat seine* —, tutto ha un limite.

**grenzen** *v.intr.* [*haben*] **1** (*an* + *Acc*) confinare (con), essere attiguo (con) **2** (*fig.*) rasentare, sfiorare.

**grenzenlos** *agg.* **1** sconfinato, illimitato (*anche fig.*) **2** smodato.

**Grenzgebiet** *das* [-(*e*)*s*,-*e*] zona di confine.

**Grenzpolizei** *die* [-] polizia di confine.

**Grenzübergang** *der* [-(*e*)*s*,-*gänge*] valico di frontiera.

**Grenzwert** *der* [-(*e*)*s*,-*e*] **1** valore limite **2** (*mat.*) limite.

**Grieche** *der* [-*n*,-*n*; die *Griechen*] greco (*m.*; *f.* -a).

**Griechenland** *das* Grecia.

**griechisch** *agg.* greco.

**Grieß** *der* [-es,-e] semolino.

**Griff** *der* [-(*e*)*s*,-*e*] **1** manico, maniglia **2** presa, appiglio.

**Grill** *der* [-*s*,-*s*] griglia: *vom* —, ai ferri, alla griglia.

**Grille** *die* [-,-n] **1** grillo **2** (*pl.*) pensieri bizzarri, capricci: *er hat nichts als Grillen im Kopf*, non ha altro che grilli per la testa.

**grillen** *v.tr.* (*gastr.*) grigliare, fare ai ferri ♦ *v.intr.* [*haben*] fare il barbecue.

**Grimasse** *die* [-,-n] smorfia, boccaccia.

**Grippe** *die* [-,-n] influenza.

**grob** *compar.* **gröber** *superl.* **gröbst** *agg.* **1** grosso, spesso **2** grossolano, rozzo; sgarbato **3** grave: *ein grober Fehler*, un errore madornale **4** (*fig.*) approssimativo ♦ *avv.* **1** grossolanamente; rozzamente **2** (*fig.*) in modo sgarbato, maleducato **3** (*fig.*) approssimativamente.

**Grobheit** *die* [-,-en] volgarità; insulto.

**Grog** *der* [-*s*,-*s*] grog.

**grollen** *v.intr.* [*haben*]: *mit jdm* —, provare rancore per qlcu, avercela con qlcu.

**groß** *compar.* **größer** *superl.* **größte** *agg.* **1** grande, grosso **2** alto; cresciuto; (*estens.*) adulto: — *werden*, crescere, diventare grande **3** grande, importante ♦ *avv.* **1** in grande, alla grande **2** maiuscolo ● *sich* — *tun*, darsi delle arie.

**großartig** *agg.* **1** grandioso, imponente **2** eccellente, fantastico ♦ *avv.* **1** in grande (stile) **2** in modo eccellente.

**Großbritannien** *das* Gran Bretagna.

**Großbuchstabe** *der* [-*ns*,-*n*] lettera maiuscola.

**Größe** *die* [-,-n] **1** grandezza **2** altezza; statura **3** misura, taglia.

**Großeltern** *pl.* nonni.

**Größenwahn** *der* [-*s*] megalomania.

**größenwahnsinnig** *agg.* megalomane.

**Großgrundbesitz** *der* [-(*e*)*s*,-*e*] latifondo.

**Großhandel** *der* [-*s*] commercio all'ingrosso.

**Großhändler** *der* [-*s*,-; die -*in*] grossista (*m.* e *f.*).

**großherzig** *agg.* magnanimo.

**Großmacht** *die* [-,-*mächte*] (*pol.*) superpotenza.

**großmütig** *agg.* magnanimo, generoso.

**Großmutter** *die* [-,-*mütter*] nonna.

**Großstadt** *die* [-,-*städte*] grande città, metropoli.

**größtenteils** *avv.* in massima parte; principalmente.

**groß·tun, sich** (→ *tun*) *v.pron.* (*mit*) vantarsi (di, per), darsi delle arie (per).

**Großvater** *der* [-*s*,-*väter*] nonno.

**großzügig** *agg.* generoso, magnanimo.

**Großzügigkeit** *die* [-] generosità, magnanimità.

**grotesk** *agg.* grottesco.
**Grotte** *die* [-,-n] grotta, caverna.
**Grube** *die* [-,-n] fossa.
**grübeln** *v.intr.* [haben] (*über* + *Acc*) rimuginare (su, sopra).
**Gruft** *die* [-, Grüfte] **1** cripta **2** fossa.
**grün** *agg.* **1** verde **2** (*fig.*) inesperto; acerbo ♦ *avv.* di verde, in verde ● (*pol.*) *die Grünen*, i verdi.
**Grün** *das* [-s] verde.
**Grünanlage** *die* [-,-n] (*spec.pl.*) giardini (pubblici).
**Grund** *der* [-(e)s, Gründe] **1** terreno, suolo **2** fondo: — (*unter den Füßen*) *haben*, toccare (il fondo) **3** (*fig.*) base, fondamento: *einer Sache auf den — gehen*, andare al fondo di qlco **4** motivo, ragione: *auf* — (+ *Gen*), a causa di; in virtù di; *aus welchem* —?, per quale motivo? ● *im Grunde* (*genommen*), in sostanza.
**Grundbegriff** *der* [-(e)s,-e] concetto fondamentale.
**Grundbesitz** *der* [-es] proprietà terriera.
**Grundbuch** *das* [-(e)s] registro fondiario, catasto.
**gründen** *v.tr.* (*auf* + *Acc*) fondare (su) (*anche fig.*) ♦ *v.intr.* [*sein*] (*in, auf* + *Dat*) basarsi (su) ♦ *sich gründen v.pron.* (*auf* + *Dat*) basarsi (su).
**Gründer** *der* [-s,-; die -*in*] fondatore (*m.*; *f.* -trice).
**Grundfarbe** *die* [-,-n] **1** colore fondamentale **2** colore di fondo.
**Grundfläche** *die* [-,-n] (*geom.*) base.
**Grundgesetz** *das* [-es,-e] **1** legge (*o* principio) fondamentale **2** (*st.*) costituzione (della RFT).
**Grundlage** *die* [-,-n] **1** fondamento, base **2** presupposto **3** materiale di base, materia prima.
**grundlegend** *agg.* basilare, fondamentale.
**gründlich** *agg.* **1** scrupoloso; accurato **2** profondo, approfondito ♦ *avv.* **1** con precisione; accuratamente **2** a fondo, del tutto.
**grundlos** *agg.* **1** senza fondo **2** (*fig.*) infondato, ingiustificato ♦ *avv.* senza ragione, senza motivo.

**Gründonnerstag** *der* [-(e)s] giovedì santo.
**Grundrecht** *das* [-(e)s,-e] diritto costituzionale.
**Grundriss** *der* [-es,-e] **1** (*geom.*) proiezione orizzontale **2** (*arch.*) pianta **3** compendio.
**Grundsatz** *der* [-es,-sätze] principio.
**grundsätzlich** *agg.* **1** di principio **2** essenziale, fondamentale ♦ *avv.* **1** per principio, in linea di massima **2** in sostanza.
**Grundschule** *die* [-,-n] scuola elementare (*o* primaria), scuola di base.
**Grundstück** *das* [-(e)s,-e] appezzamento, terreno, fondo.
**Grundstufe** *die* [-,-n] primo livello, livello base.
**Gründung** *die* [-,-en] fondazione, istituzione.
**Grundwortschatz** *der* [-es] vocabolario di base.
**grunzen** *v.intr.* [*haben*] grugnire.
**Gruppe** *die* [-,-n] gruppo.
**gruppenweise** *avv.* a gruppi, in gruppi.
**gruppieren** *v.tr.* raggruppare ♦ *sich gruppieren v.pron.* raggrupparsi.
**gruseln** *v.impers.* rabbrividire ♦ *sich gruseln v.pron.* rabbrividire.
**Gruß** *der* [-es, Grüße] saluto: *mit freundlichen Grüßen*, distinti saluti.
**grüßen** *v.tr.* salutare: — *Sie ihn von mir*, lo saluti da parte mia ♦ *v.intr.* [*haben*] **1** salutare **2** mandare i saluti ● (*region.*) *grüß Gott!; grüß dich!*, salve!

NOTA Molte sono le forme di saluto che si usano comunemente. Nel linguaggio colloquiale e tra coetanei si usa dire: *grüß dich!* o *hallo!* quando ci si incontra (*servus* in Austria e *salü* in Svizzera); per il congedo si usa: *tschüss* o *ciao*. Nel linguaggio più formale si usa: *Guten Morgen!* fino a mezzogiorno circa, *Guten Tag!* per il resto della giornata e *Guten Abend!* dall'ora di cena in poi. Per congedarsi di dice normalmente *auf Wiedersehen!* In Baviera e in Austria è frequente il saluto *Grüß Gott!* che può essere adoperato per tutta la giornata.

**gucken** *v.intr.* [*haben*] (*fam.*) **1** guardare **2** spuntare.
**Gulasch** *das* o *der* [-(*e*)*s*,-*e* o -*s*] gulasch, spezzatino.
**gültig** *agg.* valido; vigente.
**Gültigkeit** *die* [-] validità.
**Gummi** *das* o *der* [-*s*,-(*s*)] **1** gomma **2** elastico **3** (*fam.*) preservativo.
**Gummiband** *das* [-(*e*)*s*,-*bänder*] elastico.
**Gunst** *die* [-] **1** favore, benevolenza **2** vantaggio, favore: *zu jds Gunsten*, a favore di qlcu.
**günstig** *agg.* **1** favorevole, propizio **2** vantaggioso, conveniente.
**gurgeln** *v.intr.* [*haben*] **1** fare i gargarismi **2** gorgogliare.
**Gurke** *die* [-,-*n*] cetriolo: *saure Gurken*, cetrioli sottaceto.
**Gurt** *der* [-(*e*)*s*,-*e*] **Gürtel** *der* [-*s*,-] cinghia, cintura.
**GUS** *der* (*Gemeinschaft Unabhängiger Staaten*) CSI, Comunità di Stati Indipendenti.
**Guss** *der* [-*es*, *Güsse*] **1** colata **2** getto, pezzo fuso **3** acquazzone, scroscio di pioggia **4** (*gastr.*) glassa.
**Gusseisen** *das* [-*s*,-] ghisa.
**gut** *compar.* **besser** *superl.* **best** *agg.* **1** buono: *gute Reise!*, buon viaggio!; *guten Tag*, buongiorno **2** bravo, capace: *ein guter Arzt*, un bravo medico **3** buono, giusto, per bene **4** utile; vantaggioso: *wozu ist das* —?, a che cosa serve? **5** (*scol.*) buono ♦ *avv.* **1** bene: *mir ist nicht* —, non sto bene; *so* — *wie möglich*, nel miglior modo possibile **2** d'accordo, (va) bene.
**Gut** *das* [-(*e*)*s*, *Güter*] **1** bene, proprietà, avere **2** (*fig.*) bene **3** proprietà terriera **4** (*pl.*) merce.
**Gutachten** *das* [-*s*,-] perizia.
**Gutachter** *der* [-*s*,-; die -*in*] perito (*m.*; *f.* -a), esperto (*m.*; *f.* -a).
**gutartig** *agg.* **1** buono; mansueto, docile **2** (*med.*) benigno.

**gutbürgerlich** *agg.* casalingo, casereccio.
**Gute** *das* [-*n*] **1** bene **2** il buono, parte buona.
**Güte** *die* [-] **1** bontà, gentilezza: *in* —, amichevolmente **2** qualità.
**Güterabfertigung** *die* [-,-*en*] spedizione merci.
**Gütergemeinschaft** *die* [-,-*en*] (*dir.*) comunione dei beni.
**Gütertrennung** *die* [-,-*en*] (*dir.*) separazione dei beni.
**Güterzug** *der* [-(*e*)*s*,-*züge*] treno merci.
**Gütezeichen** *das* [-*s*,-] marchio di qualità.
**gut gemeint, gutgemeint** *agg.* fatto con le migliori intenzioni.
**Guthaben** *das* [-*s*,-] **1** deposito **2** credito.
**gut·heißen** (→ *heißen*) *v.tr.* approvare.
**gütig** *agg.* **1** buono, benevolo **2** gentile, cortese.
**gutmütig** *agg.* bonario, di buon cuore, buono.
**Gutmütigkeit** *die* [-] bonarietà, bonomia.
**Gutschein** *der* [-(*e*)*s*,-*e*] buono.
**gut·schreiben** (→ *schreiben*) *v.tr.* accreditare.
**Gutschrift** *die* [-,-*en*] accredito, accreditamento.
**gut·tun** (→ *tun*) *v.intr.* [*haben*] fare bene, giovare.
**gutwillig** *agg.* volenteroso, di buona volontà.
**Gymnasiast** *der* [-*en*,-*en*; die -*in*] studente (*m.*; *f.* -essa) di liceo, liceale (*m.* e *f.*).
**Gymnasium** *das* [-*s*,-*sien*] **1** (*st.*) ginnasio **2** (*scol.*) liceo, liceo.
**Gymnastik** *die* [-] ginnastica.
**Gynäkologe** *der* [-*n*,-*n*; die *Gynäkologin*] ginecologo (*m.*; *f.* -a).
**Gynäkologie** *die* [-] ginecologia.
**gynäkologisch** *agg.* ginecologico.

# Hh

**H** *das* [-,-] (*mus.*) si.
**Haar** *das* [-(e)s,-e] **1** capello; (*estens.*) capelli; capigliatura **2** pelo (*anche bot.*) ● *um ein* —, per un pelo.
**haarig** *agg.* **1** capelluto **2** peloso **3** (*fam.*) scabroso; spiacevole.
**Haarschnitt** *der* [-(e)s,-e] taglio di capelli.
**haben** *v.aus.* avere: *sie hat ihn gestern kennen gelernt*, lo ha conosciuto ieri ♦ *v.tr.* avere, possedere ♦ *v.intr.* [*haben*] dovere, avere da: *ich habe noch etwas zu tun*, devo fare ancora qualcosa ● *den Wievielten — wir heute?*, quanti ne abbiamo oggi? | *er hat es gut, schlecht*, le cose gli vanno bene, male.
**Haben** *das* [-s] (*comm.*) avere, credito.
**Habgier** *die* [-] avidità.
**Hacke** *die* [-,-n] **1** zappa **2** (*anat.*) calcagno, tallone.
**hacken** *v.tr.* **1** spaccare, tagliare **2** (*gastr.*) tritare **3** (*agr.*) zappare, sarchiare.
**Hafen** *der* [-s, Häfen] porto (*anche fig.*).
**Hafer** *der* [-s] avena.
**Haft** *die* [-] **1** detenzione, reclusione **2** arresto.
**haftbar** *agg.* (*dir.*) (*für*) responsabile (di).
**Haftbefehl** *der* [-(e)s,-e] mandato d'arresto.
**haften**[1] *v.intr.* [*haben*] (*an + Dat*) rimanere incollato (*anche fig.*); aderire (a).
**haften**[2] *v.intr.* [*haben*] (*für*) garantire (per); rispondere (di).

**Häftling** *der* [-s,-e] detenuto; (*pol.*) prigioniero.
**Haftung** *die* [-] **1** responsabilità (civile) **2** (*dir., econ.*) garanzia.
**Hagel** *der* [-s] grandine.
**hageln** *v.intr.* grandinare: *es hagelt*, grandina.
**hager** *agg.* magro; ossuto; scarno.
**Hahn** *der* [-(e)s, Hähne] **1** gallo **2** rubinetto.
**Hähnchen** *das* [-s,-] **1** galletto **2** (*gastr.*) pollo arrosto.
**Hai** *der* [-(e)s,-e] **Haifisch** *der* [-es,-e] pescecane (*anche fig.*).
**Haken** *der* [-s,-] **1** uncino **2** gancio **3** (*fig.*) difficoltà, intoppo.
**Hakenkreuz** *das* [-es,-e] croce uncinata, svastica.
**halb** *agg.* **1** mezzo, metà di **2** mezzo, quasi **3** (*estens.*) meno di metà, ridotto ♦ *avv.* **1** a metà **2** (*nelle indicazioni di tempo*) mezzo, mezza: *es ist — 9*, sono le 8 e mezza **3** quasi, mezzo ● *— so... wie*, la metà di | *— und —*, così così | *nur — bei der Sache* (o *dabei*) *sein*, avere poco interesse per qlco.
**Halbdunkel** *das* [-s,-] penombra.
**halber** *prep.* (+ *Gen*) (*sempre posposto*) **1** per, a causa di **2** per, per amor di.
**halbieren** *v.tr.* tagliare a metà.
**Halbinsel** *die* [-,-n] penisola.
**Halbjahr** *das* [-es,-e] semestre.
**halbjährlich** *agg.* semestrale.
**Halbkreis** *der* [-es,-e] semicerchio.
**Halbkugel** *die* [-,-n] **1** (*geom.*) semisfera **2** (*geogr.*) emisfero.

**halblaut** *avv.* sottovoce.
**halbmonatlich** *agg.* quindicinale.
**Halbpension** *die* [-,-en] mezza pensione.
**Halbschatten** *der* [-s,-] penombra.
**Halbschlaf** *der* [-*es*] dormiveglia.
**Halbwüchsige** *der* e *die* [-n,-n] adolescente (m. e f.).
**Halbzeit** *die* [-,-en] (sport) tempo.
**Hälfte** *die* [-,-n] metà.
**Halle** *die* [-,-n] 1 salone 2 (teatr.) hall, atrio 3 (sport) palestra; campo coperto 4 capannone.
**hallen** *v.intr.* [haben] risonare; (ri)echeggiare.
**Hallenbad, Hallenschwimmbad** *das* [-(e)s,-bäder] piscina coperta.
**hallo** *inter.* 1 (fam.) ciao 2 (al telefono) pronto.
**Halluzination** *die* [-,-en] allucinazione.
**Halm** *der* [-(e)s,-e] 1 (bot.) gambo, stelo 2 cannuccia.
**Hals** *der* [-es, Hälse] 1 collo: *steifer —*, torcicollo; *jdm um den — fallen*, buttare le braccia al collo di qlcu 2 (estens.) gola ● *aus vollem —*, a squarciagola.
**halsbrecherisch** *agg.* 1 pericoloso, rischioso 2 spericolato.
**Halskette** *die* [-,-n] collana.
**Hals-Nasen-Ohren-Arzt** *der* [-es, -ärzte; die -ärztin] otorinolaringoiatra (m. e f.).
**Halsschmerzen** *pl.* mal di gola.
**Halt** *der* [-(e)s,-e] 1 fermata, sosta 2 sostegno, appoggio (anche fig.).
**halt**[1] *inter.* stop, alt.
**halt**[2] *avv.* (region.) appunto, proprio (*spesso non si traduce*): *das ist — so*, è (proprio) così.
**haltbar** *agg.* conservabile; resistente: *— bis*, consumare entro.
**Haltbarkeit** *die* [-] inalterabilità; resistenza.
**Haltbarkeitsdatum** *das* [-s,-ten] (data di) scadenza.
**halten** [hält / hielt / gehalten] *v.tr.* 1 tenere, reggere: *etw — , tenere qlco (in mano)* 2 mantenere 3 rispettare, osservare: *sein Wort —*, mantenere la parola 4 trattenere, contenere (anche fig.) 5 considerare, ritenere: *was — Sie davon?*, che ne pensa?; *für wen — Sie mich?*, per chi mi prende? 6 allevare (animali) 7 (sport) parare ♦ *v.intr.* [haben] 1 fermarsi; sostare 2 pensare: *davon halte ich nichts*, lo tengo in poco conto ♦ **sich halten** *v.pron.* 1 tenersi, (sor)reggersi 2 tenersi 3 conservarsi 4 (*an* + Acc) attenersi (a) ● *zu jdm —*, stare dalla parte di qlcu.
**Haltestelle** *die* [-,-n] fermata.
**Halteverbot** *das* [-(e)s,-e] divieto di sosta.
**haltlos** *agg.* 1 instabile 2 inconsistente 3 infondato.
**Halt machen, halt·machen** *v.intr.* [haben] fermarsi.
**Haltung** *die* [-] 1 portamento 2 atteggiamento 3 controllo: *die — bewahren*, mantenere il controllo.
**Hamburg** *das* Amburgo.
**hämisch** *agg.* malevolo, maligno ♦ *avv.* con malevolenza.
**Hammer** *der* [-s, Hämmer] martello (anche estens.).
**Hampelmann** *der* [-(e)s,-männer] 1 pupazzo snodato 2 (estens.) sciocco, pagliaccio.
**Hamster** *der* [-s,-] criceto.
**Hand** *die* [-, Hände] mano ● *das liegt auf der —*, è ovvio | *mit vollen Händen*, a piene mani.
**Handarbeit** *die* [-,-en] 1 lavoro manuale 2 lavoro fatto a mano, lavoro artigianale.
**Handbreit** *die* [-,-] palmo.
**Handbremse** *die* [-,-n] freno a mano.
**Handbuch** *das* [-(e)s,-bücher] manuale.
**Händedruck** *der* [-(e)s,-drücke] stretta di mano.
**Handel** *der* [-s] 1 commercio 2 affare 3 negozio, piccola impresa.
**handeln** *v.intr.* [haben] 1 agire, operare 2 commerciare, trattare: *mit* (o *in*) *Textilien —*, commerciare in tessuti 3 contrattare, trattare: *um den Preis —*, trattare il prezzo 4 (*über* + Acc o *von*) trattare (di), parlare (di) ♦ **sich handeln** *v.pron.* (*um*) trattarsi (di).

**Handelsbank** *die* [-,-*en*] banca commerciale.
**Handelsbücher** *pl.* libri contabili.
**Handelskammer** *die* [-,-*n*] camera di commercio.
**Handelsmarke** *die* [-,-*n*] marchio (commerciale).
**Handelsniederlassung** *die* [-,-*en*] filiale.
**Handelsvertreter** *der* [-*s*,-; die -*in*] rappresentante (*m.* e *f.*) di commercio.
**Handelsware** *die* [-,-*n*] merce, articolo (commerciale).
**Händeschütteln** *das* [-*s*,-] stretta di mano.
**handfest** *agg.* 1 robusto, tarchiato 2 nutriente, sostanzioso 3 valido, attendibile.
**handgearbeitet** *agg.* fatto a mano.
**Handgelenk** *das* [-(*e*)*s*,-*e*] (articolazione del) polso.
**Handgepäck** *das* [-(*e*)*s*] bagaglio a mano.
**Handgriff** *der* [-(*e*)*s*,-*e*] 1 movimento della mano 2 manico; maniglia.
**Handikap, Handicap** *das* [-*s*,-*s*] svantaggio, handicap.
**Händler** *der* [-*s*,-; die -*in*] commerciante (*m.* e *f.*).
**handlich** *agg.* maneggevole, comodo.
**Handlung** *die* [-,-*en*] 1 azione, atto 2 trama, azione.
**Handlungsbevollmächtigte** *der* e *die* [-*n*,-*n*] procuratore (*m.*; *f.* -trice).
**Handlungsfreiheit** *die* [-] libertà d'azione.
**Handlungsweise** *die* [-,-*n*] modo d'agire, comportamento.
**Handschellen** *pl.* manette.
**Handschrift** *die* [-,-*en*] 1 calligrafia, scrittura 2 manoscritto.
**Handschuh** *der* [-(*e*)*s*,-*e*] guanto.
**Handtasche** *die* [-,-*n*] borsetta.
**Handtuch** *das* [-(*e*)*s*,-*tücher*] asciugamano.
**Handwerk** *das* [-(*e*)*s*,-*e*] 1 artigianato 2 (*estens.*) mestiere.
**Handwerker** *der* [-*s*,-; die -*in*] artigiano (*m.*; *f.* -a).

**Handwerkszeug** *das* [-(*e*)*s*] strumenti di lavoro (*anche fig.*).
**Handy** *das* [-*s*,-*s*] telefonino.
**Hanf** *der* [-(*e*)*s*] canapa.
**Hang** *der* [-(*e*)*s*, *Hänge*] 1 pendio 2 (*fig.*) (*zu*) inclinazione (a), tendenza (a).
**Hängematte** *die* [-,-*n*] amaca.
**hängen**¹ *v.intr.* [*hing* / *gehangen*] [*haben*] 1 (*an* + *Dat*) essere appeso (a), pendere 2 essere in pendenza, essere inclinato 3 essere attaccato (*anche fig.*) 4 (*fig.*) essere in sospeso.
**hängen**² *v.tr.* 1 appendere 2 (*an* + *Acc*) fissare (a), attaccare (a) 3 impiccare ♦ **sich hängen** *v.pron.* (*an* + *Acc*) attaccarsi (*anche fig.*).
**hängen bleiben, hängen-bleiben** (→ *bleiben*) *v.intr.* [*sein*] 1 (*an*, *in* + *Dat*) restare impigliato (in); restare attaccato (a) 2 (*fam.*) (*bei*, *in* + *Dat*) trattenersi a lungo (presso).
**hantieren** *v.intr.* [*haben*] 1 (*mit*) maneggiare, armeggiare 2 (*an* + *Dat*) trafficare (con).
**Happen** *der* [-*s*,-] boccone (*anche fig.*).
**Hardware** *die* [-,-*s*] (*inform.*) hardware.
**Harem** *der* [-*s*,-*s*] harem.
**Häresie** *die* [-,-*n*] eresia.
**Harfe** *die* [-,-*n*] arpa.
**harmlos** *agg.* 1 innocuo 2 ingenuo, innocente.
**Harmonie** *die* [-,-*n*] armonia (*anche fig.*).
**harmonieren** *v.intr.* [*haben*] armonizzare; (*fig.*) andare d'accordo.
**harmonisch** *agg.* 1 (*mus.*) armonico 2 (*fig.*) armonioso.
**Harn** *der* [-(*e*)*s*] urina.
**hart** *compar.* **härter** *superl.* **härtest** *agg.* 1 duro (*anche fig.*) 2 solido, sodo 3 severo; (*estens.*) rigido 4 faticoso, pesante 5 temprato, resistente ♦ *avv.* 1 duramente 2 severamente ● *ein harter Brocken*, un osso duro.
**Härte** *die* [-,-*n*] 1 durezza; (*di acciaio*) tempra 2 (*di valuta*) stabilità 3 (*fig.*) inflessibilità, rigore.
**härten** *v.tr.* 1 indurire 2 temprare (*anche fig.*).

**hart gekocht**, **hartgekocht** *agg.* (*gastr.*) sodo.
**hartherzig** *agg.* duro di cuore.
**hartnäckig** *agg.* 1 ostinato, caparbio 2 tenace 3 irriducibile, persistente ♦ *avv.* 1 ostinatamente, con insistenza 2 tenacemente.
**Hase** *der* [-n,-n] lepre.
**Haselnuss** *die* [-,-*nüsse*] nocciola.
**Hass** *der* [-es] odio: — *gegen jdn empfinden*, nutrire odio nei confronti di qlcu.
**hassen** *v.tr.* odiare, detestare.
**hässlich** *agg.* 1 brutto 2 (*fam.*) cattivo.
**Hast** *die* [-] fretta, furia: *voller* —, in fretta e furia.
**hastig** *agg.* frettoloso, affrettato, precipitoso ♦ *avv.* 1 di fretta; (*estens.*) di corsa 2 affannosamente.
**Haube** *die* [-,-n] 1 cuffia 2 (*aut.*) cofano 3 (*mecc.*) calotta.
**hauen** [*haute / gehauen*] *v.tr.* 1 spaccare, tagliare (legna); scavare (roccia) 2 (*in* + *Acc*) piantare (un chiodo) (in) 3 (*auf* + *Acc*) picchiare (su, in), colpire (su, in) 4 sbattere, buttare ♦ *v.intr.* [*haben*] (*auf* + *Acc*) picchiare (su, in), colpire (su, in) ♦ **sich hauen** *v.pron.* buttarsi, gettarsi.
**häufen** *v.tr.* ammucchiare, accumulare (*anche fig.*) ♦ **sich häufen** *v.pron.* ammucchiarsi.
**Haufen** *der* [-s,-] 1 mucchio, pila 2 (*fam.*) sacco, mucchio 3 massa, banda.
**haufenweise** *avv.* a mucchi.
**häufig** *agg.* frequente.
**Häufigkeit** *die* [-,-en] frequenza.
**Hauptbahnhof** *der* [-(e)s,-*höfe*] stazione centrale.
**Hauptbuch** *das* [-(e)s,-*bücher*] (*comm.*) libro mastro.
**Haupteingang** *der* [-(e)s,-*gänge*] ingresso principale.
**Hauptfach** *das* [-(e)s,-*fächer*] (*scol.*) materia principale.
**Hauptgrund** *der* [-(e)s,-*gründe*] motivo principale.
**Hauptmann** *der* [-(e)s,-*leute*] (*mil.*) capitano.

**Hauptpost** *die* [-] **Hauptpostamt** *das* [-(e)s,-*ämter*] posta centrale.
**Hauptrolle** *die* [-,-n] ruolo principale.
**hauptsächlich** *agg.* principale, fondamentale ♦ *avv.* soprattutto, specialmente.
**Hauptsaison** *die* [-,-s] alta stagione.
**Hauptsatz** *der* [-es,-*sätze*] frase principale.
**Hauptsitz** *der* [-es,-e] sede centrale.
**Hauptstadt** *die* [-,-*städte*] capitale.

> NOTA Con il termine **Hauptstadt** vengono designate sia la capitale della federazione, *Bundeshauptstadt* (Berlino), sia le capitali dei vari *Länder*.

**Hauptstraße** *die* [-,-n] strada principale.
**Hauptverkehrszeit** *die* [-,-en] ora di punta.
**Haus** *das* [-es, *Häuser*] casa: *nach* —, a casa; *verso casa*; *zu* —, in casa, a casa.
**Hausarbeit** *die* [-,-en] 1 (*spec.pl.*) lavori domestici 2 (*scol.*) compito a casa.
**Hausfrau** *die* [-,-en] casalinga, padrona di casa.
**Haushalt** *der* [-(e)s,-e] 1 casa 2 nucleo familiare 3 (*econ.*) bilancio (dello Stato).
**Haushälterin** *die* [-,-nen] governante.
**Haushalt(s)waren** *pl.* casalinghi.
**Hausherr** *der* [-(e)n,-en] padrone di casa.
**hausieren** *v.intr.* [*haben*] vendere porta a porta.
**häuslich** *agg.* 1 domestico 2 di casa, casalingo.
**Hausmeister** *der* [-s,-] bidello.
**Hausputz** *der* [-es] pulizie di casa.
**Haussprechanlage** *die* [-,-n] citofono.
**Haussuchung** *die* [-,-en] (*dir.*) perquisizione domiciliare.
**Haustier** *das* [-(e)s,-e] animale domestico.
**Haustür** *die* [-,-en] porta di casa.
**Hauswirt** *der* [-(e)s,-e; die -*in*] padrone (*m.*; *f.* -a) di casa.
**Hauswirtschaft** *die* [-] economia domestica.

**Haut** *die* [-, *Häute*] **1** pelle, cute, epidermide **2** buccia, scorza **3** pellicola.
**Hautarzt** *der* [*-es,-ärzte*; *die -ärztin*] dermatologo (*m.*; *f.* -a).
**Hautfarbe** *die* [-,-n] carnagione, colore della pelle.
**Hebamme** *die* [-,-n] ostetrica, levatrice.
**Hebel** *der* [-s,-] leva.
**heben** [*hob / gehoben*] *v.tr.* **1** alzare, sollevare, elevare **2** (*fig.*) aumentare, elevare ♦ **sich heben** *v.pron.* **1** alzarsi, sollevarsi **2** (*fig.*) aumentare, crescere.
**Heck** *das* [-(e)s,-e o -s] **1** (*mar.*) poppa **2** (*aer.*) coda **3** (*aut.*) parte posteriore.
**Hecke** *die* [-,-n] siepe.
**Heckmotor** *der* [-s,-en] motore posteriore.
**Heer** *das* [-(e)s,-e] esercito.
**Hefe** *die* [-,-n] lievito.
**Heft** *das* [-(e)s,-e] **1** quaderno **2** (*edit.*) fascicolo **3** libretto, opuscolo.
**heften** *v.tr.* **1** fissare, attaccare **2** (*edit.*) rilegare.
**Hefter** *der* [-s,-] cucitrice.
**heftig** *agg.* **1** forte, violento **2** (*estens.*) impetuoso, impulsivo ♦ *avv.* violentemente.
**hegen** *v.tr.* **1** proteggere, curare **2** (*fig.*) nutrire, serbare: *Zweifel —*, nutrire dubbi.
**Hehler** *der* [-s,-; *die -in*] ricettatore (*m.*; *f.* -trice).
**Heide**[1] *der* [-n,-n; *die Heidin*] pagano (*m.*; *f.* -a); (*estens.*) miscredente (*m. e f.*).
**Heide**[2] *die* [-,-n] **1** brughiera **2** → Heidekraut.
**Heidekraut** *das* [-s] (*bot.*) erica.
**Heidelbeere** *die* [-,-n] mirtillo.
**Heidentum** *das* [-s] paganesimo.
**heidnisch** *agg.* pagano.
**heikel** *agg.* **1** delicato, scabroso **2** esigente, schizzinoso.
**heil** *agg.* **1** illeso **2** intatto, intero.
**Heil** *das* [-(e)s] salvezza.
**heilbar** *agg.* guaribile, curabile.
**heilen** *v.tr.* e *intr.* [*haben*] guarire.
**heilig** *agg.* **1** santo, sacro: *der Heilige Geist*, lo Spirito Santo; *der Heilige Abend*, la vigilia di Natale **2** (*estens.*) solenne, sacrosanto ♦ *avv.* santamente, solennemente.
**Heiligtum** *das* [-s,-*tümer*] **1** santuario, tempio **2** oggetto sacro.
**heillos** *agg.* terribile, enorme ♦ *avv.* terribilmente.
**Heilmittel** *das* [-s,-] rimedio, farmaco.
**Heilpflanze** *die* [-,-n] pianta medicinale.
**Heilung** *die* [-,-en] **1** cura **2** guarigione, cicatrizzazione.
**Heim** *das* [-(e)s,-e] **1** casa **2** casa di riposo, ricovero **3** pensionato **4** riformatorio.
**Heimat** *die* [-] patria.
**heimatlich** *agg.* patrio.
**heimatlos** *agg.* senza patria.
**heim·fahren** (→ *fahren*) *v.intr.* [*sein*] (*fam.*) andare a casa (con un mezzo) ♦ *v.tr.* (*fam.*) accompagnare a casa (in auto).
**heim·gehen** (→ *gehen*) *v.intr.* [*sein*] (*fam.*) rincasare (a piedi).
**heimisch** *agg.* locale ● — *werden*, ambientarsi (*in* + *Dat*, in) | *sich — fühlen*, sentirsi a casa.
**Heimkehr** *die* [-] ritorno (a casa).
**heimlich** *agg.* **1** segreto, nascosto **2** furtivo ♦ *avv.* di nascosto, in segreto.
**Heimreise** *die* [-,-n] viaggio di ritorno (a casa).
**heimtückisch** *agg.* perfido, maligno.
**Heimweg** *der* [-(e)s,-e] via di casa (anche fig.).
**Heimweh** *das* [-s] nostalgia.
**heim·zahlen** *v.tr.* e *intr.* [*haben*] (*fam.*) ripagare: *das werde ich ihm aber —, gliela farò pagare*.
**Heirat** *die* [-,-en] matrimonio, nozze.
**heiraten** *v.tr.* sposare, sposarsi con ♦ *v.intr.* [*haben*] sposarsi.
**heiser** *agg.* rauco, roco.
**heiß** *agg.* **1** caldissimo, che scotta; (*di liquido*) bollente; (*di sole*) cocente, infuocato **2** (*di tema*) scottante.
**heißen** [*hieß / geheißen*] *v.intr.* [*haben*] **1** chiamarsi **2** significare, voler dire ♦ *v.tr.* dare (del), chiamare ● *das heißt*, cioè | *es heißt, sie habe geheiratet*, si dice che si sia sposata | *hier heißt es aufpas-*

**sen!**, qui bisogna stare attenti! | *was soll das —?*, e questo cosa vuol dire? | *wie heißen Sie?*, come si chiama Lei?
**heiter** *agg.* sereno (*anche meteor.*); gaio ● *aus heiterem Himmel*, a ciel sereno.
**Heiterkeit** *die* [-] serenità, allegria.
**heizen** *v.tr.* scaldare ♦ *v.intr.* [*haben*] scaldarsi.
**Heizung** *die* [-,-en] riscaldamento; impianto di riscaldamento.
**hektisch** *agg.* frenetico, febbrile.
**Held** *der* [-en,-en] **1** eroe **2** (*teatr., cinem.*) eroe, protagonista.
**Heldentat** *die* [-,-en] **1** impresa eroica **2** (*pl.*) gesta eroiche.
**Heldentum** *das* [-(e)s] eroismo.
**helfen** [*hilft* / *half* / *geholfen*] *v.intr.* [*haben*] **1** (+ *Dat*) aiutare, assistere **2** giovare, servire ● *sich* (*Dat*) *zu — wissen*, sapersela cavare.
**Helfer** *der* [-s,-; *die* -*in*] **1** soccorritore (*m.*; *f.* -trice) **2** (*dir.*) complice (*m. e f.*).
**hell** *agg.* **1** chiaro, luminoso, illuminato **2** (*di suono*) limpido **3** intelligente, sveglio: *ein heller Kopf*, una mente brillante ● *das ist heller Wahnsinn*, è pura follia.
**hellhörig** *agg.* (*di suono*) acuto.
**Helligkeit** *die* [-] **1** chiarezza **2** luminosità.
**hellwach** *agg.* sveglio, pimpante.
**Helm** *der* [-(e)s,-e] elmo, elmetto, casco.
**Hemd** *das* [-(e)s,-en] camicia.
**Hemisphäre** *die* [-,-n] emisfero.
**hemmen** *v.tr.* **1** frenare, rallentare **2** ostacolare, impedire **3** (*med.*) inibire.
**Hemmung** *die* [-,-en] **1** inibizione **2** scrupolo.
**hemmungslos** *agg.* sfrenato ♦ *avv.* senza ritegno, senza freni.
**Hengst** *der* [-es,-e] stallone.
**Henkel** *der* [-s,-] manico.
**Henker** *der* [-s,-] carnefice, boia ● *geh' zum —!*, va' all'inferno!
**her** *avv.* **1** (*verso chi parla*) qua, qui: *— damit!*, dà qua!; *da: wo hast du das —?*, come l'hai avuto? **2** (*tempo, spesso non si traduce*) da: *es ist ein Jahr —, dass...*, è un anno che...

**herab** *avv.* (*verso chi parla*) giù ● *von oben —*, dall'alto in basso.
**herab·hängen** (→ *hängen*) *v.intr.* [*haben*] pendere.
**herab·lassen** *v.tr.* calare, fare scendere ♦ *sich herablassen* *v.pron.* degnarsi.
**herab·setzen** *v.tr.* **1** diminuire, ridurre **2** (*fig.*) screditare.
**Herabsetzung** *die* [-,-en] **1** riduzione, diminuzione **2** (*fig.*) discredito.
**heran** *avv.* (*verso chi parla*) vicino.
**heran·gehen** (→ *gehen*) *v.intr.* [*sein*] **1** avvicinarsi **2** (*fig.*) (*an* + *Acc*) iniziare, affrontare (un problema).
**heran·lassen** *v.tr.* (*an* + *Acc*) lasciare avvicinare (a).
**heran·machen, sich** *v.pron.* (*an* + *Acc*) **1** (*fam.*) avvicinarsi (a) **2** (*pop.*) abbordare.
**heran·wachsen** (→ *wachsen*) *v.intr.* [*sein*] crescere, diventare.
**heran·ziehen** (→ *ziehen*) *v.tr.* **1** tirare a sé **2** consultare **3** allevare (animali); coltivare (piante) **4** impiegare ♦ *v.intr.* [*sein*] avvicinarsi.
**herauf** *avv.* (*verso chi parla*) su, sopra, quassù.
**herauf·ziehen** (→ *ziehen*) *v.tr.* tirare su ♦ *v.intr.* [*sein*] avvicinarsi.
**heraus** *avv.* (*verso chi parla*) fuori, qua fuori.
**heraus·arbeiten** *v.tr.* **1** ricavare **2** far emergere.
**heraus·bekommen** (→ *kommen*) *v.tr.* **1** riuscire a cavare **2** riuscire a risolvere.
**heraus·bringen** (→ *bringen*) *v.tr.* **1** portare fuori **2** immettere sul mercato; (*edit.*) pubblicare.
**heraus·finden** (→ *finden*) *v.intr.* [*haben*] **1** riuscire a trovare la via d'uscita **2** (*fig.*) scoprire.
**heraus·fordern** *v.tr.* sfidare.
**Herausforderung** *die* [-,-en] sfida, provocazione.
**heraus·fühlen** *v.tr.* sentire, intuire.
**Herausgabe** *die* [-] **1** rilascio **2** (*edit.*) pubblicazione **3** (*di monete*) emissione **4** resto.
**heraus·geben** (→ *geben*) *v.tr.* **1** (*edit.*)

pubblicare **2** rilasciare (prigionieri) **3** emettere (monete) **4** dare come resto.
**Herausgeber** *der* [-s,-]; die -*in*] editore (*m.; f.* -trice).
**heraus·gehen** (→ *gehen*) *v.intr.* [*sein*] uscire.
**heraus·kommen** (→ *kommen*) *v.intr.* [*sein*] **1** (*aus*) uscire da, venir fuori da **2** (*edit.*) essere pubblicato, uscire da **3** essere immesso sul mercato.
**heraus·nehmen** (→ *nehmen*) *v.tr.* **1** estrarre, tirare fuori **2** permettersi: *sich ein Recht —*, arrogarsi un diritto.
**heraus·schlagen** *v.tr.* **1** abbattere **2** (*fig.*) ottenere.
**heraus·stellen** *v.tr.* **1** mettere fuori, esporre **2** (*fig.*) mettere in evidenza ♦ **sich herausstellen** *v.pron.* risultare, dimostrarsi: *sich als wahr —*, dimostrarsi vero.
**herb** *agg.* **1** aspro; (*di odore*) pungente; (*di vino*) aspigno **2** (*fig.*) duro, amaro.
**herbei·führen** *v.tr.* **1** causare **2** sollecitare.
**Herbst** *der* [-es,-e] autunno.
**Herd** *der* [-(e)s,-e] **1** cucina (economica), fornello **2** focolare domestico **3** (*med.*) focolaio (*anche fig.*).
**Herde** *die* [-,-n] gregge, branco (*anche spreg.*).
**herein** *avv.* (*verso chi parla*) dentro ● *—!*, avanti!
**herein·bitten** (→ *bitten*) *v.tr.* pregare di entrare.
**herein·fallen** (→ *fallen*) *v.intr.* [*sein*] **1** cadere dentro **2** (*fig.*) cascarci, farsi imbrogliare.
**herein·kommen** (→ *kommen*) *v.intr.* [*sein*] entrare.
**herein·lassen** (→ *lassen*) *v.tr.* (*fam.*) far entrare.
**her·fallen** (→ *fallen*) *v.intr.* [*sein*] (*über + Acc*) **1** scagliarsi, gettarsi (addosso a): *über das Essen —*, buttarsi sul cibo **2** (*fig.*) coprire di critiche.
**her·geben** (→ *geben*) *v.tr.* (*fam.*) **1** dare: *gib her!*, dà qua! **2** dare (via) ♦ **sich hergeben** *v.pron.* prestarsi; abbassarsi.
**Hering** *der* [-s,-e] **1** aringa **2** picchetto (da tenda).
**her·kommen** (→ *kommen*) *v.intr.* [*sein*] **1** venire: *komm' her*, vieni qui **2** (*von*) (pro)venire (da).
**herkömmlich** *agg.* tradizionale, convenzionale.
**Herkunft** *die* [-,-künfte] origine, provenienza.
**her·leiten** *v.tr.* (*von, aus*) derivare (da), dedurre (da) ♦ **sich herleiten** *v.pron.* (*von, aus*) venire (da), provenire (da).
**heroisch** *agg.* eroico.
**Herpes** *der* [-] herpes.
**Herr** *der* [-(e)n,-en] signore: (*nelle lettere comm.*) *sehr geehrte Herren*, egregi signori **2** sovrano, signore **3** padrone; proprietario **4** Dio, Signore: *der —*, il Signore, Dio ● *meine Herren!*, signori!
**herrenlos** *agg.* senza padrone; (*di animale*) randagio.
**her·richten** *v.tr.* **1** preparare, apparecchiare (tavola) **2** sistemare, fare dei lavori.
**Herrin** *die* [-,-nen] signora, padrona **2** padrona di casa.
**herrisch** *agg.* dispotico, tirannico; altezzoso.
**herrlich** *agg.* magnifico, splendido.
**Herrlichkeit** *die* [-,-en] splendore, magnificenza.
**Herrschaft** *die* [-,-en] **1** dominio, potere, sovranità **2** (*fig.*) controllo **3** (*pl.*) signori, padroni.
**herrschen** *v.intr.* [*haben*] **1** (*über + Acc*) dominare (su), regnare (su) **2** (*fig.*) (*anche impers.*) esserci; regnare.
**Herrscher** *der* [-s,-; die -*in*] sovrano (*m.; f.* -a), regnante (*m.* e *f.*).
**her·rühren** *v.intr.* [*haben*] (*von*) derivare (da), provenire (da).
**her·stellen** *v.tr.* **1** produrre, fabbricare **2** stabilire, instaurare.
**Hersteller** *der* [-s,-; die -*in*] produttore (*m.; f.* -trice), fabbricante (*m.* e *f.*).
**Herstellung** *die* [-,-en] produzione, fabbricazione.
**herüber** *avv.* (*verso chi parla*) di qua, da questa parte.
**herum** *avv.* **1** (*luogo*) intorno, tutt'intorno: *um Mailand —*, intorno a Milano **2** (*tempo*) verso: *um Weihnachten —*, verso Natale **3** (*con indicazioni nu-*

**meriche**) circa, all'incirca, intorno a ♦ *agg.pred.* scaduto, trascorso.

**herum·führen** *v.tr.* portare in giro ♦ *v.intr.* [*haben*] portare, condurre.

**herum·gehen** (→ *gehen*) *v.intr.* [*sein*] **1** gironzolare, andare in giro **2** girare intorno, fare il giro (*anche fig.*).

**herum·kriegen** *v.tr.* (*pop.*) **1** far cambiare idea a **2** passare (il tempo).

**herum·reden** *v.intr.* [*haben*] tergiversare.

**herum·sprechen, sich** (→ *sprechen*) *v.pron.* diffondersi, spargersi.

**herum·stehen** (→ *stehen*) *v.intr.* [*haben*] **1** (*um*) stare attorno (a) **2** starsene (in ozio) **3** essere in giro.

**herunter** *avv.* (*verso chi parla*) giù, via, in basso.

**herunter·gehen** (→ *gehen*) *v.intr.* [*sein*] **1** scendere **2** calare, diminuire.

**herunter·kommen** (→ *kommen*) *v.intr.* [*sein*] **1** scendere **2** (*fam.*) deperire, decadere.

**herunter·laden** *v.tr.* (*inform.*) scaricare.

**herunter·machen** *v.tr.* **1** stroncare **2** trattare male.

**hervor** *avv.* (*verso chi parla*) fuori, in fuori.

**hervor·bringen** (→ *bringen*) *v.tr.* produrre.

**hervor·heben** (→ *heben*) *v.tr.* mettere in evidenza.

**hervor·ragen** *v.intr.* [*haben*] **1** sporgere (fuori) **2** (*durch*) distinguersi (per), spiccare (per).

**hervorragend** *agg.* eminente, eccellente.

**hervor·rufen** (→ *rufen*) *v.tr.* suscitare, causare.

**hervor·treten** (→ *treten*) *v.intr.* [*sein*] **1** apparire, manifestarsi **2** (*estens.*) risaltare, spiccare.

**hervor·tun, sich** (→ *tun*) *v.pron.* **1** distinguersi **2** mettersi in mostra.

**Herz** *das* [-*ens,*-*en*] **1** cuore (*anche fig.*) **2** (*spec.pl.*) (*gioco delle carte*) cuori.

**Herzanfall** *der* [-(*e*)*s,*-*fälle*] attacco cardiaco.

**Herzensbrecher** *der* [-*s,*-; die -*in*] rubacuori (*m. e f.*).

**herzhaft** *agg.* **1** forte, vigoroso **2** (*di cibo*) saporito ♦ *avv.* di cuore.

**her·ziehen** (→ *ziehen*) *v.intr.* [*haben*] (*über* + *Acc*) parlare male (di), sparlare (di) ♦ *v.tr.* **1** tirare a sé **2** tirarsi dietro **3** venire ad abitare.

**Herzinfarkt** *der* [-(*e*)*s,*-*e*] infarto cardiaco.

**Herzklopfen** *das* [-*s*] batticuore, palpitazioni.

**Herzkrankheit** *die* [-,-*en*] cardiopatia.

**herzlich** *agg.* **1** affettuoso, cordiale **2** sincero ♦ *avv.* di cuore: — *gern*, ben volentieri.

**Herzlichkeit** *die* [-] cordialità.

**herzlos** *agg.* senza cuore, spietato.

**Herzog** *der* [-*s,*-*zöge*; die -*in*] duca (*f.* duchessa).

**Herzogtum** *das* [-*s,*-*tümer*] ducato.

**Herzschlag** *der* [-(*e*)*s,*-*schläge*] **1** battito cardiaco **2** colpo apoplettico, sincope.

**herzzerreißend** *agg.* straziante.

**Hessen** *das* Assia.

**heterogen** *agg.* eterogeneo.

**Hetze** *die* [-,-*n*] **1** campagna denigratoria, diffamazione **2** fretta, furia.

**hetzen** *v.tr.* **1** cacciare, dare la caccia a **2** (*auf* + *Acc*) aizzare (contro) ♦ *v.intr.* [*sein* o *haben*] **1** inveire **2** (*zu*) istigare (a), incitare (a) **3** precipitarsi.

**Heu** *das* [-(*e*)*s*] **1** fieno **2** (*fam.*) grana, denaro ● *Geld wie* — *haben*, avere soldi a palate.

**Heuchelei** *die* [-,-*en*] **1** ipocrisia **2** (*estens.*) comportamento ipocrita.

**heucheln** *v.tr.* e *intr.* [*haben*] simulare, fingere.

**heuchlerisch** *agg.* falso, ipocrita ♦ *avv.* con ipocrisia.

**heulen** *v.intr.* [*haben*] **1** ululare **2** (*di sirene*) fischiare, urlare **3** (*fam.*) urlare.

**Heurige** *der* [-*n,*-*n*] (*austr.*) **1** vino novello **2** locale dove si serve il vino novello.

**Heuschnupfen** *der* [-*s,*-] raffreddore da fieno.

**Heuschrecke** *die* [-,-*n*] cavalletta.

**heute** *avv.* oggi: — *Morgen*, questa mattina; *von* — *auf morgen*, dall'oggi al domani.
**heutig** *agg.* 1 di oggi 2 odierno, attuale; (*estens.*) moderno.
**heutzutage** *avv.* al giorno d'oggi.
**Hexe** *die* [-,-n] strega.
**Hexerei** *die* [-,-en] stregoneria, magia.
**hier** *avv.* 1 (*luogo*) qui, qua: — *bin ich!*, eccomi! 2 (*posposto*) questo (qua).
**Hierarchie** *die* [-,-n] gerarchia.
**hierauf** *avv.* 1 (*luogo*) su questo 2 (*tempo*) dopo questo.
**hierbei** *avv.* 1 (*luogo*) lì vicino 2 in questa occasione.
**hierdurch** *avv.* 1 (*luogo*) per di qua 2 in tal modo: — *wird deutlich, dass...*, in tal modo risulta chiaro che...
**hierfür** *avv.* per questo, per ciò.
**hierher** *avv.* 1 (*luogo*) fin qui, fin qua 2 (*tempo*) fino a questo punto.
**hiermit** *avv.* con questo, con ciò; (*comm.*) con la presente (lettera).
**Hieroglyphe** *die* [-,-n] geroglifico.
**hierüber** *avv.* 1 (*luogo*) qui sopra, sopra di ciò 2 a questo proposito, ne.
**hierunter** *avv.* 1 (*luogo*) qui sotto, qua sotto 2 a questo proposito, tra questi.
**hiervon** *avv.* 1 di questo, ne 2 (*di materiale*) da questo, ne.
**hierzu** *avv.* 1 (*fine*) per questo, per ciò 2 a questo proposito, inoltre.
**hierzuland(e)** *avv.* qui da noi.
**hiesig** *agg.* locale.
**Hi-Fi-Anlage** *die* [-,-n] impianto hi-fi.
**Hilfe** *die* [-,-n] aiuto, soccorso ● *erste* —, pronto soccorso | *jdn um* — *bitten*, chiedere aiuto a qlcu.
**hilflos** *agg.* 1 bisognoso di aiuto, impotente 2 perplesso.
**Hilflosigkeit** *die* [-] 1 impotenza 2 perplessità.
**hilfsbereit** *agg.* servizievole.
**Hilfskraft** *die* [-,-*kräfte*] aiuto, assistente.
**Hilfsmittel** *das* [-s,-] 1 ausilio, mezzo 2 (*pl.*) aiuti.
**Hilfsverb** *das* [-s,-*en*] verbo ausiliare.
**Himbeere** *die* [-,-n] lampone.
**Himmel** *der* [-s,-] 1 cielo: *unter freiem* —, all'aperto, all'aria aperta 2 baldacchino.
**Himmelskörper** *der* [-s,-] corpo celeste; (*estens.*) stella.
**Himmelsrichtung** *die* [-,-en] punto cardinale.
**himmelweit** *agg.* enorme, abissale (*anche fig.*).
**himmlisch** *agg.* 1 celeste, divino 2 (*fam.*) meraviglioso.
**hin** *avv.* 1 (*luogo*) là, verso quel luogo: — *und zurück*, andata e ritorno 2 (*tempo*): *das ist noch lange* —, ce ne vuole ancora di tempo; — *und wieder*, di tanto in tanto.
**hinab** *avv.* (*luogo*) (in) giù: *hinauf und* —, su e giù.
**hinauf** *avv.* (*luogo*) (in) su.
**hinauf·gehen** (→ *gehen*) *v.tr.* e *intr.* [*sein*] andare su, salire (*anche fig.*).
**hinauf·kommen** (→ *kommen*) *v.tr.* e *intr.* [*sein*] 1 venire su, salire su 2 far carriera.
**hinauf·steigen** (→ *steigen*) *v.tr.* salire su.
**hinaus** *avv.* (*luogo*) fuori (dal punto di vista di chi parla) ● *auf Monate* —, per molti mesi.
**hinaus·bringen** (→ *bringen*) *v.tr.* 1 portare fuori 2 (*fig.*) (*über* + *Dat*) riuscire ad arrivare (oltre).
**hinaus·fahren** (→ *fahren*) *v.intr.* [*sein*] 1 uscire (con un veicolo) 2 (*über* + *Acc*) superare, andare oltre.
**hinaus·fliegen** (→ *fliegen*) *v.intr.* [*sein*] 1 volare fuori 2 (*fam.*) cadere fuori 3 venir buttato fuori.
**hinaus·gehen** (→ *gehen*) *v.intr.* [*sein*] 1 (*aus*) uscire (da) 2 (*fig.*) (*über* + *Acc*) superare (di), andare al di là di (di) 3 (*auf* + *Acc*) dare (su), affacciarsi (su) ● *es geht hier hinaus*, si esce di qua.
**hinaus·kommen** (→ *kommen*) *v.intr.* [*sein*] 1 uscire 2 (*über* + *Acc*) riuscire a superare 3 andare a finire.
**hinaus·werfen** (→ *werfen*) *v.tr.* 1 buttare fuori 2 (*fam.*) sbattere fuori ● *sein Geld zum Fenster* —, buttare i soldi dalla finestra.
**hinaus·wollen** (→ *wollen*) *v.intr.* [*ha-*

ben] (fam.) **1** voler uscire **2** (fig.) (auf + Acc) mirare (a), alludere (a).
**Hinblick** der ● im — auf (+ Acc), riguardo a, tenendo conto di.
**hinderlich** agg. fastidioso, scomodo ♦ avv. di ostacolo.
**hindern** v.tr. (an + Dat) ostacolare (in).
**Hindernis** das [-ses,-se] **1** ostacolo (anche sport) **2** (fig.) impedimento, intralcio.
**hin·deuten** v.intr. [haben] (auf + Acc) **1** additare, indicare **2** lasciar presagire.
**hindurch** avv. **1** (luogo) attraverso **2** (tempo) per: die ganze Nacht —, per tutta la notte.
**hinein** avv. **1** (luogo) dentro **2** (tempo) inoltrato.
**hinein·arbeiten, sich** v.pron. (in + Acc) approfondire.
**hinein·denken, sich** v.pron. (in + Acc) immedesimarsi (in).
**hinein·fahren** (→ fahren) v.intr. [sein] **1** entrare (con un veicolo) **2** (fam.) (di auto) tamponare ♦ v.tr. mettere dentro.
**hinein·gehen** (→ gehen) v.intr. [sein] **1** entrare **2** entrarci, starci.
**hinein·legen** v.tr. **1** mettere dentro **2** ingannare, imbrogliare.
**hinein·reden** v.intr. [haben] **1** interrompere (in un discorso) **2** (estens.) intromettersi.
**hinein·versetzen, sich** v.pron. (in + Acc) immedesimarsi (in).
**Hinfahrt** die [-,-en] viaggio di andata.
**hin·fallen** (→ fallen) v.intr. [sein] cadere per terra.
**hinfällig** agg. (dir.) nullo.
**Hingabe** die [-,-n] **1** (an + Acc) dedizione (a), abnegazione (verso) **2** (an + Acc) abbandono (a).
**hin·geben, sich** (→ geben) v.pron. **1** (+ Dat) sacrificarsi (per), dedicarsi totalmente (a) **2** (+ Dat) abbandonarsi (a).
**hingegen** cong. al contrario, invece.
**hin·gehen** (→ gehen) v.intr. [sein] (zu) andare (a, da).
**hin·halten** (→ halten) v.tr. **1** porgere, offrire **2** temporeggiare.
**hinken** v.intr. [haben] zoppicare (anche fig.).

**hin·kommen** (→ kommen) v.intr. [sein] **1** venire, giungere **2** (fam.) venir messo **3** farcela.
**hin·legen** v.tr. mettere, posare ♦ **sich hinlegen** v.pron. sdraiarsi, coricarsi.
**hin·nehmen** (→ nehmen) v.tr. accettare.
**Hinreise** die [-,-n] viaggio d'andata.
**hin·richten** v.tr. giustiziare.
**hin·sehen** (→ sehen) v.intr. [haben] (nach o zu) dare un'occhiata (a).
**Hinsicht** die [-,-en] aspetto, profilo: in — auf (+ Acc), riguardo a; in jeder —, sotto tutti gli aspetti.
**hinsichtlich** prep. (+ Gen) rispetto a, riguardo a.
**hin·stellen** v.tr. **1** mettere, porre **2** (als) far passare (per).
**hinten** avv. dietro: sie sitzen ganz —, siedono nelle ultime file.
**hintenherum** avv. **1** per di dietro **2** per vie traverse.
**hinter** prep. (+ Dat o Acc) **1** (stato in luogo) (+ Dat) dietro: das Auto steht — dem Haus, l'automobile si trova dietro la casa **2** (moto a luogo) (+ Acc) dietro ♦ agg. ultimo.
**Hinterbein** das [-(e)s,-e] zampa posteriore.
**hintereinander** avv. uno dietro l'altro, uno di fila all'altro.
**hintergehen** (→ gehen) v.tr. tradire, ingannare.
**Hintergrund** der [-(e)s,-gründe] **1** fondo, sfondo **2** (teatr.) fondale **3** (fig.) retroscena.
**Hinterhalt** der [-(e)s,-e] **1** agguato, imboscata **2** (fig.) tranello.
**hinterhältig** agg. subdolo, insidioso.
**hinterher** avv. dopo, più tardi.
**Hinterland** das [-(e)s] **1** entroterra **2** hinterland.
**hinterlassen** (→ lassen) v.tr. **1** lasciare, lasciare scritto **2** lasciare (in eredità).
**hinterlegen** v.tr. depositare.
**hinterlistig** agg. subdolo.
**Hintermann** der [-(e)s,-männer] **1** chi sta dietro **2** (fig.) mandante.
**Hinterrad** das [-(e)s,-räder] ruota posteriore.

**Hinterteil** *das* [-(e)s,-e] (*scherz.*) fondoschiena, sedere.
**Hintertür** *die* [-,-en] porta posteriore, porta di servizio.
**hinüber** *avv.* 1 da qui a là 2 sciupato, consumato 3 (*fam.*) ubriaco 4 (*fam.*) morto.
**hinüber·fahren** (→ *fahren*) *v.intr.* [*sein*] andare dall'altra parte (con un mezzo) ♦ *v.tr.* portare al di là (con un veicolo).
**hinüber·gehen** (→ *gehen*) *v.intr.* [*sein*] andare dall'altra parte.
**Hin und Her** *das* [-,-] 1 andirivieni 2 tiramolla.
**hin- und herüberlegen** *v.tr.* rimuginare.
**Hin- und Rückfahrkarte** *die* [-,-n] biglietto di andata e ritorno.
**hinunter** *avv.* giù.
**hinunter·fallen** (→ *fallen*) *v.intr.* [*sein*] cadere giù.
**hinunter·laufen** (→ *laufen*) *v.intr.* [*sein*] 1 scendere giù di corsa 2 scorrere giù, scendere.
**hinunter·schlucken** *v.tr.* 1 inghiottire, mandare giù 2 (*fig.*) trattenere, reprimere.
**hinweg·gehen** (→ *gehen*) *v.intr.* [*sein*] (*über* + *Acc*) passare sopra (a), ignorare.
**hinweg·setzen, sich** *v.pron.* (*über* + *Acc*) ignorare, non farsi coinvolgere (da).
**Hinweis** *der* [-(e)s,-e] 1 indicazione 2 (*estens.*) allusione, accenno 3 rimando, rinvio: *unter — auf* (+ *Acc*), con riferimento a.
**hin·weisen** (→ *weisen*) *v.intr.* [*haben*] (*auf* + *Acc*) 1 indicare 2 (*fig.*) far presente.
**hin·ziehen** (→ *ziehen*) *v.tr.* 1 attirare, attrarre 2 (*fig.*) protrarre ♦ **sich hinziehen** *v.pron.* protrarsi.
**hinzu** *avv.* inoltre, in aggiunta.
**hinzu·fügen** *v.tr.* (*zu*) aggiungere (a).
**hinzu·kommen** (→ *kommen*) *v.intr.* [*sein*] 1 aggiungersi 2 sopraggiungere.
**Hirn** *das* [-(e)s,-e] cervello.
**Hirsch** *der* [-(e)s,-e] cervo; maschio (di altri cervidi).

**Hirt(e)** *der* [-(e)n,-(e)n; die *Hirtin*] pastore (*m.*; *f.* -a).
**hissen** *v.tr.* issare, alzare.
**Historiker** *der* [-s,-; die *-in*] storico (*m.*; *f.* -a).
**historisch** *agg.* storico.
**Hitze** *die* [-,-n] 1 calore, calura 2 (*fig.*) fervore; foga.
**hitzig** *agg.* 1 violento, focoso 2 irascibile, irritabile.
**Hitzschlag** *der* [-(e)s,-*schläge*] colpo di calore.
**HIV-positiv** *agg.* sieropositivo.
**H-Milch** *die* [-] latte a lunga conservazione.
**Hobby** *das* [-s,-s] hobby.
**Hobel** *der* [-s] pialla.
**hobeln** *v.tr.* e *intr.* [*haben*] (*an* + *Acc*) piallare.
**hoch** *compar.* **höher** *superl.* **höchst** *agg.* 1 alto 2 (*di suono*) alto, acuto 3 (*di prezzo*) alto, elevato; (*di somma*) forte ♦ *avv.* 1 molto, altamente 2 in alto.
**Hoch** *das* [-s,-s] 1 evviva 2 (*meteor.*) zona di alta pressione.
**Hochachtung** *die* [-] stima, considerazione.
**Hochbetrieb** *der* [-(e)s,-e] gran movimento.
**hoch·bringen** *v.tr.* portare su.
**Hochdeutsch** *das* [-s] tedesco standard, alto tedesco.
**Hochdruck** *der* [-(e)s] (*fis., meteor.*) alta pressione.
**Hochebene** *die* [-,-n] altopiano.
**Hochfinanz** *die* [-] alta finanza.
**Hochfrequenz** *die* [-,-en] alta frequenza.
**hoch·halten** (→ *halten*) *v.tr.* 1 tenere (in) alto 2 mantenere alto (il morale).
**Hochhaus** *das* [-es,-*häuser*] palazzo a più piani.
**Hochleistung** *die* [-] alto rendimento.
**Hochmut** *der* [-(e)s] superbia, alterigia.
**hochmütig** *agg.* superbo, arrogante, borioso.
**hoch·nehmen** (→ *nehmen*) *v.tr.* 1 alzare, sollevare 2 (*fam.*) prendere in giro.
**hochprozentig** *compar.* **höherprozentig** *superl.* **höhstprozentig** *agg.* 1

ad alta percentuale **2** ad alta gradazione alcolica.

**Hochsaison** *die* [-,-s] alta stagione.

**Hochschule** *die* [-,-n] istituto superiore, università.

**Hochschullehrer** *der* [-s,-; die -*in*] professore (*m.; f.* -essa) universitario.

**Hochschulreife** *die* [-] maturità, diploma liceale.

**hoch·sehen** (→ *sehen*) *v.intr.* [*haben*] guardare in alto.

**Hochspannung** *die* [-,-en] **1** (*elettr.*) alta tensione **2** atmosfera tesa.

**Hochsprung** *der* [-(e)s] (*sport*) salto in alto.

**höchst** *agg.* (*superl. di* hoch) il più alto, il massimo ♦ *avv.* molto, altamente.

**Hochstapler** *der* [-s,-; die -*in*] impostore (*m.; f.* -trice), imbroglione (*m.; f.* -a).

**Höchste** *das* [-*n*] massimo: *das ist das — der Gefühle*, questo è il massimo.

**höchstens** *avv.* al massimo, tutt'al più.

**Höchstgrenze** *die* [-,-n] limite massimo.

**höchstwahrscheinlich** *avv.* con tutta probabilità.

**Hochwasser** *das* [-s,-] piena, acqua alta.

**hochwertig** *agg.* **1** di alta qualità **2** ad alto valore nutritivo.

**Hochzeit** *die* [-,-en] nozze.

**Hochzeitsreise** *die* [-,-n] viaggio di nozze.

**Hochzeitstag** *der* [-(e)s,-e] **1** giorno delle nozze **2** anniversario di matrimonio.

**hocken** *v.intr.* [*haben*] **1** accovacciarsi, rannicchiarsi **2** (*fam.*) rimanere seduto a lungo.

**Hocker** *der* [-s,-] sgabello.

**Höcker** *der* [-s,-] gobba.

**Hockey** *das* [-s] (*sport*) hockey.

**Hoden** *der* [-s,-] (*anat.*) testicolo.

**Hof** *der* [-(e)s, *Höfe*] **1** cortile **2** fattoria **3** corte (reale) ● *jdm den — machen*, fare la corte a qlcu.

**hoffen** *v.tr.* e *intr.* [*haben*] (*auf + Acc*) sperare (in): — *wir das Beste*, speriamo in bene.

**hoffentlich** *avv.* speriamo che, auguriamoci che: — *hast du Recht*, speriamo che tu abbia ragione.

**Hoffnung** *die* [-,-en] speranza.

**hoffnungslos** *agg.* disperato.

**Hoffnungslosigkeit** *die* [-] disperazione.

**hoffnungsvoll** *agg.* **1** fiducioso, speranzoso **2** promettente.

**höflich** *agg.* cortese, gentile.

**Höflichkeit** *die* [-,-en] cortesia, gentilezza: *etw aus — tun*, fare qlco per gentilezza.

**höflichst** *avv.* cortesemente, gentilmente.

**Höhe** *die* [-,-n] **1** altezza **2** altitudine, quota **3** altura, vetta **4** (*fig.*) culmine, apice.

**Hoheit** *die* [-,-en] **1** sovranità **2** Altezza **3** (*fig.*) maestà, dignità.

**Hoheitsgewässer** *pl.* acque territoriali.

**Höhenangst** *die* [-] vertigini.

**Höhenlage** *die* [-,-n] altitudine.

**Höhensonne** *die* [-,-n] **1** sole d'alta montagna **2** lampada a raggi ultravioletti.

**Höhenzug** *der* [-(e)s,-*züge*] catena montuosa.

**Höhepunkt** *der* [-(e)s,-e] apice, vertice, culmine.

**höher** *agg.* (*compar. di* hoch) **1** (*als*) più alto (di) **2** (*fig.*) (*als*) superiore (a) ♦ *avv.* più in alto.

**hohl** *agg.* **1** cavo **2** incavato, infossato: *hohle Wangen*, guance scavate **3** cupo **4** (*fig.*) insulso, vuoto: *hohle Reden*, chiacchiere insulse.

**Höhle** *die* [-,-n] **1** caverna, grotta **2** tana (*anche fig.*) **3** (*anat.*) cavità, orbita.

**Hohn** *der* [-(e)s] scherno, derisione.

**höhnisch** *agg.* canzonatorio.

**holen** *v.tr.* **1** andare a prendere; andare a comprare **2** chiamare ● *sich* (*Dat*) *etw —*, beccarsi qlco.

**Holländer** *agg.invar.* olandese ♦ *der* [-s,-; die -*in*] olandese (*m.* e *f.*).

**holländisch** *agg.* olandese.

**Hölle** *die* [-] inferno.
**höllisch** *agg.* **1** infernale **2** (*fam.*) enorme ♦ *avv.* (*fam.*) terribilmente.
**Holocaust** *der* [-(s),-s] olocausto.
**holp(e)rig** *agg.* **1** accidentato **2** (*fig.*) stentato: *in holprigem Italienisch*, in italiano stentato.
**Holz** *das* [-es, Hölzer] **1** legno **2** legna (da ardere) **3** (*fig.*) stoffa.
**hölzern** *agg.* **1** di legno **2** (*fig.*) impacciato.
**Holzfäller** *der* [-s,-] tagliaboschi.
**holzig** *agg.* legnoso.
**homogen** *agg.* omogeneo.
**homolog** *agg.* omologo.
**homonym** *agg.* omonimo.
**Homöopathie** *die* [-] omeopatia.
**homöopathisch** *agg.* omeopatico.
**homosexuell** *agg.* omosessuale.
**Honig** *der* [-s,-e] miele.
**Honigmelone** *die* [-,-n] melone.
**Honorar** *das* [-s,-e] onorario, compenso.
**honorieren** *v.tr.* compensare, pagare.
**Hopfen** *der* [-s,-] luppolo.
**hörbar** *agg.* percettibile, udibile.
**horchen** *v.intr.* [*haben*] ascoltare, stare ad ascoltare.
**Horde** *die* [-,-n] orda.
**hören** *v.tr.* **1** sentire, udire **2** ascoltare: *Musik*, ascoltare la musica **3** sentire, venire a sapere **4** (*scol.*) frequentare (un corso), assistere a (una lezione) ♦ *v.intr.* [*haben*] **1** sentire, udire: *hör mal*, ascolta!; *senti un po'!* **2** (*auf + Acc*) ascoltare **3** (*auf + Acc*) dare retta (a), ubbidire (a) ♦ **sich hören** *v.pron.* ascoltarsi, sentirsi ♦ *von sich — lassen*, farsi vivo.
**Hörer** *der* [-s,-] **1** (die -*in*) ascoltatore (*m.; f.* -trice) **2** cornetta, ricevitore **3** (die -*in*) (*università*) uditore (*m.; f.* -trice).
**Hörerschaft** *die* [-,-en] ascolto, audience.
**Horizont** *der* [-(e)s,-e] orizzonte.
**horizontal** *agg.* orizzontale.
**Hormon** *das* [-s,-e] ormone.
**Horn** *das* [-(e)s, Hörner o -e nel significato 3] **1** corno **2** (*mus.*) corno **3** (*aut.*) segnale acustico.
**Hornhaut** *die* [-,-häute] **1** callo, durone **2** (*degli occhi*) cornea.
**Horoskop** *das* [-s,-e] oroscopo.
**Horror** *der* [-s] (*vor*) orrore (di).
**Hörsaal** *der* [-(e)s,-säle] aula (di università).
**Hort** *der* [-(e)s,-e] **1** asilo, rifugio **2** asilo nido.
**Hose** *die* [-,-n] calzoni, pantaloni.
**Hostess** *die* [-,-en] hostess.
**Hotel** *das* [-s,-s] hotel, albergo.
**Hotelgast** *der* [-(e)s,-gäste] cliente, ospite (di albergo).
**Hotelzimmer** *das* [-s,-] camera d'albergo.
**Hubraum** *der* [-(e)s] (*aut.*) cilindrata.
**hübsch** *agg.* carino, grazioso ♦ *avv.* **1** graziosamente **2** molto, abbastanza.
**Hubschrauber** *der* [-s,-] elicottero.
**Hufeisen** *das* [-s,-] ferro di cavallo.
**Hüfte** *die* [-,-n] anca, fianco.
**Hügel** *der* [-s,-] colle, collina.
**hügelig** *agg.* collinoso.
**Huhn** *das* [-(e)s, Hühner] pollo.
**Huldigung** *die* [-,-en] omaggio, ossequio.
**Hülle** *die* [-,-n] involucro, custodia.
**Hülse** *die* [-,-n] **1** buccia **2** (*bot.*) baccello **3** (*mecc.*) manicotto.
**Hülsenfrüchte** *pl.* **1** leguminose **2** legumi.
**human** *agg.* umano.
**humanitär** *agg.* umanitario.
**Humanität** *die* [-] umanità.
**Hummer** *der* [-s,-] astice, gambero (di mare).
**Humor** *der* [-s] umorismo.
**Humorist** *der* [-en,-en; die -*in*] umorista (*m. e f.*).
**humpeln** *v.intr.* [*sein* o *haben*] (*fam.*) zoppicare.
**Hund** *der* [-(e)s,-e] **1** cane **2** (*spreg.*) tipo, individuo: *ein ganz armer —*, un povero diavolo ● *Vorsicht, bissiger —!*, attenti al cane!
**hundert** *agg.num.card.invar.* cento.
**Hundert**[1] *der* [-s,-e] cento.
**Hundert**[2] *das* [-s,-e] centinaio, cento.

**hundertprozentig** *avv.* al cento per cento.
**Hündin** *die* [-,-*en*] cagna.
**Hunger** *der* [-*s*] fame: — *haben*, aver fame.
**hungern** *v.intr.* [*haben*] **1** aver fame **2** soffrire la fame **3** digiunare.
**Hungerstreik** *der* [-(*e*)*s*,-*s*] sciopero della fame.
**hungrig** *agg.* affamato: — *sein*, aver fame.
**Hupe** *die* [-,-*n*] clacson.
**hupen** *v.tr.* suonare il clacson.
**hüpfen** *v.intr.* [*sein*] saltellare.
**Hürde** *die* [-,-*n*] (*sport*) ostacolo (*anche fig.*).
**Hürdenlauf** *der* [-(*e*)*s*,-*läufe*] (*sport*) corsa a ostacoli.
**Hurrikan** *der* [-*s*,-*e* o -*s*] uragano.
**husten** *v.intr.* [*haben*] **1** tossire **2** (*di motori*) perdere colpi.
**Husten** *der* [-*s*] tosse.
**Hustensaft** *der* [-(*e*)*s*,-*säfte*] sciroppo per la tosse.

**Hut**[1] *der* [-(*e*)*s*, *Hüte*] cappello ● — *ab!*, giù il cappello!; (*fig.*) tanto di cappello!
**Hut**[2] *die* ● *auf der* — *sein*, stare all'erta.
**hüten** *v.tr.* guardare, sorvegliare.
**Hütte** *die* [-,-*n*] **1** capanna, casupola **2** rifugio; baita.
**Hyazinthe** *die* [-,-*n*] giacinto.
**hydraulisch** *agg.* idraulico.
**hydrophil** *agg.* idrofilo.
**Hydroxid**, **Hydroxyd** *das* [-(*e*)*s*,-*e*] (*chim.*) idrossido.
**Hygiene** *die* [-] igiene.
**hygienisch** *agg.* igienico.
**Hymne** *die* [-,-*n*] inno.
**Hypnose** *die* [-,-*n*] ipnosi.
**hypnotisch** *agg.* ipnotico.
**hypnotisieren** *v.tr.* ipnotizzare.
**Hypochondrie** *die* [-] ipocondria.
**Hypothek** *die* [-,-*en*] ipoteca.
**Hypothese** *die* [-,-*n*] ipotesi.
**hypothetisch** *agg.* ipotetico.
**Hysterie** *die* [-,-*n*] isteria, isterismo.
**hysterisch** *agg.* isterico ♦ *avv.* da isterico.

# Ii

**ich** *pron.pers.Nom sing.* (*spesso non si traduce*) io: — *komme gleich!*, vengo subito!; *wer ist da?* — *bin es!*, chi è? sono io!

**Ich** *das* [-(s),-(s)] io.

**ideal** *agg.* ideale.

**Ideal** *das* [-s,-e] ideale.

**idealisieren** *v.tr.* idealizzare.

**idealistisch** *agg.* idealistico.

**Idee** *die* [-,-n] idea.

**ideell** *agg.* ideale.

**identifizieren** *v.tr.* identificare ♦ **sich identifizieren** *v.pron.* (*mit*) identificarsi (con).

**Identifizierung** *die* [-,-en] identificazione.

**identisch** *agg.* identico.

**Identität** *die* [-] identità.

**Ideologie** *die* [-,-n] ideologia.

**ideologisch** *agg.* ideologico.

**Idiom** *das* [-s,-e] idioma.

**idiomatisch** *agg.* idiomatico ♦ *avv.* con valore idiomatico.

**Idiot** *der* [-en,-en; die -in] **1** idiota (*m.* e *f.*) **2** (*spreg.*) cretino (*m.*; *f.* -a).

**idiotisch** *agg.* idiota ♦ *avv.* da idiota.

**Idol** *das* [-s,-e] idolo.

**Idyll** *das* [-s,-e] idillio.

**idyllisch** *agg.* idilliaco.

**ignorieren** *v.tr.* ignorare.

**ihm¹** *pron.pers.Dat* → **er** **1** a lui, gli **2** (*se retto da prep.*) lui.

**ihm²** *pron.pers.Dat* → **es** **1** a lui, gli, ad esso **2** (*se retto da prep.*) lui, esso.

**ihn** *pron.pers.Acc* → **er** **1** lui, lo **2** (*se retto da prep.*) lui.

**ihnen** *pron.pers.Dat pl.* → **sie** **1** a loro, gli, loro **2** (*se retto da prep.*) loro.

**Ihnen** *pron.pers.Dat* → **Sie** **1** (*sing.*) a Lei, Le: *wie geht es* —*?*, come sta? **2** (*sing.*) (*se retto da prep.*) Lei **3** (*pl.*) a Voi, Vi **4** (*pl.*) (*se retto da prep.*) Voi.

**ihr¹** *pron.pers.Nom pl.* ● (*nelle lettere*) *Ihr*, voi.

**ihr²** *pron.pers.Dat* → **sie** **1** a lei, le **2** (*se retto da prep.*) lei.

**ihr³** *pron.poss.* **1** il suo, la sua, il loro, la loro **2** (*come agg.*) suo, sua, loro.

**Ihr** *pron.poss.* **1** il Suo, il Vostro **2** (*come agg.*) Suo, Vostro.

**ihrer** *pron.pers.Gen* → **sie**.

**ihrerseits** *avv.* **1** (*riferito a una persona*) da parte sua, dal canto suo **2** (*riferito a più persone*) da parte loro, dal canto loro.

**Ihrerseits** *avv.* **1** (*riferito a una persona*) da parte Sua, dal canto Suo **2** (*riferito a più persone*) da parte Vostra, dal canto Vostro.

**ihretwegen** *avv.* **1** (*riferito a una persona*) per lei, per amor suo **2** per causa sua **3** (*riferito a più persone*) per loro, per amor loro **4** per causa loro, per colpa loro.

**Ihretwegen** *avv.* **1** (*riferito a una persona*) per Lei, per amor Suo, per causa Sua **2** (*riferito a più persone*) per Voi, per causa Vostra.

**Ikone** *die* [-,-n] icona.

**illegal** *agg.* illegale.

**Illusion** *die* [-,-en] illusione.
**illusorisch** *agg.* illusorio.
**Illustration** *die* [-,-en] illustrazione.
**Illustrierte** *die* [-n,-n] rivista illustrata.
**im** *prep.art.* (in + dem) → **in**.
**imaginär** *agg.* immaginario.
**Imbiss** *der* [-es,-e] spuntino.
**Imker** *der* [-s,-] apicoltore.
**immanent** *agg.* inerente.
**Immatrikulation** *die* [-,-en] immatricolazione.
**immatrikulieren** *v.tr.* immatricolare
♦ **sich immatrikulieren** *v.pron.* immatricolarsi.
**immer** *avv.* sempre ● *auf* —, per sempre | — *noch*, sempre, ancora | — *wenn*, ogni volta che.
**immerhin** *avv.* comunque, (pur) sempre.
**Immigrant** *der* [-en,-en; die -in] immigrante (*m.* e *f.*), immigrato (*m.*; *f.* -a).
**Immobilien** *pl.* (beni) immobili.
**immun** *agg.* (*gegen*) immune (da).
**Immunität** *die* [-,-en] immunità.
**Immunsystem** *das* [-s,-e] sistema immunitario.
**Imperativ** *der* [-s,-e] imperativo.
**Imperfekt** *das* [-s,-e] (*gramm.*) imperfetto.
**Imperialismus** *der* [-,-men] imperialismo.
**imperialistisch** *agg.* imperialistico, imperialista.
**impfen** *v.tr.* vaccinare.
**Impfstoff** *der* [-(e)s,-e] vaccino.
**Impfung** *die* [-,-en] vaccinazione.
**imponieren** *v.intr.* [*haben*] (+ *Dat*) impressionare, far colpo (su).

FALSCHER FREUND

Da non confondere con l'italiano 'importare', che si traduce *durch·setzen*.

**Import** *der* [-(e)s,-e] importazione.
**importieren** *v.tr.* importare.
**imposant** *agg.* 1 impressionante 2 imponente, maestoso.
**impotent** *agg.* impotente.
**Improvisation** *die* [-,-en] improvvisazione.
**improvisieren** *v.tr.* improvvisare.

**Impuls** *der* [-es,-e] impulso.
**impulsiv** *agg.* impulsivo, istintivo.
**imstande** *agg.* capace, in grado: — *sein, etw zu tun*, essere in grado, capace di fare qlco.
**in** *prep.* (+ *Dat/Acc*) 1 (*luogo*) (+ *Dat*) in, a: *im Freien*, all'aperto 2 (*direzione*) (+ *Acc*) in, a: *ins Büro, ins Kino, ins Konzert gehen*, andare in ufficio, al cinema, a un concerto 3 (*tempo*) (+ *Dat*) in, di, a, durante, tra, fra: *im Winter*, in (*o* di) inverno; *im April*, in aprile | — *zwei Jahren*, tra due anni 4 (*modo*) in, con: — *vielen Farben*, in molti colori ♦ *avv.* in, di moda: — *sein*, essere "in", essere di moda.
**inbegriffen** *agg.* compreso, incluso.
**indem** *cong.* 1 (*per lo più si traduce con il gerundio*): — *wir unseren Auftrag vom 4.9. bestätigen...*, confermando il nostro ordine del 4.9... 2 mentre.
**Inder** *der* [-s,-; die -in] indiano (*m.*; *f.* -a) (dell'India).
**indessen** *avv.* 1 (*tempo*) intanto, nel frattempo 2 tuttavia ♦ *cong.* 1 mentre, intanto che 2 pertanto.
**Index** *der* [- *o* -es,-e *o* *Indizes*] indice.
**Indianer** *der* [-s,-; die -in] indiano (*m.*; *f.* -a) (d'America).
**indianisch** *agg.* indiano (d'America).
**Indien** *das* [-s] India.
**Indikativ** *der* [-s,-e] (*gramm.*) indicativo.
**indirekt** *agg.* indiretto.
**indisch** *agg.* indiano (dell'India).
**indiskret** *agg.* indiscreto.
**Indiskretion** *die* [-,-en] indiscrezione.
**indisziplinert** *agg.* indisciplinato.
**Individualist** *der* [-en,-en; die -in] individualista (*m.* e *f.*).
**individualistisch** *agg.* individualistico.
**individuell** *agg.* individuale; (*estens.*) privato ♦ *avv.* individuo a individuo.
**Individuum** *das* [-s,-duen] individuo (*anche spreg.*).
**Indiz** *das* [-es,-ien] indizio.
**industrialisieren** *v.tr.* industrializzare.
**Industrie** *die* [-,-n] industria.

**industriell** *agg.* industriale.
**ineinander** *avv.* l'un l'altro, reciprocamente.
**Infarkt** *der* [-(e)s,-e] infarto.
**Infektion** *die* [-,-en] infezione.
**infektiös** *agg.* infettivo.
**Infinitiv** *der* [-s,-e] (*gramm.*) infinito.
**infizieren** *v.tr.* infettare ♦ **sich infizieren** *v.pron.* infettarsi.
**Inflation** *die* [-,-en] inflazione.
**infolge** *prep.* (+ *Gen*) a causa di, in seguito a, per.
**infolgedessen** *cong.* perciò, per questa ragione, per cui, in conseguenza di ciò.
**Informatik** *die* [-] informatica.
**Informatiker** *der* [-s,-] informatico, studioso di informatica.
**Information** *die* [-,-en] 1 informazione: *zur —*, a titolo d'informazione 2 ufficio informazioni.
**Informationsbüro** *das* [-s,-s] ufficio informazioni.
**informell** *agg.* informale.
**informieren** *v.tr.* (*über* + *Acc*) informare (su, di) ♦ **sich informieren** *v.pron.* (*über* + *Acc*) informarsi (su, di).
**infrarot** *agg.* infrarosso.
**Infrastruktur** *die* [-,-en] infrastruttura.
**Ingenieur** *der* [-s,-e; die *-in*] ingegnere (*m.*).
**Ingwer** *der* [-s] zenzero.
**Inhaber** *der* [-s,-; die *-in*] 1 titolare (*m.* e *f.*) 2 proprietario (*m.*; *f.* -a).
**inhaftieren** *v.tr.* arrestare.
**Inhaftierung** *die* [-,-en] detenzione.
**Inhalation** *die* [-,-en] inalazione.
**inhalieren** *v.tr.* inalare.
**Inhalt** *der* [-(e)s,-e] 1 contenuto (*anche fig.*) 2 (*geom.*) area; volume.
**Inhaltsübersicht** *die* [-,-en] **Inhaltsverzeichnis** *das* [-ses,-se] indice; sommario.
**inhuman** *agg.* inumano.
**Initiative** *die* [-,-n] iniziativa.
**Injektion** *die* [-,-en] iniezione.
**inklusive** *prep.* (+ *Gen*) incluso, compreso.
**inkognito** *avv.* in incognito.

**inkonsequent** *agg.* incoerente.
**Inkrafttreten, In-Kraft-Treten** *das* [-s] entrata in vigore.
**Inland** *das* [-(e)s] territorio nazionale.
**inländisch** *agg.* nazionale, interno.
**inmitten** *prep.* (+ *Gen*) 1 (*luogo*) in mezzo a 2 tra, fra 3 (*tempo*) nel (bel) mezzo di.
**inne-haben** (→ **haben**) *v.tr.* detenere.
**innen** *avv.* internamente, all'interno, dentro.
**Innenpolitik** *die* [-] politica interna.
**Innenseite** *die* [-,-n] parte interna.
**Innenstadt** *die* [-] centro (della città).
**inner...** *agg.* 1 interno 2 (*fig.*) interiore: *innerer Konflikt*, conflitto interiore.
**Innere** *das* [-n,-n] 1 interno 2 (*fig.*) animo; intimo.
**innerhalb** *prep.* (+ *Gen* o *Dat*) 1 (*luogo*) in, all'interno di 2 (*tempo*) entro, in: *— einer Woche*, entro una settimana.
**innerlich** *agg.* 1 interno 2 interiore, intimo ♦ *avv.* internamente.
**Innerste** *das* [-n,-n] intimo, profondo (dell'animo).
**innig** *agg.* profondo; sentito ♦ *avv.* profondamente.
**inoffiziell** *agg.* non ufficiale.
**ins** *prep.art.* (*in + das*) → **in**.
**Insasse** *der* [-n,-n; die *Insassin*] 1 passeggero (*m.*; *f.* -a) 2 detenuto (*m.*; *f.* -a).
**insbesond(e)re** *avv.* particolarmente, specialmente.
**Inschrift** *die* [-,-en] iscrizione, incisione.
**Insekt** *das* [-(e)s,-en] insetto.
**Insel** *die* [-,-n] isola (*anche fig.*).
**Inselgruppe** *die* [-,-n] arcipelago.
**Inserat** *das* [-(e)s,-e] annuncio, inserzione.
**insgesamt** *avv.* complessivamente.
**insofern** *avv.* in questo, da questo punto di vista, a questo riguardo ♦ *cong.* se, purché, per quanto ● *— als*, nella misura in cui.
**Inspektion** *die* [-,-en] ispezione, controllo.
**Inspektor** *der* [-s,-en; die *-in*] ispettore (*m.*; *f.* -trice).
**Inspiration** *die* [-,-en] ispirazione.

**inspirieren** *v.tr.* ispirare.
**Installation** *die* [-,-*en*] **1** installazione **2** impianto.
**Instandhaltung** *die* [-] manutenzione.
**inständig** *agg.* **1** insistente **2** fervente.
**Instandsetzung** *die* [-,-*en*] riparazione, rimessa a nuovo.
**Instanz** *die* [-,-*en*] **1** autorità preposta **2** (*dir.*) istanza.
**Instinkt** *der* [-(*e*)*s,-e*] istinto.
**instinktiv** *agg.* istintivo.
**Institut** *das* [-(*e*)*s,-e*] istituto.
**Institution** *die* [-,-*en*] istituzione, ente.
**Instrument** *das* [-(*e*)*s,-e*] strumento.
**Insulin** *das* [-*s*] insulina.
**inszenieren** *v.tr.* **1** (*teatr., cinem.*) inscenare, allestire, mettere in scena **2** (*fig.*) inscenare, montare.
**intakt** *agg.* integro, intatto.
**Integration** *die* [-,-*en*] integrazione.
**integrieren** *v.tr.* (*in* + *Acc*) integrare (in).
**Integrität** *die* [-] integrità.
**intellektuell** *agg.* intellettuale.
**intelligent** *agg.* intelligente.
**Intelligenz** *die* [-,-*en*] **1** intelligenza **2** intellighenzia.
**Intendant** *der* [-*en,-en*] (*teatr.*) sovrintendente; (*tv*) direttore.
**Intensität** *die* [-] intensità.
**intensiv** *agg.* **1** intenso **2** intensivo.
**Intensivkurs** *der* [-*es,-e*] corso intensivo.
**interaktiv** *agg.* interattivo.
**interessant** *agg.* interessante.
**Interesse** *das* [-*s,-n*] interesse: *aus — handeln*, agire per interesse; *— für* (o *an* + *Acc*) *etw haben*, interessarsi a (o di) qlco.
**Interessent** *der* [-*en,-en*] interessato.
**interessieren** *v.tr.* interessare ♦ *sich interessieren* *v.pron.* (*für*) interessarsi (a, di).
**interessiert** *agg.* (*an* + *Dat*) interessato (a) ♦ *avv.* con interesse.
**Interferenz** *die* [-,-*en*] interferenza.
**intern** *agg.* interno.
**Internat** *das* [-(*e*)*s,-e*] internato, pensionato.
**international** *agg.* internazionale.

**Internet** *das* Internet.
**Internetseite** *die* [-,-*n*] sito internet.
**internieren** *v.tr.* internare.
**Interpretation** *die* [-,-*en*] interpretazione.
**interpretieren** *v.tr.* interpretare.
**Interview** *das* [-*s,-s*] intervista.
**interviewen** *v.tr.* intervistare.
**intim** *agg.* intimo.
**Intimität** *die* [-,-*en*] intimità.
**intolerant** *agg.* intollerante.
**Intoleranz** *die* [-,-*en*] intolleranza.
**intransitiv** *agg.* intransitivo.
**Intrige** *die* [-,-*n*] intrigo.
**introvertiert** *agg.* introverso.
**Intuition** *die* [-,-*en*] intuizione.
**intuitiv** *agg.* intuitivo.
**Invalide** *der* e *die* [-*n,-n*] invalido (*m.; f.* -a).
**Invasion** *die* [-,-*en*] invasione.
**Inventar** *das* [-*s,-e*] inventario: *ein — aufstellen*, fare un inventario.
**investieren** *v.tr.* investire.
**inwiefern** *avv.* in che senso, in che modo.
**inwieweit** *avv.* fino a che punto, in che misura ♦ *cong.* fino a che punto, quanto.
**inzwischen** *avv.* **1** da allora **2** intanto, nel frattempo.
**i-Pod** *der* [-*s,-s*] i-Pod.
**Irak** *der* Irak.
**Iraker** *der* [-*s,-*; *die* -*in*] iracheno (*m.; f.* -a).
**irakisch** *agg.* iracheno.
**Iran** *der* Iran.
**Iraner** *der* [-*s,-*; *die* -*in*] iraniano (*m.; f.* -a).
**iranisch** *agg.* iraniano.
**irdisch** *agg.* **1** terrestre **2** terreno.
**Ire** *der* [-*n,-n*; *die Irin*] irlandese (*m.* e *f.*).
**irgendein** *agg.indef.* un qualsiasi, un qualunque ♦ *pron.indef.* qualcuno, uno, uno qualunque.
**irgendetwas** *pron.indef.* qualcosa, qualunque cosa.
**irgendjemand** *pron.indef.* qualcuno, uno, uno qualunque.
**irgendwann** *avv.* prima o poi.
**irgendwer** *pron.indef.* qualcuno, uno qualunque.

**irgendwie** *avv.* in qualche modo.
**irgendwo** *avv.* in qualche posto.
**Iris** *die* [-] **1** iride **2** (*bot.*) iris.
**irisch** *agg.* irlandese.
**Irland** *das* Irlanda.
**Ironie** *die* [-,-*n*] ironia.
**ironisch** *agg.* ironico.
**irrational** *agg.* irrazionale.
**irre** *agg.* **1** folle, pazzo **2** confuso **3** (*pop.*) pazzesco, fantastico.
**Irre** *der* e *die* [-*n*,-*n*] pazzo (*m.*; *f.* -a).
**irreal** *agg.* irreale, irrealistico.
**Irrealität** *die* [-] irrealtà.
**irre·führen** *v.tr.* **1** fuorviare **2** (*fig.*) trarre in inganno.
**irren** *v.intr.* [*sein*] vagare ♦ **sich irren** *v.pron.* (*in* + *Dat*) sbagliarsi (su).
**irritieren** *v.tr.* **1** irritare; infastidire **2** (*fam.*) mandare in confusione.
**Irrtum** *der* [-*s*,-*tümer*] errore, sbaglio.

**irrtümlich** *agg.* errato, erroneo ♦ *avv.* per sbaglio, erroneamente.
**islamisch** *agg.* islamico.
**Island** *das* Islanda.
**Isolation** *die* [-,-*en*] **1** (*tecn.*) isolamento **2** solitudine.
**isolieren** *v.tr.* isolare ♦ **sich isolieren** *v.pron.* isolarsi.
**Israel** *das* Israele.
**Israeli** *der* e *die* [-*s*,-*s*] israeliano (*m.*; *f.* -a).
**israelisch** *agg.* israeliano.
**Italien** *das* Italia.
**Italiener** *der* [-*s*,-; die -*in*] italiano (*m.*; *f.* -a).
**italienisch** *agg.* italiano.
**Italienisch** *das* [-(*e*)] italiano, lingua italiana: *wie heißt das auf —?*, come si dice in italiano?

# Jj

**ja** avv. 1 (affermativo) sì 2 (rafforzativo) sì, proprio: *das ist — interessant!*, è proprio interessante! ● *er mag — Recht haben, aber...*, può darsi che abbia ragione ma... | *erzähl das — nicht weiter*, non raccontarlo assolutamente a nessuno.

**Jacke** die [-,-n] giacca.

**Jackett** das [-s,-e o -s] giacca (da uomo).

**Jade** der o die [-] giada.

**Jagd** die [-,-en] caccia (anche fig.) ● *auf der — nach Nachrichten*, a caccia di notizie | *auf jdn (o etw) — machen*, dare la caccia a qlcu (o qlco).

**Jagdhund** der [-(e)s,-e] cane da caccia.

**Jagdverbot** das [-(e)s,-e] divieto di caccia.

**jagen** v.tr. 1 cacciare 2 (fig.) (aus) inseguire, dare la caccia a, scacciare (da) ♦ v.intr. [haben] 1 andare a caccia, cacciare 2 (fig.) (nach) andare a caccia (di), essere in cerca (di) 3 [sein] (fig.) correre, sfrecciare.

**Jäger** der [-s,-; die -in] cacciatore (m.; f. -trice).

**jäh** agg. 1 improvviso, brusco 2 ripido, scosceso.

**Jahr** das [-(e)s,-e] 1 anno, annata: *für —*, anno dopo anno; *von — zu —*, di anno in anno; *seit — und Tag*, da sempre, da molto tempo 2 (pl.) età, anni: *in den besten Jahren sein*, essere nel fiore degli anni ● *ein frohes neues —!*, buon anno !

**Jahrbuch** das [-(e)s,-bücher] annuario.

**jahrelang** avv. per anni (e anni) ♦ agg. che dura da anni.

**Jahresabschluss** der [-es,-schlüsse] 1 fine dell'anno 2 (comm.) bilancio di fine anno.

**Jahresanfang** der [-(e)s,-fänge] **Jahresbeginn** der [-(e)s,-e] inizio dell'anno.

**Jahrestag** der [-(e)s,-e] anniversario.

**Jahreszeit** die [-,-en] stagione.

**Jahrgang** der [-(e)s,-gänge] 1 annata 2 (di persona) classe.

**Jahrhundert** das [-s,-e] secolo.

**jährlich** agg. annuale, annuo ♦ avv. ogni anno.

**Jahrmarkt** der [-(e)s,-märkte] fiera.

**Jahrtausend** das [-s,-e] millennio.

**Jahrzehnt** das [-(e)s,-e] decennio.

**jähzornig** agg. collerico, irascibile.

**Jammer** der [-s] 1 strazio, pena 2 lamenti ● *es ist ein —, dass...*, è un (vero) peccato che...

**jämmerlich** agg. pietoso, misero ♦ avv. 1 miseramente, in modo pietoso 2 (fam.) molto.

**jammern** v.intr. [haben] (über + Acc) lamentarsi (di, per).

**Januar** der [- o -s,-e] gennaio: *im (Monat) —*, in (o a, o nel mese di) gennaio; *Köln, den 24. — 2007*, Colonia, il 24 gennaio 2007.

**Japan** das Giappone.

**Japaner** der [-s,-; die -in] giapponese (m. e f.).

**japanisch** agg. giapponese.

**Jargon** der [-s,-s] gergo.

**Jasmin** *der* [-s,-e] gelsomino.
**jauchzen** *v.intr.* [haben] esultare.
**jawohl** *avv.* sì, certamente.
**Jawort** *das* [-(e)s,-e] sì, assenso matrimoniale.
**je** *avv.* **1** mai: *mehr* (*o* besser) *denn* —, più (*o* meglio) che mai **2** ciascuno, alla volta: *sie kosten* — *10 Euro*, costano 10 euro ciascuno ● —..., *desto*..., quanto..., tanto...: — *schneller du sprichst, desto weniger verstehe ich dich*, quanto più velocemente parli, tanto meno riesco a capirti | — *nach*, secondo, a seconda di | — *nachdem*, dipende: *kommt ihr mit?* — *nachdem*, venite anche voi? Dipende.
**jede(...)** *agg.indef.* **1** ogni **2** tutti: *jeden Monat*, tutti i mesi ♦ *pron.indef.* ognuno, ciascuno.
**jedenfalls** *avv.* in ogni caso, comunque.
**jedermann** *pron.indef.* tutti, ognuno.
**jederzeit** *avv.* in qualunque momento.
**jedes Mal** *avv.* **1** ogni volta **2** sempre.
**jedoch** *cong.* però, tuttavia ♦ *avv.* (limitativo) ma.
**jeher** *avv.* ● *von* (*o seit*) —, da sempre, da molto tempo.
**jemals** *avv.* mai.
**jemand** *pron.indef.* qualcuno: *ist schon* — *gekommen?*, è già arrivato qualcuno? ● *er ist* —, è una persona importante.
**jene(...)** *agg. e pron.dimostr.* quello.
**jenseits** *prep.* (+ Gen) al di là (di), oltre.
**Jenseits** *das* [-] aldilà, oltretomba.
**Jerusalem** *das* Gerusalemme.
**Jesus** *n.pr.m.* Gesù.
**Jesuskind** *das* [-(e)s] Gesù bambino.
**jetzig** *agg.* attuale, presente.
**jetzt** *avv.* adesso, ora.
**jeweilig** *agg.* **1** del momento, vigente, in vigore **2** rispettivo, relativo.
**jeweils** *avv.* di volta in volta, ogni volta.
**Jh.** *abbr.* (*Jahrhundert*) secolo.
**Job** *der* [-s,-s] (*fam.*) lavoro (occasionale).
**jobben** *v.intr.* [haben] (*fam.*) fare un lavoro occasionale.

**Joch** *das* [-(e)s,-e] **1** giogo (*anche fig.*) **2** passo, valico.
**Jogging** *das* [-s] jogging, footing.
**Joghurt, Jogurt** *der o das* [-(s)] yogurt.
**Johannisbeere** *die* [-,-n] ribes.
**Journalismus** *der* [-] giornalismo.
**Journalist** *der* [-en,-en]; *die* [-in] giornalista (*m. e f.*).
**Jubel** *der* [-s] giubilo.
**Jubeljahr** *das* [-(e)s,-e] (*relig.catt.*) anno santo ● *alle Jubeljahre* (*einmal*), (una volta) ogni morte di papa.
**jubeln** *v.intr.* [haben] esultare.
**Jubiläum** *das* [-s,-läen] giubileo; (*estens.*) anniversario.
**jucken** *v.intr.* [haben] prudere ● *es juckt mich am Rücken, in der Nase*, mi prude la schiena, il naso.
**Juckreiz** *der* [-es,-e] prurito.
**Jude** *der* [-n,-n] ebreo.
**Judentum** *das* [-s] giudaismo, ebraismo.
**Jüdin** *die* [-,-nen] ebrea.
**jüdisch** *agg.* ebreo, ebraico.
**Judo** *das* [-s] judo.
**Jugend** *die* [-] gioventù, giovinezza.
**Jugendarbeit** *die* [-,-en] lavoro minorile.
**Jugendherberge** *die* [-,-n] ostello della gioventù.
**jugendlich** *agg.* giovanile.
**Jugendliche** *der* e *die* [-n,-n] giovane (*m. e f.*).
**jugoslawisch** *agg.* (*st.*) jugoslavo.
**Juli** *der* [-(s),-s] luglio: *im* (*Monat*) —, in (*o* a, *o* nel mese di) luglio.
**jung** *compar.* **jünger** *superl.* **jüngst** *agg.* giovane (*anche fig.*) ♦ *avv.* da giovane, in giovane età.
**Junge**[1] *der* [-n,-n] ragazzo, giovane.
**Junge**[2] *das* [-n,-n] cucciolo, piccolo.
**jünger** *agg.compar.* → **jung**.
**Jünger** *der* [-s,-; *die* [-in] discepolo (*m.*); apostolo (*m.*).
**Jungfrau** *die* [-,-en] **1** vergine (*anche relig.*) **2** (*astr.*) Vergine.
**jungfräulich** *agg.* **1** vergine **2** puro; intatto.
**Junggeselle** *der* [-n,-n] scapolo, celibe.

**jüngst** *agg.* (*superl. di* jung) **1** il più giovane, la più giovane **2** ultimo, recentissimo ♦ *avv.* ultimamente, recentemente.
**Jüngste** *der* e *die* [*-n,-n*] il figlio più giovane, la figlia più giovane.
**Juni** *der* [*-(s),-s*] giugno: *im* (*Monat*) —, in (*o* a, *o* nel mese di) giugno.
**junior** *agg.invar.* junior.
**Junior** *der* [*-s,-en*] **1** junior **2** (*scherz.*) figlio.
**Jura** *pl.* → **Jus**.

**Jurisprudenz** *die* [-] giurisprudenza.
**Jurist** *der* [*-en,-en*; die *-in*] **1** giurista (*m.* e *f.*) **2** studente (*m.*; *f.* -essa) in legge.
**juristisch** *agg.* giuridico.
**Jus** *das* [-, *Jura*] **1** diritto **2** (*pl.*) (*materia*) legge: *Jura studieren*, studiare legge.
**Justiz** *die* [-] giustizia.
**Justizministerium** *das* [*-s,-rien*] ministero della giustizia.
**Juwel** *das* o *der* [*-s,-en*] gioiello.
**Juwelier** *der* [*-s,-e*] gioielliere.

# Kk

**Kabarett** *das* [-s,-s] cabaret.
**Kabel** *das* [-s,-] cavo.
**Kabelanschluss** *der* [-es,-schlüsse] **1** collegamento di un cavo **2** collegamento tv via cavo.
**Kabelfernsehen** *das* [-s,-] televisione via cavo.
**Kabeljau** *der* [-s,-e] merluzzo.
**Kabine** *die* [-,-n] cabina.
**Kabinett** *das* [-s,-e] (*pol.*) gabinetto, governo.
**Kabrio** *das* [-s,-s] **Kabriolett** *das* [-s,-e] decappottabile.
**Kachel** *die* [-,-n] piastrella.
**Kaffee** *der* [-s,-s] caffè: — *kochen*, fare il caffè.
**Kaffeemaschine** *die* [-,-n] caffettiera.
**Kaffeetasse** *die* [-,-n] tazza da caffè.
**Käfig** *der* [-s,-e] gabbia (*anche fig.*).
**kahl** *agg.* **1** calvo **2** (*di volatili*) implume **3** (*di terreno*) spoglio, brullo.
**Kahn** *der* [-(e)s, Kähne] **1** barca **2** chiatta.
**Kai** *der* [-s,-s] (*mar.*) banchina, molo.
**Kaiser** [-s,-s; die -in] imperatore (*m.; f.* -trice).
**Kaiseradler** *der* [-s,-] aquila imperiale.
**kaiserlich** *agg.* imperiale.
**Kaiserreich** *das* [-(e)s,-e] impero.
**Kaiserschnitt** *der* [-(e)s,-e] taglio cesareo.
**Kakao** *der* [-s,-s] **1** cacao **2** (*bevanda*) cioccolata.
**Kakaobutter** *die* [-] burro di cacao.
**Kaktee** *die* [-,-n] **Kaktus** *der* [-,-*teen*] cactus.
**Kaktusfeige** *die* [-,-n] fico d'India.
**Kalabrien** *das* Calabria.
**Kalamität** *die* [-,-en] calamità.
**Kalb** *das* [-(e)s, Kälber] vitello.
**Kalbfleisch** *das* [-(e)s] carne di vitello.
**Kalbsbraten** *der* [-s,-] arrosto di vitello.
**Kaleidoskop** *das* [-s,-e] caleidoscopio.
**Kalender** *der* [-s,-] calendario.
**Kalenderjahr** *das* [-(e)s,-e] anno solare.
**Kaliber** *das* [-s,-] calibro (*anche fig.*).
**Kalium** *das* [-s] potassio.
**Kalk** *der* [-(e)s,-e] **1** calcare **2** calce.
**Kalkstein** *der* [-(e)s,-e] calcare, pietra calcarea.
**Kalkül**[1] *das* o *der* [-s,-e] calcolo (*anche estens.*).
**Kalkül**[2] *der* [-s,-e] (*mat.*) calcolo.
**Kalkulation** *die* [-,-en] calcolo; calcolo dei costi.
**kalkulieren** *v.tr.* **1** calcolare **2** valutare.
**Kalorie** *die* [-,-n] caloria.
**kalorienarm** *agg.* ipocalorico.
**kalorienreich** *agg.* ipercalorico.
**kalt** *compar.* **kälter** *superl.* **kältest** *agg.* freddo (*anche fig.*): *mir ist —,* ho freddo ♦ *avv.* **1** a(l) freddo **2** (*fig.*) freddamente.

### FALSCHER FREUND
Da non confondere con l'italiano 'caldo', che si traduce *warm, heiß*.

**kaltblütig** *avv.* a sangue freddo.
**Kälte** *die* [-] **1** freddo **2** (*fig.*) freddezza.

**Kältegrad** *der* [-(e)s,-e] grado sotto zero.

**Kaltmiete** *die* [-,-n] affitto (spese di riscaldamento escluse).

**Kalzium** *das* [-s] (*chim.*) calcio.

**Kamel** *das* [-s,-e] cammello.

**Kamera** *die* [-,-s] **1** macchina fotografica **2** macchina da presa, telecamera.

**FALSCHER FREUND**
Da non confondere con l'italiano 'camera', che si traduce *Zimmer*.

**Kamerad** *der* [-en,-en; die -in] **1** compagno (*m.; f.* -a) **2** (*mil.*) commilitone (*m.*), camerata (*m.*).

**Kameradschaft** *die* [-,-en] cameratismo.

**Kameradschaftlich** *agg.* cameratesco.

**Kameramann** *der* [-(e)s,-leute] operatore (cinematografico); cameraman.

**Kamille** *die* [-,-n] (*bot.*) camomilla.

**Kamillentee** *der* [-s,-s] (tisana di) camomilla.

**Kamin** *der* [-s,-e] camino, caminetto.

**Kamm** *der* [-(e)s, Kämme] **1** pettine **2** cresta (*anche fig.*).

**kämmen** *v.tr.* pettinare ♦ **sich kämmen** *v.pron.* pettinarsi.

**Kammer** *die* [-,-n] **1** stanzino, ripostiglio **2** (*parlamento*) camera **3** ordine (*professionale*) **4** (*dir.*) sezione **5** (*anat.*) ventricolo.

**Kammermusik** *die* [-] musica da camera.

**Kammerorchester** *das* [-s,-] orchestra da camera.

**Kampagne** *die* [-,-n] campagna: *eine — gegen, für etw (o jdn) führen*, condurre una campagna contro, in favore di qlco (*o* qlcu).

**Kampanien** *das* Campania.

**Kampf** *der* [-(e)s, Kämpfe] **1** lotta **2** (*mil.*) battaglia, combattimento.

**kämpfen** *v.intr.* [haben] (*mit*) **1** lottare (con): *für die Freiheit —*, lottare per la libertà **2** (*mil.*) combattere (con) **3** gareggiare (con), competere (con) ♦ **sich kämpfen** *v.pron.* (*durch*) farsi strada a fatica (attraverso).

**Kämpfer** *der* [-s,-; die -in] **1** combattente (*m.* e *f.*) **2** (*sport*) lottatore (*m.; f.* -trice) (*anche fig.*).

**Kampfplatz** *der* [-(e)s,-plätze] campo di battaglia.

**Kampfrichter** *der* [-s,-; die -in] (*sport*) giudice (*m.* e *f.*) di gara.

**kampieren** *v.intr.* [haben] **1** accamparsi, essere accampato **2** (*fam.*) sistemarsi alla meglio.

**Kanada** *das* Canada.

**kanadisch** *agg.* canadese.

**Kanal** *der* [-s, Kanäle] canale (*anche estens.*).

**Kanalisation** *die* [-,-en] canalizzazione, fognatura.

**kanalisieren** *v.tr.* **1** canalizzare **2** installare una rete fognaria.

**Kanarienvogel** *der* [-s,-vögel] canarino.

**Kandidat** *der* [-en,-en; die -in] candidato (*m.; f.* -a).

**Kandidatur** *die* [-,-en] candidatura.

**kandidieren** *v.intr.* [haben] (*für*) candidarsi (per, a).

**Känguru** *das* [-s,-s] canguro.

**Kaninchen** *das* [-s,-] coniglio.

**Kaninchenstall** *der* [-(e)s,-ställe] conigliera.

**Kanister** *der* [-s,-] tanica.

**Kännchen** *das* [-s,-] bricchetto: *ein — Kaffee*, un bricchetto di caffè.

**Kanne** *die* [-,-n] bricco, brocca.

**Kannibale** *der* [-n,-n] cannibale.

**Kanon** *der* [-s,-s] **1** canone, norma **2** (*relig.*) canone **3** (*mus.*) canone.

**Kanone** *die* [-,-n] cannone.

**Kanonenfeuer** *das* [-s] fuoco d'artiglieria.

**kanonisch** *agg.* canonico.

**Kante** *die* [-,-n] **1** spigolo **2** bordo, orlo.

**kantig** *agg.* **1** squadrato; spigoloso (*anche fig.*) **2** goffo, impacciato.

**Kantine** *die* [-,-n] mensa.

**FALSCHER FREUND**
Da non confondere con l'italiano 'cantina', che si traduce *Keller*.

**Kanton** *der* [-s,-e] (*svizz.*) cantone.

**Kanu** *das* [-s,-s] canoa.

**Kanzel** *die* [-,-n] 1 pulpito 2 (*aer.*) cabina di pilotaggio.
**Kanzlei** *die* [-,-en] 1 cancelleria 2 studio legale.
**Kanzler** *der* [-s,-; die -*in*] (*pol.*) cancelliere (*m.; f.* -a).
**Kap** *das* [-s,-s] capo; promontorio.
**Kapazität** *die* [-,-en] 1 capienza, capacità 2 (*fis.*) capacità.
**Kapelle**[1] *die* [-,-n] cappella.
**Kapelle**[2] *die* [-,-n] (*mus.*) banda, orchestrina.
**Kapellmeister** *der* [-s,-; die -*in*] direttore (*m.; f.* -trice) (di orchestra, banda).
**kapieren** *v.tr.* (*fam.*) capire.
**Kapital** *das* [-s,-e] (*fin.*) capitale.
**Kapitalismus** *der* [-] capitalismo.
**kapitalistisch** *agg.* capitalistico, capitalista.
**Kapitalmarkt** *der* [-(e)s,-*märkte*] mercato finanziario.
**Kapitän** *der* [-s,-e] capitano; (*aer.*) comandante.
**Kapitel** *das* [-s,-] capitolo (*anche relig.*).
**Kapitulation** *die* [-,-en] capitolazione.
**kapitulieren** *v.intr.* [*haben*] capitolare; (*estens.*) arrendersi.
**Kaplan** *der* [-s,-*läne*] 1 (*relig.catt.*) curato 2 cappellano.
**Kappe** *die* [-,-n] 1 berretto 2 (*tecn.*) calotta; cappuccio.
**kappen** *v.tr.* 1 tagliare, mozzare 2 potare (alberi).
**Kapsel** *die* [-,-n] capsula.
**kaputt** *agg.* 1 rotto; guasto 2 (*fig.*) rovinato, a pezzi 3 sfinito, distrutto, a pezzi 4 (*pop.*) morto.
**kaputt·gehen** (→ *gehen*) *v.intr.* [*sein*] (*fam.*) 1 andare a pezzi; rovinarsi 2 (*fig.*) andare in malora 3 (*di piante*) morire.
**kaputt·machen** *v.tr.* 1 rompere; rovinare (*anche fig.*) 2 sfiancare, sfinire ♦ **sich kaputtmachen** *v.pron.* rovinarsi.
**Kapuze** *die* [-,-n] cappuccio.
**Karaffe** *die* [-,-n] caraffa, brocca.
**Karamell** *der* [-s] caramello.
**Karat** *das* [-(e)s,-e] carato.
**Karate** *das* [-s,-s] karatè.

**Karawane** *die* [-,-n] carovana.
**Karbid** *das* [-(e)s,-e] (*chim.*) carburo.
**Karbonat** *das* [-(e)s,-e] (*chim.*) carbonato.
**Kardinal** *der* [-s,-*näle*] cardinale.
**Kardinalpunkt** *der* [-(e)s,-e] 1 punto cardinale 2 (*fig.*) punto fondamentale.
**Kardinalzahl** *die* [-,-en] numero cardinale.
**Kardiologie** *die* [-] cardiologia.
**Karfreitag** *der* [-(e)s,-e] venerdì santo.
**karg** *agg.* 1 scarso, magro 2 (*di terreno*) povero 3 (*mit*) avaro (di).
**kariert** *agg.* a quadretti.
**Karies** *die* [-] carie.
**Karikatur** *die* [-,-en] caricatura.
**kariös** *agg.* (*med.*) cariato.
**Karneval** *der* [-s,-e o -s] carnevale.
**Kärnten** *das* Carinzia.
**Karo** *das* [-s,-s] 1 quadro, quadretto 2 (*gioco delle carte*) quadri.
**Karosserie** *die* [-,-n] (*aut.*) carrozzeria.
**Karpfen** *der* [-s,-] carpa.
**Karre** *die* [-,-n] **Karren** *der* [-s,-] 1 carretto, carro 2 (*fam.*) macinino, carriola.
**Karriere** *die* [-,-n] carriera.
**Karte** *die* [-,-n] 1 biglietto; cartoncino 2 menù, lista 3 biglietto da visita 4 carta geografica 5 cartolina (illustrata) 6 carta (da gioco).
**Kartei** *die* [-,-en] schedario.
**Karteikarte** *die* [-,-n] scheda.
**Kartell** *das* [-s,-e] (*econ.*) cartello.
**Kartenlegen** *das* [-s] cartomanzia.
**Kartenschalter** *der* [-s,-] biglietteria.
**Kartenspiel** *das* [-(e)s,-e] 1 gioco delle carte 2 mazzo di carte.
**Kartentelefon** *das* [-s,-e] telefono a scheda.
**Kartoffel** *die* [-,-n] patata.
**Kartoffelbrei** *der* [-(e)s] purè di patate.
**Kartoffelchips** *pl.* patatine (nel sacchetto), chips.
**Kartoffelpüree** *das* [-s] purè di patate.
**Karton** *der* [-s,-s] 1 cartone; cartoncino 2 scatola di cartone.
**Karussell** *das* [-s,-s o -e] giostra, carosello.
**Karwoche** *die* [-,-n] settimana santa.
**Käse** *der* [-s,-] formaggio.

**Käsekuchen** der [-s,-] torta di ricotta.
**Käserei** die [-,-en] caseificio.
**Kaserne** die [-,-n] caserma.
**Kasino** das [-s,-s] 1 casinò, casa da gioco 2 (mil.) mensa ufficiali.
**Kaskoversicherung** die [-,-en] polizza casco.
**Kassationshof** der [-(e)s,-höfe] corte di cassazione.
**Kasse** die [-,-n] 1 cassa 2 (teatr., cinem.) botteghino, cassa ● (fam.) *gut, schlecht bei — sein,* stare bene, male a soldi.
**Kassenarzt** der [-es,-ärzte; die -ärztin] medico (m.) della mutua.
**Kassenbon** der [-s,-s] scontrino.
**Kassenpatient** der [-en,-en; die -in] (fam.) mutuato (m.; f. -a).
**Kassenschlager** der [-s,-] (teatr., cinem.) successo di cassetta.
**Kassenzettel** der [-s,-] scontrino di cassa.
**Kasserolle** die [-,-n] casseruola.
**Kassette** die [-,-n] 1 cassetta 2 cassetta, musicassetta; videocassetta 3 (arch.) cassettone 4 (fot.) caricatore.
**Kassettenrekorder** der [-s,-] registratore (a cassette).
**kassieren** v.tr. 1 incassare (anche fig.) 2 preparare il conto 3 (fam.) ritirare; sequestrare.
**Kassierer** der [-s,-; die -in] cassiere (m.; f. -a).
**Kastagnette** die [-,-n] nacchera.
**Kastanie** die [-,-n] castagna.
**Kastanienbaum** der [-(e)s,-bäume] castagno.
**Kästchen** das [-s,-] 1 cassettina 2 quadretto.
**Kaste** die [-,-n] casta.
**Kasten** der [-s, Kästen] 1 cassetta 2 custodia.
**kastrieren** v.tr. castrare.
**Kasus** der [-,-] (gramm.) caso.
**Katalog** der [-(e)s,-e] catalogo.
**katalogisieren** v.tr. catalogare.
**Katalysator** der [-s,-en] 1 (chim.) catalizzatore 2 marmitta catalitica.
**Katapult** der o das [-(e)s,-e] catapulta.
**katapultieren** v.tr. catapultare.

**Katarrh, Katarr** der [-s,-e] catarro.
**katastrophal** agg. catastrofico.
**Katastrophe** die [-,-n] catastrofe.
**Katechismus** der [-,-men] catechismo.
**Kategorie** die [-,-n] categoria.
**kategorisch** agg. categorico.
**Kater**[1] der [-s,-] gatto (maschio).
**Kater**[2] der [-s,-] (fam.) mal di testa dopo una sbornia.
**Kathedrale** die [-,-n] cattedrale.
**Kathode, Katode** die [-,-n] catodo.
**kathodisch, katodisch** agg. catodico.
**Katholik** der [-en,-en; die -in] cattolico (m.; f. -a).
**katholisch** agg. cattolico.
**Katholizismus** der [-] cattolicesimo.
**Kätzchen** das [-s,-] gattino, micio.
**Katze** die [-,-n] 1 gatto 2 (pl.) felini.
**kauen** v.tr. masticare ♦ v.intr. *[haben]* 1 *(an + Dat)* rimuginare (su) 2 mordicchiare.
**kauern** v.intr. *[sein]* stare accovacciato ♦ **sich kauern** v.pron. accovacciarsi.
**Kauf** der [-(e)s, Käufe] acquisto ● *etw in — nehmen,* tenere conto di qlco.
**kaufen** v.tr. 1 comperare, acquistare 2 (fig.) corrompere, comprare.
**Käufer** der [-s,-; die -in] compratore (m.; f. -trice), acquirente (m. e f.).
**Kaufhaus** das [-es,-häuser] grande magazzino.
**käuflich** agg. 1 acquistabile, comprabile 2 (fig.) venale, corruttibile.
**Kaufmann** der [-(e)s,-leute] commerciante; negoziante.
**kaufmännisch** agg. commerciale.
**Kaufpreis** der [-es,-e] prezzo d'acquisto.
**Kaufvertrag** der [-(e)s,-träge] contratto di compravendita.
**Kaugummi** der [-s,-s] gomma da masticare.
**kaum** avv. 1 appena, a mala pena: *ich habe ihn — verstanden,* non l'ho quasi capito 2 non appena ♦ cong. appena, non appena.
**kausal** agg. causale.
**kaustisch** agg. (chim.) caustico.

**Kaution** die [-,-en] cauzione: eine — für jdn stellen, pagare una cauzione per qlcu.

**Kauz** der [-es, Käuze] 1 civetta 2 (fig.) tipo: ein komischer —, un tipo strambo.

**Kavalier** der [-s,-e] cavaliere; (estens.) gentiluomo.

**Kaverne** die [-,-n] caverna (anche med.).

**Kaviar** der [-s,-e] caviale.

**keck** agg. vivace, sveglio.

**Kegel** der [-s,-] 1 (geom.) cono 2 birillo 3 (edit.) corpo (tipografico).

**kegeln** v.intr. [haben] giocare a birilli.

**Kehle** die [-,-n] 1 gola: aus voller —, a squarciagola 2 (mecc.) scanalatura, gola.

**Kehlkopf** der [-es,-köpfe] laringe.

**Kehre** die [-,-n] tornante.

**kehren¹** v.tr. rivoltare; (ri)volgere ♦ **sich kehren** v.pron. [haben] girare ♦ **sich kehren** v.pron. 1 voltarsi 2 (an + Acc) occuparsi (di).

**kehren²** v.tr. scopare, spazzare.

**Kehricht** der o das [-es]-,] spazzatura; rifiuti.

**Kehrreim** der [-es,-e] ritornello.

**Kehrseite** die [-,-n] rovescio: die — der Medaille, il rovescio della medaglia.

**kehrt·machen** v.intr. [haben] 1 fare dietro-front 2 (fig.) tirarsi indietro.

**Kehrtwendung** die [-,-en] 1 (mil.) dietro-front 2 (fig.) voltafaccia.

**Keil** der [-(e)s,-e] cuneo.

**Keim** der [-(e)s,-e] 1 (biol.) germe 2 (bot.) germoglio ♦ etw im — ersticken, soffocare qlco sul nascere.

**keimen** v.intr. [haben] 1 germinare, germogliare 2 (fig.) nascere, sorgere.

**keimfrei** agg. asettico, sterile.

**Keimling** der [-(e)s,-e] 1 (bot.) germoglio 2 (biol.) embrione.

**kein** agg.indef. non un(o), non... alcuno, nessuno ♦ **auf keinen Fall**, in nessun caso, sicuramente no.

**keiner** pron.indef. nessuno.

**keinerlei** agg.invar. non... alcuno: er hat — Schuld daran, non ne ha la minima colpa.

**keinesfalls** avv. in nessun caso.

**keineswegs** avv. per niente, assolutamente: darauf waren wir — gefasst, non ce lo aspettavamo affatto.

**Keks** der o das [-(es),-(e)] biscotto.

**Kelch** der [-(e)s,-e] calice (anche bot.).

**Keller** der [-s,-] cantina.

**Kellergeschoss** das [-es,-schösse] scantinato.

**Kellner** der [-s,-] cameriere.

**Kellnerin** die [-,-nen] cameriera.

**Kelter** die [-,-n] torchio.

**keltern** v.tr. torchiare, pigiare.

**keltisch** agg. (st.) celtico.

**kennen** [kannte / gekannt] v.tr. 1 conoscere 2 sapere: das — wir (schon), lo sappiamo bene ♦ **sich kennen** v.pron. conoscersi ● keine Grenzen —, non conoscere limiti.

**kennen lernen, kennen·lernen** v.tr. fare la conoscenza di, conoscere: sich (o einander) —, conoscersi.

**Kenner** der [-s,-; die -in] conoscitore (m.; f. -trice), intenditore (m.; f. -trice).

**Kenntnis** die [-,-se] 1 conoscenza; nozione 2 (estens.) esperienza ● etw zur — nehmen, prendere atto di qlco.

**Kennwort** das [-es,-wörter] parola d'ordine.

**Kennzeichen** das [-s,-] 1 segno caratteristico, caratteristica 2 segno di riconoscimento: besondere —, segni particolari 3 (aut.) targa, numero di targa.

**kennzeichnen** v.tr. 1 (durch) marcare (con), contrassegnare (con), contraddistinguere (con) 2 caratterizzare.

**kentern** v.intr. [sein] (mar.) capovolgersi, ribaltarsi.

**Keramik** die [-,-en] ceramica.

**Kerker** der [-s,-] carcere, prigione.

**Kerl** der [-s,-e o spreg. -s] 1 (fam.) tipo 2 (spreg.) individuo, soggetto ● (fam.) ein toller —, un tipo in gamba.

**Kern** der [-(e)s,-e] 1 nocciolo, (di mela) seme 2 (fis.) nucleo 3 (fig.) nucleo; cuore.

**Kernforschung** die [-,-en] ricerca nucleare.

**Kerngehäuse** das [-s,-] torsolo.

**kernig** agg. robusto, vigoroso; potente.

**Kernkraft** die [-] energia nucleare.

**kernlos** *agg.* senza nocciolo.
**Kernpunkt** *der* [*-es,-pünkte*] nocciolo della questione.
**Kerze** *die* [*-,-n*] candela.
**Kerzenleuchter** *der* [*-s,-*] candelabro.
**Kerzenlicht** *das* [*-(e)s*] lume di candela.
**Kessel** *der* [*-s,-*] 1 pentolone, paiolo 2 (*geogr.*) conca, bacino 3 (*mil.*) sacca.
**Kette** *die* [*-,-n*] 1 catena (*anche tecn.*) 2 catenina, collana 3 (*fig.*) fila; serie.
**ketten** *v.tr.* 1 incatenare 2 (*fig.*) (*an + Acc*) legare (a).
**Ketzer** *der* [*-s,-*; die *-in*] eretico (*m.; f. -*a).
**Ketzerei** *die* [*-,-en*] eresia.
**keuchen** *v.intr.* [*haben*] ansimare.
**Keuchhusten** *der* [*-s*] pertosse.
**Keule** *die* [*-,-n*] clava.
**keusch** *agg.* casto, puro (*anche estens.*).
**Keuschheit** *die* [*-*] castità, purezza.
**Kfz** *das* [*-(s),-(s)*] (*Kraftfahrzeug*) autovettura.
**kidnappen** *v.tr.* rapire, sequestrare.
**Kidnapper** *der* [*-s,-*; die *-in*] rapitore (*m.; f. -*trice), sequestratore (*m.; f. -*trice).
**Kiefer¹** *der* [*-s,-*] mascella; mandibola.
**Kiefer²** *die* [*-,-n*] pino.
**Kiel** *der* [*-(e)s,-e*] (*mar.*) chiglia; carena.
**Kieme** *die* [*-,-n*] branchia.
**Kies** *der* [*-es,-e*] 1 ghiaia; ciottoli 2 (*fam.*) soldi; grana.
**Kiesel** *der* [*-s,-*] **Kieselstein** *der* [*-(e)s,-e*] ciottolo.
**Kilo** *das* [*-s,-(s)*] chilo.
**Kilogramm** *das* [*-s,-e*] chilogrammo.
**Kilokalorie** *die* [*-,-n*] (*fis.*) chilocaloria.
**Kilometer** *der* [*-s,-*] chilometro.
**kilometerweit** *agg.* chilometrico ♦ *avv.* per chilometri e chilometri.
**Kilometerzähler** *der* [*-s,-*] contachilometri.
**Kilowatt** *das* [*-s,-*] chilowatt.
**Kind** *das* [*-(e)s,-er*] 1 bambino, bimbo; *von — auf*, fin da bambino 2 figlio.
**Kinderarzt** *der* [*-es,-ärzte*; die *-ärztin*] pediatra (*m. e f.*).
**Kindergarten** *der* [*-s,-gärten*] asilo, scuola materna.
**Kindergärtnerin** *die* [*-,-nen*] maestra d'asilo.
**Kinderkrippe** *die* [*-,-n*] (asilo) nido.
**Kinderspiel** *das* [*-(e)s,-e*] gioco per bambini ● *das ist ein —!*, è un gioco da ragazzi!
**Kinderwagen** *der* [*-s,-*] carrozzina.
**Kindheit** *die* [*-*] infanzia.
**kindisch** *agg.* infantile, puerile; (*estens.*) sciocco.
**kindlich** *agg.* 1 infantile, da bambino 2 (*fig.*) ingenuo, innocente ♦ *avv.* in modo infantile.
**Kinetik** *die* [*-*] cinetica.
**kinetisch** *agg.* cinetico.
**Kinn** *das* [*-(e)s,-e*] mento.
**Kino** *das* [*-s,-s*] cinema, cinematografo: *ins — gehen*, andare al cinema.
**Kinokarte** *die* [*-,-n*] biglietto del cinema.
**Kiosk** *der* [*-(e)s,-e*] chiosco.
**Kippe** *die* [*-,-n*] mozzicone di sigaretta.
**kippen** *v.intr.* [*sein*] ribaltarsi, rovesciarsi, cadere ♦ *v.tr.* rovesciare, ribaltare.
**Kirche** *die* [*-,-n*] chiesa.
**Kirchengemeinde** *die* [*-,-n*] 1 parrocchia 2 (*estens.*) congregazione.
**Kirchenmusik** *die* [*-,-en*] musica sacra.
**kirchlich** *agg.* 1 ecclesiastico, della Chiesa 2 religioso ♦ *avv.* religiosamente, in modo religioso: *sich — trauen*, sposarsi in chiesa.
**Kirchturm** *der* [*-(e)s,-türme*] campanile.
**Kirschbaum** *der* [*-(e)s,-bäume*] ciliegio.
**Kirsche** *die* [*-,-n*] ciliegia.
**Kissen** *das* [*-s,-*] cuscino.
**Kiste** *die* [*-,-n*] cassa.
**Kitsch** *der* [*-(e)s*] kitsch.
**kitschig** *agg.* 1 kitsch 2 (*estens.*) sdolcinato, stucchevole.
**Kitt** *der* [*-(e)s,-e*] mastice, stucco.
**Kittel** *der* [*-s,-*] 1 camice 2 camiciotto.
**Kitzel** *der* [*-s*] 1 solletico 2 (*fig.*) (*nach*) desiderio (di), voglia (di).

**kitzelig, kitzlig** *agg.* 1 sensibile al solletico 2 (*di problema*) spinoso.

**kitzeln** *v.tr.* fare il solletico a, solleticare (*anche fig.*).

**Kiwi**[1] *der* [-s,-s] (*zool.*) kiwi.

**Kiwi**[2] *die* [-,-s] (*bot.*) kiwi.

**Klage** *die* [-,-n] 1 lamento 2 lamentela, reclamo 3 (*dir.*) azione legale; causa.

**klagen** *v.intr.* [*haben*] 1 lamentarsi, guaire 2 (*über*) lamentarsi (per, di) 3 (*dir.*) (*gegen*) intentare un'azione (contro).

**Kläger** *der* [-s,-; die -*in*] (*dir.*) attore (*m.; f.* -trice).

**kläglich** *agg.* 1 lamentoso 2 misero, miserevole ♦ *avv.* miseramente.

**Klammer** *die* [-,-n] 1 molletta (per capelli, per bucato) 2 fermaglio 3 (*med.*) graffetta 4 (*mat., tip.*) parentesi.

**Klammeraffe** *der* [-*en,-en*] (*inform.*) chiocciola.

**klammern** *v.tr.* (*an + Acc*) fissare a, attaccare (a) ♦ *sich klammern v.pron.* (*an + Acc*) aggrapparsi (a) (*anche fig.*).

**Klang** *der* [-(*e*)*s, Klänge*] 1 suono 2 (*di tromba*) squillo 3 tono, timbro (*anche fig.*).

**Klappe** *die* [-,-n] 1 coperchio ribaltabile 2 (*mus.*) chiave 3 (*anat.*) valvola.

**klappen** *v.tr.* ribaltare ♦ *v.intr.* [*haben*] 1 fare rumore, risuonare 2 (*gegen*) sbattere (contro) 3 (*fam.*) andare bene, funzionare: *alles hat geklappt*, è andato tutto bene.

**klappern** *v.intr.* [*haben*] fare rumore, battere.

**Klapperschlange** *die* [-,-n] serpente a sonagli.

**Klappmesser** *das* [-s,-] coltello a serramanico.

**Klappstuhl** *der* [-(*e*)*s,-stühle*] sedia pieghevole.

**klar** *agg.* 1 chiaro (*anche fig.*) 2 (*di cielo*) sereno; (*di acqua*) limpido ♦ *avv.* chiaramente ● — *und deutlich*, chiaro e tondo | *na* —!, certo!; chiaro!

**klären** *v.tr.* 1 chiarire 2 (*tecn.*) depurare.

**klar-gehen** (→ *gehen*) *v.intr.* [*sein*] (*fam.*) filare liscio.

**Klarheit** *die* [-] 1 limpidezza; chiarezza 2 lucidità mentale.

**Klarinette** *die* [-,-n] clarinetto.

**klar-machen** *v.tr.* 1 chiarire 2 (*mar.*) approntare ♦ *sich* (*Dat*) *etw* —, rendersi conto di qlco.

**Klarsichtfolie** *die* [-,-n] pellicola trasparente (per cibi).

**klar-stellen** *v.tr.* mettere in chiaro.

**Klärung** *die* [-] 1 chiarimento 2 (*tecn.*) depurazione.

**klasse** *agg.invar.* (*fam.*) fantastico, stupendo: *das ist* —, è fantastico.

**Klasse** *die* [-,-n] 1 classe (*anche scol.*): *erster* — *reisen*, viaggiare in prima (classe) 2 classe, ceto 3 categoria (*anche sport*).

**Klassenbeste** *der e die* [-*n,-n*] primo (*m.; f.* -a) della classe.

**Klassenkampf** *der* [-(*e*)*s,-kämpfe*] lotta di classe.

**Klassenzimmer** *das* [-*s,-*] aula, classe.

**klassifizieren** *v.tr.* classificare.

**Klassifizierung** *die* [-,-*en*] classificazione.

**Klassik** *die* [-] 1 età classica 2 antichità classica, classicità 3 (*arte*) classicismo.

**Klassiker** *der* [-*s,-*] 1 classico, opera classica 2 (*scrittore*) classico 3 classicista.

**klassisch** *agg.* classico, tipico.

**Klassizismus** *der* [-] classicismo.

**Klatsch** *der* [-*es*] 1 (*spreg.*) pettegolezzi 2 tonfo.

**klatschen** *v.intr.* [*haben*] 1 battere le mani; applaudire: *jdm Beifall* —, applaudire qlcu 2 (*di pioggia*) (*gegen* o *auf + Acc*) picchiettare (contro, su) 3 (*spreg.*) (*über + Acc*) spettegolare (su) ♦ *v.tr.* 1 battere 2 (*fam.*) sbattere.

**klatschnass** *agg.* (*fam.*) fradicio.

**Klaue** *die* [-,-n] (*zool.*) zoccolo; (*di predatori*) artiglio.

**klauen** *v.tr.* (*fam.*) fregare, rubare.

**Klausel** *die* [-,-n] clausola.

**Klaustrophobie** *die* [-,-n] claustrofobia.

**Klausur** *die* [-,-en] 1 (*relig.catt.*) clausura 2 esame scritto.

**Klausurarbeit** *die* [-,-en] esame scritto.
**Klavier** *das* [-s,-e] pianoforte.
**Klavierspieler** *der* [-s,-]; die *-in*) pianista (*m. e f.*).
**Klebeband** *das* [-(e)s,-bänder] nastro adesivo.
**kleben** *v.intr.* [haben] 1 (*an + Dat*) aderire (a), essere attaccato (a) 2 essere appiccicoso; appiccicare 3 appiccicarsi ♦ *v.tr.* incollare, attaccare.
**Kleber** *der* [-s,-] 1 (*chim.*) glutine 2 sostanza adesiva; colla.
**Klebstoff** *der* [-(e)s,-e] colla; adesivo.
**Klee** *der* [-s] trifoglio.
**Kleid** *das* [-(e)s,-er] 1 vestito; abito (da donna) 2 (*pl.*) abbigliamento.
**kleiden** *v.tr.* 1 vestire 2 donare a, stare bene a ♦ **sich kleiden** *v.pron.* vestirsi.
**Kleiderbügel** *der* [-s,-] gruccia, stampella (per abiti).
**Kleidergröße** *die* [-,-n] misura, taglia.
**Kleiderständer** *der* [-s,-] attaccapanni.
**Kleidung** *die* [-,-en] vestiti, abbigliamento.
**Kleidungsstück** *das* [-(e)s,-e] capo (di abbigliamento), vestito.
**Kleie** *die* [-,-n] crusca.
**klein** *agg.* 1 piccolo 2 basso, corto 3 piccolo, giovane 4 breve ● (*comm.*) *im Kleinen*, al minuto, al dettaglio; in piccolo, in miniatura | (*fig.*) *sich — machen*, farsi piccolo, chinare la testa | *von — auf*, fin da piccolo.
**Kleinbuchstabe** *der* [-ns,-n] (*tip.*) carattere minuscolo.
**Kleinbürgertum** *das* [-s] piccola borghesia.
**Kleingeld** *das* [-es] spiccioli.
**kleingläubig** *agg.* di poca fede; scettico.
**Kleinhandel** *der* [-s] commercio al minuto.
**Kleinigkeit** *die* [-,-en] 1 piccolezza, sciocchezza 2 (*estens.*) inezia, bazzecola ● *eine — essen*, mangiare un boccone.
**kleinkariert** *agg.* (*fig.*) gretto, meschino; ottuso.
**kleinlich** *agg.* 1 gretto, meschino 2

pedante, minuzioso ♦ *avv.* in modo gretto.
**Klemme** *die* [-,-n] 1 molletta 2 (*per capelli*) fermaglio, molletta 3 (*med.*) graffetta 4 (*elettr.*) morsetto 5 (*fam.*) guaio, pasticcio: *in der — sitzen*, essere nei pasticci.
**klemmen** *v.tr.* 1 infilare; incastrare 2 schiacciare ♦ *v.intr.* [haben] incepparsi, bloccarsi ♦ **sich klemmen** *v.pron.* darsi da fare.
**Klempner** *der* [-s,-] idraulico; lattoniere.
**klerikal** *agg.* clericale.
**Klerus** *der* [-] clero.
**klettern** *v.intr.* [sein] arrampicarsi: *über die Mauer —*, scavalcare il muro; *auf einen Berg —*, scalare una montagna.
**Klientel** *die* [-,-en] clientela.
**Klima** *das* [-s,-s o -te] clima (*anche fig.*).
**Klimaanlage** *die* [-,-n] (impianto di) aria condizionata.
**klimatisch** *agg.* climatico ♦ *avv.* dal punto di vista climatico.
**Klimatisierung** *die* [-,-en] climatizzazione.
**Klinge** *die* [-,-n] lama (*anche estens.*).
**Klingel** *die* [-,-n] campanello: *auf die — drücken*, suonare il campanello.
**klingeln** *v.intr.* [haben] 1 suonare; suonare il campanello 2 (*di telefono*) squillare 3 suonare (per chiamare) ● *es klingelt*, suonano (alla porta).
**klingen** *v.intr.* [haben] 1 suonare (*anche fig.*) 2 sembrare, avere l'aria.
**Klinik** *die* [-,-en] clinica.
**klinisch** *agg.* clinico.
**Klinke** *die* [-,-n] maniglia (della porta).
**Klippe** *die* [-,-n] scoglio (*anche fig.*).
**klirren** *v.intr.* [haben] tintinnare.
**Klischee** *das* [-s,-s] cliché.
**Klo** *das* [-s,-s] gabinetto.
**Klon** *der* [-s,-e] (*biol.*) clone.
**Klopapier** *das* [-s] carta igienica.
**klopfen** *v.intr.* [haben] 1 bussare: *an die Tür —*, bussare alla porta 2 (*auf + Acc*) battere (su), picchiare (su) ♦ *v.tr.* battere; pestare ● *es klopft*, bussano.

**klopfend** agg. palpitante ● *mit klopfendem Herzen*, col cuore in gola.
**Klopfer** *der* [-s,-] 1 battipanni 2 (*di porte*) battaglio.
**Klosett** *der* [-s,-e o -s] gabinetto.
**Kloß** *der* [-es, *Klöße*] (*gastr.*) gnocco; (*di carne*) polpetta.
**Kloster** *das* [-s, *Klöster*] convento, monastero.
**Klotz** *der* [-es, *Klötze*] 1 ceppo, ciocco 2 (*fam.*) zoticone, burino.
**Klub** *der* [-s,-s] club, circolo.
**Kluft** *die* [-, *Klüfte*] 1 fessura, spaccatura 2 (*fig.*) abisso.
**klug** *compar.* **klüger** *superl.* **klügst** agg. 1 intelligente; saggio; astuto 2 sveglio; acuto ♦ avv. in modo intelligente.
**Klugheit** *die* [-,-en] intelligenza.
**klumpen** *v.intr.* [*haben*] raggrumarsi.
**Klumpen** *der* [-s,-] 1 massa informe, mucchio, cumulo 2 zolla (di terra).
**Knäckebrot** *das* [-es,-e] Knäckebrot (galletta di segale).
**knacken** *v.intr.* [*haben*] 1 scricchiolare 2 spezzarsi, rompersi ♦ *v.tr.* 1 schiacciare 2 (*fam.*) scassinare 3 (*fig.*) risolvere.
**Knall** *der* [-(e)s,-e] botto, scoppio.
**knallen** *v.intr.* [*haben*] 1 schioccare; scoppiare; fare un botto 2 sbattere 3 (*fam.*) (*gegen*) andare a sbattere (contro) 4 (*fam.*) picchiare: *heute knallt die Sonne wirklich!*, oggi il sole picchia forte!
**Knallfrosch** *der* [-(e)s,-*frösche*] petardo.
**knallrot** agg. rosso fuoco.
**knapp** agg. 1 scarso, minimo; risicato 2 (*fig.*) scarno, essenziale: *mit knappen Worten*, in poche parole 3 corto; (*di abito*) succinto ♦ avv. a malapena, appena, quasi ● *eine knappe Stunde*, un'oretta | — *sein mit*, essere a corto di.
**Knappheit** *die* [-] 1 (*an* + *Dat*) penuria (di), carenza (di) 2 (*fig.*) concisione.
**knarren** *v.intr.* [*haben*] scricchiolare.
**Knäuel** *der* o *das* [-s,-] 1 gomitolo 2 (*fig.*) intrico, groviglio.
**knausern** *v.intr.* [*haben*] lesinare: *mit dem Geld —*, essere spilorcio.
**kneifen** *v.tr.* pizzicare ♦ *v.intr.* [*haben*]

1 (*abbigl.*) stringere 2 (*fam.*) (*vor*) sottrarsi (a), defilarsi (a).
**Kneifzange** *die* [-,-*n*] (*mecc.*) tenaglia.
**Kneipe** *die* [-,-*n*] birreria.
**kneten** *v.tr.* 1 impastare 2 lavorare (creta ecc.).
**Knick** *der* [-(e)s,-e] 1 piega; (*di libro*) orecchia 2 curva a gomito.
**knicken** *v.tr.* piegare.
**Knie** *das* [-s,-] 1 ginocchio 2 (*tecn.*) gomito.
**knien** *v.intr.* [*haben*] stare in ginocchio.
**kniend** *avv.* in ginocchio.
**Kniescheibe** *die* [-,-*n*] (*anat.*) rotula.
**Knirps** *der* [-es,-e] 1 (*fam.*) marmocchio 2 (*iron.*) ometto, tappo 3 ombrello pieghevole.
**knirschen** *v.intr.* [*haben*] stridere, schricchiolare: *mit den Zähnen —*, digrignare i denti.
**knitterfrei** agg. ingualcibile.
**knobeln** *v.intr.* [*haben*] 1 (*um*) tirare a sorte (per) 2 (*fam.*) (*an* + *Acc*) rimuginare (su).
**Knoblauch** *der* [-(e)s] aglio.
**Knoblauchzehe** *die* [-,-*n*] spicchio d'aglio.
**Knöchel** *der* [-s,-] (*anat.*) 1 malleolo; (*estens.*) caviglia 2 (*di mano*) nocca.
**Knochen** *der* [-s,-] osso; (*pl.*) ossa ● (*fam.*) *sich* (*Dat*) *die — brechen*, rompersi l'osso del collo.
**Knochenbruch** *der* [-(e)s,-*brüche*] (*med.*) frattura.
**Knochengerüst** *das* [-es,-e] scheletro.
**knöchern** agg. osseo.
**knochig** agg. ossuto.
**Knödel** *der* [-s,-] (*spec.pl.*) canederli.
**Knolle** *die* [-,-*n*] **Knollen** *der* [-s,-] (*bot.*) bulbo.
**Knopf** *der* [-(e)s, *Knöpfe*] 1 bottone 2 pulsante.
**knöpfen** *v.tr.* abbottonare.
**Knopfloch** *das* [-(e)s,-*löcher*] asola.
**Knorpel** *der* [-s,-] cartilagine.
**knorpelig** agg. cartilagineo, cartilaginoso.
**Knospe** *die* [-,-*n*] bocciolo, gemma (*anche fig.*).
**knoten** *v.tr.* annodare.

**Knoten** *der* [-s,-] **1** nodo **2** *(di capelli)* crocchia **3** *(mar.)* nodo (miglio marino orario) **4** *(med.)* nodulo.
**Knotenpunkt** *der* [-(e)s,-e] **1** nodo, punto di congiunzione **2** *(aut.)* nodo stradale **3** *(ferr.)* nodo ferroviario.
**knüpfen** *v.tr.* **1** *(an + Acc)* annodare (a) **2** intrecciare, tessere **3** stringere, allacciare (legami) **4** *(an + Acc)* far dipendere (da) ♦ **sich knüpfen** *v.pron.* *(an + Acc)* ricollegarsi (a), essere legato (a).
**Knüppel** *der* [-s,-] randello, manganello.
**knurren** *v.intr.* [*haben*] **1** ringhiare **2** brontolare.
**knuspern** *v.tr.* sgranocchiare, rosicchiare.
**knusprig** *agg.* croccante.
**k.o.** *agg.* fuori combattimento ♦ *(fam.)* *ich bin* —, sono sfinito, distrutto.
**K.o.** *der* [-,-] *(sport)* k.o., knock out.
**Koala** *der* [-s,-s] koala.
**Koalition** *die* [-] coalizione.
**Kobalt** *das* [-(e)s,-e] cobalto.
**Kobold** *der* [-(e)s,-e] folletto.
**Kobra** *die* [-,-s] cobra.
**Koch** *der* [-(e)s, *Köche*] cuoco.
**kochen** *v.tr.* **1** cuocere; bollire **2** preparare, cucinare: *Tee* —, preparare il tè ♦ *v.intr.* [*haben*] **1** cucinare **2** cuocere; bollire: *das Wasser kocht*, l'acqua bolle **3** *(fig.)* ribollire, bruciare
**Kochgelegenheit** *die* [-,-en] angolo di cottura.
**Köchin** *die* [-,-nen] cuoca.
**Kochlöffel** *der* [-s,-] cucchiaio di legno.
**Kochplatte** *die* [-,-n] piastra.
**Kochsalz** *das* [-es,-e] sale da cucina.
**Kochtopf** *der* [-(e)s,-töpfe] pentola, casseruola.
**Köder** *der* [-s,-] esca; amo (anche fig.).
**Kodex** *der* [-es o -,-e o -dizes] codice.
**Koffein** *das* [-s] caffeina.
**koffeinfrei** *agg.* decaffeinato.
**Koffer** *der* [-s,-] valigia, baule: *den* — *packen*, fare le valigie.
**Kofferraum** *der* [-(e)s,-räume] bagagliaio, portabagagli.
**Kognak** *der* [-s,-s] cognac, brandy.
**kohärent** *agg.* coerente.

**Kohl** *der* [-(e)s,-e] **1** cavolo **2** *(fam.)* sciocchezze, stupidaggini.
**Kohle** *die* [-,-n] **1** carbone **2** carboncino (da disegno) **3** *(gerg.)* soldi, grana.
**Kohlenabbau** *der* [-(e)s,-e] estrazione del carbone.
**Kohlenbergwerk** *das* [-(e)s,-e] miniera di carbone.
**Kohlenhydrat** *das* [-(e)s,-e] carboidrato.
**Kohlensäure** *die* [-,-n] anidride carbonica.
**Kohlenstoff** *der* [-(e)s] carbonio.
**Kohlenwasserstoff** *der* [-(e)s,-e] idrocarburo.
**Koitus** *der* [-,-] coito.
**Koje** *die* [-,-n] *(mar.)* cuccetta; cabina.
**Kokain** *das* [-s] cocaina.
**kokett** *agg.* civettuolo ♦ *avv.* con civetteria.
**kokettieren** *v.intr.* [*haben*] **1** civettare **2** scherzare.
**Kokon** *der* [-s,-s] bozzolo.
**Kokosnuss** *die* [-,-*nüsse*] noce di cocco.
**Kolben** *der* [-s,-] **1** *(mecc.)* stantuffo, pistone **2** *(chim.)* matraccio, storta **3** *(bot.)* pannocchia.
**Kolik** *die* [-,-en] colica.
**Kollaps** *der* [-es,-e] collasso.
**Kollege** *der* [-en,-en] collega.
**Kollegin** *die* [-,-nen] collega.
**Kollegium** *das* [-s,-gien] collegio, corpo (insegnante).
**kollektiv** *agg.* collettivo.
**Kollektivarbeit** *die* [-,-en] lavoro di gruppo.
**kollidieren** *v.intr.* [*haben*] **1** scontrarsi **2** *(fig.)* *(mit)* entrare in conflitto (con).
**Kollision** *die* [-,-en] collisione, scontro.
**Kolonialismus** *der* [-] colonialismo.
**kolonialistisch** *agg.* colonialistico.
**Kolonie** *die* [-,-n] colonia.
**kolonisieren** *v.tr.* colonizzare.
**Kolonne** *die* [-,-n] **1** colonna (anche *mil.*) **2** squadra (di operai).
**Koloss** *der* [-es,-e] colosso.
**kolossal** *agg.* colossale; enorme; *(estens.)* incredibile.

**Kolumne** *die* [-,-n] **1** colonna (*anche tip.*) **2** (*di giornale*) rubrica.
**Koma** *das* [-s,-s o -ta] coma.
**komatös** *agg.* comatoso.
**Kombination** *die* [-,-en] **1** combinazione **2** elucubrazione, deduzione **3** (*sport*) gioco combinato; (*sci*) combinata.
**kombinieren** *v.tr.* combinare ♦ *v.intr.* [*haben*] dedurre, argomentare.
**Kombiwagen** *der* [-s,-] auto familiare, station-wagon.
**Kombüse** *die* [-,-n] (*mar.*) cambusa.
**Komet** *der* [-en,-en] cometa.
**Komfort** *der* [-s] comodità, comfort.
**komfortabel** *agg.* comodo, confortevole.
**Komik** *die* [-] comicità.
**Komiker** *der* [-s,-; *die* -*in*] comico (*m.*; *f.* -a).
**komisch** *agg.* **1** comico, divertente **2** strano.
**komischerweise** *avv.* stranamente.
**Komitee** *das* [-s,-s] comitato.
**Komma** *das* [-s,-s o -ta] virgola.
**Kommandant** *der* [-en,-en] (*mil.*) comandante; (*mar., aer.*) capitano.
**Kommandeur** *der* [-s,-e] (*mil.*) ufficiale comandante.
**kommandieren** *v.tr.* comandare ♦ *v.intr.* [*haben*] comandare, detenere il comando.
**Kommando** *das* [-s,-s] **1** comando **2** ordine, comando **3** (*di truppe d'assalto*) commando.
**kommen** [*kam* / *gekommen*] *v.intr.* [*sein*] **1** venire: *er kommt aus Bonn*, viene da Bonn **2** arrivare, giungere, raggiungere **3** uscire, venire fuori **4** (*nach*) essere trasferito **a 5** (*fam.*) venire (nell'ordine): *er kommt zuerst*, prima tocca a lui ♦ **hinter etw —**, scoprire qlco | *komm!*, dai!; su! | **um etw —**, rimetterci qlco | **weit —**, fare strada.
**kommend** *agg.* prossimo, venturo.
**Kommentar** *der* [-s,-e] (*zu*) commento (a): *kein —*, no comment.
**kommentieren** *v.tr.* commentare.
**kommerziell** *agg.* commerciale ♦ *avv.* dal punto di vista commerciale.

**Kommilitone** *der* [-en,-en; *die* Kommilitonin] compagno (*m.*; *f.* -a) di studi (universitari).
**Kommissar** *der* [-s,-e] commissario.
**Kommission** *die* [-,-en] **1** commissione **2** (*comm., fin.*) commissione, provvigione.
**Kommode** *die* [-,-n] cassettone, comò.
**kommunal** *agg.* comunale, municipale; locale.
**Kommunikation** *die* [-,-en] **1** comunicazione **2** nesso.
**Kommunion** *die* [-,-en] (*relig.catt.*) comunione.
**Kommunismus** *der* [-] comunismo.
**Kommunist** *der* [-en,-en; *die* -*in*] comunista (*m.* e *f.*).
**kommunistisch** *agg.* comunista.
**Komödie** *die* [-,-n] commedia (*anche spreg.*).
**kompakt** *agg.* **1** compatto, denso **2** (*fam.*) tozzo, robusto.
**Kompanie** *die* [-,-n] (*mil.*) compagnia.
**komparativ** *agg.* comparativo.
**Kompass** *der* [-es,-e] bussola.

FALSCHER FREUND

Da non confondere con l'italiano 'compasso', che si traduce *Zirkel*.

**kompatibel** *agg.* compatibile.
**Kompatibilität** *die* [-,-en] compatibilità.
**kompetent** *agg.* **1** (*in* o *auf* + *Dat*) competente (in), esperto (in) **2** (*dir.*) (*für*) competente (per).
**Kompetenz** *die* [-,-en] **1** competenza **2** (*dir.*) competenza.
**komplementär** *agg.* complementare.
**komplett** *agg.* **1** (*mit*) completo (di) **2** al completo **3** (*fam.*) perfetto, completo ♦ *avv.* completamente, del tutto.
**komplex** *agg.* complesso.
**Komplex** *der* [-es,-e] complesso (*anche estens.*).
**Komplikation** *die* [-,-en] complicazione.
**Kompliment** *das* [-(e)s,-e] complimento: *jdm ein — machen*, fare un complimento a qlcu.
**kompliziert** *agg.* complicato, difficile.

**Komplott** *das* o *der* [-(e)s,-e] complotto.
**Komponente** *die* [-,-n] componente.
**komponieren** *v.tr.* comporre.
**Komponist** *der* [-en,-en; *die -in*] compositore (*m.*; *f.* -trice).
**Komposition** *die* [-,-en] composizione.
**Kompott** *das* [-(e)s,-e] frutta cotta; composta (di frutta).
**Kompresse** *die* [-,-n] compressa; impacco.
**Kompressor** *der* [-s,-en] compressore.
**Kompromiss** *der* o *das* [-es,-e] compromesso: *mit jdm einen — schließen*, scendere a compromessi con qlcu.
**Kondensator** *der* [-s,-en] condensatore.
**Kondensmilch** *die* [-] latte condensato.
**Kondition** *die* [-,-en] **1** condizione **2** forma: *eine gute — haben*, essere in forma.
**konditionieren** *v.tr.* (*tecn., psic.*) condizionare.
**Konditor** *der* [-s,-en] pasticciere.
**Konditorei** *die* [-,-en] pasticceria.
**kondolieren** *v.intr.* [*haben*] fare le condoglianze.
**Kondom** *das* o *der* [-s,-e] condom, preservativo.
**Konfekt** *das* [-(e)s,-e] **1** confetteria **2** pasticcini (da tè).
**Konfektion** *die* [-,-en] **1** confezione di abiti in serie **2** abiti confezionati.
**Konfektionsgröße** *die* [-,-n] taglia.
**Konferenz** *die* [-,-en] **1** conferenza, congresso **2** (*estens.*) riunione.
**Konfession** *die* [-,-en] **1** confessione, religione, fede **2** professione di fede.
**Konfetti** *das* [-(*s*)] coriandoli.

FALSCHER FREUND

Da non confondere con l'italiano 'confetto', che si traduce *Dragee*.

**Konfirmation** *die* [-,-en] (*relig.prot.*) confermazione.
**Konfiserie** *die* [-,-n] (*svizz.*) pasticceria.
**Konfitüre** *die* [-,-n] confettura, marmellata.

**Konflikt** *der* [-(e)s,-e] conflitto: *in — geraten mit*, entrare in conflitto con.
**Konföderation** *die* [-,-en] confederazione.
**konform** *agg.* **1** conforme **2** (*spreg.*) conformista.
**Konfrontation** *die* [-,-en] confronto, scontro.
**konfrontieren** *v.tr.* (*mit*) mettere a confronto (con).
**konfus** *agg.* confuso.
**Kongress** *der* [-es,-e] congresso.
**kongruent** *agg.* **1** congruente, concorde **2** (*gramm.*) concordato.
**Kongruenz** *die* [-,-en] **1** concordanza (*anche gramm.*) **2** (*mat.*) congruenza.
**König** *der* [-s,-e] re ● *die Heiligen Drei Könige*, i tre re Magi.
**Königin** *die* [-,-nen] regina.
**königlich** *agg.* **1** reale, regio **2** (*estens.*) regale; maestoso **3** (*fam.*) favoloso, stupendo.
**Königreich** *das* [-(e)s,-e] regno.
**Königshaus** *das* [-s] casa reale; reali.
**konisch** *agg.* conico.
**Konjugation** *die* [-,-en] coniugazione.
**konjugieren** *v.tr.* coniugare.
**Konjunktion** *die* [-,-en] congiunzione.
**Konjunktiv** *der* [-s,-e] (*gramm.*) congiuntivo.
**Konjunktur** *die* [-,-en] (*econ.*) congiuntura.
**konkav** *agg.* concavo.
**konkret** *agg.* concreto.
**Konkurrent** *der* [-en,-en] concorrente.
**Konkurrenz** *die* [-,-en] **1** concorrenza **2** (*sport*) competizione.
**konkurrenzfähig** *agg.* competitivo, concorrenziale.
**Konkurrenzfähigkeit** *die* [-] competitività.
**konkurrieren** *v.intr.* [*haben*] (*um*) competere (per), concorrere (per).
**Konkurs** *der* [-es,-e] **1** fallimento, bancarotta **2** procedura fallimentare.

FALSCHER FREUND

Da non confondere con l'italiano 'concorso', che si traduce *Wettbewerb*.

**können** [*kann / konnte / gekonnt*] *v. intr.modale* [*haben*] **1** potere, essere in grado: *das kann ich mir vorstellen*, me lo posso immaginare **2** essere autorizzati, potere: *kann ich jetzt gehen?*, posso andare ora? **3** potere: *du kannst froh sein, dass...*, puoi essere contento che... **4** sapere, essere capace di: *er kann sehr gut Deutsch*, sa molto bene il tedesco **5** essere possibile: *das kann nicht sein*, non è possibile.
**Können** *das* [-*s*] capacità; bravura.
**konsekutiv** *agg.* consecutivo.
**konsequent** *agg.* **1** coerente; conseguente **2** perseverante ♦ *avv.* in modo logico, in modo coerente.
**Konsequenz** *die* [-,-*en*] **1** conseguenza **2** coerenza **3** perseveranza.
**konservativ** *agg.* **1** conservatore **2** (*med.*) conservativo.
**Konserve** *die* [-,-*n*] conserva; scatola di conserva.
**konservieren** *v.tr.* conservare, mettere in conserva.
**Konsistenz** *die* [-] consistenza.
**Konsonant** *der* [-*en*,-*en*] consonante.
**konstant** *agg.* costante.
**Konstellation** *die* [-,-*en*] costellazione.
**konstituieren** *v.tr.* costituire ♦ *sich konstituieren* *v.pron.* (*als*) costituirsi (in).
**Konstitution** *die* [-,-*en*] costituzione, istituzione, fondazione.
**konstitutionell** *agg.* costituzionale.
**Konstruktion** *die* [-,-*en*] costruzione.
**Konsul** *der* [-*s*,-*n*] console.
**Konsulat** *das* [-(*e*)*s*,-*e*] consolato.
**Konsultation** *die* [-,-*en*] consultazione.
**konsultieren** *v.tr.* consultare.
**Konsum** *der* [-*s*] (*an* + *Dat*) consumo (di).
**Konsument** *der* [-*en*,-*en*] consumatore.
**Konsumgesellschaft** *die* [-,-*en*] società dei consumi.
**Konsumgüter** *pl.* beni di consumo.
**Kontakt** *der* [-(*e*)*s*,-*e*] contatto: *mit jdm — aufnehmen*, contattare qlcu.

**kontaktfreudig** *agg.* socievole.
**Kontaktlinse** *die* [-,-*n*] lente a contatto.
**Kontamination** *die* [-,-*en*] contaminazione.
**Kontemplation** *die* [-,-*en*] contemplazione.
**Kontext** *der* [-(*e*)*s*,-*e*] contesto.
**Kontinent** *der* [-(*e*)*s*,-*e*] continente.
**kontinental** *agg.* continentale.
**kontinuierlich** *agg.* continuativo ♦ *avv.* senza soluzione di continuità, in continuazione.
**Konto** *das* [-*s*,-*ten* o -*s* o -*tí*] conto.
**Kontoauszug** *der* [-(*e*)*s*,-*züge*] estratto conto.
**Kontostand** *der* [-(*e*)*s*,-*stände*] saldo (del conto).
**Kontra** *das* [-*s*,-*s*] contro: *jdm — geben*, opporsi a qlcu.
**Kontrabass** *der* [-*es*,-*bässe*] contrabbasso.
**Kontrahent** *der* [-*en*,-*en*] **1** contraente **2** avversario.
**konträr** *agg.* contrario; opposto.
**Kontrast** *der* [-(*e*)*s*,-*e*] contrasto.
**Kontrolle** *die* [-,-*n*] **1** controllo (*anche estens.*): *die — verlieren über etw (Acc)*, perdere il controllo di qlco **2** sorveglianza; ispezione, controllo.
**Kontrolleur** *der* [-*s*,-*e*] controllore.
**kontrollieren** *v.tr.* **1** controllare **2** (*estens.*) sorvegliare; ispezionare.
**Kontrollturm** *der* [-(*e*)*s*,-*türme*] torre di controllo.
**Kontroverse** *die* [-,-*n*] controversia, vertenza.
**Kontur** *die* [-,-*en*] o *der* [-*s*,-*en*] contorno, sagoma, profilo.
**Konvention** *die* [-,-*en*] convenzione.
**konventionell** *agg.* **1** convenzionale **2** (*estens.*) formale.
**Konversation** *die* [-,-*en*] conversazione.
**Konversion** *die* [-,-*en*] conversione.
**konvertieren** *v.tr.* convertire ♦ *v.intr.* [*haben* o *sein*] (*zu*) convertirsi (a).
**konvex** *agg.* convesso.
**Konzentration** *die* [-,-*en*] concentrazione.

**Konzentrationslager** *das* [-s,-] campo di concentramento.
**konzentrieren** *v.tr.* (*auf* + *Acc*) concentrare (su) ♦ **sich konzentrieren** *v.pron.* concentrarsi.
**konzentriert** *agg.* (*auf* + *Acc*) concentrato (su) ♦ *avv.* con concentrazione.
**Konzept** *das* [-(e)s,-e] **1** brutta copia, minuta **2** programma, piano, progetto.
**Konzern** *der* [-(e)s,-e] (*econ.*) gruppo industriale.
**Konzert** *das* [-(e)s,-e] concerto: *ins — gehen*, andare al concerto.
**Konzession** *die* [-,-en] concessione.
**konzessiv** *agg.* (*gramm.*) concessivo.
**Konzil** *das* [-s,-e o -ien] concilio.
**Kooperation** *die* [-,-en] cooperazione.
**Koordinate** *die* [-,-n] coordinata.
**Koordination** *die* [-,-en] coordinazione.
**koordinieren** *v.tr.* coordinare.
**Kopf** *der* [-(e)s, *Köpfe*] **1** testa, capo **2** (*di insalata*) testa, cespo • (*fam.*) *jdn den — verdrehen*, far perdere la testa a qlcu | *pro —*, a testa, pro capite | (*fam.*) *sich* (*Dat*) *den — über etw* (*Acc*) *zerbrechen*, rompersi la testa su qlco.
**köpfen** *v.tr.* **1** decapitare, tagliare la testa a **2** (*sport*) tirare di testa.
**Kopfhaut** *die* [-,-*häute*] cuoio capelluto.
**Kopfhörer** *der* [-s,-] cuffia.
**Kopfkissen** *das* [-s,-] cuscino, guanciale.
**kopflos** *agg.* **1** senza testa **2** (*estens.*) sbadato, sventato.
**Kopfsalat** *der* [-(e)s,-e] lattuga.
**Kopfschmerz** *der* [-es,-en] (*spec.pl.*) mal di testa.
**Kopfstand** *der* [-(e)s,*-stände*] verticale.
**Kopfstütze** *die* [-,-n] poggiatesta.
**Kopftuch** *das* [-(e)s,*-tücher*] foulard.
**kopfüber** *avv.* a testa in giù; a capofitto (*anche fig.*).
**Kopie** *die* [-,-n] copia.
**kopieren** *v.tr.* **1** copiare **2** fotocopiare.
**Kopierer** *der* [-s,-] (*fam.*) **Kopiergerät** *das* [-(e)s,-e] fotocopiatrice.
**koppeln** *v.tr.* **1** (*mit*) accoppiare (a); abbinare (a) **2** (*di veicoli*) (*an* + *Acc*) attaccare (a), agganciare (a).
**Kopp(e)lung** *die* [-,-en] **1** accoppiamento; abbinamento **2** (*di veicoli*) aggancio.
**Koralle** *die* [-,-n] corallo.
**Korallenriff** *das* [-(e)s,-e] barriera corallina.
**Koran** *der* [-s] (*relig.*) Corano.
**Korb** *der* [-(e)s, *Körbe*] **1** cesto; canestro, paniere **2** (*materiale*) vimine, rattan **3** (*sport*) canestro **4** (*fig.*) rifiuto.
**Korinthe** *die* [-,-n] uva passa, uvetta.
**Kork** *der* [-(e)s,-e] sughero.
**Korken** *der* [-s,-] tappo di sughero.
**Korkenzieher** *der* [-s,-] cavatappi.
**Korn**¹ *der* [-(e)s, *Körner* o -*e nel significato 2*] **1** chicco **2** (*estens.*) grano; cereali.
**Korn**² *der* [-(e)s,-e] (*fam.*) acquavite (di grano); (*estens.*) bicchierino di acquavite.
**Kornfeld** *das* [-es,-er] campo di grano.
**körnig** *agg.* granuloso, a grani.
**Körper** *der* [-s,-] corpo (*anche estens.*).
**Körperbau** *der* [-(e)s,-*ten*] corporatura.
**Körpergröße** *die* [-,-n] statura.
**Körperhaltung** *die* [-,-en] portamento.
**körperlich** *agg.* **1** corporeo, corporale; fisico **2** (*di lavoro*) manuale ♦ *avv.* fisicamente.
**Körperschaft** *die* [-,-en] (*dir.*) ente (giuridico).
**Körperteil** *der* [-(e)s,-e] parte del corpo.
**korrekt** *agg.* corretto.
**Korrektheit** *die* [-] **1** esattezza **2** (*di comportamento*) correttezza.
**Korrektor** *der* [-s,-en; die *-in*] (*tip.*) correttore (*m.*; *f.* -trice) (-en).
**Korrektur** *die* [-,-en] **1** correzione **2** (*tip.*) correzione (delle) bozze.
**Korrespondent** *der* [-en,-en; die -*in*] corrispondente (*m.* e *f.*).
**Korrespondenz** *die* [-,-en] corrispondenza.
**korrigieren** *v.tr.* correggere.
**Korrosion** *die* [-,-en] corrosione.

**korrosiv** *agg.* corrosivo.
**korrupt** *agg.* corrotto; depravato.
**Korruption** *die* [-,-en] corruzione.
**Korsika** *das* Corsica.
**Kosename** *der* [-ns,-n] vezzeggiativo.
**Kosmetik** *die* [-] cosmesi, cosmetica.
**Kosmetikerin** *die* [-,-nen] estetista.
**Kosmetiksalon** *der* [-s,-s] istituto di bellezza.
**kosmetisch** *agg.* cosmetico.
**kosmisch** *agg.* cosmico.
**Kosmologie** *die* [-,-n] cosmologia.
**Kosmos** *der* [-] cosmo.
**Kost** *die* [-] **1** cibo; alimentazione **2** (*estens.*) vitto.
**kostbar** *agg.* prezioso.
**kosten**[1] *v.tr.* e *intr.* [*haben*] (*von*) assaggiare, provare.
**kosten**[2] *v.intr.* [*haben*] costare (*anche fig.*): *das hat ihn teuer gekostet*, gli è costato caro; *koste es, was es wolle*, costi quel che costi.
**Kosten** *pl.* costo, spesa; spese: *keine — scheuen*, non badare a spese.
**kostenlos** *agg.* gratuito ♦ *avv.* gratis.
**Kostenvoranschlag** *der* [-(e)s, -schläge] preventivo (di spesa).
**köstlich** *agg.* **1** squisito; delizioso **2** divertente, gustoso.
**kostspielig** *agg.* caro, costoso.
**Kostüm** *das* [-s,-e] **1** (*teatr.*) costume **2** tailleur.
**Kot** *der* [-(e)s,-e o -s] feci, escrementi.
**Kotelett** *das* [-s,-s o -e] cotoletta, costoletta.
**Kotflügel** *der* [-s,-] parafango.
**Krabbe** *die* [-,-n] granchio; gambero.
**Krach** *der* [-(e)s, Kräche] **1** chiasso, baccano; schianto **2** lite, litigio.
**krachen** *v.intr.* **1** [*haben*] fare un rumore (forte); (*di proiettili*) esplodere; tuonare; (*di assi*) scricchiolare **2** [*sein*] (*fam.*) rompersi, spaccarsi **3** [*sein*] (*gegen*) schiantarsi (contro) ♦ **sich krachen** *v.pron.* litigare.
**Kraft** *die* [-, *Kräfte*] **1** forza (*anche estens.*): *aus eigener —*, con le proprie forze **2** sforzo **3** (*dir.*) vigore: *in —*, in forza, in vigore; *außer — treten*, scadere, decadere **4** (*mecc.*) potenza.

**Kraftfahrer** *der* [-s,-; *die -in*] **1** automobilista (*m.* e *f.*) **2** autista (*m.* e *f.*), conducente (*m.* e *f.*).
**Kraftfahrzeug** *das* [-(e)s,-e] autoveicolo, automezzo.
**kräftig** *agg.* **1** robusto, forte **2** (*estens.*) intenso **3** sostanzioso ♦ *avv.* **1** fortemente, con forza **2** molto.
**kraftlos** *agg.* **1** debole, senza forza **2** (*dir.*) nullo.
**kraftvoll** *agg.* forte, pieno di forza.
**Kraftwerk** *das* [-(e)s,-e] centrale elettrica.
**Kragen** *der* [-s,- o *Krägen*] **1** (*di camicia*) colletto; (*di giacca*) bavero **2** (*estens.*) gola.
**Krähe** *die* [-,-n] cornacchia.
**krähen** *v.intr.* [*haben*] (*di gallo*) cantare.
**Kralle** *die* [-,-n] artiglio.
**Krampf** *der* [-(e)s, *Krämpfe*] crampo, spasmo.
**krampfartig** *agg.* spasmodico, convulsivo.
**Kran** *der* [-(e)s, *Kräne*] (*tecn.*) gru.
**krank** *compar.* **kränker** *superl.* **kränkste** *agg.* (*an* + *Dat*) (am)malato (di).
**Kranke** *der* e *die* [-n,-n] (am)malato (*m.; f.* -a).
**kränkeln** *v.intr.* [*haben*] essere malaticcio.
**kränken** *v.tr.* offendere, ferire ♦ **sich kränken** *v.pron.* (*über* + *Acc*) offendersi (per), prendersela (per).
**Krankengeld** *das* [-es,-] indennità di malattia.
**Krankengymnastik** *die* [-] fisioterapia.
**Krankenhaus** *das* [-es,-*häuser*] ospedale.
**Krankenkasse** *die* [-,-n] (cassa) mutua.
**Krankenpfleger** *der* [-s,-; *die -in*] infermiere (*m.; f.* -a).
**Krankenschwester** *die* [-,-n] infermiera.
**Krankenversicherung** *die* [-,-en] assicurazione sanitaria.
**Krankenwagen** *der* [-s,-] (auto)ambulanza.

**krankhaft** *agg.* (*med.*) patologico, morboso (*anche fig.*).

**Krankheit** *die* [-,-*en*] malattia: *an einer — leiden*, essere affetto da una malattia.

**Krankheitsbild** *das* [-*es*,-*er*] quadro clinico.

**Krankmeldung** *die* [-,-*en*] certificato medico.

**Kranz** *der* [-*es*, *Kränze*] corona, ghirlanda.

**Krater** *der* [-*s*,-] cratere.

**kratzen** *v.tr.* 1 graffiare 2 grattare; raschiare ♦ *v.intr.* 1 essere irritato 2 pizzicare ♦ **sich kratzen** *v.pron.* grattarsi: *sich am Kopf —*, grattarsi la testa.

**kraus** *agg.* 1 (*di capelli*) crespo 2 (*fig.*) intricato, contorto.

**Kraut** *das* [-(*e*)*s*, *Kräuter*] 1 erba; (*estens.*) erba medicinale; erba aromatica 2 (*region.*) crauti; (*austr.*) cavolo 3 (*spreg.*) tabacco.

**Krawall** *der* [-*s*,-*e*] 1 (*spec.pl.*) disordine, tumulto 2 (*fam.*) baccano.

**Krawatte** *die* [-,-*n*] cravatta.

**kreativ** *agg.* creativo.

**Kreativität** *die* [-] creatività; (*estens.*) produttività.

**Krebs** *der* [-*es*,-*e*] 1 (*zool.*) gambero; (*estens.*) granchio 2 (*med.*) cancro 3 (*astr.*) Cancro.

**krebserregend** *agg.* cancerogeno.

**Krebstier** *das* [-(*e*)*s*,-*e*] (*spec.pl.*) crostaceo.

**Kredit**[1] *der* [-(*e*)*s*,-*e*] (*comm.*) credito.

**Kredit**[2] *das* [-*s*,-*s*] (*contabilità*) credito, avere.

**Kreditanstalt**, **Kreditbank** *die* [-,-*en*] istituto di credito.

**Kreditkarte** *die* [-,-*n*] carta di credito.

**Kreide** *die* [-,-*n*] 1 gesso 2 gessetto.

**Kreis** *der* [-*es*,-*e*] 1 cerchio (*anche geom.*) 2 (*fig.*) cerchia; circolo; (*estens.*) ambiente 3 (*amm.*) distretto, circoscrizione.

**Kreisbahn** *die* [-,-*en*] (*astr.*) orbita (circolare).

**Kreisel** *der* [-*s*,-] trottola.

**kreisen** *v.intr.* [*sein o haben*] 1 girare, ruotare 2 (*di volatili*) volteggiare 3 ruotare, roteare.

**kreisförmig** *agg.* a forma di cerchio, circolare.

**Kreislauf** *der* [-*es*,-*läufe*] 1 circolazione 2 (*della natura*) ciclo; andamento ciclico.

**Kreislaufstörung** *die* [-,-*en*] disturbo circolatorio.

**Kreißsaal** *der* [-(*e*)*s*,-*säle*] sala parto.

**Kreisumfang** *der* [-*s*,-*fänge*] (*geom.*) circonferenza.

**Krematorium** *das* [-*s*,-*rien*] (*forno*) crematorio.

**Krempe** *die* [-,-*n*] tesa, falda.

**Kren** *der* [-(*e*)*s*] rafano.

**krepieren** *v.intr.* [*sein*] 1 scoppiare, esplodere 2 (*pop.*) crepare.

**Kresse** *die* [-,-*n*] crescione.

**kreuz** *avv.* ● *— und quer*, in lungo e in largo; sottosopra.

**Kreuz** *das* [-*es*,-*e*] 1 croce (*anche fig.*); crocefisso 2 incrocio 3 (*anat.*) regione sacrale 4 (*gioco delle carte*) fiori 5 (*mus.*) diesis.

**Kreuzbein** *das* [-(*e*)*s*,-*e*] (*anat.*) osso sacro.

**kreuzen** *v.tr.* 1 incrociare; accavallare (le gambe) 2 attraversare (la strada) 3 (*biol.*) incrociare; (*bot.*) ibridare ♦ *v.intr.* [*haben*] incrociare ♦ **sich kreuzen** *v.pron.* 1 incrociarsi (*anche fig.*) 2 (*geom.*) intersecarsi.

**Kreuzer** *der* [-*s*,-] (*mil.*) incrociatore.

**Kreuzfahrt** *die* [-,-*en*] (*mar.*) crociera.

**Kreuzfeuer** *das* [-*s*,-] (*mil.*) fuoco incrociato (*anche fig.*).

**kreuzigen** *v.tr.* crocifiggere.

**Kreuzigung** *die* [-,-*en*] crocifissione.

**Kreuzung** *die* [-,-*en*] 1 incrocio stradale, crocevia 2 (*biol.*) incrocio 3 (*fig.*) miscuglio.

**Kreuzworträtsel** *das* [-*s*,-] parole crociate, cruciverba.

**Kreuzzug** *der* [-(*e*)*s*,-*züge*] (*st.*) crociata (*anche fig.*).

**kriechen** [*kroch / gekrochen*] *v.intr.* [*sein*] 1 strisciare 2 (*in + Acc*) infilarsi (in), rintanarsi (in) 3 procedere lentamente.

**Kriechtier** *das* [-(*e*)*s*,-*e*] rettile.

**Krieg** *der* [-(e)s,-e] guerra: *den — erklären*, dichiarare guerra.

**kriegen** *v.tr.* (*fam.*) **1** ricevere **2** beccarsi; prendersi **3** ottenere **4** fare, avere: *ein Kind —*, avere (*o* aspettare) un bambino **5** riuscire a (fare qlco.).

**kriegerisch** *agg.* **1** bellico **2** (*di comportamento*) bellicoso.

**Krimi** *der* [-(s),-(s)] (*fam.*) romanzo giallo, film giallo.

**Kriminalität** *die* [-] delinquenza, criminalità.

**Kriminalpolizei** *die* [-] polizia giudiziaria.

**kriminell** *agg.* criminale, delittuoso.

**Kriminelle** *der* e *die* [-n,-n] criminale (*m.* e *f.*), delinquente (*m.* e *f.*).

**Kripo** *die* [-, *solo sing.*] → **Kriminalpolizei**.

**Krippe** *die* [-,-n] **1** mangiatoia **2** presepio (natalizio) **3** asilo nido.

**Krise** *die* [-,-n] crisi: *eine — durchmachen*, attraversare una crisi.

**Kristall**[1] *der* [-s,-e] (*chim.*) cristallo.

**Kristall**[2] *das* [-s] cristallo.

**Kristallwaren** *pl.* cristalleria.

**Kriterium** *das* [-s,-*rien*] criterio.

**Kritik** *die* [-,-en] **1** critica **2** (*estens.*) recensione, critica.

**Kritiker** *der* [-s,-; die -*in*] critico (*m.*; *f.* -a).

**kritisch** *agg.* critico.

**kritisieren** *v.tr.* criticare.

**Krokodil** *das* [-s,-e] coccodrillo.

**Krone** *die* [-,-n] corona.

**krönen** *v.tr.* **1** incoronare **2** coronare (*anche fig.*).

**Kronprinz** *der* [-en,-en] principe ereditario.

**Kronprinzessin** *die* [-,-*nen*] principessa ereditaria.

**Krönung** *die* [-,-en] **1** incoronazione **2** (*fig.*) coronamento.

**Kröte** *die* [-,-n] rospo.

**Krücke** *die* [-,-n] stampella.

**Krug** *der* [-(e)s, *Krüge*] brocca.

**Krume** *die* [-,-n] **1** mollica **2** (*estens.*) briciola.

**Krümel** *der* [-s,-] briciola.

**krumm** *agg.* storto, curvo.

**krümmen** *v.tr.* curvare, piegare ♦ **sich krümmen** *v.pron.* curvarsi, piegarsi.

**Kruppe** *die* [-,-n] (*di cavallo*) groppa.

**Krüppel** *der* [-s,-] storpio, sciancato.

**Kruste** *die* [-,-n] crosta.

**Kruzifix** *das* [-es,-e] crocifisso.

**Krypta** *die* [-,-*ten*] cripta.

**Kübel** *der* [-s,-] secchio.

**Kubikmeter** *der* o *das* [-s,-] metro cubo.

**kubisch** *agg.* cubico.

**Küche** *die* [-,-n] cucina.

**Kuchen** *der* [-s,-] dolce, torta.

**Kuchenform** *die* [-,-en] teglia, tortiera.

**Küchentisch** *der* [-(e)s,-e] tavolo da cucina.

**Kuckuck** *der* [-s,-e] cuculo.

**Kuckucksuhr** *die* [-,-en] orologio a cucù.

**Kugel** *die* [-,-n] **1** palla; (*geom.*) sfera **2** (*di arma*) pallottola, proiettile **3** (*giochi*) palla; (*biliardo*) biglia.

**kugelig** *agg.* sferico; rotondo.

**Kugelschreiber** *der* [-s,-] penna a sfera; (*fam.*) biro.

**kugelrund** *agg.* **1** sferico, tondo **2** (*fam.*) grassoccio.

**Kuh** *die* [-, *Kühe*] **1** vacca, mucca **2** femmina (*di molti animali*).

**kühl** *agg.* **1** fresco **2** (*fig.*) freddo, distaccato.

**Kühle** *die* [-] **1** fresco, frescura **2** (*fig.*) freddezza, distacco.

**kühlen** *v.tr.* **1** raffreddare; (*estens.*) rinfrescare **2** (*tecn.*) refrigerare.

**Kühler** *der* [-s,-] (*aut.*) radiatore.

**Kühlschrank** *der* [-(e)s,-*schränke*] frigorifero.

**Kühltasche** *die* [-,-n] borsa frigo.

**Kühlung** *die* [-,-en] **1** raffreddamento **2** (*tecn.*) sistema di raffreddamento.

**kühn** *agg.* **1** audace, ardito **2** impertinente, sfacciato.

**Küken** *das* [-s,-] **1** pulcino **2** (*estens.*) piccolo.

**Kuli**[1] *der* [-s,-s] (*fam.*) biro.

**Kuli**[2] *der* [-s,-s] facchino.

**Kulisse** *die* [-,-n] **1** (*teatr.*) quinta **2** (*fig.*) sfondo.

**kullern** *v.intr.* [*sein*] rotolare; far roteare.
**Kult** *der* [-(*e*)*s*,-*e*] culto.
**kultivieren** *v.tr.* **1** coltivare **2** (*estens.*) affinare, formare, educare.
**kultiviert** *agg.* **1** colto, istruito **2** raffinato, distinto ♦ *avv.* in modo raffinato.
**Kultur** *die* [-,-*en*] **1** cultura (*anche estens.*) **2** (*stile di vita*) civiltà **3** (*agr., biol.*) cultura, coltivazione.
**Kulturgut** *das* [-(*e*)*s*,-*güter*] bene culturale.
**Kümmel** *der* [-*s*] cumino.
**Kummer** *der* [-*s*] dispiacere; preoccupazione; *jdm — machen*, dare preoccupazioni a qlcu.
**kümmerlich** *agg.* misero, povero; scarso.
**kümmern** *v.tr.* interessare a; riguardare ♦ **sich kümmern** *v.pron.* **1** (*um*) occuparsi (di); interessarsi (per, di), curarsi (di) **2** (*um*) prendersi cura (di).
**Kumpel** *der* [-*s*,-] (*pop.*) compagno; collega.
**kündbar** *agg.* **1** annullabile, denunciabile; revocabile **2** (*econ.*) redimibile.
**Kunde** *der* [-*en*,-*en*; *die Kundin*] cliente (*m. e f.*).
**Kundendienst** *der* [-(*e*)*s*,-*e*] (servizio di) assistenza ai clienti.
**kund·geben** (→ *geben*) *v.tr.* annunciare; rivelare.
**kundig** *agg.* (+ *Gen*) informato (di); esperto (di, in).
**kündigen** *v.tr.* **1** disdire; denunciare, sciogliere (contratti) **2** (*di ipoteca*) chiedere il rimborso di, rifarsi su ♦ *v.intr.* [*haben*] **1** dare le dimissioni **2** (+ *Dat*) licenziare **3** dare la disdetta.
**Kündigung** *die* [-,-*en*] **1** disdetta **2** licenziamento; dimissioni **3** (*estens.*) lettera di licenziamento; lettera di dimissioni.
**Kundschaft** *die* [-,-*en*] clientela, clienti.
**künftig** *agg.* futuro; prossimo ♦ *avv.* in futuro; d'ora in poi.
**Kunst** *die* [-, *Künste*] arte (*anche estens.*).
**Kunstakademie** *die* [-,-*n*] accademia delle belle arti.
**Kunstfaser** *die* [-,-*n*] fibra sintetica.
**Künstler** *der* [-*s*,-; *die -in*] artista (*m. e f.*).
**künstlerisch** *agg.* artistico.
**künstlich** *agg.* **1** artificiale; finto **2** (*chim.*) sintetico.
**Kunststoff** *der* [-(*e*)*s*,-*e*] materia sintetica, plastica.
**kunstvoll** *agg.* artistico; a regola d'arte.
**Kunstwerk** *das* [-(*e*)*s*,-*e*] opera d'arte.
**kunterbunt** *agg.* confuso, disordinato ♦ *avv.* alla rinfusa.
**Kupfer** *das* [-*s*] rame.
**kupfern** *agg.* di rame; ramato.
**Kuppe** *die* [-,-*n*] **1** punta (del dito) **2** (*di montagna*) cima arrotondata.
**Kuppel** *die* [-,-*n*] cupola; volta.
**kuppeln** *v.tr.* **1** (*mit*) accoppiare (a); abbinare (a) **2** (*di veicoli*) (*an* + *Acc*) attaccare (a), agganciare (a) ♦ *v.intr.* [*haben*] innestare la frizione.
**Kupplung** *die* [-,-*en*] **1** (*aut.*) frizione; (*di motore*) innesto a frizione **2** (*mecc.*) giunto; innesto.
**Kur** *die* [-,-*en*] **1** cura, terapia **2** (*estens.*) soggiorno di cura.
**Kurbel** *die* [-,-*n*] (*mecc.*) manovella.
**kurbeln** *v.intr.* [*haben*] (*mecc.*) girare, ruotare.
**Kürbis** *der* [-*ses*,-*se*] zucca.
**Kurie** *die* [-,-*n*] curia.
**Kurier** *der* [-*s*,-*e*] corriere, messaggero.
**kurios** *agg.* curioso, strano, buffo.
**Kurort** *der* [-(*e*)*s*,-*e*] luogo di cura.
**Kurs** *der* [-*es*,-*e*] **1** (*mar., aer.*) rotta **2** (*scol.*) corso **3** (*di titoli, valute*) corso, quotazione **4** (*econ.*) cambio **5** circolazione; *außer — setzen*, ritirare dalla circolazione.
**Kursänderung** *die* [-,-*en*] (*mar., aer.*) cambiamento di rotta (*anche fig.*).
**kursieren** *v.intr.* [*haben*] circolare, essere in circolazione (*anche fig.*).
**kursiv** *agg.* corsivo.
**Kursivschrift** *die* [-,-*en*] corsivo.
**Kurtaxe** *die* [-,-*n*] tassa di soggiorno.
**Kurve** *die* [-,-*n*] curva.
**kurven** *v.intr.* [*haben*] curvare.
**kurz** *compar.* **kürzer** *superl.* **kürzeste**

*agg.* **1** corto; breve **2** basso, piccolo **3** *(fig.)* conciso, breve: *vor kurzem*, poco fa; *seit kurzem*, da poco ♦ *avv.* **1** per breve tempo, (per) poco **2** in breve.
**kurzärm(e)lig** *agg.* a maniche corte.
**Kürze** *die* [-,-n] **1** cortezza **2** brevità **3** concisione, stringatezza.
**kürzen** *v.tr.* **1** accorciare; *(estens.)* abbreviare **2** ridurre, tagliare **3** *(mat.)* semplificare, ridurre.
**Kurzform** *die* [-,-en] forma abbreviata.
**kurzfristig** *agg.* **1** improvviso **2** a breve termine **3** rapido, sollecito ♦ *avv.* **1** a breve (termine) **2** senza preavviso; poco tempo prima **3** rapidamente.
**kürzlich** *avv.* recentemente, di recente.
**Kurzschluss** *der* [-es,-schlüsse] *(elettr.)* corto circuito.
**Kurzschrift** *die* [-,-en] stenografia.
**kurzsichtig** *agg.* miope *(anche fig.)*.

**Kurzsichtigkeit** *die* [-] miopia *(anche fig.)*.
**kurzum** *avv.* per farla breve, in breve.
**Kurzwarenhandlung** *die* [-,-en]
**Kurzwarenladen** *der* [-s,-läden] merceria.
**Kurzwelle** *die* [-,-n] onda corta.
**Kusine** *die* [-,-n] cugina.
**Kuss** *der* [-es, *Küsse*] bacio.
**küssen** *v.tr.* baciare.
**Küste** *die* [-,-n] costa.
**Küstengebiet** *das* [-(e)s,-e] territorio costiero, litorale.
**Küstenwache** *die* [-] guardacoste.
**Kutsche** *die* [-,-n] **1** carrozza, vettura **2** *(spreg.)* trabiccolo.
**Kutte** *die* [-,-n] **1** tonaca **2** *(gerg.)* abito.
**Kuvert** *das* [-s,-] busta (per lettere).
**Kybernetik** *die* [-] cibernetica.

# LI

**labil** *agg.* 1 labile 2 delicato, fragile.
**Labor** *das* [-s,-s o -e] laboratorio.
**Laborant** *der* [-en,-en; die -in] assistente (*m. e f.*) di laboratorio.
**Labyrinth** *das* [-(e)s,-e] labirinto.
**lächeln** *v.intr.* [haben] (**über** + **Acc**) sorridere (per).
**Lächeln** *das* [-s] sorriso.
**lachen** *v.intr.* [haben] (**über** + **Acc**) ridere (di, per).
**lächerlich** *agg.* ridicolo: *sich — machen*, rendersi ridicolo.
**Lachs** *der* [-es,-e] salmone.
**Lack** *der* [-(e)s,-e] 1 lacca; vernice 2 (*cosmesi*) smalto.
**lackieren** *v.tr.* laccare; verniciare ● *sich* (**Dat**) *die Fingernägel —*, mettersi lo smalto sulle unghie.
**laden** [*lädt / lud / geladen*] *v.tr.* caricare.
**Laden** *der* [-s, *Läden*] negozio, bottega.
**Ladendieb** *der* [-es,-e] taccheggiatore.
**Ladendiebstahl** *der* [-(e)s,-*stähle*] taccheggio.
**Ladenpreis** *der* [-es,-e] prezzo (di vendita) al minuto.
**Ladenschluss** *der* [-es,-*schlüsse*] (orario di) chiusura dei negozi.
**Ladentisch** *der* [-es,-e] banco, bancone.
**Ladung¹** *die* [-,-en] 1 carico 2 carica (*anche elettr.*).
**Ladung²** *die* [-,-en] (*dir.*) citazione in giudizio.

**Lage** *die* [-,-n] 1 posizione 2 situazione, condizione.
**Lager** *das* [-s, o *Läger*] 1 accampamento; (*estens.*) campeggio 2 (*comm.*) magazzino, deposito 3 (*mecc.*) cuscinetto, supporto.
**lagern** *v.tr.* 1 immagazzinare; conservare (alimenti) 2 appoggiare, posizionare ♦ *v.intr.* [haben] accamparsi.
**Lagune** *die* [-,-n] laguna.
**lahm** *agg.* 1 storpio, paralizzato 2 (*di arto*) rigido 3 (*fam.*) (*di ragionamento, scusa*) che non sta in piedi.
**lähmen** *v.tr.* paralizzare (*anche fig.*).
**Lähmung** *die* [-,-en] (*med.*) paralisi: *halbseitige —*, emiparesi.
**Laib** *der* [-(e)s,-e] 1 forma 2 pagnotta.
**Laich** *der* [-(e)s,-e] uova (di pesci e anfibi).
**Laie** *der* [-n,-n] 1 profano 2 (*relig.*) laico.
**Laken** *das* [-s,-] lenzuolo.
**lakonisch** *agg.* laconico.
**Lakritze** *die* [-] liquirizia.
**lallen** *v.tr.* e *intr.* [haben] balbettare, biascicare.
**Lama¹** *das* [-s,-s] (*zool.*) lama.
**Lama²** *der* [-(s),-] (*relig.*) lama.
**Lamelle** *die* [-,-n] lamella (*anche bot.*).
**Lametta** *das* [-s] fili argentati e dorati.
**Lamm** *das* [-(e)s, *Lämmer*] 1 agnello 2 (*fig.*) agnellino.
**Lampe** *die* [-,-n] lampada, lume.
**Lampenschirm** *der* [-(e)s,-e] paralume.
**lancieren** *v.tr.* lanciare (*anche econ.*).

**Land** *das* [-(e)s, *Länder*] **1** terra **2** campagna **3** paese, regione **4** *(pol.)* Land ● *auf dem* —, in campagna.

NOTA La Germania è una Repubblica federale composta da 16 *Länder*, enti territoriali dotati di forti autonomie amministrative. I *Länder* nascono da una lunga tradizione e operano tenendo conto delle peculiarità e delle esigenze regionali. Essi collaborano alla vita dello stato federale tramite il *Bundesrat* (Consiglio Federale).

**Landarbeit** *die* [-] lavoro agricolo.
**Landbesitz** *der* [-es] proprietà terriera.
**Landebahn** *die* [-,-en] *(aer.)* pista d'atterraggio.
**landen** *v.intr.* [*sein*] **1** *(aer.)* atterrare **2** *(mar.)* sbarcare, approdare ♦ *v.tr.* sbarcare.
**Landeplatz** *der* [-es,-plätze] *(aer.)* spiazzo d'atterraggio.
**Länderspiel** *das* [-(e)s,-e] *(sport)* incontro internazionale.
**Landesgrenze** *die* [-,-n] confine di stato.
**Landesinnere** *das* [-n,-n] entroterra.
**Landeskunde** *die* [-] studio della cultura e della civiltà locale.
**Landgut** *das* [-(e)s,-güter] proprietà terriera.
**Landkarte** *die* [-,-n] carta geografica.
**Landkreis** *der* [-es,-e] *(amm.)* circoscrizione, distretto.
**landläufig** *agg.* corrente, comune.
**ländlich** *agg.* rurale, agreste; campagnolo, contadino.
**Landschaft** *die* [-,-en] **1** paesaggio **2** *(fig.)* scenario.
**landschaftlich** *agg.* **1** paesistico, paesaggistico **2** regionale ♦ *avv.* dal punto di vista paesaggistico.
**Landsitz** *der* [-es,-e] **1** residenza di campagna **2** tenuta.
**Landsmann** *der* [-(e)s,-leute] connazionale, compatriota; compaesano.
**Landstraße** *die* [-,-n] strada provinciale.
**Landstreicher** *der* [-s,-; die *-in*] vagabondo *(m.; f. -a)*.

**Landtag** *der* [-(e)s,-e] *(pol.)* Landtag, dieta regionale.
**Landung** *die* [-,-en] **1** *(aer.)* atterraggio **2** *(mar.)* sbarco; approdo.
**Landungsbrücke** *die* [-,-n] passerella di sbarco.
**Landwirt** *der* [-(e)s,-e; die -in] **1** agricoltore *(m.)* **2** agronomo *(m.; f. -a)*; perito *(m.)* agrario.
**Landwirtschaft** *die* [-,-en] **1** agricoltura **2** *(fam.)* piccola fattoria.
**landwirtschaftlich** *agg.* agricolo, agrario.
**lang** *compar.* **länger** *superl.* **längste** *agg.* **1** lungo **2** *(di tempo)* lungo: *vor langer Zeit*, tanto tempo fa ♦ *avv.* (a) lungo ● *einen Tag* —, per un giorno | *— und breit erzählen*, raccontare per filo e per segno.
**lange** *avv.* **1** a lungo, per molto tempo: *— vorher*, molto tempo prima; *wie —?*, (per) quanto (tempo)? **2** da parecchio; *(fam.)* da un bel pezzo ● *(fam.) da kannst du — warten!*, aspetta e spera!
**Länge** *die* [-,-n] **1** lunghezza **2** durata **3** *(geogr.)* longitudine **4** *(fig.)* prolissità.
**langen** *v.intr.* [*haben*] *(fam.)* **1** bastare, essere sufficiente: *jetzt langt's mir aber!*, ne ho proprio abbastanza! **2** cercare di afferrare, allungare una mano.
**Längengrad** *der* [-(e)s,-e] grado di longitudine.
**Längenmaß** *das* [-(e)s,-e] misura di lunghezza.
**Langeweile** *die* [-] noia.
**langfristig** *agg.* a lungo termine.
**langjährig** *agg.* pluriennale.
**Langlauf** *der* [-(e)s] *(sport)* sci di fondo.
**langlebig** *agg.* **1** longevo **2** durevole, duraturo.
**länglich** *agg.* allungato, oblungo.
**längs** *prep.* (+ *Gen* o *Dat*) lungo ♦ *avv.* per il lungo, nel senso della lunghezza.
**langsam** *agg.* lento ♦ *avv.* **1** lentamente **2** a poco a poco.
**Langsamkeit** *die* [-] lentezza.
**längst** *avv.* da molto (tempo), da tanto; *(fam.)* da un (bel) pezzo.

**längstens** avv. 1 al massimo 2 al più tardi.
**Langstrecke** die [-,-n] 1 lunga distanza 2 (sport) fondo.
**Langstreckenlauf** der [-(e)s,-läufe] (sport) corsa di fondo.
**Languste** die [-,-n] aragosta.
**langweilen** v.tr. annoiare ♦ **sich langweilen** v.pron. annoiarsi.
**langweilig** agg. 1 noioso 2 (estens.) monotono.
**Langwelle** die [-,-n] onda lunga.
**langwierig** agg. lungo e faticoso.
**Lanze** die [-,-n] lancia.
**Lappalie** die [-,-n] cosa da nulla, bazzecola.
**Lappe** der [-n,-n; die **Lappin**] lappone (m. e f.).
**Lappen** der [-s,-] straccio, strofinaccio.
**Lapsus** der [-,-] lapsus.
**Lärche** die [-,-n] larice.
**Lärm** der [-(e)s] rumore, chiasso.
**lärmen** v.intr. [haben] far rumore, far baccano.
**Lärmschutz** der [-es,-e] protezione antirumore.
**Larve** die [-,-n] larva.
**Lasche** die [-,-n] 1 (mecc.) copriginto 2 linguetta (di scarpe, lattine).
**Laser** der [-s,-] laser.
**Laserdrucker** der [-s,-] stampante laser.
**lassen** [lässt / ließ / gelassen] v.tr.modale [haben] 1 permettere, lasciare 2 (usato negativamente) proibire, non lasciare 3 far fare: *lass mal von dir hören, fammi avere tue notizie* ♦ v.tr. [haben] 1 smettere, lasciare: *lass das (sein)!*, smettila! 2 avanzare, lasciare 3 dimenticare, lasciare ♦ **sich lassen** v.pron. (spesso impers.) potere: *das lässt sich arrangieren*, si può fare ● *komm, lass uns gehen!*, su, andiamo!
**lässig** agg. informale, disinvolto ● *etw — schaffen*, farcela senza problemi.
**Lässigkeit** die [-] disinvoltura.
**Last** die [-,-en] 1 peso 2 (di aereo) carico 3 (di nave) stiva 4 onere, tassa.
**lasten** v.intr. [haben] (auf + Dat) gravare (su).

**Laster** das [-s,-] vizio.
**lasterhaft** agg. vizioso, depravato.
**lästern** v.intr. [haben] (fam.) (über + Acc) sparlare (di).
**lästig** agg. fastidioso, importuno: *jdm — sein*, dare fastidio a qlcu.
**Lastkahn** der [-(e)s,-kähne] (mar.) chiatta.
**Lastkraftwagen** der [-s,-] autocarro, camion, TIR.
**Lastschrift** die [-,-en] (comm.) addebito; nota di addebito.
**Lasttier** das [-(e)s,-e] bestia da soma.
**Lastwagen** der [-s,-] → **Lastkraftwagen**.
**Lasur** die [-,-en] vernice trasparente.
**Latein** das [-s] latino.
**Lateinamerikaner** der [-s,-; die **-in**] latino-americano (m.; f. -a).
**lateinisch** agg. latino.
**latent** agg. latente.
**Laterne** die [-,-n] 1 lanterna 2 lampione.
**Latex** der [-,-tizes] lattice.
**Latrine** die [-,-n] latrina.
**Latte** die [-,-n] 1 assicella 2 (sport) (nel salto in alto) asticella ● *eine lange —*, uno spilungone, una stanga.
**Lattenzaun** der [-(e)s,-zäune] staccionata, steccato.
**Latz** der [-(e)s, **Lätze**] 1 pettorina 2 (di pantaloni) patta.
**Lätzchen** das [-s,-] bavaglino.
**Latzhose** die [-,-n] salopette.
**lau** agg. 1 tiepido; mite 2 (di persona) indeciso; flemmatico.
**Laub** das [-(e)s] fogliame, foglie; fronde.
**Laube** die [-,-n] 1 pergolato; gazebo 2 (arch.) portico.
**Laubfrosch** der [-(e)s,-frösche] raganella.
**Laubsäge** die [-,-n] sega da traforo.
**Laubwerk** das [-(e)s,-e] fogliame (anche arch.).
**Lauch** der [-(e)s,-e] (bot.) porro.
**Lauer** die ● *auf der —*, in agguato.
**Lauf** der [-(e)s, **Läufe**] 1 corsa 2 corso, andamento: *im Laufe der Zeit*, con l'andare del tempo 3 corso, percorso.

**Laufbahn** *die* [-,-en] carriera.
**laufen** [*läuft / lief / gelaufen*] *v.intr.* [*sein*] 1 correre 2 camminare, andare a piedi 3 (*estens.*) funzionare, andare 4 scorrere, correre 5 colare, gocciolare 6 essere in corso, svolgersi 7 essere in programma 8 essere valido; (*di moneta*) essere in corso ♦ *v.tr.* percorrere; (*sport*) correre.
**laufend** *agg.* 1 (*comm.*) corrente: *laufender Monat*, corrente mese 2 continuo ♦ *avv.* continuamente, in continuazione ● *am laufenden Band*, ininterrottamente | *auf dem Laufenden sein*, essere al corrente.
**Läufer** *der* [-s,-] 1 corridore 2 (*scacchi*) alfiere 3 passatoia.
**Laufsteg** *der* [-(e)s,-e] passerella.
**Laufwerk** *das* [-(e)s,-e] 1 (*di orologio*) movimento, meccanismo 2 (*inform.*) drive 3 (*mecc.*) meccanismo.
**Laufzeit** *die* [-,-en] durata di validità; decorrenza.
**Lauge** *die* [-,-n] soluzione alcalina.
**Laune** *die* [-,-n] 1 umore: *guter, schlechter — sein*, essere di buonumore, di cattivo umore 2 (*estens.*) capriccio.
**launenhaft, launisch** *agg.* capriccioso; lunatico.
**Laus** *die* [-, *Läuse*] pidocchio.
**lauschen** *v.intr.* [*haben*] 1 origliare, spiare 2 ascoltare attentamente.
**Laut** *der* [-(e)s,-e] suono.
**laut¹** *agg.* 1 forte, alto: *mit lauter Stimme*, a voce alta 2 (*estens.*) rumoroso, chiassoso ♦ *avv.* forte, ad alta voce.
**laut²** *prep.* (+ *Gen* o *Dat*) secondo, in conformità di; (*dir.*) ai sensi di.
**Laut** *der* [-(e)s,-e] suono.
**Laute** *die* [-,-n] liuto.
**läuten** *v.intr.* [*haben*] 1 suonare 2 (*di telefono*) squillare.
**lautlos** *agg.* silenzioso.
**Lautsprecher** *der* [-s,-] altoparlante.
**lautstark** *agg.* forte, alto ♦ *avv.* ad alta voce.
**Lautstärke** *die* [-,-n] volume.
**lauwarm** *agg.* tiepido.
**Lava** *die* [-,-ven] lava.
**Lavendel** *der* [-s,-] lavanda.

**Lawine** *die* [-,-n] valanga, slavina.
**Lawinengefahr** *die* [-,-en] pericolo di valanghe.
**Leasing** *das* [-s,-s] (*econ.*) leasing.
**leben** *v.intr.* [*haben*] vivere ♦ *v.tr.* vivere ● *leb wohl!*, addio!, stammi bene!
**Leben** *das* [-s,-] vita ♦ *etw ins — rufen*, dare vita a qlco | *nie im —*, mai, per nessuna ragione al mondo.
**lebend** *agg.* vivente.
**lebendig** *agg.* 1 vivo; vivente 2 (*fig.*) vivace, pieno di vita ♦ *avv.* 1 in vita 2 (*estens.*) con vivacità.
**Lebendigkeit** *die* [-] 1 vitalità 2 vivacità.
**Lebensart** *die* [-,-en] 1 modo di vivere 2 (*estens.*) stile (di) vita.
**Lebensbedingungen** *pl.* condizioni di vita.
**Lebensfreude** *die* [-,-n] gioia di vivere.
**Lebensgefahr** *die* [-,-en] pericolo di vita, pericolo di morte.
**lebensgefährlich** *agg.* estremamente pericoloso; (*di ferita*) mortale.
**Lebensgefährte** *der* [-n,-n] convivente.
**Lebensgefährtin** *die* [-,-nen] convivente.
**Lebenshaltungskosten** *pl.* costo della vita.
**lebenslang** *agg.* che dura tutta la vita ♦ *avv.* per tutta la vita.
**lebenslänglich** *agg.* 1 a vita 2 vitalizio.
**Lebenslauf** *der* [-(e)s,-läufe] curriculum (vitae).
**Lebensmittel** *pl.* (generi) alimentari.
**Lebensmittelvergiftung** *die* [-] intossicazione alimentare.
**lebensmüde** *agg.* stanco della vita.
**lebensnotwendig** *agg.* vitale, essenziale.
**Lebensstandard** *der* [-s,-s] tenore di vita.
**Lebensstil** *der* [-(e)s,-e] stile di vita.
**Lebensunterhalt** *der* [-(e)s] mantenimento, sostentamento.
**Lebensversicherung** *die* [-,-en] assicurazione sulla vita.

**Lebensweg** der [-(e)s,-e] cammino della vita (di una persona).
**Lebensweise** die [-,-n] modo di vivere.
**Leber** die [-,-n] fegato.
**Leberentzündung** die [-,-en] epatite.
**Leberkäse** der [-s] (gastr.) Leberkäse (pasticcio di vari tipi di carne e fegato).
**Leberwurst** die [-,-würste] (gastr.) Leberwurst (salsiccia di fegato di maiale da spalmare).
**Leberzirrhose** die [-,-n] (med.) cirrosi epatica.
**Lebewesen** das [-s,-] essere vivente.
**lebhaft** agg. 1 vivace, pieno di vita 2 (di fantasia ecc.) vivo: etw in lebhafter Erinnerung haben, avere un vivo ricordo di qlco 3 (di discussione) acceso, animato ♦ avv. 1 vivacemente 2 vivamente.
**Lebhaftigkeit** die [-] vivacità (di discussione) animazione.
**Lebkuchen** der [-s,-] (gastr.) Lebkuchen (pan pepato).
**leblos** agg. inanimato, senza vita; morto.
**Lebzeiten** pl. ● zu jds —, ai tempi di qlcu.
**Leck** das [-(e)s,-e] 1 perdita 2 (di nave) falla.
**lecken**[1] v.tr. leccare ♦ v.intr. [haben] (an + Dat) leccare.
**lecken**[2] v.intr. [haben] 1 perdere, colare 2 (di nave) fare acqua.
**lecker** agg. appetitoso, saporito.
**Leckerbissen** der [-s,-] ghiottoneria, leccornia.
**Leder** das [-s,-] cuoio; pelle 2 pallone (da calcio).
**Lederhose** die [-,-n] pantaloni di pelle.

NOTA I pantaloni in pelle dei costumi di montagna bavaresi, del Tirolo e di Salisburgo possono essere così corti che alla zuava; i primi venivano usati durante il lavoro e la caccia, i secondi nei giorni di festa.

**Lederwaren** pl. pelletteria, articoli in pelle.
**ledig** agg. 1 celibe, scapolo 2 nubile.
**lediglich** avv. solo, solamente.

**leer** agg. 1 vuoto (anche estens.) 2 vacante, libero 3 (in) bianco 4 (di promessa) vano, vuoto ♦ avv. a vuoto.
**Leere** die [-] vuoto: eine innere —, un vuoto interiore ♦ avv. [-n] vuoto.
**leeren** v.tr. vuotare ♦ sich leeren v.pron. svuotarsi.
**Leergewicht** das [-(e)s,-e] peso da vuoto.
**Leerlauf** der [-(e)s,-läufe] 1 (mecc.) funzionamento a vuoto 2 (estens.) periodo inattivo, periodo di stanca (aut.) im —, in folle.
**leer stehend, leerstehend** agg. libero, sfitto.
**legal** agg. legale.
**legalisieren** v.tr. legalizzare.
**Legalisierung** die [-,-en] legalizzazione.
**Legalität** die [-] legalità.
**legen** v.tr. 1 adagiare, distendere 2 mettere, appoggiare 3 deporre (uova) 4 (tecn.) posare 5 depositare (denaro) ♦ v.intr. [haben] deporre le uova ♦ **sich legen** v.pron. 1 sdraiarsi, distendersi 2 (di vento) calare 3 (di nebbia) scendere.
**legendär** agg. leggendario.
**Legende** die [-,-n] leggenda.
**Legierung** die [-,-en] (metall.) lega.
**Legion** die [-,-en] (st., mil.) legione.
**Legionär** der [-s,-e] (st., mil.) legionario.
**legislativ** agg. legislativo.
**Legislative** die [-,-n] 1 potere legislativo 2 assemblea legislativa.
**legitim** agg. legittimo.
**legitimieren** v.tr. legittimare.
**Legitimität** die [-] legittimità.
**Leguan** der [-s,-e] iguana.
**Lehen** das [-s,-] (st.) feudo.
**Lehm** der [-(e)s,-e] argilla, creta.
**lehmig** agg. argilloso.
**Lehne** die [-,-n] 1 spalliera 2 bracciolo.
**lehnen** v.tr. (an + Acc) appoggiare (a) ♦ v.intr. [sein] (an + Dat) poggiare (a), essere appoggiato (a) ♦ **sich lehnen** v.pron. 1 (an + Acc; gegen) appoggiarsi (a; contro) 2 (aus) sporgersi (da).
**Lehnstuhl** der [-(e)s,-stühle] poltrona.

**Lehramt** *das* [-(e)s,-ämter] insegnamento.
**Lehrbuch** *das* [-(e)s,-bücher] libro di testo.
**Lehre** *die* [-,-n] 1 apprendistato 2 insegnamento 3 dottrina.
**lehren** *v.tr.* e *intr.* [haben] insegnare.
**Lehrer** *der* [-s,-; die -in] insegnante (*m.* e *f.*); (*di scuola elementare*) maestro (*m.*; *f.* -a); (*di scuola superiore*) professore (*m.*; *f.* -essa).
**Lehrgang** *der* [-(e)s,-gänge] corso di studi.
**Lehrkörper** *der* [-s,-] 1 corpo insegnante 2 (*di università*) corpo docente.
**lehrreich** *agg.* istruttivo.
**Lehrstuhl** *der* [-(e)s,-stühle] (für) cattedra (universitaria) (di).
**Leib** *der* [-(e)s,-er] 1 corpo 2 ventre, pancia ● *mit — und Seele*, (con) anima e corpo.
**leiblich** *agg.* 1 fisico, corporeo 2 consanguineo.
**Leiche** *die* [-,-n] cadavere, salma.
**leicht** *agg.* 1 leggero 2 facile: *die Antwort ist —*, la risposta è facile ● *leichte Musik*, musica leggera.
**Leichtathletik** *die* [-] atletica leggera.
**leicht fallen, leicht·fallen** (→ *fallen*) *v.intr.* [sein] riuscire facile: *es fällt mir leicht*, mi riesce facile.
**leichtfertig** *agg.* leggero, considerato, spensierato ♦ *avv.* alla leggera, spensieratamente.
**leichtgläubig** *agg.* credulone, ingenuo.
**Leichtigkeit** *die* [-] 1 leggerezza 2 facilità.
**leicht machen, leicht·machen** *v.tr.* agevolare, rendere facile: *sich* (*Dat*) *etw —*, prendersela comoda.
**leicht nehmen, leicht·nehmen** (→ *nehmen*) *v.tr.* (*fam.*) prendere sottogamba.
**Leichtsinn** *der* [-(e)s,-e] leggerezza, sventatezza.
**leichtsinnig** *agg.* sventato, considerato.
**leid** *avv.* ● *etw — sein* (o *werden*), essere stufo di qlco, averne abbastanza | *— tun*,

dispiacere; far pena: *es tut mir —*, mi dispiace.
**Leid** *das* [-(e)s] pena, dolore, dispiacere.
**leiden** [*litt* / *gelitten*] *v.intr.* [haben] (*an* + *Dat*; *unter* + *Acc*) soffrire (di; per) ♦ *v.tr.* soffrire, sopportare: *ich kann ihn nicht —*, non lo posso soffrire.
**Leiden** *das* [-s,-] 1 sofferenza 2 (*estens.*) malattia.
**leidend** *agg.* sofferente, malato.
**Leidenschaft** *die* [-,-en] passione.
**leidenschaftlich** *agg.* 1 appassionato, passionale 2 entusiasta ♦ *avv.* 1 con passione 2 con veemenza, con violenza.
**leidenschaftlos** *agg.* freddo, distaccato.
**leider** *avv.* purtroppo, sfortunatamente.
**Leier** *die* [-,-n] (*mus.*) lira.
**leihen** [*lieh* / *geliehen*] *v.tr.* prestare, dare in prestito ● *sich* (*Dat*) *etw —*, prendere in prestito qlco.
**Leihgebühr** *die* [-,-en] tariffa per prendere in prestito.
**Leihschein** *der* [-(e)s,-e] ricevuta di pegno.
**Leihwagen** *der* [-s,-] auto a noleggio.
**leihweise** *avv.* in prestito.
**Leim** *der* [-(e)s,-e] colla ● *aus dem — gehen*, (*di cosa*) andare a pezzi; (*di matrimonio*) andare a rotoli.
**Leine** *die* [-,-n] 1 corda, corda del bucato 2 (*di cane*) guinzaglio 3 lenza.
**Leinen** *das* [-s,-] lino.
**Leinwand** *die* [-] 1 tela (per dipingere) 2 (*di cinema*) schermo.
**Leipzig** *das* Lipsia.
**leise** *agg.* 1 basso, sommesso 2 (*di motore*) silenzioso 3 lieve, leggero ♦ *avv.* sottovoce, piano ● *nicht die leiseste Ahnung haben*, non avere la più pallida idea.
**Leiste** *die* [-,-n] 1 lista; listello 2 (*anat.*) inguine.
**leisten** *v.tr.* rendere ● *sich* (*Dat*) *etw —*, permettersi qlco.
**Leistenbruch** *der* [-(e)s,-brüche] (*med.*) ernia inguinale.
**Leistung** *die* [-,-en] 1 prestazione, ren-

dimento; (scol.) profitto 2 (tecn.) potenza 3 (econ.) contributo, indennità.
**leistungsfähig** *agg.* efficiente; produttivo.
**Leistungsfähigkeit** *die* [-] 1 rendimento, efficienza 2 produttività.
**leiten** *v.tr.* 1 dirigere; guidare, condurre (*anche fig.*) 2 convogliare 3 (*an + Acc*) inoltrare (a).
**leitend** *agg.* (*amm.*) dirigente, di comando.
**Leiter**[1] *der* [-s,-] 1 (die *-in*) capo (*m.*); direttore (*m.*; *f.* -trice) 2 (*elettr.*) conduttore.
**Leiter**[2] *die* [-,-n] scala.
**Leitfaden** *der* [-s,-*fäden*] 1 manuale 2 (*fig.*) filo conduttore.
**Leitfähigkeit** *die* [-] (*fis.*) conduttività, conducibilità.
**Leitlinie** *die* [-,-n] 1 (*geom.*) direttrice 2 (*di strada*) (linea) di mezzeria 3 (*fig.*) direttiva.
**Leitmotiv** *das* [-s,-e] motivo conduttore (*anche fig.*).
**Leitplanke** *die* [-,-n] guardrail.
**Leitung** *die* [-,-en] 1 direzione 2 dirigenza, dirigenti 3 (*elettr.*) linea 4 conduttura, tubatura.
**Leitungsrohr** *das* [-s,-*röhre*] tubatura, conduttura.
**Leitungswasser** *das* [-s] acqua del rubinetto.
**Lektion** *die* [-,-en] lezione.
**Lektor** *der* [-s,-en; die *-in*] (*scol., edit.*) lettore (*m.*; *f.* -trice).
**Lektüre** *die* [-,-n] lettura.
**Lende** *die* [-,-n] (*anat.*) lombo.
**lenkbar** *agg.* maneggevole.
**Lenkbarkeit** *die* [-] maneggevolezza.
**lenken** *v.tr.* 1 (*aut.*) guidare; (*aer.*) pilotare 2 (*fig.*) (*auf + Acc*) dirigere (su).
**Lenker** *der* [-s,-] manubrio.
**Lenkrad** *das* [-(e)s,-*räder*] (*aut.*) volante.
**Lenkstange** *die* [-,-n] manubrio.
**Lenkung** *die* [-,-en] 1 guida; (*aer.*) pilotaggio 2 (*aut.*) sterzo 3 (*di veicoli*) comando.
**Leopard** *der* [-en,-en] leopardo.
**Lepra** *die* [-] (*med.*) lebbra.

**Lerche** *die* [-,-n] allodola.
**lernen** *v.tr.* 1 imparare, apprendere 2 studiare ♦ *v.intr.* [*haben*] 1 studiare 2 fare l'apprendista.
**lesbar** *agg.* leggibile.
**Lesbierin** *die* [-,-*nen*] lesbica.
**lesbisch** *agg.* lesbico.
**Lese** *die* [-,-n] vendemmia.
**Lesebuch** *das* [-(e)s,-*bücher*] (*scol.*) libro di lettura.
**lesen** [*liest / las / gelesen*] *v.tr.* leggere (*anche fig.*) ♦ *v.intr.* [*haben*] (*all'università*) (*über + Dat*) tenere un corso (*su*).
**Lesen** *das* [-s] lettura (*anche inform.*).
**Lesegerät** *das* [-(e)s,-e] microlettore.
**Leser** *der* [-s,-; die *-in*] lettore (*m.*; *f.* -trice).
**Lesezeichen** *das* [-s,-] segnalibro.
**Lesung** *die* [-,-en] lettura.
**Lette** *der* [-n,-n; die *Lettin*] lettone (*m.* e *f.*).
**lettisch** *agg.* lettone.
**Lettland** *das* Lettonia.
**letzt...** *agg.* ultimo; scorso: *zum letzten Mal*, per l'ultima volta; *im letzten Moment*, all'ultimo momento; *letzte Woche*, la settimana scorsa ● *letzten Endes*, in fin dei conti, ultimamente.
**Letzte** *der* e *die* [-n,-n] ultimo (*m.*; *f.* -a) ♦ *das* 1 ultima cosa 2 massimo: *sein Letztes hergeben*, dare il massimo di sé ● (*fam.*) *das ist doch das —!*, è veramente il colmo!
**letztens** *avv.* 1 recentemente, ultimamente 2 per ultimo, in ultimo luogo.
**letzter...** *agg.* ultimo.
**letztlich** *avv.* 1 in fondo, in ultima analisi 2 infine.
**Leuchte** *die* [-,-n] 1 lampada 2 (*fig.*) luminare.
**leuchten** *v.intr.* [*haben*] 1 splendere, brillare 2 far luce, illuminare.
**leuchtend** *agg.* luminoso, brillante; (*di colore*) vivo.
**Leuchter** *der* [-s,-] lampadario; candeliere.
**Leuchtfeuer** *das* [-s,-] (*mar., aer.*) faro.
**Leuchtröhre** *die* [-,-n] tubo luminescente, tubo al neon.

**Leuchtturm** *der* [-(e)s,-türme] faro.
**Leuchtzifferblatt** *das* [-(e)s,-blätter] quadrante luminoso.
**leugnen** *v.tr.* negare.
**Leukämie** *die* [-,-n] (*med.*) leucemia.
**Leute** *pl.* **1** gente: *vor allen Leuten*, in pubblico **2** (*fam.*) dipendenti ♦ *etw unter die — bringen*, diffondere qlco.
**Leutnant** *der* [-s,-s] sottotenente.
**Lexikon** *das* [-s,-ka o -ken] enciclopedia; dizionario.
**Libanon** *der* Libano.
**Libelle** *die* [-,-n] **1** libellula **2** (*tecn.*) livella.
**liberal** *agg.* liberale ♦ *avv.* da liberale.
**Licht** *das* [-(e)s,-er] **1** luce **2** (*pl.*) fanali, luci ♦ *etw ans — bringen*, fare luce su qlco.
**Lichtjahr** *das* [-es,-e] anno luce.
**Lichtmaschine** *die* [-,-n] (*aut.*) dinamo; generatore.
**Lichtquelle** *die* [-,-n] sorgente luminosa.
**Lichtschalter** *der* [-s,-] interruttore della luce.
**Lichtschutzfaktor** *der* [-s,-en] fattore di protezione (solare).
**Lid** *das* [-(e)s,-er] palpebra.
**Lidschatten** *der* [-s,-] ombretto.
**lieb** *agg.* **1** caro; amato **2** simpatico; gentile **3** (*iron.*) benedetto, santo: (*ach du*) *liebe Zeit!*, santo cielo!
**Liebe** *die* [-,-n] **1** amore: — *auf den ersten Blick*, amore a prima vista **2** (*fam.*) persona amata, amore ♦ (*prov.*) — *macht blind*, l'amore è cieco.
**lieben** *v.tr.* amare ♦ *v.intr.* [*haben*] **1** amare, essere innamorati **2** (*estens.*) fare all'amore.
**liebenswürdig** *agg.* cortese, gentile.
**lieber** *avv.* (*compar. di gern* e *lieb*) **1** di preferenza **2** (è) meglio (che): *tu das — nicht*, è meglio che tu non lo faccia ♦ *das ist mir —*, preferisco questo.
**liebevoll** *agg.* amoroso, affettuoso ♦ *avv.* con amore.
**lieb gewinnen, lieb·gewinnen** *v.tr.* affezionarsi a.
**lieb haben, lieb·haben** (→ *haben*) *v.tr.* voler bene a.

**Liebhaber** *der* [-s,-; die -*in*] **1** amante (*m.* e *f.*) **2** (*estens.*) amatore (*m.*; *f.* -*trice*).
**lieblich** *agg.* **1** grazioso, dolce **2** (*di località*) ridente **3** (*di vino*) amabile.
**Liebling** *der* [-(e)s,-e] **1** prediletto, beniamino **2** (*nel rivolgersi a una persona*) tesoro.
**lieblos** *agg.* senza amore, freddo.
**Lieblosigkeit** *die* [-] freddezza, insensibilità.
**liebst...** *agg.* (*superl. di* lieb e gern) **1** il più caro di tutti; carissimo **2** preferito, prediletto ♦ *am liebsten*, carissimo; più di ogni altra cosa.
**Liechtenstein** *das* Liechtenstein.
**Lied** *das* [-(e)s,-er] **1** canzone, canto **2** (*mus.*) lied.
**Liederbuch** *das* [-es,-bücher] canzoniere.
**liederlich** *agg.* **1** trascurato, disordinato **2** sregolato ♦ *avv.* in modo sciatto, disordinato.
**Liedermacher** *der* [-s,-; die -*in*] cantautore (*m.*; *f.* -*trice*).
**Lieferant** *der* [-en,-en; die -*in*] fornitore (*m.*; *f.* -*trice*).
**lieferbar** *agg.* disponibile.
**Lieferfrist** *die* [-,-*en*] termine di consegna.
**liefern** *v.tr.* fornire, consegnare.
**Lieferschein** *der* [-(e)s,-e] (*comm.*) bolletta di consegna, bolla.
**Lieferung** *die* [-,-*en*] fornitura, consegna.
**Lieferwagen** *der* [-s,-] autofurgone, furgone.
**liegen** [*lag / gelegen*] *v.intr.* [*haben* o *sein*] **1** giacere, essere disteso **2** stare, trovarsi; essere situato **3** dipendere: *das liegt daran, dass...*, questo dipende dal fatto che... ♦ *an wem liegt es?*, da chi dipende la faccenda? | *was liegt daran?*, che cosa importa? | *woran liegt es?*, da che cosa dipende?
**liegen bleiben, liegen·bleiben** (→ *bleiben*) *v.intr.* [*sein*] **1** rimanere disteso; (*estens.*) rimanere a letto **2** venir dimenticato **3** rimanere incompiuto **4** (*di merci*) rimanere invenduto.
**liegen lassen, liegen·lassen** (→

*lassen*) *v.tr.* **1** lasciare **2** dimenticare **3** lasciare incompiuto.
**Liegesitz** *der* [*-(e)s,-e*] sedile reclinabile.
**Liegestuhl** *der* [*-(e)s,-stühle*] sedia a sdraio.
**Liegewagen** *der* [*-s,-*] vagone con cuccette.
**Lift** *der* [*-(e)s,-e* o *-s*] **1** ascensore **2** skilift; seggiovia.
**Liga** *die* [*-,-gen*] **1** lega **2** (*sport*) serie.
**Ligament** *das* [*-(e)s,-e*] (*anat.*) legamento.
**Ligurien** *das* Liguria.
**Likör** *der* [*-s,-e*] liquore.
**lila** *agg.invar.* lilla.
**Lilie** *die* [*-,-n*] giglio.
**Limonade** *die* [*-,-n*] gassosa al gusto di limone o di arancia.
**Linde** *die* [*-,-n*] tiglio.
**lindern** *v.tr.* alleviare, lenire: *Schmerzen* —, calmare i dolori.
**Linderung** *die* [*-*] sollievo, lenimento.
**Lineal** *das* [*-s,-e*] riga, righello.
**linear** *agg.* lineare.
**Linie** *die* [*-,-n*] **1** linea (*anche estens.*) **2** riga **3** (*fig.*) linea, direttiva ● *in erster —*, in primo luogo | *in vorderster — stehen*, essere in prima linea.
**Linienflug** *der* [*-(e)s,-flüge*] (*aer.*) volo di linea.
**Linienrichter** *der* [*-s,-*] (*sport*) guardalinee.
**liniiert** *v.tr.* rigato, a righe.
**link** *agg.* sinistro (*anche fig.*) ● (*lavoro a maglia*) *linke Maschen*, maglie a rovescio.
**Linke** *die* [*-n,-n*] **1** (mano) sinistra **2** (*sport*) sinistro **3** (*pol.*) sinistra ♦ *der* e *die* (*pol.*) persona (*f.*) di sinistra.
**links** *avv.* **1** a sinistra (*anche pol.*) **2** (*nel lavoro a maglia*) a rovescio.
**Linksaußen** *der* [*-,-*] (*sport*) ala sinistra.
**Linkshänder** *der* [*-s,-*; die *-in*] mancino (*m.; f.* -a).
**linkshändig** *agg.* **1** mancino **2** (*estens.*) maldestro, goffo ♦ *avv.* con la (mano) sinistra.
**Linoleum** *das* [*-s*] linoleum.

**Linse** *die* [*-,-n*] **1** lenticchia **2** (*ottica*) lente **3** (*fot.*) obiettivo.
**Lippe** *die* [*-,-n*] **1** labbro **2** (*pl.*) labbra; (*estens.*) bocca.
**Lippenstift** *der* [*-(e)s,-e*] rossetto.
**Liquidation** *die* [*-,-en*] (*comm., econ.*) liquidazione.
**liquidieren** *v.tr.* liquidare (*anche fig.*).
**lispeln** *v.intr.* [*haben*] **1** bisbigliare; sussurrare **2** essere bleso.
**Lissabon** *das* Lisbona.
**List** *die* [*-,-en*] **1** trucco, stratagemma **2** (*estens.*) astuzia, scaltrezza.
**Liste** *die* [*-,-n*] **1** lista, elenco **2** lista (elettorale).
**listig** *agg.* astuto, scaltro.
**Litanei** *die* [*-,-en*] litania.
**Litauen** *das* Lituania.
**Litauer** *der* [*-s,-*; die *-in*] lituano (*m.; f.* -a).
**litauisch** *agg.* lituano.
**Liter** *der* o *das* [*-s,-*] litro: *ein halber —*, mezzo litro.
**literarisch** *agg.* letterario ♦ *avv.* dal punto di vista letterario.
**Literat** *der* [*-en,-en*; die *-in*] letterato (*m.; f.* -a), scrittore (*m.; f.* -trice).
**Literatur** *die* [*-,-en*] **1** letteratura **2** bibliografia, letteratura.
**Literaturverzeichnis** *das* [*-ses,-se*] bibliografia.
**Litfaßsäule** *die* [*-,-en*] colonna delle affissioni.
**Lithografie** *die* [*-,-n*] litografia.
**Liturgie** *die* [*-,-n*] liturgia.
**liturgisch** *agg.* liturgico.
**Litze** *die* [*-,-n*] **1** (*abbigl.*) passamano **2** (*mil.*) gallone **3** (*elettr.*) cavetto.
**Livree** *die* [*-,-n*] livrea.
**Lizenz** *die* [*-,-en*] licenza.
**Lkw, LKW**, *der* [*-s,-s*] (*Lastkraftwagen*) autocarro, camion, TIR.
**Lob** *das* [*-(e)s,-e*] lode, elogio.
**loben** *v.tr.* lodare, elogiare.
**lobend** *agg.* di lode, di elogio ♦ *avv.* in modo lusinghiero.
**lobenswert** *agg.* degno di lode, lodevole.
**löblich** *agg.* → **lobenswert**.
**Loch** *das* [*-(e)s, Löcher*] **1** buco, foro **2**

buca 3 (spreg.) buco, bugigattolo 4 (pop.) prigione, galera 5 (di animali) tana.
**lochen** v.tr. bucare, forare.
**löcherig** agg. bucherellato; pieno di buche.
**Locke** die [-,-n] ricciolo; ciocca.
**locken**[1] v.tr. attirare, allettare.
**locken**[2] v.tr. arricciare ♦ **sich locken** v.pron. arricciarsi.
**lockend** agg. allettante, seducente.
**Lockenwickel, Lockenwickler** der [-s,-] bigodino.
**locker** agg. 1 malfermo, traballante 2 (di vite) lento, allentato 3 (di impasto) soffice 4 (di atteggiamento) rilassato, disinvolto 5 frivolo; sregolato ♦ avv. 1 in modo morbido 2 in modo rilassato; con disinvoltura.
**lockern** v.tr. 1 allentare 2 rilassare, sciogliere (muscoli) 3 dissodare, smuovere (terreno) ♦ **sich lockern** v.pron. 1 allentarsi 2 rilassarsi, sciogliersi 3 (fig.) rilassarsi.
**lockig** agg. riccio.
**Lockung** die [-,-en] allettamento, richiamo; (estens.) tentazione.
**Lodenmantel** der [-s,-mäntel] cappotto di loden.
**Löffel** der [-s,-] cucchiaio; (contenuto) cucchiaiata.
**löffeln** v.tr. mangiare con il cucchiaio.
**löffelweise** avv. a cucchiaiate.
**Logarithmus** der [-s,-men] logaritmo.
**Loge** die [-,-n] 1 (teatr.) palco 2 loggia massonica.
**Logik** die [-] logica.
**logisch** agg. logico.
**Lohn** der [-(e)s, Löhne] 1 salario, paga; compenso 2 ricompensa.
**lohnen** v.tr. valere la pena di, meritare ♦ **sich lohnen** v.pron. valere la pena di, meritare.
**lohnend** agg. vantaggioso; remunerativo.
**Lohntarif** der [-(e)s,-e] tariffa salariale.
**Lohntüte** die [-,-n] busta paga.
**Loipe** die [-,-n] pista di sci di fondo.
**lokal** agg. locale.
**Lokal** das [-s,-e] locale (pubblico).

**lokalisieren** v.tr. localizzare.
**Lokalisierung** die [-,-en] localizzazione.
**Lokomotive** die [-,-n] locomotiva.
**Lombardei** das Lombardia.
**Look** der [-s,-s] look.
**Lorbeer** der [-s,-en] 1 alloro, lauro 2 (gastr.) foglie d'alloro.
**Lorbeerbaum** der [-(e)s,-bäume] alloro, lauro.
**Lorbeerblatt** das [-(e)s,-blätter] foglia d'alloro.
**los** avv. 1 avanti, forza: na —!, su, coraggio 2 libero ♦ **fertig, —!**, pronti, via! | was ist —?, cosa succede?, che cosa c'è?
**Los** das [-es,-e] 1 sorte, destino 2 biglietto della lotteria 3 (comm.) partita.
**los-binden** (→ binden) v.tr. slegare, liberare.
**löschen** v.tr. 1 spegnere (anche fig.): das Feuer —, spegnere il fuoco; den Durst —, spegnere la sete 2 cancellare 3 estinguere (debiti ecc.).
**Löschfahrzeug** das [-(e)s,-e] autopompa.
**Löschpapier** das [-(e)s,-e] carta assorbente.
**Löschung** die [-,-en] 1 spegnimento 2 cancellazione 3 (di debito) estinzione.
**lose** agg. 1 lento, allentato 2 sciolto, non legato ♦ avv. 1 lento, allentato 2 sciolto, sfuso.
**losen** v.intr. [haben] (um) tirare a sorte, sorteggiare.
**lösen** v.tr. 1 sciogliere 2 staccare 3 allentare 4 risolvere: ein Rätsel —, risolvere un indovinello 5 acquistare, comprare 6 (fig.) annullare: eine Verlobung —, troncare un fidanzamento ♦ **sich lösen** v.pron. 1 sciogliersi 2 allentarsi; slacciarsi 3 risolversi 4 (fig.) (aus o von) liberarsi (da).
**los·fahren** (→ fahren) v.intr. [sein] (fam.) partire (con un veicolo).
**los·gehen** (→ gehen) v.intr. [sein] (fam.) 1 partire, andare (a piedi) 2 (auf + Acc) saltare addosso (a), gettarsi (su) 3 cominciare, iniziare.
**los·kaufen** v.tr. riscattare.
**los·kommen** (→ kommen) v.intr.

[sein] (fam.) (von) riuscire a liberarsi (da, di).
**los·lassen** (→ *lassen*) *v.tr.* lasciar andare, liberare.
**löslich** *agg.* solubile.
**los·machen** *v.tr.* slegare, staccare ♦ *v.intr.* [haben] (mar.) salpare ♦ **sich losmachen** *v.pron.* (fam.) **1** (von o aus) slegarsi (da); staccarsi (da) **2** (fig.) (von o aus) liberarsi (da, di).
**los·reißen, sich** (→ *reißen*) *v.pron.* **1** (von) separarsi (da) **2** (von) strapparsi (da), staccarsi (con violenza) (da).
**los·sagen, sich** *v.pron.* (von) allontanarsi (da); staccarsi (da).
**los·schrauben** *v.tr.* svitare.
**los·sprechen** (→ *sprechen*) *v.tr.* (relig.) assolvere.
**Losung** *die* [-,-en] **1** parola d'ordine **2** motto; slogan.
**Lösung** *die* [-,-en] **1** distacco **2** soluzione (anche chim.).
**Lösungsmittel** *das* [-s,-] (chim.) solvente.
**los·werden** (→ *werden*) *v.tr.* (fam.) **1** disfarsi (di), liberarsi di **2** perdere.
**Lot** *das* [-(e)s,-e] filo a piombo, piombino: *im — sein*, essere a piombo; essere a posto.
**loten** *v.tr.* piombare.
**löten** *v.tr.* saldare.
**Lotos** *der* [-,-] **Lotosblume** *die* [-,-n] (bot.) loto.
**lotrecht** *agg.* perpendicolare, verticale.
**Lotse** *der* [-n,-n] **1** (mar.) pilota **2** (aer.) controllore di volo.
**lotsen** *v.tr.* **1** (mar.) pilotare **2** (aer.) dirigere **3** (fig.) guidare, condurre.
**Lotterie** *die* [-,-n] lotteria.
**Lotto** *das* [-s,-s] lotto.
**Löwe** *der* [-n,-n] **1** leone **2** (astr.) Leone.
**Löwenmaul** *das* [-(e)s] (bot.) bocca di leone.
**Löwenzahn** *der* [-s] (bot.) dente di leone.
**Luchs** *der* [-es,-e] lince.
**Lücke** *die* [-,-n] **1** spazio; vuoto (anche fig.) **2** lacuna **3** (di legge) scappatoia.

**lückenhaft** *agg.* lacunoso; pieno di vuoti.
**Luft** *die* [-, *Lüfte*] **1** aria **2** fiato, respiro **3** aria aperta.
**Luftballon** *der* [-s,-s] palloncino.
**Luftblase** *die* [-,-n] **1** bolla (d'aria) **2** (fig.) bolla di sapone.
**luftdicht** *agg.* ermetico.
**Luftdruck** *der* [-(e)s] pressione atmosferica.
**lüften** *v.tr.* **1** aerare (locali); arieggiare (vestiti) **2** svelare (segreti) ♦ *v.intr.* [haben] cambiare aria.
**Luftfahrt** *die* [-] aviazione civile.
**Luftfahrtgesellschaft** *die* [-,-en] compagnia aerea.
**luftig** *agg.* **1** (di locali) aerato, ventilato **2** (di vestiti) leggero, vaporoso ♦ *avv.* in modo leggero.
**Luftlinie** *die* [-,-n] linea d'aria.
**Luftloch** *das* [-(e)s,-löcher] (aer.) vuoto d'aria.
**Luftmatratze** *die* [-,-n] materassino gonfiabile.
**Luftpirat** *der* [-en,-en] dirottatore.
**Luftpost** *die* [-] posta aerea.
**Luftpumpe** *die* [-,-n] (mecc.) pompa pneumatica.
**Luftraum** *der* [-es,-räume] spazio aereo.
**Luftröhre** *die* [-] (anat.) trachea.
**Luftstrom** *der* [-(e)s,-ströme] corrente d'aria.
**Lüftung** *die* [-,-en] **1** aerazione, ventilazione **2** (estens.) impianto di ventilazione.
**Luftverkehr** *der* [-s] traffico aereo.
**Luftverschmutzung** *die* [-] inquinamento atmosferico.
**Luftwaffe** *die* [-,-n] aeronautica militare.
**Luftzug** *der* [-es,-züge] corrente d'aria.
**Lüge** *die* [-,-n] bugia, menzogna.
**lügen** [*log* / *gelogen*] *v.intr.* [haben] mentire.
**lügenhaft** *agg.* falso; menzognero.
**Lügner** *der* [-s,-; die -in] bugiardo (*m.*; *f.* -a).
**Luke** *die* [-,-n] **1** abbaino **2** (mar.) boccaporto **3** (di cantina) botola.

**Lump** *der* [-en,-en] (*spreg.*) farabutto, mascalzone.
**Lumpen** *der* [-s,-] straccio, cencio.
**lumpig** *agg.* **1** meschino, vile **2** misero, lacero.
**Lunge** *die* [-,-n] polmone, polmoni.
**Lungenentzündung** *die* [-,-en] polmonite.
**lungenkrank** *agg.* malato ai polmoni.
**Lunte** *die* [-,-n] miccia.
**Lupe** *die* [-,-n] lente d'ingrandimento.
**Lupine** *die* [-,-n] (*bot.*) lupino.
**Lurch** *der* [-(e)s,-e] (*zool.*) anfibio.
**Lust** *die* [-, *Lüste*] **1** voglia: *große, keine — zu etw haben*, avere una gran voglia, non avere voglia di qlco **2** gioia, piacere.
**lüstern** *agg.* **1** (*auf + Acc*) avido (di) **2** lascivo, lussurioso.
**lustig** *agg.* **1** allegro **2** divertente, ameno ● *sich über jdn — machen*, prendere in giro qlcu.

**lustlos** *agg.* **1** svogliato **2** disinteressato, fiacco ♦ *avv.* di mala voglia.
**Lustspiel** *das* [-(e)s,-e] commedia.
**lutschen** *v.tr.* e *intr.* [*haben*] succhiare.
**Lutscher** *der* [-s,-] lecca-lecca.
**Luxemburg** *das* Lussemburgo.
**luxuriös** *agg.* lussuoso, di lusso ♦ *avv.* nel lusso, lussuosamente.

FALSCHER FREUND
Da non confondere con l'italiano 'lussurioso', che si traduce *lüstern, geil*.

**Luxus** *der* [-] lusso.
**Luxushotel** *das* [-s,-s] hotel di lusso.
**Luzern** *das* Lucerna.
**lymphatisch** *agg.* linfatico.
**Lymphe** *die* [-,-n] linfa.
**lynchen** *v.tr.* linciare.
**Lyrik** *die* [-] poesia; lirica.
**lyrisch** *agg.* lirico.

# Mm

**machbar** *agg.* attuabile, fattibile.
**machen** *v.tr.* **1** fare: *um es kurz zu —*, per farla breve **2** rendere: *jdn nervös —*, rendere qlcu nervoso **3** fare, costruire; fabbricare **4** atteggiarsi a **5** (*fam.*) costare: *was macht das?*, quanto fa? **6** (*mat.*) dare, fare: *drei mal drei macht neun*, tre per tre fa nove ♦ **sich machen** *v.pron.* **1** crescere (*anche fig.*) **2** (*an + Acc*) mettersi (a), cominciare (a) ● (*fam.*) *mach's gut!*, stammi bene!
**Macht** *die* [-, *Mächte*] **1** potere **2** facoltà **3** potenza; forza.
**mächtig** *agg.* **1** potente **2** (*di cose*) imponente, possente ♦ *avv.* (*fam.*) terribilmente, estremamente.
**machtlos** *agg.* impotente, privo di autorità.
**Mädchen** *das* [-s,-] ragazza; bambina.
**Mädchenname** *der* [-ns,-n] cognome da ragazza.
**Made** *die* [-,-n] verme, baco.
**madig** *agg.* pieno di vermi; (*di frutto*) bacato.
**Madonna** *die* [-,-nen] Madonna.
**Magazin** *das* [-s,-e] **1** magazzino, deposito **2** rivista; (*radio, tv*) programma di attualità.
**Magdeburg** Magdeburgo.
**Magen** *der* [-s, *Mägen* o -] stomaco: *sich (Dat) den — verderben*, fare indigestione.
**Magenbitter** *der* [-s,-] amaro digestivo.
**Magengeschwür** *das* [-(e)s,-e] ulcera gastrica.
**Magenschmerzen** *pl.* mal di stomaco.
**Magenverstimmung** *die* [-,-en] indigestione.
**mager** *agg.* **1** magro, scarno; (*di latte*) scremato **2** (*fig.*) magro, misero.
**Magerkeit** *die* [-] magrezza.
**Magermilch** *die* [-] latte scremato.
**Magie** *die* [-] magia.
**magisch** *agg.* magico.
**Magma** *das* [-s,-men] (*geol.*) magma.
**Magnat** *der* [-en,-en; *die* -in] magnate (*m. e f.*).
**Magnesium** *das* [-s] (*chim.*) magnesio.
**Magnet** *der* [-(e)s,-e o -en,-en] magnete, calamita.
**Magnetband** *das* [-(e)s,-bänder] nastro magnetico.
**magnetisch** *agg.* magnetico.
**magnetisieren** *v.tr.* magnetizzare.
**Magnetismus** *der* [-] magnetismo.
**Magnetnadel** *die* [-,-n] ago (della bussola).
**Mahagoni** *das* [-s] mogano.
**mähen**[1] *v.tr.* mietere, falciare.
**mähen**[2] *v.intr.* [*haben*] belare.
**Mahl** *das* [-(e)s, *Mähler* o -e] pasto; banchetto.
**mahlen** [*mahlt / mahlte / gemahlen*] *v.tr.* macinare.
**Mahlzeit** *die* [-,-en] pasto ● *—!*, buon appetito!
**Mahnbrief** *der* [-(e)s,-e] **1** lettera di ingiunzione **2** lettera di sollecito.
**Mähne** *die* [-,-n] criniera.

**mahnen** *v.tr.* **1** esortare, invitare **2** (*dir.*) ingiungere **3** (*an* + *Acc*) ricordare (a) **4** (*comm.*) sollecitare.
**Mahnung** *die* [-,-en] **1** (*comm.*) sollecito **2** esortazione.
**Mai** *der* [-(e)s,-e] maggio: *im* (*Monat*) —, in (*o* a, *o* nel mese di) maggio.
**Maiglöckchen** *das* [-s,-] mughetto.
**Maikäfer** *der* [-s,-] maggiolino.
**Mailand** *das* Milano.
**Mailbox** *die* [-,-en] casella postale ● *elektronische Mailbox*, casella postale elettronica.
**Mainz** *das* Magonza.
**Mais** *der* [-es,-e] granoturco, mais.
**Majestät** *die* [-,-en] **1** maestà **2** (*fig.*) maestosità, grandiosità.
**majestätisch** *agg.* maestoso, grandioso.
**Major** *der* [-s,-e] (*mil.*) maggiore; (*aer.*) comandante.
**Majoran** *der* [-s,-e] maggiorana.
**makaber** *agg.* macabro.
**makellos** *agg.* perfetto; ineccepibile.
**Make-up** *das* [-s] trucco, maquillage.
**Makkaroni** *pl.* maccheroni.
**Makler** *der* [-s,-; *die -in*] agente (*m. e f.*) immobiliare.
**Makrele** *die* [-,-en] sgombro.
**mal** *avv.* **1** (*mat.*) per **2** (*esortazione*) un po' **3** (*affermazione*) a volte ● *hör —*, ascolta! | *pass doch — auf!*, stai (un po') attento!
**Mal¹** *das* [-(e)s,-e] volta: *ein anderes —*, un'altra volta.
**Mal²** *das* [-(e)s,-e *o* *Mäler*] **1** segno, macchia **2** (*baseball*) base.
**malen** *v.tr. e intr.* [*haben*] **1** pittore (*m.; f. -trice*) **2** imbianchino (*m.; f. -a*).
**Malerei** *die* [-,-en] **1** pittura **2** dipinto.
**malerisch** *agg.* **1** pittorico **2** (*fig.*) pittoresco ♦ *avv.* dal punto di vista pittorico.
**mal·nehmen** (→ *nehmen*) *v.tr.* (*fam.*) (*mit*) moltiplicare (per).
**Malve** *die* [-,-n] malva.
**Malz** *das* [-es] malto.
**Malzbier** *das* [-(e)s,-e] birra di malto.

**Mama, Mami** *die* [-,-s] mamma.
**man** *pron.indef.invar.*si: — *sagt*, si dice ● *lass das — sein*, non farlo.
**Manager** *der* [-s,-; *die -in*] **1** dirigente (*m. e f.*), manager (*m. e f.*) **2** impresario (*m.; f. -a*).
**manch** *agg.indef.* qualche, parecchio ♦ *agg.indef.invar.* qualche, alcuno ♦ *pron. indef.* qualcuno, alcuni ♦ *pron.indef.n.* alcune cose, parecchie cose.
**manchmal** *avv.* talvolta, a volte.
**Mandant** *der* [-en,-en; *die -in*] (*dir.*) mandante (*m. e f.*), cliente (*m. e f.*).
**Mandarine** *die* [-,-n] mandarino.
**Mandat** *das* [-(e)s,-e] (*dir.*) mandato.
**Mandel** *die* [-,-n] **1** mandorla **2** (*anat.*) tonsilla.
**Mandelbaum** *der* [-(e)s,-bäume] mandorlo.
**Mandelentzündung** *die* [-,-en] tonsillite.
**Manege** *die* [-,-n] **1** (*di circo*) arena, pista **2** maneggio.
**Mangan** *das* [-s] manganese.
**Mangel** *der* [-s, *Mängel*] **1** (*an* + *Dat*) mancanza (di), scarsità (di), carenza (di) **2** difetto.
**mangelhaft** *agg.* **1** difettoso **2** (*scol.*) insufficiente ♦ *avv.* insufficientemente.
**mangeln** *v.intr.* (*an* + *Dat*) mancare (di) ● *es mangelt ihm an Geld*, gli mancano i soldi.
**mangels** *prep.* (+ *Gen*) in mancanza di.
**Manie** *die* [-,-n] mania; (*estens.*) ossessione.
**Manieren** *pl.* maniere.
**Manifest** *das* [-es,-e] manifesto.
**Maniküre** *die* [-,-n] manicure.
**maniküren** *v.tr.* fare la manicure a ♦ *sich maniküren* *v.pron.* farsi la manicure.
**Manipulation** *die* [-,-en] manipolazione.
**manipulieren** *v.tr.* **1** maneggiare **2** manipolare, manovrare.
**manisch** *agg.* maniaco; maniacale.
**Manko** *das* [-s,-s] **1** (*comm.*) ammanco **2** mancanza, carenza.
**Mann** *der* [-(e)s, *Männer*] **1** uomo **2**

**marito** ● — *an* —, fianco a fianco | *von* — *zu* —, da uomo a uomo.
**mannhaft** *agg.* virile.
**mannigfach, mannigfaltig** *agg.* **1** vario **2** molteplice.
**Mannigfaltigkeit** *die* [-] molteplicità **2** varietà.
**männlich** *agg.* **1** maschile (*anche gramm.*) **2** virile, mascolino ♦ *avv.* da uomo.
**Männlichkeit** *die* [-] virilità.
**Mannschaft** *die* [-,-en] **1** (*sport*) squadra **2** (*pl.*) (*mil.*) truppa.
**Manöver** *das* [-s,-] manovra.
**manövrieren** *v.tr.* e *intr.* [*haben*] manovrare.
**Mansarde** *die* [-,-n] mansarda.
**Manschette** *die* [-,-n] **1** polsino **2** fascetta (di carta) **3** (*mecc.*) anello di tenuta.
**Mantel** *der* [-s, *Mäntel*] **1** cappotto; mantello **2** manto.
**manuell** *agg.* manuale ♦ *avv.* a mano, manualmente.
**Manufaktur** *die* [-,-en] manifattura.
**Manuskript** *das* [-(e)s,-e] manoscritto.
**Mappe** *die* [-,-n] **1** cartella, borsa **2** cartelletta.
**Marathonlauf** *der* [-(e)s,-*läufe*] maratona.
**Märchen** *das* [-s,-] fiaba, favola.
**märchenhaft** *agg.* **1** fiabesco **2** (*fam.*) favoloso, fantastico ♦ *avv.* da favola; in modo magico.
**Märchenprinz** *der* [-en,-en] principe azzurro.
**Margarine** *die* [-] margarina.
**Margerite** *die* [-,-n] margherita.
**Marienkäfer** *der* [-s,-] coccinella.
**Marihuana** *das* [-s] marijuana.
**Marine** *die* [-,-n] (*mil.*) marina.
**marinieren** *v.tr.* (*gastr.*) marinare.
**Marionette** *die* [-,-n] marionetta (*anche fig.*).
**Mark**[1] *die* [-,-] (*st.*) marco.
**Mark**[2] *das* [-(e)s,-e] **1** midollo **2** (*di frutta*) polpa.
**Marke** *die* [-,-n] **1** marca; marchio (di fabbrica) **2** contromarca; gettone.

**Markenzeichen** *das* [-s,-] marchio (di fabbrica).
**markieren** *v.tr.* marcare, (contras)segnare.
**Markierung** *die* [-,-en] marchio, contrassegno.
**Markise** *die* [-,-n] tenda (*o* tendone) da sole.
**Markt** *der* [-(e)s, *Märkte*] mercato.
**Markthalle** *die* [-,-n] mercato coperto.
**Marktplatz** *der* [-es,-*plätze*] piazza del mercato.
**Marmelade** *die* [-,-n] marmellata.
**Marmor** *der* [-s,-e] marmo.
**marmorn** *agg.* marmoreo, di marmo.
**marode** *agg.* corrotto, marcio.
**Marokkaner** *der* [-s,-; die *-in*] marocchino (*m.*; *f.* -a).
**marokkanisch** *agg.* marocchino.
**Marokko** *das* Marocco.
**Marone** *die* [-,-n] (*austr.*) marrone.
**marsch** *inter.* (*mil.*) marsc ● (*fam.*) —!, forza!; avanti!
**Marsch** *der* [-es, *Märsche*] **1** marcia **2** (*estens.*) lunga camminata a piedi.
**Marschall** *der* [-s,-*schälle*] (*mil.*) maresciallo.
**marschieren** *v.intr.* [*sein*] marciare.
**Marsmensch** *der* [-en,-en] marziano.
**Marter** *die* [-,-n] **1** martirio **2** (*fig.*) tormento, supplizio.
**martern** *v.tr.* **1** martirizzare **2** (*fig.*) martoriare, tormentare.
**Märtyrer** *der* [-s,-; die *-in*] martire (*m.* e *f.*).
**Marxismus** *der* [-] marxismo.
**März** *der* [-es] marzo: *im* (*Monat*) —, in (*o* a, *o* nel mese di) marzo.
**Marzipan** *das* [-s,-e] marzapane.
**Maschine** *die* [-,-n] **1** macchina **2** macchina per scrivere **3** lavatrice **4** (*fam.*) aereo **5** (*fam.*) motocicletta.
**maschinell** *agg.* meccanico.
**Maschinenbau** *der* [-(e)s] **1** ingegneria meccanica **2** costruzione di macchine utensili.
**Maschinengewehr** *das* [-(e)s,-e] mitragliatrice.
**Maschine schreiben** (→ *schreiben*) *v.tr.* dattilografare, scrivere a macchina.

**Masern** *pl.* morbillo.
**Maske** *die* [-,-n] **1** maschera (*anche inform.*) **2** maschera di bellezza **3** mascherina (di protezione) ● **die — fallen lassen**, gettare la maschera.
**Maskerade** *die* [-,-n] mascherata.
**maskieren** *v.tr.* **1** mascherare, mascherarsi **2** nascondere, camuffare ♦ **sich maskieren** *v.pron.* mascherarsi.
**Maskierung** *die* [-,-en] **1** mascheramento, travestimento **2** mimetizzazione.
**Maskottchen** *das* [-,s,-] portafortuna, mascotte.
**maskulin** *agg.* maschile (*anche gramm.*).
**Masochist** *der* [-en,-en]; *die* -*in* masochista (*m. e f.*).
**masochistisch** *agg.* masochistico.
**Maß**[1] *das* [-es,-e] misura; unità di misura ● **in dem Maße, dass...**, a tal punto che...
**Maß**[2] *die* [-,-(e)] (*region.*) (boccale da) un litro di birra).
**Massage** *die* [-,-n] massaggio.
**Massaker** *das* [-,s,-] massacro.
**Masse** *die* [-,-n] **1** massa (*anche scient.*) **2** gran quantità **3** folla.
**Maßeinheit** *die* [-,-en] unità di misura.
**Massenmedien** *pl.* mass-media.
**massenweise** *avv.* in massa; in modo massiccio.
**Masseur** *der* [-s,-e] massaggiatore.
**Masseurin** *die* [-,-nen] massaggiatrice.
**Maßgabe** *die* ● (*amm.*) **nach** — (+ *Gen*), in conformità di; a norma di.
**maßgebend** *agg.* **1** normativo **2** (*estens.*) decisivo, risolutivo.
**maßgeblich** *agg.* **1** determinante, decisivo **2** (*di persona*) autorevole ♦ *avv.* in modo determinante, decisivo.
**Maß halten, maß·halten** (→ **halten**) *v.tr.* (**in** + *Dat*) moderarsi (in), controllarsi (in).
**massieren** *v.tr.* massaggiare.
**massig** *agg.* massiccio, pesante ♦ *avv.* in gran quantità.
**mäßig** *agg.* **1** moderato, contenuto **2** (*di prezzi*) modico **3** (*spreg.*) mediocre; (*di cosa*) scadente ♦ *avv.* **1** con moderazione **2** scarsamente.
**mäßigen** *v.tr.* **1** misurare; limitare **2** moderare, ridurre ♦ **sich mäßigen** *v.pron.* moderarsi, controllarsi.
**Mäßigkeit** *die* [-] moderazione; parsimonia.
**Mäßigung** *die* [-,-en] **1** limitazione, riduzione **2** (*di costi*) contenimento.
**massiv** *agg.* massiccio ♦ *avv.* **1** in modo massiccio, in massa **2** (*fig.*) in modo pesante, offensivo.
**Massiv** *das* [-s,-e] (*geol.*) massiccio.
**maßlos** *agg.* **1** smisurato, enorme **2** (*fig.*) eccessivo, smodato ♦ *avv.* esageratamente.
**Maßnahme** *die* [-,-n] misura, provvedimento: *Maßnahmen ergreifen* (o *treffen*) *gegen*, prendere provvedimenti contro.
**Maßstab** *der* [-(e)s,-stäbe] **1** scala **2** (*fig.*) parametro, criterio **3** riferimento.
**maßvoll** *agg.* moderato, sobrio.
**Mast** *der* [-es,-en o -e] **1** (*mar.*) albero **2** (*estens.*) palo; (*elettr.*) pilone; (*di bandiera*) asta.
**Mastdarm** *der* [-(e)s,-därme] (*anat.*) retto.
**Match** *das* o *der* [-(e)s,-s o -e] partita, match.
**Material** *das* [-s,-ien] **1** materiale **2** (*pl.*) documentazione; materiali.
**Materialismus** *der* [-] materialismo.
**materialistisch** *agg.* materialistico, materialista.
**Materie** *die* [-,-n] (*scient.*) materia.
**materiell** *agg.* **1** materiale; (*estens.*) materialistico **2** economico, finanziario.
**Mathematik** *die* [-] matematica.
**Mathematiker** *der* [-s,-; *die* -*in*] matematico (*m.; f. -a*).
**mathematisch** *agg.* matematico ♦ *avv.* da un punto di vista matematico.
**Matratze** *die* [-,-n] materasso.
**Matrize** *die* [-,-n] (*tip.*, *mecc.*) matrice.
**Matrose** *der* [-n,-n] marinaio.
**Matsch** *der* [-es,-e] **1** fango, mota **2** (*estens.*) poltiglia.
**matschig** *agg.* (*fam.*) fangoso.
**matt** *agg.* (*fam.*) **1** fiacco, spossato **2**

(*di carta, metallo*) opaco 3 fioco, spento.
**Matte** *die* [-,-*n*] stuoia.
**Matterhorn** *das* Cervino.
**Matura** *die* [-] (*austr.*) maturità.
**Mauer** *die* [-,-*n*] 1 muro (*anche fig.*) 2 mura (*di cinta*).
**mauern** *v.tr.* murare ♦ *v.intr.* [*haben*] 1 costruire un muro 2 (*fig.*) erigere una barriera.
**Mauerziegel** *der* [-*s*,-] mattone.
**Maul** *das* [-(*e*)*s*, *Mäuler*] (*di animali*) muso, bocca ● (*spreg.*) *böses* —, malalingua.
**Maulesel** *der* [-*s*,-] mulo.
**Maulkorb** *der* [-(*e*)*s*,-*körbe*] museruola (*anche fig.*).
**Maultier** *das* [-(*e*)*s*,-*e*] mulo.
**Maulwurf** *der* [-(*e*)*s*,-*würfe*] talpa (*anche fig.*).
**Maurer** *der* [-*s*,-] muratore.
**Maus** *die* [-, *Mäuse*] 1 topo 2 (*inform.*) mouse 3 (*pl.*) (*pop.*) grana, quattrini.
**Mausefalle, Mäusefalle** *die* [-,-*n*] trappola per topi.
**Mausklick Maut** *die* [-,-*en*] **Mautgebühr** *die* [-,-*en*] (*austr.*) pedaggio (autostradale).
**maximal** *agg.* massimo, massimale ♦ *avv.* al massimo.
**Maximum** *das* [-*s*,-*ma*] (*an* + *Dat*) massimo (di).
**Mäzen** *der* [-*s*,-*e*; die -*atin*] mecenate (*m.* e *f.*).
**Mechanik** *die* [-,-*en*] 1 (*fis.*) meccanica 2 meccanismo (*anche fig.*).
**Mechaniker** *der* [-*s*,-; die -*in*] meccanico (*m.*; *f.* -*a*).
**mechanisch** *agg.* meccanico (*anche fig.*).
**mechanisieren** *v.tr.* meccanizzare.
**Mechanismus** *der* [-,-*men*] meccanismo (*anche fig.*).
**meckern** *v.intr.* [*haben*] 1 (*di capre*) belare 2 (*fam.*) mugugnare.
**Mecklenburg-Vorpommern** *das* Meclemburgo-Pomerania Occidentale.
**Medaille** *die* [-,-*n*] medaglia.
**Medaillon** *das* [-*s*,-*s*] medaglione.

**Medikament** *das* [-(*e*)*s*,-*e*] medicina, farmaco.
**Meditation** *die* [-,-*en*] meditazione.
**meditieren** *v.intr.* [*haben*] (*über* + *Acc*) meditare (su).
**Medizin** *die* [-,-*en*] medicina (*anche estens.*).
**Mediziner** *der* [-*s*,-] (*fam.*) 1 medico, dottore 2 studente di medicina.
**Medizinerin** *die* [-,-*nen*] (*fam.*) 1 medico, dottoressa 2 studentessa di medicina.
**medizinisch** *agg.* 1 medico 2 medicinale.
**Meer** *das* [-(*e*)*s*,-*e*] mare (*anche fig.*).
**Meerbusen** *der* [-*s*,-] insenatura, golfo.
**Meeresfrüchte** *pl.* frutti di mare.
**Meeresgrund** *der* [-(*e*)*s*,-*gründe*] fondale (marino).
**Meeresspiegel** *der* [-*s*,-] livello del mare.
**Meersalz** *das* [-*es*] sale marino.
**Meerschweinchen** *das* [-*s*,-] porcellino d'India.
**Meerwasser** *das* [-*s*,-] acqua de mare.
**Megabyte** *das* [-(*s*),-(*s*)] megabyte.
**Megaphon, Megafon** *das* [-*s*,-*e*] megafono.
**Mehl** *das* [-(*e*)*s*,-*e*] farina.
**mehlig** *agg.* 1 farinoso 2 infarinato.
**mehr** *agg.indef.invar.* (*compar. di* viel) più ♦ *avv.* 1 più 2 in più, di più 3 piuttosto ● — *oder weniger*, più o meno.
**mehrdeutig** *agg.* ambiguo, equivoco.
**mehren** *v.tr.* accrescere, aumentare ♦ **sich mehren** *v.pron.* aumentare, accrescersi; moltiplicarsi.
**mehrere** *agg.indef.pl.* parecchi, più (d'uno) ♦ *pron.indef.pl.* parecchi, diversi.
**mehrfach** *agg.* molteplice, multiplo ♦ *avv.* ripetutamente.
**Mehrheit** *die* [-,-*en*] maggioranza: *bei der* — *der Fälle*, nella maggior parte dei casi.
**mehrmals** *avv.* ripetutamente, più volte.
**mehrstimmig** *agg.* (*mus.*) 1 a più voci 2 polifonico.

**mehrstöckig** *agg.* a più piani.

**Mehrung** *die* [-] aumento, accrescimento.

**Mehrwert** *der* [-(e)s] (*econ.*) plusvalore, plusvalenza.

**Mehrwertsteuer** *die* [-] imposta sul valore aggiunto, IVA.

**Mehrzahl** *die* [-] **1** maggior parte, maggioranza **2** (*gramm.*) plurale.

**meiden** [*mied* / *gemieden*] *v.tr.* evitare.

**Meile** *die* [-,-n] miglio.

**Meilenstein** *der* [-(e)s,-e] pietra miliare (*anche fig.*).

**mein** *pron.poss.* **1** il mio **2** (*come agg.*) mio.

**Meine** *das* [-n,-n] il mio, i miei averi ♦ *pl.* i miei, i miei cari, la mia famiglia.

**Meineid** *der* [-(e)s,-e] spergiuro.

**meinen** *v.tr.* **1** pensare, credere, ritenere **2** intendere, voler dire **3** avere intenzione ● — *Sie?*, dice davvero? | *wenn Sie* —, come vuole.

**meinerseits** *avv.* da parte mia.

**meinesgleichen** *pron.invar.* un mio pari, uno come me.

**meinetwegen** *avv.* **1** per quanto mi riguarda, per me **2** per causa mia ● *also gut,* —*!*, va bene, per me fa lo stesso!

**Meinung** *die* [-,-en] opinione, parere: *meiner* — *nach*, secondo me, a mio avviso.

**Meißel** *der* [-s,-] scalpello.

**meißeln** *v.tr.* e *intr.* [*haben*] (*an* + *Dat*) scalpellare, scolpire.

**meist...** *agg.indef.* (*superl. di* viel) la maggior parte, il più di ♦ *avv.* per lo più, quasi sempre ● *am meisten*, più di tutto, maggiormente.

**meistens** *avv.* per lo più.

**Meister** *der* [-s,-; *die* -in] **1** maestro (*m.*; *f.* -a) **2** (*estens.*) capo (*m.*) **3** (*sport*) campione (*m.*; *f.* -essa).

**meisterhaft** *agg.* magistrale, da maestro.

**meistern** *v.tr.* dominare, superare, padroneggiare.

**Meisterschaft** *die* [-,-en] **1** maestria, abilità **2** (*sport*) (*in* + *Dat*) campionato (di).

**Meisterwerk** *das* [-(e)s,-e] capolavoro.

**Melancholie** *die* [-,-n] malinconia.

**melancholisch** *agg.* malinconico.

**melden** *v.tr.* **1** annunciare, comunicare **2** denunciare, notificare ♦ *sich melden v.pron.* **1** offrirsi, presentarsi **2** iscriversi **3** rispondere **4** farsi sentire, farsi vivo.

**Meldung** *die* [-,-en] **1** annuncio, comunicazione **2** denuncia **3** richiesta di parlare **4** comunicato, notizia.

**Melisse** *die* [-,-n] melissa.

**melken** [*melkte* / *gemelkt* o *molk* / *gemolken*] *v.tr.* mungere.

**Melodie** *die* [-,-n] melodia.

**melodisch** *agg.* melodico.

**Melodrama** *das* [-s,-men] melodramma (*anche estens.*).

**melodramatisch** *agg.* melodrammatico (*anche estens.*).

**Melone** *die* [-,-n] melone.

**Membran** *die* [-,-en] **Membrane** *die* [-,-n] membrana.

**Menge** *die* [-,-n] **1** quantità **2** moltitudine, gran numero **3** folla.

**Meningitis** *die* [-] (*med.*) meningite.

**Meniskus** *der* [-,-ken] menisco.

**Mensa** *die* [-,-s o -sen] mensa (dell'università).

**Mensch** *der* [-en,-en] **1** uomo, essere umano **2** persona, individuo: *kein* —, nessuno **3** (*pl.*) gente ● —*!*, caspita!, mamma mia!

**Menschenfeind** *der* [-(e)s,-e; *die* -in] misantropo (*m.*; *f.* -a).

**Menschenfreund** *der* [-(e)s,-e; *die* -in] filantropo (*m.*; *f.* -a).

**menschenfreundlich** *agg.* filantropico.

**Menschengeschlecht** *das* [-es] umanità, genere umano.

**Menschenkunde** *die* [-] antropologia.

**Menschenleben** *das* [-s] vita umana.

**menschenleer** *agg.* deserto, vuoto.

**Menschenliebe** *die* [-] filantropia, amore per il prossimo.

**Menschenrechte** *pl.* diritti dell'uomo.

**menschenscheu** *agg.* schivo, timido.
**Menschenverstand** *der* [*-es*] intelletto ● *der gesunde* —, il buon senso.
**Menschheit** *die* [-] umanità, genere umano.
**menschlich** *agg.* **1** umano **2** dignitoso, decente ♦ *avv.* **1** umanamente, in modo umano **2** dal punto di vista umano.
**Menschlichkeit** *die* [-] umanità.
**Menstruation** *die* [*-,-en*] mestruazione.
**Mentalität** *die* [*-,-en*] mentalità.
**Menthol** *das* [*-s*] mentolo.
**Menü** *das* [*-s,-s*] menu (*anche inform.*).
**Meridian** *das* [*-s,-e*] meridiano.
**merkbar** *agg.* percettibile, avvertibile, sensibile ♦ *avv.* sensibilmente.
**merken** *v.tr.* percepire, notare ♦ **sich merken** *v.pron.* ricordarsi, tenere a mente.
**merklich** *agg.* sensibile, percettibile ♦ *avv.* sensibilmente, visibilmente.
**Merkmal** *das* [*-(e)s,-e*] caratteristica, segno distintivo.
**merkwürdig** *agg.* strano, curioso.
**merkwürdigerweise** *avv.* stranamente.
**Messband** *das* [*-(e)s,-bänder*] metro a nastro.
**messbar** *agg.* misurabile.
**Messbuch** *das* [*-(e)s,-bücher*] messale.
**Messe**[1] *die* [*-,-n*] (*relig.catt.*) messa.
**Messe**[2] *die* [*-,-n*] fiera, esposizione.
**messen** [*misst / maß / gemessen*] *v.tr.* **1** misurare **2** (*fig.*) (*an* + *Dat*) valutare (in base a) ♦ *v.intr.* [*haben*] misurare ♦ **sich messen** *v.pron.* misurarsi, competere.
**Messer** *das* [*-s,-*] **1** coltello **2** (*tecn.*) lama.
**Messerklinge** *die* [*-,-n*] lama del coltello.
**Messgerät** *das* [*-(e)s,-e*] strumento di misura.
**Messias** *der* [-] Messia.
**Messing** *das* [*-s,-e*] ottone.
**Messinstrument** *das* [*-(e)s,-e*] strumento di misura.

**Messung** *die* [*-,-en*] misurazione; rilevamento.
**Metabolismus** *der* [-] (*biol., med.*) metabolismo.
**Metall** *das* [*-s,-e*] metallo.
**metallisch** *agg.* metallico.
**Metamorphose** *die* [*-,-n*] (*biol.*) metamorfosi.
**Metapher** *die* [*-,-n*] metafora.
**metaphorisch** *agg.* metaforico.
**Metastase** *die* [*-,-n*] metastasi.
**Meteor** *der* o *das* [*-s,-e*] meteora.
**Meteorit** *der* [*-s,-e* o *-en,-en*] meteorite.
**Meteorologe** *der* [*-n,-n*; *die Meteorologin*] meteorologo (*m.*; *f.* -a).
**Meteorologie** *die* [-] meteorologia.
**Meter** *der* o *das* [*-s,-*] metro.
**Metermaß** *das* [*-es,-e*] metro.
**Methan** *das* [*-s*] metano.
**Methode** *die* [*-,-n*] metodo.
**Methodik** *die* [*-,-en*] metodica; metodologia.
**methodisch** *agg.* metodico.
**Methodologie** *die* [*-,-n*] metodologia.
**Methylalkohol** *der* [*-s*] (*chim.*) alcol metilico.
**Metrik** *die* [*-,-en*] metrica.
**Metronom** *das* [*-s,-e*] metronomo.
**Metropole** *die* [*-,-n*] metropoli.
**Metzger** *der* [*-s,-*; *die -in*] (*region.*) macellaio (*m.*; *f.* -a).
**Metzgerei** *die* [*-,-en*] (*region.*) macelleria.
**Meute** *die* [*-,-n*] **1** (*di cani*) muta **2** (*fig.*) orda, banda.
**Meuterei** *die* [*-,-en*] ammutinamento.
**meutern** *v.intr.* [*haben*] ammutinarsi.
**mexikanisch** *agg.* messicano.
**Mexiko** *das* Messico.
**miauen** *v.intr.* [*haben*] miagolare.
**mich** *pron.pers.Acc* → **ich 1** me, mi **2** (*se retto da prep.*) me.
**Mief** *der* [*-(e)s*] (*fam.*) puzza, tanfo.
**Miene** *die* [*-,-n*] espressione del viso, aria.
**Miesmuschel** *die* [*-,-n*] cozza, mitilo.
**Miete** *die* [*-,-n*] **1** affitto, locazione: *wir wohnen hier in* (o *zur*) —, qui siamo in

affitto 2 (canone) d'affitto 3 noleggio (di auto ecc.).
**mieten** *v.tr.* 1 affittare, prendere in affitto 2 noleggiare, prendere a nolo (auto ecc.).
**Mieter** *der* [-s,-; die -*in*] 1 inquilino (*m.*; *f.* -a) 2 noleggiatore (*m.*; *f.* -trice) (di auto).
**Mietshaus** *das* [-*es*,-*häuser*] casa in affitto.
**Mietvertrag** *der* [-(*e*)*s*,-*träge*] contratto d'affitto (*o* di locazione).
**Mietwohnung** *die* [-,-*en*] appartamento in affitto.
**Migräne** *die* [-,-*n*] emicrania.
**Mikrobe** *die* [-,-*n*] microbo.
**Mikrochirurgie** *die* [-] microchirurgia.
**Mikrofilm** *der* [-(*e*)*s*,-*e*] microfilm.
**Mikrofon, Mikrophon** *das* [-*s*,-*e*] microfono.
**Mikroprozessor** *der* [-*s*,-*en*] microprocessore.
**Mikroskop** *das* [-*s*,-*e*] microscopio.
**mikroskopisch** *agg.* microscopico.
**Mikrowelle** *die* [-,-*n*] 1 (*fis.*) microonda 2 (*fam.*) forno a microonde.
**Mikrowellenherd** *der* [-(*e*)*s*,-*e*] forno a microonde.
**Milch** *die* [-] 1 latte 2 (*bot.*) latte, lattice.
**Milcherzeugnis** *das* [-,-*se*] latticino, prodotto caseario.
**Milchflasche** *die* [-,-*n*] 1 bottiglia del latte 2 biberon.
**milchig** *agg.* lattiginoso, latteo; come il latte.
**Milchkaffee** *der* [-*s*,-*s*] caffelatte.
**Milchpulver** *das* [-*s*,-] latte in polvere.
**Milchsäure** *die* [-,-*n*] (*chim.*) acido lattico.
**Milchstraße** *die* [-] via lattea.
**Milchzahn** *der* [-(*e*)*s*,-*zähne*] dente da latte.
**Milchzucker** *der* [-*s*] lattosio.
**mild** *agg.* 1 mite; dolce 2 benevolo, indulgente 3 (*di pena*) leggero; lieve 4 (*di tabacco ecc.*) leggero; (*di spezie ecc.*) non piccante, non forte ♦ *avv.* lievemente; benvolmente.

**Milde** *die* [-] 1 mitezza; (*di persona*) bontà 2 benevolenza, indulgenza.
**mildern** *v.tr.* mitigare; alleviare ♦ **sich mildern** *v.pron.* 1 ridursi, attenuarsi 2 (*del tempo*) diventare più mite.
**mildtätig** *agg.* caritatevole ♦ *avv.* con spirito caritatevole.
**Milieu** *das* [-*s*,-*s*] 1 ambiente, mondo 2 (*spreg.*) giro; milieu.
**Militär** *das* [-*s*] esercito, forze armate.
**militärisch** *agg.* militare.
**Militärregierung** *die* [-,-*en*] regime militare.
**Miliz** *die* [-,-*en*] milizia.
**Milliardär** *der* [-*s*,-*e*; die -*in*] miliardario (*m.*; *f.* -a).
**Milliarde** *die* [-,-*n*] miliardo.
**Millimeter** *der* o *das* [-*s*,-] millimetro.
**Million** *die* [-,-*en*] milione.
**Millionär** *der* [-*s*,-*e*; die -*in*] milionario (*m.*; *f.* -a).
**Milz** *die* [-,-*en*] milza.
**mimen** *v.tr.* 1 mimare 2 simulare, fare finta di.
**mimetisch** *agg.* mimetico.
**Mimik** *die* [-] mimica.
**mimisch** *agg.* mimico.
**Mimose** *die* [-,-*n*] 1 mimosa 2 (*fig.*) persona ipersensibile.
**Minarett** *das* [-*s*,-*e*] minareto.
**minder** *agg.* 1 minore, inferiore 2 (*di qualità*) scadente ♦ *avv.* meno.
**Minderheit** *die* [-,-*en*] minoranza.
**minderjährig** *agg.* minorenne.
**Minderjährige** *der* e *die* [-*n*,-*n*] minorenne (*m.* e *f.*), minore (*m.* e *f.*).
**Minderjährigkeit** *die* [-] minore età.
**mindern** *v.tr.* diminuire, ridurre ♦ **sich mindern** *v.pron.* diminuire; attenuarsi.
**Minderung** *die* [-,-*en*] 1 diminuzione, riduzione 2 attenuazione.
**minderwertig** *agg.* scadente, inferiore.
**Minderwertigkeit** *die* [-] inferiorità, qualità inferiore.
**mindest...** *agg.* (*superl. di* wenig *e* gering) minimo, il più piccolo ♦ *pron. indef.n.*: *das ist das Mindeste, was man von dir erwartet*, è il minimo che ci si

aspetta da te • **zum Mindesten**, per lo meno.
**mindestens** *avv.* almeno, per lo meno, come minimo.
**Mindestmaß** *das* [*-es*] minimo.
**Mine** *die* [*-,-n*] **1** mina **2** (*di matita*) mina; (*di penna a sfera*) ricambio **3** miniera.
**Minenarbeiter** *der* [*-s,-*; *die -in*] minatore (*m.*; *f. -trice*).
**Mineral** *das* [*-s,-e* o *-ien*] minerale.
**mineralisch** *agg.* minerale.
**Mineralwasser** *das* [*-s,-*] acqua minerale.
**Miniatur** *die* [*-,-en*] miniatura.
**minimal** *agg.* minimo.
**Minimalist** *der* [*-en,-en*; *die -in*] (*arte, lett.*) minimalista (*m.* e *f.*).
**Minimum** *das* [*-s,-ma*] minimo.
**Minister** *der* [*-s,-*; *die -in*] ministro (*m.*; *f. -a* o *-essa*).
**ministerial, ministeriell** *agg.* ministeriale.
**Ministerium** *das* [*-s,-rien*] ministero.
**Ministerpräsident** *der* [*-en,-en*; *die -in*] primo ministro (*m.*; *f. -a*).
**minus** *avv.* (*mat.*) meno.
**Minus** *das* [*-*] **1** (*econ.*) ammanco, deficit **2** (*elettr.*) polo negativo.
**Minuspol** *der* [*-s,-e*] (*elettr.*) polo negativo.
**Minuszeichen** *das* [*-s,-*] (*mat.*) segno di sottrazione, meno.
**Minute** *die* [*-,-n*] minuto; (*estens.*) attimo.
**Minutenzeiger** *der* [*-s,-*] lancetta dei minuti.
**Minze** *die* [*-,-n*] (*bot.*) menta.
**mir** *pron.pers.Dat* → **ich 1** a me, mi **2** (*se retto da prep.*) me.
**mischbar** *agg.* mescolabile.
**Mischehe** *die* [*-,-n*] matrimonio misto.
**mischen** *v.tr.* mescolare; mischiare ♦ **sich mischen** *v.pron.* mescolarsi; mischiarsi.
**Mischling** *der* [*-s,-e*] **1** meticcio **2** (*biol.*) ibrido.
**Mischpult** *das* [*-(e)s,-e*] **1** tavolo di mixaggio **2** console.
**Mischung** *die* [*-,-en*] **1** mescolamento,

mescolatura **2** miscuglio; (*di caffè*) miscela **3** (*fig.*) misto.
**miserabel** *agg.* pessimo, orribile ♦ *avv.* in modo orribile; miseramente.
**missachten** *v.tr.* ignorare, trascurare.
**Missachtung** *die* [*-,-en*] inosservanza, mancato rispetto.
**Missbildung** *die* [*-,-en*] malformazione.
**missbilligen** *v.tr.* disapprovare, riprovare.
**Missbilligung** *die* [*-,-en*] disapprovazione.
**Missbrauch** *der* [*-es,-bräuche*] **1** abuso **2** (*estens.*) uso improprio.
**missbrauchen** *v.tr.* **1** abusare di; approfittare di **2** (*estens.*) usare malamente **3** violentare.
**missbräuchlich** *agg.* **1** improprio **2** abusivo.
**Misserfolg** *der* [*-(e)s,-e*] insuccesso, fallimento; fiasco.
**Missernte** *die* [*-,-n*] cattivo raccolto; annata cattiva.
**missfallen** (→ *fallen*) *v.intr.* [*haben*] (+ *Dat*) riuscire sgradito (a).
**Missfallen** *das* [*-s*] riprovazione.
**Missgeburt** *die* [*-*] (*biol.*) essere malformato.
**Missgeschick** *das* [*-(e)s,-e*] contrattempo, disavventura.
**missglücken** *v.intr.* [*sein*] non riuscire, riuscire male.
**misshandeln** *v.tr.* **1** maltrattare, bistrattare **2** seviziare.
**Misshandlung** *die* [*-,-en*] **1** maltrattamento **2** (*pl.*) sevizie.
**Mission** *die* [*-,-en*] missione.
**Missionar** *der* [*-s,-e*; *die -in*] missionario (*m.*; *f. -a*).
**Missklang** *der* [*-(e)s,-klänge*] stonatura, dissonanza.
**Misskredit** *der* discredito • **jdn in — bringen**, screditare qlcu.
**misslingen** *v.intr.* [*sein*] non riuscire, riuscire male.
**missraten** *v.intr.* [*sein*] non riuscire, riuscire male.
**Missstand** *der* [*-(e)s,-stände*] **1** situa-

zione insostenibile 2 (*pl.*) disfunzione 3 (*pl.*) (*estens.*) malcostume.
**Missstimmung** *die* [-,-en] malumore.
**misstrauen** *v.intr.* [*haben*] (+ *Dat*) non fidarsi (di), diffidare (di).
**Misstrauen** *das* [-s] diffidenza.
**misstrauisch** *agg.* diffidente; sospettoso.
**Missverhältnis** *das* [-ses,-se] disparità, sproporzione.
**missverständlich** *agg.* equivoco; ambiguo.
**Missverständnis** *das* [-ses,-se] malinteso, equivoco.
**missverstehen** (→ *verstehen*) *v.tr.* fraintendere, equivocare.
**Mist** *der* [-es] 1 letame; letamaio 2 (*spreg.*) schifezza 3 (*fam.*) pasticcio, casino: *so ein —!*, che casino! 4 scemenza, stupidata.
**Mistel** *die* [-,-n] vischio.
**Misthaufen** *der* [-s,-] letamaio.
**mit** *prep.* (+ *Dat*) 1 con 2 (*tempo*) con, a: — *18 Jahren fuhr er zum ersten Mal ins Ausland*, a 18 anni è andato per la prima volta all'estero 3 (*modo*) con, in, a: *er spricht — leiser Stimme*, parla a voce bassa 4 (*comprensivo di*) con ♦ *avv.* (*spesso non si traduce*) anche ♦ — *einem Wort*, in breve | — *Recht*, a ragione.
**Mitarbeit** *die* [-,-en] collaborazione, cooperazione.
**mit·arbeiten** *v.intr.* [*haben*] (*an* + *Dat*) collaborare (a), cooperare (a).
**Mitarbeiter** *der* [-s,-; *die* -*in*] collaboratore (*m.*; *f.* -trice).
**mit·bekommen** *v.tr.* 1 ricevere (da portare via) 2 (*fig.*) afferrare, cogliere.
**Mitbesitz** *der* [-es,-e] comproprietà.
**mit·bringen** (→ *bringen*) *v.tr.* 1 portare (con sé) 2 portare (in regalo) 3 (*fig.*) essere dotato di, disporre di.
**Mitbringsel** *das* [-s,-] regalino.
**Mitbürger** *der* [-s,-; *die* -*in*] 1 concittadino (*m.*; *f.* -*a*) 2 connazionale (m. e f.).
**miteinander** *avv.* insieme, l'uno con l'altro.
**mit·empfinden** (→ *empfinden*) *v.tr.* condividere (sentimenti).

**mit·erleben** *v.tr.* 1 vivere (esperienza ecc.) 2 partecipare a, assistere a.
**mit·fahren** (→ *fahren*) *v.intr.* [*sein*] venire (con un veicolo).
**mit·geben** (→ *geben*) *v.tr.*: *jdm etw —*, dare a qlcu qlco da portare via.
**Mitgefühl** *das* [-s,-e] compassione.
**mit·gehen** (→ *gehen*) *v.intr.* [*sein*] 1 andare (insieme a, con) 2 essere trasportato 3 (*fig.*) lasciarsi trascinare.
**Mitgift** *die* [-,-en] dote.
**Mitglied** *das* [-(*e*)*s,-er*] 1 membro 2 socio (iscritto, tesserato (a un partito).
**mit·helfen** *v.intr.* (*fam.*) 1 partecipare ♦ *v.intr.* [*haben*] (*bei*) collaborare (a), cooperare (a).
**Mithilfe** *die* [-] collaborazione, cooperazione.
**mit·hören** *v.tr.* e *intr.* [*haben*] ascoltare, origliare.
**mit·kommen** (→ *kommen*) *v.intr.* [*sein*] 1 venire: *kommst du mit?*, vieni anche tu? 2 (*fig.*) seguire, star dietro.
**Mitleid** *das* [-(*e*)*s*] compassione, pietà.
**mit·machen** *v.tr.* (*fam.*) 1 partecipare a; seguire 2 subire ♦ *v.intr.* [*haben*] (*bei*) partecipare (a); (*estens.*) aderire a.
**Mitmensch** *der* [-en,-en] (*spec.pl.*) prossimo.
**mit·nehmen** (→ *nehmen*) *v.tr.* 1 prendere con sé; portare via 2 dare un passaggio a qlcu.
**mit·reißen** *v.tr.* 1 trascinare via 2 (*fig.*) trascinare, entusiasmare.
**mitreißend** *agg.* entusiasmante, irresistibile.
**mit·schicken** *v.tr.* mandare (insieme a).
**Mitschuld** *die* [-,-en] (*dir.*) complicità.
**mitschuldig** *agg.* (*dir.*) complice.
**Mitschüler** *der* [-s,-; *die* -*in*] compagno (*m.*; *f.* -a) di scuola.
**mit·spielen** *v.intr.* [*haben*] 1 giocare (con altri) 2 (*mus.*) suonare (con altri) 3 (*teatr.*) recitare (con altri) 4 (*fig.*) entrare in gioco.
**Mitspieler** *der* [-s,-; *die* -*in*] 1 compagno (*m.*; *f.* -a) di gioco 2 (*sport*) partner (m. e f.).
**Mittag** *der* [-(*e*)*s*] mezzogiorno ♦ *zu — essen*, pranzare.

**Mittagessen** *das* [-s,-] pranzo, colazione.

**mittags** *avv.* di mezzogiorno.

**Mittagspause** *die* [-,-n] pausa di mezzogiorno.

**Mittagszeit** *die* [-] ora di pranzo, mezzogiorno.

**Mittäter** *der* [-s,-; die -in] (*dir.*) complice (*m.* e *f.*).

**Mitte** *die* [-,-n] 1 metà, mezzo 2 centro (*anche pol.*).

**mit·teilen** *v.tr.* (+ Dat) comunicare (a).

**Mitteilung** *die* [-,-en] 1 comunicazione 2 annuncio, notizia.

**Mittel** *das* [-s,-] 1 mezzo, espediente 2 (*fam.*) medicina, farmaco 3 (*estens.*) sostanza 4 (*pl.*) mezzi (finanziari) 5 (*mat.*) media.

**Mittelalter** *das* [-s] medioevo.

**mittelalterlich** *agg.* medi(o)evale.

**mittelbar** *agg.* mediato, indiretto.

**Mitteleuropa** *das* Europa Centrale.

**Mittelfinger** *der* [-s,-] (dito) medio.

**Mittelgewicht** *das* [-es,-e] (*sport*) 1 peso medio 2 (classe dei) pesi medi.

**Mittellinie** *die* [-,-n] 1 (*geom.*) mediana 2 (*sport*) (linea di) metà campo.

**mittellos** *agg.* 1 privo di mezzi, indigente 2 (*amm.*) nullatenente.

**mittelmäßig** *agg.* mediocre; medio.

**Mittelmäßigkeit** *die* [-] mediocrità.

**Mittelmeer** *das* Mare Mediterraneo.

**Mittelmeerraum** *der* [-es] bacino del Mediterraneo.

**Mittelpunkt** *der* [-(e)s,-e] centro.

**Mittelstand** *der* [-(e)s] ceto medio.

**Mittelstreifen** *der* [-s,-] spartitraffico.

**Mittelstufe** *die* [-,-n] livello intermedio (*spec. scol.*).

**Mittelstürmer** *der* [-s,-; die -in] (*sport*) centroavanti (*m.* e *f.*).

**Mittelweg** *der* [-es,-e] via di mezzo.

**Mittelwelle** *die* [-,-n] onda media.

**Mittelwert** *der* [-es,-e] valore medio, media.

**mitten** *avv.* (*sempre correlato a prep.*) 1 (*luogo*) in mezzo a, al centro di 2 (*tempo*) nel mezzo di, in pieno.

**Mitternacht** *die* [-] mezzanotte.

**mittler...** *agg.* 1 medio, intermedio 2 centrale, di mezzo.

**Mittler** *der* [-s,-; die -in] mediatore (*m.*; *f.* -trice), intermediario (*m.*; *f.* -a).

**mittlerweile** *avv.* nel frattempo.

**Mittwoch** *der* [-(e)s,-e] mercoledì ● *am* —, (il) mercoledì.

**mittwochs** *avv.* il (o di) mercoledì.

**mitunter** *avv.* talvolta, di tanto in tanto.

**mitverantwortlich** *agg.* (*für*) corresponsabile (di).

**Mitwelt** *die* [-] contemporanei.

**mit·wirken** *v.intr.* [*haben*] 1 (*an + Dat, bei*) partecipare (a) 2 (*an + Dat, bei*) collaborare (a), contribuire (a).

**Mitwirkung** *die* [-,-en] 1 partecipazione 2 collaborazione, contributo.

**Mitwisser** *der* [-s,-] (*dir.*) connivente.

**mixen** *v.tr.* mescolare.

**Mixer** *der* [-s,-] 1 frullatore 2 barman, barista.

**Möbel** *das* [-s,-] mobile, oggetto di arredamento.

**Möbelstück** *das* [-(e)s,-e] mobile.

**Möbelwagen** *der* [-s,-] furgone per traslochi.

**mobil** *agg.* 1 (*fin.*) mobile 2 (*fam.*) vivace, arzillo.

**Mobilmachung** *die* [-,-en] (*mil.*) mobilitazione.

**möblieren** *v.tr.* ammobiliare, arredare: *möbliertes Zimmer*, camera ammobiliata.

**modal** *agg.* modale.

**Mode** *die* [-,-n] moda: *mit der — gehen*, seguire la moda.

**Modefarbe** *die* [-,-n] colore di moda.

**Modell** *das* [-s,-e] 1 modello, esemplare 2 (*arte*) modello 3 indossatrice, modella.

**Modellbau** *der* [-(e)s,-e] modellismo.

**modellieren** *v.tr.* modellare.

**Modem** *das* o *der* [-s] (*inform.*) modem.

**Modemacher** *der* [-s,-; die -in] stilista (*m.* e *f.*).

**Modenschau** *die* [-,-en] sfilata di moda.

**Moderator** *der* [-s,-en; die -in] moderatore (*m.*; *f.* -trice) (di dibattiti).

**modern** *agg.* 1 moderno 2 alla moda.
**modernisieren** *v.tr.* modernizzare; rimodernare.
**modisch** *agg.* e *avv.* di moda, alla moda.
**Modul** *das* [*-s,-e*] (*scient., mecc.*) modulo.
**Modus** *der* [*-,-di*] modo (*anche gramm.*).
**Mofa** *das* [*-s,-s*] motorino.
**mogeln** *v.intr.* [*haben*] (*fam.*) imbrogliare; barare (alle carte).
**mögen** [*mag / mochte / gemocht*] *v. intr.modale* [*haben*] 1 volere: *ich mag* (o *ich möchte*) *länger hier bleiben*, vorrei restare qui più a lungo 2 potere 3 (*supposizione*): *er mag wohl schon 60 sein*, avrà già 60 anni 4 (*concessione*) potere: *sie mag tun, was sie will, die Stelle bekommt sie trotzdem nicht*, può fare ciò che vuole ma il posto non sarà mai suo ♦ *v.tr.* 1 piacere: *er mag keinen Wein*, il vino non gli piace 2 voler bene a.
**möglich** *agg.* possibile: *etw für — halten*, ritenere possibile qlco; *wenn —*, se possibile; *ist das —?*, è mai possibile?
**möglicherweise** *avv.* forse.
**Möglichkeit** *die* [*-,-en*] possibilità; occasione; eventualità: *es besteht die —, dass...*, c'è la possibilità che...
**möglichst** *avv.* 1 il più possibile 2 possibilmente.
**Mohammedaner** *der* [*-s,-*; *die -in*] maomettano (*m.*; *f. -a*), musulmano (*m.*; *f. -a*).
**mohammedanisch** *agg.* maomettano, musulmano.
**Mohn** *der* [*-(e)s,-e*] papavero.
**Möhre** *die* [*-,-n*] carota.
**Mokassin** *der* [*-s,-s* o *-e*] mocassino.
**mokieren, sich** *v.pron.* canzonare, deridere.
**Mokka** *der* [*-s,-s*] 1 moca 2 (caffè) espresso.
**Mole** *die* [*-,-n*] (*mar.*) molo.
**Molekül** *das* [*-s,-e*] molecola.
**molekular** *agg.* molecolare.
**Moment**[1] *der* [*-(e)s,-e*] momento, attimo: *im —*, al momento; *einen —, bitte!*, un momento, prego!
**Moment**[2] *das* [*-(e)s,-e*] 1 fattore, elemento 2 (*fis.*) momento.
**momentan** *agg.* del momento; momentaneo ♦ *avv.* per il momento.
**Monarch** *der* [*-en,-en*; *die -in*] sovrano (*m.*; *f. -a*).
**Monarchie** *die* [*-,-n*] monarchia.
**Monat** *der* [*-(e)s,-e*] mese ● *sie ist im sechsten —*, è al sesto mese (di gravidanza).
**monatelang** *agg.* della durata di mesi ♦ *avv.* per mesi (e mesi).
**monatlich** *agg.* mensile ♦ *avv.* mensilmente, ogni mese.
**Monatslohn** *der* [*-s,-löhne*] salario mensile.
**Monatsmiete** *die* [*-,-n*] affitto mensile.
**Mönch** *der* [*-(e)s,-e*] monaco.
**Mönchsorden** *der* [*-s,-*] ordine monastico.
**Mond** *der* [*-(e)s,-e*] luna ● *hinter* (o *auf*) *dem — leben*, vivere nel mondo della luna.
**mondän** *agg.* mondano.
**Mondfinsternis** *die* [*-,-se*] eclissi di luna.
**Mondschein** *der* [*-es,-e*] chiaro di luna.
**mongoloid** *agg.* mongoloide.
**Monogamie** *die* [*-*] monogamia.
**Monogramm** *das* [*-s,-e*] monogramma.
**Monographie, Monografie** *die* [*-,-n*] monografia.
**Monokel** *das* [*-s,-*] monocolo; caramella.
**Monokultur** *die* [*-,-en*] (*agr.*) monocoltura.
**Monolog** *der* [*-s,-e*] monologo.
**Monopol** *das* [*-s,-e*] (*econ.*) monopolio.
**monopolisieren** *v.tr.* monopolizzare.
**Monotheismus** *der* [*-*] monoteismo.
**monoton** *agg.* monotono.
**Monotonie** *die* [*-,-en*] monotonia.
**Monster** *das* [*-s,-*] mostro (*anche fig.*).
**monströs** *agg.* mostruoso.
**Monstrum** *das* [*-s,-ren* o *-ra*] mostro.

**Monsun** *der* [-s,-e] monsone.
**Montag** *der* [-(e)s,-e] lunedì ♦ *am* —, (il) lunedì.
**Montage** *die* [-,-n] 1 montaggio (*anche estens.*). 2 installazione.
**montags** *avv.* il (*o* di) lunedì.
**Monteur** *der* [-s,-e; die -*in*] installatore (*m.; f.* -trice), montatore (*m.; f.* -trice).
**montieren** *v.tr.* 1 montare 2 (*an* o *auf* + *Acc* o *Dat*) installare (su).
**Monument** *das* [-(e)s,-e] monumento.
**monumental** *agg.* monumentale.
**Moor** *das* [-(e)s,-e] palude.
**moorig** *agg.* paludoso, palustre.
**Moos** *das* [-es,-e] 1 muschio 2 (*gerg.*) grana.
**Moped** *das* [-s,-s] motorino.
**Mops** *der* [-es, *Möpse*] 1 (*zool.*) carlino 2 (*scherz.*) persona bassa (e grassa).
**Moral** *die* [-,-*en*] morale (*anche estens.*): *die* — *von der Geschichte*, la morale della favola.
**moralisch** *agg.* 1 morale (*anche estens.*) 2 con intento morale ♦ *avv.* moralmente.
**moralistisch** *agg.* moralistico.
**Moralität** *die* [-] moralità, morale.
**Moräne** *die* [-,-n] (*geol.*) morena.
**Morast** *der* [-(e)s,-e *o Moräste*] 1 palude 2 melma, pantano.
**Mord** *der* [-(e)s,-e] assassinio, omicidio.
**Mordanklage** *die* [-,-n] accusa di omicidio.
**Mordanschlag** *der* [-(e)s,-*schläge*] attentato.
**morden** *v.intr.* [*haben*] commettere un assassinio ♦ *v.tr.* assassinare.
**Mörder** *der* [-s,-; die -*in*] assassino (*m.; f.* -a), omicida (*m. e f.*).
**mörderisch** *agg.* 1 assassino, omicida 2 (*fig.*) micidiale; (*fam.*) terribile ♦ *avv.* (*fam.*) terribilmente.
**Mordwaffe** *die* [-,-n] arma del delitto.
**morgen** *avv.* domani: — *früh, Nachmittag, Abend*, domani mattina, pomeriggio, sera.
**Morgen** *der* [-s,-] mattino, mattina; mattinata: *am* —, di mattina; in mattinata ♦ *guten* —!, buon giorno!

**Morgenrock** *der* [-(e)s,-*röcke*] vestaglia.
**Morgenrot** *das* [-s] aurora.
**morgens** *avv.* di mattina: *um sechs Uhr* —, alle sei del mattino.
**Morgenstern** *der* [-(e)s] stella del mattino, Venere.
**morgig** *agg.* di domani.
**Mormone** *der* [-n,-n; die *Mormonin*] mormone (*m. e f.*).
**Morphin, Morphium** *das* [-s] morfina.
**morsch** *agg.* marcio.
**Mörtel** *der* [-s] malta.
**Mosaik** *das* [-s,-e] mosaico (*anche fig.*).
**Moschee** *die* [-,-n] moschea.
**Mosel** *die* Mosella.
**Moskau** *das* Mosca.
**Moslem** *der* [-s,-s] musulmano.
**moslemisch** *agg.* musulmano, islamico.
**Moslime** *die* [-,-n] musulmana.
**Most** *der* [-es,-e] 1 mosto 2 (*di mele*) sidro.
**Motel** *das* [-s,-s] motel.
**Motiv** *das* [-s,-e] 1 motivo; movente 2 (*estens.*) motivo; tema.
**Motivation** *die* [-,-*en*] motivazione.
**motivieren** *v.tr.* motivare.
**Motor** *der* [-s,-*en*] motore.
**Motorboot** *das* [-(e)s,-e] motoscafo.
**motorisieren** *v.tr.* motorizzare ♦ *sich motorisieren* *v.pron.* (*fam.*) motorizzarsi.
**Motorisierung** *die* [-,-*en*] motorizzazione.
**Motorrad** *das* [-(e)s,-*räder*] motocicletta, moto.
**Motorradfahrer** *der* [-s,-; die -*in*] motociclista (*m. e f.*).
**Motorroller** *der* [-s,-] scooter.
**Motorsäge** *die* [-,-n] sega a motore, motosega.
**Motte** *die* [-,-n] tarma.
**Motto** *das* [-s,-s] motto.
**Möwe** *die* [-,-n] gabbiano.
**MP3** *das* [-] MP3.
**Mücke** *die* [-,-n] zanzara.
**Mucken** *pl.* [-] grilli, capricci.
**Mückenstich** *der* [-(e)s,-e] puntura di zanzara.

**müde** *agg.* 1 stanco, affaticato 2 (+ *Gen*) stufo (di) ♦ *avv.* stancamente.
**Müdigkeit** *die* [-] stanchezza.
**Muff** *der* [-(e)s] muffa.
**Muffel** *der* [-s,-] (*fam.*) brontolone.
**muffig¹** *agg.* ammuffito, che sa di muffa.
**muffig²** *agg.* (*fam.*) brontolone.
**Mühe** *die* [-,-n] fatica, sforzo ● *es ist nicht der — wert*, non ne vale la pena.
**mühelos** *agg.* facile ♦ *avv.* senza sforzo.
**muhen** *v.intr.* [*haben*] muggire.
**mühevoll** *agg.* faticoso, penoso.
**Mühle** *die* [-,-n] mulino, macina.
**Mühlrad** *das* [-(e)s,-räder] ruota del mulino.
**mühsam** *agg.* faticoso, difficile ♦ *avv.* a fatica.
**mühselig** *agg.* faticoso; penoso.
**Mulde** *die* [-,-n] (*geogr.*) avvallamento, depressione.
**Müll** *der* [-(e)s] 1 immondizia, spazzatura 2 (*estens.*) rifiuti.
**Müllabfuhr** *die* [-,-en] 1 trasporto dei rifiuti 2 servizio di nettezza urbana.
**Mullbinde** *die* [-,-n] (*med.*) benda di garza.
**Mülldeponie** *die* [-,-n] discarica pubblica.
**Mülleimer** *der* [-s,-] pattumiera.
**Müller** *der* [-s,-; die -in] mugnaio (*m.*; *f.* -a).
**Müllmann** *der* [-(e)s,-männer *o* -leute] netturbino.
**Mülltonne** *die* [-,-n] bidone della spazzatura.
**Müllverbrennungsofen** *der* [-s,-öfen] inceneritore.
**multikulturell** *agg.* multiculturale.
**multimedial** *agg.* multimediale.
**Multiplikation** *die* [-,-en] moltiplicazione.
**multiplizieren** *v.tr.* (*mit*) moltiplicare (per).
**Mumie** *die* [-,-n] mummia.
**Mumm** *der* [-s] (*fam.*) coraggio; forza, energia.
**München** *das* Monaco (di Baviera).
**Mund** *der* [-(e)s, *Münder*] bocca (*anche fig.*) ● *den — nicht aufbekommen*, non aprir bocca.
**Mundart** *die* [-,-en] dialetto.
**mundartlich** *agg.* dialettale ♦ *avv.* in dialetto.
**münden** *v.intr.* [*haben o sein*] 1 (*in* + *Acc*) sfociare (in), gettarsi (in) 2 (*di strade ecc.*) (*in* o *auf* + *Acc o Dat*) sboccare (in), finire (in).
**Mundgeruch** *der* [-(e)s] alito cattivo.
**Mundharmonika** *die* [-,-s *o* -ken] armonica a bocca.
**mündig** *agg.* (*dir.*) maggiorenne.
**mündlich** *agg.* verbale, orale.
**Mundschutz** *der* [-es,-e] mascherina (di protezione).
**Mündung** *die* [-,-en] 1 (*di fiumi*) foce, bocca; confluenza 2 (*di strade*) sbocco.
**Mundwasser** *das* [-s,-wässer] collutorio.
**Munition** *die* [-,-en] munizione, munizioni.
**Münster** *das* [-s,-] chiesa di un monastero; cattedrale, duomo.
**munter** *agg.* 1 vivace; di buonumore 2 sveglio ♦ *avv.* vivacemente; allegramente.
**Münze** *die* [-,-n] 1 moneta 2 zecca.
**Münzsammlung** *die* [-,-en] collezione numismatica (*o* di monete).
**Münzstätte** *die* [-,-n] zecca.
**Muräne** *die* [-,-n] murena.
**mürbe** *agg.* 1 (*di cibi*) friabile, frollo 2 marcio.
**Mürbeteig** *der* [-(e)s,-e] pasta frolla.
**Murmel** *die* [-,-n] biglia.
**murmeln** *v.intr.* [*haben*] 1 mormorare, borbottare 2 (*di acque*) gorgogliare.
**Murmeltier** *das* [-(e)s,-e] marmotta.
**murren** *v.intr.* [*haben*] (*über* + *Acc*) brontolare (per).
**mürrisch** *agg.* scorbutico, burbero.
**Mus** *das* [-es,-e] purea, mousse.
**Muschel** *die* [-,-n] conchiglia.
**Muse** *die* [-,-n] musa (*anche fig.*).
**Museum** *das* [-s,-seen] museo.
**Musik** *die* [-] musica.
**musikalisch** *agg.* 1 musicale 2 (*fig.*) melodioso, armonioso.
**Musikbox** *die* [-,-en] juke-box.

**Musikdirektor** *der* [-en,-en; die -*in*] direttore (*m.*; *f.* -trice) d'orchestra.
**Musiker** *der* [-s,-; die -*in*] musicista (*m.* e *f.*).
**Musikhochschule** *die* [-,-n] conservatorio.
**Musikkassette** *die* [-,-n] musicassetta.
**musisch** *agg.* artistico.
**musizieren** *v.intr.* [*haben*] fare musica, suonare insieme.
**Muskel** *der* [-s,-n] **1** muscolo **2** (*pl.*) muscolatura.
**Muskelgewebe** *das* [-s] (*anat.*) tessuto muscolare.
**Muskelkater** *der* [-s,-] (*fam.*) dolori muscolari (dovuti a sforzi).
**Muskelkraft** *die* [-] forza muscolare (*o* fisica).
**Muskelzerrung** *die* [-,-en] stiramento muscolare.
**Muskulatur** *die* [-,-en] muscolatura.
**muskulös** *agg.* muscoloso.
**Muslim** *der* [-(s),-e *o* -s; die -*in*] musulmano (*m.*; *f.* -a).
**Muße** *die* [-] ozio; tempo a disposizione.
**müssen** [*muss* / *musste* / *gemusst*] *v. intr.modale* [*haben*] **1** (*necessità*) dovere: *ich muss einkaufen*, devo fare la spesa **2** (*ordine, comando*) dovere: *die Ampel ist grün, du musst jetzt losfahren*, il semaforo è verde, devi partire **3** (*supposizione*) dovere: *es muss etwas passiert sein*, deve essere successo qualcosa **4** dovere andare: *ich muss zur Arbeit*, devo andare al lavoro ♦ *v.tr.* e *intr.* dovere: *wenn ich nicht gemusst hätte, hätte ich es nicht getan*, se non avessi dovuto, non l'avrei fatto.
**Muster** *das* [-s,-] **1** modello **2** (*fig.*) modello, esempio **3** (*comm.*) campione **4** disegno, motivo.
**Mustermesse** *die* [-,-n] fiera campionaria.
**mustern** *v.tr.* **1** fissare, squadrare **2** decorare (con disegni) ● (*mil.*) *jdn* —, sottoporre qlcu alla visita di leva.
**Musterstück** *das* [-(e)s,-e] campione, modello.
**Musterung** *die* [-,-en] **1** (*mil.*) visita di leva **2** decorazione.
**Mut** *der* [-(e)s] **1** coraggio: *nur* —!, forza e coraggio! **2** stato d'animo, morale.
**Mutation** *die* [-,-en] (*biol.*) mutazione.
**mutig** *agg.* coraggioso.
**mutlos** *agg.* scoraggiato, demoralizzato.
**mutmaßen** *v.tr.* presumere, supporre.
**mutmaßlich** *agg.* presunto: *der mutmaßliche Mörder*, il presunto assassino.
**Mutmaßung** *die* [-,-en] supposizione, congettura.
**Mutter¹** *die* [-, *Mütter*] madre.
**Mutter²** *die* [-,-n] (*mecc.*) madrevite.
**Mutterleib** *der* [-es,-e] grembo materno.
**mütterlich** *agg.* materno.
**mütterlicherseits** *avv.* da parte di madre.
**Mutterliebe** *die* [-] amore materno.
**Mutterschaft** *die* [-] maternità.
**Mutterschaftsurlaub** *der* [-s] (congedo per) maternità.
**Muttersprache** *die* [-,-n] madrelingua, linguamadre.
**mutwillig** *agg.* intenzionale, volontario ♦ *avv.* di proposito.
**Mütze** *die* [-,-n] berretto.
**MwSt.**, **MWST.** *abbr.* (*Mehrwertsteuer*) IVA, Imposta sul Valore Aggiunto.
**Myrte** *die* [-,-n] mirto.
**mysteriös** *agg.* misterioso, inspiegabile.
**Mystik** *die* [-] mistica.
**mystisch** *agg.* mistico.
**mythisch** *agg.* mitico.
**Mythologie** *die* [-,-n] mitologia.
**mythologisch** *agg.* mitologico.
**Mythos**, **Mythus** *der* [-,-*then*] mito.

# Nn

**N** *sigla* (Nord) N, Nord.
**na** *inter.* **1** (*esortazione*) dai, su, forza, avanti: —, *komm mal!*, dai, vieni! **2** (*interr.*) beh, allora: —, *wie geht's?*, allora, come va? **3** (*conferma*) d'accordo: —, *gut*, d'accordo.
**Nabel** *der* [-s,-] ombelico.
**Nabelschnur** *die* [-,-schnüre o -en] cordone ombelicale.
**nach** *prep.* (+ *Dat*) **1** (*luogo*) a, in, verso, per: *im Sommer fahren wir — Paris*, in estate andiamo a Parigi; *gehst du schon — Hause?*, vai già a casa? **2** (*tempo*) dopo: — *zwei Stunden*, dopo due ore **3** (*indicazione di tempo*) e: *es ist (ein) Viertel — 9*, sono le 9 e un quarto **4** (*modo*) (*anche posposto*) secondo, in conformità a (*o* a); (*dir.*) ai sensi di, in base a: *meiner Meinung —*, secondo me, a mio parere **5** (*successione*) dopo: — *dem Alphabet*, in ordine alfabetico ♦ *avv.* dopo: — *wie vor*, come sempre; — *und —*, a poco a poco.
**nach·ahmen** *v.tr.* imitare, emulare.
**Nachbar** *der* [-n o -s,-n; die -in] vicino (*m.; f.* -a).
**Nachbarland** *das* [-es,-länder] paese confinante.
**Nachbarschaft** *die* [-] **1** vicinato, vicini **2** vicinanza, prossimità: *in der — wohnen*, abitare nelle vicinanze.
**Nachbestellung** *die* [-,-en] ordinazione supplementare.
**nach·datieren** *v.tr.* retrodatare (lettere, assegni).
**nachdem** *cong.* (*tempo*) dopo (+ *inf.*), dopo che: — *er die Prüfung abgelegt hatte, ging er ins Ausland*, dopo aver superato l'esame andò all'estero.
**nach·denken** (→ *denken*) *v.intr.* [*haben*] (*über* + *Acc*) pensarci (su), riflettere (su).
**nachdenklich** *agg.* **1** pensoso, meditabondo **2** riflessivo.
**Nachdruck** *der* [-(e)s,-e] **1** accento, rilievo **2** forza, vigore **3** (*tip.*) riproduzione, ristampa.
**nach·drucken** *v.tr.* ristampare.
**nachdrücklich** *agg.* energico, fermo ♦ *avv.* energicamente, con insistenza.
**nach·eilen** *v.intr.* [*sein*] (+ *Dat*) correre dietro (a).
**nacheinander** *avv.* (*tempo*) uno dopo l'altro, di seguito a.
**Nachfolge** *die* [-,-n] successione: *jds — antreten*, succedere a qlcu.
**nach·folgen** *v.intr.* [*sein*] (+ *Dat*) **1** essere seguace (di) **2** seguire **3** succedere (a).
**nachfolgend** *agg.* seguente ♦ *avv.* (qui) di seguito.
**Nachfolger** *der* [-s,-; die -in] successore (*m.; f.* succeditrice).
**Nachfrage** *die* [-,-n] (*comm.*) domanda, richiesta.
**nach·fragen** *v.intr.* [*haben*] **1** informarsi, chiedere informazioni **2** chiedere ancora, chiedere più dettagliatamente.
**nach·geben** (→ *geben*) *v.intr.* [*haben*] cedere.
**Nachgebühr** *die* [-,-en] (*amm.*) soprattassa.

**nach·gehen** (→ *gehen*) *v.intr.* [*sein*] (+ *Dat*) **1** seguire **2** studiare a fondo, esaminare **3** (*di orologio*) andare indietro, ritardare **4** dedicarsi: *er geht vollständig seiner Arbeit nach*, si dedica completamente al lavoro.

**Nachgeschmack** *der* [-(*e*)*s*] retrogusto.

**Nachhall** *der* [-(*e*)*s*,-] eco, risonanza.

**nachhaltig** *agg.* persistente, duraturo.

**nach·hängen** (→ *hängen*) *v.intr.* [*haben*] **1** (+ *Dat*) abbandonarsi (a), lasciarsi andare (a) **2** (+ *Dat*) rimanere attaccato (a).

**nach·helfen** (→ *helfen*) *v.intr.* [*haben*] (+ *Dat*) **1** dare una mano (a), collaborare (con) **2** (*fig.*) dare una spinta (a).

**nachher** *avv.* dopo, poi, più tardi ● *bis* —*!*, a più tardi!

**Nachhilfe** *die* [-,-*n*] **1** aiuto, assistenza **2** (*scol.*) ripetizioni.

**nach·holen** *v.tr.* ricuperare: *die Vergangenheit* —, ricuperare il passato.

**Nachklang** *der* [-(*e*)*s*] risonanza; eco.

**nach·klingen** (→ *klingen*) *v.intr.* [*haben*] **1** risuonare **2** (*fig.*) (*in* + *Dat*) riecheggiare (in).

**Nachkomme** *der* e *die* [-*n*,-*n*] discendente (*m*. e *f*.).

**nach·kommen** (→ *kommen*) *v.intr.* [*sein*] **1** (+ *Dat*) raggiungere **2** (*mit*) stare dietro (a): *seinen Verpflichtungen* —, far fronte ai propri impegni; *den Wünschen* —, soddisfare i desideri.

**Nachkommenschaft** *die* [-] discendenza.

**Nachkriegszeit** *die* [-] dopoguerra.

**Nachlass** *der* [-*es*,-*e* o -*lässe*] **1** eredità, lascito **2** (*comm.*) sconto, riduzione.

**nach·lassen** (→ *lassen*) *v.intr.* [*haben*] diminuire; placarsi: *der Regen lässt nach*, la pioggia sta diminuendo ♦ *v.tr.* **1** lasciare in eredità **a 2** (*comm.*) abbassare, ridurre.

**nachlässig** *agg.* negligente ♦ *avv.* in modo trasandato, in modo trascurato.

**Nachlässigkeit** *die* [-] negligenza.

**nach·laufen** (→ *laufen*) *v.intr.* [*sein*] (+ *Dat*) correre dietro (a) (*anche fig.*).

**nach·machen** *v.tr.* (*fam.*) imitare, copiare.

**Nachmittag** *der* [-(*e*)*s*,-*e*] pomeriggio: *am* (*frühen*, *späten*) —, nel (primo, tardo) pomeriggio.

**nachmittags** *avv.* **1** di pomeriggio **2** ogni pomeriggio.

**Nachnahme** *die* [-,-*n*] **1** (*di spedizioni*) contrassegno: *per* (*o gegen*) —, contrassegno **2** spedizione in contrassegno.

**Nachnahmesendung** *die* [-,-*en*] spedizione in contrassegno.

**Nachname** *der* [-*ns*,-*n*] cognome.

**nach·prüfen** *v.tr.* verificare; ricontrollare.

**Nachrede** *die* [-,-*n*] ● *üble* —, maldicenza; (*dir.*) diffamazione.

**Nachricht** *die* [-,-*en*] **1** notizia, messaggio **2** (*pl*.) notiziario; giornale radio; telegiornale.

**Nachrichtensperre** *die* [-,-*n*] silenzio stampa.

**Nachruf** *der* [-*es*,-*e*] (*auf* + *Acc*) necrologio (di).

**nach·sagen** *v.tr.* ripetere ● *jdm etwas Böses*, *Gutes* —, parlare male, bene di qlcu.

**Nachsaison** *die* [-] bassa stagione (turistica).

**nach·schicken** *v.tr.* **1** mandare successivamente **2** (*posta*) inoltrare (a un nuovo recapito).

**nach·schlagen** (→ *schlagen*) *v.tr.* cercare in, consultare ♦ *v.intr.* [*sein*] (+ *Dat*) assomigliare a.

**nach·schreiben** (→ *schreiben*) *v.tr.* **1** trascrivere **2** prendere appunti.

**Nachschrift** *die* [-,-*en*] **1** appunti **2** poscritto.

**nach·sehen** (→ *sehen*) *v.intr.* [*haben*] **1** (+ *Dat*) seguire con lo sguardo **2** dare un'occhiata, andare a vedere ♦ *v.tr.* **1** verificare, controllare **2** (*fig.*) (+ *Dat*) chiudere un occhio (su): *jdm etw* —, perdonare qlco a qlcu.

**nach·senden** (→ *senden*) *v.tr.* **1** mandare successivamente **2** (*posta*) inoltrare (a un nuovo recapito).

**Nachsicht** *die* [-] indulgenza, clemenza: *mit jdm* — *haben*, essere indulgente con qlcu.

**nachsichtig** *agg.* indulgente, condiscendente.

## Nachsilbe / nackt

**Nachsilbe** *die* [-,-n] suffisso.
**Nachspeise** *die* [-,-n] dessert, dolce.
**nach·sprechen** (→ *sprechen*) *v.tr.* ripetere (formule ecc.).
**nächst...** *agg.* (superl. di nah(e)) **1** prossimo, il più vicino **2** (*tempo*) (il) prossimo, (il) seguente, (il) successivo **3** (*successione*) il primo **4** il più stretto: *sie sind unsere nächsten Mitarbeiter*, sono i nostri più stretti collaboratori ● *am nächsten*, più vicino | *der Nächste*, il prossimo | *fürs nächste*, per ora, per il momento.
**Nächstbeste** *der* e *die* [-n,-n] uno (*m.*; *f.* -a) qualsiasi, primo (*m.*; *f.* -a) venuto.
**nach·stehen** (→ *stehen*) *v.intr.* [*sein*] (+ *Dat*) essere inferiore (a).
**nach·stellen** *v.tr.* **1** (*tecn.*) regolare, rimettere a punto **2** mettere indietro (orologio) **3** (*gramm.*) posporre ♦ *v.intr.* [*haben*] (+ *Dat*) perseguitare.
**Nächstenliebe** *die* [-] amore del prossimo, carità.
**nächstens** *avv.* prossimamente; la prossima volta.
**nächstfolgend** *agg.* seguente, successivo; prossimo.
**nächstmöglich** *agg.* primo possibile.
**Nacht** *die* [-, *Nächte*] notte ● *bei* —, di notte | *gute* —!, buona notte!
**Nachtdienst** *der* [-es,-e] turno di notte, servizio notturno.
**Nachteil** *der* [-(e)s,-e] svantaggio; inconveniente ● *die Vor- und Nachteile abwägen*, valutare i pro e i contro.
**nachteilig** *agg.* (+ *Dat*) svantaggioso (per), negativo (per).
**Nachtfalter** *der* [-s,-] falena.
**Nachthemd** *das* [-(e)s,-en] camicia da notte.
**Nachtigall** *die* [-,-en] usignolo.
**Nachtisch** *der* [-es,-e] dessert, dolce.
**nächtlich** *agg.* notturno: *nächtliche Ruhestörung*, schiamazzi notturni.
**Nachtlokal** *das* [-(e)s,-e] locale notturno, night.
**Nachtrag** *der* [-(e)s,-träge] **1** poscritto **2** (*dir.*) postilla; codicillo.
**nach·tragen** (→ *tragen*) *v.tr.* **1** aggiungere (successivamente) **2** serbare rancore: *jdm etw* —, serbare rancore a qlcu per qlco.
**nachträglich** *agg.* **1** posteriore **2** in ritardo ♦ *avv.* **1** in un secondo momento **2** a posteriori.
**nach·trauern** *v.intr.* [*haben*] (+ *Dat*) **1** piangere la morte di qlcu **2** rimpiangere.
**Nachtruhe** *die* [-] riposo notturno.
**nachts** *avv.* di notte.
**Nachtschicht** *die* [-,-en] turno di notte.
**Nachttisch** *der* [-es,-e] comodino.
**Nachttopf** *der* [-es,-töpfe] vaso da notte.
**Nachtwache** *die* [-,-n] **1** guardia notturna; vigilanza notturna **2** veglia.
**Nachtwächter** *der* [-s,-; *die -in*] guardia (*f.*) notturna; metronotte (*m.* e *f.*).
**Nachtzug** *der* [-(e)s,-züge] treno notturno.
**Nachuntersuchung** *die* [-,-en] (*med.*) visita di controllo.
**nach·wachsen** (→ *wachsen*) *v.intr.* [*sein*] ricrescere.
**Nachweis** *der* [-es,-e] prova, dimostrazione.
**nach·weisen** (→ *weisen*) *v.tr.* **1** provare, dimostrare **2** documentare; attestare.
**nachweislich** *agg.* dimostrato, provato.
**Nachwelt** *die* [-] posteri, posterità.
**nach·werfen** (→ *werfen*) *v.tr.* (*fam.*) **1** tirare dietro **2** buttare dentro.
**nach·wirken** *v.intr.* [*haben*] avere un effetto prolungato.
**Nachwirkung** *die* [-,-en] postumi (*anche fig.*); strascico.
**Nachwuchs** *der* [-es] **1** prole (*fam.*) bambini, figli **2** nuove leve.
**nach·zahlen** *v.tr.* pagare un arretrato.
**Nachzahlung** *die* [-,-en] **1** pagamento supplementare **2** arretrato.
**nach·ziehen** (→ *ziehen*) *v.tr.* **1** trascinare, tirarsi dietro **2** (*tecn.*) serrare ♦ *v.intr.* [*sein*] (+ *Dat*) seguire, andare dietro (a) (*anche fig.*).
**Nacken** *der* [-s,-] nuca, cervice.
**Nackenstütze** *die* [-,-n] poggiatesta.
**nackt** *agg.* **1** nudo; scoperto **2** (*di am-*

## Nacktheit / Name

*biente*) spoglio ● *mit nacktem Auge*, a occhio nudo.
**Nacktheit** *die* [-] nudità; nudo.
**Nadel** *die* [-,-n] **1** ago (*anche bot.*) **2** ferro, ago (da calza) **3** puntina (di giradischi).
**Nadeldrucker** *der* [-s,-] stampante ad aghi.
**Nadelkissen** *das* [-s,-] puntaspilli.
**Nadelöhr** *das* [-(e)s,-e] cruna dell'ago.
**Nagel** *der* [-s, *Nägel*] **1** chiodo **2** unghia ● *das Studium an den — hängen*, abbandonare gli studi | *den — auf den Kopf treffen*, cogliere nel segno.
**Nagelfeile** *die* [-,-n] limetta per unghie.
**Nagellack** *der* [-(e)s,-e] smalto per unghie.
**Nagellackentferner** *der* [-s,-] solvente per smalto (per unghie).
**nageln** *v.tr.* inchiodare ♦ *v.intr.* [*haben*] piantare chiodi.
**nagelneu** *agg.* (*fam.*) nuovo fiammante, nuovo di zecca.
**Nagelpflege** *die* [-] manicure.
**nagen** *v.intr.* [*haben*] (*an* + *Dat*) **1** rosicchiare, rodere **2** corrodere **3** (*fig.*) tormentare, logorare ♦ *v.tr.* rodere ♦ *sich nagen* *v.pron.* (*in* + *Acc*, *durch*) penetrare rosicchiando (in).
**Nager** *der* [-s,-] **Nagetier** *das* [-es,-e] roditore.
**Nahaufnahme** *die* [-,-n] (*fot.*, *cinem.*) primo piano.
**nah(e)** *compar.* **näher** *superl.* **nächst-...** *agg.* **1** vicino **2** (*di parente*) stretto ♦ *avv.* **1** (*luogo*) vicino a, in prossimità di **2** (*tempo*) quasi: — *daran sein, etw zu tun*, stare per fare qlco **3** stretto: *wir sind — befreundet*, siamo molto amici ♦ *prep.* (+ *Dat*) **1** vicino (a), presso **2** (*fig.*) a un passo (da), sul punto (di): *der Verzweiflung — sein*, essere sull'orlo della disperazione.
**Nähe** *die* [-] **1** vicinanza **2** vicinanze, dintorni: *in der — von*... (o + *Gen*), nelle vicinanze (di), vicino (a).
**nahe·bringen** (→ *bringen*) *v.tr.* far conoscere, far apprezzare.
**nahe·gehen** (→ *gehen*) *v.intr.* [*sein*] toccare da vicino, toccare nel profondo.

**nahe·kommen** (→ *kommen*) *v.intr.* [*sein*] (+ *Dat*) avvicinarsi (a).
**nähen** *v.tr.* e *intr.* [*haben*] **1** cucire **2** (*med.*) suturare.
**näher** *agg.* (*compar.* di *nah(e)*) **1** più preciso, più dettagliato: *bei näherem Hinsehen*, a un esame più preciso **2** (*fam.*) più breve ♦ *avv.* **1** (*luogo*) più da vicino **2** meglio, più precisamente.
**Nähere** *das* [-n] ulteriori dettagli.
**näher·kommen** (→ *kommen*) *v.intr.* [*sein*] (+ *Dat*) avvicinarsi (a).
**nähern** *v.tr.* avvicinare ♦ *sich nähern* *v.pron.* (+ *Dat*) avvicinarsi (a).
**nahe·stehen** (→ *stehen*) *v.intr.* [*haben*] (+ *Dat*) **1** essere intimo (di), essere in stretti rapporti (con) **2** essere simpatizzante (di).
**Nahkampf** *der* [-(e)s,-*kämpfe*] (*mil.*, *sport*) corpo a corpo.
**Nähmaschine** *die* [-,-n] macchina da (o per) cucire.
**Nähnadel** *die* [-,-n] ago da cucito.
**nähren** *v.tr.* nutrire; alimentare (*anche fig.*) ♦ *v.intr.* [*haben*] essere nutriente ♦ *sich nähren* *v.pron.* (*von*) nutrirsi (di).
**nahrhaft** *agg.* nutriente, sostanzioso.
**Nährstoff** *der* [-(e)s,-e] sostanza nutritiva.
**Nahrung** *die* [-,-*en*] **1** alimentazione **2** alimento, nutrimento.
**Nahrungsmittel** *das* [-s,-] alimento, prodotto alimentare.
**Nahrungsmittelvergiftung** *die* [-,-*en*] intossicazione alimentare.
**Nährwert** *der* [-(e)s,-e] valore nutritivo.
**Naht** *die* [-, *Nähte*] **1** cucitura **2** (*med.*) sutura ● (*fam.*) *aus allen Nähten platzen*, ingrassare, mettere su pancia.
**nahtlos** *agg.* senza cucitura ♦ *avv.* senza un confine preciso, in modo sfumato.
**Nahverkehr** *der* [-(e)s] traffico locale.
**naiv** *agg.* ingenuo, naif.
**Naivität** *die* [-] ingenuità.
**Name** *der* **1** nome; (*estens.*) cognome: *im Namen von*... (o + *Gen*), in (o a) nome di... **2** (*estens.*) fama, reputazione: *sich einen Namen machen*, farsi un nome.

**namenlos** *agg.* **1** senza nome, anonimo **2** *(fig.)* indicibile, enorme.
**namens** *avv.* di nome, chiamato.
**Namenstag** *der* [-(e)s,-e] onomastico.
**Namensvetter** *der* [-s,-n] omonimo.
**namentlich** *agg.* nominale; nominativo ♦ *avv.* **1** per nome **2** specialmente, particolarmente.
**namhaft** *agg.* **1** noto, rinomato **2** notevole, considerevole.
**nämlich** *cong.* **1** infatti, poiché **2** *(spesso non si traduce)* vale a dire, e cioè.
**Napf** *der* [-(e)s, Näpfe] ciotola (per animali).
**Narbe** *die* [-,-n] **1** cicatrice **2** *(bot.)* stigma.
**narbig** *agg.* pieno di cicatrici; butterato.
**Narkose** *die* [-,-n] narcosi, anestesia.
**Narkosearzt** *der* [-es,-ärzte; die -ärztin] anestesista (m. e f.).
**narkotisch** *agg.* narcotico.
**narkotisieren** *v.tr.* narcotizzare; anestetizzare.
**Narr** *der* [-en,-en] **1** stupido, sciocco **2** *(teatr., st.)* buffone ● *jdn zum Narren halten* (o *haben*), prendersi gioco di qlcu.
**närrisch** *agg.* **1** pazzo, strambo **2** carnevalesco, buffonesco ♦ *avv.* in modo assurdo.
**Narzisse** *die* [-,-n] narciso.
**naschen** *v.intr.* [*haben*] **1** (*an* + *Dat*, *von*) spizzicare, piluccare **2** mangiare dolciumi.
**naschhaft** *agg.* ghiotto, goloso.
**Naschkatze** *die* [-,-n] *(fam.)* ghiottone, goloso.
**Nase** *die* [-,-n] naso ● *(fam.) nicht weiter als seine — sehen*, non vedere più in là del proprio naso.
**Nasenbluten** *das* [-s,-] sangue dal naso; *(med.)* epistassi.
**Nasenloch** *das* [-(e)s,-löcher] *(anat.)* narice.
**Nasenscheidewand** *die* [-,-en] setto nasale.
**naseweis** *agg.* saccente, saputello.

**Nashorn** *das* [-(e)s,-hörner] rinoceronte.
**nass** *compar.* **nässer** o **nasser** *superl.* **nässest** o **nassest** *agg.* **1** bagnato; zuppo, fradicio **2** *(di tempo)* umido, piovoso.
**Nässe** *die* [-] umidità.
**nasskalt** *agg.* freddo umido.
**Nation** *die* [-,-en] nazione.
**national** *agg.* nazionale ♦ *avv.* a livello nazionale.
**nationalisieren** *v.tr.* nazionalizzare.
**Nationalismus** *der* [-] nazionalismo.
**nationalistisch** *agg.* nazionalista, nazionalistico.
**Nationalität** *die* [-,-en] nazionalità.
**Nationalmannschaft** *die* [-,-en] *(sport)* (squadra) nazionale.
**Nationalsozialismus** *der* [-] nazionalsocialismo, nazismo.
**Nationalsozialist** *der* [-en,-en; die -in] nazionalsocialista (m. e f.).
**NATO** *die* [-] *(North Atlantic Treaty Organization)* NATO.
**Natrium** *das* [-s] *(chim.)* sodio.
**Natron** *das* [-s] *(chim.)* bicarbonato di sodio.
**Natter** *die* [-,-n] serpente.
**Natur** *die* [-,-en] **1** natura: *wider die —*, contro natura **2** indole, carattere: *von — aus großzügig sein*, essere generoso di natura **3** fisico, costituzione fisica.
**Naturalien** *pl.* prodotti naturali, materie prime.
**naturalisieren** *v.tr.* naturalizzare.
**Naturalismus** *der* [-s,-men] naturalismo.
**Naturell** *das* [-s,-e] natura, temperamento.
**Naturereignis** *das* [-ses,-se] **Naturerscheinung** *die* [-,-en] fenomeno naturale.
**naturfarben** *agg.* (di colore) naturale.
**Naturfaser** *die* [-,-n] fibra naturale.
**Naturfreund** *der* [-(e)s,-e; die -in] amante (m. e f.) della natura.
**naturgemäß** *agg.* naturale ♦ *avv.* **1** in modo naturale, secondo natura **2** per (propria) natura.

**Naturgesetz** *das* [*-es,-e*] legge naturale, legge di natura.
**Naturheilkunde** *die* [-] medicina naturale.
**Naturkatastrophe** *die* [-,-*n*] catastrofe naturale, cataclisma.
**natürlich** *agg.* **1** naturale **2** disinvolto, schietto **3** logico, naturale ♦ *avv.* certamente, certo; naturalmente.
**Natürlichkeit** *die* [-] naturalezza; disinvoltura.
**naturnah** *agg.* naturale, ecologico.
**naturrein** *agg.* (*di cibi*) genuino.
**Naturschutz** *der* [*-es*] protezione della natura.
**Naturschutzgebiet** *das* [-(*e*)*s,-e*] parco naturale, zona protetta.
**Naturstoff** *der* [-(*e*)*s,-e*] sostanza naturale.
**Naturwissenschaften** *pl.* scienze naturali.
**Nautik** *die* [-] nautica.
**nautisch** *agg.* nautico.
**Navigation** *die* [-] navigazione.
**Nazi** *der* [-*s,-s*] nazista.
**Nazismus** *der* [-] nazismo.
**n.Chr.** *abbr.* (*nach Christus*) d.C., dopo Cristo.
**Neapel** *das* Napoli.
**Nebel** *der* [-*s,-*] **1** nebbia **2** (*astr.*) nebulosa.
**Nebelbank** *die* [-,-*bänke*] banco di nebbia.
**nebelhaft** *agg.* nebuloso, vago.
**neb(e)lig** *agg.* nebbioso.
**Nebelscheinwerfer** *der* [-*s,-*] fendinebbia.
**neben** *prep.* **1** (*stato in luogo*) (+ *Dat*) di fianco a, accanto a **2** (*moto a luogo*) (+ *Acc*) di fianco a, accanto a **3** (+ *Dat*) oltre a **4** (+ *Dat*) rispetto a, in confronto a.
**Nebenabsicht** *die* [-,-*en*] secondo fine.
**nebenan** *avv.* vicino, accanto, di fianco.
**Nebenanschluss** *der* [*-es,-schlüsse*] (*tel.*) (apparecchio) derivato.
**nebenbei** *avv.* **1** inoltre, in più **2** per inciso, tra l'altro.

**Nebenberuf** *der* [-(*e*)*s,-e*] occupazione secondaria, secondo impiego.
**nebeneinander** *avv.* l'uno accanto all'altro, fianco a fianco.
**Nebenerscheinung** *die* [-,-*en*] fenomeno secondario, fenomeno concomitante.
**Nebenfach** *das* [-(*e*)*s,-fächer*] (*scol.*) materia secondaria, materia complementare.
**Nebenfluss** *der* [*-es,-flüsse*] affluente, tributario.
**Nebenfrage** *die* [-,-*n*] questione secondaria.
**Nebengeräusch** *das* [-(*e*)*s,-e*] (*tecn.*) rumore di sottofondo; (*di radio*) disturbo.
**Nebenhandlung** *die* [-,-*en*] azione secondaria.
**Nebenklage** *die* [-,-*n*] (*dir.*) costituzione di parte civile.
**Nebenkosten** *pl.* spese accessorie.
**Nebenprodukt** *das* [-(*e*)*s,-e*] sottoprodotto.
**Nebenrolle** *die* [-,-*n*] ruolo secondario, parte secondaria.
**Nebensache** *die* [-,-*n*] questione marginale, questione di secondaria importanza.
**nebensächlich** *agg.* di secondaria importanza.
**Nebensatz** *der* [*-es,-sätze*] (proposizione) subordinata, secondaria.
**Nebenwirkung** *die* [-,-*n*] (*spec.pl.*) effetto collaterale.
**nebst** *prep.* (+ *Dat*) insieme con, unitamente a.
**necken** *v.tr.* punzecchiare, stuzzicare.
**Neckerei** *die* [-,-*en*] punzecchiamento, stuzzicamento.
**neckisch** *agg.* **1** canzonatorio **2** provocante.
**Neffe** *der* [-*n,-n*] nipote maschio (di zio).
**Negation** *die* [-,-*en*] negazione.
**negativ** *agg.* negativo.
**Negativ** *das* [-*s,-e*] (*fot.*) negativa, negativo.
**Neger** *der* [-*s,-*; die *-in*] (*spreg.*) negro (*m.; f.* -a).

**negieren** *v.tr.* negare.

**nehmen** [*nimmt / nahm / genommen*] *v.tr.* **1** prendere: *den Zug —*, prendere il treno; *etw leicht, ernst —*, prendere qlco alla leggera, sul serio; *etw auf sich —*, assumersi la responsabilità di qlco **2** accettare **3** togliere ● (*fam.*) *wie man's nimmt*, dipende dal punto di vista.

**Neid** *der* [-(e)s] invidia: *vor — platzen*, crepare d'invidia.

**neidisch** *agg.* (*auf + Acc*) invidioso (di).

**neigen** *v.tr.* inclinare; chinare, piegare: *den Kopf —*, chinare il capo ♦ *v.intr.* [*haben*] (*zu*) tendere (a, verso), essere propenso (a) ♦ **sich neigen** *v.pron.* inclinarsi; piegarsi.

**Neigung** *die* [-,-en] **1** inclinazione; pendenza **2** (*fig.*) (*zu*) attitudine (a); tendenza (a), propensione (verso) **3** simpatia, affetto.

**nein** *avv.* no ♦ *aber —!*, ma no! | *—, so was!*, no, non mi dire! | *nicht — sagen können*, non saper dire di no.

**Nektar** *der* [-s,-e] nettare.

**Nektarine** *die* [-,-n] nettarina, pesca noce.

**Nelke** *die* [-,-n] **1** garofano **2** chiodo di garofano.

**nennen** [*nannte / genannt*] *v.tr.* **1** chiamare **2** nominare, menzionare ♦ **sich nennen** *v.pron.* chiamarsi; dirsi, definirsi: *er nennt sich mein Freund*, si dice mio amico.

**Nenner** *der* [-s,-] (*mat.*) denominatore.

**Neologismus** *der* [-,-men] neologismo.

**Neon** *das* [-s] neon.

**Neonlampe** *die* [-,-n] lampada al neon.

**Nerv** *der* [-s,-en] **1** nervo **2** (*bot.*) nervatura ● *die Nerven behalten, verlieren, mantenere*, perdere la calma | *jdm auf die Nerven fallen* (*o gehen*), dare ai (o sui) nervi a qlcu | *mit den Nerven fertig sein*, avere i nervi a pezzi.

**nervenkrank** *agg.* malato di nervi.

**Nervenkrankheit** *die* [-,-en] malattia nervosa.

**Nervenschmerz** *der* [-es,-en] nevralgia.

**Nervensystem** *das* [-s,-e] sistema nervoso.

**Nervenzusammenbruch** *der* [-es] esaurimento nervoso.

**nervös** *agg.* nervoso.

**Nervosität** *die* [-] nervosismo.

**Nerz** *der* [-es,-e] (*zool.*) visone.

**Nessel** *die* [-,-n] ortica.

**Nest** *das* [-es,-er] **1** nido **2** (*fig.*) covo.

**nett** *agg.* **1** carino, grazioso **2** simpatico, gentile **3** (*fam.*) bello: *das ist ja ein netter Freund!*, bell'amico!

**netto** *avv.* (*comm.*) netto.

**Nettogehalt** *das* [-es,-hälter] stipendio netto.

**Nettogewicht** *das* [-es,-e] peso netto.

**Netz** *das* [-es,-e] **1** rete **2** (*elettr.*) rete elettrica **3** (*geogr.*) reticolo ● *jdm ins — gehen*, cadere nella trappola di qlcu.

**Netzanschluss** *der* [-es,-schlüsse] (*elettr.*) allacciamento (*o* collegamento) alla rete.

**Netzhaut** *die* [-,-häute] (*anat.*) retina.

**Netzkarte** *die* [-,-n] abbonamento ferroviario (*o* per i mezzi pubblici) per la libera circolazione in un determinato territorio.

**Netzwerk** *das* [-es,-e] (*inform.*) rete.

**neu** *agg.* **1** nuovo: *das ist ja* (*ganz*) *—!*, questa è nuova! **2** recente; (*estens.*) moderno ♦ *avv.* **1** di nuovo, nuovamente **2** di recente, recentemente ● *aufs Neue*, di nuovo, da capo.

**Neuanschaffung** *die* [-,-en] nuovo acquisto.

**neuartig** *agg.* nuovo, innovativo.

**Neuauflage** *die* [-,-n] nuova edizione; ristampa.

**Neuausgabe** *die* [-,-n] **1** nuova edizione **2** (*estens.*) riedizione.

**Neubau** *der* [-s,-ten] nuova costruzione.

**Neue** *der* e *die* [-n,-n] ultimo (*m.*; *f.* -a) arrivato ♦ *das* [-n] novità; innovazione.

**neuerdings** *avv.* ultimamente, recentemente, da poco.

**neuerlich** *agg.* **1** nuovo, recente **2** rinnovato, ulteriore ♦ *avv.* di nuovo.

**Neuerscheinung** *die* [-,-en] novità editoriale.

**Neuerung** *die* [-,-*en*] innovazione.
**neuest...** *agg.* 1 (*superl. di* neu) più nuovo 2 ultimo, più recente.
**Neueste** *das* [-*n*,-*n*] ultima (novità).
**neuestens** *avv.* ultimamente, recentemente.
**neugeboren** *agg.* neonato ● *sich wie — fühlen*, sentirsi rinato.
**Neugeborene** *das* [-*n*,-*n*] neonato.
**Neugier** *die* [-] **Neugierde** *die* [-] curiosità.
**neugierig** *agg.* (*auf + Acc*) curioso (di).
**Neuheit** *die* [-,-*en*] novità; innovazione.
**Neuigkeit** *die* [-,-*en*] novità.
**Neujahr** *das* [-*es*,-*e*] capodanno ● *fröhliches —!*, felice anno nuovo! | *Prosit —!*, buon anno! | *zu —*, a capodanno.
**Neujahrstag** *der* [-(*e*)*s*,-*e*] capodanno, primo dell'anno.
**Neuland** *das* [-*es*,-*länder*] 1 terreno non ancora sfruttato 2 terra inesplorata 3 (*fig.*) campo sconosciuto.
**neulich** *avv.* recentemente; l'altro giorno.
**Neuling** *der* [-*s*,-*e*] novellino, principiante.
**Neumond** *der* [-*es*] luna nuova, novilunio.
**neun** *agg.num.card.invar.* nove → acht.
**neunhundert** *agg.num.card.invar.* novecento.
**neunmal** *avv.* nove volte.
**neunte** *agg.num.ord.* nono → achte.
**Neuntel** *das* [-*s*,-] nono.
**neunzehn** *agg.num.card.invar.* diciannove.
**neunzig** *agg.num.card.invar.* novanta.
**Neuralgie** *die* [-,-*n*] nevralgia.
**neuralgisch** *agg.* nevralgico.
**Neurologe** *der* [-*n*,-*n*; die *Neurologin*] neurologo (*m.*; *f. -a*).
**Neurologie** *die* [-] neurologia.
**neurologisch** *agg.* neurologico.
**Neurose** *die* [-,-*n*] nevrosi.
**Neurotiker** [-*s*,-; die -*in*] nevrotico (*m.*; *f. -a*).
**neurotisch** *agg.* nevrotico.
**Neuseeländer** *agg.invar.* neozelande-
se ♦ *der* [-*s*,-; die -*in*] neozelandese (*m.* e *f.*).
**neuseeländisch** *agg.* neozelandese.
**neutral** *agg.* 1 neutrale 2 neutro.
**neutralisieren** *v.tr.* neutralizzare.
**Neutralität** *die* [-] neutralità.
**Neutron** *das* [-*s*,-*en*] (*fis.*) neutrone.
**Neutrum** *das* [-*s*,-*tra* o -*tren*] (*gramm.*) neutro.
**Neuzeit** *die* [-] età moderna.
**neuzeitlich** *agg.* moderno.
**nicht** *avv.* 1 non: — *schlecht!*, non male! 2 (*richiesta o divieto*) non: *bitte, —!*, per favore, non farlo! 3 (*domanda retorica*) non è vero: *er ist dein Chef, —?*, è il tuo capo, non è vero? ● *auch er —* (o *er auch —*), neanche lui | *was du — sagst!*, ma cosa dici!
**Nichte** *die* [-,-*n*] nipote femmina (di zio).
**Nichteinhaltung** *die* [-] 1 inadempienza 2 inosservanza (di leggi ecc.).
**nichtig** *agg.* 1 insignificante, di nessun valore 2 (*dir.*) nullo.
**Nichtigkeit** *die* [-,-*en*] 1 inezia, nonnulla 2 (*dir.*) nullità.
**Nichtraucher** [-*s*,-; die -*in*] non fumatore (*m.*; *f. -trice*).
**nichts** *pron.indef.* niente, nulla: *da ist einfach — zu machen*, non c'è nulla da fare; *ich kann — Genaueres dazu sagen*, non posso dire nulla di più preciso ● *— als*, nient'altro che | *— zu danken*, non c'è di che.
**Nichts** *das* [-,-*e*] niente, nulla (*anche fil.*) ● *vor dem — stehen*, essere sul lastrico.
**Nichtsnutz** *der* [-*es*,-*e*] buono a nulla, inetto.
**nichtsnutzig** *agg.* buono a nulla, inetto.
**nichtssagend** *agg.* insignificante, insulso.
**Nichtstun** *das* [-*s*] ozio.
**Nickel** *das* [-*s*] nichel.
**nicken** *v.intr.* [*haben*] 1 salutare con un cenno della testa 2 assentire, annuire 3 (*fam.*) sonnecchiare.
**nie** *avv.* mai: *— mehr werde ich das ma-*

*chen*, mai più lo farò; — *im Leben*, mai e poi mai.
**nieder** *agg.* 1 basso 2 (*estens.*) vile 3 (*fig.*) basso, inferiore; subalterno ♦ *avv.* 1 giù, in basso, abbasso 2 (*escl.*) abbasso: — *mit dem Krieg*, abbasso la guerra.
**Niederdruck** *der* [-*s,-drücke*] (*tecn.*) bassa pressione.
**Niedergang** *der* [-(*e*)*s*] decadenza, declino.
**nieder·gehen** (→ *gehen*) *v.intr.* [*sein*] 1 abbattersi (*anche fig.*) 2 calare, abbassarsi.
**niedergeschlagen** *agg.* avvilito, abbattuto.
**nieder·knien** *v.intr.* [*sein*] inginocchiarsi ♦ **sich niederknien** *v.pron.* inginocchiarsi.
**Niederlage** *die* [-,-*n*] sconfitta (*anche fig.*).
**Niederlande** *pl.* Paesi Bassi.
**Niederländer** *der* [-*s*,-; die -*in*] olandese (*m.* e *f.*).
**niederländisch** *agg.* olandese.
**nieder·lassen, sich** (→ *lassen*) *v.pron.* (*in* + *Dat*) stabilirsi (a, in).
**Niederlassung** *die* [-,-*en*] 1 stabilimento 2 (*comm.*) sede 3 (*comm.*) filiale, succursale.
**Niederösterreich** *das* Bassa Austria.
**nieder·reißen** (→ *reißen*) *v.tr.* abbattere, demolire.
**Niedersachsen** *das* Bassa Sassonia.
**Niederschlag** *der* [-(*e*)*s,-schläge*] 1 (*meteor.*) precipitazione 2 (*chim.*) deposito, sedimento 3 (*fig.*) ripercussione, riflesso.
**nieder·schlagen** (→ *schlagen*) *v.tr.* 1 abbattere, atterrare 2 (*fig.*) reprimere, soffocare: *eine Revolte* —, soffocare una rivolta 3 abbassare: *den Blick* —, abbassare lo sguardo 4 (*dir.*) sospendere ♦ **sich niederschlagen** *v.pron.* 1 depositarsi (*anche chim.*) 2 (*fig.*) (*in* + *Dat*) ripercuotersi (su), riflettersi (su).
**Niederung** *die* [-,-*en*] bassopiano.
**nieder·werfen** (→ *werfen*) *v.tr.* 1 battere, vincere 2 (*fig.*) reprimere, soffocare 3 stremare, indebolire ♦ **sich niederwerfen** *v.pron.* gettarsi a terra.
**niedlich** *agg.* carino, grazioso.
**niedrig** *agg.* 1 basso 2 umile 3 (*spreg.*) vile, ignobile ♦ *avv.* in basso.
**Niedrigkeit** *die* [-] bassezza; viltà.
**niemals** *avv.* mai.
**niemand** *pron.indef.* nessuno.
**Niemandsland** *das* [-*es*] 1 terra di nessuno 2 terra inesplorata.
**Niere** *die* [-,-*n*] 1 (*anat.*) rene 2 (*gastr.*) rognone.
**Nierenkolik** *die* [-,-*en*] colica renale.
**Nierenstein** *der* [-(*e*)*s,-e*] calcolo renale.
**nieseln** *v.impers.* (*fam.*) piovigginare: *es nieselt*, pioviggina.
**niesen** *v.intr.* [*haben*] starnutire.
**nieten** *v.tr.* chiodare, rivettare.
**Nikotin** *das* [-*s*] nicotina.
**nikotinfrei** *agg.* senza nicotina.
**Nilpferd** *das* [-*es,-e*] ippopotamo.
**Nimmersatt** *der* [- o -(*e*)*s,-e*] (*fam.*) mangione, (persona) insaziabile.
**nippen** *v.intr.* [*haben*] (*an* + *Dat*) centellinare, sorseggiare.
**nirgends, nirgend(s)wo** *avv.* da nessuna parte, in nessun luogo.
**Nische** *die* [-,-*n*] nicchia.
**nisten** *v.intr.* [*haben*] nidificare, fare il nido.
**Nitrat** *das* [-(*e*)*s,-e*] (*chim.*) nitrato.
**Niveau** *das* [-*s,-s*] livello.
**nivellieren** *v.tr.* livellare.
**NO** *sigla* (*Nordosten*) NE, Nord Est.
**nobel** *agg.* 1 (*fam.*) generoso 2 (*spec. iron.*) signorile, di lusso.
**Nobelpreis** *der* [-*es,-e*] premio Nobel.
**noch** *avv.* 1 ancora: *es ist* — *so dunkel*, è ancora molto buio 2 inoltre: *wer war* — *da?*, e poi chi c'era? 3 altro: *möchten Sie* — *etwas Tee?*, desidera ancora un po' di tè? 4 stesso: *die Rechnung muss* — *heute beglichen werden*, la fattura deve essere saldata oggi stesso 5 appena: *er hat gerade* — *mit ihm gesprochen*, le ha appena parlato ● — *einmal*, di nuovo, ancora.
**nochmals** *avv.* di nuovo, nuovamente, ancora una volta.
**Nomade** *der* [-*n,-n*; die *Nomadin*] nomade (*m.* e *f.*).

**Nomen** *das* [-s,-mina] (*gramm.*) sostantivo; nome.
**Nominativ** *der* [-s,-e] (*gramm.*) nominativo.
**nominell** *agg.* nominale ♦ *avv.* di nome, nominalmente.
**nominieren** *v.tr.* nominare, designare.
**Nominierung** *die* [-,-en] nomina, designazione.
**Nonne** *die* [-,-n] monaca, suora.
**Nord** *der* [-(e)s] nord, settentrione.
**Nordamerika** *das* Nordamerica.
**nordamerikanisch** *agg.* nordamericano.
**norddeutsch** *agg.* tedesco settentrionale, della Germania settentrionale.
**Norden** *der* [-s] 1 nord, settentrione 2 paesi nordici.
**nordeuropäisch** *agg.* nordeuropeo, nordico.
**nordisch** *agg.* nordico.
**nordländisch** *agg.* nordico, scandinavo.
**nördlich** *agg.* settentrionale, del nord, nordico ♦ *avv.* a nord, a settentrione: — *von*, a nord di ♦ *prep.* (+ *Gen*) a nord.
**Nordlicht** *das* [-(e)s,-er] aurora boreale.
**Nordosten** *der* [-s] nord-est.
**Nordpol** *der* [-s,-e] polo Nord.
**Nordrhein-Westfalen** *das* Renania Settentrionale-Vestfalia.
**Nordsee** *die* Mare del Nord.
**Nordstern** *der* [-(e)s,-e] stella polare.
**Nordwesten** *der* [-s] nord-ovest.
**Nordwind** *der* [-(e)s,-e] vento del nord.
**Nörgelei** *die* [-,-en] brontolio, continuo criticare, mugugno.
**nörgeln** *v.intr.* [*haben*] (*an* + *Dat*) avere sempre da ridire (su).
**Norm** *die* [-,-en] 1 norma, regola: *der — entsprechend*, conforme alla norma 2 (*tecn.*) standard.
**normal** *agg.* normale.
**normalerweise** *avv.* normalmente; di solito.
**normalisieren** *v.tr.* normalizzare, (ri)portare alla normalità ♦ **sich normalisieren** *v.pron.* normalizzarsi, (ri)tornare alla normalità.
**Normalität** *die* [-] normalità.
**Normalmaß** *das* [-es,-e] 1 misura campione 2 misura standard.
**Normalzustand** *der* [-(e)s,-stände] (*fis., tecn.*) condizione normale.
**normativ** *agg.* normativo.
**normen** *v.tr.* standardizzare.
**Normierung** *die* [-,-en] **Normung** *die* [-,-en] standardizzazione.
**Norwegen** *das* Norvegia.
**Norweger** *agg.invar.* norvegese ♦ *der* [-s,-; die -*in*] norvegese (*m.* e *f.*).
**norwegisch** *agg.* norvegese (*m.*).
**Nostalgie** *die* [-] nostalgia.
**nostalgisch** *agg.* nostalgico.
**Not** *die* [-, *Nöte*] 1 (momento di) bisogno; situazione di emergenza 2 miseria, penuria 3 (*estens.*) preoccupazione, difficoltà 4 bisogno, necessità: *zur* —, all'occorrenza, in caso di necessità.
**Notar** *der* [-s,-e; die -*in*] notaio (*m.*).
**Notariat** *das* [-(e)s,-e] 1 notariato 2 studio notarile.
**notariell** *agg.* notarile.
**Notarzt** *der* [-es,-ärzte; die -*ärztin*] medico (*m.*) di guardia.
**Notaufnahme** *die* [-] ricovero d'urgenza.
**Notausgang** *der* [-(e)s,-gänge] uscita di sicurezza.
**Notbremse** *die* [-,-n] 1 (*ferr.*) freno d'emergenza; (*estens.*) segnale d'allarme 2 (*di ascensore*) bottone di arresto.
**notdürftig** *agg.* di emergenza, di fortuna, provvisorio ♦ *avv.* 1 a mala pena 2 in modo precario, alla meno peggio.
**Note** *die* [-,-n] 1 (*mus.*) nota; (*pl.*) spartito 2 nota (caratteristica) 3 (*scol.*) voto 4 banconota 5 nota (diplomatica).
**Notenlinie** *die* [-,-n] (*mus.*) rigo (musicale).
**Notenpapier** *das* [-(e)s] carta da musica.
**Notenschlüssel** *der* [-s,-] (*mus.*) chiave.
**Notenständer** *der* [-s,-] leggio.
**Notfall** *der* [-(e)s,-fälle] caso di bisogno, caso di necessità.
**notfalls** *avv.* all'occorrenza, in caso di bisogno.

**notieren** v.tr. **1** annotare, segnare, prender nota di **2** (fin.) quotare.
**nötig** agg. necessario, occorrente: *ich habe Urlaub —*, ho bisogno di una vacanza.
**Notiz** die [-,-en] nota, annotazione, appunto ● *— von etw* (o *jdm*) *nehmen*, prendere in considerazione qlco (o qlcu).
**Notizbuch** das [-(e)s,-bücher] taccuino.
**Notlage** die [-,-n] stato di necessità; difficoltà.
**Notlandung** die [-,-en] atterraggio di fortuna.
**Notlösung** die [-,-en] soluzione di ripiego.
**Notruf** der [-(e)s,-e] chiamata d'emergenza.
**Notstand** der [-(e)s,-stände] stato d'emergenza.
**Notverordnung** die [-,-en] (dir.) ordinanza d'emergenza.
**Notwehr** die [-] legittima difesa: *aus* (o *in*) *— handeln*, agire per legittima difesa.
**notwendig** agg. necessario.
**Notwendigkeit** die [-] necessità.
**Notzustand** der [-(e)s,-stände] stato d'emergenza.
**N(o)ugat** der o das [-s,-s] gianduia.
**November** der [-(s),-] novembre: *im (Monat) —*, in (o a, o nel mese di) novembre.
**Novize** der [-n,-n; die Novizin] (relig.) novizio (*m.; f.* -a).
**Nr.** abbr. (Nummer) n., numero.
**Nu** der ● *im —*, in un baleno.
**Nuance** die [-,-n] sfumatura.
**nüchtern** agg. **1** digiuno **2** sobrio **3** (fig.) obiettivo; freddo ♦ (fig.) (di stile) sobrio, austero ♦ avv. **1** a digiuno, a stomaco vuoto **2** (fig.) obiettivamente.
**Nüchternheit** die [-] **1** sobrietà **2** essere a digiuno **3** (fig.) obiettività **4** (fig.) (di stile) sobrietà, austerità.
**nuckeln** v.intr. [haben] (*an* + *Dat*) succhiare.
**Nudel** die [-,-n] **1** pasta **2** (fam.) tipo.
**nuklear** agg. nucleare, atomico.

**null** agg.num.card.invar. **1** zero **2** (fig.) nessuno; nullo.
**Null** die [-,-en] **1** zero **2** zero gradi **3** (fig.) nullità.
**Nullpunkt** der [-(e)s,-punkte] (fis.) zero ● *auf dem — sein*, essere a un punto morto.
**Nulltarif** der [-(e)s,-e] **1** servizio gratuito **2** numero verde.
**numerisch** agg. numerico (*anche in inform.*).
**Numerus clausus** der [-] (scol.) numero chiuso.
**Numismatik** die [-] numismatica.
**Nummer** die [-,-n] **1** numero; cifra **2** numero di targa **3** numero di telefono **4** taglia, numero **5** numero (di rivista, pubblicazione).
**nummerieren** v.tr. numerare.
**Nummernschild** das [-es,-er] (aut.) targa (d'immatricolazione).
**nun** avv. **1** ora, adesso **2** (interrogativo) allora: *—, was ist los?*, allora cos'è successo? **3** però: *—, das ist aber wirklich schlimm*, però, questo è veramente grave ● *— geh schon*, su, muoviti | *— gut!*, va bene! | *von — an*, d'ora in poi | *was —?*, e adesso?
**nur** avv. solo, soltanto ● *nicht nur..., sondern auch...*, non solo..., ma anche...
**Nürnberg** das Norimberga.
**Nuss** die [-, Nüsse] noce ● *eine harte — zu knacken haben*, avere a che fare con un osso duro; avere una gatta da pelare.
**Nussbaum** der [-es,-bäume] noce.
**Nussknacker** der [-s,-] schiaccianoci.
**Nüster** die [-,-n] narice.
**Nutte** die [-,-n] (volg.) puttana.
**nutzbar** agg. utilizzabile, utile.
**nutzbringend** agg. vantaggioso, proficuo.
**nütze** agg. ● *zu nichts — sein*, non essere buono a nulla.
**nutzen, nützen** v.intr. [haben] (zu) servire (a), essere utile (a) ♦ v.tr. sfruttare, approfittare di.
**Nutzen** der [-s,-] **1** utilità: *von — sein*, essere utile **2** vantaggio, profitto.
**Nutzgarten** der [-s,-gärten] orto, frutteto.

**Nutzlast** *die* [-,-*en*] carico utile.
**nützlich** *agg.* utile, vantaggioso: *sich — machen*, rendersi utile.
**Nützlichkeit** *die* [-] utilità.
**nutzlos** *agg.* inutile; vano.
**Nutzlosigkeit** *die* [-] inutilità.
**Nutznießer** *der* [-*s*,-; die -*in*] **1** beneficiario (*m.*; *f.* -a) **2** (*dir.*) usufruttuario (*m.*; *f.* -a).
**Nutzung** *die* [-,-*en*] utilizzazione, uso; godimento.
**NW** *sigla* (*Nordwest, Nordwesten*) NO, Nord Ovest.
**Nylon** *das* [-*s*,-*s*] nylon.
**Nymphe** *die* [-,-*n*] ninfa.

# Oo

**o** *inter.* o, oh, ah: — *ja!*, — *doch!*, oh sì!, ma sì!; — *je!*, ahimè!
**O** *sigla* (*Ost, Osten*) E, Est.
**Oase** *die* [-,-n] oasi.
**ob** *cong.* (*in frasi interr. o dubitative*) se: *er hat mich gefragt, — ich auch komme*, mi ha chiesto se vengo anch'io.
**Obdachlose** *der e die* [-n,-n] senza tetto (*m. e f.*).
**Obduktion** *die* [-,-en] autopsia.
**Obelisk** *der* [-en,-en] obelisco.
**oben** *avv.* **1** su, sopra, in alto: *da —*, là sopra; *ich muss nach —*, devo andare di sopra **2** (*fam.*) alto: *die Anweisungen kommen von —*, le disposizioni vengono dall'alto ● *jdn von — herab ansehen*, guardare qlcu dall'alto in basso.
**obenan** *avv.* in alto, al primo ponte.
**obenauf** *avv.* di sopra, in cima a tutto ● *der junge Mann ist immer —*, questo giovanotto è sempre di buon umore.
**obendrein** *avv.* per giunta, per di più.
**oben genannt, obengenannt** *agg.* suddetto.
**obenhin** *avv.* superficialmente; di sfuggita.
**Ober** *der* [-s,-] cameriere.
**Oberarm** *der* [-(e)s,-e] parte superiore del braccio.
**Oberarzt** *der* [-(e)s,-ärzte]; *die -ärztin* aiuto (*m.*) (primario).
**Oberaufsicht** *die* [-,-en] sovrintendenza.
**Oberdeck** *das* [-s,-s] **1** (*mar.*) (ponte di) coperta **2** parte superiore (di bus a due piani).
**Oberfläche** *die* [-,-n] superficie.
**oberflächlich** *agg.* superficiale.
**Oberflächlichkeit** *die* [-,-en] superficialità.
**Obergeschoss** *das* [-es,-e] piano superiore.
**oberhalb** *prep.* (+ *Gen*) al di sopra di.
**Oberhand** *die* ● *über etw* (*o jdn*) *die — gewinnen*, avere il sopravvento su qlco (*o* qlcu).
**Oberherrschaft** *die* [-] sovranità, potere sovrano.
**Oberkörper** *der* [-s,-] (*anat.*) busto, torso.
**Oberleitung** *die* [-,-en] **1** direzione generale **2** linea aerea (di filobus e tram).
**Oberliga** *die* [-,-gen] (*calcio*) serie C.
**Oberlippe** *die* [-,-n] labbro superiore.
**Oberösterreich** *das* Alta Austria.
**oberst...** *agg.* (*superl. di* ober) **1** (*luogo*) il più alto, supremo **2** superiore, massimo.
**Oberst** *der* [-en,-en o -s,-e] (*mil.*) colonnello.
**Oberteil** *der o das* [-s,-e] parte superiore.
**Obhut** *die* [-] custodia, tutela: *jdn in seine — nehmen*, prendere qlcu in custodia.
**obig** *agg.* suddetto.
**Objekt** *das* [-s,-e] **1** oggetto **2** (*comm.*) immobile.
**objektiv** *agg.* obiettivo, oggettivo, imparziale.
**Objektiv** *das* [-s,-e] (*fot.*) obiettivo.
**Objektivität** *die* [-] obiettività.

**Oblate** *die* [-,-n] **1** (*relig.*) ostia **2** (*gastr.*) cialda.
**Obligation** *die* [-,-en] (*econ.*) obbligazione.
**obligatorisch** *agg.* obbligatorio, d'obbligo.
**Oboe** *die* [-,-n] oboe.
**Obrigkeit** *die* [-,-en] autorità.
**Obst** *das* [-es] frutta.
**Obstbaum** *der* [-(e)s,-bäume] albero da frutto.
**Obstgarten** *der* [-s,-gärten] frutteto.
**Obstkuchen** *der* [-s,-] torta di frutta.
**Obstsalat** *der* [-(e)s,-e] macedonia di frutta.
**Obstteller** *der* [-s,-] piatto per la frutta.
**Obstwein** *der* [-s,-e] sidro.
**obszön** *agg.* osceno.
**Obszönität** *die* [-,-en] oscenità.
**obwohl** *cong.* sebbene, benché, nonostante.
**Ochse** *der* [-n,-n] bue.
**öde** *agg.* **1** brullo; incolto **2** desolato, deserto **3** (*fig.*) noioso, monotono.
**Ode** *die* [-,-n] ode.
**oder** *cong.* **1** o, oppure: *alles — nichts*, o tutto o niente **2** (*fam.*) (*posposto*) vero: *du fährst doch nicht schon jetzt nach Hause, —?*, non vai a casa già adesso, vero?
**Odyssee** *die* [-,-n] odissea.
**Ofen** *der* [-s, Öfen] **1** stufa **2** forno (*anche metall.*).
**offen** *agg.* **1** aperto **2** (*fig.*) aperto, franco: *ein offener Charakter*, un carattere aperto **3** (*fig.*) incerto ♦ *avv.* **1** apertamente, palesemente: *— gesagt*, (detto) francamente **2** (in modo) sfuso; (in modo) sciolto.
**offenbar** *agg.* evidente, ovvio ♦ *avv.* evidentemente, a quanto pare.
**offenbaren, sich** *v.pron.* **1** rivelarsi; manifestarsi **2** (+ *Dat*) confidarsi (con).
**Offenbarung** *die* [-,-en] rivelazione.
**offen bleiben, offen·bleiben** (→ *bleiben*) *v.intr.* [*sein*] rimanere aperto: *die Frage ist offengeblieben*, la questione è rimasta aperta.
**offen halten, offen·halten** (→ *hal-*
*ten*) *v.tr.* tenere aperto (*anche fig.*): *sich* (*Dat*) *eine Möglichkeit — halten*, tenersi aperta una possibilità.
**Offenheit** *die* [-] franchezza, schiettezza.
**offen lassen, offen·lassen** (→ *lassen*) *v.tr.* **1** lasciare aperto (*anche fig.*) **2** lasciare in bianco.
**offensichtlich** *agg.* evidente, manifesto ♦ *avv.* evidentemente, a quanto pare.
**Offensive** *die* [-,-n] offensiva.
**offen stehen, offen·stehen** (→ *stehen*) *v.intr.* [*haben*] **1** essere aperto **2** (*comm.*) essere scoperto **3** (*fig.*) essere vacante; essere aperto.
**öffentlich** *agg.* pubblico ♦ *avv.* pubblicamente, in pubblico.
**Öffentlichkeit** *die* [-] pubblico; (*estens.*) opinione pubblica ● *etw an die — bringen*, rendere qlco di pubblico dominio | *in aller —*, davanti a tutti, in pubblico.
**offiziell** *agg.* ufficiale.
**Offizier** *der* [-s,-e] ufficiale.
**öffnen** *v.tr.* aprire (*anche fig.*) ♦ *sich öffnen* *v.pron.* aprirsi; dischiudersi (*anche fig.*).
**Öffner** *der* [-s,-] (*fam.*) apriscatole; apribottiglie.
**Öffnung** *die* [-,-en] apertura (*anche fig.*).
**Öffnungszeit** *die* [-,-en] orario di apertura.
**oft** *avv.* spesso, frequentemente ● *so —*, tutte le volte che.
**öfter** *avv.* **1** (*compar. di* oft) più spesso **2** piuttosto spesso.
**oftmals** *avv.* ripetutamente, spesso.
**ohne** *prep.* (+ *Acc*) senza ♦ *cong.* senza: *er hat mir, — dass ich etwas sagte, mir aiutò senza che io dicessi una parola; sie schaute sich im Geschäft um, — etwas zu kaufen*, si guardò in giro nel negozio senza comperare niente ● *— weiteres*, senz'altro.
**ohnegleichen** *avv.* **1** incomparabile; unico **2** inaudito.
**Ohnmacht** *die* [-,-en] **1** svenimento **2** (*estens.*) inefficacia, impotenza.
**ohnmächtig** *agg.* **1** svenuto **2** (*estens.*) inefficace, impotente.

**Ohr** *das* [-(e)s,-en] orecchio ● *die Ohren spitzen*, rizzare le orecchie | *ganz — sein*, essere tutt'orecchi.
**Öhr** *das* [-(e)s,-e] **1** cruna (di ago) **2** (*tecn.*) foro, occhiello.
**Ohrenarzt** *der* [-es,-ärzte; die -ärztin] otoiatra (*m. e f.*).
**Ohrenentzündung** *die* [-,-en] otite.
**Ohrenschmalz** *das* [-es,-e] cerume.
**Ohrenschmerzen** *pl.* mal d'orecchi.
**Ohrfeige** *die* [-,-n] schiaffo, ceffone.
**ohrfeigen** *v.tr.* schiaffeggiare.
**Ohrläppchen** *das* [-s,-] (*anat.*) lobo auricolare.
**Ohrmuschel** *die* [-,-n] (*anat.*) padiglione auricolare.
**Ohrring** *der* [-(e)s,-e] orecchino.
**oje** *inter.* oddio!, oh, povero me!
**Okkupation** *die* [-,-en] **1** occupazione militare **2** (*dir.*) appropriazione.
**Ökologie** *die* [-] ecologia.
**ökologisch** *agg.* ecologico.
**Ökonomie** *die* [-,-n] economia.
**ökonomisch** *agg.* economico.
**Ökosystem** *das* [-s,-e] ecosistema.
**Oktave** *die* [-,-n] (*mus.*) ottava.
**Oktober** *der* [-(s),-] ottobre: *im (Monat) —*, in (o a o nel mese di) ottobre.

NOTA L'*Oktoberfest* è la più grande festa popolare del mondo, che ogni anno attira a Monaco di Baviera milioni di persone. Ha origine nel 1810 in occasione del matrimonio del principe ereditario Ludwig con la principessa Theresie, da cui prende il nome il luogo in cui ancora oggi si svolge la festa, *Theresienwiese*, un enorme prato che per settimane si ricopre di tendoni colorati e lunapark.

**Ökumene** *die* [-] **1** (*geogr.*) ecumene **2** (*relig.*) ecumenismo, movimento ecumenico.
**ökumenisch** *agg.* ecumenico.
**Öl** *das* [-(e)s,-e] **1** olio; olio da cucina **2** (*di colori*) olio **3** (*di macchine*) olio lubrificante **4** olio combustibile, gasolio, nafta **5** petrolio.
**Ölbaum** *der* [-(e)s,-bäume] olivo, ulivo.
**Oleander** *der* [-s,-] oleandro.
**ölen** *v.tr.* (*tecn.*) oliare, lubrificare.

**Ölfarbe** *die* [-,-n] **1** vernice a olio (per navi) **2** colore a olio.
**Ölgemälde** *das* [-s,-] dipinto a olio.
**Ölheizung** *die* [-,-en] riscaldamento a gasolio.
**ölig** *agg.* oleoso, unto.
**Olive** *die* [-,-n] **1** oliva **2** ulivo.
**Ölmalerei** *die* [-,-en] pittura a olio.
**Ölsardinen** *pl.* sardine sott'olio.
**Ölstandanzeiger** *der* [-s,-] (*aut.*) indicatore del livello dell'olio.
**Öltanker** *der* [-s,-] petroliera.
**Olympiastadion** *das* [-s,-dien] stadio olimpico.
**olympisch** *agg.* olimpico, olimpionico.
**Oma** *die* [-,-s] (*fam.*) nonna.
**Omelett** *das* [-(e)s,-e] **Omelette** *die* [-,-n] omelette.
**Omen** *das* [-s] presagio.
**Omnibus** *der* [-ses,-se] autobus, corriera.
**Onkel** *der* [-s,-] zio.
**Onkologe** *der* [-n,-n; die *Onkologin*] oncologo (*m.; f.* -a).
**Onkologie** *die* [-] oncologia.
**Opa** *der* [-s,-s] (*fam.*) nonno.
**Opal** *der* [-s,-e] opale.
**Oper** *die* [-,-n] **1** opera (lirica) **2** (teatro dell') opera.
**Operation** *die* [-,-en] operazione.
**Operationssaal** *der* [-s,-säle] sala operatoria.
**Operator** *der* [-s,-en; die -*in*] operatore (*m.; f.* -trice).
**Operette** *die* [-,-n] operetta.
**operieren** *v.tr.* operare ◆ *v.intr.* [*haben*] **1** operare **2** (*fig.*) agire, procedere.
**Opernhaus** *das* [-es,-häuser] (teatro dell') opera.
**Opernmusik** *die* [-] musica lirica.
**Opernsänger** *der* [-s,-] cantante lirico.
**Opfer** *das* [-s,-] **1** sacrificio **2** vittima (*anche fig.*).
**opfern** *v.tr.* sacrificare (*anche fig.*) ◆ **sich opfern** *v.pron.* sacrificarsi.
**Opium** *das* [-s] oppio.
**opportun** *agg.* opportuno.
**Opportunismus** *der* [-s] opportunismo.

**Opportunist** *der* [-en,-en; die -in] opportunista (*m.* e *f.*).
**Opposition** *die* [-,-en] opposizione.
**Optik** *die* [-] ottica.
**Optiker** *der* [-s,-; die -in] ottico (*m.*; *f.* -a).
**optimal** *agg.* ottimale.
**Optimismus** *der* [-] ottimismo.
**Optimist** *der* [-en,-en; die -in] ottimista (*m.* e *f.*).
**optimistisch** *agg.* ottimista, ottimistico.
**Option** *die* [-,-en] opzione.
**optisch** *agg.* ottico.
**Opus** *das* [-, Opera] (*mus.*) opus.
**Orakel** *das* [-s,-] oracolo.
**oral** *agg.* orale ♦ *avv.* per via orale.
**orange** *agg.* arancione.
**Orange** *die* [-,-n] arancia.
**Orangenbaum** *der* [-es,-bäume] arancio.
**Orangensaft** *der* [-es,-säfte] succo (*o* spremuta) d'arancia.
**Oratorium** *das* [-s,-rien] (*mus.*) oratorio.
**Orchester** *das* [-s,-] orchestra.
**Orchidee** *die* [-,-n] orchidea.
**Orden** *der* [-s,-] 1 (*relig., st.*) ordine 2 decorazione, onorificenza.
**Ordensbruder** *der* [-s,-brüder] frate.
**Ordensschwester** *die* [-,-n] suora, religiosa.
**ordentlich** *agg.* 1 ordinato, in ordine 2 onesto, perbene 3 accurato, ben fatto 4 regolare, ordinario ♦ *avv.* accuratamente, come si deve, per bene.
**Ordentlichkeit** *die* [-] 1 ordine, regolatezza 2 (*estens.*) precisione.
**Ordinalzahl** *die* [-,-en] numero ordinale.
**ordinär** *agg.* 1 grossolano, volgare 2 comune, ordinario.
**Ordinate** *die* [-,-n] (*geom.*) ordinata.
**ordnen** *v.tr.* (ri)ordinare, sistemare, mettere in ordine.
**Ordner** *der* [-s,-] raccoglitore (per documenti).
**Ordnung** *die* [-,-en] ordine: *etw in —bringen*, mettere qlco a posto; chiarire una vicenda; *in —!*, d'accordo!

**Ordnungsdienst** *der* [-es,-e] servizio d'ordine.
**Ordnungszahl** *die* [-,-en] numero ordinale.
**Organ** *das* [-s,-e] 1 (*anat., biol.*) organo 2 organo, istituzione 3 organo (ufficiale), giornale 4 (*fig.*) voce.
**Organisation** *die* [-,-en] organizzazione.
**Organisator** *der* [-s,-en; die -in] organizzatore (*m.*; *f.* -trice).
**organisch** *agg.* organico.
**organisieren** *v.tr.* organizzare ♦ *sich organisieren v.pron.* organizzarsi.
**Organisierung** *die* [-,-en] organizzazione.
**Organismus** *der* [-,-men] organismo.
**Organist** *der* [-en,-en; die -in] organista (*m.* e *f.*).
**Organtransplantation** *die* [-,-en] **Organverpflanzung** *die* [-,-en] (*med.*) trapianto di organi.
**Orgasmus** *der* [-,-men] orgasmo.
**Orgel** *die* [-,-n] (*mus.*) organo.
**Orgelkonzert** *das* [-(e)s,-e] (*mus.*) concerto per organo.
**Orient** *der* [-s] oriente.
**orientieren** *v.tr.* orientare (*anche fig.*) ♦ *sich orientieren v.pron.* orientarsi.
**Orientierung** *die* [-,-en] orientamento (*anche fig.*).
**original** *agg.* originale, autentico ♦ *avv.* originariamente.
**Original** *das* [-s,-e] 1 originale; testo originale 2 (*fam.*) (*di persone*) (tipo) originale.
**Originalität** *die* [-,-en] originalità.
**originell** *agg.* originale, particolare; stravagante.
**Orkan** *der* [-(e)s,-e] uragano.
**Ort** *der* [-(e)s,-e] 1 luogo, posto 2 località.
**orten** *v.tr.* (*mar., aer.*) fare il punto, determinare la posizione di.
**orthodox** *agg.* ortodosso (*anche fig.*).
**Orthografie, Orthographie** *die* [-,-n] ortografia.
**orthografisch, orthographisch** *agg.* ortografico.

**Orthopädie** *die* [-] **1** ortopedia **2** (*fam.*) (reparto di) ortopedia.
**orthopädisch** *agg.* ortopedico.
**örtlich** *agg.* locale.
**ortsansässig** *agg.* residente.
**Ortschaft** *die* [-,-en] piccolo paese.
**Ortsgespräch** *das* [-(e)s,-e] telefonata (o chiamata) urbana.
**Ortsname** *der* [-ns,-n] toponimo.
**Ortsnetz** *das* [-es,-e] rete locale (di distretto telefonico).
**Ortszeit** *die* [-,-en] ora locale.
**Ortung** *die* [-,-en] (*aer., mar.*) determinazione della posizione.
**Öse** *die* [-,-n] asola, occhiello.
**Ost** *der* [-(e)s,-e] est, oriente.
**Osten** *der* [-s] **1** est, oriente: *Ferner, Mittlerer, Naher* —, Estremo, Medio, Vicino Oriente **2** Europa orientale, est europeo.

NOTA Nei paesi di lingua tedesca è tradizione regalare o mangiare per Pasqua uova, di solito sode, colorate e decorate a mano. Secondo la tradizione è l'*Osterhase* (leprotto pasquale) a dipingere e nascondere in giardino le uova, che la mattina di Pasqua vengono cercate dai bambini.

**Osterferien** *pl.* vacanze pasquali.
**Osterglocke** *die* [-,-n] (*bot.*) narciso.
**Osterhase** *der* [-n,-n] coniglio di Pasqua, leprotto di Pasqua.
**Ostermontag** *der* [-(e)s,-e] lunedì di Pasqua (o dell'Angelo), pasquetta.
**Ostern** *das* [-,-] Pasqua • *frohe* —!, Buona Pasqua!
**Österreich** *das* Austria.
**Österreicher** *der* [-s,-; die *-in*] austriaco (*m.*; *f.* -a).
**österreichisch** *agg.* austriaco.
**Ostersonntag** *der* [-(e)s,-e] domenica di Pasqua.
**östlich** *agg.* orientale ♦ *avv.* a est, a oriente.
**Ostsee** *die* Mar Baltico.
**Ostseite** *die* [-,-n] lato est; versante orientale.
**out** *agg.* ● — *sein*, essere fuorimoda.
**Ouvertüre** *die* [-,-n] (*mus.*) ouverture.
**oval** *agg.* ovale.
**Overall** *der* [-s,-s] tuta.
**Ovulation** *die* [-,-en] ovulazione.
**Oxid, Oxyd** *das* [-(e)s,-e] ossido.
**Oxidation, Oxydation** *die* [-,-en] ossidazione.
**oxidieren, oxydieren** *v.tr.* ossidare ♦ *v.intr.* [*haben* o *sein*] ossidarsi.
**Ozean** *der* [-s,-e] oceano.
**Ozon** *das* [-s] ozono.
**Ozonloch** *das* [-(e)s] buco nell'ozono.

# Pp

**paar** *agg.indef.invar.* 1 alcuni, qualche 2 pochi.
**Paar** *das* [-(e)s,-e] 1 paio: *ein — Hosen*, un paio di pantaloni 2 coppia: *zu Paaren*, a coppie.
**paaren** *v.tr.* 1 (*zool.*) accoppiare, appaiare 2 (*fig.*) (*mit*) accoppiare (a) ♦ **sich paaren** *v.pron.* 1 (*zool.*) accoppiarsi 2 (*mit*) unirsi (a).
**paarmal** *avv.* un paio di volte.
**Paarung** *die* [-,-en] accoppiamento.
**paarweise** *agg.* e *avv.* a coppie.
**Pacht** *die* [-,-en] 1 locazione (*spec.* di podere, ristorante ecc.) 2 (canone di) affitto.
**pachten** *v.tr.* prendere in affitto.
**Pächter** *der* [-s,-; die -*in*] affittuario (*m.*; *f.* -a), locatario (*m.*; *f.* -a).
**Päckchen** *das* [-s,-] pacchetto.
**packen** *v.tr.* 1 preparare (bagagli ecc.) 2 mettere 3 afferrare, prendere 4 (*di sentimenti, malattie ecc.*) cogliere 5 avvincere ♦ *v.intr.* [*haben*] fare i bagagli.
**Packpapier** *das* [-(e)s,-e] carta da pacchi.
**Packung** *die* [-,-en] 1 pacchetto; scatola 2 (*med.*) impacco.
**Pädagoge** *der* [-n,-n; die *Pädagogin*] 1 pedagogista (*m.* e *f.*) 2 educatore (*m.*; *f.* -trice).
**Pädagogik** *die* [-] pedagogia.
**pädagogisch** *agg.* pedagogico.
**Paddelboot** *das* [-(e)s,-e] canoa.
**paddeln** *v.intr.* [*haben* o *sein*] 1 pagaiare 2 (*estens.*) andare in canoa.
**Pädiatrie** *die* [-] pediatria.

**Pagode** *die* [-,-n] pagoda.
**Paket** *das* [-(e)s,-e] 1 pacco 2 pacco postale.
**Paketkarte** *die* [-,-n] bollettino di spedizione.
**Pakistaner** *der* [-s,-; die -*in*] pachistano (*m.*; *f.* -a).
**pakistanisch** *agg.* pachistano.
**Pakt** *der* [-(e)s,-e] patto.
**Palast** *der* [-(e)s,-*läste*] palazzo.
**Palästinenser** *der* [-s,-; die -*in*] palestinese (*m.* e *f.*).
**Palette** *die* [-,-n] 1 tavolozza 2 (*estens.*) gamma.

**FALSCHER FREUND**
Da non confondere con l'italiano 'paletta', che si traduce *kleine Schaufel*.

**Palliativ** *das* [-s,-e] palliativo.
**Palme** *die* [-,-n] palma.
**Palmtop** *der* [-s,-s] palmare.
**Pampelmuse** *die* [-,-n] pompelmo.
**Panda** *der* [-s,-] (*zool.*) panda.
**panieren** *v.tr.* impanare.
**Panik** *die* [-,-en] panico: *von — ergriffen werden*, farsi prendere dal panico.
**panisch** *agg.* panico.
**Panne** *die* [-,-n] 1 (*aut.*) guasto, panne 2 errore.
**Panorama** *das* [-s,-*men*] panorama.
**panschen** *v.tr.* annacquare ♦ *v.intr.* [*haben*] sguazzare.
**Pantheismus** *der* [-] panteismo.
**pantheistisch** *agg.* panteistico.
**Panther**, **Panter** *der* [-s,-] pantera.

**Pantoffel** *der* [-s,-n o -] pantofola, ciabatta.
**Pantomime** *die* [-,-n] pantomima, mimo.
**Panzer** *der* [-s,-] **1** carro armato, panzer **2** corazza (*anche fig.*).
**Panzerglas** *das* [-es] vetro blindato.
**panzern** *v.tr.* corazzare, blindare.
**Panzerschrank** *der* [-es,-schränke] cassaforte blindata.
**Papa, Papi** *der* [-s,-s] papà.
**Papagei** *der* [-(e)s,-en o -en,-e] pappagallo.
**Papier** *das* [-s,-e] **1** carta: *ein Blatt —,* un foglio di carta **2** (*pl.*) documenti, atti **3** (*econ.*) effetto, titolo.
**Papiergeld** *das* [-(e)s] cartamoneta.
**Papierkorb** *der* [-(e)s,-körbe] cestino (per la carta).
**Papiermesser** *das* [-s,-] tagliacarte.
**Pappbecher** *der* [-s,-] bicchierino di carta.
**Pappe** *die* [-,-n] cartone.
**Pappel** *die* [-,-n] pioppo.
**Paprika** *der* [-s,(-s)] **1** peperone **2** paprica.
**Papst** *der* [-es, *Päpste*] papa.
**päpstlich** *agg.* papale, pontificio.
**Parabel** *die* [-,-n] parabola.
**Parabolantenne** *die* [-,-n] antenna parabolica.
**Parade** *die* [-,-n] (*mil.*) parata; rivista.
**Paradies** *das* [-es,-e] paradiso, cielo.
**paradiesisch** *agg.* paradisiaco, celestiale; (*estens.*) incantevole.
**Paradigma** *das* [-s,-men o -ta] paradigma.
**paradox** *agg.* paradossale.
**Paradox** *das* [-es,-e] paradosso.
**paradoxerweise** *avv.* paradossalmente.
**Paragraf** *der* [-en,-en] paragrafo.
**parallel** *agg.* parallelo ● — (*ver*)*laufen* (*zu*), essere parallelo (a).
**Parallele** *die* [-,-n] **1** (*geom.*) (retta) parallela **2** (*fig.*) parallelo.
**paramilitärisch** *agg.* paramilitare.
**Parasit** *der* [-en,-en] **1** parassita **2** (*fam.*) scroccone.
**parat** *agg.* pronto, preparato.

**Parfum** *das* [-s,-s] **Parfüm** *das* [-s,-e o -s] profumo.
**Parfümerie** *die* [-,-n] profumeria.
**Park** *der* [-s,-s o -e] **1** parco **2** giardini (pubblici).
**Parkanlage** *die* [-,-n] parco.
**parken** *v.tr.* e *intr.* [*haben*] parcheggiare, posteggiare.
**Parken** *das* [-s] parcheggio ● — *verboten,* divieto di parcheggio.
**Parkett** *das* [-(e)s,-e o -s] **1** parquet **2** (*teatr.*) (prime file della) platea.
**Parkhaus** *das* [-es,-häuser] autosilo.
**Parkplatz** *der* [-(e)s,-plätze] parcheggio.
**Parkscheibe** *die* [-,-n] disco orario.
**Parkuhr** *die* [-,-en] parchimetro.
**Parlament** *das* [-(e)s,-e] parlamento.
**Parlamentarier** *der* [-s,-; die -in] parlamentare (*m.* e *f.*).
**parlamentarisch** *agg.* parlamentare.
**Parodie** *die* [-,-n] parodia.
**Parole** *die* [-,-n] **1** motto, slogan **2** (*mil.*) parola d'ordine.
**Partei** *die* [-,-en] **1** (*pol.*) partito **2** (*dir.*) parte **3** inquilino.
**Parterre** *das* [-s,-s] **1** piano terra **2** (*teatr.*) platea.
**Partie** *die* [-,-n] **1** parte **2** partita (*anche sport*) **3** (*mus.*) parte **4** (*comm.*) partita, lotto **5** (*di matrimonio*) partito.
**partiell** *agg.* parziale.
**Partikel**[1] *die* [-,-n] (*gramm.*) Partikel, particella.
**Partikel**[2] *das* [-s,-] (*fis.*) particella.
**Partisan** *der* [-s,-en o -en; die -in] partigiano (*m.*; *f.* -a).
**Partitur** *die* [-,-en] (*mus.*) partitura.
**Partizip** *das* [-s,-ien] participio.
**Partner** *der* [-s,-; die -in] compagno (*m.*; *f.* -a), partner (*m.* e *f.*).
**Partnerschaft** *die* [-,-en] **1** (*comm.*) società (di persone) **2** (*di città*) gemellaggio **3** relazione sentimentale.
**Party** *die* [-,-s o -ties] party, festa.
**Pass** *der* [-es, *Pässe*] **1** passaporto **2** (*di montagna*) passo, valico.
**Passage** *die* [-,-n] **1** galleria (di negozi) **2** passo, brano (di testo) **3** passaggio.

**Passagier** *der* [-s,-e]; die *-in* passeggero (*m.; f.* -a).
**Passbild** *das* [-(e)s,-er] fototessera.
**passen** *v.intr.* [haben] **1** (*di misura, forma*) andare bene: *die Hose passt sehr gut*, i pantaloni vanno molto bene **2** (*zu*) abbinarsi (con), essere adatto (a): *der Rock passt gut zur Bluse*, la gonna si abbina bene con la camicetta **3** stare bene, andare bene: *passt es dir, wenn...?*, ti va se...? **4** (*auf + Acc*) corrispondere (a): *die Beschreibung passt (auf ihn)*, la descrizione corrisponde (a lui) **5** (*a carte*) passare ♦ **passen 1** (*calcio*) passare **2** (*in + Acc*) far stare (in), far entrare (in).
**passend** *agg.* **1** che va bene, che sta bene **2** adatto, adeguato ♦ *avv.* adeguatamente.
**passieren** *v.tr.* **1** passare (per); attraversare **2** (*gastr.*) passare ♦ *v.intr.* [sein] succedere, accadere.
**Passion** *die* [-,-en] passione (*anche relig.*).
**passiv** *agg.* passivo (*anche gramm.*).
**Passiv** *das* [-s,-e] (*gramm.*) passivo.
**Passkontrolle** *die* [-,-n] controllo (dei) passaporti.
**Paste** *die* [-,-n] pasta.
**Pastell** *das* [-(e)s,-e] pastello.
**pasteurisieren** *v.tr.* pastorizzare.
**Pastille** *die* [-,-n] pasticca, pastiglia.
**Pastor** *der* [-s,-en o *-e*] (*relig.prot.*) pastore.
**Pate** *der* [-n,-n] padrino.
**Patenkind** *das* [-(e)s,-er] figlioccio.
**patent** *agg.* (*fam.*) in gamba.
**Patent** *das* [-(e)s,-e] brevetto.

**FALSCHER FREUND**
Da non confondere con l'italiano 'patente', che si traduce *Führerschein*.

**Patentamt** *das* [-(e)s,-ämter] ufficio brevetti.
**patentieren** *v.tr.* brevettare.
**Pater** *der* [-s,- o *Patres*] (*relig.*) padre.
**pathetisch** *agg.* patetico.
**Pathologie** *die* [-] patologia.
**pathologisch** *agg.* patologico.
**Patient** *der* [-en,-en]; die *-in*] paziente (*m. e f.*).
**Patin** *die* [-,-nen] madrina.

**Patriarch** *der* [-en,-en] patriarca.
**patriarchalisch** *agg.* patriarcale.
**Patriarchat** *das* [-(e)s,-e] patriarcato.
**Patriot** *der* [-en,-en; die *-in*] patriota (*m. e f.*).
**patriotisch** *agg.* patriottico.
**Patriotismus** *der* [-] patriottismo.
**Patrone** *die* [-,-n] (*mil., fot.*) cartuccia.
**Patrouille** *die* [-,-n] pattuglia.
**patschnass** *agg.* (*fam.*) bagnato fradicio.
**Pauke** *die* [-,-n] (*mus.*) timpano.
**pauken** *v.tr.* e *intr.* [haben] studiare con impegno; (*fam.*) darci dentro.
**pauschal** *agg.* forfettario, globale ♦ *avv.* a forfait.
**Pauschalpreis** *der* [-es,-e] prezzo forfettario.
**Pauschalreise** *die* [-,-n] viaggio organizzato tutto compreso.
**Pause** *die* [-,-n] pausa, intervallo.
**pausenlos** *avv.* ininterrottamente.
**Pauspapier** *das* [-(e)s,-e] carta carbone.
**Pavian** *der* [-s,-e] babbuino.
**Pazifist** *der* [-en,-en; die *-in*] pacifista (*m. e f.*).
**pazifistisch** *agg.* pacifistico, pacifista.
**PC** *der* [-(s),-(s)] (*Personal Computer*) PC, Personal Computer.
**Pech** *das* [-s] **1** pece **2** (*fam.*) sfortuna.
**Pedal** *das* [-s,-e] pedale.
**pedantisch** *agg.* pedante.
**Pegel** *der* [-s,-] **1** (*fis.*) livello **2** livello dell'acqua.
**Pegelstand** *der* [-es,-stände] livello dell'acqua.
**peilen** *v.tr.* (*mar.*) sondare, scandagliare.
**peinlich** *agg.* **1** penoso, imbarazzante **2** minuzioso, scrupoloso, meticoloso.
**Peinlichkeit** *die* [-,-n] imbarazzo.
**Peitsche** *die* [-,-n] frusta, scudiscio.
**peitschen** *v.tr.* frustare, sferzare ♦ *v.intr.* [haben] sferzare, battere.
**Peking** *das* Pechino.
**Pelle** *die* [-,-n] (*di verdure*) buccia; (*di salumi, wurstel*) pelle.
**pellen** *v.tr.* pelare, sbucciare ♦ *sich*
**pellen** *v.pron.* pelarsi, spellarsi.

**Pelz** der [-es,-e] **1** (di animali) pelo, pelliccia **2** (abbigl.) pelliccia.
**Pendel** das [-s,-] pendolo.
**pendeln** v.intr. **1** [haben] oscillare **2** [sein] fare il pendolare.
**Pendler** der [-s,-; die -in] pendolare (m. e f.).
**Penis** der [-,-se] (anat.) pene.
**Pension** die [-,-en] **1** pensione **2** (di alberghi) pensione: halbe, volle —, mezza pensione, pensione completa.
**Pensionär** der [-s,-e; die -in] pensionato (m.; f. -a).
**pensionieren** v.tr. mandare in pensione.
**Peperoni** pl. peperoncini.
**per** prep. (+ Acc) (comm.) **1** con, in, per: — Bahn, col treno **2** per, a mezzo: — Brief, a mezzo lettera **3** entro: — ersten März, entro il primo marzo.
**perfekt** agg. **1** perfetto **2** (fam.) compiuto, concluso ♦ avv. alla perfezione.
**Perfekt** das [-(e)s,-e] (gramm.) passato prossimo, perfetto.
**Pergament** das [-(e)s,-e] pergamena.
**Periode** die [-,-n] **1** periodo (anche estens.) **2** (fam.) ciclo (mestruale).
**periodisch** agg. periodico.
**peripher** agg. periferico (anche inform.).
**Peripherie** die [-,-n] **1** periferia **2** (geom.) circonferenza.
**Perle** die [-,-n] **1** perla (anche fig.) **2** (di spumante ecc.) bollicina.
**permanent** agg. permanente.
**persisch** agg. persiano.
**Person** die [-,-en] **1** persona **2** individuo **3** (teatr.) personaggio.
**Personal** das [-s] personale (di un'azienda), organico.
**Personalabteilung** die [-,-en] ufficio (del) personale.
**Personalausweis** der [-es,-e] carta d'identità.
**Personal Computer** der [-s,-] personal computer, PC.
**Personalien** pl. dati anagrafici, generalità.
**Personenkraftwagen** der [-s,-] autovettura, automobile.

**Personenwagen** der [-s,-] automobile.
**persönlich** agg. **1** personale; individuale **2** riservato ♦ avv. personalmente, di persona.
**Persönlichkeit** die [-,-en] personalità.
**Perspektive** die [-,-n] **1** prospettiva, visuale **2** punto di vista.
**Perücke** die [-,-n] parrucca.
**pervers** agg. **1** perverso; pervertito **2** (fam.) scandaloso.
**Pessimismus** der [-] pessimismo.
**Pessimist** der [-en,-en; die -in] pessimista (m. e f.).
**pessimistisch** agg. pessimistico, pessimista.
**Petersilie** die [-,-n] prezzemolo.
**Petroleum** das [-s] petrolio.
**Pfad** der [-(e)s,-e] sentiero.
**Pfadfinder** der [-s,-; die -in] scout (m. e f.).
**Pfahl** der [-(e)s, Pfähle] palo.
**Pfalz** die Palatinato.
**Pfand** das [-(e)s, Pfänder] **1** pegno (anche fig.) **2** deposito (per il vuoto).
**pfänden** v.tr. pignorare.
**Pfandflasche** die [-,-n] vuoto a rendere.
**Pfändung** die [-,-en] pignoramento.
**Pfanne** die [-,-n] padella, tegame.
**Pfannkuchen** der [-s,-] crêpe.
**Pfarre** die [-,-n] **Pfarrei** die [-,-en] parrocchia.
**Pfarrer** der [-s,-] **1** (relig.catt.) parroco **2** (relig.prot.) pastore.
**Pfarrerin** die [-,-nen] (relig.prot.) pastora.
**Pfau** der [-(e)s,-en o -e] pavone.
**Pfeffer** der [-s,-] pepe.
**Pfefferminze** die [-] (bot.) menta piperita.
**pfeffern** v.tr. pepare.
**Pfeife** die [-,-n] **1** pipa **2** fischietto; (mus.) canna d'organo.
**pfeifen** [pfiff / gepfiffen] v.tr. **1** fischiare, fischiettare **2** (fam.) arbitrare; fischiare ♦ v.intr. [haben] **1** fischiare **2** chiamare con un fischio.
**Pfeil** der [-(e)s,-e] freccia (anche estens.).

**Pfeiler** *der* [-s,-] (*edil.*) pilastro; pilone.
**Pferd** *das* [-es,-e] cavallo.
**Pferderennbahn** *die* [-,-en] ippodromo.
**Pfiff** *der* [-(e)s,-e] fischio.
**Pfifferling** *der* [-s,-e] (*bot.*) cantarello, gallinaccio.
**pfiffig** *agg.* furbo, astuto, scaltro.
**Pfingsten** *das* [-,-] Pfingstfest *das* [-(e)s,-e] Pentecoste.
**Pfingstrose** *die* [-,-n] (*bot.*) peonia.
**Pfirsich** *der* [-s,-e] pesca.
**Pfirsichbaum** *der* [-(e)s,-bäume] pesco.
**Pflanze** *die* [-,-n] pianta.
**pflanzen** *v.tr.* piantare ♦ **sich pflanzen** *v.pron.* piantarsi, piazzarsi.
**Pflanzenfett** *das* [-(e)s,-e] grasso vegetale.
**Pflanzenkunde** *die* [-] botanica.
**pflanzlich** *agg.* vegetale.
**Pflaster** *das* [-s,-] 1 lastricato, selciato 2 cerotto.
**pflastern** *v.tr.* lastricare, selciare.
**Pflaume** *die* [-,-n] 1 susina, prugna 2 prugno, susino.
**Pflege** *die* [-] 1 cure; assistenza 2 cura 3 (*tecn.*) manutenzione.
**pflegeleicht** *agg.* (*di indumento*) che richiede poche cure; (*estens.*) di facile manutenzione.
**pflegen** *v.tr.* 1 assistere; curare 2 coltivare: *die Freundschaft mit jdm —*, coltivare l'amicizia con qlcu ♦ *v.intr.* [*haben*] essere solito: *wie man zu sagen pflegt*, come si suol dire ♦ **sich pflegen** *v.pron.* curarsi, aver cura di sé.
**Pflicht** *die* [-,-en] dovere; obbligo.
**pflichtbewusst** *agg.* coscienzioso: *— sein*, avere senso del dovere.
**Pflichtgefühl** *das* [-(e)s,-e] senso del dovere.
**pflichtgemäß** *agg.* conforme al dovere ♦ *avv.* come dovuto.
**Pflichtversicherung** *die* [-,-en] assicurazione obbligatoria.
**pflücken** *v.tr.* raccogliere (frutti); cogliere (fiori).
**Pflug** *der* [-(e)s, Pflüge] aratro.
**pflügen** *v.tr.* e *intr.* [*haben*] arare.

**Pforte** *die* [-,-n] cancello, entrata.
**Pförtner** *der* [-s,-; die *-in*] portinaio (*m.; f.* -a), portiere (*m.; f.* -a).
**Pfosten** *der* [-s,-] 1 (*sport*) palo 2 (*di porta*) stipite 3 (*edil.*) montante.
**Pfote** *die* [-,-n] 1 zampa 2 (*fam.*) mano, zampa.
**pfropfen** *v.tr.* 1 tappare, turare 2 stipare 3 (*agr.*) innestare.
**Pfropfen** *der* [-s,-] tappo.
**pfui** *inter.* pfui, puah: *— Teufel!*, che schifo!
**Pfund** *das* [-(e)s,-e] 1 mezzo chilo 2 (lira) sterlina.

NOTA Unità di misura che viene usata soprattutto nella lingua parlata con riferimento ai generi alimentari.

**Pfuscherei** *die* [-,-en] (*fam.*) lavoro mal fatto.
**Pfütze** *die* [-,-n] pozzanghera.
**Phänomen** *das* [-s,-e] fenomeno.
**phänomenal** *agg.* fenomenale.
**Phantasie** *die* [-,-n] fantasia.
**phantasieren** *v.intr.* [*haben*] 1 (*von*) fantasticare (su, di) 2 (*med.*) delirare, vaneggiare 3 (*mus.*) improvvisare.
**phantasievoll** *agg.* fantasioso, pieno di fantasia.
**phantastisch** *agg.* fantastico.
**Phantom** *das* [-s,-e] fantasma.
**Phase** *die* [-,-n] fase.
**Philippinen** *pl.* Filippine.
**Philippiner** *der* [-s,-; die *-in*] filippino (*m.; f.* -a).
**philippinisch** *agg.* filippino.
**Philologe** *der* [-n,-n; die *Philologin*] filologo (*m.; f.* -a).
**Philologie** *die* [-,-n] filologia.
**Philosoph** *der* [-en,-en; die *-in*] filosofo (*m.; f.* -a).
**Philosophie** *die* [-,-n] filosofia.
**philosophisch** *agg.* filosofico ♦ *avv.* da un punto di vista filosofico.
**phonetisch** *agg.* fonetico.
**Phosphat** *das* [-(e)s,-e] (*chim.*) fosfato.
**Phosphor** *der* [-s] (*chim.*) fosforo.
**Phrase** *die* [-,-n] (*spreg.*) frase fatta, luogo comune.
**pH-Wert** *der* [-es,-e] pH.

**Physik** *die* [-] fisica.
**physikalisch** *agg.* fisico.
**Physiker** *der* [-s,-]; die *-in*] fisico (*m.*; *f.* -a).
**Physiognomie** *die* [-,-n] fisionomia.
**physiologisch** *agg.* fisiologico.
**physisch** *agg.* fisico; corporeo.
**Pianist** *der* [-en,-en]; die *-in*] pianista (*m.* e *f.*).
**Pickel**[1] *der* [-s,-] brufolo, foruncoletto.
**Pickel**[2] *der* [-s,-] piccone.
**pickelig** *agg.* brufoloso.
**picken** *v.intr.* [*haben*] (*nach*) beccare.
**Picknick** *das* [-s,-e o -s] picnic.
**piepen, piepsen** *v.intr.* [*haben*] **1** pigolare; cinguettare **2** (*di topi*) squittire.
**piercen** *v.tr.* fare il piercing: *sich —lassen*, farsi fare il piercing.
**Pigment** *das* [-(e)s,-e] pigmento.
**Pik** *das* [-s,-s] (*carte*) picche.
**pikant** *agg.* **1** piccante, speziato **2** (*fig.*) spinto, osé.
**Pilger** *der* [-s,-]; die *-in*] pellegrino (*m.*; *f.* -a).
**pilgern** *v.intr.* [*sein*] (*nach*) recarsi in pellegrinaggio (a) (*anche fig.*).
**Pille** *die* [-,-n] **1** pillola **2** (*fam.*) pillola (anticoncezionale) ● *eine bittere* —, un boccone amaro.
**Pilot** *der* [-en,-en] pilota.
**Pils** *das* [-,-] / **Pils(e)ner** *das* [-s,-] birra di Pilsen (*o* tipo Pilsen).
**Pilz** *der* [-es,-e] fungo.
**Pinakothek** *die* [-,-en] pinacoteca.
**pingelig** *agg.* (*fam.*) pedante.
**Pinguin** *der* [-s,-e] pinguino.
**Pinie** *die* [-,-n] pino.
**pinkeln** *v.intr.* (*fam.*) fare pipì.
**Pinsel** *der* [-s,-] **1** pennello **2** (*fam.*) cretino.
**pinseln** *v.tr.* **1** spennellare **2** (*fam.*) dipingere ♦ *v.intr.* [*haben*] (*fam.*) (*auf, in + Dat*) dipingere (su).
**Pinzette** *die* [-,-n] pinzetta.
**Pionier** *der* [-s,-e; die *-in*] pioniere (*m.*; *f.*-a).
**Pipeline** *die* [-,-s] oleodotto.
**Piranha** *der* [-(s),-s] piranha.
**Pirat** *der* [-en,-en] pirata.
**Piste** *die* [-,-n] pista.

**Pistole** *die* [-,-n] pistola.
**Pizza** *die* [-,-s *o Pizzen*] pizza.
**Pkw, PKW** *der* [-(s),-s] (*Personenkraftwagen*) auto.
**plädieren** *v.intr.* [*haben*] **1** (*dir.*) (*auf + Acc*) chiedere, proporre; perorare **2** (*für, gegen*) battersi (in favore di; contro).
**Plädoyer** *das* [-s,-s] **1** (*dir.*) (*für, gegen*) arringa (in favore di; contro) **2** difesa.
**Plage** *die* [-,-n] tormento, piaga.
**Plakat** *das* [-(e)s,-e] manifesto, cartellone.
**Plakette** *die* [-,-n] **1** targhetta, placca **2** distintivo; piastrina.
**Plan** *der* [-(e)s, *Pläne*] **1** piano, programma **2** disegno, progetto **3** piantina della città.
**Plane** *die* [-,-n] telone.
**planen** *v.tr.* **1** progettare; programmare **2** progettare (edifici ecc.) ♦ *v.intr.* [*haben*] fare progetti.
**Planer** *der* [-s,-; die *-in*] progettista (*m.* e *f.*).
**Planet** *der* [-en,-en] pianeta.
**planetar(isch)** *agg.* planetario.
**Planimetrie** *die* [-] planimetria.
**Planke** *die* [-,-n] asse; pancone, tavolone.
**Plankton** *das* [-s] plancton.
**planlos** *agg.* privo di metodo; non sistematico ♦ *avv.* **1** senza metodo **2** alla cieca.
**planmäßig** *agg.* **1** conforme al piano, regolare **2** puntuale, in orario ♦ *avv.* **1** secondo i piani; regolarmente **2** in orario.
**planschen, plantschen** *v.intr.* [*haben*] sguazzare.
**Plantage** *die* [-,-n] piantagione.
**Planung** *die* [-,-en] progettazione; pianificazione.
**planvoll** *agg.* sistematico, metodico.
**plappern** *v.intr.* [*haben*] chiacchierare ♦ *v.tr.* blaterare.
**Plasma** *das* [-s,-men] plasma.
**Plastik**[1] *das* [-s] plastica.
**Plastik**[2] *die* [-,-en] **1** scultura **2** (*med.*) plastica.

**Plastikfolie** *die* [-,-n] pellicola (per alimenti).
**Plastiktüte** *die* [-,-n] sacchetto di plastica.
**Plastilin** *das* [-s] plastilina.
**plastisch** *agg.* plastico (*anche estens.*).
**Platane** *die* [-,-n] platano.
**Platin** *das* [-s] platino.
**platt** *agg.* 1 piatto, piano; appiattito 2 (*di pneumatico*) a terra 3 (*fig.*) insulso, banale ♦ *avv.* piatto, disteso.
**Platte** *die* [-,-n] 1 lastra; lamiera; tavola, ripiano (di legno) 2 piastra, fornello (di cucina) 3 (*elettr.*) pannello 4 piatto (di portata); vassoio: *kalte* —, piatto freddo 5 disco 6 (*fot.*) lastra 7 (*fam.*) pelata.
**Plattenspieler** *der* [-s,-] giradischi.
**Plattform** *die* [-,-en] piattaforma.
**Platz** *der* [-es, *Plätze*] 1 posto, luogo 2 piazza, piazzale 3 campo sportivo 4 posto (a sedere) 5 spazio, posto ● *nicht am Platze*, fuori luogo.
**Plätzchen** *das* [-s,-] 1 posticino 2 pasticcino.
**platzen** *v.intr.* [*sein*] 1 scoppiare, esplodere 2 spaccarsi, strapparsi, rompersi 3 (*fam.*) andare a monte, saltare 4 (*fam.*) (*in* + *Acc*) piombare (in) 5 (*fam.*) (*vor*) scoppiare (da): *vor Neid* —, crepare dall'invidia.
**plaudern** *v.intr.* [*haben*] (*über* + *Acc*, *von*) fare due chiacchiere (su), chiacchierare (di), conversare (di).
**Plazenta** *die* [-,-s o -*ten*] placenta.
**pleite** *agg.* (*fam.*) fallito ● — *gehen*, fare fallimento | — *sein*, essere al verde.
**Pleite** *die* [-,-n] (*fam.*) 1 fallimento, bancarotta 2 fiasco.
**Plenum** *das* [-s] assemblea plenaria.
**Plexiglas** *das* [-es] plexiglas.
**Plombe** *die* [-,-n] 1 (*di dente*) piombatura, otturazione 2 piombino.
**plombieren** *v.tr.* 1 piombare 2 (*di denti*) otturare.
**plötzlich** *agg.* improvviso, repentino ♦ *avv.* tutt'a un tratto.
**plump** *agg.* 1 goffo; sgraziato 2 (*fig.*) grossolano.

**Plumpheit** *die* [-,-en] 1 goffaggine 2 grossolanità.
**plündern** *v.tr.* 1 saccheggiare 2 (*fig.*) far man bassa di.
**Plural** *der* [-s,-e] (*gramm.*) plurale.
**Pluralismus** *der* [-] pluralismo.
**pluralistisch** *agg.* pluralistico.
**plus** *avv.* più: — *neun Grad*, più nove, nove gradi sopra zero.
**Plus** *das* [-] 1 vantaggio 2 (*comm.*) eccedenza.
**Plüsch** *der* [-es,-e] peluche.
**Pluspol** *der* [-s,-e] (*fis.*) polo positivo.
**Pluspunkt** *der* [-(*e*)*s*,-e] punto positivo.
**Plusquamperfekt** *das* [-s,-e] (*gramm.*) piuccheperfetto.
**Plutonium** *das* [-s] (*chim.*) plutonio.
**PLZ** *abbr.* (*Postleitzahl*) CAP.
**Pneu** *der* [-s,-s] (*svizz.*) pneumatico.
**pneumatisch** *agg.* pneumatico.
**Po** *der* [-s,-s] (*fam.*) culetto.
**Pöbel** *der* [-s] plebaglia, marmaglia.
**pochen** *v.intr.* [*haben*] 1 bussare, picchiare: *an die Tür* —, bussare alla porta 2 (*del cuore*) battere 3 (*fig.*) (*auf* + *Acc*) insistere (su).
**Pocken** *pl.* (*med.*) vaiolo.
**Podium** *das* [-s, *Podien*] podio.
**Podiumsdiskussion** *die* [-,-en] tavola rotonda.
**Poesie** *die* [-,-n] poesia (*anche fig.*).
**Poet** *der* [-*en*,-*en*; *die* -*in*] poeta (*m.*; *f.* -essa).
**Poetik** *die* [-,-en] (*arte*) poetica.
**poetisch** *agg.* poetico.
**Pokal** *der* [-s,-e] coppa (*anche sport*).
**Poker** *das* [-s] poker.
**pokern** *v.intr.* [*haben*] 1 giocare a poker 2 (*fig.*) rischiare.
**Pol** *der* [-s,-e] polo (*anche fig.*).
**polar** *agg.* polare.
**Polarbär** *der* [-*en*,-*en*] orso polare, orso bianco.
**Polarität** *die* [-,-en] polarità.
**Pole** *der* [-*n*,-*n*; *die Polin*] polacco (*m.*; *f.* -a).
**Polemik** *die* [-,-en] 1 polemica 2 polemicità.
**polemisch** *agg.* polemico.

**polemisieren** *v.intr.* [*haben*] (*gegen*) polemizzare (con).
**Polen** *das* Polonia.
**Police** *die* [-,-*n*] polizza (d'assicurazione).
**Polier** *der* [-*s*,-*e*] (*edil.*) capomastro.
**polieren** *v.tr.* lucidare, lustrare.
**Poliklinik** *die* [-,-*en*] policlinico.
**Politik** *die* [-,-*en*] politica.
**Politiker** *der* [-*s*,-; die -*in*] politico (*m.*; *f.* -a).
**politisch** *agg.* politico.
**Politur** *die* [-,-*en*] **1** lucidatura; levigatura **2** lucidante.
**Polizei** *die* [-] polizia.
**Polizeipräsidium** *das* [-*s*,-*dien*] questura.
**Polizeiwache** *die* [-,-*n*] posto di polizia.
**Polizist** *der* [-*en*,-*en*; die -*in*] agente (*m.* e *f.*) (di polizia), poliziotto (*m.*; *f.* -a).
**Pollen** *der* [-*s*,-] (*bot.*) polline.
**polnisch** *agg.* polacco.
**Polster** *das* [-*s*,-] **1** imbottitura **2** (*austr.*) cuscino.
**polstern** *v.tr.* imbottire.
**poltern** *v.intr.* [*haben*] **1** fare rumore **2** urlare, sbraitare.
**Polyp** *der* [-*en*,-*en*] (*zool., med.*) polipo.
**Polyphonie, Polyfonie** *die* [-] polifonia.
**Pomp** *der* [-(*e*)*s*] pompa; sfarzo.
**pompös** *agg.* pomposo ♦ *avv.* con ostentazione.
**Pony¹** *das* [-*s*,-*s*] pony.
**Pony²** *der* [-*s*,-*s*] frangetta.
**Popo** *der* [-*s*,-*s*] (*fam.*) sederino.
**Popsänger** *der* [-*s*,-; die -*in*] cantante (*m.* e *f.*) pop.
**populär** *agg.* popolare.
**Popularität** *die* [-] popolarità.
**Pore** *die* [-,-*n*] poro.
**Pornographie, Pornografie** *die* [-] pornografia.
**porös** *agg.* poroso.
**Porphyr** *der* [-*s*] porfido.
**Porree** *der* [-*s*,-*s*] (*bot.*) porro.
**Portal** *das* [-*s*,-*e*] portale.
**Portier** *der* [-*s*,-*s*] portiere.

**Portion** *die* [-,-*en*] porzione; (*estens.*) dose.
**Portmonee, Portemonnaie** *das* [-*s*, -*s*] portamonete; portafoglio.
**Porto** *das* [-*s*,-*s* o -*ti*] affrancatura, tariffa postale.
**portopflichtig** *agg.* soggetto ad affrancatura.
**Porträt** *das* [-*s*,-*s*] ritratto.
**porträtieren** *v.tr.* ritrarre.
**Portugal** *das* Portogallo.
**Portugiese** *der* [-*n*,-*n*; die *Portugiesin*] portoghese (*m.* e *f.*).
**portugiesisch** *agg.* portoghese.
**Porzellan** *das* [-*s*,-*e*] porcellana.
**Posaune** *die* [-,-*n*] (*mus.*) trombone.
**Pose** *die* [-,-*n*] posa.
**posieren** *v.intr.* [*haben*] mettersi in posa, posare.
**Position** *die* [-,-*en*] **1** posizione **2** posizione, condizione.
**positiv** *agg.* positivo.
**Positiv** *der* [-*s*,-*e*] (*gramm.*) (grado) positivo.
**possessiv** *agg.* possessivo (*anche gramm.*).
**Possessiv** *das* [-*s*,-*e*] **Possessivpronomen** *das* [-*s*,-*mina*] (*gramm.*) pronome possessivo.
**Post** *die* [-] **1** posta, servizio postale **2** ufficio postale **3** posta, corrispondenza.
**Postanschrift** *die* [-,-*en*] recapito postale.
**Postanweisung** *die* [-,-*en*] vaglia postale.
**Postbote** *der* [-*n*,-*n*; die *Postbotin*] (*fam.*) postino (*m.*; *f.* -a).
**Postdienst** *der* [-(*e*)*s*,-*e*] servizio postale.
**Posten** *der* [-*s*,-] **1** (*mil.*) posto (o postazione) di guardia **2** posto, impiego, carica **3** (*comm.*) partita; voce ♦ (*fam.*) *auf dem* — *sein*, sentirsi in forma.
**Poster** *das* o *der* [-*s*,-*s*] poster, manifesto.
**Postfach** *das* [-(*e*)*s*,-*fächer*] casella postale.
**Postgirokonto** *das* [-*s*,-*ten*] conto corrente postale.
**posthum** *agg.* postumo.

**Postkarte** *die* [-,-n] cartolina postale.
**postlagernd** *agg.* fermo posta.
**Postleitzahl** *die* [-,-en] codice di avviamento postale.
**postmodern** *agg.* postmoderno.
**Postpaket** *das* [-(e)s,-e] pacco postale.
**Postsparbuch** *das* [-(e)s,-bücher] libretto di risparmio postale.
**Poststempel** *der* [-s,-] timbro postale.
**Postulat** *das* [-(e)s,-e] postulato.
**postulieren** *v.tr.* postulare.
**Postwertzeichen** *das* [-s,-] (*comm.*) affrancatura postale.
**Potenz** *die* [-,-en] 1 potenza (sessuale) 2 (*mat.*) potenza.
**Potenzial** *das* [-s,-e] potenziale.
**potenziell** *agg.* potenziale.
**Pracht** *die* [-] 1 sontuosità, splendore; grandiosità, magnificenza 2 pompa, sfarzo.
**prachtvoll, prächtig** *agg.* 1 sontuoso; grandioso 2 splendido, magnifico ♦ *avv.* 1 con sfarzo 2 magnificamente.
**Prädikat** *das* [-(e)s,-e] (*gramm.*) predicato (verbale).
**Präfekt** *der* [-en,-en] prefetto.
**Präfix** *das* [-es,-e] (*ling.*) prefisso.
**Prag** *das* Praga.
**prägen** *v.tr.* 1 (*auf, in* + *Acc*) imprimere (su) 2 coniare: *Münzen* —, coniare monete 3 (*fig.*) caratterizzare, improntare.
**Prägung** *die* [-,-en] 1 (*di monete*) coniatura; (*di parole*) conio 2 (*fig.*) impronta; stampo.
**prähistorisch** *agg.* preistorico.
**prahlen** *v.intr.* [*haben*] (*mit*) vantarsi (di).
**Prahlerei** *die* [-,-en] vanteria; spacconata.
**Praktik** *die* [-,-en] (*spec.pl.*) 1 prassi, metodo, pratica 2 (*spreg.*) maneggi.
**praktikabel** *agg.* praticabile, attuabile.
**Praktikant** *der* [-en,-en; die -in] praticante (*m. e f.*).
**Praktikum** *das* [-s,-ka] tirocinio, pratica.
**praktisch** *agg.* 1 pratico (*anche estens.*) 2 (*di oggetto*) pratico; funzionale 3 (*di persona*) abile, esperto ♦ *avv.* in pratica: — *anwenden*, mettere in pratica, praticare.
**praktizieren** *v.tr.* praticare ♦ *v.intr.* [*haben*] esercitare (la professione).
**Praline** *die* [-,-n] cioccolatino ripieno.
**prall** *agg.* 1 duro, teso; sodo 2 gonfio; turgido 3 (*di luce*) diretta.
**prallen** *v.intr.* [*sein*] (*gegen*) urtare (contro), cozzare (contro).
**Prämie** *die* [-,-n] 1 premio, ricompensa 2 premio (di assicurazione ecc.); bonus.
**prämieren** *v.tr.* premiare.
**Prämierung** *die* [-,-en] premiazione.
**Prämisse** *die* [-,-n] premessa.
**Präposition** *die* [-,-en] (*gramm.*) preposizione.
**Präsens** *das* [-s,-sentia] (*gramm.*) (tempo) presente.
**Präsentation** *die* [-,-en] presentazione (pubblica).
**Präservativ** *das* [-s,-e] preservativo.
**Präsident** *der* [-en,-en; die -in] presidente (*m.; f.* -essa).
**Präsidentschaft** *die* [-] presidenza.
**präsidieren** *v.intr.* [*haben*] (+ *Dat*) presiedere.
**Präsidium** *das* [-s,-dien] 1 presidenza 2 direzione, comitato direttivo 3 questura.
**prasseln** *v.intr.* [*haben*] 1 (*di pioggia*) scrosciare 2 (*di fuoco ecc.*) scoppiettare.
**prassen** *v.intr.* [*haben*] 1 sperperare 2 gozzovigliare.
**prätentiös** *agg.* pretenzioso.
**Präteritum** *das* [-s,-ta] (*gramm.*) preterito, passato.
**Praxis** *die* [-, *Praxen*] 1 pratica: *in die* — *umsetzen*, mettere in pratica 2 esperienza, pratica 3 prassi; procedura 4 studio medico ● *in der* —, in pratica.
**predigen** *v.tr.* e *intr.* [*haben*] predicare.
**Prediger** *der* [-s,-] predicatore.
**Predigt** *die* [-,-en] predica.
**Preis** *der* [-es,-e] 1 prezzo 2 premio 3 taglia, ricompensa ● *um jeden* —, a tutti i costi | *um keinen* —, a nessun prezzo.
**Preisausschreiben** *das* [-s,-] concorso a premi.
**Preiselbeere** *die* [-,-n] mirtillo rosso.

**preisen** [pries / gepriesen] *v.tr.* lodare, elogiare ♦ **sich preisen** *v.pron.* considerarsi, ritenersi.
**Preisgabe** *die* [-,-n] **1** rivelazione **2** abbandono; rinuncia.
**preis·geben** (→ **geben**) *v.tr.* **1** abbandonare **2** rinunciare (a); sacrificare **3** rivelare; tradire: *ein Geheimnis* —, rivelare un segreto.
**preisgekrönt** *agg.* premiato.
**Preisgericht** *das* [-(e)s,-e] giuria (di concorso).
**Preisliste** *die* [-,-n] listino dei prezzi.
**preiswert** *agg.* a buon mercato, conveniente.
**prellen** *v.tr.* **1** (*um*) truffare, imbrogliare; defraudare (di) **2** (andare a) sbattere, urtare ♦ **sich prellen** *v.pron.* (andare a) sbattere, urtare.
**Prellung** *die* [-,-en] (*med.*) contusione.
**Premiere** *die* [-,-n] (*teatr.*) prima.
**Premierminister** *der* [-s,-; die -in] primo ministro (*m.*), premier (*m.*).
**Presse** *die* [-,-n] **1** stampa **2** (*mecc.*) pressa **3** torchio.
**Presseagentur** *die* [-,-en] agenzia di stampa.
**Pressefreiheit** *die* [-] libertà di stampa.
**Pressekonferenz** *die* [-,-en] conferenza stampa.
**pressen** *v.tr.* **1** pressare, pigiare; spremere (frutta); torchiare (olive) **2** (*fig.*) stringere; *jdn* (*o etw*) *an sich* —, stringere a sé qlcu (*o* qlco).
**Pressesprecher** *der* [-s,-; die -in] portavoce (*m. e f.*).
**Pressluft** *die* [-] aria compressa.
**Presslufthammer** *der* [-s,-hämmer] martello pneumatico.
**Prestige** *das* [-s] prestigio.
**prickeln** *v.intr.* [haben] **1** pizzicare, formicolare **2** (*di bibita*) frizzare, spumeggiare.
**prickelnd** *agg.* **1** pruriginoso **2** frizzante **3** (*fig.*) eccitante.
**Priester** *der* [-s,-] **1** (die *-in*) sacerdote (*m.*; *f.* -essa) **2** (*relig.catt.*) prete.
**priesterlich** *agg.* sacerdotale.
**Priesterschaft** *die* [-] clero.

**prima** *agg.invar.* (*fam.*) ottimo, formidabile ♦ *es geht mir* —, sto benissimo.
**primär** *agg.* primario ♦ *avv.* in primo luogo.
**Primel** *die* [-,-n] primula.
**primitiv** *agg.* **1** primitivo **2** (*fig.*) rudimentale.
**Primzahl** *die* [-,-en] (*mat.*) numero primo.
**Prinz** *der* [-en,-en] principe.
**Prinzessin** *die* [-,-nen] principessa.
**Prinzip** *das* [-s,-ien] principio ♦ *aus* —, per principio | *im* —, fondamentalmente.
**prinzipiell** *agg.* di principio ♦ *avv.* in linea di principio.
**Prise** *die* [-,-n] pizzico, presa.
**Prisma** *das* [-s,-men] prisma.
**privat** *agg.* privato; riservato ♦ *avv.* **1** privatamente **2** in privato.
**Privatbesitz** *der* [-es] proprietà privata.
**privatisieren** *v.tr.* (*econ.*) privatizzare.
**Privatleben** *das* [-s] vita privata.
**Privileg** *das* [-s,-ien] privilegio.
**privilegieren** *v.tr.* privilegiare.
**pro** *prep.* (+ *Acc*) a, per: — *Person*, a persona ♦ *avv.* a favore: *du kannst — oder kontra sein*, puoi essere a favore o contrario (*o* pro o contro).
**Pro** *das* ♦ *das* — *und Kontra*, il pro e il contro.
**Probe** *die* [-,-n] **1** prova (*anche teatr.*) **2** campione **3** esperimento ♦ *auf* — *sein, einstellen,* essere, assumere in prova.
**Probeexemplar** *das* [-es,-e] campione.
**Probefahrt** *die* [-,-en] (*aut.*) prova su strada.
**Probezeit** *die* [-,-en] periodo di prova.
**probieren** *v.tr.* assaggiare ♦ *v.intr.* [haben] provare (a), cercare (di).
**Problem** *das* [-s,-e] problema: *kein* —, nessun problema.
**problematisch** *agg.* problematico.
**problemlos** *avv.* senza problemi.
**Produkt** *das* [-(e)s,-e] prodotto (*anche fig.*).
**Produktion** *die* [-,-en] produzione.

**Produktionsprozess** *der* [-es,-e] processo produttivo.
**produktiv** *agg.* 1 produttivo 2 (*fig.*) proficuo, fecondo.
**Produktivität** *die* [-] produttività.
**Produzent** *der* [-en,-en; die -in] produttore (*m.*; *f.* -trice).
**produzieren** *v.tr.* produrre ♦ **sich produzieren** *v.pron.* esibirsi.
**Professionalität** *die* [-] professionalità.
**professionell** *agg.* professionale.
**Professor** *der* [-s,-en; die -in] professore (*m.*; *f.* -essa), docente (*m.* e *f.*) (universitario).
**Professur** *die* [-,-en] cattedra universitaria.
**Profi** *der* [-s,-s] (*fam.*) (*sport*) professionista.
**Profil** *das* [-s,-e] 1 profilo 2 (*aut.*) battistrada ● **kein** — **haben**, non avere personalità.
**profilieren** *v.tr.* profilare ♦ **sich profilieren** *v.pron.* emergere.
**Profit** *der* [-(e)s,-e] profitto.
**profitieren** *v.intr.* [*haben*] (*von*) trarre profitto (da).

FALSCHER FREUND
Da non confondere con l'italiano 'approfittare', che si traduce *aus·nutzen*.

**Prognose** *die* [-,-n] 1 (*med.*) prognosi; *eine* — *stellen*, fare una prognosi 2 (*estens.*) (*über* + *Acc*) pronostico (relativo a), previsione (di).
**Programm** *das* [-s,-e] 1 programma (*anche estens.*) 2 (*tv*) canale 3 (*comm.*) assortimento ● *außer* —, fuori programma | *nach* —, come previsto.
**programmatisch** *agg.* programmatico.
**programmieren** *v.tr.* programmare (*anche inform.*).
**Programmierer** *der* [-s,-; die -in] (*inform.*) programmatore (*m.*; *f.* -trice).
**Programmierung** *die* [-,-en] programmazione (*anche estens.*).
**Progression** *die* [-,-en] 1 progressione 2 imposizione fiscale progressiva.
**progressiv** *agg.* 1 progressivo 2 progressista.

**Projekt** *das* [-(e)s,-e] progetto.
**projektieren** *v.tr.* progettare.
**Projektion** *die* [-,-en] proiezione.
**Projektor** *der* [-s,-en] proiettore.
**projizieren** *v.tr.* proiettare.
**Proklamation** *die* [-,-en] proclamazione.
**proklamieren** *v.tr.* proclamare.
**Proletariat** *das* [-(e)s,-e] proletariato.
**Proletarier** *der* [-s,-; die -in] proletario (*m.*; *f.* -a).
**Prolog** *der* [-(e)s,-e] prologo.
**Promenade** *die* [-,-n] passeggiata.
**Promille** *das* [-(s),-] 1 per mille 2 tasso alcolico (contenuto nel sangue).
**prominent** *agg.* eminente.
**Prominenz** *die* [-] (*fam.*) vip, persona importante.
**promovieren** *v.tr.* conferire il dottorato a ♦ *v.intr.* [*haben*] conseguire il dottorato.

FALSCHER FREUND
Da non confondere con l'italiano 'promuovere', che si traduce *befördern*; (*scol.*) *versetzen*.

**prompt** *agg.* immediato, pronto; sollecito ♦ *avv.* prontamente.
**Pronomen** *das* [-s, *Pronomina*] (*gramm.*) pronome.
**pronominal** *agg.* (*gramm.*) pronominale.
**Propaganda** *die* [-] (*pol.*) propaganda.
**Propeller** *der* [-s,-] (*aer.*, *mar.*) elica.
**Prophet** *der* [-en,-en; die -in] profeta (*m.*; *f.* -essa).
**prophetisch** *agg.* profetico.
**prophezeien** *v.tr.* profetare.
**Prophezeiung** *die* [-,-en] profezia.
**Proportion** *die* [-,-en] proporzione.
**proportional** *agg.* (*zu*) proporzionale (a) ♦ *avv.* proporzionalmente; in proporzione.
**proportioniert** *agg.* proporzionato.
**Proposition** *die* [-,-en] (*gramm.*) proposizione.
**Prosa** *die* [-] prosa.
**prosaisch** *agg.* prosaico.
**prosit** *inter.* (alla) salute, cin cin.

**Prosit** *das* [-s,-s] brindisi: *ein — auf jdn ausbringen*, fare un brindisi a qlcu.
**Prospekt** *der* [-(e)s,-e] **1** prospetto, opuscolo **2** (*econ.*) prospetto informativo.
**prost** *inter.* (alla) salute, cin cin.
**prostituieren, sich** *v.pron.* prostituirsi.
**Prostituierte** *die* [-n,-n] prostituta.
**Prostitution** *die* [-] prostituzione.
**Protagonist** *der* [-en,-en] protagonista.
**Protest** *der* [-es,-e] **1** protesta: *aus —*, per protesta **2** (*dir.*) protesto.
**Protestant** *der* [-en,-en; die -in] protestante (*m.* e *f.*).
**protestantisch** *agg.* protestante.
**protestieren** *v.intr.* [*haben*] (*gegen* + Acc) protestare (contro) ♦ *v.tr.* (*comm.*) protestare.
**Prothese** *die* [-,-n] (*med.*) protesi.
**Protokoll** *das* [-s,-e] **1** verbale **2** protocollo.
**protokollieren** *v.tr.* verbalizzare, protocollare.
**Proton** *das* [-s,-en] (*fis.*) protone.
**Prototyp** *der* [-s,-en] prototipo.
**Protz** *der* [-es o -en,-e(n)] spaccone; vanaglorioso.
**protzen** *v.intr.* [*haben*] (*mit*) vantarsi (di), fare sfoggio (di).
**protzig** *agg.* **1** borioso **2** vistoso ♦ *avv.* in maniera vistosa.
**Proviant** *der* [-s] viveri, provviste.
**Provinz** *die* [-,-en] provincia.
**provinziell** *agg.* provinciale.
**Provision** *die* [-,-en] (*comm.*) provvigione.
**provisorisch** *agg.* provvisorio, temporaneo.
**provozieren** *v.intr.* [*haben*] provocare; sfidare ♦ *v.tr.* provocare, causare.
**Prozedur** *die* [-,-en] procedura.
**Prozent** *das* [-(e)s,-e] **1** percento **2** (*fam.*) sconto.
**Prozentsatz** *der* [-es,-sätze] percentuale.
**prozentual** *agg.* percentuale ♦ *avv.* in percentuale.

**Prozess** *der* [-es,-e] **1** (*dir.*) processo, causa **2** processo, procedimento.
**prozessieren** *v.intr.* [*haben*] fare causa, processare.
**Prozession** *die* [-,-en] processione.
**Prozessor** *der* [-s,-en] (*inform.*) processore.
**prüfen** *v.tr.* **1** esaminare **2** controllare; revisionare **3** (*tecn.*) collaudare; testare **4** mettere alla prova.
**prüfend** *agg.* scrutatore, indagatore.
**Prüfer** *der* [-s,-; die -in] **1** esaminatore (*m.; f.* -trice) **2** (*amm.*) revisore (*m.; f.* -a) (dei conti) **3** (*tecn.*) collaudatore (*m.; f.* -trice).
**Prüfling** *der* [-s,-e] esaminando, candidato (a un esame).
**Prüfung** *die* [-,-en] **1** esame; prova **2** controllo, verifica; revisione **3** (*tecn.*) collaudo.
**Prügel** *der* [-s,-] **1** bastone **2** (*pl.*) bastonate ● *— kriegen*, prenderle, buscarle.
**Prügelei** *die* [-,-en] rissa.
**Prügelknabe** *der* [-n,-n] capro espiatorio.
**prügeln** *v.tr.* bastonare, picchiare ♦ **sich prügeln** *v.pron.* picchiarsi.
**Prunk** *der* [-(e)s] pompa, sfarzo; lusso.
**prunkvoll** *agg.* pomposo, sfarzoso.
**PS** *sigla* **1** (*Pferdestärke*) CV, cavalli vapore **2** Post Scriptum.
**Psalm** *der* [-en,-en] salmo.
**pseudonym** *agg.* pseudonimo ♦ *avv.* sotto pseudonimo.
**Pseudonym** *das* [-s,-e] pseudonimo.
**Psyche** *die* [-,-n] psiche.
**Psychiater** *der* [-s,-; die -in] psichiatra (*m.* e *f.*).
**Psychiatrie** *die* [-,-n] psichiatria.
**psychiatrisch** *agg.* psichiatrico.
**Psychoanalyse** *die* [-] psicanalisi, psicoanalisi.
**Psychoanalytiker** *der* [-s,-; die -in] psicanalista (*m.* e *f.*).
**Psychologe** *der* [-n,-n] psicologo.
**Psychologie** *die* [-] psicologia.
**Psychologin** *die* [-,-nen] psicologa.
**psychologisch** *agg.* psicologico.

**Psychopharmakon** *das* [-s,-ka] psicofarmaco.
**Psychose** *die* [-,-n] psicosi.
**psychosomatisch** *agg.* psicosomatico.
**Psychotherapeut** *der* [-en,-en; die -in] psicoterapeuta (m. e f.), psicoterapista (m. e f.).
**Pubertät** *die* [-] pubertà.
**publik** *agg.* pubblico, notorio.
**Publikation** *die* [-,-en] pubblicazione.
**Publikum** *das* [-s] pubblico.
**Pudding** *der* [-s,-e o -s] budino.
**Pudel** *der* [-s,-] (cane) barbone, barboncino.
**Puder** *der* o *das* [-s,-] (*fam.*) **1** cipria **2** borotalco.
**Puderzucker** *der* [-s] zucchero a velo.
**Puffer** *der* [-s,-] **1** (*ferr.*) respingente **2** (*mecc.*) ammortizzatore **3** cuscinetto **4** (*gastr.*) frittella di patate **5** (*inform.*) buffer, memoria tampone.
**Pulli** *der* [-s,-s] **Pullover** *der* [-s,-] pullover, maglione.
**Puls** *der* [-es,-e] (battito del polso).
**Pulsschlag** *der* [-(e)s,-*schläge*] pulsazione.
**Pult** *das* [-(e)s,-e] **1** leggio **2** podio **3** (*scol.*) cattedra **4** (*tecn.*) quadro di comando; console.
**Pulver** *das* [-s,-] **1** polvere; polverina **2** polvere (da sparo).
**Puma** *der* [-s,-s] puma.
**Pumpe** *die* [-,-n] pompa.
**pumpen** *v.tr. e intr.* [*haben*] pompare.
**punkt** *avv.* in punto.
**Punkt** *der* [-(e)s,-e] punto ● *auf den kommen*, arrivare al dunque | — *für* —,
punto per punto | — *zwölf Uhr*, alle dodici in punto.
**pünktlich** *agg.* puntuale.
**Pünktlichkeit** *die* [-] puntualità.
**Punktzahl** *die* [-,-n] punteggio.
**Punsch** *der* [-es,-e] ponce.
**Pupille** *die* [-,-n] pupilla.
**Puppe** *die* [-,-n] **1** bambola **2** marionetta **3** (*di insetti*) pupa, crisalide.
**pur** *agg.* puro ● *ein Whisky —*, un whisky liscio.
**Püree** *das* [-s,-s] purè, passato.
**Purzelbaum** *der* [-(e)s,-*bäume*] capriola.
**Pustel** *der* [-,-n] pustola.
**pusten** *v.tr.* soffiare ♦ *v.intr.* [*haben*] **1** soffiare **2** ansimare.
**Pute** *die* [-,-n] tacchina.
**Puter** *der* [-s,-] tacchino.
**Putsch** *der* [-es,-e] colpo di stato, golpe.
**Putz** *der* [-es] intonaco.
**putzen** *v.tr.* **1** pulire; lavare: *sich* (*Dat*) *die Zähne* —, lavarsi i denti **2** lucidare ♦ *v.intr.* [*haben*] pulire; fare le pulizie ♦
**sich putzen** *v.pron.* pulirsi; lavarsi.
**Putzfrau** *die* [-,-en] donna delle pulizie.
**Putzmittel** *das* [-s,-] detersivo; (liquido) detergente.
**Puzzle** *das* [-s,-s] **Puzzlespiel** *das* [-(e)s,-e] puzzle.
**Pyjama** *der* [-s,-s] pigiama.
**Pyramide** *die* [-,-n] piramide.
**Pyromane** *der* e *die* [-n,-n] piromane (m. e f.).
**Python** *der* [-s,-s] **Pythonschlange** *die* [-,-n] pitone.

# Qq

**Qm** *abbr.* (*Quadratmeter*) m², metri quadrati.
**Quader** *der* [-s,-(n)] **1** (*edil.*) concio **2** (*geom.*) parallelepipedo rettangolare, cuboide.
**Quadrant** *der* [-en,-en] quadrante.
**Quadrat** *das* [-(e)s,-e] **1** (*mat., geom.*) quadrato **2** (*tip.*) quadratino.
**quadratisch** *agg.* **1** quadrato, quadro **2** (*mat.*) quadratico.
**Quadratmeter** *der* o *das* [-s,-] metro quadrato.
**Quadratwurzel** *die* [-,-n] (*mat.*) radice quadrata.
**quaken** *v.intr.* [*haben*] **1** (*di anatre ecc.*) schiamazzare **2** (*di rane*) gracidare.
**Qual** *die* [-,-en] **1** strazio, tormento **2** pena, sofferenza ● *die — der Wahl haben*, avere l'imbarazzo della scelta.
**quälen** *v.tr.* tormentare, torturare ♦ **sich quälen** *v.pron.* tormentarsi, torturarsi.
**Qualifikation** *die* [-,-en] **1** qualificazione (*anche sport*) **2** qualifica.
**qualifizieren** *v.tr.* qualificare ♦ **sich qualifizieren** *v.pron.* (*für*) qualificarsi (per).
**qualifiziert** *agg.* qualificato.
**Qualität** *die* [-,-en] qualità.
**qualitativ** *agg.* qualitativo.
**Qualle** *die* [-,-n] medusa.
**Quantität** *die* [-,-en] quantità.
**quantitativ** *agg.* quantitativo.
**Quantum** *das* [-s,-ten o ta] **1** quantità **2** dose, parte.
**Quark** *der* [-s] **1** cagliata, formaggio di latte cagliato **2** (*fam.*) sciocchezza, stupidaggine.
**Quartett** *das* [-(e)s,-e] (*mus.*) quartetto.
**Quartier** *das* [-s,-e] **1** alloggio, sistemazione **2** (*mil.*) acquartieramento.
**Quarz** *der* [-es,-e] quarzo.
**Quarzkristall** *der* [-s,-e] cristallo di quarzo.
**quasi** *avv.* quasi, come, per così dire.
**Quatsch** *der* [-(e)s] (*fam.*) stupidaggini, idiozie.
**quatschen** *v.intr.* [*haben*] (*fam.*) chiacchierare.
**Quecksilber** *das* [-s] (*chim.*) mercurio, argento vivo.
**Quelle** *die* [-,-n] sorgente, fonte (*anche fig.*): *historische Quellen*, fonti storiche.
**Quellung** *die* [-,-en] rigonfiamento.
**quer** *agg.* trasversale, obliquo ♦ *avv.* di traverso ● *— durch, über* (+ *Acc*), attraverso: *— durch das Zimmer gehen*, attraversare la stanza.
**Quere** *die* [-] direzione trasversale, senso trasversale.
**Querflöte** *die* [-,-n] (*mus.*) flauto traverso.
**querschnitt(s)gelähmt** *agg.* paraplegico.
**Querstraße** *die* [-,-n] traversa, via trasversale.
**quetschen** *v.tr.* **1** schiacciare, pigiare, stipare **2** (*fam.*) stringere (in una morsa) **3** (*region.*) schiacciare ♦ **sich quetschen** *v.pron.* stiparsi.
**Quetschung** *die* [-,-en] **Quetschwunde** *die* [-,-n] contusione.

**quieken** *v.intr.* [*haben*] squittire.
**Quintett** *das* [-(*e*)*s*,-*e*] (*mus.*) quintetto.
**Quirl** *der* [-(*e*)*s*,-*e*] frullino.
**quitt** *agg.* ● *mit jdm — sein*, non avere più niente da spartire con qlcu, aver chiuso con qlcu.

**Quitte** *die* [-,-*n*] mela cotogna.
**Quittung** *die* [-,-*en*] ricevuta.
**Quiz** *das* [-,-] quiz.
**Quote** *die* [-,-*n*] quota.
**Quotient** *der* [-*en*,-*en*] (*mat.*) quoziente.

# Rr

**Rabatt** *der* [-(e)s,-e] (*comm.*) sconto, riduzione.
**Rabe** *der* [-n,-n] corvo.
**Rache** *die* [-] vendetta.
**rächen** *v.tr.* vendicare: *jdn* (o *etw*) —, vendicare qlcu (o qlco) ♦ **sich rächen** *v.pron.* vendicarsi: *sich an jdm für etw* —, vendicarsi di qlco per qlco.
**Rachen** *der* [-s,-] (*anat.*) faringe; (*di animali*) fauci, gola.
**Rad** *das* [-(e)s, *Räder*] 1 ruota 2 bicicletta.
**Radar** *der* o *das* [-s,-e] radar.
**Rad fahren** *v.intr.* [*sein*] andare in bicicletta.
**Radfahrer** *der* [-s,-; die *-in*] ciclista (*m. e f.*).
**radial** *agg.* radiale.
**radieren** *v.tr.* e *intr.* cancellare (con la gomma).
**Radiergummi** *der* [-s,-s] gomma (per cancellare).
**radikal** *agg.* 1 radicale, drastico 2 (*pol.*) radicale, estremistico.
**Radio** *das* [-s,-s] 1 (apparecchio) radio 2 radio, emittente radiofonica.
**radioaktiv** *agg.* radioattivo.
**Radioaktivität** *die* [-] radioattività.
**Radioamateur** *der* [-s,-e] radioamatore.
**Radiologe** *der* [-n,-n; die *Radiologin* radiologo (*m.*; *f.* -a).
**Radium** *das* [-s] (*chim.*) radio.
**Radius** *der* [-,-*dien*] (*geom.*) raggio.
**Radrennen** *das* [-s,-] corsa ciclistica.
**Radsport** *der* [-(e)s] ciclismo.

**Radweg** *der* [-(e)s,-e] pista ciclabile.
**raffiniert** *agg.* 1 astuto, furbo, ingegnoso 2 raffinato, ricercato ♦ *avv.* 1 astutamente, ingegnosamente 2 con raffinatezza.
**Rahm** *der* [-s] (*region.*) panna, crema.
**Rahmen** *der* [-s,-] 1 cornice 2 (*tecn.*) telaio, intelaiatura 3 (*fig.*) ambito.
**Rakete** *die* [-,-n] 1 missile 2 razzo.
**Rampe** *die* [-,-n] 1 rampa 2 (*teatr.*) ribalta.
**Rampenlicht** *das* [-es,-er] (*teatr.*) luci della ribalta.
**Ramsch** *der* [-es] (*fam.*) 1 merce di scarto 2 (*estens.*) cianfrusaglie.
**ran** *avv.* (*verso chi parla*) vicino.
**Rand** *der* [-(e)s, *Ränder*] 1 orlo, bordo; margine (*anche fig.*) 2 (*di foglio*) margine 3 (*pl.*) occhiaie 4 alone.
**Rang** *der* [-(e)s, *Ränge*] 1 rango, posizione; grado (*anche mil.*) 2 importanza, rilevanza: *ersten Ranges*, di prim'ordine, di primaria importanza 3 (*teatr.*) balconata 4 posto.
**rangieren** *v.tr.* (*ferr.*) manovrare, smistare ♦ *v.intr.* [*haben*] occupare un posto (in classifica).
**Rangordnung** *die* [-] 1 gerarchia 2 graduatoria.
**Ranzen** *der* [-s,-] cartella.
**ranzig** *agg.* rancido.
**rapid, rapide** *agg.* rapido, veloce.
**rar** *agg.* raro.
**Rarität** *die* [-,-*en*] rarità.
**rasch** *agg.* rapido, veloce.
**rasen** *v.intr.* [*haben*] 1 infuriare, im-

perversare 2 [*sein*] (*di auto*) correre, sfrecciare.
**rasend** *agg.* 1 velocissimo 2 furioso ♦ *avv.* (*fam.*) molto, da matti.
**Rasenmäher** *der* [*-s,-*] tagliaerba.
**Rasierapparat** *der* [*-es,-e*] rasoio (elettrico).
**Rasiercreme, Rasierkrem** *die* [*-,-n*] crema da barba.
**rasieren** *v.tr.* radere ♦ **sich rasieren** *v.pron.* radersi, farsi la barba.
**Rasierklinge** *die* [*-,-n*] lametta (da barba).
**Rasierwasser** *das* [*-s,-*] dopobarba.
**Rasse** *die* [*-,-n*] 1 razza (*anche fig.*) 2 (*fig.*) temperamento.
**Rassel** *die* [*-,-n*] sonaglio (per bambini).
**rasseln** *v.intr.* [*haben*] sferragliare; (*di sveglia*) squillare forte ● **mit etw —**, fare rumore con qlco.
**rassisch** *agg.* razziale.
**Rassismus** *der* [*-*] razzismo.
**Rast** *die* [*-,-en*] 1 pausa, intervallo 2 fermata, sosta 3 (*mecc.*) arresto.
**rasten** *v.intr.* [*haben*] sostare, fermarsi.
**Raster**[1] *der* [*-s,-*] reticolo.
**Raster**[2] *das* [*-s,-*] schema.
**Rasthaus** *das* [*-es,-häuser*] posto di ristoro.
**rastlos** *agg.* 1 instancabile 2 inquieto, irrequieto.
**Rastlosigkeit** *die* [*-*] inquietudine, irrequietezza.
**Rastplatz** *der* [*-es,-plätze*] 1 piazzola di sosta 2 area di servizio.
**Rasur** *die* [*-,-en*] rasatura.
**Rat**[1] *der* [*-(e)s*] consiglio ● **jdn** (*o* **etw**) **zu Rate ziehen**, consultare qlcu (*o* qlco).
**Rat**[2] *der* [*-(e)s, Räte*] 1 consiglio, collegio 2 consigliere.
**Rate** *die* [*-,-n*] 1 rata: *in Raten zahlen*, pagare a rate (*o* ratealmente) 2 tasso.
**raten** [*rät / riet / geraten*] *v.intr.* [*haben*] 1 consigliare, suggerire 2 indovinare ♦ *v.tr.* indovinare.
**ratenweise** *avv.* a rate, ratealmente.
**Ratgeber** *der* [*-s,-*] 1 consigliere 2 manuale, guida.
**Rathaus** *das* [*-es,-häuser*] municipio.

**ratifizieren** *v.tr.* ratificare.
**Ration** *die* [*-,-en*] razione.
**rational** *agg.* razionale (*anche mat.*).
**rationalisieren** *v.tr.* razionalizzare.
**rationell** *agg.* razionale.
**ratlos** *agg.* 1 disorientato, perplesso 2 interdetto.
**Ratlosigkeit** *die* [*-*] incertezza, perplessità.
**ratsam** *agg.* consigliabile, opportuno.
**Ratschlag** *der* [*-es,-schläge*] consiglio, suggerimento.
**Rätsel** *das* [*-s,-*] 1 indovinello 2 (*fig.*) enigma; mistero.
**rätselhaft** *agg.* 1 enigmatico, misterioso 2 (*estens.*) incomprensibile, inspiegabile.
**Ratsherr** *der* [*-(e)n,-en*] consigliere comunale.
**Ratte** *die* [*-,-n*] ratto, topo.
**rau** *agg.* 1 ruvido; (*di mani*) screpolato; (*di pelo*) ispido 2 (*di clima*) rigido 3 (*di voce*) rauco, roco 4 (*fig.*) rude, rozzo.
**Raub** *der* [*-(e)s*] 1 rapina 2 furto.
**rauben** *v.tr.* 1 rapinare 2 rapire, sequestrare 3 (*fig.*) privare di.
**Räuber** *der* [*-s,-*] 1 rapinatore 2 bandito.
**räuberisch** *agg.* rapace.
**Raubkopie** *die* [*-,-n*] copia pirata.
**Raubmord** *der* [*-es,-e*] omicidio a scopo di rapina.
**Raubtier** *das* [*-es,-e*] (*zool.*) predatore.
**Raubvogel** *der* [*-s,-vögel*] rapace, predatore.
**Rauch** *der* [*-(e)s*] fumo.
**rauchen** *v.tr.* fumare ♦ *v.intr.* [*haben*] fumare.
**Rauchen** *das* [*-s,-*] fumo ● **— verboten**, vietato fumare.
**Raucher** *der* [*-s,-*]; **die** *-in*] fumatore (*m.*); *f.* -trice).
**Raucherabteil** *das* [*-(e)s,-e*] scompartimento per fumatori.
**räuchern** *v.tr.* affumicare.
**rauchig** *agg.* fumoso.
**Rauchverbot** *das* [*-s,-e*] divieto di fumare.
**rauf** *avv.* (*verso chi parla*) su, quassù.

**raufen** *v.tr.* strappare ♦ *v.intr.* [*haben*] (*mit*) azzuffarsi (con).
**Rauferei** *die* [-,-*en*] baruffa, zuffa.
**Rauheit** *die* [-,-*en*] 1 ruvidezza 2 (*di clima*) rigidità 3 (*fig.*) rozzezza.
**Raum** *der* [-(*e*)*s*, *Räume*] 1 spazio, posto: — *schaffen*, *fare spazio* 2 locale, stanza 3 zona: *im* — *Bonn*, nella zona di Bonn 4 cosmo, spazio ● (*fis.*) *leerer* —, vuoto.
**räumen** *v.tr.* 1 sgombr(e)rare, liberare 2 togliere, levare 3 (*in* + *Acc*) riporre (in) 4 evacuare (un edificio).
**Raumfahrer** *der* [-*s*,-] astronauta.
**Raumfahrt** *die* [-] astronautica.
**Rauminhalt** *der* [-(*e*)*s*,-*e*] (*geom.*) volume.
**räumlich** *agg.* spaziale.
**Raumschiff** *das* [-*es*,-*e*] astronave.
**Räumung** *die* [-,-*en*] 1 sgombero 2 evacuazione.
**Räumungsverkauf** *der* [-(*e*)*s*,-*käufe*] liquidazione totale.
**Raupe** *die* [-,-*n*] 1 bruco 2 cingolo.
**raus** *avv.* fuori ● (*pop.*) —*!*, fuori!
**Rausch** *der* [-*es*, *Räusche*] 1 ebbrezza 2 (*estens.*) sbornia.
**rauschen** *v.intr.* [*haben*] (*di ruscello*) mormorare; (*di foglie*) stormire; (*di seta*) frusciare.
**rauschend** *agg.* 1 (*di applausi*) scrosciante 2 (*fam.*) splendido.
**Rauschgift** *das* [-(*e*)*s*,-*e*] stupefacente, droga.
**Rauschgiftsüchtige** *der* e *die* [-*n*,-*n*] tossicodipendente (*m.* e *f.*).
**Raute** *die* [-,-*n*] (*geom.*) rombo 2 losanga.
**Razzia** *die* [-,-*zien*] retata.
**Reagenzglas** *das* [-*es*,-*gläser*] provetta.
**reagieren** *v.intr.* [*haben*] (*auf* + *Acc*) reagire (a).
**Reaktion** *die* [-,-*en*] (*auf* + *Acc*) reazione (a).
**reaktionär** *agg.* reazionario.
**Reaktionär** *der* [-*s*,-*e*; *die* -*in*] reazionario (*m.*; *f.* -a).
**reaktiv** *agg.* reattivo.
**Reaktor** *der* [-*s*,-*en*] (*scient.*) reattore.

**real** *agg.* reale, concreto.
**realisieren** *v.tr.* 1 realizzare 2 rendersi conto di.
**Realismus** *der* [-,-*men*] realismo.
**Realist** *der* [-*en*,-*en*; *die* -*in*] realista (*m.* e *f.*).
**realistisch** *agg.* realistico.
**Realität** *die* [-,-*en*] realtà.
**Rebe** *die* [-,-*n*] 1 vite 2 viticcio.
**Rebell** *der* [-*en*,-*en*; *die* -*in*] ribelle (*m.* e *f.*).
**rebellieren** *v.intr.* [*haben*] ribellarsi.
**Rebellion** *die* [-,-*en*] ribellione, insurrezione.
**rebellisch** *agg.* ribelle.
**Rebstock** *der* [-(*e*)*s*,-*stöcke*] vite, vitigno.
**Rechenmaschine** *die* [-,-*n*] calcolatrice, calcolatore.
**Rechenschaft** *die* [-] resa dei conti, conto ● *jdm über etw* — *geben* (o *ablegen*), rendere conto a qlcu di qlco.
**Recherche** *die* [-,-*n*] ricerca, indagine.
**recherchieren** *v.intr.* [*haben*] fare ricerche, svolgere indagini ♦ *v.tr.* ricercare.
**rechnen** *v.intr.* [*haben*] 1 fare i conti, calcolare 2 (*mit*) fare affidamento (su) 3 (*zu*) essere annoverato (tra) ♦ *v.tr.* calcolare, contare.
**Rechnen** *das* [-*s*] aritmetica.
**Rechner** *der* [-*s*,-] calcolatore (*anche fig.*).
**Rechnung** *die* [-,-*en*] 1 conto, calcolo 2 conto, fattura: *die* — *bezahlen*, pagare il conto ● *auf eigene* —, a proprio rischio | *etw auf seine* — *nehmen*, assumersi la responsabilità di qlco | *nach meiner* —, secondo i miei calcoli.
**Rechnungswesen** *das* [-*s*] contabilità.
**recht** *agg.* 1 giusto 2 destro 3 (*geom.*) retto ♦ *agg.pred.* giusto: *wenn es Ihr* — *ist*, se per te va bene ♦ *avv.* 1 bene, come si deve 2 giustamente, a proposito 3 molto: — *schön*, molto bello 4 proprio: — *so*, proprio così ● *ganz* —*!*, giustissimo! | *zur rechten Zeit*, al momento giusto.
**Recht** *das* [-(*e*)*s*,-*e*] 1 diritto; (*estens.*)

legge: *im —*, dalla parte della legge; nel giusto **2** giustizia **3** diritto, facoltà: *mit (gutem) —*, a buon diritto; a ragione ♦ *jdm — geben*, dare ragione a qlcu | *— haben*, avere ragione.
**Rechte** *die [-n,-n]* **1** (mano) destra **2** destra, lato destro **3** (boxe) destro **4** (pol.) destra **5** persona giusta.
**Recheck** *das [-(e)s,-e]* rettangolo.
**rechteckig** *agg.* rettangolare.
**rechtfertigen** *v.tr.* giustificare ♦ *sich rechtfertigen* *v.pron.* giustificarsi.
**Rechtfertigung** *die [-,-en]* **1** giustificazione **2** discolpa, difesa.
**rechthaberisch** *agg.* prepotente.
**rechtlich** *agg.* giuridico, legale.
**rechtlos** *agg.* privo di diritti.
**rechtmäßig** *agg.* legale, legittimo.
**rechts** *avv.* a destra (anche pol.) ♦ *prep.* (+ Gen) a destra (di).
**Rechtsanwalt** *der [-(e)s,-anwälte]* avvocato, legale.
**Rechtsanwältin** *die [-,-nen]* avvocatessa, (donna) avvocato, legale.
**Rechtsanwaltsbüro** *das [-s,-s]* studio legale.
**rechtschaffen** *agg.* retto, onesto.
**Rechtschreibreform** *die [-]* riforma dell'ortografia.
**Rechtschreibung** *die [-]* ortografia.
**Rechtsfall** *der [-(e)s,-fälle]* caso giuridico.
**rechtsgültig** *agg.* giuridicamente valido, legittimo.
**Rechtshänder** *der [-s,-]* destro, destrimano.
**Rechtskurve** *die [-,-n]* curva a destra.
**Rechtsmittel** *das [-s,-]* mezzo legale, ricorso.
**Rechtsnorm** *die [-,-en]* norma giuridica.
**Rechtspflege** *die [-,-n]* amministrazione della giustizia.
**rechtsradikal** *agg.* di estrema destra.
**Rechtssache** *die [-,-n]* (dir.) causa, vertenza.
**Rechtsschutz** *der [-es]* tutela giuridica.
**Rechtsspruch** *der [-(e)s,-sprüche]* giudizio, sentenza.

**Rechtsstreit** *der [-(e)s,-e]* controversia (giudiziaria), causa.
**Rechtsverfahren** *das [-s,-]* procedimento legale.
**rechtswidrig** *agg.* contrario alla legge, illegale.
**rechtwink(e)lig** *agg.* (geom.) rettangolo.
**rechtzeitig** *agg.* tempestivo, puntuale ♦ *avv.* tempestivamente, per tempo, in tempo utile.
**recken** *v.tr.* allungare, stirare ♦ *sich recken* *v.pron.* stirarsi, stiracchiarsi.
**Recycling** *das [-s]* riciclaggio.
**Redakteur** *der [-s,-e; die -in]* redattore (m.; f. -trice).
**Redaktion** *die [-,-en]* redazione.
**Rede** *die [-,-n]* **1** discorso **2** diceria, pettegolezzo.
**reden** *v.intr.* [haben] **1** (von, über + Acc) parlare (di) **2** parlare, tenere un discorso ♦ *v.tr.* dire ♦ *kein Wort —*, non dire una parola | *Unsinn —*, dire sciocchezze.
**Redewendung** *die [-,-en]* modo di dire, locuzione.
**Redner** *der [-s,-; die -in]* oratore (m.; f. -trice), relatore (m.; f. -trice).
**reduzieren** *v.tr.* ridurre.
**reell** *agg.* **1** (comm.) onesto **2** (mat.) reale.
**Referat** *das [-(e)s,-e]* **1** rapporto, relazione **2** sezione, reparto.
**Referendum** *das [-s,-den o da]* referendum.
**Referent** *der [-en,-en; die -in]* **1** relatore (m.; f. -trice) **2** responsabile (m. e f.).
**reflektieren** *v.tr.* riflettere, rispecchiare ♦ *v.intr.* [haben] (über + Acc) riflettere (su), pensare (a), considerare.
**Reflex** *der [-es,-e]* riflesso.
**Reflexion** *die [-,-en]* **1** riflesso **2** riflessione.
**reflexiv** *agg.* (gramm.) riflessivo.
**Reform** *die [-,-en]* riforma.
**Reformation** *die [-,-en]* (relig.) Riforma.
**Reformhaus** *das [-es,-häuser]* erboristeria; negozio di prodotti dietetici naturali.

**reformieren** *v.tr.* riformare.
**Refrain** *der* [-s,-s] ritornello.
**Refraktion** *die* [-,-en] rifrazione.
**Regal** *das* [-s,-e] scaffale, scansia.
**rege** *agg.* 1 vivace, vivo: *eine — Fantasie*, una fervida immaginazione 2 animato, intenso: *reger Verkehr*, traffico intenso.
**Regel** *die* [-,-n] 1 regola 2 (*med.*) mestruazione.
**regellos** *agg.* sregolato, disordinato.
**regelmäßig** *agg.* regolare ♦ *avv.* regolarmente, di regola.
**regeln** *v.tr.* 1 regolare, sistemare 2 regolamentare ♦ **sich regeln** *v.pron.* sistemarsi.
**regelrecht** *agg.* (*fam.*) vero e proprio.
**Regelung** *die* [-,-en] 1 regolazione, sistemazione 2 regolamentazione 3 regolamento, direttiva.
**Regen** *der* [-s,-] pioggia.
**Regenbogen** *der* [-s,- o *-bögen*] arcobaleno.
**Regenbogenhaut** *die* [-,-*häute*] (*anat.*) iride.
**Regenfall** *der* [-s,-*fälle*] precipitazione.
**Regenmantel** *der* [-s,-*mäntel*] impermeabile.
**Regenschirm** *der* [-(e)s,-e] ombrello.
**Regie** *die* [-,-n] 1 regia 2 direzione, gestione 3 (*austr.*) monopolio (di stato).
**regieren** *v.tr.* 1 governare 2 (*gramm.*) reggere ♦ *v.intr.* [haben] 1 essere in carica 2 (*über* + *Acc*) regnare (su).
**regierend** *agg.* in carica, regnante.
**Regierung** *die* [-,-en] governo; (*di monarchi*) regno.
**Regierungschef** *der* [-s,-s] capo del governo.
**Regiment** *das* [-(e)s] reggimento.
**Region** *die* [-,-en] regione.
**regional** *agg.* regionale.
**Regisseur** *der* [-s,-e; *die* -in] regista (*m.* e *f.*).
**Register** *das* [-s,-] registro (*anche mus.*).
**registrieren** *v.tr.* 1 registrare 2 (*fig.*) percepire.

**Regler** *der* [-s,-] regolatore.
**regnen** *v.impers.* [haben] piovere: *es regnet*, piove.
**regnerisch** *agg.* piovoso.
**regulär** *agg.* regolare.
**regulieren** *v.tr.* regolare: *die Lautstärke —*, regolare il volume ♦ **sich regulieren** *v.pron.* regolarsi.
**Regung** *die* [-,-en] 1 (leggero) movimento 2 moto dell'animo, impulso.
**regungslos** *agg.* immobile, inerte.
**Reh** *das* [-(e)s,-e] capriolo.
**Rehabilitation** *die* [-,-en] riabilitazione.
**rehabilitieren** *v.tr.* riabilitare (*anche med.*) ♦ **sich rehabilitieren** *v.pron.* riabilitarsi.
**Reibeisen** *das* [-s,-] grattugia.
**reiben** [*rieb / gerieben*] *v.tr.* 1 (s)fregare, strofinare 2 grattugiare ♦ *v.intr.* [haben] sfregare ♦ **sich reiben** *v.pron.* scontrarsi, essere in attrito ● *sich* (*Dat*) *die Hände —*, sfregarsi le mani.
**Reibung** *die* [-,-en] 1 sfregamento 2 (*fis.*) attrito.
**reibungslos** *agg.* e *avv.* liscio, senza difficoltà.
**reich** *agg.* 1 (*an* + *Dat*) ricco (di) 2 abbondante, copioso ♦ *avv.* in modo generoso.
**Reich** *das* [-(e)s,-e] 1 impero, regno 2 (*st.*) Reich, impero germanico 3 (*fig.*) regno, dominio.
**reichen** *v.tr.* 1 porgere, passare 2 servire ♦ *v.intr.* [haben] 1 essere sufficiente, bastare 2 arrivare, estendersi.
**reichhaltig** *agg.* ricco, abbondante.
**reichlich** *agg.* ricco, copioso, generoso ♦ *avv.* 1 abbondantemente 2 a sufficienza 3 (*fam.*) molto, piuttosto.
**Reichtum** *der* [-s,-*tümer*] (*an* + *Dat*) ricchezza (di).
**Reichweite** *die* [-,-n] 1 portata (*anche fig.*) 2 (*di armi da fuoco*) gittata ● *etw in — haben*, avere qlco a portata di mano.
**reif** *agg.* 1 maturo (*anche fig.*) 2 (*fig.*) ponderato, ben meditato.
**Reif**[1] *der* [-(e)s] brina.
**Reif**[2] *der* [-(e)s,-e] (*per capelli*) cerchietto.

**Reife** *die* [-] **1** maturità **2** maturazione.
**Reifegrad** *der* [-(e)s,-e] **1** grado di maturazione **2** grado di maturità.
**reifen** *v.intr.* [sein] maturare (anche fig.).
**Reifen** *der* [-s,-] **1** cerchio **2** pneumatico, gomma.
**Reihe** *die* [-,-n] **1** fila **2** serie, sequela **3** serie, quantità **4** (pl.) (fig.) file, ranghi ● *der — nach*, in fila.
**Reihenfolge** *die* [-,-n] successione, ordine.
**Reihenhaus** *das* [-es,-häuser] villetta a schiera.
**reihenweise** *avv.* in fila, in riga, a file.
**Reim** *der* [-(e)s,-e] rima.
**rein¹** *agg.* **1** puro (anche fig.): *das war reiner Zufall*, è stato un puro caso **2** vero, autentico **3** pulito **4** (fig.) chiaro ♦ *avv.* **1** puramente, prettamente **2** (fam.) (rafforzativo) proprio ● *mit sich selbst ins — kommen*, chiarirsi le idee.
**rein²** *avv.* (verso chi parla) dentro ● *—!*, (invito a entrare) avanti!
**Reinerlös** *der* [-es,-e] **Reinertrag** *der* [-(e)s,-träge] ricavo netto.
**Reinfall** *der* [-(e)s,-fälle] (fam.) fiasco, disastro; fregatura.
**Reingewicht** *das* [-(e)s,-e] peso netto.
**Reingewinn** *der* [-(e)s,-e] utile netto, profitto.
**Reinheit** *die* [-] **1** purezza **2** pulizia.
**reinigen** *v.tr.* **1** pulire, lavare **2** (tecn.) depurare **3** (med.) purgare **4** (fig.) purificare.
**Reinigung** *die* [-,-en] **1** pulitura, lavaggio **2** (tecn.) depurazione **3** lavanderia a secco, tintoria.
**Reinigungsmittel** *das* [-s,-] detersivo.
**Reinkarnation** *die* [-,-en] reincarnazione.
**rein·legen** *v.tr.* (fam.) imbrogliare, raggirare.
**reinlich** *agg.* pulito, amante della pulizia.
**Reinlichkeit** *die* [-] pulizia.
**reinrassig** *agg.* di razza (pura); (spec. di cavallo) purosangue.
**rein schauen**, **rein·schauen** *v.tr.* (fam.) (in + Acc) dare un'occhiata (a).

**rein waschen**, **rein·waschen** (→ *waschen*) *v.tr.* (von) discolpare (da), scagionare (da).
**Reis** *der* [-es] riso.
**Reise** *die* [-,-n] viaggio ● *auf Reisen sein*, essere in viaggio.
**Reisebegleiter** *der* [-s,-; die -in] **1** compagno (m.; f. -a) di viaggio **2** guida (f.) (turistica), accompagnatore (m.; f. -trice).
**Reisebüro** *das* [-s,-s] agenzia di viaggi.
**reisefertig** *agg.* pronto per partire.
**Reiseführer** *der* [-s,-] **1** (die -in) guida (f.) (turistica) **2** (libro) guida.
**Reisegepäck** *das* [-(e)s] bagaglio.
**Reisegesellschaft** *die* [-,-en] **1** comitiva (di turisti) **2** (spec.pl.) compagni di viaggio.
**Reisekosten** *pl.* spese di viaggio.
**Reiseleiter** *der* [-s,-; die -in] guida (f.) (turistica).
**reisen** *v.intr.* [sein] **1** viaggiare **2** andare: *in die Türkei, nach Italien —*, andare in Turchia, in Italia.
**Reisende** *der* e *die* [-n,-n] **1** viaggiatore (m.; f. -trice), passeggero (m.; f. -a) **2** (comm.) commesso viaggiatore (m.), rappresentante (m. e f.).
**Reisepass** *der* [-es,-pässe] passaporto.
**Reiseziel** *das* [-(e)s,-e] meta del viaggio.
**reißen** [riss / gerissen] *v.tr.* **1** strappare, stracciare, lacerare **2** spingere ♦ *v.intr.* [sein] **1** strapparsi **2** (an + Dat) tirare ♦ *sich reißen* *v.pron.* **1** (von) liberarsi (da) **2** (an + Dat) scorticarsi, ferirsi (a) **3** (fam.) (um) fare a pugni (per), azzuffarsi (per).
**Reißverschluss** *der* [-es,-schlüsse] chiusura lampo, cerniera.
**Reißzahn** *der* [-s,-zähne] zanna.
**Reißzwecke** *die* [-,-n] puntina da disegno.
**Reiten** *das* [-s] equitazione, ippica.
**reiten** [ritt / geritten] *v.intr.* [sein] cavalcare, andare a cavallo ♦ *v.tr.* cavalcare.
**Reiter** *der* [-s,-; die -in] **1** cavaliere (m.), fantino (m.) **2** (mil.) soldato (m.) (di cavalleria).

**Reitschule** *die* [-,-n] scuola di equitazione, maneggio.

**Reitstall** *der* [-(e)s,-ställe] scuderia.

**Reiz** *der* [-es,-e] **1** stimolo **2** fascino, attrattiva.

**reizbar** *agg.* irascibile, irritabile.

**Reizbarkeit** *die* [-] irascibilità, irritabilità.

**reizen** *v.tr.* **1** irritare, fare arrabbiare, provocare **2** attrarre, affascinare **3** suscitare.

**reizend** *agg.* carino, grazioso.

**Reizstoff** *der* [-(e)s,-e] sostanza irritante.

**Reizung** *die* [-,-en] **1** stimolazione, stimolo **2** irritazione (*anche med.*).

**reizvoll** *agg.* **1** allettante **2** affascinante.

**Rekapitulation** *die* [-,-en] ricapitolazione, riepilogo.

**rekeln, sich** *v.pron.* stirarsi, stiracchiarsi.

**Reklamation** *die* [-,-en] (*wegen*) reclamo (per).

**Reklame** *die* [-,-n] pubblicità, réclame.

**reklamieren** *v.tr.* reclamare ♦ *v.intr.* [*haben*] (*gegen*) reclamare (per), fare reclamo (contro).

**rekonstruieren** *v.tr.* ricostruire.

**Rekonvaleszenz** *die* [-] (*med.*) (periodo di) convalescenza.

**Rekord** *der* [-(e)s,-e] (*sport*) record, primato.

**Rekordzeit** *die* [-,-en] tempo record.

**Rekrut** *der* [-en,-en] (*mil.*) recluta.

**rekrutieren** *v.tr.* (*mil.*) reclutare, arruolare (*anche fig.*) ♦ **sich rekrutieren** *v.pron.* (*aus*) essere formato (da), comporsi (di).

**Rektor** *der* [-s,-en; die *-in*] **1** (*università*) rettore (*m.*; *f.* -trice) **2** (*scol.*) preside (*m. e f.*), direttore (*m.*; *f.* -trice).

**Rektorat** *das* [-(e)s,-e] **1** (*università*) rettorato (*scol.*) presidenza,direzione.

**relativ** *agg.* (*zu*) relativo (a) ♦ *avv.* abbastanza, relativamente.

**Relativität** *die* [-] relatività.

**relevant** *agg.* rilevante, importante.

**Relief** *das* [-s,-s o -e] **1** (*arte*) rilievo **2** (*geogr.*) orografia, rilievo.

**Religion** *die* [-,-en] religione.

**religiös** *agg.* religioso.

**Relikt** *das* [-(e)s,-e] **1** residuo **2** reperto.

**Reliquie** *die* [-,-n] reliquia.

**Reminiszenz** *die* [-,-en] reminescenza.

**Rempelei** *die* [-,-en] **1** spintone **2** (*sport*) carica.

**rempeln** *v.tr.* **1** (*fam.*) dare una spinta a **2** (*sport*) caricare.

**Ren** *das* [-s,-e] renna.

**Renaissance** *die* [-,-n] **1** (*st.*) rinascimento **2** (*estens.*) rinascenza; (*fig.*) rinascita.

**Rendezvous** *das* [-,-] appuntamento, incontro.

**Rennbahn** *die* [-,-en] (*sport*) pista da corsa.

**Rennen** *das* [-s,-] (*sport*) corsa, gara.

**rennen** [*rannte* | *gerannt*] *v.intr.* [*sein*] **1** correre **2** (*fam.*) (*gegen*) urtare (contro), cozzare (contro) ♦ *v.tr.* (*fam.*) piantare, conficcare.

**Renner** *der* [-s,-] **1** cavallo da corsa **2** (*fam.*) articolo che va a ruba; (*estens.*) best seller.

**Rennfahrer** *der* [-s,-] (*sport*) corridore.

**Rennplatz** *der* [-es,-plätze] ippodromo.

**Rennreiter** *der* [-s,-; die *-in*] fantino (*m.*).

**renommiert** *agg.* rinomato.

**renovieren** *v.tr.* rinnovare, ristrutturare.

**Renovierung** *die* [-,-en] ristrutturazione.

**rentabel** *agg.* redditizio, rimunerativo.

**Rentabilität** *die* [-] redditività.

**Rente** *die* [-,-n] **1** pensione: *in — sein, gehen*, essere, andare in pensione **2** rendita.

**rentieren, sich** *v.pron.* **1** rendere, fruttare **2** (*fig.*) valere la pena, convenire.

**Rentner** *der* [-s,-; die *-in*] pensionato (*m.*; *f.* -a).

**Reorganisation** *die* [-,-en] riorganizzazione.

**reorganisieren** *v.tr.* riorganizzare.

**reparabel** *agg.* riparabile.
**Reparatur** *die* [-,-*en*] riparazione.
**reparieren** *v.tr.* riparare.
**Replik** *die* [-,-*en*] replica.
**Report** *der* [-(*e*)*s*,-*e*] rapporto, relazione.
**Reportage** *die* [-,-*n*] servizio, reportage.
**Reporter** *der* [-*s*,-; die -*in*] cronista (*m.* e *f.*), reporter (*m.* e *f.*).
**Repräsentant** *der* [-*en*,-*en*; die -*in*] rappresentante (*m.* e *f.*).
**repräsentativ** *agg.* 1 rappresentativo 2 di rappresentanza.
**repräsentieren** *v.tr.* rappresentare ♦ *v.intr.* [*haben*] essere di rappresentanza.
**Repression** *die* [-,-*en*] repressione.
**Reproduktion** *die* [-,-*en*] riproduzione.
**reproduzieren** *v.tr.* riprodurre.
**Reptil** *das* [-*s*,-*ien*] rettile.
**Republik** *die* [-,-*en*] repubblica.
**Republikaner** *der* [-*s*,-; die -*in*] repubblicano (*m.*; *f.* -a).
**republikanisch** *agg.* repubblicano.
**Reservat** *das* [-(*e*)*s*,-*e*] riserva.
**Reserve** *die* [-,-*n*] 1 riserva, scorta 2 (*mil.*, *sport*) riserva 3 riserbo, riservatezza.
**reservieren** *v.tr.* riservare, prenotare.
**reserviert** *agg.* riservato, prenotato.
**Reservierung** *die* [-,-*en*] prenotazione.
**Residenz** *die* [-,-*en*] e **Residenzstadt** *die* [-,-*städte*] residenza (di un sovrano); città sede di governo.
**resignieren** *v.intr.* [*haben*] rassegnarsi.
**Respekt** *der* [-(*e*)*s*] rispetto, riguardo, considerazione ● *sich* — *verschaffen*, farsi rispettare.
**respektabel** *agg.* rispettabile, degno di rispetto.
**respektieren** *v.tr.* 1 rispettare 2 (*comm.*) onorare.
**respektlos** *agg.* irrispettoso, irriverente.
**respektvoll** *agg.* rispettoso.
**Ressort** *das* [-*s*,-*s*] 1 divisione, ripartizione 2 competenza.

**Rest** *der* [-(*e*)*s*,-*e*] 1 resto (*anche mat.*) 2 (*di cibo*) avanzi.
**Restaurant** *das* [-*s*,-*s*] ristorante.
**Restaurator** *der* [-*s*,-*en*] restauratore.
**restaurieren** *v.tr.* restaurare.
**Restaurierung** *die* [-,-*en*] restauro.
**restlich** *agg.* restante, rimanente.
**restlos** *avv.* (*fam.*) completamente, del tutto.
**Resultat** *das* [-(*e*)*s*,-*e*] risultato.
**Retorte** *die* [-,-*n*] (*chim.*) alambicco.
**retten** *v.tr.* salvare ♦ **sich retten** *v.pron.* salvarsi, mettersi in salvo.
**Rettung** *die* [-,-*en*] 1 salvataggio 2 salvezza.
**Rettungsanker** *der* [-*s*,-] ancora di salvezza.
**Rettungsboot** *das* [-(*e*)*s*,-*e*] scialuppa di salvataggio.
**Rettungsdienst** *der* [-*es*,-*e*] prontosoccorso.
**Rettungsring** *der* [-(*e*)*s*,-*e*] salvagente.
**Rettungswagen** *der* [-*s*,-] ambulanza.
**Reue** *die* [-] rimorso, pentimento.
**reuevoll, reuig, reumütig** *agg.* pentito.
**Revanche** *die* [-,-*n*] 1 rivincita 2 (*fig.*) contraccambio.
**revanchieren, sich** *v.pron.* (*für*) 1 ricambiare, sdebitarsi (di) 2 prendersi la rivincita.
**Reverenz** *die* [-,-*en*] 1 riverenza 2 riverenza, inchino.
**Revier** *das* [-*s*,-*e*] 1 campo, regno 2 (*zool.*) territorio 3 commissariato di polizia 4 distretto forestale 5 riserva di caccia.
**Revision** *die* [-,-*en*] 1 revisione 2 (*dir.*) ricorso.
**Revolte** *die* [-,-*n*] rivolta, insurrezione.
**Revolution** *die* [-,-*en*] rivoluzione.
**revolutionär** *agg.* rivoluzionario.
**Revolutionär** *der* [-*s*,-*e*; die -*in*] rivoluzionario (*m.*; *f.* -a).
**revolutionieren** *v.tr.* rivoluzionare.
**Revolver** *der* [-*s*,-] rivoltella, revolver.
**rezensieren** *v.tr.* recensire.
**Rezension** *die* [-,-*en*] recensione, critica.

**Rezept** *das* [-(e)s,-e] **1** (*med.*) prescrizione, ricetta (medica) **2** (*gastr.*) ricetta.
**rezeptpflichtig** *agg.* da vendersi solo dietro presentazione di ricetta medica.
**Rezession** *die* [-] (*econ.*) recessione.
**Rhein** *der* Reno.
**rheinisch** *agg.* renano.
**Rheinland** *das* Renania.
**Rheinland-Pfalz** *das* Renania-Palatinato.
**rhetorisch** *agg.* retorico.
**Rheuma** *das* [-s] reumatismo, reumatismi.
**rheumatisch** *agg.* reumatico.
**Rheumatismus** *der* [-,-men] reumatismo.
**rhythmisch** *agg.* ritmico.
**Rhythmus** *der* [-,-men] ritmo.
**richten** *v.tr.* **1** dirigere 2 rivolgere, volgere: *das Wort an jdn —*, rivolgere la parola a qlcu; *einen Brief an jdn —*, indirizzare una lettera a qlcu **3** puntare (un'arma) **4** raddrizzare, innalzare **5** preparare, approntare: *das Essen —*, preparare da mangiare ♦ **sich richten** *v.pron.* **1** volgere, rivolgersi: *sich an jdn —*, rivolgersi a qlcu **2** raddrizzarsi, levarsi **3** prepararsi **4** conformarsi, attenersi **5** orientarsi.
**Richter** *der* [-s,-; die *-in*] giudice (*m.*), magistrato (*m.*).
**richterlich** *agg.* giudiziario.
**Richterschaft** *die* [-,-en] magistratura.
**richtig** *agg.* **1** giusto: *im richtigen Augenblick*, al momento giusto **2** corretto, esatto **3** vero, autentico ♦ *avv.* **1** giustamente, esattamente: *du kommst gerade —*, arrivi proprio al momento giusto **2** correttamente **3** (*fam.*) veramente, davvero.
**Richtige** *der* e *die* [-n,-n] persona (*f.*) giusta, persona (*f.*) adatta ♦ *das* [-n] cosa giusta: *das ist das — für ihn*, è quel che ci vuole per lui.
**Richtigkeit** *die* [-] giustezza, esattezza, veridicità.
**Richtlinie** *die* [-,-n] direttiva, norma.
**Richtung** *die* [-,-en] **1** direzione, senso **2** tendenza, orientamento.

**riechen** [*roch / gerochen*] *v.intr.* [*haben*] **1** (*nach*) odorare (di), avere l'odore (di), profumare (di) **2** (*an + Dat*) annusare, fiutare, sentire il profumo (di) **3** (*fig.*) (*nach*) puzzare (di), sapere (di) ♦ *v.tr.* odorare, annusare, fiutare.
**Riegel** *der* [-s,-] **1** chiavistello, catenaccio, paletto **2** stecca.
**Riemen** *der* [-s,-] **1** cinghia, correggia **2** stringhe (di cuoio).
**Riese** *der* [-n,-n; die *Riesin*] gigante (*m.; f.* -essa).
**riesig** *agg.* **1** gigantesco, colossale, enorme **2** (*fam.*) stupendo, fantastico ♦ *avv.* (*fam.*) molto, enormemente.
**Riff** *das* [-(e)s,-e] scogliera.
**rigid(e)** *agg.* rigido.
**rigoros** *agg.* rigoroso.
**Rind** *das* [-(e)s,-er] bovino, manzo.
**Rinde** *die* [-,-n] **1** corteccia (d'albero) **2** crosta.
**Ring** *der* [-(e)s,-e] **1** anello **2** cerchio **3** associazione, circolo **4** circonvallazione **5** (*sport*) anello; (*boxe*) ring.
**Ringellocke** *die* [-,-n] ricciolo.
**ringeln** *v.tr.* attorcigliare ♦ **sich ringeln** *v.pron.* **1** attorcigliarsi **2** (*di capelli*) arricciarsi.
**Ringelreihen** *der* [-s] girotondo.
**ringen** [*rang / gerungen*] *v.intr.* [*haben*] **1** combattere, lottare ♦ *anche fig.* **2** (*nach, um*) cercare affannosamente ● *nach Luft —*, boccheggiare.
**Ringfinger** *der* [-s,-] (*dito*) anulare.
**ringförmig** *agg.* anulare, a forma di anello.
**Ringkampf** *der* [-(e)s,-kämpfe] lotta.
**rings(her)um, ringsumher** *avv.* tutt'intorno.
**Rinne** *die* [-,-n] **1** canale **2** scanalatura, solco **3** grondaia.
**rinnen** [*rann / geronnen*] *v.intr.* [*sein*] **1** scorrere (*anche fig.*) **2** gocciolare, grondare.
**Rinnstein** *der* [-s,-e] **1** tombino **2** (*estens.*) cunetta, canaletto di scolo **3** (*fig.*) fango.
**Rippe** *die* [-,-n] **1** (*anat.*) costola **2** (*bot.*) costa, nervatura.

**Risiko** *das* [-s,-s *o* -ken] rischio ♦ *ein — eingehen*, correre un rischio.
**riskant** *agg.* rischioso, azzardato, arrischiato.
**riskieren** *v.tr.* rischiare.
**Rispe** *die* [-,-n] pannocchia.
**Riss** *der* [-es,-e] **1** strappo **2** crepa, incrinatura **3** screpolatura **4** (*med.*) lacerazione.
**rissig** *agg.* **1** crepato, incrinato **2** screpolato.
**Ritt** *der* [-(e)s,-e] cavalcata.
**rittlings** *avv.* a cavalcioni.
**Ritual** *das* [-s,-e *o* -ien] rituale.
**rituell** *agg.* rituale.
**Ritus** *der* [-,-ten] rito.
**Ritze** *die* [-,-n] fessura, fenditura.
**ritzen** *v.tr.* **1** scalfire **2** incidere, intagliare.
**Rivale** *der* [-n,-n; die *Rivalin*] rivale (*m.* e *f.*), concorrente (*m.* e *f.*).
**Rivalität** *die* [-,-en] rivalità.
**Robbe** *die* [-,-n] foca.
**Robe** *die* [-,-n] veste, abito, toga.
**Roboter** *der* [-s,-] robot.
**robust** *agg.* robusto, resistente.
**Rochen** *der* [-s,-] (*zool.*) razza.
**Rock**[1] *der* [-(e)s, *Röcke*] gonna.
**Rock**[2] *der* [-(s)] (*mus.*) rock.
**Rocker** *der* [-s,-] rocker, rockettaro.
**Rodelbahn** *die* [-(e)s,-e] pista per slitte.
**rodeln** *v.intr.* [*sein o haben*] andare in slitta.
**roden** *v.tr.* **1** sradicare **2** dissodare **3** bonificare ♦ *v.intr.* [*haben*] disboscare.
**Roggen** *der* [-s] segale, segala.
**roh** *agg.* **1** crudo: *roher Schinken*, prosciutto crudo **2** grezzo, greggio **3** rozzo, rude ♦ *avv.* grossolanamente, rudemente.
**Rohheit** *die* [-,-en] **1** (*fig.*) grossolanità, rozzezza **2** brutalità.
**Rohr** *das* [-(e)s,-e] **1** tubo, conduttura, tubazione **2** (*di arma da fuoco*) canna **3** (*bot.*) canna, vimine.
**Röhre** *die* [-,-n] **1** tubo **2** tubetto **3** forno **4** (*fam.*) televisore.
**Rohstoff** *der* [-(e)s,-e] materia prima.
**Rolle** *die* [-,-n] **1** rotella **2** rocchetto (di filo) **3** carrucola, puleggia **4** rotolo; bobina **5** rullo, cilindro **6** (*teatr., cinem.*) ruolo, parte.
**rollen** *v.tr.* **1** ruotare, far girare **2** arrotolare, avvolgere **3** (*gastr.*) spianare ♦ *v.intr.* [*sein*] **1** rotolare **2** muoversi su ruote, girare **3** roteare ♦ *sich rollen v.pron.* **1** rotolarsi, arrotolarsi **2** girarsi.
**Rollen** *das* [-s] rotolamento, avvolgimento ♦ *etw ins — bringen*, mettere in moto qlco, dare l'avvio a qlco.
**Roller** *der* [-s,-] **1** monopattino **2** scooter.
**Rollfeld** *das* [-(e)s,-er] (*aer.*) pista di atterraggio e decollo.
**Rollladen, Roll-Laden** *der* [-s,-*läden*] (serranda) avvolgibile (di acciaio), saracinesca, tapparella (di legno).
**Rollschuh** *der* [-es,-e] pattino a rotelle.
**Rollstuhl** *der* [-(e)s,-*stühle*] sedia a rotelle.
**Rolltreppe** *die* [-,-n] scala mobile.
**Rom** *das* Roma.
**Roman** *der* [-(e)s,-e] romanzo.
**Romanik** *die* [-] (*arte*) romanico.
**Romantik** *die* [-] romanticismo.
**Romantiker** *der* [-s,-; die -*in*] **1** romantico (*m.*; *f.* -a) **2** (*estens*) sognatore (*m.*; *f.* -trice).
**romantisch** *agg.* romantico.
**Romanze** *die* [-,-n] **1** romanza **2** storia d'amore (romantica).
**Römer** *der* [-s,-; die -*in*] romano (*m.*; *f.* -a).
**römisch** *agg.* romano.
**röntgen** *v.tr.* (*med.*) fare una radiografia di.
**Röntgenarzt** *der* [-es,-*ärzte*; die -*ärztin*] radiologo (*m.*; *f.* -a).
**Röntgenaufnahme** *die* [-,-n] **Röntgenbild** *das* [-(e)s,-er] radiografia.
**Röntgenstrahlen** *pl.* raggi X.
**rosa** *agg.invar.* (color) rosa.
**rosarot, rosa-rot** *agg.* (di colore) rosa.
**Rose** *die* [-,-n] rosa.
**Rosengarten** *der* [-s,-*gärten*] roseto.
**Rosenkranz** *der* [-es,-*kränze*] (*relig. catt.*) rosario.
**Rosette** *die* [-,-n] (*arch.*) rosone.
**rosig** *agg.* roseo (*anche fig.*).

**Rosine** *die* [-,-n] 1 chicco di uva passa 2 (*pl.*) uva passa; (*fam.*) uvetta.
**Rost**[1] *der* [-es,-e] griglia, graticola.
**Rost**[2] *der* [-es,-e] ruggine: — *ansetzen*, arrugginire.
**rösten** *v.tr.* 1 arrostire 2 tostare, torrefare (il caffè).
**rostfrei** *agg.* inossidabile.
**rostig** *agg.* arrugginito (*anche fig.*).
**Rostschutzmittel** *das* [-s,-] antiruggine.
**rot** *compar.* **röter** *superl.* **rötest** *agg.* rosso ● *der rote Faden*, il filo rosso, il filo conduttore.
**Rotation** *die* [-,-en] rotazione.
**Röte** *die* [-] rossore.
**Röteln** *pl.* (*med.*) rosolia.
**rothaarig** *agg.* dai capelli rossi.
**Rotkehlchen** *das* [-s,-] pettirosso.
**rötlich** *agg.* rossastro, rossiccio.
**Rotstift** *der* [-es,-e] matita rossa.
**Rötung** *die* [-,-en] arrossamento.
**Rotwein** *der* [-(e)s,-e] vino rosso.
**Roulade** *die* [-,-n] involtino.
**Route** *die* [-,-n] itinerario, percorso, rotta.
**Routine** *die* [-] 1 routine 2 pratica.
**Rowdy** *der* [-s,-s] teppista, bullo.
**Rübe** *die* [-,-n] 1 rapa 2 (*pop.*) testa, zucca ● *Rote* —, barbabietola.
**Rubin** *der* [-s,-e] rubino.
**Rubrik** *die* [-,-en] 1 (*giornalismo*) rubrica, colonna 2 categoria.
**Ruck** *der* [-(e)s,-e] scossa, scossone ● *mit einem* —, d'un colpo | *sich (Dat) einen* — *geben*, darsi una mossa.
**Rückblick** *der* [-(e)s,-e] 1 (*auf* + *Acc*) sguardo retrospettivo (su) 2 retrospettiva, rassegna.
**rückblickend** *agg.* retrospettivo ♦ *avv.* in retrospettiva.
**rücken** *v.tr.* spostare (spingendo) ♦ *v.intr.* [*sein*] spostarsi: *rück mal ein bisschen*, scostati un po' ● *an jds Stelle* —, prendere il posto di qlcu.
**Rücken** *der* [-s,-] 1 schiena, dorso 2 (*di animali*) groppa ● *hinter jds* —, alle spalle di qlcu, di nascosto a qlcu.
**Rückenschmerz** *der* [-es,-en] dolore alla schiena, mal di schiena.

**Rückenwind** *der* [-(e)s] vento in poppa; (*sport*) vento favorevole.
**Rückerstattung** *die* [-,-en] rimborso.
**Rückfahrkarte** *die* [-,-n] biglietto di andata e ritorno.
**Rückfahrt** *die* [-,-en] (viaggio di) ritorno.
**Rückfall** *der* [-(e)s,-fälle] 1 (*med.*) ricaduta 2 (*dir.*) recidiva 3 (*dir.*) reversibilità.
**rückfällig** *agg.* 1 (*med.*) recidivante 2 (*dir.*) recidivo.
**Rückgabe** *die* [-] restituzione.
**Rückgang** *der* [-(e)s,-gänge] diminuzione, riduzione.
**rückgängig** *agg.* in diminuzione ● — *machen*, revocare, annullare.
**Rückgrat** *das* [-(e)s,-e] (*anat.*) spina dorsale, colonna vertebrale.
**Rückhalt** *der* [-(e)s,-e] appoggio, sostegno (*anche fig.*).
**Rückkehr** *die* [-] ritorno, rientro.
**rückläufig** *agg.* 1 in diminuzione, in calo 2 regressivo.
**Rücklicht** *das* [-(e)s,-er] (*aut.*) luci posteriori.
**rücklings** *avv.* 1 sulla schiena 2 da dietro, alle spalle 3 a rovescio, a ritroso.
**Rücknahme** *die* [-,-n] ritiro.
**Rückreise** *die* [-,-n] viaggio di ritorno.
**Rucksack** *der* [-(e)s,-säcke] zaino.
**Rückschlag** *der* [-(e)s,-schläge] 1 contraccolpo 2 (*fig.*) batosta 3 (*sport*) ribattuta, risposta.
**Rückseite** *die* [-,-n] 1 parte posteriore, retro 2 rovescio 3 (*edit.*) tergo.
**Rücksicht** *die* [-,-en] 1 riguardo, rispetto 2 (*aut.*) visuale posteriore ● *mit* — *auf*, con riguardo a, in considerazione di | *auf jdn* — *nehmen*, avere riguardo per qlcu.
**rücksichtslos** *agg.* senza riguardo ♦ *avv.* senza alcun riguardo.
**rücksichtsvoll** *agg.* (*gegen*) pieno di riguardo (verso).
**Rücksitz** *der* [-es,-e] (*aut.*) sedile posteriore.
**Rückspiegel** *der* [-s,-] (*aut.*) specchietto retrovisore.

**Rückstand** der [-(e)s,-stände] 1 arretrato 2 (pl.) residui.
**rückständig** agg. antiquato, arretrato.
**Rücktritt** der [-(e)s,-e] 1 dimissioni 2 (dir.) recesso.
**Rückvergütung** die [-,-en] rimborso.
**rückwärtig** agg. posteriore, di dietro.
**rückwärts** avv. indietro, all'indietro ♦ — *fahren*, fare marcia indietro.
**Rückwärtsgang** der [-(e)s,-gänge] (aut.) retromarcia.
**Rückzahlung** die [-,-en] rimborso.
**Rückzug** der [-(e)s,-züge] ritirata.
**Rüde** der [-n,-n] (di canidi) maschio.
**Rudel** das [-s,-] branco.
**Ruder** das [-s,-] 1 remo 2 timone ● *am — sein*, essere al timone.
**Ruderboot** das [-(e)s,-e] barca a remi.
**Ruderer** der [-s,-; die -in] rematore (m.; f. -trice).
**rudern** v.tr. 1 portare in barca (a remi) 2 percorrere a remi ♦ v.intr. 1 [haben o sein] remare 2 [haben] (sport) fare canottaggio.
**Ruf** der [-(e)s,-e] 1 chiamata 2 grido 3 (di animali) richiamo 4 reputazione, fama.
**rufen** [rief / gerufen] v.intr. [haben] 1 gridare: *um Hilfe —*, gridare (per chiedere) aiuto 2 chiamare: *nach jdm —*, chiamare qlcu ♦ v.tr. 1 gridare 2 chiamare: *den Arzt —*, chiamare il dottore.
**Rufname** der [-ns,-n] nome.
**Rufnummer** die [-,-n] numero telefonico.
**Ruhe** die [-] 1 calma, pace, quiete: *jdn in — lassen*, lasciare in pace qlcu 2 silenzio, quiete 3 riposo ● *immer mit der —!*, calma e sangue freddo!
**ruhelos** agg. inquieto, irrequieto ♦ avv. con irrequietezza.
**Ruhelosigkeit** die [-] irrequietezza.
**ruhen** v.intr. [haben] 1 riposare, riposarsi 2 (estens.) essere fermo, essere sospeso 3 (*auf* + Acc) poggiare (su), pesare (su), gravare (su).
**Ruhepause** die [-,-n] pausa, interruzione.
**Ruhestand** der [-(e)s] pensione.
**Ruhetag** der [-(e)s,-e] giorno di riposo.
**ruhig** agg. 1 tranquillo, silenzioso 2 calmo, tranquillo, quieto: *bleib —!*, sta' calmo 3 fermo, calmo: *die See ist —*, il mare è calmo ● avv. tranquillamente, con calma ● *nur — Blut!*, calma e sangue freddo!
**Ruhm** der [-(e)s] gloria, fama.
**rühmen** v.tr. lodare, elogiare ♦ **sich rühmen** v.pron. (+ Gen) vantarsi (di).
**rühmlich** agg. lodevole.
**ruhmlos** agg. inglorioso.
**ruhmreich** agg. glorioso.
**Ruhr** die [-] (med.) dissenteria.
**rühren** v.tr. 1 muovere 2 (gastr.) mescolare, rimestare 3 (fig.) toccare, commuovere ♦ v.intr. [haben] 1 (*an* + Acc) accennare (a) 2 derivare: *das rührt daher, dass...*, è dovuto al fatto che... 3 rimestare, mescolare ♦ **sich rühren** v.pron. 1 muoversi 2 darsi da fare 3 (fig.) destarsi, ridestarsi.
**rührend** agg. commovente, toccante.
**rührselig** agg. sentimentale, emotivo; (di libri, film ecc.) lacrimoso, commovente.
**Rührung** die [-] commozione.
**Ruin** der [-s] rovina, sfacelo, crollo.
**Ruine** die [-,-n] rovina, rudere.
**ruinieren** v.tr. rovinare, mandare in rovina ♦ **sich ruinieren** v.pron. rovinarsi.
**ruiniert** agg. rovinato.
**rülpsen** v.intr. [haben] (fam.) ruttare.
**Rülpser** der [-s,-] (fam.) rutto.
**Rum** der [-s] rum.
**Rumäne** der [-n,-n; die *Rumänin*] rumeno (m.; f. -a).
**Rumänien** das Romania.
**rumänisch** agg. rumeno.
**Rummel** der [-s] (fam.) 1 trambusto, confusione 2 (region.) fiera.
**Rummelplatz** der [-s, *plätze*] luna park.
**Rumpf** der [-(e)s, *Rümpfe*] 1 (anat.) tronco, torso 2 (mar.) scafo 3 (aer.) fusoliera.
**rund** agg. 1 rotondo, tondo 2 (fam.) rotondetto, grassottello 3 (fig.) ben riu-

scito ♦ *avv.* circa, all'incirca ● — *gerechnet*, all'incirca | — *um die Uhr*, ventiquatt'ore su ventiquattro.

**Rundblick** *der* [-(e)s,-e] panorama, vista panoramica.

**Runde** *die* [-,-n] **1** (*di persone*) circolo, cerchia, giro **2** dintorni **3** giro **4** (*sport*) giro (*di pista*); (*boxe*) round, ripresa.

**runden** *v.tr.* arrotondare ♦ **sich runden** *v.pron.* arrotondarsi.

**Rundfahrt** *die* [-,-en] **1** giro turistico **2** (*sport*) giro.

**Rundfunk** *der* [-s] **1** (*apparecchio*) radio **2** radio, emittente radiofonica.

**rundlich** *agg.* **1** rotondo, tondeggiante **2** (*fam.*) cicciottello, rotondetto.

**runter** *avv.* (*verso chi parla*) giù, via, in basso.

**Runzel** *die* [-,-n] ruga, grinza.

**runzelig** *agg.* **1** (*di persone*) rugoso **2** (*di frutta*) raggrinzita.

**rupfen** *v.tr.* **1** strappare (erbacce ecc.) **2** spennare (*anche fig.*).

**Ruß** *der* [-es] fuliggine.

**Russe** *der* [-n,-n; die *Russin*] russo (*m.*; *f.* -a).

**Rüssel** *der* [-s,-] **1** proboscide **2** (*di suini*) grugno.

**rußen** *v.intr.* [*haben*] fare fumo, produrre fuliggine.

**russisch** *agg.* russo.

**Russland** *das* Russia.

**rüsten** *v.intr.* [*haben*] **1** (*mil.*) armarsi **2** prepararsi ♦ **sich rüsten** *v.pron.* (*zu*) prepararsi (a) ● *zum Aufbruch* —, prepararsi alla partenza.

**rüstig** *agg.* arzillo, in forma ♦ *avv.* in modo vigoroso.

**Rüstung** *die* [-,-en] **1** (*mil.*) armamento **2** (*st.*) armatura.

**Rüstzeug** *das* [-(e)s,-e] **1** attrezzatura, equipaggiamento **2** (*fig.*) requisiti, know-how.

**Rute** *die* [-,-n] **1** verga, bacchetta **2** (*pesca*) canna.

**Rutsch** *der* [-(e)s,-e] scivolone, scivolata.

**Rutsche** *die* [-,-n] scivolo, piano inclinato.

**rutschen** *v.intr.* [*sein*] **1** scivolare, sdrucciolare **2** (*di terreno*) franare **3** (*di auto*) slittare.

**rutschig** *agg.* sdrucciolevole, scivoloso.

**rütteln** *v.tr.* scuotere, scrollare ♦ *v.intr.* [*haben*] **1** (*an* + *Dat*) scuotere, agitare **2** (*fig.*) (*an* + *Dat*) dare uno scossone.

# Ss

**S** *sigla* (*Süd*) S, Sud.
**s.** *abbr.* (*siehe*) v., Vedi.
**Saal** *der* [-(*e*)*s*, *Säle*] sala.
**Saarland** *das* Saarland.
**Saat** *die* [-,-*en*] 1 semina 2 semente.
**Sabotage** *die* [-,-*n*] sabotaggio.
**sabotieren** *v.tr.* sabotare.
**Sache** *die* [-,-*n*] 1 cosa, roba 2 questione, affare 3 (*pl.*) vestiti; (*estens.*) beni ● *bei der — bleiben*, non divagare | *zur — kommen*, venire al dunque.
**sachlich** *agg.* obiettivo.
**Sachsen** *die* Sassonia.
**Sachsen-Anhalt** *das* Sassonia-Anhalt.
**sacht(e)** *avv.* 1 delicatamente, lievemente 2 pian piano.
**sachverständig** *agg.* competente, esperto.
**Sack** *der* [-(*e*)*s*, *Säcke*] sacco.
**Sackgasse** *die* [-,-*n*] vicolo cieco.
**säen** *v.tr.* seminare (*anche fig.*).
**Safari** *die* [-,-*s*] safari.
**Safe** *der* [-*s*,-*s*] cassaforte.
**Saft** *der* [-(*e*)*s*, *Säfte*] 1 succo 2 (*di carne*) sugo.
**saftig** *agg.* succoso, sugoso.
**Sage** *die* [-,-*n*] saga, leggenda.
**Säge** *die* [-,-*n*] sega.
**sagen** *v.tr.* e *intr.* [*haben*] dire: *kein Wort —*, non dire una parola ● *jdm Dank —*, ringraziare qlcu | *über jdn etw —*, dire qlco di qlcu | *wie man so sagt*, si fa per dire.
**sägen** *v.tr.* segare.

**sagenhaft** *agg.* 1 favoloso 2 (*fig.*) incredibile.
**Sahne** *die* [-] panna.
**Saison** *die* [-,-*s*] stagione.
**Saisonarbeit** *die* [-,-*en*] lavoro stagionale.
**Saite** *die* [-,-*n*] corda musicale.
**Sakko** *der* o *das* [-*s*,-*s*] giacca (da uomo).
**Sakrament** *das* [-(*e*)*s*,-*e*] sacramento.
**Salami** *die* [-,-] o *der* [-*s*,-] salame.
**Salat** *der* [-(*e*)*s*,-*e*] 1 insalata 2 (*fig.*) pasticcio, disastro.
**Salatschüssel** *die* [-,-*n*] insalatiera.
**Salbe** *die* [-,-*n*] pomata, unguento.
**Salbei** *der* [-*s*] o *die* [-] salvia.
**Salon** *der* [-*s*,-*s*] salone.
**salopp** *agg.* 1 (*abbigl.*) informale, casual 2 (*di linguaggio*) colloquiale.
**Salz** *das* [-*es*,-*e*] sale.
**salzen** [*gesalzt* o *gesalzen*] *v.tr.* salare.
**salzig** *agg.* salato.
**Salzkartoffeln** *pl.* patate lesse.
**Salzstreuer** *der* [-*s*,-] saliera.
**Salzwasser** *das* [-*s*] acqua salata.
**Samen** *der* [-*s*,-] 1 seme (*anche fig.*) 2 sperma.
**sammeln** *v.tr.* 1 raccogliere 2 collezionare, fare la raccolta di ● (*fam.*) *Geld —*, fare una colletta.
**Sammler** *der* [-*s*,-; die *-in*] collezionista (*m. e f.*).
**Sammlung** *die* [-,-*en*] 1 raccolta, collezione 2 (*di denaro*) colletta.

**Samstag** der [-(e)s,-e] sabato ● *am* —, (il) sabato.
**samstags** avv. il (o di) sabato.
**samt** prep. (+ *Dat*) (insieme) con.
**Samt** der [-(e)s,-e] velluto.
**sämtlich** agg.indef. **1** tutto **2** completo.
**Sand** der [-(e)s] sabbia.
**Sandale** die [-,-n] sandalo.
**sandig** agg. sabbioso.
**sanft** agg. **1** lieve, leggero **2** (di carattere) mite, dolce **3** calmo, pacato.
**Sänger** der [-s,-; die -in] cantante (m. e f.).
**sanieren** v.tr. risanare; (edil.) ristrutturare.
**sanitär** agg. sanitario, igienico: sanitäre Anlagen, (impianti) sanitari.
**Saphir** der [-s,-e] zaffiro.
**Sardelle** die [-,-n] acciuga.
**Sardine** die [-,-n] sardina.
**Sardinien** das Sardegna.
**Sarg** der [-(e)s, Särge] bara.
**sarkastisch** agg. sarcastico.
**Satan** der [-s] Satana.
**Satellit** der [-en,-en] satellite.
**Satire** die [-,-n] satira.
**satirisch** agg. satirico.
**satt** agg. **1** sazio, pieno: sich — essen, mangiare a sazietà **2** (fam.) stufo, stanco ◆ *ich habe es* —, ne ho fin sopra i capelli.
**Sattel** der [-s, Sättel] **1** sella **2** (geogr.) passo.
**Satz** der [-es, Sätze] **1** frase, proposizione **2** (mus.) movimento.
**Satzung** die [-,-en] statuto, regolamento.
**sauber** agg. pulito.
**Sauberkeit** die [-] pulizia.
**sauber machen, sauber·machen** v.intr. pulire ◆ v.intr. [haben] fare le pulizie.
**säubern** v.tr. pulire, ripulire.
**Sauce** die [-,-n] salsa.
**Saudiaraber** der [-s,-; die -in] saudita (m. e f.), arabo (m.; f. -a) saudita.
**sauer** agg. **1** acido: saurer Regen, pioggia acida **2** aspro, acerbo **3** (di verdure) sott'aceto **4** (fig.) irritato ● *auf jdn* — *sein*, avercela con qlcu.
**Sauerkirsche** die [-,-n] amarena.
**Sauerkraut** das [-(e)s] crauti.
**Sauerstoff** der [-es] ossigeno.
**saufen** [säuft / soff / gesoffen] v.tr. **1** (di animali) bere **2** (fam.) sbevazzare.
**saugen** v.tr. **1** succhiare **2** aspirare.
**säugen** v.tr. allattare.
**Säugetier** das [-(e)s,-e] mammifero.
**Säugling** der [-s,-e] lattante, poppante.
**Säule** die [-,-n] colonna; pilastro.
**Säulengang** der [-(e)s,-gänger] colonnato, portico.
**Saum** der [-(e)s, Säume] orlo.
**Sauna** die [-,-s] sauna.
**Säure** die [-,-n] **1** (chim.) acido **2** (estens.) acidità.
**säurehaltig** agg. acido.
**Saxofon** der [-s,-e] sassofono.
**S-Bahn** die [-,-en] metropolitana leggera.
**schäbig** agg. **1** misero **2** consunto, logoro **3** gretto, meschino.
**Schach** das [-s,-s] scacchi (pl.) ● —*spielen*, giocare a scacchi.
**Schachbrett** das [-(e)s,-er] scacchiera.
**Schacht** der [-(e)s, Schächte] pozzo.
**Schachtel** die [-,-n] **1** scatola **2** (di sigarette) pacchetto.
**schade** agg.pred. peccato ● *wie* —*!*, (che) peccato! | *zu* — *sein für*, essere sprecato per.
**Schädel** der [-s,-] **1** cranio **2** (fam.) testa.
**schaden** v.intr. [haben] nuocere, recar danno: Rauchen schadet der Gesundheit, il fumo nuoce alla salute.
**Schaden** der [-s, Schäden] **1** danno **2** lesione, ferita **3** (tecn.) guasto.
**schädigen** v.tr. danneggiare, nuocere a.
**schädlich** agg. dannoso, nocivo.
**Schädling** der [-s,-e] parassita.
**Schadstoff** der [-(e)s,-e] sostanza nociva.
**Schaf** das [-(e)s,-e] **1** pecora **2** (fam.) sciocco, babbeo.
**Schafbock** der [-(e)s,-böcke] (zool.) montone.

**Schäfer** der [-s,-; die -in] pecoraio (m.; f. -a), pastore (m.; f. -a).

**Schäferhund** der [-(e)s,-e] cane pastore: *Deutscher* —, pastore tedesco.

**schaffen**[1] [*schuf / geschaffen*] v.tr. 1 produrre 2 creare ● *er hat sich eine Stellung geschaffen*, si è fatto una posizione.

**schaffen**[2] v.tr. 1 fare 2 procurare 3 portare a termine: *er kann die Arbeit nicht* —, non riesce a finire il lavoro ♦ v.intr. [haben] darsi da fare ● (fam.) *er hat die Prüfung nicht geschafft*, non ha superato l'esame | (fam.) *es* —, farcela | *jdm viel zu* — *machen*, dare del filo da torcere a qlcu.

**Schaffner** der [-s,-; die -in] bigliettaio (m.; f. -a), controllore (m.; f. -a).

**schal** agg. 1 insipido 2 (fig.) vuoto.

**Schal** der [-s,-s] 1 scialle 2 sciarpa.

**Schale**[1] die [-,-n] 1 ciotola, scodella 2 (austr.) tazza 3 piatto della bilancia.

**Schale**[2] die [-,-n] buccia, scorza; (*di noci e uova*) guscio.

**schälen** v.tr. sbucciare, sgusciare (noci ecc.); pelare (patate).

**Schall** der [-(e)s] suono; eco.

**Schalldämpfer** der [-s,-] 1 (tecn.) silenziatore 2 (aut.) marmitta.

**Schallplatte** die [-,-n] disco.

**Schaltbrett** das [-(e)s,-er] quadro elettrico.

**schalten** v.intr. [haben] 1 (*di interruttore*) scattare 2 (*di marcia*) (*in + Acc*) innestarsi ♦ v.tr. 1 far scattare (un interruttore) 2 (elettr.) inserire.

**Schalter** der [-s,-] 1 interruttore 2 (*in banche, uffici ecc.*) sportello.

**Schaltjahr** das [-(e)s,-e] anno bisestile.

**Schaltung** die [-,-en] 1 (aut.) cambio 2 (elettr.) circuito.

**schämen, sich** v.pron. (+ *Gen, für*) vergognarsi (di, per).

**schamhaft** agg. vergognoso.

**schamlos** agg. 1 spudorato, scostumato 2 vergognoso.

**Schande** die [-] vergogna.

**schändlich** agg. vergognoso, ignobile.

**Schar** die [-,-en] 1 schiera, frotta 2 (*di animali*) stormo.

**scharf** compar. **schärfer** superl. **schärfst** agg. 1 affilato, tagliente 2 piccante 3 acre, forte: *scharfer Geruch*, odore acre 4 acuto, perspicace.

**Schärfe** die [-,-n] 1 taglio 2 sapore piccante 3 acutezza; (fig.) acume.

**schärfen** v.tr. 1 affilare; aguzzare 2 (fig.) acuire.

**Scharfsinn** der [-(e)s] perspicacia.

**scharfsinnig** agg. perspicace.

**Scharnier** das [-s,-e] cerniera.

**Schatten** der [-s,-] ombra.

**schattig** agg. ombreggiato.

**Schatz** der [-es, Schätze] tesoro (*anche fig.*).

**schätzen** v.tr. 1 stimare, valutare 2 ritenere.

**Schätzung** die [-,-en] 1 calcolo (approssimativo) 2 stima, valutazione.

**Schau** die [-,-en] 1 spettacolo 2 esposizione, mostra ● *etw zur* — *stellen*, ostentare qlco.

**Schauder** der [-s,-] 1 brivido 2 (fig.) orrore.

**schaudern** v.intr. [haben] (*vor*) rabbrividire (per, di) ● *mir* (o *mich*) *schaudert vor Angst*, mi sono venuti i brividi per la paura.

**schauen** v.intr. [haben] guardare: *aus dem Fenster* —, guardare fuori dalla finestra; *schau mal!*, guarda!

**Schauer** der [-s,-] 1 scroscio, rovescio 2 brivido.

**schauerlich** agg. 1 orribile, orrendo 2 spaventoso.

**Schaufenster** das [-s,-] vetrina.

**Schaukel** die [-,-n] altalena.

**schaukeln** v.intr. [haben] 1 andare in altalena 2 dondolarsi ♦ v.tr. (far) dondolare.

**Schaum** der [-(e)s, Schäume] 1 schiuma, spuma 2 bava.

**Schaumbad** das [-(e)s,-bäder] bagnoschiuma.

**schäumen** v.intr. [haben] fare la schiuma, spumeggiare.

**Schaumgummi** der [-s,-(s)] gommapiuma.

**schaumig** agg. schiumoso.

**Schauplatz** *der* [-es,-plätze] luogo, scena.
**Schauspiel** *das* [-(e)s,-e] **1** opera teatrale; dramma **2** (*fig.*) spettacolo.
**Schauspieler** *der* [-s,-]; die *-in* attore (*m.*; *f.* -trice).
**Scheck** *der* [-s,-s] assegno: *einen — ausstellen*, emettere un assegno.
**Scheibe** *die* [-,-n] **1** disco **2** fetta **3** vetro, cristallo.
**Scheibenwischer** *der* [-s,-] (*aut.*) tergicristallo.
**Scheich** *der* [-(e)s,-s o -e] sceicco.
**Scheide** *die* [-,-n] (*anat.*) vagina.
**scheiden** [schied / geschieden] *v.tr.* separare, dividere ♦ *v.intr.* [sein] separarsi; congedarsi ♦ **sich scheiden** *v.pron.* **1** separarsi, dividersi **2** divorziare.
**Scheidung** *die* [-,-en] **1** separazione, divisione **2** (*dir.*) divorzio.
**Schein** *der* [-(e)s,-e] **1** luce, splendore **2** (*fig.*) apparenza: *der — trügt*, l'apparenza inganna **3** certificato **4** banconota.
**scheinbar** *agg.* apparente.
**scheinen** [schien / geschienen] *v.intr.* [haben] **1** splendere, brillare **2** sembrare, parere • *es scheint, dass...*, sembra che... | *wie es scheint*, a quanto pare.
**scheinheilig** *agg.* ipocrita.
**Scheinwerfer** *der* [-s,-] riflettore, proiettore; (*aut.*) faro.
**Scheiße** *die* [-] (*volg.*) **1** merda **2** stronzata.
**scheißen** *v.intr.* (*volg.*) cacare.
**Scheitel** *der* [-s,-] riga: *einen — ziehen*, fare la riga (nei capelli).
**scheitern** *v.intr.* [sein] fallire.
**Scheitern** *das* [-s,-] fallimento.
**Schema** *das* [-s,-s o -ta o -men] schema, modello.
**schematisch** *agg.* schematico.
**Schemel** *der* [-s,-] sgabello.
**Schenkel** *der* [-s,-] coscia.
**schenken** *v.tr.* regalare ♦ *v.intr.* [haben] fare regali.
**Scherbe** *die* [-,-n] coccio, pezzo, frammento.
**Schere** *die* [-,-n] **1** forbici **2** (*zool.*) chela.

**scheren** *v.tr.* (*fam.*) importare a: *was schert mich seine Meinung?*, che cosa mi importa della sua opinione? ♦ **sich scheren** *v.pron.* (*fam.*) (*um*) preoccuparsi (di).
**Scherz** *der* [-es,-e] scherzo • *aus* (o *im* o *zum*) *— sagen*, dire qlco per scherzo.
**scherzen** *v.intr.* [haben] (*über* + Acc) scherzare (su).
**scherzhaft** *agg.* scherzoso.
**scheu** *agg.* timido; pauroso.
**Scheu** *die* [-] timidezza; timore.
**scheuen** *v.tr.* evitare, scansare ♦ **sich scheuen** *v.pron.* (*vor* + Dat) aver paura (di), temere.
**Scheuerlappen** *der* [-s,-] strofinaccio.
**scheuern** *v.tr.* **1** strofinare; pulire **2** sfregare, grattare.
**Scheune** *die* [-,-n] fienile, granaio.
**scheußlich** *agg.* orribile, spaventoso ♦ *avv.* terribilmente, molto.
**Schicht** *die* [-,-en] **1** strato **2** classe, ceto sociale **3** turno (di lavoro).
**schick** *agg.* elegante, chic.
**schicken** *v.tr.* inviare, spedire ♦ *v.intr.* [haben] mandare a chiamare ♦ **sich schicken** *v.pron.* **1** (*in* + Acc) adeguarsi (a), rassegnarsi (a) **2** (*region.*) affrettarsi • *nach jdm —*, mandare a chiamare qlcu.
**Schicksal** *das* [-s,-e] destino, sorte.
**schieben** [schob / geschoben] *v.tr.* **1** spingere **2** (*fig.*) addossare: *die Schuld auf jdn —*, addossare una colpa a qlcu **3** (*fig.*) rimandare ♦ **sich schieben** *v.pron.*
**schief** *agg.* **1** storto, obliquo **2** inclinato, pendente ♦ *avv.* di traverso, storto (*anche fig.*) • *— gehen*, andare storto.
**schielen** *v.intr.* [haben] essere strabico.
**Schielen** *das* [-s,-] strabismo.
**Schienbein** *das* [-s,-e] tibia.
**Schiene** *die* [-,-n] **1** rotaia **2** (*med.*) stecca.
**schießen** [schoss / geschossen] *v.intr.* **1** (*auf* + Acc, *nach*) sparare (a), far fuoco (su) **2** (*sport*) tirare **3** (*aus*) scaturire (da), sprizzare (da) **4** [sein] (*fig.*) sfrecciare ♦ *v.tr.* **1** lanciare, tirare **2** scattare (una foto).

**Schießerei** *die* [-,-en] sparatoria, spari.
**Schiff** *das* [-(e)s,-e] 1 nave 2 (*arch.*) navata.
**schiffbar** *agg.* navigabile.
**Schiffbruch** *der* [-(e)s,-brüche] naufragio.
**Schiffbrüchige** *der* e *die* [-n,-n] naufrago (*m.*; *f.* -a).
**Schiffahrt, Schiff-Fahrt** *die* [-] navigazione.
**Schild**[1] *der* [-(e)s,-e] scudo.
**Schild**[2] *das* [-(e)s,-er] 1 cartello, insegna 2 etichetta 3 (*di auto*) targa 4 distintivo.
**Schilddrüse** *die* [-,-n] tiroide.
**schildern** *v.tr.* illustrare, descrivere.
**Schildkröte** *die* [-,-n] tartaruga.
**Schilling** *der* [-s,-e] scellino.
**Schimmel** *der* [-s] muffa.
**schimmelig** *agg.* ammuffito.
**Schimpanse** *der* [-n,-n] scimpanzé.
**schimpfen** *v.intr.* [*haben*] 1 (*mit, über* + *Acc*) sgridare 2 (*auf, über* + *Acc*) lamentarsi (di, per).
**Schimpfwort** *das* [-(e)s,-wörter] parolaccia, bestemmia.
**Schinken** *der* [-s,-] prosciutto.
**Schirm** *der* [-(e)s,-e] 1 schermo 2 ombrello.
**Schlacht** *die* [-,-en] battaglia; (*estens.*) combattimento.
**schlachten** *v.tr.* macellare.
**Schlachter, Schlächter** *der* [-s,-] (*region.*) macellaio.
**Schlaf** *der* [-(e)s] sonno ● *einen festen — haben*, avere il sonno pesante.
**Schlafanzug** *der* [-(e)s,-züge] pigiama.
**Schläfe** *die* [-,-n] tempia: *graue Schläfen haben*, avere le tempie brizzolate.
**schlafen** [*schläft* / *schlief* / *geschlafen*] *v.intr.* [*haben*] dormire.
**schlaff** *agg.* 1 allentato 2 rilassato; (*di pelle ecc.*) flaccido.
**Schlafgelegenheit** *die* [-,-en] posto letto.
**Schlaflied** *das* [-(e)s,-er] ninnananna.
**schlaflos** *agg.* insonne.
**Schlaflosigkeit** *die* [-] insonnia.
**Schlafmittel** *das* [-s,-] sonnifero.
**schläfrig** *agg.* 1 assonnato 2 (*fig.*) indolente.
**Schlafsack** *der* [-(e)s,-säcke] sacco a pelo.
**Schlaftablette** *die* [-,-n] (compressa di) sonnifero.
**Schlafwagen** *der* [-s,-] vagone letto.
**schlafwandeln** *v.intr.* [*haben* o *sein*] essere sonnambulo.
**Schlafzimmer** *das* [-s,-] camera da letto.
**Schlag** *der* [-(e)s, Schläge] 1 colpo (*anche fig.*) 2 (*pl.*) (*fam.*) botte 3 (*di cuore*) battito; (*di orologio*) tocco; (*di campana*) rintocco 4 (*di elettricità*) scossa ● (*fam.*) *auf einen* —, in un colpo solo | *das hat mir einen — versetzt*, per me è stato un (duro) colpo | *mit einem —*, di colpo.
**Schlagader** *die* [-,-n] arteria.
**Schlaganfall** *der* [-s,-fälle] (*med.*) colpo apoplettico.
**schlagartig** *agg.* improvviso ♦ *avv.* di colpo, all'improvviso.
**schlagen** *v.tr.* 1 picchiare: *die Kirchturmuhr schlägt die Stunden*, l'orologio della chiesa batte le ore 2 battere; sbattere 3 (*um*) battere (a), vincere (a) ♦ *v.intr.* [*haben*] 1 battere: *das Herz schlägt schnell*, il cuore batte forte 2 colpire: *der Blitz ist in die Eiche geschlagen*, il fulmine ha colpito la quercia ♦ *sich schlagen v.pron.* battersi ● *Eiweiß —*, montare il bianco d'uovo | *nach jdm —*, assomigliare a qlcu.
**Schlager** *der* [-s,-] 1 (canzone di) successo 2 best-seller.
**Schlägerei** *die* [-,-en] rissa, zuffa.
**Schlaginstrument** *das* [-s,-e] strumento a percussione.
**Schlagwort** *das* [-(e)s,-e, o -wörter] 1 slogan, motto 2 luogo comune.
**Schlagzeug** *das* [-(e)s,-e] (*mus.*) batteria.
**Schlamm** *der* [-(e)s] fango, melma.
**Schlamperei** *die* [-,-en] (*fam.*) trascuratezza, disordine.
**schlampig** *agg.* disordinato, trasandato.
**Schlange** *die* [-,-n] 1 serpente (*anche fig.*) 2 coda, fila ● *— stehen*, fare la fila.

**schlängeln, sich** *v.pron.* serpeggiare; (*di strade*) essere tortuoso.
**schlank** *agg.* slanciato, snello.
**Schlankheit** *die* [-] snellezza.
**Schlankheitskur** *die* [-,-en] cura dimagrante.
**schlapp** *agg.* (*fam.*) fiacco, debole.
**schlapp·machen** *v.intr.* [haben] (*fam.*) crollare.
**schlau** *agg.* furbo, astuto.
**Schlauch** *der* [-(e)s, Schläuche] 1 tubo (flessibile) 2 (*di pneumatico*) camera d'aria.
**Schlauchboot** *das* [-(e)s,-e] canotto, gommone.
**schlecht** *agg.* 1 cattivo 2 guasto, andato a male; (*di aria*) viziato 3 scadente ♦ *avv.* male ● *mir ist —*, mi sento male | *nicht —!*, niente male!
**schlechthin** *avv.* 1 per eccellenza 2 chiaramente, senz'ombra di dubbio.
**Schlechtigkeit** *die* [-,-en] cattiveria.
**schleichen** [schlich / geschlichen] *v.intr.* [sein] 1 strisciare 2 muoversi di soppiatto, camminare quatto quatto ♦ **sich schleichen** *v.pron.* strisciare via ● (*fam.*) *schleich dich!*, sparisci!
**Schleier** *der* [-s,-] velo (*anche fig.*).
**schleierhaft** *agg.* oscuro, incomprensibile.
**Schleife** *die* [-,-n] 1 fiocco 2 curva, svolta.
**schleifen**[1] [schliff / geschliffen] *v.tr.* 1 affilare, arrotare 2 levigare.
**schleifen**[2] *v.tr.* trascinare: *die Füße — lassen*, strascicare i piedi ♦ *v.intr.* [haben] strisciare.
**Schleim** *der* [-(e)s,-e] 1 muco 2 (*bot.*) mucillaggine 3 bava.
**schleimig** *agg.* 1 mucoso 2 (*pop.*) viscido.
**schlendern** *v.intr.* [sein] bighellonare.
**Schleppe** *die* [-,-n] (*abbigl.*) strascico.
**schleppen** *v.tr.* 1 trascinare, tirarsi dietro 2 (*aut., mar.*) trainare, rimorchiare ♦ *v.intr.* [haben] strisciare.
**Schleswig-Holstein** *das* Schleswig-Holstein.
**Schleuder** *die* [-,-n] 1 fionda 2 centrifuga.
**schleudern** *v.tr.* 1 scagliare, scaraventare 2 centrifugare ♦ *v.intr.* [haben] sbandare, slittare.
**Schleuse** *die* [-,-n] chiusa, cateratta.
**schlicht** *agg.* semplice, modesto.
**schlichten** *v.tr.* comporre (un contrasto), appianare (una lite).
**schließen** [schloss / geschlossen] *v.tr.* 1 chiudere 2 concludere, stipulare (un contratto) ♦ *v.intr.* [haben] 1 chiudere 2 (*mit*) finire (con), concludersi (con) 3 (*fig.*) dedurre, desumere ♦ **sich schließen** *v.pron.* 1 chiudersi (*anche fig.*) 2 (*di ferite*) rimarginarsi ● *daraus ist zu —, dass...*, se ne deduce che... | *Freundschaft —*, stringere amicizia.
**Schließfach** *das* [-(e)s,-fächer] 1 cassetta di sicurezza 2 deposito bagagli a cassette.
**schließlich** *avv.* 1 da (*o* per) ultimo, per finire 2 in fondo, dopo tutto.
**Schliff** *der* [-(e)s,-e] 1 (*di gemme*) taglio, sfaccettatura 2 (*di lame*) affilatura.
**schlimm** *agg.* 1 cattivo, brutto, negativo: *das nimmt ein schlimmes Ende*, qui finisce male 2 grave ♦ *avv.* 1 male, in modo negativo 2 gravemente: *um ihn steht es —*, è grave(mente malato) ● *— ausgehen*, finire male.
**schlimmstenfalls** *avv.* nella peggiore delle ipotesi.
**Schlinge** *die* [-,-n] 1 cappio, nodo scorsoio 2 trappola.
**schlingen**[1] [schlang / geschlungen] *v.tr.* stringere.
**schlingen**[2] [schlang / geschlungen] *v.tr.* inghiottire, ingoiare ♦ *v.intr.* [haben] ingozzarsi.
**Schlips** *der* [-es,-e] cravatta.
**Schlitten** *der* [-s,-] 1 slitta, slittino 2 (*fam.*) auto, macchina.
**Schlittschuh** *der* [-(e)s,-e] pattino da ghiaccio ● *— laufen*, pattinare (sul ghiaccio).
**Schlittschuhlaufen** *das* [-s,-] pattinaggio sul ghiaccio.
**Schlittschuhläufer** *der* [-s,-; *die* -*in*] pattinatore (*m.*; *f.* -trice) (sul ghiaccio).
**Schlitz** *der* [-es,-e] 1 fessura 2 (*abbigl.*) spacco; (*dei pantaloni*) patta.

**Schloss** *das* [-es, *Schlösser*] 1 serratura; lucchetto 2 castello.
**Schlosser** *der* [-s,-] fabbro.
**Schlucht** *die* [-,-*en*] (*geol.*) gola.
**schluchzen** *v.intr.* [*haben*] singhiozzare.
**Schluchzer** *der* [-s,-] singhiozzo.
**Schluck** *der* [-(e)s,-e] sorso, goccio.
**Schluckauf** *der* [-s] singhiozzo.
**schlucken** *v.tr.* inghiottire, deglutire.
**schlummern** *v.intr.* [*haben*] sonnecchiare.
**schlüpfen** *v.intr.* [*sein*] 1 scivolare, sguisciare 2 (*in* + *Acc*) infilarsi, mettersi: *in ein Kleid —*, infilarsi un vestito.
**schlüpfrig** *agg.* 1 sdrucciolevole, scivoloso 2 (*fig.*) scurrile, a doppio senso.
**Schluss** *der* [-es, *Schlüsse*] 1 fine, termine 2 (*di uffici, negozi ecc.*) chiusura 3 conclusione, deduzione ◆ *am —*, alla fine | *mit jdm — machen*, troncare, chiudere con qlcu | — *damit!*, ora basta! | *Schlüsse aus etw ziehen*, trarre le conclusioni da qlco.
**Schlüssel** *der* [-s,-] chiave (*anche fig.*).
**Schlüsselbein** *das* [-(e)s,-e] (*anat.*) clavicola.
**Schlüsselbund** *das* [-(e)s,-e] mazzo di chiavi.
**Schlüsselloch** *das* [-(e)s,-*löcher*] buco della serratura.
**Schlussverkauf** *der* [-(e)s,-*käufe*] svendita di fine stagione.
**Schlusswort** *das* [-(e)s,-e] conclusione.
**schmackhaft** *agg.* gustoso, appetitoso.
**schmal** *compar.* **schmaler** *o* **schmäler** *superl.* **schmalst** *o* **schmälst** *agg.* 1 stretto 2 magro, sottile.
**schmälern** *v.tr.* 1 ridurre, diminuire 2 (*fig.*) sminuire.
**Schmalz** *das* [-es,-e] strutto.
**schmarotzen** *v.intr.* [*haben*] (*bei*) vivere a spese (a), scroccare (a).
**schmecken** *v.tr.* assaporare, sentire il sapore di ◆ *v.intr.* [*haben*] 1 (*nach*) sapere (di): *nach nichts —*, non sapere di niente 2 piacere ● *das schmeckt gut!*, è buono! | *schmeckt's?*, ti piace?, è buono?
**Schmeichelei** *die* [-,-*en*] 1 lusinga 2 complimento.
**schmeichelhaft** *agg.* lusinghiero.
**schmeicheln** *v.intr.* [*haben*] lusingare, adulare.
**schmeißen** [*schmiss / geschmissen*] *v.tr.* (*fam.*) gettare, buttare ◆ *v.intr.* [*haben*] tirare, lanciare.
**schmelzen** [*schmilzt / schmolz / geschmolzen*] *v.tr.* sciogliere, fondere, liquefare: *Metall —*, fondere il metallo ◆ *v.intr.* [*sein*] sciogliersi, fondersi, liquefarsi.
**Schmerz** *der* [-es,-en] 1 dolore, sofferenza 2 (*fig.*) (*über* + *Acc*, *um*) dispiacere (per).
**schmerzen** *v.intr.* [*haben*] dolere ◆ *v.tr.* fare male a, causare dolore a ● *es schmerzt mich, dass...*, mi dispiace che...
**schmerzhaft** *agg.* doloroso.
**schmerzlich** *agg.* doloroso, penoso.
**schmerzlos** *agg.* indolore.
**schmerzstillend** *agg.* analgesico, calmante.
**Schmetterling** *der* [-s,-e] farfalla.
**Schmied** *der* [-(e)s,-e] fabbro.
**Schmiedeeisen** *das* [-s,-] ferro battuto.
**Schmiere** *die* [-,-n] grasso, olio (lubrificante).
**schmieren** *v.tr.* 1 ingrassare, oliare, lubrificare 2 spalmare.
**Schmierfett** *das* [-(e)s,-e] grasso lubrificante.
**Schmiergeld** *das* [-es,-er] (*fam.*) bustarella, tangente.
**schmierig** *agg.* 1 unto, grasso 2 sdrucciolevole 3 (*fig.*) viscido.
**Schmieröl** *das* [-(e)s,-e] olio lubrificante.
**Schminke** *die* [-,-n] trucco.
**schminken** *v.tr.* truccare ◆ **sich schminken** *v.pron.* truccarsi.
**schmollen** *v.intr.* [*haben*] (*mit*) tenere il broncio (a).
**schmoren** *v.tr.* (*gastr.*) stufare ◆ *v.intr.* [*haben*] cuocere a fuoco lento.
**Schmuck** *der* [-(e)s,-e] gioielli.

**schmücken** *v.tr.* ornare, decorare.
**Schmuckkasten** *der* [-s,-kästen] portagioie.
**schmucklos** *agg.* spoglio, disadorno.
**Schmuckstück** *das* [-(e)s,-e] gioiello (anche *fig.*).
**Schmuggel** *der* [-s] **Schmuggelei** *die* [-,-en] contrabbando.
**schmuggeln** *v.tr.* contrabbandare ♦ *v.intr.* [haben] praticare il contrabbando.
**Schmuggler** *der* [-s,-; die -in] contrabbandiere (*m.; f.* -a).
**schmunzeln** *v.intr.* [haben] (*über* + *Acc*) sorridere compiaciuto (per, di).
**Schmutz** *der* [-es] sporco, sporcizia.
**schmutzig** *agg.* sporco: *sich — machen*, sporcarsi.
**Schnabel** *der* [-s, *Schnäbel*] becco ● (*fam.*) *halt' den —!*, chiudi il becco!
**Schnalle** *die* [-,-n] fibbia, fermaglio.
**Schnappschuss** *der* [-es,-schüsse] (*fam.*) (fotografia) istantanea.
**Schnaps** *der* [-es, *Schnäpse*] grappa.
**schnarchen** *v.intr.* [haben] russare.
**schnaufen** *v.intr.* [haben] sbuffare; (*estens.*) ansimare, ansare.
**Schnauze** *die* [-,-n] muso; (*fig.*) becco.
**Schnecke** *die* [-,-n] **1** chiocciola; lumaca (anche *fig.*) **2** spirale.
**Schnee** *der* [-s] neve ● *das ist — von gestern*, è acqua passata.
**Schneefall** *der* [-(e)s,-fälle] nevicata.
**Schneemann** *der* [-(e)s,-männer] pupazzo di neve.
**Schneepflug** *der* [-(e)s,-pflüge] spazzaneve (*anche sport*).
**Schneeregen** *der* [-s] nevischio.
**Schneeschmelze** *die* [-,-n] disgelo.
**schneeweiß** *agg.* bianco come la neve.
**Schneide** *die* [-,-n] (*di coltello ecc.*) filo.
**schneiden** [*schnitt* / *geschnitten*] *v.tr.* tagliare ♦ *v.intr.* [haben] tagliare: *das Messer schneidet gut*, il coltello taglia bene ♦ **sich schneiden** *v.pron.* **1** tagliarsi **2** (*fig.*) incrociarsi, intersecarsi.
**schneidend** *agg.* **1** tagliente **2** (*fig.*) pungente; (*di dolore*) lancinante.

**Schneider** *der* [-s,-; die -in] sarto (*m.; f.* -a).
**schneien** *v.impers.* [haben] nevicare: *es schneit*, nevica.
**schnell** *agg.* veloce, svelto ♦ *avv.* in fretta ● *mach —!*, sbrigati! | *so — wie möglich*, il più presto possibile.
**Schnellhefter** *der* [-s,-] raccoglitore.
**Schnellimbiss** *der* [-es,-e] snack bar.
**Schnellstraße** *die* [-,-n] superstrada.
**Schnellzug** *der* [-(e)s,-züge] (treno) direttissimo.
**Schnitt** *der* [-(e)s,-e] taglio.
**Schnitte** *die* [-,-n] (*region.*) **1** fetta **2** tartina.
**Schnittstelle** *die* [-,-n] (*inform.*) interfaccia.
**Schnitzel** *das* [-s,-] scaloppina ● *Wiener —*, cotoletta alla milanese.
**schnitzen** *v.tr.* **1** scolpire nel legno **2** intagliare.
**Schnorchel** *der* [-s,-] boccaglio.
**Schnuller** *der* [-s,-] succhiotto, ciuccio.
**schnupfen** *v.intr.* [haben] **1** fiutare tabacco **2** (*gerg.*) sniffare.
**Schnupfen** *der* [-s,-] raffreddore.
**schnuppern** *v.intr.* [haben] (*an* + *Dat*) annusare, fiutare.
**Schnur** *die* [-, *Schnüre*] corda; spago.
**schnüren** *v.tr.* allacciare, legare ♦ *v.intr.* [haben] stringere, andare stretto.
**Schnurrbart** *der* [-(e)s,-bärte] baffi.
**schnurren** *v.intr.* [haben] **1** fare le fusa **2** ronzare.
**Schnürsenkel** *der* [-s,-] stringa, laccio per scarpe.
**Schock** *der* [-(e)s,-s] shock: *unter — stehen*, essere sotto shock.
**schockieren** *v.tr.* scioccare.
**Schokolade** *die* [-,-n] cioccolato, cioccolata.
**Scholle** *die* [-,-n] **1** zolla **2** lastrone di ghiaccio.
**schon** *avv.* **1** già: *er ist — zu Haus(e)*, è già a casa; *sie haben — gegessen*, hanno già mangiato **2** (*limitazione*) sì: *er sieht — gut aus, aber ...*, ha sì un bell'aspetto, ma... **3** (*esortazione*) una buona volta, insomma: *ruf ihn — an!*, telefonagli

una buona volta! ● — *gut*, va bene, basta così | — *wieder*, di nuovo.
**schön** *agg.* 1 bello 2 piacevole ♦ *avv.* bene: *schlaf* —, dormi bene ● *schöne Grüße!*, tanti saluti! | *sei* — *ruhig!*, sta buono!
**schonen** *v.tr.* aver cura di, aver riguardo per ♦ *sich schonen v.pron.* riguardarsi.
**Schönheit** *die* [-,-en] bellezza.
**schöpfen** *v.tr.* (*von*) attingere (da) ♦ *v.intr.* [*haben*] attingere, prendere ● *Luft* —, tirare il fiato.
**Schöpfer** *der* [-s,-] [die -*in*] creatore (*m.; f.* -trice).
**schöpferisch** *agg.* creativo; produttivo ● — *tätig sein*, svolgere un'attività creativa.
**Schöpfkelle** *die* [-,-n] **Schöpflöffel** *der* [-s,-] mestolo.
**Schöpfung** *die* [-,-en] creazione.
**Schorf** *der* [-(e)s,-e] crosta.
**Schornstein** *der* [-(e)s,-e] comignolo, ciminiera.
**Schoß** *der* [-es, *Schöße*] grembo ● *auf jds* — *sitzen*, sedere sulle ginocchia di qlcu.
**Schotte** *der* [-n,-n; *die Schottin*] scozzese (*m. e f.*).
**Schotter** *der* [-s] ghiaia, pietrisco.
**schottisch** *agg.* scozzese.
**schräg** *agg.* 1 obliquo, diagonale 2 inclinato ♦ *avv.* in diagonale, di sbieco ● *schräger Vogel*, tipo strambo.
**schrammen** *v.tr.* scalfire, rigare, graffiare.
**Schrank** *der* [-(e)s, *Schränke*] armadio.
**Schranke** *die* [-,-n] barriera (*anche fig.*) ● *Schranken setzen* (+ *Dat*), porre dei limiti (a).
**Schraube** *die* [-,-n] 1 vite 2 (*mar.*) elica.
**schrauben** *v.tr.* avvitare ● *die Preise in die Höhe* —, far salire i prezzi.
**Schraubenschlüssel** *der* [-s,-] chiave inglese.
**Schraubenzieher** *der* [-s,-] cacciavite.
**Schreck** *der* [-(e)s] spavento; paura.

**Schrecken** *der* [-s] spavento; paura ● *jdn in* — *versetzen*, spaventare qlcu.
**schreckhaft** *agg.* pauroso; fifone.
**schrecklich** *agg.* terribile; spaventoso; orribile.
**Schrei** *der* [-(e)s,-e] grido, urlo.
**Schreibblock** *der* [-s,-*blöcke*] bloc-notes.
**Schreiben** *das* [-s] scritto, lettera.
**schreiben** [*schrieb / geschrieben*] *v.tr.* e *intr.* [*haben*] scrivere: *an jdn* —, scrivere a qlcu.
**Schreibtisch** *der* [-(e)s,-e] scrivania.
**Schreibwaren** *pl.* articoli di cancelleria.
**Schreibwarengeschäft** *das* [-(e)s, -e] cartoleria.
**schreien** [*schrie / geschrien*] *v.tr.* e *intr.* [*haben*] 1 gridare; urlare 2 (*nach*) reclamare a viva voce ● *um Hilfe* —, gridare aiuto.
**Schreiner** *der* [-s,-; die -*in*] falegname (*m. e f.*).
**Schreinerei** *die* [-] falegnameria.
**Schrift** *die* [-,-en] 1 scrittura, (calli)grafia 2 (*tip.*) caratteri.
**schriftlich** *agg.* scritto ♦ *avv.* per iscritto; per lettera.
**Schriftsteller** *der* [-s,-; die -*in*] scrittore (*m.; f.* -trice).
**schrill** *agg.* stridulo, acuto.
**Schritt** *der* [-(e)s,-e] 1 passo 2 (*abbigl.*) cavallo ● — *für* —, passo dopo passo.
**Schritttempo**, **Schritt-Tempo** *das* ● *im* — *fahren*, procedere a passo d'uomo.
**schroff** *agg.* 1 ripido 2 (*fig.*) brusco ♦ *avv.* 1 a picco 2 (*fig.*) bruscamente.
**schrubben** *v.tr.* strofinare, fregare.
**schrumpfen** *v.intr.* [*sein*] 1 restringersi 2 (*fig.*) ridursi, assottigliarsi.
**Schubkarre** *die* [-,-n] **Schubkarren** *der* [-s,-] carriola.
**schüchtern** *agg.* timido.
**Schüchternheit** *die* [-] timidezza.
**Schuh** *der* [-(e)s,-e] scarpa.
**Schuhcreme**, **Schuhkrem** *die* [-,-s] lucido da scarpe.
**Schuhgeschäft** *das* [-es,-e] negozio di calzature.

**Schuhgröße** *die* [-,-n] numero di scarpe.
**Schuhmacher** *der* [-s,-] calzolaio.
**Schularbeit** *die* [-,-en] (*spec.pl.*) compiti di casa.
**Schuld**[1] *die* [-] colpa; (*dir.*) colpevolezza: *das ist meine* —, è colpa mia ● *sich keiner — bewusst sein*, non avere nulla da rimproverarsi.
**Schuld**[2] *die* [-,-en] (*spec.pl.*) debito, debiti ● *in Schulden geraten* (o *sich in Schulden stürzen*), indebitarsi.
**schulden** *v.tr.* dovere, essere debitore di.
**Schuldgefühl** *das* [-s,-e] senso di colpa.
**schuldig** *agg.* 1 colpevole; responsabile 2 debitore.
**schuldlos** *agg.* innocente, senza colpa.
**Schuldner** *der* [-s,-; die -in] debitore (*m.*; *f.* -trice).
**Schule** *die* [-,-n] scuola.
**schulen** *v.tr.* addestrare; istruire.
**Schüler** *der* [-s,-; die -in] alunno (*m.*; *f.* -a), scolaro (*m.*; *f.* -a), allievo (*m.*; *f.* -a).
**Schüleraustausch** *der* [-es,-e] scambio di studenti.
**Schulferien** *pl.* vacanze scolastiche.
**schulfrei** *agg.* ● — *haben*, non avere scuola, essere in vacanza.
**Schuljahr** *das* [-(e)s,-e] anno scolastico.
**Schulpflicht** *die* [-] obbligo scolastico.
**Schulter** *die* [-,-n] spalla ● *etw auf die leichte — nehmen*, prendere qlco alla leggera.
**Schulterblatt** *das* [-(e)s,-blätter] (*anat.*) scapola.
**Schulung** *die* [-,-en] addestramento, istruzione.
**Schuppe** *die* [-,-n] 1 squama, scaglia 2 (*pl.*) forfora.
**Schuppen** *der* [-s,-] capannone, rimessa.
**Schürze** *die* [-,-n] grembiule.
**Schuss** *der* [-es, Schüsse] 1 sparo, colpo 2 (*sport*) tiro 3 (*fam.*) goccio; sorso.
**Schüssel** *die* [-,-n] scodella.
**Schusswaffe** *die* [-,-n] arma da fuoco.
**Schuster** *der* [-s,-] calzolaio.

**Schutt** *der* [-(e)s] macerie.
**schütteln** *v.tr.* scuotere, agitare: *den Kopf* —, scuotere la testa ● *jdm die Hand* —, stringere la mano a qlcu | *sich vor Lachen* —, contorcersi dalle risate | *vor Gebrauch* —, agitare prima dell'uso.
**schütten** *v.tr.* versare; buttare ● *es schüttet*, piove a dirotto.
**Schutz** *der* [-es] 1 protezione 2 riparo, rifugio ● *jdn in — nehmen*, prendere le difese di qlcu.
**Schutzblech** *das* [-(e)s,-e] parafango.
**Schütze** *der* [-n,-n] 1 tiratore 2 (*astr.*) Sagittario.
**schützen** *v.tr.* proteggere ♦ *sich schützen v.pron.* (*vor*, *gegen*) difendersi (da), proteggersi (da).
**Schutzengel** *der* [-s,-] angelo custode.
**Schutzheilige** *der* e *die* [-n,-n] (santo) patrono (*m.*; *f.* -a).
**schutzlos** *agg.* indifeso.
**Schwaben** *das* Svevia.
**schwach** *compar.* **schwächer** *superl.* **schwächste** *agg.* 1 debole: — *werden*, indebolirsi 2 delicato, fragile ♦ *avv.* 1 debolmente 2 (*fig.*) poco.
**Schwäche** *die* [-,-n] 1 debolezza 2 (*fig.*) punto debole ● *eine — für jdn* (o *etw*) *haben*, avere un debole per qlcu (o qlco).
**schwächen** *v.tr.* indebolire; debilitare.
**schwachsinnig** *agg.* deficiente.
**Schwachstelle** *die* [-,-n] punto debole.
**Schwager** *der* [-s, Schwäger] cognato.
**Schwägerin** *die* [-,-nen] cognata.
**Schwalbe** *die* [-,-n] rondine.
**Schwamm** *der* [-(e)s, Schwämme] spugna.
**Schwan** *der* [-(e)s, Schwäne] cigno.
**schwanger** *agg.* incinta.
**Schwangerschaft** *die* [-,-en] gravidanza.
**Schwangerschaftsabbruch** *der* [-(e)s,-brüche] interruzione volontaria di gravidanza, aborto.
**schwanken** *v.intr.* [*haben*] 1 oscillare 2 vacillare, barcollare 3 (*fig.*) essere indeciso, tentennare.

**Schwanz** der [-es, Schwänze] 1 coda 2 (volg.) cazzo.

**Schwarm** der [-(e)s, Schwärme] (di insetti) sciame; (di pesci) branco; (di uccelli) stormo; (di persone) stuolo; schiera.

**schwärmen** v.intr. [haben] (für) essere entusiasta (per).

**schwarz** compar. **schwärzer** superl. **schwärzest** agg. nero (anche fig.) ♦ avv. in nero ● (fam.) **sich — ärgern**, arrabbiarsi di brutto.

**Schwarzarbeit** die [-] lavoro nero.

**Schwarzbrot** das [-(e)s,-e] pane nero.

NOTA Lo **Schwarzbrot**, chiamato anche Roggenvollkornbrot, viene fatto con farina integrale di segale. Il pane integrale, sia di segale sia di frumento, si trova comunemente sulle tavole tedesche.

**schwarz·fahren** v.intr. [haben] viaggiare (sui mezzi pubblici) senza il biglietto.

**Schwarzwald** der Foresta Nera.

**schwatzen** v.intr. [haben] fare due chiacchiere.

**Schwätzer** der [-s,-; die -in] chiacchierone (m.; f. -a).

**Schwebe** die ● **in der —**, in sospeso.

**schweben** v.intr. [haben] essere sospeso.

**Schwede** der [-n,-n; die Schwedin] svedese (m. e f.).

**Schweden** das Svezia.

**schwedisch** agg. svedese.

**Schwefel** der [-s] zolfo.

**schweigen** [schwieg / geschwiegen] v.intr. [haben] (über + Acc, zu) tacere (su), mantenere il silenzio (su) ● **ganz zu — von**, per non parlare di.

**Schweigen** das [-s] silenzio.

**schweigsam** agg. taciturno.

**Schwein** das [-(e)s,-e] maiale, porco (anche spreg.).

**Schweinefleisch** das [-es,-] carne di maiale.

**Schweinerei** die [-,-en] schifezza; porcheria.

**Schweiß** der [-es,-e] sudore.

**schweißen** v.tr. (tecn.) saldare.

**Schweiz** die Svizzera.

**Schweizer** agg.invar. svizzero ♦ der [-s,-; die -in] svizzero (m.; f. -a).

**schweizerisch** agg. svizzero, elvetico.

**Schwelle** die [-,-n] soglia (anche fig.).

**schwellen** [schwoll / geschwollen] v.intr. [sein] gonfiarsi.

**Schwellung** die [-,-en] gonfiore, rigonfiamento.

**schwer** agg. 1 pesante (anche fig.): wie — bist du?, quanto pesi? 2 difficile; faticoso, duro 3 grave, serio 4 (mit) carico (di) ♦ avv. 1 faticosamente 2 gravemente.

**schwer·fallen** v.intr. [sein] (+ Dat) riuscire difficile.

**schwerfällig** agg. 1 pesante 2 lento.

**schwerhörig** agg. duro d'orecchio.

**Schwerkraft** die [-] (fis.) forza di gravità.

**schwer machen, schwer·machen** v.tr. rendere difficile, complicare.

**Schwerpunkt** der [-(e)s,-e] centro di gravità, baricentro (anche fig.).

**Schwert** das [-(e)s,-er] spada.

**schwerwiegend** agg. 1 grave, serio 2 importante.

**Schwester** die [-,-n] 1 sorella 2 infermiera.

**Schwiegereltern** pl. suoceri.

**Schwiegermutter** die [-,-mütter] suocera.

**Schwiegersohn** der [-(e)s,-söhne] genero.

**Schwiegertochter** die [-,-töchter] nuora.

**Schwiegervater** der [-s,-väter] suocero.

**Schwiele** die [-,-n] callo.

**schwierig** agg. difficile; (di questioni) delicato.

**Schwierigkeit** die [-,-en] difficoltà.

**Schwimmbad** das [-(e)s,-bäder] piscina.

**Schwimmbecken** das [-s,-] piscina.

**schwimmen** [schwamm / geschwommen] v.intr. [sein o haben] 1 nuotare 2 galleggiare.

**Schwimmen** das [-s] nuoto.

# Schwimmer / sein

**Schwimmer** *der* [-s,-; die -*in*] nuotatore (*m.*; *f.* -trice).
**Schwimmflosse** *die* [-,-*n*] pinna.
**Schwimmflügel** *pl.* braccioli.
**Schwimmweste** *die* [-,-*n*] giubbotto di salvataggio.
**Schwindel** *der* [-s] 1 vertigini, capogiro 2 imbroglio, truffa.
**schwindlig** *agg.* che soffre di vertigini ● **mir ist (o wird es)** —, mi gira la testa.
**schwingen** [*schwang* / *geschwungen*] *v.intr.* [*haben*] oscillare; vibrare ♦ *v.tr.* agitare ● **sich schwingen** *v.pron.* balzare; lanciarsi ● **sich aufs Fahrrad** —, inforcare la bicicletta.
**Schwingung** *die* [-,-*en*] oscillazione.
**schwitzen** *v.intr.* [*haben*] 1 sudare 2 trasudare.
**schwören** [*schwor* o *schwur* / *geschworen*] *v.intr.* [*haben*] 1 (*auf* + *Acc*) giurare (su) 2 (*an* + *Acc*) credere (ciecamente) (in), aver fiducia (in).
**schwül** *agg.* 1 afoso, soffocante 2 (*fig.*) opprimente.
**Schwüle** *die* [-] afa.
**Schwung** *der* [-(*e*)*s*, *Schwünge*] 1 slancio; impulso 2 (*fig.*) entusiasmo; energia 3 brio, vivacità.
**schwungvoll** *agg.* 1 pieno di slancio 2 vivace, animato.
**Schwur** *der* [-(*e*)*s*, *Schwüre*] giuramento.
**sechs** *agg.num.card.invar.* sei → **acht**.
**sechshundert** *agg.num.card.invar.* seicento.
**sechsjährig** *agg.* di sei anni.
**sechsmal** *avv.* sei volte.
**sechste** *agg.num.ord.* sesto → **achte**.
**Sechstel** *das* [-s,-] sesto, sesta parte.
**sechzehn** *agg.num.card.invar.* sedici.
**sechzig** *agg.num.card.invar.* sessanta.
**See¹** *die* [-] mare.
**See²** *der* [-s,-*n*] lago.
**Seefahrt** *die* [-] navigazione (marittima).
**Seehund** *der* [-*es*,-*e*] foca.
**seekrank** *agg.* che soffre il mal di mare.
**Seekrankheit** *die* [-] mal di mare.
**Seele** *die* [-,-*n*] anima.

**seelisch** *agg.* 1 psicologico 2 interiore.
**Seemann** *der* [-(*e*)*s*, *Seeleute*] marinaio.
**Seeräuber** *der* [-s,-] pirata.
**Seestern** *der* [-s,-*e*] stella marina.
**Seezunge** *die* [-,-*n*] sogliola.
**Segel** *das* [-s,-] vela.
**Segelboot** *das* [-(*e*)*s*,-*e*] barca a vela.
**segeln** *v.intr.* [*haben*] 1 veleggiare 2 librarsi ♦ *v.tr.* percorrere a vela.
**Segelschiff** *das* [-(*e*)*s*,-*e*] veliero.
**Segelsport** *der* [-(*e*)*s*] sport velico.
**Segen** *der* [-s,-] 1 (*relig.*) benedizione 2 (*fam.*) approvazione, consenso.
**Segment** *das* [-(*e*)*s*,-*e*] segmento.
**segnen** *v.tr.* benedire.
**sehen** [*sieht* / *sah* / *gesehen*] *v.tr.* vedere ♦ *v.intr.* [*haben*] 1 vedere 2 guardare 3 badare: **nach den Kindern** —, badare ai bambini ● **in die Zukunft** —, guardare al futuro | (*fam.*) **klar** —, vederci chiaro | **sich** — **lassen**, farsi vedere, farsi vivo | **sieh mal (***einer an***)!**, ma guarda un po'!
**Sehen** *das* [-s] vista ● **jdn vom** — **kennen**, conoscere qlcu di vista.
**sehenswert, sehenswürdig** *agg.* da vedersi, interessante.
**Sehenswürdigkeit** *die* [-,-*en*] luogo da visitare.
**Sehkraft** *die* [-] vista.
**Sehne** *die* [-,-*n*] 1 (*anat.*) tendine 2 (*di arco*) corda.
**sehnen, sich** *v.pron.* 1 (*nach*) avere nostalgia (di) 2 (*nach*) desiderare.
**Sehnsucht** *die* [-] 1 nostalgia 2 desiderio (ardente) ● — **haben nach**, avere nostalgia di.
**sehnsüchtig, sehnsuchtsvoll** *agg.* 1 nostalgico 2 struggente.
**sehr** *compar.* **mehr** *superl.* **am meisten** *avv.* molto: — **schön**, molto bello, bellissimo ● — **bald**, tra poco | — **gut**, ottimo, molto bene | **zu** —, troppo.
**Seide** *die* [-,-*n*] seta.
**Seife** *die* [-,-*n*] sapone.
**Seil** *das* [(*e*)*s*,-*e*] corda, fune.
**Seilbahn** *die* [-,-*en*] funivia.
**sein¹** *v.aus.* essere, avere: *er ist viel herumgekommen*, ha viaggiato molto; *ich*

*bin ihm im Park begegnet*, l'ho incontrato nel parco ♦ *v.intr.* [*sein*] **1** essere: *er ist Rechtsanwalt*, è un avvocato **2** provenire, venire da, essere di: *sie ist aus Köln*, è di Colonia **3** stare, trovarsi **4** esistere **5** aver luogo **6** (*indicazione di tempo*) essere: *wie spät ist es jetzt?*, che ore sono? ● *kann —, mag —*, può darsi.

**sein**[2] *pron.poss.* **1** il suo **2** (*come agg.*) suo.

**Seine** *das* [*-n,-n*] **1** il suo; i suoi averi **2** (*pl.*) i suoi cari.

**seinerseits** *avv.* da parte sua.

**seinetwegen** *avv.* per quanto lo riguarda, per lui.

**sein lassen**, **sein·lassen** *v.tr.* (*fam.*) lasciar stare, lasciar perdere.

**seit** *prep.* (+ *Dat*) **1** (*tempo*) da: *schon — zwei Stunden*, già da due ore **2** (*momento preciso*) a partire da ♦ *cong.* da quando ● *— neuestem*, ultimamente, negli ultimi tempi.

**seitdem** *avv.* da allora ♦ *cong.* da quando, dacché.

**Seite** *die* [*-,-n*] **1** lato, parte **2** pagina **3** fianco: *— an —*, fianco a fianco **4** (*di monete*) faccia ● *auf beiden —*, da ambo i lati | *sich von seiner besten — zeigen*, mostrarsi dal lato migliore.

**seitens** *prep.* (+ *Gen*) da parte di.

**Seitensprung** *der* [*-(e)s,-sprünge*] scappatella.

**Seitenstraße** *die* [*-,-n*] strada laterale.

**Seitenstreifen** *der* [*-s,-*] **1** ciglio stradale **2** corsia d'emergenza.

**seither** *avv.* → **seitdem**.

**seitlich** *agg.* laterale ♦ *avv.* di lato ♦ *prep.* (+ *Gen*) a lato (di), a fianco (di).

**seitwärts** *avv.* lateralmente.

**Sekretär** *der* [*-s,-e*] **1** segretario **2** secrétaire.

**Sekretariat** *das* [*-(e)s,-e*] segreteria, segretariato.

**Sekretärin** *die* [*-,-nen*] segretaria.

**Sekt** *der* [*-(e)s,-e*] spumante.

**Sekte** *die* [*-,-n*] setta.

**Sektor** *der* [*-s,-en*] settore.

**sekundär** *agg.* secondario.

**Sekunde** *die* [*-,-n*] **1** (minuto) secondo **2** (*fig.*) momento, attimo.

**selber** *pron.dimostr.invar.* stesso: *das muss dir doch — auffallen*, tu stesso devi accorgertene.

**selbst** *pron.dimostr.invar.* **1** stesso: *sie — hat den Artikel geschrieben*, lei stessa ha scritto l'articolo **2** di persona, personalmente **3** da solo **4** anche: *mir tut es — leid*, dispiace anche a me ♦ *avv.* perfino, stesso: *— wenn ich könnte*, anche se potessi.

**selbständig**, **selbstständig** *agg.* indipendente, autonomo ♦ *avv.* da solo, in proprio.

**Selbständigkeit**, **Selbstständigkeit** *die* [-] indipendenza, autonomia.

**Selbstauslöser** *der* [*-s,-*] autoscatto.

**Selbstbedienung** *die* [-] self-service.

**Selbstbefriedigung** *die* [-] masturbazione.

**Selbstbeherrschung** *die* [-] autocontrollo.

**selbstbewusst** *agg.* sicuro di sé.

**selbstgefällig** *agg.* **1** soddisfatto **2** (*estens.*) vanitoso.

**selbst gemacht**, **selbstgemacht** *agg.* fatto a mano; fatto in casa.

**selbstklebend** *agg.* autoadesivo.

**selbstlos** *agg.* disinteressato, altruista.

**Selbstmord** *der* [*-es,-e*] suicidio.

**Selbstmörder** *der* [*-s,-*]; *die* [*-in*] suicida (*m. e f.*).

**selbstsicher** *agg.* sicuro di sé.

**selbstverständlich** *agg.* **1** naturale, ovvio **2** certo ♦ *avv.* naturalmente.

**Selbstverteidigung** *die* [*-,-en*] autodifesa.

**selbstzufrieden** *agg.* soddisfatto di sé.

**Sellerie** *der* [*-s,-s*] o *die* [-] sedano.

**selten** *agg.* raro.

**Seltenheit** *die* [*-,-en*] rarità.

**seltsam** *agg.* strano, insolito.

**Seltsamkeit** *die* [*-,-en*] stranezza.

**Semester** *das* [*-s,-*] semestre.

**Seminar** *das* [*-s,-e*] seminario.

**Semmel** *die* [*-,-n*] panino.

**Senat** *der* [*-(e)s,-e*] senato.

**Senator** *der* [-s,-en]; die -in] senatore (*m.*; *f.* -trice).

**senden** [*sendete* o *sandte* / *gesendet* o *gesandt*] *v.tr.* **1** mandare; spedire **2** (*tv, radio*) trasmettere, mandare in onda.

**Sender** *der* [-s,-] stazione trasmittente (radiofonica, televisiva).

**Sendung** *die* [-,-en] **1** invio; spedizione **2** trasmissione (televisiva, radiofonica).

**Senf** *der* [-(e)s,-e] senape.

**Senior** *der* [-s,-en] anziano.

**senken** *v.tr.* abbassare; diminuire ♦ **sich senken** *v.pron.* abbassarsi, scendere.

**senkrecht** *agg.* **1** verticale **2** (*geom.*) perpendicolare ♦ *avv.* verticalmente.

**Sensation** *die* [-,-en] fatto sensazionale.

**sensationell** *agg.* sensazionale.

**sensibel** *agg.* sensibile.

**sensibilisieren** *v.tr.* sensibilizzare.

**Sensor** *der* [-s,-en] (*tecn.*) sensore.

**sentimental** *agg.* sentimentale.

**September** *der* [-(s)] settembre: *im (Monat) —,* in (o a o nel mese di) settembre.

**Sequenz** *die* [-,-en] sequenza.

**Serbe** *der* [-n,-n; die Serbin] serbo (*m.*; *f.* -a).

**Serbien** *das* Serbia.

**serbisch** *agg.* serbo.

**Serenade** *die* [-,-n] (*mus.*) serenata.

**Serie** *die* [-,-n] **1** serie **2** (*edit.*) collana **3** (*tv*) serie televisiva, serial.

**Serienherstellung** *die* [-] produzione in serie.

**serienweise** *avv.* in serie.

**seriös** *agg.* serio.

**Serpentine** *die* [-,-en] serpentina; tornante.

**Serum** *das* [-s,-*ren* o -*ra*] siero.

**Server** *der* [-s,-] server.

**Service**[1] *das* [-(s),-] servizio (da tavola).

**Service**[2] *der* o *das* [-,-s] **1** (*in albergo ecc.*) servizio **2** assistenza tecnica.

**servieren** *v.tr.* servire.

**Serviette** *die* [-,-n] tovagliolo.

**servus** *inter.* (*region.*) salve.

**Sessel** *der* [-s,-] poltrona.

**setzen** *v.tr.* **1** mettere a sedere **2** mettere, porre **3** erigere, innalzare **4** piantare, seminare ♦ *v.intr.* [*haben*] **1** puntare, scommettere **2** (*di cemento*) far presa ♦ **sich setzen** *v.pron.* sedersi ● *sich* (*Dat*) *ein Ziel —,* prefiggersi un obiettivo | *sich* (*Dat*) *etw in den Kopf —,* mettersi in testa qlco.

**Seuche** *die* [-,-n] **1** epidemia **2** (*fig.*) calamità, flagello.

**seufzen** *v.intr.* [*haben*] sospirare.

**Seufzer** *der* [-s,-] sospiro.

**Sex** *der* [-es] sesso.

**Sexualität** *die* [-] sessualità.

**sexuell** *agg.* sessuale.

**Shampoo** *das* [-s,-s] shampoo.

**siamesisch** *agg.* siamese.

**Sibirien** *das* Siberia.

**sibirisch** *agg.* siberiano.

**sich** *pron.rifl.* **1** (+ *Acc*) si, sé **2** (+ *Dat*) si, a sé **3** (*impers.*) si: *hier lebt es — gut,* qui si vive bene ● *das ist eine Sache für —,* è una cosa a sé.

**Sichel** *die* [-,-n] falce.

**sicher** *agg.* **1** sicuro, certo **2** (*affidabile*) fidato; attendibile ♦ *avv.* **1** con sicurezza: *etw — wissen,* sapere qlco per certo **2** sicuramente, certamente ● *das ist* (*dir*) *—,* puoi starne certo.

**Sicherheit** *die* [-,-en] **1** sicurezza, certezza **2** (*comm.*) garanzia, cauzione.

**Sicherheitsabstand** *der* [-(e)s,-*stände*] (*aut.*) distanza di sicurezza.

**Sicherheitsgurt** *der* [-(e)s,-e] cintura di sicurezza.

**sicherlich** *avv.* certamente, sicuramente.

**sichern** *v.tr.* **1** mettere al sicuro **2** assicurare **3** fermare, bloccare ♦ **sich sichern** *v.pron.* (*vor*; *gegen*) cautelarsi (da; contro), premunirsi (contro).

**sicher·stellen** *v.tr.* **1** assicurare **2** mettere al sicuro.

**Sicherung** *die* [-,-en] **1** (*vor*; *gegen*) protezione (da; contro) **2** assicurazione **3** (*elettr.*) fusibile.

**sich hinlegen** *v.pron.* sdraiarsi, coricarsi.

**Sicht** *die* [-] **1** vista **2** visuale **3** (*fig.*) punto di vista: *aus meiner —,* dal mio

punto di vista ● *auf kurze, lange —*, a breve, lungo termine.
**sichtbar** *agg.* **1** visibile **2** (*fig.*) evidente.
**sichtlich** *agg.* palese, manifesto ♦ *avv.* visibilmente.
**Sichtverhältnisse** *pl.* (condizioni di) visibilità.
**sie** *pron.pers.f.* (*Nom e Acc*) **1** (*sing.*) ella, essa, lei **2** (*pl.*) essi, esse.
**Sie** *pron.pers.* (*Nom e Acc; forma di cortesia riferita a una o più persone*) **1** (*sing.*) Lei **2** (*pl.*) Voi.
**Sieb** *das* [-(e)s,-e] setaccio; colino.
**sieben**¹ *agg.num.card.invar.* sette → acht.
**sieben**² *v.tr.* vagliare, passare al setaccio (*anche fig.*).
**siebenhundert** *agg.num.card.invar.* settecento.
**siebenjährig** *agg.* **1** di sette anni **2** settennale.
**siebenmalig** *agg.* ripetuto sette volte.
**Siebenschläfer** *der* [-s,-] (*zool.*) ghiro.
**siebte** *agg.num.ord.* settimo → achte.
**Siebtel** *das* [-s,-] settimo, settima parte.
**siebzehn** *agg.num.card.invar.* diciassette.
**siebzig** *agg.num.card.invar.* settanta.
**sieden** [*sott o siedete / gesotten o gesiedet*] *v.tr.* (*gastr.*) lessare ♦ *v.intr.* [*haben*] bollire.
**Siedlung** *die* [-,-en] quartiere residenziale.
**Sieg** *der* [-(e)s,-e] vittoria.
**Siegel** *das* [-s,-] sigillo.
**siegen** *v.intr.* [*haben*] vincere.
**Sieger** *der* [-s,-]; die -in] vincitore (*m.; f.* -trice).
**siezen** *v.tr.* dare del Lei a qlcu.
**Signal** *das* [-s,-e] segnale.
**signalisieren** *v.tr.* segnalare.
**Silbe** *die* [-,-n] sillaba.
**Silber** *das* [-s,-] **1** argento **2** argenteria.
**silbern** *agg.* d'argento.
**Silvester, Silvesterabend** *der* [-s] (sera di) san Silvestro, ultimo dell'anno.
**simpel** *agg.* semplice.
**Sims** *der* o *das* [-es,-e] davanzale.
**simultan** *agg.* simultaneo.

**Sinfonie** *die* [-,-n] sinfonia.
**singen** [*sang / gesungen*] *v.tr.* e *intr.* [*haben*] cantare.
**Single** *der* [-s,-s] o *die* [-,-s] single.
**Singular** *der* [-s,-e] singolare.
**sinken** [*sank / gesunken*] *v.intr.* [*sein*] **1** sprofondare, affondare **2** abbassarsi, diminuire.
**Sinn** *der* [-(e)s,-e] **1** senso: *der sechste —*, il sesto senso **2** mente, pensiero: *etw im — haben*, avere qlco in mente **3** significato ● (*fam.*) *nicht ganz bei Sinnen sein*, essere fuori di sé.
**sinnig** *agg.* (*spec.iron.*) intelligente, sensato.
**sinnlich** *agg.* **1** sensoriale **2** sensuale.
**Sinnlichkeit** *die* [-] sensualità.
**sinnlos** *agg.* **1** insensato **2** inutile.
**Sinnlosigkeit** *die* [-] **1** assurdità **2** inutilità.
**sinnvoll** *agg.* ragionevole, sensato.
**Sirene** *die* [-,-n] sirena (*anche mit.*).
**Sirup** *der* [-s,-e] sciroppo.
**Site** *die* [-,-n] sito (internet).
**Sitte** *die* [-,-n] costume, tradizione.
**sittlich** *agg.* morale.
**Situation** *die* [-,-en] situazione.
**Sitz** *der* [-es,-e] **1** posto (a sedere) **2** sede.
**sitzen** [*saß / gesessen*] *v.intr.* [*haben*] sedere, essere seduto; stare ● *an einer Arbeit —*, essere impegnato in un lavoro.
**sitzen bleiben, sitzen·bleiben** (→ *bleiben*) *v.intr.* [*sein*] **1** stare seduto **2** (*fam.*) essere bocciato.
**sitzen lassen, sitzen·lassen** (→ *lassen*) *v.tr.* (*fam.*) **1** piantare, mollare **2** fare un bidone a.
**Sitzgelegenheit** *die* [-,-en] **Sitzplatz** *der* [-es,-plätze] posto a sedere.
**Sitzung** *die* [-,-en] seduta, riunione.
**Sizilianer** *der* [-s,-]; die -in] siciliano (*m.; f.* -a).
**Sizilien** *das* Sicilia.
**Skala** *die* [-, Skalen o -s] (*scient., mus.*) scala.
**Skandal** *der* [-s,-e] scandalo.
**skandalös** *agg.* scandaloso.
**Skandinavien** *das* Scandinavia.

**Skandinavier** *der* [-s,-; die *-in*] scandinavo (*m.*; *f.* -a).
**skandinavisch** *agg.* scandinavo.
**Skateboard** *das* [-s,-s] skateboard.
**Skelett** *das* [-(e)s,-e] scheletro.
**skeptisch** *agg.* scettico.
**Ski** *der* [-s,-er] sci ● — **laufen** (o **fahren**), sciare.
**Skilaufen** *das* [-s] (*sport*) sci.
**Skiläufer** *der* [-s,-; die *-in*] sciatore (*m.*; *f.* -trice).
**Skizze** *die* [-,-n] schizzo, abbozzo.
**Sklave** *der* [-n,-n; die *-in*] schiavo (*m.*; *f.* -a) (*anche fig.*).
**Skorpion** *der* [-s,-e] 1 (*zool.*) scorpione 2 (*astr.*) Scorpione.
**Skrupel** *der* [-s,-] scrupolo.
**skrupellos** *agg.* senza scrupoli.
**Skulptur** *die* [-,-en] scultura.
**Slawe** *der* [-n,-n; die Slawin] slavo (*m.*; *f.* -a).
**Slowake** *der* [-n,-n; die Slowakin] slovacco (*m.*; *f.* -a).
**Slowakei** *die* Slovacchia.
**slowakisch** *agg.* slovacco.
**Slowene** *der* [-n,-n; die Slowenin] sloveno (*m.*; *f.* -a).
**Slowenien** *die* Slovenia.
**slowenisch** *agg.* sloveno.
**Smaragd** *der* [-(e)s,-e] smeraldo.
**Smoking** *die* [-s,-s] smoking.
**SMS** *der* [-,-] (*Short Message System*) SMS, messaggino.
**Snowboard** *das* [-s,-s] snowboard.
**so** *avv.* 1 così, in questo modo 2 così, talmente: *er ist nicht — dumm, das zu tun*, non è tanto stupido da farlo ♦ *cong.* così, dunque: — *dass*, cosicché, tanto che ● — **bald wie möglich**, prima possibile | — **komm doch!**, dai vieni!
**SO** *sigla* (*Südost*) SE, Sud-Est.
**sobald** *cong.* (non) appena.
**Socke** *die* [-,-n] calza, calzino.
**soeben** *avv.* or ora, poco fa.
**Sofa** *das* [-s,-s] divano.
**sofern** *cong.* se, in caso (che).
**sofort** *avv.* subito; all'istante.
**Software** *die* [-,-s] (*inform.*) software.
**sogar** *avv.* persino; addirittura.

**so genannt, sogenannt** *agg.* cosiddetto.
**Sohle** *die* [-,-n] 1 suola 2 pianta (del piede).
**Sohn** *der* [-(e)s, Söhne] figlio.
**Sojabohne** *die* [-,-n] soia.
**solang(e)** *cong.* finché.
**Solarium** *das* [-,-*rien*] solarium.
**solch** *agg.dimostr.invar.* 1 tale; simile 2 che, quanto: — *ein Pech!*, che sfortuna!
**solch...** *agg.dimostr.* 1 tale, simile 2 (*rafforzativo*) tale, grande, forte: *sie hatte solchen Durst, dass...*, aveva una tale sete che... ♦ *pron.dimostr.* simile, tale: *die Sache als solche*, la cosa in sé.
**Soldat** *der* [-en,-en; die *-in*] soldato (*m.*; *f.* -essa).
**Solidarität** *die* [-] solidarietà.
**solide** *agg.* 1 solido; (*estens.*) robusto 2 serio, affidabile.
**Soll** *das* [-(s),-(s)] (*comm.*) debito.
**sollen** [*soll* | *sollte* | *gesollt*] *v.intr.modale* [*haben*] 1 (*obbligo*) dovere 2 (*proposta*) dovere: *soll ich den Tisch decken?*, devo apparecchiare la tavola? 3 (*divieto, sempre con una negazione*) dovere: *du sollst nicht immer die Tür zuschmeißen!*, non sbattere sempre la porta! 4 (*supposizione*) dovere: *er soll schon abgefahren sein*, deve essere già partito 5 (*domanda retorica*) dovere, fare: *woher soll ich das wissen?*, ma come faccio a saperlo?
**somit** *avv.* 1 quindi, di conseguenza 2 con ciò.
**Sommer** *der* [-s,-] estate ● *im* —, in estate.
**Sommerferien** *pl.* vacanze estive.
**sommerlich** *agg.* estivo, d'estate.
**Sommersprossen** *pl.* lentiggini.
**Sonate** *die* [-,-n] sonata.
**Sonderangebot** *das* [-s,-e] offerta speciale.
**sonderbar** *agg.* strano, bizzarro.
**Sonderfall** *der* [-s,-*fälle*] caso particolare, eccezione.
**sonderlich** *agg.* 1 strano 2 particolare, speciale.
**sondern** *cong.* ma, invece, bensì: *nicht*

*nur...,* — *auch...,* non solo..., ma anche...

**Sonderpreis** *der* [-es,-e] prezzo speciale.

**Sonnabend** *der* [-s,-] (*region.*) sabato.

**sonnabends** *avv.* (*region.*) il (*o* di) sabato.

**Sonne** *die* [-,-n] sole.

**sonnen, sich** *v.pron.* prendere il sole.

**Sonnenaufgang** *der* [-(e)s] il sorgere del sole.

**Sonnenblume** *die* [-,-n] (*bot.*) girasole.

**Sonnenbrand** *der* [-(e)s,-brände] scottatura (da sole).

**Sonnenbrille** *die* [-,-n] occhiali da sole.

**Sonnenenergie** *die* [-] energia solare.

**Sonnenschirm** *der* [-(e)s,-e] 1 parasole 2 ombrellone.

**Sonnenstich** *der* [-(e)s,-e] colpo di sole.

**Sonnenuntergang** *der* [-(e)s,-gänge] tramonto.

**sonnig** *agg.* 1 assolato 2 (*fig.*) solare; allegro.

**Sonntag** *der* [-s,-e] domenica ● *am* —, (la) domenica.

**sonntags** *avv.* la (*o* di) domenica.

**sonst** *avv.* 1 altrimenti, in caso contrario 2 del resto, oltre a ciò 3 altro: *wer* (*o was*) —?, chi (*o* che cosa) altro? 4 di solito, in genere ● *anders als* —, diverso dal solito | — *noch was?*, è tutto?

**sooft** *cong.* ogni volta che.

**Sopran** *der* [-s,-e] soprano.

**Sorge** *die* [-,-n] 1 preoccupazione 2 cura, premura ● *in* — *um jdn sein*, essere in pensiero per qlcu | *keine* —!, non preoccuparti!

**sorgen** *v.intr.* [*haben*] (*für*) provvedere (a), occuparsi (di) ♦ *sich sorgen* *v.pron.* (*um*) essere in pensiero (per), preoccuparsi (di, per).

**sorgfältig** *agg.* accurato; preciso ♦ *avv.* con cura, accuratamente.

**sorglos** *agg.* 1 spensierato 2 (*estens.*) irresponsabile ♦ *avv.* 1 spensieratamente 2 alla leggera.

**Sorte** *die* [-,-n] 1 tipo, specie 2 marca, qualità.

**sortieren** *v.tr.* 1 selezionare, classificare 2 (*inform.*) ordinare.

**Sortiment** *das* [-(e)s,-e] (*an* + *Dat*) assortimento, scelta (di).

**SOS** *das* [-] S.O.S.

**Soße** *die* [-,-n] sugo, salsa.

**Souvenir** *das* [-s,-s] ricordo, souvenir.

**souverän** *agg.* sovrano.

**soviel, so viel** *cong.* quanto, per quanto ♦ *avv.* tanto ● *noch einmal* —, altrettanto | — *wie möglich*, per quanto (*o* il più) possibile.

**soweit, so weit** *cong.* 1 fin dove 2 per quanto, nella misura in cui ♦ *avv.* 1 fin qui, fino a questo punto 2 abbastanza ● — *wie möglich*, per quanto possibile.

**so wenig** *cong.* per poco ♦ *avv.* poco, il meno possibile.

**sowie** *cong.* 1 nonché 2 non appena, appena.

**sowieso** *avv.* in ogni caso, comunque.

**sowohl** *cong.* ● —*... als auch...*, sia... sia...

**sozial** *agg.* sociale.

**Sozialarbeiter** *der* [-s,-; die -*in*] assistente (*m.* e *f.*) sociale.

**sozialdemokratisch** *agg.* socialdemocratico.

**Sozialhilfe** *die* [-] assistenza sociale.

**Sozialist** *der* [-en,-en; die -*in*] socialista (*m.* e *f.*).

**sozialistisch** *agg.* socialista.

**Sozialversicherung** *die* [-] previdenza sociale.

**sozusagen** *avv.* per così dire.

**Spalte** *die* [-,-n] 1 crepa 2 (*tip.*) colonna.

**spalten** [*gespaltet* o *gespalten*] *v.tr.* 1 fendere, spaccare 2 (*fig.*) dividere ♦ *sich spalten* *v.pron.* 1 dividersi; sfaldarsi 2 (*fig.*) dissociarsi.

**Spaltung** *die* [-,-en] 1 fenditura, spaccatura 2 (*fig.*) divisione, scissione.

**Spange** *die* [-,-n] 1 fermaglio (per capelli) 2 apparecchio (ortodontico).

**Spanien** *das* Spagna.

**Spanier** *der* [-s,-; die -*in*] spagnolo (*m.*; *f.* -a).

**spanisch** *agg.* spagnolo.

**Spanne** *die* [-,-n] **1** spanna **2** lasso di tempo **3** (*comm.*) margine.

**spannen** *v.tr.* **1** tendere **2** serrare, stringere ♦ *v.intr.* [*haben*] essere stretto, stringere ♦ **sich spannen** *v.pron.* **1** tendersi, irrigidirsi **2** (*über*) estendersi (su); coprire.

**spannend** *agg.* avvincente.

**Spannung** *die* [-,-en] **1** tensione **2** (*elettr.*) tensione, voltaggio.

**Sparbuch** *das* [-s,-bücher] libretto di risparmio.

**Sparbüchse** *die* [-,-n] salvadanaio.

**sparen** *v.tr.* risparmiare ♦ *v.intr.* [*haben*] (*auf* + *Acc*; *mit*) risparmiare (su; in), fare economia (su; in).

**Spargel** *der* [-s,-] asparago.

**Sparkasse** *die* [-,-n] cassa di risparmio.

**spärlich** *agg.* scarso; misero.

**sparsam** *agg.* parsimonioso.

**Spaß** *der* [-es, *Späße*] **1** scherzo **2** divertimento ● *aus* (o *im*, *zum*) —, per scherzo | *viel* —!, buon divertimento!

**spät** *agg.* tardo; avanzato ♦ *avv.* tardi ● *besser* — *als nie*, meglio tardi che mai.

**später** *agg.* (*compar.* di *spät*) **1** posteriore, successivo **2** tardo ♦ *avv.* dopo, più tardi ● *bis* —, a più tardi.

**spätestens** *avv.* al più tardi.

**Spatz** *der* [-es o -en,-en] passero.

**spazieren gehen** (→ *gehen*) *v.intr.* [*sein*] andare a passeggio.

**Spaziergang** *der* [-s,-gänge] passeggiata.

**Speck** *der* [-(*e*)*s*,-*e*] **1** lardo, pancetta **2** (*fam.*) grasso.

**Spedition** *die* [-,-en] (*comm.*) spedizione.

**Speiche** *die* [-,-n] raggio (di ruota).

**Speichel** *der* [-*s*] saliva.

**Speicher** *der* [-*s*,-] **1** magazzino, deposito **2** (*region.*) solaio **3** (*inform.*) memoria.

**speichern** *v.tr.* **1** immagazzinare **2** (*inform.*) salvare; memorizzare.

**Speise** *die* [-,-n] piatto, pietanza; (*estens.*) cibo.

**Speisekarte** *die* [-,-n] menu.

**Speiseröhre** *die* [-,-n] esofago.

**Speisesaal** *der* [-(*e*)*s*,-*säle*] sala da pranzo.

**Speisewagen** *der* [-*s*,-] vagone ristorante.

**spektakulär** *agg.* spettacolare.

**Spende** *die* [-,-n] dono, offerta.

**spenden** *v.tr.* offrire; fare un'offerta di ● *Blut* —, donare il sangue.

**spendieren** *v.tr.* (*fam.*) offrire, pagare.

FALSCHER FREUND

Da non confondere con l'italiano 'spendere', che si traduce *ausgeben*.

**Sperling** *der* [-*s*,-*e*] (*zool.*) passero.

**Sperre** *die* [-,-n] barriera; blocco.

**sperren** *v.tr.* **1** bloccare, sbarrare **2** proibire **3** tagliare, sospendere; *das Gas* —, sospendere l'erogazione di gas ♦ **sich sperren** *v.pron.* (*gegen*) opporsi (a).

**Sperrgebiet** *das* [-(*e*)*s*,-*e*] zona vietata.

**Sperrholz** *das* [-*es*] (legno) compensato.

**Sperrung** *die* [-,-en] chiusura, sbarramento.

**Spesen** *pl.* spese.

**Spezialist** *der* [-*en*,-*en*; *die* -*nen*] specialista (*m.* e *f.*).

**Spezialität** *die* [-,-en] specialità.

**speziell** *agg.* **1** speciale **2** specializzato ♦ *avv.* appositamente.

**spezifisch** *agg.* specifico; particolare.

**Spiegel** *der* [-*s*,-] **1** specchio **2** superficie.

**Spiegelei** *das* [-(*e*)*s*,-*er*] uovo all'occhio di bue.

**spiegeln** *v.tr.* riflettere, rispecchiare ♦ *v.intr.* [*haben*] splendere, brillare ♦ **sich spiegeln** *v.pron.* **1** specchiarsi **2** (*in* + *Dat*) riflettersi (in), rispecchiarsi (in).

**Spiel** *das* [-(*e*)*s*,-*e*] **1** gioco **2** (*sport*) partita ● *alles aufs* — *setzen*, tentare il tutto per tutto.

**Spielbank** *die* [-,-en] casinò.

**spielen** *v.tr.* **1** giocare **2** (*sport*) giocare, disputare **3** (*mus.*) suonare **4** recitare; fare la parte di (*anche fig.*) ♦ *v.intr.* [*haben*] **1** giocare **2** (*mus.*) suonare **3** (*teatr.*) recitare, interpretare **4** (*in* + *Dat*) svolgersi (in), essere ambientato (in).

**Spieler** *der* [-s,-; die -in] giocatore (*m.*; *f.* -trice).
**Spielfeld** *das* [-(e)s,-er] campo di gioco.
**Spielhalle** *die* [-,-n] sala giochi.
**Spielplatz** *der* [-es,-plätze] parco giochi.
**Spielraum** *der* [-(e)s,-räume] **1** spazio **2** (*fig.*) libertà d'azione.
**Spieltisch** *der* [-(e)s,-e] tavolo da gioco.
**Spielwaren** *pl.* giocattoli.
**Spielzeug** *das* [-(e)s,-e] giocattolo.
**Spieß** *der* [-es,-e] **1** lancia **2** (*gastr.*) spiedo.
**Spinat** *der* [-(e)s,-e] spinaci.
**Spinne** *die* [-,-n] ragno.
**spinnen** [*spann / gesponnen*] *v.tr.* **1** filare **2** (*fam.*) inventare ♦ *v.intr.* [*haben*] **1** filare **2** (*fam.*) essere matto.
**Spinnennetz** *das* [-(e)s,-e] ragnatela.
**Spinner** *der* [-s,-; die -in] **1** filatore (*m.*; *f.* -trice) **2** (*fam.*) matto (*m.*; *f.* -a).
**Spion** *der* [-s,-e] **1** [die -in] spia (*f.*) **2** spioncino.
**Spionage** *die* [-] spionaggio.
**spionieren** *v.intr.* [*haben*] fare la spia (*anche fig.*).
**Spirale** *die* [-,-n] spirale.
**Spirituose** *der* [-,-n] (*spec.pl.*) superalcolico.
**Spiritus** *der* [-,-se o -] (*chim.*) spirito, alcol.
**Spital** *das* [-s,-täler] (*svizz., austr.*) ospedale.
**spitz** *agg.* **1** appuntito; a punta **2** (*fam.*) affilato **3** (*fig.*) tagliente.
**Spitze** *die* [-,-en] **1** punta **2** vetta, cima ● *an der — sein* (o *liegen*), essere in testa.
**Spitzel** *der* [-s,-] spia.
**spitzen** *v.tr.* fare la punta a, temperare (una matita).
**Spitzer** *der* [-s,-] temperamatite.
**Spitzname** *der* [-ns,-n] soprannome.
**Splitter** *der* [-s,-] scheggia.
**sponsern** *v.tr.* sponsorizzare.
**Sponsor** *der* [-s,-s o -en] sponsor.
**spontan** *agg.* spontaneo.
**Sporn** *der* [-(e)s, Sporen] sperone.

**Sport** *der* [-(e)s,-e] sport.
**Sportart** *die* [-,-en] disciplina sportiva.
**Sportler** *der* [-s,-; die -in] sportivo (*m.*; *f.* -a).
**sportlich** *agg.* sportivo.
**Sportplatz** *der* [-(e)s,-plätze] campo sportivo.
**Sportverein** *der* [-(e)s,-e] gruppo sportivo.
**Spott** *der* [-(e)s] scherno; beffa ● *seinen — mit jdm treiben*, farsi beffe di qlcu.
**spotten** *v.intr.* [*haben*] (*über* + *Acc*) deridere, prendere in giro.
**spöttisch** *agg.* beffardo, canzonatorio.
**Sprache** *die* [-,-n] lingua; linguaggio.
**Sprachführer** *der* [-s,-] manuale di conversazione.
**Sprachkenntnisse** *pl.* conoscenza di lingue straniere.
**Sprachkurs** *der* [-es,-e] corso di lingua.
**sprachlos** *agg.* senza parole, esterrefatto.
**Sprachrohr** *das* [-(e)s,-e] megafono.
**Spray** *der* o *das* [-s,-s] spray.
**Sprechanlage** *die* [-,-n] citofono.
**sprechen** [*spricht / sprach / gesprochen*] *v.intr.* [*haben*] **1** (*über* + *Acc*, *von*) parlare (di), conversare (di) **2** (*über* + *Acc*) parlare (su), tenere un discorso (su) ♦ *v.tr.* **1** dire, pronunciare **2** parlare **3** parlare (*a*, con): *ich muss dich unbedingt —*, devo assolutamente parlarti ● *mit sich selbst —*, parlare tra sé (e sé).
**Sprecher** *der* [-s,-; die -in] **1** speaker (*m.* e *f.*) **2** portavoce (*m.* e *f.*).
**Sprechstunde** *die* [-,-n] orario di ambulatorio, orario di visita.
**Sprechzimmer** *das* [-s,-] ambulatorio medico.
**sprengen** *v.tr.* **1** far esplodere, far saltare **2** forzare, scassinare **3** annaffiare.
**Sprengstoff** *der* [-(e)s,-e] esplosivo.
**Sprichwort** *das* [-(e)s,-wörter] proverbio.
**sprießen** [*spross / gesprossen*] *v.intr.* [*sein*] germogliare; spuntare.
**springen** [*sprang / gesprungen*] *v.intr.*

[sein] **1** saltare **2** (di acqua) (aus) sgorgare (da) ♦ v.tr. (sport) saltare.
**Sprit** der [-(e)s] (fam.) benzina.
**Spritze** die [-,-n] **1** siringa **2** iniezione.
**spritzen** v.tr. **1** spruzzare **2** (med.) iniettare, fare un'iniezione a ♦ v.intr. [sein o haben] schizzare.
**spröde** agg. **1** fragile **2** (di pelle) screpolato **3** (fig.) scontroso, scostante.
**Spross** der [-es,-e] **1** germoglio **2** (fig.) discendente, rampollo.
**Sprosse** die [-,-n] piolo.
**Spruch** der [-(e)s,-Sprüche] **1** detto, massima **2** (dir.) verdetto, sentenza.
**Sprudel** der [-s,-] acqua (minerale) gasata.
**sprudeln** v.intr. [sein o haben] **1** zampillare **2** spumeggiare.
**sprühen** v.tr. schizzare, spruzzare ♦ v.intr. [haben] **1** schizzare, spruzzare **2** essere pieno di brio.
**Sprung** der [-(e)s,-Sprünge] **1** salto; tuffo **2** incrinatura, crepa **3** (fam.) breve distanza.
**Sprungbrett** das [-s,-er] (sport) **1** trampolino (anche fig.) **2** pedana.
**Spucke** die [-] (fam.) **1** saliva **2** sputo.
**spucken** v.tr. e intr. [haben] **1** sputare **2** (region.) vomitare.
**Spülbecken** das [-s,-] lavello.
**Spule** die [-,-n] bobina.
**spülen** v.tr. **1** rigovernare, lavare **2** (ri)sciacquare **3** tirare lo sciacquone.
**Spülmaschine** die [-,-n] lavastoviglie.
**Spur** die [-,-en] **1** traccia, orma, impronta **2** (di strada) corsia **3** (mar.) scia • jdm auf der — sein, essere sulle tracce di qlcu | keine —!, ma neanche per sogno!
**spürbar** agg. sensibile, percettibile.
**spüren** v.tr. sentire, provare.
**Staat** der [-(e)s,-en] stato.
**staatlich** agg. statale; pubblico.
**Staatsangehörigkeit** die [-,-en] cittadinanza, nazionalità.
**Staatsanwalt** der [-(e)s,-anwälte; die -anwältin] (dir.) pubblico ministero (m.).
**Staatsbürger** der [-s,-; die -in] cittadino (m.; f. -a).

**Staatsexamen** das [-s,- o -mina] esame di stato.
**Staatsmann** der [-(e)s,-männer o -leute] statista, uomo di stato.
**Staatsoberhaupt** das [-s,-häupter] capo di stato.
**Stab** der [-(e)s,-Stäbe] **1** bacchetta; bastone **2** (sport) asta (per il salto); testimone (per la staffetta) **3** (mil.) stato maggiore.
**stabil** agg. **1** stabile **2** robusto.
**Stabilität** die [-] stabilità.
**Stachel** der [-s,-n] **1** spina **2** pungiglione.
**Stachelbeere** die [-,-n] uva spina.
**Stacheldraht** der [-(e)s,-drähte] filo spinato.
**Stachelschwein** das [-(e)s,-e] porcospino.
**Stadion** das [-s,-dien] stadio.
**Stadium** das [-s,-dien] stadio, fase.
**Stadt** die [-, Städte] città.
**Stadtbewohner** der [-s,-; die -in] cittadino (m.; f. -a).
**Stadtbummel** der [-s,-] passeggiata per la città.
**Städtepartnerschaft** die [-,-en] gemellaggio (tra due città).
**Städter** der [-s,-; die -in] cittadino (m.; f. -a).
**Stadtführer** der [-s,-] guida (turistica) della città.
**städtisch** agg. urbano.
**Stadtmitte** die [-] centro città.
**Stadtplan** der [-(e)s,-pläne] piantina della città.
**Stadtrand** der [-(e)s,-ränder] periferia.
**Stadtteil** der [-s,-e] quartiere.
**Stadtviertel** das [-s,-] quartiere.
**Stahl** der [-(e)s, Stähle] acciaio.
**Stahlbeton** der [-s,-s o -e] cemento armato.
**Stall** der [-(e)s, Ställe] **1** stalla **2** scuderia.
**Stamm** der [-(e)s, Stämme] **1** tronco **2** stirpe; tribù.
**stammen** v.intr. [haben] **1** (aus o von) provenire (da), essere originario (di) **2** (aus o von) risalire (da).

**Stammgast** *der* [-(e)s,-gäste] cliente abituale.

**Stammtisch** *der* [-es,-e] tavolo fisso.

NOTA Tavolo riservato ai clienti abituali, che si incontrano regolarmente in un locale per stare assieme, giocare a carte, discutere di politica.

**Stand** *der* [-(e)s, Stände] **1** posizione eretta **2** posto **3** bancarella **4** situazione **5** classe sociale.

**Standard** *der* [-s,-s] norma, standard.

**Ständer** *der* [-s,-] **1** sostegno **2** attaccapanni.

**Standesamt** *das* [-(e)s,-ämter] ufficio di stato civile, anagrafe.

**standfest** *agg.* stabile.

**standhaft** *agg.* fermo, costante.

**stand·halten** (→ *halten*) *v.intr.* [haben] **1** (+ *Dat*) resistere (a), tener testa (a) **2** (+ *Dat*) reggere (a).

**ständig** *agg.* **1** continuo, costante **2** permanente ♦ *avv.* **1** continuamente, sempre **2** in modo costante.

**Standort** *der* [-(e)s,-e] posizione; ubicazione.

**Standpunkt** *der* [-es,-punkte] punto di vista, parere.

**Stange** *die* [-,-n] **1** bastone, stanga **2** bastoncino.

**Stängel** *der* [-s,-] gambo, stelo.

**Stapel** *der* [-s,-] catasta, pila.

**Stapellauf** *der* [-es,-läufe] varo.

**stapeln** *v.tr.* accatastare.

**Star** *der* [-s,-s] star, divo del cinema.

**stark** *compar.* **stärker** *superl.* **stärkste** *agg.* **1** forte; potente **2** resistente; spesso **3** corpulento ♦ *avv.* **1** forte, fortemente **2** molto.

**Stärke** *die* [-,-n] **1** forza (*anche fig.*) **2** potenza, intensità; (*estens.*) grado **3** amido.

**stärken** *v.tr.* **1** rinforzare; (*fig.*) rafforzare; (*estens.*) rinvigorire **2** inamidare ♦ **sich stärken** *v.pron.* rifocillarsi.

**Starkstrom** *der* [-(e)s,-ströme] corrente ad alta tensione.

**Stärkung** *die* [-,-en] **1** rinforzamento **2** ristoro, spuntino.

**starr** *agg.* **1** rigido **2** immobile, fisso.

**starren** *v.intr.* [haben] (*auf* + *Acc*) guardare fisso, fissare.

**starrköpfig** *agg.* testardo, caparbio.

**Start** *der* [-(e)s,-e] **1** (*sport*) partenza, start **2** (*aer.*) decollo; lancio (di missili) **3** (*fig.*) inizio, principio.

**startbereit** *agg.* **1** (*sport*) pronto per la partenza **2** (*aer.*) pronto per il decollo.

**starten** *v.intr.* [sein] **1** partire (*anche sport*) **2** prendere parte a una competizione **3** (*aer.*) decollare ♦ *v.tr.* **1** (*sport*) dare inizio a **2** (*aut.*) avviare **3** (*fam.*) iniziare, cominciare.

**Starter** *der* [-s,-] starter.

**Station** *die* [-,-en] **1** stazione; fermata **2** tappa.

**stationär** *agg.* **1** stazionario **2** ospedaliero.

**Statistik** *die* [-,-en] statistica.

**statistisch** *agg.* statistico.

**statt** *prep.* (+ *Gen*) invece di, al posto di.

**statt·finden** (→ *finden*) *v.intr.* [haben] avere luogo.

**Statue** *die* [-,-n] statua.

**Stau** *der* [-(e)s,-s o -e] **1** ristagno **2** (*di traffico*) ingorgo.

**Staub** *der* [-(e)s] polvere ● (*fam.*) **sich aus dem — machen**, tagliare la corda.

**staubig** *agg.* polveroso.

**Staubsauger** *der* [-s,-] aspirapolvere.

**Staudamm** *der* [-es,-dämme] diga di sbarramento.

**stauen, sich** *v.pron.* **1** ristagnare **2** (*di traffico*) congestionarsi.

**staunen** *v.intr.* [haben] (*über* + *Acc*) stupirsi (di), meravigliarsi (di).

**Staunen** *das* [-s] stupore, meraviglia.

**stechen** [sticht / stach / gestochen] *v.intr.* [haben] **1** pungere **2** infilare, conficcare **3** (*di sole*) picchiare ♦ *v.tr.* **1** pungere **2** fiocinare **3** scannare **4** incidere ● **ins Auge** (o **in die Augen**) —, dare nell'occhio.

**Steckdose** *die* [-,-n] presa di corrente.

**stecken** *v.intr.* [haben] **1** essere infilato **2** essere conficcato **3** (*fam.*) essere finito: *wo steckt er wieder?*, dove si è cacciato stavolta? ♦ *v.tr.* **1** infilare, intro-

durre 2 appuntare, conficcare 3 investire, mettere ● **da steckt doch was dahinter**, c'è sotto qualcosa.
**stecken bleiben, stecken·bleiben** (→ *bleiben*) [-*n*] *v.intr.*[*sein*] 1 impantanarsi 2 (*fig.*) bloccarsi; (*estens.*) fermarsi.
**stecken lassen, stecken·lassen** (→ *lassen*) *v.tr.* lasciare (infilato).
**Stecker** *der* [-*s*,-] (*elettr.*) spina.
**Stecknadel** *die* [-,-*n*] spillo ● **eine — im Heuhaufen suchen**, cercare un ago nel pagliaio.
**stehen** [*stand / gestanden*] *v.intr.* [*haben*] 1 stare in piedi 2 stare, trovarsi ● **gut, schlecht mit jdm —**, trovarsi bene, male con qlcu | **zu seinem Wort —**, mantenere la parola.
**stehen bleiben, stehen·bleiben** (→ *bleiben*) *v.intr.*[*sein*] 1 fermarsi 2 rimanere in piedi 3 restare, rimanere.
**stehen lassen** (→ *lassen*) *v.tr.* 1 lasciare 2 dimenticare ● (*fam.*) **alles — und liegen lassen**, piantare in asso tutto.
**stehlen** [*stiehlt / stahl / gestohlen*] *v.tr.* rubare ♦ **sich stehlen** *v.pron.* andarsene di soppiatto.
**Stehplatz** *der* [-*es*,-*plätze*] posto in piedi.
**Steiermark** *die* Stiria.
**steif** *agg.* 1 rigido 2 goffo 3 formale, freddo 4 (*di panna ecc.*) montato.
**steigen** [*stieg / gestiegen*] *v.intr.* [*sein*] 1 alzarsi 2 salire: **in den Bus —**, salire sull'autobus 3 scendere: *aus dem Zug —*, scendere dal treno 4 aumentare.
**steigern** *v.tr.* aumentare; incrementare ♦ **sich steigern** *v.pron.* 1 aumentare, intensificarsi 2 migliorare.
**Steigung** *die* [-,-*en*] salita; pendenza.
**steil** *agg.* ripido; scosceso.
**Steilhang** *der* [-(*e*)*s*,-*hänge*] pendio scosceso.
**Stein** *der* [-(*e*)*s*,-*e*] 1 sasso, pietra 2 masso 3 (*di frutta*) nocciolo 4 pietra (preziosa).
**Steinbock** *der* [-(*e*)*s*,-*böcke*] 1 (*zool.*) stambecco 2 (*astr.*) Capricorno.
**Steinkohle** *die* [-,-*n*] carbon fossile.
**Steinpilz** *der* [-*es*,-*e*] porcino.
**Steinzeit** *die* [-] **Steinzeitalter** *das* [-*s*] età della pietra.

**Stelle** *die* [-,-*n*] 1 posto, luogo; punto 2 passo, brano 3 impiego, posto (di lavoro); ufficio ● **auf der —**, subito, immediatamente.
**stellen** *v.tr.* 1 mettere 2 mettere a disposizione 3 arrestare ♦ **sich stellen** *v.pron.* 1 mettersi: *sich in die Reihe —*, mettersi in fila | *sich dumm —*, fare il finto tonto ● **auf sich selbst gestellt sein**, poter contare solo su se stesso | **die Uhr —**, regolare l'orologio | **eine Frage —**, fare una domanda.
**Stellenangebot** *das* [-(*e*)*s*,-*e*] offerta di lavoro.
**Stellengesuch** *das* [-(*e*)*s*,-*e*] domanda d'impiego.
**Stellensuche** *die* [-] ricerca di un posto di lavoro.
**Stellung** *die* [-,-*en*] 1 posizione 2 posto, impiego 3 rango ● **— nehmen zu**, prendere posizione su.
**Stellungnahme** *die* [-,-*n*] presa di posizione.
**stellvertretend** *agg.* sostituto, vice.
**Stellvertreter** *der* [-*s*,-; *die* -*in*] sostituto (*m.*; *f.* -a).
**Stempel** *der* [-*s*,-] 1 timbro 2 impronta (*anche fig.*).
**stempeln** *v.tr.* 1 timbrare 2 marchiare (*anche fig.*).
**Steppdecke** *die* [-,-*n*] trapunta.
**Steppe** *die* [-,-*n*] steppa.
**Sterbehilfe** *die* [-] eutanasia.
**sterben** [*stirbt / starb / gestorben*] *v.intr.* [*sein*] morire ● **vor Angst —**, morire di paura.
**sterblich** *agg.* mortale.
**Sterblichkeit** *die* [-] mortalità.
**Stereoanlage** *die* [-,-*n*] impianto stereo.
**Stereotyp** *der* [-*s*,-*e*] stereotipo.
**steril** *agg.* sterile.
**sterilisieren** *v.tr.* sterilizzare.
**Stern** *der* [-(*e*)*s*,-*e*] 1 stella, astro 2 (*tip.*) asterisco ● **unter einem günstigen — geboren sein**, essere nato sotto una buona stella.
**Sternbild** *das* [-(*e*)*s*,-*er*] costellazione.
**Sternschnuppe** *die* [-,-*n*] stella cadente.

**Sternzeichen** *das* [-s,-] segno zodiacale.
**Sterzing** *das* Vipiteno.
**stetig** *agg.* continuo; ininterrotto.
**stets** *avv.* sempre, in ogni momento.
**Steuer¹** *das* [-s,-] **1** (*mar., aer.*) timone **2** (*aut.*) volante.
**Steuer²** *die* [-,-n] tassa; imposta.
**Steuerbehörde** *die* [-,-n] ufficio delle imposte; fisco.
**Steuererklärung** *die* [-,-en] dichiarazione dei redditi.
**steuerfrei** *agg.* esentasse; non imponibile.
**steuern** *v.tr.* **1** (*mar., aer.*) pilotare; guidare (un'auto) **2** (*tecn.*) regolare, comandare **3** (*amm.*) gestire ♦ *v.intr.* [haben] (*mar.*) (*nach*) fare rotta (verso), dirigersi (verso).
**Steuerung** *die* [-] **1** (*mar., aer.*) pilotaggio **2** (*aut.*) guida.
**Steuerzahler** *der* [-s,-; die -in] contribuente (*m. e f.*).
**Steward** *der* [-s,-s] (*mar., aer.*) steward; assistente di bordo (o di volo).
**Stewardess** *die* [-,-en] (*mar., aer.*) hostess; assistente di bordo.
**Stich** *der* [-(e)s,-e] **1** puntura (d'insetto) **2** pugnalata; coltellata **3** fitta (di dolore) ● *jdn im — lassen*, piantare in asso qlcu.
**Stichprobe** *die* [-,-n] **1** campionatura **2** campione, saggio.
**Stichwort** *das* [-(e)s,-wörter o -e] **1** lemma, voce **2** spunto, appunto.
**sticken** *v.tr.* e *intr.* [haben] ricamare.
**Stickerei** *die* [-,-en] ricamo.
**stickig** *agg.* soffocante, viziato.
**Stickstoff** *der* [-(e)s] (*chim.*) azoto.
**Stiefbruder** *der* [-s,-brüder] fratellastro.
**Stiefel** *der* [-s,-] stivale.
**Stiefeltern** *pl.* matrigna e patrigno.
**Stiefgeschwister** *pl.* fratellastri, sorellastre.
**Stiefkind** *das* [-es,-er] figliastro.
**Stiefmutter** *die* [-,-mütter] matrigna.
**Stiefschwester** *die* [-,-n] sorellastra.
**Stiefvater** *der* [-s,-väter] patrigno.
**Stiege** *die* [-,-n] scala stretta e ripida.

**Stiel** *der* [-(e)s,-e] **1** gambo, stelo; (*di frutta*) picciolo **2** manico.
**Stier** *der* [-(e)s,-e] **1** (*zool.*) toro **2** (*astr.*) Toro.
**Stierkampf** *der* [-es,-kämpfe] corrida.
**Stierkämpfer** *der* [-s,-] torero.
**Stift** *der* [-(e)s,-e] **1** matita, lapis **2** perno.
**stiften** *v.tr.* **1** offrire; elargire **2** fondare; creare **3** (*fig.*) provocare.
**Stiftung** *die* [-,-en] **1** fondazione **2** donazione.
**Stil** *der* [-(e)s,-e] stile.
**Stilfser Joch** *das* Passo dello Stelvio.
**still** *agg.* **1** silenzioso, taciturno **2** quieto, tranquillo **3** immobile **4** segreto, nascosto ● *im Stillen*, in segreto.
**Stille** *die* [-] **1** silenzio **2** calma, tranquillità ● *in aller —*, in perfetto silenzio.
**stillen** *v.tr.* **1** allattare (neonati) **2** (*fig.*) placare; calmare: *den Durst —*, spegnere la sete.
**still·halten** (→ *halten*) *v.intr.* [haben] stare fermo, non muoversi ♦ *v.tr.* tenere fermo (una parte del corpo).
**Stillleben**, **Still-Leben** *das* [-s,-] natura morta.
**Stilllegung**, **Still-Legung** *die* [-,-en] chiusura; eliminazione.
**still·liegen** (→ *liegen*) *v.intr.* [haben] essere chiuso; essere fuori servizio.
**still·stehen** (→ *stehen*) *v.intr.* [haben] **1** stare fermo **2** essere fuori servizio.
**Stimme** *die* [-,-n] **1** voce **2** parere, opinione **3** voto.
**stimmen** *v.intr.* [haben] **1** essere esatto (*o* giusto) **2** votare: *für, gegen etw —*, votare a favore, contro qlco ♦ *v.tr.* **1** (*mus.*) accordare **2** (*fig.*) rendere, far sentire ● *stimmt!*, esatto! | *stimmt es, dass...?*, è vero che...?
**Stimmung** *die* [-,-en] **1** stato d'animo **2** atmosfera **3** allegria ● *in — sein*, essere di buon umore.
**stimmungsvoll** *agg.* suggestivo.
**stinken** [stank / gestunken] *v.intr.* [haben] (*nach*) puzzare (di).
**Stinktier** *das* [-(e)s,-e] (*zool.*) puzzola.
**Stipendiat** *der* [-en,-en; die -in] borsista (*m. e f.*).

## Stipendium / Strafzettel

**Stipendium** das [-s,-dien] borsa di studio.

> **FALSCHER FREUND**
> Da non confondere con l'italiano 'stipendio', che si traduce Gehalt.

**Stirn** die [-,-en] fronte ● **er hatte die —, mich um Geld zu bitten**, ha avuto la faccia tosta di chiedermi dei soldi | **jdm**, **etw** (Dat) die — **bieten**, tener testa a qlcu ● fare fronte a qlco.
**Stock**[1] der [-(e)s, Stöcke] bastone; (estens.) bastone da passeggio.
**Stock**[2] der [-(e)s,-] piano ● **im dritten —**, al terzo piano.
**Stockfisch** der [-(e)s,-e] stoccafisso.
**Stoff** der [-(e)s,-e] 1 stoffa, tessuto 2 materia 3 materiale; (estens.) soggetto, tema.
**Stoffwechsel** der [-s] metabolismo.
**Stollen** der [-s,-] dolce natalizio.

> NOTA Lo **Stollen** è un famoso dolce natalizio il cui aspetto dovrebbe ricordare il bambino Gesù in fasce. Si tratta di una pasta lievitata, contenente molto burro e frutta secca, ricoperta di zucchero a velo. Esistono diversi tipi di **Stollen**: alla ricotta, alle mandorle, al marzapane, al papavero.

**stolpern** v.intr. [sein] (über + Acc) inciampare (in), incespicare (in).
**stolz** agg. 1 (auf + Acc) orgoglioso (di), fiero (di) 2 altezzoso.
**Stolz** der [-es] 1 orgoglio, fierezza 2 alterigia, superbia.
**stopfen** v.tr. 1 rammendare 2 (in + Acc) mettere (in): *etw in den Mund —*, cacciarsi qlco in bocca 3 riempire ♦ v.intr. [haben] (fam.) (di cibi) saziare, riempire.
**stoppen** v.tr. 1 fermare, arrestare 2 cronometrare ♦ v.intr. [haben] fermarsi, arrestarsi.
**Stoppschild** das [-(e)s,-er] segnale di stop.
**Stoppuhr** die [-,-en] cronometro.
**Stöpsel** der [-s,-] 1 tappo 2 (fam.) marmocchio.
**Storch** der [-(e)s, Störche] cicogna.
**stören** v.tr. e intr. [haben] disturbare; dar fastidio (a) ♦ **sich stören** v.pron. 1 disturbarsi: *lassen Sie sich nicht —!*, non si disturbi! 2 (an + Dat) scandalizzarsi (per), di).
**Störung** die [-,-en] disturbo.
**Stoß** der [-es, Stöße] 1 colpo; urto; spinta 2 (di armi bianche) stoccata, colpo 3 remata; (nuoto) bracciata 4 (geol.) scossa (sismica) 5 pila, catasta ● **sich einen — geben**, prendere il coraggio a quattro mani.
**Stoßdämpfer** der [-s,-] (aut.) ammortizzatore.
**stoßen** [stößt / stieß / gestoßen] v.tr. 1 urtare, dare un colpo a 2 spingere 3 conficcare, piantare 4 (sport) lanciare ♦ v.intr. 1 [haben] dare un colpo, colpire 2 [sein] (gegen, an + Acc) urtare (contro) 3 [sein] (auf + Acc) incontrare, imbattersi (in) 4 [sein] (zu) unirsi a 5 [haben] (an + Acc) confinare (con), essere attiguo (a) ● **sich stoßen** v.pron. 1 (an + Dat) urtare (contro) 2 (an + Dat) scandalizzarsi (per, di) ● **auf Widerstand —**, incontrare resistenza, difficoltà | **jdn vor den Kopf —**, offendere (involontariamente) qlcu.
**stoßfest** agg. antiurto.
**Stoßstange** die [-,-n] (aut.) paraurti.
**Stoßzahn** der [-(e)s,-zähne] zanna.
**Stoßzeit** die [-,-en] ora di punta.
**stottern** v.tr. e intr. [haben] balbettare.
**Str.** abbr. (Straße) via.
**Strafanzeige** die [-,-n] (dir.) denuncia.
**Strafe** die [-,-n] 1 punizione, castigo 2 multa, contravvenzione 3 (dir.) pena.
**strafen** v.tr. punire: *jdn für etw —*, punire qlcu per qlco.
**straff** agg. 1 teso, tirato 2 (fig.) rigido, rigoroso.
**straffen** v.tr. tendere, tirare.
**Strafgefangene** der e die [-n,-n] detenuto (m.; f. -a), carcerato (m.; f. -a).
**Sträfling** der [-s,-e] detenuto, carcerato.
**Strafprozess** der [-es,-e] processo penale.
**Strafstoß** der [-es,-stöße] (sport) calcio di rigore.
**Straftat** die [-,-en] reato; delitto.
**Strafzettel** der [-s,-] (fam.) multa.

**Strahl** *der* [-(e)s,-en] **1** raggio **2** (*di acqua*) getto, zampillo.
**strahlen** *v.intr.* [*haben*] **1** splendere, brillare **2** emettere radiazioni **3** (*fig.*) (*vor*) essere raggiante (di).
**strahlend** *agg.* **1** splendente **2** (*fig.*) raggiante; radioso.
**Strahlung** *die* [-,-en] radiazione.
**Strähne** *die* [-,-n] ciocca (di capelli).
**Strand** *der* [-(e)s, *Strände*] spiaggia; riva ● *am* —, in (*o* sulla) spiaggia.
**Strandbad** *das* [-(e)s,-bäder] stabilimento balneare.
**stranden** *v.intr.* [*sein*] **1** (*mar.*) arenarsi **2** (*fig.*) fallire.
**Strandkleid** *das* [-(e)s,-er] prendisole, abito da spiaggia.
**Strandpromenade** *die* [-,-n] lungomare.
**Strapaze** *die* [-,-n] strapazzo, fatica.
**strapazieren** *v.tr.* **1** affaticare **2** logorare, consumare.
**strapazierfähig** *agg.* resistente.
**strapaziös** *agg.* faticoso.
**Straße** *die* [-,-n] **1** strada; via **2** (*geogr.*) stretto ● *auf der* —, per strada | *auf die* — *gehen*, scendere in piazza.
**Straßenbahn** *die* [-,-en] tram.
**Straßenbau** *der* [-(e)s,-ten] (*spec.pl.*) lavori stradali, lavori in corso.
**Straßenhändler** *der* [-s,-; die *-in*] venditore (*m.*; *f. -trice*) ambulante.
**Straßenkehrer** *der* [-s,-] netturbino.
**Straßenlaterne** *die* [-,-n] lampione.
**Straßensperre** *die* [-,-n] blocco stradale.
**Straßenverkehr** *der* [-s] traffico stradale.
**Straßenverkehrsordnung** *die* [-,-en] codice della strada.
**Strategie** *die* [-] strategia.
**strategisch** *agg.* strategico.
**sträuben** *v.tr.* rizzare, drizzare ♦ *sich* **sträuben** *v.pron.* **1** rizzarsi, drizzarsi: *vor Angst sträubten sich ihm die Haare*, gli si drizzarono i capelli in testa dalla paura **2** (*gegen*) opporsi (a).
**Strauch** *der* [-(e)s, *Sträucher*] arbusto; cespuglio.
**Strauß**[1] *der* [-es,-e] (*zool.*) struzzo.

**Strauß**[2] *der* [-es, *Sträuße*] mazzo: *ein* — *Blumen*, un mazzo di fiori.
**streben** *v.intr.* **1** (*nach*) tendere (a), aspirare (a) **2** avviarsi (verso), dirigersi (verso).
**strebsam** *agg.* diligente.
**Strecke** *die* [-,-n] **1** distanza; tragitto **2** (*sport*) percorso **3** (*ferr.*) linea; tratto **4** (*geom.*) segmento ● *auf der* — *bleiben*, non giungere in porto, fallire.
**strecken** *v.tr.* **1** tendere; allungare **2** (*med.*) estendere **3** (*gastr.*) diluire, allungare ♦ *sich strecken* *v.pron.* **1** stendersi, stirarsi **2** distendersi, sdraiarsi.
**Streich** *der* [-(e)s,-e] scherzo: *jdm einen* — *spielen*, giocare un tiro a qlcu.
**streichen** [*strich / gestrichen*] *v.tr.* **1** verniciare, pitturare **2** spalmare, stendere **3** annullare ♦ *v.intr.* **1** [*haben*] (*durch, über* + *Acc*) passare la mano (tra, su), lisciare **2** [*sein*] (*um, durch*) aggirarsi (per), vagare (per).
**Streichholz** *das* [-es,-hölzer] fiammifero.
**Streife** *die* [-,-n] pattuglia.
**streifen** *v.tr.* **1** sfiorare **2** toccare, sfiorare (argomenti) **3** sfilare ♦ *v.intr.* [*sein*] (*durch*) vagare (per), girovagare (per).
**Streifen** *der* [-s,-] **1** striscia; fascia **2** (*fam.*) film.
**Streik** *der* [-(e)s,-e] sciopero.
**streiken** *v.intr.* [*haben*] **1** scioperare **2** (*fam.*) rifiutarsi di funzionare; rifiutarsi di fare qlco.
**Streit** *der* [-(e)s,-e] lite; diverbio; (*estens.*) controversia.
**streiten** [*stritt / gestritten*] *v.intr.* [*haben*] **1** (*um*) litigare (per) **2** (*über* + *Acc*) discutere (di) **3** (*dir.*) essere in lite (*o* in causa) ♦ *sich streiten* *v.pron.* (*fam.*) litigare ● *darüber lässt sich* —, è discutibile.
**Streitfall** *der* [-s,-fälle] controversia.
**streitig** *agg.* discutibile: *jdm etw* — *machen*, contestare qlco (a qlcu); rivendicare qlco (da qlcu).
**streng** *agg.* **1** severo, austero **2** (*di sapore, odore*) aspro, forte **3** (*di clima*) rigido ♦ *avv.* rigorosamente, rigidamente.
**Strenge** *die* [-] **1** severità, rigore **2** (*di*

*sapori, odori*) asprezza **3** (*di clima*) rigore.
**Stress** *der* [-es,-e] stress ● *im — sein*, essere sotto stress.
**stressen** *v.tr.* stressare.
**stressig** *agg.* stressante.
**streuen** *v.tr.* spargere; spandere.
**Strich** *der* [-(e)s,-e] **1** riga; trattino **2** (*di pittura*) tratto, pennellata **3** cancellatura ● (*fam.*) *jdm gegen den — gehen*, dare sui nervi a qlcu.
**Strichcode** *der* [-s,-s] codice a barre.
**Strichpunkt** *der* [-(e)s,-punkte] punto e virgola.
**Strick** *der* [-(e)s,-e] corda, fune; (*estens.*) capestro.
**stricken** *v.tr.* e *intr.* [*haben*] lavorare a maglia.
**Strickjacke** *die* [-,-n] giacca di maglia, cardigan.
**Stricknadel** *die* [-,-n] ferro, ago (da calza).
**Strickwaren** *pl.* (articoli di) maglieria.
**strikt** *agg.* rigoroso.
**strittig** *agg.* discusso, controverso.
**Stroh** *das* [-(e)s] paglia.
**Strohhalm** *der* [-(e)s,-e] **1** filo di paglia, pagliuzza **2** cannuccia ● *nach dem rettenden — greifen*, attaccarsi all'ultimo filo di speranza.
**Strom** *der* [-(e)s, Ströme] **1** (grande) fiume **2** corrente, flusso **3** corrente (elettrica) ● *es regnet in Strömen*, piove a catinelle | *gegen den — schwimmen*, andare controcorrente.
**Stromausfall** *der* [-(e)s,-fälle] interruzione di corrente.
**strömen** *v.intr.* [*sein*] **1** scorrere; fluire **2** (*fig.*) affluire, riversarsi.
**Stromleitung** *die* [-,-en] linea (elettrica).
**Stromschlag** *der* [-(e)s,-schläge] scossa (elettrica).
**Stromzähler** *der* [-s,-] contatore della luce.
**Strophe** *die* [-,-n] strofa.
**Strudel** *der* [-s,-] **1** gorgo, vortice (*anche fig.*) **2** (*gastr.*) strudel.
NOTA Lo **Strudel** è un dolce tipico, nato nell'impero asburgico, preparato con una pasta simile alla sfoglia e farcito con vari ingredienti. Il più conosciuto è lo strudel di mele, altrettanto buoni sono però quelli di noci, papavero, ricotta.

**Struktur** *die* [-,-en] **1** struttura **2** (*di tessuto*) trama.
**Strumpf** *der* [-(e)s, Strümpfe] calza; calzino.
**Strumpfhose** *die* [-,-n] calzamaglia, collant.
**Stube** *die* [-,-n] **1** (*region.*) camera, stanza **2** (*mil.*) camerata.
**Stuck** *der* [-(e)s] stucco.
**Stück** *das* [-(e)s,-e] **1** pezzo; parte **2** brano; opera musicale; opera teatrale **3** esemplare, oggetto **4** persona, tipo **5** (*di strada*) tratto, pezzo ● *aus freien Stücken*, di propria iniziativa | *sich für jdn in Stücke reißen*, farsi in quattro per qlcu | *so ein freches —!*, che faccia tosta!
**stückweise** *avv.* a pezzi, pezzo per pezzo.
**Student** *der* [-en,-en; die -in] (*all'università*) studente (*m.; f.* -essa).
**Studenten(wohn)heim** *das* [-(e)s,-e] pensionato studentesco.
**studieren** *v.tr.* e *intr.* [*haben*] studiare (all'università).

FALSCHER FREUND
Da non confondere con 'studiare' in senso generale, che in contesti non universitari si traduce *lernen*.

**Studio** *das* [-s,-s] (*teatr., fot.*) studio.
**Studium** *das* [-s,-dien] **1** studio (universitario) **2** studio, ricerca.
**Stufe** *die* [-,-n] **1** gradino, scalino **2** (*fig.*) livello, stadio.
**stufenweise** *avv.* gradualmente, per gradi.
**Stuhl** *der* [-(e)s, Stühle] **1** sedia **2** (*med.*) evacuazione.
**Stuhlgang** *der* [-(e)s, -gänge] (*med.*) evacuazione: *— haben*, andare di corpo.
**stumm** *agg.* **1** muto **2** silenzioso, senza parole.
**Stummel** *der* [-s,-] (*fam.*) **1** mozzicone **2** (*di candela*) moccolo.
**stumpf** *agg.* **1** senza punta, smussato

**2** (di persona) (**gegen**) ottuso; insensibile (a): *ein stumpfer Blick*, uno sguardo spento **3** (geom.) ottuso.
**Stumpf** der [-(e)s, Stümpfe] troncone (d'albero).
**stumpfsinnig** agg. **1** ottuso **2** monotono, noioso.
**Stunde** die [-,-n] **1** ora **2** (estens.) momento; tempo **3** (ora di) lezione.
**stundenlang** agg. e avv. di (più) ore, per ore e ore.
**Stundenplan** der [-s,-pläne] orario.
**stundenweise** avv. a ore.
**stündlich** agg. orario ♦ avv. ogni ora: *der Zug fährt* —, c'è un treno ogni ora.
**Sturm** der [-(e)s, Stürme] **1** tempesta, bufera **2** (mil.) assalto.
**stürmen** v.tr. assaltare, dare l'assalto a (anche fig.) ♦ v.intr. **1** [haben] (di vento ecc.) imperversare, infuriare **2** [haben] (sport) attaccare **3** [sein] (in + Acc) precipitarsi (in, verso).
**Sturmflut** die [-,-en] mareggiata.
**stürmisch** agg. **1** burrascoso, tempestoso (anche fig.) **2** (di mare) agitato **3** (fig.) appassionato, irruente.
**Sturz** der [-es, Stürze] caduta, crollo.
**stürzen** v.intr. [sein] **1** cadere; precipitare (anche fig.) **2** (in + Acc; aus) precipitarsi (in, verso; fuori da) **3** (di terreno) scendere a picco ♦ v.tr. **1** buttare, gettare **2** rovesciare, capovolgere **3** (pol.) rovesciare, far cadere ♦ **sich stürzen** v.pron. buttarsi, gettarsi (anche fig.) ♦ *jdn ins Verderben* —, mandare qlcu in rovina | *sich ins Vergnügen* —, darsi alla pazza gioia.
**Sturzhelm** der [-(e)s,-e] casco.
**Stute** die [-,-n] cavalla; giumenta.
**Stuttgart** das Stoccarda.
**Stütze** die [-,-n] appoggio, sostegno (anche fig.).
**stutzen** v.tr. tagliare; (di barba ecc.) spuntare ♦ v.intr. [haben] **1** rimanere sorpreso **2** fermarsi; esitare.
**stützen** v.tr. **1** sostenere; appoggiare **2** puntellare ♦ **sich stützen** v.pron. **1** (auf + Acc) appoggiarsi (a) **2** (fig.) (auf + Acc) basarsi (su), fondarsi (su).
**Subjekt** das [-(e)s,-e] **1** (gramm.) soggetto **2** (spreg.) individuo, tipo.

**subjektiv** agg. soggettivo.
**Substanz** die [-,-en] sostanza.
**subtrahieren** v.tr. sottrarre.
**Subtraktion** die [-,-en] sottrazione.
**Subvention** die [-,-en] sovvenzione.
**subventionieren** v.tr. sovvenzionare.
**subversiv** agg. sovversivo, eversivo.
**Suche** die [-,-n] ricerca ♦ *auf der* — *nach etw sein*, essere alla ricerca di qlco.
**suchen** v.tr. cercare ♦ v.intr. [haben] (nach) cercare.
**Sucht** die [-, Süchte] **1** (med.) dipendenza **2** (fig.) vizio; ossessione, mania.
**süchtig** agg. **1** (nach + Dat) assuefatto (a); dipendente (da) **2** (fig.) (nach + Dat) maniaco (di).
**Süd** der [-(e)s] sud, meridione, mezzogiorno.
**Südafrika** das Sudafrica.
**südafrikanisch** agg. sudafricano.
**Südamerika** das Sudamerica.
**südamerikanisch** agg. sudamericano.
**süddeutsch** agg. tedesco meridionale, della Germania Meridionale.
**Süden** der [-s] **1** sud, Meridione, Mezzogiorno **2** (fam.) (paesi dell')Europa Meridionale ♦ *im, von* —, nel, dal sud.
**Südfrucht** die [-,-früchte] frutto tropicale.
**Süditaliener** der [-s,-; die -in] meridionale (m. e f.).
**südlich** agg. meridionale, del sud ♦ avv. a sud, in meridione: — *von*, a sud di.
**Südosten** der [-s,-] sud-est.
**südöstlich** agg. sudorientale.
**Südpol** der [-s,-] Polo Sud.
**Südsee** die [-] Mare del Sud.
**südwärts** avv. a (o verso o in direzione) sud.
**Südwest, Südwesten** der [-s,-] sud-ovest.
**Südwind** der [-s] vento del Sud.
**Sultan** der [-s,-e] sultano.
**Sülze** die [-,-n] (gastr.) gelatina.
**Summe** die [-,-n] **1** (mat.) somma, totale **2** importo.
**summen** v.intr. [haben] ronzare ♦ v.tr. canticchiare a bocca chiusa.
**summieren** v.tr. sommare, addizio-

**Sumpf** *der* [-(e)s, Sümpfe] **1** palude, acquitrino **2** (*fig.*) pantano.
**sumpfig** *agg.* paludoso.
**Sünde** *die* [-,-n] peccato.
**Sündenbock** *der* [-(e)s,-böcke] capro espiatorio.
**Sünder** *der* [-s,-; die -in] peccatore (*m.*; *f.* -trice).
**sündigen** *v.intr.* [*haben*] peccare.
**super** *agg.* (*fam.*) fantastico, bello.
**Super** *das* [-s,-] (benzina) super.
**Superlativ** *der* [-s,-e] (*gramm.*) (grado) superlativo.
**Supermarkt** *der* [-(e)s,-märkte] supermercato.
**Suppe** *die* [-,-n] minestra.
**Suppenkelle** *die* [-,-n] mestolo.
**Suppenschüssel** *die* [-,-n] zuppiera.
**Suppenteller** *der* [-s,-] piatto fondo, fondina.
**Surfbrett** *das* [-(e)s,-er] (*sport*) tavola per il surf.
**surfen** *v.intr.* [*haben*] praticare il surfing; praticare il windsurf.
**süß** *agg.* **1** dolce (*anche fig.*) **2** (*fam.*) carino, grazioso.
**Süße** *die* [-] dolcezza.
**süßen** *v.tr.* addolcire; dolcificare.
**Süßigkeit** *die* [-,-en] **1** dolcezza **2** (*spec.pl.*) dolciumi.

**süßlich** *agg.* **1** dolciastro **2** (*fig.*) sdolcinato.
**Süßstoff** *der* [-(e)s] dolcificante.
**Süßwaren** *pl.* dolciumi.
**SW** *sigla* (*Südwest*) SO, Sud-Ovest.
**Symbol** *das* [-s,-e] simbolo.
**symbolisch** *agg.* simbolico.
**symmetrisch** *agg.* simmetrico.
**Sympathie** *die* [-,-n] simpatia.
**sympathisch** *agg.* simpatico.
**Symphonie** *die* [-,-n] sinfonia.
**Symptom** *das* [-s,-e] sintomo.
**Synagoge** *die* [-,-n] sinagoga.
**synchronisieren** *v.tr.* sincronizzare.
**Syndrom** *das* [-s,-e] sindrome.
**Synonym** *das* [-s,-e] sinonimo.
**synthetisch** *agg.* sintetico.
**Syphilis** *die* [-] (*med.*) sifilide.
**Syrer, Syrier** *der* [-s,-; die -in] siriano (*m.*; *f.* -a).
**syrisch** *agg.* siriano.
**System** *das* [-s,-e] **1** sistema **2** principio, metodo.
**Szene** *die* [-,-n] **1** (*teatr., cinem.*) scena **2** (*fig.*) scenata: *jdm eine — machen*, fare una scenata a qlcu **3** (*fam.*) ambiente ● *sich in — setzen*, mettersi in mostra.
**Szenerie** *die* [-,-n] scenario (*anche fig.*).

# Tt

**Tabak** *der* [-s,-e] tabacco.
**Tabakladen** *der* [-s,-*läden*] tabaccheria.
**Tabakwaren** *pl.* tabacchi.
**Tabelle** *die* [-,-n] tabella, tavola.
**Tabernakel** *das* o *der* [-s,-] tabernacolo.
**Tablett** *das* [-(e)s,-e o -e] vassoio.
**Tablette** *die* [-,-n] compressa, pastiglia.
**tabu** *agg.invar.* tabù.
**Tabu** *das* [-s,-s] tabù (*anche fig.*).
**Tacho** *der* [-s,-s] **Tachometer** *der* o *das* [-s,-] tachimetro.
**Tadel** *der* [-s,-] biasimo, rimprovero.
**tadellos** *agg.* 1 irreprensibile 2 impeccabile ♦ *avv.* perfettamente.
**tadeln** *v.tr.* biasimare, rimproverare.
**Tafel** *die* [-,-n] 1 lastra, piastra 2 lavagna 3 tavoletta 4 tabella.
**Tafelgeschirr** *das* [-s] servizio da tavola.
**Tag** *der* [-(e)s,-e] 1 giorno 2 giornata 3 (*estens.*) tempo 4 (*fig.*) luce (del giorno) ● **guten —!**, buon giorno!
**Tagebuch** *das* [-(e)s,-*bücher*] diario.
**tagelang** *agg.* di parecchi giorni ♦ *avv.* per giorni e giorni.
**Tagelohn** *der* [-(e)s,-*löhne*] compenso giornaliero.
**Tagelöhner** *der* [-s,-]; die -in] giornaliero (*m.; f.* -a), lavoratore (*m.; f.* -trice) a giornata.
**Tageskarte** *die* [-,-n] 1 biglietto giornaliero 2 menù del giorno.
**Tagesmutter** *die* [-,-*mütter*] bambinaia.
**Tagesschau** *die* [-,-en] telegiornale.
**Tageszeitung** *die* [-,-en] quotidiano.
**täglich** *agg.* quotidiano, giornaliero ♦ *avv.* ogni giorno, tutti i giorni.
**tagsüber** *avv.* di giorno, durante il giorno.
**Tagung** *die* [-,-en] 1 congresso, convegno 2 (*dir.*) seduta, sessione.
**Taifun** *der* [-s,-e] tifone.
**Taille** *die* [-,-n] vita.
**Takt** *der* [-(e)s,-e] 1 (*mus.*) tempo, misura, battuta 2 (*fig.*) tatto, delicatezza.
**Taktgefühl** *das* [-(e)s] tatto, delicatezza.
**taktieren** *v.intr.* [*haben*] 1 agire con tattica 2 dare il tempo.
**Taktik** *die* [-,-en] tattica.
**taktisch** *agg.* tattico.
**taktlos** *agg.* privo di tatto; indelicato.
**Taktlosigkeit** *die* [-,-en] mancanza di tatto; indelicatezza.
**taktvoll** *agg.* pieno di tatto; discreto.
**Tal** *das* [-(e)s, *Täler*] valle.
**Talar** *der* [-s,-e] toga.
**Talent** *das* [-(e)s,-e] 1 talento 2 (persona di) talento.
**Talisman** *der* [-s,-e] talismano.
**Tamburin** *das* [-s,-e] tamburello.
**Tandem** *das* [-s,-s] tandem.
**Tank** *der* [-s,-s] serbatoio, cisterna.
**tanken** *v.intr.* [*haben*] fare rifornimento, fare benzina ♦ *v.tr.* (*fam.*) fare il pieno.
**Tanker** *der* [-s,-] petroliera.

**Tankstelle** *die* [-,-n] distributore (di benzina).
**Tankwart** *der* [-(e)s,-e; *die* -*in*] benzinaio (*m.*; *f.* -a).
**Tanne** *die* [-,-n] abete.
**Tannenbaum** *der* [-(e)s,-bäume] 1 abete bianco 2 albero di Natale.
**Tannenzapfen** *der* [-s,-] pigna (d'abete).
**Tante** *die* [-,-n] zia.
**Tanz** *der* [-es, *Tänze*] ballo, danza.
**tanzen** *v.intr.* [*haben*] ballare, danzare ♦ *v.tr.* ballare.
**Tänzer** *der* [-s,-; *die* -*in*] ballerino (*m.*; *f.* -a).
**Tanzfläche** *die* [-,-n] pista da ballo.
**Tanzlehrer** *der* [-s,-; *die* -*in*] maestro (*m.*; *f.* -a) di ballo.
**Tanzschule** *die* [-,-n] scuola di ballo.
**Tapete** *die* [-,-n] tappezzeria, carta da parati.
**tapezieren** *v.tr.* tappezzare.
**tapfer** *agg.* valoroso, coraggioso.
**Tapferkeit** *die* [-] 1 coraggio 2 valore, eroismo.
**tappen** *v.intr.* [*sein*] brancolare, camminare a tastoni ● *im dunkeln —*, brancolare nel buio.
**Tarantel** *die* [-,-n] tarantola.
**Tarif** *der* [-s,-e] tariffa.
**Tariflohn** *der* [-(e)s,-löhne] salario contrattuale.
**tarnen** *v.tr.* 1 mimetizzare 2 camuffare, mascherare (*anche fig.*).
**Tarnung** *die* [-,-en] 1 mimetizzazione 2 camuffamento, mascheramento.
**Tasche** *die* [-,-n] 1 tasca 2 borsa, borsetta.
**Taschenbuch** *das* [-(e)s,-bücher] (libro) tascabile.
**Taschendieb** *der* [-(e)s,-e; *die* -*in*] borsaiolo (*m.*; *f.* -a), borseggiatore (*m.*; *f.* -trice).
**Taschengeld** *das* [-(e)s] denaro per le piccole spese; (*fam.*) paghetta, mancia.
**Taschenlampe** *die* [-,-n] pila.
**Taschenmesser** *das* [-s,-] temperino, coltellino.
**Taschenrechner** *der* [-s,-] calcolatrice tascabile.

**Taschentuch** *das* [-(e)s,-tücher] fazzoletto.
**Taschenwörterbuch** *das* [-(e)s,-bücher] dizionario tascabile.
**Tasse** *die* [-,-n] tazza.
**Tastatur** *die* [-,-en] tastiera.
**Taste** *die* [-,-n] tasto.
**tasten** *v.intr.* 1 tastare, palpare (*anche fig.*) 2 digitare ♦ *v.intr.* [*haben*] 1 andare a tastoni 2 (*nach*) cercare a tastoni ♦ **sich tasten** *v.pron.* andare a tastoni.
**Tastsinn** *der* [-(e)s] (senso del) tatto.
**Tat** *die* [-,-en] 1 azione, atto; (*estens.*) opera 2 reato, crimine ● *etw in die — umsetzen*, mettere in pratica qlco | *in der —*, infatti, effettivamente.
**Täter** *der* [-s,-; *die* -*in*] autore (*m.*; *f.* -trice) (di un reato); (*dir.*) colpevole (*m.* e *f.*), reo (*m.*; *f.* -a).
**tätig** *agg.* attivo: *— sein*, lavorare.
**Tätigkeit** *die* [-,-en] attività, occupazione, professione: *einer — nachgehen*, svolgere una professione.
**Tatort** *der* [-(e)s,-e] luogo del reato.
**tätowieren** *v.tr.* tatuare ♦ **sich tätowieren** *v.pron.* tatuarsi.
**Tätowierung** *die* [-,-en] tatuaggio.
**Tatsache** *die* [-,-en] fatto, dato di fatto.
**tatsächlich** *agg.* reale, effettivo ♦ *avv.* di fatto.
**Tatze** *die* [-,-en] zampa.
**Tau¹** *der* [-(e)s] rugiada.
**Tau²** *das* [-(e)s,-e] corda, gomena.
**taub** *agg.* 1 sordo 2 (*fig.*) intorpidito, insensibile 3 (*di frutta*) vuoto, senza nocciolo.
**Taube** *die* [-,-en] colomba (*anche pol.*); piccione.
**Taubheit** *die* [-] 1 sordità 2 (*fig.*) insensibilità.
**taubstumm** *agg.* sordomuto.
**tauchen** *v.intr.* [*haben* o *sein*] (*nach*) immergersi (alla ricerca di) ♦ *v.tr.* (*in* + *Acc*) immergere (in).
**Taucher** *der* [-s,-; *die* -*in*] sommozzatore (*m.*; *f.* -trice), sub (*m.* e *f.*).
**tauen** *v.intr.* [*haben* o *sein*] sciogliersi ● *es taut*, sta sgelando; la neve si sta sciogliendo.

**Taufe** *die* [-,-*en*] battesimo.
**taufen** *v.tr.* battezzare (*anche fig.*).
**tauglich** *agg.* **1** (*zu*) adatto (a), idoneo (a) **2** (*mil.*) abile, idoneo.
**Tausch** *der* [-(*e*)*s*,-*e*] cambio, scambio.
**tauschen** *v.tr.* scambiare ♦ *v.intr.* [*haben*] fare uno scambio, fare cambio.
**täuschen** *v.tr.* ingannare, imbrogliare ♦ *v.intr.* [*haben*] **1** ingannare, illudere **2** (*sport*) fare una finta ♦ **sich täuschen** *v.pron.* sbagliarsi, ingannarsi.
**Täuschung** *die* [-,-*en*] **1** inganno **2** illusione: *sich einer — hingeben*, farsi illusioni.
**tausend** *agg.num.card.invar.* mille ♦ (*fam.*) — *Dank*, grazie mille.
**Tauwetter** *das* [-*s*,-] disgelo (*anche pol.*).
**Taxameter** *der* o *das* [-*s*,-] tassametro.
**Taxi** *das* [-(*s*),-(*s*)] taxi.
**Taxifahrer** *der* [-*s*,-; die -*in*] tassista (*m.* e *f.*), taxista (*m.* e *f.*).
**Team** *das* [-*s*,-*s*] **1** gruppo, équipe **2** (*sport*) squadra.
**Technik** *die* [-,-*en*] tecnica.
**Techniker** *der* [-*s*,-; die -*in*] tecnico (*m.*; *f.* -a).
**technisch** *agg.* tecnico.
**Technologie** *die* [-,-*n*] tecnologia.
**technologisch** *agg.* tecnologico.
**Teddy** *der* [-*s*,-*s*] **Teddybär** *der* [-*en*,-*en*] orsacchiotto.
**Tee** *der* [-*s*] tè, infuso.
**Teekanne** *die* [-,-*n*] teiera.
**Teenager** *der* [-*s*,-] adolescente, teenager.
**Teer** *der* [-(*e*)*s*] catrame.
**Teich** *der* [-(*e*)*s*,-*e*] stagno.
**Teig** *der* [-(*e*)*s*,-*e*] impasto, pastella.
**Teigwaren** *pl.* (*gastr.*) pasta.
**Teil** *der* o *das* [-(*e*)*s*,-*e*] **1** parte **2** parte, quota, porzione **3** (*dir.*) parte (in un processo), controparte ● *zum* —, in parte.
**teilbar** *agg.* divisibile.
**Teilchen** *das* [-*s*,-] **1** (*fis.*) particella **2** (*region.*) pasticcino.
**teilen** *v.tr.* **1** dividere, separare **2** condividere (*anche fig.*) **3** (*mat.*) (*durch*) dividere (per) ♦ **sich teilen** *v.pron.* **1** dividersi, spartirsi **2** (*di strade*) biforcarsi.

**teil·haben** (→ *haben*) *v.intr.* [*haben*] (*an* + *Dat*) partecipare (a), avere parte (in).
**Teilhaber** *der* [-*s*,-; die -*in*] (*comm.*) socio (*m.*; *f.* -a), partner (*m.* e *f.*).
**Teilnahme** *die* [-] **1** (*an* + *Dat*) partecipazione (a) **2** (*estens.*) (*an* + *Dat*) interesse (per).
**teil·nehmen** (→ *nehmen*) *v.intr.* [*haben*] (*an* + *Dat*) partecipare (a), prendere parte (a).
**Teilnehmer** *der* [-*s*,-; die -*in*] **1** partecipante (*m.* e *f.*) **2** utente (*m.* e *f.*), abbonato (*m.*; *f.* -a).
**teils** *avv.* in parte; (*fam.*) così, così.
**Teilung** *die* [-,-*en*] **1** divisione, spartizione **2** (*biol.*) scissione.
**teilweise** *avv.* parziale.
**Teilzeitarbeit** *die* [-,-*en*] lavoro part-time.
**Teint** *der* [-*s*,-*s*] carnagione, incarnato.
**Telefon** *das* [-*s*,-*e*] telefono.
**Telefonanruf** *der* [-(*e*)*s*,-*e*] telefonata, chiamata.
**Telefonbuch** *das* [-(*e*)*s*,-*bücher*] elenco telefonico.
**Telefongespräch** *das* [-*es*,-*e*] conversazione telefonica.
**telefonieren** *v.intr.* [*haben*] telefonare.
**telefonisch** *agg.* telefonico ♦ *avv.* per telefono.
**Telefonleitung** *die* [-,-*en*] linea telefonica.
**Telefonnummer** *die* [-,-*n*] numero di telefono.
**Telefonzelle** *die* [-,-*n*] cabina telefonica.
**Telefonzentrale** *die* [-,-*n*] centralino.
**telegrafieren** *v.tr.* e *intr.* [*haben*] telegrafare (a).
**Telegramm** *das* [-*s*,-*e*] telegramma.
**Telekommunikation** *die* [-] telecomunicazioni.
**Telepathie** *die* [-] telepatia.
**Teleskop** *das* [-*s*,-*e*] telescopio.
**Telex** *das* [-,-(*e*)] telescrivente, telex.
**Teller** *der* [-*s*,-] piatto.
**Tempel** *der* [-*s*,-] tempio.

**Temperament** *das* [-(e)s,-e] temperamento.

**temperamentvoll** *agg.* vivace, brioso.

**Temperatur** *die* [-,-en] temperatura (*anche med.*).

**Temperaturregler** *der* [-s,-] termostato.

**Tempo** *das* [-s,-s o -pi] **1** (*mus.*) tempo **2** velocità.

> **FALSCHER FREUND**
> Da non confondere con l'italiano 'tempo' in senso cronologico (*Zeit*) o atmosferico (*Wetter*).

**Tendenz** *die* [-,-en] tendenza.
**Tennis** *das* [-] tennis.
**Tennisplatz** *der* [-es,-plätze] campo da tennis.
**Tennisspieler** *der* [-s,-; die -in] tennista (*m. e f.*).
**Tenor** *der* [-s,-nöre] (*mus.*) tenore.
**Teppich** *der* [-s,-e] tappeto.
**Teppichboden** *der* [-s,-böden] moquette.
**Termin** *der* [-s,-e] **1** appuntamento: *einen — beim Arzt vereinbaren*, fissare un appuntamento dal dottore **2** termine, (data di) scadenza.
**termingemäß, termingerecht** *agg.* puntuale, tempestivo ♦ *avv.* secondo la scadenza, puntualmente.
**Terminkalender** *der* [-s,-] agenda.
**Terrasse** *die* [-,-n] terrazza, terrazzo.
**Terrine** *die* [-,-n] terrina, zuppiera.
**Terror** *der* [-s] terrore.
**Terroranschlag** *der* [-(e)s,-schläge] attentato terroristico.
**Terrorismus** *der* [-] terrorismo.
**Terrorist** *der* [-en,-en; die -in] terrorista (*m. e f.*).
**Tesafilm**® *der* [-s,-e] scotch, nastro adesivo.
**Tessin** *das* Canton Ticino.
**Test** *der* [-(e)s,-e o -s] prova, test.
**Testament** *das* [-(e)s,-e] testamento.
**testen** *v.tr.* sottoporre a test, testare.
**Tetanus** *der* [-] tetano.
**teuer** *compar.* **teurer** *superl.* **teuerst** *agg.* caro, costoso ♦ *avv.* a caro prezzo.

**Teufel** *der* [-s,-] diavolo, demonio • *geh' doch zum —!*, va'al diavolo!
**teuflisch** *agg.* diabolico, infernale.
**Text** *der* [-es,-e] **1** testo **2** (*mus.*) libretto.
**Textilien** *pl.* (prodotti) tessili.
**Textilindustrie** *die* [-,-n] industria tessile.
**Textverarbeitung** *die* [-,-en] elaborazione di testi.
**Thailand** *das* Tailandia.
**Thailänder** *der* [-s,-; die -in] tailandese (*m. e f.*).
**Theater** *das* [-s,-] teatro: *ins — gehen*, andare a teatro.
**Theaterkasse** *die* [-,-n] botteghino.
**Theaterstück** *das* [-(e)s,-e] opera teatrale.
**theatralisch** *agg.* teatrale (*anche fig.*).
**Theke** *die* [-,-n] **1** banco (di mescita), bancone **2** banco di vendita.
**Thema** *das* [-s,-men o -ta] tema (*anche mus.*).
**thematisch** *agg.* tematico (*anche mus.*).
**Theologe** *der* [-n,-n; die Theologin *m.; f.* -a).
**Theologie** *die* [-,-n] teologia.
**theologisch** *agg.* teologico.
**Theorem** *das* [-s,-e] teorema.
**theoretisch** *agg.* teorico ♦ *avv.* in teoria.
**Theorie** *die* [-,-n] teoria.
**therapeutisch** *agg.* terapeutico.
**Therapie** *die* [-,-n] terapia.
**thermal** *agg.* termale.
**Thermalbad** *das* [-(e)s,-bäder] **1** località termale **2** bagno termale.
**thermisch** *agg.* (*fis.*) termico.
**Thermometer** *das* [-s,-] termometro.
**Thermosflasche** *die* [-,-n] thermos.
**These** *die* [-,-n] tesi.
**Thrombose** *die* [-,-n] trombosi.
**Thron** *der* [-(e)s,-e] trono.
**Thunfisch, Tunfisch** *der* [-(e)s,-e] tonno.
**Thüringen** *das* Turingia.
**Tibetaner** *der* [-s,-; die -in] tibetano (*m.; f.* -a).
**Tic** *der* [-s,-s] (*med.*) tic.

**Tick** *der* [-(e)s,-s] fissazione.
**tief** *agg.* **1** profondo (*anche fig.*): *ein tiefer Schnitt*, un taglio profondo **2** basso: *tiefe Stimme*, voce bassa ♦ *avv.* **1** profondamente, in profondità (*anche fig.*): *— in der Nacht*, in piena notte **2** (in) basso **3** (*di misura*) profondo, di profondità.
**Tief** *das* [-s,-s] (*meteor.*) bassa pressione.
**Tiefdruck** *der* [-(e)s] (*meteor.*) bassa pressione.
**Tiefe** *die* [-,-n] **1** profondità **2** (*fig.*) profondità, intensità.
**tiefgefrieren** *v.tr.* surgelare.
**tiefgefroren** *agg.* surgelato.
**tiefgekühlt** *agg.* surgelato.
**Tiefkühlung** *die* [-] surgelazione.
**tiefsinnig** *agg.* profondo, approfondito.
**Tiegel** *der* [-s,-] tegame, tegamino.
**Tier** *das* [-(e)s,-e] animale, bestia (*anche fig.*).
**Tierarzt** *der* [-es,-ärzte; die -ärztin] veterinario (*m.; f.* -a).
**Tiergarten** *der* [-s,-gärten] giardino zoologico.
**tierisch** *agg.* **1** animale **2** (*fig.*) bestiale, brutale ♦ *avv.* (*fam.*) terribilmente.
**Tierkreis** *der* [-es,-e] zodiaco.
**Tierkreiszeichen** *das* [-s,-] segno zodiacale.
**Tierkunde** *die* [-] zoologia.
**Tierpark** *der* [-s,-s] giardino zoologico.
**Tierschutzgebiet** *das* [-(e)s,-e] riserva faunistica.
**Tiger** *der* [-s,-] tigre.
**Tinktur** *die* [-,-en] tintura.
**Tinte** *die* [-,-n] inchiostro.
**Tintenfisch** *der* [-es,-e] seppia.
**Tipp** *der* [-s,-s] consiglio, suggerimento.
**tippen**[1] *v.intr.* [*haben*] **1** (*an, auf* +*Acc*) toccare leggermente **2** battere a macchina ♦ *v.tr.* battere (un testo) a macchina.
**tippen**[2] *v.intr.* [*haben*] **1** (*auf* + *Acc*) scommettere (su) **2** prevedere.
**Tirol** *das* Tirolo.
**Tiroler** *agg.invar.* tirolese ♦ [-s,-; die -in] tirolese (*m.* e *f.*).

**Tisch** *der* [-es,-e] tavolo, tavola ● *zu —!*, a tavola!
**Tischdecke** *die* [-,-n] tovaglia.
**Tischler** *der* [-s,-; die -in] falegname (*m.*).
**Tischlerei** *die* [-,-en] falegnameria.
**Tischtennis** *das* [-] ping-pong.
**Tischtuch** *das* [-(e)s,-tücher] tovaglia.
**Titan** *das* [-s] (*chim.*) titanio.
**Titel** *der* [-s,-] titolo.
**Toast** *der* [-es,-e o -s] toast.
**Toastbrot** *das* [-(e)s,-e] pancarré.
**toasten** *v.tr.* tostare (il pane).
**Toaster** *der* [-s,-] tostapane.
**toben** *v.intr.* [*haben*] **1** infuriare, imperversare **2** essere furioso **3** scatenarsi.
**Tochter** *die* [-, *Töchter*] figlia.
**Tod** *der* [-(e)s,-e] morte, decesso.
**Todesangst** *die* [-,-ängste] **1** paura della morte **2** (*fig.*) paura da morire.
**Todesanzeige** *die* [-,-n] necrologio, annuncio mortuario.
**Todeskampf** *der* [-(e)s,-kämpfe] agonia.
**Todesstrafe** *die* [-,-n] pena capitale, pena di morte.
**tödlich** *agg.* mortale, letale.
**todmüde** *agg.* stanco morto.
**toi** *inter.* ● *—, — —!*, in bocca al lupo.
**Toilette** *die* [-,-n] **1** toeletta **2** toilette, servizi.
**Toilettenpapier** *das* [-(e)s] carta igienica.
**tolerant** *agg.* (*gegen* + *Acc*, *gegenüber* + *Dat*) tollerante (verso, con).
**Toleranz** *die* [-] tolleranza.
**toll** *agg.* (*fam.*) fantastico, grandioso ♦ *avv.* da pazzi, da matti.
**Tollwut** *die* [-] rabbia, idrofobia.
**tollwütig** *agg.* rabbioso, idrofobo.
**tölpelhaft** *agg.* sciocco, balordo.
**Tomate** *die* [-,-en] pomodoro.
**Tomatensaft** *der* [-es,-säfte] succo di pomodoro.
**Ton**[1] *der* [-(e)s, *Töne*] **1** tono, suono (*anche fig.*) **2** (*gramm.*) accento **3** (*di colori*) tonalità, sfumatura ● (*mus.*) *den — angeben*, dare il la.
**Ton**[2] *der* [-(e)s] argilla; creta.

**tönen** *v.intr.* [haben] risuonare ♦ *v.tr.* colorare, tingere.
**tonisch** *agg.* tonico.
**Tonleiter** *die* [-,-n] scala (musicale).
**Tonne** *die* [-,-n] **1** tonnellata **2** botte, barile **3** (*fig.*) ciccione, botte.
**Tonspur** *die* [-,-en] (*cinem.*) colonna sonora.
**Tönung** *die* [-,-en] tintura, colorazione.
**Tonwaren** *pl.* terracotte.
**Topas** *der* [-es,-e] topazio.
**Topf** *der* [-(e)s, *Töpfe*] **1** pentola, casseruola **2** (*pop.*) vaso da notte.
**Topfblume** *die* [-,-n] pianta in vaso.
**Topfen** *der* [-s] (*austr.*) ricotta.
**Töpfer** *der* [-s,-] vasaio.
**Töpferei** *die* [-,-en] ceramica.
**Töpferwaren** *pl.* ceramiche.
**Topographie, Topografie** *die* [-,-n] topografia.
**topographisch, topografisch** *agg.* topografico.
**topp** *inter.* d'accordo, va bene.
**Tor** *das* [-(e)s,-e] **1** portone, cancello **2** porta (della città) **3** (*sport*) porta, rete, goal.
**Torf** *der* [-(e)s] torba.
**Tornado** *der* [-s,-s] (*meteor.*) tornado.
**Torpedo** *der* [-s,-s] siluro.
**Torte** *die* [-,-n] torta (con crema).
**Tortenheber** *der* [-s,-] paletta per dolci.
**Tortur** *die* [-,-en] tortura, tormento.
**Torwart** *der* [-es,-e] (*sport*) portiere.
**Toskana** *die* Toscana.
**tot** *agg.* **1** morto, defunto **2** (*di luoghi*) inanimato, deserto **3** (*di colori, di sguardo*) spento **4** (*di miniere*) sterile.
**total** *agg.* totale.
**totalisieren** *v.tr.* totalizzare.
**totalitär** *agg.* totalitario.
**Tote** *der* e *die* [-n,-n] morto (*m.*; *f.* -a), defunto (*m.*; *f.* -a).
**töten** *v.tr.* uccidere, ammazzare (*anche fig.*) ♦ **sich töten** *v.pron.* uccidersi.
**Totenkopf** *der* [-es,-*köpfe*] teschio.
**tot·schlagen** (→ *schlagen*) *v.tr.* ammazzare, uccidere (*anche fig.*).
**Tötung** *die* [-,-en] (*dir.*) uccisione, omicidio.

**Tour** *die* [-,-en] **1** gita, giro, viaggio **2** (*fam.*) maniera, modo **3** (*spec.pl.*) (*tecn.*) giri, regime ● *auf Touren kommen*, andare su di giri (*anche fig.*).
**Tourismus** *der* [-] turismo.
**Tourist** *der* [-en,-en; die -in] turista (*m.* e *f.*).
**touristisch** *agg.* turistico.
**Tournee** *die* [-,- s o *-neen*] tournée: *auf — gehen, sein*, andare, essere in tournée.
**Toxin** *das* [-s,-e] (*med., biol.*) tossina.
**toxisch** *agg.* tossico.
**Trab** *der* [-(e)s] trotto.
**Trabant** *der* [-en,-en] **1** (*astr.*) satellite (*anche fig.*) **2** (*aut.*) Trabant.

NOTA La **Trabant**, detta anche *Trabbi*, era lo status symbol dei cittadini della DDR. Presentata alla fiera di Lipsia per la prima volta nel 1957, fu apprezzata perché era robusta e consumava poco. Dopo la riunificazione, scomparve presto dalla circolazione. Sopravvive a tutt'oggi grazie ad alcuni club di appassionati.

**Tracht** *die* [-,-en] costume (tradizionale).
**Tradition** *die* [-,-en] tradizione.
**traditionell** *agg.* tradizionale.
**Tragbahre** *die* [-,-n] barella.
**tragbar** *agg.* **1** portatile **2** (*di vestiti*) indossabile, portabile **3** (*di costi*) sostenibile.
**träge** *agg.* **1** indolente, lento **2** (*fis.*) inerte ♦ *avv.* pigramente, lentamente.
**tragen** [*trägt* / *trug* / *getragen*] *v.tr.* **1** portare: *ein Kleid —*, portare un abito **2** *pflegen*, (*sor*)reggere, sostenere **3** (*fig.*) sopportare ♦ *v.intr.* [haben] **1** (*di animale*) essere gravido **2** fruttare (*anche fig.*) ♦ **sich tragen** *v.pron.* portarsi, vestire.
**Träger** *der* [-s,-] **1** portatore **2** (*spedizioni*) vettore **3** (*arch.*) trave **4** (*abbigl.*) spallina.
**Tragflächenboot** *das* [-(e)s,-e] **Tragflügelboot** *das* [-(e)s,-e] aliscafo.
**Trägheit** *die* [-,-en] **1** indolenza, pigrizia **2** (*fis.*) inerzia.
**Tragik** *die* [-] tragicità, tragico.
**tragisch** *agg.* tragico.

**Tragkraft** *die* [-,-*kräfte*] portata, capacità di carico.
**Tragödie** *die* [-,-*n*] tragedia (*anche fig.*).
**Trainer** *der* [-*s*,-; die -*in*] (*sport*) allenatore (*m.; f.* -trice).
**trainieren** *v.tr.* 1 allenare 2 allenarsi in ♦ *v.intr.* [*haben*] allenarsi, esercitarsi ♦ **sich trainieren** *v.pron.* allenarsi.
**Training** *das* [-*s*,-*s*] allenamento.
**Trainingsanzug** *der* [-(*e*)*s*,-*züge*] tuta (sportiva).
**Trakt** *der* [-(*e*)*s*,-*e*] ala, parte (di edifici).
**Traktor** *der* [-*s*,-*en*] trattore.
**Tram** *die* [-,-*s*] o (*svizz.*) *das* [-*s*,-*s*] tram.
**trampeln** *v.intr.* 1 [*haben*] battere i piedi 2 [*sein*] camminare pesantemente, calpestare.
**trampen** *v.intr.* [*sein*] fare l'autostop.
**Tramper** *der* [-*s*,-; die -*in*] autostoppista (*m. e f.*).
**Träne** *die* [-,-*n*] lacrima.
**tränken** *v.tr.* 1 abbeverare 2 (*mit*) impregnare (di).
**Transfer** *der* [-*s*] 1 (*econ.*) trasferimento (di valuta) 2 (*psic.*) transfer.
**Transfusion** *die* [-,-*en*] (*med.*) trasfusione.
**Transit** *der* [-*s*,-*e*] (*comm.*) transito.
**transparent** *agg.* [-(*e*)*s*,-*e*] 1 strisciante 2 diapositiva.
**Transparenz** *die* [-] trasparenza.
**Transpiration** *die* [-] traspirazione.
**Transplantation** *die* [-,-*en*] (*med.*) trapianto.
**transplantieren** *v.tr.* trapiantare.
**Transport** *der* [-(*e*)*s*,-*e*] trasporto, spedizione.
**transportieren** *v.tr.* trasportare.
**Transportunternehmen** *das* [-*s*,-] impresa di spedizioni.
**Transvestit** *der* [-*en*,-*en*] travestito.
**Trapez** *das* [-*es*,-*e*] trapezio.
**Trassenführung** *die* [-,-*en*] tracciato.
**Traube** *die* [-,-*n*] 1 acino, chicco 2 grappolo (*anche fig.*) 3 (*pl.*) uva.
**Traubenlese** *die* [-,-*n*] vendemmia.
**Traubenzucker** *der* [-*s*] glucosio.
**trauen** *v.intr.* [*haben*] (+ *Dat*) fidarsi (di); (*estens.*) credere (a): *ich traue ihm nicht*, non mi fido di lui ♦ *v.tr.* sposare, unire in matrimonio ♦ **sich trauen** *v.pron.* osare, avere il coraggio (di), fidarsi.
**Trauer** *die* [-] lutto.
**trauern** *v.intr.* [*haben*] (*um*) essere in lutto (per).
**Trauerspiel** *das* [-(*e*)*s*,-*e*] tragedia (*anche fig.*).
**Trauerweide** *die* [-,-*n*] salice piangente.
**Traum** *der* [-(*e*)*s*, *Träume*] sogno.
**Trauma** *das* [-*s*,-*men* o -*ta*] trauma.
**traumatisch** *agg.* traumatico.
**träumen** *v.tr.* e *intr.* [*haben*] 1 sognare 2 (*fig.*) fantasticare.
**Träumerei** *die* [-,-*en*] fantasticheria.
**träumerisch** *agg.* sognatore, sognante.
**traumhaft** *agg.* di sogno, fantastico ♦ *avv.* come in sogno.
**traurig** *agg.* 1 triste 2 (*di evento*) triste 3 misero.
**Traurigkeit** *die* [-] tristezza.
**Trauring** *der* [-*es*,-*e*] fede, vera, anello nuziale.
**Trauung** *die* [-,-*en*] matrimonio.
**Trauzeuge** *der* [-*n*,-*n*; die *Trauzeugin*] testimone (*m. e f.*) (di nozze).
**treffen** [*trifft* / *traf* / *getroffen*] *v.tr.* 1 colpire 2 incontrare ♦ *v.intr.* [*sein*] (*auf* + *Acc*) imbattersi (in) ♦ **sich treffen** *v.pron.* 1 incontrarsi 2 avvenire ● *es gut*, *schlecht* — (*mit*), avere fortuna, sfortuna (con).
**Treffen** *das* [-*s*] incontro (*anche sport*).
**treffend** *agg.* indovinato, azzeccato ♦ *avv.* in modo appropriato.
**Treffer** *der* [-*s*,-] 1 colpo andato a segno 2 vincita, numero vincente (di lotteria) 3 (*sport*) goal.
**Treffpunkt** *der* [-(*e*)*s*,-*e*] punto d'incontro.
**treffsicher** *agg.* 1 sicuro nel tiro 2 (*fig.*) preciso.
**treiben** [*trieb* / *getrieben*] *v.tr.* 1 far andare, sospingere 2 (*fig.*) spingere, incitare 3 (*fam.*) fare ♦ *v.intr.* [*sein*] 1 (*fam.*) avere effetti diuretici 2 essere trasportato dall'acqua 3 (*di piante*) buttare (foglie, gemme) ● *Sport* —, praticare sport.

**Treibhaus** *das* [-es,-häuser] serra.
**Treibhauseffekt** *der* [-es,-e] effetto serra.
**Treibjagd** *die* [-,-en] battuta di caccia.
**Treibsand** *der* [-(e)s] sabbie mobili.
**Treibstoff** *der* [-(e)s,-e] carburante.
**Trend** *der* [-s,-s] trend, tendenza.
**trennbar** *agg.* **1** separabile (*anche gramm.*) **2** divisibile.
**trennen** *v.tr.* **1** dividere, separare **2** interrompere (una telefonata) **3** (*cucito*) scucire, staccare ♦ **sich trennen** *v.pron.* dividersi, separarsi.
**Trennung** *die* [-,-en] **1** divisione; separazione (*anche dir.*) **2** distacco **3** interruzione.
**Treppe** *die* [-,-n] scala, scalinata.
**Treppenabsatz** *der* [-es,-sätze] pianerottolo.
**Treppenhaus** *das* [-es,-häuser] tromba delle scale.
**Treppenstufe** *die* [-,-n] gradino, scalino.
**Tresor** *der* [-s,-e] **1** cassaforte **2** caveau (di banca).
**Tretboot** *das* [-(e)s,-e] pedalò.
**treten** [tritt / trat / getreten] *v.intr.* **1** [sein] muovere i passi, andare **2** [haben o sein] pestare, calpestare **3** [haben] (nach) dare una pedata, un calcio a ♦ *v.tr.* spronare ● *in Kontakt* —, entrare in contatto | *sich* — *lassen*, farsi mettere i piedi in testa | — *Sie näher!*, (venga) avanti!
**treu** *agg.* **1** fedele, devoto **2** onesto, leale.
**Treue** *die* [-] **1** fedeltà, devozione **2** onestà, lealtà.
**treulos** *agg.* infedele, sleale.
**Triangel** *der* o *das* [-s,-] (*mus.*) triangolo.
**Tribunal** *das* [-s,-e] tribunale.
**Tribüne** *die* [-,-n] tribuna, podio.
**Trichter** *der* [-s,-] **1** tramoggia **2** cratere (di vulcani, bombe).
**Trick** *der* [-s,-e o -s] trucco, astuzia.
**Trickfilm** *der* [-(e)s,-e] cartone animato.
**Trieb** *der* [-(e)s,-e] **1** pulsione; (*estens.*) istinto **2** (*mecc.*) azionamento.

**Triebkraft** *die* [-,-kräfte] forza motrice (*anche fig.*).
**Triebwagen** *der* [-s,-] **1** motrice (di tram) **2** (*ferr.*) automotrice.
**Triebwerk** *das* [-(e)s,-e] motore, propulsore.
**triefen** [triefte o troff / getrieft o getroffen] *v.intr.* [sein o haben] (s)gocciolare, grondare.
**Trient** *das* Trento.
**Triest** *das* Trieste.
**Trikot** *das* [-s,-s] (*sport*) maglia, maglietta.
**Triller** *der* [-s,-] trillo (*anche estens.*).
**trillern** *v.tr.* e *intr.* [haben] trillare (*anche estens.*).
**Trillerpfeife** *die* [-,-n] fischietto.
**trimmen** *v.tr.* **1** (*fam.*) allenare, addestrare sportivamente **2** tosare (cani) ♦ **sich trimmen** *v.pron.* allenarsi.
**Trinität** *die* [-] (*relig.*) trinità.
**trinkbar** *agg.* **1** potabile **2** bevibile.
**trinken** [trank / getrunken] *v.tr.* bere ♦ *v.intr.* [haben] bere ● *auf jds Wohl* (o *Gesundheit*) —, bere alla salute di qlcu.
**Trinkgeld** *das* [-(e)s,-er] mancia.
**Trinkhalm** *der* [-(e)s,-e] cannuccia.
**Trinkwasser** *das* [-s] acqua potabile.
**Trio** *das* [-s,-s] **1** (*mus.*) trio **2** terzetto.
**Triole** *die* [-,-n] (*mus.*) terzina.
**Tritt** *der* [-(e)s,-e] **1** passo, andatura **2** pedata, calcio.
**Triumph** *der* [-(e)s,-e] trionfo.
**triumphal** *agg.* trionfale.
**triumphieren** *v.intr.* [haben] (*über* + *Acc*) trionfare (su).
**trocken** *agg.* asciutto, secco; (*di terreno*) arido: *trockener Wein*, vino secco ♦ *avv.* a secco.
**Trockenheit** *die* [-] **1** siccità **2** aridità.
**trocken-legen** *v.tr.* **1** prosciugare, bonificare **2** cambiare (i pannolini a).
**Trockenmilch** *die* [-] latte in polvere.
**Trockenreinigung** *die* [-,-en] lavaggio a secco.
**trocknen** *v.tr.* **1** asciugare, seccare **2** essiccare ♦ *v.intr.* [sein] asciugarsi.
**Trödelmarkt** *der* [-(e)s,-märkte] mercatino delle pulci.
**Trommel** *die* [-,-n] tamburo.

**Trommelfell** *das* [-(e)s,-e] (anat.) timpano.

**trommeln** *v.intr.* [haben] **1** suonare il tamburo **2** tamburellare **3** (*gegen, auf* + *Acc*) picchiare (contro), battere (contro) ♦ *v.tr.* battere.

**Trommler** *der* [-s,-] (mil.) tamburino.

**Trompete** *die* [-,-n] (mus.) tromba.

**trompeten** *v.intr.* [haben] **1** suonare la tromba **2** (*di elefante*) barrire.

**Trompeter** *der* [-s,-] [die -*in*] suonatore (*m.*; *f.* -trice) di tromba **2** (mil.) trombettiere.

**Tropen** *pl.* Tropici.

**tröpfeln** *v.intr.* [haben] gocciolare • *es tröpfelt*, pioviggina.

**tropfen** *v.tr.* versare a gocce ♦ *v.intr.* [haben] gocciolare.

**Tropfen** *der* [-s,-] goccia.

**Tropfstein** *der* [-es,-e] • *hängender* —, stalattite | *stehender* —, stalagmite.

**Trophäe** *die* [-,-n] trofeo.

**tropisch** *agg.* tropicale.

**Trost** *der* [-es] consolazione, conforto.

**trösten** *v.tr.* consolare, confortare ♦ *sich trösten* *v.pron.* (*über* + *Acc*) consolarsi (di).

**trostlos** *agg.* **1** sconsolato, sconfortato **2** (fig.) desolato, squallido ♦ *avv.* in modo sconsolato.

**Trostlosigkeit** *die* [-] **1** sconforto **2** desolazione, squallore.

**Trott** *der* [-(e)s,-] **1** (piccolo) trotto **2** (fig.) tran tran, routine.

**Trottel** *der* [-s,-] (fam.) tonto, persona poco sveglia.

**trotten** *v.intr.* [sein] **1** (di cavalli) andare al piccolo trotto **2** camminare lentamente.

**trotz** *prep.* (+ *Gen* o *Dat*) nonostante, malgrado: — *allem* (o *alledem*) malgrado tutto.

**Trotz** *der* [-es] **1** caparbietà, ostinazione **2** dispetto • *aus* —, per dispetto | *jdm zum* —, a dispetto di qlcu.

**trotzdem** *avv.* tuttavia, ciononostante, eppure.

**trotzig** *agg.* caparbio, ostinato.

**trübe** *agg.* **1** torbido (*anche fig.*) **2** (*di luce*) fioco **3** (*di sguardo*) fosco, cupo **4** (*di tempo*) grigio, bigio.

**Trubel** *der* [-s,-] confusione, scompiglio.

**trüben** *v.tr.* **1** intorbidare, offuscare **2** guastare ♦ *sich trüben* *v.pron.* offuscarsi.

**trübsinnig** *agg.* malinconico.

**Trüffel** *die* [-,-n] tartufo.

**trügen** [*trog* / *getrogen*] *v.tr.* e *intr.* [haben] ingannare.

**trügerisch** *agg.* ingannevole, illusorio.

**Trümmer** *pl.* **1** macerie, rovine (di edifici); rottami (di aerei ecc.) **2** (estens.) resti, frammenti, pezzi.

**Trunkenheit** *die* [-] ebbrezza: — *am Steuer*, guida in stato di ebbrezza.

**Trunksucht** *die* [-] alcolismo.

**trunksüchtig** *agg.* alcolizzato.

**Truppe** *die* [-,-n] **1** (mil.) truppa **2** (teatr., cinem.) troupe, squadra.

**Truthahn** *der* [-(e)s,-hähne] tacchino (maschio).

**Tscheche** *der* [-n,-n; *die Tschechin*] ceco (*m.*; *f.* -a).

**Tschechei** *die* Repubblica Ceca.

**tschechisch** *agg.* ceco • *Tschechische Republik*, Repubblica Ceca.

**tschüs, tschüss** *inter.* (fam.) ciao.

**T-Shirt** *das* [-s,-s] maglietta, t-shirt.

**Tuba** *die* [-,-ben] (mus.) tuba.

**Tube** *die* [-,-n] tubetto, tubo.

**Tuberkulose** *die* [-,-en] tubercolosi.

**Tuch** *das* [-(e)s, *Tücher*] **1** tessuto, panno **2** foulard.

**tüchtig** *agg.* **1** in gamba, bravo **2** (fam.) grande, forte ♦ *avv.* **1** per (o ben) bene **2** molto, forte: — *arbeiten*, lavorare sodo.

**Tüchtigkeit** *die* [-] bravura, capacità.

**Tücke** *die* [-,-n] malvagità, perfidia.

**tückisch** *agg.* **1** malvagio, perfido **2** (fig.) insidioso.

**Tugend** *die* [-,-en] virtù.

**tugendhaft** *agg.* virtuoso.

**Tulpe** *die* [-,-n] **1** (bot.) tulipano **2** (bicchiere a) calice.

**Tumor** *der* [-s,-en] tumore.

**Tümpel** *der* [-s,-] pozzanghera.

**Tumult** *der* [-(e)s,-e] tumulto.

**Tun** *das* [-s] attività.
**tun** [*tut / tat / getan*] *v.tr.* fare: *das tut nichts*, non fa niente; *es zu — haben mit...*, avere a che fare con... ♦ *v.intr.* [*haben*] fare: *—, als ob...*, far finta che...
**Tünche** *die* [-,-n] **1** intonaco **2** (*fig.*) apparenza, facciata.
**Tundra** *die* [-,-dren] tundra.
**Tunesien** *das* Tunisia.
**Tunesier** *der* [-s,-; die *Tunesier-in*] tunisino (*m.*; *f.* -a).
**tunesisch** *agg.* tunisino.
**tunlichst** *avv.* possibilmente, se possibile.
**Tunnel** *der* [-s,- o -s] tunnel, galleria.
**tupfen** *v.tr.* detergere, asciugare.
**Tupfen** *der* [-s,-] **1** punto **2** macchia.
**Tür** *die* [-,-en] **1** porta, portiera **2** sportello, anta.
**Turban** *der* [-s,-e] turbante.
**Turbine** *die* [-,-n] turbina.
**turbulent** *agg.* turbolento.
**Turbulenz** *die* [-,-en] turbolenza.
**Turin** *das* Torino.
**Türke** *der* [-n,-n; die *Türkin*] turco (*m.*; *f.* -a).
**Türkei** *die* Turchia.
**türkis** *agg.* turchese.

**Türkis** *der* [-es,-e] turchese.
**türkisch** *agg.* turco.
**Türklinke** *die* [-,-n] maniglia (della porta).
**Turm** *der* [-(e)s, *Türme*] **1** torre **2** campanile **3** (*mil., mar.*) torretta.
**Turmspringen** *das* [-s] (*sport*) tuffi.
**turnen** *v.intr.* [*haben*] fare ginnastica ♦ *v.tr.* (*sport*) eseguire.
**Turnen** *das* [-s] **1** ginnastica **2** (*scol.*) educazione fisica.
**Turnhalle** *die* [-,-n] palestra.
**Turnier** *das* [-s,-e] **1** torneo **2** concorso.
**Turnschuh** *der* [-es,-e] scarpa da ginnastica.
**Türschloss** *das* [-es,-schlösser] serratura (della porta).
**Tüte** *die* [-,-n] **1** sacchetto **2** (*di gelato*) cono.
**tuten** *v.intr.* [*haben*] (*di clacson ecc.*) suonare.
**TÜV** *der* [-] (*Technischer Überwachungsverein*) Ente di Supervisione Tecnica.
**Typ** *der* [-s,-en] **1** (*fam.*) tipo **2** modello.
**Typhus** *der* [-] tifo.
**typisch** *agg.* (*für*) tipico (di), caratteristico (di).
**tyrannisieren** *v.tr.* tiranneggiare.

# Uu

**u.a.** *abbr.* (*unter anderem*) tra l'altro.
**U-Bahn** *die* [-,*-en*] metropolitana.
**U-Bahn-Station** *die* [-,*-en*] stazione della metropolitana.
**übel** *agg.* **1** cattivo **2** brutto **3** sgradevole, disgustoso ♦ *avv.* male: *mir wird —*, mi sento male (di stomaco) ● (*fam.*) *das ist gar nicht —!*, non è mica male!
**Übel** *das* [-*s*,-] male.
**übel nehmen, übel·nehmen** (→ *nehmen*) *v.tr.* prendersela: *jdm etw —*, prendersela con qlcu per qlco.
**üben** *v.tr.* **1** esercitarsi a (*o* in) **2** tenere in esercizio: *das Gedächtnis —*, esercitare la memoria **3** (*sport*) allenarsi (a) ♦ *v.intr.* [*haben*] **1** esercitarsi **2** (*sport*) allenarsi ♦ **sich üben** *v.pron.* (*in*) esercitarsi (in, a).
**über** *prep.* (+ *Dat*/*Acc*) **1** (stato in luogo) (+ *Dat*) su, sopra **2** (moto a luogo) (+ *Acc*) sopra **3** (tempo) (+ *Acc*) per, di: *die ganze Nacht —*, per tutta la notte **4** (argomento) (+ *Acc*): *ein Buch — Berlin*, un libro su Berlino ♦ *avv.* (quantità) oltre: *er ist schon — 80*, ha già più di 80 anni.
**überall** *avv.* dappertutto, ovunque.
**überaus** *avv.* molto, estremamente.
**überbacken** *v.tr.* gratinare.
**Überbelastung** *die* [-,*-en*] sovraccarico.
**überbevölkert** *agg.* sovrappopolato.
**überbewerten** *v.tr.* sopravvalutare.
**überbieten** (→ *bieten*) *v.tr.* **1** (*um*) offrire più soldi (di) **2** (*an* + *Dat*, *um* + *Acc*) superare (in).
**Überbleibsel** *das* [-*s*,-] (*fam.*) resto, avanzo.
**Überblick** *der* [-(*e*)*s*,*-e*] **1** visione d'insieme **2** sintesi, profilo.
**überblicken** *v.tr.* **1** abbracciare con lo sguardo **2** avere una visione d'insieme di.
**überbringen** (→ *bringen*) *v.tr.* recapitare, portare.
**überbrücken** *v.tr.* (*fig.*) superare.
**überdenken** (→ *denken*) *v.tr.* riflettere su.
**überdies** *avv.* inoltre.
**überdimensional** *agg.* smisurato.
**überdreht** *agg.* (*fam.*) su di giri.
**Überdruss** *der* [-*es*] nausea, disgusto: *bis zum —*, fino alla nausea.
**überdurchschnittlich** *agg.* superiore alla media.
**übereilen** *v.tr.* affrettare.
**übereinander** *avv.* l'uno sull'altro.
**übereinander·legen** *v.tr.* sovrapporre.
**Übereinkommen** *das* [-*s*,-] **Übereinkunft** *die* [-,-*künfte*] accordo.
**überein·stimmen** *v.intr.* [*haben*] **1** essere d'accordo: *mit jdm in etw* (*Dat*) *—*, essere d'accordo con qlcu su qlco **2** concordare (*anche gramm.*).
**Übereinstimmung** *die* [-,*-en*] **1** accordo **2** corrispondenza, conformità.
**überempfindlich** *agg.* ipersensibile.
**überfahren** (→ *fahren*) *v.tr.* **1** investire (con un veicolo) **2** oltrepassare.

**Überfahrt** *die* [-,-*en*] (*über* + *Acc*) traversata (di).
**Überfall** *der* [-(*e*)*s*,-*fälle*] assalto, aggressione.
**überfallen** (→ *fallen*) *v.tr.* **1** assalire, aggredire **2** (*fig.*) cogliere (di sorpresa).
**überfällig** *agg.* **1** (*di treni ecc.*) in ritardo **2** (*di cambiale*) scaduto.
**überfliegen** (→ *fliegen*) *v.tr.* **1** sorvolare **2** scorrere.
**über·fließen** (→ *fließen*) *v.intr.* [*sein*] traboccare (*anche fig.*).
**Überfluss** *der* [-*es*] (*an* + *Dat*) sovrabbondanza (di).
**überflüssig** *agg.* superfluo, inutile.
**überfordern** *v.tr.* chiedere troppo a.
**über·führen**[1] *v.tr.* (*in* + *Acc*) trasformare (in).
**überführen**[2] *v.tr.* trasportare, trasferire.
**Überführung** *die* [-,-*en*] **1** trasporto, trasferimento **2** cavalcavia.
**überfüllt** *agg.* gremito, sovraffollato.
**Übergabe** *die* [-,-*n*] **1** consegna **2** (*dir.*) passaggio, trasferimento **3** resa.
**Übergang** *der* [-(*e*)*s*,-*gänge*] **1** passaggio (*anche estens.*) **2** (*fig.*) (momento di) transizione.
**übergeben** (→ *geben*) *v.tr.* **1** consegnare, affidare **2** demandare (incarico) **3** aprire ♦ **sich übergeben** *v.pron.* vomitare.
**über·gehen**[1] (→ *gehen*) *v.intr.* [*sein*] **1** passare: *zu einem anderen Thema* —, passare a un altro argomento **2** trasformarsi **3** confondersi.
**übergehen**[2] (→ *gehen*) *v.tr.* tralasciare ● *etw* (*mit Stillschweigen*) —, passare qlco sotto silenzio.
**Übergewicht** *das* [-(*e*)*s*,-*e*] sovrappeso.
**Übergriff** *der* [-(*e*)*s*,-*e*] **1** ingerenza **2** (*auf* + *Acc*) violazione (di).
**überhand·nehmen** (→ *nehmen*) *v.intr.* [*haben*] aumentare in modo preoccupante.
**Überhang** *der* [-(*e*)*s*,-*hänge*] **1** (*comm.*) (*an* + *Dat*) eccedenza (di) **2** (*arch.*) sporgenza **3** (*di roccia*) strapiombo.
**überhäufen** *v.tr.* (*mit*) colmare (di).
**überhaupt** *avv.* **1** in genere, generalmente **2** assolutamente, affatto.
**überheblich** *agg.* presuntuoso, arrogante.
**überhöht** *agg.* eccessivo.
**überholen** *v.tr.* **1** sorpassare, superare (*anche fig.*) **2** (*tecn.*) revisionare.
**überholt** *agg.* superato, antiquato.
**Überholverbot** *das* [-(*e*)*s*,-*e*] divieto di sorpasso.
**überhören** *v.tr.* **1** non sentire **2** far finta di non sentire.
**überirdisch** *agg.* soprannaturale.
**überkommen**[1] (→ *kommen*) *v.tr.* essere colto da.
**überkommen**[2] *agg.* tramandato (per tradizione).
**überkreuzen** *v.tr.* **1** attraversare **2** incrociare ♦ **sich überkreuzen** *v.pron.* incrociarsi.
**überladen**[1] *v.tr.* (*mit*) sovraccaricare (di) ♦ **sich überladen** *v.pron.* (*mit*) sovraccaricarsi (di).
**überladen**[2] *agg.* (*mit*) sovraccarico (di).
**überlagern** *v.tr.* sovrapporre ♦ **sich überlagern** *v.pron.* sovrapporsi.
**Überlagerung** *die* [-,-*en*] sovrapposizione.
**überlassen** (→ *lassen*) *v.tr.* **1** cedere, lasciare **2** lasciare, abbandonare ♦ **sich überlassen** *v.pron.* lasciarsi andare.
**überlasten** *v.tr.* sovraccaricare.
**Überlastung** *die* [-,-*en*] sovraccarico.
**über·laufen** (→ *laufen*) *v.intr.* [*sein*] **1** traboccare **2** (*fig.*) passare (dall'altra parte): *zum Feind* —, passare al nemico.
**Überläufer** *der* [-*s*,-] disertore.
**überleben** *v.tr.* sopravvivere a ♦ *v.intr.* [*haben*] sopravvivere.
**Überlebende** *der* e *die* [-*n*,-*n*] superstite (*m. e f.*).
**überlegen**[1] *v.tr.* riflettere su ♦ *v.intr.* [*haben*] riflettere, pensare.
**überlegen**[2] *agg.* superiore ♦ *avv.* **1** in modo superiore **2** con superiorità ● *jdm an Intelligenz* — *sein*, essere più intelligente di qlcu.
**Überlegenheit** *die* [-] superiorità.

# Überlegung / Übersicht

**Überlegung** *die* [-,-en] riflessione.
**überliefern** *v.tr.* tramandare, trasmettere.
**Überlieferung** *die* [-,-en] tradizione.
**überm** *prep.art.* (über + dem) → **über**.
**Übermacht** *die* [-,-mächte] superiorità.
**übermächtig** *agg.* strapotente.
**Übermaß** *das* [-(e)s,-e] (**an** + *Dat*) dismisura, eccesso (di).
**übermäßig** *agg.* eccessivo, esagerato.
**übermenschlich** *agg.* sovrumano.
**übermitteln** *v.tr.* inviare, trasmettere.
**übermorgen** *avv.* dopodomani.
**übermüdet** *agg.* spossato.
**Übermut** *der* [-(e)s] **1** allegria sfrenata **2** baldanza.
**übermütig** *agg.* **1** sfrenato **2** baldanzoso.
**übernachten** *v.intr.* [*haben*] pernottare, passare la notte.
**Übernachtung** *die* [-,-en] pernottamento.
**Übernahme** *die* [-,-n] **1** (di carica) assunzione **2** (in un'attività) subentro.
**übernehmen** *v.tr.* **1** assumere; (in un'attività) subentrare: *die Verantwortung* —, assumersi la responsabilità **2** adottare, riprendere: *eine Methode von jdm* —, adottare il metodo di qlcu ♦ **sich übernehmen** *v.pron.* (*fam.*) affaticarsi troppo.
**überprüfen** *v.tr.* controllare.
**Überprüfung** *die* [-,-en] controllo.
**überqueren** *v.tr.* attraversare.
**überragen**[1] *v.tr.* **1** superare in altezza **2** (*fig.*) (**an** + *Dat*) essere superiore (per).
**über·ragen**[2] *v.intr.* [*haben*] sporgere.
**überragend** *agg.* **1** superiore, sovrastante **2** (*fig.*) di prim'ordine.
**überraschen** *v.tr.* sorprendere: *lassen wir uns* —, stiamo a vedere.
**überraschend** *agg.* **1** sorprendente **2** inatteso ♦ *avv.* di sorpresa, inaspettatamente.
**Überraschung** *die* [-,-en] sorpresa.
**überreden** *v.tr.* (**zu**) persuadere (a), convincere (a).
**Überredung** *die* [-,-en] persuasione.
**überreichen** *v.tr.* consegnare.

**übers** *prep.art.* (über + das) → **über**.
**überschatten** *v.tr.* proiettare ombra su (*anche fig.*).
**überschätzen** *v.tr.* sopravvalutare.
**Überschätzung** *die* [-,-en] sopravvalutazione.
**über·schlagen**[1] (→ *schlagen*) *v.tr.* cavalcare (le gambe).
**überschlagen**[2] (→ *schlagen*) *v.tr.* **1** calcolare approssimativamente **2** tralasciare ♦ **sich überschlagen** *v.pron.* **1** capovolgersi; (di *auto*) capottare **2** (di *onde*) frangersi **3** (di *eventi*) susseguirsi rapidamente.
**überschneiden, sich** (→ *schneiden*) *v.pron.* **1** incrociarsi **2** (*geom.*) intersecarsi **3** (*fig.*) coincidere, sovrapporsi.
**überschreiben** (→ *schreiben*) *v.tr.* **1** intitolare **2** (*dir.*) (*Dat*, *auf* + *Acc*) intestare (a).
**überschreiten** (→ *schreiten*) *v.tr.* **1** attraversare, valicare (montagne) **2** (*fig.*) oltrepassare: *das Maß* —, oltrepassare il limite.
**Überschrift** *die* [-,-en] titolo.
**Überschuss** *der* [-es,-schüsse] (**an** + *Dat*) eccedenza (di), surplus (di).
**überschüssig** *agg.* eccedente.
**überschütten** *v.tr.* (*mit*) (ri)coprire (di).
**überschwemmen** *v.tr.* inondare, allagare **2** (*fig.*) (*mit*) sommergere (di).
**Überschwemmung** *die* [-,-en] inondazione, alluvione.
**übersehbar** *agg.* **1** che si può controllare con lo sguardo **2** (*fig.*) calcolabile.
**übersehen** (→ *sehen*) *v.tr.* **1** lasciarsi sfuggire (un errore) **2** ignorare **3** avere una bella vista su **4** (*fig.*) quantificare.
**übersenden** (→ *senden*) *v.tr.* inviare, spedire.
**Übersendung** *die* [-,-en] invio.
**übersetzbar** *agg.* traducibile.
**übersetzen**[1] *v.tr.* tradurre.
**über·setzen**[2] *v.tr.* traghettare ♦ *v.intr.* [*haben*] essere traghettato.
**Übersetzer** *der* [-s,-; *die* -in] traduttore (*m.*; *f.* -trice).
**Übersetzung** *die* [-,-en] traduzione.
**Übersicht** *die* [-,-en] **1** (*über* + *Acc*) vi-

sione d'insieme (di) **2** (*estens.*) (*über* + *Acc*) riassunto (di).
**übersichtlich** *agg.* **1** che ha un'ampia visuale **2** (*fig.*) chiaro ♦ *avv.* in modo chiaro.
**Übersichtlichkeit** *die* [-] **1** (buona) visuale **2** (*fig.*) chiarezza.
**über(·)siedeln** *v.intr.* [*sein*] (*in* + *Acc*, *nach*) trasferirsi (in, a).
**Übersied(e)lung** *die* [-,-*en*] trasferimento.
**übersinnlich** *agg.* soprannaturale.
**überspielen** *v.tr.* **1** mascherare (un errore); appianare (una difficoltà) **2** trasferire (una registrazione) su nastro.
**über·springen**[1] (→ *springen*) *v.intr.* [*sein*] **1** (*di fuoco, scintille*) guizzare **2** (*fig.*) cambiare, passare (velocemente).
**überspringen**[2] (→ *springen*) *v.tr.* **1** saltare **2** (*fig.*) tralasciare.
**über·stehen**[1] (→ *stehen*) *v.intr.* [*haben*] sporgere.
**überstehen**[2] (→ *stehen*) *v.tr.* superare, resistere a.
**übersteigen** (→ *steigen*) *v.tr.* superare.
**übersteigern** *v.tr.* esagerare.
**überstimmen** *v.tr.* battere (con la maggioranza dei voti).
**überstreuen** *v.tr.* cospargere.
**Überstunde** *die* [-,-*n*] ora di (lavoro) straordinario ● *Überstunden machen*, fare gli straordinari.
**überstürzen** *v.tr.* affrettare, precipitare ♦ *sich überstürzen* *v.pron.* **1** precipitarsi **2** (*di eventi*) susseguirsi rapidamente.
**überstürzt** *agg.* **1** precipitato, precipitoso **2** (*di decisione*) avventato ♦ *avv.* **1** avventatamente **2** in fretta.
**Übertrag** *der* [-(*e*)*s*,-*träge*] (*comm.*) riporto.
**übertragbar** *agg.* **1** trasferibile, trasmissibile **2** (*di malattia*) trasmissibile.
**übertragen**[1] (→ *tragen*) *v.tr.* **1** riportare, trascrivere **2** tradurre **3** (*tv, radio*) trasmettere **4** (*med., fis., tecn.*) (*auf* + *Acc*) trasmettere (a) **5** (*auf* + *Acc*) applicare (a) **6** affidare, assegnare: *ein Amt —*, affidare un incarico **7** (*dir.*) trasferire, cedere ♦ *sich übertra-*
*gen* *v.pron.* essere trasmesso, trasmettersi, contagiare.
**übertragen**[2] *agg.* figurato: *im übertragenen Sinn*, in senso figurato.
**Übertragung** *die* [-,-*en*] **1** (*tv, radio*) trasmissione **2** trascrizione (*anche mus.*) **3** traduzione **4** (*tecn.*) trasmissione **5** (*med.*) contagio.
**übertreffen** (→ *treffen*) *v.tr.* (*an* + *Dat*) superare (in, per), essere superiore a (in, per).
**übertreiben** *v.tr.* e *intr.* [*haben*] eccedere (in).
**Übertreibung** *die* [-,-*en*] esagerazione.
**über·treten**[1] (→ *treten*) *v.intr.* [*sein*] **1** (*in* + *Acc, zu*) passare (a) **2** (*zu*) convertirsi (a) **3** (*di fiumi*) straripare.
**übertreten**[2] (→ *treten*) *v.tr.* trasgredire, violare.
**Übertretung** *die* [-,-*en*] trasgressione, violazione.
**übertrieben** *agg.* esagerato.
**Übertritt** *der* [-(*e*)*s*,-*e*] **1** passaggio **2** (*zu*) conversione (a).
**übervoll** *agg.* stracolmo, zeppo.
**überwachen** *v.tr.* sorvegliare.
**Überwachung** *die* [-,-*en*] controllo, monitoraggio.
**überwältigen** *v.tr.* sopraffare.
**über·wechseln** *v.intr.* [*sein*] (*zu; auf* + *Acc*) passare (a).
**überweisen** (→ *weisen*) *v.tr.* **1** (*banca*) trasferire: *jdm o an jdn Geld —*, fare un bonifico a favore di qlcu **2** inviare (un malato).
**Überweisung** *die* [-,-*en*] (*banca*) bonifico.
**überwiegen** (→ *wiegen*) *v.intr.* [*haben*] prevalere ♦ *v.tr.* prevalere su.
**überwiegend** *agg.* prevalente.
**überwinden** (→ *winden*) *v.tr.* **1** superare, vincere **2** dominare, vincere (un sentimento) ♦ *sich überwinden* *v.pron.* dominarsi.
**Überwindung** *die* [-,-*en*] **1** superamento **2** (*estens.*) sforzo di volontà.
**überwintern** *v.intr.* [*haben*] svernare.
**Überzahl** *die* [-] maggioranza: *in der —sein*, essere in maggioranza.
**überzeugen** *v.tr.* (*von*) convincere (di)

♦ **v.intr.** [haben] convincere ♦ **sich überzeugen** **v.pron.** (**von**) convincersi (di); accertarsi (di).
**überzeugend** *agg.* convincente.
**Überzeugung** *die* [-,-en] convinzione.
**über·ziehen**¹ (→ *ziehen*) **v.tr.** indossare (sopra).
**über·ziehen**² (→ *ziehen*) **v.tr.** 1 (*mit*) foderare (con), rivestire (con) 2 (*gastr.*) ricoprire, glassare 3 (*banca*) mettere in rosso 4 protrarre ♦ **sich überziehen** **v.pron.** (di cielo) rannuvolarsi.
**Überzug** *der* [-(e)s,-züge] rivestimento, copertura.
**üblich** *agg.* abituale, consueto: *wie* —, come al solito.
**U-Boot** *das* [-(e)s,-e] (*Unterseeboot*) sottomarino.
**übrig** *agg.* rimanente ● *das Übrige*, il resto | *im Übrigen*, per il resto, del resto.
**übrig bleiben**, **übrig·bleiben** (→ *bleiben*) **v.intr.** [sein] avanzare ● *es bleibt mir nichts anderes* —, *als* ..., non mi resta altro che ...
**übrigens** *avv.* a proposito; tra l'altro, del resto.
**übrig lassen**, **übrig·lassen** (→ *lassen*) **v.tr.** avanzare.
**Übung** *die* [-,-en] 1 esercizio, pratica 2 (*mil.*) esercitazione 3 (*scol., sport*) esercizio.
**Ufer** *das* [-s,-] riva, sponda: *über die* — *treten*, straripare.
**Ufo**, **UFO** *das* [-(s),-s] ufo.
**Uhr** *die* [-,-en] 1 orologio: *die* — *geht vor*, *nach*, *richtig*, *nicht*, l'orologio va avanti, resta indietro, è giusto, non funziona 2 ora: *es ist acht* —, sono le (ore) otto ● *wie viel* — *ist es?*, che ore sono?, che ora è?
**Uhrwerk** *das* [-(e)s,-e] meccanismo dell'orologio, orologeria.
**Uhrzeiger** *der* [-s,-] lancetta (dell'orologio).
**Uhrzeigersinn** *der* [-] senso orario: *im* —, in senso orario; *entgegen dem* —, in senso antiorario.
**Uhrzeit** *die* [-,-en] ora.
**Ukraine** *die* Ucraina.
**ulkig** *agg.* v. — buffo, comico 2 strano.

**Ulme** *die* [-,-n] olmo.
**Ultimatum** *das* [-s,-s o -ten] ultimatum: *ein* — *stellen*, dare un ultimatum.
**Ultraschall** *der* [-(e)s] ultrasuono.
**ultraviolett** *agg.* ultravioletto.
**Ultraviolettstrahlen** *pl.* raggi ultravioletti.
**um** *prep.* (+ *Acc*) 1 (*luogo*) intorno: — *die Ecke gehen*, girare l'angolo 2 (*tempo*) a: *der Zug fährt* — *9 Uhr ab*, il treno parte alle 9 ♦ *avv.* 1 di: *ich habe meinen Urlaub* — *eine Woche verlängert*, ho allungato le ferie di una settimana 2 circa 3 (*fam.*) passato, finito: *die Wartezeit ist* —, l'attesa è finita ♦ *cong.* 1 (*in frasi finali*) per, a: *er ist zu mir gekommen*, — *sich zu entschuldigen*, è venuto da me a scusarsi 2 (*in frasi comparative*) tanto: — *so besser*, tanto meglio.
**um·ändern** *v.tr.* modificare.
**um·arbeiten** *v.tr.* rimaneggiare.
**um·armen** *v.tr.* abbracciare.
**Umarmung** *die* [-,-en] abbraccio.
**Umbau** *der* [-(e)s,-ten] ristrutturazione, restauro ● *wegen Umbau(s) geschlossen*, chiuso per rinnovo locali.
**um·bauen** *v.tr.* 1 ristrutturare (edifici) 2 restaurare.
**um·bilden** *v.tr.* 1 riorganizzare 2 (*pol.*) rimpastare.
**um·binden** (→ *binden*) *v.tr.* annodare, allacciare.
**um·blättern** *v.intr.* [haben] voltare pagina.
**um·blicken, sich** *v.pron.* guardarsi intorno.
**Umbruch** *der* [-(e)s,-brüche] 1 trasformazione radicale 2 (*tip.*) impaginazione, impaginato.
**um·buchen** *v.tr.* 1 cambiare (una prenotazione ecc.) 2 trasferire.
**Umbuchung** *die* [-,-en] 1 cambiamento di prenotazione 2 (*comm.*) trasferimento (di conto).
**um·drehen** *v.tr.* 1 girare 2 rivoltare ♦ *v.intr.* [haben] tornare indietro ♦ **sich umdrehen** *v.pron.* voltarsi, girarsi.
**Umdrehung** *die* [-,-en] 1 rotazione 2 (*di motori*) giro.
**umeinander** *avv.* l'uno dell'altro: *sich*

— **kümmern**, prendersi cura l'uno dell'altro.
**um·fahren**[1] (→ *fahren*) *v.tr.* investire, travolgere.
**umfahren**[2] (→ *fahren*) *v.tr.* [*sein*] girare attorno a.
**um·fallen** (→ *fallen*) *v.intr.* [*sein*] 1 cadere (a terra) 2 svenire.
**Umfang** *der* [-(e)s] 1 perimetro; (*di cerchio*) circonferenza 2 (*estens.*) misura 3 (*fig.*) portata, entità 4 (*di voce*) estensione.
**umfangreich** *agg.* ampio, esteso.
**umfassen** *v.tr.* 1 cingere 2 circondare, avvolgere 3 essere composto (di *o* da).
**Umfeld** *das* [-(e)s,-er] ambiente; (*estens.*) contesto.
**um·formen** *v.tr.* trasformare (*anche elettr.*).
**Umfrage** *die* [-,-n] (*über* o *zu*) inchiesta (su).
**um·füllen** *v.tr.* travasare.
**Umgang** *der* [-(e)s,-gänge] 1 frequentazione; (*insieme di*) rapporti: *mit jdm — pflegen* (o *haben*), frequentare qlcu *o* contatto.
**Umgangssprache** *die* [-,-n] lingua parlata.
**umgeben** (→ *geben*) *v.tr.* circondare ♦ **sich umgeben** *v.pron.* (*mit*) circondarsi (di).
**Umgebung** *die* [-,-en] 1 dintorni 2 ambiente.
**um·gehen**[1] (→ *gehen*) *v.intr.* [*sein*] 1 (*di voci*) circolare 2 (*fig.*) trattare, avere a che fare 3 (*mit*) maneggiare, adoperare.
**umgehen**[2] (→ *gehen*) *v.tr.* 1 girare intorno a, tagliar fuori 2 (*fig.*) evitare.
**umgehend** *agg.* immediato, pronto.
**Umgehungsstraße** *die* [-,-n] circonvallazione.
**umgekehrt** *agg.* 1 opposto, contrario 2 (*di rapporto, proporzione*) inverso ♦ *avv.* 1 al contrario 2 viceversa 3 inversamente.
**um·gestalten** *v.tr.* trasformare, modificare.
**umgrenzen** *v.tr.* delimitare.

**umher** *avv.* intorno, in giro, qua e là.
**Umkehr** *die* [-] 1 ritorno 2 (*fig.*) rinconversione.
**um·kehren** *v.tr.* 1 rivoltare, girare 2 invertire ♦ *v.intr.* [*sein*] 1 tornare indietro 2 (*fig.*) cambiare vita.
**um·kippen** *v.tr.* rovesciare, ribaltare ♦ *v.intr.* [*sein*] rovesciarsi, ribaltarsi.
**um·kleiden**[1] *v.tr.* cambiare vestito a ♦ **sich umkleiden** *v.pron.* cambiarsi (vestito).
**umkleiden**[2] *v.tr.* (*mit*) ricoprire (di).
**Umkleideraum** *der* [-(e)s,-räume] spogliatoio.
**um·kommen** (→ *kommen*) *v.intr.* [*sein*] morire (*anche fig.*): *ich komme um vor Durst*, sto morendo di sete.
**Umkreis** *der* [-es,-e] raggio, cerchia (*anche fig.*): *im — von drei Kilometern*, nel raggio di tre chilometri.
**umkreisen** *v.tr.* 1 girare intorno a (*anche fig.*) 2 (*astr.*) orbitare intorno a.
**Umlage** *die* [-,-en] quota, contributo (spese).
**Umlauf** *der* [-(e)s,-läufe] 1 giro, rotazione 2 circolazione: *in — setzen*, mettere in circolazione 3 (*astr.*) rivoluzione.
**Umlaufbahn** *die* [-,-en] (*astr.*) orbita.
**um·laufen** (→ *laufen*) *v.tr.* girare intorno a.
**Umlaut** *der* [-(e)s,-e] (*ling.*) metafonia; umlaut.
**um·legen** *v.tr.* 1 mettere sopra (*o* addosso) (vestiario) 2 spostare 3 ripartire, suddividere (spese).
**um·leiten** *v.tr.* dirottare, deviare (corsi d'acqua).
**Umleitung** *die* [-,-en] deviazione (stradale).
**um·lernen** *v.intr.* [*haben*] 1 imparare ex novo 2 (*estens.*) cambiare mentalità.
**umliegend** *agg.* circostante.
**um·pflanzen** *v.tr.* trapiantare.
**um·rechnen** *v.tr.* (*mat., fin.*) convertire, calcolare.
**umreißen** (→ *reißen*) *v.tr.* abbozzare, schizzare.
**Umriss** *der* [-es,-e] contorno, profilo.
**um·rühren** *v.tr.* mescolare.
**ums** *prep.art.* (*um* + *das*) → **um**.

**Umsatz** *der* [-es,-sätze] (econ.) volume d'affari, fatturato.
**um-schalten** *v.tr.* (elettr.) commutare ♦ *v.intr.* [haben] (auf + Acc) 1 (aut.) cambiare (marcia); (di congegni elettrici) scattare, passare 2 (tv, radio) cambiare canale (o stazione) 3 (fig.) riabituarsi a.
**Umschau** *die* [-] sguardo ● *nach etw (o jdm) — halten*, cercare qlco (o qlcu) con lo sguardo.
**um-schauen, sich** *v.pron.* 1 guardarsi intorno 2 (fam.) accorgersi, guardare indietro.
**Umschlag** *der* [-(e)s, Umschläge] 1 busta 2 foderina, copertina 3 (med.) impacco 4 (fig.) cambiamento improvviso 5 (comm.) giro d'affari 6 (di merci) trasbordo 7 (abbigl.) risvolto.
**umschließen** (→ *schließen*) *v.tr.* 1 racchiudere; circondare 2 (mil.) accerchiare 3 (fig.) comprendere, abbracciare.
**um·schreiben**[1] (→ *schreiben*) *v.tr.* 1 trascrivere 2 rifare, rielaborare 3 (dir.) trasferire.
**umschreiben**[2] (→ *schreiben*) *v.tr.* 1 definire, descrivere 2 parafrasare 3 (geom.) circoscrivere.
**um-schulen** *v.tr.* 1 riqualificare (professionalmente) 2 far cambiare scuola a ♦ *v.intr.* [haben] riqualificarsi.
**um-sehen, sich** (→ *sehen*) *v.pron.* 1 voltarsi a guardare 2 (estens.) guardarsi in giro 3 (fig.) (nach) cercare.
**um·setzen** *v.tr.* 1 cambiare posto a 2 (fig.) tradurre, trasformare: *etw in die Tat —*, mettere in atto qlco ♦ **sich umsetzen** *v.pron.* 1 trasformarsi 2 cambiare posto.
**umsichtig** *agg.* accorto.
**um-siedeln** *v.intr.* [sein] trasferirsi ♦ *v.tr.* trasferire.
**Umsiedlung** *die* [-,-en] trasferimento.
**umsonst** *avv.* 1 gratuitamente 2 invano.
**Umstand** *der* [-(e)s,-stände] 1 circostanza, condizione 2 (pl.) complimenti, cerimonie ● *unter allen Umständen*, in ogni caso | *unter keinen Umständen*, in nessun caso | *unter Umständen*, eventualmente.

**umständlich** *avv.* 1 lento e goffo 2 complicato, contorto.
**Umstandskleid** *das* [-(e)s,-er] abito prémaman.
**um-steigen** (→ *steigen*) *v.intr.* [sein] 1 cambiare (mezzi di trasporto) 2 (fam.) (auf + Acc) passare a.
**um-stellen**[1] *v.tr.* 1 spostare 2 (auf + Acc) trasformare (in) ♦ **sich umstellen** *v.pron.* (auf + Acc) adattarsi (a).
**umstellen**[2] *v.tr.* circondare.
**Umstellung** *die* [-,-en] 1 spostamento 2 cambiamento 3 adattamento.
**um-stoßen** (→ *stoßen*) *v.tr.* 1 rovesciare (con un urto) 2 (fig.) sconvolgere.
**umstritten** *agg.* discutibile, contestabile.
**Umsturz** *der* [-es,-stürze] 1 rovesciamento 2 rivoluzione.
**Umtausch** *der* [-es,-e] 1 cambio, scambio 2 (econ.) conversione.
**um·tauschen** *v.tr.* 1 cambiare, scambiare 2 (econ.) convertire.
**um·wandeln** *v.tr.* 1 (in + Acc, zu) trasformare (in) 2 (econ., fis.) convertire 3 (dir.) commutare.
**um·wechseln** *v.tr.* (in + Acc) cambiare (in): *Mark in Euro —*, cambiare marchi in euro.
**Umweg** *der* [-(e)s,-e] giro (più lungo), strada più lunga ● *auf Umwegen erreichen*, ottenere per vie traverse.
**Umwelt** *die* [-] ambiente.

NOTA Il problema ambientale è particolarmente sentito in Germania. Molte persone hanno uno stile di vita "*umweltbewusst*", consapevole delle problematiche ecologiche: evitano gli sprechi di energia, usano prodotti *umweltfreundlich*, cioè a basso impatto ambientale, comprano i generi alimentari nei negozi *bio*, effettuano la raccolta differenziata e il riciclo dei materiali.

**umweltfeindlich** *agg.* inquinante.
**umweltfreundlich** *agg.* ecologico.
**Umweltschäden** *pl.* danni all'ambiente.
**Umweltschützer** *der* [-s,-; die -*in*]

ecologista (*m.* e *f.*), ambientalista (*m.* e *f.*).
**Umweltverschmutzung** *die* [-] inquinamento ambientale.
**um·wenden** *v.tr.* girare, voltare ♦ **sich umwenden** *v.pron.* girarsi, voltarsi.
**um·werfen** (→ *werfen*) *v.tr.* **1** far cadere, rovesciare **2** gettarsi sulle spalle **3** (*fam.*) sconvolgere ● *jds Pläne* —, mandare all'aria i piani di qlcu.
**um·ziehen** (→ *ziehen*) *v.intr.* [*sein*] traslocare, trasferirsi ♦ **sich umziehen** *v.pron.* cambiarsi (d'abito).
**Umzug** *der* [-(*e*)*s*,-*züge*] **1** trasloco **2** corteo, processione.
**unabhängig** *agg.* indipendente.
**Unabhängigkeit** *die* [-] indipendenza.
**unabsichtlich** *agg.* involontario.
**unangebracht** *agg.* inopportuno.
**unangemessen** *agg.* inadeguato.
**unangenehm** *agg.* spiacevole: *es ist mir sehr* —, mi spiace molto ● — *berührt sein*, sentirsi in imbarazzo.
**Unannehmlichkeit** *die* [-,-*en*] inconveniente, fastidio.
**unanständig** *agg.* indecente.
**Unanständigkeit** *die* [-,-*en*] indecenza.
**unappetitlich** *agg.* poco appetitoso; disgustoso.
**Unart** *die* [-,-*en*] cattiva abitudine.
**unauffällig** *agg.* non appariscente, discreto ♦ *avv.* senza farsi notare.
**unauffindbar** *agg.* irreperibile, introvabile.
**unaufgefordert** *agg.* non richiesto ♦ *avv.* di propria iniziativa.
**unauflöslich** *agg.* insolubile (*anche fig.*).
**unaufmerksam** *agg.* disattento.
**unauslöschlich** *agg.* incancellabile, indelebile.
**unaussprechlich** *agg.* **1** impronunciabile **2** indicibile.
**unausstehlich** *agg.* insopportabile.
**unausweichlich** *agg.* inevitabile.
**unbeachtet** *agg.* inosservato ● *etw* — *lassen*, trascurare qlco.
**unbedeutend** *agg.* insignificante.

**unbedingt** *agg.* incondizionato, assoluto ♦ *avv.* assolutamente.
**unbeeindruckt** *agg.* indifferente.
**unbefangen** *agg.* disinvolto, spigliato ♦ *avv.* con disinvoltura.
**unbefugt** *agg.* non autorizzato; abusivo.
**Unbefugte** *der* e *die* [-*n*,-*n*] persona (*f.*) non autorizzata ● *Unbefugten ist der Zutritt verboten*, vietato l'accesso ai non addetti ai lavori.
**unbegreiflich** *agg.* incomprensibile, inconcepibile.
**unbegrenzt** *agg.* illimitato.
**unbegründet** *agg.* infondato, ingiustificato.
**Unbehagen** *das* [-*s*] disagio.
**unbehaglich** *agg.* che mette a disagio ♦ *avv.* a disagio.
**unbeholfen** *agg.* maldestro, goffo.
**unbekannt** *agg.* sconosciuto, ignoto.
**unbekümmert** *agg.* spensierato ♦ *avv.* senza darsi pena.
**unbeliebt** *agg.* (*bei*) impopolare (a), antipatico (a): *sich bei jdm* — *machen*, rendersi antipatico a qlcu.
**unbemerkt** *agg.* inosservato ♦ *avv.* senza essere visto: — *bleiben*, passare inosservato.
**unbequem** *agg.* scomodo (*anche fig.*).
**unberechenbar** *agg.* (*di persona*) imprevedibile.
**unberechtigt** *agg.* infondato; non autorizzato.
**unberührt** *agg.* **1** incontaminato **2** (*fig.*) vergine.
**unbeschädigt** *agg.* intatto.
**unbeschränkt** *agg.* illimitato, assoluto.
**unbeschreiblich** *agg.* indescrivibile, inimmaginabile.
**unbeständig** *agg.* **1** instabile, volubile **2** (*di tempo*) variabile.
**unbestechlich** *agg.* incorruttibile.
**unbestimmt** *agg.* **1** indeterminato (*anche gramm.*) **2** vago.
**Unbestimmtheit** *die* [-] indeterminatezza.
**unbeteiligt** *agg.* **1** (*an* + *Dat*) disinte-

ressato (a), indifferente **2** non coinvolto, non partecipe.
**unbeugsam** *agg.* inflessibile, irremovibile.
**unbewacht** *agg.* incustodito.
**unbeweglich** *agg.* **1** immobile, fisso: *mit unbeweglichem Blick*, con lo sguardo fisso **2** inflessibile.
**unbewusst** *agg.* inconsapevole, inconscio.
**Unbewusste** *das* [-n] (*psic.*) inconscio.
**unbrauchbar** *agg.* **1** inutilizzabile **2** (*di persona*) inadatto.
**und** *cong.* **1** e: *ich — du*, io e tu **2** (*mat.*) più: *2 — 2 ist 4*, 2 più 2 fa 4 **3** (*nelle ripetizioni*) a, sempre più ● — *Ähnliche*, e simili | — *so weiter*, — *so fort*, eccetera | —, —, —, e un sacco di altre cose.
**undankbar** *agg.* ingrato.
**Undankbarkeit** *die* [-] ingratitudine.
**undefinierbar** *agg.* indefinibile.
**undenkbar** *agg.* impensabile.
**undeutlich** *agg.* **1** indistinto, vago **2** incomprensibile ♦ *avv.* in modo poco chiaro.
**undurchdringlich** *agg.* impenetrabile (*anche fig.*).
**undurchführbar** *agg.* irrealizzabile.
**undurchlässig** *agg.* (*für*) impermeabile (a).
**undurchsichtig** *agg.* **1** non trasparente, opaco **2** (*fig.*) poco chiaro.
**uneben** *agg.* **1** disuguale, non piano **2** (*di strade*) accidentato.
**unehelich** *agg.* illegittimo.
**unehrlich** *agg.* **1** disonesto **2** insincero, falso.
**unempfindlich** *agg.* **1** (*gegen*) insensibile (a) **2** resistente.
**unendlich** *agg.* **1** infinito; incessante **2** (*fig.*) immenso, sconfinato ♦ *avv.* infinitamente.
**Unendlichkeit** *die* [-] **1** infinità **2** (*estens.*) immensità.
**unentbehrlich** *agg.* indispensabile.
**unentgeltlich** *agg.* gratuito ♦ *avv.* gratis, gratuitamente.
**unentschieden** *agg.* indeciso, incerto ♦ *avv.* pari: — *spielen*, pareggiare.
**unentschlossen** *agg.* indeciso.
**Unentschlossenheit** *die* [-] indecisione.
**unentwegt** *agg.* **1** costante, assiduo **2** incessante.
**unerfahren** *agg.* (*in + Dat*) inesperto (di), poco pratico (di).
**unerfreulich** *agg.* spiacevole, sgradevole.
**unerhört** *agg.* inaudito, incredibile.
**unerklärlich** *agg.* inspiegabile.
**unerlässlich** *agg.* indispensabile, essenziale.
**unerlaubt** *agg.* vietato, illecito, non autorizzato.
**unermüdlich** *agg.* instancabile.
**unersättlich** *agg.* insaziabile.
**unersetzlich** *agg.* **1** insostituibile **2** irreparabile.
**unerträglich** *agg.* insopportabile.
**unerwartet** *agg.* imprevisto.
**unerwünscht** *agg.* indesiderato.
**unfähig** *agg.* **1** incapace, incompetente **2** (*zu*) non in grado (di).
**Unfähigkeit** *die* [-] incompetenza.
**unfair** *agg.* (*gegen*) scorretto (nei confronti di), sleale (nei confronti di).
**Unfall** *der* [-(*e*)*s,-fälle*] incidente.
**unfassbar** *agg.* incredibile, inconcepibile.
**unfehlbar** *agg.* infallibile ♦ *avv.* di sicuro, di certo.
**unfrankiert** *agg.* non affrancato.
**unfreundlich** *agg.* **1** scortese **2** (*di tempo*) inclemente ♦ *avv.* in modo scortese.
**Unfreundlichkeit** *die* [-] scortesia.
**unfruchtbar** *agg.* **1** sterile (*anche fig.*) **2** (*fig.*) improduttivo.
**Unfruchtbarkeit** *die* [-] sterilità.
**Unfug** *der* [-(*e*)*s*] stupidaggini.
**Ungar** *der* [*-n,-n*; die *-in*] ungherese (*m.* e *f.*).
**ungarisch** *agg.* ungherese.
**Ungarn** *das* Ungheria.
**ungastlich** *agg.* inospitale.
**ungebildet** *agg.* incolto.
**ungebräuchlich** *agg.* insolito.
**ungedeckt** *agg.* **1** scoperto: *ein ungedeckter Scheck*, un assegno scoperto **2**

**Ungeduld / Unklarheit**

(*di tavola*) non apparecchiato **3** (*sport*) smarcato.
**Ungeduld** *die* [-] impazienza.
**ungeduldig** *agg.* impaziente.
**ungeeignet** *agg.* inadatto.
**ungefähr** *avv.* circa, più o meno ♦ *agg.* approssimativo ● — *so*, all'incirca.
**ungefährlich** *agg.* innocuo.
**ungeheuer** *agg.* **1** mostruoso **2** (*fam.*) immenso ♦ *avv.* (*fam.*) tremendamente.
**Ungeheuer** *das* [-s,-] mostro (*anche fig.*).
**ungehorsam** *agg.* disubbidiente.
**Ungehorsam** *der* [-s] disubbidienza.
**ungeklärt** *agg.* non chiarito, irrisolto.
**ungelegen** *agg.* inopportuno, importuno.
**ungemütlich** *agg.* **1** (*di luogo*) poco accogliente **2** (*fig.*) poco piacevole ● — *werden*, diventare intrattabile.
**ungenau** *agg.* impreciso, inesatto.
**Ungenauigkeit** *die* [-,-en] imprecisione, inesattezza.
**ungenießbar** *agg.* **1** non commestibile, immangiabile **2** (*fig.*) insopportabile.
**ungenügend** *agg.* insufficiente, inadeguato.
**ungepflegt** *agg.* trasandato.
**ungerade** *agg.* dispari.
**ungerecht** *agg.* ingiusto.
**Ungerechtigkeit** *die* [-,-en] ingiustizia.
**ungern** *avv.* controvoglia.
**ungerührt** *agg.* (*von*) impassibile (a); indifferente (a).
**Ungeschicklichkeit** *die* [-] goffaggine.
**ungeschickt** *agg.* maldestro, goffo.
**ungeschminkt** *agg.* **1** senza trucco **2** (*fig.*) nudo, puro: *die ungeschminkte Wahrheit*, la verità nuda (e cruda).
**ungesetzlich** *agg.* illegale.
**ungestört** *agg.* indisturbato.
**ungestraft** *agg.* impunito.
**ungesund** *agg.* **1** malsano (*anche fig.*); insalubre **2** (*fig.*) esagerato.
**ungewiss** *agg.* incerto, dubbio.
**Ungewissheit** *die* [-,-en] incertezza, dubbio.
**ungewöhnlich** *agg.* **1** insolito, strano **2** straordinario, fuori del comune ♦ *avv.* straordinariamente.
**ungewohnt** *agg.* insolito, inconsueto.
**ungezogen** *agg.* maleducato.
**Ungezogenheit** *die* [-,-en] maleducazione.
**ungezwungen** *agg.* disinvolto, spontaneo ♦ *avv.* con disinvoltura.
**ungläubig** *agg.* **1** incredulo **2** miscredente.
**unglaublich** *agg.* incredibile, inaudito.
**ungleich** *agg.* disuguale; dissimile ♦ *avv.* di gran lunga ♦ *prep.* (+ *Dat*) a differenza di.
**Ungleichheit** *die* [-,-en] disparità, differenza.
**Unglück** *das* [-(e)s] **1** sventura **2** sciagura, calamità.
**unglücklich** *agg.* sfortunato, infelice.
**unglücklicherweise** *avv.* sfortunatamente, per disgrazia.
**ungültig** *agg.* **1** non valido, nullo (*anche dir.*): *für* — *erklären*, dichiarare nullo **2** (*di visto ecc.*) scaduto **3** (*di denaro*) fuori corso.
**ungünstig** *agg.* sfavorevole.
**unhaltbar** *agg.* insostenibile.
**unheimlich** *agg.* inquietante, sinistro ♦ *avv.* (*fam.*) molto.
**unhöflich** *agg.* scortese.
**unhörbar** *agg.* impercettibile.
**unhygienisch** *agg.* non igienico.
**Uni** *die* [-,-s] (*Universität*) (*fam.*) università.
**Uniform** *die* [-,-en] uniforme, divisa.
**Union** *die* [-,-en] unione.
**universell** *agg.* universale.
**Universität** *die* [-,-en] università.
**Universitätsprofessor** *der* [-s,-en; *die -in*] docente (*m. e f.*) universitario.
**Universitätsstudium** *das* [-s,-dien] studi universitari.
**unklar** *agg.* **1** poco chiaro **2** oscuro (*anche fig.*) ● *jdn über etw* (*Acc*) *im Unklaren lassen*, lasciare qlcu all'oscuro di qlco.
**Unklarheit** *die* [-] **1** mancanza di chiarezza **2** (*estens.*) incertezza.

**unkonventionell** *agg.* non convenzionale.
**Unkosten** *pl.* spese extra: *sich in — stürzen*, darsi alle spese pazze.
**Unkraut** *das* [-(e)s] erbacce.
**Unkrautvertilgungsmittel** *das* [-s,-] diserbante.
**unkundig** *agg.* (+ *Gen*) inesperto (di), incapace (di).
**unmäßig** *agg.* esagerato.
**Unmenge** *die* [-,-n] (gran) quantità, massa.
**Unmensch** *der* [-en,-en] (*fam.*) bruto, mostro.
**unmenschlich** *agg.* disumano.
**unmerklich** *agg.* impercettibile.
**unmittelbar** *agg.* 1 immediato, diretto; (*di tempo*) imminente ♦ *avv.* immediatamente ● *— danach*, subito dopo.
**unmöglich** *agg.* impossibile, inconcepibile, assurdo ● *sich — machen*, fare una figuraccia.
**Unmöglichkeit** *die* [-] impossibilità.
**Unmoral** *die* [-] immoralità.
**unmoralisch** *agg.* immorale.
**unmündig** *agg.* minorenne.
**unnachgiebig** *agg.* intransigente, inflessibile.
**unnatürlich** *agg.* 1 innaturale 2 (*fig.*) affettato, artificioso.
**unnötig** *agg.* superfluo.
**unnütz** *agg.* inutile, vano; (*estens.*) sprecato.
**UNO, Uno** *die* [-] (*United Nations Organization*) ONU.
**unordentlich** *agg.* disordinato.
**Unordnung** *die* [-] disordine.
**unparteiisch** *agg.* imparziale.
**unpersönlich** *agg.* impersonale (*anche gramm.*).
**unpünktlich** *agg.* non puntuale ♦ *avv.* in ritardo.
**unrealistisch** *agg.* irrealistico.
**unrecht** *agg.* sbagliato; (*estens.*) inopportuno: *im — Moment*, nel momento sbagliato.
**Unrecht** *das* [-(e)s] torto, ingiustizia ● *zu —*, a torto.
**unrechtmäßig** *agg.* illegittimo, illegale.

**unregelmäßig** *agg.* irregolare (*anche gramm.*).
**unreif** *agg.* 1 immaturo (*anche fig.*) 2 (*di frutto*) acerbo.
**Unruhe** *die* [-,-n] 1 inquietudine, irrequietezza 2 (*estens.*) agitazione, confusione 3 (*pl.*) disordini.
**unruhig** *agg.* 1 inquieto, irrequieto 2 movimentato, agitato 3 rumoroso.
**uns** *pron.pers.pl.* → **wir** 1 (*Dat*) a noi, ci 2 (*Acc*) noi, ci 3 (*retto da prep.*) noi.
**unsagbar, unsäglich** *agg.* indicibile, indescrivibile.
**unsauber** *agg.* 1 sporco 2 pasticciato 3 disonesto.
**unschädlich** *agg.* innocuo: *jdn (o etw) — machen*, rendere inoffensivo qlcu (*o* qlco).
**unscharf** *agg.* 1 sfocato 2 (*fig.*) impreciso.
**unscheinbar** *agg.* poco appariscente.
**unschlüssig** *agg.* indeciso, incerto.
**Unschuld** *die* [-] 1 innocenza 2 ingenuità 3 verginità.
**unschuldig** *agg.* 1 innocente 2 puro, candido.
**unselbstständig, unselbständig** *agg.* non autonomo.
**unser¹** *pron.poss.* 1 il nostro 2 (*come agg.*) nostro: *unsere Partner*, i nostri soci.
**unser²** *pron.pers.Gen* → **wir**.
**unsere** → **unser¹**.
**Unsere** *das* [-n] 1 i nostri averi 2 il nostro dovere ● *die Unseren*, i nostri, i nostri cari.
**unsererseits** *avv.* da parte nostra.
**unseresgleichen** *pron.invar.* un nostro pari, uno come noi.
**unser(e)twegen** *avv.* 1 per quanto ci riguarda 2 per causa nostra.
**unsicher** *agg.* 1 malsicuro 2 inaffidabile 3 insicuro, incerto, indeciso ♦ *avv.* in modo insicuro.
**Unsicherheit** *die* [-,-en] 1 insicurezza 2 pericolosità.
**unsichtbar** *agg.* invisibile.
**Unsinn** *der* [-(e)s] assurdità, sciocchezza.
**unsinnig** *agg.* assurdo, insensato.

**unsittlich** *agg.* immorale, indecente.
**unsterblich** *agg.* immortale.
**Unsterblichkeit** *die* [-] immortalità.
**unsympathisch** *agg.* **1** antipatico: *sie ist mir —*, mi sta antipatica **2** sgradevole.
**untätig** *agg.* inattivo, inoperoso ♦ *avv.* in modo passivo.
**untauglich** *agg.* (*zu*) **1** inadatto (a), inadeguato (a) **2** (*mil.*) inabile (a).
**unteilbar** *agg.* indivisibile.
**unten** *avv.* giù, sotto, in fondo: *dort —*, laggiù; *hier —*, quaggiù.
**unter** *prep.* (+ *Dat* /*Acc*) **1** (*stato in luogo*) (+ *Dat*) sotto **2** (*stato in luogo*) (+ *Dat*) tra, in mezzo a: *— uns gesagt*, detto tra noi **3** (*moto a luogo*) (+ *Acc*) sotto, al di sotto di: *stell den Stuhl — den Tisch*, metti la sedia sotto il tavolo **4** (*moto a luogo*) (+ *Acc*) tra, fra, in mezzo a: *— die Leute gehen*, andare in mezzo alla gente **5** (*modo*) (+ *Dat*) tra, con: *— Tränen*, tra le lacrime; *— diesen Umständen*, a queste condizioni ● *— vier Augen*, a quatt'occhi.
**Unterarm** *der* [-(*e*)*s*,-*e*] avambraccio.
**Unterbewusstsein** *das* [-*s*] subcosciente, subconscio.
**unterbezahlt** *agg.* sottopagato.
**unterbrechen** (→ *brechen*) *v.tr.* interrompere, sospendere ♦ **sich unterbrechen** *v.pron.* interrompersi ♦ *wir sind unterbrochen worden*, è caduta la linea.
**Unterbrechung** *die* [-,-*en*] interruzione, sospensione.
**unter·bringen** (→ *bringen*) *v.tr.* **1** alloggiare **2** (*fam.*) sistemare.
**Unterbringung** *die* [-,-*en*] sistemazione.
**unterdes, unterdessen** *avv.* intanto, nel frattempo.
**Unterdruck** *der* [-(*e*)*s*,-*drücke*] **1** (*fis.*) depressione **2** (*med.*) ipotensione.
**unterdrücken** *v.tr.* **1** reprimere, soffocare **2** (*fig.*) opprimere.
**Unterdrücker** *der* [-*s*,-; *die* -*in*] oppressore (*m.*).
**untere** *agg.* inferiore.
**untereinander** *avv.* **1** uno sotto l'altro **2** l'un l'altro, l'uno con l'altro.

**unterentwickelt** *agg.* sottosviluppato.
**unterernährt** *agg.* denutrito.
**Unterernährung** *die* [-] denutrizione.
**Unterführung** *die* [-,-*en*] sottopassaggio.
**Untergang** *der* [-(*e*)*s*] **1** tramonto **2** (*fig.*) rovina, crollo **3** (*mar.*) affondamento.
**Untergebene** *der* e *die* [-*n*,-*n*] subalterno (*m.*; *f.* -a).
**unter·gehen** (→ *gehen*) *v.intr.* [*sein*] **1** tramontare **2** (*fig.*) andare in rovina **3** (*mar.*) affondare.
**Untergeschoss** *das* [-*es*,-*e*] (piano) sotterraneo; scantinato.
**untergewichtig** *agg.* sottopeso.
**Untergrund** *der* [-(*e*)*s*,-*gründe*] **1** sottosuolo **2** (*di colori*) fondo **3** fondamento, base **4** (*pol.*) clandestinità.
**unterhalb** *prep.* (+ *Gen*) (al di) sotto.
**Unterhalt** *der* [-(*e*)*s*] **1** mantenimento **2** (*di cose*) manutenzione **3** manutenzione.
**unterhalten** (→ *halten*) *v.tr.* **1** mantenere: *sie müssen fünf Kinder —*, hanno cinque figli da mantenere **2** provvedere alla manutenzione di **3** intrattenere, divertire ♦ **sich unterhalten** *v.pron.* **1** (*über* + *Acc*) chiacchierare (di) **2** divertirsi.
**unterhaltend, unterhaltsam** *agg.* divertente, spassoso.
**Unterhaltung** *die* [-,-*en*] **1** mantenimento **2** manutenzione **3** intrattenimento **4** divertimento.
**Unterhaltungsmusik** *die* [-] musica leggera.
**unterhandeln** *v.intr.* [*haben*] (*über* + *Acc*) negoziare (su), parlamentare (su).
**Unterhemd** *das* [-(*e*)*s*,-*en*] magliettá, canottiera.
**Unterholz** *das* [-*es*,-*hölzer*] sottobosco.
**Unterhose** *die* [-,-*n*] mutande.
**unterirdisch** *agg.* sotterraneo.
**Unterkiefer** *der* [-*s*,-] mascella inferiore.
**unter·kommen** (→ *kommen*) *v.intr.* [*sein*] **1** essere alloggiato **2** (*bei*) trovare un impiego (presso) **3** (*fam.*) capitare.

**Unterkunft** *die* [-,-künfte] 1 sistemazione, alloggio 2 (*mil.*) alloggiamenti.
**Unterlage** *die* [-,-n] 1 base, supporto 2 (*fig.*) documento.
**unterlassen** (→ *lassen*) *v.tr.* 1 astenersi da, smetterla con 2 tralasciare.
**Unterlassung** *die* [-,-en] (*dir.*) omissione.
**unterlegen** *agg.* (+ *Dat*) inferiore (a).
**unter·legen** *v.tr.* mettere sotto.
**Unterlegenheit** *die* [-] inferiorità.
**Untermiete** *die* [-,-n] subaffitto.
**unternehmen** (→ *nehmen*) *v.tr.* intraprendere.
**Unternehmen** *das* [-s,-] iniziativa, impresa.
**Unternehmer** *der* [-s,-; die -in] imprenditore (*m.*; *f.* -trice).
**unternehmungslustig** *agg.* intraprendente.
**Unteroffizier** *der* [-s,-e] sottufficiale.
**unter·ordnen** *v.tr.* subordinare (a), sottomettere (a) ◆ **sich unterordnen** *v.pron.* (+ *Dat*) sottomettersi (a).
**Unterredung** *die* [-,-en] colloquio, abboccamento.
**Unterricht** *der* [-(e)s,-e] 1 insegnamento 2 lezione.
**unterrichten** *v.tr.* 1 insegnare 2 (*über* + *Acc*) informare (su) ◆ **sich unterrichten** *v.pron.* (*über* + *Acc*) informarsi (di).
**unterrichtet** *agg.* informato, al corrente.
**Unterrichtsfach** *das* [-(e)s,-fächer] materia (d'insegnamento).
**unterschätzen** *v.tr.* sottovalutare.
**unterscheiden** (→ *scheiden*) *v.tr.* distinguere, differenziare ◆ *v.intr.* [*haben*] (*zwischen*) fare una distinzione (tra) ◆ **sich unterscheiden** *v.pron.* distinguersi; differenziarsi.
**Unterschied** *der* [-(e)s,-e] differenza: *im — zu*, a differenza di.
**unterschiedlich** *agg.* diverso, differente.
**unterschreiben** (→ *schreiben*) *v.tr.* firmare, sottoscrivere.
**Unterschrift** *die* [-,-en] firma.
**Unterseite** *die* [-,-n] lato inferiore.

**unterste** *agg.* (*superl. di* untere) inferiore, più in basso.
**unterstehen** (→ *stehen*) *v.intr.* [*haben*] (+ *Dat*) sottostare (a), dipendere (da) ◆ **sich unterstehen** *v.pron.* azzardarsi: *untersteh dich!*, non azzardarti!
**unter·stellen**[1] *v.tr.* mettere (sotto) ◆ **sich unterstellen** *v.pron.* ripararsi.
**unterstellen**[2] *v.tr.* 1 subordinare 2 affidare 3 accusare ingiustamente di 4 supporre.
**unterstreichen** (→ *streichen*) *v.tr.* sottolineare (*anche fig.*).
**unterstützen** *v.tr.* sostenere, appoggiare.
**Unterstützung** *die* [-,-en] 1 sostegno, assistenza 2 sussidio.
**untersuchen** *v.tr.* 1 analizzare 2 (*dir.*) indagare su 3 (*med.*) visitare.
**Untersuchung** *die* [-,-en] 1 esame, analisi 2 indagine 3 (*med.*) visita.
**Untersuchungshaft** *die* [-] detenzione preventiva.
**Untertan** *der* [-s,-en] suddito.
**Untertasse** *die* [-,-n] piattino.
**unter·tauchen** *v.intr.* [*sein*] 1 immergersi 2 (*fig.*) darsi alla clandestinità.
**Unterteil** *der* o *das* [-(e)s,-e] parte inferiore.
**Untertitel** *der* [-s,-] sottotitolo.
**Untervermietung** *die* [-,-en] subaffitto.
**Unterwäsche** *die* [-] biancheria intima.
**unterwegs** *avv.* strada facendo, in viaggio; (*di merci*) in arrivo ● *bei ihnen ist ein Kind —*, aspettano un bambino | *er ist immer —*, è sempre in giro.
**unterwerfen** (→ *werfen*) *v.tr.* sottomettere ◆ **sich unterwerfen** *v.pron.* sottomettersi.
**unterzeichnen** *v.tr.* firmare, sottoscrivere.
**unterziehen, sich** (→ *ziehen*) *v.pron.* sottoporsi: *sich einer Operation —*, sottoporsi a un'operazione.
**untragbar** *agg.* insopportabile.
**untrennbar** *agg.* inseparabile (*anche gramm.*).
**untreu** *agg.* infedele.

**Untreue** *die* [-] infedeltà.
**unüberlegt** *agg.* avventato.
**unübersehbar** *agg.* 1 ovvio 2 immenso ♦ *avv.* estremamente.
**unübertrefflich** *agg.* insuperabile, ineguagliabile.
**unüblich** *agg.* insolito.
**ununterbrochen** *agg.* ininterrotto, incessante.
**unverändert** *agg.* immutato, invariato.
**unverantwortlich** *agg.* irresponsabile.
**unverbesserlich** *agg.* incorreggibile.
**unverbindlich** *agg.* 1 non impegnativo 2 riservato, distaccato ♦ *avv.* senza impegno.
**unverdaulich** *agg.* indigesto.
**unverfroren** *agg.* sfacciato.
**unverheiratet** *agg.* non sposato.
**unverhofft** *agg.* insperato, inatteso.
**unvermeidbar**, **unvermeidlich** *agg.* inevitabile.
**unvernünftig** *agg.* insensato, irragionevole.
**unveröffentlicht** *agg.* inedito.
**unverschämt** *agg.* insolente.
**Unverschämtheit** *die* [-] sfacciataggine, insolenza.
**unversehens** *avv.* all'improvviso.
**unversöhnlich** *agg.* 1 inconciliabile 2 implacabile.
**unverständlich** *agg.* incomprensibile.
**unverträglich** *agg.* 1 (*di cibo*) indigesto 2 (*di persona*) intrattabile.
**unverzeihlich** *agg.* imperdonabile.
**unvollkommen** *agg.* imperfetto.
**unvorbereitet** *agg.* impreparato ♦ *avv.* alla sprovvista.
**unvorsichtig** *agg.* imprudente.
**Unvorsichtigkeit** *die* [-] imprudenza.
**unvorstellbar** *agg.* inimmaginabile, impensabile ♦ *avv.* (*fam.*) molto.
**unvorteilhaft** *agg.* svantaggioso.
**unwahr** *agg.* falso, non vero.
**Unwahrheit** *die* [-,-en] falsità, menzogna.
**unwahrscheinlich** *agg.* 1 improbabile 2 inverosimile ♦ *avv.* (*fam.*) incredibilmente.

**Unwahrscheinlichkeit** *die* [-,-en] 1 improbabilità 2 inverosimiglianza.
**unwesentlich** *agg.* irrilevante ♦ *avv.* un poco.
**Unwetter** *das* [-s] maltempo.
**unwiderstehlich** *agg.* irresistibile.
**unwillkürlich** *agg.* involontario.
**unwirklich** *agg.* irreale.
**unwissend** *agg.* ignorante, ignaro.
**Unwissenheit** *die* [-] ignoranza.
**unwohl** *agg.* 1 indisposto 2 a disagio.
**Unzahl** *die* [-] (*fam.*) (*von*) grande quantità (*di*).
**unzählig** *agg.* innumerevole.
**unzerbrechlich** *agg.* infrangibile.
**unzertrennlich** *agg.* indivisibile.
**unzufrieden** *agg.* (*mit*) insoddisfatto (*di*).
**Unzufriedenheit** *die* [-] insoddisfazione.
**unzugänglich** *agg.* inaccessibile (*anche fig.*).
**unzulässig** *agg.* illecito, inammissibile.
**unzurechnungsfähig** *agg.* (*dir.*) incapace d'intendere e di volere.
**unzuverlässig** *agg.* inaffidabile.
**Unzuverlässigkeit** *die* [-] inaffidabilità.
**üppig** *agg.* 1 (*di vegetazione*) rigoglioso 2 (*di capelli, di barba*) folto 3 (*di corpo*) prosperoso 4 (*di pasti*) abbondante ♦ *avv.* sontuosamente.
**Uran** *das* [-s] uranio.
**urban** *agg.* urbano.
**Urenkel** *der* [-s,-]; die *-in* pronipote (*m.* e *f.*).
**Urgeschichte** *die* [-] preistoria.
**Urgroßeltern** *pl.* bisnonni.
**Urgroßmutter** *die* [-,-mütter] bisnonna.
**Urgroßvater** *der* [-s,-väter] bisnonno.
**Urheber** *der* [-s,-]; die *-in* 1 promotore (*m.*; *f.* -trice) 2 (*dir.*) autore (*m.*; *f.* -trice).
**Urin** *der* [-s,-e] (*med.*) urina.
**Urkunde** *die* [-,-n] documento, atto, attestato.
**Urlaub** *der* [-(e)s,-e] 1 vacanza, ferie 2 permesso, licenza (*anche mil.*).

**Urlauber** *der* [*-s,-;* die *-in*] villeggiante (*m.* e *f.*).
**Urne** *die* [*-,-n*] urna.
**Ursache** *die* [*-,-n*] **1** causa **2** motivo ● *keine —!*, non c'è di che!
**Ursprung** *der* [*-(e)s,-sprünge*] origine, provenienza.
**ursprünglich** *agg.* **1** originario **2** naturale ♦ *avv.* in origine, all'inizio.
**Urteil** *das* [*-es,-e*] **1** giudizio, parere **2** (*dir.*) sentenza, verdetto.
**urteilen** *v.intr.* [*haben*] (*über* + *Acc*) giudicare.
**Urteilsspruch** *der* [*-(e)s,-sprüche*] (*dir.*) sentenza; (*estens.*) verdetto.
**Urzeit** *die* [*-,-en*] epoca primordiale.
**USA** *pl.* (*United States of America*) USA.
**usw.** *abbr.* (*und so weiter*) ecc., eccetera.
**Utensil** *das* [*-s,-ien*] **1** utensile **2** (*spec.pl.*) l'occorrente.
**Utopie** *die* [*-,-n*] utopia.
**utopisch** *agg.* utopico, utopistico.
**UV-Strahlen** *pl.* raggi ultravioletti (*o* UV).

# V v

**vage** *agg.* vago.
**vakant** *agg.* vacante.
**Vakuum** *das* [*-s,-kua*] (fis.) vuoto (anche fig.).
**Vampir** *der* [*-s,-e*] vampiro.
**Vanille** *die* [-] vaniglia.
**Variante** *die* [*-,-n*] variante.
**Variation** *die* [*-,-en*] variazione.
**Varietee, Varieté** *das* [*-s,-s*] varietà.
**variieren** *v.tr.* e *intr.* [*haben*] variare.
**Vase** *die* [*-,-n*] vaso.
**Vater** *der* [*-s, Väter*] padre.
**Vaterland** *das* [*-es,-länder*] patria.
**väterlich** *agg.* paterno; di, da padre.
**Vaterschaft** *die* [-] paternità.
**Vatikan** *der* Vaticano.
**Vatikanstadt** *die* Città del Vaticano.
**v.Chr.** *abbr.* (*vor Christus*) a.C., avanti Cristo.
**Vegetarier** *der* [*-s,-*; *die -in*] vegetariano (*m.; f. -a*).
**vegetarisch** *agg.* vegetariano.
**Vegetation** *die* [*-,-en*] vegetazione.
**vegetieren** *v.intr.* [*haben*] vegetare.
**Veilchen** *das* [*-s,-*] (bot.) viola.
**Venedig** *das* Venezia.
**Venetien** *das* Veneto.
**Ventil** *das* [*-s,-e*] 1 (mecc.) valvola 2 (fig.) sfogo.
**Ventilator** *der* [*-s,-en*] ventilatore.
**verabreden** *v.tr.* concordare, stabilire ♦ **sich verabreden** *v.pron.* (*mit*) darsi appuntamento (con).
**Verabredung** *die* [*-,-en*] 1 accordo 2 appuntamento.

**verabschieden** *v.tr.* 1 congedare 2 varare (una legge); approvare (un bilancio) ♦ **sich verabschieden** *v.pron.* congedarsi.
**Verabschiedung** *die* [*-,-en*] 1 congedo (anche mil.) 2 (dir.) varo; approvazione.
**verachten** *v.tr.* disprezzare ● (fam.) *das ist nicht zu —*, non è niente male.
**verächtlich** *agg.* 1 sprezzante 2 disprezzabile ♦ *avv.* con disprezzo.
**Verachtung** *die* [-] disprezzo, spregio.
**verallgemeinern** *v.tr.* generalizzare.
**veraltet** *agg.* fuori moda, antiquato.
**veränderlich** *agg.* 1 variabile, mutevole 2 incostante.
**verändern** *v.tr.* cambiare, trasformare ♦ **sich verändern** *v.pron.* trasformarsi, cambiare.
**Veränderung** *die* [*-,-en*] cambiamento.
**verankert** *agg.* 1 ancorato 2 (fig.) radicato.
**veranlagt** *agg.* dotato, portato.
**Veranlagung** *die* [*-,-en*] 1 (*zu*) attitudine (a); predisposizione (a) 2 accertamento tributario.
**veranlassen** (→ *lassen*) *v.tr.* disporre, predisporre ● *jdn —, etw zu tun*, indurre qlcu a fare qlco.
**veranstalten** *v.tr.* organizzare; allestire (mostre ecc.).
**Veranstalter** *der* [*-s,-*; *die -in*] organizzatore (*m.; f. -trice*).
**Veranstaltung** *die* [*-,-en*] 1 organizzazione; (*di mostre*) allestimento 2 manifestazione.

**verantwortlich** *agg.* **1** responsabile **2** di responsabilità ◆ *jdm gegenüber für etw — sein*, rispondere a qlcu di qlco.

**Verantwortung** *die* [-,-en] responsabilità.

**verarbeiten** *v.tr.* **1** lavorare, utilizzare **2** (fig.) assimilare **3** (psic., inform.) elaborare.

**Verarbeitung** *die* [-,-en] **1** lavorazione; trasformazione **2** (fig.) assimilazione **3** (psic., inform.) elaborazione.

**verärgern** *v.tr.* irritare.

**verarmen** *v.intr.* [sein] impoverire.

**verausgaben** *v.tr.* (amm.) spendere ◆ **sich verausgaben** *v.pron.* dar fondo alle proprie risorse.

**Verb** *das* [-s,-en] verbo.

**Verband** *der* [-(e)s,-bände] **1** fasciatura **2** associazione **3** (mil.) formazione.

**Verbannung** *die* [-,-en] esilio.

**verbessern** *v.tr.* migliorare; correggere ◆ **sich verbessern** *v.pron.* **1** correggersi **2** migliorare.

**Verbess(e)rung** *die* [-,-en] **1** miglioramento **2** correzione.

**verbeugen, sich** *v.pron.* inchinarsi.

**Verbeugung** *die* [-,-en] inchino.

**verbiegen** (→ *biegen*) *v.tr.* storcere ◆ **sich verbiegen** *v.pron.* storcersi.

**verbieten** (→ *bieten*) *v.tr.* proibire, vietare.

**verbinden** (→ *binden*) *v.tr.* **1** bendare **2** collegare, unire **3** accomunare, unire **4** associare, collegare ◆ **sich verbinden** *v.pron.* **1** collegarsi, unirsi (anche in matrimonio) **2** associarsi ◆ *ich bin falsch verbunden*, ho sbagliato numero | *ich wäre ihnen sehr verbunden, wenn...*, le sarei molto obbligato se...

**verbindlich** *agg.* **1** cortese, gentile **2** vincolante.

**Verbindlichkeit** *die* [-,-en] **1** cortesia, gentilezza **2** vincolo **3** (spec.pl.) impegno, obbligo **4** (pl.) (comm.) debiti.

**Verbindung** *die* [-,-en] **1** collegamento, allacciamento (anche con mezzi di trasporto) **2** congiunzione **3** linea (o comunicazione) telefonica **4** contatto, rapporto: *geschäftliche Verbindungen*, relazioni d'affari **5** combinazione; unione: *in — mit*, unito a, assieme a.

**Verbleib** *der* [-(e)s] **1** luogo **2** permanenza.

**verbleiben** (→ *bleiben*) *v.intr.* [sein] **1** rimanere d'accordo **2** restare, rimanere: *im Amt —*, rimanere in carica.

**verblüfft** *agg.* perplesso, stupito.

**verblühen** *v.intr.* [sein] sfiorire (anche fig.).

**verbluten** *v.intr.* [sein] dissanguarsi (anche fig.).

**verborgen** *agg.* nascosto.

**Verbot** *das* [-(e)s,-e] divieto, proibizione.

**verboten** *p.p.* di **verbieten** ◆ *agg.* vietato, proibito: *Rauchen —!*, è vietato fumare!

**verbrannt** *agg.* bruciato.

**Verbrauch** *der* [-(e)s] (*an + Dat*) consumo (di).

**verbrauchen** *v.tr.* **1** consumare **2** logorare (vestiti ecc.) ◆ **sich verbrauchen** *v.pron.* consumarsi.

**Verbraucher** *der* [-s,-; *die* -in] consumatore (*m.*; *f.* -trice).

**verbraucht** *agg.* **1** consumato; logorato **2** (fam.) esaurito.

**Verbrechen** *das* [-s,-] delitto, crimine.

**Verbrecher** *der* [-s,-; *die* -in] criminale (*m.* e *f.*), delinquente (*m.* e *f.*).

**verbrecherisch** *agg.* criminale.

**verbreiten** *v.tr.* diffondere; divulgare (notizie, voci ecc.) ◆ **sich verbreiten** *v.pron.* **1** diffondersi, propagarsi **2** spargersi; (di notizie ecc.) diffondersi.

**Verbreitung** *die* [-,-en] **1** diffusione, propagazione; (di notizie) divulgazione.

**verbrennen** (→ *brennen*) *v.intr.* [sein] bruciare, ardere ◆ *v.tr.* bruciare: *sich (Dat) an etw (Dat) die Finger —*, bruciarsi le dita con qlco ◆ **sich verbrennen** *v.pron.* scottarsi.

**Verbrennung** *die* [-,-en] **1** bruciatura; (di rifiuti) incenerimento **2** (med.) ustione, scottatura **3** (chim., aut.) combustione.

**Verbrennungsmotor** *der* [-s,-en] motore a scoppio.

**verbringen** (→ *bringen*) *v.tr.* trascorrere, passare.

**Verbund** *der* [-(e)s,-e] unione.

**verbunden** *p.p.* di **verbinden** ♦ *agg.* legato, collegato.
**verbünden, sich** *v.pron.* (*mit* o *gegen* + *Acc*) allearsi (con), coalizzarsi (con).
**Verbündete** *der* e *die* [*-n,-n*] alleato (*m.*; *f.* -a).
**verbürgen** *v.tr.* garantire ♦ **sich verbürgen** *v.pron.* (*für*) rendersi garante (di); garantire (per).
**verbüßen** *v.tr.* (→ *büßen*) *v.tr.* (*dir.*) scontare (una pena).
**Verdacht** *der* [*-(e)s*] sospetto: *jdn in — haben*, sospettare di qlcu.
**verdächtig** *agg.* 1 sospetto: *sich — machen*, attirare dei sospetti 2 sospettato, indiziato ♦ *avv.* in modo sospetto.
**verdächtigen** *v.tr.* (+ *Gen*) sospettare (di).
**verdammt** *agg.* dannato ♦ *inter.* (*pop.*) maledizione!: *— noch mal!*, maledizione! ♦ *avv.* terribilmente.
**verdampfen** *v.intr.* [*sein*] evaporare (*anche fig.*).
**verdanken** *v.tr.* dovere, essere debitore di (o riconoscente per).
**verdauen** *v.tr.* digerire (*anche fig.*) ♦ *v.intr.* [*haben*] digerire.
**verdaulich** *agg.* digeribile ● *schwer —*, indigesto (*anche fig.*).
**Verdauung** *die* [*-*] digestione.
**Verdeck** *das* [*-(e)s,-e*] 1 (*aut.*) capote 2 (*mar.*) coperta, ponte superiore.
**verdecken** *v.tr.* nascondere; mascherare (*anche fig.*).
**verderben** [*verdirbt / verdarb / verdorben*] *v.tr.* rovinare, guastare: *er hat sich* (*Dat*) *die Augen verdorben*, si è rovinato gli occhi ♦ *v.intr.* [*sein*] (*di alimenti*) guastarsi, andare a male.
**Verderben** *das* [*-s*] rovina, distruzione.
**verderblich** *agg.* deperibile, deteriorabile.
**verdeutlichen** *v.tr.* chiarire, spiegare.
**verdienen** *v.tr.* 1 guadagnare 2 meritare ● *sich* (*Dat*) *sein Studium selbst —*, mantenersi da solo agli studi.
**Verdienst¹** *der* [*-(e)s,-e*] guadagno.
**Verdienst²** *das* [*-(e)s,-e*] merito.
**verdienstvoll** *agg.* 1 meritevole 2 benemerito.

**verdoppeln** *v.tr.* raddoppiare, duplicare ♦ **sich verdoppeln** *v.pron.* raddoppiarsi.
**verdorben** *agg.* 1 rovinato, guastato 2 (*di alimenti*) andato a male 3 (*fig.*) corrotto.
**Verdorbenheit** *die* [*-*] corruzione, depravazione.
**verdrängen** *v.tr.* 1 soppiantare; sostituire 2 (*psic.*) rimuovere.
**verdreifachen** *v.tr.* triplicare.
**verdunkeln** *v.tr.* 1 oscurare 2 (*dir.*) occultare ♦ **sich verdunkeln** *v.pron.* oscurarsi, rabbuiarsi.
**Verdünnung** *die* [*-,-en*] (*di liquidi*) diluizione; (*di gas*) rarefazione.
**verdunsten** *v.intr.* [*sein*] evaporare.
**Verdunstung** *die* [*-*] evaporazione.
**verdursten** *v.intr.* [*sein*] morire di sete.
**verehren** *v.tr.* 1 venerare, adorare 2 (*fam.*) dare (in regalo) a, donare.
**Verehrer** *der* [*-s,-*; *die -in*] ammiratore (*m.*; *f.* -trice).
**verehrt** *agg.* 1 venerato, adorato 2 (*in lettere, discorsi*) stimato, egregio.
**Verehrung** *die* [*-*] adorazione, venerazione.
**Verein** *der* [*-(e)s,-e*] associazione, circolo.
**vereinbaren** *v.tr.* 1 concordare, convenire 2 conciliare.
**Vereinbarung** *die* [*-,-en*] accordo; intesa.
**vereinen** *v.tr.* unire, riunire.
**vereinfachen** *v.tr.* semplificare.
**vereinigen** *v.tr.* 1 unire, riunire 2 (*pol.*) unificare 3 conciliare ♦ **sich vereinigen** *v.pron.* unirsi.
**vereinigt** *agg.* unito, riunito ● *Vereinigte Staaten von Amerika*, Stati Uniti d'America.
**Vereinigung** *die* [*-,-en*] 1 (ri)unione 2 associazione 3 (*pol.*) unificazione.
**vereint** *agg.* unito, riunito ● *die Vereinten Nationen*, le Nazioni Unite.
**vereinzelt** *agg.* sporadico, isolato.
**vereisen** *v.tr.* ghiacciare.
**vererben** *v.tr.* 1 (+ *Dat*, *an* + *Acc*) lasciare in eredità (a) 2 (*biol.*) (+ *Dat*, *an*+ *Acc*, *auf* + *Acc*) trasmettere per

**via ereditaria (a) ♦ sich vererben** *v.pron.* trasmettersi (per via ereditaria).
**verfahren** (→ *fahren*) *v.intr.* [sein] **1** procedere **2** trattare ♦ *v.tr.* (*fam.*) spendere (per viaggio); consumare (benzina) ♦ **sich verfahren** *v.pron.* sbagliare strada, perdersi (con un veicolo).
**Verfahren** *das* [-s,-] **1** procedimento, metodo **2** (*dir.*) processo.
**Verfall** *der* [-(e)s] **1** rovina, decadimento **2** (*fig.*) decadenza, declino **3** (*comm., dir.*) scadenza.
**verfallen** (→ *fallen*) *v.intr.* [sein] **1** andare in rovina **2** (*fig.*) cadere; incorrere **3** scadere **4** (*dir.*) decadere.
**Verfallsdatum** *das* [-s,-ten] data di scadenza.
**verfälschen** *v.tr.* **1** falsificare **2** falsare (fatti) **3** adulterare (cibi).
**verfärben** *v.tr.* tingere ♦ **sich verfärben** *v.pron.* cambiare colore.
**verfassen** *v.tr.* redigere, stendere.
**Verfasser** *der* [-s,-; die -in] autore (*m.*; *f.* -trice).
**Verfassung** *die* [-,-en] **1** (*dir.*) costituzione **2** stato d'animo; condizioni (fisiche).
**verfassungsmäßig** *agg.* costituzionale.
**verfassungswidrig** *agg.* anticostituzionale.
**verflüssigen** *v.tr.* liquefare ♦ **sich verflüssigen** *v.pron.* liquefarsi.
**verfolgen** *v.tr.* **1** inseguire; seguire **2** perseguitare (*anche fig.*).
**Verfolger** *der* [-s,-; die -in] **1** inseguitore (*m.*; *f.* -trice) **2** persecutore (*m.*; *f.* -trice).
**Verfolgung** *die* [-,-en] **1** inseguimento **2** persecuzione.
**verfügbar** *agg.* disponibile.
**verfügen** *v.intr.* [haben] (*über* + *Acc*) disporre (di) ♦ *v.tr.* disporre; ordinare.
**Verfügung** *die* [-,-en] disposizione; provvedimento ● *etw zur — haben*, avere qlco a disposizione.
**verführen** *v.tr.* sedurre.
**Verführung** *die* [-,-en] seduzione.
**vergangen** *p.p.* di *vergehen* ♦ *agg.* scorso, passato.

**Vergangenheit** *die* [-] passato (*anche gramm.*).
**vergänglich** *agg.* transitorio; (*estens.*) effimero.
**Vergaser** *der* [-s,-] carburatore.
**vergeben** (→ *geben*) *v.tr.* **1** perdonare **2** cedere **3** (*sport*) sprecare ● *meine Schwester ist schon —*, mia sorella è già impegnata.
**Vergebens** *avv.* inutilmente, invano.
**vergeblich** *agg.* vano, inutile ♦ *avv.* invano.
**Vergebung** *die* [-,-en] perdono.
**vergehen** (→ *gehen*) *v.intr.* [sein] **1** passare: *die Tage —*, i giorni passano **2** (*vor*) struggersi (per, di).
**Vergehen** *das* [-s,-] (*dir.*) infrazione, trasgressione.
**vergelten** (→ *gelten*) *v.tr.* contraccambiare; ripagare.
**Vergeltung** *die* [-,-en] rappresaglia, ritorsione.
**vergessen** [*vergisst / vergaß / vergessen*] *v.tr.* dimenticare ♦ **sich vergessen** *v.pron.* lasciarsi andare.
**vergesslich** *agg.* smemorato.
**vergewaltigen** *v.tr.* violentare.
**Vergewaltigung** *die* [-,-en] violenza carnale.
**vergewissern, sich** *v.pron.* (+ *Gen*) accertarsi (di), assicurarsi (di).
**vergiften** *v.tr.* **1** avvelenare **2** (*med.*) intossicare ♦ **sich vergiften** *v.pron.* **1** avvelenarsi **2** (*med.*) intossicarsi.
**Vergiftung** *die* [-,-en] **1** avvelenamento **2** (*med.*) intossicazione.
**Vergleich** *der* [-(e)s,-e] **1** paragone; confronto: *im — zu*, in confronto a, rispetto a **2** (*dir.*) accordo, compromesso **3** similitudine.
**vergleichbar** *agg.* paragonabile.
**vergleichen** (→ *gleichen*) *v.tr.* (*mit*) paragonare (a); confrontare (con) ♦ **sich vergleichen** *v.pron.* paragonarsi, confrontarsi.
**vergnügen** *v.tr.* divertire, intrattenere ♦ **sich vergnügen** *v.pron.* divertirsi.
**Vergnügen** *das* [-s] **1** divertimento; svago **2** piacere ● *viel —!*, buon divertimento!

**Vergnügungspark** *der* [-s,-s o -e] parco dei divertimenti.
**vergolden** *v.tr.* dorare.
**Vergoldung** *die* [-,-en] doratura.
**vergraben** (→ *graben*) *v.tr.* seppellire ♦ **sich vergraben** *v.pron.* (*in* + *Dat*) sprofondarsi (in), immergersi (in).
**vergrößern** *v.tr.* 1 ingrandire 2 ampliare ♦ **sich vergrößern** *v.pron.* ingrandirsi, espandersi.
**Vergrößerung** *die* [-,-en] ingrandimento.
**Vergrößerungsglas** *das* [-es,-gläser] lente d'ingrandimento.
**Vergünstigung** *die* [-,-en] agevolazione.
**vergüten** *v.tr.* 1 rimborsare (spese) 2 retribuire (per un servizio).
**Vergütung** *die* [-,-en] 1 rimborso 2 retribuzione.
**verhaften** *v.tr.* arrestare.
**Verhaftung** *die* [-,-en] arresto.
**verhalten** (→ *halten*) *v.tr.* trattenere ♦ **sich verhalten** *v.pron.* 1 comportarsi 2 essere in rapporto.
**Verhalten** *das* [-s] comportamento.
**Verhältnis** *das* [-ses,-se] 1 rapporto; proporzione 2 relazione 3 (*pl.*) condizioni; situazione.
**verhandeln** *v.tr.* e *intr.* [*haben*] (*über* + *Acc*) trattare, negoziare.
**Verhandlung** *die* [-,-en] 1 trattativa, negoziato 2 (*dir.*) udienza.
**verhängen** *v.tr.* 1 coprire (con una tenda) 2 (*dir.*) comminare 3 decretare.
**verhärtet** *agg.* 1 indurito 2 (*fig.*) insensibile.
**verhasst** *agg.* odiato; odioso.
**verheiraten** *v.tr.* sposare ♦ **sich verheiraten** *v.pron.* (*mit*) sposarsi (con).
**verheiratet** *agg.* coniugato, sposato.
**verhelfen** (→ *helfen*) *v.intr.* [*haben*] (*zu*) aiutare (a).
**verherrlichen** *v.tr.* esaltare.
**verhindern** *v.tr.* impedire, ostacolare.
**Verhinderung** *die* [-,-en] impedimento.
**Verhör** *das* [-(e)s,-e] (*dir.*) interrogatorio.
**verhören** *v.tr.* (*dir.*) interrogare ♦ **sich verhören** *v.pron.* sentire male, equivocare.
**verhüten** *v.tr.* 1 evitare 2 (*estens.*) far ricorso a contraccettivi.
**Verhütung** *die* [-,-en] 1 prevenzione 2 (*estens.*) contraccezione.
**Verhütungsmittel** *das* [-s,-] (*spec.pl.*) anticoncezionale.
**verirren, sich** *v.pron.* perdersi, smarrirsi.
**verjüngen** *v.tr.* ringiovanire.
**Verkauf** *der* [-(e)s,-käufe] vendita.
**verkaufen** *v.tr.* vendere ♦ **sich verkaufen** *v.pron.* vendersi ● *zu* —, vendesi.
**Verkäufer** *der* [-s,-; die -*in*] 1 commesso (*m.*; *f.* -a) 2 venditore (*m.*; *f.* -trice).
**Verkaufspreis** *der* [-es,-e] prezzo di vendita.
**Verkehr** *der* [-s] 1 traffico 2 circolazione: *etw aus dem* — *ziehen*, ritirare qlco dalla circolazione 3 rapporti, relazioni 4 rapporti (sessuali).
**verkehren** *v.intr.* [*haben*] 1 (*di mezzi di trasporto*) circolare, passare 2 (*mit*) frequentare, essere in contatto (con) ♦ *v.tr.* 1 capovolgere 2 (*fig.*) stravolgere.
**Verkehrsmittel** *das* [-s,-] mezzo di trasporto.
**Verkehrspolizei** *die* [-] polizia stradale.
**Verkehrsverein** *der* [-(e)s,-e] ente per il turismo.
**Verkehrszeichen** *das* [-s,-] segnale stradale.
**verkehrt** *agg.* 1 rovesciato; capovolto 2 (*fig.*) sbagliato ♦ *avv.* 1 alla rovescia 2 in modo sbagliato.
**verkleiden** *v.tr.* (*als*) travestire (da), vestire (da) ♦ **sich verkleiden** *v.pron.* (*als*) (tra)vestirsi (da), mascherarsi (da).
**Verkleidung** *die* [-,-en] 1 travestimento 2 rivestimento.
**verkleinern** *v.tr.* 1 rimpicciolire 2 (*fig.*) sminuire.
**verknallen sich** *v.pron.* (*fam.*) (*in* + *Acc*) prendersi una cotta (per).
**verknüpfen** *v.tr.* 1 annodare; (*estens.*) connettere 2 (*fig.*) (*mit*) associare (a *o* con), collegare (a *o* con).

**verkommen** (→ *kommen*) *v.intr.* [*sein*] **1** trascurarsi **2** (*fig.*) (*zu*) degenerare (in).
**verkörpern** *v.tr.* personificare, incarnare.
**verkraften** *v.tr.* sopportare.
**verkrampfen, sich** *v.pron.* **1** contrarsi **2** irrigidirsi.
**verkratzen** *v.tr.* graffiare.
**verkriechen sich** (→ *kriechen*) *v.pron.* rintanarsi, nascondersi.
**verkrüppelt** *agg.* storpio, deforme.
**verkümmern** *v.intr.* [*sein*] **1** (*di muscoli*) atrofizzarsi **2** (*di piante*) appassire **3** (*fig.*) spegnersi.
**verkünden** *v.tr.* **1** annunciare **2** (*dir.*) pronunciare (una sentenza).
**verkürzen** *v.tr.* abbreviare; ridurre ♦ **sich verkürzen** *v.pron.* ridursi.
**Verkürzung** *die* [-,-en] riduzione.
**Verlag** *der* [-(e)s,-e] casa editrice.
**verlagern** *v.tr.* spostare, trasferire ♦ **sich verlagern** *v.pron.* (*auf* + *Acc*) spostarsi (su, in).
**verlangen** *v.tr.* pretendere, esigere ♦ *v.intr.* [*haben*] (*nach*) mandare a chiamare.
**Verlangen** *das* [-s] **1** desiderio **2** richiesta ● *auf* —, a richiesta.
**verlängern** *v.tr.* **1** allungare **2** prorogare.
**Verlängerung** *die* [-,-en] **1** allungamento **2** proroga **3** (*sport*) tempi supplementari.
**Verlass** *der* [-es,-] affidabilità ● *auf ihn ist kein* —, di lui non ci si può fidare.
**verlassen**[1] (→ *lassen*) *v.tr.* lasciare ● *sich auf jdn* (o *etw*) —, fidarsi di qlcu (o qlco).
**verlassen**[2] *agg.* abbandonato.
**Verlauf** *der* [-(e)s,-läufe] **1** corso, andamento: *im* — (+ *Gen* o *von*), nel corso di, durante **2** (*med.*) decorso.
**verlaufen** (→ *laufen*) *v.intr.* [*sein*] **1** correre, snodarsi **2** trascorrere, passare **3** svolgersi **4** (*med.*) avere un decorso ♦ **sich verlaufen** *v.pron.* **1** smarrirsi; perdersi **2** disperdersi.
**verlegen**[1] *v.tr.* **1** mettere nel posto sbagliato **2** spostare, rinviare **3** (*elettr.*) posare (cavi ecc.).

**verlegen**[2] *agg.* imbarazzato; a disagio.
**Verlegenheit** *die* [-,-en] **1** imbarazzo; disagio **2** (*estens.*) difficoltà.
**Verleger** *der* [-s,-; die -in] editore (*m.*; *f.* -trice).
**Verleih** *der* [-(e)s,-e] noleggio.
**verleihen** (→ *leihen*) *v.tr.* **1** prestare **2** conferire, assegnare.
**Verleihung** *die* [-,-en] **1** noleggio; prestito **2** assegnazione (di premio).
**verleiten** *v.tr.* (*zu* + *Dat*) incitare (a), istigare (a).
**verletzen** *v.tr.* **1** ferire **2** offendere **3** ledere (un diritto); violare (una legge) ♦ **sich verletzen** *v.pron.* ferirsi.
**Verletzte** *der* e *die* [-n,-n] ferito (*m.*; *f.* -a).
**Verletzung** *die* [-,-en] **1** ferimento; ferita **2** (*fig.*) offesa **3** (*estens.*) violazione.
**verleugnen** *v.tr.* **1** negare **2** (*fig.*) rinnegare, sconfessare.
**verlieben, sich** *v.pron.* (*in* + *Acc*) innamorarsi (di).
**verliebt** *agg.* (*in* + *Acc*) innamorato (di).
**verlieren** [*verlor* / *verloren*] *v.tr.* perdere ♦ *v.intr.* [*haben*] (*an* + *Dat*) perdere: *an Wert* —, perdere valore ♦ **sich verlieren** *v.pron.* perdersi; smarrirsi (*anche fig.*): *sich in Einzelheiten* —, perdersi in dettagli.
**verloben** *v.tr.* fidanzare ♦ **sich verloben** *v.pron.* fidanzarsi.
**Verlobte** *der* e *die* [-n,-n] fidanzato (*m.*; *f.* -a).
**Verlobung** *die* [-,-en] fidanzamento.
**Verlockung** *die* [-,-en] tentazione.
**verlogen** *agg.* falso; bugiardo.
**Verlogenheit** *die* [-,-en] falsità.
**verloren** *p.p.* di **verlieren** ♦ *agg.* perduto, perso (*anche fig.*).
**verloren gehen, verloren·gehen** (→ *gehen*) *v.intr.* [*sein*] andare perduto, smarrirsi.
**verlöschen** [*verlosch* / *verloschen*] *v.intr.* [*sein*] spegnersi, estinguersi (*anche fig.*).
**verlosen** *v.tr.* sorteggiare.
**Verlosung** *die* [-,-en] sorteggio.

**Verlust** *der* [*-es,-e*] perdita (*anche econ.*); smarrimento.
**vermachen** *v.tr.* lasciare per testamento.
**Vermächtnis** *das* [*-ses,-se*] (*dir.*) lascito.
**vermehren** *v.tr.* 1 aumentare 2 (*biol.*) riprodurre ♦ **sich vermehren** *v.pron.* 1 aumentare, crescere 2 moltiplicarsi; (*biol.*) riprodursi.
**Vermehrung** *die* [*-*] 1 aumento; moltiplicazione 2 (*biol.*) riproduzione.
**vermeiden** (→ *meiden*) *v.tr.* evitare.
**vermeintlich** *agg.* presunto.
**vermerken** *v.tr.* 1 annotare; prendere nota di 2 prendere atto di.
**vermessen**[1] (→ *messen*) *v.tr.* misurare; rilevare (la topografia di).
**vermessen**[2] *agg.* presuntuoso.
**Vermessung** *die* [*-,-en*] misurazione; rilevamento (topografico).
**vermieten** *v.tr.* 1 affittare, dare in affitto (immobili) 2 noleggiare ● *Zimmer zu —*, affittasi camere.
**Vermieter** *der* [*-s,-*; die *-in*] 1 locatore (*m.*; *f.* -trice) 2 (*di veicoli*) noleggiatore (*m.*; *f.* -trice).
**Vermietung** *die* [*-*] 1 locazione 2 (*di veicoli*) noleggio.
**vermischen** *v.tr.* mischiare, mescolare ♦ **sich vermischen** *v.pron.* 1 mischiarsi, incrociarsi 2 mescolarsi.
**vermissen** *v.tr.* 1 sentire la mancanza di 2 non trovare.
**vermisst** *agg.* disperso.
**vermitteln** *v.intr.* [*haben*] fare da mediatore ♦ *v.tr.* 1 procacciare: *jdm eine Stelle —*, procurare un posto di lavoro a qlcu 2 organizzare 3 comunicare; trasmettere: *einen guten Eindruck —*, dare una buona impressione.
**Vermittler** *der* [*-s,-*; die *-in*] intermediario (*m.*; *f.* -a), mediatore (*m.*; *f.* -trice).
**Vermittlung** *die* [*-,-en*] 1 mediazione 2 trasmissione (di conoscenze) 3 agenzia di collocamento 4 centralino telefonico.
**Vermögen** *das* [*-s,-*] 1 capacità 2 patrimonio.
**vermuten** *v.tr.* presumere, supporre; aspettarsi.

**vermutlich** *agg.* presunto; probabile ♦ *avv.* probabilmente.
**Vermutung** *die* [*-,-en*] supposizione, congettura.
**vernachlässigen** *v.tr.* trascurare.
**vernageln** *v.tr.* inchiodare.
**vernehmen** *v.tr.* 1 percepire; sentire 2 venire a sapere 3 (*dir.*) interrogare.
**Vernehmung** *die* [*-,-en*] (*dir.*) interrogatorio.
**verneigen, sich** *v.pron.* inchinarsi.
**Verneigung** *die* [*-,-en*] inchino.
**vernichten** *v.tr.* annientare, sterminare.
**Vernunft** *die* [*-*] ragione.
**vernünftig** *agg.* ragionevole, sensato.
**veröffentlichen** *v.tr.* pubblicare.
**Veröffentlichung** *die* [*-,-en*] pubblicazione.
**verordnen** *v.tr.* (*med.*) prescrivere.
**Verordnung** *die* [*-,-en*] (*med.*) prescrizione.
**verpacken** *v.tr.* confezionare; imballare.
**Verpackung** *die* [*-,-en*] confezione; imballaggio.
**verpassen** *v.tr.* perdere; mancare.
**verpflanzen** *v.tr.* trapiantare (*anche med.*).
**Verpflanzung** *die* [*-,-en*] trapianto (*anche med.*).
**Verpflegung** *die* [*-,-en*] vitto.
**verpflichten** *v.tr.* 1 (*zu*) obbligare (a), impegnare (a) 2 (*teatr., cinem.*) scritturare 3 (*sport*) ingaggiare ♦ **sich verpflichten** *v.pron.* 1 (*zu*) impegnarsi (a) 2 (*mil.*) firmare.
**Verpflichtung** *die* [*-,-en*] 1 obbligo; impegno 2 (*teatr., cinem.*) scrittura 3 (*sport*) ingaggio.
**Verrat** *der* [*-(e)s*] tradimento: *einen — an jdm begehen*, tradire qlcu.
**verraten** (→ *raten*) *v.tr.* 1 tradire: *sein Blick verrät Angst*, il suo sguardo tradisce la paura 2 (*fig.*) rivelare, svelare ♦ **sich verraten** *v.pron.* tradirsi.
**Verräter** *der* [*-s,-*; die *-in*] traditore (*m.*; *f.* -trice).
**verrechnen** *v.tr.* 1 mettere in conto 2 (*comm.*) accreditare ♦ **sich verrechnen**

*v.pron.* **1** fare un errore di calcolo **2** (*fig.*) fare male i propri conti.
**Verrechnung** *die* [-,-en] conto, conteggio.
**verreisen** *v.intr.* [*sein*] partire.
**verrenken** *v.tr.* (*med.*) slogare ♦ **sich verrenken** *v.pron.* contorcersi.
**Verrenkung** *die* [-,-en] contorsione.
**verrosten** *v.intr.* [*sein*] arrugginire.
**verrückt** *agg.* (*fam.*) pazzo, folle ♦ *avv.* follemente ● *auf etw* (*Acc*) — *sein*, andare pazzo per qlco.
**Verrückte** *der* e *die* [-n,-n] pazzo (*m.*; *f.* -a), matto (*m.*; *f.* -a).
**Vers** *der* [-es,-e] verso.
**versagen** *v.intr.* [*haben*] **1** fallire **2** non funzionare.
**Versagen** *das* [-s] **1** errore **2** guasto.
**versalzen** *v.tr.* salare troppo ● *jdm die Suppe* —, rompere le uova nel paniere a qlcu.
**versammeln** *v.tr.* riunire, radunare ♦ **sich versammeln** *v.pron.* riunirsi, radunarsi.
**Versand** *der* [-(e)s,-e] (*comm.*) spedizione, invio.
**versanden** *v.intr.* [*sein*] insabbiarsi (*anche fig.*).
**Versandhandel** *der* [-s] vendita per corrispondenza.
**versäumen** *v.tr.* **1** perdere **2** venir meno a, trascurare.
**verschaffen** *v.tr.* procurare ♦ **sich verschaffen** *v.pron.* procurarsi, ottenere.
**verschärfen** *v.tr.* **1** aumentare, intensificare **2** acutizzare ♦ **sich verschärfen** *v.pron.* aumentare, crescere.
**verschenken** *v.tr.* dare in regalo.
**verscheuchen** *v.tr.* scacciare.
**verschicken** *v.tr.* spedire; mandare.
**verschieben** (→ *schieben*) *v.tr.* **1** spostare **2** (*fig.*) rimandare, rinviare **3** (*fam.*) vendere di contrabbando ♦ **sich verschieben** *v.pron.* spostarsi.
**verschieden** *agg.* (*von*) differente (da); vario: *verschiedener Meinung sein*, essere di opinione diversa.
**verschiffen** *v.tr.* trasportare (via nave).

**verschlafen**[1] (→ *schlafen*) *v.intr.* [*haben*] non svegliarsi in tempo ♦ *v.tr.* **1** trascorrere (il tempo) dormendo **2** (*fam.*) dimenticare (un impegno ecc.).
**verschlafen**[2] *agg.* **1** assonnato **2** (*fig.*) sonnacchioso.
**verschlechtern** *v.tr.* peggiorare, aggravare ♦ **sich verschlechtern** *v.pron.* peggiorare, aggravarsi.
**Verschlechterung** *die* [-] peggioramento, aggravamento.
**verschleiern** *v.tr.* **1** velare **2** (*fig.*) occultare (i fatti) ♦ **sich verschleiern** *v.pron.* velarsi; (*di cielo*) coprirsi.
**Verschleiß** *der* [-es,-e] **1** usura **2** (*an+Dat*) consumo (di).
**verschleißen** [*verschliss* / *verschlissen*] *v.tr.* logorare ♦ *v.intr.* [*sein*] logorarsi.
**verschleudern** *v.tr.* (*comm.*) svendere.
**verschließen** (→ *schließen*) *v.tr.* chiudere (a chiave) ♦ **sich verschließen** *v.pron.* (*di persona*) chiudersi ● *die Augen vor etw* (*Dat*) —, chiudere gli occhi davanti a qlco.
**verschlingen**[1] (→ *schlingen*[1]) *v.tr.* intrecciare.
**verschlingen**[2] (→ *schlingen*[2]) *v.tr.* divorare, ingoiare (*anche fig.*).
**verschlüsseln** *v.tr.* codificare.
**Verschlüsselung** *die* [-,-en] codificazione.
**verschmelzen** (→ *schmelzen*) *v.tr.* fondere ♦ *v.intr.* [*sein*] fondersi (*anche fig.*).
**Verschmelzung** *die* [-,-en] fusione (*anche fig.*).
**verschmutzen** *v.tr.* **1** sporcare **2** inquinare ♦ *v.intr.* [*sein*] sporcarsi.
**verschneit** *agg.* coperto di neve.
**verschnupft** *agg.* raffreddato.
**verschollen** *agg.* disperso, scomparso.
**verschönern** *v.tr.* abbellire; ornare.
**verschränken** *v.tr.* incrociare.
**verschrauben** *v.tr.* fissare con viti.
**verschreiben** (→ *schreiben*) *v.tr.* **1** prescrivere **2** consumare scrivendo ♦

**sich verschreiben** *v.pron.* **1** sbagliare scrivendo **2** (+ *Dat*) dedicarsi (a).
**verschreibungspflichtig** *die* [-,-*en*] da vendersi dietro presentazione di ricetta medica.
**verschrotten** *v.tr.* rottamare.
**verschulden** *v.tr.* provocare, rendersi responsabile di ♦ **sich verschulden** *v.pron.* indebitarsi.
**Verschuldung** *die* [-,-*en*] indebitamento.
**verschütten** *v.tr.* **1** versare, rovesciare (inavvertitamente) **2** seppellire (sotto macerie ecc.).
**verschweigen** (→ *schweigen*) *v.tr.* tacere, passare sotto silenzio.
**verschwenden** *v.tr.* sprecare.
**verschwenderisch** *agg.* **1** spendaccione **2** ricco, sontuoso.
**Verschwendung** *die* [-,-*en*] spreco, sperpero.
**verschwiegen** *agg.* **1** fidato, discreto **2** (*di luogo*) poco frequentato, appartato.
**Verschwiegenheit** *die* [-] riservatezza.
**verschwimmen** (→ *schwimmen*) *v.intr.* [*sein*] confondersi.
**verschwinden** (→ *schwinden*) *v.intr.* [*sein*] **1** sparire, scomparire: — *lassen*, far sparire **2** (*fam.*) andarsene.
**verschwommen** *agg.* **1** sfocato **2** (*estens.*) confuso.
**verschwören, sich** (→ *schwören*) *v.pron.* (*gegen*) cospirare (contro), complottare (contro).
**Verschwörer** *der* [-*s*,-; *die* -*in*] cospiratore (*m.*; *f.* -*trice*).
**Verschwörung** *die* [-,-*en*] congiura, complotto.
**versehen**[1] *agg.* (*mit*) fornito (di), provvisto (di).
**versehen**[2] (→ *sehen*) *v.tr.* **1** munire (di) **2** assolvere, compiere ♦ **sich versehen** *v.pron.* **1** (*mit*) rifornirsi (di) **2** sbagliarsi.
**Versehen** *das* [-*s*] svista, sbaglio ● *aus* —, per sbaglio.
**versehentlich** *avv.* per sbaglio.

**versenden** (→ *senden*) *v.tr.* spedire, inviare.
**versenken** *v.tr.* **1** affondare **2** sotterrare **3** far scomparire ♦ **sich versenken** *v.pron.* (*in* + *Acc*) immergersi (in), sprofondarsi (in).
**versetzen** *v.tr.* **1** spostare; trasferire **2** mettere **3** sferrare (calcio ecc.) **4** (*scol.*) promuovere **5** (*bot.*) trapiantare ♦ **sich versetzen** *v.pron.* **1** spostarsi **2** (*fig.*) mettersi nei panni di.
**Versetzung** *die* [-,-*en*] **1** spostamento, trasferimento **2** (*scol.*) promozione **3** (*bot.*) trapianto.
**verseuchen** *v.tr.* **1** contaminare, inquinare **2** infettare (sangue).
**versichern** *v.tr.* **1** assicurare **2** rassicurare ♦ **sich versichern** *v.pron.* (*gegen*) assicurarsi (contro).
**Versicherung** *die* [-,-*en*] assicurazione.
**Versicherungsgesellschaft** *die* [-,-*en*] compagnia di assicurazione.
**versinken** (→ *sinken*) *v.intr.* [*sein*] **1** affondare; sprofondare **2** (*in* + *Acc*) immergersi (in).
**Version** *die* [-,-*en*] versione.
**versöhnen** *v.tr.* riconciliare, rappacificare ♦ **sich versöhnen** *v.pron.* riconciliarsi.
**versöhnlich** *agg.* conciliante.
**Versöhnung** *die* [-,-*en*] conciliazione, riconciliazione.
**versorgen** *v.tr.* **1** occuparsi di **2** assistere, curare **3** (*mit*) rifornire (di) **4** mantenere (la famiglia ecc.) ♦ **sich versorgen** *v.pron.* **1** (*mit*) procurarsi, rifornirsi di **2** badare a se stesso.
**Versorgung** *die* [-,-*en*] **1** approvvigionamento **2** assistenza, cura **3** mantenimento.
**verspätet** *agg.* **1** in ritardo **2** tardivo ♦ *avv.* in ritardo.
**Verspätung** *die* [-,-*en*] ritardo.
**versperren** *v.tr.* sbarrare; chiudere.
**verspielen** *v.tr.* **1** (*al gioco*) perdere **2** (*fig.*) giocarsi.
**verspotten** *v.tr.* deridere.
**versprechen** (→ *sprechen*) *v.tr.* promettere (*anche fig.*) ● *nichts Gutes* —,

non promettere nulla di buono | *sich* (*Dat*) —, aspettarsi.
**Versprechen** *das* [-s,-] promessa.
**Verstand** *der* [-(e)s] intelletto; mente ● *den — verlieren*, perdere la ragione.
**verständig** *agg.* giudizioso.
**verständigen** *v.tr.* (*über + Acc, von*) informare (di) ♦ **sich verständigen** *v.pron.* 1 comunicare 2 (*estens.*) (*über + Acc*) accordarsi (su).
**Verständigung** *die* [-,-en] 1 informazione 2 accordo.
**verständlich** *agg.* comprensibile: *sich — machen*, farsi capire.
**verständlicherweise** *avv.* comprensibilmente.
**Verständlichkeit** *die* [-] comprensibilità; chiarezza.
**Verständnis** *das* [-ses] 1 comprensione (*anche estens.*) 2 (*estens.*) sensibilità.
**verständnisvoll** *agg.* comprensivo.
**verstärken** *v.tr.* 1 rinforzare 2 aumentare 3 (*tecn.*) amplificare ♦ **sich verstärken** *v.pron.* 1 rafforzarsi 2 aumentare.
**Verstärker** *der* [-s,-] amplificatore.
**Verstärkung** *die* [-,-en] 1 rinforzo 2 aumento 3 (*tecn.*) amplificazione.
**verstauben** *v.intr.* [*haben*] impolverarsi.
**Versteck** *das* [-(e)s,-e] nascondiglio: *— spielen*, giocare a nascondino.
**verstecken** *v.tr.* nascondere ♦ **sich verstecken** *v.pron.* nascondersi.
**versteckt** *agg.* 1 nascosto 2 (*di minaccia*) velato; (*di occhiata*) furtivo; (*di attività*) segreto ♦ *avv.* di nascosto; furtivamente.
**verstehen** (→ *stehen*) *v.tr.* 1 capire: *etw falsch —*, fraintendere qlco 2 sapere; conoscere ♦ **sich verstehen** *v.pron.* 1 capirsi: *das versteht sich von selbst*, è sottinteso 2 considerarsi 3 andare d'accordo 4 (*auf + Acc*) intendersi (di).
**versteifen** *v.tr.* irrigidire ♦ *v.intr.* [*sein*] irrigidirsi ♦ **sich versteifen** *v.pron.* 1 irrigidirsi 2 (*fig.*) (*auf + Acc*) impuntarsi (su).
**versteigern** *v.tr.* mettere all'asta.

**Versteigerung** *die* [-,-en] (vendita all')asta.
**versteinern** *v.tr.* pietrificare ♦ *v.intr.* [*sein*] 1 pietrificarsi, impietrirsi 2 fossilizzarsi.
**Versteinerung** *die* [-,-en] (residuo) fossile.
**verstellbar** *agg.* regolabile.
**verstellen** *v.tr.* 1 spostare 2 regolare (orologi ecc.) 3 ostacolare, sbarrare 4 contraffare, alterare ♦ **sich verstellen** *v.pron.* 1 spostarsi 2 fingere, simulare.
**verstohlen** *agg.* furtivo.
**verstopfen** *v.tr.* 1 tappare; ostruire 2 congestionare (le strade) ♦ *v.intr.* [*sein*] ostruirsi, intasarsi.
**Verstopfung** *die* [-,-en] 1 intasamento 2 (*di traffico*) congestionamento 3 (*med.*) costipazione.
**verstorben** *agg.* deceduto, morto.
**verstört** *agg.* sconvolto.
**Verstoß** *der* [-es,-stöße] (*gegen*) violazione (di), infrazione (a).
**verstoßen** (→ *stoßen*) *v.tr.* ripudiare, scacciare ♦ *v.intr.* [*haben*] (*gegen*) contravvenire (a).
**verstreuen** *v.tr.* spargere, sparpagliare.
**verstummen** *v.intr.* [*sein*] 1 ammutolire 2 (*fig.*) tacere.
**Versuch** *der* [-(e)s,-e] 1 tentativo 2 esperimento.
**versuchen** *v.tr.* 1 tentare, provare 2 assaggiare ♦ *v.intr.* [*haben*] cercare, provare ♦ **sich versuchen** *v.pron.* (*an + Dat*) cimentarsi (con).
**versuchsweise** *avv.* per prova.
**Versuchung** *die* [-,-en] tentazione: *in — kommen* (*o geraten*), cadere in tentazione.
**versüßen** *v.tr.* addolcire (*anche fig.*).
**vertagen** *v.tr.* aggiornare, rinviare.
**vertauschen** *v.tr.* scambiare; sostituire.
**verteidigen** *v.tr.* difendere ♦ **sich verteidigen** *v.pron.* (*gegen*) difendersi (da).
**Verteidiger** *der* [-s,-; *die -in*] difensore (*m.*; *f.* difenditrice).
**Verteidigung** *die* [-,-en] difesa.

**verteilen** *v.tr.* 1 distribuire 2 dividere, ripartire ♦ **sich verteilen** *v.pron.* spargliarsi.

**Verteiler** *der* [-s,-] distributore.

**vertiefen** *v.tr.* approfondire (*anche fig.*) ♦ **sich vertiefen** *v.pron.* 1 diventare più profondo 2 (*fig.*) (*in* + *Acc*) immergersi (in), sprofondare (in).

**Vertiefung** *die* [-,-en] 1 approfondimento (*anche fig.*) 2 avvallamento.

**vertikal** *agg.* verticale.

**Vertrag** *der* [-(e)s,-träge] 1 contratto 2 (*pol.*) trattato • *laut —*, come da contratto.

**vertragen** *v.tr.* sopportare ♦ **sich vertragen** *v.pron.* 1 andare d'accordo 2 (*fig.*) accordarsi, essere compatibile.

**vertraglich** *agg.* contrattuale ♦ *avv.* secondo contratto.

**verträglich** *agg.* 1 tollerabile 2 affabile.

**vertrauen** *v.intr.* [*haben*] 1 (+ *Dat*, *auf* + *Acc*) fidarsi (di) 2 (*auf* + *Acc*) confidare (in).

**Vertrauen** *das* [-s] 1 fiducia: *jdm — schenken*, concedere fiducia a qlcu 2 fede • *im — gesagt*, detto fra di noi.

**vertrauensvoll** *agg.* fiducioso.

**vertrauenswürdig** *agg.* degno di fiducia.

**vertraulich** *agg.* confidenziale, riservato ♦ *avv.* in confidenza.

**Vertraulichkeit** *die* [-] 1 riservatezza 2 confidenza.

**verträumt** *agg.* 1 trasognato, sognante 2 (*di luogo*) idilliaco.

**vertraut** *agg.* familiare.

**Vertraute** *der* e *die* [-n,-n] confidente (*m.* e *f.*); (*estens.*) intimo (*m.; f.* -a).

**Vertrautheit** *die* [-] familiarità, confidenza.

**vertreiben** (→ *treiben*) *v.tr.* cacciare, scacciare (*anche fig.*): *sich* (*Dat*) *die Zeit —*, far passare il tempo.

**vertreten** *v.tr.* 1 sostituire, fare le veci di 2 rappresentare.

**Vertreter** *der* [-s,-; *die* -*in*] 1 sostituto (*m.; f.* -a) 2 rappresentante (*m.* e *f.*) (*anche comm.*) 3 sostenitore (*m.; f.* -trice).

**Vertretung** *die* [-,-en] 1 rappresentanza 2 sostituzione 3 (*sport*) delegazione.

**Vertrieb** *der* [-(e)s,-e] (*comm.*) 1 vendita; distribuzione 2 ufficio vendite.

**vertrocknen** *v.intr.* [*sein*] seccarsi, esaurirsi (*anche fig.*).

**vertun** (→ *tun*) *v.tr.* sprecare (tempo) ♦ **sich vertun** *v.pron.* sbagliarsi, confondersi.

**verüben** *v.tr.* compiere, commettere.

**verunglücken** *v.intr.* [*sein*] infortunarsi, avere un incidente.

**Verunglückte** *der* e *die* [-n,-n] infortunato (*m.; f.* -a), vittima (*f.*) (di un incidente).

**verursachen** *v.tr.* causare.

**verurteilen** *v.tr.* (*zu*) condannare (a).

**Verurteilung** *die* [-,-en] condanna.

**vervielfachen** *v.tr.* moltiplicare ♦ **sich vervielfachen** *v.pron.* moltiplicarsi.

**vervielfältigen** *v.tr.* riprodurre.

**Vervielfältigung** *die* [-,-en] 1 duplicazione 2 riproduzione.

**vervollkommnen** *v.tr.* perfezionare ♦ **sich vervollkommnen** *v.pron.* perfezionarsi.

**Vervollständigung** *die* [-,-en] completamento.

**verwahrlost** *agg.* in stato di abbandono; trascurato.

**Verwahrung** *die* [-,-en] custodia: *etw in — geben, nehmen*, dare, prendere qlco in consegna.

**verwalten** *v.tr.* 1 amministrare 2 ricoprire (una carica).

**Verwalter** *der* [-s,-; *die* -*in*] amministratore (*m.; f.* -trice).

**Verwaltung** *die* [-,-en] amministrazione.

**verwandeln** *v.tr.* trasformare (*anche mat.*) ♦ **sich verwandeln** *v.pron.* (*in* + *Acc*) trasformarsi (in).

**Verwandlung** *die* [-,-en] trasformazione (*anche mat.*).

**verwandt** *agg.* (*mit*) 1 imparentato (con), parente (di) 2 (*estens.*) affine (a).

**Verwandte** *der* e *die* [-n,-n] parente (*m.* e *f.*).

**Verwandtschaft** *die* [-,-en] **1** parentela **2** (*fig.*) affinità.
**verwarnen** *v.tr.* avvertire, avvisare.
**Verwarnung** *die* [-,-en] avvertimento.
**verwechseln** *v.tr.* (*mit*) scambiare (per), confondere (con).
**Verwechslung** *die* [-,-en] **1** scambio **2** (*dir.*) sostituzione.
**verwehren** *v.tr.* impedire.
**verweigern** *v.tr.* rifiutare; negare ♦ **sich verweigern** *v.pron.* rifiutarsi, negarsi.
**Verweigerung** *die* [-,-en] rifiuto.
**Verweis** *der* [-es,-e] **1** rimprovero **2** (*auf* + *Acc*) riferimento (a).
**verweisen** (→ *wiesen*) *v.tr.* (*an* + *Acc*) rimandare (a), indicare.
**verwelken** *v.intr.* [*sein*] appassire, avvizzire (*anche fig.*).
**verwendbar** *agg.* utilizzabile.
**verwenden** (→ *wenden*) *v.tr.* usare; impiegare.
**Verwendung** *die* [-,-en] uso; impiego.
**verwerfen** (→ *werfen*) *v.tr.* (*fig.*) respingere.
**verwerflich** *agg.* riprovevole.
**verwerten** *v.tr.* utilizzare.
**Verwertung** *die* [-,-en] utilizzazione.
**verwesen** *v.intr.* [*sein*] decomporsi.
**verwickeln** *v.tr.* **1** aggrovigliare, ingarbugliare **2** (*fig.*) coinvolgere: *in etw verwickelt sein*, essere coinvolto in qlco ♦ **sich verwickeln** *v.pron.* (*in* + *Acc*) impigliarsi (in), restare impigliato (in).
**Verwicklung** *die* [-,-en] **1** groviglio **2** (*fig.*) imbroglio, complicazione **3** (*estens.*) intrigo.
**verwirklichen** *v.tr.* realizzare ♦ **sich verwirklichen** *v.pron.* realizzarsi.
**Verwirklichung** *die* [-,-en] realizzazione, attuazione.
**verwirren** [*verwirrt* o *verworren*] *v.tr.* **1** scompigliare **2** (*fig.*) confondere ♦ **sich verwirren** *v.pron.* **1** ingarbugliarsi **2** confondersi, turbarsi.
**Verwirrung** *die* [-,-en] **1** scompiglio **2** (*estens.*) confusione.
**verwitwet** *agg.* vedovo.
**verwöhnen** *v.tr.* viziare.
**verwöhnt** *agg.* **1** viziato **2** (*estens.*) esigente.
**verworren** *p.p.* di **verwirren** ♦ *agg.* confuso; intricato.
**verwundbar** *agg.* vulnerabile.
**verwunden** *v.tr.* ferire (*anche fig.*).
**Verwunderung** *die* [-] meraviglia, stupore.
**verwunschen** *agg.* incantato, fatato.
**verwünschen** *v.tr.* maledire.
**Verwünschung** *die* [-,-en] **1** maledizione **2** imprecazione.
**verwurzelt** *agg.* (ben) radicato.
**verwüsten** *v.tr.* devastare, distruggere.
**Verwüstung** *die* [-,-en] devastazione, distruzione.
**verzaubern** *v.tr.* incantare, stregare.
**Verzauberung** *die* [-,-en] incantesimo.
**verzehren** *v.tr.* consumare (*anche fig.*) ♦ **sich verzehren** *v.pron.* (+ *Dat*) struggersi (di), consumarsi (per).
**verzeichnen** *v.tr.* **1** registrare, elencare **2** (*estens.*) constatare.
**Verzeichnis** *das* [-ses,-se] lista; indice.
**verzeihen** [*verzieh* / *verziehen*] *v.tr.* perdonare; scusare.
**verzeihlich** *agg.* perdonabile; scusabile.
**Verzeihung** *die* [-] perdono; scusa ● —*!*, scusa!, scusi!
**Verzicht** *der* [-(e)s,-e] rinuncia.
**verzichten** *v.intr.* [*haben*] **1** (*auf* + *Acc*) rinunciare (a), fare a meno (di) **2** desistere da.
**verziehen** (→ *ziehen*) *v.tr.* **1** storcere; deformare **2** viziare (un bambino) ♦ *v.intr.* [*sein*] trasferirsi ♦ **sich verziehen** *v.pron.* **1** storcersi; contrarsi **2** sformarsi.
**verzieren** *v.tr.* decorare, guarnire.
**Verzierung** *die* [-,-en] decorazione, ornamento.
**verzinnen** *v.tr.* stagnare.
**verzinsen** *v.tr.* pagare l'interesse su ♦ **sich verzinsen** *v.pron.* (*mit*) fruttare, dare un interesse (di).
**Verzinsung** *die* [-] (pagamento degli) interessi.
**verzögern** *v.tr.* ritardare ♦ **sich verzö-**

**gern** *v.pron.* protrarsi, andare per le lunghe.
**Verzögerung** *die* [-,-en] ritardo.
**verzollen** *v.tr.* pagare la dogana su.
**Verzollung** *die* [-,-en] pagamento della dogana.
**Verzug** *der* [-(e)s] **1** ritardo, arretrato **2** (*dir.*) mora.
**verzweifeln** *v.intr.* [*sein*] **1** (*an* + *Dat*) disperare (di) **2** perdersi d'animo.
**verzweifelt** *agg.* disperato.
**Verzweiflung** *die* [-] disperazione: *aus* (o *vor*) —, per la (o dalla) disperazione.
**Vesper** *die* [-,-n] **1** (*relig.catt.*) vespro **2** (*region.*) merenda.
**Veteran** *der* [-en,-en] veterano.
**Veterinär** *der* [-s,-e; *die* -*in*] veterinario (*m.; f.* -a).
**Veto** *das* [-s,-s] veto: *ein — gegen etw einlegen*, porre un veto contro (o a) qlco.
**Vetter** *der* [-s,-n] cugino.
**vgl.** *abbr.* (*vergleiche*) cfr., confronta.
**Viadukt** *der* [-(e)s,-e] viadotto.
**Vibration** *die* [-,-en] vibrazione.
**vibrieren** *v.intr.* [*haben*] vibrare.
**Video** *das* [-s,-s] video.
**Videokamera** *die* [-,-s] videocamera.
**Videokassette** *die* [-,-en] videocassetta.
**Videorekorder**, **Videorecorder** *der* [-s,-] videoregistratore.
**Videospiel** *das* [-(e)s,-e] videogioco, videogame.
**Videothek** *die* [-,-en] videoteca.
**Vieh** *das* [-(e)s] **1** bestiame **2** capo (di bestiame).
**Viehzucht** *die* [-] allevamento di bestiame.
**viel** *compar.* **mehr** *superl.* **meiste** *agg. indef.* molto, numeroso: *viel Mühe*, molta fatica; *viele Leute*, molta gente ♦ *pron.indef.* molto, molti, molte cose: — *hat er nicht erzählt*, non ha detto molto ♦ *avv.* molto, tanto.
**vieldeutig** *agg.* ambiguo.
**Vieleck** *das* [-s,-e] (*geom.*) poligono.
**vielfach** *agg.* **1** multiplo **2** molteplice ♦ *avv.* spesso, più volte.
**Vielfache** *das* [-n,-n] (*mat.*) multiplo.

**Vielfalt** *die* [-] (*von*, *an* + *Dat*) molteplicità (di); gran varietà (di).
**vielfältig** *agg.* molteplice, vario.
**vielleicht** *avv.* **1** forse, può darsi **2** circa, all'incirca.
**vielmals** *avv.* spesso, tante volte: *wir bitten — um Entschuldigung*, ci scusiamo tanto; *ich danke —*, grazie mille.
**vielmehr** *avv.* anzi, piuttosto ♦ *cong.* al contrario, invece.
**viel sagend**, **vielsagend** *agg.* eloquente.
**vielseitig** *agg.* **1** versatile **2** molteplice ♦ *avv.* in vario modo.
**Vielzahl** *die* [-] (gran) numero, (gran) quantità.
**vier** *agg.num.card.invar.* quattro → *acht* ● *auf allen vieren*, a quattro zampe.
**Viereck** *das* [-s,-e] (*geom.*) quadrilatero; quadrato.
**viereckig** *agg.* quadrangolare.
**vierfach** *agg.* quadruplo ♦ *avv.* quattro volte; in quattro (parti).
**vierhändig** *avv.* a quattro mani.
**vierhundert** *agg.num.card.invar.* quattrocento.
**vierjährig** *agg.* di quattro anni.
**viermal** *avv.* quattro volte (tanto).
**vierspurig** *agg.* a quattro corsie.
**vierstimmig** *agg.* a quattro voci.
**viert** *avv.* ● *zu —*, in quattro.
**vierte** *agg.num.ord.* quarto → *achte*.
**vierteilig** *agg.* in, di quattro parti.
**Viertel** *das* [-s,-] **1** quarto, quarta parte **2** quarto (*d'ora*): *drei — eins* (o — *vor eins*), l'una meno un quarto **3** quartiere.
**Viertelfinale** *das* [-s,-] (*sport*) quarto di finale.
**Vierteljahr** *das* [-(e)s,-e] trimestre.
**vierteljährlich** *agg.* trimestrale.
**Viertelstunde** *die* [-,-n] quarto d'ora.
**viertens** *avv.* quarto, in quarto luogo.
**vierzehn** *agg.num.card.invar.* quattordici.
**vierzehntägig** *agg.* di due settimane.
**vierzig** *agg.num.ord.invar.* quaranta.
**Vietnamese** *der* [-n,-n]; *die Vietnamesin*] vietnamita (*m.* e *f.*).
**Vikar** *der* [-s,-e] (*relig.*) vicario.

**Villa** *die* [-,-*len*] villa.
**Vintschgau** *der* Val Venosta.
**Violine** *die* [-,-*n*] violino.
**Violinschlüssel** *der* [-*s*,-] chiave di violino.
**Viper** *die* [-,-*n*] vipera.
**virtuell** *agg.* virtuale.
**Virtuose** *der* [-*n*,-*n*; die *Virtuosin*] virtuoso (*m.*; *f.* -a).
**Virtuosität** *die* [-] virtuosismo.
**Virus** *das* o *der* [-,-*ren*] virus.
**Visier** *der* [-*s*,-] (*mil.*) 1 visiera 2 mira.
**Vision** *die* [-,-*en*] visione.
**Visitenkarte** *die* [-,-*n*] biglietto da visita.
**Visum** *das* [-*s*,-*sa* o -*sen*] visto.
**Vitamin** *das* [-*s*,-*e*] vitamina.
**Vitaminmangel** *der* [-*s*] carenza vitaminica.
**Vizepräsident** *der* [-*en*,-*en*; die -*in*] vicepresidente (*m.*; *f.* -essa).
**Vogel** *der* [-*s*, *Vögel*] 1 uccello 2 (*fam.*) tipo, individuo.
**Vogelkunde** *die* [-] ornitologia.
**Vogelscheuche** *die* [-,-*n*] spaventapasseri (*anche fig.*).
**Vokabel** *die* [-,-*n*] vocabolo.
**Vokabular** *das* [-*s*,-*e*] vocabolario, lessico.
**Vokal** *der* [-*s*,-*e*] vocale.
**Vokalmusik** *die* [-] musica vocale.
**Volk** *das* [-(*e*)*s*, *Völker*] 1 popolo 2 popolazione 3 (*fam.*) gente.
**Völkerkunde** *die* [-] etnologia.
**Völkermord** *der* [-(*e*)*s*] genocidio.
**Völkerrecht** *das* [-(*e*)*s*] diritto internazionale.
**Volksabstimmung** *die* [-,-*en*] plebiscito.
**Volksbefragung** *die* [-,-*en*] referendum.
**Volksfest** *das* [-(*e*)*s*,-*e*] festa popolare.
**Volkshochschule** *die* [-,-*n*] scuola serale per adulti.
**Volkskunde** *die* [-] folclore.
**Volkslied** *das* [-(*e*)*s*,-*er*] canto popolare.
**Volksmusik** *die* [-] musica popolare.
**Volksrepublik** *die* [-,-*en*] repubblica popolare.

**Volkstanz** *der* [-*es*,-*tänze*] danza folcloristica.
**volkstümlich** *agg.* 1 popolare 2 popolaresco.
**Volkszählung** *die* [-,-*en*] censimento (della popolazione).
**voll** *agg.* 1 pieno, colmo 2 rotondo: *er ist — geworden*, ha messo su un po' di ciccia 3 (*fig.*) pieno, intenso ♦ *avv.* 1 pienamente; interamente 2 intensamente ● *— und ganz*, del tutto.
**vollauf** *avv.* completamente, del tutto.
**vollbeschäftigt** *agg.* ● *— sein*, essere occupato a tempo pieno.
**vollbesetzt** *agg.* al completo.
**Vollbesitz** *der* ● *im — seiner Kräfte*, nel pieno possesso delle proprie facoltà.
**Volldampf** *der* [-(*e*)*s*] ● *mit — (voraus)*, avanti tutta; a tutta forza.
**vollenden** *v.tr.* terminare.
**vollendet** *agg.* perfetto.
**vollends** *avv.* completamente, del tutto.
**Vollendung** *die* [-] 1 compimento 2 perfezionamento.
**voller** *agg.* → **voll**.
**Volleyball** *das* [-(*e*)*s*] pallavolo.
**Vollgas** *das* [-*es*] ● (*mit*) *— fahren*, andare a tutto gas | *— geben*, accelerare al massimo.
**völlig** *agg.* completo, totale.
**volljährig** *agg.* maggiorenne.
**Volljährigkeit** *die* [-] maggiore età.
**vollkommen** *agg.* 1 perfetto 2 completo.
**Vollkommenheit** *die* [-] perfezione.
**Vollkornbrot** *das* [-(*e*)*s*] pane integrale.
**Vollmacht** *die* [-,-*en*] procura; delega.
**Vollmilch** *die* [-] latte intero.
**Vollmond** *der* [-(*e*)*s*] luna piena.
**Vollpension** *die* [-] pensione completa.
**vollständig** *agg.* completo.
**vollstrecken** *v.tr.* (*dir.*) eseguire.
**voll·tanken** *v.intr.* [*haben*] fare il pieno (di benzina).
**vollziehen** (→ *ziehen*) *v.tr.* effettuare; eseguire ♦ *sich vollziehen* *v.pron.* avere luogo, compiersi.
**Volt** *das* [- o -(*e*)*s*,-] (*elettr.*) volt.
**Volumen** *das* [-*s*,- o -*mina*] volume.

**von** *prep.* (+ *Dat*) **1** (*luogo*) da: — Berlin bis hier, da Berlino fin qui **2** (*tempo*) da: — 14.00 bis 16.00 Uhr, dalle 14.00 alle 16.00 **3** (*provenienza*) da: *er kommt gerade vom Arzt*, sta tornando dal medico **4** (*causa*) di, da, per, a causa di **5** (*qualità*) di: *ein Fall — größter Wichtigkeit*, un caso di massima importanza **6** (*con unità di misura*) di: *ein Tisch — drei Meter Länge*, un tavolo di tre metri di lunghezza **7** (*partitivo*) di: *einer — ihnen*, uno di loro.

**vor** *prep.* (+ *Dat/Acc*) **1** (*stato in luogo*) (+ *Dat*) davanti a: — *dem Hotel*, davanti all' hotel **2** (*moto a luogo*) (+ *Acc*) davanti a **3** (*tempo*) (+ *Dat*) prima di, ...fa: — *zwei Wochen*, due settimane fa **4** (*causa involontaria, senza art.*) (+ *Dat*) per, da, di: — *Kälte zittern*, tremare per il freddo ♦ *avv.* (in) avanti ♦ **um 10 — 8**, alle 8 meno10 | — *allem*, soprattutto.

**Vorabend** *der* [-s,-e] vigilia.
**voran** *avv.* in testa, davanti.
**voran·gehen** (→ *gehen*) *v.intr.* [*sein*] **1** andare avanti **2** precedere.
**voran·kommen** (→ *kommen*) *v.intr.* [*sein*] procedere, avanzare.
**Voranschlag** *der* [-(e)s,-schläge] preventivo.
**Vorarbeit** *die* [-,-en] lavoro preliminare.
**voraus** *avv.* **1** (*luogo*) davanti **2** (*tempo*) prima: *im —*, in anticipo.
**voraus·gehen** (→ *gehen*) *v.intr.* [*sein*] precedere.
**vorausgesetzt** *agg.* ♦ *—, dass*, ammesso che.
**Voraussage** *die* [-,-n] pronostico.
**voraus·sagen** *v.tr.* predire.
**voraus·sehen** *v.tr.* prevedere.
**voraus·setzen** *v.tr.* presupporre.
**Voraussetzung** *die* [-,-en] premessa, presupposto ♦ *unter der —, dass...*, a condizione che...
**Voraussicht** *die* [-] previsione: *aller — nach*, con ogni probabilità.
**voraussichtlich** *agg.* prevedibile.
**Vorbehalt** *der* [-(e)s,-e] riserva: *ohne —*, senza riserve.

**vor·behalten** (→ *halten*) *v.tr.* ♦ **sich** (*Dat*) *etw —*, riservarsi qlco.
**vorbei** *avv.* **1** (*luogo*) davanti: — *gehen* (*o fahren*) *an* (+ *Dat*), passare davanti a **2** (*tempo*) passato, finito: *es ist fünf Uhr —*, sono le cinque passate.
**vorbei·fahren** (→ *fahren*) *v.intr.* [*sein*] (*an* + *Dat*) passare (con un veicolo) (davanti a, accanto a).
**vorbei·gehen** (→ *gehen*) *v.intr.* [*sein*] **1** (*an* + *Dat*) passare (davanti a, accanto a) **2** (*fam.*) (*bei* + *Dat*) fare un salto (da) **3** non andare a segno (*anche fig.*).
**vorbei·schießen** (→ *schießen*) *v.intr.* **1** [*haben*] mancare, fallire **2** [*sein*] sfrecciare davanti.
**vorbelastet** *agg.* compromesso.
**Vorbemerkung** *die* [-,-en] premessa.
**vor·bereiten** *v.tr.* (*auf* + *Acc, für*) preparare (a, per); allestire (per) ♦ **sich vor·bereiten** *v.pron.* (*auf* + *Acc, für*) prepararsi (a, per).
**Vorbereitung** *die* [-,-en] preparativo; preparazione.
**vor·bestellen** *v.tr.* (far) prenotare, (far) riservare.
**vor·beugen** *v.intr.* [*haben*] (+ *Dat*) prevenire ♦ **sich vorbeugen** *v.pron.* sporgersi in avanti.
**Vorbeugung** *die* [-] prevenzione.
**Vorbild** *das* [-(e)s,-er] modello, esempio: *jdm* (*o für jdn*) *ein — sein*, essere di esempio a (*o* per) qlcu.
**vorbildlich** *agg.* esemplare.
**vor·bringen** (→ *bringen*) *v.tr.* **1** formulare, esprimere **2** (*fam.*) portare davanti.
**Vordach** *das* [-(e)s,-dächer] pensilina.
**vordere** *agg.* anteriore, davanti.
**Vordergrund** *der* [-(e)s,-gründe] (parte) davanti; primo piano ♦ *im — stehen*, essere in primo piano.
**Vorderrad** *das* [-es,-räder] (*aut.*) ruota anteriore.
**Vorderradantrieb** *der* [-(e)s,-e] (*aut.*) trazione anteriore.
**Vorderseite** *die* [-,-en] parte anteriore.
**vor·drängen, sich** *v.pron.* farsi largo.
**vor·dringen** (→ *dringen*) *v.intr.* [*sein*]

(*bis*, *in* + *Acc*) inoltrarsi (fino a, in); spingersi (fino a, in) (*anche fig.*).
**Vordruck** *der* [-(*e*)*s*,-*e*] modulo.
**vorehelich** *agg.* prematrimoniale.
**voreilig** *agg.* precipitoso, avventato.
**voreingenommen** *agg.* (**gegen**, **gegenüber**) prevenuto (nei confronti di).
**vor·enthalten** (→ *halten*) *v.tr.* negare.
**vorerst** *avv.* per il momento, intanto.
**vor·fahren** *v.intr.* [*sein*] **1** (*fam.*) andare avanti, procedere (con un veicolo) **2** avere la precedenza ♦ *v.tr.* **1** far avanzare (un veicolo) **2** fermare (un veicolo) davanti.
**Vorfahrt** *die* [-] diritto di precedenza.
**Vorfall** *der* [-(*e*)*s*,-*fälle*] avvenimento, fatto.
**vor·fallen** (→ *fallen*) *v.intr.* [*sein*] accadere, succedere.
**Vorfeld** *das* [-*es*,-*er*] piazzale.
**vor·führen** *v.tr.* **1** presentare **2** proiettare (un film).
**Vorführung** *die* [-,-*en*] **1** presentazione **2** (*cinem.*) proiezione.
**Vorgang** *der* [-(*e*)*s*,-*gänge*] **1** processo **2** evento, avvenimento.
**Vorgänger** *der* [-*s*,-; die -*in*] predecessore (*m.*; *f.* -a).
**vor·geben** (→ *geben*) *v.tr.* **1** fingere **2** indicare **3** (*sport*) dare (vantaggio a).
**vorgefasst** *agg.* preconcetto.
**vorgefertigt** *agg.* prefabbricato.
**Vorgefühl** *das* [-*s*,-*e*] presentimento.
**vor·gehen** (→ *gehen*) *v.intr.* [*sein*] **1** procedere (*anche dir.*), agire **2** (*fam.*) andare avanti: *die Uhr geht vor*, l'orologio è avanti **3** (+ *Dat*) venire prima di.
**Vorgehen** *das* [-*s*,-] (*dir.*) azione, procedimento.
**Vorgeschichte** *die* [-,-*n*] **1** preistoria **2** (*fig.*) antefatto.
**Vorgesetzte** *der* e *die* [-*n*,-*n*] superiore (*m.*; *f.* -a).
**vorgestern** *avv.* l'altro ieri ● *von* —, arretrato, superato.
**vor·greifen** (→ *greifen*) *v.intr.* [*haben*] (+ *Dat*) anticipare.
**vor·haben** (→ *haben*) *v.tr.* avere intenzione di.

**Vorhaben** *das* [-*s*,-] proposito, progetto, piano.
**Vorhalle** *die* [-,-*n*] atrio.
**vor·halten** (→ *halten*) *v.tr.* rinfacciare.
**Vorhaltungen** *pl.* rimproveri, rimostranze.
**vorhanden** *agg.* **1** presente **2** (*estens.*) disponibile.
**Vorhang** *der* [-(*e*)*s*,-*hänge*] **1** tenda **2** (*teatr.*) sipario.
**vorher** *avv.* **1** prima **2** in anticipo.
**vorher·bestimmen** *v.tr.* prestabilire, predeterminare.
**vorher·gehen** (→ *gehen*) *v.intr.* [*sein*] (+ *Dat*) precedere.
**vorherig** *agg.* precedente.
**Vorherrschaft** *die* [-] predominio; supremazia.
**vorherrschend** *agg.* prevalente, predominante.
**Vorhersage** *die* [-,-*n*] **1** pronostico **2** previsione.
**vorher·sagen** *v.tr.* predire; pronosticare.
**vorher·sehen** (→ *sehen*) *v.tr.* prevedere.
**vorhin** *avv.* poco fa, or ora.
**vorig** *agg.* scorso, precedente.
**Vorjahr** *das* [-*es*] anno precedente.
**Vorkehrungen** *pl.* misure preventive, precauzioni.
**Vorkenntnisse** *pl.* nozioni preliminari, primi elementi.
**vor·kommen** (→ *kommen*) *v.intr.* [*sein*] **1** accadere **2** comparire, essere presente **3** (+ *Dat*) sembrare: *das kommt mir bekannt vor*, (questo) non mi è nuovo ● *das soll* —!, così è la vita!
**Vorkommnis** *das* [-*ses*,-*se*] avvenimento; episodio.
**vor·laden** (→ *laden*) *v.tr.* (*dir.*) citare (in giudizio).
**Vorladung** *die* [-,-*en*] (*dir.*) citazione (in giudizio).
**Vorlage** *die* [-,-*n*] **1** presentazione **2** (*dir.*) disegno (di legge).
**vor·lassen** (→ *lassen*) *v.tr.* dare la precedenza a.
**vorläufig** *agg.* provvisorio, temporaneo ♦ *avv.* per il momento.

**vorlaut** *agg.* impertinente; saccente ♦ *avv.* con impertinenza.
**vor·legen** *v.tr.* **1** presentare, produrre (documenti ecc.) **2** sottoporre (a).
**vor·lesen** (→ *lesen*) *v.tr.* e *intr.* [*haben*] leggere ad alta voce per qlcu.
**Vorlesung** *die* [-,-en] (*università*) lezione.
**vorletzt** *agg.* penultimo.
**Vorliebe** *die* [-,-n] predilezione.
**vor·liegen** (→ *liegen*) *v.intr.* [*sein*] **1** esserci, esistere; essere disponibile **2** (*di pratiche ecc.*) essere pervenuto.
**vorliegend** *agg.* presente.
**vor·machen** *v.tr.* **1** far vedere a, mostrare **2** (*fam.*) dare a intendere; dare a bere: *sich* (*Dat*) *etw —*, illudersi.
**Vormarsch** *der* [-es,-*märsche*] (*mil.*) avanzata (*anche fig.*) ♦ *auf dem —* *sein*, avanzare; farsi strada.
**Vormittag** *der* [-(*e*)*s*,-*e*] mattina; mattinata.
**vormittags** *avv.* di (*o* la) mattina.
**Vormund** *der* [-(*e*)*s*,-*e o* ° *münder*] (*dir.*) tutore, curatore.
**Vormundschaft** *die* [-,-en] (*dir.*) tutela, curatela.
**vorn**[1] *prep.art.* (*vor + den*) → *vor*.
**vorn**[2] *avv.* davanti, in testa ● *nach —*, sul davanti, in avanti | *von —*, da capo, dall'inizio.
**Vorname** *der* [-*ns*,-*n*] nome (di battesimo).
**vorne** *avv.* → *vorn*.
**vornehm** *agg.* elegante, distinto.
**vor·nehmen** (→ *nehmen*) *v.tr.* **1** prefiggersi **2** (*fam.*) prendere impegni **3** fare.
**vornehmlich** *avv.* specialmente, soprattutto.
**vornherein** *avv.* ● *von —*, fin dall'inizio, fin da principio.
**Vorort** *der* [-(*e*)*s*,-*e*] sobborgo.
**Vorrang** *der* [-(*e*)*s*] **1** priorità **2** (*vor*) precedenza (*su*).
**vorrangig** *agg.* prioritario ♦ *avv.* in primo luogo.
**Vorrat** *der* [-(*e*)*s*,-*räte*] (*an + Dat*) provvista (*di*), scorte (*di*).

**vorrätig** *agg.* disponibile; in magazzino.
**Vorraum** *der* [-(*e*)*s*,-*räume*] anticamera.
**Vorrecht** *das* [-(*e*)*s*,-*e*] privilegio.
**Vorrede** *die* [-,-n] preambolo.
**Vorrichtung** *die* [-,-en] dispositivo, meccanismo.
**vor·rücken** *v.tr.* spostare in avanti ♦ *v.intr.* [*sein*] avanzare.
**vor·sagen** *v.tr.* e *intr.* [*haben*] suggerire.
**Vorsaison** *die* [-,-*s*] periodo che precede l'alta stagione.
**Vorsatz** *der* [-*es*,-*sätze*] proposito, intenzione.
**vorsätzlich** *agg.* **1** intenzionale **2** (*dir.*) premeditato ♦ *avv.* intenzionalmente.
**Vorschau** *die* [-,-en] (*cinem.*) prossimamente; (*estens.*) anteprima.
**vor·schießen** *v.tr.* (*fam.*) anticipare soldi a.
**Vorschlag** *der* [-(*e*)*s*,-*schläge*] proposta.
**vor·schlagen** (→ *schlagen*) *v.tr.* (*für*, *als*) proporre (*per*, *come*).
**vor·schreiben** (→ *schreiben*) *v.tr.* **1** imporre **2** prescrivere.
**Vorschrift** *die* [-,-en] **1** disposizione; regolamento **2** (*med.*) prescrizione.
**vorschriftsmäßig** *agg.* regolamentare; conforme alle disposizioni ♦ *avv.* secondo le regole.
**Vorschuss** *der* [-*es*,-*schüsse*] anticipo.
**vor·sehen** (→ *sehen*) *v.tr.* prevedere; (*dir.*) contemplare ♦ *sich vorsehen v.pron.* (*vor + Dat*) guardarsi (*da*).
**vor·setzen** *v.tr.* **1** mettere davanti (*anche fig.*) **2** servire.
**Vorsicht** *die* [-] prudenza, precauzione ● *—!*, attenzione!
**vorsichtig** *agg.* prudente, cauto.
**vorsichtshalber** *avv.* per precauzione.
**Vorsichtsmaßnahme** *die* [-,-n] misura precauzionale.
**Vorsilbe** *die* [-,-n] (*gramm.*) prefisso.
**Vorsitz** *der* [-*es*,-*e*] presidenza.

**Vorsitzende** *der* e *die* [-n,-n] presidente (*m.*; *f.* -essa).
**Vorsorge** *die* [-,-n] 1 precauzione 2 (*med.*) prevenzione.
**vor·sorgen** *v.intr.* [*haben*] (*für*) provvedere (a), pensare (a).
**vorsorglich** *agg.* precauzionale ♦ *avv.* per precauzione.
**Vorspeise** *die* [-,-n] antipasto.
**Vorspiel** *das* [-(*e*)*s*,-*e*] 1 (*teatr.*) prologo 2 preliminari (sessuali).
**vor·sprechen** (→ *sprechen*) *v.tr.* pronunciare (per far ripetere) ♦ *v.intr.* [*haben*] (*bei*) recarsi (da).
**Vorsprung** *der* [-(*e*)*s*] 1 sporgenza 2 (*von*) vantaggio (di) 3 superiorità.
**Vorstadt** *die* [-,-*städte*] → **Vorort**.
**Vorstand** *der* [-(*e*)*s*,-*stände*] 1 consiglio d'amministrazione 2 presidenza.
**vor·stehen** (→ *stehen*) *v.intr.* [*haben*] 1 sporgere 2 (+ *Dat*) dirigere, essere a capo (di).
**vor·stellen** *v.tr.* 1 presentare 2 immaginarsi 3 spostare in avanti ♦ **sich vorstellen** *v.pron.* (*bei*) presentarsi (a).
**Vorstellung** *die* [-,-*en*] 1 presentazione 2 idea, concetto; immagine.
**Vorstellungsgespräch** *das* [-(*e*)*s*,-*e*] colloquio (preliminare a un'assunzione).
**Vorstrafe** *die* [-,-*n*] (*dir.*) 1 condanna precedente 2 (*pl.*) precedenti penali.
**vor·strecken** *v.tr.* 1 tendere in avanti 2 anticipare (denaro).
**Vortag** *der* [-(*e*)*s*,-*e*] vigilia, giorno precedente.
**vor·täuschen** *v.tr.* simulare, fingere.
**Vorteil** *der* [-*s*,-*e*] vantaggio.
**vorteilhaft** *agg.* vantaggioso.
**Vortrag** *der* [-(*e*)*s*,-*träge*] 1 conferenza 2 (*mus.*) esecuzione; (*di versi*) recita.
**vor·tragen** (→ *tragen*) *v.tr.* 1 esporre 2 eseguire, suonare (brano musicale) 3 declamare (versi).
**Vortragende** *der* e *die* [-n,-n] relatore (*m.*; *f.* -trice) 2 esecutore (*m.*; *f.* -trice).
**vor·treten** (→ *treten*) *v.intr.* [*sein*] avanzare; farsi avanti.
**Vortritt** *der* [-(*e*)*s*,-*e*] precedenza.
**vorüber** *agg.* passato, finito.
**vorübergehend** *agg.* temporaneo, provvisorio.
**Vorurteil** *das* [-*s*,-*e*] (*gegen*) pregiudizio (verso, contro).
**Vorverkauf** *der* [-(*e*)*s*,-*käufe*] prevendita.
**Vorwahlnummer** *die* [-,-*n*] prefisso (teleselettivo).
**Vorwand** *der* [-(*e*)*s*,-*wände*] pretesto: *unter dem — von*, con il pretesto di.
**vorwärts** *avv.* avanti.
**Vorwärtsgang** *der* [-(*e*)*s*,-*gänge*] (*aut.*) marcia avanti.
**vorweg** *avv.* 1 dapprima, in primo luogo 2 in testa.
**vorweg·nehmen** (→ *nehmen*) *v.tr.* anticipare.
**vor·weisen** (→ *weisen*) *v.tr.* 1 presentare, esibire 2 possedere (conoscenze, esperienza).
**vor·werfen** (→ *werfen*) *v.tr.* rimproverare.
**vorwiegend** *avv.* prevalentemente.
**Vorwort** *das* [-(*e*)*s*,-*e*] premessa, prefazione.
**Vorwurf** *der* [-(*e*)*s*,-*würfe*] rimprovero; accusa.
**Vorzeichen** *das* [-*s*,-] 1 presagio 2 (*mat.*) segno.
**vor·zeigen** *v.tr.* esibire, presentare (documenti).
**Vorzeit** *die* [-] preistoria (*anche fig.*).
**vorzeitig** *agg.* anticipato.
**vor·ziehen** (→ *ziehen*) *v.tr.* 1 tirare avanti 2 preferire.
**Vorzimmer** *das* [-*s*,-] anticamera.
**Vorzug** *der* [-(*e*)*s*,-*züge*] 1 preferenza 2 precedenza 3 vantaggio.
**vorzüglich** *agg.* squisito, eccellente.
**vulgär** *agg.* volgare; ordinario.
**Vulkan** *der* [-*s*,-*e*] vulcano.
**vulkanisch** *agg.* vulcanico.

# Ww

**W** *sigla (West)* O, Ovest.
**Waage** *die* [-,-*n*] 1 bilancia 2 (*astr.*) Bilancia.
**waagerecht** *agg.* orizzontale.
**wach** *agg.* 1 sveglio 2 (*fig.*) vivace, vispo.
**Wache** *die* [-,-*n*] (*mil.*) 1 servizio di guardia: *auf — sein (o — stehen)*, essere di guardia 2 sentinella; corpo di guardia 3 posto di guardia.
**wachen** *v.intr.* [*haben*] 1 vegliare 2 vigilare.
**Wachhund** *der* [-(*e*)*s*,-*e*] cane da guardia.
**Wacholder** *der* [-*s*,-] (*bot.*) ginepro.
**Wachs** *das* [-*es*,-*e*] cera.
**wachsam** *agg.* vigile, attento.
**wachsen**[1] [*wächst / wuchs / gewachsen*] *v.intr.* [*sein*] 1 crescere; svilupparsi 2 accrescersi 3 aumentare.
**wachsen**[2] *v.tr.* incerare, dare la cera a.
**Wachstum** *das* [-*s*] crescita; sviluppo (*anche fig.*).
**Wachtel** *die* [-,-*n*] quaglia.
**Wächter** *der* [-*s*,-; die -*in*] 1 guardiano (*m.; f.* -*a*) (*anche fig.*) 2 custode (*m.* e *f.*).
**Wach(t)turm** *der* [-(*e*)*s*,-*türme*] torre di osservazione.
**wackelig** *agg.* traballante; malfermo.
**wackeln** *v.intr.* [*haben*] traballare; vacillare (*anche fig.*).
**Wade** *die* [-,-*n*] (*anat.*) polpaccio.
**Waffe** *die* [-,-*n*] arma (*anche fig.*).
**Waffel** *die* [-,-*n*] (*gastr.*) 1 wafer, cialda 2 cono (del gelato).
**Waffenruhe** *die* [-] tregua.
**Waffenschein** *der* [-(*e*)*s*,-*e*] porto d'armi.
**wagen** *v.tr.* 1 rischiare 2 osare ♦ **sich wagen** *v.pron.* osare, avventurarsi.
**Wagen** *der* [-*s*,-] 1 automobile, vettura 2 furgone, automezzo 3 (*ferr.*) vagone, carrozza 4 carretto; carro; carrozza.
**Wagenheber** *der* [-*s*,-] (*aut.*) cric.
**Waggon, Wagon** *der* [-*s*,-*s*] (*ferr.*) vagone, carro merci.
**Wagnis** *das* [-*ses*,-*se*] impresa rischiosa.
**Wahl** *die* [-,-*en*] 1 scelta 2 elezione, votazione.
**wählbar** *agg.* eleggibile.
**Wahlberechtigte** *der* e *die* [-*n*,-*n*] elettore (*m.; f.* -trice).
**wählen** *v.tr.* 1 scegliere; selezionare 2 (*für*) votare (per), eleggere ♦ *v.intr.* [*haben*] 1 scegliere 2 votare.
**Wähler** *der* [-*s*,-; die -*in*] elettore (*m.; f.* -trice).
**Wahlkampf** *der* [-*es*,-*kämpfe*] campagna elettorale.
**Wahlrecht** *das* [-(*e*)*s*,-*e*] diritto di voto.
**wahlweise** *avv.* a scelta.
**Wahn** *der* [-(*e*)*s*] 1 illusione, chimera 2 (*med.*) mania 3 (*estens.*) pazzia, follia.
**Wahnsinn** *der* [-(*e*)*s*] pazzia, follia ● (*fam.*) —*!*, pazzesco!
**wahnsinnig** *agg.* 1 pazzo, folle 2 pazzesco ♦ *avv.* (*fam.*) terribilmente, da impazzire.
**wahr** *agg.* 1 vero 2 vero, autentico; vero e proprio ● *nicht —?*, vero?.
**wahren** *v.tr.* 1 tutelare 2 mantenere,

tenere: *ein Geheimnis* —, mantenere un segreto.
**während** *prep.* (+ *Gen* o *Dat*) durante ♦ *cong.* mentre.
**währenddessen** *avv.* nel frattempo.
**Wahrheit** *die* [-,-en] verità.
**wahrnehmbar** *agg.* percettibile, percepibile.
**wahr·nehmen** (→ *nehmen*) *v.tr.* **1** percepire; accorgersi di **2** (*fig.*) approfittare di: *eine Gelegenheit* —, cogliere un'occasione.
**Wahrnehmung** *die* [-,-en] percezione.
**wahr(·)sagen** *v.intr.* [*haben*] profetizzare ♦ *v.tr.* predire, profetizzare.
**Wahrsager** *der* [-s,-; die -in] indovino (*m.; f.* -a).
**wahrscheinlich** *agg.* probabile; verosimile ♦ *avv.* probabilmente.
**Wahrscheinlichkeit** *die* [-,-en] probabilità • *aller* — *nach*, con ogni probabilità.
**Währung** *die* [-,-en] valuta, divisa.
**Währungssystem** *das* [-s,-e] sistema monetario.
**Wahrzeichen** *das* [-s,-] simbolo; emblema.
**Waise** *die* [-,-n] orfano.
**Waisenkind** *das* [-es,-er] orfano.
**Wal** *der* [-(e)s,-e] balena.
**Wald** *der* [-(e)s, *Wälder*] bosco; foresta.
**waldig** *agg.* boscoso, boschivo.
**Wall** *der* [-(e)s, *Wälle*] terrapieno.
**Wallfahrer** *der* [-s,-; die -in] pellegrino (*m.; f.* -a).
**Wallfahrt** *die* [-,-en] pellegrinaggio.
**Walnuss** *die* [-,-nüsse] noce.
**Walzer** *der* [-s,-] valzer.
**Wand** *die* [-, *Wände*] parete; muro.
**Wandel** *der* [-s,-] mutamento, cambiamento.
**wandeln** *v.tr.* mutare, cambiare ♦ *sich wandeln* *v.pron.* mutare, cambiare.
**Wanderer** *der* [-s,-; die *Wanderin*] escursionista (*m. e f.*).
**wandern** *v.intr.* [*sein*] **1** camminare; fare un'escursione **2** girovagare, girare **3** (*di animali, popoli ecc.*) migrare.
**Wanderung** *die* [-,-en] **1** camminata,

escursione **2** (*di animali, popoli ecc.*) migrazione.
**Wandlung** *die* [-,-en] mutamento, cambiamento.
**Wandteppich** *der* [-s,-e] arazzo.
**Wange** *die* [-,-n] guancia.
**wanken** *v.intr.* [*haben*] **1** vacillare, traballare **2** [*sein*] barcollare.
**wann** *avv.* quando: *seit* — *lernst du Deutsch?*, da quando studi il tedesco?; *von* — *bis* —?, da quando a quando?
**Wanne** *die* [-,-n] vasca (da bagno).
**Wanze** *die* [-,-n] **1** cimice **2** (*fam.*) microspia, cimice.
**Wappen** *das* [-s,-] stemma.
**Ware** *die* [-,-n] merce; articolo.
**Warenhaus** *das* [-es,-*häuser*] emporio.
**Warenlager** *das* [-s,-] magazzino; deposito merci.
**Warenmuster** *das* [-s,-] **Warenprobe** *die* [-,-n] campione di merci.
**Warenzeichen** *das* [-s,-] marchio di fabbrica.
**warm** *compar.* **wärmer** *superl.* **wärmst** *agg.* **1** caldo: *mir ist* —, ho caldo **2** (*di amicizia*) caloroso, cordiale.
**Wärme** *die* [-] calore; caldo.
**wärmen** *v.tr.* e *intr.* [*haben*] scaldare, riscaldare ♦ *sich wärmen* *v.pron.* (ri)scaldarsi.
**warmherzig** *agg.* caloroso, cordiale.
**Warmluft** *die* [-] aria calda.
**Warnblinkanlage** *die* [-,-n] (*aut.*) luci di emergenza.
**Warndreieck** *das* [-s,-] (*aut.*) triangolo (d'emergenza).
**warnen** *v.tr.* mettere in guardia; avvertire.
**Warnlampe** *die* [-,-n] spia (luminosa).
**Warnsignal** *das* [-s,-e] segnale di pericolo.
**Warnung** *die* [-,-en] avviso, avvertimento.
**Warschau** *das* Varsavia.
**Warteliste** *die* [-,-n] lista di attesa.
**warten** *v.intr.* [*haben*] (*auf* + *Acc*) aspettare, attendere ♦ *v.tr.* (*mecc.*) revisionare, controllare.
**Wärter** *der* [-s,-; die -in] guardiano (*m.; f.* -a), custode (*m. e f.*).

**Wartesaal** *der* [-(e)s,-säle] sala d'aspetto (di stazione).
**Wartezeit** *die* [-] (periodo di) attesa.
**Wartezimmer** *das* [-s,-] sala d'aspetto (di studio medico).
**Wartung** *die* [-,-en] manutenzione.
**warum** *avv.interr.* perché, per quale motivo.
**Warze** *die* [-,-n] verruca.
**was** *pron.interr.n.* **1** che, che cosa **2** quanto: *— kostet die Zeitschrift?*, quanto costa questa rivista? **3** (*fam.*) come, cosa: *—?*, come?, cos'hai detto? ♦ *pron.rel.* ciò che: *ich erzähle dir, — ich erfahren habe*, ti racconto ciò che sono venuto a sapere ♦ *pron.indef.* (*fam.*) qualcosa ● *— für ein?*, quale?, che genere di?
**Waschanlage** *die* [-,-n] autolavaggio.
**waschbar** *agg.* lavabile.
**Waschbär** *der* [-en,-en] procione.
**Waschbecken** *der* [-s,-] lavandino, lavabo.
**Wäsche** *die* [-,-n] **1** lavaggio, lavatura **2** bucato.
**Wäscheklammer** *die* [-,-n] molletta (da bucato).
**Wäscheleine** *die* [-,-n] corda (per bucato).
**waschen** [wäscht / wusch / gewaschen] *v.tr.* lavare: *sich* (*Dat*) *die Haare —*, lavarsi i capelli ♦ *v.intr.* [haben] fare il bucato ♦ **sich waschen** *v.pron.* lavarsi.
**Wäscherei** *die* [-,-en] lavanderia.
**Waschküche** *die* [-,-n] (*locale*) lavanderia.
**Waschlappen** *der* [-,-n] **1** guanto di spugna **2** (*spreg.*) pezza da piedi.
**Waschmaschine** *die* [-,-n] lavatrice.
**Waschmittel** *das* [-s,-] detersivo.
**Waschpulver** *das* [-s,-] detersivo in polvere.
**Wasser** *das* [-s, o *Wässer*] acqua: *fließendes —*, acqua corrente.
**Wasserball** *der* [-(e)s,-bälle] (*sport*) **1** pallanuoto **2** pallone per pallanuoto.
**wasserdicht** *agg.* a tenuta stagna.
**Wasserfall** *der* [-(e)s,-fälle] cascata.
**Wasserfarbe** *die* [-,-n] acquerello.
**wasserfest** *agg.* resistente all'acqua.

**Wasserflugzeug** *das* [-(e)s,-e] idrovolante.
**Wasserhahn** *der* [-(e)s,-hähne] rubinetto dell'acqua.
**Wasserkraftwerk** *das* [-(e)s,-e] centrale idroelettrica.
**Wasserleitung** *die* [-,-en] conduttura dell'acqua.
**wasserlöslich** *agg.* solubile in acqua.
**Wassermann** *der* [-(e)s,-männer] (*astr.*) Acquario.
**Wassermelone** *die* [-,-n] anguria.
**wässern** *v.tr.* metter a bagno.
**wasserscheu** *agg.* che ha paura dell'acqua.
**Wasserski**[1] *der* [-s,-er] sci d'acqua.
**Wasserski**[2] *das* [-s] (*sport*) sci nautico.
**Wasserstand** *der* [-(e)s,-stände] livello dell'acqua.
**Wasserstoff** *der* [-(e)s] idrogeno.
**wasserundurchlässig** *agg.* impermeabile.
**Wasserwerk** *das* [-(e)s,-e] centrale idrica, impianto idrico.
**waten** *v.intr.* [sein] (*durch*) guadare.
**Watt** *das* [-s,-] (*elettr.*) watt.
**Watte** *die* [-,-n] ovatta.
**Wattenmeer** *das* [-(e)s,-e] tratto di Mare del Nord adiacente alla costa.

NOTA È definita **Wattenmeer** la zona costiera del Mare del Nord e il paesaggio circostante. Questa zona, oggi protetta, è sottoposta al fenomeno della bassa e alta marea. In alcuni momenti il mare si ritira a tal punto che è possibile andare a piedi da un'isola all'altra.

**wattieren** *v.tr.* imbottire.
**WC** *das* [-(s),-(s)] WC.
**weben** [webte / gewebt] *v.tr.* tessere.
**Weber** *der* [-s,-; *die -in*] tessitore (*m.*; *f.* -trice).
**Weberei** *die* [-,-en] **1** tessitura **2** stabilimento tessile.
**Web Seite** *die* [-,-n] pagina web.
**Wechsel** *der* [-s,-] **1** cambiamento, mutamento **2** scambio **3** (*banca*) cambio.

**Wechselgeld** *das* [-(e)s] **1** resto **2** spiccioli.
**Wechselkurs** *der* [-es,-e] (*banca*) corso dei cambi.
**wechseln** *v.tr.* **1** cambiare **2** scambiare ♦ *v.intr.* [*haben*] cambiare, mutare.
**wechselnd** *agg.* **1** mutevole **2** (*di tempo*) variabile **3** (*di colori*) cangiante.
**Wechselstrom** *der* [-s] corrente alternata.
**Wechselstube** *die* [-,-n] agenzia di cambio.
**wecken** *v.tr.* **1** svegliare **2** (*fig.*) destare, suscitare.
**Wecker** *der* [-s,-] sveglia.
**wedeln** *v.intr.* [*haben*] **1** scodinzolare **2** sventolare.
**weder** *cong.* ● *... noch*, né ... né.
**weg** *avv.* (*fam.*) via: *mein Ring ist —*, il mio anello è sparito; *weit —*, lontano.
**Weg** *der* [-(e)s,-e] **1** sentiero, cammino; (*estens.*) stradina **2** strada, percorso **3** modo, maniera ● *seine(n) eigenen Weg(e) gehen*, andare per la propria strada.
**weg·bleiben** (→ *bleiben*) *v.intr.* [*sein*] (*fam.*) **1** non venire **2** mancare.
**weg·bringen** (→ *bringen*) *v.tr.* portare via.
**wegen** *prep.* (+ *Gen* o *Dat*) (*a volte posposto*) a causa di, per ● (*fam.*) *— mir*, per quanto mi riguarda.
**weg·fahren** (→ *fahren*) *v.intr.* [*sein*] andar via, partire (con un veicolo).
**weg·fallen** (→ *fallen*) *v.intr.* [*sein*] essere annullato, essere soppresso.
**weg·gehen** (→ *gehen*) *v.intr.* [*sein*] andarsene, andar via.
**weg·lassen** (→ *lassen*) *v.tr.* ● (*fam.*) *etw —*, tralasciare qlco | (*fam.*) *jdn —*, lasciar andare qlcu.
**weg·laufen** (→ *laufen*) *v.intr.* [*sein*] correre via: *von zu Hause —*, scappare di casa.
**weg·machen** *v.tr.* (*fam.*) togliere via, rimuovere.
**weg·müssen** (→ *müssen*) *v.intr.* [*haben*] (*fam.*) dover andar via.
**weg·nehmen** (→ *nehmen*) *v.tr.* **1** togliere **2** sottrarre, confiscare.

**weg·schaffen** *v.tr.* portare via, sgombrare.
**weg·tun** (→ *tun*) *v.tr.* (*fam.*) mettere via.
**Wegweiser** *der* [-s,-] indicazione stradale.
**weg·werfen** (→ *werfen*) *v.tr.* buttare via, gettare via.
**weg·ziehen** (→ *ziehen*) *v.tr.* tirare via ♦ *v.intr.* [*sein*] **1** trasferirsi **2** (*zool.*) migrare.
**weh** *agg.* dolorante ♦ *inter.* guai: *— dir!*, guai a te! ● *das tut —*, fa male.
**Wehe** *die* [-,-n] (*med.*) doglia.
**wehen** *v.intr.* [*haben*] **1** soffiare **2** sventolare; svolazzare ♦ *v.tr.* spazzare, soffiare via.
**Wehmut** *die* [-] malinconia.
**wehmütig** *agg.* malinconico, mesto.
**Wehrdienst** *der* [-(e)s] servizio militare.
**Wehrdienstverweigerer** *der* [-s,-] obiettore di coscienza.
**wehren, sich** *v.pron.* difendersi.
**wehrlos** *agg.* inerme, indifeso.
**Wehrpflicht** *die* [-,-en] obbligo di leva.
**Weibchen** *das* [-s,-] femmina (di animale).
**weibisch** *agg.* effeminato.
**weiblich** *agg.* femminile.
**Weiblichkeit** *die* [-] femminilità.
**weich** *agg.* **1** morbido, tenero; molle **2** (*fig.*) tenero, dolce: *— werden*, intenerirsi.
**weichen** [*wich / gewichen*] *v.intr.* [*sein*] **1** (*von*) allontanarsi (da) **2** cedere.
**Weichheit** *die* [-] morbidezza, tenerezza.
**Weichtier** *das* [-(e)s,-e] mollusco.
**Weide**[1] *die* [-,-n] (*bot.*) salice.
**Weide**[2] *die* [-,-n] pascolo.
**weiden** *v.intr.* [*haben*] pascolare.
**weigern, sich** *v.pron.* rifiutarsi.
**Weigerung** *die* [-,-en] rifiuto.
**Weiher** *der* [-s,-] stagno, laghetto.
**Weihnachten** *das* [-,-] Natale ● *fröhliche* (o *frohe*) *—!*, Buon Natale!
**Weihnachtsbaum** *der* [-(e)s,-bäume] albero di Natale.

**Weihnachtsferien** *pl.* vacanze di Natale.
**Weihnachtsfest** *das* [-(e)s,-e] (festa di) Natale.
**Weihnachtsmann** *der* [-(e)s] babbo Natale.
**Weihnachtsmarkt** *der* [-(e)s,-märkte] mercatino di Natale.

NOTA Il mercatino di Natale è una tradizione molto diffusa nei paesi di lingua tedesca. Si svolge durante l'Avvento e assume nomi diversi a seconda della città o regione in cui ha luogo: *Weihnachtsmarkt, Christkindlmarkt, Adventmarkt*. Numerose bancarelle offrono dolci natalizi, vino caldo speziato (*Glühwein*) e specialità regionali.

**Weihnachtszeit** *die* [-] periodo natalizio.
**Weihrauch** *der* [-(e)s] incenso.
**Weihwasser** *das* [-s] acqua benedetta, acquasanta.
**weil** *cong.* perché, poiché.
**Weile** *die* [-,-n] lasso di tempo: *nach einer kurzen —*, poco (tempo) dopo.
**Wein** *der* [-(e)s,-e] 1 vino 2 vite.
**Weinbau** *der* [-(e)s] viticoltura.
**Weinberg** *der* [-(e)s,-e] vigneto, vigna.
**Weinbergschnecke** *die* [-,-n] (*gastr.*) lumaca.
**Weinbrand** *der* [-s,-brände] brandy, acquavite.
**weinen** *v.tr.* e *intr.* [*haben*] piangere.
**weinerlich** *agg.* piagnucoloso.
**Weinhandlung** *die* [-,-en] negozio di vini, enoteca.
**Weinkarte** *die* [-,-n] lista dei vini.
**Weinkeller** *der* [-s,-] cantina (di vini).
**Weinprobe** *die* [-,-n] 1 assaggio (di vino) 2 (*estens.*) degustazione.
**Weinrebe** *die* [-,-n] vite.
**Weinstock** *der* [-(e)s,-stöcke] vite, vitigno.
**Weinstube** *die* [-,-n] osteria.

NOTA È un locale in cui si beve soprattutto vino e si può mangiare qualcosa di veloce. In passato le persone usavano portare il cibo da casa, perché veniva servito solo vino; la stessa cosa accadeva nelle birrerie. Questa consuetudine esiste ancora oggi, ma solo in alcuni locali.

**Weintraube** *die* [-,-n] 1 chicco d'uva 2 grappolo d'uva.
**weise** *agg.* saggio, sapiente.
**Weise¹** *der* e *die* [-n,-n] saggio (*m.; f.* -a).
**Weise²** *die* [-,-n] modo, maniera: *auf diese —*, in questo modo.
**Weisheit** *die* [-] 1 saggezza, sapienza 2 massima.
**Weisheitszahn** *der* [-(e)s,-zähne] dente del giudizio.
**weis·machen** *v.tr.* (*fam.*) dare a intendere, dare a bere.
**weiß** *agg.* bianco (*anche fig.*).
**weissagen** *v.tr.* profetizzare; predire.
**Weißbier** *das* [-(e)s,-e] birra chiara.
**Weißbrot** *das* [-(e)s,-e] pane bianco.
**Weißwein** *der* [-(e)s,-e] vino bianco.
**Weisung** *die* [-,-en] 1 (*amm.*) istruzione, direttiva 2 (*mil.*) ordine.
**weit** *agg.* 1 (*luogo*) esteso, vasto 2 (*di spazio*) lontano: *in weiter Ferne*, molto lontano 3 largo, ampio ♦ *avv.* 1 (*luogo*) lontano, distante 2 completamente 3 molto, ampiamente; di gran lunga • — *besser*, molto meglio | *wie — ist es bis zum Bahnhof?*, quanto dista la stazione?
**Weite** *die* [-,-n] 1 ampiezza, estensione 2 (*abbigl.*) ampiezza 3 (*sport*) distanza.
**weiten** *v.tr.* allargare ♦ **sich weiten** *v.pron.* dilatarsi, allargarsi.
**weiter** *agg.* (*compar. di* weit) ulteriore ♦ *avv.* 1 (*luogo*) più lontano, più avanti 2 inoltre, oltre, altro • *bis auf weiteres*, fino a nuovo avviso | *ohne weiteres*, senz'altro | *und so —*, eccetera | *wenn es — nichts ist*, se non c'è altro.
**weiter·bilden, sich** *v.pron.* aggiornarsi; specializzarsi.
**weiter·bringen** (→ *bringen*) *v.tr.* portare avanti.
**weiter·fahren** (→ *fahren*) *v.intr.* [*sein*] proseguire (un viaggio) • —*!*, circolare!
**Weiterfahrt** *die* [-] proseguimento del viaggio.
**weiter·führen** *v.tr.* continuare, portare avanti; proseguire ♦ *v.intr.* [*haben*] continuare, proseguire.

**weiter·geben** (→ *geben*) *v.tr.* passare.
**weiter·gehen** (→ *gehen*) *v.intr.* [*sein*] continuare, proseguire ● —!, circolare!
**weiterhin** *avv.* **1** in futuro **2** inoltre.
**weiter·leiten** *v.tr.* (*amm.*) trasmettere (notizie); inoltrare (posta).
**weiter·machen** *v.intr.* [*haben*] continuare (a fare).
**weitgehend** *agg.* ampio.
**weitsichtig** *agg.* (*med.*) presbite.
**Weitsprung** *der* [-(e)s] (*sport*) salto in lungo.
**Weizen** *der* [-s] frumento, grano.
**welch...** *agg.interr.* quale, che: *mit welcher Straßenbahn fährst du?*, che tram prendi? ♦ *pron.interr.* quale: *welches (o welcher) ist dein Freund?*, qual è il tuo amico? ♦ *pron.indef.* un po', alcuni: *hast du Geld dabei? Ja, ich hab' welches*, hai del denaro con te? Sì (ne ho) un po'.
**welk** *agg.* appassito, avvizzito; flaccido (*anche fig.*).
**Welle** *die* [-,-n] **1** onda, ondata (*anche fig.*) **2** (*mecc.*) albero.
**wellen** *v.tr.* ondulare (*anche metall.*) ♦ **sich wellen** *v.pron.* ondularsi.
**Wellenlänge** *die* [-,-n] lunghezza d'onda.
**Wellenlinie** *die* [-] linea ondulata.
**wellig** *agg.* ondulato.
**Welt** *die* [-,-en] mondo.
**Weltall** *das* [-s] universo, cosmo.
**Weltausstellung** *die* [-,-en] esposizione mondiale.
**weltbekannt** *agg.* noto in tutto il mondo.
**weltberühmt** *agg.* di fama mondiale.
**Weltbürger** *der* [-s,-; die -*in*] cosmopolita (*m.* e *f.*).
**Weltgericht** *das* [-(e)s] giudizio universale.
**Weltgeschichte** *die* [-,-n] storia universale.
**Weltkrieg** *der* [-(e)s,-e] guerra mondiale.
**Weltkugel** *die* [-] globo terrestre.
**weltlich** *agg.* laico; profano.
**Weltmacht** *die* [-,-mächte] potenza mondiale.

**weltmännisch** *agg.* di mondo, mondano.
**Weltmarkt** *der* [-(e)s,-märkte] (*econ.*) mercato mondiale.
**Weltmeister** *der* [-s,-; die -*in*] campione (*m.*; *f.* -essa) mondiale.
**Weltmeisterschaft** *die* [-,-en] campionato mondiale.
**Weltraum** *der* [-(e)s] spazio (interplanetario), cosmo.
**Weltraumfahrer** *der* [-s,-; die -*in*] astronauta (*m.* e *f.*), cosmonauta (*m.* e *f.*).
**Weltreise** *die* [-,-n] viaggio intorno al mondo.
**Weltrekord** *der* [-s,-e] (*sport*) primato, record mondiale.
**weltweit** *agg.* mondiale, internazionale.
**wem** *pron.interr.Dat* → *wer*.
**wen** *pron.interr.Acc* → *wer*.
**Wende** *die* [-,-n] svolta; cambiamento.
**Wendekreis** *der* [-es,-e] (*astr.*) tropico.
**Wendeltreppe** *die* [-,-n] scala a chiocciola.
**wenden** [*wendete o wandte / gewendet o gewandt*] *v.tr.* volgere; (*aut.*) girare; (*mar.*) virare ♦ **sich wenden** *v.pron.* girarsi, voltarsi: *sich an jdn —*, rivolgersi a qlcu.
**Wendepunkt** *der* [-es,-e] **1** punto d'inflessione **2** (*fig.*) svolta.
**Wendung** *die* [-,-en] **1** svolta (*anche fig.*) **2** locuzione, frase.
**wenig** *agg.indef.* poco: *mit wenigen Worten*, in poche parole ♦ *pron.indef.* poco: *er ist einer von den wenigen*, è uno dei pochi ♦ *avv.* poco: *ein —*, un po', un poco.
**weniger** *agg.indef.invar.* (*compar. di wenig*) meno ♦ *avv.* **1** (*qualitativo*) meno **2** (*quantitativo*) (in *o* di) meno **3** (*mat.*) meno ● — *denn je*, meno che mai.
**wenigst...** *agg. indef.* (*superl. di wenig*) pochissimo, meno di tutti ♦ *pron. indef.* la minoranza, i meno.
**wenigstens** *avv.* **1** almeno, come minimo **2** perlomeno, come minimo.
**wenn** *cong.* **1** (*tempo*) quando, tutte le volte che, non appena: *immer —*, ogni volta che **2** (*nelle frasi ipotetiche*) se,

nel caso che (o in cui) **3** (per esprimere desiderio) se: — das nur wahr wäre!, almeno fosse vero! **4** (nelle frasi concessive) se: — dem so ist, se è così; auch —..., anche se...

**wer** *pron.interr.* chi: — ist das?, chi è? ♦ *pron.rel.* chi, chiunque: — es auch sein mag..., chiunque sia...

**Werbeagentur** *die* [-,-en] agenzia pubblicitaria.

**werben** [wirbt / warb / geworben] *v.intr.* [haben] **1** (für) fare pubblicità (per, a), reclamizzare **2** (um) cercare (di ottenere) ♦ *v.tr.* **1** attirare (clienti) **2** (mil.) reclutare.

**Werbespot** *der* [-s,-s] spot pubblicitario.

**Werbung** *die* [-,-en] pubblicità, réclame; propaganda.

**Werdegang** *der* [-s] **1** evoluzione, sviluppo **2** carriera.

**werden** [wird / wurde / geworden come verbo autonomo, worden come verbo aus.] *v.intr.* [sein] diventare: alt —, invecchiare ♦ *v.aus.* **1** (per le forme del passivo) essere, venire: das Theater wird restauriert, il teatro viene restaurato **2** (fut.): ich werde bestimmt kommen, verrò sicuramente **3** (cond.): würde es Ihnen Dienstag passen?, le andrebbe bene martedì?

**werfen** [wirft / warf / geworfen] *v.tr.* e *intr.* [haben] gettare, buttare, lanciare ♦ **sich werfen** *v.pron.* gettarsi, buttarsi, lanciarsi.

**Werft** *die* [-,-en] cantiere navale.

**Werk** *das* [-(e)s,-e] **1** lavoro **2** opera, azione **3** opera (spec. d'arte) **4** stabilimento, fabbrica **5** meccanismo.

**Werkbank** *die* [-,-bänke] banco da lavoro.

**Werkhalle** *die* [-,-n] capannone (di fabbrica).

**Werkstatt** *die* [-,-stätten] **1** officina **2** laboratorio, bottega.

**Werktag** *der* [-(e)s,-e] giorno lavorativo; giorno feriale.

**werktags** *avv.* nei giorni feriali.

**Werkzeug** *das* [-(e)s,-e] **1** utensile, attrezzo **2** (fig.) strumento.

**Wermut** *der* [-(e)s,-s] **1** (bot.) assenzio **2** (bevanda) vermut.

**wert** *agg.* **1** del valore di **2** (+ Gen) degno (di).

**Wert** *der* [-(e)s,-e] **1** valore **2** (pl.) oggetti di valore.

**werten** *v.tr.* e *intr.* [haben] valutare, giudicare.

**wertlos** *agg.* senza valore.

**Wertung** *die* [-,-en] (sport) punteggio.

**wertvoll** *agg.* prezioso, di valore.

**Wesen** *das* [-s,-] **1** natura, essenza; (di persona) indole **2** essere (vivente), creatura.

**wesentlich** *agg.* **1** sostanziale; essenziale **2** (estens.) considerevole ● *im Wesentlichen*, sostanzialmente.

**weshalb** *avv.* perché, per quale ragione ♦ *cong.* per cui.

**Wespe** *die* [-,-n] vespa.

**Wespennest** *das* [-(e)s,-er] vespaio.

**wessen** *pron.interr.Gen* → **wer**.

**West** *der* [-(e)s] ovest, occidente, ponente.

**Weste** *die* [-,-n] gilet, panciotto.

**Westen** *der* [-s] ovest, occidente, ponente; (estens.) Europa occidentale.

**westlich** *agg.* occidentale ♦ *avv.* a occidente, a ovest ♦ *prep.* (+ Gen) a ovest di.

**westwärts** *avv.* verso occidente, verso ovest.

**weswegen** *avv.* e *cong.* → **weshalb**.

**Wettbewerb** *der* [-es,-e] **1** gara; concorso **2** competizione, concorrenza.

**wettbewerbsfähig** *agg.* competitivo, concorrenziale.

**Wette** *die* [-,-n] scommessa.

**Wetteifer** *der* [-s] competitività.

**wetten** *v.tr.* e *intr.* [haben] (um) scommettere (su).

**Wetter** *das* [-s,-] tempo (atmosferico).

**Wetterbericht** *der* [-es,-e] bollettino meteorologico.

**Wetterverhältnisse** *pl.* condizioni atmosferiche.

**Wettervorhersage** *die* [-] previsioni del tempo.

**Wettfahrt** *die* [-,-n] gara (automobilistica).

**Wettkampf** *der* [-es,-kämpfe] competizione (sportiva), gara.

**Wettlauf** *der* [-es,-läufe] (gara di) corsa (anche fig.).
**wett·machen** *v.tr.* 1 recuperare 2 ricambiare.
**Wettstreit** *der* [-es,-e] gara, competizione.
**wichtig** *agg.* 1 importante 2 importante, rilevante.
**Wichtigkeit** *die* [-] importanza, rilevanza.
**Wickel** *der* [-s,-] impacco.
**wickeln** *v.tr.* 1 avvolgere: *etw in Papier —*, incartare qlco 2 cambiare il pannolino a (un bambino).
**Widder** *der* [-s,-] 1 (zool.) montone 2 (astr.) Ariete.
**wider** *prep.* (+ *Acc*) contro: *— Willen*, contro voglia.
**widerlich** *agg.* disgustoso, schifoso.
**widerrechtlich** *agg.* illegale, illecito; abusivo.
**Widerrede** *die* [-,-n] obiezione, replica.
**Widerruf** *der* [-es,-e] revoca.
**widerrufen** (→ *rufen*) *v.tr.* e *intr.* [haben] 1 revocare 2 ritrattare.
**widersetzen, sich** *v.pron.* (+ *Dat*) opporsi (a).
**Widersinn** *der* [-(e)s] controsenso, assurdità.
**wider·spiegeln** *v.tr.* riflettere, rispecchiare (anche fig.) ♦ **sich wiederspiegeln** *v.pron.* riflettersi, rispecchiarsi.
**widersprechen** (→ *sprechen*) *v.intr.* [haben] (+ *Dat*) contraddire, essere in contrasto con ♦ **sich widersprechen** *v.pron.* contraddirsi.
**Widerspruch** *der* [-(e)s,-sprüche] 1 contraddizione; incoerenza 2 obiezione; opposizione.
**widersprüchlich** *agg.* contraddittorio; incongruente.
**widerspruchslos** *avv.* senza obiezioni.
**Widerstand** *der* [-es,-stände] resistenza (anche elettr.): *etw (Dat) — leisten*, opporre resistenza a qlco.
**widerstandsfähig** *agg.* (gegen + *Acc*) resistente (a).
**widerstehen** (→ *stehen*) *v.intr.* [haben] (+ *Dat*) resistere (a).

**Widerwille** *der* [-ns] 1 avversione 2 ripugnanza, disgusto.
**widerwillig** *agg.* restio, riluttante ♦ *avv.* con riluttanza.
**widmen** *v.tr.* dedicare ♦ **sich widmen** *v.pron.* (+ *Dat*) dedicarsi (a), votarsi (a).
**Widmung** *die* [-,-en] dedica.
**widrig** *agg.* 1 avverso 2 sfavorevole.
**wie** *avv.* 1 (modo) come 2 (quantità) quanto: *— alt ist er?*, quanti anni ha? ♦ *cong.* 1 come, quanto 2 (in frasi subordinate) come: *— gesagt*, come già detto ● *so bald — möglich*, prima possibile | *— geht es Ihnen?*, come sta?
**wieder** *avv.* di nuovo, ancora una volta: *ich bin — da!*, eccomi di ritorno! ● *immer —*, continuamente | *nie —*, mai più.
**Wiederaufbau** *der* [-(e)s] ricostruzione; riedificazione.
**wieder·bekommen** (→ *kommen*) *v.tr.* riavere.
**Wiederbelebung** *die* [-,-en] 1 (med.) rianimazione 2 (econ.) ripresa.
**wiedererkennen** (→ *kennen*) *v.tr.* riconoscere.
**wieder·finden** (→ *finden*) *v.tr.* ritrovare.
**Wiedergabe** *die* [-,-n] riproduzione.
**wieder·geben** (→ *geben*) *v.tr.* 1 restituire 2 riferire; riportare 3 riprodurre; rappresentare.
**wieder·gutmachen** *v.tr.* risarcire.
**Wiedergutmachung** *die* [-,-en] risarcimento.
**wieder·herstellen** *v.tr.* ristabilire, ripristinare.
**wieder·holen**[1] *v.tr.* riprendere.
**wiederholen**[2] *v.tr.* ripetere ♦ **sich wiederholen** *v.pron.* ripetersi.
**Wiederholung** *die* [-,-en] 1 ripetizione 2 (teatr.) replica.
**wieder·käuen** *v.tr.* e *intr.* [haben] ruminare.
**Wiederkehr** *die* [-] ricorrenza.
**wieder·sehen** (→ *sehen*) *v.tr.* rivedere ♦ **sich wieder sehen** *v.pron.* rivedersi.
**Wiedersehen** *das* [-s] ● *auf —!*, arrivederci!
**wiederum** *avv.* di nuovo, nuovamente.

**wieder·vereinigen** *v.tr.* riunificare.
**Wiedervereinigung** *die* [-,-en] riunificazione.

> NOTA Il 3 ottobre 1990 la DDR, Repubblica Democratica Tedesca, aderisce ufficialmente alla BRD, Repubblica Federale Tedesca, ponendo così fine alla divisione della Germania, iniziata dopo la seconda guerra mondiale e durata 41 anni. Questo avvenimento viene definito *Die Wende* (la svolta), in quanto ha dato il via a una radicale riorganizzazione della società.

**Wiederwahl** *die* [-,-en] rielezione.
**Wiege** *die* [-,-n] culla.
**wiegen**[1] [*wog / gewogen*] *v.tr.* e *intr.* [*haben*] pesare ♦ **sich wiegen** *v.pron.* pesarsi.
**wiegen**[2] *v.tr.* cullare ♦ **sich wiegen** *v.pron.* 1 cullarsi 2 dondolarsi.
**wiehern** *v.intr.* [*haben*] nitrire.
**Wien** *das* Vienna.
**Wiener** *agg.invar.* viennese, di Vienna ♦ *der* [-s,-] viennese.
**Wiese** *die* [-,-n] prato.
**wieso** *avv.interr.* perché, come mai.
**wie viel** *avv.interr.* quanto, quanti.
**wievielmal** *avv.interr.* quante volte.
**wievielt...** *agg.* quanto: *der Wievielte ist heute?*, che giorno è oggi?; *den Wievielten haben wir heute?*, quanti ne abbiamo oggi?
**wieweit** *cong.* fin dove, fino a che punto.
**wild** *agg.* 1 selvaggio, selvatico 2 (*di terreno*) incolto, non coltivato 3 (*di capelli*) arruffato 4 (*fig.*) furioso, furente ♦ *avv.* 1 selvaggiamente 2 spontaneamente.
**Wild** *das* [-(e)s] selvaggina, cacciagione.
**Wildbach** *der* [-(e)s,-bäche] torrente (di montagna).
**wildern** *v.intr.* [*haben*] cacciare di frodo.
**Wildleder** *das* [-s,-] pelle scamosciata.
**Wildnis** *die* [-,-se] luogo selvaggio.
**Wildschwein** *das* [-(e)s,-e] cinghiale.
**Wille** *der* [-ns,-n] volontà, desiderio; intenzione.

**willenlos** *agg.* senza volontà ♦ *avv.* in modo apatico, passivamente.
**Willensfreiheit** *die* [-] libero arbitrio.
**willig** *agg.* volonteroso, ben disposto.
**willkommen** *agg.* benvenuto, gradito ● *jdn — heißen*, dare il benvenuto a qlcu.
**Willkommen** *das* o *der* [-s,-] benvenuto.
**Willkür** *die* [-] arbitrio.
**willkürlich** *agg.* 1 volontario 2 arbitrario.
**wimmeln** *v.intr.* [*haben*] (*von*) brulicare (di); pullulare (di) (*anche fig.*).
**wimmern** *v.intr.* [*haben*] piagnucolare, frignare.
**Wimper** *die* [-,-n] ciglio.
**Wimperntusche** *die* [-,-n] mascara.
**Wind** *der* [-(e)s,-e] vento.
**Windbeutel** *der* [-s,-] bignè.
**Windel** *die* [-,-n] pannolino.
**Windhose** *die* [-,-n] tromba d'aria.
**Windhund** *der* [-es,-e] levriero.
**windig** *agg.* 1 ventoso 2 (*fig.*) dubbio.
**Windmühle** *die* [-,-n] mulino a vento.
**Windpocken** *pl.* (*med.*) varicella.
**Windschutzscheibe** *die* [-,-n] (*di auto*) parabrezza.
**Windstärke** *die* [-,-n] forza del vento.
**windstill** *agg.* calmo, senza vento.
**Windstoß** *der* [-es,-stöße] folata di vento.
**Wink** *der* [-(e)s,-e] 1 cenno 2 (*fig.*) suggerimento.
**Winkel** *der* [-s,-] 1 (*mat.*) angolo 2 (*fig.*) cantuccio, angolino.
**Winkelmesser** *der* [-s,-] goniometro.
**winken** *v.intr.* [*haben*] 1 salutare (con un cenno) 2 far cenno ♦ *v.tr.* chiamare con un cenno.
**winseln** *v.intr.* [*haben*] (*di cane*) guaire.
**Winter** *der* [-s,-] inverno.
**winterlich** *agg.* invernale.
**Winterschlaf** *der* [-(e)s] letargo invernale.
**Winzer** *der* [-s,-; die -in] viticultore (*m.*; *f.* -trice).
**winzig** *agg.* minuscolo.
**Wipfel** *der* [-s,-] cima (di albero).
**wir** *pron.pers.pl.* noi.

**Wirbel** *der* [-s,-] **1** vortice; turbine; mulinello **2** (*fig.*) scalpore, polverone **3** (*anat.*) vertebra.
**wirbeln** *v.tr.* **1** far mulinare **2** (*mus.*) far rullare ♦ *v.intr.* [*haben*] turbinare, mulinare (*anche fig.*).
**Wirbelsäule** *die* [-,-n] colonna vertebrale.
**Wirbelsturm** *der* [-es,-stürme] ciclone.
**Wirbeltier** *das* [-(e)s,-e] (*zool.*) vertebrato.
**wirken** *v.intr.* [*haben*] **1** agire **2** (*auf* + *Acc*) fare effetto (a), avere effetto (su) **3** sembrare.
**wirklich** *agg.* reale; effettivo; vero ♦ *avv.* in effetti; davvero.
**Wirklichkeit** *die* [-] realtà.
**wirksam** *agg.* efficace, attivo.
**Wirksamkeit** *die* [-] efficacia.
**Wirkung** *die* [-,-en] effetto; azione.
**wirkungslos** *agg.* inefficace.
**wirkungsvoll** *agg.* efficace; di (grande) effetto.
**wirr** *agg.* **1** caotico, confuso **2** (*di capelli*) arruffato, scompigliato.
**Wirren** *pl.* confusione.
**Wirrwarr** *der* [-s] disordine, confusione.
**Wirsing** *der* [-s] **Wirsingkohl** *der* [-s,-] verza.
**Wirt** *der* [-(e)s,-e; *die* -in] oste (*m.; f.* -essa) **2** affittacamere (*m. e f.*).
**Wirtschaft** *die* [-,-en] **1** economia; (*pol.*) mondo economico **2** gestione **3** osteria, trattoria **4** piccola azienda agricola.
**wirtschaftlich** *agg.* economico ♦ *avv.* dal punto di vista economico.
**Wirtshaus** *das* [-es,-häuser] osteria, taverna.
**wischen** *v.tr.* **1** (*über*) pulire passando un panno (su) **2** asciugare; detergere.
**Wischlappen** *der* [-s,-] strofinaccio.
**wissen** [*weiß / wusste / gewusst*] *v.tr.* e *intr.* [*haben*] sapere ● *sich zu benehmen —*, sapere come comportarsi.
**Wissen** *das* [-s] sapere; conoscenza; cognizioni: *ohne mein —*, a mia insaputa.
**Wissenschaft** *die* [-,-en] scienza.
**Wissenschaftler** *der* [-s,-; *die* -in] scienziato (*m.; f.* -a); uomo (*m.; f.* donna) di scienza.
**wissenschaftlich** *agg.* scientifico.
**wittern** *v.tr.* **1** fiutare **2** (*fig.*) subodorare, avere sentore di.
**Witterung** *die* [-,-en] **1** tempo (atmosferico) **2** fiuto (*anche fig.*).
**Witwe** *die* [-,-n] vedova.
**Witwer** *der* [-s,-] vedovo.
**Witz** *der* [-es,-e] **1** barzelletta **2** spirito.
**witzig** *agg.* spiritoso, arguto.
**witzlos** *agg.* **1** senza spirito **2** (*fam.*) senza senso.
**wo** *avv.* (*interr., stato in luogo*) dove ♦ *pron.rel.* **1** (*luogo*) dove, in cui **2** (*tempo*) in cui ♦ *cong.* visto che, dal momento che.
**woanders** *avv.* (*stato in luogo*) altrove, da qualche altra parte, in un altro posto.
**wobei** *avv.* **1** (*interr.*) con che cosa, in che modo **2** (*si traduce col gerundio*): *sie erzählte die ganze Geschichte, — sie aber vermied...*, raccontò tutta la storia, evitando però... ♦ *pron.rel.* di cui, a cui.
**Woche** *die* [-,-n] settimana.
**Wochenblatt** *das* [-(e)s,-blätter] (*edit.*) settimanale.
**Wochenende** *das* [-s,-n] fine settimana, week-end.
**wochenlang** *agg.* di settimane ♦ *avv.* per settimane.
**Wochentag** *der* [-(e)s,-e] giorno feriale.
**wochentags** *avv.* nei giorni feriali.
**wöchentlich** *agg.* settimanale ♦ *avv.* settimanalmente.
**Wochenzeitung** *die* [-,-en] (giornale) settimanale.
**wodurch** *avv.* (*interr.*) come, in che modo ♦ *pron.rel.* per cui, attraverso la qual cosa.
**wofür** *avv.* (*interr.*) per che cosa, di che cosa ♦ *pron.rel.* per cui, per la qual cosa ● *— hältst du mich?*, per chi mi prendi?
**wogegen** *avv.* (*interr.*) contro che cosa ♦ *pron.rel.* contro cui (*o* la qual cosa).
**woher** *avv.* (*interr.*) **1** (*luogo*) da dove, di dove **2** (*provenienza, modo*) come, da

chi: — *kommt es, dass...*, come mai... ♦ *pron.rel.* da dove, da cui.
**wohin** *avv.* (*interr., moto a luogo*) dove ♦ *pron.rel.* dove, nel luogo in cui.
**wohl** *avv.* 1 bene 2 (*rafforzativo*) certamente, perfettamente 3 circa, all'incirca 4 probabilmente: *das wird — so sein*, sarà così ● *du spinnst —!*, ma scherzi!; ma cosa dici! | *sich — fühlen*, sentirsi bene.
**Wohl** *das* [-(e)s] 1 bene: *zu jds —*, per il bene di qlcu, a beneficio di qlcu 2 benessere ● *auf euer —!*, alla vostra salute!
**Wohlbehagen** *das* [-s] sensazione di benessere.
**wohlbehalten** *agg.* sano e salvo.
**wohlerzogen** *agg.* beneducato, garbato.
**wohlhabend** *agg.* agiato, benestante.
**wohlig** *agg.* piacevole.
**Wohlstand** *der* [-(e)s] benessere; agiatezza, prosperità.
**Wohltat** *die* [-,-en] 1 opera buona, di bene 2 (*fig.*) toccasana.
**Wohltäter** *der* [-s,-; *die -in*] benefattore (*m.; f.* -trice).
**wohltätig** *agg.* benefico, caritatevole.
**Wohltätigkeit** *die* [-] beneficenza, carità.
**wohltuend** *agg.* benefico; piacevole.
**Wohlwollen** *das* [-s] benevolenza.
**wohlwollend** *agg.* benevolo.
**Wohnblock** *der* [-(e)s,-blöcke] caseggiato.
**wohnen** *v.intr.* [*haben*] abitare; vivere; alloggiare.
**Wohngemeinschaft** *die* [-,-n] appartamento in condivisione.
**wohnhaft** *agg.* (*in + Dat*) residente (a).
**Wohnort** *der* [-(e)s,-e] domicilio, residenza.
**Wohnung** *die* [-,-en] 1 appartamento 2 (*amm.*) abitazione, casa.
**Wohnwagen** *der* [-s,-] roulotte, caravan.
**Wohnzimmer** *das* [-s,-] soggiorno, salotto.
**wölben** *v.tr.* incurvare ♦ *sich wölben v.pron.* incurvarsi, inarcarsi.
**Wölbung** *die* [-,-en] bombatura.
**Wolf** *der* [-(e)s, *Wölfe*] lupo.

**Wölfin** *die* [-,-en] lupa.
**Wolke** *die* [-,-n] nuvola, nube (*anche fig.*).
**Wolkenbruch** *der* [-(e)s,-brüche] nubifragio.
**Wolkenkratzer** *der* [-s,-] grattacielo.
**wolkenlos** *agg.* senza nuvole, sereno.
**wolkig** *agg.* nuvoloso, annuvolato.
**Wolle** *die* [-,-n] lana.
**wollen** *v.intr.modale* [*haben*] 1 volere, desiderare, avere intenzione di 2 (*l'inf. è sottinteso*) voler andare: *wir — im Sommer nach Franreich*, in estate vogliamo andare in Francia ♦ *v.tr.* e *intr.* [*haben*] 1 volere, desiderare 2 esigere, pretendere.
**womit** *avv.* (*interr.*) con (*o* di) che cosa ♦ *pron.rel.* con cui, cosa con (*o* a) cui.
**womöglich** *avv.* forse, magari; può darsi.
**wonach** *avv.* (*interr.*) che cosa, di (*o* a) che cosa ♦ *pron.rel.* cui, dopo cui.
**woran** *avv.* (*interr.*) a (*o* su *o* di *o* da) che cosa; che cosa ♦ *pron.rel.* a (*o* di) cui, cosa a (*o* di) cui.
**worauf** *avv.* (*interr.*) a (*o* su *o* di) che cosa; che cosa ♦ *pron.rel.* 1 su cui, di cui, che 2 dopodiché.
**woraus** *avv.* (*interr.*) da (*o* di *o* in) che cosa ♦ *pron.rel.* da (*o* di) cui, della (*o* dalla) qual cosa.
**worin** *avv.* (*interr.*) in che cosa ♦ *pron.rel.* in cui, cosa in cui.
**Wort** *das* [-(e)s,-e *o* Wörter] 1 parola: *mit anderen Worten*, in altre parole 2 vocabolo, termine.
**Wörterbuch** *das* [-(e)s,-bücher] vocabolario, dizionario.
**Wortlaut** *der* [-es] testo, contenuto.
**wörtlich** *agg.* letterale, testuale ♦ *avv.* parola per parola.
**wortlos** *agg.* senza parole, muto ♦ *avv.* in silenzio; senza parlare.
**Wortschatz** *der* [-es] vocabolario, lessico.
**Wortwechsel** *der* [-s,-] altercio, diverbio.
**worüber** *avv.* (*interr.*) su (*o* sopra) che cosa, su che, di che cosa ♦ *pron.rel.* su (*o* di) cui, cosa che, per la qual cosa.

**worum** *avv.* (*interr.*) di che cosa, intorno a che cosa ♦ *pron.rel.* di cui, intorno a cui, della qual cosa, cosa di cui.
**worunter** *avv.* (*interr.*) sotto che cosa, fra che cosa, di che cosa ♦ *pron.rel.* fra (*o* di) cui, che.
**wovon** *avv.* (*interr.*) di che cosa ♦ *pron.rel.* di cui, della qual cosa.
**wovor** *avv.* (*interr.*) davanti a che cosa, di che cosa ♦ *pron.rel.* davanti a cui, di cui.
**wozu** *avv.* (*interr.*) **1** a (*o* per) che cosa **2** perché, a che scopo ♦ *pron.rel.* a (*o* per *o* di) cui, che.
**wringen** [wrang / gewrungen] *v.tr.* (*region.*) strizzare.
**Wucher** *der* [-s,-] usura, strozzinaggio.
**wuchern** *v.intr.* [haben *o* sein] (*di piante*) proliferare, lussureggiare.
**Wucherung** *die* [-,-en] (*med.*) escrescenza; (*estens.*) tumore.
**Wuchs** *der* [-es] **1** crescita **2** corporatura; statura.
**Wucht** *die* [-] forza, impeto.
**wuchtig** *agg.* **1** imponente; massiccio **2** violento; impetuoso ♦ *avv.* con forza.
**wühlen** *v.intr.* [haben] **1** scavare; (*di maiali*) grufolare **2** (in, nach + Dat) frugare (tra) ♦ *v.tr.* scavare ● *sich durch etw —*, farsi strada attraverso qlco (*anche fig.*).
**wund** *agg.* ferito; escoriato.
**Wunde** *die* [-,-n] ferita; piaga.
**Wunder** *das* [-s,-] **1** miracolo **2** meraviglia; (*estens.*) portento.
**wunderbar** *agg.* **1** miracoloso, prodigioso **2** meraviglioso, stupendo.
**Wunderkind** *das* [-(e)s,-er] **Wunderknabe** *der* [decl.→ Held] bambino prodigio.
**wunderlich** *agg.* strano, bizzarro.
**wundern** *v.tr.* meravigliare, stupire ♦ *sich wundern v.pron.* (über + Acc) stupirsi (di), meravigliarsi (di).
**wunderschön** *agg.* meraviglioso, stupendo.
**Wunderwerk** *das* [-(e)s,-e] meraviglia, miracolo.
**Wundstarrkrampf** *der* [-(e)s] (*med.*) tetano.

**Wunsch** *der* [-es, Wünsche] **1** desiderio **2** augurio ● *nach —*, a volontà.
**wünschen** *v.tr.* **1** desiderare **2** augurare.
**Würde** *die* [-,-n] **1** dignità; decoro **2** solennità **3** grado, titolo **4** (*pl.*) onori.
**würdelos** *agg.* senza dignità.
**würdevoll** *agg.* **1** dignitoso **2** grave.
**würdig** *agg.* **1** (+ *Gen*) degno (di) **2** dignitoso.
**würdigen** *v.tr.* apprezzare.
**Wurf** *der* [-(e)s, Würfe] **1** lancio; tiro **2** (*di animali*) parto; figliata **3** (*fig.*) colpo.
**Würfel** *der* [-s,-] **1** cubo **2** dado.
**würfeln** *v.intr.* [haben] **1** (um + Acc) giocare ai dadi (qlco) **2** tirare i dadi.
**Würfelspiel** *das* [-(e)s,-e] gioco dei dadi.
**Würfelzucker** *der* [-s] zucchero in zollette.
**würgen** *v.tr.* strozzare, strangolare ♦ *v.intr.* [haben] (an + Dat) inghiottire a fatica.
**Wurm** *der* [-(e)s, Würmer] verme (*anche fig.*).
**Wurmfortsatz** *der* [-es,-sätze] (*anat.*) appendice.
**wurmig** *agg.* bacato.
**Wurst** *die* [-, Würste] salsiccia; salame; salamella ● (*fam.*) *das ist mir völlig —*, non m'importa per niente.
**Würstchen** *das* [-s,-] salsicetta.
**Würze** *die* [-,-n] **1** spezia, aroma **2** (*fig.*) condimento; pepe.
**Wurzel** *die* [-,-n] radice (*anche mat.*).
**würzen** *v.tr.* condire (*anche fig.*).
**würzig** *agg.* condito, saporito; piccante (*anche fig.*).
**wüst** *agg.* **1** deserto; desolato **2** incolto **3** spaventoso, tremendo.
**Wüste** *die* [-,-n] deserto.
**Wut** *die* [-] **1** furia; rabbia (cieca) **2** (*estens.*) smania, passione.
**wütend** *agg.* **1** furente, furibondo **2** (*fig.*) violento; tremendo ● *— über etw* (*Acc*) *o auf jdn werden*, andare su tutte le furie per qlco (*o* con qlcu).

# X x

**x-beliebig** *agg.* (*fam.*) qualunque, qualsiasi.
**x-förmig** *agg.* a forma di x.
**x-mal** *avv.* (*fam.*) mille volte.

**X-Strahlen** *pl.* raggi X.
**Xylofon**, **Xylophon** *das* [*-s,-e*] xilofono.

# Y y

**Yacht** *die* [-,-*en*] yacht.
**Yoga** *der* o *das* [-(*s*)] yoga.

**Ypsilon** *das* [-(*s*),-*s*] ipsilon.

# Zz

**Zacke** *die* [-,-n] **1** punta, picco (*anche estens.*) **2** (*di oggetto*) rebbio, dente.
**zaghaft** *agg.* **1** timido **2** esitante.
**zäh** *agg.* **1** duro, compatto **2** (*fig.*) tenace, perseverante.
**Zahl** *die* [-,-en] numero.
**zahlbar** *agg.* pagabile.
**zahlen** *v.tr.* pagare ♦ *v.intr.* [*haben*] pagare ● *Herr Ober, bitte —!*, cameriere, il conto per favore!
**zählen** *v.tr. e intr.* [*haben*] **1** contare **2** (*zu*) annoverare (tra).
**Zähler** *der* [-s,-] **1** contatore **2** (*mat.*) numeratore.
**Zahlkarte** *die* [-,-en] bollettino di versamento (postale).
**zahllos** *agg.* innumerevole.
**zahlreich** *agg.* numeroso ♦ *avv.* in gran numero.
**Zahlung** *die* [-,-en] pagamento.
**Zählung** *die* [-,-en] **1** conteggio **2** censimento.
**zahlungsfähig** *agg.* solvibile.
**Zahlungstermin** *der* [-s,-e] data di pagamento.
**zahlungsunfähig** *agg.* insolvibile, insolvente.
**Zahlungsverkehr** *der* [-s] pagamenti, transazione.
**zähmen** *v.tr.* **1** domare, addomesticare **2** (*fig.*) dominare.
**Zahn** *der* [-(e)s, Zähne] **1** dente **2** (*mecc.*) dente.
**Zahnarzt** *der* [-es,-ärzte; *die* -ärztin] dentista (*m. e f.*), odontoiatra (*m. e f.*).
**Zahnbürste** *die* [-,-n] spazzolino da denti.
**Zahncreme, Zahnkrem** *die* [-,-s] dentifricio.
**Zahnfleisch** *das* [-(e)s] gengiva.
**zahnlos** *agg.* sdentato, senza denti.
**Zahnmedizin** *die* [-] odontoiatria.
**Zahnpasta** *die* [-,-sten] dentifricio.
**Zahnrad** *das* [-(e)s,-räder] (*mecc.*) ruota dentata, ingranaggio.
**Zahnschmerzen** *pl.* mal di denti.
**Zahnseide** *die* [-] filo interdentale.
**Zahnstein** *der* [-es] tartaro (dentario).
**Zahnstocher** *der* [-s,-] stuzzicadente.
**Zahntechniker** *der* [-s,-; *die* -in] odontotecnico (*m.; f.* -a).
**Zange** *die* [-,-n] **1** tenaglie, pinze **2** (*zool.*) chela, pinza.
**Zank** *der* [-(e)s] bisticcio, alterco.
**zanken, sich** *v.pron.* litigare.
**zänkisch** *agg.* litigioso.
**Zäpfchen** *das* [-s,-] **1** supposta **2** (*anat.*) ugola.
**zapfen** *v.tr.* spillare (birra ecc.).
**Zapfen** *der* [-s,-] (*bot.*) pigna.
**Zapfsäule** *die* [-,-n] pompa di benzina.
**zappeln** *v.intr.* [*sein*] dimenarsi, agitarsi; (*estens.*) sgambettare.
**zart** *agg.* **1** delicato, tenero: *in zartem Alter*, in tenera età **2** gracile, esile ♦ *avv.* con delicatezza.
**zart fühlend, zartfühlend** *agg.* sensibile, delicato.
**Zartgefühl** *das* [-s,-e] tatto, delicatezza.

**zärtlich** *agg.* affettuoso, tenero ♦ *avv.* con affetto.
**Zärtlichkeit** *die* [-,-en] **1** affetto, tenerezza **2** (*spec.pl.*) manifestazioni di affetto.
**Zauber** *der* [-s,-] **1** incantesimo, magia **2** fascino, incanto.
**Zauberei** *die* [-,-en] **1** magia, stregoneria **2** gioco di prestigio.
**Zauberer** *der* [-s,-] mago, stregone.
**zauberhaft** *agg.* incantevole, affascinante.
**Zauberkunst** *die* [-,-künste] magia.
**Zauberkünstler** *der* [-s,-; die -in] illusionista (*m.* e *f.*), prestigiatore (*m.; f.* -trice).
**zaubern** *v.intr.* [*haben*] fare magie (o giochi di prestigio) ♦ *v.tr.* produrre, far apparire (per incantesimo).
**Zaubertrick** *der* [-s,-s] **1** trucco magico **2** gioco di prestigio.
**Zaum** *der* [-(e)s,-Zäume] briglia ● *etw — halten*, tenere a freno qlco.
**Zaun** *der* [-(e)s,-Zäune] recinto.
**Zaunkönig** *der* [-s,-] (*zool.*) scricciolo.
**z.B.** *abbr.* (*zum Beispiel*) p.e., per esempio.
**Zebra** *das* [-s,-s] (*zool.*) zebra.
**Zebrastreifen** *pl.* zebre, passaggio pedonale.
**Zeche** *die* [-,-n] **1** conto **2** miniera ● *die — bezahlen*, pagare lo scotto.
**Zecke** *die* [-,-n] (*zool.*) zecca.
**Zeder** *die* [-,-n] cedro.
**Zehe** *die* [-,-n] **1** dito del piede **2** spicchio d'aglio ● *jdm auf die Zehen treten*, pestare i piedi a qlcu; mettere fretta a qlcu.
**zehn** *agg.num.card.invar.* dieci → acht.
**zehnfach** *agg.* decuplo ♦ *avv.* dieci volte tanto.
**zehnjährig** *agg.* **1** decennale **2** di dieci anni, decenne.
**Zehnkampf** *der* [-(e)s,-kämpfe] (*sport*) decathlon.
**zehnmal** *avv.* dieci volte.
**zehnte** *agg.num.ord.* decimo → achte.
**Zehntel** *das* [-s,-] decimo, decima parte.
**Zeichen** *das* [-s,-] **1** segno **2** segnale, cenno **3** segno, simbolo ● (*ein*) — *setzen*, lasciare un segno.
**Zeichensetzung** *die* [-] punteggiatura.
**Zeichentrickfilm** *der* [-(e)s,-e] cartoni animati.
**zeichnen** *v.tr.* **1** disegnare **2** (*fig.*) rappresentare, delineare **3** contrassegnare, marcare **4** (*fig.*) segnare **5** (*fin.*) sottoscrivere ♦ *v.intr.* [*haben*] disegnare.
**Zeichner** *der* [-s,-; die -in] disegnatore (*m.; f.* -trice), grafico (*m.; f.* -a).
**Zeichnung** *die* [-,-en] **1** disegno **2** (*comm.*) sottoscrizione.
**Zeigefinger** *der* [-s,-] (*dito*) indice.
**zeigen** *v.tr.* **1** mostrare, indicare **2** segnare, indicare **3** dimostrare, dare prova di ♦ *v.intr.* [*haben*] (*auf* + *Acc*) indicare, mostrare ● *sich zeigen* *v.pron.* **1** farsi vedere, mostrarsi **2** dimostrarsi, rivelarsi ● *es zeigt sich, dass...*, risulta che...
**Zeiger** *der* [-s,-] **1** indicatore, indice **2** lancetta (dell'orologio).
**Zeile** *die* [-,-n] **1** riga **2** fila.
**Zeit** *die* [-,-en] **1** tempo **2** momento, ora: *es ist* (o *wird*) —..., è il momento di..., è tempo di... ● (*prov.*) *alles zu seiner* — , ogni cosa a suo tempo | *für alle* —, per sempre | *um diese* —, in questo momento | *von* — *zu* —, di tanto in tanto, occasionalmente | *zur* —, per il momento.
**Zeitalter** *das* [-s] epoca, era.
**zeitig** *agg.* precoce, prematuro ♦ *avv.* presto, per tempo.
**zeitlos** *agg.* **1** atemporale **2** (*estens.*) classico.
**Zeitplan** *der* [-(e)s,-pläne] orario.
**Zeitpunkt** *der* [-(e)s,-e] momento, attimo.
**Zeitrechnung** *die* [-,-en] cronologia.
**Zeitschrift** *die* [-,-en] rivista, periodico.
**Zeitung** *die* [-,-en] giornale; (*estens.*) periodico.
**Zeitungskiosk** *der* [-(e)s,-e] edicola, giornalaio.
**Zeitvertreib** *der* [-(e)s,-e] passatempo.

**zeitweise** *avv.* 1 di quando in quando, ogni tanto 2 temporaneamente.
**zelebrieren** *v.tr.* celebrare.
**Zelle** *die* [-,-n] 1 cellula 2 cella.
**Zellkern** *der* [-s,-e] nucleo (di cellula).
**Zellophan** *das* [-s] cellofan.
**Zellstoff** *der* [-(e)s] cellulosa.
**Zelt** *das* [-(e)s,-e] 1 tenda 2 tendone.
**zelten** *v.intr.* [haben] campeggiare.
**Zeltlager** *das* [-s,-] campeggio.
**Zement** *der* [-(e)s] cemento.
**zementieren** *v.tr.* cementare.
**Zenit** *der* [-(e)s] (astr.) zenit.
**zensieren** *v.tr.* 1 dare un voto a 2 censurare ♦ *v.intr.* [haben] (scol.) dare il voto.
**Zensur** *die* [-,-en] 1 censura 2 (scol.) voto.
**Zentimeter** *der* o *das* [-s,-] centimetro.
**zentral** *agg.* centrale ♦ *avv.* in posizione centrale.
**Zentrale** *die* [-,-n] 1 (sede) centrale 2 centrale, centralino.
**Zentralheizung** *die* [-,-en] riscaldamento centrale.
**zentralisieren** *v.tr.* centralizzare.
**Zentrum** *das* [-s,-tren] centro.
**Zepter** *das* [-s,-] scettro.
**zerbrechen** (→ *brechen*) *v.tr.* rompere ♦ *v.intr.* [sein] rompersi; frantumarsi.
**zerbrechlich** *agg.* fragile.
**zerbröckeln** *v.tr.* sbriciolare ♦ *v.intr.* [sein] 1 sbriciolarsi, sgretolarsi 2 (fig.) disgregarsi.
**zerdrücken** *v.tr.* schiacciare, spiaccicare.
**Zeremonie** *die* [-,-n] cerimonia.
**Zeremoniell** *das* [-s,-e] cerimoniale.
**Zerfall** *der* [-(e)s] 1 crollo, rovina (anche fig.) 2 decomposizione.
**zerfallen** (→ *fallen*) *v.intr.* [sein] 1 cadere a pezzi 2 decomporsi 3 dividersi, essere suddiviso.
**zerknittern** *v.tr.* spiegazzare, sgualcire.
**zerlegen** *v.tr.* 1 scomporre, smontare 2 trinciare (carni) 3 (gramm.) fare l'analisi di.

**Zerlegung** *die* [-,-en] 1 scomposizione 2 smontaggio.
**zerreißen** (→ *reißen*) *v.tr.* 1 stracciare, fare a pezzi 2 lacerare, strappare (anche fig.) 3 sbranare, dilaniare ♦ *v.intr.* [sein] strapparsi, spezzarsi ● *sich für jdn* —, farsi in quattro per qlcu.
**zerren** *v.tr.* tirare, trascinare (anche fig.) ♦ *v.intr.* [haben] (an + Dat) tirare con tutta la (propria) forza ● *sich (Dat) einen Muskel* —, stirarsi un muscolo.
**zerrinnen** (→ *rinnen*) *v.intr.* [sein] 1 (di neve) sciogliersi 2 svanire, dileguarsi.
**Zerrung** *die* [-,-en] (med.) stiramento.
**zerrüttet** *agg.* rovinato, fallito.
**zerschlagen**[1] (→ *schlagen*) *v.tr.* 1 fare a pezzi, fracassare 2 annientare ♦ *sich zerschlagen* *v.pron.* fallire, andare in fumo.
**zerschlagen**[2] *agg.* spossato, sfinito.
**zerschneiden** (→ *schneiden*) *v.tr.* tagliare, tagliuzzare.
**zersetzen** *v.tr.* 1 decomporre 2 (fig.) minare, sovvertire ♦ *sich zersetzen* *v.pron.* 1 decomporsi 2 (fig.) disgregarsi.
**zersplittern** *v.tr.* 1 mandare in frantumi 2 (fig.) smembrare ♦ *v.intr.* [sein] andare in frantumi.
**zerspringen** (→ *springen*) *v.intr.* [sein] 1 andare in mille pezzi 2 scoppiare.
**zerstören** *v.tr.* 1 distruggere, devastare 2 (fig.) rovinare.
**Zerstörung** *die* [-,-en] 1 devastazione 2 rovina.
**zerstreuen** *v.tr.* 1 disperdere, sparpagliare 2 (fig.) dissipare 3 (fig.) distrarre ♦ *sich zerstreuen* *v.pron.* 1 disperdersi 2 (fig.) distrarsi.
**zerstreut** *agg.* 1 distratto 2 sparpagliato.
**Zerstreutheit** *die* [-] distrazione.
**Zerstreuung** *die* [-,-en] svago.
**Zertifikat** *das* [-(e)s,-e] certificato.
**zertreten** (→ *treten*) *v.tr.* schiacciare (coi piedi), pestare.
**zertrümmern** *v.tr.* 1 fracassare 2 (fig.) distruggere.

**Zettel** *der* [-s] **1** biglietto, foglietto **2** volantino.

**Zeug** *das* [-(e)s,-e] (*fam.*) roba (*anche spreg.*); cose ◆ (*fam.*) *dummes — reden*, dire scemenze.

**Zeuge** *der* [-n,-n; die *Zeugin*] testimone (*m. e f.*).

**zeugen**[1] *v.intr.* [*haben*] **1** testimoniare **2** (*von*) dar prova (di).

**zeugen**[2] *v.tr.* concepire, procreare.

**Zeugenaussage** *die* [-,-n] (*dir.*) testimonianza.

**Zeugnis** *das* [-ses,-se] **1** (*scol.*) pagella **2** attestato, certificato **3** testimonianza **4** prova.

**Zeugung** *die* [-,-en] procreazione.

**zeugungsfähig** *agg.* (*biol.*) fertile.

**Zicke** *die* [-,-n] capretta.

**Zickzack** *der* [-(e)s,-e] zigzag.

**Ziege** *die* [-,-n] capra.

**Ziegel** *der* [-s,-] **1** mattone, laterizio **2** tegola.

**ziehen** [*zog / gezogen*] *v.tr.* **1** tirare: *jdn an sich —*, stringere qlcu a sé **2** trarre, ricavare **3** tirare fuori, estrarre **4** trainare **5** attirare: *alle Blicke auf sich —*, attirare su di sé tutti gli sguardi **6** tracciare (righe) **7** coltivare (piante) **8** allevare (animali) ◆ *v.intr.* [*haben*] **1** tirare **2** [*sein*] passeggiare **3** [*sein*] trasferirsi ◆ **sich ziehen** *v.pron.* **1** allungarsi, tendersi **2** estendersi ◆ *es zieht*, c'è corrente.

**Ziehharmonika** *die* [-,-s *o* -en] (*mus.*) fisarmonica.

**Ziehung** *die* [-,-en] estrazione.

**Ziel** *das* [-(e)s,-e] **1** destinazione, meta **2** (*sport*) traguardo, arrivo **3** bersaglio (*anche mil.*) **4** scopo, fine: *sich ein — setzen* (*o stecken*), prefiggersi uno scopo.

**zielen** *v.intr.* [*haben*] **1** (*nach, auf + Acc*) mirare **2** (*fig.*) (*nach, auf + Acc*) puntare (a) **3** (*fig.*) (*nach, auf + Acc*) alludere (a).

**Zielscheibe** *die* [-,-n] bersaglio.

**zielsicher** *agg.* **1** dalla mira sicura **2** deciso, determinato.

**ziemlich** *avv.* piuttosto, abbastanza ◆ *agg.* (*fam.*) notevole.

**zieren** *v.tr.* ornare ◆ **sich zieren** *v.pron.* **1** fare complimenti **2** fare il prezioso.

**zierlich** *agg.* **1** fine **2** minuto, esile.

**Zierlichkeit** *die* [-] esilità, delicatezza.

**Ziffer** *die* [-,-n] **1** cifra, numero **2** capoverso, comma.

**Zigarette** *die* [-,-n] sigaretta.

**Zigarre** *die* [-,-n] sigaro.

**Zigeuner** *der* [-s,-; die *-in*] zingaro (*m.; f. -a*).

**Zikade** *die* [-,-n] (*zool.*) cicala.

**Zimmer** *das* [-s,-] stanza, camera.

**Zimmermann** *der* [-(e)s,-*leute*] carpentiere.

**zimmern** *v.tr.* fare, costruire (in legno).

**zimperlich** *agg.* (*spreg.*) schizzinoso.

**Zimt** *der* [-(e)s,-e] **1** cannella **2** (*fig.*) sciocchezze.

**Zink** *das* [-(e)s] (*chim.*) zinco.

**Zinn** *das* [-(e)s] (*chim.*) stagno.

**Zinne** *die* [-,-n] (*arch.*) merlo.

**Zins** *der* [-es,-en] **1** (*spec.pl.*) (*econ.*) interessi **2** (*region.*) affitto, pigione ◆ *von Zinsen leben*, vivere di rendita.

**Zipfel** *der* [-s,-] punta, estremità.

**zirka** *avv.* circa, pressappoco, all'incirca.

**Zirkel** *der* [-s,-] **1** compasso **2** circolo.

**zirkular** *agg.* circolare.

**Zirkulation** *die* [-,-en] circolazione.

**Zirkus** *der* [-,-se] **1** circo **2** (*fam.*) confusione.

**Zirkuszelt** *das* [-(e)s,-e] tendone da circo.

**Zirrhose** *die* [-,-n] (*med.*) cirrosi.

**zischen** *v.intr.* [*haben*] **1** (*di serpenti ecc.*) sibilare **2** sfriggere, sfrigolare ◆ *v.tr.* dire sibilando.

**ziselieren** *v.tr.* cesellare.

**Zisterne** *die* [-,-] cisterna.

**Zitat** *das* [-(e)s,-e] (*aus*) citazione (da).

**zitieren** *v.tr.* citare ◆ (*dir.*) *vor Gericht —*, citare in giudizio.

**Zitrone** *die* [-,-n] limone.

**Zitronensaft** *der* [-(e)s,-*säfte*] succo di limone.

**Zitronenschale** *die* [-,-n] scorza di limone.

**Zitrusfrucht** *die* [-,-*früchte*] agrume.
**zitterig, zittrig** *agg.* tremante.
**zittern** *v.intr.* [*haben*] tremare.
**zivil** *agg.* **1** civile, borghese **2** ragionevole.
**Zivil** *das* [-*s*] abito civile: *in* —, in borghese.
**Zivilisation** *die* [-,-*en*] **1** civiltà **2** civilizzazione.
**zivilisiert** *agg.* **1** civilizzato **2** civile.
**Zivilprozess** *der* [-*zesses*,-*zesse*] (*dir.*) processo civile.
**Zivilrecht** *das* [-(*e*)*s*,-*e*] (*dir.*) diritto civile.
**Zobel** *der* [-*s*,-] (*zool.*) zibellino.
**Zoff** *der* [-*s*] (*fam.*) lite.
**zögern** *v.intr.* [*haben*] indugiare, esitare.
**Zoll**[1] *der* [-(*e*)*s*, *Zölle*] **1** dazio (doganale) **2** dogana **3** (*st.*) pedaggio.
**Zoll**[2] *der* [-(*e*)*s*,-] (*unità di misura*) pollice.
**Zollabfertigung** *die* [-] sdoganamento.
**Zollamt** *das* [-(*e*)*s*,-*ämter*] ufficio doganale.
**Zollbeamte** *der* [-*n*,-*n*; *die Zollbeamtin*] doganiere (*m.*; *f.* -a), funzionario (*m.*; *f.* -a) di dogana.
**zollfrei** *agg.* esente da dazio, franco dogana ♦ *avv.* in franchigia.
**Zollgrenze** *die* [-,-*n*] confine doganale.
**zollpflichtig** *agg.* soggetto a dazio.
**Zone** *die* [-,-*n*] zona.
**Zoo** *der* [-*s*,-*s*] zoo.
**Zoologe** *der* [-*n*,-*n*; *die Zoologin*] zoologo (*m.*; *f.* -a).
**Zoologie** *die* [-] zoologia.
**zoologisch** *agg.* zoologico.
**Zoom** *das* [-*s*,-*s*] zoom.
**Zopf** *der* [-(*e*)*s*, *Zöpfe*] treccia.
**Zorn** *der* [-(*e*)*s*] rabbia, ira, collera: *einen — auf jdn haben*, essere in collera con qlcu.
**zu** *prep.* (+ *Dat*) **1** (*moto a luogo e verso persona*) da, a, per: *wie lange brauchst du zum Büro?*, quanto tempo impieghi per andare in ufficio? **2** (*stato in luogo*) in, a, di, su: — *Haus*, in casa **3** (*tempo*) a, per: — *Ostern*, a Pasqua **4** (*modo*) a,

per: — *Fuß*, a piedi **5** (*indica trasformazione*) a, in: — *Pulver zermahlen*, ridurre in polvere **6** (*abbinamento*) con, insieme a **7** (*con prezzi e quantità*) a, da: *zum halben Preis*, a metà prezzo ♦ *avv.* **1** troppo: *das ist aber — viel!*, questo è troppo! **2** chiuso: *ist das Fenster —?*, è chiusa la finestra? ♦ *cong.* (*seguito da un verbo all' inf., a volte non si traduce*) di, da: *es ist schwer, Arbeit — finden*, è difficile trovare lavoro ● *ab und* —, di quando in quando, qualche volta | *um* —, per.
**zuallererst** *avv.* innanzi tutto, prima di tutto.
**zuallerletzt** *avv.* alla fine, infine.
**zu·bauen** *v.tr.* ostruire (con una costruzione).
**Zubehör** *das* [-*s*,-*e*] accessori.
**zu·beißen** (→ *beißen*) *v.intr.* [*haben*] azzannare, mordere.
**zu·bereiten** *v.tr.* preparare.
**Zubereitung** *die* [-] (*gastr.*) preparazione.
**zu·billigen** *v.tr.* concedere, accordare.
**zu·binden** (→ *binden*) *v.tr.* chiudere (legando); allacciare (le scarpe).
**zu·bleiben** (→ *bleiben*) *v.intr.* [*sein*] rimanere chiuso.
**zu·bringen** (→ *bringen*) *v.tr.* **1** trascorrere, passare **2** (*fam.*) riuscire a chiudere.
**Zubringerbus** *der* [-*busses*,-*busse*] servizio navetta (per l'aeroporto).
**Zubringerstraße** *die* [-,-*n*] svincolo, raccordo.
**Zucchini** *die* [-,-] o *der* [-*s*,-*ni*] zucchina.
**Zucht** *die* [-,-*en*] **1** allevamento **2** coltivazione **3** disciplina.
**züchten** *v.tr.* **1** allevare **2** coltivare.
**Züchter** *der* [-*s*,-; *die* -*in*] **1** allevatore (*m.*; *f.* -*trice*) **2** coltivatore (*m.*; *f.* -*trice*).
**Zuchthaus** *das* [-*s*] **1** (*fam.*) penitenziario **2** (*estens.*) reclusione.
**zucken** *v.intr.* [*haben*] sussultare ● *mit den Achseln* —, alzare le spalle, fare spallucce.
**Zucker** *der* [-*s*,-] zucchero.
**Zuckerdose** *die* [-,-*n*] zuccheriera.

**Zuckerguss** *der* [-gusses,-güsse] glassa.
**zuckerkrank** *agg.* (*fam.*) diabetico.
**zuckern** *v.tr.* zuccherare.
**Zuckerrohr** *das* [-(e)s,-e] canna di zucchero.
**Zuckerrübe** *die* [-,-n] barbabietola (da zucchero).
**zu·decken** *v.tr.* coprire, ricoprire.
**zudem** *avv.* inoltre, per di più.
**zu·drehen** *v.tr.* 1 chiudere (girando) 2 voltare, volgere (*anche fig.*).
**zudringlich** *agg.* invadente, molesto, importuno.
**zu·drücken** *v.tr.* (premendo) ♦ (*fam.*) *ein Auge* —, chiudere un occhio.
**zueinander** *avv.* uno verso l'altro.
**zu·erkennen** (→ *kennen*) *v.tr.* aggiudicare, riconoscere.
**zuerst** *avv.* 1 (dap)prima 2 in primo luogo, per primo.
**Zufahrt** *die* [-,-en] accesso.
**Zufall** *der* [-(e)s, Zufälle] caso, coincidenza: *so ein* —!, che coincidenza!; *durch* —, per caso.
**zu·fallen** (→ *fallen*) *v.intr.* [*sein*] 1 (di infisso) chiudersi 2 ricadere.
**zufällig** *agg.* accidentale, casuale ♦ *avv.* per caso.
**zu·fassen** *v.intr.* [*haben*] 1 afferrare, ghermire 2 (*fam.*) dare una mano, aiutare.
**Zuflucht** *die* [-,-en] rifugio.
**Zufluss** *der* [-flusses,-flüsse] 1 afflusso, affluenza 2 (di fiumi) immissario.
**zufolge** *prep.* (+ *Dat*) (*sempre posposto*) conformemente.
**zufrieden** *agg.* (*mit*) soddisfatto (di), contento (di).
**zufrieden geben, sich** (→ *geben*) *v.pron.* (*mit*) accontentarsi (di).
**zufrieden stellen, zufrieden·stellen** *v.tr.* soddisfare, accontentare.
**zu·frieren** (→ *frieren*) *v.intr.* [*sein*] congelarsi.
**zu·fügen** *v.tr.* 1 fare, recare: *jdm Schaden* —, recare danno a qlcu 2 aggiungere.

**Zufuhr** *die* [-] 1 (*meteor.*) afflusso 2 (*tecn.*) alimentazione.
**zu·führen** *v.tr.* 1 procurare 2 (*tecn.*) alimentare ♦ *v.intr.* [*haben*] (*auf* + *Acc*) portare (a), condurre (a).
**Zug** *der* [-(e)s, Züge] 1 treno 2 corteo 3 stormo 4 sorso 5 tratto, linea; (*pl.*) lineamenti ● *in einem* —, d'un fiato.
**Zugabe** *die* [-,-n] 1 bis 2 aggiunta 3 omaggio.
**Zugang** *der* [-s, Zugänge] 1 accesso (*anche fig.*) 2 ingresso 3 (*di cose*) nuovi arrivi; (*di persone*) nuovi arrivati.
**zugänglich** *agg.* accessibile.
**zu·geben** (→ *geben*) *v.tr.* ammettere, confessare.
**zu·gehen** *v.intr.* [*sein*] 1 avvicinarsi: *es geht auf Ostern zu*, siamo vicini a Pasqua 2 (*fam.*) chiudersi 3 prendere una certa forma: *spitz* —, finire a punta.
**zugehörig** *agg.* (+ *Dat*) appartenente (a).
**Zugehörigkeit** *die* [-] appartenenza.
**Zügel** *der* [-s,-] briglia, redine.
**zügellos** *agg.* sfrenato, scatenato ♦ *avv.* senza freni.
**Zugeständnis** *das* [-ses,-se] (*an* + *Acc*) concessione (a).
**zu·gestehen** (→ *gestehen*) *v.tr.* concedere, ammettere.
**zugig** *agg.* esposto alle correnti (d'aria).
**zugleich** *avv.* nello stesso tempo.
**Zugmaschine** *die* [-,-n] (*di camion*) motrice, trattore.
**Zugnummer** *die* [-,-n] 1 numero del treno 2 numero d'attrazione.
**Zugpersonal** *das* [-s] personale viaggiante.
**zu·greifen** *v.intr.* [*haben*] 1 afferrare: *bei einem Angebot* —, cogliere al volo un'offerta 2 (*a tavola*) servirsi 3 dare una mano.
**Zugriff** *der* [-(e)s,-e] 1 presa 2 (*inform.*) accesso.
**zugrunde, zu Grunde** *avv.* ● *etw* (*Dat*) — *liegen*, essere alla base di qlco | — *gehen*, andare in rovina (*o* in malora).
**zugunsten** *prep.* (+ *Gen*) a favore di.

# PAROLE
## PER COMUNICARE

## Parole per comunicare

### Incontri / *Kontakte*

Salutare ■ *Sich begrüßen*
Congedarsi ■ *Sich verabschieden*
Presentazioni ■ *Sich vorstellen*
Fare conoscenza ■ *Sich kennen lernen*

### Inviti / *Einladungen*

Invitare a uscire ■ *Ausgehen*
Invitare a una festa ■ *Zu einem Fest einladen*

### Forme di cortesia / *Höflichkeit*

Ringraziare ■ *Sich bedanken*
Scusarsi ■ *Sich entschuldigen*
Chiedere il permesso ■ *Um Erlaubnis bitten*
Fare gli auguri ■ *Glückwünsche*

### Stati d'animo / *Stimmungen*

Sensazioni ■ *Gefühle und Empfindungen*
Simpatie e antipatie ■ *Vorlieben und Abneigungen*
Opinioni ■ *Meinungen*

### Reclami / *Beschwerden*

### Il tempo / *Zeit und Wetter*

Che ora è? ■ *Wie spät / Wie viel Uhr ist es?*
La data ■ *Datum*
Che tempo fa? ■ *Wie ist das Wetter?*
Quando? ■ *Wann?*

### Al telefono / *Am Telefon*

# INCONTRI / *KONTAKTE*

## Salutare ■ *Sich Begrüßen*

Ciao ▶ *Hallo*
Come va? ▶ *Wie geht's?*
Benvenuto a... ▶ *Herzlich willkommen in...*
Benarrivato / Bentornato ▶ *Herzlich willkommen*
Buongiorno ▶ *Guten Tag / Guten Morgen / Grüß Gott* (süddt., A) / *Grüezi* (CH)
Buonasera ▶ *Guten Abend*
Buonanotte ▶ *Gute Nacht*
Dare la buonanotte ▶ *Gute Nacht sagen*
Buona giornata! ▶ *Schönen Tag!*
Buona serata! ▶ *Schönen Abend!*
Salve a tutti! ▶ *Hallo allerseits! / Guten Tag allerseits!*
Lieto di vederla! ▶ *Sehr erfreut!*
Come mi trovi? ▶ *Wie sehe ich aus?*
Ti trovo bene ▶ *Du siehst gut aus*
Ti trovo dimagrita ▶ *Du hast abgenommen*
Guarda chi si vede! ▶ *So eine Überraschung!*

## Congedarsi ■ *Sich verabschieden*

Ciao! ▶ *Tschüs(s)!*
Ti saluto! / Arrivederci! / Arrivederla! ▶ *Auf Wiedersehen!*
Ci vediamo! ▶ *Bis dann!*
A presto / A tra poco ▶ *Bis bald*
A dopo / A più tardi ▶ *Bis später*
A stasera ▶ *Bis heute Abend*
A domani ▶ *Bis morgen*
Arrivederci e grazie! ▶ *Auf Wiedersehen und vielen Dank!*
Stammi bene! ▶ *Mach's gut! / Lass dir's gut gehen!*
Spero di vederti presto! ▶ *Hoffentlich bis bald!*
Teniamoci in contatto! ▶ *Bleiben wir in Kontakt!*
È stato un piacere conoscerla / conoscerti ▶ *Es hat mich gefreut, Sie / dich kennenzulernen*

# INCONTRI / *KONTAKTE*

## Presentazioni ■ *Sich vorstellen*

Come si chiama / ti chiami? ▶ *Wie ist Ihr / dein Name? Wie heißen Sie / heißt du?*
Sono / Mi chiamo... e tu? ▶ *Ich bin / Ich heiße..., und wie heißt du?*
Conosce / Conosci...? ▶ *Kennen Sie / Kennst du...?*
Questa è mia moglie ▶ *Das ist meine Frau*
Le / Ti presento... ▶ *Darf ich Ihnen / dir... vorstellen / Das ist...*
Ho il piacere di presentarle... ▶ *Ich möchte Ihnen gern... vorstellen*
Piacere ▶ *Angenehm*
Piacere di conoscerla ▶ *Es freut mich, Sie kennenzulernen*
Sono felice di aver fatto la sua conoscenza ▶ *Es freut mich, Sie kennengelernt zu haben*

## Fare conoscenza ■ *Sich kennen lernen*

Come sta / stai? ▶ *Wie geht es Ihnen / dir?*
Bene, grazie, e Lei? / tu ▶ *Danke, gut, und Ihnen / dir?*
Così così / non troppo bene ▶ *Es geht (so) / Nicht so gut*
Da dove viene / vieni? ▶ *Woher kommen Sie / kommst du?*
Vengo da... ▶ *Ich komme aus...*
Si trova / Ti trovi bene qui? ▶ *Gefällt es Ihnen / dir hier?*
Parla / Parli tedesco? ▶ *Sprechen Sie / Sprichst du Deutsch?*
Da quanto tempo è / sei qui? ▶ *Wie lange sind Sie / bist du schon hier?*
Non ho capito ▶ *Ich habe (Sie / dich) nicht verstanden*
È / Sei qui in vacanza / per studio / per lavoro? ▶ *Sind Sie / Bist du im Urlaub / aus Studiengründen / geschäftlich hier?*
Che cosa fai? / Che lavoro fai? ▶ *Was machst du? / Was machst du beruflich?*
Sto studiando... ▶ *Ich studiere...*
Lavoro in... ▶ *Ich arbeite bei...*
Quanto tempo si fermerà / ti fermerai? ▶ *Wie lange bleiben Sie / bleibst du hier?*
Quanti anni hai? ▶ *Wie alt bist du?*

## INVITI / *EINLADUNGEN*

### Invitare a uscire ■ *Ausgehen*

Verresti / Verreste a fare un giro in centro / a visitare il duomo / il museo? ▶ *Hättest du / Hätten Sie Lust, das Zentrum / den Dom / das Museum zu besichtigen?*
Ti / Vi piacerebbe fare una passeggiata / fare shopping? ▶ *Hättest du / Hätten Sie Lust auf einen Spaziergang / auf einen Einkaufsbummel?*
Vuoi / Volete andare a mangiare / bere qualcosa / prendere un caffè? ▶ *Willst du / Wollen Sie etwas essen / trinken / einen Kaffee trinken gehen?*
Vi piacerebbe venire a un concerto di musica classica / rock? ▶ *Möchtet ihr zu einem klassischen Konzert / Rockkonzert mitkommen?*
Vi andrebbe di venire al cinema domani sera? ▶ *Hättet ihr Lust, morgen Abend mit ins Kino zu kommen?*
Vuoi / Volete venire in discoteca stasera? ▶ *Willst du / Wollt ihr heute Abend mit in die Disko kommen?*
A che ora ci vediamo? ▶ *Um wieviel Uhr treffen wir uns?*
Dove ci vediamo? ▶ *Wo treffen wir uns?*
Ti / Vi vengo a prendere. ▶ *Ich hole dich / euch ab*
Vi raggiungo dopo. Dove vi trovate? ▶ *Ich komme später nach. Wo trefft ihr euch?*

### Invitare a una festa ■ *Zu einem Fest einladen*

Vuoi / Volete venire alla festa? ▶ *Willst du / Wollt ihr auf das Fest kommen?*
Vieni con noi? ▶ *Kommst du mit?*
Grazie, ma non posso ▶ *Vielen Dank, aber ich kann nicht*
Sì, mi piacerebbe molto ▶ *Ja, sehr gern*
Grazie per l'invito ▶ *Vielen Dank für die Einladung*
Dov'è la festa? ▶ *Wo findet das Fest statt?*
Chi verrà? ▶ *Wer kommt?*
Conosco qualcuno? ▶ *Kenne ich da jemanden?*
Mi sono divertito molto ▶ *Ich habe mich gut amüsiert*

# FORME DI CORTESIA / *HÖFLICHKEIT*

## Ringraziare ■ *Sich bedanken*

Grazie ▶ *Danke / Danke schön*
Grazie di tutto ▶ *Vielen Dank für alles*
Grazie di avermi aspettato ▶ *Danke, dass Sie gewartet haben*
Sì, grazie ▶ *Ja bitte*
No, grazie ▶ *Nein danke*
Molte grazie ▶ *Vielen Dank*
È molto gentile da parte sua / tua ▶ *Das ist sehr nett von Ihnen / dir*
Le / Ti sono molto grato ▶ *Ich bin Ihnen / dir sehr dankbar*
Prego ▶ *Bitte / Bitte sehr / Bitte schön*
Di niente / Si immagini / Figurati! ▶ *Bitte, gern geschehen*

## Scusarsi ■ *Sich entschuldigen*

Scusa / Scusi ▶ *Entschuldigung / Entschuldigen Sie*
Chiedo scusa ▶ *Ich bitte um Entschuldigung*
Mi dispiace ▶ *(Es / Das) tut mir leid*
Mi dispiace molto ▶ *(Es / Das) tut mir sehr leid*
È colpa mia ▶ *Es ist meine Schuld*
Non volevo offenderti ▶ *Ich wollte dich nicht verletzen*
Non l'ho fatto apposta ▶ *Ich habe es nicht mit Absicht getan / Es war keine Absicht*
Ammetto di aver sbagliato ▶ *Es war nicht richtig von mir*
Mi scuso per l'inconveniente ▶ *Ich entschuldige mich für den Zwischenfall / dafür*
Mi dispiace, sono stato trattenuto ▶ *Es tut mir leid, aber ich wurde aufgehalten*
Non preoccuparti / Non importa ▶ *Keine Sorge / Das macht nichts*
Non ha alcuna importanza ▶ *Das ist vollkommen unwichtig*
Può succedere a tutti ▶ *Das kann jedem mal passieren*
Non succederà più ▶ *Es wird nicht wieder vorkommen*

# FORME DI CORTESIA / *HÖFLICHKEIT*

### Chiedere il permesso ■ *Um Erlaubnis bitten*

È permesso? (per entrare) ▶ *Gestatten / Erlauben Sie? / Darf ich?*
Permesso! (per passare) ▶ *Entschuldigung! / Verzeihung!*
Scusi il disturbo ▶ *Entschuldigen Sie bitte die Störung*
Disturbo? ▶ *Störe ich?*
Posso entrare? ▶ *Darf ich eintreten / hereinkommen?*
Sì, naturalmente ▶ *Ja, natürlich*
Vieni pure / Avanti! ▶ *Komm rein! / (Kommen Sie) Herein!*
Prego, si accomodi ▶ *Nehmen Sie bitte Platz*
No, può / puoi aspettare un attimo? ▶ *Nein, können Sie / kannst du bitte noch einen Moment warten?*
Non si può, è vietato ▶ *Das geht nicht, das ist verboten*
Assolutamente no ▶ *Auf keinen Fall*

### Fare gli auguri ■ *Glückwünsche*

Complimenti! / Congratulazioni! ▶ *Kompliment! / (Herzlichen) Glückwunsch! / Gratuliere!*
Felicitazioni vivissime! ▶ *Herzlichen Glückwunsch! / Die besten Glückwünsche!*
Auguri! ▶ *Alles Gute! / Viel Glück! / (di buona salute) Gute Besserung!*
Buon Natale! / Buone Feste! / Buon Anno! ▶ *Frohe Weihnachten! / Frohes Fest! / Gutes Neues Jahr!*
Buona Pasqua! ▶ *Frohe Ostern!*
Buon compleanno! ▶ *Alles Gute! / Herzlichen Glückwunsch zum Geburtstag!*
In bocca al lupo! ▶ *Viel Glück! Hals- und Beinbruch!*
Buone vacanze! ▶ *Schöne Ferien!*
Buon viaggio! ▶ *Gute Reise!*
Buon appetito! ▶ *Guten Appetit!*
Salute! (a chi starnutisce) ▶ *Gesundheit!*
Cin cin! / Alla salute ▶ *Prost! / Zum Wohl*
Divertiti! / Divertitevi! ▶ *Viel Spaß!*

# STATI D'ANIMO / STIMMUNGEN

### Sensazioni ■ *Gefühle und Empfindungen*

Sono / Mi sento ▶ *Ich bin / Ich fühle mich...*
È / Sei felice / triste / stanco / preoccupato? ▶ *Sind Sie / Bist du glücklich / traurig / müde / besorgt?*
Mi sento bene / Non mi sento molto bene ▶ *Ich fühle mich gut / Ich fühle mich nicht gut*
Ha / Hai caldo, freddo, fame, sete, sonno? ▶ *Ist Ihnen / Ist dir warm, kalt? / Haben Sie / Hast du Hunger, Durst? / Sind Sie / bist du müde?*

### Simpatie e antipatie ■ *Vorlieben und Abneigungen*

Mi piacerebbe molto... ▶ *Ich würde gern...*
Ti piace? ▶ *Gefällt es dir?;* (mangiare, bere) *Schmeckt es dir?*
Che cosa preferisci? ▶ *Was magst / möchtest du (lieber)?*
Ho una gran voglia di... ▶ *Ich habe große Lust auf...*
Trovo spiacevole che... ▶ *Ich finde es unangenehm, dass...*
Non mi piace affatto ▶ *Das gefällt mir überhaupt nicht*
Non importa se... ▶ *Es macht nichts, wenn...*
Sono stufo ▶ *Ich habe es satt / Ich habe keine Lust mehr*

### Opinioni ■ *Meinungen*

Che cosa ne pensi di / dici se...? ▶ *Was hältst du davon, wenn...?*
Qual è la tua opinione su...? ▶ *Was denkst du über...?*
Sei favorevole / contrario? ▶ *Bist du dafür / dagegen?*
Sono d'accordo con te ▶ *Ich bin ganz deiner Meinung*
Ha perfettamente ragione ▶ *Sie haben völlig Recht*
Per me è indifferente ▶ *Mir ist es egal*
Non sono d'accordo con te ▶ *Da bin ich anderer Meinung*
La vedo in modo diverso ▶ *Das sehe ich anders*
Mi dispiace, ma devo contraddirti ▶ *Tut mir leid, aber ich muss dir widersprechen*
Stai scherzando! ▶ *Das kann doch nicht dein Ernst sein!*

# RECLAMI / *BESCHWERDEN*

Dovrei fare un reclamo per… ▶ *Ich möchte mich über… beschweren*

La camera è troppo piccola / rumorosa / cara ▶ *Das Zimmer ist zu klein / zu laut / zu teuer*

Potrei cambiare camera? ▶ *Könnte ich ein anderes Zimmer bekommen?*

C'è qualcosa che non va ▶ *Es gibt da ein Problem*

Non funziona il televisore / l'aria condizionata ▶ *Der Fernsehapparat / Die Klimaanlage funktioniert nicht*

L'ascensore non funziona ▶ *Der Aufzug funktioniert nicht*

È difettoso / È rotto ▶ *Er / Sie / Es geht nicht richtig / ist kaputt*

Il servizio in questo albergo è piuttosto scadente ▶ *Der Service hier lässt zu wünschen übrig*

Non hanno ancora cambiato gli asciugamani ▶ *Die Handtücher müssen noch gewechselt werden*

Le lenzuola del letto non sono pulite ▶ *Die Bettwäsche ist schmutzig*

Manca un coperto ▶ *Hier fehlt noch ein Gedeck*

Questo caffè è freddo, potrebbe farmene un altro? ▶ *Der Kaffee ist kalt, könnten Sie mir bitte einen frischen bringen?*

Questa minestra è immangiabile, posso avere qualcos'altro? ▶ *Diese Suppe ist ungenießbar, kann ich bitte etwas anderes bekommen?*

Può cambiarmi il bicchiere / la forchetta? ▶ *Können Sie mir bitte ein anderes Glas / eine andere Gabel bringen?*

Ci deve essere un errore nel conto ▶ *Da muss ein Fehler in der Rechnung sein*

Potrebbe ricontrollare, per favore? ▶ *Könnten Sie das bitte noch einmal kontrollieren?*

C'è una portata che non abbiamo ordinato ▶ *Dieses Gericht haben wir nicht bestellt*

Come pensate di risolvere il problema? ▶ *Wie wollen Sie das Problem lösen?*

Perché non mi avete avvertito? ▶ *Warum haben Sie mich nicht benachrichtigt?*

# IL TEMPO / ZEIT UND WETTER

## Che ora è? ■ *Wie spät ist es? / Wie viel Uhr ist es?*

Può dirmi l'ora, per favore? ▶ *Können Sie mir bitte sagen, wie spät es ist?*
Sono le due e dieci / le undici e mezza / le quattro e un quarto ▶ *Es ist zehn (Minuten) nach zwei / halb zwölf / Viertel nach vier*
Sono le cinque meno venti / le sette meno cinque ▶ *Es ist zwanzig (Minuten) vor fünf / fünf (Minuten) vor sieben*
Non sono ancora le otto ▶ *Es ist kurz vor acht*
Sono le sette passate ▶ *Es ist schon nach sieben*
A che ora...? ▶ *Um wie viel Uhr...?*
Alle due in punto ▶ *(Um) Punkt zwei Uhr*
Due ore fa / Fra un'ora ▶ *Vor zwei Stunden / In einer Stunde*
Ogni cinque minuti ▶ *Alle fünf Minuten*
Entro le sei ▶ *Spätestens bis um sechs*
Quanto tempo ci vuole per arrivare? ▶ *Wie lange braucht man bis dahin?*
Ci vogliono tre ore circa / almeno / quasi tre ore ▶ *Man braucht circa / mindestens / fast drei Stunden*
Si passa all'ora legale / solare ▶ *Die Zeit wird auf Sommerzeit / Winterzeit umgestellt*

## La data ■ *Datum*

Che giorno è oggi? / Quanti ne abbiamo oggi? ▶ *Was für ein Tag ist heute? / Den wievielten haben wir heute?*
È domenica ▶ *Es ist Sonntag*
È il 15 agosto ▶ *Es ist der 15. August*
Entro luglio ▶ *Bis Juli*
Fino al 7 gennaio ▶ *Bis zum siebten Januar*
Siamo in gennaio ▶ *Wir haben Januar / Es ist Januar*
Ai primi di maggio ▶ *Anfang Mai*
A fine agosto ▶ *Ende August*
A metà settembre ▶ *Mitte September*

# IL TEMPO / *ZEIT UND WETTER*

## Che tempo fa? ■ *Wie ist das Wetter?*

Le previsioni del tempo▶ *Die Wettervorhersage / Der Wetterbericht*
Fa bello / brutto▶ *Es ist schönes / schlechtes Wetter*
È sereno / C'è il sole▶ *Es ist heiter / Die Sonne scheint*
Fa caldo / freddo▶ *Es ist warm / kalt*
C'è afa▶ *Es ist schwül*
È variabile▶ *Es ist wechselhaft*
È nuvoloso▶ *Es ist bewölkt*
C'è nebbia / foschia▶ *Es ist neblig / dunstig*
Tira vento▶ *Es ist windig*
C'è aria di temporale▶ *Es sieht nach Gewitter aus*
Piove a dirotto▶ *Es regnet in Strömen / Es gießt*
Si gela / Nevica / Grandina▶ *Es ist eiskalt / Es schneit / Es hagelt*
Quanti gradi ci sono?▶ *Wie viel Grad sind es?*
Ci sono 5 gradi sotto zero▶ *Es sind 5 Grad unter null*
Fa sempre così caldo / freddo?▶ *Ist es hier immer so warm / kalt?*

## Quando? ■ *Wann?*

Di mattina / pomeriggio / sera / notte▶ *Morgens / Nachmittags / Abends / Nachts*
Ieri / L'altro ieri / Domani / Dopodomani▶ *Gestern / Vorgestern / Morgen / Übermorgen*
La settimana scorsa / prossima▶ *Letzte / Nächste Woche*
Il mese / L'anno scorso, prossimo▶ *Letzten / Nächsten Monat / Letztes / Nächstes Jahr*
Tra una settimana / Ogni due settimane▶ *In einer Woche / Alle zwei Wochen*
Un anno / Un mese / Una settimana fa▶ *Vor einem Jahr / Vor einem Monat / / Vor einer Woche*
In estate / autunno / inverno / primavera▶ *Im Sommer / Herbst / Winter / Frühling*

## AL TELEFONO / *AM TELEFON*

Pronto? Chi parla? ▶ *Hallo, wer ist bitte am Apparat?*
Sono Paola ▶ *Hier ist / spricht Paola*
Posso parlare con...? ▶ *Kann ich bitte mit... sprechen?*
Vorrei parlare con il signor… ▶ *Ich möchte gern mit Herrn... sprechen*
Solo un momento, per favore ▶ *Einen Moment, bitte*
Attenda, prego / Resti in linea ▶ *Bitte warten Sie / Bitte legen Sie nicht auf*
Sì, te lo / la passo ▶ *Ich geb ihn / sie dir*
È desiderato al telefono ▶ *Sie werden am Telefon verlangt*
Chi lo desidera? ▶ *Wer ist denn am Apparat?*
No, non c'è, mi dispiace ▶ *Nein, tut mir leid, er / sie ist nicht da*
Scusi, ho sbagliato numero ▶ *Entschuldigen Sie, ich habe mich verwählt*
Richiamerò più tardi ▶ *Ich rufe später noch mal an*
Provi a chiamarlo al cellulare ▶ *Versuchen Sie es doch auf dem Handy*
Posso lasciare un messaggio? ▶ *Kann ich eine Nachricht hinterlassen?*
Il mio numero è... ▶ *Meine Telefonnummer ist...*
Non ho un numero fisso ▶ *Ich habe kein Festnetz-Telefon*
È caduta la linea ▶ *Die Verbindung wurde unterbrochen*
La linea è disturbata ▶ *Die Verbindung ist schlecht*
La linea è occupata ▶ *Es ist besetzt*
Non riesco a prendere la linea ▶ *Ich komme nicht durch*
Non c'è campo ▶ *Hier ist kein Empfang*
Risponde la segreteria telefonica del numero... ▶ *Hier spricht der automatische Anrufbeantworter von...*
Lasciate il vostro numero e un messaggio dopo il segnale acustico ▶ *Bitte hinterlassen Sie Ihre Nachricht und Telefonnummer nach dem Signalton*
Ti telefonerò domani ▶ *Ich rufe dich morgen an*
Puoi ripetere? Non ho capito ▶ *Kannst du das bitte wiederholen? Ich habe es nicht richtig verstanden*

# PAROLE PER VIAGGIARE

# Parole per viaggiare

**Viaggiare…**
- in auto
- in moto e bici
- in aereo
- in nave
- in treno
- con i mezzi pubblici

**Alloggiare…**

**Al ristorante**

**Fare acquisti**

**Numeri e misure**

**Emergenze**

# VIAGGIARE...

## Strade ■ *Straßen*

corsia ▶ *Fahrbahn*
a doppia corsia / a quattro / a più corsie ▶ *zweispurig / vierspurig / mehrspurig*
circonvallazione ▶ *Umgehungsstraße*
incrocio ▶ *Kreuzung*
strada con diritto di precedenza ▶ *Vorfahrtsstraße*
senso unico ▶ *Einbahnstraße*
strada di città / di campagna / statale / provinciale ▶ *Straße / Landstraße / Staatsstraße, Bundesstraße* (D) / *Provinzstraße, Landstraße* (D)
strada senza uscita ▶ *Sackgasse*
tangenziale ▶ *Tangente*

## Autostrade ■ *Autobahnen und Schnellstraßen*

autogrill ▶ *Autobahnraststätte*
barriera ▶ *Schranke*
casello ▶ *(Autobahn-)Zahlstelle / Mautstelle* (A)
cavalcavia ▶ *(Straßen-)Überführung*
colonnina di soccorso ▶ *Notrufsäule*
raccordo / svincolo ▶ *Autobahnzubringer*
corsia centrale / per veicoli lenti / di sorpasso / di emergenza ▶ *mittlere / rechte Fahrspur / Überholspur / Standspur*
guardrail ▶ *Leitplanke*
ingresso ▶ *Einfahrt*
pedaggio ▶ *Autobahngebühr*
piazzola ▶ *Notparkplatz / Rastplatz*
uscita ▶ *Ausfahrt*

### per parlare

Quanto dista la prossima stazione di servizio? ▶ *Wie weit ist es bis zur nächsten Tankstelle?*
Vorrei il pieno, per favore! ▶ *Bitte volltanken!*
Può controllare la pressione delle gomme / il livello dell'olio, dell'acqua? ▶ *Könnten Sie bitte den Reifendruck / den Ölstand / den Kühlwasserstand kontrollieren?*
Potrebbe pulire il vetro, per favore? ▶ *Könnten Sie bitte die Windschutzscheibe putzen?*

# VIAGGIARE IN AUTO

## L'automobile ■ *Das Auto*

bagagliaio ▶ *Kofferraum*
batteria ▶ *Batterie*
cintura di sicurezza ▶ *Sicherheitsgurt*
clacson ▶ *Hupe*
fanale anteriore / posteriore ▶ *Vorderlicht / Rücklicht*
fari abbaglianti / anabbaglianti ▶ *Fernlicht / Abblendlicht*
finestrino ▶ *Fenster*
freccia di direzione ▶ *Blinker*
freno a mano ▶ *Handbremse*
leva del cambio ▶ *Schalthebel / Schaltknüppel*
luci di posizione / di retromarcia ▶ *Standlicht / Rückfahrscheinwerfer*
luci di arresto ▶ *Stopplicht*
motore ▶ *Motor*
paraurti ▶ *Stoßstange*
pedale del freno / dell'acceleratore / della frizione ▶ *Brems- / Gas- / Kupplungspedal*
pneumatico ▶ *Reifen*
ruota di scorta ▶ *Ersatzrad*
sedile anteriore / posteriore ▶ *Vordersitz / Rücksitz*
serbatoio ▶ *Tank*
spia del carburante / dell'olio / dell'acqua ▶ *Benzin- / Öl- / Kühlwasseranzeiger*
targa ▶ *Nummernschild*
tergicristalli ▶ *Scheibenwischer*
volante ▶ *Lenkrad / Steuer*

### per parlare

La mia auto non parte più ▶ *Mein Auto fährt nicht mehr*

Ho bisogno di un carro attrezzi ▶ *Ich brauche einen Abschleppwagen*

La batteria è scarica / La ruota è a terra ▶ *Die Batterie ist leer / Ich habe eine Reifenpanne*

C'è una perdita d'olio ▶ *Der Wagen verliert Öl*

Il motore si sta scaldando / fa un rumore strano ▶ *Der Motor läuft heiss / macht ein seltsames Geräusch*

Sono rimasto senza benzina ▶ *Ich habe kein Benzin mehr*

Ho forato ▶ *Ich habe eine Reifenpanne*

Ho lasciato le chiavi all'interno ▶ *Ich habe die Autoschlüssel im Wagen vergessen*

# VIAGGIARE IN MOTO E BICI

## La moto ■ *Das Motorrad*

bauletto▶ *(Motorrad-)Koffer / Topcase*
carburatore▶ *Vergaser*
casco di protezione▶ *Sturzhelm*
cavalletto▶ *(Motorrad-)Ständer*
forcella▶ *Gabel*
marmitta▶ *Auspuff*
manopola dell'acceleratore▶ *Gashebel*
parafango▶ *Schutzblech*
pedale del freno / del cambio▶ *Bremspedal / Schaltpedal*
sella▶ *Sattel*
serbatoio▶ *Tank*

## La bici ■ *Das Fahrrad*

borraccia▶ *Wasserflasche*
camera d'aria▶ *Schlauch*
campanello▶ *Fahrradklingel*
canna▶ *Fahrradstange*
carter▶ *Kettenschutz(blech)*
catena▶ *Fahrradkette*
foratura▶ *Reifenpanne*
manubrio▶ *Lenker / Lenkstange*
pedale▶ *Pedal*
pista ciclabile▶ *Fahrradweg*
pompa▶ *Luftpumpe*
portapacchi▶ *Gepäckträger*
raggi▶ *Speichen*
seggiolino▶ *Kindersitz*
telaio▶ *Rahmen*
valvola▶ *Ventil*

## Alla guida ■ *Auto fahren*

assicurazione▶ *Versicherung*
coda▶ *Stau*
codice stradale▶ *Straßenverkehrsordnung*
constatazione amichevole▶ *Unfallbericht*
incidente / frontale▶ *Autounfall / Frontalzusammenstoß*
libretto di circolazione▶ *(Kraft-)Fahrzeugschein*
multa▶ *Bussgeld / Strafzettel*
patente di guida▶ *Führerschein*
posto di guida▶ *Fahrersitz*
ritiro / sospensione della patente▶ *Führerscheinentzug*
tamponamento / a catena▶ *Auffahrunfall / Massenkarambolage*

# VIAGGIARE IN AEREO

## In aeroporto ■ *Auf dem Flughafen*

arrivi ▶ *Ankünfte*
bagaglio / bagaglio a mano ▶ *Gepäck / Handgepäck*
bagaglio danneggiato / smarrito ▶ *beschädigtes / verlorengegangenes Gepäck*
bagaglio registrato ▶ *registriertes Gepäck*
biglietto cartaceo / elettronico ▶ *Papierticket / elektronisches Ticket*
cancello d'imbarco / uscita ▶ *Gate / Ausgang*
carrello per i bagagli ▶ *Kofferkuli*
controlli di sicurezza ▶ *Sicherheitskontrolle*
controllo passaporti ▶ *Passkontrolle*
imbarco ▶ *Boarding / Einsteigen*
nastro trasportatore ▶ *Förderband*
navetta ▶ *Shuttle / Zubringerbus*
numero del volo ▶ *Flugnummer*
ora di partenza / d'imbarco ▶ *Abflugszeit / Boarding-Time, Einsteigezeit*
partenze ▶ *Abflüge*
pista ▶ *Lande-/ Startbahn*
ritiro bagagli ▶ *Gepäckausgabe*
scalo ▶ *Zwischenlandung*
tabellone dei voli ▶ *Fluganzeigetafel*
voli nazionali ▶ *Inlandflüge*
voli internazionali ▶ *Internationale Flüge*
volo cancellato / in ritardo ▶ *gestrichener / verspäteter Flug*
volo diretto / in coincidenza ▶ *Direktflug / Anschlussflug*

### per parlare

Mi può mettere sulla lista d'attesa ▶ *Können Sie mich bitte auf die Warteliste setzen?*
Vorrei annullare / cambiare / confermare il mio biglietto ▶ *Ich möchte meinen Flug stornieren / umbuchen / bestätigen*
Posso avere un posto vicino al corridoio / finestrino? ▶ *Kann ich bitte einen Platz am Gang / einen Fensterplatz bekommen?*
Ha diritto a un solo bagaglio a mano ▶ *Sie dürfen nur ein Stück Handgepäck mitnehmen*
Ultima chiamata per il volo... ▶ *Letzter Aufruf zum Flug...*

# VIAGGIARE IN AEREO

## In volo ■ *Im Flugzeug*

ala ▶ *Flügel*
allacciate la cintura ▶ *Bitte anschnallen!*
atterraggio (d'emergenza) ▶ *(Not-)Landung*
carrello delle bevande ▶ *Getränkewagen*
cintura di sicurezza ▶ *Sicherheitsgurt*
comandante ▶ *Flugkapitän*
corridoio ▶ *Gang*
decollo ▶ *Start*
equipaggio ▶ *Besatzung / Crew*
fila ▶ *Reihe*
finestrino ▶ *Fenster*
giubbotto di salvataggio ▶ *Schwimmweste*
hostess / assistente di volo ▶ *Stewardess*
mal d'aria ▶ *Luftkrankheit*
pilota ▶ *Pilot*
posto ▶ *Sitzplatz*
ritiro bagagli ▶ *Gepäckausgabe*
ufficio oggetti smarriti ▶ *Fundbüro*
uscita di emergenza ▶ *Notausgang*
vuoto d'aria ▶ *Luftloch*

### *per parlare*

Alla dogana ▶ *Am Zoll*
Posso vedere il suo passaporto, per favore? ▶ *Kann ich bitte Ihren Pass sehen?*
Ecco il mio passaporto ▶ *Hier ist mein Pass*
Il suo passaporto / la sua carta d'identità è scaduto/a ▶ *Ihr Pass / Ihr Personalausweis ist abgelaufen*
Ha qualcosa da dichiarare? ▶ *Haben Sie etwas zu verzollen?*
Per favore, inserite le informazioni richieste: numero / paese di emissione / data di scadenza del passaporto ▶ *Bitte tragen Sie folgende Angaben ein: Passnummer / Ausstellungsland / Gültig bis*
Quale è il motivo del suo viaggio? ▶ *Was ist der Grund Ihrer Reise?*
Sono qui per turismo / affari ▶ *Ich bin im Urlaub / aus geschäftlichen Gründen hier*
Il mio bagaglio non è arrivato ▶ *Mein Gepäck ist nicht angekommen*
Dov'è l'ufficio dei bagagli smarriti? ▶ *Wo ist bitte das Fundbüro?*

# VIAGGIARE IN NAVE

## Al porto ■ *Am Hafen*

aliscafo ▶ *Tragflächenboot*
ancora ▶ *Anker*
attracco ▶ *Anlegestelle*
banchina / molo ▶ *Kai / Mole*
faro ▶ *Leuchtturm*
nave passeggeri / da crociera ▶ *Passagierschiff / Kreuzfahrtschiff*
ormeggio ▶ *Ankerplatz*
passeggero senza veicolo ▶ *Passagier ohne Fahrzeug*
porto ▶ *Hafen*
porto di scalo ▶ *Anlaufhafen*
procedure d'imbarco ▶ *Einschiffung*
traghetto ▶ *Fähre*

## In nave ■ *Auf dem Schiff*

cabina singola / doppia ▶ *Einzelkabine / Zweibettkabine*
cabina con vista mare / interna ▶ *Außenkabine / Innenkabine*
capitano ▶ *Kapitän*
ciminiera ▶ *Schornstein*
crociera ▶ *Kreuzfahrt*
cuccetta ▶ *Koje*
giubbotto di salvataggio ▶ *Schwimmweste*
lancia ▶ *Beiboot*
oblò ▶ *Bullauge*
ponte ▶ *Deck*
ponte di coperta ▶ *Oberdeck*
poppa ▶ *Heck*
prua ▶ *Bug*
posto ponte / passaggio ▶ *Deckplatz*
sala macchine ▶ *Maschinenraum*
sbarco ▶ *Ausschiffung*
scialuppa di salvataggio ▶ *Rettungsboot*
stiva ▶ *Laderaum*
traversata ▶ *Überfahrt*

### per parlare

A che ora comincia / finisce l'imbarco ▶ *Wann beginnt / endet die Einschiffung?*
Quanto dura la traversata? ▶ *Wie lange dauert die Überfahrt?*
Quanto costa il passaggio per l'auto / un passeggero? ▶ *Wie viel kostet die Fahrt für ein Auto / eine Person?*
A che ora parte il prossimo traghetto per…? ▶ *Wann fährt die nächste Fähre nach…?*
Vorrei prenotare una cabina per quattro persone ▶ *Ich möchte eine Kabine für vier Personen buchen*
Non lasciate oggetti di valore in auto ▶ *Bitte keine Wertgegenstände im Auto lassen*

# VIAGGIARE IN TRENO

## In stazione ■ *Auf dem Bahnhof*

banchina / binario▶ *Bahnsteig / Gleis*
biglietteria▶ *Fahrkartenschalter*
biglietto di sola andata / di andata e ritorno▶ *einfache Fahrkarte / Rückfahrkarte*
binario / rotaia▶ *Gleis / Schiene*
capostazione▶ *Bahnhofsvorsteher*
coincidenza▶ *Anschluss*
deposito bagagli▶ *Gepäckaufbewahrung*
obliteratrice▶ *Entwerter*
orario dei treni▶ *Fahrplan*
sala d'attesa▶ *Wartesaal*
treno locale / diretto▶ *Nahverkehrszug / Schnellzug*
ufficio informazioni▶ *Informationsbüro*
viaggio in treno▶ *Zugfahrt*

## In treno ■ *Im Zug*

controllore▶ *Kontrolleur*
cuccetta superiore / inferiore▶ *Liegewagenplatz oben / unten*
prima / seconda classe▶ *erste / zweite Klasse*
scompartimento▶ *Abteil*
vagone / carrozza▶ *Wagen*
vagone letto / ristorante▶ *Schlafwagen / Speisewagen*

### per parlare

A che ora parte / arriva il treno? E il successivo?▶ *Um wie viel Uhr fährt der Zug ab / kommt der Zug an? Und der nächste?*
Da che binario parte il treno per…?▶ *Von welchem Gleis fährt der Zug nach… ab?*
Quanto costa il biglietto?▶ *Wie viel / Was kostet die Fahrkarte?*
Questo posto è libero / occupato?▶ *Ist dieser Platz frei / besetzt?*
Questo treno va / si ferma a…?▶ *Fährt dieser Zug nach… / Hält dieser Zug in…?*
Quanto manca all'arrivo?▶ *Wie lange dauert es noch, bis wir ankommen?*
Che ritardo porta il treno?▶ *Wie viel Verspätung hat der Zug?*
Quanto dura il viaggio?▶ *Wie lange dauert die Fahrt?*
Dove devo cambiare per…?▶ *Wo muss ich umsteigen, um nach… zu kommen?*

# VIAGGIARE CON I MEZZI

## Trasporto pubblico ■ Öffentlicher Nahverkehr

abbonamento settimanale / mensile ▶ *Wochenkarte / Monatskarte*
autobus ▶ *Bus*
autobus a due piani ▶ *Doppeldeckerbus*
biglietto (scontato) ▶ *(ermäßigte) Fahrkarte*
capolinea ▶ *Endhaltestelle*
conducente ▶ *Fahrer*
fermata ▶ *Haltestelle*
metropolitana ▶ *U-Bahn*
stazione della metropolitana ▶ *U-Bahn-Station / U-Bahnhof*
tassametro ▶ *Taxameter*
taxi ▶ *Taxi*
tram ▶ *Straßenbahn*

### per parlare

Per favore, mi porti a…? ▶ *Bringen Sie mich bitte nach (in, zu)…*
Quanto ci vuole per…? ▶ *Wie lange dauert die Fahrt nach…?*
Posso avere la ricevuta? ▶ *Kann ich bitte eine Quittung bekommen?*
Dove posso trovare gli orari degli autobus? ▶ *Wo finde ich den Busfahrplan?*
Quale autobus va a…? ▶ *Welcher Bus fährt nach…?*
È da qui che parte l'autobus per…? ▶ *Fährt hier der Bus nach… ab?*
Quando parte il prossimo autobus per…? ▶ *Wann fährt der nächste Bus nach…?*
Quanto costa il biglietto per…? ▶ *Wie viel kostet die Fahrkarte nach…?*
Posso acquistare il biglietto sull'autobus? ▶ *Kann ich die Fahrkarte im Bus kaufen?*
Vorrei un biglietto / un carnet / un abbonamento giornaliero ▶ *Ich hätte gern einen Fahrschein / eine Mehrfahrtenkarte / eine Monatskarte*
Avrebbe una piantina dei trasporti pubblici? ▶ *Haben Sie ein Faltblatt mit dem U- und S-Bahnnetz?*
Quante fermate mancano per…? ▶ *Wie viele Haltestellen sind es noch bis…?*
A che fermata devo scendere per…? ▶ *An welcher Haltestelle muss ich aussteigen, um nach… zu kommen?*

# ALLOGGIARE...

## In albergo ■ *Im Hotel*

cameriera (nelle camere) ▶ *Zimmermädchen*
cameriere/a (al ristorante) ▶ *Kellner/in*
chiave ▶ *Schlüssel*
cocktail bar ▶ *Lounge*
coperta ▶ *Decke*
copriletto ▶ *Tagesdecke*
cuscino ▶ *Kopfkissen*
facchino ▶ *Boy / Gepäckträger*
hotel / albergo (a tre stelle) ▶ *(Drei-Sterne-)Hotel*
hotel garni / meublé ▶ *Hotel Garni / Bed&Breakfast*
lenzuolo ▶ *Bettlaken / Leintuch*
lettino (per bambini) ▶ *Kinderbett*
letto singolo / matrimoniale ▶ *Einzelbett / Doppelbett*
mezza pensione ▶ *Halbpension*
pensione completa ▶ *Vollpension*
numero della camera ▶ *Zimmernummer*
pensione, locanda ▶ *Pension / Gästehaus*
prenotazione ▶ *Reservierung*
servizio in camera ▶ *Zimmerservice*

### per parlare

Vorrei una camera con bagno / l'aria condizionata ▶ *Ich möchte ein Zimmer mit Bad / mit Klimaanlage*
Quanto costa a persona per una notte / una settimana ▶ *Wie viel kostet eine Nacht / eine Woche pro Person?*
La prima colazione è inclusa ▶ *Das Zimmer ist mit Frühstück*
Devo anticipare una caparra? ▶ *Muss ich eine Anzahlung leisten?*
Devo lasciarvi un documento? ▶ *Brauchen Sie meinen Pass / Personalausweis?*
A che ora viene servita la colazione / il pranzo / la cena? ▶ *Um wie viel Uhr gibt es Frühstück / Mittagessen / Abendessen?*
Mi può svegliare alle...? ▶ *Können Sie mich bitte um... wecken?*
Non voglio essere disturbato ▶ *Ich möchte nicht gestört werden*
Può chiamarmi un taxi? ▶ *Können Sie mir bitte ein Taxi rufen?*
A che ora devo liberare la camera? ▶ *Um wie viel Uhr muss ich das Zimmer räumen?*

# ALLOGGIARE...

## In campeggio ■ *Auf dem Campingplatz*

allacciamento (per il gas / l'acqua) ▶ *(Gas-/ Wasser-) Anschluss*
camper ▶ *Wohnmobil*
fornellino da campo ▶ *Campingkocher*
piazzola ▶ *Zeltplatz / Wohnwagenplatz*
roulotte ▶ *Wohnwagen*
sacco a pelo ▶ *Schlafsack*
tenda a casetta / canadese ▶ *Steilwandzelt / Hauszelt*

## In appartamento ■ *In der Ferienwohnung*

caparra ▶ *Anzahlung*
cauzione ▶ *Kaution*
contratto d'affitto ▶ *Mietvertrag*
cucina a gas / elettrica ▶ *Gasherd / Elektroherd*
forno ▶ *Backofen*
forno a microonde ▶ *Mikrowellenherd*
frigorifero ▶ *Kühlschrank*
lavanderia a gettoni / automatica ▶ *Waschsalon*
lavastoviglie ▶ *(Geschirr-)Spülmaschine*
lavatrice ▶ *Waschmaschine*
letto a castello ▶ *Stockbett / Etagenbett*
letto estraibile ▶ *herausziehbares Bett*
servizio di pulizia ▶ *Reinigung(sdienst)*
(durata del) soggiorno ▶ *Aufenthalt(sdauer)*

### *per parlare*

Vorrei affittare un appartamento a due / tre / quattro letti ▶ *Ich möchte gern eine Ferienwohnung mit zwei / drei / vier Betten mieten*
Quanto costa alla settimana / al mese ▶ *Wie viel kostet sie pro Woche / pro Monat?*
Devo versare una cauzione? ▶ *Muss ich eine Kaution bezahlen?*
Nel prezzo sono compresi i costi di…? ▶ *Sind die Kosten für… im Preis inbegriffen?*
Ci sono lenzuola e coperte nell'appartamento? ▶ *Sind Decken und Bettwäsche in der Wohnung?*
In cucina ci sono piatti e stoviglie? ▶ *Sind Geschirr und Besteck vorhanden?*
C'è un angolo cottura? ▶ *Gibt es eine Kochecke?*

# AL RISTORANTE

## In tavola ■ *Auf dem Tisch*

aceto ▶ *Essig*
bicchiere ▶ *Glas*
bottiglia ▶ *Flasche*
calice ▶ *Weinglas*
caraffa ▶ *Karaffe*
coltello ▶ *Messer*
coperto ▶ *Gedeck*
cucchiaino ▶ *Teelöffel / Kaffeelöffel*
cucchiaio ▶ *Löffel*
forchetta ▶ *Gabel*
formaggiera ▶ *Käsedose*
insalatiera ▶ *Salatschüssel*
menu ▶ *Speisekarte / Menü*
menu a prezzo fisso ▶ *Menü zum Festpreis*
menu del giorno ▶ *Tageskarte*
olio ▶ *Öl*
pepe ▶ *Pfeffer*
piattino ▶ *Dessertteller / kleiner Teller*
piatto fondo ▶ *tiefer Teller*
piatto piano ▶ *flacher Teller*
sale ▶ *Salz*
salsa ▶ *Soße, Sauce*
scodella ▶ *Schüssel*
stuzzicadenti ▶ *Zahnstocher*
tazza ▶ *Tasse*
tovaglia ▶ *Tischdecke*
tovagliolo ▶ *Serviette*
vassoio ▶ *Tablett*
zuppiera ▶ *Suppenschüssel*

### per parlare

Abbiamo prenotato a nome di... ▶ *Wir haben auf den Namen... reservieren lassen*
Mi può portare il menu / la lista dei vini? ▶ *Bringen Sie mir bitte die Speisekarte / die Weinkarte*
Vorrei ordinare... ▶ *Ich möchte... bestellen*
Qual'è la vostra specialità? ▶ *Was ist die Spezialität des Hauses?*
Che cosa mi consiglia? ▶ *Was empfehlen Sie mir?*
Il servizio è incluso nel prezzo? ▶ *Ist die Bedienung im Preis enthalten?*
Per favore, mi porti... ▶ *Könnten Sie mir bitte... bringen?*
Come vuole la cottura (della carne)? ▶ *Wie möchten Sie das Fleisch?*
La voglio al sangue / poco cotta / ben cotta ▶ *Ich möchte es englisch / medium / gut durchgebraten*
Mi porta il conto, per favore? ▶ *Die Rechnung, bitte!*

# FARE ACQUISTI

## Negozi ■ *Läden und Geschäfte*

abbigliamento donna / uomo / sportivo▶ *Damenbekleidung / Herrenbekleidung / Sportkleidung*
abbigliamento da mare▶ *Bademoden*
accessori▶ *Accessoires*
banco▶ *Ladentisch*
bigiotteria▶ *Modeschmuck*
calzature▶ *Schuhgeschäft*
camerino▶ *Umkleidekabine*
cassa▶ *Kasse*
commesso/a▶ *Verkäufer/in*
drogheria▶ *Drogherie*
erboristeria▶ *Heilpflanzenhandlung*
grandi magazzini▶ *Warenhaus*
negozio di souvenir / di articoli da regalo▶ *Souvenirladen / Geschenkartikel(geschäft)*
oggetti d'artigianato▶ *Kunsthandwerk*
pelletteria▶ *Lederwaren*
profumeria▶ *Parfümerie*
reparto▶ *Abteilung*
supermercato▶ *Supermarkt*
vetrina▶ *Schaufenster*

### per parlare

Mi può fare un po' di sconto?▶ *Können Sie mit dem Preis etwas heruntergehen?*
Mi dispiace, ma i prezzi sono fissi▶ *Tut mir leid, aber das sind Festpreise*
Il prezzo è già scontato▶ *Der Preis ist bereits reduziert*
La merce in saldo non si può cambiare▶ *Reduzierte Ware ist vom Umtausch ausgeschlossen*
Potrebbe farmelo avere in albergo?▶ *Könnten Sie mir das bitte ins Hotel kommen lassen?*
Può pagare alla cassa▶ *Sie können an der Kasse bezahlen*
Posso pagare con Bancomat / carta di credito / assegni?▶ *Kann ich mit Geldkarte / Kreditkarte / Scheck bezahlen?*
Mi dispiace, ma non accettiamo assegni▶ *Tut mir leid, aber wir nehmen keine Schecks an*
Non ho il resto▶ *Ich habe kein Wechselgeld*
Non mi ha dato lo scontrino▶ *Sie haben mir keinen Kassenbon gegeben*

# FARE ACQUISTI

### Abbigliamento femminile - taglie ■ *Damen - Konfektionsgrössen*

| Germania | 34 | 36 | 38 | 40 | 42 | 44 | 46 | 48 |
|---|---|---|---|---|---|---|---|---|
| Italia | 38 | 40 | 42 | 44 | 46 | 48 | 50 | 52 |

### Abbigliamento maschile - taglie ■ *Herren - Konfektionsgrössen*

| Germania | 40 | 42 | 44 | 46 | 48 | 50 | 52 | 54 |
|---|---|---|---|---|---|---|---|---|
| Italia | 44 | 46 | 48 | 50 | 52 | 54 | 56 | 58 |

### Quantità ■ *Mengen*

un chilo / mezzo chilo▶ *ein Kilo / ein halbes Kilo*
tre etti▶ *dreihundert Gramm*
mezzo litro▶ *ein halber Liter*
una fetta di torta▶ *ein Stück Kuchen*
una fetta di pane▶ *eine Scheibe Brot*

### per parlare

Potrei vedere / comprare quello esposto in vetrina?▶ *Kann ich bitte das Stück im Schaufenster ansehen / kaufen?*
Posso provarlo?▶ *Kann ich das bitte anprobieren?*
Si accomodi nel camerino di prova▶ *Da ist die Umkleidekabine*
Come mi sta?▶ *Wie steht mir das?*
Mi va bene▶ *Das passt mir*
È largo / stretto▶ *Das ist zu weit / zu eng*
Ci vuole la taglia in meno / in più▶ *Ich brauche eine kleinere / grössere Grösse*
Di che tessuto è?▶ *Was ist das für ein Material?*
Quanto costa?▶ *Wie viel kostet das?*
È troppo caro / Avete qualcosa di meno costoso?▶ *Das ist zu teuer / Haben Sie auch etwas Preiswerteres?*
Può farmi un pacchetto regalo?▶ *Können Sie mir das als Geschenk einpacken?*
Si può cambiare?▶ *Kann ich das umtauschen?*

# NUMERI E MISURE

## Numeri cardinali ■ *Die Grundzahlen*

| | | |
|---|---|---|
| 0 ▶ *null* | 11 ▶ *elf* | 30 ▶ *dreissig* |
| 1 ▶ *eins* | 12 ▶ *zwölf* | 40 ▶ *vierzig* |
| 2 ▶ *zwei* | 13 ▶ *dreizehn* | 50 ▶ *fünfzig* |
| 3 ▶ *drei* | 14 ▶ *vierzehn* | 100 ▶ *(ein)hundert* |
| 4 ▶ *vier* | 15 ▶ *fünfzehn* | 1000 ▶ *tausend* |
| 5 ▶ *fünf* | 16 ▶ *sechzehn* | 1 milione ▶ |
| 6 ▶ *sechs* | 17 ▶ *siebzehn* | *eine Million* |
| 7 ▶ *sieben* | 18 ▶ *achtzehn* | |
| 8 ▶ *acht* | 19 ▶ *neunzehn* | |
| 9 ▶ *neun* | 20 ▶ *zwanzig* | |
| 10 ▶ *zehn* | 21 ▶ *einundzwanzig* | |

## Numeri ordinali / Frazioni ■ *Ordnungszahlen / Brüche*

| | |
|---|---|
| primo ▶ *erste(r,s)* | quattro quinti ▶ *vier Fünftel* |
| secondo ▶ *zweite(r,s)* | un quarto ▶ *ein Viertel* |
| terzo ▶ *dritte(r,s)* | una dozzina ▶ *ein Dutzend* |
| quarto ▶ *vierte(r,s)* | doppio ▶ *doppelt* |
| quinto ▶ *fünfte(r,s)* | triplo ▶ *dreifach* |
| metà ▶ *Hälfte* | una volta ▶ *ein Mal* |
| due terzi ▶ *zwei Drittel* | due volte ▶ *zwei Mal* |

### *per parlare*

Quanto è alto? ▶ (uomo) *Wie gross ist er?* / (cosa) *Wie hoch ist es?*
È alto un metro e settanta ▶ *Er ist einen Meter siebzig gross / Es ist einen Meter siebzig hoch*
Quanto è lungo? ▶ *Wie lang ist er / es?*
È lungo 6 metri e mezzo ▶ *Er / Es ist sechs Meter lang*
Quanto è largo? ▶ *Wie breit ist er / es?*
È largo dieci centimetri ▶ *Er / Es ist zehn Zentimeter breit*
Quanto dista? ▶ *Wie weit ist das entfernt?*
Dista 20 chilometri ▶ *Es ist 20 Kilometer von hier entfernt*
Quanti litri contiene? ▶ *Wie viele Liter enthält das?*
Quanto pesa? / Quanto pesi? ▶ *Wie viel wiegt er, sie, es? / Wie viel wiegst du?*
Pesa / Peso 60 chili ▶ *Er, sie, es wiegt / Ich wiege 60 Kilo*

# EMERGENZE

## Disturbi e malattie ■ *Beschwerden und Krankheiten*

appendicite▶ *Blinddarmentzündung*
bronchite▶ *Bronchitis*
cistite▶ *Blasenentzündung*
colite▶ *Kolitis*
colpo di sole▶ *Hitzschlag*
congestione▶ *Kongestion*
congiuntivite▶ *Bindehautentzündung*
diabete▶ *Diabetes*
dissenteria▶ *Durchfall*
distorsione / frattura▶ *Verzerrung / Bruch*
febbre▶ *Fieber*
gastrite▶ *Gastritis*
indigestione▶ *Verdauungsstörung*
infezione▶ *Infektion*
insolazione▶ *Sonnenstich*
intossicazione▶ *Vergiftung*
mal di denti / di gola / di pancia / di schiena / di testa / d'orecchi▶ *Zahn- / Hals- / Bauch- / Rücken- / Kopf- / Ohrenschmerzen*
morbillo▶ *Masern*
nausea▶ *Übelkeit*
pressione alta / bassa▶ *hoher / niedriger Blutdruck*
stitichezza▶ *Verstopfung*

### per parlare

Mi sento debole / male▶ *Ich fühle mich schwach / schlecht*
Ho i brividi / il capogiro / la nausea▶ *Ich habe Schüttelfrost / Mir ist schwindlig / Mir ist übel*
Faccio fatica a respirare▶ *Ich kann kaum atmen*
Ho battuto la gamba / il braccio▶ *Ich habe mir das Bein / den Arm angeschlagen*
Mi sono tagliato / ustionato▶ *Ich habe mich geschnitten / verbrannt*
Mi fa male qui▶ *Mir tut es hier weh*
Prendo queste medicine▶ *Ich nehme diese Medikamente*
Soffrire di…▶ *An… leiden*
Soffro di un'allergia a…▶ *Ich bin gegen… allergisch*
Deve rimanere a letto qualche giorno / essere ricoverato in ospedale▶ *Sie müssen ein paar Tage im Bett bleiben / für ein paar Tage ins Krankenhaus*
Le prescrivo questo sedativo▶ *Ich verschreibe Ihnen dieses Beruhigungsmittel*

# EMERGENZE

## In farmacia ■ *In der Apotheke*

analgesico ▶ *Schmerzmittel*
antibiotico ▶ *Antibiotikum*
antinfiammatorio ▶ *entzündungshemmendes Mittel*
antipiretico ▶ *fiebersenkendes Mittel*
antistaminico ▶ *Antihistaminikum*
assorbenti igienici interni / esterni ▶ *Tampons / Damenbinden*
benda ▶ *Binde*
borsa del ghiaccio ▶ *Eisbeutel*
capsula ▶ *Kapsel*
cerotto ▶ *Pflaster*
clistere ▶ *Klistier*
collirio ▶ *Augentropfen*
compressa ▶ *Tablette*
cotone idrofilo ▶ *Watte*
digestivo ▶ *Magenbitter*
disinfettante ▶ *Desinfektionsmittel*
fiala ▶ *Ampulle*
gocce ▶ *Tropfen*
iniezione ▶ *Spritze*
lassativo ▶ *Abführmittel*
lozione ▶ *Lotion*
pomata ▶ *Salbe*
preservativo ▶ *Kondom*
sciroppo ▶ *Sirup*
siringa ▶ *Spritze*
sospensione ▶ *Suspension*
supposte ▶ *Zäpfchen*
termometro ▶ *Fieberthermometer*
tranquillante ▶ *Beruhigungsmittel*
vitamine ▶ *Vitamine*

### *per parlare*

Vorrei qualcosa per il raffreddore / la tosse / il mal di stomaco / la diarrea ▶ *Ich möchte ein Mittel gegen Erkältung / Husten / Magenschmerzen / Durchfall*
Ho problemi di stitichezza ▶ *Ich habe Verstopfung*
Soffro di diabete / di ulcera / di attacchi di panico / di asma ▶ *Ich leide an Diabetes / a einem Magengeschwür / an Angstzuständen / an Asthma*
Non ho la ricetta per... ▶ *Ich habe kein Rezept für...*
Quante volte al giorno? ▶ *Wie oft täglich?*
Una / Due volte al giorno prima / dopo i pasti ▶ *Ein Mal / Zwei Mal täglich vor dem Essen / nach dem Essen*
Ha rimedi omeopatici? ▶ *Haben Sie homöopathische Mittel?*
Mi può misurare la pressione? ▶ *Können Sie mir bitte den Blutdruck messen?*

# EMERGENZE

## Al comando di polizia ■ *Auf dem Polizeirevier*

aggressione ▶ *Angriff*
arresto / cattura ▶ *Festnahme / Verhaftung*
borsaiolo ▶ *Taschendieb*
borseggio ▶ *Taschendiebstahl*
commissario di polizia ▶ *Polizeikommissar*
furto / furto con scasso ▶ *Diebstahl / Einbruch*
indagini ▶ *Ermittlungen / Untersuchungen*
indizi / prove ▶ *Indizien / Beweise*
interrogatorio ▶ *Verhör*
ladro ▶ *Dieb*
molestie ▶ *sexuelle Belästigung*
poliziotto / donna poliziotto ▶ *Polizist / Polizistin*
rapina ▶ *Raub*
scippo ▶ *Handtaschendiebstahl*
sparatoria ▶ *Schiesserei*
tracce ▶ *Spuren*
violenza sessuale / stupro ▶ *Vergewaltigung*

### per parlare

Ho perso i documenti ▶ *Ich habe meine Ausweispapiere verloren*
Vorrei denunciare il furto della mia borsa / del mio portafoglio / della carta di credito ▶ *Ich möchte den Diebstahl meiner Handtasche / meines Geldbeutels / meiner Kreditkarte anzeigen*
Sono testimone di una rapina ▶ *Ich war Zeuge eines Raubs*
Mi trovo qui per denunciare un'aggressione ▶ *Ich möchte wegen eines Überfalls Anzeige erstatten*
Sono stato scippato / derubato ▶ *Man hat mir die Handtasche geraubt / Ich bin bestohlen worden*
Mi hanno imbrogliato ▶ *Ich bin betrogen worden*
Mi hanno rubato la macchina ▶ *Mein Auto ist gestohlen worden*
Sospetto di... ▶ *Ich verdächtige...*
Dove è avvenuto il furto? ▶ *Wo ist der Diebstahl passiert?*
C'erano testimoni? ▶ *Gab es Zeugen?*
Saprebbe riconoscerli? ▶ *Würden Sie sie wiedererkennen?*
Me li potrebbe descrivere? ▶ *Könnten Sie sie mir bitte beschreiben?*
Dovrebbe telefonare a... e bloccare la carta di credito ▶ *Rufen Sie am besten... an und lassen Sie Ihre Kreditkarte sperren*

**zugute** *avv.* (+ *Dat*) a beneficio di: *jdm — kommen*, tornare utile a qlcu.
**Zugverbindung** *die* [-,-*en*] collegamento ferroviario; (*estens*.) coincidenza.
**zu·halten** (→ *halten*) *v.tr.* tenere chiuso, tappare.
**Zuhause** *das* [-*s*] casa.
**zu·heilen** *v.intr.* [*sein*] (*di ferita*) guarire, rimarginarsi.
**zu·hören** *v.intr.* [*haben*] (+ *Dat*) ascoltare, stare a sentire.
**Zuhörer** *der* [-*s*,-; *die* -*in*] ascoltatore (*m.; f.* -trice).
**Zuhörerschaft** *die* [-] pubblico.
**zu·klappen** *v.tr.* chiudere (sbattendo) ◆ *v.intr.* [*sein*] chiudersi.
**zu·kleben** *v.tr.* 1 chiudere (incollando) 2 coprire (incollando).
**zu·knöpfen** *v.tr.* abbottonare.
**zu·kommen** *v.intr.* [*sein*] on (*auf* + *Acc*) avvicinarsi (a), venire verso 2 (+ *Dat*) pervenire (a) 3 (+ *Dat*) spettare (a).
**Zukunft** *die* [-] futuro.
**zukünftig** *agg.* futuro ◆ *avv.* in futuro.
**Zulage** *die* [-,-*n*] indennità.
**zu·lassen** (→ *lassen*) *v.tr.* 1 ammettere: *jdn zu einer Prüfung —*, ammettere qlcu all'esame 2 permettere, tollerare 3 abilitare (a una professione) 4 immatricolare (un'auto).
**zulässig** *agg.* consentito, permesso.
**Zulassung** *die* [-,-*en*] 1 ammissione 2 abilitazione (all'esercizio di una professione) 3 (*aut.*) immatricolazione.
**zu·laufen** (→ *laufen*) *v.intr.* [*haben o sein*] 1 (*auf* + *Acc*) correre (verso) 2 affluire, accorrere 3 (*di animali domestici*) cercare rifugio 4 (*di liquido*) scorrere (in aggiunta) 5 finire: *der Kirchturm läuft spitz zu*, il campanile termina a punta.
**zuletzt** *avv.* 1 per ultimo 2 l'ultima volta 3 alla fine ◆ *bis —*, fino all'ultimo.
**zuliebe** *prep.* (+ *Dat*) per amore di: *das tue ich nur dir —*, lo faccio solo per amor tuo.
**zum** *prep.art.* (*zu* + *dem*) → **zu**.
**zu·machen** *v.tr.* (*fam.*) chiudere.
**zumal** *cong.* tanto più che.
**zumindest** *avv.* perlomeno.
**zumutbar** *agg.* ragionevole.
**zumuten** *v.tr.* (+ *Dat*) ● *mir ist etw danach —*, non mi sento di farlo.
**zu·muten** *v.tr.* pretendere, aspettarsi: *sich* (*Dat*) *zu viel —*, pretendere troppo dalle proprie forze.
**zunächst** *avv.* 1 inizialmente 2 per il momento ◆ *prep.* (+ *Dat*) più vicino.
**Zunahme** *die* [-,-*n*] aumento, incremento.
**Zuname** *der* [-*ns*,-*n*] cognome.
**zünden** *v.tr.* 1 innescare (esplosivo ecc.) 2 lanciare (razzi ecc.) ◆ *v.intr.* [*haben*] 1 accendersi 2 (*fig.*) entusiasmarsi.
**Zündholz** *das* [-*es*,-*hölzer*] (*austr.*) fiammifero.
**Zündkerze** *die* [-,-*n*] (*aut.*) candela.
**Zündstoff** *der* [-(*e*)*s*] 1 (materiale) detonante 2 (*fig.*) miccia.
**Zündung** *die* [-,-*en*] 1 accensione 2 innesco.
**zu·nehmen** (→ *nehmen*) *v.intr.* [*haben*] 1 (*an* + *Dat*) aumentare (di o in), crescere (di o in) 2 intensificarsi 3 aumentare (di peso).
**zunehmend** *agg.* crescente, in aumento ◆ *avv.* sempre più.
**Zuneigung** *die* [-] (*zu*) affetto (per), simpatia (per).
**Zunge** *die* [-,-*n*] lingua.
**zunichte** *avv.* ● *— machen*, annientare.
**zu·nicken** *v.intr.* [*haben*] ● *jdm —*, fare un cenno col capo a qlcu.
**zunutze, zu Nutze** *avv.* ● *sich* (*Dat*) *etw — machen*, trarre vantaggio da qlco.
**zu·ordnen** *v.tr.* annoverare tra.
**zu·packen** *v.intr.* [*haben*] 1 afferrare 2 darsi da fare.
**zupfen** *v.tr.* 1 tirare, sfilacciare 2 (*mus.*) pizzicare.
**zu·raten** (→ *raten*) *v.intr.* [*haben*] consigliare, persuadere.
**zurecht·finden, sich** *v.pron.* 1 (*bei o in* + *Dat*) orientarsi (*anche fig.*) 2 (*fig.*) raccapezzarsi.
**zurecht·kommen** (→ *kommen*) *v.*

*intr.* [*sein*] **1** andare d'accordo **2** (*mit*) venire a capo (di).
**zurecht·machen** *v.tr.* (*fam.*) preparare (*anche fig.*) ♦ **sich zurechtmachen** *v.pron.* prepararsi (per uscire); truccarsi.
**zurecht·weisen** *v.tr.* (→ *weisen*) *v.tr.* rimproverare.
**zu·reden** *v.intr.* [*haben*] (+ *Dat*) cercare di convincere.
**Zürich** *das* Zurigo.
**zu·richten** *v.tr.* ridurre (in cattivo stato).
**zurück** *avv.* **1** (*luogo*) di ritorno **2** indietro.
**zurück·bekommen** (→ *kommen*) *v.tr.* riottenere, riavere.
**zurück·bleiben** (→ *bleiben*) *v.intr.* [*sein*] **1** rimanere **2** rimanere indietro (*anche fig.*).
**zurück·bringen** (→ *bringen*) *v.tr.* riportare.
**zurück·fahren** (→ *fahren*) *v.tr.* [*sein*] **1** tornare indietro (con un veicolo) **2** (*fig.*) indietreggiare ♦ *v.tr.* riportare indietro (con veicolo).
**zurück·führen** *v.tr.* **1** riportare indietro **2** (*fig.*) (*auf* + *Acc*) far risalire (a) ♦ *v.intr.* [*haben*] (*in* + *Acc*) ricondurre.
**zurück·geben** (→ *geben*) *v.tr.* **1** restituire **2** rispondere.
**zurück·gehen** (→ *gehen*) *v.intr.* [*sein*] **1** tornare indietro **2** (*fig.*) diminuire, calare **3** (*auf* + *Acc*) risalire (a).
**zurückgezogen** *agg.* ritirato (*anche fig.*).
**zurück·greifen** (→ *greifen*) *v.intr.* [*haben*] **1** andare indietro (nel tempo) **2** (*auf* + *Acc*) ricorrere (a).
**zurück·halten** (→ *halten*) *v.tr.* **1** trattenere **2** (*fig.*) controllare **3** (*von*) dissuadere (da) ♦ **sich zurückhalten** *v.pron.* controllarsi.
**zurückhaltend** *agg.* discreto.
**zurück·kehren** (→ *kehren*) *v.intr.* [*sein*] (ri)tornare.
**zurück·kommen** (→ *kommen*) *v.intr.* [*sein*] (ri)tornare (*anche fig.*).
**zurück·lassen** (→ *lassen*) *v.tr.* lasciare (indietro, solo).

**zurück·legen** *v.tr.* **1** riporre **2** mettere da parte **3** percorrere (una distanza).
**zurück·nehmen** (→ *nehmen*) *v.tr.* **1** riprendere **2** (*fig.*) revocare, ritrattare.
**zurück·rufen** (→ *rufen*) *v.tr.* richiamare: *ins Gedächtnis* —, richiamare alla memoria ♦ *v.intr.* [*haben*] richiamare (al telefono).
**zurück·schalten** *v.intr.* [*haben*] (*aut.*) scalare.
**zurück·treten** (→ *treten*) *v.intr.* [*sein*] **1** indietreggiare **2** (*fig.*) (*gegenüber* o *hinter* + *Dat*) passare in secondo piano (rispetto a) **3** (*pol.*) (*von*) dimettersi (da).
**zurück·zahlen** *v.tr.* rimborsare.
**zurück·ziehen** (→ *haben*) *v.tr.* **1** tirare indietro **2** (*fig.*) attirare **3** ritirare (un'accusa); revocare (un'ordine) ♦ *v.intr.* [*sein*] ritornare (ad abitare) ♦ **sich zurückziehen** *v.pron.* ritirarsi.
**zusammen** *avv.* **1** insieme **2** contemporaneamente **3** in totale.
**Zusammenarbeit** *die* [-,-*en*] collaborazione.
**zusammen·arbeiten** *v.intr.* [*haben*] cooperare.
**zusammen·brechen** (→ *brechen*) *v.intr.* [*sein*] crollare (*anche fig.*).
**zusammen·bringen** (→ *bringen*) *v.tr.* **1** far incontrare **2** racimolare.
**Zusammenbruch** *der* [-(*e*)*s*,-*brüche*] **1** crollo, fallimento **2** collasso nervoso.
**zusammen·fahren** (→ *fahren*) *v.intr.* [*sein*] (*vor*) trasalire (per).
**zusammen·fallen** (→ *fallen*) *v.intr.* [*sein*] **1** crollare (*anche fig.*) **2** coincidere.
**zusammen·fassen** *v.tr.* **1** riassumere **2** (*in* + *Acc, zu*) riunire (in).
**Zusammenfassung** *die* [-,-*en*] riassunto, sintesi.
**zusammen·gehören** *v.intr.* [*haben*] **1** andare insieme; (*di scarpe*) appaiarsi **2** (*di persone*) essere fatti l'uno per l'altro.
**Zusammenhalt** *der* [-(*e*)*s*] coesione.
**zusammen·halten** (→ *halten*) *v.tr.* tenere insieme ♦ *v.intr.* [*haben*] essere unito.
**Zusammenhang** *der* [-(*e*)*s*,-*hänge*] **1** connessione, nesso **2** contesto.

**zusammen·hängen** (→ *hängen*) *v. intr.* [*haben*, region. *sein*] (*mit*) **1** essere in relazione (con) **2** essere unito (a).
**zusammenhang(s)los** *agg.* incoerente, sconnesso.
**zusammen·kommen** (→ *kommen*) *v.intr.* [*sein*] **1** incontrarsi **2** avvenire contemporaneamente.
**Zusammenkunft** *die* [-,-künfte] incontro.
**zusammen·laufen** (→ *laufen*) *v.intr.* [*sein*] **1** accorrere **2** (*di acqua*) confluire **3** convergere (*anche geom.*).
**zusammen·nehmen** (→ *nehmen*) *v.tr.* raccogliere ♦ **sich zusammennehmen** *v.pron.* controllarsi.
**zusammen·passen** *v.intr.* [*haben*] stare bene insieme.
**zusammen·schließen** (→ *schließen*) *v.tr.* chiudere insieme ♦ **sich zusammenschließen** *v.pron.* unirsi.
**Zusammenschluss** *der* [-schlusses,-schlüsse] fusione.
**zusammen·sein** (→ *sein*) *v.intr.* [*sein*] stare insieme.
**zusammen·setzen** *v.tr.* mettere insieme ♦ **sich zusammensetzen** *v.pron.* **1** sedersi insieme **2** riunirsi **3** (*aus*) comporsi (di).
**Zusammensetzung** *die* [-,-en] composizione.
**zusammen·stehen** (→ *stehen*) *v.intr.* [*haben*, region. *sein*] **1** stare insieme (in piedi) **2** restare unito.
**zusammen·stellen** *v.tr.* **1** mettere insieme **2** accostare **3** compilare.
**Zusammenstellung** *die* [-,-en] **1** composizione, compilazione **2** (*estens.*) lista.
**zusammen·treffen** (→ *treffen*) *v.intr.* [*sein*] **1** (*mit*) trovarsi (con) **2** coincidere.
**Zusammentreffen** *das* [-s,-] **1** incontro, ritrovo **2** coincidenza.
**zusammen·zählen** *v.tr.* e *intr.* [*haben*] sommare.
**zusammen·ziehen** (→ *ziehen*) *v.tr.* **1** stringere (tirando) **2** (*mil.*) concentrare ♦ *v.intr.* [*sein*] andare a vivere insieme ♦ **sich zusammenziehen** *v.pron.* **1** re-stringersi, contrarsi **2** (*di temporali ecc.*) prepararsi.
**Zusatz** *der* [-es,-sätze] **1** aggiunta **2** (*chim.*) additivo **3** appendice, clausola aggiuntiva.
**zusätzlich** *agg.* supplementare ♦ *avv.* in aggiunta.
**zu·schauen** *v.intr.* [*haben*] (region.) stare a guardare.
**Zuschauer** *der* [-s,-; *die* -*in*] spettatore (*m.; f.* -trice).
**zu·schicken** *v.tr.* inviare, spedire.
**Zuschlag** *der* [-(e)s,-schläge] **1** indennità, premio **2** (*di prezzi*) maggiorazione **3** (*di treni*) supplemento.
**zu·schlagen** (→ *schlagen*) *v.tr.* chiudere sbattendo ♦ *v.intr.* **1** [*sein*] chiudersi rumorosamente **2** [*haben*] colpire (*anche fig.*).
**zuschlagpflichtig** *agg.* (ferr.) con supplemento obbligatorio.
**zu·schließen** (→ *schließen*) *v.tr.* chiudere a chiave.
**zu·schneiden** (→ *schneiden*) *v.tr.* **1** tagliare (su misura) **2** (*fig.*) (*auf + Acc*) adattare (a).
**zu·schnüren** *v.tr.* allacciare.
**zu·schrauben** *v.tr.* avvitare, chiudere (avvitando).
**zu·schreiben** (→ *schreiben*) *v.tr.* (+ *Dat*) attribuire (a).
**Zuschuss** *der* [-schusses,-schüsse] sovvenzione.
**zu·sehen** (→ *sehen*) *v.intr.* [*haben*] **1** stare a guardare **2** (*fig.*) fare in modo.
**zu·senden** (→ *senden*) *v.tr.* inviare, spedire.
**zu·setzen** *v.tr.* aggiungere ♦ *v.intr.* [*haben*] (+ *Dat*) **1** assillare **2** provare (psicologicamente o fisicamente).
**zu·sichern** *v.tr.* garantire.
**zu·spielen** *v.tr.* passare (la palla).
**zu·sprechen** (→ *sprechen*) *v.tr.* **1** assegnare **2** attribuire ♦ *v.intr.* [*haben*] (+ *Dat*) convincere (parlando).
**Zuspruch** *der* [-(e)s,-sprüche] consenso.
**Zustand** *der* [-(e)s,-stände] stato, condizione, situazione.
**Zustande, zu Stande** *avv.* ● *etw —*

**zuständig / zwecks**

*bringen*, riuscire a fare qlco | — *kommen*, realizzarsi.
**zuständig** *agg.* **1** competente **2** preposto.
**Zuständigkeit** *die* [-,-en] **1** competenza **2** (*dir.*) giurisdizione.
**zu·stehen** (→ *stehen*) *v.intr.* [*haben*] (+ *Dat*) spettare (a), competere (a).
**zu·stellen** *v.tr.* **1** recapitare, consegnare, distribuire (posta) **2** (*dir.*) notificare.
**zu·stimmen** *v.intr.* [*haben*] **1** (+ *Dat*) acconsentire (a) **2** approvare.
**Zutage, zu Tage** *avv.* ● — *bringen*, portare alla luce | — *kommen*, venire alla luce.
**Zutat** *die* [-,-en] (*spec.pl.*) ingrediente.
**zuteil** *avv.* ● *jdm* — *werden*, spettare a qlcu (+ *Dat*).
**zu·teilen** *v.tr.* **1** assegnare **2** distribuire.
**zutiefst** *avv.* profondamente.
**zu·treffen** (→ *treffen*) *v.intr.* [*haben*] essere vero, essere pertinente.
**Zutritt** *der* [-(*e*)*s*] accesso, ingresso ● *kein* —!, vietato l'ingresso!.
**Zutun** *das* [-*s*] intervento.
**Zuungunsten, zu Ungunsten** *prep.* (+ *Dat* o *Gen*) a sfavore di.
**zuverlässig** *agg.* **1** fidato, sicuro **2** attendibile.
**Zuverlässigkeit** *die* [-] **1** affidabilità **2** attendibilità.
**Zuversicht** *die* [-] fiducia.
**zuversichtlich** *agg.* fiducioso.
**zu viel** *agg.indef.* troppo ♦ *pron.indef.* troppo: *er weiß* —, sa troppe cose ♦ *avv.* troppo: *er spricht* —, parla troppo.
**zuvor** *avv.* prima, precedentemente.
**zuvor·kommen** (→ *kommen*) *v.intr.* [*sein*] (+ *Dat*) prevenire.
**zuvorkommend** *agg.* premuroso, sollecito.
**Zuwachs** *der* [-*es*] accrescimento, incremento.
**zu·wachsen** (→ *wachsen*) *v.intr.* [*sein*] **1** (*di ferita*) rimarginarsi **2** coprirsi di vegetazione.
**Zuwege, zu Wege** *avv.* ● *etw* — *bringen*, riuscire a fare qlco | *nichts* — *bringen*, non concludere nulla.
**zuweilen** *avv.* di tanto in tanto, talvolta.
**zu·weisen** (→ *weisen*) *v.tr.* assegnare.
**zu·wenden** (→ *wenden*) *v.tr.* rivolgere (anche fig.). ♦ *sich zuwenden* *v.pron.* (+ *Dat*) rivolgersi (a).
**Zuwendung** *die* [-,-en] **1** donazione **2** attenzione.
**zu wenig** *agg. e pron.indef.* troppo poco ♦ *avv.* troppo poco.
**zu·werfen** (→ *werfen*) *v.tr.* **1** chiudere sbattendo **2** gettare: *jdm* (*Dat*) *einen Blick* —, lanciare un'occhiata a qlcu.
**zuwider** *prep.* (+ *Dat*) in contraddizione con ♦ *agg.* ripugnante.
**zu·winken** *v.intr.* [*haben*] ● *jdm* —, fare un cenno a qlcu.
**zu·ziehen** (→ *ziehen*) *v.tr.* **1** chiudere (tirando); stringere (nodi ecc.) **2** (*fig.*) ricorrere (a) ♦ *v.intr.* [*sein*] venire ad abitare.
**zuzüglich** *prep.* (+ *Gen*) in più, con l'aggiunta di.
**Zwang** *der* [-(*e*)*s*, *Zwänge*] **1** costrizione **2** (*dir.*) coercizione **3** obbligo, necessità ♦ (*fam.*) *sich* (*Dat*) *keinen* — *antun*, non fare complimenti.
**zwängen** *v.tr.* spingere dentro a forza ♦ *sich zwängen* *v.pron.* (*durch*) entrare a fatica (in).
**zwanglos** *agg.* **1** spontaneo **2** (*di ambienti ecc.*) informale.
**zwangsläufig** *agg.* necessario, inevitabile ♦ *avv.* **1** per forza **2** necessariamente.
**zwanzig** *agg.num.card.invar.* venti.
**zwar** *avv.* sì, certamente: *sie ist* — *nett, aber nicht immer aufrichtig*, è (sì) gentile, ma non sempre sincera ● *und* —, e cioè.
**Zweck** *der* [-(*e*)*s*,-*e*] scopo, fine.
**Zwecke** *die* [-,-*n*] puntina da disegno.
**zwecklos** *agg.* inutile, senza senso.
**zweckmäßig** *agg.* **1** adeguato **2** utile.
**Zweckmäßigkeit** *die* [-] opportunità, utilità.
**zwecks** *prep.* (+ *Gen*) (*generalmente senza art.*) per, allo scopo di.

**zwei** *agg.num.card.* due → **acht**.
**Zweibettzimmer** *das* [-s,-] camera doppia.
**zweideutig** *agg.* 1 ambiguo 2 a doppio senso.
**zweierlei** *agg.invar.* di due tipi ♦ *pron.* due cose diverse.
**zweifach** *agg.* duplice, doppio ♦ *avv.* due volte, il doppio.
**Zweifamilienhaus** *das* [-es,-häuser] casa bifamiliare.
**Zweifel** *der* [-s,-] dubbio, incertezza: *ohne* —!, indubbiamente!, senza dubbio!
**zweifelhaft** *agg.* 1 dubbio, dubbioso: *es ist* —, *ob*..., è incerto se... 2 sospetto.
**zweifellos** *avv.* indubbiamente, senza dubbio.
**zweifeln** *v.intr.* [*haben*] (*an* + *Dat*) dubitare (di).
**Zweifelsfall** *der* [-(e)s, -fälle] ● *im* —, in caso di dubbio.
**Zweig** *der* [-(e)s,-e] ramo (*anche fig.*).
**zweigeteilt** *agg.* diviso in due, bipartito.
**Zweigstelle** *die* [-,-n] agenzia, succursale.
**zweihundert** *agg.num.card.invar.* duecento.
**zweijährig** *agg.* 1 di due anni 2 biennale.
**Zweikampf** *der* [-(e)s,-kämpfe] duello.
**zweimal** *avv.* due volte.
**zweischneidig** *agg.* a doppio taglio (*anche fig.*).
**zweisprachig** *agg.* bilingue.
**zweistimmig** *agg.* e *avv.* a due voci.
**zweistündig** *agg.* di due ore.
**zweit** ● *zu* —, in due.
**Zweitakter** *der* [-s,-] **Zweitaktmotor** *der* [-s,-en] motore a due tempi.
**zweite** *agg.num.ord.* secondo → **achte**.
**zweiteilig** *agg.* di due parti, di due pezzi.
**zweitens** *avv.* in secondo luogo, secondo.
**zweitklassig** *agg.* di seconda categoria, di second'ordine.
**zweitletzt** *agg.* penultimo.

**zweitrangig** *agg.* secondario.
**Zwerchfell** *das* [-es,-e] (*anat.*) diaframma.
**Zwerg** *der* [-(e)s,-e] nano.
**Zwetsche, Zwetschge** *die* [-,-n] prugna, susina.
**Zwieback** *der* [-(e)s,-bäcke] fetta biscottata.
**Zwiebel** *die* [-,-n] 1 cipolla 2 (*bot.*) bulbo.
**Zwielicht** *das* [-(e)s] crepuscolo; penombra.
**Zwiespalt** *der* [-(e)s,-e o -spälte] 1 conflitto interiore 2 dissidio.
**zwiespältig** *agg.* discordante.
**Zwilling** *der* [-(e)s,-e] 1 gemello 2 (*pl.*) (*astr.*) Gemelli.
**Zwinge** *die* [-,-n] (*mecc.*) morsetto.
**zwingen** [*zwang / gezwungen*] *v.tr.* costringere, forzare, obbligare ♦ *sich* **zwingen** *v.pron.* sforzarsi.
**zwingend** *agg.* 1 convincente 2 inevitabile.
**Zwinger** *der* [-s,-] canile.
**zwischen** *prep.* 1 (*stato in luogo*) (+ *Dat*) fra, tra 2 (*moto a luogo*) (+ *Acc*) fra, tra 3 (*tempo*) (+ *Dat*) tra, fra.
**zwischendrin** *avv.* in mezzo.
**zwischendurch** *avv.* nel frattempo, di tanto in tanto.
**Zwischenfall** *der* [-(e)s,-fälle] 1 incidente, contrattempo 2 (*pl.*) disordini.
**Zwischengas** *das* [-] (*aut.*) doppietta.
**Zwischenhändler** *der* [-s,-; *die* -*in*] intermediario (*m.*; *f.* -a).
**Zwischenlandung** *die* [-,-en] (*aer.*) scalo intermedio.
**Zwischenraum** *der* [-(e)s,-räume] 1 spazio, intercapedine 2 distanza, intervallo (di tempo).
**Zwischenspiel** *das* [-(e)s,-e] (*teatr.*) intermezzo.
**Zwischenzeit** *die* [-,-en] 1 intervallo (di tempo) 2 (*sport*) (tempo) intermedio ● *in der* —, nel frattempo.
**zwitschern** *v.intr.* [*haben*] cinguettare.
**zwölf** *agg.num.card.invar.* dodici → **acht**.
**Zwölffingerdarm** *der* [-(e)s,-därme] (*anat.*) duodeno.

**Zyanid** *der* [-s,-e] cianuro.
**zyklisch** *agg.* ciclico.
**Zyklon** *der* [-s,-e] (*meteor.*) ciclone.
**Zyklus** *der* [-,-len] ciclo.
**Zylinder** *der* [-s,-] cilindro.
**zylindrisch** *agg.* cilindrico.

**zynisch** *agg.* cinico.
**Zypresse** *die* [-,-n] (*bot.*) cipresso.
**Zyste** *die* [-,-n] (*med.*) cisti.
**z.Zt.** *abbr.* (*zur Zeit*) attualmente, temporaneamente.

# Italiano • Tedesco
*Italienisch • Deutsch*

# Aa

**a** *prep.* **1** (*compl. di termine; si traduce con il Dat*): *io dico — te*, ich sage es dir **2** (*stato in luogo*) in, an, bei, auf (+ Dat): *abito — Roma*, ich wohne in Rom; *è all'estero*, er ist im Ausland; *è al secondo piano*, er ist im zweiten Stock; *sono alla stazione*, ich bin am Bahnhof; *lavora alla Bosch*, er arbeitet bei Bosch; *sei — casa oggi?*, bist du heute zu Hause? **3** (*moto a luogo*) in, an, auf (+ Acc), zu; (*con nomi geografici*) nach: *vado al cinema*, ich gehe ins Kino; *andiamo — Firenze*, wir fahren nach Florenz; *quando vieni — casa?*, wann kommst du nach Hause? **4** (*tempo*) um; zu, in (+ Dat); mit; bis (+ Acc): *alle 10*, um 10 Uhr; *— Natale*, zu Weihnachten; *— mezzogiorno*, zu Mittag; *— giugno*, im Juni; *— settanta anni*, mit siebzig Jahren; *solo fino alle 4, fino al 6 Aprile*, nur bis 4 Uhr, bis zum 6. April **5** (*distanza*) weit, entfernt: *abita — 50 km da qui*, er wohnt 50 km von hier entfernt **6** (*mezzo, modo*): *andare a piedi*, zu Fuß gehen; *risotto alla milanese*, Reis nach (o auf) Mailänder Art **7** (*distributivo*) je, pro, zu: *1 euro al chilo*, 1 Euro pro Kilo **8** (*seguito da inf.*) zu: *è riuscito — realizzare il suo sogno*, es ist ihm gelungen, seinen Traum zu verwirklichen; *andiamo — sciare*, wir gehen Ski laufen.

**abate** *s.m.* Abt (der).

**abbagliante** *agg.* blendend ● (*aut.*) *fari abbaglianti*, Fernlicht.

**abbagliare** *v.tr.* blenden (*anche fig.*).

**abbaiare** *v.intr.* bellen.

**abbaino** *s.m.* **1** Dachfenster (das) **2** (*soffitta*) Dachkammer (die).

**abbandonare** *v.tr.* **1** verlassen **2** (*bambini, animali*) aus·setzen **3** (*trascurare*) überlassen: *— qlcu a se stesso*, jdn sich (Dat) selbst überlassen **4** (*rinunciare a*) auf·geben ♦ **abbandonarsi** *v.pron.* sich überlassen (+ Dat).

**abbandono** *s.m.* **1** Verlassen (das) **2** (*trascuratezza*) Vernachlässigung (die) **3** (*rinuncia*) Aufgabe (die).

**abbassamento** *s.m.* **1** (*diminuzione*) Senkung (die) **2** (*calo*) Sinken (des); Abnahme (die).

**abbassare** *v.tr.* senken: *— il capo*, den Kopf senken; *— i prezzi*, die Preise senken (o herabsetzen) ♦ **abbassarsi** *v.pron.* **1** sich bücken **2** (*calare*) sinken; (*di temperatura*) fallen; (*di luce*) schwächer werden **3** (*fig.*) sich erniedrigen; sich herab·lassen ● *— gli occhi*, die Augen niederschlagen | *— la radio*, das Radio leiser stellen.

**abbasso** *inter.* nieder mit.

**abbastanza** *avv.* **1** (*a sufficienza*) genug **2** (*alquanto, piuttosto*) ziemlich, ganz ♦ *agg.* (*spesso posposto*) genug: *non ho — tempo*, ich habe nicht genug Zeit ● *averne — di qlco* (o *qlcu*), von etw (o jdm) genug haben.

**abbattere** *v.tr.* **1** nieder·werfen; (*a colpi*) nieder·schlagen **2** (*demolire*) nieder·reißen, ein·reißen **3** (*alberi*) fällen **4** (*aerei*) ab·schießen **5** (*fig.*) entmutigen, nieder·schlagen ♦ **abbattersi** *v.pron.* **1**

stürzen, fallen **2** (*di temporale*) niedergehen; (*di fulmine*) ein·schlagen **3** (*fig.*) niedergeschlagen sein, verzagen ● — *un regime*, ein Regime stürzen.
**abbattimento** *s.m.* **1** (*demolizione*) Niederreissen (*das*) **2** (*di aerei*) Abschuss (*der*) **3** (*depressione morale*) Niedergeschlagenheit (*die*).
**abbazia** *s.f.* Abtei (*die*).
**abbellire** *v.tr.* verschönern; (*ornare*) verzieren; schmücken.
**abbigliamento** *s.m.* Bekleidung (*die*), Kleidung (*die*): — *sportivo*, sportliche Kleidung ● *negozio di* —, Bekleidungsgeschäft.
**abbinamento** *s.m.* Verbindung (*die*); Koppelung (*die*).
**abbinare** *v.tr.* koppeln, miteinander verbinden.
**abboccare** *v.intr.* an·beißen (*anche fig.*).
**abbonamento** *s.m.* **1** Abonnement (*das*): *fare l'* — *a qlco*, etw abonnieren **2** (*trasporti*) Zeitkarte (*die*).
**abbonare** *v.tr.* abonnieren: — *qlcu a una rivista*, für jdn eine Zeitschrift abonnieren ♦ **abbonarsi** *v.pron.* (*a*) abonnieren (+ *Acc*): — *a un giornale*, eine Zeitung abonnieren.
**abbonato** *agg.* abonniert ♦ *s.m.* [f. -*a*] Abonnent (*der*).
**abbondante** *agg.* (*di*) reichlich, reich (an + *Acc*), üppig.
**abbondanza** *s.f.* (*di*) Überfluss (*der*) (an + *Dat*), Fülle (*die*) (von + *Gen*).
**abbondare** *v.intr.* **1** (*di*) im Überfluss haben (an + *Dat*), reich sein (an + *Dat*) **2** (*essere abbondante*) reichlich vorhanden sein.
**abbordare** *v.tr.* **1** (*mar.*) entern **2** (*una persona*) an·sprechen; (*fam.*) an·machen.
**abbottonare** *v.tr.* zu·knöpfen ♦ **abbottonarsi** *v.pron.* geknöpft werden.
**abbozzare** *v.tr.* skizzieren, entwerfen ● — *un sorriso*, kaum merklich lächeln.
**abbozzo** *s.m.* Skizze (*die*), Entwurf (*der*).
**abbracciare** *v.tr.* umarmen ♦ **abbracciarsi** *v.pron.* (*reciproco*) sich umarmen ● — *una causa*, für eine Sache eintreten | — *una religione*, zu einer Religion übertreten.
**abbraccio** *s.m.* Umarmung (*die*).
**abbreviare** *v.tr.* (ab-)kürzen, verkürzen.
**abbreviazione** *s.f.* Abkürzung (*die*).
**abbronzante** *agg.* bräunend ♦ *s.m.* Bräunungsmittel (*das*).
**abbronzarsi** *v.pron.* sich bräunen, braun werden.
**abbronzatura** *s.f.* Bräune (*die*).
**abbrustolire** *v.tr.* rösten.
**abbuffarsi** *v.pron.* (*di*) sich vollstopfen, sich vollfressen (mit).
**abbuffata** *s.f.* Völlerei (*die*).
**abdicare** *v.intr.* ab·danken.
**abete** *s.m.* **1** (*albero*) Fichte (*die*) **2** (*legno*) Fichtenholz (*das*) ● — *rosso*, Rottanne.
**abile** *agg.* **1** tüchtig, geschickt **2** (*idoneo*) befähigt, tauglich.
**abilità** *s.f.invar.* Geschicklichkeit (*die*), Fähigkeit (*die*).
**abilitazione** *s.f.* Befähigung (*die*), Berechtigung (*die*); (*professionale*) Zulassung.
**abisso** *s.m.* **1** Abgrund (*der*): — *marino*, Tiefsee **2** (*fig.*) Kluft (*die*).
**abitacolo** *s.m.* **1** (*aut.*) Innenraum (*der*) **2** (*aer.*) Pilotenkanzel (*die*).
**abitante** m. e f. **1** Einwohner (*der*, *die* -in) **2** (*di case ecc.*) Bewohner (*der*; *die* -in).
**abitare** *v.intr.* wohnen; (*vivere*) leben ♦ *v.tr.* bewohnen.
**abitato** *agg.* bewohnt; bevölkert ♦ *s.m.* Siedlung (*die*), Wohngebiet (*das*).
**abitazione** *s.f.* Wohnung (*die*).
**abito** *s.m.* Kleid (*das*) ● — *da sera*, Abendkleid | — *da spiaggia*, Strandkleid | — *da uomo*, Anzug.
**abituale** *agg.* gewohnt, gewöhnlich ● *cliente* —, Stammkunde.
**abituare** *v.tr.* gewöhnen ♦ **abituarsi** *v.pron.* (*a*) sich gewöhnen (an + *Acc*).
**abitudinario** *agg.* gewohnheitsmäßig ♦ *s.m.* Gewohnheitsmensch (*der*).
**abitudine** *s.f.* Gewohnheit (*die*) ● *per* —, aus Gewohnheit.
**abolire** *v.tr.* auf·heben, ab·schaffen.

**abolizione** *s.f.* Aufhebung (die), Abschaffung (die).
**abortire** *v.intr.* 1 eine Fehlgeburt haben; (*volontariamente*) ab-treiben 2 (*vet.*) verwerfen.
**aborto** *s.m.* 1 (*spontaneo*) Fehlgeburt (die); (*procurato*) Abtreibung (die) 2 (*vet.*) Verwerfen (das).
**abrasione** *s.f.* 1 Abschürfen (das) 2 (*tecn., geol.*) Abrasion (die) 3 (*med.*) Abschürfung (die).
**abrasivo** *agg.* abschleifend, Schleif-, ♦ *s.m.* Schleifmittel (das).
**abrogare** *v.tr.* auf-heben, ab-schaffen.
**ABS** *s.m.invar.* (*Antiblockiersystem*) ABS (das).
**abside** *s.f.* (*arch.*) Apsis (die).
**abusare** *v.intr.* 1 (*di*) missbrauchen, übertreiben (mit) 2 (*sessualmente*) sexuell missbrauchen, vergewaltigen.
**abuso** *s.m.* (*di*) Missbrauch (der) (von).
**a.C.** *abbr.* (*avanti Cristo*) v. Chr. (vor Christus).
**acca** *s.f.* o m. ● (*fam.*) *non capire un'* —, immer nur Bahnhof verstehen.
**accademia** *s.f.* Akademie (die) ● *di belle arti*, Kunstakademie.
**accadere** *v.impers.* geschehen, passieren.
**accaduto** *s.m.* Vorfall (der), Geschehen (das).
**accalcarsi** *v.pron.* sich drängen, sich zusammen-drängen.
**accaldarsi** *v.pron.* sich erhitzen.
**accampamento** *s.m.* Lager (das).
**accampare** *v.tr.* an-führen ♦ **accamparsi** *v.pron.* lagern ● — *diritti su qlco*, Rechte auf etw (Acc) erheben.
**accanimento** *s.m.* 1 Verbissenheit (die) 2 (*tenacia*) Zähigkeit (die), Beharrlichkeit (die).
**accanirsi** *v.pron.* 1 (*contro*) wüten (gegen), sich erbosen (über + Acc) 2 (*ostinarsi*) sich verbeißen (in + Acc).
**accanito** *agg.* 1 heftig; wütend 2 (*fig.*) hartnäckig, verbissen: *fumatore* —, starker Raucher.
**accanto** *avv.* e *agg.* daneben, nebenan ● — *a*, (*stato in luogo*) neben (+ Dat); (*moto a luogo*) neben (+ Acc).

**accappatoio** *s.m.* Bademantel (der).
**accarezzare** *v.tr.* 1 streicheln, liebkosen: — *un cane*, einen Hund streicheln 2 (*fig.*) liebäugeln mit: — *un'idea*, mit einer Idee liebäugeln.
**accatastare** *v.tr.* 1 (auf-)stapeln, (auf-)schichten 2 (*fig.*) zusammen-tragen.
**accattone** *s.m.* [f. -a] Bettler (der; die -in).
**accavallare** *v.tr.*: — *le gambe*, die Beine übereinander-schlagen ♦ **accavallarsi** *v.pron.* 1 sich überschlagen, sich überstürzen (*anche fig.*) 2 (*med.*) sich zerren.
**accecare** *v.tr.* blenden, blind machen ● *accecato dall'ira*, blind vor Wut.
**accedere** *v.intr.* (*a*) ein-treten, Zugang haben (zu).
**accelerare** *v.tr.* beschleunigen ♦ *v.intr.* schneller fahren, Gas geben.
**acceleratore** *s.m.* (*aut.*) Gaspedal (das).
**accelerazione** *s.f.* Beschleunigung (die).
**accendere** *v.tr.* 1 an-zünden: — *un fiammifero*, ein Streichholz anzünden 2 (*elettr.*) ein-schalten, an-machen 3 (*eccitare*) entflammen ♦ **accendersi** *v.pron.* sich entzünden ● — *la stufa*, den Ofen anheizen.
**accendigas** *s.m.invar.* Gasanzünder (der).
**accendino, accendisigari** *s.m.* Feuerzeug (das).
**accennare** *v.intr.* 1 (*fare cenni*) Zeichen geben 2 (*alludere*) (*a*) an-deuten (an + Acc), an-spielen (auf+Acc) 3 (*dar segno di*) scheinen: *la pioggia non accenna a smettere*, der Regen scheint nicht nachzulassen ♦ *v.tr.* an-deuten: — *un sorriso*, ein Lächeln andeuten ● — *un motivo*, eine Melodie anstimmen.
**accenno** *s.m.* 1 Andeutung (die), Anspielung (die) 2 (*indizio*) Hinweis (der), Zeichen (das).
**accensione** *s.f.* 1 Entzündung (die) 2 (*aut.*) Zündung (die): — *elettronica*, elektronische Zündung.
**accento** *s.m.* Akzent (der) ● *porre l'— su qlco*, etw hervorheben.

**accentuare** *v.tr.* 1 betonen 2 (*fig.*) hervorheben.

**accerchiare** *v.tr.* umzingeln, ein·kreisen.

**accertamento** *s.m.* Feststellung (*die*), Ermittlung (*die*).

**accertare** *v.tr.* fest·stellen, ermitteln ♦ **accertarsi** *v.pron.* sich vergewissern (+ Gen), sich überzeugen (von).

**acceso** *agg.* 1 brennend 2 (*di luce ecc.*) eingeschaltet; (*di motore*) laufend 3 (*di colore*) leuchtend ● *essere — in volto*, ein glühendes Gesicht haben.

**accessibile** *agg.* 1 zugänglich, erreichbar 2 (*comprensibile*) verständlich 3 (*di prezzo*) erschwinglich.

**accesso** *s.m.* 1 Zugang (*der*); (*di veicoli*) Zufahrt (*die*) 2 (*impulso*) Anfall (*der*), Ausbruch (*der*); — *d'ira*, Wutanfall; — *di tosse*, Hustenanfall 3 (*inform.*) Zugriff (*der*) ● *divieto di —*, Eintritt verboten | *via d'—*, Zufahrtsstraße.

**accessorio** *s.m.* Zubehör (*das*).

**accetta** *s.f.* Beil (*das*).

**accettabile** *agg.* annehmbar, akzeptabel.

**accettare** *v.tr.* an·nehmen, akzeptieren; (*accogliere*) auf·nehmen.

**accettazione** *s.f.* 1 Annahme (*die*) (*anche comm.*) 2 (*in ospedale*) Aufnahme (*die*).

**acchiappare** *v.tr.* erwischen, ergreifen.

**acciacco** *s.m.* Gebrechen (*das*).

**acciaieria** *s.f.* Stahlwerk (*das*).

**acciaio** *s.m.* Stahl (*der*) ● *avere nervi d'—*, Nerven wie Drahtseile haben.

**accidentato** *agg.* uneben: *terreno —*, holperiger Boden.

**accidente** *s.m.* (*fam.*) (*colpo*) Schlaganfall (*der*) ● (*fam.*) *non capisci un —*, du kapierst überhaupt nichts; *si prenderà un —*, er wird sich noch den Tod holen.

**accidenti** *inter.* Donnerwetter!

**acciuga** *s.f.* Sardelle (*die*).

**acclamare** *v.tr.* 1 mit Begeisterung aufnehmen 2 (*eleggere*) ausrufen.

**accogliente** *agg.* gemütlich.

**accoglienza** *s.f.* 1 Empfang (*der*) 2 (*ospitalità*) Aufnahme (*die*).

**accogliere** *v.tr.* 1 empfangen 2 (*ospitare*) auf·nehmen 3 (*accettare*) an·nehmen.

**accoltellare** *v.tr.* niederstechen, erstechen.

**accomodante** *agg.* entgegenkommend.

**accomodare** *v.tr.* 1 (*sistemare*) ausbessern; reparieren 2 (*fig.*) schlichten, aus·gleichen ♦ **accomodarsi** *v.pron.* 1 es sich (*Dat*) bequem machen 2 (*sedersi*) Platz nehmen 3 (*entrare*) ein·treten.

**accompagnamento** *s.m.* Begleitung (*die*) (*anche mus.*) ● *lettera d'—*, Begleitschreiben.

**accompagnare** *v.tr.* 1 begleiten (*anche mus.*) 2 (*unire a*) bei·legen, bei·fügen.

**accompagnatore** *s.m.* [f. *-trice*] Begleiter (*der*; *die* -in) (*anche mus.*) ● *— turistico*, Reisebegleiter.

**acconciatura** *s.f.* Frisur (*die*).

**acconsentire** *v.intr.* (*a*) zu·stimmen (+ Dat), ein·willigen (in + Acc), ein·gehen (auf + Acc).

**accontentare** *v.tr.* zufrieden·stellen, befriedigen ♦ **accontentarsi** *v.pron.* (*di*) sich begnügen (mit), sich zufrieden·geben (mit).

**acconto** *s.m.* Anzahlung (*die*).

**accoppiamento** *s.m.* (*biol.*) Paarung (*die*).

**accoppiare** *v.tr.* paaren ♦ **accoppiarsi** *v.pron.* (*reciproco*) sich paaren.

**accorciare** *v.tr.* (*ab-*)kürzen, verkürzen: — *una gonna*, einen Rock kürzer machen ♦ **accorciarsi** *v.pron.* sich verkürzen, kürzer werden.

**accordare** *v.tr.* 1 gewähren, bewilligen 2 (*mus.*) stimmen 3 (*gramm.*) in Übereinstimmung bringen ♦ **accordarsi** *v.pron.* (*reciproco*) (*su*) sich einigen (auf + Acc) ● *— fiducia*, Vertrauen entgegenbringen.

**accordo** *s.m.* 1 Übereinstimmung (*die*), Einverständnis (*das*) 2 (*patto*) Vereinbarung (*die*); (*pol.*) Abkommen (*das*) 3 (*mus.*) Akkord (*der*) 4 (*gramm.*) Übereinstimmung (*die*) ● *andare d'—*

**con** qlco, sich mit jdm gut verstehen | **d'**—!, einverstanden! | *di comune* —, mit allgemeinem Einverständnis | *mettersi d'*—, sich einigen | *non essere d'*—, nicht einer Meinung sein.

**accorgersi** *v.pron.* bemerken, merken ● — *di qlco*, etw bemerken.

**accorrere** *v.intr.* herbei·eilen ● — *in aiuto di qlcu*, jdm zu Hilfe eilen.

**accostare** *v.tr.* nähern, rücken ♦ *v.intr.* (a) heran·fahren (an + Acc); (mar.) bei·drehen ♦ **accostarsi** *v.pron.* (a) sich an·nähern (+ Dat) ● — *la porta*, die Tür anlehnen.

**accovacciarsi** *v.pron.* sich zusammen·kauern ● *stare accovacciato*, kauern.

**accreditare** *v.tr.* 1 bestätigen 2 (comm.) gut·schreiben.

**accreditato** *agg.* 1 zuverlässig, glaubwürdig 2 (di diplomatico) akkreditiert.

**accrescere** *v.tr.* vermehren, vergrößern ♦ **accrescersi** *v.pron.* (an·)wachsen, zu·nehmen, steigen.

**accudire** *v.intr.* versorgen, pflegen.

**accumulare** *v.tr.* an·häufen, an·sammeln ♦ **accumularsi** *v.pron.* sich an·häufen, sich stapeln.

**accumulatore** *s.m.* 1 (tecn.) Speicher (der), Sammler (der) 2 (elettr.) Akku(mulator) (der).

**accumulo** *s.m.* Anhäufung (die).

**accurato** *agg.* sorgfältig, genau; (approfondito) tiefgehend.

**accusa** *s.f.* 1 Beschuldigung (die), Anschuldigung (die) 2 (dir.) Anklage (die).

**accusare** *v.tr.* 1 beschuldigen: — *qlcu di essere egoista*, jdm vorwerfen, ein Egoist zu sein 2 (dir.) an·klagen (wegen) 3 (manifestare) zeigen, erkennen lassen.

**accusativo** *s.m.* (gramm.) Akkusativ (der).

**accusato** *s.m.* [f. -a] Angeklagte (der e die).

**acerbo** *agg.* 1 unreif 2 (aspro) sauer, herb 3 (fig.) scharf, bitter.

**acero** *s.m.* (albero) Ahorn (der).

**acerrimo** *agg.* erbittert ● — *nemico*, Todfeind.

**aceto** *s.m.* Essig (der): — *di vino*, Weinessig; *sotto* —, in Essig eingelegt.

**acetone** *s.m.* (chim.) Aceton (das).

**ACI** *sigla* (Automobile Club d'Italia) Italienischer Automobilclub.

**acidità** *s.f.invar.* 1 Säure (die) 2 (chim.) Säuregehalt (der) ● — *di stomaco*, Magensäure; (fam.) Sodbrennen.

**acido** *agg.* 1 sauer; (chim.) säurehaltig 2 (fig.) beißend, bissig ♦ *s.m.* Säure (die) ● *piogge acide*, saurer Regen.

**acino** *s.m.* Weintraube (die).

**acne** *s.f.* Akne (die).

**acqua** *s.f.* 1 Wasser (das): — *corrente*, fließendes Wasser; — *dolce, salata*, Süßwasser, Salzwasser 2 (pioggia) Regen (der) 3 (pl.) Gewässer (pl.) 4 (pl.) (terme) Thermalquellen (pl.) ● — *in bocca!*, halt den Mund! | — *minerale gassata, naturale*, Mineralwasser mit Kohlensäure, ohne Kohlensäure | (chim.) — *ossigenata*, Wasserstoffsuperoxyd | *è* — *passata*, das ist Schnee von gestern | *un buco nell'*—, ein Schlag ins Wasser.

**acquaforte** *s.f.* (arte) Radierung (die).

**acquario** *s.m.* 1 Aquarium (das) 2 (astr.) Wassermann (der).

**acquasanta** *s.f.* Weihwasser (das).

**acquatico** *agg.* Wasser... ● *sport* —, Wassersport.

**acquavite** *s.f.* Schnaps (der); (fam.) Klare (der).

**acquazzone** *s.m.* Platzregen (der).

**acquedotto** *s.m.* 1 Wasserleitung (die) 2 (st.) Aquädukt (das).

**acqueo** *agg.* Wasser...: *vapore* —, Wasserdampf.

**acquerello** *s.m.* 1 Aquarell (das) 2 (tecnica) Aquarellmalerei (die) 3 (colore) Wasserfarbe (die).

**acquirente** *s.m. e f.* Käufer (der; die -in), Abnehmer (der; die -in).

**acquistare** *v.tr.* 1 kaufen, sich (Dat) an·schaffen 2 (fig.) erwerben, gewinnen ● — *valore*, an Wert gewinnen.

**acquisto** *s.m.* Kauf (der); Einkauf (der); (comm.) Ankauf (der) ● *fare acquisti*, Einkäufe machen.

**acquitrino** *s.m.* Sumpf (der), Morast (der).

**acre** *agg.* herb; (di odore) beißend.

**acrobata** *s.m.* e *f.* Akrobat (*der; die* -in).
**acrobazia** *s.f.* akrobatische Übung; Kunststück (*das*).
**aculeo** *s.m.* Stachel (*der*).
**acustica** *s.f.* Akustik (*die*).
**acustico** *agg.* 1 akustisch: *segnale* —, Klingelzeichen 2 (*anat.*) Hör...: *apparecchio* —, Hörgerät.
**acuto** *agg.* 1 spitz (*anche geom.*); scharf 2 (*intenso*) heftig, stark, scharf 3 (*perspicace*) scharfsinnig 4 (*di suono*) schrill; (*mus.*) hoch 5 (*med.*) akut ♦ *s.m.* (*mus.*) hoher Ton ● *accento* —, Akut.
**ad** *prep.* → **a**.
**adagiare** *v.tr.* legen, betten ♦ **adagiarsi** *v.pron.* 1 sich (hin-)legen, sich ausstrecken 2 (*fig.*) (*in*) sich überlassen (+ *Dat*), sich hin-geben (+ *Dat*).
**adagio** *avv.* 1 langsam, gemächlich 2 (*con cautela*) vorsichtig, behutsam ♦ *s.m.* (*mus.*) Adagio (*das*).
**adattamento** *s.m.* 1 Anpassung (*die*) 2 (*di testi, musiche*) Bearbeitung (*die*).
**adattare** *v.tr.* (*a*) 1 an-passen (an + *Acc*), an-gleichen (an + *Acc*) 2 (*trasformare*) um-stellen (auf + *Acc*), ein-richten (als) ♦ **adattarsi** *v.pron.* (*a*) 1 sich an-passen (an + *Acc*) 2 (*conformarsi*) sich richten (nach) 3 (*addirsi*) passen (zu).
**adattatore** *s.m.* (*elettr.*) Adapter (*der*).
**adatto** *agg.* (*a, per*) geeignet (für).
**addebitare** *v.tr.* (*comm.*) zu jds Lasten gehen.
**addebito** *s.m.* 1 (*comm.*) Belastung (*die*): *nota di* —, Lastschrift 2 (*dir.*) Beschuldigung (*die*), Anschuldigung (*die*).
**addentare** *v.tr.* beißen (in + *Acc*), an-beißen.
**addestramento** *s.m.* 1 Abrichtung (*die*), Dressur (*die*) 2 (*di persone*) Ausbildung (*die*), Schulung (*die*).
**addestrare** *v.tr.* 1 ab-richten, dressieren 2 (*persone*) aus-bilden, schulen.
**addetto** *agg.* (*a*) zuständig (für) ♦ *s.m.* [f. -a] Zuständige (*der* e *die*) ● — *ai lavori*, Beauftragte, Fachmann | — *stampa*, Pressesprecher | *vietato l'accesso ai non addetti ai lavori*, Unbefugten ist der Zutritt verboten.

**addio** *inter.* leb wohl, adieu ♦ *s.m.* Lebewohl (*das*), Adieu (*das*), Abschied (*der*).
**addirittura** *avv.* 1 geradezu, wirklich: —!, wirklich?, tatsächlich? 2 (*persino*) sogar.
**additivo** *s.m.* Zusatz (*der*).
**addizione** *s.f.* Addition (*die*).
**addobbare** *v.tr.* aus-schmücken, schmücken.
**addobbo** *s.m.* Schmuck (*der*), Dekoration (*die*).
**addolcire** *v.tr.* 1 süßen, versüßen 2 (*fig.*) mildern.
**addolorare** *v.tr.* betrüben ♦ **addolorarsi** *v.pron.* bedauern: — *per qlco*, etw bedauern.
**addome** *s.m.* (*anat.*) Unterleib (*der*), Bauch (*der*).
**addomesticare** *v.tr.* zähmen.
**addomesticato** *agg.* zahm.
**addominale** *agg.* Bauch...♦ *s.m.pl.* (*muscoli*) Bauchmuskeln.
**addormentare** *v.tr.* ein-schläfern ♦ **addormentarsi** *v.pron.* ein-schlafen.
**addosso** *avv.* ● — *a*, (*molto vicino*) nah (+ *Dat*); (*su, sopra*) auf (+ *Acc*) | *avere* —, an-haben.
**addurre** *v.tr.* (*una scusa*) vor-bringen; (*una prova*) an-führen.
**adeguare** *v.tr.* (*a*) an-passen (an + *Acc*), an-gleichen (an + *Acc*) ♦ **adeguarsi** *v.pron.* (*a*) sich an-passen (an + *Acc*).
**adeguato** *agg.* angemessen, passend.
**adenoidi** *s.f.pl.* adenomatöse Wucherungen (*pl.*).
**aderente** *agg.* 1 haftend 2 (*abbigl.*) enganliegend ♦ *s.m.* Anhänger (*der*).
**aderire** *v.intr.* (*a*) 1 haften (+ *Dat*) 2 (*abbigl.*) an-liegen 3 sich an-schließen (+ *Dat*): — *a un partito*, einer Partei beitreten.
**adesione** *s.f.* 1 Haften (*das*) 2 (*fig.*) Zustimmung (*die*).
**adesivo** *agg.* Kleb...: *nastro* —, Klebeband ♦ *s.m.* Aufkleber (*der*).
**adesso** *avv.* 1 jetzt, nun 2 (*poco fa*) eben 3 (*fra poco*) gleich ● *fino* (*ad*) —, bis jetzt | *per* —, vorläufig.

**adiacente** *agg.* anliegend; (*confinante*) angrenzend.

**Adige** *n.pr.m.* Etsch (*die*).

**adiposo** *agg.* ● *tessuto* —, Fettgewebe.

**adirarsi** *v.pron.* (*con*) böse werden, zornig werden (auf + *Acc*).

**adito** *s.m.* ● *dare* — *a qlco*, zu etw (*Dat*) Veranlassung geben.

**adolescente** *agg.* jung, jugendlich ♦ *s.m.* e *f.* Jugendliche (*der* e *die*).

**adolescenza** *s.f.* Jugend(zeit) (*die*).

**adoperare** *v.tr.* gebrauchen; (*servirsi di*) benutzen ♦ **adoperarsi** *v.pron.* sich ein·setzen, sich bemühen.

**adorare** *v.tr.* **1** an·beten, vergöttern **2** (*fig.*) mögen, lieben.

**adorazione** *s.f.* Anbetung (*die*), Verehrung (*die*).

**adornare** *v.tr.* schmücken.

**adottare** *v.tr.* **1** adoptieren **2** (*applicare*) an·wenden ● — *un provvedimento*, eine Maßnahme ergreifen.

**adottivo** *agg.* Adoptiv... ♦ *figlia adottiva*, Adoptivtochter | *patria adottiva*, Wahlheimat.

**adozione** *s.f.* **1** Adoption (*die*) **2** (*fig.*) Wahl (*die*) **3** (*di provvedimento*) Ergreifung (*die*).

**adrenalina** *s.f.* (*med.*) Adrenalin (*das*).

**adriatico** *agg.* (*geogr.*) adriatisch; Adria...: *costa adriatica*, Adriaküste.

**adulare** *v.tr.* schmeicheln (+ *Dat*).

**adulazione** *s.f.* Schmeicheln (*das*); Schmeichelei (*die*).

**adulterio** *s.m.* Ehebruch (*der*).

**adulto** *agg.* **1** erwachsen; (*di animali*) ausgewachsen **2** (*maturo*) reif ♦ *s.m.* [*f. -a*] Erwachsene (*der* e *die*).

**adunata** *s.f.* **1** Versammlung (*die*) **2** (*mil.*) Appell (*der*).

**aerare** *v.tr.* lüften, durchlüften.

**aereo¹** *agg.* Luft...: *spazio* —, Luftraum **2** (*aer.*): *posta aerea*, Luftpost; *linea aerea*, Fluglinie **3** (*elettr.*): *linea aerea*, Freileitung **4** (*leggero, lieve*) luftig, duftig.

**aereo²** *s.m.* Flugzeug (*das*): — *da turismo*, Sportflugzeug.

**aerodinamico** *agg.* aerodynamisch.

**aeronautica** *s.f.* **1** Flugwesen (*das*), Luftfahrt (*die*) **2** (*mil.*) Luftwaffe (*die*).

**aeroplano** *s.m.* Flugzeug (*das*).

**aeroporto** *s.m.* Flughafen (*der*); Flugplatz (*der*).

**aerosol** *s.m.invar.* Aerosol (*das*).

**afa** *s.f.* Schwüle (*die*).

**affabile** *agg.* freundlich, liebenswürdig.

**affacciarsi** *v.pron.* sich zeigen: — *alla finestra*, sich am Fenster zeigen.

**affamato** *agg.* hungrig, ausgehungert.

**affannarsi** *v.pron.* sich ab·mühen.

**affannato** *agg.* atemlos.

**affanno** *s.m.* **1** Keuchen (*das*), Atemnot (*die*) **2** (*fig.*) Sorge (*die*), Besorgnis (*die*).

**affannoso** *agg.* keuchend: *respiro* —, keuchender Atem **2** (*fig.*) mühselig, mühevoll.

**affare** *s.m.* **1** Angelegenheit (*die*) **2** (*comm.*) Geschäft (*das*): *un vero* —, ein gutes Geschäft **3** (*fam.*) (*arnese*) Ding (*das*).

> **FALSCHER FREUND**
> Da non confondere con il tedesco *Affäre*, che significa 'relazione amorosa'.

**affascinante** *agg.* faszinierend, charmant.

**affascinare** *v.tr.* bezaubern, faszinieren.

**affaticare** *v.tr.* an·strengen, ermüden ♦ **affaticarsi** *v.pron.* sich an·strengen.

**affaticato** *agg.* ermüdet, müde.

**affatto** *avv.* **1** (*in frasi negative*) gar nicht, überhaupt nicht **2** (*del tutto*) ganz und gar ● *niente* —, durchaus nicht.

**affermare** *v.tr.* **1** behaupten **2** (*rivendicare*) durch·setzen, geltend machen ♦ **affermarsi** *v.pron.* sich durch·setzen, sich behaupten.

**affermato** *agg.* erfolgreich, anerkannt.

**affermazione** *s.f.* **1** Behauptung (*die*) **2** (*successo*) Erfolg (*der*).

**afferrare** *v.tr.* **1** ergreifen; packen: — *qlcu per un braccio*, jdn am Arm packen **2** (*comprendere*) begreifen ♦ **afferrarsi** *v.pron.* (*a*) sich klammern (an + *Acc*).

**affettare** *v.tr.* in Scheiben schneiden.

**affettato¹** *agg.* in Scheiben geschnitten ♦ *s.m.* Aufschnitt (der).
**affettato²** *agg.* (*finto*) affektiert, gekünstelt.
**affetto¹** *s.m.* Vertrauen (das), Zuneigung (die), Liebe (die) ● *con —*, herzlich.
**affetto²** *agg.* leidend, befallen: *— da asma*, an Asthma leidend.
**affettuoso** *agg.* liebevoll, zärtlich.
**affezionarsi** *v.pron.* (*a*) lieb·gewinnen (+ *Acc*).
**affezionato** *agg.* (*a*) zugeneigt (+ *Dat*), zugetan (+ *Dat*).
**affiancare** *v.tr.* nebeneinander stellen ♦ **affiancarsi** *v.pron.* sich an die Seite stellen.
**affiatamento** *s.m.* Einklang (der), Einvernehmen (das).
**affidabilità** *s.f.* Zuverlässigkeit (die).
**affidamento** *s.m.* Vertrauen (das) ● (*dir.*) *dare un bambino in —*, ein Kind zu Pflegeeltern geben | *fare — su qlcu*, sich auf jdn verlassen.
**affidare** *v.tr.* an·vertrauen, übergeben: *— un incarico a qlcu*, jdm ein Amt übertragen ♦ **affidarsi** *v.pron.* (*a*) sich an·vertrauen (+ *Dat*), sich verlassen (auf + *Acc*).
**affiggere** *v.tr.* an·schlagen.
**affilare** *v.tr.* schärfen, schleifen.
**affiliato** *agg.* angeschlossen ● (*econ.*) *società affiliata*, Tochtergesellschaft.
**affinché** *cong.* damit.
**affine** *agg.* ähnlich, verwandt.
**affinità** *s.f.invar.* Verwandtschaft (die), Affinität (die).
**affiorare** *v.intr.* 1 auf·tauchen 2 (*fig.*) zutage·kommen, erscheinen.
**affissione** *s.f.* Anschlagen (das) ● *divieto di —*, Plakate ankleben verboten.
**affittacamere** *s.m.* e *f.invar.* Zimmervermieter (der; die -in).
**affittare** *v.tr.* 1 vermieten 2 (*prendere in affitto*) mieten, pachten; (*noleggiare*) (aus)leihen.
**affitto** *s.m.* 1 Miete (die), Vermietung (die), Pacht (die): *casa in —*, Mietshaus; *prendere in —*, mieten 2 (*canone*) Miete (die), Pacht (die).

**affliggersi** *v.pron.* (*per*) sich betrüben (über + *Acc*).
**afflitto** *agg.* (*per*) betrübt (über + *Acc*).
**affluente** *s.m.* Nebenfluss (der), Zufluss (der).
**affluenza** *s.f.* Zufluss (der), Zulauf (der).
**affluire** *v.intr.* 1 zu·fließen, zu·laufen 2 (*di persone*) zusammen·laufen, (zusammen·)strömen.
**afflusso** *s.m.* Zufluss (der), Zustrom (der).
**affogare** *v.tr.* ertränken ♦ *v.intr.* ertrinken.
**affollare** *v.tr.* (über·)füllen ♦ **affollarsi** *v.pron.* sich (zusammen·)drängen.
**affondare** *v.tr.* 1 versenken 2 (*estens.*) stechen, stoßen ♦ *v.intr.* 1 sinken, unter·gehen 2 (*estens.*) versinken, (ein·)sinken.
**affrancare** *v.tr.* befreien, frei·lassen ♦ **affrancarsi** *v.pron.* sich befreien.
**affrancatura** *s.f.* Frankierung (die), Freimachung (die) ● *— postale*, Postwertzeichen.
**affresco** *s.m.* 1 (*tecnica*) Freskomalerei (die) 2 (*dipinto*) Fresko(gemälde) (das) 3 (*fig.*) Darstellung (die).
**affrettare** *v.tr.* beschleunigen ♦ **affrettarsi** *v.pron.* sich beeilen.
**affrontare** *v.tr.* (*assalire*) entgegen·treten (+ *Dat*): *— un pericolo*, der Gefahr ins Auge sehen; *— un argomento*, ein Thema in Angriff nehmen; *— un problema*, ein Problem angehen (*o* anpacken); *— le spese*, die Kosten tragen ♦ **affrontarsi** *v.pron.* (*reciproco*) sich gegenüber·stehen, aneinander·geraten.
**affumicare** *v.tr.* 1 (*gastr.*) räuchern 2 (*annerire di fumo*) verräuchern.
**affusolato** *agg.* schlank, schmal.
**afoso** *agg.* schwül, drückend.
**Africa** *n.pr.s.* Afrika (das).
**africano** *agg.* afrikanisch ♦ *s.m.* [f. *-a*] Afrikaner (der; die -in).
**afta** *s.f.* (*med.*) Aphthe (die) ● (*vet.*) *— epizootica*, Maul- und Klauenseuche.
**agenda** *s.f.* 1 Terminkalender (der) 2 (*ordine del giorno*) Tagesordnung (die).
**agente** *s.m.* e *f.* 1 (*comm.*) Agent (der; die -in), Vertreter (der; die -in) 2 ♦ *s.m.*

# agenzia / agonia

(scient.) Wirkstoff (der) ● — *di commercio*, Handelsvertreter | — *di polizia*, Polizeibeamte, Polizist | — *immobiliare*, Immobilienmakler | — *segreto*, Geheimagent | *agenti atmosferici*, Witterungseinflüsse.

**agenzia** *s.f.* **1** Agentur (die) **2** (*succursale*) Zweigstelle (die), Filiale (die) ● — *di stampa*, Presseagentur | — *di viaggi*, Reisebüro.

**agevolare** *v.tr.* erleichtern, unterstützen; (*favorire*) begünstigen.

**agevolazione** *s.f.* Erleichterung (die); Begünstigung (die).

**agevole** *agg.* leicht, angenehm.

**agganciare** *v.tr.* **1** ein-haken; zu-haken **2** (*appendere*) auf-hängen.

**aggeggio** *s.m.* Ding (das); (*fam.*) Dings (das).

**aggettivo** *s.m.* Adjektiv (das).

**agghiacciante** *agg.* grauenvoll, fürchterlich.

**aggiornamento** *s.m.* Fortbildung (die) ● *corso d'—*, Fortbildungskurs.

**aggiornare** *v.tr.* **1** neu bearbeiten **2** (*rinviare*) vertagen ♦ **aggiornarsi** *v.pron.* (*tenersi al corrente*) sich fortbilden.

**aggirare** *v.tr.* **1** (*mil.*) umzingeln, umgehen **2** (*fig.*) umgehen ♦ **aggirarsi** *v.pron.* **1** herum-gehen **2** (*su*) (*fig.*) sich bewegen (um); sich belaufen (auf + Acc).

**aggiungere** *v.tr.* (*a*) hinzu-fügen (zu) ♦ **aggiungersi** *v.pron.* (*a*) hinzu-kommen (zu).

**aggiunta** *s.f.* Zusatz (der), Zugabe (die); *in —*, als Zugabe.

**aggiustare** *v.tr.* reparieren, aus-bessern; (*fam.*) heil-machen ● *la faccenda si aggiusterà*, die Angelegenheit kommt schon in Ordnung.

**agglomerato** *s.m.* Agglomerat (das) ● *— urbano*, Siedlung, Wohngebiet.

**aggrapparsi** *v.pron.* **1** (*a*) sich klammern (an + Acc) **2** (*tenersi*) sich fest-halten (an + Dat).

**aggravare** *v.tr.* verschlechtern, verschlimmern **2** (*rendere più severo*) verschärfen ♦ **aggravarsi** *v.pron.* **1** sich verschlechtern **2** (*acutizzarsi*) sich verschärfen, sich verschlimmern ● (*dir.*) — *la pena*, die Strafe verschärfen.

**aggraziato** *agg.* anmutig, graziös.

**aggredire** *v.tr.* an-greifen, über-fallen.

**aggregare** *v.tr.* (*a*) an-gliedern (an + Acc), an-schließen (an + Acc) ♦ **aggregarsi** *v.pron.* (*a*) sich an-gliedern (+ Dat), sich an-schließen (+ Dat).

**aggressione** *s.f.* Überfall (der), Angriff (der).

**aggressività** *s.f.* Aggressivität (die).

**aggressivo** *agg.* aggressiv.

**aggressore** *s.m.* [f. *aggreditrice*] Angreifer (der; die -in), Aggressor (der).

**aggrovigliare** *v.tr.* verknoten ♦ **aggrovigliarsi** *v.pron.* sich verwickeln (anche fig.).

**agguato** *s.m.* Hinterhalt (der).

**agguerrito** *agg.* **1** kampferfahren **2** (*fig.*) beschlagen, abgehärtet.

**agiatezza** *s.f.* Wohlstand (der); Wohlhabenheit (die).

**agiato** *agg.* wohlhabend, vermögend.

**agile** *agg.* flink, beweglich.

**agilità** *s.f.invar.* **1** Gelenkigkeit (die) **2** (*fig.*) Beweglichkeit (die).

**agio** *s.m.* **1** (*comodità*) Bequemlichkeit (die) **2** (*pl.*) (*benessere*) Wohlstand (der) ● *sentirsi a proprio —*, sich wohl fühlen.

**agire** *v.intr.* **1** handeln; (*comportarsi*) sich verhalten **2** (*aver effetto*) wirken **3** (*dir.*) vor-gehen.

**agitare** *v.tr.* **1** schütteln; (*sventolare*) schwenken **2** (*turbare*) auf-regen, erregen ♦ **agitarsi** *v.pron.* **1** sich unruhig bewegen **2** (*emozionarsi*) sich aufregen, unruhig werden.

**agitato** *agg.* **1** (*di mare*) bewegt **2** (*inquieto*) unruhig, aufgeregt.

**agitazione** *s.f.* **1** Aufregung (die) **2** (*pol.*) Agitation (die), Aufruhr (der).

**agli** *prep.art.* (*a + gli*) → **a**.

**aglio** *s.m.* Knoblauch (der).

**agnello** *s.m.* Lamm (das).

**ago** *s.m.* Nadel (die) (*anche bot.*): — *da cucito*, Nähnadel ● *essere l'— della bilancia*, das Zünglein an der Waage sein.

**agonia** *s.f.* Todeskampf (der), Agonie (die).

**agonismo** *s.m.* Kampfgeist (der).

**agonistico** *agg.* wettkämpferisch, Wettkampf... ♦ *sport* —, Leistungssport.

**agonizzare** *v.intr.* im Sterben liegen, mit dem Tod ringen.

**agopuntura** *s.f.* Akupunktur (die).

**agosto** *s.m.* August (der) → gennaio.

**agraria** *s.f.* Agrarwissenschaft (die).

**agricolo** *agg.* landwirtschaftlich, Agrar...

**agricoltore** *s.m.* [f. -trice] Landwirt (der; die -in).

**agricoltura** *s.f.* Landwirtschaft (die), Ackerbau (der).

**agriturismo** *s.m.* 1 (*azienda*) Bauernhof (der) 2 (*attività*) Ferien auf dem Bauernhof.

**agrume** *s.m.* 1 (*albero*) Zitruspflanze (die) 2 (*frutto*) Zitrusfrucht (die).

**aguzzare** *v.tr.* 1 (zu-)spitzen 2 (*fig.*) schärfen: — *la vista*, den Blick schärfen.

**aguzzo** *agg.* 1 spitz 2 (*fig.*) scharf.

**ai** *prep.art.* (a + i) → **a**.

**aia** *s.f.* Hof (der), Innenhof (der).

**AIDS** *s.m.invar.* AIDS (das).

**airone** *s.m.* Reiher (der).

**aiuola** *s.f.* Beet (das).

**aiutante** *s.m.* e *f.* Helfer (der; die -in).

**aiutare** *v.tr.* 1 helfen (+ Dat) 2 (*facilitare*) erleichtern, fördern ♦ **aiutarsi** *v.pron.* 1 sich (*Dat*) selbst helfen 2 (*reciproco*) sich (e inander) helfen.

**aiuto** *s.m.* 1 Hilfe (die): *posso esserle d'—?*, kann ich Ihnen helfen? 2 (*assistente*) Helfer (der) 3 (*med.*) Assistenzarzt (der) ● *—!*, Hilfe! | *chiedere —*, um Hilfe bitten.

**aizzare** *v.tr.* (*contro*) hetzen (auf + Acc).

**al** *prep.art.* (a + il) → **a**.

**ala** *s.f.* Flügel (der).

**alabastro** *s.m.* Alabaster (der).

**alano** *s.m.* (*zool.*) Dogge (die).

**alare**[1] *s.m.* (*del camino*) Feuerbock (der).

**alare**[2] *agg.* ♦ *apertura* —, Spannweite.

**alba** *s.m.* 1 Tagesanbruch (der); Morgengrauen (das) 2 (*fig.*) Anfang (der), Beginn (der).

**albanese** *agg.* albanisch ♦ *s.m.* e *f.* Albaner (der; die -in) ♦ *s.m.* (*lingua*) Albanisch(e) (das).

**Albania** *s.f.* Albanien (das).

**albergatore** *s.m.* [f. -trice] Hotelbesitzer (der; die -in), Hotelier (der).

**alberghiero** *agg.* Hotel...: *industria alberghiera*, Hotelgewerbe.

**albergo** *s.m.* Hotel (das).

**albero** *s.m.* 1 (*bot.*) Baum (der) 2 (*mar.*) Mast(baum) (der) 3 (*mecc.*) Welle (die): — *di trasmissione*, Antriebswelle ● — *di Natale*, Weihnachtsbaum.

**albicocca** *s.f.* Aprikose (die).

**albo** *s.m.* 1 (*per affissioni*) Anschlagbrett (das) 2 (*elenco ufficiale*) Buch (das), Register (das) 3 (*libro illustrato*) Bilderbuch (das) 4 Album (das).

**album** *s.m.invar.* Album (das) ● — *da disegno*, Zeichenblock.

**albume** *s.m.* Eiweiß (das).

**alce** *s.m.* Elch (der).

**alchimista** *s.m.* Alchimist (der).

**alcol** *s.m.invar.* Alkohol (der).

**alcolico** *agg.* alkoholisch, alkoholhaltig ♦ *s.m.* alkoholisches Getränk, Spirituose (die).

**alcolizzato** *agg.* alkoholisiert ♦ *s.m.* [f. -a] Alkoholiker (der; die -in).

**alcoltest** *s.m.invar.* Alkoholtest (der).

**alcuno** *agg.indef.* 1 (*pl.*) einige 2 (*sing.*) (*con valore negativo*) kein ♦ *pron.indef.* 1 (*pl.*) einige, manch einer 2 (*sing.*) (*con valore negativo*) keiner, niemand.

**alfabetico** *agg.* alphabetisch.

**alfabeto** *s.m.* Alphabet (das) ● — *Morse*, Morsealphabet.

**alfiere** *s.m.* 1 Fahnenträger (der) 2 (*scacchi*) Läufer (der).

**alga** *s.m.* Alge (die) ● — *marina*, Seetang.

**algebra** *s.f.* Algebra (die).

**Algeria** *n.pr.f.* Algerien (das).

**algerino** *agg.* algerisch ♦ *s.m.* [f. -a] Algerier (der; die -in).

**algoritmo** *s.m.* Algorithmus (der).

**aliante** *s.m.* Gleitflugzeug (das), Segelflugzeug (das).

**alibi** *s.m.invar.* Alibi (das).

**alienare** v.tr. 1 (dir.) veräußern 2 entfremden.
**alienazione** s.f. 1 Entfremdung (die) 2 (dir.) Veräußerung (die).
**alieno** agg. (da) abgeneigt (+ Dat) ♦ s.m. [f. -a] Außerirdische (der e die).
**alimentare¹** v.tr. 1 ernähren; (animali) füttern 2 (tecn.) speisen 3 (fig.) nähren, schüren ♦ **alimentarsi** v.pron. 1 (con) sich ernähren (mit) 2 (fig.) (di) sich nähren (von).
**alimentare²** agg. Lebensmittel...: generi alimentari, Lebensmittel ♦ s.m.pl. Lebensmittel (das).
**alimentazione** s.f. 1 Ernährung (die) 2 (tecn.) Speisen (das), Speisung (die).
**aliquota** s.f. 1 Anteil (der) 2 (d'imposta) Steuersatz (der).
**aliscafo** s.m. Tragflächenboot (das).
**alito** s.m. Hauch (der), Atem (der): — di vento, Windhauch.
**alla** prep.art. (a + la) → **a**.
**allacciamento** s.m. 1 Anschließen (das) 2 (tecn.) Anschluss (der): — telefonico, Telefonanschluss.
**allacciare** v.tr. 1 zu·binden, zu·schnüren 2 (fig.) an·knüpfen 3 (tecn.) an·schließen ● — la cintura di sicurezza, sich anschnallen.
**allagamento** s.m. Überschwemmung (die), Überflutung (die).
**allagare** v.tr. überschwemmen; (inondare) überfluten.
**allargare** v.tr. 1 erweitern, verbreitern; (abiti) weiter machen 2 (ingrandire) vergrößern 3 (divaricare) spreizen 4 (fig.) (ampliare) aus·weiten, erweitern ♦ **allargarsi** v.pron. 1 sich verbreitern 2 (distanziarsi) sich auseinander stellen ● — le braccia, die Arme ausbreiten.
**allarmante** agg. alarmierend, beunruhigend.
**allarmare** v.tr. alarmieren.
**allarme** s.m. Alarm (der) (anche mil.); Warnruf (der) ● **dare l'—**, Alarm schlagen | falso —, blinder Alarm.
**allattamento** s.m. Stillen (das); (di animali) Säugen (das).

**allattare** v.tr. 1 (bambini) stillen 2 (animali) säugen.
**alle** prep.art. (a + le) → **a**.
**alleanza** s.f. Allianz (die); (coalizione) Bündnis (das).
**allearsi** v.pron. sich verbünden, sich alliieren.
**alleato** s.m. [f. -a] Alliierte (der e die); Verbündete (der e die).
**allegare** v.tr. bei·fügen, bei·legen, bei·geben.
**allegato** s.m. 1 Anlage (die); (di giornale) Beilage (die) 2 (inform.) Anlage (die), Attachment (das) ● **in —**, als (o in der) Anlage.
**alleggerire** v.tr. entlasten ● — qlcu di una parte di lavoro, jdm einen Teil der Arbeit abnehmen.
**allegoria** s.f. Allegorie (die).
**allegria** s.f. Lustigkeit (die), Fröhlichkeit (die).
**allegro** agg. lustig, fröhlich, heiter.
**allenamento** s.m. 1 (sport) Training (das) 2 (esercizio) Übung (die).
**allenare** v.tr. trainieren ♦ **allenarsi** v.pron. (per) 1 (sport) trainieren (für) 2 (esercitarsi) sich üben (auf + Acc).
**allenatore** s.m. [f. -trice] Trainer (der; die -in).
**allentare** v.tr. lockern (anche fig.).
**allergia** s.f. Allergie (die).
**allergico** agg. (a) allergisch (gegen): soggetto —, Allergiker.
**allestimento** s.m. Ausstattung (die), Einrichtung (die); (di mostre) Ausstellung (die).
**allestire** v.tr. ein·richten, aus·statten (anche teatr., film).
**allevamento** s.m. Zucht (die); Züchtung (die).
**allevare** v.tr. 1 (bambini) auf·ziehen, groß·ziehen 2 (animali) züchten.
**alleviare** v.tr. mildern, lindern.
**allievo** s.m. [f. -a] 1 Schüler (der; die -in) 2 (mil.) Kadett (der).
**alligatore** s.m. Alligator (der).
**allineare** v.tr. 1 in einer Reihe auf·stellen (anche mil.) 2 (adeguare) an·passen ♦ **allinearsi** v.pron. (adeguarsi) (a) sich an·passen (an + Acc).

**allo** *prep.art.* (a + lo) → **a**.
**allocco** *s.m.* (zool.) Waldkauz (der).
**allodola** *s.f.* Lerche (die).
**alloggiare** *v.tr.* unter·bringen, beherbergen ♦ *v.intr.* untergebracht sein.
**alloggio** *s.m.* 1 Unterkunft (die) 2 (mil.) Quartier (das).
**allontanare** *v.tr.* 1 (rimuovere) (da) entfernen (aus) 2 weg·rücken ♦ **allontanarsi** *v.pron.* 1 weg·gehen, sich entfernen 2 (deviare) ab·kommen, ab·weichen ● — un pericolo, eine Gefahr abwenden.
**allora** *avv.* (tempo) 1 (in quel momento) da 2 (a quei tempi) damals: da —, seitdem ♦ *agg.* (precede il nome) damalig: l'— presidente..., der damalige Präsident... ♦ *cong.* 1 (in tal caso) dann 2 (dunque) also.
**alloro** *s.m.* Lorbeer (der).
**alluce** *s.m.* große Zehe.
**allucinazione** *s.f.* Halluzination (die), Sinnestäuschung (die).
**allucinogeno** *s.m.* Halluzinogen (das).
**alludere** *v.intr.* (a) an·spielen (auf + Acc).
**alluminio** *s.m.* Aluminium (das).
**allungare** *v.tr.* 1 verlängern, länger machen 2 (distendere) aus·strecken 3 (diluire) verdünnen, verlängern ♦ **allungarsi** *v.pron.* 1 länger werden 2 (distendersi) sich aus·strecken ● — il passo, den Schritt beschleunigen.
**allusione** *s.f.* Anspielung (die), Andeutung (die).
**alluvione** *s.f.* Überschwemmung (die).
**almanacco** *s.m.* Almanach (der); (annuario) Jahrbuch (das).
**almeno** *avv.* wenigstens, mindestens, zumindest.
**alogeno** *agg.* halogen ● lampada alogena, Halogenlampe.
**Alpi** *n.pr.f.pl.* Alpen (pl.).
**alpinismo** *s.m.* Bergsteigen (das), Alpinistik (die).
**alpinista** *s.m. e f.* Bergsteiger (der; die -in), Alpinist (der; die -in).
**alpino** *agg.* alpin, Alpen...: flora alpina, Alpenflora ♦ *s.m.* (mil.) Alpenjäger (der).
**alt** *inter.* Halt.
**altalena** *s.f.* 1 Schaukel (die); (a bilico) Wippe (die) 2 (fig.) Hin-und-her (das).
**altare** *s.m.* Altar (der).
**alterare** *v.tr.* 1 verändern 2 (fig.) fälschen.
**alterazione** *s.f.* 1 Veränderung (die) 2 Fälschung (die); (sofisticazione) Verfälschung (die).
**alternare** *v.tr.* abwechseln lassen ♦ **alternarsi** *v.pron.* sich ab·wechseln.
**alternativa** *s.f.* Alternative (die).
**alternativo** *agg.* alternativ.
**alterno** *agg.* abwechselnd ● a giorni alterni, jeden zweiten Tag.
**altezza** *s.f.* Höhe (die): all'— di via Roma, in der Nähe der Via Roma; (statura) Größe (die) ● essere all'— di qlco, etw (Dat) gewachsen sein | Vostra Altezza, Eure Hoheit.
**altezzoso** *agg.* stolz, hochmütig.
**altitudine** *s.f.* Höhe (die).
**alto** *agg.* 1 hoch; (di persona) groß: quanto sei —?, wie groß bist du? 2 (nobile) edel 3 (di prezzo) hoch 4 (di suono) laut 5 (di tessuto) breit ♦ *avv.* hoch; (su imballaggi) oben ♦ *s.m.* Oberteil (das) ● alta Italia, Norditalien, Oberitalien | a testa alta, hoch erhobenen Hauptes | gli alti e i bassi della vita, das Auf und Ab des Lebens | in —, (stato in luogo) oben; (moto a luogo) nach oben, hinauf | mani in —!, Hände hoch! | siamo in — mare, wir sind noch weit vom Ziel.

> **FALSCHER FREUND**
> Da non confondere con il tedesco *alt*, che significa 'vecchio'.

**Alto Adige** *s.m.* Südtirol (das).
**altoparlante** *s.m.* Lautsprecher (der).
**altopiano** *s.m.* Hochebene (die).
**altrettanto** *agg.indef.* ebensoviel ♦ *pron.indef.* 1 (la stessa quantità) ebenso viel 2 (la stessa cosa) dasselbe ♦ *avv.* genauso, ebenso ● Grazie —!, Danke, gleichfalls!
**altrimenti** *avv.* 1 (diversamente) anders 2 (in caso contrario) sonst.
**altro** *agg.indef.* 1 (diverso, differente)

ander...: *un — modello*, ein anderes Modell 2 (*restante*) übrig, restlich 3 (*in aggiunta*) noch nur, weiter: *hai bisogno di qualche altra cosa?*, brauchst du sonst noch was? 4 (*tempo precedente*) vorig; (*tempo seguente*) nächst, ander...: (*la volta scorsa*) *l'altra volta*, voriges Mal ♦ *pron.indef.* 1 ander...: *un — non lo farebbe*, ein anderer würde das nicht tun 2 (*reciproco*) einander: *si aiutavano l'un l'—*, sie halfen einander ● *gli uni..., gli altri...*, die anderen... | *l'—ieri*, vorgestern | *nessun —*, kein anderer | *qualcun —*, jemand anderes.

**altroché** *avv.* (*come risposta affermativa*) und wie, und ob, natürlich.

**altrove** *avv.* 1 (*stato in luogo*) anderswo, woanders 2 (*moto a luogo*) anderswohin, woandershin.

**altrui** *agg.poss.invar.* der anderen, von anderen.

**altruista** *agg.* altruistisch, selbstlos.

**alunno** *s.m.* [f. *-a*] Schüler (*der; die -in*).

**alveare** *s.m.* Bienenstock (*der*).

**alzacristallo** *s.m.* Fensterheber (*der*).

**alzare** *v.tr.* 1 heben: *— la mano*, die Hand heben 2 (*mettere più in alto*) höhersetzen, höherlegen; (*appendere più in alto*) höherhängen 3 (*aumentare*) erhöhen, erhöhen: *— il volume della radio*, das Radio lauter stellen; *— i prezzi*, die Preise erhöhen 4 (*sollevare*) aufheben ♦ **alzarsi** *v.pron.* 1 (*crescere*) steigen, größer werden, wachsen 2 (*in piedi*) aufstehen 3 (*levarsi*) (*di vento*) aufkommen; (*di sole e luna*) aufgehen 4 (*in volo*) (*di aereo*) abheben, aufsteigen; (*di uccello*) auffliegen.

**amabile** *agg.* 1 liebenswert, liebenswürdig 2 (*di vino*) lieblich.

**amaca** *s.f.* Hängematte (*die*).

**amalgamare** *v.tr.* amalgamieren.

**amante** *agg.* (*appassionato*) liebend ♦ *s.m.* e *f.* Liebhaber (*der; die -in*); Geliebte (*der* e *die*).

**amare** *v.tr.* lieben, liebhaben.

**amarena** *s.f.* Sauerkirsche (*die*).

**amarezza** *s.f.* 1 Bitterkeit (*die*) 2 (*fig.*) Verbitterung (*die*).

**amaro** *agg.* bitter ♦ *s.m.* (*sapore*) Bitterkeit (*die*) (*anche fig.*).

**ambasciata** *s.f.* Botschaft (*die*).

**ambasciatore** *s.m.* [f. *-trice*] 1 Botschafter (*der; die -in*) 2 (*messaggero*) Bote (*der; die Botin*).

**ambientale** *agg.* Umwelt... ● *condizioni ambientali*, Umweltbedingungen.

**ambientalista** *s.m.* e *f.* Umweltschützer (*der* e *die*).

**ambientare** *v.tr.* (*film, libri*) spielen (lassen) ♦ **ambientarsi** *v.pron.* (*in*) sich eingewöhnen (*in* + *Dat*) (*anche fig.*).

**ambiente** *s.m.* 1 Umwelt (*die*), Umgebung (*die*) 2 (*fig.*) Milieu (*das*); Szene (*die*).

**ambiguità** *s.f.* Zweideutigkeit (*die*), Doppeldeutigkeit (*die*).

**ambiguo** *agg.* 1 zweideutig, doppelsinnig 2 (*equivoco*) zweifelhaft.

**àmbito²** *s.m.* Bereich (*der*).

**ambito¹** *agg.* begehrt, ersehnt.

**ambizione** *s.f.* Ehrgeiz (*der*); Streben (*das*).

**ambizioso** *agg.* ehrgeizig ♦ *s.m.* Ehrgeizige (*der*).

**ambo** *agg.num.invar.* beide: *da — i lati*, von beiden Seiten ♦ *s.m.* (*lotto, tombola*) Zweier (*der*), Doppeltreffer (*der*).

**ambra** *s.f.* Bernstein (*der*).

**ambulante** *agg.* Wander...: *venditore —*, Straßenhändler ♦ *s.m.* e *f.* Straßenhändler (*der; die -in*).

**ambulanza** *s.f.* Krankenwagen (*der*), Ambulanz (*die*).

**ambulatorio** *s.m.* Ambulanz (*die*); (*studio medico*) Sprechzimmer (*das*).

**Amburgo** *n.pr.f.* Hamburg (*das*).

**America** *n.pr.f.* Amerika (*das*) ● *— Latina*, Lateinamerika.

**americano** *agg.* amerikanisch ♦ *s.m.* [f. *-a*] Amerikaner (*der; die -in*).

**ametista** *s.f.* Amethyst (*der*).

**amianto** *s.m.* Asbest (*der*).

**amichevole** *agg.* freundschaftlich ● *in via —*, gütlich.

**amicizia** *s.f.* 1 Freundschaft (*die*) 2 (*pl.*) (*amici*) Freundschaften (*pl.*), Freunde (*pl.*) ● *fare — con qlcu*, sich mit jdm anfreunden.

**amico** *agg.* 1 befreundet: *essere — di qlcu*, mit jdm befreundet sein 2 (*bene-*

**amido / ampiezza** 332

*volo)* freundlich, freundschaftlich ♦ *s.m.* [f. *-a*] **1** Freund *(der; die* -in) **2** *(amante)* Liebhaber *(der; die* -in) ● *un mio* —, ein Freund von mir.
**amido** *s.m.* Stärke *(die).*
**ammaccare** *v.tr.* verbeulen, ein-drücken.
**ammaccatura** *s.f.* **1** Beule *(die)* **2** *(di frutta)* Druckstelle *(die).*
**ammaestrare** *v.tr.* dressieren, abrichten.
**ammainare** *v.tr.* ein-holen, ein-ziehen.
**ammalarsi** *v.pron.* krank werden, erkranken.
**ammalato** *agg.* krank ♦ *s.m.* [f. *-a*] Kranke *(der* e *die).*
**ammanco** *s.m.* *(comm.)* Fehlbetrag *(der),* Manko *(das).*
**ammanettare** *v.tr.* Handschellen anlegen (+ *Dat*).
**ammassare** *v.tr.* (an-)häufen; *(mil.)* zusammen-ziehen.
**ammasso** *s.m.* Anhäufung *(die).*
**ammazzare** *v.tr.* töten, um-bringen ● — *il tempo,* die Zeit totschlagen.
**ammenda** *s.f.* *(dir.)* Geldstrafe *(die)* ● *fare* —, Abbitte leisten.
**ammesso** *agg.* **1** *(accettato)* zugelassen **2** *(tollerato)* zulässig ● — *che,* angenommen, dass.
**ammettere** *v.tr.* **1** zu-lassen: — *all'esame,* zur Prüfung zulassen **2** *(riconoscere)* zu-geben **3** *(supporre)* an-nehmen.
**ammiccare** *v.intr.* zu-zwinkern.
**amministrare** *v.tr.* verwalten.
**amministrativo** *agg.* verwaltungsmäßig, Verwaltung....
**amministratore** *s.m.* [f. *-trice*] Verwalter *(der; die* -in); *(di condominio)* Hausverwalter *(der).*
**amministrazione** *s.f.* Verwaltung *(die),* Administration *(die).*
**ammiraglio** *s.m.* Admiral *(der).*
**ammirare** *v.tr.* **1** betrachten **2** *(stimare)* bewundern.
**ammiratore** *s.m.* [f. *-trice*] **1** Bewunderer *(der; die* -in) **2** *(corteggiatore)* Verehrer *(der; die* -in).
**ammirazione** *s.f.* Bewunderung *(die).*

**ammirevole** *agg.* bewundernswert.
**ammissione** *s.f.* **1** Zulassung *(die),* Aufnahme *(die): esame d'* —, Aufnahmeprüfung **2** *(confessione)* Eingeständnis *(das).*
**ammoniaca** *s.f.* Ammoniak *(das).*
**ammonimento** *s.m.* **1** Ermahnung *(die)* **2** *(consiglio)* Belehrung *(die)* **3** *(rimprovero)* Verweis *(der).*
**ammonire** *v.tr.* **1** ermahnen; *(rimproverare)* verweisen **2** *(sport, dir.)* verwarnen.
**ammonizione** *s.f.* **1** Warnung *(die),* *(rimprovero)* Verweis *(der)* **2** *(sport, dir.)* Verwarnung *(die).*
**ammontare** *v.intr.* *(a)* sich belaufen (auf + Acc) ♦ *s.m.invar.* Betrag *(der).*
**ammorbidente** *s.m.* Weichspülmittel *(das); (fam.)* Weichspüler *(der).*
**ammorbidire** *v.tr.* **1** weich machen, erweichen **2** *(fig.)* mildern ♦ **ammorbidirsi** *v.pron.* **1** weich werden **2** *(fig.)* sich mildern.
**ammortizzare** *v.tr.* **1** *(econ.)* amortisieren, tilgen **2** *(tecn.)* dämpfen.
**ammortizzatore** *s.m.* *(aut.)* Stoßdämpfer *(der).*
**ammucchiare** *v.tr.* häufen ♦ **ammucchiarsi** *v.pron.* sich an-sammeln, sich (zusammen-)drängen.
**ammuffire** *v.intr.* (ver)schimmeln.
**ammutinamento** *s.m.* Meuterei *(die).*
**ammutinarsi** *v.pron.* meutern.
**ammutolire** *v.intr.* verstummen, stumm werden.
**amnesia** *s.f.* Amnesie *(die),* Gedächtnisschwund *(der).*
**amnistia** *s.f.* Amnestie *(die).*
**amo** *s.m.* Angelhaken *(der).*
**amorale** *agg.* **1** unmoralisch **2** amoralisch.
**amore** *s.m.* **1** Liebe *(die)* **2** *(persona amata)* Liebling *(der)* ● *con* —, liebevoll | *(fam.) fare l'* — *con qlcu,* mit jdm schlafen | *per amor tuo,* dir zuliebe | *per l'* — *del Cielo!,* um Gotteswillen!
**amorevole** *agg.* liebevoll.
**amoroso** *agg.* Liebes....
**ampiezza** *s.f.* **1** Weite *(die)* **2** *(tess.)* Breite *(die)* ● — *di vedute,* Weitblick.

**ampio** *agg.* 1 weit; (*spazioso*) geräumig 2 (*fig.*) weit.

**ampliamento** *s.m.* Erweiterung (*die*).

**ampliare** *v.tr.* erweitern, ausdehnen; (*ingrandire*) vergrößern.

**amplificare** *v.tr.* verstärken.

**amplificatore** *s.m.* (*tecn.*) Verstärker (*der*).

**ampolla** *s.f.* 1 Fläschchen (*das*) 2 (*relig., tecn.*) Ampulle (*die*).

**amputare** *v.tr.* (*med.*) amputieren, abnehmen.

**amputazione** *s.f.* (*med.*) Amputation (*die*), Abnahme (*die*).

**amuleto** *s.m.* Amulett (*das*).

**anabbagliante** *agg.* (*aut.*) Abblendlicht (*das*).

**anagrafe** *s.f.* 1 Einwohnermelderegister (*das*) 2 (*ufficio*) Einwohnermeldeamt (*das*).

**analfabeta** *agg.* analphabetisch ♦ *s.m. e f.* Analphabet (*der; die* -in).

**analgesico** *agg.* schmerzstillend ♦ *s.m.* Analgetikum (*das*).

**analisi** *s.f.invar.* 1 Analyse (*die*), Untersuchung (*die*), Zergliederung (*die*) 2 (*mat.*) Analysis (*die*) ● **in ultima —**, letzten Endes, letztendlich.

**analista** *s.m.* Analytiker (*der*) ● (*inform.*) **— di sistemi**, Systemanalytiker; **— programmatore**, Programmanalytiker.

**analizzare** *v.tr.* 1 analysieren; untersuchen 2 (*gramm.*) zergliedern.

**analogo** *agg.* (*a*) analog (zu).

**ananas** *s.m.invar.* Ananas (*die*).

**anarchia** *s.f.* 1 Anarchie (*die*) 2 (*dottrina*) Anarchismus (*der*).

**anarchico** *agg.* anarchisch, anarchistisch ♦ *s.m.* [f. -**a**] Anarchist (*der; die* -in).

**anatomia** *s.f.* Anatomie (*die*).

**anatomico** *agg.* anatomisch.

**anatra** *s.f.* Ente (*die*); (*maschio*) Erpel (*der*).

**anca** *s.f.* (*anat.*) Hüfte (*die*).

**anche** *cong.* 1 auch 2 (*persino*) sogar, selbst ♦ **quand'—**, auch wenn.

**àncora** *s.f.* 1 (*mar., elettr.*) Anker (*der*) 2 (*edil.*) Verankerung (*die*) ● **— di salvezza**, Rettungsanker.

**ancóra** *avv.* 1 noch, immer noch: **— un po'**, noch ein wenig 2 (*finora*) bis jetzt: *non è — successo niente*, bis jetzt ist nichts passiert 3 (*un'altra volta*) nochmals.

**ancorare** *v.tr.* 1 verankern 2 (*econ.*) binden ♦ **ancorarsi** *v.pron.* (*mar.*) vor Anker gehen; ankern.

**andamento** *s.m.* Ablauf (*der*), Entwicklung (*die*).

**andare**[1] *v.intr.* 1 (*a piedi*) gehen; (*con veicolo*) fahren; (*in aereo*) fliegen: **— a far spese**, einkaufen gehen | (*seguito da gerundio*): *Maria va dicendo che...*, Maria sagt überall, dass... ♦ (*di abito ecc.*) **— bene**, passen | **andarsene**, fortgehen, weggehen | *Va cosi*, wie geht's.

**andare**[2] *s.m.* 1 (*l'andare*) Gehen (*das*) 2 (*andatura*) Gang (*der*) ● **a lungo —**, auf die Dauer.

**andata** *s.f.* ● **all'—**, auf dem Hinweg | **biglietto di — e ritorno**, Rückfahrkarte.

**andatura** *s.f.* 1 Gang (*der*); (*sport*) Gangart (*die*) 2 (*mar.*) Fahrt (*die*).

**andirivieni** *s.m.* Hin und Her (*das*), Kommen und Gehen (*das*).

**aneddoto** *s.m.* Anekdote (*die*).

**anello** *s.m.* 1 Ring (*der*) 2 (*cerchio*) Ring (*der*); (*di catena*) Kettenglied (*das*) ● **— nuziale**, Trauring (*der*) | **— stradale**, Kreisverkehr.

**anemia** *s.f.* Anämie (*die*).

**anemico** *agg.* (*med.*) anämisch, blutarm.

**anemone** *s.m.* (*bot.*) Anemone (*die*).

**anestesia** *s.f.* Anästhesie (*die*), Betäubung (*die*) ● **— locale**, örtliche Betäubung | **— totale**, Vollnarkose.

**anestetico** *agg.* anästhetisch, betäubend ♦ *s.m.* Anästhetikum (*das*), Betäubungsmittel (*das*).

**anestetizzare** *v.tr.* anästhesieren, betäuben.

**anfiteatro** *s.m.* Amphitheater (*das*).

**anfora** *s.f.* Amphore (*die*).

**angelico** *agg.* 1 Engel... 2 (*fig.*) engelhaft.

**angelo** *s.m.* Engel (*der*) ● (*relig.*) **angelo —**, Schutzengel (*anche fig.*).

**angheria** *s.f.* Schikane (*die*).
**angina** *s.f.* (*med.*) Angina (*die*).
**angolare** *agg.* eckig, winkelförmig.
**angolo** *s.m.* 1 (*geom.*) Winkel (*der*) 2 Ecke (*die*) ● — *cottura*, Kochnische.
**angoscia** *s.f.* Angst (*die*), Angstzustand (*der*).
**angosciare** *v.tr.* ängstigen, Angst machen (+ *Dat*).
**anguilla** *s.f.* Aal (*der*).
**anguria** *s.f.* Wassermelone (*die*).
**angusto** *agg.* eng, schmal.
**anice** *s.m.* Anis (*der*).
**anima** *s.f.* Seele (*die*) ● *non c'era — viva*, keine Menschenseele war da.
**animale** *agg.* tierisch, Tier-...: *regno* —, Tierreich, Tierwelt ◆ *s.m.* Tier (*das*).
**animare** *v.tr.* beleben.
**animato** *agg.* lebhaft.
**animatore** *agg.* belebend, treibend ◆ *s.m.* [*f.* -*trice*] 1 Anführer (*der*) 2 (*turismo*) Animateur (*der*).
**animazione** *s.f.* 1 (*vivacità*) Lebhaftigkeit (*die*) 2 (*affollamento*) Betrieb (*der*) 3 (*attività ricreative*) Animation (*die*).
**animo** *s.m.* 1 Gemüt (*das*), (*spirito*) Geist (*der*), (*mente*) Sinn (*der*); (*anima*) Seele (*die*) 2 (*coraggio*) Mut (*der*): *perdersi d'—*, den Mut verlieren ● *forza d'—*, Seelenstärke | *stato d'—*, Seelenzustand.
**annacquare** *v.tr.* 1 verwässern, verdünnen 2 (*fig.*) abschwächen, (ab)mildern.
**annaffiare** *v.tr.* (*fiori*) (be)gießen.
**annaffiatoio** *s.m.* Gießkanne (*die*).
**annali** *s.m.pl.* Jahrbücher (*pl.*), Annalen (*pl.*).
**annata** *s.f.* 1 Jahrgang (*der*) 2 (*di vino*) Weinjahr (*das*) 3 (*raccolto*) Erntejahr (*das*) 4 (*importo annuo*) Jahresbetrag (*der*).
**annegare** *v.tr.* ertränken ◆ *v.intr.* ertrinken.
**annessione** *s.f.* 1 (*unione*) Anfügung (*die*); Angliederung (*die*) 2 (*pol.*) Annexion (*die*).
**annettere** *v.tr.* 1 an·schließen 2 (*pol.*) annektieren.

**annientamento** *s.m.* Vernichtung (*die*).
**annientare** *v.tr.* vernichten.
**anniversario** *s.m.* Jahrestag (*der*), Jahresfeier (*die*).
**anno** *s.m.* Jahr (*das*): *nell'— 1980*, im Jahre 1980; *l'— prossimo*, nächstes Jahr ● *a quattro anni*, mit vier Jahren | *buon —!*, Frohes neues Jahr!; (*brindando*) Prost Neujahr! | *quanti anni hai?*, wie alt bist du?
**annodare** *v.tr.* verknüpfen, (ver)knoten.
**annoiare** *v.tr.* 1 langweilen 2 (*seccare*) belästigen ◆ **annoiarsi** *v.pron.* sich langweilen.
**annotare** *v.tr.* 1 auf·schreiben, notieren 2 (*un testo*) mit Anmerkungen versehen.
**annuale** *agg.* 1 (*di ogni anno*) jährlich 2 (*per un anno*) Jahres-...: *contratto* —, Jahresvertrag (*der*) (*di un solo anno*) einjährig.
**annuire** *v.intr.* nicken.
**annullamento** *s.m.* 1 Annullierung (*die*) 2 (*comm.*) Stornierung (*die*), Lösung (*die*) 3 (*dir.*) Aufhebung (*die*).
**annullare** *v.tr.* 1 für ungültig erklären, auf·heben 2 (*comm.*) (*ordine*) stornieren, annullieren 3 (*dir.*) auf·heben.
**annunciare** *v.tr.* 1 verkündigen, an·kündigen, melden 2 (*visita*) an·melden 3 (*tv*) an·sagen ● *farsi* —, sich (an)melden lassen.
**annuncio** *s.m.* 1 Verkündung (*die*), Ankündigung (*die*), Meldung (*die*) 2 (*edit.*) Annonce (*die*), Anzeige (*die*) 3 (*di visita*) Anmeldung (*die*) 4 (*tv*) Ansage (*die*).
**annuo** *agg.* Jahres-...: *fatturato* —, Jahresumsatz.
**annusare** *v.tr.* 1 schnuppern (an + *Dat*), beschnüffeln 2 (*fig.*) spüren.
**anonimato** *s.m.* Anonymität (*die*).
**anonimo** *agg.* anonym ◆ *s.m.* Anonymus (*der*) ● *quadro di* —, Bild von unbekanntem Künstler (*o* Meister).
**anoressia** *s.f.* (*med.*) Anorexie (*die*), Magersucht (*die*).
**anormale** *agg.* 1 anormal, unnormal

**2** (*med.*) anormal, krankhaft ♦ *s.m.* Anormale (*der*).

**ansa** *s.f.* (*di fiume*) Schleife (*die*).

**ansia** *s.f.* Beklemmung (*die*), Angstzustand (*der*).

**ansimare** *v.intr.* keuchen, außer Atem sein.

**ansioso** *agg.* **1** besorgt, ängstlich **2** (*desideroso*) begierig.

**antagonista** *s.m.* Antagonist (*der*).

**antartico** *agg.* antarktisch.

**antefatto** *s.m.* Vorgeschichte (*die*).

**antenato** *s.m.* [f. *-a*] Ahn (*der*; *die* -in), Vorfahr (*der*; *die* -in).

**antenna** *s.f.* Antenne (*die*): — *del televisore*, Fernantenne.

**anteprima** *s.f.* Vorausführung (*die*).

**anteriore** *agg.* **1** Vorder...: *ruote anteriori*, Vorderräder **2** (*precedente*) vorhergehend.

**antiaereo** *agg.* (*mil.*) ● *difesa antiaerea*, Luftabwehr.

**antibiotico** *agg.* antibiotisch ♦ *s.m.* Antibiotikum (*das*).

**anticamera** *s.f.* Vorzimmer (*das*).

**antichità** *s.f.invar.* **1** (*età antica*) Altertum (*das*) **2** (*pl.*) (*oggetti*) Antiquität (*die*).

**anticiclone** *s.m.* Hochdruckgebiet (*das*).

**anticipare** *v.tr.* **1** vorverlegen **2** (*una somma*) vorschießen, vorstrecken; (*pagare in anticipo*) vorausbezahlen **3** (*divulgare in anticipo*) im voraus sagen **4** (*prevedere*) vorwegnehmen, voraussehen.

**anticipazione** *s.f.* **1** Vorverlegung (*die*) **2** (*banca*) Vorauszahlung (*die*) **3** (*previsione*) Voraussage (*die*) **4** (*fig.*) Vorgeschmack (*der*), Vorwegnahme (*die*).

**anticipo** *s.m.* Vorschuss (*der*); (*caparra*) Anzahlung (*die*) ● *in* —, im Voraus: *arrivare in* —, zu früh kommen.

**antico** *agg.* **1** alt, antik: *mobile* —, antikes Möbelstück **2** (*dell'antichità*) antik, Altertums...: *l'arte antica*, die Kunst der Antike; *gli antichi Romani*, die alten Römer ● *all'antica*, altmodisch, altertümlich.

**anticoncezionale** *agg.* empfängnisverhütend ♦ *s.m.* Empfängnisverhütungsmittel (*das*).

**antidolorifico** *s.m.* Schmerzmittel (*das*).

**antidoto** *s.m.* Gegengift (*das*).

**antidroga** *agg.* ● *cane* —, Spürhund.

**antiforfora** *agg.invar.* ● *shampoo* —, Antischuppenshampoo.

**antifurto** *s.m.invar.* Alarmanlage (*die*), Diebstahlschutz (*der*).

**antincendio** *agg.invar.* Feuer...: *allarme* —, Feueralarm, Feuermelder.

**antipasto** *s.m.* Vorspeise (*die*), Vorgericht (*das*).

**antipatia** *s.f.* Abneigung (*die*), Antipathie (*die*): *provare* — *per* (*o verso*) *qlcu*, Abneigung gegen jdn empfinden.

**antipatico** *agg.* unsympathisch ♦ *s.m.* [f. *-a*] unsympathischer Mensch.

**antipode** *s.m.* Antipode (*der*).

**antiquariato** *s.m.* Antiquitätenhandel (*der*).

**antiquario** *agg.* antiquarisch, Antiquitäten... ♦ *s.m.* [f. *-a*] Antiquitätenhändler (*der*; *die* -in).

**antiquato** *agg.* veraltet, altmodisch.

**antiruggine** *s.m.invar.* Rostschutzmittel (*das*) ● *vernice* —, Rostschutzfarbe.

**antisettico** *agg.* antiseptisch ♦ *s.m.* Antiseptikum (*das*).

**antistaminico** *s.m.* Antihistaminikum (*das*).

**antitesi** *s.f.* Antithese (*die*).

**antologia** *s.f.* Anthologie (*die*).

**anulare** *s.m.* Ringfinger (*der*) ● *raccordo* —, Umgehungsschnellstraße.

**anzi** *cong.* **1** (*al contrario*) im Gegenteil **2** (*o meglio*) besser noch **3** (*rafforzativo*) sogar.

**anziano** *agg.* alt; älter ♦ *s.m.* [f. *-a*] Alte (*der* e *die*).

**anziché** *cong.* (*invece di*) statt, anstatt.

**anzitutto** *avv.* zunächst, zuallererst.

**aorta** *s.f.* (*anat.*) Aorta (*die*), Hauptschlagader (*die*).

**apatia** *s.f.* Apathie (*die*); Teilnahmslosigkeit (*die*).

**apatico** *agg.* apathisch; teilnahmslos.

**ape** *s.f.* Biene (die) ● — *regina*, Bienenkönigin.

**aperitivo** *s.m.* Aperitif (der).

**aperto** *agg.* 1 offen, geöffnet 2 (*esteso, ampio*) weit, frei 3 (*fig.*) offen, aufgeschlossen 4 (*manifesto*) eindeutig, klar, offen 5 (*non concluso*) offen, ungeklärt ♦ *all'—*, im Freien: *dormire all'—*, unter freiem Himmel schlafen | *all'aria aperta*, draußen, im Freien.

**apertura** *s.f.* 1 (*l'aprire*) Öffnen (das), Aufmachen (das); Eröffnung (die) 2 (*inizio*) Beginn (der); (*inaugurazione*) Öffnung (die) 3 (*fenditura*) Spalt (der), Schlitz (der); (*foro*) Loch (das) ● — *mentale*, Aufgeschlossenheit.

**apice** *s.m.* 1 Gipfel (der); Spitze (die) 2 (*fig.*) Gipfel (der), Höhepunkt (der).

**apocalisse** *s.f.* Apokalypse (die).

**apogeo** *s.m.* (*astr.*) Apogäum (das), Erdferne (die).

**apologia** *s.f.* Apologie (die), Verteidigung (die).

**apoplettico** *agg.* apoplektisch ● *colpo —*, Schlaganfall.

**apostolico** *agg.* apostolisch.

**apostolo** *s.m.* Apostel (der).

**apostrofo** *s.m.* Apostroph (der).

**appagare** *v.tr.* befriedigen ● *sentirsi appagato*, zufrieden sein.

**appaiare** *v.tr.* paaren.

**appalto** *s.m.* Auftragsvergabe (die): *dare, prendere in —*, einen Auftrag vergeben, bekommen.

**appannare** *v.tr.* trüben ♦ **appannarsi** *v.pron.* sich trüben, beschlagen ● *vetri appannati*, beschlagene Scheiben.

**apparato** *s.m.* Apparat (der).

**apparecchiare** *v.tr.* decken.

**apparecchiatura** *s.f.* Apparatur (die), Vorrichtung (die).

**apparecchio** *s.m.* 1 Apparat (der), Gerät (das) 2 (*aer.*) Maschine (die) 3 (*ortodontico*) Zahnspange (die).

**apparente** *agg.* 1 ersichtlich, erkennbar 2 (*non reale*) scheinbar.

**apparenza** *s.m.* Schein (der), Anschein (der), Äußere (das).

**apparire** *agg.* 1 erscheinen; (*comparire*) sichtbar werden 2 (*sembrare*) scheinen.

**appariscente** *agg.* auffallend, auffällig.

**apparizione** *s.f.* Erscheinung (die) (*anche relig.*).

**appartamento** *s.m.* Wohnung (die), Appartement (das).

**appartenere** *v.intr.* (*a*) 1 gehören (+ Dat): *questa casa appartiene alla mia famiglia*, dieses Haus gehört meiner Familie 2 (*far parte di*) angehören (+ Dat).

**appassionare** *v.tr.* begeistern, mitreißen ♦ **appassionarsi** *v.pron.* (*a, per*) sich begeistern (für).

**appassire** *v.intr.* verwelken (*anche fig.*).

**appello** *s.m.* 1 Appell (der), Aufruf (der): *lanciare un —*, einen Appell richten 2 (*dir.*) Berufung (die).

**appena** *avv.* 1 (*a stento, poco*) kaum 2 (*tempo*) soeben erst: *sono — le dieci*, es ist erst zehn Uhr 3 (*da poco*) eben, vor kurzem, gerade: *siamo — arrivati*, wir sind soeben (o eben erst) angekommen; *ero — tornato a casa quando...*, ich war gerade wieder zu Hause, als... ♦ *cong.* kaum, sobald: — *lo vide, gli corse incontro*, kaum hatte sie ihn gesehen, lief sie auf ihn zu ● *non —*, sobald.

**appendere** *v.tr.* (auf-)hängen.

**appendiabiti** *s.m.invar.* Kleiderständer (der).

**appendice** *s.f.* 1 Anhang (der), Zusatz (der) 2 (*anat.*) Blinddarm (der).

**appendicite** *s.f.* Blinddarmentzündung (die), Appendizitis (die).

**appesantire** *v.tr.* schwer machen, beschweren.

**appetito** *s.m.* Appetit (der) ● *buon —!*, guten Appetit!, Mahlzeit!

**appetitoso** *agg.* appetitlich.

**appiattire** *v.tr.* 1 ab-flachen, platt drücken 2 (*fig.*) aus-gleichen ♦ **appiattirsi** *v.pron.* flach werden.

**appiccicare** *v.tr.* (an-)kleben ♦ *v.intr.* kleben ♦ **appiccicarsi** *v.pron.* 1 kleben, haften-bleiben 2 (*fig.*) (*a*) sich hängen (an + Acc).

**appigliarsi** *v.pron.* (*a*) sich klammern (an + Acc) (*anche fig.*).

**appiglio** *s.m.* 1 Halt (der) 2 (fig.) Gelegenheit (die), Anlass (der).

**applaudire** *v.tr.* klatschen (+ *Dat*) ♦ *v.intr.* klatschen.

**applauso** *s.m.* Beifall (der), Applaus (der).

**applicare** *v.tr.* 1 (*incollando*) (auf-)kleben; (*cucendo*) auf-nähen; (*trucco, pomata ecc.*) auf-tragen 2 (*mettere in pratica*) an-wenden ♦ **applicarsi** *v.pron.* sich (*Dat*) Mühe geben.

**applicazione** *s.f.* 1 Anwendung (die) 2 (*med.*) Applikation (die), Verabreichung (die).

**appoggiare** *v.tr.* 1 (*accostare*) (an-)legen, stellen, (an-)lehnen 2 (*posare*) stellen, legen 3 (*sostenere*) unterstützen, befürworten ♦ **appoggiarsi** *v.pron.* (*a*) sich (*Dat*) an-lehnen (an + *Acc*), sich stützen (auf + *Acc*).

**appoggio** *s.m.* 1 Stütze (die) 2 (fig.) Unterstützung (die).

**apportare** *v.tr.* beitragen; — *una modifica*, eine Veränderung vornehmen.

**appositamente** *avv.* absichtlich, eigens.

**apposito** *agg.* dafür vorgesehen, dazu bestimmt.

**apposta** *avv.* 1 absichtlich, mit Absicht 2 (*espressamente*) eigens.

**apprendere** *v.tr.* 1 (*imparare*) lernen 2 (*venire a sapere*) erfahren.

**apprendimento** *s.m.* Lernen (das), Erlernen (das).

**apprendista** *s.m. e f.* Auszubildende (der e die); Lehrling (der).

**apprezzamento** *s.m.* 1 Schätzung (die), Bewertung (die) 2 (*giudizio*) Bemerkung (die).

**apprezzare** *v.tr.* würdigen, schätzen.

**approccio** *s.m.* 1 (*contatto*) Annäherung (die) 2 (*impostazione*) Ansatz (der).

**approdare** *v.intr.* landen, an-legen ● *non — a nulla*, zu nichts führen.

**approdo** *s.m.* 1 Landung (die), Anlegen (das) 2 (*luogo*) Landungsplatz (der), Anlegeplatz (der).

**approfittare** *v.intr.* 1 (be)nutzen 2 (*trarre profitto*) Nutzen ziehen ♦ **approfittarsi** *v.pron.* aus-nutzen: *tutti si approfittano di lui*, alle nutzen ihn aus.

**approfondimento** *s.m.* Vertiefung (die).

**approfondire** *v.tr.* vertiefen.

**appropriato** *agg.* 1 passend, geeignet 2 (*di vocabolo*) treffend.

**approssimativo** *agg.* annähernd, ungefähr.

**approvare** *v.tr.* 1 billigen, gut-heißen 2 (*dare convalida*) genehmigen.

**approvazione** *s.f.* 1 Billigung (die) 2 (*di bilancio*) Genehmigung (die).

**approvvigionamento** *s.m.* Versorgung (die).

**approvvigionare** *v.tr.* (*di*) versorgen (mit) ♦ **approvvigionarsi** *v.pron.* (*di*) sich (*Dat*) beschaffen; (*comm.*) sich ein-decken (mit).

**appuntamento** *s.m.* 1 Verabredung (die) 2 (*dal medico*) Termin (der) ● *dar-si — con qlcu*, sich mit jdm verabreden.

**appunto¹** *s.m.* 1 Notiz (die): *prendere appunti*, sich (*Dat*) Notizen machen 2 (*rimprovero*) Vorwurf (der).

**appunto²** *avv.* (*proprio*) (genau)so, eben, gerade ● *per l'*—, jawohl, gewiss, genau.

**apribottiglie** *s.m.invar.* Flaschenöffner (der).

**aprile** *s.m.* April (der) → *gennaio* ● *pesce d'*—, Aprilscherz.

**aprire** *v.tr.* 1 öffnen, auf-machen: — *la porta*, die Tür auf-machen; — *una bottiglia*, eine Flasche öffnen 2 (*allargare*) aus-breiten 3 (*svitare*) auf-drehen; aufschrauben 4 (*dare inizio a*) beginnen, eröffnen: *i negozi aprono alle 9*, die Geschäfte öffnen um 9 ♦ **aprirsi** *v.pron.* 1 sich öffnen 2 (*cominciare*) geöffnet werden, beginnen ● — *un regalo*, ein Geschenk auspacken | *aprirsi con qlcu*, sich jdm anvertrauen.

**apriscatole** *s.m.invar.* Dosenöffner (der), Büchsenöffner (der).

**aquila** *s.f.* 1 (*zool.*) Adler (der) 2 (fig.) Genie (das).

**aquilone** *s.m.* Drachen (der).

**Arabia Saudita** *n.pr.f.* Saudi-Arabien (das).

**arabo** *agg.* arabisch ♦ *s.m.* 1 [f. -*a*] Ara-

**arachide / aridità** 338

ber (*der*; *die* -in) **2** (*lingua*) Arabisch(e) (*das*) ● (*scherz.*) questo è — per me, das ist Chinesisch für mich.
**arachide** *s.f.* (*bot.*) Erdnuss (*die*).
**aragosta** *s.f.* Languste (*die*).
**arancia** *s.f.* Apfelsine (*die*), Orange (*die*).
**aranciata** *s.f.* Orangensaft (*der*); Orangenlimonade (*die*).
**arancio** *s.m.* **1** (*albero*) Orangenbaum (*der*), Apfelsinenbaum (*der*) **2** (*frutto*) Apfelsine (*die*), Orange (*die*).
**arancione** *agg.* dunkelorange ♦ *s.m.invar.* Dunkelorange (*das*).
**arare** *v.tr.* pflügen, ackern.
**aratro** *s.m.* Pflug (*der*).
**arazzo** *s.m.* Wandteppich (*der*).
**arbitrare** *v.tr.* (*sport*) schiedsrichtern bei.
**arbitrario** *agg.* willkürlich.
**arbitrio** *s.m.* **1** Willkür (*die*) **2** (*abuso*) eigenmächtige Handlung ● (*teol.*) *libero* —, Willensfreiheit.
**arbitro** *s.m.* (*dir.*, *sport*) Schiedsrichter (*der*).
**arca** *s.f.* Truhe (*die*) ● (*Bibbia*) *l'* — *di Noè*, die Arche Noah.
**arcangelo** *s.m.* Erzengel (*der*).
**arcata** *s.f.* Bogen (*der*).
**archeologia** *s.f.* Archäologie (*die*).
**archeologo** *s.m.* [f. -a] Archäologe (*der*; *die* Archäologin).
**archetto** *s.m.* (*mus.*) Bogen (*der*), Streichbogen (*der*).
**architetto** *s.m.* [f. -a] Architekt (*der*; *die* -in).
**architettura** *s.f.* **1** Architektur (*die*), Baukunst (*die*) **2** (*struttura*) Aufbau (*der*), Struktur (*die*).
**architrave** *s.m.* Tragbalken (*der*).
**archivio** *s.m.* Archiv (*das*) ● (*inform.*) — (*dei*) *dati*, Datei.
**arciere** *s.m.* Bogenschütze (*der*).
**arcipelago** *s.m.* Archipel (*der*); Inselgruppe (*die*).
**arcivescovo** *s.m.* Erzbischof (*der*).
**arco** *s.m.* **1** Bogen (*der*) **2** (*mus.*) Bogen (*der*) **3** (*geom.*) Kreisbogen (*der*) **4** (*arch.*) Bogen (*der*) ● *ad* —, bogenförmig | (*mus.*) *strumenti ad* —, Streichin-

strumente | *un* — *di tempo*, eine Zeitspanne.
**arcobaleno** *s.m.* Regenbogen (*der*).
**ardente** *agg.* brennend, glühend (*anche fig.*).
**ardere** *v.tr.* verbrennen ♦ *v.intr.* brennen, glühen: — *dal desiderio di fare qlco*, darauf brennen, etw zu tun.
**ardesia** *s.f.* Schiefer (*der*).
**ardito** *agg.* **1** mutig, tapfer **2** (*azzardato*) gewagt.
**ardore** *s.m.* **1** Eifer (*der*), Fleiß (*der*) **2** (*passione*) Leidenschaft (*die*).
**area** *s.f.* **1** (*superficie*) Fläche (*die*) **2** (*regione*) Gegend (*die*), Gebiet (*das*) **3** (*sport*) Raum (*der*): — *di rigore*, Strafraum ● — *di servizio*, Raststätte.
**arena** *s.f.* Arena (*die*).
**arenarsi** *v.pron.* **1** auf Grund geraten, auf Grund laufen **2** (*fig.*) sich festfahren, ins Stocken geraten.
**argano** *s.m.* Winde (*die*).
**argentato** *agg.* **1** versilbert **2** (*colore*) silbrig.
**argenteria** *s.f.* Silber (*das*).
**Argentina** *n.pr.f.* Argentinien (*das*).
**argentino** *agg.* argentinisch ♦ *s.m.* [f. -a] Argentinier (*der*; *die* -in).
**argento** *s.m.* Silber (*das*) ● — *vivo*, Quecksilber | *nozze d'* —, Silberhochzeit.
**argilla** *s.f.* Ton (*der*); *d'* —, tönern.
**arginare** *v.tr.* **1** eindämmen **2** (*fig.*) aufhalten.
**argine** *s.m.* **1** Damm (*der*), Deich (*der*) **2** (*fig.*) Widerstand (*der*), Einhalt (*der*).
**argomento** *s.m.* **1** Argument (*das*) **2** (*soggetto*) Thema (*das*), Gegenstand (*der*).
**arguto** *agg.* scharfsinnig, geistvoll.
**aria** *s.f.* **1** Luft (*die*) **2** (*vento*) Luft (*die*), Wind (*der*) **3** (*fig.*) Schein (*der*), Miene (*die*): *avere l'* — *triste*, traurig wirken **4** (*mus.*) Arie (*die*) ● — *condizionata*, Klimaanlage | *darsi delle arie*, sich wichtig tun | *mandare all'* —, zunichte machen | *prendere una boccata d'* — (*fresca*), frische Luft schöpfen | *saltare in* —, in die Luft fliegen.
**aridità** *s.f.* Dürre (*die*), Trockenheit (*die*).

**arido** *agg.* 1 trocken 2 *(fig.)* gefühllos.
**arieggiare** *v.tr.* lüften.
**ariete** *s.m.* 1 *(zool.)* Widder *(der)* 2 *(astr.)* Widder *(der).*
**aringa** *s.f.* Hering *(der).*
**aristocratico** *agg.* 1 aristokratisch; ad(e)lig 2 *(estens.)* vornehm, fein ♦ *s.m.* [f. -a] Aristokrat *(der; die* -in).
**aristocrazia** *s.f.* Aristokratie *(die),* Adel(sstand) *(der).*
**aritmetica** *s.f.* Arithmetik *(die),* Rechnen *(das).*
**aritmetico** *agg.* arithmetisch.
**arlecchino** *s.m.* Harlekin *(der).*
**arma** *s.f.* Waffe *(die)* ● — **da fuoco**, Feuerwaffe *(o* Schusswaffe).
**armadio** *s.m.* Schrank *(der):* — **a muro**, Wandschrank, Einbauschrank.
**armamento** *s.m.* *(mil.)* Bewaffnung *(die),* Rüstung *(die),* Ausrüstung *(die).*
**armare** *v.tr.* 1 *(mil.)* bewaffnen 2 *(mar.)* bestücken, ausrüsten 3 *(edil.)* bewehren, armieren ♦ **armarsi** *v.pron.* *(di)* sich bewaffnen (mit); rüsten.
**armata** *s.f.* Armee *(die).*
**armatore** *s.m.* [f. -trice] *(mar.)* Reeder *(der; die* -in).
**armatura** *s.f.* 1 Rüstung *(die)* 2 *(edil.)* Bewehrung *(die);* *(in cemento armato)* Armierung *(die).*
**armistizio** *s.m.* Waffenstillstand *(der).*
**armonia** *s.f.* 1 *(mus.)* Harmonielehre *(die)* 2 *(fig.)* Harmonie *(die),* Einklang *(der).*
**armonica** *s.f.* Harmonika *(die).*
**armonico, armonioso** *agg.* harmonisch *(anche fig.).*
**arnese** *s.m.* 1 *(da lavoro)* Werkzeug *(das);* *(da cucina)* Küchengerät *(das)* 2 *(aggeggio)* Gerät *(das),* *(oggetto)* Ding *(das).*
**arnia** *s.f.* Bienenstock *(der),* Bienenhaus *(das).*
**aroma** *s.m.* 1 Aroma *(das)* 2 *(pl.)* *(spezie)* Gewürze *(die).*
**aromatico** *agg.* aromatisch; *(estens.)* würzig.
**aromatizzare** *v.tr.* aromatisieren, würzen.
**arpa** *s.f.* Harfe *(die).*

**arrabbiarsi** *v.pron.* *(per)* zornig *(o* böse) werden (über + Acc), sich ärgern (über + Acc).
**arrabbiato** *agg.* 1 zornig, böse, verärgert 2 *(vet.)* tollwütig.
**arrampicarsi** *v.pron.* 1 (hinauf-)klettern 2 *(di piante)* ranken 3 *(sport)* klettern.
**arrangiamento** *s.m.* *(mus.)* Arrangement *(das).*
**arrangiarsi** *v.pron.* sich zurechtfinden, zurechtkommen.
**arredamento** *s.m.* 1 Einrichten *(das)* 2 Einrichtung *(die),* Ausstattung *(die).*
**arredare** *v.tr.* einrichten, ausstatten.
**arredo** *s.m.* Ausstattung *(die),* Einrichtung *(die).*
**arrendersi** *v.pron.* 1 *(a)* sich ergeben (+ Dat) 2 *(fig.)* *(cedere)* nachgeben.
**arrestare** *v.tr.* 1 verhaften, festnehmen 2 *(fermare)* zum Stillstand bringen ♦ **arrestarsi** *v.pron.* zum Stillstand kommen; *(fermarsi)* stehen bleiben.
**arresto** *s.m.* 1 Stillstand *(der)* 2 *(dir.)* Verhaftung *(die): in stato d'*—, in Haft ● **subire una battuta d'**—, ins Stocken geraten.
**arretrare** *v.tr. e intr.* (sich) zurückziehen.
**arretrato** *agg.* 1 liegen geblieben 2 *(sottosviluppato)* rückständig ♦ *s.m.* Rückstand *(der)* *(anche comm.): essere in* — *con il lavoro*, mit der Arbeit im Rückstand sein ● *(numero)* —, *(giornale)* alte Nummer.
**arricchire** *v.tr.* 1 bereichern *(anche fig.)* 2 anreichern *(anche chim.)* ♦ **arricchirsi** *v.pron.* reich werden.
**arricciare** *v.tr.* kräuseln: *arricciarsi i capelli*, sich *(Dat)* die Haare kräuseln ● — *il naso (per qlco)*, (über etw) die Nase rümpfen.
**arringa** *s.f.* *(dir.)* Plädoyer *(das).*
**arrivare** *v.intr.* 1 kommen; ankommen, eintreffen 2 *(giungere) (a)* reichen (bis) ● — *in orario*, pünktlich sein | — *in ritardo*, verspätet kommen | *non ci arrivo*, da komme ich nicht dran; *(non capisco)* ich begreife es nicht.
**arrivederci** *inter.* auf Wiedersehen ♦ *s.m.* Aufwiedersehen *(das).*

**arrivo** *s.m.* 1 Ankunft (*die*), Eintreffen (*das*) 2 (*ospite*) Gast (*der*) 3 (*di merce*) Eingang (*der*) 4 (*sport*) (*traguardo*) Ziel (*das*).
**arrogante** *agg.* arrogant, anmaßend.
**arroganza** *s.f.* Arroganz (*die*), Anmaßung (*die*).
**arrossamento** *s.m.* Rötung (*die*).
**arrossire** *v.intr.* erröten, rot werden.
**arrostire** *v.tr.* braten; (*grigliare*) grillen; (*pane, castagne*) rösten.
**arrosto** *s.m.* Braten (*der*) ♦ *agg.* gebraten, Brat...: *patate —*, Röstkartoffeln.
**arrotolare** *v.tr.* auf-rollen, zusammen-rollen.
**arrotondare** *v.tr.* 1 runden, ab-runden 2 (*fig.*) aufbessern ● *— lo stipendio*, das Gehalt aufbessern.
**arroventare** *v.tr.* zum Glühen bringen; glühend heiß machen ♦ **arroventarsi** *v.pron.* glühend heiß werden (*anche fig.*).
**arrugginire** *v.intr.* (ver)rosten ♦ **arrugginirsi** *v.pron.* rosten, verrosten.
**arruolare** *v.tr.* (*mil.*) einberufen ♦ **arruolarsi** *v.pron.* sich freiwillig melden.
**arsenale** *s.m.* 1 Schiffswerft (*die*) 2 Waffenlager (*das*); Arsenal (*das*) (*anche fig.*).
**arsenico** *s.m.* (*chim.*) Arsen (*das*).
**arso** *agg.* 1 verbrannt 2 (*riarso*) verdörrt, ausgetrocknet.
**arsura** *s.f.* 1 brennender Durst 2 (*siccità*) Trockenheit (*die*).
**arte** *s.f.* 1 Kunst (*die*) 2 (*mestiere*) Handwerk (*das*) ● *fatto a regola d'—*, kunstgerecht gemacht.

**FALSCHER FREUND**
Da non confondare con il tedesco *Art*, che significa 'modo, maniera'.

**artefice** *s.m.* Schöpfer (*der*).
**arteria** *s.f.* 1 (*anat.*) Arterie (*die*), Schlagader (*die*) 2 (*strada*) Verkehrsader (*die*).
**artico** *agg.* arktisch.
**articolare**[1] *v.tr.* 1 (*muovere*) bewegen 2 (*pronunciare*) artikulieren, aus-sprechen ♦ **articolarsi** *v.pron.* sich gliedern.
**articolare**[2] *agg.* (*anat.*) Gelenk...: *dolori articolari*, Gelenkschmerzen.

**articolazione** *s.m.* (*anat., mecc.*) Gelenk (*das*).
**articolo** *s.m.* Artikel (*der*).
**artificiale** *agg.* künstlich, Kunst-...
**artificio** *s.m.* Kunstgriff (*der*) ● *fuochi d'—*, Feuerwerk.
**artigianale** *agg.* handwerklich, Handwerks-...
**artigianato** *s.m.* 1 Handwerk (*das*) 2 (*arte*) Kunsthandwerk (*das*).
**artigiano** *s.m.* [f. -*a*] Handwerker (*der*; *die* -in) ♦ *agg.* handwerklich, Handwerks...: *laboratorio —*, Handwerksbetrieb.
**artiglieria** *s.f.* Artillerie (*die*).
**artiglio** *s.m.* Kralle (*die*), Klaue (*die*).
**artista** *s.m.* e *f.* 1 Künstler (*der*; *die* -in) 2 (*di circo, varietà*) Artist (*der*; *die* -in).
**artistico** *agg.* künstlerisch, Kunst...: *oggetto —*, Kunstgegenstand.
**arto** *s.m.* Glied (*das*).
**artrite** *s.f.* (*med.*) Arthritis (*die*), Gelenkentzündung (*die*).
**artrosi** *s.f.invar.* (*med.*) Arthrose (*die*).
**arzillo** *agg.* rüstig: *un vecchietto —*, ein rüstiger Alter.
**ascella** *s.f.* (*anat.*) Achselhöhle (*die*).
**ascendente** *s.m.* 1 (*astr.*) Aszendent (*der*) 2 (*spec.pl.*) (*parente*) direkter Vorfahr ● *avere — su qlcu*, auf jdn Einfluss haben.
**ascensione** *s.f.* 1 Aufstieg (*der*); (*scalata*) Besteigung (*die*) 2 (*relig.*) Himmelfahrt (*die*).
**ascensore** *s.m.* Aufzug (*der*), Fahrstuhl (*der*).
**ascesa** *s.f.* Aufstieg (*der*), Besteigung (*die*) ● *— al trono*, Thronbesteigung.
**ascesso** *s.m.* Abszess (*der*).
**asceta** *s.m.* Asket (*der*) (*anche fig.*).
**ascia** *s.f.* Axt (*die*), Beil (*das*) ● *— di guerra*, Kriegsbeil.
**asciugacapelli** *s.m.invar.* Föhn (*der*).
**asciugamano** *s.m.* Handtuch (*das*): *— da bagno*, Badetuch.
**asciugare** *v.tr.* trocknen; (*con un panno*) ab-trocknen; (*strofinando*) trocken-reiben: *— le stoviglie*, das Geschirr abtrocknen 2 (*pulire*) ab-wischen: *asciu-*

**garsi le lacrime**, sich (*Dat*) die Tränen abwischen ♦ **asciugarsi** *v.pron.* **1** trocknen **2** (*con un panno*) sich abtrocknen.
**asciutto** *agg.* **1** trocken **2** (*magro*) sehnig, hager **3** (*brusco*) trocken, nüchtern ♦ *s.m.* Trockene (*das*) ● *rimanere a bocca asciutta*, das Nachsehen haben.
**ascoltare** *v.tr.* **1** hören, zu-hören (+ *Dat*) **2** (*dare retta a*) (be)folgen (+ *Acc*), hören auf (+ *Acc*) **3** (*esaudire*) erhören ♦ *v.intr.* **1** zuhören **2** (*origliare*) horchen, lauschen.

NOTA **Ascoltare: hören o zuhören?**

In tedesco 'ascoltare' è reso in modo diverso a seconda del modo in cui si ascolta. *Hören* significa 'ascoltare' nel senso di 'udire, sentire':

*Ascoltare la musica.*
Musik **hören**.

Si usa invece **zuhören** quando assume il significato di 'stare ad ascoltare':

*Siamo rimasti ad ascoltarlo per due ore.*
Wir haben ihm zwei Stunden **zugehört**.

**ascoltatore** *s.m.* [f. -*trice*] Zuhörer (*der*; *die* -in), Hörer (*der*; *die* -in).
**ascolto** *s.m.* Zuhören (*das*) ● *dare — a un consiglio*, auf einen Ratschlag hören | *prestare —*, Gehör schenken.
**asfaltare** *v.tr.* asphaltieren.
**asfalto** *s.m.* Asphalt (*der*).
**asfissia** *s.f.* Erstickung (*die*).
**asfissiare** *v.tr.* e *intr.* ersticken.
**Asia** *n.pr.f.* Asien (*das*).
**asiatico** *agg.* asiatisch ♦ *s.m.* [f. -*i*] Asiat (*der*; *die* -in).
**asilo** *s.m.* **1** (*dir.*) Asyl (*das*): — *politico*, politisches Asyl **2** (*rifugio*) Zufluchtsort (*der*) **3** (*scuola materna*) Kindergarten (*der*) ● — *nido*, Kinderkrippe.
**asimmetria** *s.f.* Asymmetrie (*die*).
**asimmetrico** *agg.* asymmetrisch.
**asino** *s.m.* [f. -*a*] Esel (*der*; *die* -in) (*anche fig.*).
**asma** *s.f.* (*med.*) Asthma (*das*).
**asmatico** *agg.* asthmatisch ♦ *s.m.* Asthmatiker (*der*).

**asola** *s.f.* Knopfloch (*das*); (*occhiello*) Öse (*die*).
**asparago** *s.m.* Spargel (*der*).
**aspettare** *v.tr.* **1** warten (auf + *Acc*), erwarten **2** (*prevedere*) erwarten: *non me lo sarei mai aspettato*, das hätte ich nie erwartet ● — *un bambino*, ein Kind erwarten | *mi aspetto molto da te*, ich verspreche mir viel von dir.

NOTA **Aspettare: warten auf o erwarten?**

'Aspettare qualcosa, qualcuno' è reso in genere in tedesco con *warten auf etwas, jemanden*:

*Sto aspettando l'autobus.*
Ich **warte auf** den Bus.

Quando però significa 'stare per avere o ricevere' si traduce con *erwarten*:

*Aspetta i suoi amici per una partita a carte.*
Er **erwartet** seine Freunde zum Kartenspiel.

**aspettativa** *s.f.* **1** Erwartung (*die*), Anspruch (*der*) **2** (*amm.*) Wartestand (*der*).
**aspetto**[1] *s.m.* **1** Aussehen (*das*) **2** (*punto di vista*) Gesichtspunkt (*der*), Aspekt (*der*) ● *di bell'—*, gutaussehend.
**aspetto**[2] *s.m.* ● (*di stazione*) *sala d'—*, Wartesaal.
**aspirapolvere** *s.m.invar.* Staubsauger (*der*).
**aspirare** *v.tr.* **1** (*inspirare*) ein-atmen **2** saugen; (*tecn.*) ab-saugen ♦ *v.intr.* (*a*) an-streben: — *a una carica*, ein Amt anstreben.
**aspirazione** *s.f.* **1** (*inspirazione*) Einatmung (*die*) **2** Saugen (*das*); (*tecn.*) Absaugen (*das*) **3** (*desiderio*) Streben (*das*).
**aspirina** *s.f.* Aspirin (*das*).
**asportare** *v.tr.* entfernen (*anche med.*).
**asprezza** *s.f.* **1** Säure (*die*) **2** (*durezza*) Härte (*die*) **3** (*rigore*) Strenge (*die*), Rauheit (*die*).
**aspro** *agg.* **1** (*di sapore*) herb **2** (*di clima*) streng, rauh **3** (*fig.*) hart, bitter: *parole aspre*, bittere Worte.

**assaggiare** *v.tr.* probieren, kosten.
**assaggio** *s.m.* Kostprobe (*die*); (*estens.*) Stückchen (*das*).
**assai** *avv.* 1 (*molto*) sehr: *è — improbabile*, es ist höchst unwahrscheinlich 2 (*davanti a compar.*) viel: *è — meglio*, es ist viel besser 3 (*abbastanza*) genug, ausreichend.
**assalire** *v.tr.* 1 an·fallen, überfallen 2 (*mil.*) stürmen, an·greifen 3 (*fig.*) überfallen, packen.
**assaltare** *v.tr.* stürmen, an·greifen ● *— una banca*, eine Bank überfallen.
**assalto** *s.m.* Ansturm (*der*), Überfall (*der*) ● *prendere d'—*, im Sturm nehmen.
**assassinare** *v.tr.* ermorden, um·bringen.
**assassinio** *s.m.* Mord (*der*), Ermordung (*die*).
**assassino** *agg.* mörderisch ♦ *s.m.* [f. *-a*] Mörder (*der*), Mörderin (*die* *-in*).
**asse**[1] *s.f.* Brett (*das*): *— da stiro*, Bügelbrett.
**asse**[2] *s.m.* Achse (*die*) ● *— terrestre*, Erdachse.
**assediare** *v.tr.* (*mil.*) belagern ● *— qlcu di domande*, jdn mit Fragen bestürmen.
**assedio** *s.m.* 1 (*mil.*) Belagerung (*die*); *stato d'—*, Belagerungszustand 2 (*fig.*) Belästigung (*die*), Bedrängung (*die*).
**assegnare** *v.tr.* 1 zuweisen; (*incarico*) erteilen 2 (*compiti di scuola*) auf·geben 3 (*premio*) verleihen; (*rendita*) bewilligen.
**assegno** *s.m.* Scheck (*der*): *emettere, incassare, bloccare un —*, einen Scheck ausstellen, einlösen, sperren ● *— a vuoto, in bianco*, ungedeckter, unausgefüllter Scheck | *— circolare*, Orderscheck | *— non trasferibile* (o *sbarrato*), Verrechnungsscheck.
**assemblaggio** *s.m.* (*tecn.*) Zusammenbau (*der*).
**assemblare** *v.tr.* (*tecn.*) zusammen·setzen.
**assemblea** *s.f.* Versammlung (*die*).
**assenso** *s.m.* Zustimmung (*die*).
**assentarsi** *v.pron.* sich entfernen, weg·gehen: *— da scuola*, von der Schule wegbleiben.
**assente** *agg.* abwesend (*anche fig.*) ♦ *s.m. e f.* Abwesende (*der e die*).
**assenteismo** *s.m.* (*dal lavoro*) Krankfeiern (*das*), Blaumachen (*das*).
**assenza** *s.f.* 1 Abwesenheit (*die*), Fehlen (*das*) 2 (*mancanza*) (*di*) Mangel (*der*) (an + *Dat*).
**assessore** *s.m.* [f. *-a*] Referent (*der*; *die -in*).
**assestare** *v.tr.* (*sferrare*) versetzen ♦
**assestarsi** *v.pron.* (*geol.*) sich setzen.
**assetato** *agg.* 1 durstig 2 (*fig.*) (*di*) gierig, durstig (nach).
**assetto** *s.m.* 1 Ordnung (*die*) 2 (*aer., mar.*) Trimmung (*die*).
**assicurare** *v.tr.* 1 sichern 2 (*promettere*) versichern, beteuern 3 (*con una polizza*) versichern 4 (*legare*) befestigen ● *assicurarsi v.pron.* 1 sich vergewissern 2 (*con una polizza*) sich versichern.
**assicurato** *agg.* versichert ♦ *s.m.* [f. *-a*] Versicherte (*der e die*).
**assicuratore** *s.m.* [f. *-trice*] Versicherer (*der*).
**assicurazione** *s.f.* Versicherung (*die*): *— contro le malattie*, Krankenversicherung; *— sulla vita*, Lebensversicherung.
**assideramento** *s.m.* Erfrierung (*die*).
**assiduo** *agg.* unbeirrbar, unermüdlich; (*abituale*) ständig.
**assieme** *avv.* → **insieme**.
**assillare** *v.tr.* belästigen, plagen.
**assimilare** *v.tr.* 1 assimilieren 2 (*fig.*) sich (*Dat*) an·eignen, auf·nehmen: *— un concetto*, einen Gedanken aufnehmen.
**assimilazione** *s.f.* Assimilation (*die*).
**assistente** *s.m. e f.* Assistent (*der*; *die -in*), Hilfe (*die*) ● (*aer.*) *— di volo*, Stewardess | *— sociale*, Sozialarbeiter | *— universitario*, Universitätsassistent.
**assistenza** *s.f.* Hilfe (*die*), Beistand (*der*): *prestare — a qlcu*, jdm Hilfe leisten ● *— sanitaria*, Gesundheitswesen.
**assistenziale** *agg.* Sozial... ● *ente —*, Sozialamt.
**assistere** *v.intr.* (*a*) anwesend sein (bei), bei·wohnen (+ *Dat*): *— a uno spettacolo*, einem Schauspiel beiwohnen ♦ *v.tr.* 1 helfen (+ *Dat*), bei·stehen: *farsi*

— *da un avvocato*, sich an einen Rechtsanwalt wenden **2** (*curare*) betreuen, pflegen.
**asso** *s.m.* **1** Ass (*das*) **2** (*fig.*) Kanone (*die*): — *dello sport*, Sportkanone ● *piantare qlcn in* —, jdn im Stich lassen.
**associare** *v.tr.* **1** als Mitglied aufnehmen **2** (*collegare*) assoziieren **3** (*unire*) vereinigen ♦ **associarsi** *v.pron.* (*a*) **1** Mitglied werden (von); Teilhaber werden (von): — *a un circolo*, Mitglied von einem Club werden **2** sich anschließen (an + *Acc*).
**associazione** *s.f.* **1** Vereinigung (*die*), Verein (*der*) **2** (*collegamento*) Verbindung (*die*): — *di idee*, Gedankenverbindung ● — *di beneficenza*, Wohltätigkeitsverein.
**assolutamente** *avv.* **1** unbedingt; (*in frasi negative*) keineswegs **2** (*del tutto*) absolut, ganz; (*in frasi negative*) gar, überhaupt.
**assoluto** *agg.* absolut (*anche gramm., scient.*).
**assoluzione** *s.f.* **1** (*dir.*) (*l'essere assolto*) Freisprechung (*die*) **2** (*dir.*) Freispruch (*der*) **3** (*relig.catt.*) Absolution (*die*).
**assolvere** *v.tr.* **1** (*dir.*) freisprechen **2** (*relig.catt.*) die Absolution erteilen (+ *Dat*) **3** (*adempiere*) erfüllen.
**assomigliare** *v.intr.* (*a*) ähnlich sein (+ *Dat*), nach-schlagen (+ *Dat*) ♦ **assomigliarsi** *v.pron.* (*reciproco*) sich ähneln.
**assonnato** *agg.* schläfrig, verschlafen.
**assorbente** *agg.* absorbierend, aufsaugend ♦ *s.m.* (*igienico*) Damenbinde (*die*) ● *carta* —, Löschpapier.
**assorbire** *v.tr.* **1** absorbieren, aufsaugen **2** (*fig.*) in Anspruch nehmen.
**assordante** *agg.* ohrenbetäubend.
**assordare** *v.tr.* taub machen.
**assortimento** *s.m.* Sortiment (*das*); Auswahl (*die*).
**assorto** *agg.* versunken.
**assuefarsi** *v.pron.* (*a*) sich gewöhnen (an + *Acc*).
**assuefazione** *s.f.* Gewöhnung (*die*).
**assumere** *v.tr.* **1** übernehmen, annehmen **2** (*impiegare*) einstellen **3** (*ingerire*) ein-nehmen ● — *il comando*, das Kommando übernehmen | — *un atteggiamento*, ein Verhalten annehmen | *assumersi la responsabilità di qlco*, die Verantwortung für etw übernehmen.
**assunzione** *s.f.* **1** Einstellung (*die*) **2** (*ingestione*) Einnahme (*die*) ● *domanda di* —, Bewerbung | (*relig.catt.*) *l'Assunzione della Vergine*, Mariä Himmelfahrt.
**assurdità** *s.f.invar.* Absurdität (*die*).
**assurdo** *agg.* absurd, widersinnig ● *per* —, widersinnigerweise.
**asta** *s.f.* **1** Stab (*der*) (*anche sport*) **2** (*vendita*) Versteigerung (*die*), Auktion (*die*).
**astemio** *agg.* abstinent.
**astenersi** *v.pron.* (*da*) sich enthalten (+ *Gen*).
**astensione** *s.f.* Enthaltung (*die*); Verzicht (*der*): — *dal lavoro*, Arbeitsniederlegung.
**asterisco** *s.m.* Asteriskus (*der*), Sternchen (*das*).
**astice** *s.m.* Hummer (*der*).
**astigmatico** *agg.* astigmatisch ♦ *s.m.* [*f. -a*] Astigmatiker (*der; die* -in).
**astinenza** *s.f.* Abstinenz (*die*), Enthaltsamkeit (*die*).
**astio** *s.m.* Groll (*der*), Missgunst (*die*).
**astratto** *agg.* abstrakt.
**astringente** *agg.* (*med.*) adstringierend; (*antidiarroico*) stopfend.
**astro** *s.m.* Stern (*der*), Gestirn (*das*).
**astrologia** *s.f.* Astrologie (*die*).
**astrologo** *s.m.* [*f. -a*] Astrologe (*der; die* Astrologin).
**astronauta** *s.m.* e *f.* Astronaut (*der; die* -in), Raumfahrer (*der; die* -in).
**astronave** *s.f.* Raumschiff (*das*).
**astronomia** *s.f.* Astronomie (*die*).
**astronomico** *agg.* astronomisch (*anche fig.*).
**astronomo** *s.m.* [*f. -a*] Astronom (*der; die* -in).
**astuccio** *s.m.* **1** Etui (*das*), Futteral (*das*) **2** (*scol.*) Federmäppchen (*das*).
**astuto** *agg.* schlau, listig.
**astuzia** *s.f.* Schlauheit (*die*), List (*die*).
**ateismo** *s.m.* Atheismus (*der*).

**ateo** *agg.* atheistisch ♦ *s.m.* [f. -a] Atheist (*der*; *die* -in).
**atlante** *s.m.* Atlas (*der*).
**atlantico** *agg.* atlantisch ● (*st.*) *patto* —, Atlantikpakt.
**atleta** *s.m.* e *f.* Athlet (*der*; *die* -in), Sportler (*der*; *die* -in).
**atletica** *s.f.* Athletik (*die*).
**atletico** *agg.* athletisch.
**atmosfera** *s.f.* Atmosphäre (*die*) (*anche fig.*).
**atmosferico** *agg.* atmosphärisch, Wetter... ● *condizioni atmosferiche*, Wetterverhältnisse (*o* Witterungsverhältnisse).
**atomico** *agg.* atomar, Atom...
**atomo** *s.m.* Atom (*das*).
**atrio** *s.m.* Vorhalle (*die*).
**atroce** *agg.* 1 schrecklick; grausam 2 (*acuto*) unerträglich.
**atrocità** *s.f.* 1 Grausamkeit (*die*) 2 (*azione*) Greueltat (*die*).
**attaccamento** *s.m.* Anhänglichkeit (*die*), Zugehörigkeit (*die*).
**attaccapanni** *s.m.invar.* Kleiderständer (*der*), Garderobenständer (*der*).
**attaccare** *v.tr.* 1 (*incollando*) (an-)kleben; (*cucendo*) (an-)nähen 2 (*legando*) (an-)binden 2 (*appendere*) hängen 3 (*assalire*) an·greifen 4 (*iniziare*) beginnen ♦ *v.intr.* 1 kleben 2 (*attecchire*) Wurzel fassen 3 (*mil., sport*) angreifen ♦ **attaccarsi** *v.pron.* kleben 2 (*a*) (*affezionarsi*) Zuneigung fassen (zu) ● *un manifesto*, ein Plakat anschlagen (*o* anklebe).
**attacco** *s.m.* 1 Ansatz (*der*), Verbindungsstelle (*die*); (*di sci*) Bindung (*die*) 2 (*mil.*) Angriff (*der*) 3 (*med.*) Anfall (*der*); — *di cuore*, Herzanfall 4 (*mus.*) Einsatz (*der*) 5 (*elettr.*) Anschluss (*der*).
**atteggiamento** *s.m.* Verhalten (*das*).
**attenersi** *v.pron.* (*a*) sich richten (nach); sich halten (an + *Acc*); befolgen.
**attentato** *s.m.* Anschlag (*der*), Attentat (*das*).
**attenti** *inter.* Achtung!, Vorsicht!
**attento** *agg.* 1 aufmerksam 2 (*approfondito*) sorgfältig ● *stare* —, aufpassen.

**attenuante** *s.f.* Milderungsgrund (*der*).
**attenuare** *v.tr.* abschwächen; mildern ♦ **attenuarsi** *v.pron.* schwächer werden, ab·klingen.
**attenzione** *s.f.* Aufmerksamkeit (*die*) ● *all'— di*, zu Händen von | *—!*, Achtung!, Vorsicht!
**atterraggio** *s.m.* Landung (*die*): — *di fortuna*, Notlandung.
**atterrare** *v.intr.* 1 landen 2 (*sport*) auf·kommen, auf·setzen.
**attesa** *s.f.* Warten (*das*), Wartezeit (*die*) ● *in — della Sua risposta*, in Erwartung Ihrer Anwort.
**atteso** *agg.* erwartet; (*desiderato*) ersehnt.
**attestato** *s.m.* Zeugnis (*das*), Bescheinigung (*die*).
**attillato** *agg.* (*abbigl.*) eng anliegend.
**attimo** *s.m.* Augenblick (*der*): *per un —*, einen Augenblick lang ● *in un —*, im Nu.
**attinente** *agg.* zugehörig (+ *Dat*)
**attirare** *v.tr.* an·ziehen (*anche fig.*).
**attitudinale** *agg.* ● *test, prova* —, Eignungsprüfung, Eignungstest.
**attitudine** *s.f.* Anlage (*die*), Begabung (*die*).
**attivare** *v.tr.* 1 in Betrieb setzen 2 (*mettere in movimento*) in Bewegung setzen.
**attività** *s.f.invar.* 1 Tätigkeit (*die*) 2 (*occupazione*) Beschäftigung (*die*).
**attivo** *agg.* aktiv, wirksam, tätig ♦ *s.m.* (*comm.*) Guthaben (*das*).
**attizzare** *v.tr.* schüren (*anche fig.*).
**atto**¹ *s.m.* 1 Akt (*der*), Tat (*die*) 2 (*movimento*) Bewegung (*die*), Geste (*die*) 3 (*certificato*) Akt (*der*), Urkunde (*die*): — *di nascita*, Geburtsurkunde 4 (*teatro*) Akt (*der*).
**atto**² *agg.* (*a*) fähig (zu).
**attonito** *agg.* erstaunt, überrascht.
**attorcigliare** *v.tr.* (auf-)wickeln, verwickeln ♦ **attorcigliarsi** *v.pron.* sich verwickeln.
**attore** *s.m.* 1 Schauspieler (*der*) 2 (*dir.*) Kläger (*der*).

**attorno** *avv.* (rings)herum, ringsum ● — *a*, um.

**attraente** *agg.* anziehend; attraktiv, reizvoll.

**attrarre** *v.tr.* an-ziehen (*anche fig.*) ♦

**attrarsi** *v.pron.* (*reciproco*) sich an-ziehen.

**attrattiva** *s.f.* Anziehungskraft (*die*), Reiz (*der*).

**attraversare** *v.tr.* **1** durchqueren; (*strada*) überqueren, gehen über + Acc) **2** (*fig.*) durch-gehen, gehen (durch + Acc): *un'idea gli attraversò la mente*, eine Idee schoss (*o* ging) ihm durch den Kopf **3** (*vivere*) durch-machen ● — *di corsa*, laufen (über + Acc).

**attraverso** *prep.* **1** (*luogo*) durch (+ Acc), quer durch (+ Acc) **2** (*mezzo*) aufgrund, mittels (+ Gen); durch (+ Acc) **3** (*tempo*) durch, hindurch (+ Acc).

**attrazione** *s.f.* **1** Anziehung (*die*), Anziehungskraft (*die*) (*anche fig.*) **2** (*di spettacolo*) Attraktion (*die*).

**attrezzare** *v.tr.* **1** ein-richten, aus-rüsten, aus-statten **2** (*estens.*) ein-richten.

**attrezzatura** *s.f.* **1** Einrichtung (*die*) **2** (*estens.*) Ausrüstung (*die*), Ausstattung (*die*).

**attrezzo** *s.m.* **1** Gerät (*das*) Werkzeug (*das*) **2** (*sport*) Gerät (*das*).

**attribuire** *v.tr.* zu-schreiben; (*assegnare*) zu-erkennen: — *un premio a qlcu*, jdm einen Preis zuerkennen; — *importanza a*, Bedeutung beimessen (+ Dat).

**attrice** *s.f.* Schauspielerin (*die*).

**attuale** *agg.* aktuell, zeitgemäß; (*di presente*) gegenwärtig, derzeitig.

**attualità** *s.f.invar.* **1** Aktualität (*die*) **2** (*fatti recenti*) die jüngsten Ereignisse.

**attualmente** *avv.* gegenwärtig, derzeit, jetzt; (*al momento*) zur Zeit, im Moment.

**attuare** *v.tr.* (*realizzare*) verwirklichen; (*eseguire*) durch-führen.

**attutire** *v.tr.* vermindern, ab-schwächen; (*di suono*) dämpfen.

**audace** *agg.* **1** mutig, kühn **2** (*provocante*) gewagt.

**audacia** *s.f.* **1** Mut (*der*), Kühnheit (*die*) **2** (*sfrontatezza*) Gewagtheit (*die*).

**audio** *s.m.invar.* (*radio, tv*) Ton (*der*).

**audiovisivo** *agg.* audiovisuell ♦ *s.m.* audiovisuelles Medium.

**auditorio, auditorium** *s.m.* Konzertsaal (*der*), Zuschauerraum (*der*).

**audizione** *s.f.* Probesingen (*das*); (*teatr.*) Probesprechen (*das*).

**augurare** *v.tr.* wünschen: — *ogni bene a qlcu*, jdm alles Gute wünschen; *mi auguro di riuscirci*, ich hoffe, das zu schaffen.

**augurio** *s.m.* Wunsch (*der*): *tanti auguri!*, herzlichen Glückwunsch!; *fare gli auguri di Natale*, frohe Weihnachten wünschen; *auguri di buon anno*, Neujahrswünsche.

**aula** *s.f.* Klassenzimmer (*das*); (*universitaria*) Hörsaal (*der*).

**FALSCHER FREUND**

Da non confondere con il tedesco *Aula*, che significa 'aula magna'.

**aumentare** *v.tr.* steigern, vermehren; erhöhen: — *la produzione*, die Produktion steigern; — *i prezzi*, die Preise erhöhen ♦ *v.intr.* zu-nehmen; (*di prezzi ecc.*) steigen: — *di intensità*, an Heftigkeit zunehmen.

**aumento** *s.m.* Erhöhung (*die*), Zunahme (*die*), Anstieg (*der*): — *di stipendio*, Gehaltserhöhung; — *di peso*, Gewichtszunahme; — *della temperatura*, starker Temperaturanstieg.

**aureola** *s.f.* Heiligenschein (*der*).

**aurora** *s.f.* Morgenrot (*das*): — *boreale, australe*, Nordlicht, Südlicht.

**ausiliare** *agg.* Hilfs...; (*gramm.*) *verbo* —, Hilfsverb.

**ausiliario** *agg.* Hilfs...: *motore* —, Hilfsmotor.

**australiano** *agg.* australisch ♦ *s.m.* [f. *-a*] Australier (*der*; *die* -in).

**Austria** *n.pr.f.* Österreich (*das*).

**austriaco** *agg.* österreichisch ♦ *s.m.* [f. *-a*] Österreicher (*der*; *die* -in).

**autenticare** *v.tr.* beglaubigen, authentifizieren.

**autenticità** *s.f.* Echtheit (*die*), Authentizität (*die*).

**autentico** *agg.* echt, authentisch: *un documento* —, ein authentisches Dokument.

**autista** *s.m.* e *f.* Chauffeur (*der*), Fahrer (*der*; *die* -in).

**auto** *s.f.invar.* Auto(mobil) (*das*), Wagen (*der*).

**autoadesivo** *agg.* selbstklebend ♦ *s.m.* Aufkleber (*der*).

**autoambulanza** *s.f.* Krankenwagen (*der*), Rettungswagen (*der*).

**autobiografia** *s.f.* Autobiographie (*die*).

**autobus** *s.m.invar.* Bus (*der*).

**autocontrollo** *s.m.* Selbstkontrolle (*die*), Selbstbeherrschung (*die*).

**autocritica** *s.f.* Selbstkritik (*die*).

**autofficina** *s.f.* Autoreparaturwerkstatt (*die*).

**autografo** *agg.* autographisch, eigenhändig geschrieben ♦ *s.m.* Autogramm (*das*).

**autogrill** *s.m.invar.* Autobahnrasthof (*der*), Raststätte (*die*).

**automa** *s.m.* Roboter (*der*).

**automatico** *agg.* automatisch, selbsttätig ♦ *s.m.* Druckknopf (*der*) ● (*aut.*) *cambio* —, Automatik (getriebe).

**automezzo** *s.m.* Kraftfahrzeug (*das*).

**automobile** *s.f.* Auto(mobil) (*das*), Wagen (*der*).

**automobilismo** *s.m.* **1** Kraftfahrwesen (*das*) **2** (*sport*) Motorsport (*der*), Autosport (*der*).

**automobilista** *s.m.* e *f.* Autofahrer (*der*; *die* -in).

**autonoleggio** *s.m.* Autoverleih (*der*).

**autonomia** *s.f.* **1** Autonomie (*die*), Selbstständigkeit (*die*) **2** (*tecn.*) Reichweite (*die*).

**autonomo** *agg.* autonom, selbstständig.

**autopsia** *s.f.* Autopsie (*die*).

**autoradio** *s.f.invar.* Autoradio (*das*).

**autore** *s.m.* [f. -*trice*] **1** (*di testo*) Autor (*der*; *die* -in), Verfasser (*der*; *die* -in) **2** (*dir.*) Täter (*der*; *die* -in).

**autorimessa** *s.f.* Garage (*die*), Autoreparaturwerkstatt (*die*).

**autorità** *s.f.invar.* **1** Autorität (*die*), Gewalt (*die*) **2** (*spec.pl.*) Behörde (*die*).

**autoritario** *agg.* autoritär.

**autorizzare** *v.tr.* genehmigen, erlauben.

**autorizzazione** *s.f.* (*dir.*) Genehmigung (*die*), Erlaubnis (*die*).

**autoscatto** *s.m.* (*fot.*) Selbstauslöser (*der*).

**autoscuola** *s.f.* Fahrschule (*die*).

**autostop** *s.m.invar.* ● *fare l'* —, trampen; per Anhalter fahren.

**autostoppista** *s.m.* e *f.* Tramper (*der*; *die* -in), Anhalter (*der*; *die* -in).

**autostrada** *s.f.* Autobahn (*die*).

**autosufficiente** *agg.* selbstständig ● *persona non* —, Pflegefall.

**autotreno** *s.m.* Fernlaster (*der*), Lastzug (*der*).

**autoveicolo** *s.m.* Kraftfahrzeug (*das*).

**autovettura** *s.f.* Personenkraftwagen (*der*).

**autunnale** *agg.* herbstlich.

**autunno** *s.m.* Herbst (*der*); *d'* (o *in*) —, im Herbst.

**avambraccio** *s.m.* Unterarm (*der*).

**avanguardia** *s.f.* **1** (*mil.*) Vorhut (*die*); Vorkämpfer (*der*) (*anche fig.*): *i nostri metodi sono all'*—, unsere Methoden sind bahnbrechend **2** (*arte*) Avantgarde (*die*).

**avanti** *avv.* **1** (*stato in luogo*) vorn **2** (*moto a luogo*) (*di avvicinamento*) näher; (*di allontanamento*) voran, weiter: *venite* —!, kommt näher!; *andate voi!*, geht voran!; *quel che hai scritto va bene: va'*—!, und so geschrieben hast, ist gut: mach weiter!; *andare* — *e indietro*, hin und her gehen (*o* fahren); *l'orologio va* —, die Uhr geht vor **3** (*tempo*): *non ora, più* —, nicht jetzt, später; *d'ora in* —, von nun an ♦ *prep.* vor: *nel XX secolo* — *Cristo*, im zweiten Jahrhundert vor Christus ♦ *inter.* **1** herein!; bitte!: *è permesso?, Avanti!*, darf ich?, Herein! **2** (*suvvia*) los.

**avanzamento** *s.m.* **1** Fortgang (*der*), Voranschreiten (*das*) **2** (*promozione*) Beförderung (*die*).

**avanzare**[1] *v.intr.* **1** voran-kommen; (*fig.*) voran-kommen **2** (*mil.*) vor-rücken ♦ *v.tr.* vor-legen, ein-reichen: — *pretese*, Ansprüche erheben ● — *di grado*, befördert werden.

**avanzare²** *v.tr.* übrig-lassen ♦ *v.intr.* übrig-bleiben.
**avanzata** *s.f.* (*mil.*) Vormarsch (*der*); Vorstoß (*der*) (*anche fig.*).
**avanzo** *s.m.* Rest (*der*); (*rimasuglio*) Überbleibsel (*das*).
**avaria** *s.f.* Defekt (*der*); (*estens.*) Schaden (*der*).
**avariato** *agg.* 1 beschädigt 2 (*guasto*) verdorben.
**avarizia** *s.f.* Geiz (*der*).
**avaro** *agg.* 1 geizig 2 (*fig.*) karg, sparsam ♦ *s.m.* [f. -a] Geizhals (*der*).
**avena** *s.f.* Hafer (*der*).
**avere¹** *v.aus.* haben; sein ♦ *v.tr.* 1 haben: *ha i capelli neri*, er hat schwarze Haare 2 (*dovere*) haben zu, müssen: *ho da lavorare tutto il giorno*, ich muss den ganzen Tag arbeiten (*o* ich **habe** den ganzen Tag zu arbeiten) ● **avercela con qlcu, con qlco** es auf jdn sauer sein | *mio figlio ha tre anni*, mein Sohn ist drei Jahre alt | *quanti ne abbiamo oggi?*, den wievielten haben wir heute?
**avere²** *s.m.* 1 (*patrimonio*) Vermögen (*das*), Gut (*das*) 2 (*credito*) Guthaben (*das*).
**aviatore** *s.m.* [f. -trice] Flieger (*der*; *die* -in).
**aviazione** *s.f.* Luftfahrt (*die*).
**avidità** *s.f.* (*di*) Gier (*die*) (nach).
**avido** *agg.* (*di*) gierig (nach).
**avo** *s.m.* [f. -a] Ahn (*der*; *die* -in), Vorfahr (*der*; *die* -in).
**avocado** *s.m.invar.* (*bot.*) 1 (*albero*) Avocadobaum (*der*) 2 (*frutto*) Avocado (*die*).
**avorio** *s.m.* 1 (*sostanza*) Elfenbein (*das*) 2 (*oggetto*) Elfenbeinarbeit (*die*).
**avvantaggiare** *v.tr.* 1 begünstigen, bevorteilen 2 (*far progredire*) fördern ♦ **avvantaggiarsi** *v.pron.* (*di*) Vorteil ziehen (aus) 2 (*guadagnare tempo*) Zeit gewinnen.
**avvelenamento** *s.m.* Vergiftung (*die*).
**avvelenare** *v.tr.* 1 vergiften 2 (*fig.*) verpesten; vergiften.
**avvenimento** *s.m.* Ereignis (*das*), Vorfall (*der*).
**avvenire¹** *v.intr.* geschehen, passieren, vorfallen.

**avvenire²** *s.m.invar.* Zukunft (*die*): *in —*, in Zukunft; *per l'—*, für die Zukunft.
**avventarsi** *v.pron.* (*su*) sich stürzen (auf + *Acc*).
**avventato** *agg.* 1 (*di persona*) unbesonnen, leichtsinnig 2 (*di azione*) überstürzt, voreilig.
**avvento** *s.m.* 1 Anbruch (*der*) 2 (*relig.*) Advent (*der*).
**avventura** *s.f.* Abenteuer (*das*).
**avventurarsi** *v.pron.* sich (vor)wagen.
**avventuriero** *s.m.* [f. -a] Abenteurer (*der*; *die* -in).
**avventuroso** *agg.* 1 abenteuerlich 2 (*amante dell'avventura*) abenteuerlustig.
**avverarsi** *v.pron.* wahr werden, sich erfüllen.
**avverbio** *s.m.* Adverb (*das*).
**avversario** *agg.* gegnerisch ♦ *s.m.* [f. -a] Gegner (*der*; *die* -in).
**avversione** *s.f.* Abneigung (*die*), Abscheu (*der*).
**avversità** *s.f.invar.* Widerwärtigkeit (*die*), Unglück (*das*).
**avverso** *agg.* widrig, feindlich.
**avvertenza** *s.f.* Anweisung (*die*).
**avvertimento** *s.m.* 1 Hinweis (*der*) 2 (*minaccia*) Warnung (*die*).
**avvertire** *v.tr.* 1 benachrichtigen, verständigen 2 (*ammonire*) (*di*) hin-weisen (auf); (*estens.*) warnen (vor) 3 (*percepire*) fühlen, spüren.
**avviamento** *s.m.* 1 Einführung (*die*), Einleitung (*die*) 2 (*aut.*) Starten (*das*) 3 (*tecn.*) Inbetriebsetzung (*die*).
**avviare** *v.tr.* 1 an-leiten, ein-führen 2 (*mecc.*) an-lassen 3 (*azienda*) in Gang bringen, in Betrieb setzen ♦ **avviarsi** *v.pron.* sich auf den Weg machen ● (*comm.*) — *relazioni d'affari*, Geschäftsverbindungen aufnehmen.
**avvicinamento** *s.m.* Annäherung (*die*).
**avvicinare** *v.tr.* 1 heran-rücken, anrücken: — *la sedia al tavolo*, den Stuhl näher an den Tisch rücken 2 (*una persona*) ansprechen ♦ **avvicinarsi** *v.pron.* (*a*) sich nähern (+ *Dat*) (*anche estens.*).
**avvilire** *v.tr.* herab-würdigen, erniedrigen ♦ **avvilirsi** *v.pron.* sich demütigen.

**avvincente** *agg.* fesselnd, spannend.
**avvio** *s.m.* Beginn (der), Anfang (der).
**avvisare** *v.tr.* 1 benachrichtigen 2 (*ammonire*) (ver)warnen.
**avviso** *s.m.* 1 (*annuncio*) Bekanntmachung (die) 2 (*amm.*) Bescheid (der): — *di pagamento*, Zahlungsbescheid 3 (*ammonimento*) Warnung (die) 4 (*opinione*) Meinung (die) ● *a mio —*, meiner Meinung nach.
**avvitare** *v.tr.* (an-)schrauben, zuschrauben.
**avvocato** *s.m.* [f. *-essa*] Rechtsanwalt (der; die Rechtsanwältin).
**avvolgere** *v.tr.* 1 (auf-)rollen 2 (*avviluppare*) ein-packen, ein-wickeln ♦ **avvolgersi** *v.pron.* 1 sich rollen 2 (*avvilupparsi*) sich ein-hüllen.
**avvolgibile** *agg.* aufrollbar ♦ *s.m.* Rolladen (der).
**avvoltoio** *s.m.* Geier (der).

**azienda** *s.f.* Betrieb (der), Unternehmen (das).
**azione** *s.f.* 1 Tat (die), Aktion (die), Handlung (die) 2 (*effetto*) Wirkung (die) 3 (*sport*) Aktion (die), Spielzug (der) 4 (*dir.*) Klage (die).
**azionista** *s.m.* e *f.* Aktionär (der; die -in).
**azzannare** *v.tr.* zu·beißen.
**azzardare** *v.tr.* wagen, riskieren: — *un'ipotesi*, eine Vermutung wagen ♦ **azzardarsi** *v.pron.* wagen, sich unterstehen.
**azzardato** *agg.* gewagt.
**azzeccare** *v.tr.* erraten.
**azzerare** *v.tr.* (*tecn.*) auf Null stellen.
**azzimo** *agg.* ● *pane —*, Matze, Matzen.
**azzuffarsi** *v.pron.* raufen.
**azzurro** *agg.* blau, himmelblau ♦ *s.m.* Blau (das).

# Bb

**babbo** *s.m.* (fam.) Papa (der), Papi (der), Vati (der).
**babbuino** *s.m.* (zool.) Pavian (der).
**baby-sitter** *s.f.* e *m.invar.* Babysitter (der; die -in).
**bacca** *s.f.* (bot.) Beere (die).
**baccalà** *s.m.invar.* Stockfisch (der) (anche fig.).
**baccano** *s.m.* Heidenlärm (der), Krach (der): far —, Krach machen.
**bacchetta** *s.f.* Stab (der); (bastone) Stock (der): — magica, Zauberstab.
**bacheca** *s.f.* **1** Schaukasten (der) **2** (per affissioni) schwarzes Brett, Pinnwand (die).
**baciare** *v.tr.* küssen ♦ **baciarsi** *v.pron.* (reciproco) sich (o einander) küssen.
**bacinella** *s.f.* Schale (die); (catino) Waschschüssel (die).
**bacino** *s.m.* **1** Becken (das), Schale (die) **2** (geogr.) Becken (das): — fluviale, Flussgebiet.
**bacio** *s.m.* Kuss (der).
**baco** *s.m.* Raupe (die); (da seta) Seidenraupe (die).
**badare** *v.intr.* (a) auf-passen (auf + Acc), sehen (auf + Acc), achten (auf + Acc) ● — *ai fatti propri*, sich um die eigenen Angelegenheiten kümmern | *non — a spese*, keine Kosten scheuen.
**badile** *s.m.* Spaten (der).
**baffo** *s.m.* Schnurrbart (der), Schnauzbart (der): *ha i baffi*, er hat einen Schnurrbart ♦ *leccarsi i baffi*, sich die Finger lecken.
**bagagliaio** *s.m.* (di treno) Gepäckwaggon (der); (di aereo) Gepäckraum (der); (di auto) Kofferraum (der).
**bagaglio** *s.m.* Gepäck (das) ● — *a mano*, Handgepäck.
**bagliore** *s.m.* Schimmer (der) (anche fig.).
**bagnante** *s.m.* e *f.* Badende (der e die); (turista) Badegast (der).
**bagnare** *v.tr.* **1** nass machen; (immergendo) ein-wässern; (innaffiare) gießen **2** (di fiumi) fließen durch ♦ **bagnarsi** *v.pron.* nass werden.
**bagnato** *agg.* nass.
**bagnino** *s.m.* [f. -a] Bademeister (der; die -in).
**bagno** *s.m.* **1** Bad (das): *fare il —*, baden; (al mare) ins Wasser gehen; *mettere a —*, einweichen **2** (stanza) Badezimmer (das) ● — *di sole*, Sonnenbad | — *turco*, Dampfbad.
**bagnoschiuma** *s.m.invar.* Schaumbad (das).
**baia** *s.f.* Bucht (die).
**baita** *s.f.* Berghütte (die).
**balbettare** *v.intr.* **1** stottern **2** (di bambini) lallen ♦ *v.tr.* stottern, stammeln.
**balbuziente** *s.m.* e *f.* Stotterer (der; die Stotterin) ● *essere —*, stottern.
**balconata** *s.f.* (teatr.) Rang (der).
**balcone** *s.m.* Balkon (der).
**baldacchino** *s.m.* Baldachin (der) ● (letto a) —, Himmelbett.
**baldoria** *s.f.* Remmidemmi (das): *far —*, Remmidemmi machen.
**balena** *s.f.* Wal(fisch) (der).

**baleno** *s.m.* Blitz (der); (in lontananza) Wetterleuchten (das) ● (fam.) **in un —**, im Nu, blitzschnell.
**balestra** *s.f.* Armbrust (die).
**balla** *s.f.* Ballen (der): — *di cotone*, Baumwollballen ● (fam.) **raccontare balle**, Lügen erzählen.
**ballare** *v.intr.* e *tr.* tanzen.
**ballata** *s.f.* 1 Ballade (die) 2 (mus.) Tanzlied (das)
**ballerina** *s.f.* 1 Tänzerin (die) 2 (pl.) (scarpe) Ballerinas (pl.).
**ballerino** *s.m.* Tänzer (der).
**balletto** *s.m.* Ballett (das).
**ballo** *s.m.* Tanz (der) ● **— liscio**, Gesellschaftstanz | **corpo di —**, Ballettkorps | **lezione di —**, Tanzstunde.
**balneare** *agg.* Bade..., See... ● **località —**, Seebadeort | **stagione —**, Badesaison.
**balneazione** *s.f.* ● **divieto di —**, Badeverbot.
**balordo** *agg.* 1 dumm, dämlich 2 (insensato) verrückt ♦ *s.m.* [f. *-a*] 1 Dummkopf (der) 2 (sbandato) Verrückte (der e die).
**balsamo** *s.m.* Balsam (der).
**baltico** *agg.* Ostsee...; baltisch ● **la costa baltica**, die Ostseeküste | **Mar Baltico**, Ostsee.
**balza** *s.f.* 1 Steilhang (der), Steilwand (die) 2 (abbigl.) Volant (der): **gonna a balze**, Stufenrock.
**balzare** *v.intr.* auf·springen, hoch·hüpfen ● **— agli occhi**, ins Auge springen | **— in piedi**, aufspringen.
**balzo** *s.m.* Satz (der); (di palla) Abprall (der).
**bambina** *s.f.* kleines Mädchen (das).
**bambinaia** *s.f.* Kindermädchen (das).
**bambino** *s.m.* Kind (das) ● **aspettare un —**, ein Kind erwarten.
**bambola** *s.f.* Puppe (die).
**bambù** *s.m.invar.* Bambus (der): **canna di —**, Bambusrohr.
**banale** *agg.* 1 banal, seicht 2 (insulso) einfach.
**banalità** *s.f.invar.* Banalität (die), Seichtheit (die).
**banana** *s.f.* Banane (die).

**banca** *s.f.* Bank (die): *andare in —*, auf die Bank gehen ● **— commerciale**, Handelsbank | (inform.) **— dati**, Datenbank.
**bancarella** *s.f.* Stand (der): — *di libri*, Bücherstand.
**bancario** *agg.* Bank...: *operazione bancaria*, Bankgeschäft ♦ *s.m.* [f. *-a*] Bankangestellte (der e die).
**banchetto** *s.m.* Bankett (das), Schmaus (der) ● **— di nozze**, Hochzeitsmahl.
**banchiere** *s.m.* Bankier (der).
**banchina** *s.f.* 1 (mar.) Kai (der) 2 (ferr.) Bahnsteig (der) 3 (di strada) Seitenstreifen (der).
**banco** *s.m.* 1 Bank (der) 2 (di negozio) Ladentisch (der); (di bar) Theke (die), Tresen (der) ● **— da lavoro**, Werkbank | (dir.) **— degli imputati**, Anklagebank | **— di scuola**, Schulbank.
**bancomat** *s.m.invar.* Geldautomat (der).
**bancone** *s.m.* (di bar) Theke (die), Tresen (der); (di negozio) Ladentisch (der), Tresen (der).
**banconota** *s.f.* Banknote (die).
**banda**[1] *s.f.* 1 Bande (die) (anche scherz.): — *di rapinatori*, Räuberbande; — *giovanile*, jugendliche Bande 2 (mus.) Kapelle (die).
**banda**[2] *s.f.* (tecn.) Band (das), Streifen (der).
**banderuola** *s.f.* Wetterfahne (die) (anche fig.).
**bandiera** *s.f.* Fahne (die), Flagge (die).
**bandito** *s.m.* Bandit (der), Verbrecher (der).
**banditore** *s.m.* [f. *-trice*] (di asta) Auktionator (der; die *-in*), Versteigerer (der; die *-in*).
**bando** *s.m.* 1 (di concorso) Ausschreibung (die) 2 (esilio) Verbannung (die) ● **— a**, fort mit, weg mit | **mettere al —**, verbannen.
**bar** *s.m.invar.* (kleines) Café (das).
**bara** *s.f.* Sarg (der).
**baracca** *s.f.* Baracke (die); (fam.) Bude (die) ● **mandare avanti la —**, den Laden schmeißen.
**barare** *v.intr.* 1 falsch·spielen 2 (fig.) betrügen.

**baratro** *s.m.* Abgrund (der) (anche fig.).
**barattare** *v.tr.* (ein-)tauschen.
**baratto** *s.m.* Tauschgeschäft (das).
**barattolo** *s.m.* Dose, Büchse (die); (di vetro) Glas (das): — di latta, Blechdose.
**barba** *s.f.* Bart (der): farsi crescere la —, sich (Dat) einen Bart stehen lassen; farsi la —, sich rasieren ● che —!, wie langweilig!
**barbabietola** *s.f.* rote Beete: — da zucchero, Zuckerrübe.
**barbarie** *s.f.* Barbarei (die).
**barbaro** *agg.* barbarisch ♦ *s.m.* [f. -a] Barbar (der; die -in) (anche estens.).
**barbiere** *s.m.* Herrenfriseur (der).
**barboncino** *s.m.* Pudel (der).
**barbone** *s.m.* Stadtstreicher (der), Penner (der).
**barca** *s.f.* Boot (das): andare in —, mit dem Boot fahren ● — *a vela, a remi, a motore*, Segelboot, Ruderboot, Motorboot.
**barcaiolo** *s.m.* 1 Bootsführer (der); (traghettatore) Fährmann (der) 2 (noleggiatore) Bootsverleiher (der).
**barcollare** *v.intr.* taumeln, torkeln.
**barcone** *s.m.* 1 (per merci) Lastkahn (der) 2 (mil.) (per ponti) Ponton (der).
**barella** *s.f.* 1 Tragbahre (die) 2 (per materiali) Traggestell (das).
**barile** *s.m.* 1 (recipiente) Fass (das) 2 (di petrolio) Barrel (das).
**barista** *s.m. e f.* 1 (lavoratore) Barkeeper (der), Barmann (der; die -frau) 2 (proprietario) Barbesitzer (der; die -in).
**baritono** *s.m.* Bariton (der).
**baro** *s.m.* 1 (al gioco) Falschspieler (der) 2 (estens.) Betrüger (der).
**barocco** *s.m.* Barock (der o das) ♦ *agg.* barock, Barock...: *musica barocca*, Barockmusik.
**barometro** *s.m.* Barometer (das).
**barone** *s.m.* [f. -essa] Freiherr (der; die -frau); Baron (der; die -in) (anche fig.).
**barra** *s.f.* 1 Stab (der), Stange (die) 2 (metall.) Barren (der) 3 (segno grafico) Schrägstrich (der) ● (di tastiera) — *spaziatrice*, Leertaste.

**barrare** *v.tr.* an-kreuzen, durch-streichen.
**barricata** *s.f.* Barrikade (die), Straßensperre (die).
**barriera** *s.f.* Barriere (die), Sperre (die), Schranke (die) ● (geol.) — *corallina*, Korallenriff | (comm.) — *doganale*, Zollschranke.
**barzelletta** *s.f.* Witz (der).
**basamento** *s.m.* (arch.) Sockel (der); (edil.) Fundament (das).
**basare** *v.tr.* gründen, stützen ♦ **basarsi** *v.pron.* (su) sich stützen (auf + Acc), sich gründen (auf + Dat), beruhen (auf + Dat).
**basco** *agg.* baskisch ♦ *s.m.* 1 [f. -a] Baske (der; die Baskin) 2 (lingua) Baskisch(e) (das) 3 (berretto) Baskenmütze (die).
**base** *s.f.* 1 Basis (die), Grundlage (die); (basamento) Sockel (der) 2 (mat.) Basis (die) 3 (chim.) Base (die) 4 (mil.) — *aerea*, Luftstützpunkt; — *di lancio*, Raketenabschussbasis | *di* —, Basis..., Grund...: *vocabolario di* —, Grundwortschatz | *in* — *a, sulla* — *di*, aufgrund (+ Gen o von).
**basetta** *s.f.* Koteletten (*pl.*).
**Basilea** *n.pr.f.* Basel (die).
**basilica** *s.f.* (arch.) Basilika (die).
**basilico** *s.m.* Basilikum (das).
**bassifondi** *s.m.pl.* Unterwelt (die).
**basso** *agg.* 1 niedrig: *un* — *stipendio*, ein niedriges Gehalt 2 (di persona) klein 3 (di suono) tief: *a voce bassa*, mit leiser Stimme ♦ *s.m.* 1 unterer Teil 2 (mus.) Bass (der) ♦ *avv.* 1 (in giù, verso terra) tief, (nach) unten 2 (a voce bassa) leise ● *a* — *prezzo*, billig | *da* —, (stato in luogo) unten; (moto a luogo) hinunter | *guardare qlcu dall'alto in* —, auf jdn herabsehen | *in* —, (stato in luogo) unten; (moto a luogo) hinunter.
**bassorilievo** *s.m.* Basrelief (das).
**basta** *inter.* genug, Schluss: — *con queste storie!*, Schluss damit!
**bastardo** *agg.* 1 (illegittimo) unehelich 2 (zool.) Mischlings- ♦ *s.m.* 1 Bastard (der) 2 (zool.) Mischling (der).
**bastare** *v.intr.* genügen, reichen: *questo mi basta*, das genügt mir; *basti dire*

che..., man braucht nur zu sagen, dass...; *basta chiedere*, man braucht nur zu fragen.

**bastimento** *s.m.* 1 Frachtschiff (das) 2 (*carico*) Schiffsladung (die).

**bastione** *s.m.* Bastion (die), Bollwerk (das).

**bastonare** *v.tr.* (ver)prügeln, schlagen.

**bastoncino** *s.m.* Stange (die), Stäbchen (das) ● *bastoncini di pesce*, Fischstäbchen (das).

**bastone** *s.m.* Stock (der), Stange (die) ● *— da montagna*, Wanderstock.

**battaglia** *s.f.* Schlacht (die), Kampf (der); *— navale*, Seeschlacht.

**battaglione** *s.m.* (mil.) Bataillon (das).

**battello** *s.m.* Boot (das), Schiff (das) ● *— a vapore*, Dampfer.

**battere** *v.tr.* 1 schlagen; *— il tappeto*, den Teppich klopfen 2 (*urtare*) (*contro*) stoßen (an + Dat) 3 (*sconfiggere*) besiegen, schlagen; (*superare*) übertreffen; *— un primato*, einen Rekord brechen 4 (*sulla tastiera*) tippen 5 (*perlustrare*) durchstreifen ♦ *v.intr.* 1 schlagen; (*bussare*) klopfen; (*urtare*) stoßen 2 (*su*) (*insistere*) verharren (bei) ♦ **battersi** *v.pron.* (*con*) sich schlagen (mit): (fig.) *battersi per un ideale*, für ein Ideal kämpfen ● *— i denti*, mit den Zähnen klappern | (pop.) *— il marciapiede*, auf den Strich gehen | *— le mani*, klatschen.

**batteria** *s.f.* 1 Batterie (die) 2 (mus.) Schlagzeug (das) 3 (sport) Qualifikationsrunde (die) 4 (elettr.) (*alimentato*) *a —*, batteriebetrieben | *— da cucina*, Kochtopfserie.

**batterio** *s.m.* (biol.) Bakterie (die).

**batterista** *s.m. e f.* Schlagzeuger (der; die -in).

**battesimo** *s.m.* Taufe (die).

**battezzare** *v.tr.* 1 (relig.) taufen 2 (*soprannominare*) einen Beinamen geben (+ Dat).

**batticuore** *s.m.* Herzklopfen (das).

**battipanni** *s.m.invar.* Teppichklopfer (der).

**battistero** *s.m.* (arch.) Taufkirche (die), Baptisterium (das).

**battistrada** *s.m.invar.* 1 (aut.) Lauffläche (die); (estens.) Profil (das) 2 (sport) Schrittmacher (der).

**battito** *s.m.* Schlag (der); *— cardiaco*, Herzschlag; *il — di un orologio*, das Tikken einer Uhr.

**battuta** *s.f.* 1 (*colpo*) Schlag (der); (*su tastiera*) Anschlag (der) 2 (*di caccia*) Treibjagd (die) 3 (mus.) Takt (der); *— d'arresto*, Pause 4 (teatr.) Stichwort (das) 5 (sport) Service (der o des); (tennis) Aufschlag (der) ● *— di spirito*, witzige Bemerkung.

**batuffolo** *s.m.* Bausch (der); *— di ovatta*, Wattebausch.

**baule** *s.m.* 1 Truhe (die), Koffer (der) 2 (aut.) Kofferraum (der).

**bavaglino** *s.m.* Lätzchen (das).

**bavaglio** *s.m.* Knebel (der).

**bavarese** *agg.* bay(e)risch ♦ *s.m. e f.* Bayer (der; die -in) ♦ *s.m.* (dialetto) Bayrische (das) ♦ *s.f.* (gastr.) Crème bavaroise.

**bavero** *s.m.* Kragen (der).

**Baviera** *n.pr.f.* Bayern (das).

**beato** *agg.* 1 (relig.) selig 2 (*felice*) glücklich, glückselig ♦ *s.m.* [f. *-a*] Selige (der e die).

**beauty-case** *s.m.invar.* Kosmetiktasche (die).

**bebè** *s.m.invar.* Baby (das).

**beccare** *v.tr.* 1 (auf)picken 2 (*colpire*) picken (nach); (*pungere*) stechen 3 (fam.) kriegen; (*sorprendere*) erwischen.

**beccheggiare** *v.intr.* (mar.) heftig schaukeln.

**becchino** *s.m.* Totengräber (der).

**becco** *s.m.* Schnabel (der) ● *chiudi il —!*, halt'die Klappe | *non voglio mettermi —*, ich will mich da nicht einmischen.

**befana** *s.f.* 1 (festa) Dreikönigsfest (das) 2 Befana (die) (alte Frau, die Kindern in der Nacht vor dem Dreikönigsfest Geschenke bringt) 3 (fig.) alte Hexe.

**beffa** *s.f.* Spott (der); (*scherzo*) Streich (der) ● *farsi beffe di qlcu*, seinen Spott mit jdm treiben.

**beffardo** *agg.* spöttisch, höhnisch.

**beffare** *v.tr.* verspotten, verhöhnen ♦

**beffarsi** *v.pron.* (*di*) sich lustig machen (über + *Acc*); auf-ziehen.
**belare** *v.intr.* (*di pecora*) blöken; (*di capra*) meckern.
**belga** *agg.* belgisch ♦ *s.m.* e *f.* Belgier (*der*; *die* -in).
**bella** *s.f.* **1** (*donna bella*) Schöne (*die*; Schönheit (*die*) **2** (*bella copia*) Reinschrift (*die*): *copiare in* —, in Reinschrift übertragen.
**belladonna** *s.f.* (*bot., farm.*) Tollkirsche (*die*).
**bellezza** *s.f.* Schönheit (*die*): *istituto di* —, Schönheitsfarm ● *che* —!, wie schön! | *la* — *di tre anni*, ganze drei Jahre.
**bellico** *agg.* kriegerisch, Kriegs...: *industria bellica*, Kriegsindustrie.
**bello**[1] *agg.* **1** schön: *che* —!, wie schön!; *farsi* —, sich schön machen **2** (*buono*) gut **3** (*grande, notevole*) gut, groß: *una bella somma*, eine schöne (o hübsche) Summe **4** (*con valore rafforzativo*): *non ti dico un bel niente*, ich sage dir überhaupt nichts; *nel bel mezzo di*..., mitten in (+ *Dat* o *Acc*) ● *darsi alla bella vita*, das süße Leben genießen | *l'ho fatta bella!*, ich habe was angestellt!
**bello**[2] *s.m.* **1** Schöne (*das*) **2** (*innamorato*) Liebling (*der*); (*iron.*) Schönling (*der*) ● *che cosa fai di* —?, was machst du Schönes?; *il tempo si mette al* —, das Wetter wird schön (o besser) | *sul più* —, im schönsten Augenblick.
**belva** *s.f.* **1** Bestie (*die*), wildes Tier **2** (*fig.*) Unmensch (*der*).
**belvedere** *s.m.* Aussichtspunkt (*der*), Belvedere (*das*).
**benché** *cong.* obwohl.
**benda** *s.f.* (*med.*) Binde (*die*), Verband (*der*) ● *gli è caduta la* — *dagli occhi*, es fiel ihm wie Schuppen von den Augen.
**bendare** *v.tr.* verbinden: — *gli occhi*, die Augen verbinden.
**bene** *avv.* **1** gut: *comportarsi* —, sich gut benehmen **2** (*rafforzativo*) ganz: *ben* —, richtig, ordentlich **3** (*escl.*) gut, prima: —!, *bravo!*, prima, bravo!; *va* —!, in Ordnung ♦ *agg.invar.* vornehm: *la gente* —, die vornehme Welt ♦ *s.m.* **1** Gut (*das*), Gute (*das*): *fare del* —, gute

Werke vollbringen **2** (*beneficio*) Wohl (*das*): — *comune*, Gemeinwohl; *fare* —, gut tun **3** (*econ.*) Gut (*das*), Habe (*die*): *beni immobili*, unbewegliche Güter, Immobilien; *beni di consumo*, Konsumgüter ● *beni di famiglia*, Familienbesitz | *come stai?*, *Bene*, wie geht es dir? Gut | *ti sta* —! (*o ben ti sta!*), das geschieht dir recht! | *una persona per* —, ein anständiger Mensch; *voler* — *a qlcu*, jdn liebhaben.
**benedetto** *agg.* gesegnet, geweiht (*fam.*) — *ragazzo!*, mein lieber Junge!
**benedire** *v.tr.* segnen.
**benedizione** *s.f.* Segen (*der*).
**benefattore** *s.m.* [f. -*trice*] Wohltäter (*der*; *die* -in).
**beneficenza** *s.f.* Wohltätigkeit (*die*), Wohltaten (*pl.*).
**beneficiare** *v.intr.* (*di*) genießen, erhalten: — *di una riduzione*, eine Ermäßigung genießen.
**beneficio** *s.m.* Vorteil (*der*), Nutzen (*der*): *trarre* — *da una situazione*, aus einer Situation Nutzen ziehen.
**benefico** *agg.* **1** wohltuend **2** (*di beneficenza*) wohltätig.
**benemerito** *agg.* verdienstvoll ♦ *s.m.* verdienstvolle Person.
**benessere** *s.m.* **1** (*fisico*) Wohlbefinden (*das*) **2** Wohlstand (*der*).
**benestante** *agg.* wohlhabend, begütert.
**benevolo** *agg.* wohlwollend.
**beniamino** *s.m.* [f. -*a*] Liebling (*der*).
**benigno** *agg.* (*med.*) gutartig: *tumore* —, gutartiger Tumor.
**beninteso** *avv.* natürlich, selbstverständlich.
**bensì** *cong.* sondern; wohl aber.
**benvenuto** *agg.* willkommen ♦ *s.m.* Willkommen (*das*): *dare il* — *a qlcu*, jdn willkommen heißen ● —!, herzlich willkommen!
**benzina** *s.f.* Benzin (*das*): *fare il* —, tanken ● — *senza piombo*, bleifreies Benzin.
**benzinaio** *s.m.* **1** [f. -*a*] Tankwart (*der*; *die* -in) **2** (*distributore*) Tankstelle (*die*).
**bere**[1] *v.tr.* trinken: — *alla salute di qlcu*, auf jds Wohl (o Gesundheit) trin-

ken • *questa non la bevo*, das lasse ich mir nicht aufbinden.

**bere²** *s.m.* Trinken (*das*): *darsi al —*, sich dem Trunk ergeben; *togliersi il vizio del —*, sich (*Dat*) das Trinken abgewöhnen.

**berlina** *s.f.* **1** (*carrozza*) Berline (*die*) **2** (*aut.*) Limousine (*die*).

**berlinese** *agg.* Berliner, berlinerisch ♦ *s.m. e f.* Berliner (*der; die* -in) ♦ *s.m.* (*dialetto*) Berlinerisch(e) (*das*).

**Berlino** *n.pr.f.* Berlin (*das*).

**bermuda** *s.m.pl.* Bermuda-Shorts (*pl.*).

**Berna** *n.pr.f.* Bern (*das*).

**bernoccolo** *s.m.* Beule (*die*) • *avere il — degli affari*, eine Nase für Geschäfte haben.

**berretto** *s.m.* Mütze (*die*); (*con visiera*) Schirmmütze (*die*).

**bersaglio** *s.m.* Zielscheibe (*die*) (*anche fig.*); Ziel (*das*).

**besciamella** *s.f.* Béchamelsoße (*die*).

**bestemmia** *s.f.* Gotteslästerung (*die*), Fluch (*der*).

**bestemmiare** *v.intr.* fluchen ♦ *v.tr.* verfluchen.

**bestia** *s.f.* **1** Tier (*das*): *bestie feroci*, wilde Tiere **2** (*persona ignorante*) Untier (*das*) • *andare in —*, aus der Haut fahren | *mandare in — qlcu*, jdn wild machen.

**bestiale** *agg.* tierisch: *un dolore —*, ein tierischer Schmerz.

**bestiame** *s.m.* Vieh (*das*).

**bettola** *s.f.* Spelunke (*die*).

**betulla** *s.f.* Birke (*die*).

**bevanda** *s.f.* Getränk (*das*).

**bevitore** *s.m.* [f. -*trice*] Trinker (*der; die* -in).

**biada** *s.f.* Futtergetreide (*das*).

**biancheria** *s.f.* Wäsche (*die*): *— intima*, Unterwäsche.

**bianco** *agg.* **1** weiß **2** (*pulito*) rein **3** (*non scritto*) unbeschrieben, weiß **4** (*pallido*) blass, bleich ♦ *s.m.* **1** Weiß (*das*) **2** [f. -*a*] (*persona*) Weiße (*der* e *die*) **3** (*vino*) Weißwein (*der*) • *carni bianche*, helles Fleisch | *di punto in —*, aus heiterem Himmel | *in —*, blanko...: *assegno in —*,

Blankoscheck | *in — e nero*, schwarzweiß | *mangiare in —*, leichte Kost essen | *mettere nero su —*, schwarz auf weiß niederschreiben | *notte in —*, schlaflose Nacht | *pane in —*, Weißbrot.

**biancospino** *s.m.* (*bot.*) Weißdorn (*der*).

**biasimare** *v.tr.* tadeln, rügen: *da —*, tadelnswert, rügenswert.

**Bibbia** *s.f.* Bibel (*die*).

**biberon** *s.m.invar.* Babyflasche (*die*), Fläschchen (*das*).

**bibita** *s.f.* Getränk (*das*).

**bibliografia** *s.f.* **1** Bibliographie (*die*) **2** Literaturverzeichnis (*das*).

**biblioteca** *s.f.* **1** Bibliothek (*die*) **2** (*collana, collezione*) Büchersammlung • (*scherz.*) *topo di —*, Bücherwurm.

**bibliotecario** *s.m.* [f. -*a*] Bibliothekar (*der; die* -in).

**bicarbonato** *s.m.* (*chim.*) Bikarbonat (*das*): *— di sodio*, doppeltkohlensaures Natrium; Natron.

**bicchiere** *s.m.* Glas (*das*): *un — di vino*, ein Glas Wein • *— di carta*, Papierbecher.

**bicicletta** *s.f.* Fahrrad (*das*): *in —*, mit dem (Fahr)rad; *— da corsa*, Rennrad • *andare in —*, Rad fahren.

**bidè** *s.m.invar.* Bidet (*das*).

**bidello** *s.m.* [f. -*a*] Schuldiener (*der; die* -in).

**bidone** *s.m.* **1** Kanister (*der*), Behälter (*der*): *— dei rifiuti*, Mülltonne **2** (*imbroglio*) Schwindel (*der*), Betrug (*der*): *fare un — a qlcu*, jdn reinlegen.

**biennale** *agg.* **1** (*che dura due anni*) zweijährig **2** (*ogni due anni*) zweijährlich, alle zwei Jahre stattfindend.

**bietola** *s.f.* Mangold (*der*).

**biforcazione** *s.f.* Gabelung (*die*); (*di strada*) Abzweigung (*die*).

**bigiotteria** *s.f.* **1** Modeschmuck (*der*) **2** (*negozio*) Geschäft für Modeschmuck.

**bigliettaio** *s.m.* [f. -*a*] **1** (*di stazione*) Fahrkartenverkäufer (*der*); (*di treno*) Zugschaffner (*der*) **2** (*teatr.*) Kartenverkäufer (*der*).

**biglietteria** *s.f.* **1** (*alla stazione*) Fahrkartenschalter (*der*) **2** (*botteghino*)

Kasse (*die*): — *del cinema*, Kinokasse; — *del teatro*, Theaterkasse.
**biglietto** *s.m.* **1** Karte (*die*) **2** (*sui mezzi di trasporto*) Fahrkarte (*die*), Fahrschein (*der*) **3** (*banconota*) Geldschein (*der*), Banknote (*die*) ● — *d'auguri*, Glückwunschkarte | — *da visita*, Visitenkarte | — *di andata e ritorno*, (Hin- und) Rückfahrkarte | — *di entrata*, Eintrittskarte | — *d'invito*, Einladungskarte.
**bignè** *s.m.invar.* (*gastr.*) Eclair (*das*), Windbeutel (*der*).
**bigodino** *s.m.* Lockenwickler (*der*).
**bilancia** *s.f.* **1** Waage (*die*) (*anche astr.*) **2** (*econ.*) Bilanz (*die*): — *dei pagamenti*, Zahlungsbilanz.
**bilancio** *s.m.* Bilanz (*die*), (*statale*) Haushalt (*der*) ● — *consuntivo*, Schlussbilanz | — *preventivo*, Haushaltsplan.
**bilaterale** *agg.* bilateral, zweiseitig.
**bile** *s.f.* Galle (*die*).
**biliardo** *s.m.* Billard (*das*), Billardspiel (*das*).
**bilingue** *agg.* zweisprachig.
**bilocale** *s.m.* Zweizimmerwohnung (*die*).
**bimbo** *s.m.* → **bambino**
**bimestrale** *agg.* **1** (*che dura due mesi*) zweimonatig **2** (*che scade ogni due mesi*) zweimonatlich.
**bimestre** *s.m.* Bimester (*das*).
**binario** *s.m.* (*ferr.*) Gleis (*das*): *il treno per Milano parte dal* — *8*, der Zug nach Mailand fährt von Bahnsteig 8 ab | — *uscire dai binari*, entgleisen (*anche fig.*).
**binocolo** *s.m.* Fernglas (*das*), Binokel (*das*); — *da teatro*, Opernglas.
**biodegradabile** *agg.* biologisch abbaubar.
**bioetica** *s.f.* Bioethik (*die*).
**biografia** *s.f.* Biographie (*die*).
**biologia** *s.f.* Biologie (*die*).
**biologico** *agg.* biologisch.
**biondo** *agg.* blond ♦ *s.m.* **1** (*colore*) Blond (*das*) **2** [f. -a] (*persona*) Blonde (*die*).
**biopsia** *s.f.* (*med.*) Biopsie (*die*).
**bioritmo** *s.m.* Biorhythmus (*der*).

**biotecnologia** *s.f.* Biotechnologie (*die*).
**birichino** *agg.* schelmisch, spitzbübisch ♦ *s.m.* [f. -a] Schelm (*der*; *die* -in).
**birillo** *s.m.* Kegel (*der*).
**biro** *s.f.invar.* Kugelschreiber (*der*); (*fam.*) Kuli (*der*).
**birra** *s.f.* Bier (*das*) ● — *alla spina*, Bier vom Fass.
**birreria** *s.f.* Bierstube (*die*), Bierkeller (*der*); — *all'aperto*, Biergarten.
**bis** *s.m.invar. e inter.* Zugabe (*die*): *concedere un* —, eine Zugabe geben.
**bisbigliare** *v.intr.* **1** flüstern, wispern **2** (*sparlare*) tuscheln.
**bisbiglio** *s.m.* Tuschelei (*die*); Flüstern (*das*).
**biscia** *s.f.* Natter (*die*), Schlange (*die*): — *d'acqua*, Ringelnatter.
**biscotto** *s.m.* Keks (*der*); Plätzchen (*das*).
**bisestile** *agg.* ● *anno* —, Schaltjahr.
**bisnonna** *s.f.* Urgroßmutter (*die*).
**bisnonno** *s.m.* **1** Urgroßvater (*der*) **2** (*pl.*) Urgroßeltern (*pl.*).
**bisognare** *v.impers.* müssen, sollen: *bisogna dirle che...*, man muss ihr sagen, dass...; *bisogna che tu venga subito*, du musst sofort kommen.
**bisogno** *s.m.* **1** Bedarf (*der*); Bedürfnis (*das*): *aver* — *di qlco*, etw brauchen; *c'è* — *di un medico*, ein Arzt wird gebraucht **2** (*povertà*) Armut (*die*), Not (*die*) ● *in caso di* —, bei Bedarf | *non c'è* — *di gridare*, da muss man doch nicht schreien.
**bisognoso** *agg.* **1** bedürftig **2** (*povero*) notleidend, arm ♦ *s.m.* [f. -a] Notleidende (*der o die*).
**bistecca** *s.f.* Steak (*das*) ● — *ai ferri*, Grillsteak | — *al sangue*, englisch gebratenes Rumpsteak.
**bisticciare** *v.intr.* streiten, zanken.
**bisticcio** *s.m.* Zank (*der*); Streit (*der*).
**bisturi** *s.m.invar.* (*med.*) Skalpell (*das*).
**bitume** *s.m.* Asphalt (*der*), Bitumen (*das*).
**bivacco** *s.m.* Biwak (*das*): *fuoco di* —, Lagerfeuer.
**bivio** *s.m.* Gabelung (*die*), Abzweigung

(die) ● essere a un —, am Scheideweg stehen.
**bizzarro** *agg.* bizarr, absonderlich.
**blindato** *agg.* gepanzert, Panzer... ♦ *s.m.* Panzerspähwagen (der) ● *vetro* —, Panzerglas.
**bloccare** *v.tr.* blockieren, sperren (anche estens.) ♦ **bloccarsi** *v.pron.* 1 zum Stillstand kommen, stehen-bleiben, blockieren 2 (psic.) blockiert sein; verkrampft sein.
**bloccasterzo** *s.m.* Lenkradschloss (das).
**blocco**[1] *s.m.* 1 Block (der): *un — di granito*, ein Granitblock 2 (*quaderno*) Block (der): *— da disegno*, Zeichenblock.
**blocco**[2] *s.m.* Sperre (die), Absperrung (die); (*mil., econ.*) Blockade (die): *— stradale*, Straßensperre; *posto di —*, Sperrposten ● (*med.*) *— cardiaco*, Herzversagen | (*econ.*) *— dei prezzi*, Preisstopp | *— di un conto*, Kontosperre.
**blu** *agg.invar.* (dunkel)blau ♦ *s.m.invar.* Blau (das).
**blusa** *s.f.* 1 Bluse (die) 2 (*da lavoro*) Kittel (der).
**boa**[1] *s.m.invar.* (*zool., abbigl.*) Boa (die).
**boa**[2] *s.f.* (*mar.*) Boje (die).
**boato** *s.m.* Dröhnen (das), Knall (der).
**bobina** *s.f.* 1 Spule (die) 2 (*foto*) Rolle (die).
**bocca** *s.f.* 1 Mund (der): *aprire la —*, den Mund aufmachen 2 (*di animali*) Maul (das) 3 (*apertura*) Öffnung (die), Loch (das) 4 (*pl.*) (*geogr.*) Mündung (die) ● *in — al lupo!*, Hals- und Beinbruch! | *restare a — aperta*, mit offenem Mund dastehen | *tieni la — chiusa!*, halt den Mund!
**boccale** *s.m.* Krug (der): *— di birra*, Bierkrug.
**boccaporto** *s.m.* (*mar.*) Luke (die).
**boccetta** *s.f.* 1 Flakon (das o der), Fläschchen (das) 2 (*biliardo*) Stoßball (der).
**boccheggiare** *v.intr.* nach Luft schnappen.
**bocchino** *s.m.* 1 (*mus.*) Mundstück (das) 2 (*per sigarette*) Zigarettenspitze (die).
**boccia** *s.f.* 1 bauchige Flasche 2 (*palla*) Kugel (die) ● *gioco delle bocce*, Boccia.
**bocciare** *v.tr.* 1 durchfallen lassen: *è stato bocciato due volte*, er ist zweimal sitzengeblieben 2 (*respingere*) ab-lehnen.
**bocciatura** *s.f.* (*a un esame*) Durchfallen (das); (*a scuola*) Sitzenbleiben (das).
**bocciolo** *s.m.* Knospe (die).
**boccone** *s.m.* Bissen (der), Happen (der) ● *ingoiare un — amaro*, eine bittere Pille schlucken.
**boia** *s.m.invar.* Henker (der); (*estens.*) Schurke (der).
**boicottaggio** *s.m.* Boykott (der), Boykottieren (das).
**boicottare** *v.tr.* boykottieren.
**bolla**[1] *s.f.* Blase (die): *— d'aria*, Luftblase.
**bolla**[2] *s.f.* 1 (*sigillo*) Siegel 2 (*st., relig.*) Bulle (die) 3 (*comm.*) Schein (der): *— di consegna*, Lieferschein.
**bollare** *v.tr.* 1 (ab-)stempeln: *— a fuoco*, ein Brandzeichen einbrennen 2 (*fig.*) brandmarken: *— d'infamia*, jdn mit Schande bedecken.
**bollente** *agg.* 1 kochendheiß 2 (*fig.*) erhitzt.
**bolletta** *s.f.* 1 Schein (der): *— di consegna*, (Ein)lieferungsschein 2 (*fattura*) Rechnung (die): *— del telefono*, Telefonrechnung ● (*fam.*) *essere in —*, knapp bei Kasse sein.
**bollettino** *s.m.* 1 (*rapporto*) Bericht (der) 2 (*modulo*) Schein (der) ● *— di versamento*, Einzahlungsformular | *— medico*, Krankenbericht | *— meteorologico*, Wetterbericht.
**bollino** *s.m.* Marke (die).
**bollire** *v.intr.* sieden, kochen ♦ *v.tr.* kochen.
**bollito** *agg.* gekocht, gesotten ♦ *s.m.* (*gastr.*) gekochtes Fleisch; (*carne da bollito*) Suppenfleisch (das).
**bollo** *s.m.* 1 (*timbro*) Stempel (der) 2 (*marca*) Marke (die): *marca da —*, Gebührenmarke.

**Bolzano** *n.pr.f.* Bozen (*das*).
**bomba** *s.f.* Bombe (*die*) ● *a prova di* —, bombensicher | — *atomica*, Atombombe.
**bombardamento** *s.m.* Beschuss (*der*); (*aer.*) Bombardierung (*die*).
**bombardare** *v.tr.* 1 beschießen, bombardieren (*anche fig.*) 2 (*fis.*) beschießen ● — *qlcu di richieste*, jdn mit Bitten überfallen.
**bombola** *s.f.* Stahlflasche (*die*); (*di gas*) Gasflasche (*die*).
**bomboletta** *s.f.* Spraydose (*die*).
**bonaccia** *s.f.* Meeresstille (*die*); (*assenza di vento*) Flaute (*die*), Windstille (*die*).
**bonifico** *s.m.* Überweisung (*die*): — *bancario*, Banküberweisung.
**bontà** *s.f.invar.* 1 Güte (*die*), Gutherzigkeit (*die*): — *d'animo*, Gutmütigkeit 2 (*di cibo*) Wohlgeschmack (*der*).
**bora** *s.f.* Bora (*die*).
**borbottare** *v.intr.* 1 murmeln 2 (*brontolare*) brummen ♦ *v.tr.* murmeln.
**borchia** *s.f.* 1 (*tecn.*) metallener Beschlag, Buckel (*der*) 2 Ziernagel (*der*), Niete (*die*).
**bordo** *s.m.* 1 (*margine*) Rand (*der*) 2 (*orlo*) Umrandung (*die*) 3 (*mar.*) Bord (*der*) ● *d'alto* —, hochgestellt.
**borghese** *agg.* 1 bürgerlich, Bürger...: *classe* —, Bürgertum 2 (*civile*) Zivil...: *in* —, in Zivil ♦ *s.m.* e *f.* Bürger (*der*; *die* -in).
**borghesia** *s.f.* Bürgertum (*das*); Bourgeoisie (*die*).
**borgo** *s.m.* 1 Ortschaft (*die*) 2 (*quartiere periferico*) Vorstadtviertel (*das*).
**borotalco** *s.m.* Puder (*der*).
**borraccia** *s.f.* Wasserflasche (*die*), Feldflasche (*die*).
**borsa**[1] *s.f.* Tasche (*die*); Beutel (*der*) ● — *da viaggio*, Reisetasche | — *della spesa*, Einkaufstasche | — *di studio*, Stipendium.
**borsa**[2] *s.f.* Börse (*die*): *giocare in* —, an der Börse spekulieren.
**borseggiatore** *s.m.* [f. -*trice*] Taschendieb (*der*; *die* -in).
**borsellino** *s.m.* Geldbeutel (*der*).

**borsetta** *s.f.* Tasche (*die*); Handtasche (*die*).
**borsista** *s.m.* e *f.* Stipendiat (*der*; *die* -in).
**boscaglia** *s.f.* Gehölz (*das*).
**boscaiolo** *s.m.* [f. -*a*] Holzfäller (*der*; *die* -in).
**bosco** *s.m.* Wald (*der*).
**boscoso** *agg.* bewaldet, waldig.
**bossolo** *s.m.* 1 (*di proiettile*) Büchse (*die*) 2 (*per i dadi*) Würfelbecher (*der*).
**botanica** *s.f.* Botanik (*die*).
**botanico** *agg.* botanisch: *giardino* —, botanischer Garten ♦ *s.m.* [f. -*a*] Botaniker (*der*; *die* -in).
**botola** *s.f.* 1 Luke (*die*) 2 (*teatr.*) Versenkung (*die*).
**botta** *s.f.* 1 Schlag (*der*) (*anche fig.*) 2 (*pl.*) Prügel (*pl.*): *fare a botte*, sich prügeln.
**botte** *s.f.* Fass (*das*) ● (*arch.*) *volta a* —, Tonnengewölbe.
**bottega** *s.f.* (*negozio*) Laden (*der*), Geschäft (*das*); (*laboratorio*) Werkstatt (*die*).
**botteghino** *s.m.* Kartenausgabe (*die*); (*del lotto*) Lottoannahmestelle (*die*).
**bottiglia** *s.f.* Flasche (*die*).
**bottino** *s.m.* Beute (*die*); (*di guerra*) Kriegsbeute (*die*).
**botto** *s.m.* Knall (*der*), Krach (*der*).
**bottone** *s.m.* 1 Knopf (*der*) 2 (*pulsante*) Druckknopf (*der*) ● *attaccare un* — *a qlcu*, jdn in ein Gespräch verwickeln.
**bovino** *agg.* Rind...: *carne bovina*, Rindfleisch ♦ *s.m.* Rind (*das*).
**box** *s.m.invar.* (*corse automobilistiche*) Box (*die*); (*per auto*) Garage (*die*).
**boxe** *s.f.invar.* Boxen (*das*).
**boxer** *s.m.invar.* Boxer (*der*).
**boy-scout** *s.m.* Pfadfinder (*der*).
**bozza**[1] *s.f.* 1 (*bugna*) Buckel (*der*) 2 (*bernoccolo*) Beule (*die*).
**bozza**[2] *s.f.* 1 (*di lettera, contratto*) Entwurf (*der*) 2 (*tip.*) Abzug (*der*): *correggere le bozze*, Korrekturen lesen.
**bozzetto** *s.m.* Entwurf (*der*).
**bozzolo** *s.m.* Kokon (*der*).
**braccetto** *s.m.* ● *andare a* — *con qlcu*, mit jdm untergehakt gehen.

**bracciale** *s.m.* Armreif (*der*).
**braccialetto** *s.m.* Armband (*das*).
**bracciante** *s.m.* Tagelöhner (*der*).
**bracciata** *s.f.* 1 Armvoll (*der*) 2 (*sport*) Stoß (*der*), Armbewegung (*die*).
**braccio** *s.m.* 1 Arm (*der*) 2 (*unità di misura*) Elle (*die*) ● **accogliere qlcu a braccia aperte**, jdn mit offenen Armen empfangen | **essere il — destro di qlcu**, jds rechte Hand sein | **tenere un bambino in —**, ein Kind im Arm halten.
**bracciolo** *s.m.* Armlehne (*die*).
**bracconiere** *s.m.* Wilderer (*der*).
**brace** *s.f.* Glut (*die*): *alla —*, gegrillt ● **cadere dalla padella nella —**, vom Regen in die Traufe kommen.
**braciere** *s.m.* Kohlenbecken (*das*).
**braciola** *s.f.* Schnitzel (*das*).
**branchia** *s.f.* Kieme (*die*).
**branco** *s.m.* 1 Schar (*die*), Rudel (*das*); (*di pecore*) Herde (*die*) 2 (*fam.*) Haufen (*der*).
**branda** *s.f.* Feldbett (*das*).
**Brandeburgo** *n.pr.m.* Brandenburg (*das*).
**brandello** *s.m.* Fetzen (*der*), Stück (*das*): *a brandelli*, zerfetzt.
**brano** *s.m.* 1 (*brandello*) Stück (*das*) 2 (*passo*) Textstelle (*die*); (*paragrafo*) Abschnitt (*der*) 3 (*mus.*) Musikstück (*das*).
**brasato** *s.m.* Schmorbraten (*der*).
**Brasile** *n.pr.m.* Brasilien (*das*).
**brasiliano** *agg.* brasilianisch ♦ *s.m.* [f. -a] Brasilianer (*der*, pl. -in).
**bravo** *agg.* 1 (*esperto*) tüchtig, erfahren 2 (*onesto, buono*) lieb, brav: *brava gente*, gute Leute; *fare il —*, artig sein 3 (*escl.*) bravo!
**bravura** *s.f.* Tüchtigkeit (*die*): *pezzo di —*, Bravourstück.
**Brema** *n.pr.f.* Bremen (*das*).
**bretella** *s.f.* 1 Hosenträger (*der*) 2 (*stradale*) Anschlussstraße (*die*), Verbindungsstraße (*die*).
**breve** *agg.* kurz ● **in —**, kurz | *per farla —*, kurz und gut; kurzum | *tra —*, bald.
**brevetto** *s.m.* Patent (*das*): *ufficio brevetti*, Patentamt; *— di pilota*, Flugschein.
**brezza** *s.f.* Brise (*die*).

**bricco** *s.m.* Kanne (*die*).
**briciola** *s.f.* 1 Krümel (*der*), Krume (*die*) 2 (*fig.*) Spur (*die*), Funke (*der*).
**bricolage** *s.m.invar.* Bastelarbeit (*die*): *fare —*, basteln.
**brigadiere** *s.m.* Wachtmeister (*der*), Unteroffizier (*der*).
**brigata** *s.f.* 1 (*fam.*) Schar (*die*), Gesellschaft (*die*): *un'allegra —*, ein lustiger Haufen 2 (*mil.*) Brigade (*die*).
**briglia** *s.f.* Zügel (*der*), Zaum (*der*) ● *a — sciolta*, mit schleifenden Zügeln, zügellos.
**brillante**[1] *agg.* 1 glänzend, strahlend 2 (*fig.*) brillant, hervorragend: *una carriera —*, eine brillante Karriere 3 (*vivace, divertente*) temperamentvoll, geistreich.
**brillante**[2] *s.m.* Brillant (*der*).
**brillare** *v.intr.* 1 glänzen, strahlen, leuchten 2 (*fig.*) glänzen, sich auszeichnen ♦ *v.tr.* sprengen.
**brillo** *agg.* (*fam.*) beschwipst.
**brina** *s.f.* Reif (*der*), Raureif (*der*).
**brindare** *v.intr.* (*a*) anstoßen (auf + Acc), zuprosten (+ Dat).
**brindisi** *s.m.invar.* Trinkspruch (*der*), Toast (*der*), Prosit (*das*): *fare un — a qlcu*, ein Prosit auf jdn ausbringen.
**britannico** *agg.* 1 britisch 2 (*st.*) britannisch ♦ *s.m.* [f. -a] Brite (*der*; *die* Britin).
**brivido** *s.m.* 1 Schau(d)er (*der*) 2 (*di febbre*) Schüttelfrost (*der*) ● *il — della velocità*, Geschwindigkeitsrausch.
**brizzolato** *agg.* graumeliert.
**brocca** *s.f.* Krug (*der*), Kanne (*die*).
**broccato** *s.m.* Brokat (*der*).
**broccolo** *s.m.* Brokkoli (*pl.*).
**brodo** *s.m.* Brühe (*die*); (*di carne*) Bouillon (*die*): *— di verdura*, Gemüsesuppe.
**bronchite** *s.f.* (*med.*) Bronchitis (*die*).
**bronco** *s.m.* (*anat.*) Bronchie (*die*).
**brontolare** *v.intr.* 1 brummen, murren 2 (*di tuono*) rollen (*di stomaco*) knurren ♦ *v.tr.* brummen.
**bronzo** *s.m.* Bronze (*die*) ● *età del —*, Bronzezeit.
**bruciapelo** *s.m.* ● *a —*, aus nächster Nähe; (*fig.*) unvermittelt.

**bruciare** *v.tr.* **1** verbrennen; (*stirando*) versengen **2** (*fig.*) verspielen ♦ *v.intr.* **1** brennen, verbrennen; (*del tutto*) abbrennen (*scottare*) heiß sein **2** (*essere infiammato*) brennen ♦ **bruciarsi** *v.pron.* **1** sich verbrühen **2** (*fig.*) sich zugrunde richten.

**bruciatore** *s.m.* Brenner (*der*).

**bruciatura** *s.f.* Verbrennung (*die*); (*scottatura*) Brandwunde (*die*).

**bruciore** *s.m.* Brennen (*das*): — *di stomaco*, Sodbrennen.

**bruco** *s.m.* Raupe (*die*).

**brufolo** *s.m.* (*fam.*) Pickel (*der*).

**brughiera** *s.f.* Heide (*die*), Heideland (*das*).

**brullo** *agg.* kahl, öde.

**bruno** *agg.* braun; (*di persona*) braunhaarig ♦ *s.m.* Braun (*das*).

**brusco** *agg.* **1** (*di sapore*) säuerlich, herb **2** (*burbero*) schroff, brüsk **3** (*improvviso*) jäh, scharf.

**brusio** *s.m.* Tuschelei (*die*), Geflüster (*das*): — *di voci*, Stimmengewirr.

**brutale** *agg.* brutal, gewalttätig.

**brutalità** *s.f.invar.* Brutalität (*die*).

**bruttezza** *s.f.* Hässlichkeit (*die*).

**brutto** *agg.* **1** hässlich **2** (*cattivo*) schlecht, schlimm, böse: — *tempo*, schlechtes Wetter ♦ *s.m.* Schlimme (*das*) ● *avere una brutta cera*, schlecht aussehen | *brutta copia*, Rohfassung; (*fig.*) schlechte Nachahmung | *fare brutta figura*, sich blamieren | *il — è che...*, das Schlimme daran ist, dass...

**buca** *s.f.* **1** Loch (*das*), Grube (*die*) **2** (*avvallamento*) Vertiefung (*die*) ● — *delle lettere*, Briefkasten.

**bucaneve** *s.m.invar.* (*bot.*) Schneeglöckchen (*das*).

**bucare** *v.tr.* durch(·)bohren, durchstechen; (*forare in più parti*) durchlöchern: — *una parete*, eine Wand durchlöchern ♦ **bucarsi** *v.pron.* **1** ein Loch bekommen **2** (*pungersi*) sich stechen **3** (*drogarsi*) fixen.

**bucato**[1] *agg.* durchlöchert, löcherig ● (*fam.*) *ha le mani bucate*, ihm rinnt das Geld durch die Finger.

**bucato**[2] *s.m.* Wäsche (*die*): *fare il —*, die Wäsche waschen.

**buccia** *s.f.* **1** (*di frutta*) Schale (*die*); (*di legumi*) Hülse (*die*) **2** (*pelle sottile*) Haut (*die*).

**buco** *s.m.* Loch (*das*).

**budello** *s.m.* **1** (*spec.pl.*) (*anat.*) Gedärm (*das*), Eingeweide (*pl.*) **2** (*passaggio stretto*) enger langer Flur; (*vicolo*) enge Gasse.

**budget** *s.m.* (*econ.*) Budget (*das*), Haushaltsplan (*der*).

**budino** *s.m.* (*gastr.*) Pudding (*der*).

**bue** *s.m.* Ochse (*der*).

**bufalo** *s.m.* [f. -a] Büffel (*der*; *die* Büffelkuh).

**bufera** *s.f.* Unwetter, Sturm (*der*).

**buffet** *s.m.invar.* Büfett (*das*).

**buffo** *agg.* komisch, witzig.

**buffone** *s.m.* **1** (*st.*) Narr (*der*) **2** [f. -a] (*fam.*) Spaßvogel (*der*).

**bugia** *s.f.* Lüge (*die*): *dire bugie*, Lügen erzählen.

**bugiardo** *agg.* lügnerisch ♦ *s.m.* [f. -a] Lügner (*der*; *die* -in): *dare del* — *a qlcu*, jdn einen Lügner schimpfen.

**buio** *agg.* dunkel; finster (*anche fig.*): *si fa —*, es wird dunkel ♦ *s.m.* Dunkel (*das*) ● *un salto nel —*, ein Sprung ins Ungewisse.

**bulbo** *s.m.* **1** (*bot.*) Zwiebel (*die*), Knolle (*die*) **2** (*estens.*) Kolben (*der*); (*di lampadina*) Birne (*die*); (*di termometro*) Kugel (*die*) **3** (*anat.*) — *oculare*, Augapfel.

**bulgaro** *agg.* bulgarisch ♦ *s.m.* **1** [f. -a] Bulgare (*der*; *die* Bulgarin) **2** (*lingua*) Bulgarisch(e) (*die*).

**bullone** *s.m.* Bolzen (*der*).

**buonanotte** *inter.* gute Nacht ♦ *s.f.invar.* gute Nacht.

**buonasera** *inter.* guten Abend.

**buongiorno** *inter.* guten Tag.

**buongustaio** *s.m.* [f. -a] Feinschmecker (*der*; *die* -in).

**buono**[1] *agg.* **1** gut: *un buon uomo*, ein guter Kerl **2** (*con valore rafforzativo*): *in buona parte*, größtenteils; *una buona volta*, ein für allemal **3** (*in frasi augurali*) gut, froh, fröhlich ● *a buon mercato*, billig | *alla buona*, einfach; ohne Umstände | *buona fortuna!*, viel Glück! | *buon Natale!*, frohe Weihnachten!

**buon viaggio!**, gute Reise! | *con le buone*, auf gütlichem Wege | *di buona famiglia*, aus gutem Hause | *essere — a nulla*, zu nichts nutz(e) sein | *le buone maniere*, gutes Benehmen | (*iron.*) *questa è buona!*, das gibt's ja nicht!
**buono²** *s.m.* [f. *-a*] (*persona buona*) guter Mensch (*der*), Gute (*der* e *die*) ● *qualcosa di —*, etwas Gutes | *un — a nulla*, ein Nichtsnutz.
**buono³** *s.m.* Gutschein (*der*): *— pasto*, Essensmarke; *— del Tesoro*, Schatzanweisung.
**buonsenso** *s.m.* gesunder Menschenverstand.
**buonumore** *s.m.* gute Laune: *di —*, guter Laune, gut gelaunt.
**burattino** *s.m.* Handpuppe (*die*), Kasperlpuppe (*die*).
**burbero** *agg.* raubeinig, mürrisch.
**burla** *s.f.* Spaß (*der*), Scherz (*der*).
**burlone** *s.m.* [f. *-a*] Witzbold (*der*), Spaßvogel (*der*).
**burocratico** *agg.* 1 Amts...: *linguaggio —*, Amtssprache 2 (*spreg.*) beamtenhaft, bürokratisch.
**burocrazia** *s.f.* Bürokratie (*die*).
**burrasca** *s.f.* (*meteor.*) Sturm (*der*); (*estens.*) Sturmwetter (*das*).
**burro** *s.m.* Butter (*die*) ● *— di cacao*, Kakaobutter.

**burrone** *s.m.* Abgrund (*der*), Schlucht (*die*).
**bussare** *v.intr.* klopfen: *bussano*, es klopft.
**bussola** *s.f.* Kompass (*der*).
**busta** *s.f.* 1 Briefumschlag (*der*): *inviare in — chiusa*, in einem geschlossenen Umschlag schicken 2 (*involucro*) Mappe (*die*); (*portadocumenti ecc.*) Aktentasche (*die*) 3 (*astuccio*) Etui (*das*) ● *— paga*, Lohntüte, (*di salariato*) Lohnabrechnung.
**bustarella** *s.f.* (*fam.*) Schmiergeld (*das*).
**bustina** *s.f.* 1 kleiner Umschlag 2 Beutel (*der*): *— di tè*, Teebeutel.
**busto** *s.m.* 1 Oberkörper (*der*) 2 (*scultura*) Büste (*die*) 3 Korsett (*das*), Mieder (*das*); (*med.*) Stützkorsett (*das*).
**buttare** *v.tr.* 1 werfen; (*fam.*) schmeißen; *— via*, wegwerfen; (*fam.*) wegschmeißen; *— fuori qlcu da un locale*, jdn aus einem Lokal schmeißen 2 (*lanciare*) zu-werfen: *buttami la palla!*, wirf mir den Ball zu! 3 (*emettere*) aus-stoßen ♦ **buttarsi** *v.pron.* 1 sich werfen; (*fam.*) sich schmeißen 2 (*lanciarsi*) sich stürzen ● *— giù un boccone*, schnell einen Happen essen | *buttarsi giù*, den Mut verlieren.
**by-pass** *s.m.* (*med.*) Bypass (*der*).

# Cc

**cabina** *s.f.* Kabine (die) ● — *telefonica*, Telefonzelle.
**cacao** *s.m.invar.* Kakao (der).
**caccia** *s.f.* 1 Jagd (die): *divieto di —*, Jagdverbot 2 (*fig.*) Verfolgung (die), Jagd (die).
**cacciagione** *s.f.* Wild (das).
**cacciare** *v.tr.* 1 jagen (*anche fig.*) 2 (*scacciare*) verjagen 3 (*fam.*) (hinein-)zwängen ● (*fam.*) *cacciarsi nei guai*, sich in Schwierigkeiten bringen | (*fam.*) *dove ti sei cacciato?*, wo steckst du?
**cacciatore** *s.m.* [f. *-trice*] Jäger (der; die -in).
**cacciavite** *s.m.invar.* Schraubenzieher (der).
**cacio** *s.m.* Käse (der).
**cadavere** *s.m.* Leiche (die).
**cadere** *v.intr.* 1 fallen (*anche estens.*) 2 (*di denti, capelli*) ausfallen ● — *dal sonno*, vor Müdigkeit umfallen.
**caduta** *s.f.* 1 Fall (der) 2 (*crollo*) Untergang (der): *la — dell'Impero Romano*, der Untergang des Römischen Reiches ● (*elettr.*) — *di tensione*, Spannungsabfall.
**caffè** *s.m.invar.* 1 Kaffee (der): — *espresso*, Espresso; — *solubile*, löslicher Kaffee; — *corretto*, Kaffee mit Schuss 2 (*locale*) Café (das), Kaffeehaus (das).
**caffeina** *s.f.* (*chim.*) Koffein (das).
**caffettiera** *s.f.* Kaffeekanne (die).
**cagna** *s.f.* Hündin (die).
**caimano** *s.m.* Kaiman (der).
**calabrone** *s.m.* Hornisse (die).
**calamaro** *s.m.* Tintenfisch (der).

**calamita** *s.f.* Magnet (der).
**calamità** *s.f.invar.* Unheil (das), Plage (die).
**calare** *v.tr.* 1 herunter·lassen, herab·lassen 2 (*lavori a maglia*) ab·nehmen ♦ *v.intr.* 1 herunter·steigen, herunter·gehen 2 (*di peso*) ab·nehmen 3 (*di prezzo*) sinken, fallen ♦ *calarsi v.pron.* sich herab·lassen.
**calca** *s.f.* Gedränge (das).
**calcagno** *s.m.* 1 Ferse (die), Fersenbein (das) 2 (*di scarpe, calze*) Ferse (die) ● *mi sta alle calcagna*, er folgt (*o* bleibt) mir (dicht) auf den Fersen.
**calcare**¹ *v.tr.* 1 (*calpestare*) treten, betreten 2 (*premere*) drücken ● — *la mano*, übertreiben.
**calcare**² *s.m.* (*geol.*) Kalkstein (der).
**calce** *s.f.* Kalk (der): — *viva*, gebrannter Kalk.
**calcestruzzo** *s.m.* Beton (der).
**calciare** *v.intr.* treten ♦ *v.tr.* treten, kicken.
**calciatore** *s.m.* [f. *-trice*] Fußballspieler (der; die -in); (*fam.*) Fußballer (der; die -in).
**calcificare** *v.tr.* verkalken ♦ **calcificarsi** *v.pron.* (*med.*) sich verhärten.
**calcina** *s.f.* Mörtel (der).
**calcinaccio** *s.m.* Schutt (der), Putz (der).
**calcio**¹ *s.m.* 1 Tritt (der), Fußtritt (der): *dare un —*, einen Tritt versetzen 2 (*sport*) Fußball (der) ● (*sport*) — *di inizio*, Anstoß | (*sport*) — *di rigore*, Elfmeter Strafstoß.

**calcio²** *s.m.* (nelle armi) Gewehrkolben (der).
**calcio³** *s.m.* (chim.) Kalzium (das).
**calcolare** *v.tr.* **1** (aus-)rechnen, berechnen **2** (includere) (tra) zählen (zu).
**calcolatore** *agg.* (fig.) berechnend ♦ *s.m.* **1** Rechner (der) **2** (persona) Rechner ● — *elettronico,* Elektronenrechner.
**calcolatrice** *s.f.* Rechner (der): — *tascabile,* Taschenrechner.
**calcolo¹** *s.m.* Rechnung (die) (anche fig.) ● *secondo i miei calcoli,* nach meiner Rechnung.
**calcolo²** *s.m.* (med.) Stein (der): — *renale,* Nierenstein.
**caldaia** *s.f.* Heizkessel (der).
**caldo** *agg.* **1** warm; (molto caldo) heiß (anche fig.) **2** (fig.) herzlich ♦ *s.m.* Wärme (die); (intenso) Hitze (die): *ho —,* mir ist warm; *oggi fa —,* heute ist es warm ● *non mi fa né — né freddo,* das lässt mich völlig kalt.

**FALSCHER FREUND**

Da non confondere con il tedesco *kalt*, che significa 'freddo'.

**calendario** *s.m.* Kalender (der).
**calibro** *s.m.* Kaliber (das) (anche fig.).
**calice** *s.m.* Kelch (der); (relig.) Messkelch (der).
**calligrafia** *s.f.* (scrittura) Handschrift (die).
**callo** *s.m.* Hornhaut (die), Schwiele (die); (ai piedi) Hühnerauge (das).
**calma** *s.f.* **1** Ruhe (die): *mantenere, perdere la —,* die Ruhe bewahren, verlieren **2** (mar.) Flaute (die), Windstille (die).
**calmante** *agg.* beruhigend ♦ *s.m.* Beruhigungsmittel (das).
**calmare** *v.tr.* beruhigen, besänftigen **2** (alleviare) lindern ♦ **calmarsi** *v.pron.* **1** sich beruhigen **2** (attenuarsi) sich legen, nach·lassen.
**calmo** *agg.* ruhig.
**calo** *s.m.* Verminderung (die), (di peso) Abnahme (die), (di prezzi) Rückgang (der).
**calore** *s.m.* **1** Wärme (die), (intenso) Hitze (die) **2** (zool.) Hitze (die), Brunst (die): *essere in —,* läufig sein.

**caloria** *s.f.* Kalorie (die).
**caloroso** *agg.* **1** hitzeempfindlich **2** (cordiale) herzlich.
**calpestare** *v.tr.* **1** treten (auf + *Acc*), zertrampeln, trampeln (auf + *Acc*) **2** (fig.) mit Füßen treten, missachten.
**calunnia** *s.f.* Verleumdung (die).
**calunniare** *v.tr.* verleumden.
**calvario** *s.m.* **1** (relig.) Schädelberg (der) **2** (fig.) Leidensweg (der).
**calvizie** *s.f.invar.* Kahlköpfigkeit (die).
**calvo** *agg.* kahlköpfig ♦ *s.m.* Glatzkopf (der).
**calza** *s.f.* Strumpf (der); (calzino) Socke (die).
**calzare** *v.tr.* an·ziehen; (portare) tragen ♦ *v.intr.* **1** passen: *queste scarpe gli calzano benissimo,* diese Schuhe passen ihm genau **2** (fig.) passen, zu·treffen.
**calzascarpe** *s.m.invar.* Schuhanzieher (der).
**calzatura** *s.f.* Schuhwerk (das), Schuhe (pl.).
**calzino** *s.m.* Socke (die).
**calzolaio** *s.m.* [f. -a] Schuhmacher (der; die -in).
**calzoni** *s.m.pl.* Hose (die).
**camaleonte** *s.m.* Chamäleon (das) (anche fig.).
**cambiale** *s.f.* (comm.) Wechsel (der).
**cambiamento** *s.m.* Änderung (die), Veränderung (die).
**cambiare** *v.tr.* **1** wechseln: — *discorso,* das Thema wechseln **2** (trasformare) verändern, verwandeln **3** (denaro) wechseln; (in pezzi più piccoli) klein machen **4** (aut.) (marcia) schalten ♦ *v.intr.* (ver)ändern, sich verändern ♦ **cambiarsi** *v.pron.* (d'abito) sich um·ziehen | — *casa,* umziehen | *mi sono cambiato,* es sich anders überlegen | — *treno,* umsteigen.
**cambio** *s.m.* **1** Tausch (der), Wechsel (der); *dare, prendere in —,* in Tausch geben, nehmen; *dare il — a qlcu,* jdn ablösen **2** (fin.) Wechsel (der), Geldwechsel (der), (corso) Kurs (der), Wechselkurs (der) **3** (mecc.) Getriebe (das), Gangschaltung (die).
**camera** *s.f.* Zimmer (das), Raum (der): — *da letto,* Schlafzimmer ● — *d'aria,* Schlauch | — *dei deputati,* Abgeordne-

**camerata** / **cancro**

tenhaus | — *di commercio*, Handelskammer | — *doppia*, *singola*, Doppelzimmer, Einzelzimmer | *musica da* —, Kammermusik.

**FALSCHER FREUND**
Da non confondere con il tedesco *Kamera*, che significa 'macchina fotografica'.

**camerata** *s.f.* Schlafsaal (*der*).
**cameriera** *s.f.* (*di locale*) Kellnerin (*die*); (*di albergo*) Zimmermädchen (*das*).
**cameriere** *s.m.* (*di locale*) Kellner (*der*), Ober (*der*); (*di albergo*) Hausdiener (*der*).
**camerino** *s.m.* 1 Umkleidekabine (*die*) 2 (*teatr.*) Garderobe (*die*).
**camice** *s.m.* Kittel (*der*).
**camicetta** *s.f.* Bluse (*die*).
**camicia** *s.f.* Hemd (*das*): — *da notte*, Nachthemd ♦ *essere nato con la* —, ein Glückskind sein.
**caminetto** *s.m.* Kamin (*der*).
**camino** *s.m.* Kamin (*der*).
**camion** *s.m.invar.* Last(kraft)wagen (*der*).
**camioncino** *s.m.* Lieferwagen (*der*).
**cammello** *s.m.* 1 Kamel (*das*) 2 (*tess.*) Kamelhaar (*das*).
**camminare** *v.intr.* gehen, laufen.
**cammino** *s.m.* Weg (*der*): *mettersi in* —, sich auf den Weg machen.
**camomilla** *s.f.* 1 (*bot.*) Kamille (*die*) 2 (*infuso*) Kamillentee (*der*).
**camoscio** *s.m.* 1 Gemse (*die*) 2 (*pelle*) Wildleder (*das*).
**campagna** *s.f.* 1 Land (*das*): *vivere in* —, auf dem Lande leben 2 (*fig.*) Kampagne (*die*): — *elettorale*, Wahlkampf; — *pubblicitaria*, Werbekampagne 3 (*mil.*) Feldzug (*der*).
**campana** *s.f.* Glocke (*die*) ♦ *essere sordo come una* —, stocktaub sein.
**campanella** *s.f.* 1 Klingel (*die*) 2 (*bot.*) Glockenblume (*die*).
**campanello** *s.m.* 1 Klingel (*die*), Schelle (*die*); — *d'allarme*, Alarmglocke.
**campanile** *s.m.* Glockenturm (*der*).
**campeggiare** *v.intr.* 1 zelten 2 (*fig.*) (*risaltare*) hervor-treten.

**campeggiatore** *s.m.* [f. *-trice*] Camper (*der*; *die* -in).
**campeggio** *s.m.* Campingplatz (*der*); (*campo estivo*) Zeltlager (*das*).
**camper** *s.m.invar.* Wohnmobil (*das*).
**campestre** *agg.* ● (*sport*) *corsa* —, Geländelauf | *festa* —, Sommerfest.
**campionario** *s.m.* Musterkatalog (*der*), Musterkollektion (*die*) ● *fiera campionaria*, Mustermesse.
**campionato** *s.m.* (*sport*) Meisterschaft (*die*).
**campione** *s.m.* 1 [f. *-essa*] (*sport*) Meister (*der*; *die* -in) 2 (*comm.*) Muster (*das*), Probe (*die*): — *gratuito*, Gratisprobe.
**campo** *s.m.* 1 Feld (*das*): — (*di battaglia*), Schlachtfeld; — *elettrico*, elektrisches Feld; — *visivo*, Gesichtsfeld 2 (*accampamento*) Lager (*das*): — *profughi*, Flüchtlingslager 3 (*area attrezzata*) Spielfeld (*das*), Spielplatz (*der*): — *sportivo*, Sportplatz; — *da tennis*, Tennisplatz 4 (*fig.*) Gebiet (*das*), Bereich (*der*) ● — *d'azione*, Reichweite.
**camuffare** *v.tr.* 1 verkleiden 2 (*mil.*) tarnen ♦ **camuffarsi** *v.pron.* (*da*) sich verkleiden (*in*).
**Canada** *n.pr.m.* Kanada (*das*).
**canaglia** *s.f.* Kanaille (*die*), Schurke (*der*).
**canale** *s.m.* 1 Kanal (*der*) 2 (*tv*) Sendekanal (*der*), Programm (*das*).
**canapa** *s.f.* (*bot.*) Hanf (*der*).
**canarino** *s.m.* Kanarienvogel (*der*).
**cancellare** *v.tr.* 1 streichen; (*con la gomma*) aus-radieren; löschen (*anche inform.*) 2 (*disdire*) ab-sagen 3 (*estinguere*) tilgen.
**cancelleria** *s.f.* 1 Kanzlei (*die*) 2 (*articoli per scrivere*) Schreibwaren.
**cancelliere** *s.m.* [f. *-a*] Kanzler (*der*; *die* -in) ● — *federale*, Bundeskanzler.
**cancello** *s.m.* Gittertor (*das*), Tor (*das*).
**cancerogeno** *agg.* krebserregend.
**cancrena** *s.f.* Wundbrand (*der*), Gangrän (*das*).
**cancro**[1] *s.m.* (*astr.*) Krebs.
**cancro**[2] *s.m.* 1 Krebs (*der*) 2 (*fig.*) Übel (*das*).

**candeggina** *s.f.* Chlorbleiche (die).
**candela** *s.f.* 1 Kerze (die) 2 (aut.) Zündkerze (die).
**candelabro** *s.m.* Kerzenleuchter (der).
**candidato** *s.m.* [f. -a] Kandidat (der; die -in).
**candidatura** *s.f.* Kandidatur (die).
**candido** *agg.* 1 schneeweiß 2 (fig.) naiv, arglos.
**candito** *agg.* kandiert: *zucchero —*, Kandiszucker ♦ *s.m.* (spec.pl.) (*frutta candita*) kandierte Früchte.
**candore** *s.m.* Weiße (die).
**cane** *s.m.* Hund (der): *— da caccia*, Jagdhund; *— da guardia*, Wachhund; *— (da) pastore*, Schäferhund ● *attenti al —!*, Vorsicht! Bissiger Hund | *non c'è un —*, keine Menschenseele ist da | *solo come un —*, mutterseelenallein | *vita da cani*, Hundeleben.
**canestro** *s.m.* Korb (der) (anche sport).
**canfora** *s.f.* (chim.) Kampfer (der).
**canguro** *s.m.* Känguru (das).
**canile** *s.m.* 1 Hundeasyl (das) 2 (*cuccia*) Hundehütte (die).
**canino** *agg.* hündisch, Hund...: *mostra canina*, Hundeausstellung ♦ *s.m.* Eckzahn (der).
**canna** *s.f.* 1 (bot.) Rohr (das) 2 (*bastone*) Stock (der) 3 (*tubo*) Rohr (das) ● *— da pesca*, Angelrute | *— da zucchero*, Zuckerrohr | *— fumaria*, Rauchfang.
**cannella** *s.f.* (spezia) Zimt (der).
**cannibale** *s.m.* e *f.* Kannibale (der; die Kannibalin), Menschenfresser (der; die -in).
**cannocchiale** *s.m.* Fernglas (das), Fernrohr (das).
**cannonata** *s.f.* 1 Kanonenschuss (der) 2 (fig.) Wucht (die) 3 (calcio) Bombenschuss (der).
**cannone** *s.m.* Kanone (die).
**cannuccia** *s.f.* Strohhalm (der).
**canoa** *s.f.* Kanu (das), Paddelboot (das).
**canone** *s.m.* 1 (*norma*) Kanon (der), Regel (die) 2 (*pagamento*) Gebühr (die): *— d'affitto*, Miete.
**canonica** *s.f.* Pfarrhaus (das).

**canottaggio** *s.m.* Rudersport (der).
**canottiera** *s.f.* Unterhemd (das).
**canotto** *s.m.* Ruderboot (das) ● *pneumatico*, Schlauchboot.
**cantante** *s.m.* e *f.* Sänger (der; die -in).
**cantare** *v.intr.* singen ♦ *v.tr.* singen ● *— vittoria*, frohlocken.
**cantautore** *s.m.* [f. -trice] Liedermacher (der; die -in).
**cantiere** *s.m.* (edil.) Bauplatz (der); Baustelle (die); (mar., aer.) Werft (die).
**cantilena** *s.f.* Kantilene (die), Singsang (der).
**cantina** *s.f.* 1 Keller (der) 2 (*bottega*) Weinausschank (der).

**FALSCHER FREUND**
Da non confondere con il tedesco *Kantine*, che significa 'mensa'.

**canto** *s.m.* Gesang (der); (*poema*) Lied (das).
**cantone** *s.m.* (svizz.) Kanton (der).
**canzone** *s.f.* Lied (das).
**caos** *s.m.invar.* Chaos (das).
**caotico** *agg.* chaotisch.
**CAP** *abbr.* (Codice di Avviamento Postale) PLZ (Postleitzahl).
**capace** *agg.* 1 fähig; tüchtig: *essere — di fare qlco*, fähig (o imstande) sein, etw zu tun 2 (*spazioso*) geräumig, weit.
**capacità** *s.f.invar.* 1 Fähigkeit (die); Tüchtigkeit (die) 2 (*capienza*) Fassungsvermögen (das) 3 (dir.) Fähigkeit (die): *— di intendere e di volere*, Zurechnungsfähigkeit.
**capanna** *s.f.* Hütte (die).
**capannone** *s.m.* 1 Schuppen (der) 2 (*di fabbrica*) Werkhalle (die).
**caparra** *s.f.* Anzahlung (die).
**capello** *s.m.* Haar (das): *i capelli*, das Haar ● *averne fin sopra i capelli*, die Nase voll haben.
**capezzolo** *s.m.* Brustwarze (die).
**capienza** *s.f.* Fassungsvermögen (das); (*di locale*) Geräumigkeit (die).
**capigliatura** *s.f.* Haar (das).
**capillare** *agg.* 1 kapillar 2 (fig.) detailliert; engmaschig ♦ *s.m.* Kapillargefäß (das).
**capire** *v.tr.* verstehen, begreifen ♦ *v.intr.* verständlich (o verständig) sein:

*farsi* —, sich verständlich machen ♦ **capirsi** *v.pron.* *(reciproco)* sich verstehen.
**capitale¹** *agg.* Tod(es)...: *pena, sentenza* —, Todesstrafe, Todesurteil.
**capitale²** *s.m.* (econ.) Kapital *(das);* Vermögen *(das).*
**capitale³** *s.f.* Hauptstadt *(die).*
**capitalista** *agg.* kapitalistisch ♦ *s.m. e f.* Kapitalist *(der; die -in).*
**capitaneria** *s.f. (di porto)* Hafenamt *(das).*
**capitano** *s.m.* [f. *-a*] **1** *(mil.)* Hauptmann *(der);* (mar.) Kapitän *(der);* (aer.) (Flug)kapitän *(der)* **2** *(sport)* Spielführer *(der; die -in).*
**capitare** *v.intr.* **1** (zufällig) kommen, geraten **2** *(presentarsi)* sich bieten **3** *(succedere)* (zufällig) geschehen, vorkommen ♦ *v.impers.* vor·kommen.
**capitolo** *s.m.* Kapitel *(das).*
**capo** *s.m.* **1** *(testa)* Kopf *(der)* **2** *(chi comanda, dirige)* Führer *(der),* Leiter *(der);* *(in ufficio)* Chef *(der)* **3** *(geogr.)* Kap *(das)* ● *(nel dettato) a —,* Absatz; *andare a —,* eine neue Zeile beginnen | *cominciare da —,* wieder von vorne anfangen | *da — a fondo,* von Anfang bis zu Ende | *tra — e collo,* unversehens.
**capodanno** *s.m.* Neujahrstag *(der).*
**capofamiglia** *s.m. e f.* Familienoberhaupt *(das).*
**capofitto** *agg.* ● *a* —, kopfüber.
**capogiro** *s.m.* Schwindel *(der).*
**capolavoro** *s.m.* Meisterwerk *(das).*
**capolinea** *s.m.* Endhaltestelle *(die),* Endstation *(die).*
**capoluogo** *s.m.* Hauptstadt *(die).*
**capostazione** *s.m. e f.* Bahnhofsvorsteher *(der; die -in).*
**capotreno** *s.m.* Zugführer *(der).*
**capoufficio** *s.m.* Chef *(der),* Bürovorsteher *(der).*
**capovolgere** *v.tr.* auf den Kopf stellen; um·drehen ♦ **capovolgersi** *v.pron.* **1** um·kippen: *la barca si è capovolta,* das Boot ist umgekippt **2** (fig.) sich wenden, sich wandeln.
**cappa** *s.f.* **1** *(abbigl.)* Kappe *(die)* **2** *(fig.)* Glocke *(die):* — *di fumo,* Dunstglocke **3** *(di camino ecc.)* Rauchfang *(der).*

**cappella** *s.f.* Kapelle *(die).*
**cappello** *s.m.* Hut *(der).*
**cappero** *s.m.* Kaper *(die).*
**cappone** *s.m.* Kapaun *(der).*
**cappotto** *s.m.* Mantel *(der).*
**cappuccino** *s.m.* Cappuccino *(der).*
**cappuccio** *s.m.* **1** *(abbigl.)* Kapuze *(die)* **2** *(di penna)* Kappe *(die).*
**capra** *s.f.* Ziege *(die).*
**capretto** *s.m.* **1** Zicklein *(das)* **2** *(pellame)* Ziegenleder *(das).*
**capriccio** *s.m.* **1** Grille *(die),* Laune *(die)* **2** *(mus.)* Kapriccio *(das)* ● *non fare capricci!,* mach nicht so ein Theater!
**capriccioso** *agg.* launenhaft, launisch.
**capricorno** *s.m.* **1** Steinbock *(der)* **2** *(astr.)* Steinbock *(der).*
**capriola** *s.f.* Purzelbaum *(der).*
**capriolo** *s.m.* Reh *(das).*
**capro** *s.m.* *(caprone)* Ziegenbock *(der)* ● — *espiatorio,* Sündenbock.
**capsula** *s.f.* Kapsel *(die).*
**captare** *v.tr.* **1** *(via radio)* empfangen **2** *(intercettare)* ab·hören.
**carabina** *s.f.* *(mil.)* Karabiner *(der).*
**caraffa** *s.f.* Karaffe *(die).*
**caramella** *s.f.* Bonbon *(das* o *der).*
**caramello** *s.m.* Karamell *(die).*
**carato** *s.m.* Karat *(das).*
**carattere** *s.m.* **1** *(segno grafico)* Schriftzeichen *(das);* *(lettera)* Buchstabe *(der)* **2** *(tip.)* Type *(die)* **3** *(psic.)* Charakter *(der)* **4** *(caratteristica)* Merkmal *(das).*
**caratteristica** *s.f.* **1** Merkmal *(das),* Charakteristik *(die)* **2** *(peculiarità)* Eigenart *(die).*
**caratteristico** *agg.* **1** *(di)* charakteristisch *(für)* **2** *(particolare)* eigenartig; eigentümlich.
**caratterizzare** *v.tr.* **1** charakterisieren **2** *(contraddistinguere)* bezeichnen.
**carboidrato** *s.m.* Kohlenhydrat *(das).*
**carbone** *s.m.* Kohle *(die).*
**carbonio** *s.m.* Kohlenstoff *(der).*
**carburante** *s.m.* Kraftstoff *(der),* Treibstoff *(der).*
**carburatore** *s.m.* Vergaser *(der).*

**carcassa** *s.f.* (di animale) Tiergerippe (das).

**carcerato** *s.m.* [f. -a] Häftling (der).

**carcere** *s.m.* Gefängnis (das).

**carciofo** *s.m.* Artischocke (die).

**cardiaco** *agg.* (med.) Herz....

**cardinale**[1] *agg.* hauptsächlich, Grund....

**cardinale**[2] *s.m.* (relig.catt.) Kardinal (der).

**cardine** *s.m.* 1 Angel (die): — *della porta*, Türangel 2 (fig.) Angelpunkt (der).

**cardiologo** *s.m.* [f. -a] (med.) Kardiologe (der; die Kardiologin), Herzspezialist (der; die -in).

**cardiopatico** *agg.* (med.) herzkrank ♦ *s.m.* Herzkranke (der).

**carestia** *s.f.* Hungersnot (die).

**carezza** *s.f.* Streicheln (das), Liebkosung (die).

**carica** *s.f.* 1 Amt (das) 2 (energia) Ladung (die) 3 (fig.) Elan (der), Schwung (der).

**caricare** *v.tr.* 1 (be)laden, verfrachten: — *la merce*, die Ware verladen 2 (*oberare*) überladen ♦ **caricarsi** *v.pron.* (di) sich überladen (mit), sich aufbürden (*inform.*) — *un programma*, ein Programm laden.

**caricatura** *s.f.* 1 (disegno) Karikatur (die) 2 (imitazione) Nachäffung (die).

**carico**[1] *agg.* 1 (di) beladen (mit); (pieno) voll (von) 2 (forte, intenso) stark, kräftig (di) 3 (oberato) überladen (mit).

**carico**[2] *s.m.* 1 (operazione) Laden (das), Verladung (die) 2 (materiale) Ladung (die), Fracht (die) 3 (onere) Last (die): *a nostro —*, zu unseren Lasten.

**carie** *s.f.invar.* Karies (die).

**carino** *agg.* 1 hübsch 2 (gentile) nett.

**Carinzia** *n.pr.f.* Kärnten (die).

**carità** *s.f.invar.* 1 Nächstenliebe (die) 2 (*elemosina*) Almosen (das) ♦ *per —!*, um Gottes willen!

**carnagione** *s.f.* Hautfarbe (die); (del viso) Gesichtsfarbe (die).

**carne** *s.f.* Fleisch (das) ● — *in scatola*, Dosenfleisch | *in — e ossa*, leibhaftig.

**carnefice** *s.m.* Henker (der).

**carnevale** *s.m.* Karneval (der), Fasching (der).

**carnivoro** *agg.* Fleisch fressend.

**caro** *agg.* 1 lieb 2 (costoso) teuer: *costare —*, teuer sein ♦ *s.m.* [f. -a] Liebe (der e die) ♦ *s.m.pl.* Lieben (pl.).

**carogna** *s.f.* 1 Kadaver (der) 2 (fig.) Schurke (der).

**carota** *s.f.* (bot.) Karotte (die), Möhre (die).

**carovana** *s.f.* Karawane (die).

**carpa** *s.f.* (zool.) Karpfen (der).

**carpentiere** *s.m.* Zimmermann (der).

**carponi** *avv.* ● *a —*, auf allen vieren.

**carreggiata** *s.f.* Fahrbahn (die).

**carrello** *s.m.* 1 Wagen (der): — *portabagagli*, Gepäckwagen; *al supermercato*, Einkaufswagen 2 (aer.) Fahrgestell (das).

**carriera** *s.f.* Karriere (die), Laufbahn (die).

**carriola** *s.f.* Schubkarre (die).

**carro** *s.m.* Wagen (der); Karren (der) ● — *attrezzi*, Abschleppwagen | — *armato*, Panzer.

**carrozza** *s.f.* 1 Kutsche (die) 2 (ferr.) Wagen.

**carrozzeria** *s.f.* (aut.) Karosserie (die).

**carrozziere** *s.m.* 1 Karosseriebauer (der) 2 (estens.) Mechaniker (der).

**carrozzina** *s.f.* Kinderwagen (der).

**carta** *s.f.* 1 Papier (das) 2 (pl.) (documenti) Papiere (pl.) 3 (tessera) Karte (die) 4 (da gioco) Spielkarte (die) ● — *da parati*, Tapete(npapier) | — *d'identità*, Personalausweis, Ausweis | — *di credito*, Kreditkarte | — *stagnola*, Alufolie | — *straccia*, Altpapier | (aut.) — *verde*, internationale grüne Versicherungskarte | — *vetrata*, Glaspapier, Schmirgelpapier.

**cartella** *s.f.* 1 (scheda) Schein (der), Karte (die) 2 (pagina) Seite (die) 3 (custodia) Mappe (die); (di pelle) Aktentasche (die) 4 (scol.) Schulranzen (der) ● — *clinica*, Krankenblatt.

**cartello**[1] *s.m.* Schild (das); (manifesto) Anschlag (der), Plakat (das) ● — *stradale*, Verkehrsschild.

**cartello**[2] *s.m.* 1 (econ.) Kartell (das) 2 (pol.) Bündnis (das).

**cartellone** *s.m.* 1 Plakat (*das*) 2 (*teatr.*) Theaterspielplan (*der*) ● — *pubblicitario*, Werbeplakat.

**cartiera** *s.f.* Papierfabrik (*die*).

**cartilagine** *s.f.* (*anat.*) Knorpel (*der*).

**cartina** *s.f.* (*geogr.*) Landkarte (*die*), Karte (*die*); (*piantina di città*) Stadtplan (*der*).

**cartoccio** *s.m.* Tüte (*die*) ● (*gastr.*) *al* —, in Folie.

**cartoleria** *s.f.* Schreibwarengeschäft (*das*).

**cartolina** *s.f.* (*fam.*) Karte (*die*); — *postale*, Postkarte; — *illustrata*, Ansichtskarte.

**cartone** *s.m.* 1 Pappe (*die*), Karton (*der*) 2 (*imballaggio*) Karton (*der* o *cinem.*) — *animato*, Zeichentrickfilm.

**cartuccia** *s.f.* (*mil.*) Patrone (*die*), Kartusche (*die*).

**casa** *s.f.* 1 Haus (*das*); (*alloggio*) Wohnung (*die*) 2 (*comm.*) Handelshaus (*das*), Firma (*die*) ● — *dello studente*, Studentenheim | — *editrice*, Verlag(s-haus) | *sono a* —, ich bin zu Hause | *un dolce fatto in* —, ein selbstgebackener Kuchen | *vado a* —, ich gehe nach Hause | *vengo da* —, ich komme von zu Hause.

> **NOTA** 'Casa' è reso in tedesco con **Haus** solo quando si riferisce a un edificio o a una villetta:
> 
> *Abito in una casa di due piani.*
> Ich wohne in einem zweistöckigen **Haus**.
> 
> Quando invece si vuole indicare un appartamento si usa **Wohnung**:
> 
> *Abito in una casa di tre locali.*
> Ich wohne in einer Drei-Zimmer-**Wohnung**.

**casalinga** *s.f.* Hausfrau (*die*).

**casalingo** *agg.* häuslich, bürgerlich: *cucina casalinga*, bürgerliche Küche ● *s.m.pl.* Haushaltswaren (*pl.*).

**cascare** *v.intr.* hin-fallen ● (*fam.*) *ci sei cascato!*, da bist du reingefallen!

**cascata** *s.f.* 1 (*geogr.*) Wasserfall (*der*) 2 (*fig.*) Sturz (*der*), Fall (*der*).

**cascina** *s.f.* Bauernhof (*der*); (*casa rustica*) Bauernhaus (*das*).

**casco** *s.m.* (*mil.*) Helm (*der*); (*di protezione*) Schutzhelm (*der*); (*per motociclisti*) Sturzhelm (*der*); (*asciugacapelli*) Trockenhaube (*die*).

**caseificio** *s.m.* Käserei (*die*).

**casella** *s.f.* 1 Fach (*das*) 2 (*riquadro*) Kästchen (*das*) 3 (*di scacchiera*) Feld (*das*) ● — *postale*, Postfach; Postschließfach.

**casello** *s.m.* 1 (*ferr.*) Bahnwärterhäuschen (*das*) 2 (*autostradale*) Autobahnzahlstelle (*die*).

**caserma** *s.f.* (*mil.*) Kaserne (*die*).

**casino** *s.m.* (*pop.*) ● *che* —!, so ein Mist! | *un* — *di gente*, wahnsinnig viele Leute.

**casinò** *s.m.invar.* Spielkasino (*das*).

**caso** *s.m.* 1 Fall (*der*) 2 (*sorte*) Zufall (*der*): *a* —, aufs Geratewohl; *per* —, durch Zufall ● *in ogni* —, auf jeden Fall | *nel* — *che* (o *in cui*), falls; im Falle, dass.

**cassa** *s.f.* 1 Kiste (*die*), Kasten (*der*) 2 (*comm.*) Kasse (*die*) ● — *di risparmio*, Sparkasse | (*anat.*) — *toracica*, Brustkasten.

**cassaforte** *s.f.* Safe (*der*); (*blindata*) Panzerschrank (*der*).

**cassapanca** *s.f.* Truhe (*die*).

**casseruola** *s.f.* Kasserolle (*die*).

**cassetta** *s.f.* 1 Kasten (*der*) 2 (*video-, audiocassetta*) Kassette (*die*) ● — *delle lettere*, Briefkasten | — *di sicurezza*, Schließfach.

**cassetto** *s.m.* Schublade (*die*).

**cassettone** *s.m.* Kommode (*die*).

**cassiere** *s.m.* [f. -a] Kassenführer (*der*; *die* -in), Kassierer (*der*; *die* -in).

**cassonetto** *s.m.* (*per spazzatura*) Müllcontainer (*der*).

**casta** *s.f.* Kaste (*die*).

**castagna** *s.f.* Kastanie (*die*).

**castano** *agg.* (kastanien)braun.

**castello** *s.m.* Schloss (*das*); (*rocca*) Burg (*die*).

**castigare** *v.tr.* bestrafen.

**castigo** *s.m.* Bestrafung (*die*), Strafe (*die*): *essere in* —, bestraft sein.

**castità** *s.f.invar.* Keuschheit (*die*).

**casto** *agg.* keusch.

**castoro** *s.m.* Biber (der).
**castrare** *v.tr.* kastrieren.
**casuale** *agg.* zufällig.
**cataclisma** *s.m.* Naturkatastrophe (die).
**catacomba** *s.f.* Katakombe (die).
**catalizzatore** *s.m.* (*chim.*) Katalysator (der).
**catalogare** *v.tr.* katalogisieren; (*estens.*) ein-ordnen.
**catalogo** *s.m.* Katalog (der), Verzeichnis (das).
**catapultare** *v.tr.* katapultieren.
**catarifrangente** *s.m.* Rückstrahler (der); (*fam.*) Katzenauge (das).
**catarro** *s.m.* (*med.*) Katarr(h) (der).
**catasta** *s.f.* Stoß (der), Stapel (der).
**catasto** *s.m.* (*ufficio*) Grundbuchamt (das).
**catastrofe** *s.f.* Katastrophe (die).
**catechismo** *s.m.* Katechismus (der).
**categoria** *s.f.* Kategorie (die), Klasse (die).
**categorico** *agg.* kategorisch.
**catena** *s.f.* Kette (die) ● (*tecn.*) — *di montaggio*, Fließband | — *montuosa*, Bergkette | (*aut.*) *catene da neve*, Schneeketten.
**catenaccio** *s.m.* Riegel (der).
**cateratta** *s.f.* Katarakt (der) (*anche med.*).
**catino** *s.m.* Schüssel (die).
**catodo** *s.m.* (*fis.*) Kathode (die).
**catrame** *s.m.* Teer (der).
**cattedra** *s.f.* 1 Katheder (das o der), Pult (das) 2 (*università*) Lehrstuhl (der).
**cattedrale** *s.f.* Kathedrale (die).
**cattiveria** *s.f.* Bosheit (die).
**cattivo** *agg.* 1 schlecht 2 (*malvagio*) böse.
**cattolicesimo** *s.m.* Katholizismus (der).
**cattolico** *agg.* katholisch ♦ *s.m.* [f. -a] Katholik (der; die -in).
**cattura** *s.f.* 1 Gefangennahme (die), Ergreifung (die) 2 (*di animali*) Fang (der).
**catturare** *v.tr.* 1 ergreifen, fest-nehmen 2 (*di animali*) fangen.
**caucciù** *s.m.invar.* Kautschuk (der).

**causa** *s.f.* 1 Ursache (die), Grund (der) 2 (*dir.*) Rechtssache (die): *fare — a qlcu*, gegen jdn einen Prozess anstrengen ● *a — causa di*, wegen (+ Gen o Dat), aufgrund (+ Gen) | *a — sua*, seinetwegen, ihretwegen.
**causare** *v.tr.* verursachen, bewirken.
**cautela** *s.f.* Vorsicht (die), Behutsamkeit (die).
**cautelare** *v.tr.* sicher-stellen, schützen
♦ **cautelarsi** *v.pron.* sich sichern.
**cauto** *agg.* vorsichtig, behutsam.
**cauzione** *s.f.* Kaution (die).
**cava** *s.f.* Grube (die), Bruch (der): — *di marmo*, Marmorbruch.
**cavalcare** *v.tr.* e *intr.* reiten.
**cavalcata** *s.f.* Ritt (der).
**cavalcavia** *s.m.invar.* Überführung (die).
**cavaliere** *s.m.* 1 Reiter (der) 2 (*st.*) Ritter (der) 3 (*fig.*) Kavalier (der).
**cavalleresco** *agg.* ritterlich, Ritter...: *romanzo* —, Ritterroman.
**cavalleria** *s.f.* 1 Kavallerie (die) 2 (*st.*) Rittertum (das).
**cavallerizzo** *s.m.* [f. -a] 1 Reiter (der; die -in) 2 (*maestro*) Reitlehrer (der; die -in).
**cavalletta** *s.f.* (*zool.*) Heuschrecke (die).
**cavalletto** *s.m.* Bock (der): — *da pittore*, Staffelei.
**cavallo** *s.m.* 1 Pferd (das) 2 (*abbigl.*) Schritt (der) 3 (*scacchi*) Springer (der)
● (*fis.*) — *vapore*, Pferdestärke | — *da tiro*, Zugpferd.
**cavare** *v.tr.* 1 (heraus-)ziehen 2 (*levare*) ab-nehmen ● **cavarsela**, davonkommen | *sapersela — da solo*, sich allein zu behelfen wissen.
**cavatappi** *s.m.invar.* Korkenzieher (der).
**caverna** *s.f.* Höhle (die).
**cavia** *s.f.* 1 Meerschweinchen (das) 2 (*fig.*) Versuchskaninchen (das).
**caviale** *s.m.* Kaviar (der).
**caviglia** *s.f.* (*anat.*) Knöchel (der).
**cavillo** *s.m.* Haarspalterei (die), Spitzfindigkeit (die).
**cavo**[1] *agg.* hohl.

**cavo²** *s.m.* **1** (*cavità*) Höhle (*die*), Höhlung (*die*) **2** (*elettr.*) Kabel (*das*).

**cavolfiore** *s.m.* Blumenkohl (*der*); (*austr.*) Karfiol (*der*).

**cavolo** *s.m.* Kohl (*der*); (*svizz.*) Kabis (*der*) ● **cavolino di Bruxelles**, Rosenkohl; (*austr.*) Kohlsprosse | (*pop.*) *non capisci un —*, du kapierst überhaupt nichts; *non me ne importa un —*, das ist mir völlig Wurst.

**cazzo** *s.m.* (*volg.*) Schwanz (*der*).

**cazzuola** *s.f.* Mörtelkelle (*die*).

**ce** *pron.pers.pl.* uns: *— lo disse*, er sagte es uns ♦ *avv.* (*luogo*) da, hier: *dovrebbero esserne ancora*, es müssten noch welche da sein.

**cece** *s.m.* (*bot.*) Kichererbse (*die*).

**cecità** *s.f.* Blindheit (*die*).

**ceco** *agg.* tschechisch ♦ *s.m.* **1** [f. *-a*] Tscheche (*der*; *die* Tschechin) **2** (*lingua*) Tschechisch(e) (*das*).

**cedere** *v.intr.* **1** (zurück-)weichen, sich ergeben ( *darsi per vinto*) (*a*) nach·geben (+ *Dat*) ♦ *v.tr.* **1** überlassen **2** (*vendere*) ab·geben.

**cedro¹** *s.m.* (*bot.*) (*del Libano*) Zeder (*die*).

**cedro²** *s.m.* (*bot.*) (*frutto*) Zitronatzitrone (*die*).

**cefalea** *s.f.* Kopfschmerz (*der*).

**celebrare** *v.tr.* feiern, begehen: *— un anniversario*, einen Jahrestag begehen ● *— la messa*, die Messe halten.

**celebrazione** *s.f.* **1** Feiern (*das*) **2** (*relig.catt.*) Zelebration (*die*).

**celebre** *agg.* berühmt.

**celebrità** *s.f.invar.* **1** Ruhm (*der*) **2** (*persona celebre*) Berühmtheit (*die*).

**celeste** *agg.* **1** himmlisch (*volta estens.*) **2** (*azzurro*) himmelblau ● *corpo —*, Himmelskörper.

**celiachia** *s.f.* (*med.*) Zöliakie (*die*).

**celibe** *agg.* ledig, unverheiratet ♦ *s.m.* Ledige (*der*), Junggeselle (*der*).

**cella** *s.f.* Zelle (*die*).

**cellula** *s.f.* Zelle (*die*).

**cellulare** *s.m.* (*telefono*) Handy (*das*).

**cellulite** *s.f.* (*med.*) Zellulitis (*die*).

**cementare** *v.tr.* **1** zementieren (*anche metall.*) **2** (*fig.*) festigen.

**cemento** *s.m.* Zement (*der*) ● *— armato*, Stahlbeton, Eisenbeton.

**cena** *s.f.* Abendessen (*das*) ● (*arte*) *l'Ultima Cena*, das Letzte Abendmahl.

**cenare** *v.intr.* zu Abend essen.

**cenere** *s.f.* Asche (*die*) ● *Mercoledì delle Ceneri*, Aschermittwoch.

**cenno** *s.m.* **1** Wink (*der*), Zeichen (*das*) **2** (*riferimento*) Hinweis (*der*), Andeutung (*die*).

**cenone** *s.m.* festliches Abendessen ● *— di Capodanno*, Silvesteressen.

**censimento** *s.m.* Zählung (*die*); (*della popolazione*) Volkszählung (*die*).

**censore** *s.m.* Zensor (*der*) (*anche fig.*).

**censura** *s.f.* Zensur (*die*).

**censurare** *v.tr.* zensieren (*anche fig.*).

**centenario** *agg.* hundertjährig ♦ *s.m.* (*anniversario*) Hundertjahrfeier (*die*).

**centesimo** *agg.num.ord.* hundertste **2** *s.m.* **1** (*frazione*) Hundertstel (*das*) **2** (*moneta*) Cent (*das*).

**centigrado** *agg.* ● (*fis.*) *grado —*, Celsiusgrad.

**centimetro** *s.m.* Zentimeter (*der*).

**centinaio** *s.m.* Hundert (*das*): *un — di persone*, etwa hundert Leute.

**cento** *agg.num.card.invar.* hundert.

**centrale** *agg.* **1** zentral, Zentral... **2** (*principale*) Haupt... **3** (*geogr.*) Mittel..., Zentral...: *Europa Centrale*, Mitteleuropa ♦ *s.f.* **1** Zentrale (*die*) **2** (*spec. tecn.*) Werk (*das*) ● *— di polizia*, Polizeirevier | *— nucleare*, Atomkraftwerk | *stazione —*, Hauptbahnhof.

**centralinista** *s.m. e f.* Telefonist (*der*; *die* -in).

**centralino** *s.m.* Telefonzentrale (*die*), Vermittlung (*die*).

**centrare** *v.tr.* **1** zentrieren **2** (*colpire*) treffen: *— il bersaglio*, die Zielscheibe treffen.

**centravanti** *s.m.* (*sport*) Mittelstürmer (*der*).

**centrifuga** *s.f.* Zentrifuge (*die*); (*di lavatrice*) Schleuder (*die*).

**centro** *s.m.* **1** Zentrum (*das*) **2** (*punto*) Mittelpunkt (*der*) **3** (*calcio*) Mittelfeld (*das*) ● *— città*, Innenstadt, Stadtmitte, Zentrum | *— commerciale*, Einkaufs-

**ceppo** / **che**

zentrum | *essere al — dell'attenzione*, im Mittelpunkt der Aufmerksamkeit stehen | *fare —*, ins Schwarze treffen (*anche fig.*) | *in* (*o al o nel*) *—*, (*stato in luogo*) in der Mitte, (*moto a luogo*) in die Mitte.

**ceppo** *s.m.* 1 Baumstumpf (*der*); (*da ardere*) Scheit (*das*) 2 (*pl.*) Fesseln (*pl.*).

**cera** *s.f.* Wachs (*das*): *— per pavimenti*, Bohnerwachs.

**ceramica** *s.f.* 1 Keramik (*die*) 2 (*arte*) Töpferei (*die*).

**cerbiatto** *s.m.* Hirschkalb (*das*).

**cercare** *v.tr.* 1 suchen 2 (*tentare*) versuchen.

**cerchia** *s.f.* 1 Ring (*der*) 2 (*fig.*) Kreis (*der*).

**cerchietto** *s.m.* (*fermacapelli*) Haarreif (*der*).

**cerchio** *s.m.* Kreis (*der*), Ring (*der*).

**cerchione** *s.m.* Felge (*die*).

**cereale** *s.m.* Getreide (*das*).

**ceretta** *s.f.* Enthaarungswachs (*das*).

**cerimonia** *s.f.* Zeremonie (*die*), Feier (*die*).

**cerimoniale** *s.m.* Zeremoniell (*das*).

**cerino** *s.m.* Wachsstreichholz (*das*).

**cernia** *s.f.* (*zool.*) Zackenbarsch (*der*).

**cerniera** *s.f.* Scharnier (*das*) ● *— lampo*, Reißverschluss.

**cero** *s.m.* große Kerze.

**cerotto** *s.m.* Heftpflaster (*das*).

**certamente** *avv.* sicher, gewiss.

**certezza** *s.f.* Sicherheit (*die*), Gewissheit (*die*).

**certificare** *v.tr.* bescheinigen, bestätigen.

**certificato** *s.m.* Bescheinigung (*die*), Urkunde (*die*) | *— di nascita*, Geburtsurkunde | *— di residenza*, Anmeldebestätigung | *— medico*, ärztliches Attest.

**certo¹** *agg.* sicher, gewiss ♦ *avv.* sicher(lich), gewiss, bestimmt ● *di —*, gewiss, sicher | *dare qlco per —*, etw als sicher voraussetzen | *ma —!*, aber natürlich, klar!

**certo²** *agg.indef.* 1 (*qualità o quantità indeterminata*) ziemlich 2 gewiss, irgendein...: *un — signor Bianchi*, ein gewisser Herr Bianchi 3 (*tempo*) manch..., einig...: *dopo un — tempo*, nach einiger Zeit ♦ *pron.indef.* einige, manche ● *certe volte*, manchmal | *quel — non so che*, ein gewisses Etwas.

**certosa** *s.f.* Kartause (*die*).

**cervello** *s.m.* Gehirn (*das*) ● *era il — della banda*, er war der Kopf der Bande | *gli ha dato di volta il —*, er ist übergeschnappt.

**cervo** *s.m.* Hirsch (*der*) ● *— volante*, Hirschkäfer.

**cesoia** *s.f.* Schere (*die*); (*per giardinaggio*) Gartenschere (*die*).

**cespuglio** *s.m.* Busch (*der*), Strauch (*der*).

**cessare** *v.intr.* auf-hören ♦ *v.tr.* einstellen.

**cessione** *s.f.* Abtretung (*die*); (*trasferimento*) Übertragung (*die*).

**cestino** *s.m.* Körbchen (*das*) ● *— per la carta*, Papierkorb.

**cesto** *s.m.* Korb (*der*): *— di vimini*, Weidenkorb.

**ceto** *s.m.* Schicht (*die*).

**cetra** *s.f.* Zither (*die*).

**cetriolo** *s.m.* Gurke (*die*).

**chattare** *v.intr.invar.* chatten.

**che¹** *pron.rel.invar.* 1 der; das; die: *mio figlio che compie dodici anni*, mein Sohn, der zwölf Jahre alt wird; *la signora — è venuta ieri*, die Dame, die gestern gekommen ist 2 (*luogo*) dort, dorthin, dorther: *è là — abita mio fratello*, dort wohnt mein Bruder ♦ *pron.interr.* (*che cosa*) 1 was: *— ne dici?*, was sagst du dazu? 2 (*con verbi reggenti prep.*) *— a — pensi?*, woran denkst du? ♦ *pron.indef.invar.* etwas ♦ *agg.interr.invar.* 1 (*di che genere*) was für ein: *— libro è?*, was für ein Buch ist das? 2 (*quale*) welcher: *a — pagina?*, auf welcher Seite? ♦ *agg.escl.invar.* was für ein, so ein, wie: *— strano!*, wie komisch! ● *— (cosa) c'è?*, was ist los? | *ha di — vivere*, er hat genug zum Leben | *non è un gran —*, es ist nichts Besonderes | *tante grazie!, Non c'è di —*, vielen Dank, Nichts zu danken.

**che²** *cong.* 1 (*prop. dichiarative*) dass: *mi ha detto — non può venire*, er hat mir gesagt, dass er nicht kommen kann

**chef** *s.m.invar.* Chefkoch (der).

**FALSCHER FREUND**
Da non confondere con il tedesco *Chef*, che significa 'capo, principale'.

**chemioterapia** *s.f.* Chemotherapie (die).

**cheratina** *s.f.* (biol.) Keratin (das).

**cherosene** *s.m.* (chim.) Kerosin (das).

**cherubino** *s.m.* (relig.) Cherub (der).

**chi** *pron.interr.* wer; wem; wen: — *è?*, wer ist das?; *a — telefoni?*, wen rufst du an? ♦ *pron.rel.sing.* (colui il quale) wer, der; derjenige, die, das: — *non vuole venire, può restare qui*, diejenigen die nicht mitkommen wollen, können hier bleiben ♦ *pron.indef.* **1** (qualcuno che) jemand, der; einer: *non fidarti di — non conosci*, traue nicht jedem **2** (chiunque) jeder, wer: *invita — vuoi*, lad ein, wen du willst ♦ *pron.escl.* wer: *a — lo dici!*, wem sagst du das!; *guarda — si vede!*, schau mal, wer da ist!; *senti — parla!*, gerade du musst das sagen! ● *chi... chi*, die einen..., die anderen, der eine..., der andere: — *fa una cosa e — ne fa un'altra*, der eine tut dies, der andere das.

**chiacchiera** *s.f.* **1** (*Plauderei* (die), Schwätzchen (das) **2** (pettegolezzo) Klatsch (der).

**chiacchierare** *v.intr.* plaudern, schwätzen.

**chiacchierone** *agg.* (fam.) redselig, geschwätzig ♦ *s.m.* [f. *-a*] (fam.) Schwätzer (der; die -in).

**chiamare** *v.tr.* **1** rufen **2** (nominare) nennen, benennen ♦ **chiamarsi** *v.pron.* heißen ● *— aiuto*, um Hilfe rufen | *— qlcu al telefono*, jdn anrufen.

**chiamata** *s.f.* Ruf (der), Rufen (das) ● *— telefonica*, Anruf, Telefongespräch.

**chiarezza** *s.f.* Klarheit (die), Deutlichkeit (die) (anche fig.).

**chiarimento** *s.m.* Erklärung (die), Erläuterung (die).

**chiarire** *v.tr.* klären; (spiegare) erklären ♦ **chiarirsi** *v.pron.* klar werden, sich aufklären.

**chiaro** *agg.* **1** hell (anche fig.) **2** (limpido) klar **3** (evidente) einleuchtend **4** (comprensibile) deutlich ♦ *avv.* klar, deutlich: (fam.) *mettere in — le cose*, klare Verhältnisse schaffen ♦ *s.m.* Helle (die), Helligkeit (die) ● *— e tondo*, klar und deutlich | *parlare —*, deutlich sprechen.

**chiasso** *s.m.* Lärm (der), Krach (der) ● *fare —*, Aufsehen erregen.

**chiave** *s.f.* Schlüssel (der) (anche fig.) ● (aut.) *— di accensione*, Zündschlüssel | (inform.) *— di accesso*, Code | *— di volta*, Schlussstein, Scheitelstein; (fig.) Grundlage | *— inglese*, Engländer | *parola —*, Schlüsselwort.

**chiavistello** *s.m.* Riegel (der).

**chiazza** *s.f.* Fleck (der).

**chicco** *s.m.* Korn (das): *— di grano*, Weizenkorn; *— di riso*, Reiskorn; *— di caffè*, Kaffeebohne; *— d'uva*, Traube.

**chiedere** *v.tr.* **1** (per sapere) fragen (nach): *— qlco a qlcu*, jdn etw fragen; *— l'ora*, nach der Uhrzeit fragen **2** (per ottenere) bitten (um), erbitten: *— un'informazione*, um eine Auskunft bitten **3** (pretendere) verlangen, fordern: *— una spiegazione*, eine Erklärung verlangen ♦ *v.intr.* fragen (nach), sich erkundigen (nach): *mi chiede spesso di te*, er fragt mich oft nach dir.

**chiesa** *s.f.* Kirche (die).

**chilo** *s.m.* Kilo (das).

**chilogrammo** *s.m.* Kilogramm (das).

**chilometro** *s.m.* Kilometer (der).

**chimica** *s.f.* Chemie (die).

**chimico** *agg.* chemisch ♦ *s.m.* [f. *-a*] Chemiker (*der*; *die -in*).
**china** *s.f.* (*inchiostro*) Tusche (*die*).
**chinare** *v.tr.* beugen, neigen.
**chioccia** *s.f.* **1** (*zool.*) Glucke (*die*), Gluckhenne (*die*) (*anche fig.*).
**chiocciola** *s.f.* **1** (*zool.*) Schnecke (*die*) **2** (*inform.*) Klammeraffe (*der*).
**chiodo** *s.m.* Nagel (*der*); (*di scarpa e di pneumatico*) Spike (*der*) ● *avere un — fisso*, eine fixe Idee haben.
**chioma** *s.f.* **1** Haar (*das*) **2** (*di albero*) Krone (*die*), Baumkrone (*die*).
**chiosco** *s.m.* **1** Kiosk (*der*) **2** (*pergolato*) Laube (*die*).
**chiostro** *s.m.* (*arch.*) Kreuzgang (*der*); (*estens.*) Kloster (*das*).
**chirurgia** *s.f.* Chirurgie (*die*).
**chirurgo** *s.m.* [f. *-a*] Chirurg (*der*; *die -in*).
**chissà** *avv.* **1** wer weiß **2** (*nelle risposte*) vielleicht, hoffentlich ● *— chi è*, wer weiß, wer da ist.
**chitarra** *s.f.* Gitarre (*die*).
**chitarrista** *s.m. e f.* Gitarrist (*der*; *die -in*), Gitarrenspieler (*der*; *die -in*).
**chiudere** *v.tr.* **1** schließen, zu-machen **2** (*rinchiudere*) ein-schließen, ein-sperren: *— in carcere*, ins Gefängnis sperren **3** (*sbarrare*) sperren, versperren: *— una strada al traffico*, eine Straße für den Verkehr sperren **4** (*terminare*) schließen, beenden **5** (*carte*) ab-legen ♦ *v.intr.* schließen: *i negozi chiudono alle sei*, die Geschäfte schließen um sechs ♦ **chiudersi** *v.pron.* **1** sich schließen: *— dentro*, sich einschließen **2** (*terminare*) schließen ● *— a chiave*, abschließen | *— in bellezza*, schön beenden | *chiudersi in se stesso*, sich in sich selbst verkriechen.
**chiunque** *pron.indef.invar.* jeder, jedermann ♦ *pron.rel.indef.* jeder, wer; wer auch immer: *lo dirò a — vorrò*, ich werde es sagen wem ich will.
**chiusa** *s.f.* (*idraulica*) Schleuse (*die*).
**chiuso** *agg.* **1** geschlossen, zu; (*a chiave*) abgeschlossen; (*bloccato*) gesperrt **2** (*terminato*) abgeschlossen, beendet **3** (*riservato*) verschlossen ● *stare al —*, drinnen sein.
**chiusura** *s.f.* **1** Schluss (*der*) **2** (*dispositivo*) Verschluss (*der*) **3** (*comm.*) Abschluss (*der*): *— del bilancio*, Bilanzabschluss **4** (*fig.*) Verschlossenheit (*die*) ● (*aut.*) *— centralizzata*, Zentralverriegelung | *— delle scuole*, Schulschluss | *orario di — dei negozi*, Ladenschlusszeit.

**ci** *pron.pers.pl.* **1** (Dat e Acc) uns: *non — ha detto niente*, er hat uns nichts gesagt; *— vediamo domani*, wir sehen uns morgen **2** (*riflessivo*) uns: *in questo momento — troviamo a casa*, jetzt befinden wir uns zu Hause **3** (*reciproco*) einander: *— siamo sempre aiutati*, wir haben einander immer geholfen ♦ *pron.dimostr.* (*a ciò, di ciò*) daran, damit, davon, darauf...: *non — penso mai*, ich denke nie daran ♦ *avv.* **1** (*stato in luogo*) da; (*qui*) hier; (*lì*) dort **2** (*moto a luogo*) hin, dorthin, hierhin; (*verso chi parla*) her, hierher: *— andrei volentieri*, ich würde gern dorthin gehen **3** (*moto per luogo*) hier vorbei, hier durch: *— passo tutti i giorni*, ich komme jeden Tag hier vorbei **4** (*con valore indeterminato*) man: *— si diverte*, man amüsiert sich ● *c'è, ci sono...*, es gibt: *— sono molte persone*, es gibt viele Leute.

NOTA 'C'è, ci sono' non è reso in tedesco con *es gibt* quando è seguito da un'indicazione di luogo preciso e quando il soggetto espresso richiede un altro verbo appropriato:
*Alla stazione c'è molta gente.*
Am Bahnhof **sind** viele Menschen.
*C'è il sole.*
Die Sonne **scheint**.
*C'è una macchina davanti a casa.*
Vor dem Haus **steht** ein Auto.

**ciabatta** *s.f.* Pantoffel (*der*), Hausschuh (*der*).
**cialda** *s.f.* Waffel (*die*).
**ciambella** *s.f.* **1** (*gastr.*) Kranz (*der*) **2** (*salvagente*) Rettungsring (*der*).
**cianfrusaglia** *s.f.* (*spec.pl.*) Kram (*der*), Krimskrams (*der*).
**cianotico** *agg.* zyanotisch.
**cianuro** *s.m.* (*chim.*) Zyanid (*das*).
**ciao** *inter.* **1** hallo, grüß dich, ciao **2** (*di commiato*) tschüss, ciao.

**ciarlatano** *s.m.* [f. *-a*] Quacksalber (der).
**ciascuno** *agg.indef.* jeder ♦ *pron.indef.* **1** (*ognuno*) jeder, alle **2** (*distributivo*) jeder einzelne, pro Kopf.
**cibo** *s.m.* Nahrung (die), Kost (die).
**cicala** *s.f.* (zool.) Zykade (die).
**cicatrice** *s.f.* Narbe (die).
**cicatrizzare** *v.tr.* **cicatrizzarsi** *v.pron.* vernarben.
**cicca** *s.f.* (*di sigaretta*) Stummel (der) ● (fam.) **non valere una —**, keinen Heller wert sein.
**ciccione** *s.m.* [f. *-a*] (fam.) Fettkloß (der).
**ciclamino** *s.m.* (bot.) Alpenveilchen (das).
**ciclismo** *s.m.* Radsport (der).
**ciclista** *s.m.* e *f.* Radrennfahrer (der; die -in); (*estens.*) Radfahrer (der; die -in).
**ciclo** *s.m.* **1** Zyklus (der) **2** (*serie*) Reihe (die) — *di conferenze*, Vortragsreihe **3** (*decorso*) Verlauf (der).
**ciclomotore** *s.m.* Moped (das).
**ciclone** *s.m.* **1** (*meteor.*) Wirbelsturm (der) **2** (fig.) Wirbelwind (der).
**cicogna** *s.f.* Storch (der).
**cieco** *agg.* blind ♦ *s.m.* [f. *-a*] Blinde (der e die) ● **alla cieca**, auf gut Glück.
**cielo** *s.m.* Himmel (der) ● **essere al settimo —**, im siebten Himmel sein | **per l'amor del —!**, um Himmels willen!
**cifra** *s.f.* **1** Ziffer (die), Zahl (die) **2** (*monogramma*) Monogramm (das) **3** (*codice*) Chiffre (die).
**ciglio** *s.m.* **1** (*degli occhi*) Wimper (die) **2** (*bordo*) Rand (der).
**cigno** *s.m.* Schwan (der).
**cigolare** *v.intr.* quietschen.
**ciliegia** *s.f.* Kirsche (die).
**cilindrata** *s.f.* (aut.) Hubraum (der).
**cilindro** *s.m.* Zylinder (der).
**cima** *s.f.* **1** (*di monte*) Gipfel (der); (*di albero*) Wipfel (der); (*punta*) Spitze (die) **2** (*iron.*) Genie (das), Leuchte (die).
**cimice** *s.f.* Wanze (die) **2** (*microspia*) Abhörwanze (die).
**ciminiera** *s.f.* Schornstein (der).
**cimitero** *s.m.* Friedhof (der).
**Cina** *n.pr.f.* China (das).
**cincin** *inter.* Prosit, Prost.
**cinema** *s.m.invar.* Kino (das).
**cinepresa** *s.f.* Filmkamera (die).
**cinese** *agg.* chinesisch ♦ *s.m.* e *f.* Chinese (der; die Chinesin) ♦ *s.m.* (*lingua*) Chinesisch (das).
**cinghia** *s.f.* **1** Gürtel (der) **2** (mecc.) Riemen (der); (aut.) Keilriemen ● **tirare la —**, den Gürtel enger schnallen.
**cinghiale** *s.m.* Wildschwein (das); (*femmina*) Wildsau (die).
**cingolo** *s.m.* Raupenkette (die).
**cinguettare** *v.intr.* zwitschern.
**cinico** *agg.* zynisch ♦ *s.m.* [f. *-a*] Zyniker (der; die -in).
**cinquanta** *agg.num.card.invar.* fünfzig.
**cinquantesimo** *agg.num.ord.* fünfzigste ♦ *s.m.* (*frazione*) Fünfzigstel (das).
**cinque** *agg.num.card.invar.* fünf: **in —**, zu fünft; **ha — anni**, er ist fünf (Jahre alt); *in fila per —*, in Fünferreihen; *fra — giorni*, in fünf Tagen; *ogni — giorni*, alle fünf Tage; *vincere — a due*, fünf zu zwei gewinnen ♦ *s.m.invar.* Fünf (die) ● **sono le — (in punto)**, es ist (Punkt) fünf.
**cinquecento** *agg.num.card.invar.* fünfhundert ● **il Cinquecento**, das sechzehnte Jahrhundert.
**cintura** *s.f.* Gürtel (der); — **di pelle**, Ledergürtel ● — **di sicurezza**, Sicherheitsgurt.
**cinturino** *s.m.* (*di scarpa*) Schuhriemen (der); (*di orologio*) Uhrenarmband (das).
**ciò** *pron.dimostr.* **1** das, dies **2** (*ciò che*) was: *hai sentito — che ho detto?*, hast du gehört, was ich gesagt habe? ● **con tutto —**, — **nondimeno**, — **nonostante** (o *nonostante* —), trotzdem, trotz (o bei) alledem | **oltre a —**, außerdem.
**ciocca** *s.f.* Strähne (die), Büschel (das) ● **a ciocche**, strähnig.
**cioccolata** *s.f.* Schokolade (die).
**cioccolatino** *s.m.* Praline (die).
**cioccolato** *s.m.* Schokolade (die).
**cioè** *avv.* **1** und zwar, nämlich **2** (*ossia*) das heißt.

**ciondolo** *s.m.* Anhänger (der).
**ciotola** *s.f.* Schüssel (die), Schale (die).
**ciottolo** *s.m.* Kiesel (der), Kieselstein (der).
**cipolla** *s.f.* Zwiebel (die).
**cipresso** *s.m.* (bot.) Zypresse (die).
**cipria** *s.f.* Puder (der).
**circa** *prep.* (a proposito di) über, in bezug auf (+ Acc); betreffs, bezüglich; was... betrifft ♦ *avv.* 1 (quasi) zirka, ungefähr, etwa 2 (tempo) gegen, ungefähr, um... herum.
**circo** *s.m.* Zirkus (der).
**circolare**[1] *agg.* zirkular, zirkulär, Kreis... ♦ *s.f.* (lettera) Rundschreiben (das).
**circolare**[2] *v.intr.* 1 (di veicoli) fahren 2 (del sangue) kreisen, zirkulieren (anche fig.) ● *circola voce che...*, es geht das Gerücht um, dass... | *far —*, weitergeben.
**circolazione** *s.f.* 1 Verkehr (der) 2 (econ.) Zirkulation (die), Umlauf (die): *mettere in —*, in Umlauf setzen 3 (med.) Zirkulation (die), Kreislauf (der) ● *ritirare qlco dalla —*, etw aus dem Verkehr ziehen.
**circolo** *s.m.* 1 Kreis (der) 2 (med.) Blutkreislauf (der) 3 (club) Klub (der) ● *— polare artico*, nördlicher Polarkreis | *— vizioso*, Teufelskreis.
**circondare** *v.tr.* 1 ein-schließen, umschließen 2 (attorniare) umgeben, umringen ♦ **circondarsi** *v.pron.* (di) sich umgeben (mit).
**circonferenza** *s.f.* (geom.) Kreisumfang (der).
**circonvallazione** *s.f.* Umgehungsstraße (die).
**circoscrivere** *v.tr.* 1 (geom.) umschreiben 2 (fig.) beschränken, begrenzen.
**circoscrizione** *s.f.* Kreis (der), Bezirk (der).
**circostante** *agg.* umliegend, umstehend.
**circostanza** *s.f.* Umstand (der): *date le circostanze*, unter solchen Umständen.
**circuito** *s.m.* 1 (sport) Runde (die) 2 (elettr.) Kreis (der) 3 (tecn.) System (das).
**cirrosi** *s.f.* (med.) Zirrhose (die) ● *— epatica*, Leberzirrhose.
**cisterna** *s.f.* Zisterne (die); (serbatoio) Tank (der).
**cisti** *s.f.invar.* (med.) Zyste (die).
**cistifellea** *s.f.* (anat.) Gallenblase (die).
**citare** *v.tr.* 1 (dir.) vor-laden 2 zitieren, an-führen.
**citazione** *s.f.* 1 (dir.) Vorladung (die) 2 (brano) Zitat (das), Anführung (die).
**citofonare** *v.intr.* durch die Türsprechanlage sprechen.
**citofono** *s.m.* Türsprechanlage (die), Sprechanlage (die).
**città** *s.f.invar.* Stadt (die) ● *— stato*, Stadtstaat.
**cittadinanza** *s.f.* 1 Bürgerschaft (die), Einwohnerschaft (die) 2 (dir.) Staatsangehörigkeit (die).
**cittadino** *agg.* städtisch, Stadt...: *mura cittadine*, Stadtmauer ♦ *s.m.* [f. -a] 1 Bürger (der; die -in) 2 (dir.) Staatsbürger (der; die -in) 3 (abitante di città) Stadtbewohner (der; die -in).
**ciuffo** *s.m.* Büschel (das).
**civetta** *s.f.* 1 Kauz (der) 2 (spreg.) kokette Frau.
**civetteria** *s.f.* Koketterie (die).
**civico** *agg.* 1 Bürger... 2 (della città) städtisch, Stadt...: *museo —*, Stadtmuseum ● *senso —*, Bürgersinn.
**civile** *agg.* 1 bürgerlich, Bürger...; (estens.) zivil: *codice —*, bürgerliches Gesetzbuch; *guerra —*, Bürgerkrieg; *processo —*, Zivilprozess; *stato —*, Personenstand; *servizio —*, Zivildienst 2 (civilizzato) zivilisiert.
**civilizzare** *v.tr.* zivilisieren.
**civilizzazione** *s.f.* Zivilisierung (die).
**civiltà** *s.f.invar.* Zivilisation (die); (cultura) Kultur (die).
**clacson** *s.m.invar.* Hupe (die): *suonare il —*, hupen.
**clamoroso** *agg.* Aufsehen erregend, sensationell.
**clandestino** *agg.* heimlich; (illegale) illegal ♦ *s.m.* [f. -a] blinder Passagier

(blinde -in); (immigrato) illegaler Einwanderer (die -in).
**clarinetto** s.m. Klarinette (die).
**classe** s.f. 1 Klasse (die) 2 (spec.mil.) Jahrgang (der) ● *avere* —, Klasse haben | — *operaia*, Arbeiterklasse | (*mezzi di trasporto*) *scompartimento di seconda* —, Abteil zweiter Klasse.
**classicismo** s.m. Klassizismus (der).
**classico** agg. klassisch.
**classifica** s.f. Tabelle (die), Rangliste (die).
**classificare** v.tr. 1 klassifizieren 2 (*valutare*) bewerten ● *classificarsi al secondo posto*, auf den zweiten Platz kommen.
**classificazione** s.f. Klassifizierung (die), Klassifikation (die).
**clausola** s.f. (dir.) Klausel (die).
**clausura** s.f. Klausur (die).
**clava** s.f. Keule (die) (anche sport).
**clavicembalo** s.m. Cembalo (das).
**clavicola** s.f. (anat.) Schlüsselbein (das).
**clericale** agg. klerikal ♦ s.m. Klerikale (der).
**clero** s.m. Klerus (der).
**clessidra** s.f. (a sabbia) Sanduhr (die).
**cliente** s.m. e f. 1 Kunde (der; die Kundin) 2 (di albergo ecc.) Gast (der) 3 (di professionista) Klient (der; die -in).
**clientela** s.f. Kundschaft (die).
**clima** s.m. Klima (das) (anche fig.).
**climatico** agg. klimatisch.
**climatizzare** v.tr. klimatisieren.
**climatizzazione** s.f. Klimatisierung (die) ● *impianto di* —, Klimaanlage (die).
**clinica** s.f. Klinik (die).
**clistere** s.m. Einlauf (der).
**clonare** v.intr. (biol.) klonen.
**cloro** s.m. Chlor (das).
**clorofilla** s.f. Chlorophyll (das).
**coagularsi** v.pron. gerinnen.
**coalizione** s.f. (pol.) Koalition (die).
**cobra** s.m. Kobra (die).
**cocaina** s.f. Kokain (das).
**coccinella** s.f. Marienkäfer (der).
**coccio** s.m. 1 Ton (der) 2 (*frammento*) Scherbe (die).
**cocciuto** agg. verstockt, starrsinnig.

**cocco** s.m. (bot.) Kokospalme (die): *noce di* —, Kokosnuss.
**coccodrillo** s.m. Krokodil (das).
**coccolare** v.tr. (fam.) hätscheln, liebkosen.
**cocomero** s.m. Wassermelone (die).
**coda** s.f. 1 Schwanz (der) 2 Schlange (die): *essere in* —, Schlange stehen; *mettersi in* —, sich in die Schlange stellen ● — *di cavallo*, Pferdeschwanz (anche estens.). | *pianoforte a* —, Flügel.
**codice** s.m. 1 Kode (der), Code (der): *messaggio in* —, kodierte (o verschlüsselte) Nachricht 2 (dir.) Gesetzbuch (das), Ordnung (die): — *civile*, bürgerliches Gesetzbuch; — *penale*, Strafgesetzbuch ● — *della strada*, Straßenverkehrsordnung | — *di avviamento postale*, Postleitzahl.
**coefficiente** s.m. (mat.) Koeffizient (der).
**coerente** agg. konsequent.
**coerenza** s.f. Konsequenz (die), Folgerichtigkeit (die).
**coesione** s.f. 1 (fis.) Kohäsion (die) 2 (estens.) Zusammenhalt (der).
**coetaneo** agg. (di) gleichaltrig (mit) ♦ s.m. [f. -a] Altersgenosse (der; die Altersgenossin).
**cofano** s.m. (aut.) Kühlerhaube (die); (del motore) Motorhaube (die).
**cogliere** v.tr. 1 pflücken: — *un frutto*, eine Frucht pflücken 2 (*afferrare*) ergreifen; (*intendere*) begreifen ● — *al volo un'occasione*, eine Gelegenheit beim Schopf packen | — *nel segno*, ins Schwarze treffen.
**cognata** s.f. Schwägerin (die).
**cognato** s.m. Schwager (der).
**cognome** s.m. Familienname (der), Nachname (der).
**coi** prep.art. (con + i) → con.
**coincidenza** s.f. 1 Zusammentreffen (das); (caso) Zufall (der) 2 (di treni) Anschluss (der) ● *prendere, perdere la* —, den Anschluß nehmen, verpassen.
**coincidere** v.intr. 1 zusammenfallen, zusammen-treffen 2 (fig.) übereinstimmen.
**coinquilino** s.m. [f. -a] Mitbewohner (der; die -in).

**coinvolgere** *v.tr.* 1 hinein-ziehen, verwickeln: — *qlcu in qlco*, jdn in etw hineinziehen 2 (*far partecipare*) ein-beziehen.

**coinvolgimento** *s.m.* 1 Verwicklung (*die*) 2 (*partecipazione*) Beteiligung (*die*).

**col** *prep.art.* (*con + il*) → **con**.

**colapasta** *s.m.invar.* Nudelsieb (*das*).

**colare** *v.tr.* 1 seihen; (*scolare*) ab-gießen: — *la pasta*, das Nudelwasser abgießen 2 (*metall.*) gießen, schmelzen ♦ *v.intr.* tropfen ● — *a picco*, sinken.

**colata** *s.f.* Guss (*der*): — *di cemento*, Gussbeton ● — *lavica*, Lavastrom.

**colazione** *s.f.* 1 Frühstück (*das*) 2 (*pranzo*) Mittagessen (*das*).

**colera** *s.m.invar.* (*med.*) Cholera (*die*).

**colesterolo** *s.m.* Cholesterin (*das*).

**colf** *s.f.invar.* Haushaltshilfe (*die*).

**colica** *s.f.* (*med.*) Kolik (*die*).

**colla**[1] *prep.art.* (*con + la*) → **con**.

**colla**[2] *s.f.* Leim (*der*); Klebstoff (*der*).

**collaborare** *v.intr.* mit-arbeiten; zusammen-arbeiten.

**collaboratore** *s.m.* [f. *-trice*] Mitarbeiter (*der; die* -in).

**collaborazione** *s.f.* Mitarbeit (*die*); Zusammenarbeit (*die*).

**collana** *s.f.* 1 Halskette (*die*), Kette (*die*) 2 (*edit.*) Reihe (*die*).

**collant** *s.m.invar.* Strumpfhose (*die*).

**collare** *s.m.* Halsband (*das*).

**collasso** *s.m.* (*med.*) Kollaps (*der*).

**collaudare** *v.tr.* prüfen, testen.

**collaudo** *s.m.* (*tecn.*) Test (*der*); (*di impianto*) Abnahme (*die*).

**colle** *s.m.* Hügel (*der*).

**collega** *s.m.* e *f.* Kollege (*der*; *die* Kollegin).

**collegamento** *s.m.* 1 Verbindung (*die*) 2 (*elettr.*) Schaltung (*die*).

**collegare** *v.tr.* 1 verbinden 2 (*associare*) verknüpfen ♦ **collegarsi** *v.pron.* sich in Verbindung setzen.

**collegio** *s.m.* 1 Kollegium (*das*) 2 (*convitto*) Internat (*das*) ● (*dir.*) — *elettorale*, Wahlkreis.

**collera** *s.f.* Zorn (*der*), Wut (*die*).

**colletta** *s.f.* 1 Geldsammlung (*die*) 2 (*relig.*) Kollekte (*die*).

**collettivo** *agg.* Kollektiv...

**colletto** *s.m.* Kragen (*der*).

**collezionare** *v.tr.* e *intr.* sammeln.

**collezione** *s.f.* 1 Sammlung (*die*): — *di oggetti d'arte*, Kunstsammlung 2 (*moda*) Kollektion (*die*).

**collezionista** *s.m.* e *f.* Sammler (*der; die* -in).

**collina** *s.f.* Hügel (*der*).

**collirio** *s.m.* Augentropfen (*pl.*).

**collo** *s.m.* 1 Hals (*der*) 2 (*colletto*) Kragen (*der*) ● (*anat.*) — *del piede*, Spann.

**collocamento** *s.m.* (*impiego*) Anstellung (*die*) ● *ufficio di —*, Arbeitsamt.

**collocare** *v.tr.* 1 (*verticalmente*) stellen; (*orizzontalmente*) legen 2 (*impiegare*) an-stellen, unter-bringen.

**colloquio** *s.m.* Gespräch (*das*): — *di lavoro*, Arbeitsgespräch.

**collutorio** *s.m.* Mundwasser (*das*).

**colmo**[1] *s.m.* Gipfel (*der*), Höhe (*die*): (*fam.*) *è proprio il* —!, das ist doch die Höhe!

**colmo**[2] *agg.* (*di*) voll (+ *Gen*), erfüllt (mit).

**colombo** *s.m.* **colomba** *s.f.* Taube (*die*).

**colonia** *s.f.* ● *acqua di —*, Kölnischwasser.

**colonizzare** *v.tr.* kolonisieren.

**colonna** *s.f.* 1 (*arch.*) Säule (*die*) 2 (*caposaldo*) Stütze (*die*) 3 (*tip.*) Spalte (*die*) 4 (*serie di numeri*) Seite (*die*) ● (*anat.*) — *vertebrale*, Wirbelsäule.

**colonnello** *s.m.* (*mil.*) Oberst (*der*).

**colorante** *agg.* färbend ♦ *s.m.* Farbstoff (*der*).

**colorare** *v.tr.* 1 (*stoffe*) färben 2 (*disegni*) aus-malen ♦ **colorarsi** *v.pron.* sich färben.

**colore** *s.m.* Farbe (*die*) ● *di —*, farbig | *farne di tutti i colori*, es bunt treiben.

**colorificio** *s.m.* Farbengeschäft (*das*), Malergeschäft (*das*).

**colorito** *agg.* 1 (*di viso*) rosig 2 (*fig.*) lebhaft, farbig ♦ *s.m.* Gesichtsfarbe (*die*).

**colosso** *s.m.* Koloss (*der*) (*anche fig.*).

**colpa** *s.f.* Schuld (*die*): *dare a qlcu la — di qlco*, jdm an etw Schuld geben ● *per — mia*, meinetwegen | *senso di —*, Schuldgefühl.

**colpevole** *agg.* schuldig.

**colpire** *v.tr.* **1** schlagen, stoßen **2** (*cogliere*) treffen **3** (*di malattie*) befallen **4** (*impressionare*) beeindrucken.

**colpo** *s.m.* Schlag (*der*); (*urto*) Stoß (*der*) ● *bel —!*, ein schöner Schlag! | *— di fortuna*, Glücksfall | *— di sole*, Sonnenstich | *— di stato*, Staatsstreich | *— di testa*, (*sport*) Kopfball; (*fig.*) Kurzschlusshandlung | *di —*, mit einem Schlag | (*fam.*) *fare —*, Eindruck machen.

**coltellata** *s.f.* Messerstich (*der*).

**coltello** *s.m.* Messer (*das*) ● *avere il — dalla parte del manico*, am längeren Hebel sitzen.

**coltivare** *v.tr.* **1** bebauen, bestellen: *— un campo*, ein Feld bestellen **2** (*prodotti agricoli*) an-bauen, an-pflanzen **3** (*fig.*) pflegen.

**coltivatore** *s.m.* Landwirt (*der*), Züchter (*der*).

**coltivazione** *s.f.* **1** Bestellung (*die*), Bebauung (*die*) **2** (*di prodotti agricoli*) Anbau (*der*).

**colto** *agg.* gebildet.

**coltura** *s.f.* Anbau (*der*), Kultur (*die*).

**coma** *s.m.* Koma (*das*).

**comandamento** *s.m.* (*teol.*) Gebot (*das*).

**comandante** *s.m. e f.* (*mil.*) Kommandant (*der; die* -in), Befehlshaber (*der; die* -in).

**comandare** *v.tr.* befehlen ♦ *v.intr.* bestimmen.

**comando** *s.m.* **1** Befehl (*der*) **2** (*mecc.*) Steuerung (*die*), Bedienung (*die*)

**combaciare** *v.intr.* **1** genau passen **2** (*coincidere*) zusammen·fallen, überein·stimmen.

**combattente** *agg.* kämpfend ♦ *s.m.* Kämpfer (*der*).

**combattere** *v.intr.* kämpfen (*anche fig.*) ♦ *v.tr.* bekämpfen, kämpfen (*gegen*).

**combattimento** *s.m.* Kampf (*der*), Gefecht (*das*).

**combinare** *v.tr.* **1** kombinieren **2** (*fam.*) an·richten, an·stellen ● *— un affare*, ein Geschäft abschließen | *— un incontro con qlcu*, eine Verabredung mit jdm vereinbaren.

**combinazione** *s.f.* **1** Kombination (*die*) **2** (*coincidenza*) Zufall (*der*).

**combustibile** *s.m.* Brennstoff (*der*), Brennmaterial (*das*) ● *olio —*, Brennöl.

**combustione** *s.f.* Verbrennung (*die*).

**come** *avv.* **1** wie: *— hai detto?*, wie bitte? **2** (*compar.*) so... wie: *bianco — la neve*, (so) weiß wie Schnee **3** (*in qualità di*) als ● *com'è bello qui!*, wie schön ist es hier! | *— mai?*, wieso? | *— sei*, als ob | *— stai?*, wie geht es dir? | *ma —!*, das gibt's doch nicht!

**cometa** *s.f.* (*astr.*) Komet (*der*).

**comicità** *s.f.* Komik (*die*).

**comico** *agg.* Komödien...: *scrittore —*, Komödienschreiber | (*buffo*) komisch, ulkig ♦ *s.m.* [f. *-a*] Komiker (*der; die* -in).

**cominciare** *v.tr. e intr.* (*da, con*) beginnen (mit, bei), an·fangen (mit, bei).

**comitato** *s.m.* Komitee (*das*).

**comitiva** *s.f.* Gruppe (*die*).

**commedia** *s.f.* Komödie (*die*).

**commemorazione** *s.f.* (*cerimonia*) Gedenkfeier (*die*).

**commentare** *v.tr.* kommentieren; (*spiegare*) erläutern.

**commento** *s.m.* Kommentar (*der*).

**commerciale** *agg.* Handels...: *accordo commerciale*, Handelsabkommen ● *centro —*, Einkaufszentrum.

**commercialista** *s.m. e f.* Steuerberater (*der; die* -in).

**commerciante** *s.m. e f.* Händler (*der; die* -in), Kaufmann (*der; die* -frau).

**commerciare** *v.intr.* (*in*) handeln (mit), Handel treiben (mit).

**commercio** *s.m.* Handel (*der*): *— con l'estero*, Außenhandel; *fuori —*, nicht mehr im Handel.

**commessa**[1] *s.f.* (*di negozio*) Verkäuferin (*die*).

**commessa²** *s.f.* (*comm.*) Auftrag (*der*), Bestellung (*die*).
**commesso** *s.m.* Verkäufer (*der*).
**commettere** *v.tr.* begehen, verüben.
**commiserazione** *s.f.* Mitleid (*das*).
**commissariato** *s.m.* Kommissariat (*das*).
**commissario** *s.m.* [f. -a] Kommissar (*der*; *die* -in).
**commissione** *s.f.* 1 Auftrag (*der*): *agire su* —, in jds Auftrag handeln 2 (*compenso*) Vermittlungsgebühr (*die*) 3 (*spec.pl.*) (*acquisti, incombenze*) Besorgung (*die*) 4 (*comm.*) Bestellung (*die*), Auftrag (*der*) 5 Kommission (*die*), Ausschuss (*der*): — *d'inchiesta*, Untersuchungsausschuss.
**committente** *s.m.* Auftraggeber (*der*).
**commosso** *agg.* gerührt, bewegt.
**commovente** *agg.* ergreifend, rührend.
**commozione** *s.f.* Rührung (*die*), Ergriffenheit (*die*) ● (*med.*) — *cerebrale*, Gehirnerschütterung.
**commuovere** *v.tr.* rühren, bewegen ♦
**commuoversi** *v.pron.* gerührt sein.
**comodino** *s.m.* Nachttisch (*der*).
**comodità** *s.f.invar.* Bequemlichkeit (*die*).
**comodo** *agg.* bequem, behaglich ♦ *s.m.* Bequemlichkeit (*die*).
**compagnia** *s.f.* 1 Gesellschaft (*die*) 2 (*teatr.*) Ensemble (*das*), Theatertruppe (*die*) 3 (*mil.*) Kompanie (*die*).
**compagno** *s.m.* [f. -a] 1 Kamerad (*der*), Gefährte (*der*) 2 (*pol.*) Genosse (*der*) 3 (*partner*) Partner (*der*) ● — *di classe*, Klassenkamerad | — *di giochi*, Spielgefährte | — *di squadra*, Mannschaftskamerad.
**comparativo** *agg.* komparativ ♦ *s.m.* Komparativ (*der*).
**comparire** *v.intr.* erscheinen; (*d'improvviso*) auf·tauchen.
**comparsa** *s.f.* 1 Erscheinen (*das*) 2 (*cinem., teatr.*) Statist (*der*).
**compartimento** *s.m.* 1 Abteilung (*die*); (*ferr.*) Abteil (*das*) 2 (*amm.*) Bezirk (*der*), Sektor (*der*).

**compassione** *s.f.* Mitgefühl (*das*), Mitleid (*das*).
**compasso** *s.m.* Zirkel (*der*).

> **FALSCHER FREUND**
> Da non confondere con il tedesco *Kompass*, che significa 'bussola'.

**compatibile** *agg.* 1 vereinbar 2 (*inform.*) compatibel.
**compatire** *v.tr.* bemitleiden: *farsi* —, sich bemitleiden lassen.
**compatto** *agg.* 1 kompakt, fest; (*fitto*) dicht 2 (*fig.*) geschlossen.
**compensare** *v.tr.* 1 aus·gleichen, kompensieren 2 (*retribuire*) bezahlen.
**compenso** *s.m.* 1 Ausgleich (*der*) 2 (*retribuzione*) Bezahlung (*die*) ● *in* —, dafür; zum Ausgleich.
**compera** *s.f.* Einkauf (*der*).
**competente** *agg.* bewandert, kompetent.
**competenza** *s.f.* Kompetenz (*die*).
**competere** *v.intr.* 1 (*con*) wetteifern (mit) 2 (*riguardare*) unterliegen, zu·stehen 3 (*spettare*) zu·stehen.
**competitività** *s.f.* Wettbewerbsfähigkeit (*die*); (*comm.*) Konkurrenzfähigkeit (*die*).
**competizione** *s.f.* Wettbewerb (*der*).
**compiacere** *v.intr.* gefällig sein, entgegen·kommen (+ *Dat*) ♦ **compiacersi** *v.pron.* (*di*) sich freuen (über + *Acc*); Freude haben (+ *Dat*).
**compiangere** *v.tr.* bemitleiden, bedauern.
**compito** *s.m.* Aufgabe (*die*); (*incarico*) Auftrag (*der*).
**compiuto** *agg.* abgeschlossen, vollendet ● *mettere qlcu davanti al fatto* —, jdn vor vollendete Tatsachen stellen.
**compleanno** *s.m.* Geburtstag (*der*) ● *buon* —!, alles Gute zum Geburtstag.
**complemento** *s.m.* (*gramm.*) Angabe (*die*): — *oggetto*, Objekt.
**complessità** *s.f.* Komplexität (*die*); (*difficoltà*) Schwierigkeit (*die*).
**complessivamente** *avv.* im ganzen, insgesamt.
**complessivo** *agg.* Gesamt...: *giudizio* —, Gesamturteil.
**complesso** *agg.* 1 komplex 2 (*com-*

**plicato**) kompliziert, vielschichtig ♦ *s.m.* **1** (*insieme*) Gesamtheit (*die*) **2** (*struttura*) Komplex (*der*) **3** (*mus.*) Gruppe (*die*), Band (*die*) ● **nel —**, im großen und ganzen.

**completare** *v.tr.* vervollständigen, ergänzen.

**completo** *agg.* **1** vollständig, komplett **2** (*occupato*) voll(besetzt) **3** (*di persona*) vollkommen: *un atleta —*, ein vollkommener Sportler **4** (*totale*) völlig ♦ *s.m.* **1** (*abbigl.*): *— da uomo*, Herrenanzug; *— da donna*, Kostüm **2** (*estens.*) Set (*das*): *— da sci*, Skiausrüstung ● (*di locali*) *al —*, voll(besetzt) | *pensione completa*, Vollpension.

**complicare** *v.tr.* komplizieren, schwierig machen.

**complicazione** *s.f.* Verwicklung (*die*), Komplikation (*die*) (*anche med.*).

**complice** *s.m.* e *f.* Komplize (*der*, *die* Komplizin); (*dir.*) Mittäter (*der*, *die* -in).

**complimentarsi** *v.pron.* (*con*) gratulieren (+ Dat); beglückwünschen (+ Dat).

**complimento** *s.m.* Kompliment (*das*); (*congratulazione*) Glückwunsch (*der*) ● *non fare tanti complimenti!*, nur keine Umstände!

**complotto** *s.m.* Komplott (*das*).

**componente** *s.m.* **1** (*membro*) Mitglied (*das*) **2** (*oggetto*) Bestandteil (*der*) **3** (*chim.*) Komponente (*die*), Bestandteil (*der*).

**comporre** *v.tr.* **1** zusammen-setzen, zusammen-stellen; (*formare*) bilden **2** (*mus.*) komponieren; (*letter.*) verfassen: *— versi*, dichten ♦ **comporsi** *v.pron.* (*di*) bestehen (aus) ● *— un numero* (*telefonico*), eine Nummer wählen.

**comportamento** *s.m.* Benehmen (*das*), Verhalten (*das*) (*contegno*) Haltung (*die*).

**comportare** *v.tr.* (*implicare*) mit sich (Dat) bringen, verbunden sein (mit); (*richiedere*) verlangen ♦ **comportarsi** *v.pron.* sich benehmen, sich verhalten.

**compositore** *s.m.* [f. *-trice*] (*mus.*) Komponist (*der*; *die* -in).

**composizione** *s.f.* **1** Zusammensetzung (*die*) **2** Komposition (*die*) (*anche mus.*).

**composto** *s.m.* **1** (*gramm.*) Kompositum (*das*) **2** (*chim.*) Verbindung (*die*).

**comprare** *v.tr.* kaufen, ein-kaufen.

**compratore** *s.m.* [f. *-trice*] Käufer (*der*; *die* -in).

**compravendita** *s.f.* An- und Verkauf (*der*).

**comprendere** *v.tr.* **1** ein-beziehen (in + Acc) **2** (*capire*) verstehen, begreifen.

**comprensibile** *agg.* verständlich.

**comprensione** *s.f.* Verstehen (*das*), Verständnis (*das*).

**comprensivo** *agg.* **1** verständnisvoll **2** (*comm.*) einschließlich: *— di IVA*, inklusive Mehrwertsteuer.

**compreso** *agg.* inbegriffen ● *tutto —*, alles inbegriffen.

**compressa** *s.f.* Tablette (*die*).

**compressore** *s.m.* **1** Kompressor (*der*) **2** (*di strade*) Walze (*die*).

**comprimere** *v.tr.* **1** zusammen-drükken, komprimieren **2** (*fis.*) verdichten **3** (*inform.*) komprimieren.

**compromesso** *s.m.* **1** Kompromiß (*der*) **2** (*dir.*) Vorvertrag (*der*).

**compromettere** *v.tr.* **1** kompromittieren **2** (*inficiare*) gefährden.

**comunale** *agg.* Gemeinde..., kommunal: *amministrazione —*, Gemeindeverwaltung.

**comune¹** *agg.* **1** gemeinsam: *un amico —*, ein gemeinsamer Freund **2** (*generale*) allgemein, üblich: *è opinione — che...*, es ist die allgemeine Meinung, dass... **3** (*ordinario*) gewöhnlich ● *avere qlco in —*, etw gemeinsam haben | *essere fuori del —*, außergewöhnlich sein.

**comune²** *s.m.* **1** (*istituzione*) Gemeinde (*die*); Gemeindeverwaltung (*die*) **2** (*edificio*) Rathaus (*das*).

**comune³** *s.f.* Kommune (*die*).

**comunicare** *v.tr.* mit-teilen; (*ufficialmente*) verlautbaren ♦ *v.intr.* **1** miteinander verbunden sein **2** (*dialogare*) kommunizieren, sich verständigen ♦ **comunicarsi** *v.pron.* sich verbreiten, (*trasmettersi*) sich übertragen.

**comunicato** *s.m.* Mitteilung (*die*), Meldung (*die*).

**comunicazione** *s.f.* 1 Mitteilung (*die*), Meldung (*die*): — *ufficiale*, amtliche Mitteilung (o Verlautbarung) 2 (*il comunicare*) Kommunikation (*die*) 3 (*collegamento*) Verbindung (*die*).

**comunione** *s.f.* 1 Gemeinschaft (*die*) 2 (*relig.catt.*) Kommunion (*die*) ◆ (*dir.*) — *dei beni*, Gütergemeinschaft.

**comunismo** *s.m.* Kommunismus (*der*).

**comunista** *agg.* kommunistisch ◆ *s.m.* e *f.* Kommunist (*der*; *die* -in).

**comunità** *s.f.invar.* Gemeinschaft (*die*).

**comunque** *cong.* wie auch immer ◆ *avv.* 1 (*in ogni modo*) auf jeden Fall, unbedingt 2 (*tuttavia*) jedoch.

**con** *prep.* 1 (*compagnia, relazione*) mit, bei; *su: abita — i genitori*, er wohnt bei seinen Eltern; *è stato molto gentile — me*, er war sehr freundlich zu mir 2 (*modo, qualità, mezzo*) mit, bei: — *cura*, mit Sorgfalt 3 (*causa*) bei: *non uscire — questa pioggia*, geh bei diesem Regen nicht raus 4 (*concessivo*) trotz (+ Gen): — *tutto ciò*, trotz alledem 5 (*tempo*) an (+ Dat): *col 7 dicembre inizia la stagione lirica*, am 7. Dezember beginnt die Opernsaison.

**concavo** *agg.* konkav.

**concedere** *v.tr.* gewähren, zu-billigen.

**concentramento** *s.m.* Konzentrierung (*die*); Konzentration (*die*) ◆ *campo di —*, Konzentrationslager.

**concentrare** *v.tr.* konzentrieren ◆ **concentrarsi** *v.pron.* (*su*) sich konzentrieren (auf + Acc).

**concentrazione** *s.f.* Konzentration (*die*).

**concepimento** *s.m.* Empfängnis (*die*).

**concepire** *v.tr.* 1 empfangen 2 (*estens.*) fühlen 3 (*raffigurarsi*) auffassen, aus-denken.

**concertista** *s.m.* Solist (*der*).

**concerto** *s.m.* Konzert (*das*).

**concessionario** *s.m.* Konzessionär (*der*).

**concessione** *s.f.* 1 Zugeständnis (*das*); Gewährung (*die*) 2 (*amm.*) Konzession (*die*).

**concetto** *s.m.* 1 Begriff (*der*) 2 (*estens.*) Meinung (*die*).

**concezione** *s.f.* 1 Konzeption (*die*) 2 (*estens.*) Auffassung (*die*).

**conchiglia** *s.f.* Muschel (*die*).

**conciare** *v.tr.* 1 gerben 2 (*fam.*) zurichten ◆ **conciarsi** *v.pron.* sich auftakeln: *come ti sei conciata?*, wie hast du dich aufgetakelt?

**conciliare** *v.tr.* 1 vereinbaren, vereinigen 2 (*favorire*) fördern ◆ **conciliarsi** *v.pron.* 1 sich versöhnen 2 (*fig.*) (*andare d'accordo*) überein-stimmen.

**concimare** *v.tr.* düngen.

**concime** *s.m.* Dünger (*der*).

**conciso** *agg.* knapp.

**concittadino** *s.m.* [f. -a] Mitbürger (*der*; *die* -in).

**concludere** *v.tr.* 1 ab-schließen 2 (*fig.*) schaffen 3 (*desumere*) schließen ◆ **concludersi** *v.pron.* sich schließen.

**conclusione** *s.f.* Schluss (*der*), Abschluss (*der*): *in —*, zum Schluss.

**concomitanza** *s.f.* ◆ *in — con*, als Begleiterscheinung (o Folgeerscheinung) von.

**concordanza** *s.f.* 1 Übereinstimmung (*die*) 2 (*gramm.*) Kongruenz (*die*).

**concordare** *v.tr.* 1 ab-machen, vereinbaren 2 (*gramm.*) in Kongruenz bringen ◆ *v.intr.* 1 überein-stimmen 2 (*gramm.*) kongruent sein.

**concorde** *agg.* einig, einträchtig.

**concordia** *s.f.* Einigkeit (*die*), Eintracht (*die*).

**concorrente** *s.m.* e *f.* 1 (*di gara*) Wettbewerbsteilnehmer (*der*; *die* -in); (*di concorso*) Kandidat (*der*; *die* -in) 2 (*comm.*) Konkurrent (*der*; *die* -in).

**concorrenza** *s.f.* Konkurrenz (*die*).

**concorrere** *v.intr.* 1 (*sport*) (*a, per*) kämpfen (um); (*a un concorso*) sich bewerben (um) 2 (*contribuire*) (*a*) bei-tragen (zu), mit-wirken (an + Acc).

**concorso** *s.m.* Wettbewerb (*der*).

**FALSCHER FREUND**
Da non confondere con il tedesco *Konkurs*, che significa 'bancarotta'.

**concreto** *agg.* konkret.

**condanna** *s.f.* Verurteilung (*die*).

**condannare** *v.tr.* 1 verurteilen 2 (*criticare*) verwerfen.
**condannato** *s.m.* [f. -a] Verurteilte (der e die).
**condensare** *v.tr.* 1 verdichten, kondensieren 2 (*fig.*) zusammen-fassen ♦ **condensarsi** *v.pron.* sich verdichten.
**condensazione** *s.f.* Kondensation (die).
**condimento** *s.m.* Soße (die); (*per insalata*) Dressing (das).
**condire** *v.tr.* an-machen; (*con spezie*) würzen.
**condividere** *v.tr.* teilen.
**condizionale** *agg.* (*gramm.*) konditional ♦ *s.m.* (*gramm.*) Konditional (der).
**condizionare** *v.tr.* 1 (*a*) knüpfen (an + Acc) 2 (*influenzare*) beeinflussen ♦ (*climatizzare*) klimatisieren.
**condizione** *s.f.* 1 Bedingung (die) 2 (*stato*) Zustand (der), Lage (die) 3 (*posizione sociale*) Verhältnisse (*pl.*) ♦ *a che...*, unter der Bedingung, dass...
**condoglianze** *s.f.pl.* Beileid (*das*): *fare le — a qlcu*, jdm herzliches Beileid wünschen.
**condominio** *s.m.* (*edificio*) Mitbesitzerhaus (*das*).
**condomino** *s.m.* [f. -a] (*comproprietario*) Mitbesitzer (der; die -in).
**condonare** *v.tr.* erlassen.
**condono** *s.m.* (*dir.*) Erlass (der): *— della pena*, Straferlass.
**condotta** *s.f.* 1 Führung (die) 2 (*conduttura*) Leitung (die).
**condotto** *s.m.* 1 (*tecn.*) Rohr (das), Leitung (die) 2 (*anat.*) Gang (der), Kanal (der).
**conducente** *s.m. e f.* Fahrer (der; die -in).
**condurre** *v.tr.* 1 führen: *— un'azienda*, einen Betrieb leiten (*o* führen) 2 (*fis.*) leiten: *— il calore*, Wärme leiten ♦ *v.intr.* führen.
**conduttore** *agg.* führend, leitend ♦ *s.m.* 1 [f. *-trice*] (*tv*) Showmaster (der); (*moderatore*) Moderator (der; die -in) 2 (*fis.*) Leiter (der) ♦ *il filo —*, der rote Faden.
**confederazione** *s.f.* Bund (der); (*di stati*) Staatenbund (der), Konföderation (die).
**conferenza** *s.f.* Vortrag (der), Konferenz (die) ♦ *— stampa*, Pressekonferenz.
**conferma** *s.f.* Bestätigung (die).
**confermare** *v.tr.* bestätigen.
**confessare** *v.tr.* 1 gestehen; (*ammettere*) zu-geben 2 (*relig.*) beichten; die Beichte ab-nehmen ♦ **confessarsi** *v.pron.* (*relig.*) die Beichte ab-legen (*o* beichten).
**confessione** *s.f.* 1 (*dir.*) Geständnis (das) 2 (*relig.*) Beichte (die) 3 (*religione, culto*) Konfession (die).
**confetto** *s.m.* Dragee (das) (*anche farm.*).
**confezionare** *v.tr.* 1 (*un vestito*) anfertigen 2 (*un pacco*) verpacken.
**confezione** *s.f.* (*imballaggio*) Verpackung (die) ♦ *— regalo*, Geschenkpackung.
**conficcare** *v.tr.* (*chiodo*) ein-schlagen; (*palo*) stoßen ♦ **conficcarsi** *v.pron.* eindringen.
**confidare** *v.tr.* an-vertrauen ♦ *v.intr.* (*in*) vertrauen (auf + Acc) ♦ **confidarsi** *v.pron.* (*con*) sich an-vertrauen (+ Dat)
**confidenza** *s.f.* Vertrautheit (die), Vertraulichkeit (die).
**configurare** *v.tr.* gestalten.
**configurazione** *s.f.* 1 Darstellung (die), Gestaltung (die) 2 (*forma*) Gestalt (die) 3 (*inform.*) Konfiguration (die).
**confinare** *v.intr.* (*con*) grenzen (an + Acc) ♦ *v.tr.* (*fig.*) verbannen.
**confine** *s.m.* Grenze (die).
**confiscare** *v.tr.* beschlagnahmen.
**conflitto** *s.m.* 1 Konflikt (der) 2 (*guerra*) Krieg (der).
**confluire** *v.intr.* zusammen-fließen, zusammenlaufen.
**confondere** *v.tr.* 1 (*scambiare*) verwechseln 2 (*turbare*) verwirren: *— le idee a qlcu*, jdn verwirren (*o* jdn unsicher machen) ♦ **confondersi** *v.pron.* 1 (*mischiarsi*) sich mengen 2 (*turbarsi*) sich verwirren; (*sbagliarsi*) sich irren.
**conforme** *agg.* (*a*) 1 (*fedele*) getreu (+ Dat) 2 (*che si adatta*) entsprechend, gemäß (+ Dat): *— alle regole*, den Regeln entsprechend.

**conformista** *s.m.* Konformist (der).

**confortare** *v.tr.* trösten.

**confortevole** *agg.* komfortabel, gemütlich.

**conforto** *s.m.* Trost (der).

**confrontare** *v.tr.* vergleichen.

**confronto** *s.m.* 1 Vergleich (der) 2 (dir.) Gegenüberstellung (die) ◆ **in - a**, im Vergleich zu | **nei confronti di qlcu**, jdm gegenüber.

**confusionario** *agg.* chaotisch ♦ *s.m.* Wirrkopf (der), Chaot (der).

**confusione** *s.f.* 1 Durcheinander (das) 2 (fig.) Verworrenheit (die), Verwirrung (die).

**confuso** *agg.* 1 (vago) undeutlich; (disordinato) unordentlich 2 (psic.) verwirrt.

**congedare** *v.tr.* verabschieden (anche mil.).

**congedo** *s.m.* 1 Abschied (der) 2 (mil.) Verabschiedung (die) 3 (permesso) Urlaub (der).

**congegno** *s.m.* Mechanismus (der).

**congelare** *v.tr.* 1 ein·frieren (anche estens.); (sostanze alimentari) tief·kühlen 2 (med.) erfrieren.

**congelatore** *s.m.* Gefriertruhe (die).

**congenito** *agg.* angeboren.

**congestione** *s.f.* (med.) Blutandrang (der).

**congiungere** *v.tr.* verbinden, vereinen.

**congiuntivite** *s.f.* Bindehautentzündung (die).

**congiuntivo** *s.m.* (gramm.) Konjunktiv (der) ◆ **modo —**, Konjunktiv.

**congiuntura** *s.f.* (econ.) Konjunktur (die).

**congiunzione** *s.f.* 1 Verbindung (die) 2 (astr., gramm.) Konjunktion (die).

**congiura** *s.f.* Verschwörung (die).

**congratularsi** *v.pron.* (con) beglückwünschen (+ Acc), gratulieren (+ Dat): **— con qlcu per qlco**, jdm zu etw gratulieren.

**congratulazione** *s.f.* (spec.pl.) Glückwunsch (der) ◆ **congratulazioni!**, ich gratuliere!

**congresso** *s.m.* Kongress (der), Tagung (die).

**congruenza** *s.f.* (mat.) Kongruenz (die).

**conguaglio** *s.m.* Ausgleich (der).

**coniare** *v.tr.* prägen (anche fig.).

**conico** *agg.* konisch.

**conifera** *s.f.* (bot.) Nadelbaum (der).

**coniglio** *s.m.* Kaninchen (das) ◆ **essere un —**, ein Angsthase sein.

**coniugare** *v.tr.* (gramm.) konjugieren ♦ **coniugarsi** *v.pron.* (sposarsi) (sich ver)heiraten.

**coniugato** *agg.* verheiratet ♦ *s.m.* [f. -a] Verheiratete (der e die).

**coniugazione** *s.f.* Konjugation (die).

**coniuge** *s.m.* e f. Ehegatte (der); Ehegattin (die) ◆ **i coniugi**, die Eheleute.

**connazionale** *agg.* aus dem selben Lande ♦ *s.m.* e f. Landsmann (der; die -männin).

**connessione** *s.f.* Verbindung (die).

**connettere** *v.tr.* verbinden, verknüpfen.

**connotato** *s.m.* (spec.pl.) Merkmal (das); (su documenti) Personenbeschreibung (die).

**cono** *s.m.* (geom.) Kegel (der) ◆ **— (gelato)**, (Eis-)Waffel (die).

**conoscente** *s.m.* e f. Bekannte (der e die).

**conoscenza** *s.f.* 1 Bekanntschaft (die) 2 (nozione) Kenntnis (die) ◆ **perdere —**, ohnmächtig werden | **venire a — di qlco**, etw erfahren.

**conoscere** *v.tr.* 1 kennen: **— qlcu di persona**, jdn persönlich kennen 2 (far la conoscenza di) kennen lernen 3 (sapere) können: **— il francese**, Französisch können.

**conoscitore** *s.m.* [f. -trice] Kenner (der; die -in).

**conosciuto** *agg.* bekannt.

**conquista** *s.f.* 1 Eroberung (die) 2 (fig.) Errungenschaft (die).

**conquistare** *v.tr.* erobern.

**conquistatore** *s.m.* [f. -trice] Eroberer (der; die Eroberin).

**consacrare** *v.tr.* 1 weihen 2 (estens.)

**widmen** ♦ **consacrarsi** *v.pron.* sein Leben weihen.
**consacrazione** *s.f.* Weihung (*die*).
**consanguineo** *s.m.* [f. *-a*] Blutsverwandte (*der e die*).
**consapevole** *agg.* (*di*) bewusst (+ Gen).
**consapevolezza** *s.f.* Bewusstheit (*die*).
**conscio** *agg.* (*di*) bewusst (+ Gen).
**consecutivo** *agg.* 1 (*ininterrotto*) darauf folgend, aufeinander folgend 2 (*gramm.*) Konsekutiv...: *proposizione consecutiva*, Konsekutivsatz.
**consegna** *s.f.* 1 Lieferung (*die*); (*distribuzione*) Ablieferung (*die*) 2 (*custodia*) Verwahrung (*die*) ● *dare, prendere qlco in —*, etw in Empfang geben, nehmen.
**consegnare** *v.tr.* 1 ab-geben 2 (*comm.*) liefern; (*distribuire*) ab-liefern 3 (*affidare*) (über)geben ♦ **consegnarsi** *v.pron.* sich stellen.
**conseguente** *agg.* 1 darausfolgend 2 (*coerente*) schlüssig.
**conseguenza** *s.f.* 1 (*seguito*) Folge (*die*) 2 (*conclusione*) Konsequenz (*die*) ● *di —*, deshalb.
**conseguire** *v.tr.* erlangen, erreichen ♦ *v.intr.* (*a*) folgen (aus): *ne consegue che,* daraus folgt, dass....
**consenso** *s.m.* Einwilligung (*die*), Zustimmung (*die*).
**consentire** *v.intr.* erlauben, zu-lassen ♦ *v.intr.* (*essere d'accordo*) (*con*) übereinkommen (mit).
**conserva** *s.f.* Konserve (*die*).
**conservante** *s.m.* Konservierungsstoff (*der*).
**conservare** *v.tr.* 1 auf-bewahren 2 (*mantenere*) bewahren 3 (*non sciupare*) gut behandeln ♦ **conservarsi** *v.pron.* sich halten.
**conservatore** *agg.* konservativ ♦ *s.m.* [f. *-trice*] Konservative (*der e die*).
**conservazione** *s.f.* 1 Konservierung (*die*) 2 Erhaltung (*die*).
**considerare** *v.tr.* 1 betrachten 2 (*ritenere*) halten für; (*stimare*) schätzen 3 (*contemplare*) berücksichtigen ♦ **considerarsi** *v.pron.* (*ritenersi*) sich halten für.
**considerazione** *s.f.* 1 Berücksichtigung (*die*) 2 (*osservazione*) Betrachtung (*die*) 3 (*stima*) Ansehen (*das*), Achtung (*die*) ● *prendere in —,* berücksichtigen.
**considerevole** *agg.* beträchtlich, stattlich.
**consigliare** *v.tr.* raten, empfehlen ♦ **consigliarsi** *v.pron.* 1 (*con*) zu Rate ziehen 2 (*reciproco*) sich beratschlagen.
**consigliere** *s.m.* [f. *-a*] 1 Ratgeber (*der; die* -in) 2 (*amm.*) Rat (*der; die* Rätin).
**consiglio** *s.m.* 1 Rat (*der*), Ratschlag (*der*) 2 (*amm.*) Rat (*der*) ● *su* — *di*, auf Rat (*o* Anraten) (+ Gen).
**consistente** *agg.* 1 dickflüssig 2 (*fig.*) beträchtlich.
**consistenza** *s.f.* 1 Dickflüssigkeit (*die*) 2 (*tess.*) Dichte (*die*) 3 (*fig.*) Grundlage (*die*).
**consistere** *v.intr.* (*di, in*) bestehen (aus, in + Dat).
**consociato** *agg.* zusammengeschlossen: (*società*) *consociata,* Schwesterfirma, Konzerngesellschaft.
**consolare**[1] *v.tr.* trösten.
**consolare**[2] *agg.* Konsular....
**consolato** *s.m.* Konsulat (*das*).
**consolazione** *s.f.* Trost (*der*).
**console** *s.m. e f.* Konsul (*der; die* -in).
**consolidare** *v.tr.* 1 festigen (*anche fig.*) 2 (*econ.*) fundieren.
**consonante** *s.f.* Konsonant (*der*).
**consorte** *s.m. e f.* Ehegatte (*der; die* Ehegattin).
**consorzio** *s.m.* (*econ.*) Konsortium (*das*).
**constatare** *v.tr.* fest-stellen, verzeichnen.
**consueto** *agg.* üblich, gewohnheitsmäßig.
**consuetudine** *s.f.* Gewohnheit (*die*); (*usanza*) Brauch (*der*).
**consulente** *s.m.* Berater (*der*).
**consulenza** *s.f.* Beratung (*die*).
**consultare** *v.tr.* 1 zu-ziehen: — *uno specialista,* einen Facharzt zuziehen 2

(*estens.*) nach·schlagen (in + *Dat*): — *l'elenco telefonico*, im Telefonbuch nachschlagen ♦ **consultarsi** *v.pron.* **1** (*con*) zu Rate ziehen **2** (*reciproco*) sich beratschlagen.
**consultazione** *s.f.* **1** Befragung (*die*): — *popolare*, Volksbefragung **2** (*di libri*) Nachschlagen (*das*).
**consumare** *v.tr.* verbrauchen ♦ **consumarsi** *v.pron.* **1** sich ab·nutzen; sich verschleißen; (*bruciando*) ab·brennen **2** (*fig.*) sich auf·reiben.
**consumatore** *s.m.* [f. *-trice*] Verbraucher (*der*; *die* -in).
**consumazione** *s.f.* Verzehr (*der*) ● *pagare la —*, die Rechnung (*o* die Zeche) zahlen.
**consumismo** *s.m.* Konsumdenken (*das*).
**consumo** *s.m.* **1** Verbrauch (*der*); (*di alimenti*) Verzehr (*der*) **2** (*econ.*) Konsum (*der*) ● *beni di —*, Konsumgüter.
**contabile** *agg. e f.* Buchhalter (*der*; *die* -in), Rechnungsführer (*der*; *die* -in) ● (*comm.*) *libri contabili*, Geschäftsbücher.
**contabilità** *s.f.invar.* Buchhaltung (*die*), Buchführung (*die*).
**contachilometri** *s.m.invar.* Kilometerzähler (*der*).
**contadino** *s.m.* [f. *-a*] Bauer (*der*; *die* Bäuerin) ♦ *agg.* bäuerlich, Bauern...: *tradizione contadina*, bäuerliche Tradition.
**contagiare** *v.tr.* an·stecken (*anche fig.*).
**contagio** *s.m.* Ansteckung (*die*).
**contagioso** *agg.* ansteckend (*anche fig.*).
**contaminare** *v.tr.* verseuchen, verunreinigen (*anche fig.*); (*con radiazioni*) verstrahlen.
**contaminazione** *s.f.* Verseuchung (*die*), Verunreinigung (*die*) (*anche fig.*).
**contante** *agg.* bar ● (*denaro*) —, Bargeld | *in contanti*, bar.
**contare** *v.tr.* **1** zählen **2** (*considerare*) mit·zählen, mit·rechnen **3** (*avere*) haben ♦ ● *— su qlcu*, zählen (*anche fig.*) ● *— niente*, auf jdn zählen | *non — niente*, nichts zählen.

**contatore** *s.m.* (*tecn.*) Zähler (*der*).
**contattare** *v.tr.* kontaktieren, Kontakt aufnehmen (mit).
**contatto** *s.m.* Kontakt (*der*).
**conte** *s.m.* Graf (*der*).
**contea** *s.f.* Grafschaft (*die*).
**conteggio** *s.m.* Berechnung (*die*), Zählung (*die*).
**contegno** *s.m.* Haltung (*die*).
**contemplare** *v.tr.* **1** betrachten, beschauen **2** (*prevedere*) vor·sehen.
**contemplazione** *s.f.* Kontemplation (*die*).
**contemporaneamente** *avv.* gleichzeitig.
**contemporaneo** *agg.* **1** gleichzeitig **2** (*coevo*) zeitgenössisch ♦ *s.m.* [f. *-a*] Zeitgenosse (*der*).
**contendere** *v.tr.* streitig machen ♦ *v.intr.* (*competere*) (*per*) kämpfen (um); (*litigare*) streiten (um) ♦ **contendersi** *v.pron.* kämpfen (um).
**contenere** *v.tr.* **1** enthalten **2** (*accogliere*) fassen, halten **3** (*dominare*) beschränken; zügeln ♦ **contenersi** *v.pron.* **1** (*limitarsi*) sich ein·schränken **2** (*controllarsi*) sich beherrschen.
**contenitore** *s.m.* Behälter (*der*).
**contento** *agg.* (*di*) zufrieden (mit), froh (über).
**contenuto** *s.m.* Inhalt (*der*).
**contesa** *s.f.* **1** Streit (*der*) **2** (*gara*) Wettkampf (*der*).
**conteso** *agg.* erkämpft.
**contessa** *s.f.* Gräfin (*die*).
**contestare** *v.tr.* **1** (*criticare*) protestieren gegen **2** (*negare*) bestreiten.
**contestazione** *s.f.* **1** (*protesta*) Protest (*der*) **2** (*estens.*) Widerlegung (*die*).
**contesto** *s.m.* Zusammenhang (*der*), Kontext (*der*).
**contiguo** *agg.* (*a*) angrenzend (an + *Acc.*)
**continentale** *agg.* kontinental, Kontinental...: *clima —*, Kontinentalklima.
**continente** *s.m.* Kontinent (*der*), Erdteil (*der*).
**continuamente** *avv.* ständig, dauernd.
**continuare** *v.tr.* fort·setzen ♦ *v.intr.*

**weiter-machen, fort-fahren, weiter-gehen** ● – *a dormire, a lavorare*, weiterschlafen, weiterarbeiten.

**continuato** *agg.* durchgehend, fortgesetzt.

**continuazione** *s.f.* Fortsetzung (*die*) ● *in* –, dauernd, ständig.

**continuità** *s.f.* Kontinuität (*die*), Stetigkeit (*die*).

**continuo** *agg.* ständig, fortwährend ● *di* –, dauernd.

**conto** *s.m.* 1 Rechnung (*die*): *mettere in* –, verrechnen; (*fig.*) in Rechnung ziehen 2 (*amm.*) Rechnung (*die*): *banca*) Konto (*das*); – *corrente*, Girokonto; – *spese*, Kostenkonto ● *a conti fatti*, am Ende | *alla rovescia* (*anche fig.*), Count-down | *in fin dei conti*, alles in allem | *per* – *di*, im Namen (+ *Gen*), seitens (+ *Gen*) | *per* – *mio*, meinetwegen; (*da solo*) allein | *tenuto* – *che...*, wenn man bedenkt, dass... | *una cosa di poco* –, etwas, was nicht viel zählt.

**contorcere** *v.tr.* verdrehen ♦ **contorcersi** *v.pron.* sich schütteln, sich verrenken; (*divincolarsi*) sich winden.

**contorno** *s.m.* 1 Umriss (*der*), Kontur (*die*) 2 (*gastr.*) Beilage (*die*).

**contorsione** *s.f.* Verrenkung (*die*).

**contrabbandiere** *s.m.* [f. -a] Schmuggler (*der*; *die* -in).

**contrabbando** *s.m.* Schmuggel (*der*): *merce di* –, Schmuggelware.

**contrabbasso** *s.m.* Kontrabass (*der*).

**contraccambiare** *v.tr.* erwidern.

**contraccettivo** *s.m.* Empfängnisverhütungsmittel (*das*).

**contraccezione** *s.f.* Empfängnisverhütung (*die*).

**contraccolpo** *s.m.* Rückschlag (*der*).

**contraddire** *v.tr.* widersprechen, widerlegen ♦ **contraddirsi** *v.pron.* sich (*Dat*) widersprechen.

**contraddittorio** *agg.* widersprüchlich, widersprechend.

**contraddizione** *s.f.* Widerspruch (*der*).

**contraffare** *v.tr.* nach-ahmen, imitieren; (*falsificare*) fälschen; (*alterare*) verstellen ● – *la voce*, die Stimme verstellen.

**contralto** *s.m.* (*mus.*) Alt (*der*); (*registro*) Altstimme (*die*).

**contrappeso** *s.m.* Gegengewicht (*das*) (*anche fig.*).

**contrapporre** *v.tr.* entgegen-setzen ♦ **contrapporsi** *v.pron.* (*a*) sich widersetzen (+ *Dat*).

**contrapposto** *agg.* 1 (*posto di fronte*) gegenübergestellt 2 entgegengesetzt.

**contrariamente** *avv.* (*a*) entgegen (+ *Dat*), zuwider (+ *Dat*).

**contrariare** *v.tr.* 1 behindern 2 (*infastidire*) verärgern.

**contrario** *agg.* 1 gegensätzlich 2 (*sfavorevole*) ungünstig, widrig ♦ *s.m.* 1 Gegenteil (*das*): *non ho nulla in* –, ich habe nichts dagegen 2 (*gramm.*) Antonym (*das*) ● *al* –!, ganz im Gegenteil | *essere* –, dagegen sein | *in caso* –, sonst, andernfalls | *in senso* –, in Gegenrichtung.

**contrarre** *v.tr.* 1 zusammen-ziehen: – *i muscoli*, die Muskeln zusammenziehen 2 (*prendere su di sé*) auf-nehmen: – *un debito*, einen Kredit aufnehmen ♦ **contrarsi** *v.pron.* sich verkrampfen; (*in smorfie*) sich verzerren ● – *una malattia*, sich (*Dat*) eine Krankheit zuziehen.

**contrassegnare** *v.tr.* 1 kennzeichnen 2 (*con il prezzo*) aus-zeichnen.

**contrassegno**[1] *s.m.* Markierung (*die*); (*segno di riconoscimento*) Kennzeichen (*das*).

**contrassegno**[2] *avv.* ● (*comm.*) *il pagamento avviene* –, die Zahlung erfolgt gegen Nachnahme.

**contrastare** *v.tr.* behindern ♦ *v.intr.* im Widerspruch stehen.

**contrasto** *s.m.* 1 Kontrast (*der*): – *di colori*, Farbkontrast 2 (*di opinioni ecc.*) Meinungsverschiedenheit (*die*), Konflikt (*der*).

**contrattacco** *s.m.* Gegenangriff (*der*).

**contrattare** *v.tr.* verhandeln (um, über + *Acc*).

**contrattempo** *s.m.* Zwischenfall (*der*), Verzögerung (*die*).

**contratto**[1] *agg.* 1 (*di muscolo*) verspannt; (*bloccato*) verkrampft 2 (*di lineamenti*) verkniffen.

**contratto²** *s.m.* (*dir.*) Vertrag (*der*).
**contrattuale** *agg.* (*comm.*) Vertrags-..., vertraglich ● *condizioni contrattuali*, Geschäftsbedingungen.
**contravvenzione** *s.f.* 1 (*violazione*) Zuwiderhandlung (*die*), Gesetzesübertretung (*die*) 2 (*multa*) Geldstrafe (*die*), gebührpflichtige Verwarnung (*die*).
**contrazione** *s.f.* 1 Kontraktion (*die*); Zusammenziehung (*die*) 2 (*diminuzione*) Rückgang (*der*).
**contribuente** *s.m.* Steuerzahler (*der*).
**contribuire** *v.intr.* 1 (*a*) bei-tragen (zu), mit-helfen (bei) 2 (*cooperare*) (*a*) mit-wirken (an).
**contributo** *s.m.* 1 Beitrag (*der*); (*versamenti*) Abgaben (*pl.*) 2 (*sovvenzione*) Zuschuss (*der*).
**contro** *prep.* 1 (*esprime contrasto, ostilità*) gegen — *natura*, gegen die Natur, naturwidrig 2 (*moto a luogo*) an, gegen: *puntò la pistola — di noi*, er zielte mit der Pistole auf uns ♦ *avv.* dagegen: *dare — a qlcu*, jdm widersprechen ♦ *s.m.* Kontra (*das*) ● *il pro e il —*, das Pro und (das) Kontra.
**controbattere** *v.tr.* 1 (*confutare*) widerlegen 2 (*replicare*) erwidern.
**controindicazione** *s.f.* (*med.*) Gegenanzeige (*die*).
**controllare** *v.tr.* 1 kontrollieren, überprüfen; (*sorvegliare*) überwachen 2 (*tenere a freno*) zurück-halten ♦ *controllarsi* *v.pron.* sich beherrschen.
**controllo** *s.m.* 1 Kontrolle (*die*), Prüfung (*die*) 2 (*dominio*) Beherrschung (*die*): *perdere il — di sé*, die Selbstbeherrschung verlieren 3 (*sorveglianza*) Überwachung (*die*) 4 (*tecn.*) Regulierung (*die*).
**controllore** *s.m.* [f. -*a*] Kontrolleur (*der*; *die* -in); (*ferr.*) Schaffner (*der*; *die* -in) ● *— di volo*, Fluglotse.
**contrordine** *s.m.* Gegenbefehl (*der*).
**controsenso** *s.m.* Widersinn (*der*).
**controverso** *agg.* umstritten, kontrovers.
**controvoglia** *avv.* widerwillig, ungern.
**contusione** *s.f.* (*med.*) Prellung (*die*).
**contuso** *agg.* geprellt ♦ *s.m.* [f. -*a*] Verletzte (*der e die*).
**convalescente** *agg.* genesend ♦ *s.m.* Genesende (*der*).
**convalescenza** *s.f.* Genesung (*die*).
**convalidare** *v.tr.* 1 (*amm.*) beglaubigen 2 (*confermare*) bestätigen, bekräftigen.
**convegno** *s.m.* Tagung (*die*), Kongress (*der*).
**conveniente** *agg.* 1 (*adeguato*) (*a*) passend (zu), angemessen (+ Dat) 2 (*decente*) anständig, schicklich 3 (*vantaggioso*) günstig, lohnend 4 (*di prezzi*) preiswert.
**convenienza** *s.f.* 1 Angemessenheit (*die*) 2 (*vantaggio*) Vorteil (*der*).
**convenire** *v.intr.* 1 (*confluire*) sich versammeln 2 (*concordare*) (*con, su*) überein-kommen (mit), sich einigen (über) 3 (*ammettere*) zu-geben 4 (*essere vantaggioso*) günstig sein, sich lohnen ♦ *v.impers.* (*essere opportuno*) besser sein; (*essere vantaggioso*) sich lohnen: *cosa mi conviene fare?*, was soll ich tun? ♦ *v.tr.* (*pattuire*) vereinbaren, ab-machen.
**convento** *s.m.* Kloster (*das*).
**convenzionale** *agg.* konventionell.
**convenzione** *s.f.* Konvention (*die*).
**convergenza** *s.f.* Konvergenz (*die*).
**convergere** *v.intr.* (*mat., fis.*) konvergieren.
**conversare** *v.intr.* sich unterhalten, plaudern.
**conversazione** *s.f.* Unterhaltung (*die*); (*dialogo*) Gespräch (*das*).
**conversione** *s.f.* 1 (*relig.*) Bekehrung (*die*) 2 (*estens.*) Gesinnungswandel (*der*) 3 (*trasformazione*) Umwandlung (*die*).
**convertire** *v.tr.* 1 (*a*) bekehren (zu) (*anche fig.*) 2 (*trasformare*) um-wandeln 3 (*chim., fis.*) um-setzen, um-wandeln 4 (*econ.*) um-tauschen, wechseln ♦ *convertirsi* *v.pron.* (*a*) sich bekehren (zu), konvertieren.
**convesso** *agg.* konvex ● (*geom.*) *angolo —*, stumpfer Winkel.
**convincere** *v.tr.* überzeugen, überreden: *— qlcu di qlco*, jdn von etw über-

zeugen ♦ **convincersi** *v.pron.* *(di)* sich überzeugen (von).
**convinto** *agg.* überzeugt.
**convinzione** *s.f.* Überzeugung (*die*).
**convivente** *s.m.* e *f.* Lebensgefährte (*der; die* Lebensgefährtin).
**convivenza** *s.f.* Zusammenleben (*das*).
**convivere** *v.intr.* *(con)* zusammen-leben (mit).
**convocare** *v.tr.* ein-berufen.
**convocazione** *s.f.* Einberufung (*die*).
**convulsione** *s.f.* (*med.*) Konvulsion (*die*).
**convulso** *agg.* 1 krampfartig, krampfhaft 2 (*frenetico*) hektisch; (*disordinato*) verworren ● (*fam.*) *riso* —, Lachkrampf.
**cooperare** *v.intr.* zusammen-arbeiten, kooperieren.
**cooperativa** *s.f.* Genossenschaft (*die*).
**cooperazione** *s.f.* Zusammenarbeit (*die*), Kooperation (*die*).
**coordinare** *v.tr.* koordinieren.
**coordinata** *s.f.* Koordinate (*die*).
**coperchio** *s.m.* Deckel (*der*).
**coperta** *s.f.* 1 Decke (*die*) 2 (*mar.*) Deck (*das*): *in* —, auf dem Deck.
**copertina** *s.f.* 1 Bucheinband (*der*) 2 (*estens*) Umschlag (*der*).
**coperto**[1] *agg.* bedeckt; (*da tetto*) überdacht ● *al* —, überdacht | *avere le spalle coperte*, abgesichert sein.
**coperto**[2] *s.m.* (*al ristorante*) Gedeck (*das*).
**copertone** *s.m.* Gummireifen (*der*), Mantel (*der*).
**copertura** *s.f.* 1 Bedeckung (*die*) 2 (*fig.*) Deckmantel (*der*) 3 (*econ.*) Deckung (*die*).
**copia** *s.f.* 1 Abschrift (*die*), Kopie (*die*) 2 (*amm.*) Ausfertigung (*die*) 3 (*edit.*) Exemplar (*das*): — *omaggio*, Freiexemplar.
**copiare** *v.tr.* ab-schreiben, kopieren.
**copione** *s.m.* Drehbuch (*das*).
**coppa** *s.f.* 1 Becher (*der*); (*di metallo*) Pokal (*der*) 2 (*sport*) Pokal (*der*) ● (*aut.*) — *dell'olio*, Ölwanne.

**coppia** *s.f.* Paar (*das*) ● *a coppie*, zu zweit.
**copriletto** *s.m.* Tagesdecke (*die*).
**coprire** *v.tr.* 1 bedecken; (*avvolgendo*) zu-decken 2 (*proteggere*) schützen 3 (*nascondere*) verdecken: — *gli errori di qlcu*, jds Fehler verdecken 4 (*posto*) decken 5 (*di suoni*) übertönen 6 (*percorrere distanze*) zurück-legen ● **coprirsi** *v.pron.* 1 sich warm an-ziehen; (*con coperte*) sich zu-decken 2 (*fig.*) (*di*) sich bedecken (mit): — *di gloria*, sich mit Ruhm bedecken.
**coraggio** *s.m.* Mut (*der*), Courage (*die*) ● —!, nur Mut! | *trovare il* — *di fare qlco*, den Mut zu etw aufbringen.
**coraggioso** *agg.* mutig, tapfer.
**corale** *agg.* Chor...: *musica* —, Chormusik.
**corallo** *s.m.* Koralle (*die*).
**corazza** *s.f.* 1 Harnisch (*der*), Panzer (*der*) 2 (*mil.*) Panzerung (*die*).
**corazzata** *s.f.* Panzerschiff (*das*).
**corda** *s.f.* 1 Seil (*das*) 2 (*mus.*) Saite (*die*) ● (*anat.*) *corde vocali*, Stimmbänder | *essere teso come una* — *di violino*, gespannt wie ein Flitzebogen sein | *tagliare la* —, sich aus dem Staub machen.
**cordiale** *agg.* herzlich, warmherzig.
**cordialità** *s.f.* Herzlichkeit (*die*).
**cordless** *s.m.invar.* (*tel.*) schnurloses Telefon.
**cordoglio** *s.m.* Trauer (*die*).
**cordone** *s.m.* Schnur (*die*) ● (*anat.*) — *ombelicale*, Nabelschnur (*die*) | *un* — *di poliziotti*, eine Kette von Polizisten.
**coreano** *agg.* koreanisch ♦ *s.m.* 1 [f. -*a*] Koreaner (*der; die* -in) 2 (*lingua*) Koreanisch(e) (*das*).
**coreografia** *s.f.* Choreographie (*die*).
**coriandolo** *s.m.* 1 (*bot.*) Koriander (*der*) 2 (*pl.*) Konfetti (*pl.*).
**coricarsi** *v.pron.* sich hin-legen.
**corista** *s.m.* e *f.* (*mus.*) Chorsänger (*der; die* -in).
**cornacchia** *s.f.* Krähe (*die*).
**cornamusa** *s.f.* Dudelsack (*der*).
**cornea** *s.f.* (*anat.*) Hornhaut (*die*).
**cornetta** *s.f.* (*tel. fam.*) Telefonhörer (*der*).

**cornetto** *s.m.* (gastr.) Hörnchen (das); (gelato) Eiswaffel (die).

**cornice** *s.f.* Rahmen (der), Umrahmung (die) (anche fig.).

**corno** *s.m.* 1 Horn (das) (anche estens.) 2 (di cervi ecc.) Geweih (das); (di lumache) Fühler (der) 3 (mus.) Horn (das) ● **fare le corna a qlcu**, jdm Hörner aufsetzen.

**cornuto** *agg.* (volg.) gehörnt ♦ *s.m.* [f. -a] betrogener Ehepartner.

**coro** *s.m.* Chor (der).

**corona** *s.f.* 1 Krone (die) 2 (ghirlanda) Kranz (der).

**coronare** *v.tr.* krönen.

**corpo** *s.m.* 1 Körper (der) 2 (mil.) Korps (das) 3 (salma) Leiche (die) ● — **celeste**, Himmelskörper | — **di ballo**, Ballettkorps | (dir.) **il — del reato**, Corpus delicti.

**corporale** *agg.* körperlich: **pena —**, Prügelstrafe.

**corporatura** *s.f.* Wuchs (der), Körperbau (der).

**corporeo** *agg.* Körper...: **peso —**, Körpergewicht.

**corredare** *v.tr.* (di) ausstatten (mit).

**corredo** *s.m.* 1 (della sposa) Aussteuer (die) 2 (insieme di oggetti) Ausstattung (die).

**correggere** *v.tr.* korrigieren, verbessern.

**correlazione** *s.f.* Wechselbeziehung (die).

**corrente¹** *agg.* 1 fließend: **acqua —**, fließendes Wasser 2 (in corso) laufend: **l'anno —**, das laufende Jahr 3 (diffuso) geläufig; (abituale) üblich, gewöhnlich ● **al —**, auf dem laufenden: **essere al — di qlco**, über etw auf dem laufenden sein; **mettere qlcu al — di qlco**, jdn über etw unterrichten.

**corrente²** *s.f.* 1 (di fiume ecc.) Strom (der), Strömung (die) 2 (d'aria) Luftzug (der), Luftstrom (der) 3 (tendenza) Richtung (die): **correnti di pensiero**, Gedankenrichtungen 4 (elettr.) Strom (der): — **continua**, Gleichstrom.

**correre** *v.intr.* 1 laufen, rennen; (di veicolo) schnell fahren 2 (passare) verlaufen: **la strada corre lungo il fiume**, die Straße verläuft parallel zum Fluss 3 (scorrere) fließen ♦ *v.tr.* laufen: — **i 100 metri**, 100 Meter laufen ● **con i tempi che corrono!**, bei den heutigen Zeiten! | **corre voce che...**, es geht das Gerücht um, dass... | — **dietro a qlcu**, jdm hinterherlaufen | — **un rischio**, ein Risiko eingehen.

**corretto** *agg.* korrekt.

**correttore** *s.m.* 1 Korrektor (der) 2 (cosmetica) Deckstift (der) ● **tasto —**, Korrekturtaste.

**correzione** *s.f.* Korrektur (die).

**corridoio** *s.m.* 1 Flur (der), Korridor (der) 2 (ferr.) Gang (der).

**corridore** *s.m.* Läufer (der).

**corriera** *s.f.* Linienbus (der).

**corriere** *s.m.* (spedizioniere) Spediteur (der), Frachtführer (der).

**corrispettivo** *agg.* entsprechend ♦ *s.m.* Bestechung (die).

**corrispondente** *agg.* entsprechend ♦ *s.m.* Korrespondent (der).

**corrispondenza** *s.f.* 1 Korrespondenz (die) 2 (conformità) Entsprechung (die).

**corrispondere** *v.intr.* 1 entsprechen (+ Dat) 2 (coincidere) übereinstimmen (mit) 3 (scrivere a) korrespondieren: — **con qlcu**, sich mit jdm schreiben, mit jdm korrespondieren.

**corrodere** *v.tr.* zerfressen (anche fig.) ♦ **corrodersi** *v.pron.* zerfressen werden.

**corrompere** *v.tr.* 1 verderben 2 (con denaro) bestechen.

**corrosione** *s.f.* Korrosion (die).

**corrosivo** *agg.* ätzend: **acido —**, ätzende Säure.

**corrotto** *agg.* korrupt.

**corruzione** *s.f.* Korruption (die); (con denaro) Bestechung (die).

**corsa** *s.f.* 1 Lauf (der); (di veicolo) Fahrt (die) 2 (sport) Rennen (das); (marcia) Lauf (der): — **automobilistica**, Autorennen; — **a ostacoli**, Hindernislauf 3 (tratto su mezzo pubblico) Strecke (die) 4 (competizione) Wettlauf ● **di —**, schnell ● in eilends).

**corsia** *s.f.* 1 Fahrspur (die): — **d'emergenza**, Standspur; — **di sorpasso**, Überholspur 2 (di pista, piscina) Bahn (die) 3 (di ospedale) Krankensaal (der).

**corsivo** *agg.* kursiv ♦ *s.m.* **1** (*scrittura*) Schreibschrift (*die*) **2** (*tip.*) Kursive (*die*), Kursivschrift (*die*).

**corso** *s.m.* **1** Lauf (*der*): il — del fiume, der Flusslauf **2** (*lezioni*) Kurs (*der*) —, laufende: l'anno in —, das laufende Jahr; lavori in —, Baustelle | *moneta fuori* —, nicht mehr im Umlauf befindliche Münze | *nel — degli anni*, im Laufe der Jahre | *nel — di*, während (+ Gen) | *un — di studi*, ein Lehrgang.

**corte** *s.f.* **1** Hof (*der*) (*anche estens.*) **2** (*dir.*) Gericht (*das*).

**corteccia** *s.f.* Rinde (*die*).

**corteggiare** *v.tr.* um-werben.

**corteggiatore** *s.m.* [f. -trice] Verehrer (*der*; die -in).

**corteo** *s.m.* Zug (*der*).

**cortese** *agg.* höflich.

**cortesia** *s.f.* Höflichkeit (*die*).

**cortile** *s.m.* Hof (*der*).

**cortina** *s.f.* Vorhang (*der*) **2** (*estens.*) Wand (*die*): — di nebbia, Nebelwand ● (*st.*) — di ferro, eiserner Vorhang.

**corto** *avv.* e *agg.* kurz ● *essere a —* (*di soldi*), knapp bei Kasse sein | *tagliar* —, es kurz machen.

**corvo** *s.m.* Rabe (*der*).

**cosa** *s.f.* **1** (*oggetto, avvenimento*) Ding (*das*): sai una —?, weißt du was? **2** (*faccenda*) Sache (*die*); Angelegenheit (*die*) **3** (*spec.pl.*) (*oggetti personali*) Zeug (*das*) ♦ *pron.interr.* was: — ne dici?, was sagst du dazu? | *— c'è?*, was ist los? | *è poca* —, das ist wenig (Zeug) | *ogni* —, alles | *la stessa* —, dasselbe | *per prima* —, zuerst | *tra le altre cose*, unter anderem.

NOTA Quando 'cosa' assume il significato di 'faccenda, questione' si traduce con **Angelegenheit** o **Sache**:
*Questa cosa non è molto chiara.*
Diese **Angelegenheit** ist nicht ganz klar.
Quando indica un argomento si traduce con **Ding**:
*Queste cose non mi interessano.*
Diese **Dinge** interessieren mich nicht.

**coscia** *s.f.* **1** (*anat.*) Schenkel (*der*) **2** (*gastr.*) Keule (*die*).

**cosciente** *agg.* bewusst ● *essere* — (*di*), sich (*Dat*) bewusst sein (+ Gen).

**coscienza** *s.f.* Gewissen (*das*) ● *avere la — sporca*, ein schlechtes Gewissen haben | *avere qlco* (*o qlcu*) *sulla* —, etw (*o* jdn) auf dem Gewissen haben.

**coscienzioso** *agg.* **1** gewissenhaft **2** (*accurato*) sorgfältig, gründlich.

**così** *avv.* (*in tal modo*) so, auf diese Weise: sì, è —!, ja, so ist es ♦ *cong.* so, deshalb ● *basta —!*, genug! | *Come stai? Così* —, Wie geht es dir? Nicht so besonders | *— dicendo...*, mit diesen Worten... | *e — via*, und so weiter | *è alto* —, er ist so groß | *le cose stanno* —, die Sache ist die | *meglio* —, um so besser | *per — dire*, sozusagen.

**cosiddetto** *agg.* sogenannt.

**cosmesi** *s.f.* Kosmetik (*die*).

**cosmetico** *agg.* kosmetisch ♦ *s.m.* Kosmetikartikel (*der*).

**cosmico** *agg.* kosmisch, Weltraum...: *raggi cosmici*, kosmische Strahlen.

**cosmo** *s.m.* Kosmos (*der*), Weltall (*das*).

**cosmopolita** *agg.* kosmopolitisch ♦ *s.m.* Kosmopolit (*der*).

**cospargere** *v.tr.* streuen, überstreuen.

**cospetto** *s.m.* ● *al — di*, in Gegenwart von; angesichts (+ Gen).

**cospicuo** *agg.* beträchtlich.

**cospirare** *v.intr.* (*contro*) sich verschwören (gegen).

**cospirazione** *s.f.* Verschwörung (*die*).

**costa** *s.f.* Küste (*die*) ● *a mezza* —, auf halber Höhe.

**costante** *agg.* **1** konstant, beständig **2** (*fig.*) beharrlich, ausdauernd ♦ *s.f.* (*mat.*) Konstante (*die*) (*anche fig.*).

**costanza** *s.f.* Beharrlichkeit (*die*), Ausdauer (*die*).

**costare** *v.intr.* kosten (*anche fig.*) ● *mi costa molto fare questo*, es kostet mich große Überwindung, das zu tun.

**costeggiare** *v.tr.* **1** (*mar.*) der Küste folgen **2** (*di strada ecc.*) entlang-führen (an + Acc).

**costellazione** *s.f.* Sternbild (*das*).

**costiero** *agg.* Küsten...: città costiera, Küstenbad.

**costituire** *v.tr.* 1 gründen: — una società, eine Gesellschaft gründen 2 (formare) bilden 3 (dir.) dar-stellen: il fatto non costituisce reato, die Tat stellt kein Verbrechen dar ♦ **costituirsi** *v.pron.* 1 (alla polizia) sich stellen 2 (formarsi) sich bilden.

**costituzionale** *agg.* (dir.) verfassungsmäßig.

**costituzione** *s.f.* 1 Gründung (die): la — di una società, die Gründung einer Gesellschaft 2 (struttura fisica) Konstitution (die), Körperbau (der) 3 (dir.) Verfassung (die).

**costo** *s.m.* (pl.) Preis (der); (econ.) Kosten (pl.): — della vita, Lebenshaltungskosten ● **a —** *di restare qui fino a stasera*, dass ich bis abends hier bleibe | *a ogni — (o a tutti i costi)*, um jeden Preis.

**costola** *s.f.* Rippe (die).

**costoso** *agg.* teuer.

**costringere** *v.tr.* 1 (obbligare) zwingen 2 (forzare) zwängen.

**costruire** *v.tr.* 1 bauen 2 (estens.) auf-bauen, schaffen.

**costruttore** *agg.* Bau-... ♦ *s.m.* [f. -trice] Erbauer (der; die -in); (edile) Bauherr (der; die -in).

**costruzione** *s.f.* Bau (der) ● **in (via di) —**, in Bau (o Aufbau).

**costume** *s.m.* 1 (spec.pl.) Sitte (die) 2 (abbigl.) Kostüm (das) ● **— da bagno**, Badeanzug (der), Badehose (die) | *usi e costumi*, Sitten und Bräuche.

**cotoletta** *s.f.* (gastr.) Kotelett (das) ● **— alla milanese**, Wiener Schnitzel.

**cotone** *s.m.* Baumwolle (die) ● **— idrofilo**, Baumwollwatte (die).

**cotta** *s.f.* (fam.) prendersi una — per qlcu, sich in jdn verknallen.

**cottimo** *s.m.* *lavorare a —*, im Akkord arbeiten.

**cotto** *agg.* 1 gar, gekocht 2 (fam.) verknallt 3 (fam.) (stravolto) fix und fertig ● *ben —*, durch | *poco —*, nicht durch.

**cottura** *s.f.* Kochen (das) ● *tempo di —*, Kochzeit.

**covare** *v.tr.* aus-brüten.

**covo** *s.m.* Höhle (die): (fig.) — di banditi, Räuberhöhle.

**covone** *s.m.* Garbe (die).

**cozza** *s.f.* Miesmuschel (die).

**cozzare** *v.intr.* 1 (contro) stoßen (gegen), an-stoßen (an + Acc) 2 (essere in contrasto) (con) im Widerspruch stehen (zu), widersprechen (+ Dat) ♦ *v.tr.* stoßen.

**crampo** *s.m.* Krampf (der).

**cranio** *s.m.* Schädel (der).

**cratere** *s.m.* Krater (der).

**crauti** *s.m.pl.* Sauerkraut (das).

**cravatta** *s.f.* Krawatte (die).

**creare** *v.tr.* 1 (moda) erschaffen 2 kreieren 3 (opere) schaffen 4 (causare) verursachen.

**creativo** *agg.* Schaffens..., kreativ, schöpferisch.

**creato** *s.m.* Schöpfung (die).

**creatore** *s.m.* [f. -trice] Schöpfer (der; die -in).

**creatura** *s.f.* Kreatur (die), Geschöpf (das).

**creazione** *s.f.* 1 Schöpfung (die), Erschöpfung (die) 2 (di moda) Kreation (die).

**credente** *s.m. e f.* Gläubige (der e die).

**credenza¹** *s.f.* Glaube (der): — popolare, Volksglaube.

**credenza²** *s.f.* (mobile) Anrichte (die).

**credere** *v.tr.* 1 (ritenere vero) glauben: far (o dare a) — qlco a qlcu, jdn etw glauben lassen 2 (ritenere) meinen 3 (considerare) halten für ♦ *v.intr.* (a, in) 1 glauben (+ Dat, an + Dat): *alle parole di qlcu*, jds Worte glauben; *non ci posso —!*, ich kann es nicht glauben!; kaum zu glauben! 2 (relig.) glauben (an + Acc) ♦ **credersi** *v.pron.* sich halten (für).

**credibile** *agg.* glaubhaft, glaubwürdig.

**credito** *s.m.* 1 Glaube (der) 2 (econ., dir.) Kredit (der): *comprare a —*, auf Kredit kaufen ● *godere di —*, Ansehen genießen.

**creditore** *s.m.* [f. -trice] Gläubiger (der; die -in).

**credo** *s.m.* 1 (relig.catt.) Kredo (das) 2 (relig.prot.) Glaubensbekenntnis (das).

**crema** *s.f.* 1 (*panna*) Sahne (*die*) 2 (*gastr.*) Creme (*die*).
**cremare** *v.tr.* ein-äschern, verbrennen.
**cremazione** *s.f.* Einäscherung (*die*).
**crepa** *s.f.* Riss (*der*), Sprung (*der*).
**crepaccio** *s.m.* Spalte (*die*), Kluft (*die*).
**crepare** *v.intr.* (*pop.*) verrecken, krepieren ♦ **creparsi** *v.pron.* auf-brechen, rissig werden.
**crepuscolo** *s.m.* Dämmerung (*die*).
**crescere** *v.intr.* 1 wachsen; (*in altezza*) größer werden; (*in lunghezza*) länger werden: *far — una pianta*, eine Pflanze ziehen 2 (*estens.*) auf-wachsen, groß werden: *sono cresciuto in campagna*, ich bin auf dem Land aufgewachsen 3 (*aumentare*) wachsen, zunehmen; (*di livello, intensità*) steigen; (*di numero*) sich vermehren; (*di peso*) an Gewicht zunehmen ♦ *v.tr.* (*allevare*) auf-ziehen, groß-ziehen.
**crescita** *s.f.* 1 Wachstum (*das*) 2 (*aumento*) Zunahme (*die*), Anstieg (*der*).
**cresima** *s.f.* 1 (*relig.catt.*) Firmung (*die*) 2 (*relig.prot.*) Konfirmation (*die*).
**crespo** *agg.* kraus ♦ *s.m.* (*tess.*) Krepp (*der*).
**cresta** *s.f.* Kamm (*der*) ● *abbassare la —*, den Schwanz einziehen | (*fam.*) *alzare la —*, das Gefieder sträuben | (*fam.*) *essere sulla — dell'onda*, auf dem Gipfel des Erfolgs sein.
**creta** *s.f.* Ton (*der*).
**cretino** *agg.* blöd, dumm ♦ *s.m.* [f. *-a*] Idiot (*der*; *die -in*), Dummkopf (*der*).
**criceto** *s.m.* Hamster (*der*).
**criminale** *agg.* Kriminal...; kriminell, verbrecherisch: *atto —*, kriminelle Handlung ♦ *s.m.* e *f.* Verbrecher (*der*; *die -in*), Kriminelle (*der* e *die*).
**criminalità** *s.f.invar.* Kriminalität (*die*).
**criminalizzare** *v.tr.* kriminalisieren.
**crimine** *s.m.* Verbrechen (*das*).
**crine** *s.m.* 1 Rosshaar (*das*) 2 (*vegetale*) Sisal (*der*).
**criniera** *s.f.* Mähne (*die*).
**cripta** *s.f.* Krypta (*die*).
**crisalide** *s.f.* (*zool.*) Puppe (*die*).

**crisantemo** *s.m.* Chrysanteme (*die*).
**crisi** *s.f.invar.* 1 Krise (*die*): *essere in —*, sich in einer Krise befinden; *mettere in —*, in Schwierigkeiten bringen 2 (*med.*) Krisis (*die*), Anfall (*der*) ● *— di nervi*, Nervenkrise.
**cristallo** *s.m.* 1 Kristall (*der*): *cristalli liquidi*, flüssige Kristalle 2 (*vetro*) Kristall(glas) (*das*).
**cristianesimo** *s.m.* Christentum (*das*).
**cristiano** *agg.* christlich, Christen...: *dottrina cristiana*, Christenlehre ♦ *s.m.* [f. *-a*] Christ (*der*; *die -in*).
**Cristo** *s.m.* Christus (*der*).
**criterio** *s.m.* 1 Kriterium (*das*), Maßstab (*der*) 2 (*senno*) Vernunft (*die*), Verstand (*der*).
**critica** *s.f.* Kritik (*die*).
**criticare** *v.tr.* kritisieren; (*recensire*) besprechen.
**critico** *agg.* kritisch ♦ *s.m.* [f. *-a*] Kritiker (*der*; *die -in*).
**croato** *agg.* kroatisch ♦ *s.m.* 1 [f. *-a*] Kroate (*der*; *die Kroatin*) 2 (*lingua*) Kroatisch(e) (*das*).
**croccante** *agg.* knusp(e)rig ♦ *s.m.* Krokant (*der*).
**croce** *s.f.* Kreuz (*das*) ● *farsi il segno della —*, sich bekreuzigen | *testa o —*, Kopf oder Zahl.
**crociata** *s.f.* 1 Kreuzzug (*der*) 2 (*fig.*) Kampagne (*die*), Feldzug (*der*).
**crociera** *s.f.* (*mar.*) Kreuzfahrt (*die*).
**crocifiggere** *v.tr.* kreuzigen.
**crocifissione** *s.f.* Kreuzigung (*die*).
**crocifisso** *s.m.* Gekreuzigte (*der*).
**crollare** *v.intr.* 1 ein-stürzen, zusammen-brechen 2 (*di prezzi*) fallen.
**crollo** *s.m.* Einsturz (*der*), Zusammenbruch (*der*) (*anche fig.*): *— dei prezzi*, Preissturz.
**cromare** *v.tr.* verchromen.
**cromatico** *agg.* chromatisch.
**cronaca** *s.f.* 1 (*st.*) Chronik (*die*) 2 (*giornale*) Bericht (*der*) ● *— nera*, Berichte über Unfälle und Vergehen | *— rosa*, Klatschspalte.
**cronico** *agg.* chronisch (*anche fig.*).

**cronista** *s.m.* e *f.* (*reporter*) Berichterstatter (*der; die* -in).
**cronologia** *s.f.* Chronologie (*die*), Zeitrechnung (*die*).
**crosta** *s.f.* Kruste (*die*).
**crostaceo** *s.m.* Krustentier (*das*), Schalentier (*das*).
**cruciverba** *s.m.invar.* Kreuzworträtsel (*das*).
**crudele** *agg.* grausam.
**crudeltà** *s.f.invar.* Grausamkeit (*die*).
**crudo** *agg.* 1 roh 2 (*fig.*) rau, hart.
**crusca** *s.f.* Kleie (*die*).
**cruscotto** *s.m.* (*aut.*) Armaturenbrett (*das*).
**cubetto** *s.m.* Würfel (*der*): — *di ghiaccio*, Eiswürfel.
**cubico** *agg.* kubisch.
**cubo** *s.m.* Kubus (*der*); (*estens.*) Würfel (*der*).
**cuccagna** *s.f.* ● *paese della* —, Schlaraffenland.
**cuccetta** *s.f.* 1 (*ferr.*) Liegewagenplatz (*der*) 2 (*mar.*) Liegeplatz (*der*).
**cucchiaiata** *s.f.* Löffelvoll (*der*).
**cucchiaino** *s.m.* (*da caffè*) Kaffeelöffel (*der*); (*da tè*) Teelöffel (*der*).
**cucchiaio** *s.m.* Löffel (*der*).
**cuccia** *s.f.* Hundelager (*das*) ● *a* —!, kusch!
**cucciolo** *s.m.* Tierjunge (*das*); (*di cane*) Welpe (*der*).
**cucina** *s.f.* 1 Küche (*die*) 2 (*stufa*) Herd (*der*).
**cucinare** *v.tr.* kochen, das Essen bereiten.
**cucire** *v.tr.* nähen.
**cucito** *s.m.* Näharbeit (*die*).
**cucitura** *s.f.* Naht (*die*).
**cucù** *s.m.invar.* (*fam.*) Kuckuck (*der*): *orologio a* —, Kuckucksuhr.
**cuculo** *s.m.* Kuckuck (*der*).
**cuffia** *s.f.* 1 Haube (*die*) 2 (*di stereo*) Kopfhörer (*der*) ● *salvarsi per il rotto della* —, sich um ein Haar retten.
**cugino** *s.m.* [f. -a] Vetter (*der*), Cousin (*der*).
**cui** *pron.rel.invar.* 1 dem, der: *il ragazzo a* — *hai parlato*, der Junge, mit dem du gesprochen hast; *la casa in* — *abitiamo*, das Haus, in dem wir wohnen 2 (*preceduto da art.det.*) dessen, deren: *Monna Lisa, il* — *nome è legato a Leonardo...*, Monna Lisa, deren Name mit Leonardo verbunden ist....
**culinario** *agg.* Koch... ● *arte culinaria*, Kochkunst.
**culla** *s.f.* Wiege (*die*).
**cullare** *v.tr.* wiegen.
**culminare** *v.intr.* (*in, con*) gipfeln (in + Dat).
**culmine** *s.m.* Gipfel (*der*), Höhepunkt (*der*).
**culo** *s.m.* (*volg.*) Arsch (*der*).
**culto** *s.m.* 1 Kult (*der*) 2 (*venerazione*) Verehrung (*die*) 2 (*relig.prot.*) Gottesdienst (*der*).
**cultura** *s.f.* 1 Kultur (*die*) 2 (*formazione*) Bildung (*die*).
**culturale** *agg.* Bildungs...; Kultur...: *livello* —, Bildungsniveau ● *centro* —, Kulturzentrum.
**culturismo** *s.m.* Körperkultur (*die*).
**cumulare** *v.tr.* an·häufen, sammeln.
**cumulativo** *agg.* Sammel... ● *biglietto* —, Sammelfahrschein.
**cumulo** *s.m.* 1 Haufen (*der*) 2 (*nuvola*) Kumulus (*der*).
**cuneo** *s.m.* Keil (*der*).
**cuocere** *v.tr.* e *intr.* kochen ● — *al forno*, im Ofen backen | — *al vapore*, dämpfen | — *alla griglia*, grillen.
**cuoco** *s.m.* [f. -a] Koch (*der; die* Köchin).
**cuoio** *s.m.* Leder (*das*): *borsa di* —, Ledertasche ● (*pop.*) *tirare le cuoia*, ab·kratzen.
**cuore** *s.m.* 1 Herz (*das*) 2 (pl.) (*nelle carte da gioco*) Herz (*das*) ● *amico del* —, Busenfreund | *mettersi il* — *in pace*, sich zufrieden geben | *mi sta a* —, das liegt mir am Herzen | *nel* — *della notte*, mitten in der Nacht | *prendersi a* — *qlco*, sich (Dat) etw zu Herzen nehmen | *re di cuori*, Herzkönig.
**cupo** *agg.* 1 finster, düster (*anche fig.*) 2 (*di colore*) dunkel; (*di voce*) tief; (*di suono*) dumpf | ● *un carattere* —, ein verschlossener Charakter.
**cupola** *s.f.* (*arch.*) Kuppel (*die*).
**cura** *s.f.* 1 (*attenzione*) Pflege (*die*),

Aufmerksamkeit (*die*) **2** (*accuratezza*) Sorgfalt (*die*) **3** (*med.*) Behandlung (*die*), Kur (*die*): *essere in — da un medico*, bei einem Arzt in Behandlung sein ● *casa di —*, Kurheim | *— del corpo*, Körperpflege | *prendersi — di*, sich um jdn kümmern.

**curare** *v.tr.* **1** (*avere cura di*) sorgen (für); sich kümmern (um) **2** (*assistere*) pflegen: *— un neonato*, ein Baby pflegen **3** (*med.*) behandeln; (*guarire*) kurieren ♦ **curarsi** *v.pron.* **1** (*prendersi cura di*) sich kümmern (um), sorgen (für): *non — del parere altrui*, sich nicht um die Meinung der anderen kümmern **2** (*fam.*) (*farsi curare*) sich behandeln lassen ● *— i propri interessi*, seine Interessen wahrnehmen | *— un'edizione*, eine Ausgabe betreuen.

**curatore** *s.m.* [f. *-trice*] **1** (*dir.*) Pfleger (*der*; *die* -in) **2** (*edit.*) Herausgeber (*der*; *die* -in).

**curiosare** *v.intr.* schnüffeln; (*spiare*) lauschen.

**curiosità** *s.f.invar.* **1** Neugier(de) (*die*): *per pura —*, aus lauter Neugierde **2** (*rarità*) Kuriosität (*die*) ● *destare la — di qlcu*, jds Neugierde erregen.

**curioso** *agg.* **1** neugierig **2** (*singolare*) merkwürdig; (*bizzarro*) komisch ♦ *s.m.* [f. *-a*] Neugierige (*der* e *die*) **2** (*cosa singolare*) Seltsame (*das*), Merkwürdige (*das*).

**cursore** *s.m.* **1** (*tecn.*) Schieber (*der*), Läufer (*der*) **2** (*inform.*) Cursor (*der*).

**curva** *s.f.* Kurve (*die*) (*anche fig.*) ● *— delle probabilità*, Wahrscheinlichkeitskurve.

**curvare** *v.tr.* biegen, krümmen ♦ *v.intr.* (*di veicolo*) ab-biegen; (*di strada, fiume*) eine Biegung machen: *la macchina curvò a destra*, das Auto bog rechts ab ♦ **curvarsi** *v.pron.* **1** (*piegarsi*) sich biegen, sich krümmen **2** (*chinarsi*) sich bücken, sich beugen (*anche fig.*).

**curvatura** *s.f.* Krümmung (*die*), Biegung (*die*).

**curvo** *agg.* **1** (*piegato*) gebogen, gekrümmt **2** (*chino*) gebeugt, gebückt.

**cuscinetto** *s.m.* **1** Kissen (*das*) **2** (*mecc.*) Lager (*das*).

**cuscino** *s.m.* Kissen (*das*).

**cuspide** *s.f.* **1** (*punta*) Spitze (*die*); Gipfel (*der*) **2** (*arch.*) Giebel (*der*).

**custode** *s.m.* e *f.* **1** (*portiere*) Wärter (*der*; *die* -in); (*estens.*) Aufseher (*der*; *die* -in) **2** (*fig.*) Bewahrer (*der*; *die* -in).

**custodia** *s.f.* **1** (*il custodire*) Aufsicht (*die*); (*sorveglianza*) Aufbewahrung (*die*), Verwahrung (*die*) **2** (*dir.*) Haft (*die*) **3** (*astuccio*) Etui (*das*).

**custodire** *v.tr.* **1** verwahren **2** (*fig.*) (be)wahren: *— un segreto*, ein Geheimnis wahren **3** (*sorvegliare*) bewachen.

**cute** *s.f.* (*anat.*) Haut (*die*).

# Dd

**da** 1 *prep* 2 *(moto da luogo, origine, separazione)* von, aus: *quando sei partito — Roma?*, wann bist du von Rom abgefahren?; *uscire dall'ufficio*, aus dem Büro gehen 3 *(stato in luogo con nomi di persona e pron.pers.)* bei: *vuoi pranzare — me?*, willst du bei mir zu Mittag essen? 4 *(moto a luogo con nomi di persona o pron.pers.)* zu: *devo andare dal medico*, ich muss zum Arzt (gehen) 5 *(moto per luogo)* durch, über (+ Acc) 6 *(tempo)* seit, ab, von: *lo aspetto — due ore*, ich warte seit zwei Stunden auf ihn 7 *(agente)* von; *(causa efficiente)* durch: *il raccolto fu distrutto dalla grandine*, die Ernte wurde durch den Hagel zerstört 8 *(modo, condizione)* als, wie: *te lo dico — amico*, ich sage es dir als Freund 9 *(qualità)* mit: *la ragazza dai capelli biondi*, das Mädchen mit den blonden Haaren 10 *(prezzo)* zu: *un francobollo — 0.60 euro*, eine Briefmarke zu Euro 0.60 11 *(fine)* (si traduce con un composto): *carta — lettera*, Briefpapier 12 *(seguito da inf.)* zu: *non ho nulla — dire*, ich habe nichts zu sagen.

**daccapo** *avv.* *(di nuovo, dal principio)* von vorn, noch einmal: *ricominciare —*, wieder von vorn beginnen.

**dado** *s.m.* 1 Würfel (*der*) 2 *(cubetto)* Würfel (*der*) 3 *(tecn.)* eckige Schraubenmutter (*die*).

**dagli** *prep.art.* (da + gli) → **da**.

**dai** *prep.art.* (da + i) → **da**.

**daino** *s.m.* 1 Damhirsch (*der*); *(femmina)* Damkuh (*die*) 2 *(pelle)* Damhirschleder (*das*).

**dal** *prep.art.* (da + il) → **da**.

**dalla** *prep.art.* (da + la) → **da**.

**dalle** *prep.art.* (da + le) → **da**.

**dallo** *prep.art.* (da + lo) → **da**.

**daltonico** *agg.* farbenblind ♦ *s.m.* [f. -a] Farbenblinde (*der* e *die*).

**dama** *s.f.* 1 Dame (*die*) 2 *(gioco)* Damespiel (*das*).

**damigiana** *s.f.* Korbflasche (*die*), Ballon (*der*).

**danese** *agg.* dänisch ♦ *s.m.* e *f.* Däne (*der*; *die* Dänin) ♦ *s.m.* *(lingua)* Dänisch(e) (*das*).

**Danimarca** *n.pr.f.* Dänemark (*das*).

**dannarsi** *v.pron.* 1 sich verdammen 2 *(fig.)* sich plagen, sich mühen.

**dannazione** *s.f.* Verdammnis (*die*), Verdammung (*die*) ● —*!*, verdammt (noch mal)!

**danneggiare** *v.tr.* 1 *(rovinare)* beschädigen 2 *(ledere)* schaden.

**danno** *s.m.* Schaden (*der*): *chiedere i danni*, Schadenersatz fordern.

**dannoso** *agg.* (*a, per*) schädlich (für).

**Danubio** *n.pr.m.* Donau (*die*).

**danza** *s.f.* Tanz (*der*).

**danzare** *v.tr.* e *intr.* tanzen.

**Danzica** *n.pr.f.* Danzig (*das*).

**dappertutto** *avv.* 1 *(stato in luogo)* überall 2 *(moto a luogo)* überallhin.

**dapprima** *avv.* zuerst, im ersten Moment.

**dare** *v.tr.* 1 geben: *— qlco a qlcu*, jdm etw geben; *— una risposta*, Antwort geben 2 *(attribuire)* bei-messen: *non — importanza alle parole di qlcu*, jds Worten keine Bedeutung beimessen **3** (*fruttare*) hervor-bringen, erzeugen ♦ *v.intr.* **1** (*essere esposto*) **la mia finestra dà sulla piazza**, mein Fenster geht auf den Platz **2** (*di colore*): *questo colore dà sul verde*, diese Farbe geht in Grün über ♦ **darsi** *v.pron.* (*reciproco*): — **la mano**, sich die Hand geben ● — **alla testa**, zu Kopf steigen | — **la buona notte a qlcu**, jdm gute Nacht sagen | — **nell'occhio**, ins Auge springen | — **sui** (o **ai**) **nervi a qlcu**, jdm auf die Nerven gehen | *darsi al bere*, sich dem Trunk hergeben | *darsi da fare*, sich bemühen | *darsi* (*per*) *malato*, krank feiern | *può darsi che...*, es kann (o mag) sein, dass... | *quanti anni gli dai?*, für wie alt hältst du ihn?

**darsena** *s.f.* Hafenbecken (*das*).
**data** *s.f.* **1** Datum (*das*): — *di nascita*, Geburtsdatum **2** (*momento*) Zeitpunkt (*der*).
**datare** *v.tr.* e *intr.* datieren.
**dato** *agg.* **1** (*certo*) bestimmt **2** (*con valore causale*): *date le circostanze*, angesichts der Umstände ♦ *s.m.* **1** Angabe (*die*), gegebene Tatsache: — *di fatto*, Tatsache; *dati personali*, Personalangaben **2** (*pl.*) (*inform.*) Daten (*pl.*) ● — **che**, da.
**datore** *s.m.* [f. *-trice*] Geber (*der*; *die* -in) ● — *di lavoro*, Arbeitgeber.
**dattero** *s.m.* Dattel (*die*).
**davanti** *avv.* **1** (*nella parte anteriore*) vorn; davor **2** (*di fronte*) gegenüber ♦ *agg.invar.* vordere, Vorder-...: *i denti* —, die Vorderzähne ♦ *s.m.invar.* Vorderseite ● — *a*, (*stato in luogo*) vor (+ Dat); (*moto a luogo*) vor (+ Acc).
**davanzale** *s.m.* Fensterbank (*die*).
**davvero** *avv.* wirklich, wahrhaftig.
**dazio** *s.m.* **1** Zoll (*der*) **2** (*ufficio*) Zollamt (*das*).
**d.C.** *abbr.* (*dopo Cristo*) n.Chr (nach Christus).
**dea** *s.f.* Göttin (*die*).
**debito¹** *agg.* ordnungsgemäß ● *a tempo* —, zu gegebener Zeit.
**debito²** *s.m.* Schuld (*die*): — *pubblico*, Staatsverschuldung ● *essere in* — *verso qlcu*, jdm etw schuldig sein (*anche fig.*).

**debitore** *s.m.* [f. *-trice*] Schuldner (*der*; *die* -in) (*anche fig.*).
**debole** *agg.* schwach (*anche fig.*) ♦ *s.m.* e *f.* (*persona*) Schwächling (*der*) ♦ *s.m.* (*inclinazione*) Schwäche (*die*): *avere un* — *per qlcu* (o *qlco*), eine Schwäche für jdn (*o* etw) haben.
**debolezza** *s.f.* Schwäche (*die*) (*anche fig.*).
**debutto** *s.m.* Debüt (*das*), erstes Auftreten (*anche fig.*).
**decadente** *agg.* **1** untergegangen, zerfallen **2** (*letter.*) dekadent.
**decaffeinato** *agg.* koffeinfrei.
**decano** *s.m.* [f. *-a*] Älteste (*der* e *die*) **2** (*st., relig.*) Dekan (*der*).
**decappottabile** *agg.* mit zurückklappbarem Verdeck ♦ *s.f.* Kabrio(lett) (*das*).
**decennio** *s.m.* Jahrzehnt (*das*).
**decente** *agg.* **1** anständig, schicklich **2** (*fam.*) annehmbar.

FALSCHER FREUND
Da non confondere con il tedesco *dezent*, che significa 'discreto, delicato'.

**decesso** *s.m.* Ableben (*das*).
**decidere** *v.tr.* **1** beschließen, entscheiden **2** (*stabilire*) fest-setzen ♦ *v.intr.* entscheiden: *lascia* — *a me*, lass mir die Entscheidung ♦ **decidersi** *v.pron.* sich entschließen, sich entscheiden.
**decifrare** *v.tr.* entziffern, entschlüsseln.
**decimale** *agg.* dezimal: *numero* —, Dezimalzahl ♦ *s.f.* Dezimale (*die*).
**decimo** *agg.num.ord.* zehnte ♦ *s.m.* **1** Zehnte (*der*) **2** (*frazione*) Zehntel (*das*).
**decina** *s.f.* **1** Zehner (*der*) **2** (*estens.*) etwa zehn, Dutzend (*das*).
**decisamente** *avv.* **1** entschieden, mit Entschiedenheit **2** (*indubbiamente*) ausgesprochen.
**decisione** *s.f.* **1** Entschluss (*der*), Entscheidung (*die*) **2** (*prontezza*) Entschlossenheit (*die*).
**decisivo** *agg.* entscheidend, ausschlaggebend.
**deciso** *agg.* **1** entschlossen, entschieden **2** (*netto*) klar, eindeutig.
**declinare** *v.tr.* ablehnen: — *ogni re-*

**declinazione / delicato**

*sponsabilità*, jegliche Verantwortung ablehnen **2** (*gramm.*) deklinieren.
**declinazione** *s.f.* Deklination.
**declino** *s.m.* Untergang (*der*), Verfall (*der*), Niedergang (*der*).
**decodificare** *v.tr.* dekodieren, entschlüsseln.
**decollare** *v.intr.* starten, ab·heben.
**decollo** *s.m.* Start (*der*), Abflug (*der*).
**decolorare** *v.tr.* **1** entfärben; (*chim.*) bleichen **2** (*capelli*) blondieren.
**decomporre** *v.tr.* zersetzen, auf·lösen ♦ **decomporsi** *v.pron.* **1** zersetzen, sich auf·lösen **2** (*putrefarsi*) verwesen.
**decomposizione** *s.f.* **1** Auflösung (*die*), Zersetzung (*die*) **2** (*putrefazione*) Verwesung (*die*).
**decorare** *v.tr.* schmücken.
**decorazione** *s.f.* **1** (*ornamento*) Ausschmückung (*die*), Dekoration (*die*) **2** (*onoreficenza*) Auszeichnung (*die*).
**decoro** *s.m.* Anstand (*der*).
**decoroso** *agg.* anständig.
**decorrenza** *s.f.* Laufzeit (*die*), Frist (*die*): *con — dal 1° gennaio*, ab 1. Januar.
**decorrere** *v.intr.* laufen, gelten.
**decrescere** *v.intr.* ab·nehmen.
**decreto** *s.m.* Verordnung (*die*), Beschluss (*der*).
**dedica** *s.f.* Widmung (*die*).
**dedicare** *v.tr.* **1** widmen **2** (*consacrare*) weihen ♦ **dedicarsi** *v.pron.* (*a*) sich widmen (+ *Dat*).
**dedito** *agg.* ergeben: — *all'alcol*, dem Alkohol ergeben.
**dedurre** *v.tr.* **1** schließen, folgern **2** (*sottrarre*) ab·ziehen.
**deduzione** *s.f.* **1** Folgerung (*die*), Schlussfolgerung (*die*) **2** (*detrazione*) Abzug (*der*).
**deficiente** *agg.* **1** (*carente*) ungenügend, mangelhaft **2** schwachsinnig (*anche estens.*) ♦ *s.m.* e *f.* **1** Schwachsinnige (*der* e *die*) **2** (*fam.*) Idiot (*der*; *die* -in).
**deficit** *s.m.invar.* **1** (*fin.*) Defizit (*das*), Verlust (*der*) **2** (*estens.*) Mangel (*der*) **3** (*med.*) Defizit (*das*).
**definire** *v.tr.* **1** bestimmen **2** (*determinare*) fest·legen, fest·setzen.

**definitivo** *agg.* endgültig, definitiv.
**definizione** *s.f.* **1** Bestimmung (*die*), Definition (*die*) **2** (*soluzione*) Entscheidung (*die*).
**deformare** *v.tr.* **1** verformen; (*rendere curvo*) verkrümmen **2** (*fig.*) entstellen, verzerren: — *la realtà*, die Wirklichkeit entstellen ♦ **deformarsi** *v.pron.* **1** sich verformen; (*diventare curvo*) sich verkrümmen **2** (*fig.*) verzerrt werden, entstellt werden.
**deformazione** *s.f.* **1** Verformung (*die*) (*anche tecn.*) **2** (*di schiena, gambe ecc.*) Verkrümmung (*die*); (*congenita*) Missbildung (*die*) **3** (*fig.*) Verzerrung (*die*).
**deforme** *agg.* verformt; (*storpio*) verkrüppelt; (*malformato*) missgebildet.
**defunto** *agg.* verstorben ♦ *s.m.* [f. -*a*] Verstorbene (*der* e *die*).
**degenerare** *v.intr.* entarten, aus·arten.
**degente** *agg.* bettlägerig ♦ *s.m.* e *f.* Krankenhauspatient (*der*; *die* -in).
**degli** *prep.art.* (*di* + *gli*) → **di**.
**degno** *agg.* (*di*) würdig (+ *Gen*), wert (+ *Gen*).
**degrado** *s.m.* Verfall (*der*).
**degustazione** *s.f.* **1** Probieren (*das*), Kosten (*das*) **2** (*mescita*) Probe (*die*), Kostprobe (*die*): — *del vino*, Weinprobe.
**dei** *prep.art.* (*di* + *i*) → **di**.
**del** *prep.art.* (*di* + *il*) → **di**.
**delega** *s.f.* Vollmacht (*die*), Ermächtigung (*die*): *per —*, im Auftrag.
**delegare** *v.tr.* **1** bevollmächtigen **2** (*incaricare*) beauftragen, delegieren.
**delegato** *s.m.* [f. -*a*] **1** (*incaricato*) Beauftragte (*der* e *die*) **2** (*con pieni poteri*) Bevollmächtigte (*der* e *die*).
**delfino** *s.m.* **1** (*zool.*) Delphin (*der*) **2** (*nuoto*) Delphinstil (*der*).
**delicatezza** *s.f.* **1** Feinheit (*die*), Zartheit (*die*) **2** (*di sentimenti*) Zartgefühl (*das*).

**FALSCHER FREUND**

Da non confondere con il tedesco *Delikatesse*, che significa con 'leccornia, ghiottoneria'.

**delicato** *agg.* **1** zart, fein **2** (*difficile*) heikel, kitzlig **3** (*di salute*) schwach, zart **4** (*di cibi*) erlesen.

**delimitare** *v.tr.* ab·grenzen, begrenzen.

**delinquente** *s.m.* e *f.* 1 (*dir.*) Verbrecher (*der; die* -in), Straftäter (*der; die* -in) 2 (*estens.*) Gauner (*der; die* -in).

**delinquenza** *s.f.* Kriminalität (*die*).

**delirare** *v.intr.* 1 (*med.*) delirieren 2 (*estens.*) außer sich sein.

**delirio** *s.m.* 1 (*med.*) Delirium (*das*), Wahn (*der*) 2 (*estens.*) Rausch (*der*), Taumel (*der*).

**delitto** *s.m.* Verbrechen (*das*).

**delizioso** *agg.* entzückend, reizend: *pranzo* —, köstliches Essen.

**della** *prep.art.* (*di* + *la*) → **di**.
**delle** *prep.art.* (*di* + *le*) → **di**.
**dello** *prep.art.* (*di* + *lo*) → **di**.

**delta** *s.m.invar.* (*geogr.*) Delta (*das*).

**deltaplano** *s.m.* 1 Drachen (*der*) 2 (*sport*) Drachenfliegen (*das*).

**deludere** *v.tr.* enttäuschen.

**delusione** *s.f.* Enttäuschung (*die*).

**democratico** *agg.* demokratisch ♦ *s.m.* [f. -a] Demokrat (*der; die* -in).

**democrazia** *s.f.* Demokratie (*die*).

**demografico** *agg.* demographisch, Bevölkerungs...: *aumento* —, Bevölkerungszunahme.

**demolire** *v.tr.* 1 (*edifici*) ab·reißen, nieder·reißen; (*automobili*) verschrotten; (*navi*) ab·wracken 2 (*fig.*) vernichten.

**demolizione** *s.f.* 1 (*di edifici*) Abriss (*der*); (*di automobili*) Verschrottung (*die*); (*di navi*) Abwrackung (*die*) 2 (*fig.*) Vernichtung (*die*).

**demonio** *s.m.* 1 Teufel (*der*) 2 (*fig.*) Teufelskerl (*der*).

**demoralizzare** *v.tr.* entmutigen, demoralisieren ♦ **demoralizzarsi** *v.pron.* den Mut verlieren.

**demotivare** *v.tr.* demotivieren.

**denaro** *s.m.* Geld (*das*).

**denominare** *v.tr.* benennen, bezeichnen, nennen.

**denominazione** *s.f.* Benennung (*die*), Bezeichnung (*die*): — *d'origine*, Herkunftsbezeichnung.

**densità** *s.f.invar.* Dichte (*die*): — *di popolazione*, Bevölkerungsdichte.

**denso** *agg.* 1 (*di liquidi*) dick, dickflüssig 2 (*fitto*) dicht 3 (*estens.*) (*di*) voll (von), reich (an + *Dat*).

**dentale** *agg.* (*anat.*) dental, Zahn...: *cura* —, Zahnbehandlung.

**dentatura** *s.f.* (*anat.*) Gebiss (*das*).

**dente** *s.m.* Zahn (*der*) (*anche mecc.*): *mal di denti*, Zahnschmerzen ● *pasta al* —, nicht zu weich gekochte Nudeln.

**dentiera** *s.f.* künstliches Gebiss.

**dentifricio** *s.m.* Zahnpasta (*die*).

**dentista** *s.m.* e *f.* Zahnarzt (*der; die* -ärztin).

**dentro** *avv.* 1 (*stato in luogo*) drinnen, darin 2 (*moto*) (*avvicinamento*) herein; (*allontanamento*) hinein 3 (*fig.*) im Inneren: *non parla, tiene tutto* —, er spricht nicht, er behält alles für sich ♦ *prep.* 1 (*stato in luogo*) (+ *Dat*) in: *l'agriturismo è* — *il parco*, der Bauernhof liegt im Park 2 (*moto a luogo*) (+ *Acc*) in: *l'ho messo* — *l'armadio*, ich habe es in den Schrank gestellt ♦ *s.m.invar.* Innere (*das*): (*fam.*) *il di* — *è vuoto*, das Innere ist leer ● *esserci* —, in etwas drinstecken | (*fam.*) *essere* —, (*in prigione*) sitzen | (*fam.*) *mettere* —, (*in prigione*) einlochen.

**denuncia** *s.f.* 1 (*dir.*) Anzeige (*die*), Strafanzeige (*die*): *sporgere* —, Strafanzeige erstatten 2 (*dichiarazione*) Erklärung (*die*) 3 (*notifica*) Meldung (*die*), Anmeldung (*die*).

**denunciare** *v.tr.* 1 an·zeigen 2 (*notificare*) (an·)melden.

**denutrito** *agg.* unterernährt.

**deodorante** *agg.* deodorierend ♦ *s.m.* Deodorant (*das*), Deo (*das*).

**deperire** *v.intr.* 1 verfallen 2 (*di alimenti*) verderben.

**depilare** *v.tr.* enthaaren.

**depilazione** *s.f.* Enthaarung (*die*), Depilation (*die*).

**dépliant** *s.m.invar.* Prospekt (*der*).

**deplorevole** *agg.* 1 bedauerlich, traurig 2 (*da biasimare*) tadelnswert.

**deporre** *v.tr.* 1 ab·legen, ab·setzen 2 (*pol.*) entheben, ab·setzen: — *un ministro*, einen Minister absetzen 3 (*dir.*) aus·sagen ♦ *v.intr.* (*dir.*) aus·sagen ● — *le armi*, die Waffen strecken.

**deportare** *v.tr.* deportieren.
**depositare** *v.tr.* 1 (*dare in deposito*) zur Aufbewahrung geben, deponieren 2 (*mettere giù*) ab·legen, ab·setzen ♦ **depositarsi** *v.pron.* sich ab·setzen (*anche fig.*).
**deposito** *s.m.* 1 Hinterlegung (*die*), Einlage (*die*) 2 (*di liquidi*) Bodensatz (*der*); (*di vino*) Depot (*das*) 3 (*luogo*) Aufbewahrung (*die*), Depot (*das*), Lager (*das*): — *merci*, Warenlager ● — *bagagli*, Gepäckaufbewahrung.
**depressione** *s.f.* 1 Depression (*die*) 2 (*meteor.*) Tiefdruck (*der*).
**depresso** *agg.* 1 (*di terreno*) abgesenkt, vertieft 2 (*med.*) depressiv; (*fam.*) deprimiert ♦ *s.m.* [f. -*a*] (*med.*) Depressive (*der* e *die*).
**deprimere** *v.tr.* bedrücken, deprimieren ♦ **deprimersi** *v.pron.* sich deprimieren lassen.
**depurare** *v.tr.* reinigen, (*acqua*) klären.
**depuratore** *s.m.* 1 Reinigungsapparat (*der*) 2 (*impianto*) Kläranlage (*die*).
**deputato** *agg.* (*a*) zuständig (*für*) ♦ *s.m.* [f. -*a*] Abgeordnete (*der* e *die*); (*austr.*) Mandatar (*der; die* -in).
**deragliare** *v.intr.* entgleisen.
**deridere** *v.tr.* aus·lachen, verspotten.
**deriva** *s.f.* Abdrift (*die*), Drift (*die*) ● *andare alla* —, abgetrieben werden; (*fig.*) sich treiben lassen.
**derivare** *v.intr.* 1 her·rühren, entspringen 2 (*di fiumi*) (*da*) entspringen (*an* + *Dat*), kommen (*aus*) 3 (*di parole*) (*da*) stammen (*aus*) ♦ *v.tr.* ab·leiten, ab·zweigen.
**derivazione** *s.f.* Ableitung (*die*).
**dermatologo** *s.m.* [f. -*a*] Hautarzt (*der; die* -ärztin), Dermatologe (*der; die* Dermatologin).
**derubare** *v.tr.* berauben, bestehlen.
**descrivere** *v.tr.* beschreiben, schildern.
**descrizione** *s.f.* Beschreibung (*die*), Schilderung (*die*).
**deserto** *agg.* öde, menschenleer ♦ *s.m.* 1 Wüste (*die*) 2 (*fig.*) Öde (*die*).
**desiderare** *v.tr.* wünschen, begehren: *cosa desidera?*, was wünschen (*o möchten*) Sie bitte? ● *lasciare a* —, zu wünschen übriglassen.
**desiderio** *s.m.* 1 (*di*) Wunsch (*der*) (nach) 2 (*brama*) (*di*) Begier (*die*) (nach).
**desideroso** *agg.* (*di*) verlangend (nach), wünschend (+ *Acc*).
**designare** *v.tr.* 1 (*nominare*) ernennen 2 (*incaricare*) beauftragen.
**desistere** *v.intr.* ab·lassen (von), verzichten (auf + *Acc*).
**desolato** *agg.* 1 betrübt 2 (*squallido*) trostlos, öde.
**desolazione** *s.f.* 1 Betrübnis (*die*) 2 (*squallore*) Öde (*die*), Trostlosigkeit (*die*).
**destare** *v.tr.* 1 wecken, auf·rütteln 2 (*fig.*) erregen, erwecken.
**destinare** *v.tr.* 1 bestimmen: — *qlco a qlcu*, jdn etw zudenken 2 (*assegnare*) zu·weisen.
**destinatario** *s.m.* [f. -*a*] Empfänger (*der; die* -in), Adressat (*der; die* -in).
**destinazione** *s.f.* 1 Bestimmung (*die*), Zuweisung (*die*) 2 (*luogo*) Bestimmungsort (*der*), Ziel (*das*).
**destino** *s.m.* Schicksal (*das*).
**destra** *s.f.* 1 Rechte (*die*) 2 rechte Seite 3 (*pol.*) Rechte (*die*) ● *alla mia* —, zu meiner Rechten | (*aut.*) *tenere la* —, rechts fahren | *voltare a* —, nach rechts einbiegen.
**destro** *agg.* recht.
**detenere** *v.tr.* 1 inne·haben: — *un primato*, einen Rekord innehaben 2 (*in prigione*) in Haft halten, gefangen halten.
**detenuto** *s.m.* [f. -*a*] Häftling (*der*), Gefangene (*der* e *die*).
**detenzione** *s.f.* 1 Innehaben (*das*), Besitz (*der*) 2 (*carcerazione*) Haft (*die*).
**detergente** *agg.* reinigend, Reinigungs...: *latte* —, Reinigungsmilch ♦ *s.m.* Reinigungsmittel (*das*).
**deteriorare** *v.tr.* 1 verderben 2 (*fig.*) beschädigen, verschlechtern ♦ **deteriorarsi** *v.pron.* 1 verderben 2 (*fig.*) sich verschlechtern.
**determinare** *v.tr.* 1 bestimmen, fest·legen, fest·setzen 2 (*causare*) verursachen, bewirken 3 (*calcolare*) berechnen, errechnen.

**determinazione** *s.f.* 1 Bestimmung (*die*), Festlegung (*die*), Festsetzung (*die*) 2 (*calcolo*) Berechnung (*die*), Errechnung (*die*) 3 (*decisione*) Entschlossenheit (*die*), Entschiedenheit (*die*).

**detersivo** *s.m.* Reinigungsmittel (*das*), Waschmittel (*das*).

**detestare** *v.tr.* verabscheuen ♦ **detestarsi** *v.pron.* (*reciproco*) sich nicht ausstehen.

**detrarre** *v.tr.* ab-ziehen, ab-rechnen.

**detrito** *s.m.pl.* 1 (*geol.*) Geröll (*das*) 2 (*macerie*) Schutt (*der*).

**dettagliato** *agg.* ausführlich, eingehend.

**dettaglio** *s.m.* 1 Einzelheit, Detail (*das*): *entrare nei dettagli*, auf Einzelheiten eingehen 2 (*comm.*) Einzelhandel (*der*) ● *vendita al* —, Einzelhandel, Einzelverkauf.

**dettare** *v.tr.* 1 diktieren 2 (*imporre*) auf-erlegen, diktieren.

**dettato** *s.m.* Diktat (*das*).

**detto** *agg.* 1 genannt 2 (*sopradetto*) besagt, obengenannt ♦ *s.m.* Ausspruch (*der*), Spruch (*der*): — *popolare*, Volksweisheit.

**devastare** *v.tr.* 1 verwüsten 2 (*estens.*) zerstören.

**devastazione** *s.f.* 1 Verwüstung (*die*), Verheerung (*die*) 2 (*estens.*) Zerstörung (*die*).

**deviare** *v.intr.* ab-weichen (*anche fig.*): — *dall'argomento*, vom Thema ablenken ♦ *v.tr.* um-leiten, ab-lenken.

**deviazione** *s.f.* Umweg (*der*); (*stradale*) Umleitung (*die*), Abweichung (*die*).

**devitalizzare** *v.tr.* devitalisieren, ab-töten.

**devoto** *agg.* 1 ergeben 2 (*relig.*) gläubig, fromm 3 (*fedele*) treu.

**devozione** *s.f.* 1 Andacht (*die*), Gläubigkeit (*die*) 2 (*affetto*) Ergebenheit (*die*).

**di** *prep.* 1 (*possesso, specificazione*) von: *un libro — Calvino*, ein Buch von Calvino; *la macchina — mio fratello*, das Auto meines Bruders; *il duomo — Milano*, der Mailänder Dom 2 (*partitivo*) von, unter (+ Dat): *tre dei suoi amici*, drei von seinen Freunden 3 (*materia*) aus: *un vestito — lana*, ein Kleid aus Wolle; *camicia — cotone*, Baumwollhemd 4 (*dopo compar.*) als: *Mario è meno alto — te*, Mario ist kleiner als du 5 (*età, misura*) si traduce con un *agg.*: *un ragazzo — 12 anni*, ein zwölfjähriger Junge 6 (*origine, provenienza, moto da luogo*) aus, von 7 (*tempo*) an (+ Dat): — *mattina*, am Vormittag, vormittags; — *domenica*, am Sonntag, sonntags, 8 (*mezzo*) mit: *cospargere d'olio*, mit Öl beträufeln 9 (*scopo*) si traduce con un composto): *sala — lettura*, Lesesaal 10 (*causa*) vor: *scoppiare — caldo*, vor Hitze umkommen 11 (*argomento*) über, von: *parlare — sport*, über Sport sprechen 12 (*seguito da inf.*) zu: *crede — avere sempre ragione*, er glaubt, immer recht zu haben ● — *dove sei?, Di Venezia*, woher bist du?, Aus Venedig | — *notte*, in der Nacht | *il treno delle 10*, der 10-Uhr-Zug | *qualcosa — nuovo*, etwas Neues.

**diabete** *s.m.* (*med.*) Diabetes (*der*).

**diabetico** *agg.* diabetisch; (*fam.*) zuckerkrank.

**diabolico** *agg.* teuflisch.

**diaframma** *s.m.* 1 Trennwand (*die*) 2 (*anat.*) Zwerchfell (*das*) 3 (*fot.*) Blende (*die*) 4 (*anticoncezionale*) Diaphragma (*das*).

**diagnosi** *s.f.invar.* Diagnose (*die*).

**diagnosticare** *v.tr.* diagnostizieren.

**diagonale** *s.f.* Diagonale (*die*) ♦ *agg.* diagonal, schräg, quer.

**diagramma** *s.m.* Diagramm (*das*).

**dialetto** *s.m.* Dialekt (*der*).

**dialogare** *v.intr.* sich unterhalten.

**dialogo** *s.m.* Dialog (*der*) (*anche estens.*).

**diamante** *s.m.* Diamant (*der*).

**diametro** *s.m.* Durchmesser (*der*).

**diapositiva** *s.f.* Diapositiv (*das*), Dia (*das*).

**diario** *s.m.* Tagebuch (*das*).

**diarrea** *s.f.* Diarrhö (*die*), Durchfall (*der*).

**diavolo** *s.m.* Teufel (*der*) ● *al* —!, zum Teufel!; verdammt! | *dove — sei?*, wo zum Teufel bist du? | *mandare qlcu al* —, jdn zum Teufel schicken (*o* jagen).

**dibattito** *s.m.* (*su*) Debatte (*die*) (über + Acc).

**dicembre** *s.m.* Dezember (*der*) → gennaio.

**dichiarare** *v.tr.* erklären ◆ **dichiararsi** *v.pron.* 1 sich erklären: *dichiararsi a favore, contro*, gegen, für etw stimmen 2 (*manifestare i propri sentimenti*) sich erklären, seine Liebe gestehen ● *niente da —?*, haben Sie etwas zu verzollen?

**dichiarazione** *s.f.* Erklärung (*die*): *— di guerra*, Kriegserklärung ● *— dei redditi*, Einkommensteuererklärung.

**diciannove** *agg.num.card.invar.* neunzehn.

**diciassette** *agg.num.card.invar.* siebzehn.

**diciotto** *agg.num.card.invar.* achtzehn.

**didascalia** *s.f.* 1 (*di illustrazione*) Bildunterschrift (*die*) 2 (*cinema*) Untertitel (*der*).

**didattico** *agg.* didaktisch.

**dieci** *agg.num.card.invar.* zehn → cinque.

**dieta** *s.f.* Diät (*die*): *stare a —*, auf Diät sein.

**dietro** *avv.* hinten: *da —*, von hinten ◆ *prep.* 1 (*stato in luogo*) hinter (+ *Dat*): *erano seduti — di noi*, sie saßen hinter uns 2 (*moto a luogo*) hinter (+ *Acc*): *mettilo — l'armadio*, stelle es hinter den Schrank 3 (*tempo*) nach: *legge un libro — l'altro*, er liest ein Buch nach dem anderen 4 (*comm., amm.*) gegen; auf: *— versamento*, gegen Einzahlung ● *s.m.invar.* Hinterseite (*die*), Rückseite (*die*): *il — della casa*, die Rückseite des Hauses.

**dietrofront** *s.m.invar.* ● *fare —*, kehrt machen.

**difendere** *v.tr.* 1 verteidigen 2 (*estens.*) schützen.

**difensore** *s.m.* [f. *difenditrice*] Verteidiger (*der; die -in*) (*anche dir.*).

**difesa** *s.f.* 1 Verteidigung (*die*) 2 (*protezione*) Schutz (*der*): *— dell'ambiente*, Umweltschutz ● *legittima —*, Notwehr.

**difetto** *s.m.* 1 (*mancanza*) Mangel (*der*), Fehlen (*das*) 2 (*imperfezione*) Fehler (*der*): *— di fabbricazione*, Herstellungsfehler 3 (*colpa*) Schuld (*die*).

**difettoso** *agg.* 1 defekt 2 (*imperfetto*) fehlerhaft, mangelhaft.

**diffamare** *v.tr.* verleumden.

**differente** *agg.* unterschiedlich, unterschieden.

**differenza** *s.f.* 1 Unterschied (*der*): *non fa —*, es ist gleich 2 (*mat.*) Differenz (*die*) 3 (*somma*) Restbetrag (*der*) ● *a — di*, im Unterschied zu.

**differenziare** *v.tr.* unterscheiden, differenzieren ◆ **differenziarsi** *v.pron.* sich unterscheiden.

**difficile** *agg.* schwierig, schwer ● *fare il —*, kompliziert sein.

**difficoltà** *s.f.invar.* Schwierigkeit (*die*).

**diffidare** *v.intr.* (*da*) misstrauen (+ *Dat*) ◆ *v.tr.* (*dir.*) warnen: *— qlcu dal fare qlco*, jdn warnen, etw nicht zu tun.

**diffidente** *agg.* misstrauisch.

**diffidenza** *s.f.* Misstrauen (*das*).

**diffondere** *v.tr.* verbreiten, ausbreiten (*anche estens.*) ◆ **diffondersi** *v.pron.* sich verbreiten.

**diffusione** *s.f.* 1 Verbreitung (*die*), Ausbreitung (*die*) 2 (*fis., chim.*) Diffusion (*die*) 3 (*della luce*) Streuung (*die*).

**diffuso** *agg.* verbreitet.

**diga** *s.f.* Damm (*der*), Staudamm (*der*).

**digerire** *v.tr.* verdauen.

**digestione** *s.f.* Verdauung (*die*).

**digestivo** *agg.* Verdauungs...: *amaro —*, Magenbitter ◆ *s.m.* verdauungsförderndes Mittel, Digestivum (*das*).

**digitale**[1] *agg.* Finger...: *impronte digitali*, Fingerabdrücke.

**digitale**[2] *agg.* digital, Digital...: *foto —*, Digitalfoto.

**digitare** *v.tr.* tippen; (*su computer*) eingeben.

**digiunare** *v.intr.* fasten.

**digiuno**[1] *agg.* nüchtern.

**digiuno**[2] *s.m.* Fasten (*das*) ● *a —*, auf nüchternen Magen.

**dignità** *s.f.invar.* Würde (*die*).

**dignitoso** *agg.* 1 würdevoll, würdig 2 (*decoroso*) anständig.

**digrignare** *v.tr.* fletschen.

**dilagare** *v.intr.* 1 (*di acque*) überfluten 2 (*fig.*) sich verbreiten.
**dilatare** *v.tr.* aus·dehnen, dehnen.
**dilemma** *s.m.* Dilemma (*das*).
**dilettante** *agg.* Amateur..., dilettantisch (*anche spreg.*) ♦ *s.m.* e *f.* Amateur (*der*; *die* -in), Dilettant (*der*; *die* -in).
**diligente** *agg.* 1 fleißig 2 (*accurato*) sorgfältig.
**diligenza**¹ *s.f.* Fleiß (*der*).
**diligenza**² *s.f.* (*a cavalli*) Postkutsche (*die*).
**diluire** *v.tr.* 1 verdünnen 2 (*alimenti*) strecken.
**diluviare** *v.impers.* in Strömen regnen, schütten.
**diluvio** *s.m.* 1 strömender Regen 2 (*fig.*) Schwall (*der*) ● *il — universale*, die Sintflut.
**dimagrire** *v.intr.* ab·magern, ab·nehmen: *è dimagrita di tre chili*, sie hat drei Kilo abgenommen.
**dimenare** *v.tr.* schlenkern, wedeln ♦ **dimenarsi** *v.pron.* um sich schlagen.
**dimensione** *s.f.* 1 Ausmaß (*das*), Größe (*die*) 2 (*geom.*, *fis.*) Dimension (*die*).
**dimenticanza** *s.f.* Vergessen (*das*).
**dimenticare** *v.tr.* vergessen (*anche estens.*) ♦ **dimenticarsi** *v.pron.* vergessen.
**dimestichezza** *s.f.* ● *avere — con qlco*, mit etw vertraut sein.
**dimettere** *v.tr.* entlassen: *— dall'ospedale*, aus dem Krankenhaus entlassen ♦ **dimettersi** *v.pron.* zurück·treten, aus dem Amt aus·scheiden.
**dimezzare** *v.tr.* 1 halbieren 2 (*ridurre della metà*) auf die Hälfte reduzieren.
**diminuire** *v.tr.* herab·setzen, reduzieren ♦ *v.intr.* ab·nehmen, herunter·gehen: *— di peso*, abnehmen.
**diminuzione** *s.f.* Verminderung (*die*), Minderung (*die*), Abnahme (*die*): *— della temperatura*, Temperaturrückgang.
**dimissione** *s.f.* 1 Entlassung (*die*) 2 (*spec.pl.*) Rücktritt (*der*), Kündigung (*die*): *rassegnare, dare le dimissioni*, kündigen.
**dimora** *s.f.* Wohnort (*der*), Wohnsitz (*der*) ● *senza fissa —*, ohne festen Wohnsitz.
**dimostrare** *v.tr.* 1 (*mostrare*) zeigen, äußern 2 (*provare*) beweisen, nach·weisen: *— una tesi*, eine These beweisen; *ha cinquant'anni ma non li dimostra*, er ist fünfzig, sieht aber jünger aus ♦ *v.intr.* demonstrieren: *— contro la guerra*, gegen den Krieg demonstrieren ♦ **dimostrarsi** *v.pron.* sich erweisen, sich zeigen.
**dimostrativo** *agg.* demonstrativ.
**dimostrazione** *s.f.* 1 Äußerung (*die*), Bezeugung (*die*) 2 (*prova*) Beweis (*der*), Nachweis (*der*) 3 (*manifestazione*) Demonstration (*die*).
**dinamica** *s.f.* 1 Dynamik (*die*) 2 (*estens.*) Entwicklung (*die*): *la — dei fatti*, der Ablauf.
**dinamico** *agg.* dynamisch.
**dinamite** *s.f.* Dynamit (*das*).
**dinastia** *s.f.* Dynastie (*die*).
**dinosauro** *s.m.* Dinosaurier (*der*).
**dio** *s.m.* Gott (*der*) ● *grazie a Dio*, Gott sei Dank | *per l'amor di Dio!*, um Gottes willen!
**diocesi** *s.f.invar.* Diözese (*die*), Bistum (*das*).
**diottria** *s.f.* Dioptrie (*die*).
**dipartimento** *s.m.* 1 Bezirk (*der*) 2 (*università*) Fachbereich (*der*).
**dipendente** *agg.* abhängig ♦ *s.m.* e *f.* Angestellte (*der* e *die*), Beschäftigte (*der* e *die*).
**dipendenza** *s.f.* Abhängigkeit (*die*): *— dalla droga*, Drogenabhängigkeit | *essere alle dipendenze di qlcu*, bei jdm angestellt sein.
**dipendere** *v.intr.* ab·hängen.
**dipingere** *v.tr.* e *intr.* 1 malen (*decorare*) aus·malen) 3 (*pitturare*) an·streichen 4 (*fig.*) aus·malen, beschreiben.
**dipinto** *agg.* gemalt, bemalt, ausgemalt ♦ *s.m.* Gemälde (*das*).
**diploma** *s.m.* Diplom (*das*), Zeugnis (*das*): *— di maturità*, Abiturzeugnis.
**diplomatico** *agg.* diplomatisch ♦ *s.m.* [f. -a] Diplomat (*der*; *die* -in).
**diplomazia** *s.f.* Diplomatie (*die*).
**diradare** *v.tr.* 1 zerteilen 2 ein·schränken, verringern: *— gli impegni*, die

Pflichten einschränken ♦ **diradarsi** *v.pron.* 1 sich lichten; *(di nebbia, nubi)* sich zerteilen 2 *(diventare meno frequente)* seltener werden.

**dire** *v.tr.* 1 sagen: *digli che venga* (o *di venire*), sag ihm, er soll kommen 2 *(pensare)* meinen: *si direbbe che...*, man könnte meinen, dass... ♦ **dirsi** *v.pron.* sich nennen ● *che ne dici?*, was sagst du dazu? | *(per chiedere di ripetere) come dice?*, wie bitte? | *come non detto*, ich will nichts gesagt haben | *detto tra noi*, unter uns gesagt | *per così* —, so zu sagen | *si dice che...*, man sagt, dass... | *si fa per* —, es ist nicht ernst gemeint | *(significare) voler* —, heißen, bedeuten.

**diretto** *agg.* 1 direkt, unmittelbar 2 *(con direzione)* auf dem Weg 3 *(fig.)* gerichtet ♦ *s.m.* 1 *(ferr.)* Eilzug *(der)* 2 *(sport)* Gerade *(die)* ● *volo* —, Direktflug.

**direttore** *s.m.* [f. *-trice*] Leiter *(der; die* -in), Direktor *(der; die* -in) ● — *d'orchestra*, Dirigent.

**direzione** *s.f.* 1 *(orientamento)* Richtung *(die)* 2 *(il dirigere)* Leitung *(die)*, Führung *(die)* 3 *(organo direttivo)* Direktion *(die)*.

**dirigente** *agg.* Führungs...: *classe* —, Führungsschicht ♦ *s.m.* e *f.* Führungskraft *(die)*.

**dirigere** *v.tr.* 1 richten, zu-wenden 2 *(essere a capo)* leiten, führen ♦ **dirigersi** *v.pron.* zu-gehen, sich zu-wenden: *dirigersi verso casa*, auf sein Haus zugehen.

**diritto**[1] *agg.* e *avv.* e *s.m.* → **dritto**.

**diritto**[2] *s.m.* 1 Recht *(das)* 2 *(giurisprudenza)* Jura *(pl.)*, Rechtswissenschaft *(die)* 3 *(facoltà)* Recht *(das)* 4 *(pl.) (contributi)* Gebühren *(pl.)* ● *a buon* —, mit vollem (o gutem) Recht | *aver* — *a qlco*, Recht auf etw haben | — *civile*, Zivilrecht.

**dirottare** *v.tr.* 1 *(veicoli)* um-leiten; *(aerei, navi)* den Kurs ändern (+ Gen) 2 *(atto di pirateria)* entführen ♦ *v.intr.* den Kurs ändern.

**dirottatore** *s.m.* [f. *-trice*] Entführer *(der; die* -in).

**dirotto** *agg.* heftig ● *piangere a* —, heftig weinen | *piovere a* —, in Strömen regnen.

**disabile** *agg.* behindert ♦ *s.m.* e *f.* Behinderte *(der* e *die)*.

**disabitato** *agg.* unbewohnt.

**disaccordo** *s.m.* Uneinigkeit *(die)*.

**disagio** *s.m.* 1 Unbequemlichkeit *(die)*; *(privazione)* Entbehrung *(die)* 2 *(imbarazzo)* Verlegenheit *(die)*, Unbehagen *(das)*: *sentirsi a* —, sich unbehaglich fühlen.

**disapprovare** *v.tr.* missbilligen.

**disapprovazione** *s.f.* Missbilligung *(die)*.

**disarmare** *v.tr.* 1 entwaffnen *(anche fig.)* 2 *(mar.)* ab-takeln.

**disarmo** *s.m.* Abrüstung *(die)*.

**disastro** *s.m.* 1 Katastrophe *(die)*; *(grave incidente)* Unglück *(das)* 2 *(danno)* Unheil *(das)*, Schaden *(der)* 3 *(fig.)* Misserfolg *(der)*, Fiasko *(das)*.

**disastroso** *agg.* 1 katastrophal 2 *(fig.)* furchtbar, verheerend.

**disattento** *agg.* 1 unaufmerksam 2 *(superficiale)* oberflächlich.

**disavventura** *s.f.* Unglück *(das)*, Missgeschick *(das)*.

**disboscamento** *s.m.* Entwaldung *(die)*, Abholzung *(die)*.

**discarica** *s.f.* Abladeplatz *(der)*, Deponie *(die)*.

**discendente** *agg.* absteigend, Abwärts... ♦ *s.m.* e *f.* Nachkomme *(der)*, Abkömmling *(der)*.

**discendere** *v.intr.* 1 ab-steigen 2 *(da veicoli)* aus-steigen 3 *(avere origine)* ab-stammen ♦ *v.tr.* *(avvicinandosi)* herunter-kommen, herab-steigen; *(allontanandosi)* hinunter-gehen, hinab-steigen.

**discepolo** *s.m.* [f. *-a*] 1 *(scolaro)* Schüler *(der; die* -in) 2 *(seguace)* Anhänger *(der; die* -in) 3 *(relig.)* Jünger *(der)*.

**discesa** *s.f.* 1 Abstieg *(der)*; *(da veicoli)* Aussteigen *(das)* 2 *(percorso in pendenza)* Abstieg *(der)*; *(pendio)* Abhang *(der)*: *in* —, bergab 3 *(sport)* Abfahrt *(die)* ● — *libera*, Abfahrtslauf.

**dischetto** *s.m.* *(inform.)* Diskette *(die)*.

**disciplina** *s.f.* 1 Disziplin *(die)*, Zucht *(die)* 2 *(materia)* Fach *(das)*.

**disco** *s.m.* 1 Scheibe (die) 2 (*sport*) Diskus (der), Wurfscheibe (die) 3 (*mus.*) Schallplatte (die) 4 (*inform.*) Platte (die); — *fisso*, Festplatte 5 (*anat.*) Diskus (der) ● — *orario*, Parkscheibe.

**discorrere** *v.intr.* (*di*) sich unterhalten (über + Acc), reden (über + Acc).

**discorso** *s.m.* 1 Rede (die): *questo è un altro* —, das ist eine andere Sache 2 (*conversazione*) Gespräch (das).

**discoteca** *s.f.* Diskothek (die); (*fam.*) Disko (die).

**discreto** *agg.* 1 (*riservato*) taktvoll, diskret 2 (*moderato*) mäßig, bescheiden 3 (*abbastanza buono*) ganz gut.

**discrezione** *s.f.* 1 Diskretion (die), Zurückhaltung (die) 2 (*estens.*) Ermessen (das), Gutdünken (das).

**discriminazione** *s.f.* 1 (*distinzione*) Unterscheidung (die) 2 Diskriminierung (die).

**discussione** *s.f.* 1 Diskussion (die) 2 (*contrasto*) Auseinandersetzung (die), Streit (der) ● *mettere qlco in* —, etw in Frage stellen.

**discutere** *v.tr.* 1 erörtern, diskutieren 2 (*contestare*) bestreiten, bezweifeln ♦ *v.intr.* 1 (*di*) diskutieren (über + Acc), sprechen (über + Acc) 2 (*litigare*) streiten (über + Acc).

**discutibile** *agg.* 1 diskutabel, strittig 2 (*dubbio*) zweifelhaft, fragwürdig.

**disdetta** *s.f.* 1 Kündigung (die) 2 (*sfortuna*) Unglück (das), Missgeschick (das).

**disdire** *v.tr.* ab-sagen; (*una prenotazione*) ab-bestellen: — *un appuntamento*, eine Verabredung absagen 2 (*dir.*) kündigen.

**disegnare** *v.tr.* zeichnen (*anche estens.*).

**disegnatore** *s.m.* [f. -trice] Zeichner (der; die -in).

**disegno** *s.m.* 1 Zeichnung (die) 2 (*estens.*) Muster (das): *il* — *di un tappeto*, das Muster eines Teppichs 3 (*progetto*) Plan (der).

**disertare** *v.tr.* verlassen ♦ *v.intr.* 1 (*mil.*) desertieren, Fahnenflucht begehen 2 (*fig.*) ab-fallen von.

**disertore** *s.m.* [f. -trice] 1 Deserteur (der; die -in), Fahnenflüchtige (der; die -in) 2 (*fig.*) Abtrünnige (der e die).

**disfare** *v.tr.* lösen; auf-trennen; auseinander nehmen ♦ **disfarsi** *v.pron.* 1 (*slegarsi*) auf-gehen 2 (*fam.*) (*liberarsi*) (*di*) los-werden (+ Acc) ● — *il letto*, das Bett aufdecken | — *la valigia*, auspacken.

**disfunzione** *s.f.* (*med.*) Funktionsstörung (die), Dysfunktion (die).

**disgelo** *s.m.* Tauwetter (das) (*anche pol.*).

**disgrazia** *s.f.* 1 Unglück (das) 2 (*incidente*) Unglücksfall (der), Unglück (das) 3 (*sfavore*) Ungnade (die).

**disgraziato** *agg.* unglücklich ♦ *s.m.* [f. -a] 1 (*sventurato*) Unglücksmensch (der) 2 (*poveraccio*) armer Teufel (*mascalzone*) Gauner (der; die -in), Schurke (der; die Schurkin).

**disguido** *s.m.* Missverständnis (das).

**disgustare** *v.tr.* an-widern, an-ekeln (*anche fig.*).

**disgusto** *s.m.* 1 Ekel (der) 2 (*fig.*) (*per*) Widerwillen (gegen) (der), Abscheu (vor + Dat) (der).

**disgustoso** *agg.* 1 ekelerregend; (*di cibo*) unappetitlich 2 (*fig.*) ekelhaft, widerlich.

**disidratazione** *s.f.* 1 Dehydratation (die), Wasserentzug (der) (*anche scient.*) 2 (*di alimenti*) Trocknen (das), Dörren (das).

**disilludere** *v.tr.* ernüchtern, enttäuschen ♦ **disillludersi** *v.pron.* ernüchtert (*o* enttäuscht) werden.

**disimpegno** *s.m.* 1 Entbindung (die), Befreiung (die) 2 (*locale*) Durchgangsraum (der).

**disinfettante** *agg.* desinfizierend ♦ *s.m.* Desinfektionsmittel (das).

**disinfettare** *v.tr.* desinfizieren.

**disinteressarsi** *v.pron.* (*di*) sich nicht kümmern (um), sich nicht interessieren (für).

**disinteresse** *s.m.* 1 (*indifferenza*) Interesselosigkeit (die), Gleichgültigkeit (die) 2 (*altruismo*) Uneigennützigkeit (die).

**disintossicarsi** *v.pron.* 1 sich entschlacken 2 (*estens.*) sich ab-gewöhnen.

**disintossicazione** *s.f.* Entgiftung (die), Entschlackung (die).

**disinvolto** *agg.* ungezwungen, unbefangen.

**disoccupato** *agg.* arbeitslos ♦ *s.m.* [f. -a] Arbeitslose (der e die).

**disoccupazione** *s.f.* Arbeitslosigkeit (die); *sussidio di* —, Arbeitslosengeld.

**disonestà** *s.f.invar.* Unredlichkeit (die), Unehrlichkeit (die).

**disonesto** *agg.* unredlich, unehrlich.

**disonorare** *v.tr.* entehren ♦ **disonorarsi** *v.pron.* seine Ehre verlieren.

**disonore** *s.m.* 1 Unehre (die); (*vergogna*) Schande (die) 2 (*estens.*) Schandfleck (der).

**disopra** *avv.* 1 (*stato in luogo*) oben: *chi abita* —?, wer wohnt oben? 2 (*moto a luogo*) nach oben ♦ *agg.* ober: *il piano* —, der obere Stock ♦ *s.m.* Oberseite (die), Oberteil (das) ● *al* — *di*, über (+ Dat o Acc).

**disordinato** *agg.* 1 unordentlich 2 (*confuso*) verwirrt 3 (*sregolato*) ungeordnet.

**disordine** *s.m.* 1 Unordnung (die), Durcheinander (das) 2 (*estens.*) Desorganisation (die); (*sregolatezza*) Unregelmäßigkeit (die) 3 (pl.) (*tumulti*) Unruhen (pl.).

**disorganizzazione** *s.f.* Desorganisation (die), Organisationsmangel (der).

**disorientare** *v.tr.* 1 in die Irre führen 2 (fig.) desorientieren, verwirren.

**disotto** *avv.* 1 (*stato in luogo*) unten 2 (*moto a luogo*) nach unten ♦ *agg.* unter: *il piano* —, der untere Stock ♦ *s.m.* Unterseite (die); Unterteil (das): *il* — *del tavolo*, die Unterseite des Tisches ● *al* — *di*, unter (+ Dat o Acc).

**dispari** *agg.invar.* ungerade.

**disparte** *avv.* ● *in* —, abseits: *starsene in* —, beiseite, abseits stehen; *mettere in* — *qlcu*, jdn beiseite drängen.

**dispendio** *s.m.* Aufwand (der) (*anche* fig.).

**dispendioso** *agg.* aufwendig, kostspielig.

**dispensa** *s.f.* 1 (*locale*) Speisekammer (die), Vorratskammer (die) 2 (*mobile*) Speiseschrank (der), Vorratsschrank (der) 3 (*dir.*) Freistellung (die), Befreiung (die).

**disperare** *v.intr.* verzweifeln, die Hoffnung verlieren ♦ **disperarsi** *v.pron.* (*per*) verzweifeln (*a* — *Dat*), in Verzweiflung geraten (über + Acc).

**disperato** *agg.* 1 verzweifelt 2 (*senza speranza*) hoffnungslos ♦ *s.m.* [f. -a] Verzweifelte (der e die).

**disperazione** *s.f.* Verzweiflung (die), Hoffnungslosigkeit (die); *per* —, aus (o vor) Verzweiflung.

**disperdere** *v.tr.* 1 zerstreuen: *la polizia disperse i dimostranti*, die Polizei zerstreute die Demonstranten 2 (fig.) verschwenden ♦ **disperdersi** *v.pron.* 1 sich zerstreuen 2 (fig.) sich verlieren.

**disperso** *agg.* 1 zerstreut 2 (*smarrito*) verloren 3 (*scomparso*) vermisst ♦ *s.m.* [f. -a] Vermisste (der e die).

**dispetto** *s.m.* Bosheit (die); (*irritazione*) Ärger (der) ● *a* —, zum Trotz | *fare qlco per* —, etw aus Trotz tun.

**dispettoso** *agg.* frech; (*fastidioso*) lästig.

**dispiacere¹** *v.intr.* 1 (*non piacere*) missfallen, nicht gefallen: *non mi dispiace affatto*, das ist mir gar nicht unlieb 2 (*essere dispiaciuto*) bedauern, leid tun: *mi dispiace*, (es) tut mir leid; *se non Le dispiace*, wenn Sie nichts dagegen haben.

**dispiacere²** *s.m.* Bedauern (das), Kummer (der).

**disponibile** *agg.* 1 verfügbar: *posto* —, freier Platz; *merce* —, vorrätige Ware 2 (*libero*) frei, zur Verfügung stehend 3 (*servizievole*) hilfsbereit.

**disporre** *v.tr.* 1 an-ordnen, ordnen 2 (*preparare*) vor-bereiten ♦ *v.intr.* (*di*) verfügen (über + Acc) ♦ **disporsi** *v.pron.* 1 sich auf-stellen, sich stellen 2 (*prepararsi*) sich vor-bereiten.

**dispositivo** *s.m.* Vorrichtung (die): — *di sicurezza*, Sicherung.

**disposizione** *s.f.* 1 Anordnung (die), Aufstellung (die) 2 (*stato d'animo*) Verfassung (die), Stimmung (die) 3 (*norma*) Bestimmung (die), Vorschrift (die) ● *avere a* — *una somma*, eine Summe

zur Verfügung haben | *essere a — di qlcu*, jdm zur Verfügung stehen.
**disprezzare** *v.tr.* verachten, geringschätzen.
**disprezzo** *s.m.* Verachtung (die).
**dissanguato** *agg.* 1 verblutet 2 (fig.) verheert.
**disseminare** *v.tr.* 1 verstreuen, ausstreuen 2 (fig.) verbreiten.
**dissenso** *s.m.* 1 Meinungsverschiedenheit (die) 2 (*opposizione ideologica*) Dissens (der) 3 (*disapprovazione*) Missbilligung (die).
**dissenteria** *s.f.* (med.) Ruhr (die), Dysenterie (die).
**disservizio** *s.m.* schlechtes Funktionieren.
**dissestare** *v.tr.* zerrütten: — *le finanze*, die Finanzen zerrütten.
**dissetante** *agg.* durststillend, durstlöschend.
**dissetare** *v.tr.* den Durst stillen (*o löschen*) (+ Gen) ♦ **dissetarsi** *v.pron.* seinen Durst stillen (*o löschen*).
**dissidio** *s.m.* 1 Meinungsverschiedenheit (die); (estens.) Konflikt (der).
**dissociarsi** *v.pron.* (da) Abstand nehmen (von).
**dissolvere** *v.tr.* 1 zerstreuen 2 (*disciogliere*) auflösen 3 (*dissipare*) aufheben, verscheuchen: — *ogni dubbio*, alle Zweifel aufheben (*o verscheuchen*) ♦ **dissolversi** *v.pron.* sich auflösen.
**dissuadere** *v.tr.* abbringen, ausreden.
**distaccare** *v.tr.* 1 abnehmen, (ab-)trennen; (*strappare*) abreißen 2 (*allontanare*) trennen, entfernen: — *qlcu dalla famiglia*, jdn von seiner Familie trennen 3 (mil.) abkommandieren 4 (*trasferire*) verlegen, versetzen 5 (sport) zurücklassen ♦ **distaccarsi** *v.pron.* 1 (*staccarsi*) sich loslösen, loskommen 2 (*allontanarsi*) sich abkehren, sich abwenden 3 (*distinguersi*) sich abheben.
**distacco** *s.m.* 1 Trennung (die), Loslösung (die) 2 (*separazione*) Trennung (die), Abschied (der) 3 (*indifferenza*) Gleichgültigkeit (die), Abstand (der) 4 (sport) Abstand (der).

**distante** *agg.* (*lontano*) fern, weit ♦ *avv.* weit (weg), entfernt.
**distanza** *s.f.* 1 Abstand (der) 2 (sport) Strecke (die), Distanz (die) 3 (*differenza*) Unterschied (der).
**distanziare** *v.tr.* 1 im Abstand aufstellen 2 (sport) hinter sich lassen, abhängen.
**distare** *v.intr.* entfernt sein.
**distendere** *v.tr.* 1 (*stendere*) ausbreiten; (*allungare*) ausstrecken; (*panni*) aufhängen: — *le gambe*, die Beine ausstrecken 2 (*rilassare*) entspannen ♦ **distendersi** *v.pron.* 1 (*sdraiarsi*) sich hinlegen: — *sul letto*, sich aufs Bett legen 2 (*rilassarsi*) sich entspannen.
**distesa** *s.f.* 1 Ausdehnung (die), Weite (die) 2 (*quantità*) Reihe (die).
**distillato** *agg.* destilliert; (*di liquore*) gebrannt: *acqua distillata*, destilliertes Wasser ♦ *s.m.* Destillat (das).
**distilleria** *s.f.* Brennerei (die).
**distinguere** *v.tr.* 1 unterscheiden (*anche estens.*) 2 (*contrassegnare*) kennzeichnen 3 (*far risaltare*) auszeichnen ♦ **distinguersi** *v.pron.* 1 (*per*) sich unterscheiden (durch) 2 (*risaltare*) sich auszeichnen.
**distinta** *s.f.* Aufstellung (die), Verzeichnis (das), Liste (die): — *di versamento*, Einzahlungsbeleg.
**distintivo** *agg.* unterscheidend, Unterscheidungs...: *carattere* —, Unterscheidungsmerkmal ♦ *s.m.* Abzeichen (das).
**distinto** *agg.* 1 verschieden, verschiedenartig 2 (*chiaro*) klar, deutlich 3 (*signorile*) vornehm • (*nelle lettere*) *distinti saluti*, herzliche Grüße.
**distinzione** *s.f.* 1 Unterscheidung (die); Unterschied (der) 2 (*raffinatezza*) Vornehmheit (die), Feinheit (die).
**distorsione** *s.f.* 1 Verstauchung (die) 2 (fig.) Verdrehung (die), Verzerrung (die).
**distrarre** *v.tr.* 1 zerstreuen, ablenken 2 (*divertire*) zerstreuen, unterhalten ♦ **distrarsi** *v.pron.* sich ablenken lassen.
**distratto** *agg.* 1 zerstreut, abgelenkt 2 (*sventato*) unachtsam, zerstreut.
**distrazione** *s.f.* 1 Zerstreuung (die), Ablenkung (die); (*sventatezza*) Zer-

**streutheit** (*die*) **2** (*svago*) Zerstreuung (*die*), Ablenkung (*die*).

**distretto** *s.m.* **1** Bezirk (*der*), Kreis (*der*) **2** (*mil.*) Wehrbezirk (*der*).

**distribuire** *v.tr.* **1** verteilen, aus-teilen: — *la posta*, die Post zustellen **2** (*disporre*) ordnen, an-ordnen ♦ **distribuirsi** *v.pron.* sich verteilen.

**distributore** *agg.* Vertriebs...: *società distributrice*, Vertriebsgesellschaft ♦ *s.m.* Verteiler (*der*), Austeiler (*der*) | — *automatico*, Automat | — *di benzina*, Tankstelle.

**distribuzione** *s.f.* Verteilung (*die*); Versorgung (*die*): — *della posta*, Postzustellung.

**distruggere** *v.tr.* zerstören (*anche fig.*).

**distrutto** *agg.* **1** zerstört **2** (*fam.*) fix und fertig.

**distruzione** *s.f.* Zerstörung (*die*).

**disturbare** *v.tr.* stören ♦ *v.intr.* stören ♦ **disturbarsi** *v.pron.* sich Umstände machen, sich stören lassen ● *si prega di non —*, bitte nicht stören!

**disturbo** *s.m.* **1** Störung (*die*) **2** (*malessere*) Beschwerden (*pl.*) **3** (*radio, tv*) Störung (*die*).

**disubbidiente** *agg.* ungehorsam, unfolgsam.

**disubbidienza** *s.f.* Ungehorsam (*der*), Unfolgsamkeit (*die*).

**disubbidire** *v.intr.* (*a*) nicht gehorchen, nicht folgen (+ *Dat*); nicht befolgen.

**disumano** *agg.* unmenschlich.

**disuso** *s.m.* ● *in —*, außer Gebrauch.

**ditale** *s.m.* Fingerhut (*der*).

**dito** *s.m.* Finger (*der*); (*del piede*) Zehe (*die*).

**ditta** *s.f.* Firma (*die*).

**dittatore** *s.m.* [f. *-trice*] Diktator (*der*; *die -in*).

**dittatura** *s.f.* Diktatur (*die*).

**diurno** *agg.* Tag(es)...: *albergo —*, Tagesheim.

**diva** *s.f.* Diva (*die*), Stern (*der*), Star (*der*).

**divagare** *v.intr.* ab-schweifen, ab-weichen.

**divampare** *v.intr.* **1** in Flammen auf-gehen, auf-flammen **2** (*fig.*) entflammen, entbrennen.

**divano** *s.m.* Sofa (*das*), Couch (*die*).

**divaricare** *v.tr.* **1** spreizen **2** (*aprire*) öffnen.

**divario** *s.m.* Unterschied (*der*), Verschiedenheit (*die*).

**divenire, diventare** *v.intr.* werden.

**diversità** *s.f.invar.* **1** Verschiedenheit (*die*), Ungleichheit (*die*) **2** (*varietà*) Mannigfaltigkeit (*die*), Vielfalt (*die*).

**diversivo** *s.m.* Abwechselung (*die*).

**diverso** *agg.* anders, unterschiedlich; (*vario*) verschieden ♦ *agg.indef.* (*spec.pl.*) einig ♦ *pron.indef.* (*pl.*) einige: *eravamo in diversi*, einige waren da.

**divertente** *agg.* unterhaltsam, belustigend, amüsant.

**divertimento** *s.m.* Unterhaltung (*die*), Vergnügen (*das*): *buon —!*, viel Vergnügen!

**divertire** *v.tr.* unterhalten, Spaß machen (+ *Dat*) ♦ **divertirsi** *v.pron.* sich amüsieren ● *divertiti!*, viel Spaß!

**dividere** *v.tr.* **1** teilen **2** (*separare*) trennen, auseinander bringen **3** (*disunire*) entzweien, auseinander bringen **4** (*suddividere*) auf-teilen **5** (*mat.*) (*per*) teilen, dividieren ♦ **dividersi** *v.pron.* **1** sich trennen **2** (*suddividersi*) bestehen aus: *la commedia si divide in tre atti*, die Komödie besteht aus drei Akten.

**divieto** *s.m.* Verbot (*das*), Untersagung (*die*) ● *— di accesso*, Zutritt verboten | *— di transito*, keine Durchfahrt.

**divinità** *s.f.invar.* Gottheit (*die*).

**divino** *agg.* **1** göttlich **2** (*fig.*) herrlich, göttlich.

**divisa**[1] *s.f.* **1** Uniform (*die*) **2** (*di lavoro*) Arbeitskleidung (*die*); Dienstkleidung (*die*).

**divisa**[2] *s.f.* (*fin.*) Devise (*die*).

**divisione** *s.f.* **1** Teilung (*die*) **2** (*mat.*) Division (*die*), Teilung (*die*) **3** (*settore*) Abteilung (*die*) **4** (*mil.*) Division (*die*) **5** (*sport*) Spielklasse (*die*), Division (*die*).

**diviso** *agg.* **1** geteilt, aufgeteilt **2** (*separato*) getrennt **3** (*mat.*) (*per*) dividiert, geteilt (durch).

**divo** *s.m.* [f. *-a*] Star (*der*).

**divorare** *v.tr.* verschlingen, fressen (*anche estens.*).

**divorziare** *v.intr.* sich scheiden lassen, geschieden werden.

**divorzio** *s.m.* (Ehe)scheidung (*die*).

**divulgare** *v.tr.* verbreiten.

**dizionario** *s.m.* Wörterbuch (*das*): — *tascabile*, Taschenwörterbuch.

**DNA** *s.m.invar.* DNS (*die*).

**do** *s.m.invar.* (*mus.*) C (*das*).

**DOC** *sigla* (*Denominazione di Origine Controllata*) geschützte Herkunftsbezeichnung.

**doccia** *s.f.* Dusche (*die*), Brause (*die*); (*locale*) Duschraum (*der*): *fare la —*, (sich ab)duschen ♦ *— fredda*, kalte Dusche (*anche fig.*).

**docente** *agg.* Lehr..., Lehrer...: *corpo —*, Lehrkörper ♦ *s.m. e f.* **1** Lehrer (*der*; *die -in*) **2** (*università*) Dozent (*der*; *die -in*).

**docile** *agg.* fügsam, gefügig.

**documentare** *v.tr.* **1** belegen, beweisen **2** (*informare*) reportieren, berichten ♦ **documentarsi** *v.pron.* sich informieren.

**documentario** *s.m.* Dokumentarfilm (*der*).

**documento** *s.m.* Dokument (*das*); (*spec.pl.*) Papiere (*pl.*).

**dodici** *agg.num.card.invar.* zwölf → cinque.

**dogana** *s.f.* **1** Zollamt (*das*) **2** (*dazio*) Zoll (*der*), Grenzzoll (*der*) ● *passare la —*, verzollt werden.

**doganiere** *s.m.* [f. *-a*] Zollbeamte (*der*; *die* Zollbeamtin).

**doglie** *s.f.pl.* Geburtsschmerzen (*pl.*), Wehen (*pl.*).

**dolce** *agg.* **1** süß **2** (*fig.*) sanft, mild: *salita —*, sanfter Anstieg **3** (*fig.*) (*piacevole*) süß, zärtlich ♦ *s.m.* Süßspeise (*die*); (*torta*) Kuchen (*der*); (*dessert*) Nachtisch (*der*).

**dolcezza** *s.f.* **1** Süße (*die*), Süßigkeit (*die*) **2** (*fig.*) Milde (*die*): *la — del clima*, die Milde des Klimas.

**dolcificante** *agg.* Süßstoff (*der*).

**dolciumi** *s.m.pl.* Süßigkeiten (*pl.*), Süßwaren (*pl.*).

**dolente** *agg.* **1** schmerzend, schmerzlich **2** (*afflitto*) betrübt, traurig.

**dollaro** *s.m.* Dollar (*der*).

**Dolomiti** *n.pr.f.pl.* Dolomiten (*pl.*).

**dolore** *s.m.* **1** Schmerz (*der*), Weh (*das*) **2** (*pena*) Leid (*das*), Kummer (*der*).

**doloroso** *agg.* **1** schmerzlich, schmerzhaft **2** (*triste*) traurig.

**domanda** *s.f.* **1** Frage (*die*): *rivolgere una — a qlcu*, jdm eine Frage stellen **2** (*richiesta*) Gesuch (*das*), Antrag (*der*) **3** (*econ.*) Nachfrage (*die*).

**domandare** *v.tr.* fragen: — *qlco a qlcu*, jdn nach etw fragen ● **domandarsi qlco**, sich etw fragen.

**domani** *avv.* morgen ♦ *s.m.invar.* **1** Morgen (*das*), Tag darauf **2** (*avvenire*) Zukunft (*die*), Morgen (*der*) ● *dopo —*, übermorgen | *un —*, eines Tages.

**domare** *v.tr.* **1** bändigen, zähmen **2** (*reprimere*) unterdrücken ● *— un incendio*, einen Brand löschen.

**domattina** *avv.* morgen früh, morgen Vormittag.

**domenica** *s.f.* Sonntag (*der*) → *lunedì*.

**domestica** *s.f.* Dienstmädchen (*das*), Bedienstete (*die*).

**domestico** *agg.* **1** häuslich, Haus...: *uso —*, Hausgebrauch **2** (*di animali*) Haus...: *animale —*, Haustier ♦ *s.m.* Bedienstete (*der*), Diener (*der*).

**domicilio** *s.m.* **1** Wohnsitz (*der*) **2** (*abitazione*) Haus (*das*), Wohnung (*die*).

**dominare** *v.tr.* beherrschen (*anche fig.*) ♦ *v.intr.* (*su*) herrschen (über + *Acc*) ♦ **dominarsi** *v.pron.* sich beherrschen.

**dominio** *s.m.* **1** Herrschaft (*die*) **2** (*territorio*) Herrschaft (*die*), Gebiet (*das*) **3** (*dir.*) Eigentum (*das*), Besitz (*der*).

**donare** *v.tr.* schenken: — *qlco a qlcu*, jdm etw schenken ♦ *v.intr.* (*stare bene*) (gut) stehen: *questo colore ti dona*, diese Farbe steht dir (gut).

**donatore** *s.m.* [f. *-trice*] **1** Schenker (*der*; *die -in*) (*anche dir.*) **2** (*med.*) Spender (*der*; *die -in*): — *di sangue*, Blutspender (*der*).

**dondolare** *v.tr.* schaukeln, hin und her

**dondolo / dovuto**

bewegen ♦ *v.intr.* schaukeln ♦ **dondolarsi** *v.pron.* schaukeln.
**dondolo** *s.m.* ● *cavallo a —*, Schaukelpferd | *sedia a —*, Schaukelstuhl.
**donna** *s.f.* 1 Frau (*die*) 2 (*carte*) Dame (*die*) ● *— delle pulizie*, Putzfrau.
**dono** *s.m.* 1 Geschenk (*das*) 2 (*fig.*) Gabe (*die*), Begabung (*die*).
**dopo** *avv.* 1 (*tempo*) dann, später, danach, nachher: *te lo dirò —*, ich werde es dir später sagen; *poco —*, kurz danach 2 (*luogo*) danach ♦ *prep.* 1 (*tempo*) nach: *ci incontriamo — pranzo*, wir treffen uns nach dem Mittagessen 2 (*luogo, spazio*) nach, hinter: *— la farmacia c'è un bar*, nach der Apotheke gibt es ein Café ♦ *cong.* nachdem: *— aver discusso raggiunsero un compromesso*, nachdem sie einen Kompromiss schlossen sie einen Kompromiss ♦ *agg. invar.* folgend, danach: *il giorno —*, am folgenden Tag | *il giorno — che*, am Tag danach ♦ *a —*, bis später, bis dann | *— che*, nachdem, als, wenn | *— di che*, darauf, danach, worauf, wonach.
**dopobarba** *s.m.invar.* Rasierwasser (*das*), Aftershave (*das*).
**dopodomani** *avv.* übermorgen.
**dopoguerra** *s.m.invar.* Nachkriegszeit (*die*).
**doposcì** *agg.* Après-Ski... ♦ *s.m.pl.* Après-Ski-Schuhe (*pl.*).
**doppio** *agg.* 1 doppelt, Doppel....: *camera doppia*, Doppelzimmer 2 (*falso*) doppelzüngig, falsch ♦ *avv.* zweifach: *vedere —*, doppelt sehen (*anche fig.*) ♦ *s.m.* 1 Doppelte (*das*): *ha il — della mia età*, er ist doppelt so alt wie ich 2 (*sport*) Doppel (*das*): *— maschile, femminile*, Herrendoppel, Damendoppel.
**dorare** *v.tr.* 1 vergolden 2 (*gastr.*) goldbraun backen.
**dorato** *agg.* 1 vergoldet 2 (*di colore*) gold..., golden.
**dormiglione** *s.m.* [f. *-a*] (*fam.*) Schlafmütze (*die*), Langschläfer (*der*; *die* -in).
**dormire** *v.intr.* schlafen ● *— sonni tranquilli*, einen ruhigen Schlaf schlafen.
**dormiveglia** *s.m.invar.* Halbschlaf (*der*).

**dorsale** *agg.* Rücken... ● *spina —*, Rückgrat.
**dorso** *s.m.* 1 Rücken (*der*) 2 (*nuoto*) Rückenschwimmen (*das*).
**dosare** *v.tr.* dosieren, ab-messen.
**dose** *s.f.* Dosis (*die*), Dose (*die*).
**dotare** *v.tr.* 1 (*fornire della dote*) aussteuern 2 (*estens.*) versehen: *— la città di un ospedale*, die Stadt mit einem Krankenhaus versehen.
**dotazione** *s.f.* 1 Stiftung (*die*), Dotation (*die*) 2 (*attrezzatura*) Ausstattung (*die*) 3 (*mil.*) Ausrüstung (*die*).
**dote** *s.f.* 1 Mitgift (*die*), Aussteuer (*die*) 2 (*fig.*) Gabe (*die*), Naturgabe (*die*).
**dottore** *s.m.* 1 (*titolo*) Doktor (*der*) 2 (*med.*) Arzt (*der*).
**dottoressa** *s.f.* 1 (*titolo*) Frau Doktor 2 (*med.*) Ärztin (*die*).
**dove** *avv.* 1 (*stato in luogo*) wo: *ecco — ci siamo incontrati*, das ist der Ort, wo wir uns begegnet sind 2 (*moto a luogo*) wohin: *— vai?*, wohin gehst du? ● *di — sei?*, woher bist du?
**dovere**[1] *v.modale* 1 müssen: *devi pagare entro domani*, du musst binnen morgen zahlen 2 (*essere probabile*) müssen, sollen: *devono essere già le tre*, es muss schon drei Uhr sein 3 (*essere necessario*) (*in frase negativa*) brauchen: *non devi venire, bastiamo noi*, du brauchst nicht zu kommen, wir sind schon genug 4 (*essere lecito*) (*in frase negativa*) dürfen: *nei locali pubblici non si deve fumare*, in den öffentlichen Gebäuden darf man nicht rauchen ♦ *s.m.* 1 (*essere debitore*) schulden, schuldig sein; (*fig.*) verdanken: *gli deve la vita*, er verdankt ihm sein Leben 2 (*avere origine*) (*usato sempre al passivo*) verursachen, zurück-führen (auf + Acc): *il guasto è dovuto a un corto circuito*, der Schaden wurde durch einen Kurzschluss verursacht.
**dovere**[2] *s.m.* Pflicht (*die*) ● *sentirsi in —*, sich verpflichtet fühlen.
**dovunque** *avv.* 1 (*stato in luogo*) überall 2 (*moto a luogo*) überallhin ♦ *cong.* 1 (*stato in luogo*) wo auch immer 2 (*moto a luogo*) wohin auch immer.
**dovuto** *agg.* nötig, gebührend ● *pagare*

**più del —**, mehr zahlen, als man schuldig ist.

**dozzina** *s.f.* Dutzend (*das*).

**drago** *s.m.* 1 Drache (*der*) 2 (*zool.*) Flugdrache (*der*), Flugechse (*die*).

**dramma** *s.m.* 1 Schauspiel (*das*), Drama (*das*) 2 (*componimento teatrale*) Theaterstück (*das*) 3 (*estens.*) Drama (*das*).

**drammatico** *agg.* dramatisch, Schauspiel...: *arte drammatica*, Schauspielkunst.

**dritto** *agg.* 1 gerade 2 (*destro*) recht 3 (*fam.*) schlau, verschlagen, listig ♦ *avv.* gerade, geradeaus: *andare —*, geradeaus gehen (o fahren) ♦ *s.m.* rechte Seite.

**droga** *s.f.* 1 (*spezia*) Gewürz (*das*) 2 (*farm.*) Droge (*die*) 3 (*stupefacente*) Droge (*die*), Rauschgift (*das*).

**drogare** *v.tr.* 1 Rauschgift verabreichen (+ Dat) 2 (*sport*) dopen ♦ **drogarsi** *v.pron.* Drogen nehmen.

**drogato** *agg.* unter Drogeneinwirkung; (*sport*) gedopt ♦ *s.m.* [f. *-a*] Drogensüchtige (*der* e *die*); (*tossicodipendente*) Drogenabhängige (*der* e *die*).

**drogheria** *s.f.* Drogerie (*die*).

**droghiere** *s.m.* [f. *-a*] Drogist (*der*; *die -in*).

**dromedario** *s.m.* Dromedar (*das*).

**dubbio** *agg.* zweifelhaft; unsicher ♦ *s.m.* Zweifel (*der*): *senza (alcun) dubbio*, unbestritten; *mettere in — qlco*, etw in Zweifel ziehen.

**dubbioso** *agg.* 1 zweifelnd 2 unsicher; (*esitante*) unschlüssig.

**dubitare** *v.intr.* (*di*) zweifeln (an + Acc), bezweifeln.

**duca** *s.m.* Herzog (*der*).

**duchessa** *s.f.* Herzogin (*die*).

**due** *agg.num.card.invar.* zwei → cinque ● *non c'è — senza tre*, aller guten Dinge sind drei | *tutti e —*, beide.

**duecento** *agg.num.card.invar.* zweihundert ● *il Duecento*, das dreizehntes Jahrhundert.

**duello** *s.m.* 1 Duell (*das*), Zweikampf (*der*) 2 (*fig.*) Streit (*der*), Kampf (*der*).

**duemila** *agg.num.card.invar.* zweitausend.

**duepezzi** *s.m.invar.* 1 Bikini (*der*) 2 (*vestito*) Kostüm (*das*).

**duetto** *s.m.* (*mus.*) Duett (*das*).

**duna** *s.f.* Düne (*die*).

**dunque** *cong.* 1 (*perciò*) also, daher, deshalb 2 (*per concludere o riprendere il discorso*) also, nun: *dicevamo che...*, wir sagten also, dass... ♦ *s.m.* Punkt (*der*): *veniamo al —*, kommen wir zum entscheidenden Punkt.

**duomo** *s.m.* Dom (*der*).

**duplicato** *s.m.* Duplikat (*das*), Zweitschrift (*die*).

**duplice** *agg.* zweifach, doppelt.

**durante** *prep.* während (+ Gen) ● *vita natural —*, das ganze Leben lang.

**durare** *v.intr.* 1 dauern, währen 2 (*continuare*) dauern 3 (*conservarsi*) sich halten 4 (*resistere*) sich halten, halten, aus·halten.

**durata** *s.f.* Dauer (*die*).

**duraturo** *agg.* dauerhaft; bleibend.

**durezza** *s.f.* 1 Härte (*die*) 2 (*fig.*) Strenge (*die*), Härte (*die*).

**duro** *agg.* 1 hart 2 (*difficile*) schwer 3 (*rigido*) streng, hart: *parole dure*, harte Worte ♦ *avv.* schwer ● *avere la testa dura*, ein Dickkopf sein | *d'orecchi*, schwerhörig | (*fam.*) *è un —!*, er ist ein starker Typ | *tenere —*, durchhalten.

**DVD** *s.m.invar.* DVD (*die*).

# Ee

**e, ed** *cong.* und.
**E** *sigla* (Est) O.
**ebano** *s.m.* **1** (*albero*) Ebenholzbaum (*der*) **2** (*legno*) Ebenholz (*das*).
**ebbene** *cong.* **1** nun gut **2** (*in frasi interrogative*) und, na und.
**ebbrezza** *s.f.* **1** Trunkenheit (*die*) **2** (*fig.*) Rausch (*der*).
**ebollizione** *s.f.* **1** (*fis.*) Sieden (*das*), Kochen (*das*): *punto di* —, Siedepunkt **2** (*fig.*) Aufruhr (*der*).
**ebraico** *agg.* **1** jüdisch **2** (*riferito alla lingua*) hebräisch ♦ *s.m.* Hebräisch(e) (*das*).
**ebreo** *agg.* jüdisch ♦ *s.m.* [f. -a] Jude (*der*; die Jüdin).
**ecc.** *abbr.* (eccetera) usw. (und so weiter).
**eccedenza** *s.f.* Übermaß (*das*), Überschuss (*der*); (*soprannumero*) Überzahl (*die*).
**eccellente** *agg.* hervorragend, vortrefflich.
**eccentrico** *agg.* **1** (*geom.*) exzentrisch **2** (*lontano dal centro*) abgelegen **3** (*fig.*) überspannt, exzentrisch ♦ *s.m.* [f. -a] Exzentriker (*der*; die -in).
**eccessivo** *agg.* übertrieben, übermäßig.
**eccesso** *s.m.* Übermaß (*das*), Überschuss (*der*) ● *all'*—, exzessiv, völlig übertrieben | — *di velocità*, Geschwindigkeitsüberschreitung | *in* —, zuviel.
**eccetera** *avv.* und so weiter und so fort.
**eccetto** *prep.* außer (+ Dat), mit Ausnahme von; bis auf (+ Acc) ● — *che*, es sei denn, außer wenn.
**eccezionale** *agg.* außergewöhnlich.
**eccezione** *s.f.* Ausnahme (*die*) ● *a* — *di*, mit Ausnahme von.
**eccitante** *agg.* aufregend ♦ *s.m.* Aufputschmittel (*das*).
**eccitare** *v.tr.* **1** erregen, auf·regen **2** (*estens.*) auf·heizen, auf·hetzen.
**eccitazione** *s.f.* Erregung (*die*), Aufregung (*die*).
**ecclesiastico** *agg.* kirchlich, Kirchen....
**ecco** *avv.* hier, da, so: — *la tua agenda*, hier ist dein Taschenkalender ● *eccomi!*, hier bin ich! | — *tutto*, das ist alles.
**eclissi** *s.f.* Eklipse (*die*), Finsternis (*die*): — *di luna*, Mondfinsternis; — *solare*, Sonnenfinsternis.
**eco** *s.f.invar.* o *s.m.* Echo (*das*), Widerhall (*der*).
**ecografia** *s.f.* **1** Echographie (*die*) **2** (*esame*) Ultraschalluntersuchung (*die*).
**ecologia** *s.f.* Ökologie (*die*).
**ecologico** *agg.* **1** ökologisch **2** umweltfreundlich, umweltschonend.
**ecologista** *agg.* Umwelt..., Umweltschutz...: *movimento* —, Umweltschutzbewegung ♦ *s.m.* e *f.* **1** Umweltschützer (*der*; die -in) **2** (*scienziato*) Ökologe (*der*; die -in).
**economia** *s.f.* **1** Wirtschaft (*die*), Ökonomie (*die*) **2** (*scienza*) Wirtschaftswissenschaft (*die*) **3** (*parsimonia*) Einsparung (*die*); Einsparnis (*die*) ● *fare* —, sparen.

**economico** *agg.* 1 Wirtschaft..., wirtschaftlich: *crisi economica*, Wirtschaftskrise 2 (*fin.*) finanziell, Geld... 3 (*conveniente*) preiswert, billig.
**economista** *s.m.* e *f.* Wirtschaftswissenschaftler (*der; die* -in).
**economizzare** *v.tr.* e *intr.* sparen.
**edera** *s.f.* Efeu (*der*).
**edicola** *s.f.* Zeitungskiosk (*der*), Zeitungsstand (*der*).
**edificare** *v.tr.* errichten, auf-bauen.
**edificio** *s.m.* Bau (*der*), Gebäude (*das*), Bauwerk (*das*).
**edile** *agg.* Bau..., baulich: *impresa —*, Bauunternehmen.
**edilizia** *s.f.* 1 Bauwesen (*das*), Baugewerbe (*das*) 2 (*costruzioni*) Bauten (*pl.*), Bauwerke (*pl.*).
**editore** *s.m.* [f. *-trice*] 1 Verleger (*der; die* -in) 2 (*società*) Verlag (*der*) 3 (*curatore*) Herausgeber (*der; die* -in).
**editoria** *s.f.* Verlagswesen (*das*).
**edizione** *s.f.* 1 Ausgabe (*die*), (*pubblicazione*) Herausgabe (*die*) 2 (*numero di esemplari*) Auflage (*die*) 3 (*estens.*) Veranstaltung (*die*): *l'ultima — del Festival*, das letzte Festival.
**educare** *v.tr.* 1 erziehen 2 (*estens.*) aus-bilden.
**educato** *agg.* wohlerzogen; höflich.
**educatore** *s.m.* [f. *-trice*] Erzieher (*der; die* -in).
**educazione** *s.f.* 1 Erziehung (*die*) 2 (*belle maniere*) gute Erziehung (*die*) ◆ (*scol.*) — *fisica*, Turnen.
**effervescente** *agg.* sprudelnd, Brause...: *bevanda —*, Sprudelgetränk.
**effettivo** *agg.* 1 (*reale*) wirklich, tatsächlich 2 (*che ricopre un incarico*) ständig, planmäßig: *personale —*, vollamtliches Personal.
**effetto** *s.m.* 1 Wirkung (*die*) 2 (*conseguenza*) Folge (*die*) 3 (*fis.*) Effekt (*der*) (*anche estens.*) ● *effetti secondari, collaterali*, Nebenwirkungen | *effetti speciali*, besondere Effekte | *in effetti*, tatsächlich, in der Tat | *per — di*, infolge (+ Gen)
**effettuare** *v.tr.* aus-führen, durch-führen: *il treno non effettua fermate*, der Zug fährt durch.

**efficace** *agg.* 1 wirksam, wirkungsvoll 2 (*incisivo*) eindrucksvoll, eindringlich.
**efficacia** *s.f.* Wirksamkeit (*die*), Wirkung (*die*) (*anche dir.*).
**efficiente** *agg.* 1 (*di macchinari*) leistungsfähig 2 (*di persona*) fähig 3 (*di metodo ecc.*) effizient.
**efficienza** *s.f.* 1 Leistungsfähigkeit (*die*); (*di metodi, organizzazioni*) Effizienz (*die*) 2 (*di persona*) Tüchtigkeit (*die*).
**Egitto** *n.pr.m.* Ägypten (*das*).
**egiziano** *agg.* ägyptisch ◆ *s.m.* [f. *-a*] Ägypter (*der; die* -in).
**egli** *pron.pers.m.sing.* er.
**egocentrico** *agg.* egozentrisch, ichbezogen ◆ *s.m.* [f. *-a*] Egozentriker (*der; die* -in).
**egoismo** *s.m.* Egoismus (*der*).
**egoista** *agg.* egoistisch ◆ *s.m.* e *f.* Egoist (*der*).
**egregio** *agg.* 1 ausgezeichnet, vortrefflich 2 (*nelle lettere*) sehr geehrt, verehrt: *— signore*, sehr geehrter Herr.
**eiaculazione** *s.f.* Ejakulation (*die*).
**elaborare** *v.tr.* 1 aus-arbeiten, bearbeiten 2 (*psic., inform.*) verarbeiten.
**elaborazione** *s.f.* 1 Ausarbeitung (*die*), Bearbeitung (*die*) 2 (*inform., psic.*) Verarbeitung (*die*) ● — (*dei*) *dati*, Datenverarbeitung.
**elasticità** *s.f.invar.* 1 Elastizität (*die*), Federkraft (*die*) 2 (*estens.*) Geschmeidigkeit (*die*), Gelenkigkeit (*die*) 3 (*fig.*) Flexibilität (*die*): *— mentale*, geistige Flexibilität.
**elasticizzato** *agg.* Stretch...: *tessuto —*, Stretchgewebe.
**elastico** *agg.* 1 elastisch, Gummi...: *calza elastica*, Gummistrumpf 2 (*agile*) geschmeidig 3 (*fig.*) dehnbar, flexibel ◆ *s.m.* Gummiband (*das*) (*anche abbigl.*).
**elefante** *s.m.* Elefant (*der*).
**elegante** *agg.* elegant, schick.
**eleganza** *s.f.* Eleganz (*die*).
**eleggere** *v.tr.* wählen, erwählen.
**elementare** *agg.* 1 elementarisch, Elementar..., Anfangs... 2 (*scol.*) Grundschul..., Grund...: *scuola —*, Grundschule 3 (*semplice*) einfach, elementar.

# elemento / emigrato

**elemento** *s.m.* 1 Element *(das) (anche chim.)* 2 *(componente)* Bestandteil *(der)* 3 *(estens.)* Angabe *(die);* Faktor *(der).*

**elemosina** *s.f.* Almosen *(das).*

**elencare** *v.tr.* verzeichnen; *(enumerare)* auf·zählen.

**elenco** *s.m.* Verzeichnis *(der),* Liste *(die)* ● — *telefonico,* Telefonbuch.

**elettorale** *agg.* Wahl...: *programma* —, Wahlprogramm.

**elettore** *s.m.* [f. -*trice*] Wähler *(der; die* -in), Wahlberechtigte *(der e die).*

**elettrauto** *s.m.invar.* 1 *(officina)* Elektrodienst *(der)* 2 *(operaio)* Autoelektriker *(der).*

**elettricista** *s.m.* e *f.* Elektriker *(der; die* -in), Elektroinstallateur *(der; die* -in).

**elettricità** *s.f.invar.* 1 Elektrizität *(die),* Strom *(der)* 2 *(fig.)* Unruhe *(die),* Nervosität *(die).*

**elettrico** *agg.* 1 elektrisch, Elektrizitäts... *(che funziona a elettricità)* elektrisch, Elektro... ● *centrale elettrica,* Kraftwerk | *motore* —, Elektromotor.

**elettrocardiogramma** *s.m. (med.)* Elektrokardiogramm *(das),* EKG *(das).*

**elettrodomestico** *s.m.* Elektrogerät *(das),* Haushaltsgerät *(das).*

**elettroencefalogramma** *s.m.(med.)* Elektroenzephalogramm *(das),* EEG *(das).*

**elettronica** *s.f.* Elektronik *(die).*

**elettronico** *agg.* elektronisch.

**elevare** *v.tr.* 1 erhöhen, erheben 2 *(innalzare)* an·heben 3 *(fig.)* erheben ● *elevarsi socialmente,* sozial auf·steigen.

**elevato** *agg.* 1 hoch, höher 2 *(fig.)* erhoben, gehoben.

**elezione** *s.f.* 1 *(pol.)* Wahl *(die)* 2 *(scelta)* Auswahl *(die).*

**elica** *s.f.* Propeller *(der).*

**elicottero** *s.m.* Hubschrauber *(der),* Helikopter *(der).*

**eliminare** *v.tr.* 1 beseitigen, entfernen 2 *(escludere)* aus·schließen ● *(sport)* — *un avversario,* einen Gegner ausschließen.

**eliminazione** *s.f.* 1 Entfernung *(die),* Beseitigung *(die)* 2 *(esclusione)* Ausschluss *(der)* 3 *(sport)* Ausscheidung *(die).*

**eliporto** *s.m.* Hubschrauberlandeplatz *(der).*

**élite** *s.f.* Elite *(die).*

**elmetto, elmo** *s.m.* Helm *(der).*

**eloquente** *agg.* 1 eloquent, redegewandt 2 *(estens.)* vielsagend.

**elvetico** *agg.* schweizerisch ♦ *s.m.* [f. -*a*] Schweizer *(der; die* -in) ● *Confederazione elvetica,* Schweizerische Eidgenossenschaft.

**e-mail** *s.f.invar.* E-Mail *(die* o *das).*

**emanare** *v.intr.* 1 aus·strahlen, aus·strömen: — *calore,* Wärme ausstrahlen 2 *(dir.)* erlassen, verkünden: — *una legge,* ein Gesetz erlassen.

**emancipare** *v.tr.* befreien ♦ **emanciparsi** *v.pron.* sich emanzipieren.

**emancipazione** *s.f.* Emanzipation *(die).*

**emarginare** *v.tr.* ausgrenzen.

**emarginato** *agg.* ausgegrenzt ♦ *s.m.* [f. -*a*] Außenseiter *(der; die* -in).

**emarginazione** *s.f.* Ausgrenzung *(die).*

**ematoma** *s.m. (med.)* Hämatom *(das),* Bluterguss *(der).*

**emblema** *s.m.* 1 Emblem *(das)* 2 Symbol *(das).*

**embrione** *s.m. (biol.)* Embryo *(der).*

**emergenza** *s.f.* Notfall *(der)* ● *in caso di* —, im Notfall.

**emergere** *v.intr.* 1 auf·tauchen *(elevarsi)* empor·ragen, sich erheben 3 *(risultare)* sich ergeben, hervor·gehen 4 *(distinguersi)* sich aus·zeichnen.

**emettere** *v.tr.* 1 aus·stoßen, von sich geben; *(calore, vapore)* aus·strahlen, aus·strömen: — *un suono,* einen Ton von sich geben 2 *(comm.)* aus·stellen, aus·geben: — *fattura, un assegno,* eine Rechnung, einen Scheck ausstellen.

**emicrania** *s.f.* Migräne *(die).*

**emigrante** *agg.* auswandernd ♦ *s.m.* e *f.* Auswanderer *(der; die* Auswanderin), Emigrant *(der).*

**emigrare** *v.intr.* aus·wandern, emigrieren.

**emigrato** *agg.* ausgewandert ♦ *s.m.* [f.

**-a]** Emigrant *(der; die* -in), Auswanderer *(der; die* -wanderin).

**emigrazione** *s.f.* Auswanderung *(die),* Emigration *(die).*

**Emirati Arabi Uniti** *n.pr.m.pl.* Vereinigte Arabische Emirate *(pl.).*

**emisfero** *s.m.* Halbkugel *(die),* Hemisphäre *(die)* — *boreale, australe,* nördliche, südliche Halbkugel.

**emissione** *s.f.* **1** Ausstoßen *(das),* **2** *(di luce, calore)* Ausstrahlung *(die)* **2** *(fin.)* Ausgabe *(die),* Emission *(die)* **3** *(trasmissione)* Senden *(das),* Sendung *(die).*

**emittente** *agg.* **1** *(econ.)* Emissions..., Ausgabe...: *banca* —, Emissionsbank **2** *(trasmittente)* Sende... ♦ *s.f.* Sender *(der),* Sendestation *(die).*

**emofiliaco** *agg.* Bluter..., Hämophilie... ♦ *s.m.* [f. *-a*] Bluter *(der; die* -in).

**emorragia** *s.f.* Blutung *(die),* Hämorrhagie *(die).*

**emorroidi** *s.f.pl.* Hämorrhoiden *(pl.).*

**emotivo** *agg.* emotional, emotiv, empfindlich.

**emozionante** *agg.* spannend, aufregend.

**emozionare** *v.tr.* erschüttern, auf-regen ♦ **emozionarsi** *v.pron.* sich aufregen, sich erregen.

**emozionato** *agg.* aufgeregt, erregt.

**emozione** *s.f.* Erregung *(die),* Aufregung *(die).*

**emporio** *s.m.* **1** Handelszentrum *(das)* **2** *(negozio)* Warenhaus *(das),* Kaufhaus *(das).*

**enciclopedia** *s.f.* Enzyklopädie *(die),* Lexikon *(das).*

**endovena** *s.f.* intravenöse Injektion.

**energetico** *agg.* **1** Energie...: *fonte energetica,* Energiequelle **2** *(stimolante)* kräftigend.

**energia** *s.f.* Kraft *(die),* Energie *(die) (anche fig.)* ● — *nucleare,* Kernenergie | — *solare,* Sonnenenergie.

**energico** *agg.* kraftvoll, energisch.

**Engadina** *n.pr.f.* Engadin *(die).*

**enigma** *s.m.* Rätsel *(das).*

**ennesimo** *agg.* **1** *(mat.)* x-te **2** *(fam.)* x-te, soundsovielte: *te lo ripeto per l'en-*

*nesima volta,* ich wiederhole es dir zum x-ten Mal.

**enorme** *agg.* **1** riesig, Riesen... **2** *(fig.)* außerordentlich, Riesen...: *un successo* —, ein Riesenerfolg.

**enoteca** *s.f.* **1** *(collezione)* Weinsammlung *(die)* **2** *(locale)* Weinhandlung *(die).*

**ente** *s.m.* Amt *(das),* Körperschaft *(die)* ● — *per il turismo,* Fremdenverkehrsamt.

**entrambi** *agg.* e *pron.m.pl.* beide: *sono arrivati* —, beide sind angekommen.

**entrare** *v.intr.* **1** ein-treten, treten; *(in allontanamento)* hinein-gehen; *(in avvicinamento)* herein-kommen **2** *(stare, essere contenuto)* enthalten sein: *non entra nella valigia,* das passt nicht in den Koffer **3** *(di affari ecc.)* passen: *queste scarpe non mi entrano più,* diese Schuhe passen mir nicht mehr ● *entra!,* herein! | *entrarci,* hineinpassen; *(avere relazione con)* damit zu tun haben: *che c'entra?,* was hat das damit zu tun? | — *in guerra,* in den Krieg eintreten | — *in vigore,* in Kraft treten | *vietato* —, Eintritt verboten.

**entrata** *s.f.* **1** *(l'entrare)* Eintritt *(der) (anche fig.):* — *in scena,* Auftritt **2** *(ingresso)* Eingang *(der),* Einfahrt *(die)* **3** *(spec.pl.) (econ.)* Einnahmen *(pl.).*

**entro** *prep.* **1** *(tempo)* binnen (+ Dat o Gen), in (+ Dat), innerhalb (+ Gen) **2** *(luogo)* innerhalb (+ Gen).

**entroterra** *s.m.invar.* Hinterland *(das).*

**entusiasmante** *agg.* begeisternd, mitreißend.

**entusiasmare** *v.tr.* begeistern, mitreißen ♦ **entusiasmarsi** *v.pron.* sich begeistern.

**entusiasmo** *s.m.* Begeisterung *(die),* Enthusiasmus *(der).*

**entusiasta** *agg.* begeistert.

**eolico** *agg.* Wind-, Windenergie- ● *energia eolica,* Windenergie.

**epatite** *s.f. (med.)* Hepatitis *(die),* Leberentzündung *(die).*

**epicentro** *s.m.* **1** *(geol.)* Epizentrum *(das)* **2** *(fig.)* Herd *(der),* Schwerpunkt *(der).*

**epidemia** *s.f.* 1 (*med.*) Epidemie (*die*), Seuche (*die*) 2 (*fig.*) Plage (*die*).

**epidermide** *s.f.* 1 (*anat.*) Epidermis (*die*), Oberhaut (*die*) 2 (*pelle*) Haut (*die*).

**Epifania** *s.f.* (*festività*) Dreikönigstag (*der*), Dreikönigsfest (*das*).

**epilessia** *s.f.* (*med.*) Epilepsie (*die*), Fallsucht (*die*).

**epilettico** *agg.* (*med.*) epileptisch: *attacco —*, epileptischer Anfall ♦ *s.m.* [f. -*a*] Epileptiker (*der*; *die* -in).

**episodio** *s.m.* 1 Episode (*die*) 2 (*avvenimento*) Vorfall (*der*).

**epoca** *s.f.* Zeit (*die*), Epoche (*die*): *all'—*, damals ● *auto d'—*, Oldtimer | *casa d'—*, Altbau.

**eppure** *cong.* 1 (*avversativo*) dennoch, trotzdem 2 (*escl.*) doch: *— è vero!*, und doch ist es wahr (*o* stimmt es)!

**equatore** *s.m.* (*geogr.*) Äquator (*der*).

**equazione** *s.f.* (*mat.*) Gleichung (*die*).

**equestre** *agg.* Reiter-...: ● *circo —*, Zirkus.

**equilibrio** *s.m.* 1 Gleichgewicht (*das*) (*anche fis.*): *senso dell'—*, Gleichgewichtssinn; *perdere l'—*, das Gleichgewicht verlieren 2 (*interiore*) Ausgeglichenheit (*die*).

**equino** *agg.* Pferde...: *carne equina*, Pferdefleisch.

**equinozio** *s.m.* Äquinoktium (*das*), Tagundnachtgleiche (*die*).

**equipaggiamento** *s.m.* Ausrüstung (*die*).

**equipaggiare** *v.tr.* 1 ausrüsten 2 (*fornire di equipaggio*) bemannen.

**equipaggio** *s.m.* Besatzung (*die*), Crew (*die*).

**equitazione** *s.f.* Reiten (*das*), Reitsport (*der*) ● *scuola di —*, Reitschule.

**equivalente** *agg.* 1 gleichwertig 2 (*dello stesso significato*) gleichbedeutend 3 (*geom.*) deckungsgleich ♦ *s.m.* Gegenwert (*der*).

**equivoco** *agg.* 1 zweideutig 2 (*estens.*) zwielichtig: *un locale —*, ein Lokal von zweifelhaftem Ruf ♦ *s.m.* Missverständnis (*das*): *a scanso di equivoci*, um Missverständnissen vorzubeugen.

**equo** *agg.* 1 gerecht, unvoreingenommen 2 (*adeguato*) angemessen.

**era** *s.f.* Ära (*die*), Zeitalter (*das*).

**erba** *s.f.* 1 Gras (*das*) 2 (*gerg.*) Gras (*das*) 3 (*pl.*) (*gastr.*) Kräuter (*pl.*) ● *fare di ogni — un fascio*, alles in einen Topf werfen | *in —*, unerfahren.

**erbivoro** *agg.* pflanzenfressend ♦ *s.m.* Pflanzenfresser (*der*).

**erboristeria** *s.f.* 1 (*raccolta*) Heilpflanzensammlung (*die*) 2 (*negozio*) Heilpflanzenhandlung (*die*), Reformhaus (*das*).

**erede** *s.m.* e *f.* (*dir.*) Erbe (*der*; *die* Erbin).

**eredità** *s.f.invar.* Erbschaft (*die*), Erbe (*das*): *lasciare in —*, vererben; *ricevere in —*, erben.

**ereditare** *v.tr.* erben (*anche fig.*).

**ereditario** *agg.* Erb...: *malattia ereditaria*, Erbkrankheit.

**eremita** *s.m.* e *f.* Eremit (*der*; *die* -in), Einsiedler (*der*; *die* -in).

**eremo** *s.m.* 1 Einsiedelei (*die*) 2 (*estens.*) abgelegenes Haus.

**eretico** *agg.* häretisch, ketzerisch, Ketzer...: *setta eretica*, Ketzersekte ♦ *s.m.* [f. -*a*] Ketzer (*der*; *die* -in).

**erezione** *s.f.* 1 Errichtung (*die*) 2 (*fisiologia*) Erektion (*die*).

**ergastolo** *s.m.* lebenslängliche Freiheitsstrafe.

**erigere** *v.tr.* errichten: *— un monumento*, ein Denkmal errichten.

**eritema** *s.m.* (*med.*) Erythem (*das*) ● *— solare*, Sonnenbrand.

**ermetico** *agg.* 1 dicht, hermetisch: *chiusura ermetica*, luftdichter Verschluss 2 (*fig.*) unverständlich, dunkel.

**ernia** *s.f.* (*med.*) Bruch (*der*) ● *— del disco*, Bandscheibenvorfall | *— inguinale*, Leistenbruch.

**eroe** *s.m.* Held (*der*).

**eroico** *agg.* heldenhaft, Helden..., heroisch.

**eroina**[1] *s.f.* Heldin (*die*), Heroine (*die*).

**eroina**[2] *s.f.* (*droga*) Heroin (*das*).

**eroismo** *s.m.* Heldentum (*das*), Heroismus (*der*).

**erosione** *s.f.* 1 Erosion *(die)* 2 *(estens.)* Unterminierung *(die)*.

**erotico** *agg.* erotisch.

**erotismo** *s.m.* Erotik *(die)*.

**errare** *v.intr.* 1 *(vagare)* umher-irren 2 *(sbagliare)* sich irren.

**errato** *agg.* falsch ● *se non vado* —, wenn ich nicht irre.

**errore** *s.m.* Fehler *(der)*, Irrtum *(der)* ● *commettere un* —, einen Fehler begehen | — *di stampa*, Druckfehler | *per* —, irrtümlich, versehentlich.

**eruttare** *v.tr.* aus-stoßen *(anche fig.)*: *il vulcano eruttava lava*, der Vulkan stieß Lava aus.

**eruzione** *s.f.* 1 Ausbruch *(der)*, Eruption *(die)* 2 *(med.)* Ausschlag *(der)*: — *cutanea*, Hautausschlag.

**esagerare** *v.tr.* übertreiben ♦ *v.intr.* übertreiben: — *nei complimenti*, mit Komplimenten um sich werfen.

**esagerazione** *s.f.* 1 Übertreibung *(die)* 2 *(cosa esagerata)* Übertriebenheit *(die)*.

**esalazione** *s.f.* Ausströmung *(die)*, Ausdünstung *(die)*.

**esaltare** *v.tr.* 1 (lob-)preisen, rühmen 2 *(entusiasmare)* begeistern 3 *(far risaltare)* hervor-heben, unterstreichen ♦ **esaltarsi** *v.pron.* 1 sich rühmen 2 *(entusiasmarsi)* sich begeistern.

**esaltazione** *s.f.* 1 Verherrlichung *(die)*, Lobpreisung *(die)* 2 *(eccitazione)* Erregtheit *(die)*, Fiebrigkeit *(die)*.

**esame** *s.m.* 1 Untersuchung *(die)*, Überprüfung *(die)* 2 *(med.)* Untersuchung *(die)* 3 *(scol.)* Prüfung *(die)*, Examen *(das)* ● — *del sangue*, Blutuntersuchung | — *di maturità*, Reifeprüfung, Abitur | *prendere in* —, überprüfen.

**esaminare** *v.tr.* 1 prüfen, untersuchen 2 *(scol.)* prüfen.

**esasperare** *v.tr.* 1 verschärfen, verschlimmern 2 *(irritare)* nerven, stören ♦ **esasperarsi** *v.pron.* in Zorn geraten.

**esattamente** *avv.* genau.

**esatto** *agg.* 1 genau, exakt, präzise 2 *(corretto)* richtig ● *l'ora esatta*, die genaue Uhrzeit.

**esaudire** *v.tr. (persone)* erhören; *(desideri)* erfüllen; *(richieste)* nach-kommen (+ Dat).

**esauriente** *agg.* 1 ausführlich, umfassend 2 *(convincente)* ausreichend, erschöpfend.

**esaurimento** *s.m.* Erschöpfung *(die)*, Versiegen *(das)* ● *(med.)* — *nervoso*, Nervenzusammenbruch | *fino a* — *delle scorte*, solange der Vorrat reicht.

**esaurire** *v.tr.* 1 *(restare senza)* aufbrauchen, erschöpfen 2 *(trattare a fondo)* erschöpfend behandeln ♦ **esaurirsi** *v.pron.* 1 *(di pozzi, miniere)* versiegen 2 *(debilitarsi)* sich verbrauchen, sich erschöpfen.

**esaurito** *agg.* 1 aufgebraucht, erschöpft; *(di miniera)* ausgebeutet; *(di pozzo)* versiegt *(di merce, biglietti)* ausverkauft; *(di libri)* vergriffen.

**esausto** *agg. (stremato)* erschöpft.

**esca** *s.f.* Köder *(der) (anche fig.)*.

**esclamare** *v.intr.* aus-rufen.

**esclamazione** *s.f.* Ausruf *(der)*.

**escludere** *v.tr.* aus-schließen.

**esclusione** *s.f.* Ausschluss *(der)* ● *a* — *di*, mit Ausnahme von | *procedere per* —, ausschlussweise vorgehen.

**esclusiva** *s.f.* 1 Alleinrecht *(das)*: *notizia in* —, Exklusivbericht 2 *(comm.)* Alleinverkaufsrecht *(das)*: *avere l'* — *di un prodotto*, das Alleinverkaufsrecht eines Produktes haben.

**esclusivo** *agg.* 1 exklusiv: *modello* —, Exklusivmodell 2 *(dir.)* Allein...: *rappresentanza esclusiva*, Alleinvertretung.

**escluso** *agg.* 1 ausgenommen, außer (+ Dat) 2 *(impossibile)* ausgeschlossen 3 *(non compreso)* ausschließlich (+ Gen): *prezzi IVA esclusa*, Preise ausschließlich Mehrwertsteuer ♦ *s.m.* [f. -a] *(emarginato)* Außenseiter *(der; die -in)* ● *bevande escluse*, ohne Getränke.

**escoriazione** *s.f. (med.)* Abschürfung *(die)*.

**escremento** *s.m. (spec.pl.)* Exkrement *(das)*.

**escursione** *s.f.* 1 Ausflug *(der)* 2 *(scient.)* Schwankung *(die)*.

**esecuzione** *s.f.* 1 Ausführung *(die)*, Durchführung *(die)* 2 *(mus.)* Vortrag

**eseguire** (der) 3 (dir.) Vollstreckung (die) ● — *capitale*, Hinrichtung.

**eseguire** v.tr. 1 aus·führen 2 (dir.) vollstrecken 3 (mus.) vor·tragen.

**esempio** s.m. Beispiel (das): *per* —, zum Beispiel; *prendere* — *da qlcu*, sich (Dat) ein Beispiel an jdm nehmen.

**esemplare**[1] agg. beispielhaft, exemplarisch: *vita* —, beispielhaftes Leben.

**esemplare**[2] s.m. 1 (articolo singolo) Exemplar (das), Stück (das) 2 (di specie) Exemplar (das).

**esentare** v.tr. befreien, entbinden: — *dal servizio militare*, vom Militärdienst befreien.

**esente** agg. frei, ohne: — *da imposte*, steuerfrei.

**esercitare** v.tr. 1 üben 2 (sport) üben, trainieren 3 (attività) aus·üben, betreiben 4 (usare) aus·üben: — *un diritto*, ein Recht ausüben ♦ v.intr. seinen Beruf aus·üben: *è medico ma non esercita*, er ist Arzt, übt seinen Beruf aber nicht aus ♦ **esercitarsi** v.pron. üben, sich üben: *esercitarsi a scrivere*, sich im Schreiben üben.

**esercitazione** s.f. Übung (die) (anche mil.).

**esercito** s.m. 1 Armee (die) 2 (forze terrestri) Heer (das).

**esercizio** s.m. 1 Übung (die) 2 (di una attività) Ausübung (die) 3 (negozio) Betrieb (der), Geschäft (das) 4 (comm.) Geschäftsjahr (das), Bilanzjahr (das).

**esibire** v.tr. 1 vor·zeigen, vor·legen 2 (ostentare) zeigen, zur Schau stellen ♦ **esibirsi** v.pron. 1 auf·treten, vor·führen 2 (mettersi in mostra) sich zur Schau stellen.

**esibizione** s.f. 1 Vorzeigen (das), Vorlegung (die): — *di un documento*, Vorweisung eines Papiers 2 (spettacolo) Darbietung (die), Vorführung (die).

**esigente** agg. anspruchsvoll.

**esigenza** s.f. 1 Erfordernis (das), Bedürfnis (das) 2 (pretesa) Anspruch (der), Anforderung (die).

**esigere** v.tr. 1 fordern, verlangen 2 (imporre) erfordern, fordern 3 (riscuotere) ein·treiben, ein·ziehen.

**esile** agg. 1 dünn, schmächtig; zart 2 (fig.) dünn, schwach.

**esiliare** v.tr. 1 verbannen, des Landes verweisen 2 (estens.) aus·schließen, aus·stoßen.

**esilio** s.m. 1 Verbannung (die), Exil (das) 2 (luogo) Verbannungsort (der), Exil (das).

**esistenza** s.f. 1 Bestehen (das), Existenz (die) 2 (vita) Dasein (das), Existenz (die).

**esistere** v.intr. 1 da sein, existieren 2 (trovarsi) vorhanden sein, vor·liegen: *non esistono prove*, es liegen keine Beweise vor 3 (vivere) leben, da sein.

**esitare** v.intr. zögern: — *a rispondere*, mit der Antwort zögern.

**esito** s.m. Ausgang (der), Ergebnis (das).

**esodo** s.m. Auszug (der), Abwanderung (die) ● — *biblico*, biblischer Auszug | l'— *estivo*, die sommerliche Stadtflucht.

**esofago** s.m. (anat.) Speiseröhre (die).

**esonerare** v.tr. frei·stellen, befreien: — *dalle tasse scolastiche*, von den Schulgebühren befreien.

**esortare** v.tr. auf·fordern; ermuntern.

**esortazione** s.f. Aufforderung (die); Ermutigung (die).

**esotico** agg. exotisch, fremdartig ♦ s.m. Exotische (das).

**espandere** v.tr. expandieren, erweitern ♦ **espandersi** v.pron. sich aus·breiten.

**espansione** s.f. Ausbreitung (die), Erweiterung (die); (econ.) Expansion (die).

**espatriare** v.intr. außer Land gehen, aus·reisen.

**espediente** s.m. Hilfsmittel (das); Notbehelf (der).

**espellere** v.tr. aus·stoßen, aus·schließen; (dir.) aus·weisen: — *qlcu dalla scuola*, jdn von der Schule weisen.

**esperienza** s.f. Erfahrung (die): *fare esperienze*, Erfahrungen sammeln.

**esperimento** s.m. 1 Versuch (der), Probe (die) 2 (scient.) Versuch (der), Experiment (das).

**esperto** agg. 1 erfahren, kundig 2 (competente) gewandt, geschickt ♦ s.m. [f. -a] Fachmann (der; die -frau).

**Experte** (*der;* *die* **Expertin**): *essere un — di* (o *in*) *qlco,* Experte für etw sein.
**espiare** *v.tr.* sühnen.
**esplicito** *agg.* ausdrücklich, explizit.
**esplodere** *v.intr.* **1** explodieren **2** (*fig.*) ausbrechen **3** (*sbottare*) losplatzen ♦ *v.tr.* abfeuern, feuern.
**esplorare** *v.tr.* **1** erforschen; durchforschen **2** (*fig.*) ergründen.
**esploratore** *s.m.* [f. *-trice*] Forscher (*der;* *die* -in).
**esplorazione** *s.f.* **1** Erforschung (*die*); Durchforschung (*die*) **2** (*mil.*) Erkundung (*die*) **3** (*med.*) Untersuchung (*die*).
**esplosione** *s.f.* **1** Explosion (*die*) (*anche fig.*) **2** (*fam.*) Ausbruch (*der*) ● *— demografica,* Bevölkerungsexplosion | *— d'ira,* Wutausbruch.
**esplosivo** *agg.* **1** explosiv, Spreng..., Explosiv...: *sostanza esplosiva,* Explosivstoff **2** (*fig.*) explosiv, brisant: *situazione esplosiva,* explosive Situation ♦ *s.m.* Sprengstoff (*der*).
**esponente** *s.m.* **1** Vertreter (*der*), Exponent (*der*) **2** (*mat.*) Exponent (*der*), Hochzahl (*die*).
**esporre** *v.tr.* **1** ausstellen, zur Schau stellen **2** (*fig.*) aussetzen: *— qlcu a un pericolo,* jdn einer Gefahr aussetzen **3** (*riferire*) berichten, darstellen ♦ **esporsi** *v.pron.* sich aussetzen (*anche fig.*): *esporsi al sole,* sich der Sonne aussetzen.
**esportare** *v.tr.* ausführen, exportieren.
**esportazione** *s.f.* Ausfuhr (*die*), Export (*der*).
**esposizione** *s.f.* **1** Ausstellung (*die*), Schaustellung (*die*) **2** (*mostra*) Ausstellung (*die*); (*fiera*) Messe (*die*) **3** (*il riferire*) Bericht (*der*), Darstellung (*die*) **4** (*fot.*) Belichtung (*die*).
**espressione** *s.f.* **1** Äußerung (*die*), Ausdruck (*der*) **2** (*atteggiamento*) Gesichtsausdruck (*der*), Miene (*die*).
**espressivo** *agg.* ausdrucksvoll.
**espresso** *agg.* **1** (*manifesto*) ausdrücklich **2** (*rapido*) eilig, Eil... ♦ *s.m.* **1** (*posta*) Eilbrief (*der*), Expressbrief (*der*) **2** (*caffè*) Espresso (*der*) ● *treno —,* Eilzug, Schnellzug.
**esprimere** *v.tr.* **1** ausdrücken, äußern **2** (*significare*) ausdrücken ♦ **esprimersi** *v.pron.* **1** sich ausdrücken **2** (*estens.*) sich äußern.
**essa** *pron.pers.f.sing.* **1** (*riferito a donna o animale femmina*) sie **2** (*riferito a cosa o animale di sesso non specificato*) es.
**essenza** *s.f.* Essenz (*die*).
**essenziale** *agg.* wesentlich ♦ *s.m.* Wesentliche (*das*), Hauptsache (*die*).
**essere¹** *v.aus.* **1** sein, haben: *ieri siamo andati a una mostra,* gestern sind wir in eine Ausstellung gegangen; *è stato in piedi tutto il tempo,* er hat die ganze Zeit gestanden; *è piovuto,* es hat geregnet **2** (*con verbi modali*) haben: *non sono potuto venire,* ich habe nicht kommen können **3** (*passivo*) werden: *la rivista è già stata spedita,* die Zeitschrift ist schon abgeschickt worden **4** (*con v.pron.*) haben: *mi sono lavato,* ich habe mich gewaschen **5** (*cambiamento di stato*) werden: *è invecchiato,* er ist alt geworden ♦ *v.intr.* **1** sein: *è buono,* es ist gut; (*di cibi o simili*) es schmeckt gut; *non è in casa,* er ist nicht da **2** (*appartenere a*) (jdm) gehören: *il libro è di mio fratello,* das Buch gehört meinem Bruder **3** (*provenire*) kommen aus: *Paola è di Roma,* Paola kommt aus Rom ● *c'è, ci sono,* es gibt (+ Acc) | *chi è?, Sono io,* wer ist da? Ich bin es | *come sarebbe a dire?,* was soll das heißen? | *quant'è? Sono 20 euro,* wie viel macht das? Das macht 20 Euro.
**essere²** *s.m.* **1** Sein (*das*) **2** (*vita*) Leben (*das*), Existenz (*die*) **3** Wesen (*das*): *— vivente,* Lebewesen.
**essi** *pron.pers.m.pl.* sie.
**esso** *pron.pers.m.sing.* **1** (*riferito a uomo o animale maschio*) er **2** (*riferito a cosa o animale di sesso non specificato*) es.
**est** *s.m.invar.* Osten (*der*), Ost (*der*) → nord ● *l'Est Europeo,* Osteuropa.
**estate** *s.f.* Sommer (*der*).
**estendere** *v.tr.* erweitern, ausdehnen: *— le proprie conoscenze,* sein Wissen erweitern ♦ **estendersi** *v.pron.* **1** sich erstrecken, sich ausdehnen **2** (*diffondersi*) sich verbreiten.

**estensione** *s.f.* 1 Ausdehnung (die) 2 (*mus.*) Umfang (der) ● **per —**, im weiteren Sinne.

**esteriore** *agg.* äußere, äußerlich, Außen...: *l'aspetto —*, das Äußere.

**esterno** *agg.* äußere, Außen...: *muro —*, Außenwand; *per uso —*, zur äußerlichen Anwendung ♦ *s.m.* Äußere (*die*), Außere (*das*) ● *all'—*, außen | *all'— di*, außerhalb (+ Gen).

**estero** *agg.* ausländisch, Auslands..., auswärtig, Ausland...: *politica estera*, Außenpolitik ♦ *s.m.* Ausland (*das*): *andare all'—*, ins Ausland fahren ● **Ministero degli Esteri**, Außenministerium.

**esteso** *agg.* 1 ausgedehnt 2 (*fig.*) umfassend, umfangreich ● *per —*, vollständig, ungekürzt.

**estetico** *agg.* 1 ästhetisch 2 (*bello*) schön: *senso —*, Schönheitssinn.

**estetista** *s.m. e f.* Kosmetiker (*der; die -in*).

**estinguere** *v.tr.* 1 (*incendio, sete ecc.*) löschen (*anche fig.*) 2 (*econ.*) tilgen ●

**estinguersi** *v.pron.* 1 (*di incendio*) erlöschen 2 (*fig.*) dahinschwinden 3 (*scomparire*) aussterben.

**estintore** *s.m.* Feuerlöscher (*der*), Löscher (*der*).

**estinzione** *s.f.* 1 Löschen (*das*), Löschung (*die*) 2 (*scomparsa*) Aussterben (*das*) 3 (*econ.*) Tilgung (*die*) ● *— di un debito*, Schuldtilgung.

**estivo** *agg.* sommerlich, Sommer...: *vacanze estive*, Sommerferien.

**estone** *agg.* estnisch ♦ *s.m. e f.* Este (*der; die Estin*) ♦ *s.m.* (*lingua*) Estnisch(e) (*das*).

**Estonia** *n.pr.f.* Estland (*das*), Estonien (*das*).

**estorcere** *v.tr.* erpressen, ab-nötigen, ab-pressen: *— denaro a qlcu*, Geld von jdm erpressen.

**estorsione** *s.f.* Erpressung (*die*), Abnötigung (*die*).

**estraneo** *agg.* fremd, nicht gehörend zu ♦ *s.m.* [f. -a] Fremde (*der e die*) ● *essere — a qlco*, nicht an etw beteiligt sein.

**estrarre** *v.tr.* 1 heraus-ziehen, aus-ziehen, ziehen 2 (*ricavare*) gewinnen 3 (*da un giacimento*) fördern, ab-bauen ● *— a sorte*, auslosen.

**estratto** *s.m.* 1 Extrakt (*der*): *— di carne*, Fleischextrakt 2 (*compendio*) Auszug (*der*) 3 (*Banca*) *— conto*, Kontoauszug (*numero estratto*) ausgeloste Zahl.

**estrazione** *s.f.* Herausziehen (*das*), Ausziehen (*das*) 2 (*di dente*) Ziehen (*das*), Ziehung (*die*) 3 (*il ricavare*) Gewinnen (*das*).

**estremità** *s.f.invar.* 1 Ende (*das*); Spitze (*die*) 2 (*pl.*) Glieder (*pl.*), Extremitäten (*pl.*).

**estremo** *agg.* 1 äußerst, letzt: *limite —*, äußerste Grenze 2 (*gravissimo*) äußerst, schlimmst 3 (*pol.*) extrem, radikal ♦ *s.m.* 1 Ende (*das*) 2 (*fig.*) Extrem (*das*) 3 (*pl.*) (*amm.*) Hauptdaten (*pl*) ● *all'—*, bis zum Äußersten | *l'Estremo Oriente*, der Ferne Osten | *passare da un — all'altro*, von einem Extrem ins andere fallen.

**estroso** *agg.* 1 launisch, extravagant 2 (*originale*) originell.

**estroverso** *agg.* extrovertiert.

**estuario** *s.m.* Trichtermündung (*die*), Astuar (*das*).

**esultare** *v.intr.* jubeln, frohlocken.

**età** *s.f.invar.* 1 Alter (*das*): *all'— di trent'anni*, im Alter von dreißig Jahren 2 (*preistoria*) Zeit (*die*): *l'— del bronzo*, die Bronzezeit ● *di mezza —*, mittleren Alters | *la terza —*, die Senioren | *maggiore —*, Volljährigkeit.

**eternità** *s.f.invar.* Ewigkeit (*die*).

**eterno** *agg.* ewig ♦ *s.m.* Ewigkeit (*die*): *in —*, in Ewigkeit.

**eterogeneo** *agg.* verschiedenartig, ungleichartig.

**eterosessuale** *agg.* heterosexuell ♦ *s.m. e f.* Heterosexuelle (*der e die*).

**etica** *s.f.* Ethik (*die*) ● *— professionale*, Berufsethos.

**etichetta**[1] *s.f.* Etikett (*das*): *— del prezzo*, Preisetikett, Preisschild.

**etichetta**[2] *s.f.* Etikette (*die*): *l'— richiede l'abito scuro*, die Etikette verlangt dunkle Kleidung.

**etico** *agg.* ethisch, sittlich.

**Etna** *n.pr.m.* Ätna (*der*).

**etnia** *s.f.* Ethnie (*die*).
**etnico** *agg.* ethnisch, Volks...: *gruppo —*, Volksgruppe.
**etnologia** *s.f.* Ethnologie (*die*), Völkerkunde (*die*).
**etrusco** *agg.* etruskisch ♦ *s.m.* **1** [f. *-a*] Etrusker (*der; die -in*) **2** (*lingua*) Etruskisch(e) (*das*).
**ettaro** *s.m.* Hektar (*das*).
**etto**, **ettogrammo** *s.m.* hundert Gramm.
**ettolitro** *s.m.* Hektoliter (*der*).
**eucaristia** *s.f.* Eucharistie (*die*).
**eufemismo** *s.m.* Euphemismus (*der*).
**euforia** *s.f.* Euphorie (*die*).
**euro** *s.m.inv.* Euro (*der*).
**Europa** *n.pr.f.* Europa (*die*).
**europeo** *agg.* europäisch ♦ *s.m.* [f. *-a*] Europäer (*der; die -in*) ● *Unione Europea*, Europäische Union.
**eutanasia** *s.f.* Euthanasie (*die*), Sterbehilfe (*die*).
**evacuare** *v.tr.* **1** evakuieren, räumen **2** (*defecare*) (den Darm) entleeren ♦ *v.intr.* räumen.
**evacuazione** *s.f.* **1** Evakuierung (*die*), Räumung (*die*) **2** (*di feci*) Ausscheidung (*die*).
**evadere** *v.intr.* **1** aus·brechen **2** (*sottrarsi al fisco*) steuerflüchtig sein **3** (*fig.*) entfliehen: *— dalla realtà quotidiana*, dem Alltag entfliehen ♦ *v.tr.* **1** (*amm.*) bearbeiten, erledigen: *— una pratica*, eine Akte bearbeiten **2** (*tasse*) hinterziehen.
**evangelico** *agg.* **1** evangelisch, des Evangeliums **2** (*protestante*) evangelisch ♦ *s.m.* [f. *-a*] Evangelische (*der e die*).
**evangelista** *s.m.* Evangelist (*der*).
**evaporare** *v.intr.* **1** verdunsten, verdampfen **2** (*svanire*) verfliegen ♦ *v.tr.* verdunsten, verdampfen.
**evaporazione** *s.f.* Verdunstung (*die*), Evaporation (*die*).
**evasione** *s.f.* **1** Flucht (*die*), Ausbruch (*der*) **2** (*da obbligo fiscale*) Hinterziehung (*die*) **3** (*fig.*) Flucht (*die*) ● *— dal carcere*, Ausbruch aus dem Gefängnis | *— fiscale*, Steuerhinterziehung.
**evaso** *agg.* ausgebrochen ♦ *s.m.* [f. *-a*] Flüchtling (*der*).
**evasore** *s.m.* [f. *evaditrice*] Steuerhinterzieher (*der; die -in*).
**evento** *s.m.* Ereignis (*das*), Vorfall (*der*).
**eventuale** *agg.* eventuell, möglich.
**eventualmente** *avv.* eventuell, gegebenenfalls.
**evidente** *agg.* **1** (*visibile*) sichtlich, augenfällig **2** (*manifesto*) offensichtlich **3** (*chiaro*) klar, deutlich ● *è — che...*, es ist klar, dass...
**evidenza** *s.f.* **1** Offensichtlichkeit (*die*), Tatsachen (*pl.*) **2** (*chiarezza*) Deutlichkeit (*die*) ● *mettere in —*, hervorheben.
**evidenziatore** *s.m.* Marker (*der*).
**evitare** *v.tr.* **1** vermeiden, meiden, aus dem Weg gehen: *— lo sguardo di qlcu*, jds Blick meiden **2** (*risparmiare*) ersparen **3** (*impedire*) verhindern.
**evoluto** *agg.* **1** (*scient.*) entwickelt **2** (*estens.*) fortgeschritten, entwickelt.
**evoluzione** *s.f.* **1** Entwicklung (*die*), Evolution (*die*) **2** (*biol.*) Evolution (*die*).
**evolversi** *v.pron.* sich entwickeln, sich fort·entwickeln.
**evviva** *inter.* hoch lebe, hurra ♦ *s.m.* Hochruf (*der*), Hurraruf (*der*).
**ex** *prep.* ehemalig, Ex-...: *— fidanzato*, ehemaliger Verlobter.
**extra** *agg.inv.* Extra-...: *spese —*, Extraausgaben ♦ *s.m.inv.* Extra (*das*), Sonderausgabe (*die*).
**extracomunitario** *agg.* Nicht-EU-...: *paese —*, Nicht-EU-Land ♦ *s.m.* [f. *-a*] Nicht-EU-Bürger (*der; die -in*).
**extraconiugale** *agg.* außerehelich.
**extraterrestre** *agg.* außerirdisch ♦ *s.m.* e *f.* außerirdisches Wesen.
**extravergine** *agg.* kaltgepresst: *olio —*, kaltgepresstes Öl.

# Ff

**fa**[1] *s.m.invar.* (mus.) F (das).

**fa**[2] *avv.* (tempo) vor (+ *Dat*): *un'ora, una settimana —*, vor einer Stunde, vor einer Woche.

**fabbisogno** *s.m.* (*di*) Bedarf (der) (an + *Dat*).

**fabbrica** *s.f.* Fabrik (die), Werk (das).
**fabbricante** *s.m.* e *f.* Fabrikant (der; die -in), Hersteller (der; die -in).
**fabbricare** *v.tr.* 1 her-stellen, an-fertigen, produzieren 2 (*edificare*) (er)bauen.
**fabbricazione** *s.f.* Fabrikation (die), Erzeugung (die), Herstellung (die).
**fabbro** *s.m.* Schlosser (der).
**faccenda** *s.f.* Sache (die), Angelegenheit (die) ● **le faccende domestiche**, die Hausarbeit.
**facchino** *s.m.* Träger (der), Gepäckträger (der).
**faccia** *s.f.* 1 Gesicht (das) 2 (*lato*) Seite (die) ● *avere la — tosta* (o *una — di bronzo*), unverschämt sein | *— a —*, Auge in Auge | *non guardare in — nessuno*, rücksichtslos sein.
**facciata** *s.f.* 1 (arch.) Fassade (die) 2 (fig.) Schein (der), Anschein (der) 3 (*pagina*) Seite (die).
**facile** *agg.* leicht.
**facilità** *s.f.invar.* Leichtigkeit (die).
**facilitare** *v.tr.* erleichtern.
**facilitazione** *s.f.* Erleichterung (die): *facilitazioni di pagamento*, Zahlungserleichterungen.
**facoltà** *s.f.invar.* 1 Fähigkeit (die); (*potere*) Macht (die), Befugnis (die) 2 (*università*) Fakultät (die).
**faggio** *s.m.* Buche (die).
**fagiano** *s.m.* Fasan (der).
**fagiolo** *s.m.* Bohne (die).
**fagotto**[1] *s.m.* (mus.) Fagott (das).
**fagotto**[2] *s.m.* Bündel (das) ● *fare —*, sein Bündel schnüren.
**faida** *s.f.* Fehde (die).
**fai da te** *s.m.* Basteln (das).
**falange** *s.f.* (anat.) Fingerglied (das).
**falce** *s.f.* Sense (die); (*falcetto*) Sichel (die).
**falciare** *v.tr.* mähen.
**falco** *s.m.* (zool.) Falke (der) (anche pol.).
**falda** *s.f.* 1 (geol.) Schicht (die) 2 (*di monte*) Fuß (der) 3 (*di cappello*) Hutkrempe (die).
**falegname** *s.m.* Tischler (der); Schreiner (der).
**falegnameria** *s.f.* Tischlerei (die); Schreinerei (die).
**falla** *s.f.* (mar.) Leck (das).
**fallimento** *s.m.* 1 (*bancarotta*) Konkurs (der) 2 (fig.) Scheitern (das).
**fallire** *v.intr.* 1 Konkurs machen 2 (fig.) scheitern, versagen ♦ *v.tr.* verfehlen: *— il bersaglio*, das Ziel verfehlen.
**fallito** *s.m.* [f. -a] Gescheiterte (der e die), Versager (der; die -in).
**fallo** *s.m.* 1 Irrtum (der), Fehler (der) 2 (sport) Foul (das): *— di mano*, Handspiel ● *mettere un piede in —*, einen Fehltritt tun.

**falò** *s.m.invar.* Freudenfeuer (*das*); (*estens.*) Feuer (*das*).

**falsario** *s.m.* [f. *-a*] Fälscher (*der*; *die* -in); Falschmünzer (*der*; *die* -in).

**falsificare** *v.tr.* **1** fälschen **2** (*fig.*) verfälschen, entstellen: — *una notizia*, eine Nachricht verfälschen.

**falso** *agg.* **1** falsch (*anche fig.*) **2** (*falsificato*) gefälscht ♦ *s.m.* **1** Falsche (*das*): *giurare il* —, einen Meineid schwören **2** (*dir.*) Fälschung (*die*).

**fama** *s.f.* Ruf (*der*), Gerücht (*das*).

**fame** *s.f.* Hunger (*der*) ● *avere* —, hungrig sein, Hunger haben | *morire di* —, verhungern, vor Hunger sterben | *sciopero della* —, Hungerstreik.

**famiglia** *s.f.* Familie (*die*) ● *essere di* —, zur Familie gehören | *stato di* —, Familienstand.

**familiare** *agg.* **1** familiär, Familien...: *cerchia* —, Familienkreis **2** (*consueto*) vertraut ♦ *s.m. e f.* Familienangehörige (*der e die*).

**famoso** *agg.* berühmt.

**fanale** *s.m.* Licht (*das*), Lampe (*die*).

**fanatico** *agg.* fanatisch ♦ *s.m.* [f. *-a*] Fanatiker (*der*; *die* -in).

**fango** *s.m.* **1** Schlamm (*der*), Schlick (*der*) **2** (*pl.*) Moorbad (*das*).

**fannullone** *s.m.* [f. *-a*] Nichtstuer (*der*; *die* -in), Faulpelz (*der*).

**fantascienza** *s.f.* Science-fiction (*die*).

**fantasia** *s.f.* **1** Fantasie (*die*), Einbildungskraft (*die*) **2** (*invenzione*) Einbildung (*die*) **3** (*mus.*) Fantasie (*die*) ♦ *agg.* bunt gemustert.

**fantasma** *s.m.* Gespenst (*das*), Phantom (*das*).

**fantastico** *agg.* **1** fantastisch **2** (*eccezionale*) fantastisch, großartig, toll.

**fante** *s.m.* (*carte*) Bube (*der*).

**fantino** *s.m.* Jockey (*der*).

**farcire** *v.tr.* füllen, farcieren.

**fard** *s.m.invar.* Rouge (*das*).

**fare¹** *v.tr.* **1** (*generico*) machen, tun: *ho molto da* —, ich habe viel zu tun **2** (*costruire, creare*) machen, schaffen **3** (*seguito da inf.*) lassen: — *l'avvocato*, Anwalt sein **5** (*ritenere*) halten: *non lo facevo così sciocco*, ich hielt ihn nicht für so dumm ♦ *v.intr.* **1** (*essere adatto*) geeignet sein: *questa casa non fa per noi*, dieses Haus ist nichts für uns **2** (*avere le funzioni di*) (*da*) wirken (als), sein (wie) ♦ *v. impers.* (*di condizioni atmosferiche*): *fa caldo*, es ist heiß ♦ **farsi** *v.pron.* **1** lassen: *fatti aiutare da qlcu*, lass dir von jdm helfen **2** (*drogarsi*) drücken ● *avere a che — con*, (es) zu tun haben mit | *due più tre fa cinque*, zwei und drei macht (o ist) fünf | *faccia pure!*, bitte sehr! | *farcela*, es schaffen: *non ce la faccio più*, ich halte es nicht mehr aus | — *in modo che...*, es so einrichten, dass... | (*fig.*) *farsi avanti*, vorwärts kommen | *far si che*, dafür sorgen, dass... | *farsi male*, sich (*Dat*) weh tun | *hai fatto bene a dirlo*, du hast recht (daran) getan, es zu sagen | *niente da —!*, da kann man nichts machen! | *non fa niente*, das macht nichts | *quanto fa?*, was macht das? | *si è fatto da solo*, er hat sich aus eigener Kraft hochgearbeitet.

> **NOTA** Fare: machen o tun?
> **Machen** significa 'fare' nel senso di 'produrre, costruire, causare':
>
> *Ha fatto una buona impressione su tutti.*
> *Sie hat bei allen einen guten Eindruck **gemacht**.*
>
> **Tun** ha invece il significato di 'fare' nel senso di 'eseguire un'azione, occuparsi di qualcosa':
>
> *Ha fatto spesso del bene.*
> *Er hat oft Gutes **getan**.*

**fare²** *s.m.invar.* **1** Tun (*das*), Machen (*das*) **2** (*modo di fare*) Handlungsweise (*die*); (*comportamento*) Benehmen (*das*).

**farfalla** *s.f.* **1** Schmetterling (*der*) **2** (*sport*) Schmetterlingsstil (*der*).

**farina** *s.f.* Mehl (*das*) ● *questa non è — del tuo sacco*, das ist nicht auf deinem Mist gewachsen.

**faringe** *s.f.* (*anat.*) Rachen (*der*), Schlund (*der*).

**farmacia** *s.f.* 1 Apotheke (*die*) 2 (*scienza*) Pharmazie (*die*).
**farmacista** *s.m.* e *f.* Apotheker (*der*; *die* -in).
**farmaco** *s.m.* Arzneimittel (*das*).
**faro** *s.m.* 1 Leuchtturm (*der*) 2 (*aut.*) Scheinwerfer (*der*).
**farsa** *s.f.* (*teatr.*) Posse (*die*); (*buffonata*) Farce (*die*).
**fascia** *s.f.* 1 Band (*das*); (*med.*) Binde (*die*); — *elastica*, Stützverband 2 (*di bambini*) Windel (*die*): *essere ancora in fasce* (*anche fig.*), noch in den Windeln sein 3 (*zona*) Zone (*die*) 4 (*gruppo*) Schicht (*die*) ● — *oraria*, Zeitraum.
**fasciare** *v.tr.* 1 verbinden; (*neonati*) wickeln 2 (*aderire*) eng an·liegen (*an* + Dat).
**fasciatura** *s.f.* Verband (*der*).
**fascicolo** *s.m.* Bündel (*das*); (*di rivista*) Heft (*das*).
**fascino** *s.m.* Charme (*der*); Reiz (*der*).
**fascio** *s.m.* Bündel (*das*).
**fascismo** *s.m.* Faschismus (*der*).
**fase** *s.f.* 1 Phase (*die*): *fasi lunari*, Mondphasen 2 (*tecn.*) Takt (*der*) ● (*fam.*) *essere fuori* —, außer Form sein.
**fastidio** *s.m.* Belästigung (*die*): *dare* — *a qlcu*, jdn belästigen.
**fastidioso** *agg.* lästig, störend.
**fata** *s.f.* Fee (*die*).
**fatale** *agg.* 1 (*disastroso*) verhängnisvoll; (*mortale*) tödlich 2 (*irresistibile*) unwiderstehlich.
**fatalità** *s.f.invar.* Unglück (*das*).
**fatica** *s.f.* Mühe (*die*); (*sforzo*) Anstrengung (*die*) ● *fare* — *a...*, sich Mühe geben zu...
**faticoso** *agg.* anstrengend; (*che richiede fatica*) mühsam.
**fato** *s.m.* Schicksal (*das*).
**fattibile** *agg.* machbar.
**fatto**[1] *agg.* 1 gemacht, getan: — *a mano*, handgemacht 2 (*adatto*) passend, geeignet: *non sono* — *per questo tipo di vita*, für diese Art Leben bin ich nicht geschaffen ● *detto* —, gesagt, getan | *frase fatta*, Gemeinplatz.
**fatto**[2] *s.m.* 1 Tat (*die*), Tatsache (*die*): *il* — *è che...*, — *sta che...*, Tatsache ist, dass...; *è un dato di* —, das ist eine Tatsache 2 (*avvenimento*) Ereignis (*das*), Vorfall (*der*) 3 (*faccenda*) Angelegenheit (*die*), Sache (*die*): *è uno che sa il* — *suo*, er kennt sich aus; er weiß Bescheid ● *cogliere qlcu sul* —, jdn auf frischer Tat ertappen | *di* —, tatsächlich: *sta di* — *che...*, es ist tatsächlich so, dass....
**fattoria** *s.f.* Gut (*das*).
**fattorino** *s.m.* [f. -a] Bote (*der*; *die* Botin).
**fattura** *s.f.* 1 (*comm.*) Rechnung (*die*) 2 (*di abiti*) Anfertigung (*die*); Fasson (*die*).
**fatturare** *v.tr.* (*comm.*) um·setzen.
**fatturato** *s.m.* (*comm.*) Umsatz (*der*).
**fauci** *s.f.pl.* Rachen (*der*).
**fauna** *s.f.* Fauna (*die*).
**favola** *s.f.* Fabel (*die*); (*fiaba*) Märchen (*das*).
**favoloso** *agg.* fabelhaft, sagenhaft (*anche fig.*).
**favore** *s.m.* 1 Gunst (*die*): *incontrare il* — *generale*, sich allgemeinen Zuspruchs erfreuen 2 (*piacere*) Gefallen (*der*): *fare un* — *a qlcu*, jdm einen Gefallen tun ● *a*, *in* — *di*, zugunsten von | *per* —, bitte.
**favorevole** *agg.* 1 zustimmend 2 (*vantaggioso*) günstig.
**favorire** *v.tr.* begünstigen; (*agevolare*) fördern, unterstützen ● *favorisca i documenti!*, würden Sie mir bitte Ihren Ausweis zeigen? | *vuole* —?, darf ich Ihnen anbieten?
**favorito** *s.m.* [f. -a] 1 Liebling (*der*) 2 (*sport*) Favorit (*der*; *die* -in).
**fax** *s.m.invar.* Fax (*das*): *spedire*, *trasmettere via* —, per Fax schicken.
**fazzoletto** *s.m.* 1 Taschentuch (*das*) 2 (*foulard*) Halstuch (*das*).
**febbraio** *s.m.* Februar (*der*) → gennaio.
**febbre** *s.f.* Fieber (*das*) ● (*med.*) *avere poche linee di febbre*, leicht erhöhte Temperatur haben.
**febbrile** *agg.* 1 (*med.*) fieberhaft 2 (*fig.*) hektisch, fiebernd.
**fecola** *s.f.* Stärke (*die*).
**fecondare** *v.tr.* befruchten.
**fecondazione** *s.f.* Befruchtung (*die*):

— *artificiale*, künstliche Befruchtung; — *in vitro*, In-vitro-Fertilisation.

**fede** *s.f.* **1** Glaube (*der*) (*anche estens.*) **2** (*anello*) Ehering (*der*) ● *in buona* —, in gutem Glauben | (*amm.*) *in* —, für die Richtigkeit | *tener* — *alle promesse*, die Versprechen einhalten.

**fedele** *agg.* **1** treu: *rimanere* — *a qlcu* (*o qlco*), jdm (*o* etw) treu bleiben **2** (*estens.*) getreu: *una copia* — *all'originale*, eine originalgetreue Kopie.

**fedeltà** *s.f.invar.* Treue (*die*).

**federa** *s.f.* Kissenbezug (*der*).

**federale** *agg.* Bundes-... ● *Repubblica* — *di Germania*, Bundesrepublik Deutschland.

**federazione** *s.f.* **1** Föderation (*die*), Bund (*der*) **2** (*associazione*) Verband (*der*): — *sportiva*, Sportverein.

**fegato** *s.m.* **1** Leber (*die*) **2** (*coraggio*) Mut (*der*), Schneid (*der*).

**felice** *agg.* glücklich: *una scelta* —, eine gute Wahl.

**felicità** *s.f.invar.* Glück (*das*).

**felicitarsi** *v.pron.* (*con*) gratulieren (+ Dat): — *con qlcu per qlco*, jdm zu etw gratulieren.

**felpa** *s.f.* Sweatshirt (*das*).

**feltro** *s.m.* Filz (*der*): *cappello di* —, Filzhut.

**femmina** *s.f.* **1** (*persona*) Mädchen (*das*); (*spreg.*) Weib (*das*) **2** (*zool.*) Weibchen (*das*) **3** (*tecn.*) Mutter (*die*) ♦ *agg.* weiblich.

**femminile** *agg.* **1** weiblich **2** (*di donna*) Frauen...; Damen...: *abbigliamento* —, Damenbekleidung ♦ *s.m.* (*gramm.*) Femininum (*das*), weibliches Geschlecht.

**femminista** *agg.* feministisch ♦ *s.m. e f.* Feminist (*der*; *die* -in).

**femore** *s.m.* (*anat.*) Oberschenkel (*der*).

**fenicottero** *s.m.* Flamingo (*der*).

**fenomeno** *s.m.* Phänomen (*das*), Erscheinung (*die*).

**feriale** *agg.* Wochen-..., Werk-...: *giorno* —, Wochentag, Werktag.

**ferie** *s.f.pl.* Ferien (*pl.*), Urlaub (*der*).

**ferire** *v.tr.* verletzen, verwunden (*anche fig.*).

**ferita** *s.f.* Verletzung (*die*), Wunde (*die*) (*anche fig.*).

**ferito** *agg.* verletzt, verwundet ♦ *s.m.* [f. -a] Verletzte (*der e die*), Verwundete (*der e die*).

**feritoia** *s.f.* Schießscharte (*die*).

**fermaglio** *s.m.* **1** (*fibbia*) Schnalle (*die*), Spange (*die*) **2** (*per fogli*) Heftklammer (*die*), Büroklammer (*die*).

**fermare** *v.tr.* **1** an-halten, auf-halten **2** (*fissare*) befestigen, fest-machen; (*con chiodi*) an-nageln; (*con viti*) an-schrauben **3** (*di polizia*) fest-nehmen, sistieren ♦ *v.intr.* (an-)halten ♦ **fermarsi** *v.pron.* **1** (an-)halten, stehen-bleiben: *l'orologio si è fermato*, die Uhr ist stehengeblieben **2** (*trattenersi*) sich auf-halten, bleiben.

**fermata** *s.f.* **1** Halt (*der*), Aufenthalt (*der*) **2** (*di mezzo pubblico*) Haltestelle (*die*): — *a richiesta*, *obbligatoria*, Bedarfshaltestelle, planmäßige Haltestelle.

**fermezza** *s.f.* Festigkeit (*die*), Bestimmtheit (*die*).

**fermo** *agg.* **1** still, unbeweglich: *essere* —, (*in piedi*) (still)stehen; (*seduto*) (still)sitzen; (*sdraiato*) (still)liegen **2** (*non in funzione*) stillstehend **3** (*tenace*) fest, entschlossen ♦ *s.m.* **1** (*congegno*) Haltevorrichtung (*die*), Feststeller (*der*) **2** (*di polizia*) Festnahme (*die*), Sistierung (*die*) ● *fermi tutti!*, halt!

**fermoposta** *avv.* postlagernd.

**feroce** *agg.* **1** wild (*crudele*) grausam **3** (*terribile*) furchtbar, schrecklich.

**ferragosto** *s.m.* **1** (*festività*) Mariä Himmelfahrt **2** (*periodo*) Mitte August.

**ferramenta** *s.f.* (*negozio*) Eisenwarenhandlung (*die*).

**ferro** *s.m. e f.inv.* Eisen (*das*): — *battuto*, Schmiedeeisen ● (*gastr.*) *ai ferri*, gegrillt; Grill-...: *bistecca ai ferri*, Beefsteak vom Grill | *di* —, eisern, Eisen-... | — *da calza*, Stricknadel | — *da stiro*, Bügeleisen | — *di cavallo*, Hufeisen | *salute di* —, eiserne Gesundheit | *toccare* —, auf Holz klopfen.

**ferrovia** *s.f.* Eisenbahn (*die*), Bahn (*die*).

**ferroviario** *agg.* Bahn-..., Zug-...: *traffico* —, Zugverkehr.

**ferroviere** *s.m.* [f. *-a*] Eisenbahner (*der*; *die* -in).
**fertile** *agg.* fruchtbar.
**fertilizzante** *s.m.* Düngemittel (*das*), Dünger (*der*).
**fesso** *agg.* dumm, blöde.
**fessura** *s.f.* Ritze (*die*), Schlitz (*der*).
**festa** *s.f.* **1** Feiertag (*der*) **2** Fest (*das*), Party (*die*): *dare una —*, eine Party geben **3** (*onomastico*) Namenstag (*der*); (*compleanno*) Geburtstag (*der*) ● *fare —*, feiern.
**festeggiare** *v.tr.* feiern, (feierlich) begehen.
**festività** *s.f.invar.* Feiertag (*der*).
**festivo** *agg.* Feiertags..., Sonntags...: *giorno —*, Feiertag.
**feto** *s.m.* Fetus (*der*), Fötus (*der*).
**fetta** *s.f.* **1** Scheibe (*die*), (*triangolare*) Stück (*das*): *una — di pane, di salame*, eine Scheibe Brot, Wurst; *una — di torta*, ein Stück Kuchen **2** (*fig.*) Teil (*der*).
**fiaba** *s.f.* Märchen (*das*).
**fiaccola** *s.f.* Fackel (*die*).
**fiala** *s.f.* Ampulle (*die*).
**fiamma** *s.f.* Flamme (*die*) ● *una vecchia —*, eine alte Flamme.
**fiammante** *agg.* ● *nuovo —*, nagelneu | *rosso —*, feuerrot.
**fiammifero** *s.m.* Streichholz (*das*); (*austr.*) Zündholz (*das*).
**fiammingo** *agg.* flämisch.
**fiancata** *s.f.* Seitenwand (*die*).
**fianco** *s.m.* Seite (*die*): *stare al — di qlcu*, jdm zur Seite stehen; *lavorare a —*, Seite an Seite arbeiten.
**fiasco** *s.m.* Korbflasche (*die*) ● *fare —*, einen Reinfall haben.
**fiato** *s.m.* Atem (*der*): *riprendere —*, wieder zu Atem kommen ● *strumento a —*, Blasinstrument | *tenere qlcu col — sospeso*, jdn im Ungewissen lassen | (*tutto*) *d'un —*, in einem Atemzug.
**fibbia** *s.f.* Schnalle (*die*).
**fibra** *s.f.* Faser (*die*): *— sintetica*, Kunstfaser.
**ficcare** *v.tr.* stecken ● *— il naso negli affari degli altri*, seine Nase in fremde Angelegenheiten stecken.
**fico** *s.m.* Feige (*die*) ● *— d'India*, Kaktusfeige | *non ci capisco un — secco*, davon verstehe ich nicht die Bohne.
**fidanzamento** *s.m.* Verlobung (*die*).
**fidanzarsi** *v.tr.* sich verloben.
**fidanzato** *s.m.* [f. *-a*] **1** Verlobte (*der* e *die*) **2** (*ragazzo*) Freund (*der* -in).
**fidarsi** *v.pron.* (*di*) vertrauen (+ Dat); (*fare affidamento su*) sich verlassen (auf + Acc).
**fiducia** *s.f.* Vertrauen (*das*), Zuversicht (*die*): *aver — in qlcu*, Vertrauen zu jdm haben.
**fiducioso** *agg.* vertrauensvoll.
**fienile** *s.m.* Heuschuppen (*der*), Heuboden (*der*).
**fieno** *s.m.* Heu (*das*).
**fiera** *s.f.* **1** (*mercato*) Markt (*der*); (*con spettacoli, giostre*) Jahrmarkt (*der*) **2** (*esposizione*) Ausstellung (*die*); (*comm.*) Messe (*die*).
**fiero** *agg.* (*di*) stolz (auf + Acc).
**fifa** *s.f.* (*fam.*) Bammel (*der*).
**figlia** *s.f.* Tochter (*die*).
**figliastro** *s.m.* [f. *-a*] Stiefsohn (*der*; *die* -tochter).
**figlio** *s.m.* **1** Sohn (*der*) **2** (*senza specificare il sesso*) Kind (*das*) ● *— unico, adottivo*, Einzelkind, Adoptivkind.
**figura** *s.f.* **1** Figur (*die*) (*anche estens.*) **2** (*illustrazione*) Bild (*das*) **3** (*personaggio*) Charakter (*der*), Gestalt (*die*) ● *che —!*, so eine Blamage! | *fare una bella, brutta —*, eine gute, schlechte Figur abgeben.
**figurare** *v.tr.* sich (Dat) vor·stellen ♦ *v.intr.* (*apparire*) auf·tauchen, erscheinen ● *si figuri!*, aber ich bitte Sie, das ist doch selbstverständlich!
**fila** *s.f.* Reihe (*die*) ● *dormire dieci ore di —*, zehn Stunden hintereinander schlafen | *fare la —*, Schlange stehen | *in —*, der Reihe nach | *in — per tre*, in Dreierreihe.
**filare** *v.tr.* (*tess.*) spinnen ♦ *v.intr.* **1** (*formare fili*) Fäden ziehen **2** (*procedere*) laufen: *fila tutto liscio*, es geht (*o* läuft) wie geschmiert **3** (*correre*) rasen, schießen.
**filarmonica** *s.f.* Philharmonie (*die*).
**filastrocca** *s.f.* Kinderreim (*der*).
**filatelia** *s.f.* Philatelie (*die*).

**filato** *agg.* **1** gesponnen **2** (*ininterrotto*) ununterbrochen ♦ *s.m.* Garn (*das*).

**file** *s.m.invar.* (*inform.*) Datei (*die*).

**filetto** *s.m.* **1** (*tecn.*) Gewinde (*das*) **2** (*gastr.*) Filet (*das*).

**filiale**[1] *agg.* Kinder...: *amore* —, Kindesliebe.

**filiale**[2] *s.f.* (*comm.*) Zweigstelle (*die*), Filiale (*die*).

**Filippine** *n.pr.f.pl.* Philippinen (*pl.*).

**film** *s.m.invar.* Film (*der*): — *in bianco e nero*, Schwarzweißfilm; — *muto*, Stummfilm.

**filmare** *v.tr.* filmen.

**filo** *s.m.* **1** Faden (*der*), Garn (*das*): — *per cucire*, Nähgarn, Nähfaden **2** (*d'erba*) Halm (*der*), (*metallico*) Draht (*der*): — *spinato*, Stacheldraht; — *elettrico*, elektrische Leitung, — *del telefono*, Telefonkabel ● *con un* — *di voce*, mit schwacher Stimme | *dare del* — *da torcere a qlcu*, jdm zu schaffen machen | *perdere il* — (*del discorso*), den Faden (des Gesprächs) verlieren | *sul* — *del rasoio*, auf des Messers Schneide.

**filosofia** *s.f.* Philosophie (*die*).

**filosofo** *s.m.* [*f.* -a] Philosoph (*der*, *de* -in).

**filtrare** *v.tr.* filtern ♦ *v.intr.* (*penetrare*) durch-dringen.

**filtro**[1] *s.m.* Filter (*der*): — *dell'aria*, Luftfilter.

**filtro**[2] *s.m.* (*pozione*) Zaubertrank (*der*), Liebestrank (*der*).

**finale** *agg.* End..., Schluss...: *giro* —, Schlussrunde ♦ *s.m.* Schluss (*der*), (*mus.*) Finale (*das*) ♦ *s.f.* **1** (*sport*) Endkampf (*der*); (*a squadre*) Finale (*das*), Endspiel (*das*) **2** (*gramm.*) (*di frase*) Finalsatz (*der*).

**finalista** *s.m.* e *f.* Finalist (*der*; *die* -in), Endspielteilnehmer (*der*; *die* -in).

**finalmente** *avv.* endlich; schließlich.

NOTA **Finalmente**: *endlich* o *schließlich*?

Si usa **endlich** quando 'finalmente' assume il significato di 'alla fine, per fortuna':
*Finalmente sei arrivato.*
**Endlich** bist du da.

**Schließlich**, invece, significa 'finalmente' nel senso di 'alla fine, infine':
*Finalmente ha aderito alla proposta.*
**Schließlich** hat er in den Vorschlag eingewilligt.

**finanza** *s.f.* Finanz (*die*): *ministero delle finanze*, Finanzministerium.

**finanziamento** *s.m.* Finanzierung (*die*).

**finanziare** *v.tr.* finanzieren.

**finché** *cong.* **1** (*per tutto il tempo che*) solange: *devo farlo* — *ho tempo*, ich muss es machen, solange ich Zeit dazu habe **2** (*fino al momento in cui*) bis: *aspetterò qui* — (*non*) *ritornerai*, ich werde hier warten, bis du zurückkommst.

**fine**[1] *s.f.* Ende (*das*), Schluss (*der*): *alla* — *del mese*, *dell'anno*, Ende (des) Monatsende, zum Jahresende ♦ *s.m.* **1** (*esito*) Ende (*das*), Ausgang (*der*) **2** (*scopo*) Ziel (*das*), Zweck (*der*) ● *a fin di bene*, in bester Absicht | *alla* —, schließlich | *alla fin* —, alles in allem | *avere un secondo* —, Hintergedanken haben | *fare una brutta* —, ein böses (*o* kein gutes) Ende nehmen | *in fin dei conti*, letztendlich | *senza* —, ohne Ende, endlos.

**fine**[2] *agg.* fein (anche *fig.*): *lineamenti fini*, feine Züge; *udito* —, ein gutes Gehör; *un signore molto* —, ein sehr vornehmer Herr.

**finestra** *s.f.* Fenster (*das*).

**finestrino** *s.m.* Fenster (*das*).

**fingere** *v.tr.* vor-täuschen, vor-spielen ♦ *v.intr.* so tun, vor-geben: *finge di non sapere nulla*, sie tut so, als ob sie nichts wüsste ♦ **fingersi** *v.pron.* tun, sich stellen: *fingersi malato*, sich krank stellen.

**finire** *v.tr.* **1** (be)enden **2** (*esaurire*) auf-brauchen, verbrauchen ♦ *v.intr.* **1** auf-hören, enden **2** (*esaurirsi*) zu-gehen, aufgebraucht werden: *è finito il caffè*, der Kaffee ist aufgebraucht (*o* alle) **3** (*sboccare*) enden, führen **4** (*concludersi*) aus-gehen, enden ♦ *s.m.* Ende (*das*): *sul* — *dell'inverno*, am Ende des Winters ● — *di fare qlco*, etw zu Ende führen | *finirla*, Schluss machen, auf-hören: *finiscila!*, hör auf! | *ma dove eri andato a —?*, wo warst du geblieben?

**finlandese** *agg.* finnisch, finnländisch ♦ *s.m.* e *f.* Finne (*der*; *die* Finnin) ♦ *s.m.* (*lingua*) Finnisch(e) (*das*).

**Finlandia** *n.pr.f.* Finnland (*das*).

**fino** *prep.* 1 (*tempo*) bis (+ Acc), bis zu: *— a domani*, bis morgen; *— all'ultimo*, bis zum Schluss 2 (*spazio*) bis: *— a Roma*, bis (nach) Rom; *— a casa*, bis nach Hause ♦ *discutere un problema — in fondo*, ein Problem ausführlich besprechen | *fin da*, seit | *fin da ora* (von nun *o* + *Dat*), seitdem: *fin da oggi*, von heute an (o ab heute).

**finocchio** *s.m.* Fenchel (*der*).

**finora** *avv.* bis jetzt, bisher, bislang.

**finta** *s.f.* Vortäuschung (*die*) ● *far — di niente*, so tun als ob nichts wäre | *fa solo —*, er tut nur so.

**finto** *agg.* 1 unecht, falsch 2 (*artificiale*) künstlich.

**fiocco**[1] *s.m.* 1 (*di stoffa*) Schleife (*die*) 2 Flocke (*die*) ● *fiocchi d'avena*, Haferflocken | *— di neve*, Schneeflocke.

**fiocco**[2] *s.m.* (*mar.*) Klüver (*der*).

**fiocina** *s.f.* Harpune (*die*).

**fioco** *agg.* 1 (*di suono*) leise 2 (*di luce*) schwach.

**fionda** *s.f.* Schleuder (*die*).

**fioraio** *s.m.* [f. -a] Blumenverkäufer (*der*; *die* -in); Blumenhändler (*der*; *die* -in).

**fiordo** *s.m.* Fjord (*der*).

**fiore** *s.m.* 1 Blume (*die*); (*di albero*) Blüte (*die*) 2 (*fig.*) (*parte migliore*) Blüte (*die*), Beste (*das*) 3 (*pl.*) (*nelle carte da gioco*) Kreuz (*das*), Eichel (*die*) ● *avere i nervi a fior di pelle*, die Nerven bis zum Zerreißen gespannt haben | *essere nel — degli anni*, in der Blüte der Jahre stehen | *il fior — della società*, la Crème de la Crème.

**fiorentino** *agg.* florentinisch ♦ *s.m.* 1 [f. -a] Florentiner (*der*; *die* -in) 2 (*parlata*) Florentinisch(e) (*das*).

**fiorire** *v.intr.* blühen.

**Firenze** *n.pr.f.* Florenz (*das*).

**firma** *s.f.* 1 Unterschrift (*die*): *— in bianco*, Blankounterschrift 2 (*nome no-*

*to*) Name (*der*) ● *apporre la — su qlco*, etw unterzeichnen.

> **FALSCHER FREUND**
> Da non confondare con il tedesco *Firma*, che significa 'ditta'.

**firmare** *v.tr.* unterschreiben.

**fisarmonica** *s.f.* (*mus.*) Akkordeon (*das*).

**fiscale** *agg.* 1 Steuer...: *ricevuta —*, Steuerbeleg 2 (*fig.*) kleinlich, streng.

**fischiare** *v.intr.* pfeifen, sausen: *mi fischiano le orecchie*, ich habe Ohrensausen; (*fig.*) es klingt in meinen Ohren ♦ *v.tr.* 1 pfeifen 2 (*per disapprovazione*) auspfeifen.

**fischio** *s.m.* Pfiff (*der*), Pfeifen (*das*).

**fisco** *s.m.* Fiskus (*der*).

**fisica** *s.f.* Physik (*die*): *— nucleare*, Kernphysik.

**fisico** *agg.* 1 (*della fisica*) physikalisch; (*della natura*) physisch 2 (*del corpo*) körperlich, physisch: *sforzo —*, körperliche Anstrengung ♦ *s.m.* 1 [f. -a] (*studioso*) Physiker (*der*; *die* -in) 2 (*corpo*) Körperbau (*der*), Körper (*der*).

**fisioterapia** *s.f.* Physiotherapie (*die*), Krankengymnastik (*die*).

**fisioterapista** *s.m.* e *f.* Physiotherapeut (*der*; *die* -in), Krankengymnast (*der*; *die* -in).

**fissare** *v.tr.* 1 befestigen, fest-machen; (*con chiodi*) an-nageln 2 (*guardare*) anstarren 3 (*concordare*) fest-setzen; vereinbaren: *— un prezzo*, einen Preis vereinbaren 4 (*prenotare*) reservieren, buchen 5 (*fot., pitt.*) fixieren ♦ **fissarsi** *v.pron.* 1 (*mettersi in testa*) sich (*Dat*) etw in den Kopf setzen, sich einbilden 2 (*su*) (*ostinarsi*) sich verbohren (auf), sich versteifen (auf) ● *— l'attenzione su qlco*, die Aufmerksamkeit auf etw richten.

**fissazione** *s.f.* 1 (*determinazione*) Festsetzung (*die*) 2 (*fig.*) fixe Idee, Spleen (*der*); Macke (*die*).

**fisso** *agg.* 1 fest: *stipendio —*, festes Gehalt 2 (*di sguardo*) starr ♦ *avv.* fest ● *a prezzo —*, zu festem Preis | (*fig.*) *chiodo —*, eine fixe Idee | *cliente —*,

**Stammkunde** | *guardare qlcu* —, jdn anstarren.

**fitto** *agg.* **1** dicht: *nebbia fitta*, dichter Nebel **2** *(di tessuti)* engmaschig ♦ *avv.* dicht: *nevica* — —, es schneit sehr stark.

**fiume** *s.m.* Fluss *(der)*, Strom *(der)* ● *un* — *di gente*, ein Menschenstrom.

**fiutare** *v.tr.* **1** (be)riechen, (be)schnüffeln **2** *(fig.)* ahnen, wittern: — *un buon affare*, ein günstiges Geschäft wittern.

**fiuto** *s.m.* **1** *(odorato)* Witterung *(die)* **2** *(il fiutare)* Schnuppern *(das)*, Schnüffeln *(das)* **3** *(fig.)* Spürsinn *(der)*, Riecher *(der)*.

**flacone** *s.m.* Flakon *(der o das)*.

**flagello** *s.m.* Geißel *(die)* *(anche fig.)*.

**flagrante** *agg.* offensichtlich, offenkundig ● *(dir.) cogliere qlcu in* —, jdn auf frischer Tat ertappen.

**flash** *s.m.invar.* **1** *(fot.)* Blitzlicht *(das)* **2** *(notizia)* Kurznachricht *(die)*.

**flauto** *s.m.* Flöte *(die)* ● — *dolce, traverso*, Blockflöte, Querflöte.

**flebile** *agg.* **1** weinerlich, wehleidig **2** *(fievole)* schwach, leise.

**flessibile** *agg.* biegsam, biegbar ♦ *s.m.* Schlauch *(der)*.

**flessione** *s.f.* **1** Biegung *(die)*, Beugung *(die)* **2** *(gramm.)* Flexion *(die)*, Beugung *(die)* **3** *(calo)* Rückgang *(der)* ● *(sport)* — *sulle braccia*, Liegestütz.

**flettere** *v.tr.* **1** biegen, beugen **2** *(gramm.)* flektieren.

**f.lli, F.lli** *abbr. (comm.) (Fratelli)* Gebr. (Gebrüder).

**flora** *s.f.* Flora *(die)*, Pflanzenwelt *(die)*.

**floricoltura** *s.f.* Blumenzucht *(die)*.

**florido** *agg.* blühend.

**floscio** *agg.* weich, schlaff.

**flotta** *s.f.* Flotte *(die)*.

**fluido** *agg.* flüssig ♦ *s.m.* *(fis.)* Flüssigkeit *(die)*.

**fluire** *v.intr.* fließen, strömen *(anche fig.)*.

**fluoro** *s.m.* *(chim.)* Fluor *(das)*.

**flusso** *s.m.* **1** Strom *(der)*, Fluss *(der)*, Strömung *(die)* **2** *(di marea)* Flut *(die)*.

**fluviale** *agg.* Fluss...: *navigazione* —, Fluss-Schifffahrt.

**foca** *s.f.* *(zool.)* Robbe *(die)*.

**focaccia** *s.f.* Focaccia *(die)* (eine Art Fladenbrot).

**foce** *s.f.* Mündung *(die)*.

**focolaio** *s.m.* Herd *(der)*: *(med.)* — *d'infezione*, Entzündungsherd.

**focolare** *s.m.* **1** Herd *(der)*, Feuerstelle *(die)* **2** *(fig.)* Heim *(das)*, Herd *(der)*.

**fodera** *s.f.* **1** Futter *(das)*, Futterstoff *(der)* **2** *(rivestimento)* Auskleidung *(die)*.

**foderare** *v.tr.* **1** *(abbigl.)* füttern **2** *(estens.)* auslegen.

**foga** *s.f.* Hitze *(die)*, Eifer *(der)*.

**foglia** *s.f.* Blatt *(das)* ● *tremare come una* —, wie Espenlaub zittern.

**foglio** *s.m.* **1** Bogen *(der)*, Blatt *(das)* **2** *(documento)* Papier *(das)* ● — *rosa*, vorläufige Fahrerlaubnis.

**fogna** *s.f.* Abflussrohr *(das)*, Kloake *(die)*.

**fognatura** *s.f.* **1** Kanalisation *(die)* **2** *(agr.)* Dränierung *(die)*.

**folgorare** *v.tr.* treffen *(anche fig.)* ● *(da un fulmine) restare folgorato*, vom Blitz getroffen werden.

**folla** *s.f.* Menge *(die)*.

**folle** *agg.* wahnsinnig; *(assurdo)* irrsinnig **2** *(aut.) in* —, im Leerlauf.

**follia** *s.f.* Wahnsinn *(der)* ● *fare follie*, es toll treiben.

**folto** *agg.* **1** dicht **2** *(nutrito)* groß: *un* — *numero di ammiratori*, eine große Anzahl von Verehrern.

**fon** *s.m.invar.* Haartrockner *(der)*; Föhn *(der)*.

**fondale** *s.m.* **1** Meeresgrund *(der)* **2** *(teatr.)* Kulisse *(die)*.

**fondamentale** *agg.* grundlegend, Grund...; *(essenziale)* wesentlich: *regola* —, Grundregel.

**fondamento** *s.m.* **1** *(pl.)* Fundament *(das)*, Grundmauer *(die)* **2** *(fig.)* Begründung *(die)*: *accuse prive di* —, unbegründete Anklagen.

**fondare** *v.tr.* gründen *(anche fig.)*: — *una società*, eine Gesellschaft gründen ● **fondarsi** *v.pron.* *(su)* gründen (auf + *Dat*), sich stützen (auf + *Acc*).

**fondazione** *s.f.* **1** Gründung *(die)* **2** *(ente morale)* Stiftung *(die)*.

**fondere** *v.tr.* 1 verschmelzen 2 (*fig.*) zusammen·schließen: — *due società*, zwei Gesellschaften zusammenschließen ♦ *v.intr.* schmelzen ♦ **fondersi** *v.pron.* 1 schmelzen; (*amalgamarsi*) sich auf·lösen 2 (*fig.*) sich zusammen·schließen 3 (*elettr.*) durch·brennen.

**fondo¹** *s.m.* 1 Boden (der); Grund (der): *il — del mare*, der Meeresgrund 2 (*pl.*) (*residuo di liquido*) Rest (*pl.*); (*deposito*) Bodensatz: *fondi di caffè*, Kaffeesatz; *fondi di magazzino*, Restbestände 3 (*sport*) Langstrecke (die), Langstreckenlauf (der); *sci di —*, Skilanglauf 4 (*possedimento*) Grundstück (das), Landgut (das) 5 (*pl.*) (*econ.*) Fonds (der); Geldmittel (*pl.*), Gelder (*pl.*) ● *a — perduto*, nicht rückzahlbar | (*mar.*) *andare a —*, untergehen | *andare a — in una faccenda*, einer Sache auf den Grund gehen | *conoscere a — qlco, qlcu*, etw, jdn gründlich kennen | *fino in —*, bis auf den Grund | *cassa*, *cassa sensestand* : *fondi di* —, letzten Endes ist er gar nicht so böse | *rumore di —*, Hintergrundgeräusch.

**fondo²** *agg.* tief ● *notte fonda*, tief(st)e Nacht.

**fontana** *s.f.* Brunnen (der).
**fonte** *s.f.* Quelle (die) (*anche fig.*).
**foraggio** *s.m.* Viehfutter (das).
**forare** *v.tr.* durchlöchern.
**forbice** *s.f.* (*spec.pl.*) Schere (die).
**forca** *s.f.* 1 (*agr.*) Gabel (die) 2 (*patibolo*) Galgen (der) 3 (*valico*) Pass (der).
**forchetta** *s.f.* Gabel (die).
**foresta** *s.f.* Forst (der), Wald (der).
**Foresta Nera** *n.pr.f.* Schwarzwald (der).
**forestale** *agg.* forstlich, Forst..., Wald...; *guardia —*, Förster.
**forestiero** *agg.* fremd, ausländisch, Fremd...; ♦ *s.m.* [f. *-a*] Fremde (der e die), Ausländer (der; die *-in*).
**forfettario** *agg.* Pauschal...: *prezzo —*, Pauschalpreis.
**forfora** *s.f.* Schuppen (*pl.*).
**forma** *s.f.* Form (die) ● *essere in —*, in Form sein, fit sein | — *di formaggio*, Käselaib | *in — privata*, privat | (*fig.*) *prendere —*, Form (*o* Gestalt) annehmen.
**formaggio** *s.m.* Käse (der).
**formale** *agg.* 1 förmlich 2 (*solenne*) feierlich.
**formalità** *s.f.invar.* Formalität (die).
**formare** *v.tr.* 1 bilden: *una frase*, einen Satz bilden 2 (*forgiare*) formen: — *la mente di un bambino*, den Geist eines Kindes formen ♦ **formarsi** *v.pron.* 1 sich bilden 2 (*svilupparsi*) sich aus·bilden (*anche fig.*).
**formato** *s.m.* Format (das).
**formattare** *v.tr.* (*inform.*) formatieren.
**formazione** *s.f.* 1 Entstehung (die), Bildung (die) 2 (*scol.*) Ausbildung (die) 3 (*geol.*) Formation (die) 4 (*sport*) Aufstellung (die) ● — *professionale*, Berufsausbildung.
**formica¹** *s.f.* (*zool.*) Ameise (die).
**fòrmica²** *s.f.* (*laminato*) Schichtstoffplatte (die).
**formicaio** *s.m.* 1 Ameisenhaufen (der) 2 (*fig.*) Gewimmel (das).
**formicolio** *s.m.* Kribbeln (das).
**formidabile** *agg.* vorzüglich, hervorragend.
**formula** *s.f.* Formel (die); (*sport*) — *1*, Formel 1.
**formulare** *v.tr.* formulieren, auf·stellen.
**fornace** *s.f.* Brennofen (der).
**fornaio** *s.m.* [f. *-a*] Bäcker (der; die *-in*).
**fornello** *s.m.* Kocher (der): *a gas*, Gaskocher.
**fornire** *v.tr.* 1 versorgen (mit): — *denaro a qlcu*, jdn mit Geld versorgen 2 (*dì*) (*dotare*) aus·statten (mit) 3 (*dare*) geben: — *informazioni*, Auskünfte geben ♦ **fornirsi** *v.pron.* (*di*) sich versorgen (mit).
**fornitore** *s.m.* [f. *-trice*] Lieferant (der; die *-in*) ♦ *agg.* Zuliefer...: *azienda fornitrice*, Zulieferbetrieb.
**fornitura** *s.f.* (*comm.*) Lieferung (die).
**forno** *s.m.* 1 Ofen (der): — *elettrico*, Elektroofen; *patate al —*, gebackene Kartoffeln 2 (*negozio*) Bäckerei (die) 3 (*tecn.*) Schmelzofen (der).
**foro¹** *s.m.* Loch (das).

**foro²** *s.m.* **1** (*st.*) Forum (*das*) **2** (*dir.*) Gerichtsstand (*der*).

**forse** *avv.* **1** vielleicht (*circa*) ungefähr, etwa ♦ *s.m.* Zweifel (*der*): *essere in* —, im Zweifel sein, zweifeln.

**forte** *agg.* **1** stark, kräftig: *una* — *volontà*, ein starker Wille **2** (*bravo*) gut, tüchtig **3** (*di suono*) laut, stark ♦ *s.m.* **1** (*fortezza*) Festung (*die*) **2** (*punto di forza*): *la matematica non è il mio* —, Mathematik ist nicht meine Stärke ♦ *avv.* **1** fest: *tieniti* —, halt dich fest **2** (*di suono*) laut **3** (*velocemente*) schnell: *andare* —, schnell gehen (*o* fahren); (*fig.*) Erfolg haben.

**fortezza** *s.f.* **1** Festung (*die*) **2** (*teol.*) Tapferkeit (*die*).

**fortificare** *v.tr.* **1** stärken **2** (*mil.*) befestigen ♦ **fortificarsi** *v.pron.* sich stärken.

**fortuna** *s.f.* **1** (*sorte*) Schicksal (*das*), Glück (*das*): *tentare la* —, sein Glück versuchen **2** (*patrimonio*) Vermögen (*das*) ● *buona* — (*per*), viel Glück (für, bei) | *fare* —, sein Glück machen | *mezzi di* —, Behelf | *per* —, zum Glück | *portare* — *a qlcu*, jdm Glück bringen.

**fortunato** *agg.* glücklich ● *essere* —, Glück haben.

**foruncolo** *s.m.* Furunkel (*der*).

**forza** *s.f.* **1** Kraft (*die*): *essere in forze*, bei Kräften sein **2** (*morale*) Stärke (*die*), Kraft (*die*): — *di volontà*, Willensstärke **3** (*imposizione*) Gewalt (*die*), Kraft (*die*) | *forze armate*, Streitkräfte **4** (*fis.*) Kraft (*die*): — *di gravità*, Schwerkraft ♦ *inter.* los: —!, *sbrigati!*, los, beeil dich! | *a di...*, durch viel... | *farsi* —, sich Mut machen | *forze armate*, Streitkräfte | *in* — *di*, auf Grund (+ Gen) | *per* —!, und ob!, natürlich.

**forzare** *v.tr.* **1** auf·brechen, sprengen: — *una serratura*, ein Schloss aufbrechen **2** (*sottoporre a sforzo*) auf Hochtouren bringen **3** (*costringere*) zwingen ● — *il passo*, schneller gehen.

**foschia** *s.f.* Dunst (*der*).

**fosforescente** *agg.* phosphoreszierend.

**fosforo** *s.m.* (*chim.*) Phosphor (*der*).

**fossa** *s.f.* **1** Graben (*der*) **2** (*tomba*) Grab (*das*).

**fossato** *s.m.* **1** Graben (*der*) **2** (*mil.*) Festungsgraben (*der*).

**fossile** *agg.* versteinert, fossil ♦ *s.m.* Fossil (*das*) (*anche fig.*).

**fosso** *s.m.* Wassergraben (*der*).

**foto** *s.f.invar.* (*fam.*) Foto (*das*) ● — *ricordo*, Erinnerungsfoto.

**fotocopia** *s.f.* Fotokopie (*die*).

**fotocopiare** *v.tr.* fotokopieren.

**fotocopiatrice** *s.f.* Fotokopierer (*der*).

**fotografare** *v.tr.* fotografieren.

**fotografia** *s.f.* Fotografie (*die*), Aufnahme (*die*), (*fam.*) Foto (*das*): — *in bianco e nero*, Schwarzweißfoto.

**fotografico** *agg.* fotografisch, Foto... ● *macchina fotografica*, Fotoapparat.

**fotografo** *s.m.* [f. *-a*] Fotograf (*der*; *die -in*).

**fotomodella** *s.f.* **fotomodello** *s.m.* Fotomodell (*das*).

**fototessera** *s.f.* Passbild (*das*).

**foulard** *s.m.invar.* Kopftuch (*das*); (*da collo*) Halstuch (*das*).

**fra** *prep.* **1** (*fra due persone o cose*) (*stato in luogo*) zwischen (+ Dat); (*moto a luogo*) zwischen (+ Acc) **2** (*fra molte persone o cose*) (*stato in luogo*) unter (+ Dat), (*moto a luogo*) unter (+ Acc) **3** (*tempo*) in, binnen (+ Dat), innerhalb (+ Gen): *ci vedremo* — *due ore*, wir sehen uns in zwei Stunden **4** (*partitivo; a volte si traduce col genitivo*) von: *è uno* — *i migliori giornalisti*, er ist einer der besten Journalisten **5** (*per indicare un insieme*) insgesamt: — *tutti saremo stati una cinquantina*, insgesamt waren wir ungefähr 50 **6** (*presso*) bei (+ Dat): *gode di molta simpatia* — *i suoi colleghi*, er ist bei seinen Kollegen sehr beliebt ● — *l'altro*, unter anderem | — *poco*, bald | — *sé e sé*, vor sich hin.

**fracassare** *v.tr.* zerschlagen, zertrümmern.

**fracasso** *s.m.* Lärm (*der*) ● *fare* —, Lärm machen, lärmen.

**fradicio** *agg.* ● (*bagnato*) —, durchnässt | *ubriaco* —, stockbesoffen.

**fragile** *agg.* 1 zerbrechlich 2 *(debole)* schwach: — *di nervi*, nervenschwach.

**fragola** *s.f.* Erdbeere *(die)*.

**fragore** *s.m. (di acqua, battaglia)* Getöse *(das), (di tuono)* Grollen *(das)*.

**fraintendere** *v.tr.* missverstehen, falsch verstehen.

**frammento** *s.m.* Fragment *(das)*, Bruchstück *(das)*.

**frana** *s.f.* Erdrutsch *(der)*.

**franare** *v.intr.* ab-rutschen.

**francese** *agg.* französisch ♦ *s.m.* e *f.* Franzose *(der; die* Französin) ♦ *s.m. (lingua)* Französisch(e) *(das)*.

**franchezza** *s.f.* Offenheit *(die)*, Ehrlichkeit *(die)*.

**franchigia** *s.f.* Freibetrag *(der)*, Franchise *(die); (assicurazioni)* Selbstbeteiligung *(die)*.

**Francia** *n.pr.f.* Frankreich *(das)*.

**franco** *agg.* 1 offen, ehrlich 2 *(libero)* frei, Frei-..: *porto* —, Freihafen ♦ *avv.* offen, frei: *parlare* —, offen sprechen ● *farla franca*, ungestraft davon kommen.

**francobollo** *s.m.* Briefmarke *(die)*.

**Francoforte** *n.pr.f.* Frankfurt *(das)*.

**frangetta** *s.f.* Pony *(der)*.

**frangia** *s.f.* 1 Franse *(die)* 2 *(fig.)* Flügel *(der)*.

**frantumare** *v.tr.* zerbrechen, zertrümmern ♦ **frantumarsi** *v.pron.* zerbrechen.

**frantume** *s.m.pl.* Scherben *(pl.): andare in frantumi*, in Scherben gehen.

**frappé** *s.m.invar.* Milchmixgetränk *(das)*.

**frase** *s.f.* Satz *(der)*.

**frastuono** *s.m.* Getöse *(das)*.

**frate** *s.m. (relig.)* Bruder *(der)*, Mönch *(der): farsi* —, Mönch werden.

**fratellastro** *s.m.* Stiefbruder *(der)*.

**fratello** *s.m.* 1 Bruder *(der): sono* — *e sorella*, die sind Geschwister 2 *(pl.) (comm.)* Gebrüder.

**fraterno** *agg.* brüderlich, Bruder-..: *amore* —, Bruderliebe.

**frattanto** *avv.* in der Zwischenzeit, inzwischen, unterdessen.

**frattempo** *s.m.* ● *nel* —, inzwischen, mittlerweile; *(a un certo punto)* zwischendurch.

**frattura** *s.f. (med.)* Bruch *(der) (anche fig.)*.

**frazione** *s.f.* 1 Bruchteil *(der)* 2 *(mat.)* Bruch *(der)* 3 *(di cittadina)* Ortsteil *(das)*.

**freccia** *s.f.* 1 Pfeil *(der)* 2 *(aut.)* Blinker *(der)*.

**freddezza** *s.f.* 1 Kälte *(die)* 2 *(sangue freddo)* Kaltblütigkeit *(die)*.

**freddo** *agg.* 1 kalt *(anche estens.)* 2 *(fig.)* kühl, kalt: *è un (tipo)* —, er ist ein formeller Mensch ♦ *s.m.* Kälte *(die)* ● *a* —, kalt | *avere, sentire* —, frieren.

**freddoloso** *agg.* verfroren.

**freezer** *s.m.invar.* Gefrierfach *(das)*.

**fregare** *v.tr.* 1 scheuern: — *il pavimento*, den Fußboden scheuern 2 *(fam.) (ingannare)* herein-legen; *(rubare)* klauen ● *fregarsene di qlco*, auf etw pfeifen.

**fregatura** *s.f. (pop.)* Reinfall *(der)*.

**frenare** *v.tr.* e *intr.* bremsen *(anche fig.)* ♦ **frenarsi** *v.pron.* sich beherrschen.

**frenata** *s.f.* Bremsen *(die)*, Bremsung *(die)*.

**frenetico** *agg.* 1 rasend, tobsüchtig 2 *(convulso)* hektisch.

**freno** *s.m.* 1 *(tecn., aut.)* Bremse *(die):* — *a mano*, Handbremse; — *a disco*, Scheibenbremse 2 *(morso)* Gebiss *(das)* ● *mettere (o porre) un* — *a qlco*, etw *(Dat)* Einhalt gebieten | *senza* —, zügellos | *tenere a* —, im Zaum halten.

**frequentare** *v.tr.* 1 besuchen: — *una scuola*, eine Schule besuchen 2 *(aver a che fare con)* verkehren (mit), sich bewegen (in + *Dat*): — *cattive compagnie*, sich in schlechten Kreisen bewegen.

**frequente** *agg.* häufig ● *di* —, oft.

**frequenza** *s.f.* 1 Häufigkeit *(die)*; *(numero)* Zahl *(die)* 2 *(scol.)* Besuch *(der)* 3 *(tecn.)* Frequenz *(die)* ● *(med.)* — *del polso*, Pulsfrequenz.

**freschezza** *s.f.* Frische *(die)*.

**fresco** *agg.* 1 *(freddo)* kühl 2 frisch: *aria fresca*, frische Luft ♦ *s.m.* Kühle *(die): conservare al* —, kühl lagern.

**fretta** *s.f.* Eile *(die): non c'è* —, es hat keine Eile; *avere* —, *andare di* —, es eilig haben; *in* —, in Eile, schnell.

**frettoloso** *agg.* eilig, hastig.
**Friburgo** *n.pr.f.* Freiburg (*das*).
**friggere** *v.tr.* braten, fritieren ● *mandare qlcu a farsi* —, jdm zum Teufel jagen.
**frigorifero** *agg.* Kühl...: *cella frigorifera*, Kühlraum ♦ *s.m.* Kühlschrank (*der*).
**frittata** *s.f.* Omelett (*das*).
**frittella** *s.f.* Fettgebäck (*das*), Krapfen (*der*).
**fritto** *agg.* gebraten, fritiert: *patate fritte*, Pommes frites ♦ *s.m.* Gebratene (*das*): — *misto*, verschiedene fritierte Fische.
**frizione** *s.f.* **1** (*massaggio*) Einmassieren (*das*) **2** (*mecc.*) Kupplung (*die*).
**frizzante** *agg.* ● *acqua* —, Sprudelwasser | *aria* —, prickelnde Luft.
**frode** *s.f.* (*dir.*) Betrug (*der*): — *fiscale*, Steuerhinterziehung.
**frontale** *agg.* frontal: *scontro* —, Frontalzusammenstoß.
**fronte** *s.f.* Stirn (*die*) ♦ *s.m.* **1** (*mil., pol.*) Front (*die*) **2** (*di ghiacciaio*) Gletschertor (*das*) **3** (*meteor.*) Front (*die*) ● *a* — *di*, in Anbetracht (+ Gen) | *di* — *a*, (*luogo*) gegenüber (+ Dat); (*fig.*) angesichts (+ Gen).
**fronteggiare** *v.tr.* entgegen-treten: *una difficoltà*, eine Schwierigkeit anpacken.
**frontiera** *s.f.* Grenze (*die*) (*anche fig.*).
**frottola** *s.f.* Lüge (*die*).
**frugare** *v.intr.* (*tra*) wühlen (in + Dat), stöbern (in + Dat).
**frullare** *v.tr.* quirlen; (*col frullatore*) mixen ♦ *v.intr.* schwirren.
**frullatore** *s.m.* Mixer (*der*).
**frullino** *s.m.* Handrührer (*der*); (*elettrico*) Handmixer (*der*).
**frumento** *s.m.* Weizen (*der*).
**fruscio** *s.m.* Rauschen (*das*).
**frusta** *s.f.* **1** Peitsche (*die*) **2** (*da cucina*) Schneebesen (*der*).
**frustare** *v.tr.* peitschen.
**frustino** *s.m.* Reitgerte (*die*).
**frustrazione** *s.f.* Frustration (*die*).
**frutta** *s.f.invar.* Obst (*das*): — *secca, cotta*, gedörrtes, gekochtes Obst; — *di stagione*, Früchte der Saison.

**fruttare** *v.tr.* **1** (*rendere*) ein-bringen, Früchte bringen **2** (*econ.*) Zinsen bringen ♦ *v.tr.* (*fig.*) ein-bringen.
**frutteto** *s.m.* Obstgarten (*der*).
**fruttivendolo** *s.m.* [f. -*a*] Obsthändler (*der*; *die m.*).
**frutto** *s.m.* Frucht (*die*) (*anche fig.*): *dare frutti*, Früchte tragen, von Nutzen sein ● *frutti di bosco*, Waldbeeren | *frutti di mare*, Meeresfrüchte.
**fucilare** *v.tr.* erschießen.
**fucilata** *s.f.* Gewehrschuss (*der*).
**fucile** *s.m.* Gewehr (*das*): — *subacqueo*, Harpune.
**fuga** *s.f.* **1** Flucht (*die*): *darsi alla* —, die Flucht ergreifen **2** (*mus.*) Fuge (*die*) ● — *di gas*, Gasaustritt.
**fuggire** *v.intr.* **1** (ent)fliehen, flüchten, entlaufen **2** (*di tempo*) verfliegen ● — *di prigione*, aus dem Gefängnis ausbrechen.
**fuggitivo** *s.m.* [f. -*a*] Flüchtling (*der*).
**fulcro** *s.m.* **1** Ansatzpunkt (*der*) **2** (*fig.*) Angelpunkt (*der*).
**fuliggine** *s.f.* Ruß (*der*).
**fulminare** *v.tr.* (*da un fulmine*) treffen ● *restare fulminato*, vom Blitz getroffen werden.
**fulmine** *s.m.* Blitz (*der*) ● *colpo di* —, Liebe auf den ersten Blick.
**fumare** *v.intr.* **1** qualmen **2** (*di liquidi*) dampfen ♦ *v.tr.* rauchen.
**fumatore** *s.m.* [f. -*trice*] Raucher (*der; die m.*) ● *non* —, Nichtraucher.
**fumetto** *s.m.* **1** Sprechblase (*die*) **2** (*racconto*) Comic(strip) (*der*).
**fumo** *s.m.* **1** Rauch (*der*); (*denso*) Qualm (*der*) **2** (*il fumare*) Rauchen (*das*) **3** (*vapore*) Dampf (*der*) ● *andare in* —, in Rauch aufgehen | *mandare in* —, zunichte machen.
**fune** *s.f.* Strick (*der*), Seil (*das*).
**funebre** *agg.* Trauer...: *marcia* —, Trauermarsch.
**funerale** *s.m.* Beerdigung (*die*), Begräbnis (*das*).
**fungere** *v.intr.* (*da*) fungieren (als).
**fungo** *s.m.* Pilz (*der*) (*anche med.*).
**funicolare** *s.f.* Standseilbahn (*die*).
**funivia** *s.f.* Drahtseilbahn (*die*).

**funzionare** *v.intr.* funktionieren.
**funzionario** *s.m.* [f. -a] Funktionär (der; die -in); (*pubblico*) Beamte (der; die Beamtin).
**funzione** *s.f.* 1 Funktion (die); (*carica*) Amt (das): *svolgere la — di segretario*, das Amt des Sekretärs ausüben 2 (*attività*) Tätigkeit (die); (*esercizio*) Betrieb (der): *essere in —*, in Betrieb sein 3 (*relig.*) Gottesdienst (der) 4 (*mat., ling.*) Funktion (die).
**fuoco** *s.m.* 1 Feuer (das) 2 (*fis.*) Fokus (der), Brennpunkt (der) ● *andare a —*, in Flammen aufgehen | *dare — a qlco*, etw anzünden | *mettere a —*, fokussieren; (*fig.*) genau unter die Lupe nehmen | *mettere la mano sul — per qlco* (o *qlcu*), die Hand für etwas (o jdn) ins Feuer legen | *prender —* (anche *fig.*), Feuer fangen.
**fuorché** *cong.* (con l'infinito) außer; nur nicht, dass... ♦ *prep.* außer (+ Dat); bis auf (+ Acc); mit Ausnahme von (+ Dat).
**fuori** *avv.* 1 (*stato in luogo*) draußen 2 (*moto a luogo*) (*avvicinamento*) heraus; (*allontanamento*) hinaus 3 (*esternamente*) außen ♦ *s.m.invar.* Außenseite (die), Äußere (das): *osservare qlco dal di —* (anche *fig.*), etw von außen beobachten | *abita — città*, er wohnt außerhalb der Stadt | *da —*, (*dall'esterno*) von draußen; (*da un altro paese*) von auswärts | *essere — (di casa)*, nicht zu Hause (o außer Haus o auswärts) sein | *essere — di sé*, außer sich sein | (*fam.*) *far —*, (*uccidere*) um die Ecke bringen; (*rovinare*) kaputtmachen; (*sprecare*) verschwenden, (*cibo*) aufessen | *— luogo*, unangebracht.
**fuoriclasse** *agg.* erstklassig, Spitzen... ♦ *s.m. e f.* (*sport*) Spitzensportler (der; die -in) ● *un cuoco —*, ein erstklassiger Koch.

**fuorigioco** *s.m.invar.* Abseits (das).
**fuoriserie** *agg.invar.* Sonder... ♦ *s.f.invar.* Sonderausführung (die).
**fuoristrada** *s.m.invar.* Geländewagen (der), Jeep (der).
**fuoriuscita** *s.f.* Austritt (der), Ausströmen (das).
**furbizia** *s.f.* Schlauheit (die), List (die).
**furbo** *agg.* schlau, gewitzt; (*astuto*) listig ♦ *s.m.* [f. -a] Schlitzohr (das).
**furfante** *s.m.* [f. -a] Gauner (der; die -in).
**furgone** *s.m.* Lieferwagen (der).
**furia** *s.f.* 1 (*ira*) Wut (die); Zorn (der): *andare su tutte le furie per qlco* (o *con qlcu*), wegen etw (o jdn) vor Wut platzen 2 (*intensità*) Heftigkeit (die); Wüten (das), Toben (das) 3 (*fretta*) Eile (die): *fare le cose con —*, die Dinge in Eile erledigen ● *a — di insistere*, durch ständiges Beharren.
**furioso** *agg.* 1 wütend 2 (*violento*) heftig, rasend.
**furore** *s.m.* 1 (*collera*) Wut (die), Raserei (die) 2 (*impeto*) Heftigkeit (die) ● *fare —*, Furore machen.
**furto** *s.m.* Diebstahl (der).
**fusione** *s.f.* 1 (*fis.*) Fusion (die), Verschmelzung (die): *— nucleare*, Kernfusion 2 (*metall.*) Schmelzen (das) 3 (*fig.*) Zusammenschluss (der); Verschmelzung (die).
**fuso** *s.m.* (*tess.*) Spindel (die) ● (*geogr.*) *— orario*, Zeitzone.
**fusto** *s.m.* 1 (*bot.*) Stamm (der) 2 (*intelaiatura*) Gestell (das), Rahmen (der) 3 (*recipiente*) Fass (das) ● *che —!*, so ein Schrank von Mann!
**futile** *agg.* geringfügig; (*insignificante*) unbedeutend.
**futuro** *agg.* zukünftig ♦ *s.m.* 1 Zukunft (die) 2 (*gramm.*) Futur (das) ● *in —*, zukünftig.

# Gg

**gabbia** *s.f.* 1 Käfig (der); (di uccelli) Vogelkäfig (der) 2 (struttura) Korb (der): — toracica, Brustkorb.
**gabbiano** *s.m.* Möwe (die).
**gabinetto** *s.m.* 1 Toilette (die): — pubblico, öffentliche Toilette 2 (studio) Praxis (die): — medico, dentistico, Arztpraxis, Zahnarztpraxis 3 (pol.) Kabinett (das).
**galassia** *s.f.* Galaxie (die); (Via Lattea) Milchstraße (die).
**galateo** *s.m.* gutes Benehmen.
**galera** *s.f.* Gefängnis (das); (fam.) Knast (der).
**galla** *s.f.* ● a —, an der Oberfläche | stare a —, sich über Wasser halten | venire a —, an die Oberfläche kommen; (fig.) ans Licht kommen.
**galleggiante** *agg.* schwimmend ♦ *s.m.* Schwimmer (der).
**galleggiare** *v.intr.* schwimmen, oben treiben.
**galleria** *s.f.* 1 Tunnel (der) 2 Galerie (die): — d'arte, Kunstgalerie 3 (teatr.) Rang (der).
**gallina** *s.f.* Henne (die).
**gallo** *s.m.* Hahn (der).
**galoppare** *v.intr.* galoppieren.
**galoppo** *s.m.* Galopp (der): andare al —, im Galopp reiten.
**gamba** *s.f.* Bein (das) ● darsela a gambe, sich aus dem Staub machen | essere in —, auf Draht sein; fähig sein.
**gamberetto** *s.m.* Garnele (die).
**gambero** *s.m.* Krebs (der).

**gambo** *s.m.* Stiel (der), Stengel (der); (di sedano ecc.) Strunk (der).
**gamma** *s.f.* Palette (die).
**gancio** *s.m.* Haken (der) (anche sport).
**gara** *s.f.* Wettkampf (der); (competizione) Wettbewerb (der).
**garage** *s.m.invar.* Garage (die); (sotterraneo) Tiefgarage (die).
**garantire** *v.tr.* 1 gewährleisten, bürgen 2 (assicurare) versichern ♦ *v.intr.* garantieren ♦ **garantirsi** *v.pron.* (cautelarsi) sich ab·sichern.
**garantito** *agg.* 1 garantiert: il frigorifero è — per tre anni, der Kühlschrank hat eine dreijährige Garantie 2 (sicuro) sicher, bestimmt.
**garanzia** *s.f.* Garantie (die) ● (dir.) avviso di —, Ermittlungsbescheid.
**gareggiare** *v.intr.* wetteifern; (sport) kämpfen.
**gargarismo** *s.m.* Gurgeln (das): fare i gargarismi, gurgeln.
**garofano** *s.m.* (bot.) Nelke (die): chiodo di —, Gewürznelke.
**garza** *s.f.* Mull (der).
**gas** *s.m.invar.* Gas (das): — nobile, Edelgas ● andare a tutto —, Vollgas geben | (aut.) dare —, Gas geben | — lacrimogeno, Tränengas.
**gasolio** *s.m.* Gasöl (das), Dieselöl (das): riscaldamento a —, Ölheizung.
**gassato** *agg.* kohlensäurehaltig, mit Kohlensäure ● acqua gassata, kohlensäurehaltiges Wasser, Sprudelwasser.
**gastrite** *s.f.* (med.) Gastritis (die).

**gastronomia** *s.f.* **1** Gastronomie (*die*) **2** (*negozio*) Delikatessengeschäft (*das*).

**gatta** *s.f.* Katze (*die*) ● — **una** — **da pelare**, eine harte Nuss zu knacken.

**gatto** *s.m.* Katze (*die*); (*maschio*) Kater (*der*) ● — **delle nevi**, Schneeraupe.

**gazza** *s.f.* Elster (*die*) ● — **ladra**, diebische Elster (*anche fig.*).

**gazzetta** *s.f.* Zeitung (*die*), Gazette (*die*); *Gazzetta Ufficiale*, Gesetzblatt.

**gazzosa** *s.f.* Limonade (*die*).

**gel** *s.m.inv.* Gel (*das*).

**gelare** *v.tr.* **1** gefrieren lassen, erfrieren lassen **2** (*fig.*) erstarren lassen ♦ *v.intr.* frieren, gefrieren; (*di acqua*) zu-frieren; *qui si gela*, hier ist es eisig kalt ♦ **gelarsi** *v.pron.* frieren, erfrieren, gefrieren.

**gelata** *s.f.* Frost (*der*).

**gelataio** *s.m.* [f. -*a*] **1** (*fabbricante*) Eishersteller (*der*; *die* -in) Eisfabrikant (*der*; *die* -in) **2** (*venditore*) Eisverkäufer (*der*; *die* -in); (*ambulante*) Eismann (*der*).

**gelatina** *s.f.* (*gastr.*) Sülze (*die*); (*per torte*) Tortenguss (*der*); (*di frutta*) Gelee (*das*).

**gelato** *agg.* gefroren; eisig, eiskalt ♦ *s.m.* Eis (*das*): *un* — *alla vaniglia*, ein Vanilleeis.

**gelido** *agg.* eisig, eiskalt, frostig (*fig.*) *accoglienza gelida*, frostiger Empfang.

**gelo** *s.m.* **1** Frost (*der*) **2** (*fig.*) Kälte (*die*).

**gelosia** *s.f.* Eifersucht (*die*).

**geloso** *agg.* (*di*) eifersüchtig (auf + Acc): *è* — *di suo fratello*, er ist auf seinen Bruder eifersüchtig.

**gelsomino** *s.m.* Jasmin (*der*).

**gemellaggio** *s.m.* **1** Partnerschaft (*die*) **2** (*tra città*) Städtepartnerschaft (*die*).

**gemellare**[1] *agg.* Zwillings...: *parto* —, Zwillingsgeburt.

**gemellare**[2] *v.tr.* durch eine Partnerschaft verbinden ♦ **gemellarsi** *v.pron.* Partnerschaft schließen.

**gemello** *agg.* **1** Zwillings...: *fratello* —, Zwillingsbruder **2** Doppel..., doppelt ♦ *s.m.* **1** [f. -*a*] Zwilling (*der*); Zwillingsbruder (*der*) **2** (*spec.pl.*) (*per polsini*) Manschettenknopf (*der*) **3** (*pl.*) (*astr.*) Zwillinge (*pl.*) ● **anime gemelle**, verwandte Seelen.

**gemma** *s.f.* **1** (*pietra*) Edelstein (*der*), Gemme (*die*) **2** (*bot.*) Knospe (*die*), Auge (*das*).

**gene** *s.m.* (*biol.*) Gen (*das*).

**generale**[1] *agg.* **1** allgemein, generell; gesamt: *assemblea* —, Hauptversammlung **2** (*principale*) General..., Haupt...: *quartier* —, Hauptquartier ♦ *s.f.* Allgemeine (*das*) ● *in* —, im Allgemeinen; (*di solito*) gewöhnlich.

**generale**[2] *s.m.* (*mil.*) General (*der*).

**generalità** *s.f.invar.* (*spec.pl.*) (*dati*) Personalien (*pl.*).

**generalizzare** *v.tr.* verallgemeinern, generalisieren.

**generalmente** *avv.* **1** allgemein; im Allgemeinen, gewöhnlich **2** (*da tutti*) allgemein, allerseits.

**generare** *v.tr.* **1** zeugen **2** (*fig.*) erzeugen, erregen; — *malcontento*, Missfallen erregen.

**generatore** *s.m.* (*tecn.*) Generator (*der*); — *di corrente*, Stromerzeuger.

**generazione** *s.f.* **1** (*biol.*) Zeugung (*die*) **2** (*discendenza*) Generation (*die*) **3** (*scient.*) Erzeugung (*die*).

**genere** *s.m.* **1** Art (*die*), Weise (*die*) **2** (*insieme di persone*) Geschlecht (*das*): — *umano*, Menschengeschlecht **3** (*letter., mus., scient.*) Gattung (*die*) **4** (*gramm.*) Genus (*das*), Geschlecht (*das*) ● *generi alimentari*, Lebensmittel | *in* —, im Allgemeinen; (*di solito*) gewöhnlich | *qualcosa del* —, etwas Ähnliches.

**generico** *agg.* **1** allgemein, generell **2** (*vago*) unbestimmt.

**genero** *s.m.* Schwiegersohn (*der*).

**generosità** *s.f.invar.* Großherzigkeit (*die*), Großmütigkeit (*die*).

**generoso** *agg.* **1** großherzig, großmütig **2** (*abbondante*) reichlich.

**genesi** *s.f.* **1** Entstehung (*die*), Ursprung (*der*) **2** (*Bibbia*) Genesis (*die*).

**genetica** *s.f.* Genetik (*die*), Vererbungslehre (*die*).

**gengiva** *s.f.* Zahnfleisch (*das*).

**geniale** *agg.* genial.

**genio** *s.m.* Genie (*das*) ● **lampo di** —, Geistesblitz.

**genitale** *agg.* Geschlechts...: *apparato* —, Geschlechtsapparat ♦ *s.m.pl.* (*anat.*) Genitalien (*pl.*).

**genitivo** *agg.* Genitiv...: *caso* —, Genitivfall ♦ *s.m.* Genitiv (*der*).

**genitore** *s.m.* **1** (*padre*) Vater (*der*); (*madre*) Mutter (*die*) **2** (*pl.*) Eltern (*pl.*).

**gennaio** *s.m.* Januar (*der*): — *im Januar* | **alla fine di** —, Ende Januar | **all'inizio di** —, Anfang Januar | *a metà* —, Mitte Januar | *il cinque (di)* —, am fünften Januar.

**genocidio** *s.m.* Völkermord (*der*), Genozid (*der*).

**Genova** *n.pr.f.* Genua (*das*).

**gente** *s.f.* (*persone*) Leute (*pl.*); (*popolo*) Volk (*das*): — *per bene*, anständige Leute.

> NOTA Il sostantivo **Leute** è plurale; di conseguenza anche il verbo che si riferisce ad esso va coniugato al plurale:
> *La gente protesta contro l'aumento dei prezzi.*
> *Die Leute protestieren gegen die Preiserhöhungen.*

**gentile** *agg.* **1** (*cortese*) (*con*) freundlich, nett (*zu*) **2** (*nobile*) edel **3** (*aggraziato*) hübsch: *viso* —, hübsches Gesicht ● (*nelle lettere*) *Gentile Signor Rossi*, Sehr geehrter Herr Rossi.

**gentilezza** *s.f.* **1** Freundlichkeit (*die*): — *d'animo*, Herzensgüte **2** (*favore*) Gefälligkeit (*die*).

**genuino** *agg.* **1** naturrein: *vino* —, naturreiner Wein **2** (*vero*) echt.

**geografia** *s.f.* Geographie (*die*), Erdkunde (*die*).

**geografico** *agg.* geographisch.

**geologia** *s.f.* Geologie (*die*).

**geometra** *s.m.* e *f.* Vermessungstechniker (*der; die* -in).

**geometria** *s.f.* Geometrie (*die*).

**geometrico** *agg.* geometrisch.

**geranio** *s.m.* Geranie (*die*).

**gerarchia** *s.f.* Hierarchie (*die*).

**gergo** *s.m.* (*di gruppi professionali*) Jargon (*der*); (*di gruppi sociali*) Slang (*der*).

**Germania** *n.pr.f.* Deutschland (*das*).

**germanico** *agg.* germanisch: *lingue germaniche*, germanische Sprachen.

**germe** *s.m.* Keim (*der*).

**germogliare** *v.intr.* aus-treiben; (*spuntare*) sprießen.

**germoglio** *s.m.* Sproß (*der*) (*anche fig.*): — *di soia*, Sojasproß.

**geroglifico** *s.m.* Hieroglyphe (*die*).

**Gerusalemme** *n.pr.f.* Jerusalem (*das*).

**gesso** *s.m.* **1** Gips (*der*) **2** (*ingessatura*) Gipsverband (*der*), Gips (*der*) **3** (*scultura*) Gipsfigur (*die*).

**gestazione** *s.f.* Schwangerschaft (*die*).

**gesticolare** *v.intr.* gestikulieren.

**gestione** *s.f.* **1** (*direzione*) Führung (*die*); Leitung (*die*) **2** (*amministrazione*) Verwaltung (*die*).

**gestire** *v.tr.* **1** (*dirigere*) führen, leiten **2** (*amministrare*) verwalten.

**gesto** *s.m.* **1** Geste (*die*), Gebärde (*die*); (*segno*) Zeichen (*das*) **2** (*azione*) Tat (*die*): *un bel* —, eine schöne Tat.

**gestore** *s.m.* [f. *-trice*] Leiter (*der; die* -in), Führer (*der; die* -in); (*amministratore*) Verwalter (*der; die* -in).

**gettare** *v.tr.* **1** werfen (*qcs.*): — *un sasso*, einen Stein werfen; — *l'amo*, die Angelschnur auswerfen **2** (*tecn.*): — *le fondamenta*, die Grundmauern legen; — *un ponte*, eine Brücke bauen ♦ **gettarsi** *v.pron.* **1** sich werfen, sich stürzen **2** (*confluire*) (*in*) münden (in + Acc) ● — *via*, wegwerfen.

**getto** *s.m.* Strahl (*der*): — *d'acqua*, Wasserstrahl ● *a* — *continuo*, ununterbrochen, am laufenden Band.

**gettone** *s.m.* **1** Marke (*die*), Münze (*die*) **2** (*da gioco*) Spielmarke (*die*) ● — *di presenza*, Sitzungsgeld.

**gheriglio** *s.m.* Nusskern (*der*).

**ghetto** *s.m.* Getto (*das*) (*anche fig.*).

**ghiacciaio** *s.m.* (*geogr.*) Gletscher (*der*).

**ghiacciare** *v.intr.* gefrieren, zu-frieren ♦ *v.tr.* eiskalt werden lassen ♦ **ghiacciarsi** *v.pron.* ein-frieren, zu-frieren.

**ghiacciato** *agg.* **1** (zu)gefroren, einge-

froren, vereist: *lago —*, zugefrorener See 2 *(freddissimo)* Eis..., eisig, eiskalt.
**ghiaccio** *s.m.* Eis *(das)* ● *borsa del —*, Eisbeutel | *— secco*, Trockeneis | *rompere il —*, das Eis brechen.
**ghiacciolo** *s.m.* 1 Eiszapfen *(der)* 2 *(gelato)* Wassereis *(das).*
**ghiaia** *s.f.* 1 Kies *(der)* 2 *(per lavori stradali)* Schotter *(der).*
**ghianda** *s.f.* Eichel *(die).*
**ghiandola** *s.f. (anat.)* Drüse *(die) | — linfatica*, Lymphdrüse.
**ghiotto** *agg.* 1 *(di persona)* gierig, naschhaft 2 *(appetitoso)* lecker, schmackhaft 3 *(di notizia ecc.)* gierig ● *essere — di qlco*, sich *(Dat)* die Finger *(o* Lippen) nach etw lecken.
**ghiottoneria** *s.f.* 1 *(golosità)* Naschhaftigkeit *(die)* 2 *(cibo ghiotto)* Leckerbissen *(der) (anche fig.).*
**ghirlanda** *s.f.* Kranz *(der): — di fiori,* Blumenkranz.
**ghiro** *s.m.* Siebenschläfer *(der)* ● *(fam.) dormire come un —*, wie ein Murmeltier schlafen.
**già** *avv.* 1 schon, bereits: *sei — di ritorno?*, bist du schon zurück? 2 *(fin d'ora)* schon, jetzt schon: *so — che non verrà*, ich weiß jetzt schon, dass er nicht kommen wird 3 *(in relazione a uno stato precedente)* ex, ehemalig, früher: *il castello, — carcere...*, das Schloss, früher Gefängnis... 4 *(in risposte affermative)* ja, jawohl ● *devo partire!, Di —?*, ich muss jetzt fahren!, Jetzt schon?
**giacca** *s.f.* Jacke *(die)* ● *— a vento*, Windjacke.
**giacere** *v.intr.* 1 liegen 2 *(ristagnare)* ruhen.
**giacimento** *s.m.* Vorkommen *(das).*
**giada** *s.f.* Jade *(der o die).*
**giaguaro** *s.m.* Jaguar *(der).*
**giallo** *agg.* gelb ♦ *s.m.* 1 *(colore)* Gelb *(das)* 2 *(film, romanzo)* Krimi *(der).*
**Giappone** *n.pr.m.* Japan *(der).*
**giapponese** *agg.* japanisch ♦ *s.m.* e *f.* Japaner *(der; die* -in) ♦ *s.m. (lingua)* Japanisch(e) *(das).*
**giardinaggio** *s.m.* Gartenbau *(der),* Gärtnerei *(die): attrezzo da —*, Gartengerät.

**giardiniere** *s.m.* [f. *-a*] Gärtner *(der; die* -in).
**giardino** *s.m.* Garten *(der)* ● *— d'infanzia*, Kindergarten | *— pubblico*, Stadtpark.
**gigante** *s.m.* [f. *-essa*] Riese *(der)* ♦ *agg.* Riesen...: *confezione —*, Riesenpackung; *(sport) slalom —*, Riesenslalom ● *procedere a passi da —*, mit Riesenschritten vorangehen *(anche fig.).*
**gigantesco** *agg.* riesig.
**giglio** *s.m.* Lilie *(die).*
**gilè, gilet** *s.m.inv.* Weste *(die); (di maglia)* Westover *(der).*
**gin** *s.m.inv.* Gin *(der).*
**ginecologo** *s.m.* [f. *-a*] Gynäkologe *(der; die* Gynäkologin), Frauenarzt *(der; die* -ärztin).
**ginepro** *s.m.* Wacholder *(der).*
**ginestra** *s.f.* Ginster *(der).*
**Ginevra** *n.pr.f.* Genf *(der).*
**ginnastica** *s.f.* Turnen *(das),* Gymnastik *(die): — artistica,* Kunstturnen.
**ginocchio** *s.m.* Knie *(das): mettersi a —*, niederknien.
**giocare** *v.intr.* spielen: *— a tennis,* Tennis spielen ♦ *v.tr.* aus-spielen; spielen ● *— in Borsa,* an der Börse spekulieren | *— un brutto tiro a qlcu,* jdm einen üblen Streich spielen.
**giocatore** *s.m.* [f. *-trice*] Spieler *(der; die* -in) *(anche sport).*
**giocattolo** *s.m.* Spielzeug *(das) (anche fig.).*
**gioco** *s.m.* Spiel *(das)* ● *— d'azzardo,* Glücksspiel | *— di parole,* Wortspiel | *entrare in —*, ins Spiel kommen | *prendersi — di qlcu,* sich über jdn lustig machen.
**giocoliere** *s.m.* Jongleur *(der).*
**gioia** *s.f.* Freude *(die)* ● *— di vivere,* Lebensfreude.
**gioielleria** *s.f.* Juweliergeschäft *(das).*
**gioielliere** *s.m.* [f. *-a*] Juwelier *(der; die* -in).
**gioiello** *s.m.* Juwel *(das) (anche fig.).*
**gioire** *v.intr. (di)* sich freuen (über + Acc).
**giornalaio** *s.m.* [f. *-a*] Zeitungsverkäufer *(der; die* -in).

**giornale** *s.m.* Zeitung (*die*) ● — *di bordo*, Logbuch.
**giornaliero** *agg.* täglich, Tage(s)...: *biglietto* —, Tages(fahr)karte ♦ *s.m.* 1 (*lavoratore*) Tagelöhner (*der*) 2 (*biglietto*) Tageskarte (*die*).
**giornalista** *s.m. e f.* Journalist (*der; die* -in).
**giornata** *s.f.* 1 Tag (*der*) 2 (*sport*) Spieltag (*der*) ● *vivere alla* —, in den Tag hineinleben.
**giorno** *s.m.* Tag (*der*) ● *al* — *d'oggi*, heutzutage | *da un* — *all'altro*, von einem Tag zum anderen; von heute auf morgen | *di* —, *durante il* —, tags(über); bei | *di* — *in* —, von Tag zu Tag | *dopo* —, tagaus, tagein | *per* —, Tag für Tag | *in pieno* —, am helllichten Tag | *l'altro* —, neulich | *per tutto il* —, den ganzen Tag (über) | *un* (*bel*) —, eines Tages | *un* — *o l'altro*, irgendwann; demnächst.
**giostra** *s.f.* Karussell (*das*).
**giovane** *agg.* jung ♦ *s.m. e f.* 1 junger Mann (junge Frau) 2 (*pl.*) Jugendliche.

NOTA La forma plurale del sostantivo 'giovane' può essere resa in tedesco con *die Jugendlichen* o *die jungen Leute*, ma mai con *die Jungen*, perché quest'ultima espressione indica esclusivamente i giovani di sesso maschile:
*I giovani vanno volentieri in discoteca.*
*Die* **Jugendlichen** *gehen gern in die Diskothek.*

**giovanile** *agg.* jugendlich, Jugend...: *disoccupazione* —, Jugendarbeitslosigkeit.
**giovanotto** *s.m.* junger Mann.
**giovare** *v.intr.* nützen (+ *Dat*), nützlich sein (+ *Dat*) ♦ *v.impers.* (*a*) nützen (+ *Dat*), vorteilhaft sein (für): *a chi giova?*, wem nützt das?
**giovedì** *s.m.invar.* Donnerstag (*der*) → *lunedì* ● — *grasso*, Altweiberfastnacht | *Giovedì Santo*, Gründonnerstag.
**gioventù** *s.f.invar.* 1 Jugend (*die*) 2 (*i giovani*) die Jugendlichen (*pl.*).
**giraffa** *s.f.* Giraffe (*die*) (*anche tv*).
**girare** *v.tr.* 1 drehen; wenden: — *un interruttore*, einen Schalter drehen; — *la pagina*, die Seite umblättern 2 (*percorrere*) durch·fahren, durch·laufen; (*viaggiare*) herum·kommen: — *il mondo*, in der Welt herumkommen 3 (*passare*) weiter·geben, weiter·leiten: — *la domanda* (*ad altri*), die Frage weitergeben 4 (*cinem.*) drehen 5 (*mescolare*) um·rühren 6 (*Banca*) girieren, übertragen ♦ *v.intr.* 1 drehen, kreisen: *mi gira la testa*, mir dreht sich der Kopf; mir wird es schwindlig 2 (*andare in giro*) herum·laufen, herum·gehen; (*in auto*) herum·fahren: *ho girato tutto il giorno*, ich bin den ganzen Tag unterwegs gewesen 3 (*circolare*) um·laufen; im Umlauf sein ♦ **girarsi** *v.pron.* sich (um·)drehen, sich (um·)wenden ● *gira la voce che...*, es geht das Gerücht um, dass...
**girasole** *s.m.* (*bot.*) Sonnenblume (*die*).
**giro** *s.m.* 1 Umdrehung (*die*), Drehung (*die*): *numero di giri*, Drehzahl; Tourenzahl; *andare su di giri* (*anche fig.*), auf Touren kommen 2 (*perimetro*) Umfang (*der*), Kreis (*der*), Umkreis (*der*) 3 (*itinerario*) Rundgang (*der*); (*con un veicolo*) Fahrt (*die*); Tour (*die*) 4 (*carte*) Runde (*die*) ● *andare in* —, (*a piedi*) herumgehen, herumlaufen; (*in auto*) herumfahren | (*comm.*) — *d'affari*, Umsatz | — *turistico*, Rundreise, Rundfahrt | *nel* — *di pochi giorni*, im Verlauf weniger Tage | *prendere in* — *qlcu*, jdn auf den Arm nehmen.
**gironzolare** *v.intr.* bummeln.
**girotondo** *s.m.* Ringelreihen (*der*).
**gita** *s.f.* Ausflug (*der*).
**giù** *avv.* 1 (*stato in luogo*) unten 2 (*moto a luogo*) herunter, nach unten ● *su e* —, auf und ab.
**giubbotto** *s.m.* 1 (*kurze*) Jacke 2 Weste (*die*) ● — *di salvataggio*, Rettungsweste (*o* Schwimmweste).
**giudicare** *v.tr.* 1 beurteilen, halten (für) 2 (*dir.*) entscheiden; (*persone*) urteilen (über + *Acc*).
**giudice** *s.m. e f.* 1 Richter (*der; die* -in) 2 (*sport*) Kampfrichter (*der; die* -in).
**giudizio** *s.m.* 1 Urteil (*das*); (*punto di vista*) Ansicht (*die*), Meinung (*die*): *a mio* —, meiner Meinung nach 2 (*ragio-*

ne) Vernunft (die), Verstand (der) **3** (dir.) Gerichtsverfahren (das), Gericht (das): *citare in* —, verklagen.
**giugno** *s.m.* Juni (der) → gennaio.
**giunco** *s.m.* Binse (die).
**giungere** *v.intr.* (an-)kommen, ein-treffen: — *a casa*, zu Hause ankommen.
**giungla** *s.f.* Dschungel (der) (*anche fig.*).
**giunta**[1] *s.f.* ● *per* —, obendrein, überdies.
**giunta**[2] *s.f.* **1** Rat (der) **2** (*st., pol.*) Junta (die).
**giuramento** *s.m.* Eid (der), Schwur (der): *prestare* —, einen Eid leisten (*o* ablegen).
**giurare** *v.tr.* (dir.) (be)schwören, beeiden: — *il falso*, einen Meineid leisten.
**giuria** *s.f.* **1** Jury (die) **2** (dir.) Geschworene (pl.) **3** (sport) Kampfgericht (das).
**giuridico** *agg.* juristisch, Rechts...: *caso* —, Rechtsfall.
**giurisprudenza** *s.f.* Rechtswissenschaft (die).
**giustificare** *v.tr.* **1** rechtfertigen; (*scol.*) entschuldigen **2** (*tip.*) justieren, aus-schließen ♦ **giustificarsi** *v.pron.* sich rechtfertigen; (*scol.*) sich entschuldigen.
**giustificazione** *s.f.* Rechtfertigung (die); (*scol.*) Entschuldigung (die).
**giustizia** *s.f.* **1** Gerechtigkeit (die) **2** (dir.) Justiz (die), Recht (das).
**giustiziare** *v.tr.* hin-richten.
**giusto** *agg.* **1** recht, gerecht: *un uomo* —, ein gerechter Mensch **2** (*corretto*) richtig: *al momento* —, im richtigen Augenblick ♦ *avv.* **1** richtig, genau: (*escl.*) —!, stimmt!; richtig! **2** (*proprio*) gerade, eben ♦ *s.m.* **1** Gerechte (der) **2** Rechte (das), Richtige (das): *essere nel* —, Recht haben.
**glaciale** *agg.* **1** Eis...: (*geol.*) *era* —, Eiszeit (die) **2** (*fig.*) eisig: *sguardo* —, eisiger Blick.
**gladiolo** *s.m.* Gladiole (die).
**glassa** *s.f.* Glasur (die).
**gli**[1] *art.det.m.pl.* die.
**gli**[2] *pron.pers.* **1** (*a lui*) ihm: — *ho parlato*, ich habe mit ihm gesprochen; *scri-*

*viglielo!*, schreib es ihm! **2** (fam.) (*a loro*) ihnen.
**glicemia** *s.f.* (med.) Glykämie (die).
**glicerina** *s.f.* (chim.) Glyzerin (das).
**glicine** *s.m.* Glyzinie (die).
**globale** *agg.* **1** global, weltweit **2** (*complessivo*) gesamt, Gesamt..., umfassend.
**globalizzazione** *s.f.* Globalisierung (die).
**globo** *s.m.* Kugel (die) ● — *terrestre*, Erdkugel; (*mappamondo*) Globus.
**globulo** *s.m.* (*anat.*) Blutkörperchen (das).
**gloria** *s.f.* Ruhm (der).
**glossario** *s.m.* Glossar (das).
**glucosio** *s.m.* (chim.) Glukose (die), Traubenzucker (der).
**gluteo** *s.m.* (anat.) Gesäßmuskel (der).
**glutine** *s.m.* Kleber (der), Gluten (das).
**gnocco** *s.m.* Kloß (der), Nocke (das): *gnocchi di patate*, Kartoffelklöße.
**gnomo** *s.m.* Kobold (der), Heinzelmännchen (das).
**goal** *s.m.invar.* Tor (das): *segnare* (*o fare*) *un* —, ein Tor erzielen (*o* schießen).
**gobba** *s.f.* Buckel (der); (*di animali*) Höcker (der).
**gobbo** *agg.* buck(e)lig; (*curvo*) krumm ♦ *s.m.* [f. -*a*] Buck(e)lige (der e die).
**goccia** *s.f.* Tropfen (der): — *di pioggia*, Regentropfen ● *a* (*forma di*) —, tropfenförmig | — *a* —, tropfenweise.
**gocciolare** *v.intr.* tröpfeln, tropfen.
**godere** *v.intr.* **1** (*di*) genießen: — *della fiducia di qlcu*, jds Vertrauen genießen; — *di ottima salute*, sich bester Gesundheit erfreuen **2** (*provare piacere*) (*a*) Vergnügen finden (*an* + *Acc*) ♦ *v.tr.* genießen.
**goffo** *agg.* **1** plump, unbeholfen **2** (*maldestro*) ungeschickt.
**gola** *s.f.* **1** Hals (der): *mal di* —, Halsschmerzen (die) **2** (*golosità*) Naschhaftigkeit (die) **3** (*valle*) Schlucht (die) ● *fare* —, das Wasser im Munde zusammenlaufen machen (*anche fig.*).
**golf**[1] *s.m.invar.* Golf (der): *campo da* —, Golfplatz.

**golf²** *s.m.invar.* Pullover (der), Pulli (der).

**golfo** *s.m.* Golf (der).

**goloso** *agg.* (*di*) naschhaft, gierig (auf + Acc) ♦ *s.m.* [f. -a] Schlemmer (der; die -in).

**gomitata** *s.f.* Ellbogenstoß (der): *dare una — a qlcu*, jdn mit dem Ellenbogen stoßen.

**gomito** *s.m.* Ell(en)bogen (der) ● *alzare il —*, zu tief ins Glas gucken | *essere a — con qlcu*, mit jdm auf Tuchfühlung sein.

**gomitolo** *s.m.* Knäuel (das): *— di lana*, Wollknäuel.

**gomma** *s.f.* 1 Gummi (der o das) 2 (*pneumatico*) Reifen (der): *avere una — a terra*, einen platten Reifen (o einen Platten) haben ● *— da masticare*, Kaugummi | *— per cancellare*, Radiergummi.

**gommista** *s.m. e f.* Reifenhändler (der; die -in) ♦ *s.m.* (*officina*) Reifendienst (der).

**gommone** *s.m.* Schlauchboot (das).

**gondola** *s.f.* Gondel (die).

**gonfiare** *v.tr.* 1 auf·blasen; (*dilatare*) auf·blähen 2 (*esagerare*) auf·bauschen ♦ **gonfiarsi** *v.pron.* 1 an·schwellen 2 (*fig.*) sich auf·blasen: *gonfiarsi di orgoglio*, sich vor Stolz aufblasen.

**gonfio** *agg.* geschwollen; (*fig.*) aufgeblasen.

**gonfiore** *s.m.* Schwellung (die).

**gonna** *s.f.* Rock (der) ● *— a pieghe*, Faltenrock.

**gorgo** *s.m.* Strudel (der) (*anche fig.*).

**gorilla** *s.m.invar.* Gorilla (der) (*anche estens.*).

**gotico** *agg.* gotisch ♦ *s.m.* 1 (*arte*) Gotik (die) 2 (*lingua*) Gotisch(e) (das).

**governare** *v.tr.* regieren; leiten (*anche fig.*).

**governatore** *s.m.* [f. *-trice*] Gouverneur (der; die -in), Statthalter (der; die -in).

**governo** *s.m.* Regierung (die) ● *capo del —*, Regierungschef.

**gracchiare** *v.intr.* krächzen (*anche estens.*).

**gracidare** *v.intr.* quaken (*anche estens.*).

**gracile** *agg.* 1 grazil, zart 2 (*debole*) schwach.

**gradatamente** *avv.* stufenweise, allmählich.

**gradazione** *s.f.* Abstufung (die): *— di colori*, Farbabstufung ● *— alcolica*, Alkoholgehalt.

**gradevole** *agg.* angenehm, gefällig.

**gradimento** *s.m.* 1 Wohlgefallen (das) 2 (*approvazione*) Genehmigung (die).

**gradino** *s.m.* Stufe (die) (*anche fig.*).

**gradire** *v.tr.* 1 gern an·nehmen: *tanto per —*, nur aus Höflichkeit 2 (*desiderare*) mögen, sich (Dat) wünschen: *gradiresti un caffè?*, möchtest du einen Kaffee?

**gradito** *agg.* willkommen, angenehm.

**grado** *s.m.* 1 Grad (der); (*livello*) Stufe (die): *interrogatorio di terzo —*, Verhör dritten Grades ● *essere in — di fare qlco*, in der Lage sein, etw zu tun | *per gradi*, stufenweise (o schrittweise).

**graduale** *agg.* graduell, allmählich.

**graffa** *s.f.* 1 Krampe (die) 2 (*parentesi*) geschweifte Klammer, Akkolade (die) 3 (*fermaglio*) Klammer (die).

**graffiare** *v.tr.* verkratzen; (*incidere*) zerkratzen; (*con unghie, artigli*) kratzen ♦ **graffiarsi** *v.pron.* 1 verkratzt sein 2 (*reciproco*) sich (gegenseitig) kratzen.

**graffio** *s.m.* 1 Kratzer (der) 2 (*ferita*) Schramme (die).

**graffito** *s.m.* Graffito (der o das).

**grafico** *agg.* grafisch ♦ *s.m.* 1 (*diagramma*) grafische Darstellung, Graph (der) 2 [f. -a] (*disegnatore*) Grafiker (der; die -in).

**grammatica** *s.f.* Grammatik (die), Sprachlehre (die).

**grammo** *s.m.* Gramm (das).

**grana¹** *s.f.* Korn (das): *di — fine*, feinkörnig ♦ *s.m.invar.* (*gastr.*) Granakäse (der).

**grana²** *s.f.* (*fastidio*) Schererei (die).

**grana³** *s.f.* (*soldi*) Zaster (der), Knete (die).

**Gran Bretagna** *n.pr.f.* Großbritannien (das).

**granchio** *s.m.* Krabbe (*die*) ● *prendere un —*, einen Bock schießen.

**grande** *agg.* 1 groß; (*esteso*) weit; (*largo*) breit; (*alto*) hoch, groß 2 (*con funzione rafforzativa*) wirklich: *una gran bella ragazza*, ein wirklich schönes Mädchen 3 (*adulto*) groß: *diventare —*, groß werden 4 (*negli appellativi*): *Pietro il Grande*, Peter der Große ♦ *s.m. e f.* 1 Erwachsene (*der e die*): *da — farò il giornalista*, wenn ich groß bin, will ich Journalist werden 2 (*personaggio illustre*) Größe (*der e die*) ● *alla —, in —*, groß(artig), in großem Stil.

**grandezza** *s.f.* Größe (*die*) (*anche fig.*): *— naturale*, Lebensgröße; *modello a — naturale*, Modell in natürlicher Größe.

**grandinare** *v.impers.* hageln.

**grandine** *s.f.* Hagel (*der*): *chicco di —*, Graupel.

**grandioso** *agg.* großartig, gewaltig.

**granello** *s.m.* Korn (*das*): *— di sabbia*, Sandkorn.

**granita** *s.f.* Granita (*die*) (zerkleinertes Eis mit Fruchtsaft).

**granito** *s.m.* Granit (*der*).

**grano** *s.m.* 1 Korn (*das*) (*anche estens.*) 2 (*cereale*) Weizen (*der*): *— duro*, Hartweizen.

**granturco** *s.m.* Mais (*der*).

**grappa** *s.f.* Schnaps (*der*).

**grappolo** *s.m.* Traube (*die*): *— d'uva*, Weintraube.

**grasso** *agg.* fett; (*di persona*) dick: *pelle grassa*, fette Haut ♦ *s.m.* 1 Fett (*das*): *— vegetale*, Pflanzenfett 2 (*lubrificante*) Schmiere (*die*) ● *piante grasse*, Kakteen.

**grata** *s.f.* Gitter (*das*).

**gratin** *s.m.invar.* ● *al —*, gratiniert, überbacken.

**gratis** *avv.* umsonst, kostenlos ♦ *agg.* kostenlos, gratis.

**gratitudine** *s.f.* Dankbarkeit (*die*).

**grato** *agg.* dankbar: *le sarei — se...*, ich wäre Ihnen sehr dankbar, wenn....

**grattacielo** *s.m.* Wolkenkratzer (*der*).

**grattare** *v.tr.* 1 kratzen 2 (*grattugiare*) reiben 3 (*fam.*) (*rubare*) klauen ♦

**grattarsi** *v.pron.* sich kratzen.

**grattugia** *s.f.* Reibe (*die*), Raspel (*die*).

**grattugiare** *v.tr.* reiben, raspeln.

**gratuito** *agg.* 1 kostenlos, Frei...: *biglietto —*, Freikarte 2 (*ingiustificato*) grundlos, unbegründet.

**grave** *agg.* 1 schwer: *malato —*, schwerkrank 2 (*serio*) ernst 3 (*mus.*) grave.

**gravidanza** *s.f.* Schwangerschaft (*die*): *test di —*, Schwangerschaftstest.

**gravità** *s.f.invar.* 1 Schwere (*die*); (*serietà*) Ernst (*der*): *la — della situazione*, der Ernst der Situation 2 (*fis.*) Schwerkraft (*die*): *legge di —*, Gesetz der Schwerkraft.

**grazia** *s.f.* 1 Anmut (*die*), Grazie (*die*) 2 (*favore*) Gunst (*die*): *essere nelle grazie di qlcu*, bei jdm einen Stein im Brett haben 3 (*teol., dir.*) Gnade (*die*) ● *colpo di —*, Gnadenstoß, Gnadenschuss (*anche fig.*).

**grazie** *inter.* 1 danke: *tante* (*o mille*) *—!*, vielen (*o* tausend) Dank!, dankeschön! 2 (*iron.*) (*certo*) ja, sicher ● *— a*, dank (+ Dat.).

**grazioso** *agg.* 1 (*carino*) hübsch, reizend, niedlich 2 (*aggraziato*) anmutig, lieblich.

**Grecia** *n.pr.f.* Griechenland (*das*).

**greco** *agg.* griechisch ♦ *s.m.* 1 [f. -a] Grieche (*der*; *die* Griechin) 2 (*lingua*) Griechisch(e) (*das*).

**gregge** *s.m.* 1 Herde (*die*) 2 (*fig.*) Herde (*die*), Menge (*die*), Haufen (*der*).

**greggio** *agg.* roh, unbearbeitet: *stato —*, im Rohzustand ♦ *s.m.* Rohöl (*das*).

**grembiule** *s.m.* 1 (*per donna*) Schürze (*die*) 2 (*camice*) Kittel (*der*).

**grembo** *s.m.* Schoß (*der*).

**gretto** *agg.* 1 (*avaro*) geizig 2 (*meschino*) kleinlich; (*ristretto, limitato*) beschränkt, engstirnig.

**grezzo** *agg.* 1 grob, unbearbeitet 2 (*fig.*) grob, ungeschliffen, ungehobelt.

**gridare** *v.intr.* schreien ♦ *v.tr.* schreien; (*per chiamare*) rufen: *— qlco a qlcu*, jdm etw zuschreien ♦ *— aiuto*, um Hilfe rufen.

**grido** *s.m.* 1 Schrei (*der*) 2 (*estens.*)

Schrei (der), Ruf (der): — *di rabbia*, Wutschrei ● *di* —, von Ruf.

**grigio** *agg.* **1** grau **2** *(monotono)* grau, eintönig ♦ *s.m. (colore)* Grau *(das)*.

**griglia** *s.f.* **1** Grill (der), Rost (der) **2** *(grata)* Gitter (das) *(anche mecc.)*: — *di protezione*, Schutzgitter ● *(gastr.) alla* —, gegrillt.

**grillo** *s.m.* **1** Grille (die) **2** *(capriccio)* Grille (die), Flause (die).

**grinza** *s.f.* **1** *(di pelle)* Falte (die), Runzel (die) **2** *(di abito)* Falte (die), Knittern (*pl.*).

**grissino** *s.m.* Grissino (der) (Knabberstangen aus Brotteig).

**Groenlandia** *n.pr.f.* Grünland *(das)*.

**grondaia** *s.f.* Dachrinne (die), Regenrinne (die).

**grondare** *v.intr.* **1** triefen, tropfen **2** *(essere grondante) (di)* triefen von.

**groppa** *s.f.* **1** Kruppe (die): *salire in — al cavallo*, aufs Pferd steigen **2** *(scherz.)* Buckel (der), Kreuz *(das)*.

**grossista** *s.m.* e *f.* Großhändler (der; die -in); Grossist (der).

**grosso** *agg.* **1** groß: *un grosso vantaggio*, ein großer Vorteil **2** *(importante)* wichtig **3** *(non raffinato)* grob: *sale* —, grobes Salz ♦ *avv.* dick: *una matita che scrive* —, ein Bleistift, der dick schreibt ♦ *s.m.* Großteil (der): *il — delle spese*, der Großteil der Ausgaben ● *— modo*, mehr oder weniger | *sbagliarsi di* —, sich gewaltig irren.

**grossolano** *agg.* **1** grob, ungeschliffen **2** *(approssimativo)* ungenau.

**grotta** *s.f.* Grotte (die), Höhle (die).

**grottesco** *agg.* grotesk ♦ *s.m.* Groteske *(das)*.

**groviglio** *s.m.* **1** *(nodo)* Knäuel *(das)* **2** *(garbuglio)* Gewirr *(das)*, Wirrwarr (der).

**gru** *s.f.invar.* **1** *(zool.)* Kranich (der) **2** *(tecn.)* Kran (der).

**gruccia** *s.f.* **1** *(stampella)* Krücke (die) **2** *(per abiti)* Kleiderbügel (der).

**grugnire** *v.intr.* **1** grunzen **2** *(fig.)* brummen, nuscheln.

**grugnito** *s.m.* Grunzen *(das)* (anche *fig.*).

**grumo** *s.m.* Klumpen (der): *— di sangue*, Blutgerinnsel.

**gruppo** *s.m.* **1** Gruppe (die): *lavoro di* —, Gruppenarbeit **2** *(industriale)* Konzern (der) **3** *(mus.)* Band (die) ● *— sanguigno*, Blutgruppe.

**guadagnare** *v.tr.* **1** verdienen **2** *(conquistare)* gewinnen: *— tempo*, Zeit gewinnen.

**guadagno** *s.m.* Verdienst (der).

**guado** *s.m.* **1** Furt (die) **2** *(il guadare)* Waten *(das)*: *passare a* —, durchwaten.

**guai** *inter.* ● *— a te!*, weh dir! | *se lo dici, —!*, wehe, du sagst etwas!

**guaina** *s.f.* Scheide (die).

**guaio** *s.m.* Missgeschick *(das)*, Unheil *(das)*.

**guancia** *s.f.* Wange (die), Backe (die).

**guanciale** *s.m.* Kissen *(das)*.

**guanto** *s.m.* Handschuh (der).

**guardaboschi** *s.m.* e *f.invar.* Förster (der; die -in).

**guardacaccia** *s.m.* e *f.invar.* Jagdaufseher (der; die -in), Wildhüter (der; die -in).

**guardacoste** *s.m.invar.* Küstenwache (die).

**guardalinee** *s.m.* e *f.invar.* (sport) Linienrichter (der; die -in).

**guardare** *v.tr.* **1** (an-)sehen, (an-)schauen, (an-)blicken: — *in faccia qlcu*, jdm ins Gesicht sehen; — *la televisione*, fernsehen **2** *(con attenzione)* ansehen (+ *Dat*), zu-schauen (+ *Dat*) **3** *(sorvegliare)* auf-passen auf (+ *Acc*) ♦ *v.intr.* **1** sehen, schauen, blicken: — *dalla finestra*, aus dem Fenster sehen; *stare a* —, zusehen, zuschauen **2** *(far attenzione)* Achtgeben, zu-sehen: *guarda di tornare presto*, sieh zu, dass du bald zurückkommst **3** *(di finestre ecc.)* (*su, verso*) gehen (auf + *Acc*), schauen (auf + *Acc*) ♦ **guardarsi** *v.pron.* **1** sich an-sehen, sich an-schauen **2** *(reciproco)* sich ansehen: *guardarsi negli occhi*, sich (*Dat*) in die Augen sehen **3** *(difendersi)* (*da*) sich hüten (vor) ● *— male qlcu*, jdn böse ansehen | *— qlcu dall'alto in basso*, auf jdn herabsehen | *guardarsi intorno*, sich umsehen (*o* umschauen).

**guardaroba** *s.m.invar.* Garderobe *(die)*; *(armadio)* Kleiderschrank *(der)*.

**guardia** *s.f.* **1** Wache *(die)*: *fare la — a qlcu*, bei jdm Wache halten; *essere di —*, Wache haben *(o* auf Wache sein*)* **2** *(polizia)* Polizist *(der)*, Wärter *(der)* ● *— carceraria*, Gefängniswärter | *— del corpo*, Leibgarde, Leibwache | *— medica*, ärztlicher Notdienst | *mettere qlcu in — contro qlco*, jdn vor etw warnen.

**guardiano** *s.m.* [f. *-a*] Wächter *(der; die -in)*, Wärter *(der; die -in)*: *— notturno*, Nachtwächter.

**guarigione** *s.f.* Heilung *(die)*, Genesung *(die)*.

**guarire** *v.tr.* heilen ♦ *v.intr.* **1** wieder gesund werden, genesen **2** *(di ferita)* heilen.

**guarnizione** *s.f.* **1** *(di abito)* Verzierung *(die)* **2** *(tecn.)* Dichtung *(die)* **3** *(gastr.)* Beilage *(die)*.

**guastafeste** *s.m.* e *f.invar.* Spielverderber *(der; die -in)*, Miesmacher *(der; die -in)*.

**guastare** *v.tr.* **1** ruinieren, beschädigen **2** *(fig.)* stören, trüben ♦ *v.intr.* schaden: *un po' d'allegria non guasterebbe*, etwas mehr Fröhlichkeit würde nicht schaden ♦ **guastarsi** *v.pron.* **1** kaputtgehen **2** *(deteriorarsi)* verderben.

**guasto**[1] *agg.* **1** kaputt **2** *(di cibo)* verdorben; *(di dente)* faul.

**guasto**[2] *s.m.* Schaden *(der)*: *avere un — al motore*, eine Motorpanne haben.

**guerra** *s.f.* Krieg *(der)* ● *— mondiale*, Weltkrieg | *(st.) — fredda*, kalter Krieg.

**guerriero** *s.m.* [f. *-a*] Krieger *(der; die -in)*.

**gufo** *s.m.* Eule *(die)*.

**guglia** *s.f.* **1** *(arch.)* Fiale *(die)* **2** *(di monte)* Nadel *(die)*.

**guida** *s.f.* **1** *(accompagnatore)* Führer *(der; die -in)*, Leiter *(der; die -in)* **2** *(libro)* Reiseführer *(der)* **3** *(aut.)* Steuer *(das)*, Lenkung *(die)* **4** *(il guidare)* Fahren *(das)*: *esame di —*, Fahrprüfung **5** *(del telefono)* Telefonverzeichnis *(das)* ● *— alpina*, Bergführer | *— turistica*, Fremdenführer.

**guidare** *v.tr.* **1** führen, leiten: *— una spedizione*, eine Expedition leiten **2** *(veicoli)* fahren.

**guidatore** *s.m.* [f. *-trice*] Fahrer *(der; die -in)*.

**guinzaglio** *s.m.* Leine *(die)* ● *tenere al —*, an der Leine halten *(anche fig.)*.

**guscio** *s.m.* **1** Schale *(die)* **2** *(di conchiglie)* Muschelschale *(die)*; *(di tartarughe)* Panzer *(der)*; *(di lumache)* Schneckenhaus *(das)*.

**gustare** *v.tr.* kosten; genießen *(anche fig.)*.

**gusto** *s.m.* **1** Geschmack *(der)*: *al — di fragola*, mit Erdbeergeschmack **2** *(godimento)* Genuss *(der)* **3** *(piacere)* Gefallen *(das)*; Spaß *(der)*: *prenderci —*, Gefallen daran finden; *non c'è — a giocare con te*, es macht keinen Spaß, mit dir zu spielen; *ridere di —*, herzlich *(o* von Herzen*)* lachen **4** *(senso estetico)* Geschmack *(der)*: *avere buon, cattivo —*, einen guten, schlechten Geschmack haben ● *è una questione di gusti*, das ist Geschmackssache *(o* eine Geschmacksfrage*)*.

**gustoso** *agg.* **1** schmackhaft, wohlschmeckend **2** *(fig.)* amüsant.

# Hh

**hall** *s.f.invar.* Halle (*die*).
**handicap** *s.m.invar.* 1 (*sport*) Handikap (*das*) 2 (*fisico*) Behinderung (*die*).
**handicappato** *agg.* behindert ♦ *s.m.* [f. *-a*] Behinderte (*der* e *die*).
**hashish** *s.m.invar.* Haschisch (*das*): *fumare —*, haschen.
**herpes** *s.m.invar.* (*med.*) Herpes (*der*).
**hippy** *s.m.invar.* Hippie (*der*).

**hit-parade** *s.f.invar.* Hitparade (*die*); Schlagerparade (*die*).
**hobby** *s.m.invar.* Hobby (*das*).
**hockey** *s.m.invar.* Hockey (*das*): *— su ghiaccio*, Eishockey.
**hostess** *s.f.invar.* 1 (*aer.*) Stewardess (*die*) 2 (*accompagnatrice*) Hostess (*die*).
**hotel** *s.m.invar.* Hotel (*das*): *— di lusso*, Luxushotel.

# Ii

**i** *art.det.m.pl.* die.
**ibernazione** *s.f.* 1 (*biol.*) Winterschlaf (*der*) 2 (*med.*) Hibernation (*die*).
**icona** *s.f.* 1 Ikone (*die*) 2 (*inform.*) Symbol (*das*).
**ictus** *s.m.invar.* (*med.*) Iktus (*der*).
**idea** *s.f.* Idee (*die*); (*concetto*) Vorstellung (*die*): *avere un'—*, auf eine Idee kommen; *farsi un'— di qlco*, sich (*Dat*) eine Vorstellung von etw machen ◆ *non ne ho la più pallida —*, ich habe absolut keine Ahnung.
**ideale** *agg.* ideal, Ideal...: *soluzione —*, Ideallösung ◆ *s.m.* Ideal (*das*): *lottare per un —*, für ein Ideal kämpfen.
**ideare** *v.tr.* 1 sich (*Dat*) aus-denken, ersinnen 2 (*progettare*) planen.
**identico** *agg.* (*a*) identisch (*mit*).
**identificare** *v.tr.* 1 identifizieren 2 (*individuare*) ermitteln.
**identità** *s.f.invar.* 1 Identität (*die*) 2 (*coincidenza*) Übereinstimmung (*die*) ● *carta d'—*, Personalausweis.
**ideologia** *s.f.* Ideologie (*die*).
**idilliaco, idillico** *agg.* idyllisch (*anche fig.*).
**idiota** *s.m.* e *f.* Idiot (*der; die* -in) ◆ *agg.* idiotisch.
**idiozia** *s.f.* 1 Dummheit (*die*), Schwachsinn (*der*) 2 (*med.*) Idiotie (*die*).
**idolo** *s.m.* 1 Götze (*der*) 2 (*fig.*) Idol (*das*).
**idoneo** *agg.* (*a*) 1 befähigt (zu); (*adatto*) geeignet (für) 2 (*mil.*) tauglich (zu).
**idrante** *s.m.* Hydrant (*der*).

**idratante** *agg.* Feuchtigkeits...: *crema —*, Feuchtigkeitscreme.
**idraulico** *agg.* hydraulisch ◆ *s.m.* Installateur (*der*), Klempner (*der*).
**idrofobo** *agg.* 1 (*vet.*) tollwütig 2 (*fig.*) rasend.
**idrogeno** *s.m.* Wasserstoff (*der*).
**idromassaggio** *s.m.* Unterwassermassage (*die*) ● *vasca —*, Whirlpool®.
**iena** *s.f.* 1 Hyäne (*die*) 2 (*fig.*) Biest (*das*).
**ieri** *avv.* gestern: *l'altro —*, vorgestern; *— mattina*, gestern Morgen; *il giornale di —*, die gestrige Zeitung.
**igiene** *s.f.* 1 Hygiene (*die*), Gesundheitslehre (*die*): *ufficio d'—*, Gesundheitsamt 2 (*estens.*) Hygiene (*die*), Gesundheitspflege (*die*).
**igienico** *agg.* hygienisch, sanitär.
**ignaro** *agg.* unwissend, ahnungslos: *— di tutto*, nichts ahnend.
**ignobile** *agg.* verwerflich, niederträchtig.
**ignorante** *agg.* 1 ungebildet, unwissend 2 (*maleducato*) unerzogen ◆ *s.m.* e *f.* 1 Ignorant (*der; die* -in), ungebildeter Mensch 2 (*maleducato*) unerzogener Mensch.
**ignoranza** *s.f.* Unkenntnis (*die*): *lasciare qlcu nell'— circa qlco*, jdn in Unkenntnis über etw lassen.
**ignorare** *v.tr.* 1 nicht kennen 2 (*fingere di non vedere*) ignorieren, übersehen.
**ignoto** *agg.* unbekannt: *Milite —*, unbekannter Soldat.
**il** *art.det.m.sing.* 1 der, die, das: *— com-*

**puter è nuovo**, der Computer ist neu; *accendi — computer*, schalte den Computer ein; — *Signor Rossi, Herr Rossi* **2** *(nelle date)* am: *partiamo — 15 gennaio*, wir fahren am 15. Januar ab; — *lunedì — venerdì*, montags und freitags.

**illegale** *agg.* illegal, ungesetzlich.

**illeggibile** *agg.* unleserlich.

**illegittimo** *agg.* unrechtmäßig ● *figlio —*, uneheliches Kind.

**illeso** *agg.* unversehrt, unbeschadet.

**illimitato** *agg.* unbegrenzt, unbeschränkt.

**illudere** *v.tr.* täuschen: — *qlcu*, jdm falsche Hoffnungen machen ♦ **illudersi** *v.pron.* sich (*Dat*) falsche Hoffnungen machen.

**illuminare** *v.tr.* **1** beleuchten; (*con fari*) an·strahlen **2** (*fig.*) erleuchten: (*scherz.*) *illuminami*, klär mich auf.

**illuminazione** *s.f.* **1** Beleuchtung (*die*) **2** (*intuizione*) Erleuchtung (*die*).

**illusione** *s.f.* **1** Täuschung (*die*) **2** (*fig.*) Illusion (*die*): *farsi delle illusioni*, sich (*Dat*) Illusionen (*o* falsche Hoffnungen) machen.

**illusionista** *s.m.* e *f.* Zauberkünstler (*der; die* -in).

**illuso** *s.m.* [f. -a] Träumer (*der; die* -in): *povero —*, armer Träumer.

**illustrare** *v.tr.* **1** illustrieren **2** (*fig.*) er·klären, erläutern.

**illustrazione** *s.f.* **1** Bild (*das*) **2** (*spiegazione*) Erläuterung (*die*), Erklärung (*die*).

**illustre** *agg.* berühmt; (*insigne*) hervorragend.

**imballaggio** *s.m.* Verpackung (*die*).

**imballare**[1] *v.tr.* verpacken.

**imballare**[2] *v.tr.* (*aut.*) durchgehen lassen, überdrehen ♦ **imballarsi** *v.pron.* (*aut.*) durch·gehen.

**imbarazzante** *agg.* peinlich.

**imbarazzo** *s.m.* Verlegenheit (*die*): *mettere qlcu in —*, jdn in Verlegenheit bringen ● (*non*) *avere* (*che*) *l'— della scelta*, die Qual der Wahl haben.

**imbarcare** *v.tr.* ein·schiffen ♦ **imbarcarsi** *v.pron.* sich ein·schiffen **2** (*fig.*) sich ein·lassen (auf + *Acc*).

**imbarcazione** *s.f.* Wasserfahrzeug (*das*).

**imbarco** *s.m.* Einschiffen (*das*), Einschiffung (*die*) ● *carta d'—*, Bordkarte.

**imbattersi** *v.pron.* (*in*) stoßen (auf + *Acc*); begegnen (+ *Dat*).

**imbattibile** *agg.* unschlagbar, unbesiegbar.

**imbecille** *agg.* dumm, blöd(e) ♦ *s.m.* e *f.* Dumme (*der* e *die*), Dummkopf (*der*).

**imbiancare** *v.tr.* **1** weiß färben, weiß machen **2** (*tingere*) an·streichen, weißen, tünchen ♦ *v.intr.* weiß werden.

**imbianchino** *s.m.* [f. -a] Anstreicher (*der; die* -in).

**imboccare** *v.tr.* **1** füttern **2** (*strada*) ein·schlagen.

**imboccatura** *s.f.* **1** Mündung (*die*), Öffnung (*die*) **2** (*entrata di porto*) Einmündung (*die*) **3** (*mus.*) Mundstück (*das*).

**imboscata** *s.f.* Hinterhalt (*der*).

**imbottigliare** *v.tr.* ab·füllen ● (*fig.*) *restare imbottigliato nel traffico*, im Verkehrsstau stecken bleiben.

**imbottire** *v.tr.* **1** füllen; (*abbigl.*) wat·tieren; (*poltrone*) polstern **2** (*panini*) belegen **3** (*fig.*) voll stopfen ♦ **imbottirsi** *v.pron.* (*di*) sich voll stopfen (mit).

**imbottito** *agg.* **1** gefüllt; (*abbigl.*) wat·tiert; (*poltrone ecc.*) gepolstert, Polster... **2** belegt: *panino —*, belegtes Brötchen.

**imbottitura** *s.f.* Füllung (*die*); (*abbigl.*) Wattierung (*die*); (*di poltrone ecc.*) Polsterung (*die*).

**imbrogliare** *v.tr.* betrügen, hintergehen **2** (*ingarbugliare*) verwickeln, verwirren (*anche fig.*).

**imbroglio** *s.m.* Betrug (*der*).

**imbroglione** *s.m.* [f. -a] Betrüger (*der; die* -in).

**imbronciato** *agg.* schmollend.

**imbucare** *v.tr.* ein·werfen.

**imburrare** *v.tr.* mit Butter bestreichen: *pane imburrato*, Butterbrot.

**imbuto** *s.m.* Trichter (*der*).

**imitare** *v.tr.* nach·ahmen, imitieren; (*fam.*) nach·machen (+ *Acc*).

**imitazione** *s.f.* Nachahmung (*die*), Imitation (*die*).
**immacolato** *agg.* 1 unbefleckt 2 (*fig.*) unbefleckt, makellos.
**immagazzinare** *v.tr.* 1 (ein-)lagern, speichern 2 (*fig.*) anhäufen.
**immaginare** *v.tr.* 1 sich (*Dat*) vorstellen 2 (*supporre*) vermuten, denken.
**immaginario** *agg.* unwirklich, imaginär.
**immaginazione** *s.f.* Einbildungskraft (*die*), Fantasie (*die*), Imagination (*die*).
**immagine** *s.f.* 1 Bild (*das*): *vedere la propria —* (*nello specchio*), sein eigenes Bild (*o sein Spiegelbild*) sehen 2 (*riproduzione fedele*) Abbild (*das*), Ebenbild (*das*): *è l'— di suo padre*, er ist das Ebenbild seines Vaters 3 (*di azienda, personaggio famoso*) Image (*das*).
**immatricolare** *v.tr.* 1 ein·schreiben, immatrikulieren 2 (*aut.*) zu·lassen.
**immatricolazione** *s.f.* 1 Einschreibung (*die*), Immatrikulation (*die*) 2 (*aut.*) Zulassung (*die*).
**immaturo** *agg.* unreif (*anche med.*).
**immedesimarsi** *v.pron.* (*in*) sich ein·fühlen (in + *Acc*), sich hinein·versetzen (in + *Acc*)
**immediatamente** *avv.* 1 direkt, unmittelbar 2 (*subito*) sofort, unverzüglich.
**immediato** *agg.* 1 sofortig, unverzüglich 2 direkt, unmittelbar: *nelle immediate vicinanze di...*, in unmittelbarer Nähe von....
**immenso** *agg.* unendlich, unermesslich, immens (*anche fig.*).
**immergere** *v.tr.* 1 ein·tauchen, unter·tauchen ♦ **immergersi** *v.pron.* 1 tauchen; unter·tauchen 2 (*fig.*) sich vertiefen, sich versenken: *immergersi nella lettura di un libro*, sich in ein Buch vertiefen.
**immersione** *s.f.* 1 Tauchen (*das*), Untertauchen (*das*), Eintauchen (*das*) 2 (*mar.*) Tiefgang (*der*).
**immettere** *v.tr.* ein·lassen; (*liquidi*) ein·laufen lassen ♦ *v.intr.* führen ♦ **immettersi** *v.pron.* ein·fahren.
**immigrato** *agg.* immigriert, eingewandert ♦ *s.m.* [f. -a] Immigrant (*der; die* -in), Einwanderer (*der; die* Einwanderin).
**immigrazione** *s.f.* Immigration (*die*), Einwanderung (*die*).
**imminente** *agg.* bevorstehend: *essere —*, (*unmittelbar*) bevorstehen; *pericolo —*, drohende Gefahr.
**immischiarsi** *v.pron.* sich ein·mischen, sich ein·mengen.
**immobile** *agg.* unbeweglich, regungslos ♦ *s.m.* Immobilie (*die*).
**immobiliare** *agg.* Immobilien..., Immobiliar..: *agenzia —*, Immobilienbüro.
**immobilizzare** *v.tr.* 1 fest·halten 2 (*med.*) ruhig stellen.
**immondizia** *s.f.* Müll (*der*), Abfall (*der*).
**immorale** *agg.* unmoralisch, unsittlich.
**immortale** *agg.* unsterblich.
**immortalità** *s.f.invar.* Unsterblichkeit (*die*).
**immune** *agg.* (*da*) 1 (*med.*) immun (gegen) 2 (*esente*) frei (von): *— da pregiudizi*, vorurteilsfrei.
**immunità** *s.f.invar.* (*dir., med.*) Immunität (*die*).
**impacchettare** *v.tr.* ein·packen, verpacken.
**impacciato** *agg.* 1 unbeholfen, ungeschickt 2 (*a disagio*) verlegen.
**impacco** *s.m.* Umschlag (*der*), Wickel (*der*).
**impadronirsi** *v.pron.* 1 (*di*) sich bemächtigen (+ *Gen*), sich (*Dat*) an·eignen: *la paura si impadronì di lui*, die Angst bemächtigte sich seiner 2 (*fig.*) sich (*Dat*) an·eignen: *— di una lingua*, sich eine Sprache aneignen.
**impalcatura** *s.f.* 1 Baugerüst (*das*) 2 (*fig.*) Gerüst (*das*).
**imparare** *v.tr.* lernen: *— a cucinare*, kochen lernen.
**imparziale** *agg.* unparteiisch; unvoreingenommen.
**impastare** *v.tr.* kneten.
**impasto** *s.m.* Teig (*der*).
**impaurire** *v.tr.* verängstigen, ein·schüchtern ♦ **impaurirsi** *v.pron.* Angst bekommen.

**impaziente** *agg.* ungeduldig.
**impazzire** *v.intr.* verrückt (*o* wahnsinnig) werden ● — *di gioia*, vor Freude verrückt werden | *mi piace da* —, das gefällt mir wahnsinnig (gut).
**impeccabile** *agg.* tadellos; einwandfrei.
**impedire** *v.tr.* 1 hindern 2 (*evitare*) verhindern 3 (*impacciare*) behindern.
**impegnare** *v.tr.* 1 verpfänden, versetzen: — *l'orologio*, die Uhr verpfänden 2 (*occupare*) beschäftigen: *il lavoro mi impegna molto*, die Arbeit nimmt mich sehr in Anspruch ♦ **impegnarsi** *v.pron.* 1 sich verpflichten: *impegnarsi con un contratto*, sich vertraglich verpflichten 2 (*darsi da fare*) sich ein-setzen 3 (*in politica*) sich engagieren.
**impegnativo** *agg.* 1 verbindlich 2 anspruchsvoll, aufwendig.
**impegnato** *agg.* 1 beschäftigt 2 (*pol.*) engagiert.
**impegno** *s.m.* 1 Verbindlichkeit (*die*), Verpflichtung (*die*): *prendersi un* —, eine Verpflichtung eingehen 2 (*zelo*) Fleiß (*der*), Eifer (*der*): *studiare con* —, fleißig lernen 3 (*sociale, politico*) Engagement (*das*).
**imperatore** *s.m.* [*f.* -trice] Kaiser (*der; die* -in).
**impermeabile** *agg.* (*a*) undurchlässig (für) ♦ *s.m.* Regenmantel (*der*).
**impero** *s.m.* 1 Kaiserreich (*das*), Reich (*das*) 2 (*dominio*) Herrschaft (*die*).
**impersonare** *v.tr.* verkörpern; (*recitare*) dar-stellen.
**imperversare** *v.intr.* 1 toben, wüten 2 (*scherz.*) überhand nehmen.
**impeto** *s.m.* 1 Schwung (*der*), Drang (*der*): *con* —, ungestüm 2 (*foga*) Hitze (*die*), Eifer (*der*).
**impetuoso** *agg.* 1 tobend, ungestüm: *un torrente* —, ein tobender Bach 2 (*fig.*) ungestüm, impulsiv.
**impianto** *s.m.* Anlage (*die*): — *industriale*, Industrieanlage; — *stereo*, Stereoanlage.
**impicciarsi** *v.pron.* (*fam.*) (*di*) sich einmischen (in + *Acc*).
**impiegare** *v.tr.* 1 an-wenden, gebrauchen 2 (*assumere*) ein-stellen 3 *impiegarci*, brauchen: *quanto ci impieghi a venire al lavoro?*, wie lange brauchst du zur Arbeit? 4 (*investire*) an-legen.
**impiegato** *s.m.* [*f.* -*a*] 1 Angestellte (*der e die*) 2 (*in uffici pubblici*) Beamte (*der; die* Beamtin).
**impiego** *s.m.* 1 Stelle (*die*); (*pubblico*) Amt (*das*) 2 (*utilizzazione*) Anwendung (*die*), Gebrauch (*der*).
**implicare** *v.tr.* 1 (*comportare*) ein-schließen, mit sich bringen 2 (*coinvolgere*) verwickeln, hinein-ziehen.
**implicito** *agg.* (*sottinteso*) implizit; (*ovvio*) selbstverständlich; (*tacito*) unausgesprochen.
**imponente** *agg.* imposant; stattlich.
**imporre** *v.tr.* 1 auf-setzen 2 (*ordinare*) auf-zwingen, auf-(er)legen: — *a qlcu di fare qlco*, jdn zwingen, etw zu tun 3 (*far valere*) durch-setzen ♦ **imporsi** *v.pron.* 1 (*farsi ubbidire*) sich durch-setzen 2 (*avere successo*) sich behaupten 3 (*essere necessario*) nötig sein.

**FALSCHER FREUND**
Da non confondere con il tedesco *imponieren*, che significa 'impressionare, fare colpo'.

**importante** *agg.* wichtig; (*rilevante*) bedeutend ♦ *s.m.* Wichtige (*das*); (*l'essenziale*) Hauptsache (*die*).
**importanza** *s.f.* Wichtigkeit (*die*); (*rilevanza*) Bedeutung (*die*); (*valore*) Wert (*der*), Gewicht (*das*): *dare* — *a qlco*, auf etw Wert (*o* Gewicht) legen; *senza* —, unbedeutend; *non ha* —!, das macht nichts!
**importare** *v.tr.* (*econ.*) importieren; (*estens.*) ein-führen ♦ *v.intr.* (*essere importante*) bedeutend (*o* wichtig) sein ♦ *v.impers.* wichtig sein, nötig sein ● — *a qlcu*, jdn an-gehen; für jdn wichtig sein | *non importa!*, das macht nichts! | *non me ne importa niente*, es interessiert mich nicht.
**importazione** *s.f.* Einfuhr (*die*), Import (*der*).
**importo** *s.m.* Betrag (*der*); (*somma*) Summe (*die*).
**impossessarsi** *v.pron.* (*di*) sich (*Dat*) an-eignen; Besitz ergreifen (von).

**impossibile** *agg.* 1 unmöglich 2 *(insopportabile)* unerträglich ♦ *s.m.* Unmögliche *(das)*.
**imposta¹** *s.f.* Fensterladen *(der)*.
**imposta²** *s.f.* *(fin.)* Steuer *(die)*, Abgabe *(die)*: — *sul reddito*, Einkommensteuer; *soggetto a —*, steuerpflichtig.
**impostare¹** *v.tr.* 1 *(tracciare)* entwerfen 2 *(tip.)* gestalten 3 *(fondare su)* gründen, aufbauen.
**impostare²** *v.tr.* *(imbucare)* einwerfen; *(consegnare alla posta)* aufgeben.
**impostore** *s.m.* [f. -a] Betrüger *(der; die* -in), Schwindler *(der; die* -in).
**impotente** *agg.* 1 ohnmächtig, machtlos 2 *(sessualmente)* impotent.
**imprecare** *v.intr.* fluchen.
**imprecazione** *s.f.* Fluch *(der)*.
**imprecisato** *agg.* unbestimmt; *(estens.)* unbekannt.
**imprenditore** *s.m.* [f. -trice] Unternehmer *(der; die* -in).
**impresa** *s.f.* 1 Unternehmen *(das)*, Unterfangen *(das)* 2 *(azienda)* Unternehmen *(das)*; Betrieb *(der)*.
**impresario** *s.m.* [f. -a] 1 Unternehmer *(der; die* -in) 2 *(teatr.)* Agent *(der; die* -in).
**impressionare** *v.tr.* 1 beeindrucken; *(turbare)* erschüttern: — *qlcu favorevolmente*, auf jdn einen guten Eindruck machen 2 *(fot.)* belichten ♦ **impressionarsi** *v.pron.* sich beeindrucken lassen.
**impressione** *s.f.* Eindruck *(der)*: *fare buona —*, einen guten Eindruck machen.
**imprevedibile** *agg.* unabsehbar; *(di persone)* unberechenbar.
**imprevisto** *agg.* unvorhergesehen ♦ *s.m.* Unvorhergesehene *(das)*: *salvo imprevisti*, wenn nichts dazwischen kommt.
**imprigionare** *v.tr.* 1 ins Gefängnis sperren, ein-sperren 2 *(incastrare)* einklemmen.
**imprimere** *v.tr.* 1 ein-prägen *(anche fig.)* 2 *(trasmettere)* übertragen.
**improbabile** *agg.* unwahrscheinlich.
**impronta** *s.f.* 1 Abdruck *(der)*: *prendere le impronte digitali a qlcu*, jdm die Fingerabdrücke abnehmen 2 *(traccia)* Spur *(die)* 3 *(fig.)* Stempel *(der)*: *dare la propria — a qlco*, etw *(Dat)* seinen Stempel aufdrücken.
**improvvisamente** *avv.* plötzlich.
**improvvisare** *v.tr.* e *intr.* 1 improvisieren *(anche mus.)* 2 *(preparare in fretta)* rasch vorbereiten.
**improvviso** *agg.* plötzlich; *(inaspettato)* unerwartet.
**imprudente** *agg.* unvorsichtig.
**impugnare¹** *v.tr.* in der Hand halten.
**impugnare²** *v.tr. (dir.)* anfechten.
**impugnatura** *s.f.* Griff *(der)*.
**impulsivo** *agg.* impulsiv; *(avventato)* unüberlegt ♦ *s.m.* [f. -a] impulsiver Mensch.
**impulso** *s.m.* Impuls *(der)*, Antrieb *(der)* *(anche fig.)*.
**imputato** *s.m.* [f. -a] Angeklagte *(der* e *die)*.
**in** *prep.* 1 *(stato in luogo)* in, auf (+ *Dat*): *vivere — campagna, — montagna, — città*, auf dem Lande, in den Bergen, in der Stadt leben; *è sempre — viaggio*, er ist immer auf Reisen 2 *(moto a luogo)* in, auf (+ *Acc*); *(con i nomi geografici)* nach: *andare — campagna, — montagna, — città*, aufs Land, in die Berge, in die Stadt fahren; *vado — Francia, — Turchia*, ich fahre nach Frankreich, in die Türkei 3 *(moto per luogo circoscritto)* in (+ *Dat*), durch (+ *Acc*): *ha viaggiato molto — America*, er ist viel durch Amerika gereist 4 *(tempo determinato)* in, an (+ *Dat*): *nel 1989*, (im Jahre) 1989; *— aprile*, im April 5 *(tempo, durata)* in, innerhalb von (+ *Dat*); im Laufe (+ *Gen* o von + *Dat*): *farò il lavoro — due giorni*, ich werde die Arbeit in zwei Tagen erledigen 6 *(modo)* in (+ *Dat*), auf (+ *Acc*): *tutti i documenti sono — regola*, alle Papiere sind in Ordnung; *— che modo?*, auf welche Weise?; *cosa vuol dire — tedesco?*, was heißt das auf Deutsch? 7 *(mezzo)* mit, in (+ *Acc*): *andare — autobus, — metropolitana*, mit dem Bus, mit der U-Bahn fahren 8 *(materia)* aus (+ *Dat*): *una poltrona — pelle*, ein Ledersessel 9 *(quantità)* in, zu (+ *Dat*): *eravamo — quattro*, wir waren zu viert 10 *(fine, scopo)* zu, in

**inabile / inchiodare**

(+ *Dat*); für: *venire — aiuto*, zu Hilfe kommen; *spendere — vestiti*, Geld für Kleider ausgeben 11 (*circostanza*) bei, während: *— quale occasione lo hai conosciuto?*, bei welcher Gelegenheit hast du ihn kennen gelernt?

**inabile** *agg.* unfähig, untauglich ● *— al lavoro*, erwerbsunfähig.

**inaccessibile** *agg.* 1 unzugänglich, unerreichbar (*anche fig.*) 2 (*di prezzi*) unerschwinglich.

**inaccettabile** *agg.* unannehmbar.

**inadatto** *agg.* 1 (*a*) ungeeignet (für) 2 (*inopportuno*) unpassend.

**inaffidabile** *agg.* unzuverlässig.

**inalare** *v.tr.* inhalieren; (*estens.*) ein-atmen.

**inarcare** *v.tr.* krümmen, biegen ● *— le sopracciglia*, die Augenbrauen hochziehen.

**inaridire** *v.tr.* aus-dörren, aus-trocknen (*anche fig.*).

**inarrestabile** *agg.* unaufhaltsam.

**inaspettato** *agg.* unerwartet, unvermutet.

**inatteso** *agg.* unerwartet.

**inaudito** *agg.* unerhört, unglaublich.

**inaugurare** *v.tr.* ein-weihen, eröffnen: *— un nuovo stadio*, ein neues Stadion einweihen; *— una mostra*, eine Ausstellung eröffnen.

**inaugurazione** *s.f.* 1 Eröffnung (*die*) 2 (*di edifici*) Einweihung (*die*).

**inavvertitamente** *avv.* versehentlich, aus Versehen.

**incalcolabile** *agg.* unermesslich, (*inestimabile*) unschätzbar.

**incalzare** *v.tr.* bedrängen ♦ *v.intr.* 1 (*di tempo*) drängen 2 (*di avvenimenti ecc.*) sich überstürzen.

**incamminarsi** *v.pron.* sich auf den Weg machen.

**incandescente** *agg.* glühend, Glüh...: *filamento —*, Glühfaden (*der*).

**incantare** *v.tr.* 1 verzaubern 2 (*affascinare*) bezaubern, entzücken.

**incantesimo** *s.m.* Verzauberung (*die*) ● *rompere l'—*, den Zauber lösen (*anche fig.*).

**incantevole** *agg.* zauberhaft, bezaubernd.

**incanto** *s.m.* Zauber (*der*): *come per —*, wie von Zauberhand.

**incapace** *agg.* unfähig ♦ *s.m.* e *f.* Nichtskönner (*der*; *die -in*).

**incaricare** *v.tr.* (*di*) beauftragen (mit) ♦ **incaricarsi** *v.pron.* (*di*) sich kümmern (um + *Acc*).

**incarico** *s.m.* Auftrag (*der*): *per — di*, im Auftrag von.

**incartare** *v.tr.* in Papier wickeln, einwickeln.

**incassare** *v.tr.* 1 (ein-)kassieren; (*riscuotere*) ein-lösen 2 (*tecn.*) ein-betten; (*elettrodomestici*) ein-bauen 3 (*fig.*) ein-stecken ● *— un colpo*, einen Schlag einstecken (*anche fig.*).

**incasso** *s.m.* (*comm.*) Einnahme (*die*); (*di assegni*) Einlösung (*die*) ● *di elettrodomestici*) *da —*, zum Einbauen, Einbau...

**incastonare** *v.tr.* ein-fassen.

**incastrare** *v.tr.* 1 ineinander stecken 2 (*fig.*) fest-nageln ♦ **incastrarsi** *v.pron.* 1 sich ineinander fügen 2 (*impigliarsi*) sich verklemmen.

**incatenare** *v.tr.* fesseln, an-ketten.

**incavolarsi** *v.pron.* (*fam.*) stocksauer werden.

**incendiare** *v.tr.* in Brand setzen (*o* stecken) ♦ **incendiarsi** *v.pron.* in Brand geraten.

**incendio** *s.m.* Brand (*der*): *— doloso*, Brandstiftung.

**incenso** *s.m.* Weihrauch (*der*).

**incertezza** *s.f.* Ungewissheit (*die*).

**incerto** *agg.* unsicher; (*non definito*) ungewiss; (*indeterminato*) unbestimmt; (*indeciso*) unentschlossen ♦ *s.m.* Ungewissheit (*die*).

**incessante** *agg.* unaufhörlich, unablässig.

**inchiesta** *s.f.* 1 (*dir.*) Untersuchung (*die*) 2 (*giornalistica*) Umfrage (*die*).

**inchinarsi** *v.pron.* 1 sich verneigen, sich verbeugen 2 (*fig.*) (*a*) sich fügen (+ *Dat*).

**inchiodare** *v.tr.* 1 nageln; (*chiudere con chiodi*) vernageln 2 (*fig.*) fesseln.

**inchiostro** *s.m.* 1 Tinte (die) 2 (tip.) Druckschwärze (die).
**inciampare** *v.intr.* (in) stolpern (über + Acc).
**incidente** *s.m.* Unfall (der), Unglück (das): *fare un —*, einen Unfall bauen.
**incidere** *v.tr.* 1 ein·schneiden; (*intagliare*) ein·ritzen 2 (*tecn.*) ein·gravieren 3 (*dischi*) ein·spielen, auf·nehmen.
**incinta** *agg.* schwanger.
**incirca** *avv.* ● *all'—*, zirka, ungefähr.
**incisione** *s.f.* 1 Einschnitt (der) 2 (*tecnica*) Gravierung (die) 3 (*opera*) Gravüre (die), Stich (der): *su rame*, Kupferstich 4 (*registrazione*) Aufnahme (die).
**incisivo** *s.m.* (*dente*) Schneidezahn (der), Vorderzahn (der).
**incitare** *v.tr.* 1 an·treiben 2 (*istigare*) (*a*) auf·hetzen (zu).
**incivile** *agg.* 1 unzivilisiert, unkultiviert 2 (*maleducato*) grob, ungesittet.
**inclinare** *v.tr.* neigen, schräg stellen ♦
**inclinarsi** *v.pron.* sich neigen.
**inclinazione** *s.f.* 1 Neigung (die) (*anche fig.*) 2 (*fis.*) Inklination (die).
**includere** *v.tr.* 1 bei·legen 2 (*estens.*) auf·nehmen.
**incluso** *agg.* 1 eingeschlossen 2 (*compreso*) einbegriffen; einbezogen: *IVA inclusa*, inklusive MwSt.
**incognita** *s.f.* 1 (*mat.*) Unbekannte (die) 2 (*fig.*) Ungewissheit (die).
**incognito** *agg.* ● *in —*, Inkognito.
**incollare** *v.tr.* (auf·)kleben, an·kleben: *— un manifesto alla parete*, ein Plakat an die Wand kleben ♦ **incollarsi** *v.pron.* (*a*) kleben (an + Dat) (*anche fig.*).
**incolore** *agg.* farblos.
**incolpare** *v.tr.* beschuldigen: *— qlcu di qlco*, jdm die Schuld an etw geben ♦ **incolparsi** *v.pron.* 1 (*di*) die Schuld auf sich nehmen (für) 2 (*reciproco*): *incolparsi a vicenda*, sich gegenseitig beschuldigen.
**incolto** *agg.* 1 unbebaut 2 (*trascurato*) ungepflegt 3 (*fig.*) ungebildet: *uomo —*, ungebildeter Mensch.
**incolume** *agg.* unversehrt; (*di cose*) unbeschädigt.
**incominciare** *v.tr.* beginnen, an·fangen ♦ *v.intr.* (*con* o *da*) an·fangen (mit), beginnen (mit): *incomincia a piovere*, es fängt an zu regnen.
**incompetente** *agg.* 1 unfähig 2 (*dir.*) unzuständig, inkompetent.
**incompiuto** *agg.* unvollendet.
**incompleto** *agg.* unvollständig; (*imperfetto*) unvollkommen.
**incomprensibile** *agg.* unverständlich.
**incomprensione** *s.f.* Unverständnis (das).
**incompreso** *agg.* 1 unverstanden 2 (*frainteso*) verkannt: *genio —*, verkanntes Genie.
**inconcepibile** *agg.* unbegreiflich, unfassbar; (*impensabile*) undenkbar.
**inconsapevole** *agg.* unbewusst.
**inconscio** *agg.* unbewusst ♦ *s.m.* Unbewusste (das).
**inconsistente** *agg.* haltlos.
**inconsueto** *agg.* ungewohnt, ungewöhnlich.
**incontentabile** *agg.* unersättlich, unerfüllbar.
**incontrare** *v.tr.* treffen, begegnen (+ Dat) ♦ **incontrarsi** *v.pron.* sich treffen ● *— delle difficoltà*, auf Schwierigkeiten stoßen.
**incontro¹** *s.m.* 1 Begegnung (die), Treffen (das); (*convegno*) Zusammentreffen (das) 2 (*sport*) Begegnung (die), Wettkampf (der), Kampf (der); (*partita*) Spiel (das).
**incontro²** *avv.* entgegen ● *— a*, (*con verbi composti*) *correre — a qlcu*, jdm entgegenlaufen; (*fig.*) *venire — a qlcu*, jdm entgegenkommen.
**inconveniente** *s.m.* 1 Unannehmlichkeit (die), Zwischenfall (der) 2 (*svantaggio*) Nachteil (der).
**incoraggiare** *v.tr.* ermutigen, ermuntern.
**incorniciare** *v.tr.* 1 ein·rahmen 2 (*fig.*) umrahmen.
**incorreggibile** *agg.* unverbesserlich.
**incorrere** *v.intr.* (*in*) verfallen (in + Acc), geraten (in + Acc).
**incosciente** *agg.* 1 bewusstlos 2 (*irresponsabile*) leichtsinnig.

**incoscienza** *s.f.* Bewusstlosigkeit (*die*).
**incostante** *agg.* unkonstant, unbeständig, wankelmütig.
**incredibile** *agg.* unglaublich.
**incredulo** *agg.* ungläubig.
**incrementare** *v.tr.* steigern, fördern.
**incremento** *s.m.* Zunahme (*die*), Zuwachs (*der*).
**increscioso** *agg.* bedauerlich.
**incriminare** *v.tr.* beschuldigen, anklagen: — *qlcu per omicidio*, jdn des Mordes anklagen.
**incrociare** *v.tr.* kreuzen ♦ **incrociarsi** *v.pron.* 1 sich überschneiden; sich kreuzen 2 (*incontrarsi*) sich treffen ● — *le dita*, die Daumen drücken.
**incrocio** *s.m.* Kreuzung (*die*).
**incrostazione** *s.f.* Verkrustung (*die*).
**incubatrice** *s.f.* Brutkasten (*der*).
**incubazione** *s.f.* 1 (*zool.*) Brutzeit (*die*) 2 (*med.*) Inkubation (*die*); Inkubationszeit (*die*).
**incubo** *s.m.* Alptraum (*der*).
**incudine** *s.f.* Amboss (*der*).
**incurabile** *agg.* unheilbar.
**incuriosire** *v.tr.* neugierig machen ♦ **incuriosirsi** *v.pron.* neugierig werden.
**incursione** *s.f.* (*mil.*) Angriff (*der*).
**incurvare** *v.tr.* biegen, krümmen ♦ **incurvarsi** *v.pron.* sich biegen, sich beugen.
**incustodito** *agg.* unbewacht.
**incutere** *v.tr.* ein·jagen, ein·flößen.
**indaffarato** *agg.* beschäftigt, viel beschäftigt.
**indagare** *v.tr.* erforschen ♦ *v.intr.* (*dir.*) (*su*) ermitteln (gegen).
**indagine** *s.f.* 1 Erforschung (*die*), Nachforschung (*die*) 2 (*dir.*) Untersuchung (*die*), Ermittlung (*die*).
**indebitarsi** *v.pron.* in Schulden geraten, sich in Schulden stürzen.
**indebolire** *v.tr.* schwächen, entkräften ♦ **indebolirsi** *v.pron.* schwach werden.
**indecente** *agg.* unanständig; schändlich.
**indeciso** *agg.* unentschieden, unentschlossen.
**indefinibile** *agg.* undefinierbar, unbestimmbar.
**indegno** *agg.* unwürdig, würdelos.
**indelebile** *agg.* unauslöschlich (*anche fig.*).
**indenne** *agg.* unverletzt, unversehrt.
**indennità** *s.f.invar.* 1 Entschädigung (*die*), Schadenersatz (*der*) 2 (*amm.*) Zulage (*die*).
**inderogabile** *agg.* unaufschiebbar.
**indesiderato** *agg.* unerwünscht, ungewollt.
**indeterminato** *agg.* unbestimmt.
**India** *n.pr.f.* Indien (*das*).
**indiano** *agg.* 1 indisch 2 (*d'America*) indianisch, Indianer...: *riserva indiana*, Indianerreservat ♦ *s.m.* [f. *-a*] 1 Inder (*der*; *die* -in) 2 (*d'America*) Indianer (*der*; *die* -in).
**indicare** *v.tr.* 1 zeigen (auf + *Acc*) 2 (*mostrare*) (an-)zeigen, an·geben 3 (*consigliare*) empfehlen 4 (*rivelare*) an·geben.
**indicazione** *s.f.* 1 Hinweis (*der*) 2 (*segnalazione*) Ausschilderung (*die*) 3 (*med.*) Indikation (*die*).
**indice** *s.m.* 1 (*dito*) Zeigefinger (*der*) 2 (*segno*) Zeichen (*das*) 3 (*di libro*) Inhaltsverzeichnis (*das*): — *alfabetico*, alphabetisches Inhaltsverzeichnis 4 (*quota*) Index (*der*), Quote (*die*).
**indietreggiare** *v.intr.* (*di fronte a*) zurückscheuen (vor + *Dat*).
**indietro** *avv.* zurück: *tornare* —, zurückkehren; *lasciare* — *qlco* (*o qlcu*), etw (*o* jdn) zurücklassen ● *rimanere* —, zurückbleiben (*anche fig.*) | *tirarsi* —, sich zurückziehen (*anche fig.*).
**indifeso** *agg.* wehrlos.
**indifferente** *agg.* 1 gleichgültig, unberührt 2 (*uguale*) egal, einerlei.
**indifferenza** *s.f.* Gleichgültigkeit (*die*).
**indigeno** *agg.* eingeboren, einheimisch ♦ *s.m.* [f. *-a*] Eingeborene (*der e die*).
**indigestione** *s.f.* Verdauungsstörung (*die*), Indigestion (*die*).
**indigesto** *agg.* unverdaulich, schwer verdaulich.
**indignarsi** *v.pron.* (*per*) sich entrüsten (über + *Acc*), sich empören (über + *Acc*).

**indignazione** *s.f.* Entrüstung (*die*), Empörung (*die*).
**indimenticabile** *agg.* unvergesslich.
**indipendente** *agg.* 1 unabhängig 2 (*autonomo*) selbstständig ♦ *s.m.* e *f.* (*pol.*) Unabhängige (*der* e *die*).
**indipendenza** *s.f.* Unabhängigkeit (*die*).
**indiretto** *agg.* indirekt: *discorso —*, indirekte Rede.
**indirizzo** *s.m.* Adresse (*die*), Anschrift (*die*): *— di posta elettronica*, E-Mail-Adresse.
**indisciplinato** *agg.* undiszipliniert.
**indiscreto** *agg.* indiskret, taktlos.
**indiscrezione** *s.f.* 1 Indiskretion (*die*), Taktlosigkeit (*die*) 2 (*notizia riservata*) Gerücht (*das*).
**indiscusso** *agg.* unbestritten.
**indispensabile** *agg.* unentbehrlich, unerlässlich ● *il minimo —*, das Allernötigste.
**indisposto** *agg.* unpasslich: *essere —*, sich unwohl fühlen.
**indistinto** *agg.* undeutlich.
**indistruttibile** *agg.* 1 unzerstörbar 2 (*fig.*) unerschütterlich.
**individuale** *agg.* individuell, des Individuums.
**individuare** *v.tr.* 1 (*determinare*) bestimmen; (*riconoscere*) erkennen 2 (*scoprire*) entdecken, heraus-finden.
**individuo** *s.m.* Individuum (*das*) (*anche spreg.*).
**indizio** *s.m.* 1 Anzeichen (*das*) 2 (*dir.*) Indiz (*das*).
**indole** *s.f.* Gemüt (*das*), Veranlagung (*die*).
**indolore** *agg.* schmerzlos.
**indomani** *s.m.invar.* am Tag nach (+ *Dat*): *l' — del nostro arrivo*, am Tag nach unserer Ankunft ● *all'—*, am nächsten Tag, am Tag darauf (*o* danach).
**indossare** *v.tr.* 1 an-ziehen 2 (*avere indosso*) tragen, an-haben.
**indovinare** *v.tr.* 1 raten: *indovina un po'*, rate mal 2 (*riuscire a indovinare*) erraten.
**indovinello** *s.m.* Rätsel (*das*).

**indovino** *s.m.* [*f. -a*] Wahrsager (*der*; *die* -in), Weissager (*der*; *die* -in).
**indubbiamente** *avv.* zweifellos, zweifelsohne.
**indugiare** *v.tr.* zögern; (*attardarsi*) verweilen.
**indulgente** *agg.* nachsichtig.
**indumento** *s.m.* Kleidungsstück (*das*).
**indurire** *v.tr.* verhärten (*anche fig.*).
**indurre** *v.tr.* führen, veranlassen: *— qlcu a fare qlco*, jdn veranlassen, etw zu tun.
**industria** *s.f.* Industrie (*die*): *— tessile*, Textilindustrie.
**industriale** *agg.* Industrie...: *prodotto —*, Industrieerzeugnis.
**inebriante** *agg.* berauschend.
**inedito** *agg.* 1 unveröffentlicht 2 (*fig.*) neu, original.
**inerte** *agg.* 1 träge (*anche fis.*) 2 (*immobile*) unbeweglich, regungslos 3 (*chim.*) reaktionsträge.
**inerzia** *s.f.* 1 Trägheit (*die*) (*anche fis.*) 2 (*inoperosità*) Untätigkeit (*die*) 3 (*immobilità*) Unbeweglichkeit (*die*).
**inesatto** *agg.* ungenau; (*estens.*) unrichtig.
**inesauribile** *agg.* unerschöpflich.
**inesorabile** *agg.* unerbittlich.
**inesperto** *agg.* unerfahren (in + *Dat*).
**inestimabile** *agg.* 1 unschätzbar 2 (*fig.*) unermesslich.
**inetto** *agg.* 1 untalentiert 2 (*incapace*) unfähig ♦ *s.m.* [*f. -a*] Nichtsnutz (*der*).
**inevitabile** *agg.* unvermeidbar ♦ *s.m.* Unvermeidliche (*das*).
**inezia** *s.f.* Kleinigkeit (*die*), Lappalie (*die*).
**infallibile** *agg.* unfehlbar; (*sicuro*) sicher.
**infame** *agg.* 1 schändlich, infam 2 (*fam.*) scheußlich, abscheulich.
**infamia** *s.f.* Schmach (*die*), Schande (*die*).
**infantile** *agg.* 1 kindlich, Kinder...: *malattia —*, Kinderkrankheit 2 (*puerile*) kindisch.
**infanzia** *s.f.* Kindheit (*die*).
**infarinare** *v.tr.* mit Mehl bestreuen; (*cibi*) in Mehl wälzen.

**infarto** *s.m.* (*med.*) Infarkt (*der*).
**infastidire** *v.tr.* stören, belästigen ♦ **infastidirsi** *v.pron.* sich gestört fühlen, sich belästigt fühlen.
**infatti** *cong.* 1 nämlich 2 (*in effetti*) tatsächlich, in der Tat.
**infedele** *agg.* 1 untreu 2 (*inattendibile*) ungenau.
**infedeltà** *s.f.invar.* Untreue (*die*).
**infelice** *agg.* 1 unglücklich 2 (*inopportuno*) unglücklich, unpassend ♦ *s.m. e f.* Unglückliche (*der e die*).
**infelicità** *s.f.invar.* Unglück (*das*).
**inferiore** *agg.* 1 (*sottostante*) unter(e) 2 (*di altezza, misura ecc.*) niedriger, weniger, tiefer, kleiner: *a un prezzo —*, zu einem niedrigen Preis; *altezza — alla media*, unterdurchschnittliche Größe 3 (*di valore*) minderwertig: *merce di qualità —*, Ware minderwertiger Qualität 4 (*di numeri*) unter, niedriger: *un numero — a 10*, eine Zahl unter 10 5 (*di gerarchia, rango, grado*) niedere, unterlegen.
**inferiorità** *s.f.invar.* Unterlegenheit (*die*); Minderwertigkeit (*die*) ● *complesso di —*, Minderwertigkeitskomplex.
**infermiera** *s.f.* Krankenschwester (*die*).
**infermiere** *s.m.* Krankenpfleger (*der*).
**infermità** *s.f.invar.* Krankheit (*die*): *— mentale*, Geisteskrankheit.
**infermo** *agg.* krank ♦ *s.m.* [f. *-a*] Kranke (*der e die*).
**inferno** *s.m.* Hölle (*die*).
**inferriata** *s.f.* Eisgitter (*das*).
**infettare** *v.tr.* 1 (*med.*) infizieren 2 (*contaminare*) verseuchen ♦ **infettarsi** *v.pron.* sich infizieren.
**infettivo** *agg.* Infektions..., ansteckend: *malattia infettiva*, Infektionskrankheit.
**infezione** *s.f.* (*med.*) Infektion (*die*).
**infiammabile** *agg.* entzündbar.
**infiammare** *v.tr.* entzünden (*anche fig.*); entflammen ♦ **infiammarsi** *v.pron.* 1 sich entzünden 2 (*fig.*) sich entflammen.
**infiammazione** *s.f.* Entzündung (*die*).
**infilare** *v.tr.* 1 ein-fädeln, auf-fädeln: *un ago*, eine Nadel einfädeln; *— perle*, Perlen auffädeln 2 stecken: *— la chiave nella toppa*, den Schlüssel in das Schloss stecken 3 (*indossare*) an-ziehen; anstecken: *infilarsi i guanti*, die Handschuhe anziehen; *infilarsi un anello*, einen Ring anstecken ♦ **infilarsi** *v.pron.* 1 sich stecken 2 (*intrufolarsi*) schlüpfen, huschen.
**infine** *avv.* schließlich, zum Schluss, ganz am Ende.
**infinito** *agg.* 1 unendlich, endlos 2 (*innumerevole*) unzählig 3 (*immenso*) unendlich, enorm ♦ *s.m.* 1 Unendliche (*das*) 2 (*gramm.*) Infinitiv (*der*).
**infischiarsi** *v.pron.* (*fam.*) (*di*) pfeifen (auf + Acc.)
**infisso** *s.m.* Blendrahmen (*der*), Rahmen (*der*).
**inflazione** *s.f.* Inflation (*die*) (*anche fig.*).
**inflessibile** *agg.* unbeugsam, unerschütterlich.
**influente** *agg.* einflussreich.
**influenza** *s.f.* 1 (*su*) Einfluss (*der*) (auf + Acc), Beeinflussung (*die*) (+ Gen) 2 (*med.*) Grippe (*die*).
**influenzare** *v.tr.* beeinflussen, ein-wirken (auf + Acc) ♦ **influenzarsi** *v.pron.* (*reciproco*) einander beeinflussen.
**influire** *v.intr.* (*su*) ein-wirken (auf + Acc), beeinflussen.
**influsso** *s.m.* (*su*) Einfluss (*der*) (auf + Acc), Einwirkung (*die*) (auf + Acc).
**infondere** *v.tr.* ein-flößen; erwecken: *— coraggio a qlcu*, jdm Mut einflößen.
**informale** *agg.* 1 informell, inoffiziell 2 (*arte*) informell.
**informare** *v.tr.* informieren (über + Acc), benachrichtigen (über + Acc) ♦ **informarsi** *v.pron.* (*di*) sich erkundigen (nach), sich informieren (über + Acc).
**informatica** *s.f.* Informatik (*die*).
**informatico** *agg.* Informations..., Datenverarbeitungs...: *sistema —*, Informationssystem ♦ *s.m.* [f. *-a*] Informatiker (*der; die -in*).
**informativo** *agg.* informativ, Informations...: *materiale —*, Informationsmaterial.
**informatore** *s.m.* [f. *-trice*] Informator (*der; die -in*); (*segreto*) Informant (*der; die -in*).

**informazione** *s.f.* Information (*die*), Auskunft (*die*): *ufficio informazioni*, Informationsbüro; *chiedere informazioni a qlcu*, jdn um Auskunft bitten.

**infrangibile** *agg.* unzerbrechlich, bruchfest.

**infrarosso** *agg.* infrarot, Infrarot...: *raggi infrarossi*, Infrarotstrahlen.

**infreddolito** *agg.* ● *essere* —, frieren, fröstelln.

**infuori** *avv.* ● *all'* — *di*, bis auf, ausgenommen (+ *Acc*), außer (+ *Dat*), mit Ausnahme von.

**infuso** *s.m.* Aufguss (*der*): — *di erbe*, Kräutertee ● *avere la scienza infusa*, die Weisheit mit Löffeln gefressen haben.

**ingannare** *v.tr.* täuschen, (be)trügen: *le apparenze ingannano*, der Schein trügt ♦ **ingannarsi** *v.pron.* sich täuschen, sich irren ♦ *leggere per* — *l'attesa*, sich (*Dat*) die Zeit mit Lesen vertreiben.

**inganno** *s.m.* **1** Trug (*der*), Betrug (*der*) **2** (*illusione*) Täuschung (*die*): *trarre in* —, irreführen.

**ingegnere** *s.m.* Ingenieur (*der*) ● — *elettronico*, Elektroingenieur | — *meccanico*, Maschinenbauingenieur.

**ingegneria** *s.f.* Ingenieurwesen (*das*), Technik (*die*): — *genetica*, Gentechnologie **2** (*università*) Technische Hochschule.

**ingegnoso** *agg.* erfinderisch, einfallsreich; (*estens*) genial: *trovata ingegnosa*, genialer Einfall.

**ingelosire** *v.tr.* eifersüchtig machen ♦ **ingelosirsi** *v.pron.* eifersüchtig werden.

**ingenuo** *agg.* naiv, arglos ♦ *s.m.* [f. -*a*] naiver Mensch.

**ingessare** *v.tr.* ein gipsen, in Gips legen.

**ingessatura** *s.f.* Gips(verband) (*der*).

**Inghilterra** *n.pr.f.* England (*das*).

**inghiottire** *v.tr.* (hinunter-)schlucken, verschlucken: — *un boccone*, einen Bissen hinunterschlucken.

**ingiallire** *v.intr.* gelb werden, (*di carta, foto*) vergilben.

**inginocchiarsi** *v.intr.* (sich) niederknien.

**ingiuria** *s.f.* Beleidigung (*die*), Schmähung (*die*); (*insulto*) Schimpfwort (*das*).

**ingiustizia** *s.f.* Ungerechtigkeit (*die*), Unrecht (*das*).

**ingiusto** *agg.* ungerecht.

**inglese** *agg.* englisch ♦ *s.m.* e *f.* Engländer (*die*; *die* -in) ♦ *s.m.* (*lingua*) Englisch(e) (*das*).

**ingolfare** *v.tr.* absaufen lassen: — *il motore*, den Motor absaufen lassen ♦ **ingolfarsi** *v.pron.* ab-saufen.

**ingombrante** *agg.* sperrig, platzraubend.

**ingombrare** *v.tr.* versperren.

**ingombro** *s.m.* **1** Versperren (*das*): *essere di* —, im Weg sein **2** (*spazio*) Ausmaß (*das*).

**ingordo** *agg.* **1** gefräßig **2** (*avido*) gierig.

**ingorgo** *s.m.* **1** Verstopfung (*die*) **2** (*di traffico*) Stau (*der*), Stockung (*die*).

**ingranaggio** *s.m.* Getriebe (*das*), Räderwerk (*das*) (*anche fig.*).

**ingranare** *v.intr.* **1** (*mecc.*) ineinander greifen, ein-greifen **2** (*fig.*) an-laufen, in Gang kommen ♦ *v.tr.* ein-schalten, ein-kuppeln: (*aut.*) — *la marcia*, den Gang einlegen.

**ingrandimento** *s.m.* Vergrößerung (*die*).

**ingrandire** *v.tr.* **1** vergrößern; (*un edificio*) aus-bauen **2** (*fig.*) übertreiben, auf-bauschen ♦ **ingrandirsi** *v.pron.* **1** sich vergrößern; (*crescere*) wachsen **2** (*espandersi*) sich erweitern.

**ingrassare** *v.tr.* **1** (*far aumentare di peso*) dick machen **2** (*ungere*) ein-fetten, ein-ölen **3** (*lubrificare*) ein-schmieren; (*aut.*) ab-schmieren ♦ *v.intr.* dick werden, zu-nehmen.

**ingratitudine** *s.f.* Undankbarkeit (*die*), Undank (*der*).

**ingrato** *agg.* undankbar (*anche fig.*) ♦ *s.m.* [f. -*a*] Undankbare (*der* e *die*).

**ingrediente** *s.m.* **1** Zutat (*die*) **2** (*componente*) Bestandteil (*der*).

**ingresso** *s.m.* **1** Eingang (*der*); (*carrabile*) Einfahrt (*die*): *porta d'* —, Eingangstür; — *principale*, Haupteingang **2** (*anticamera*) Vorzimmer (*das*) **3** (*accesso*) Eintritt (*der*), Zugang (*der*), Zutritt (der) ● **biglietto d'—**, Eintrittskarte | **— libero**, Eintritt frei | **vietato l'—!**, kein Zutritt!

**ingrossare** *v.tr.* dick machen, vergrößern; (*gonfiare*) (an)schwellen lassen ♦ **ingrossarsi** *v.pron.* dick werden, zunehmen; (*gonfiarsi*) an-schwellen: *il fiume è ingrossato*, der Fluss ist angeschwollen.

**ingrosso** *s.m.* ● **all'—**, en gros, Groß...: *commercio all'—*, Großhandel.

**inguaribile** *agg.* 1 unheilbar 2 (*fig.*) unverbesserlich.

**inguine** *s.m.* (*anat.*) Leiste (die).

**iniettare** *v.tr.* (*med.*) ein-spritzen.

**iniezione** *s.f.* 1 Injektion (die); (*fam.*) Spritze (die) 2 (*tecn.*) Injektion (die), Einspritzung (die).

**iniziale** *agg.* Anfangs...: *fase —*, Anfangsstadium ♦ *s.f.* Anfangsbuchstabe (*der*); (*di un nome*) Initiale (die).

**iniziare** *v.tr.* 1 an-fangen, beginnen 2 (*avviare*) ein-weihen, ein-führen: *— qlcu a una materia*, jdn in ein Fach einführen ♦ *v.intr.* an-fangen, beginnen: *la mostra inizia domani*, die Ausstellung beginnt morgen.

**iniziativa** *s.f.* 1 Initiative (die): *prendere l'—*, die Initiative ergreifen; *di propria —*, aus eigener Initiative 2 (*intraprendenza*) Unternehmung (die): *spirito d'—*, Unternehmungsgeist.

**inizio** *s.m.* Anfang (der), Beginn (der): *all'—*, am Anfang; zu Beginn; *l'— dell'anno*, der Jahresbeginn; *dare — a qlco*, etw beginnen.

**innaffiare** *v.tr.* (be)gießen.

**innalzare** *v.tr.* 1 (*portare in alto*) (er-)heben 2 (*erigere*) errichten: *— un monumento*, ein Denkmal errichten 3 (*aumentare*) erhöhen ♦ **innalzarsi** *v.pron.* sich erheben (*anche fig.*).

**innamorarsi** *v.pron.* (*di*) sich verlieben (in + Acc.).

**innamorato** *agg.* 1 verliebt 2 (*appassionato*) begeistert ♦ *s.m.* Verliebte (*der e die*); (*amante*) Liebhaber (*der*; die -in).

**innanzi** *avv.* e *prep.* ● **d'ora —**, ab sofort; von jetzt ab | **— tutto**, zuallererst.

**innato** *agg.* angeboren; (*naturale*) natürlich.

**innervosire** *v.tr.* nervös machen ♦ **innervosirsi** *v.pron.* nervös werden.

**innestare** *v.tr.* 1 (*bot.*) veredeln, einpfropfen 2 (*med.*) transplantieren, verpflanzen.

**inno** *s.m.* Hymne (die).

**innocente** *agg.* 1 unschuldig 2 (*puro*) naiv, rein 3 (*senza malizia*) harmlos, arglos ♦ *s.m.* e *f.* Unschuldige (*der e die*).

**innocenza** *s.f.* Unschuld (die).

**innocuo** *agg.* ungefährlich, unschädlich.

**innumerevole** *agg.* unzählig, zahllos.

**inoltrare** *v.tr.* weiter-leiten; (*consegnare*) ab-geben; (*spedire*) ein-senden: *— una domanda*, einen Antrag einsenden ♦ **inoltrarsi** *v.pron.* ein-dringen: *inoltrarsi nel bosco*, in den Wald eindringen.

**inoltre** *avv.* außerdem, ferner, darüber hinaus.

**inondazione** *s.f.* Überschwemmung (die).

**inossidabile** *agg.* rostbeständig.

**inquietante** *agg.* beunruhigend, unheimlich.

**inquieto** *agg.* 1 unruhig, unstet 2 (*preoccupato*) besorgt 3 (*risentito*) verärgert.

**inquilino** *s.m.* [f. -a] Mieter (*der*; die -in).

**inquinamento** *s.m.* Verschmutzung (die); *— ambientale*, Umweltverschmutzung; *— atmosferico*, Luftverschmutzung.

**inquinante** *agg.* umweltschädlich ♦ *s.m.* Umweltverschmutzer (der).

**inquinare** *v.tr.* verschmutzen, verpesten.

**insaccato** *s.m.* Wurst (die).

**insalata** *s.f.* Salat (der).

**insalatiera** *s.f.* Salatschüssel (die).

**insaponare** *v.tr.* ein-seifen.

**insegna** *s.f.* 1 (*stemma*) Wappen (das), Wappenschild (*der*) 2 (*di negozio*) Schild (das) ● **all'— di**, im Zeichen (+ Gen.)

**insegnamento** *s.m.* 1 Unterrichten

**insegnante / intanto**

(*das*) **2** (*professione*) Lehrerberuf (*der*) **3** (*fig.*) Lehre (*die*).
**insegnante** *s.m.* e *f.* Lehrer (*der; die -in*).
**insegnare** *v.tr.* **1** lehren, bei·bringen: *mi ha insegnato a guidare*, er hat mir das Fahren beigebracht **2** (*scol.*) unterrichten.
**inseguire** *v.tr.* verfolgen.
**insenatura** *s.f.* Einbuchtung (*die*), Bucht (*die*).
**insensibile** *agg.* **1** unempfindlich **2** (*privo di emozioni*) gefühllos.
**inseparabile** *agg.* untrennbar, unzertrennlich.
**inserire** *v.tr.* **1** (ein·)stecken, ein·legen **2** (*includere*) ein·fügen; (*in un elenco*) auf·nehmen **3** (*elettr.*) ein·schalten **4** (*inform.*) ein·geben ♦ **inserirsi** *v.pron.* **1** sich ein·fügen: *inserirsi in una discussione*, sich in eine Diskussion einschalten **2** (*ambientarsi*) sich ein·leben.
**inserzione** *s.f.* Anzeige (*die*), Inserat (*das*).
**insetticida** *agg.* Insekten...: (*spray*) —, Insektenspray ♦ *s.m.* Insektizid (*das*).
**insetto** *s.m.* Insekt (*das*).
**insicuro** *agg.* unsicher.
**insidia** *s.f.* **1** Falle (*die*) **2** (*pericolo*) Gefahr (*die*).
**insieme** *avv.* **1** (*compagnia*) zusammen, miteinander: *abitiamo* —, wir wohnen zusammen **2** (*contemporaneità*) zugleich, gleichzeitig, auf einmal, zusammen: *fare troppe cose* —, zu viel auf einmal tun ♦ *s.m.* **1** Gesamtheit (*die*) **2** (*mat.*) Menge (*die*) ● — *a*, mit; mit... gemeinsam, zusammen, in Begleitung von; (*contemporaneità*) mit... zugleich, zusammen, gleichzeitig: *ho finito quasi — a lui*, wir waren fast gleichzeitig fertig | *nell'*—, alles in allem, im Großen und Ganzen.
**insignificante** *agg.* **1** unbedeutend; (*irrilevante*) unerheblich **2** (*poco appariscente*) nichtssagend **3** (*irrisorio*) nichtig, unbeträchtlich.
**insipido** *agg.* **1** fade, geschmacklos **2** (*fig.*) schal, langweilig.

**insistere** *v.intr.* (*su*) bestehen (auf + *Dat*), beharren (auf + *Dat*).
**insoddisfatto** *agg.* **1** (*di*) unzufrieden (*mit*) **2** (*inappagato*) unerfüllt.
**insofferente** *agg.* unduldsam.
**insolazione** *s.f.* **1** Sonnenbestrahlung (*die*) **2** (*med.*) Sonnenstich (*der*).
**insolito** *agg.* ungewöhnlich, unüblich.
**insomma** *avv.* (*in conclusione*) also, kurz und gut, schließlich ♦ *inter.* also, na also, endlich: —, *hai capito?*, hast du endlich verstanden?; *ma* —!, na, hör mal!...; *come va? Insomma...!*, wie geht's? Na ja, es geht.
**insonnia** *s.f.* Schlaflosigkeit (*die*).
**insopportabile** *agg.* unerträglich.
**insorgere** *v.intr.* **1** (*contro*) sich erheben (*gegen*) **2** (*manifestarsi*) auf·treten.
**insospettire** *v.tr.* jds Verdacht erregen ♦ **insospettirsi** *v.pron.* Verdacht schöpfen.
**insostenibile** *agg.* **1** unhaltbar, haltlos **2** (*insopportabile*) unerträglich **3** (*di spese ecc.*) untragbar.
**insostituibile** *agg.* unersetzlich.
**inspiegabile** *agg.* unerklärlich.
**inspirare** *v.tr.* ein·atmen.
**instabile** *agg.* **1** unstabil **2** (*di persona*) labil, haltlos **3** (*di tempo*) unbeständig **4** (*fis., chim.*) instabil.
**installare** *v.tr.* **1** installieren, ein·bauen **2** (*amm.*) bestellen ♦ **installarsi** *v.pron.* sich ein·nisten.
**instancabile** *agg.* unermüdlich.
**insuccesso** *s.m.* Misserfolg (*der*).
**insufficiente** *agg.* **1** ungenügend **2** (*scol.*) mangelhaft, ungenügend.
**insufficienza** *s.f.* **1** Mangel (*der*) **2** (*scol.*) Ungenügend (*das*) **3** (*med.*) Schwäche (*die*): — *cardiaca*, Herzschwäche.
**insultare** *v.tr.* beleidigen.
**insulto** *s.m.* Beleidigung (*die*).
**intanto** *avv.* **1** inzwischen, unterdessen, währenddessen: *ascoltava la radio e — lavorava*, sie arbeitete und hörte dabei Radio **2** (*per ora*) vorläufig, einstweilen **3** (*avversativo*) aber, dagegen, indessen: *ti lamenti sempre e — non fai niente*, du beklagst dich immer, aber

**intarsio / intermediario**

du selbst tust nichts dagegen ● — **che**, während.

**intarsio** *s.m.* Intarsie (*die*).

**intasare** *v.tr.* verstopfen.

**intascare** *v.tr.* einstecken.

**intatto** *agg.* **1** unversehrt, heil **2** (*immutato*) unverändert.

**integrale** *agg.* **1** ganz, vollständig **2** (*gastr.*) Vollkorn...; (*di riso*) ungeschält: *pane* —, Vollkornbrot **3** (*mat.*) Integral...: *calcolo* —, Integralrechnung ♦ *s.m.* (*mat.*) Integral (*das*).

**integrare** *v.tr.* **1** ergänzen **2** (*mat., sociologia*) integrieren ♦ **integrarsi** *v.pron.* **1** sich integrieren **2** (*reciproco*) sich ergänzen.

**integrazione** *s.f.* **1** Ergänzung (*die*) **2** (*mat.*) Integration (*die*) **3** (*sociologia*) Integration (*die*): — *razziale*, Rassenintegration.

**integro** *agg.* **1** vollständig, ganz **2** (*retto*) anständig.

**intelletto** *s.m.* Intellekt (*der*), Verstand (*der*).

**intellettuale** *agg.* intellektuell, geistig: *attività* —, geistige Tätigkeit ♦ *s.m. e f.* Intellektuelle (*der e die*).

**intelligente** *agg.* intelligent; klug.

**intelligenza** *s.f.* Intelligenz (*die*), Klugheit (*die*).

**intendere** *v.tr.* **1** (*udire*) hören **2** (*capire*) verstehen **3** (*volere*) wollen: *che cosa intendi dire?*, was willst du damit sagen? **4** (*voler dire*) meinen: *che cosa s'intende per indipendenza?*, was versteht man unter Unabhängigkeit? ♦ **intendersi** *v.pron.* **1** (*essere competente*) (*di*) etwas verstehen (von) **2** (*andare d'accordo*) sich verstehen **3** (*reciproco*): *s'intendono a gesti*, sie machen sich mit den Händen (*o* Gesten) verständlich ● (*ci siamo*) *intesi?*, ist das klar? | *dare a — qlco.* etw andeuten | **intendersela con qlcu.** (*essere complici*) unter einer Decke stecken; (*avere una relazione amorosa*) ein Verhältnis mit jdm haben.

**intenditore** *s.m.* [f. *-trice*] Kenner (*der*; *die* -in).

**intensificare** *v.tr.* intensivieren; (*aumentare*) steigern ♦ **intensificarsi** *v.pron.* **1** sich verstärken; (*aumentare*) zu∙nehmen **2** (*divenire più frequente*) zu∙nehmen.

**intensità** *s.f.invar.* Intensität (*die*), Kraft (*die*).

**intensivo** *agg.* Intensiv...: *corso* —, Intensivkurs.

**intenso** *agg.* **1** stark, heftig: *desiderio* —, heftiger Wunsch; *sentimento* —, starkes Gefühl **2** (*penetrante*) eindringlich: *sguardo* —, eindringlicher Blick **3** (*di colori*) satt, intensiv.

**intento**[1] *s.m.* (*a*) beschäftigt (mit): *essere — a mangiare*, beim Essen sein.

**intento**[2] *s.m.* Absicht (*die*): *con l'— di fare qlco*, mit der Absicht, etw zu tun.

**intenzione** *s.f.* **1** Absicht (*die*): *avere l'— di fare qlco*, die Absicht haben, etw zu tun **2** (*volontà*) Wille (*der*) ● **con (tutte) le migliori intenzioni**, beim (*o* mit den) besten Willen.

**intercettare** *v.tr.* **1** auf∙halten **2** (*captare*) ab∙fangen, ab∙hören: — *una lettera*, einen Brief abfangen; — *una telefonata*, ein Telefongespräch abhören.

**interdentale** *agg.* ● *filo* —, Zahnseide.

**interessante** *agg.* interessant.

**interessare** *v.intr.* interessieren ♦ *v.tr.* **1** sensibilisieren **2** (*riguardare*) betreffen ♦ **interessarsi** *v.pron.* **1** (*a*) sich interessieren (für): *interessarsi a qlco*, sich für etw interessieren **2** (*avere cura*) (*di*) sich kümmern um.

**interessato** *agg.* **1** (*a*) interessiert (an + Acc) **2** (*opportunista*) eigennützig ♦ *s.m.* [f. -*a*] Interessent (*der*; *die* -in).

**interesse** *s.m.* **1** Interesse (*das*) **2** (*econ.*) Zins (*der*): *tasso* (*o saggio*) *d'*—, Zinssatz ● *agire per* —, aus Eigennutz handeln.

**interferenza** *s.f.* Interferenz (*die*) **2** (*fig.*) Einmischung (*die*).

**interiora** *s.f.pl.* Eingeweide (*pl.*), Innereien (*pl.*).

**interiore** *agg.* **1** Innen...: *parte* —, Innenseite **2** (*fig.*) innerlich, Innen...: *vita* —, Innenleben.

**interlocutore** *s.m.* [f. *-trice*] Gesprächspartner (*der*; *die* -in).

**intermediario** *s.m.* [f. *-a*] Vermittler (*der*; *die* -in).

**intermedio** *agg.* Zwischen...: *livello (o stadio)* —, Zwischenstufe.
**intermezzo** *s.m.* Intermezzo *(das)*.
**interminabile** *agg.* endlos.
**internazionale** *agg.* 1 international 2 *(all'estero)* Ausland(s)...: *voli internazionali*, Auslandsflüge.
**interno** *agg.* 1 inner..., innen...; intern: *parte interna*, Innenseite; *medicina interna*, innere Medizin 2 *(nazionale)* inländisch, Inlands...: *commercio* —, Inlandshandel; *politica interna*, Innenpolitik ♦ *s.m.* 1 Innenraum *(der)*, Innenseite *(die)*: *un* — *luminoso*, ein heller Raum; *(abbigl.)* — *imbottito*, gefütterte Innenseite; *telefono 3486,* — *779*, Telefon 3486, Nebenstelle 779 2 *(in un collegio)* Interne *(die)*; *(in un ospedale)* Assistenzarzt *(der)* ● *all'* —, auf der Innenseite; *(internamente)* innen, drinnen.
**intero** *agg.* 1 *(tutto)* ganz: *passare un giorno* — *in spiaggia*, einen ganzen Tag am Strand verbringen 2 *(completo)* voll, ganz 3 *(intatto)* heil ♦ *s.m.* Ganze *(das) (anche mat.)* ● *per* —, völlig, ganz, gänzlich.
**interpretare** *v.tr.* 1 deuten, interpretieren 2 *(teatr.)* spielen, interpretieren.
**interpretazione** *s.f.* Interpretation *(die)*, Deutung *(die)*.
**interprete** *s.m.* e *f.* 1 Dolmetscher *(der; die* -in*)* 2 *(artista)* Interpret *(der; die* -in*)*.
**interrogare** *v.tr.* 1 fragen *(dir.)* verhören 3 *(scol.)* ab-fragen ♦ **interrogarsi** *v.pron.* sich *(Dat)* Fragen stellen.
**interrogativo** *agg.* Interrogativ..., Frage...: *pronome* —, Interrogativpronomen; *punto* —, Fragezeichen ♦ *s.m.* Frage *(die)*.
**interrogatorio** *s.m. (dir.)* Verhör *(das)*.
**interrogazione** *s.f.* 1 *(scol.)* Abfragung *(die)* 2 *(pol.) (interpellanza)* Anfrage *(die)*.
**interrompere** *v.tr.* unterbrechen; *(cessare)* ein-stellen ♦ **interrompersi** *v.pron.* sich unterbrechen.
**interruttore** *s.m.* Schalter *(der)*.
**interruzione** *s.f.* Unterbrechung *(die)*; *(cessazione)* Einstellung *(die)*.

**interurbano** *agg.* Fern...: *telefonata interurbana*, Ferngespräch.
**intervallo** *s.m.* 1 Zeitabstand *(der)*, Zeitspanne *(die)* 2 *(pausa)* Pause *(die)* 3 *(mus.)* Intervall *(das)*.
**intervenire** *v.intr.* 1 ein-greifen; ein-treten; *(intromettersi)* sich ein-mischen 2 *(pol.)* intervenieren; *(di polizia)* ein-schreiten 3 *(sopraggiungere)* dazwischen-kommen 4 *(partecipare)* sich be-teiligen, teil-nehmen *(an + Dat)* 5 *(med.)* operieren, ein-greifen.
**intervento** *s.m.* 1 Eingreifen *(das)* 2 *(pol.)* Intervention *(die)*, Eingriff *(der)* 3 *(partecipazione)* Teilnahme *(die)*, Beteiligung *(die)* 4 *(in un dibattito)* Diskussionsbeitrag *(der)*, Rede *(die)* 5 *(med.)* Eingriff *(der)*, Operation *(die)*.
**intervista** *s.f.* Interview *(das)*.
**intervistare** *v.tr.* interviewen, befragen.
**intesa** *s.f.* 1 Einigung *(die)*; *(accordo)* Einverständnis *(das)*, Übereinkunft *(die)* 2 *(pol.)* Entente *(die)*, Bündnis *(das)*.
**inteso** *agg.* 1 *(finalizzato) (a)* ausgerichtet (auf) 2 *(capito)* verstanden, abgemacht 3 *(stabilito)* vereinbart, abgemacht ● *resta* — *che...*, es bleibt dabei, dass... | *siamo intesi che...*, wir haben abgemacht, dass...
**intestare** *v.tr.* 1 mit einer Überschrift versehen, überschreiben: — *una lettera*, einen Brief mit Briefkopf versehen 2 *(dir.)* überschreiben, ein-tragen *(a qlcu*, auf jds Namen*)*.
**intestazione** *s.f.* 1 *(di foglio)* Überschrift *(die)*; *(di lettera)* Briefkopf *(der)* 2 *(dir.)* Eintragung *(die)*.
**intestino** *s.m.* Darm *(der)* ● *(anat.)* — *cieco*, Blinddarm; — *tenue*, Dünndarm.
**intimidire** *v.tr.* schüchtern machen; *(intimorire)* ein-schüchtern ♦ **intimidirsi** *v.pron.* schüchtern werden.
**intimità** *s.f.invar.* 1 Intimität *(die)*, Vertrautheit *(die)* 2 *(fig.)* Innerste *(das)*, Tiefe *(die)*.
**intimo** *agg.* 1 innerst; *(profondo)* tief 2 *(personale)* intim, innig, eng: *un amico* —, ein intimer Freund 3 *(accogliente)* gemütlich ♦ *s.m.* 1 *(parte interna)* Inner-

**ste** (*das*) **2** (*parente stretto*) enger Verwandter; Vertraute (*der*); (*amico stretto*) Busenfreund (*der*).
**intolleranza** *s.f.* Intoleranz (*die*).
**intonaco** *s.m.* Putz (*der*).
**intonare** *v.tr.* **1** (*una canzone*) anstimmen; (*uno strumento*) stimmen **2** (*fig.*) abstimmen (auf + Acc) (*anche fig.*) — *le scarpe col vestito*, die Schuhe auf das Kleid abstimmen ♦ **intonarsi** *v.pron.* (*fig.*) übereinstimmen (mit), passen (zu).
**intoppo** *s.m.* Hindernis (*das*).
**intorno** *avv.* ringsherum, ringsumher, rundherum: *guardarsi —*, sich umsehen ♦ *agg.* umliegend: *i paesini —*, die umliegenden Dörfer ● *— a*, um, um... herum; (*verso*) gegen.
**intossicare** *v.tr.* vergiften.
**intossicazione** *s.f.* (*med.*) Vergiftung (*die*): *— alimentare*, Lebensmittelvergiftung.
**intralcio** *s.m.* Hindernis (*das*): *essere d' —* a qlcu, jdn behindern.
**intransigente** *agg.* unnachgiebig.
**intraprendente** *agg.* unternehmungslustig.
**intraprendere** *v.tr.* beginnen, antreten: *— un viaggio*, eine Reise antreten; *— una carriera*, eine Laufbahn einschlagen.
**intrattabile** *agg.* spröde, unansprechbar.
**intrattenere** *v.tr.* unterhalten: *ho intrattenuto gli ospiti*, ich habe die Gäste unterhalten ♦ **intrattenersi** *v.pron.* **1** sich unterhalten: *intrattenersi con un amico al telefono*, mit einem Freund am Telefon unterhalten **2** (*conversare*) sprechen.
**intrattenimento** *s.m.* Veranstaltung (*die*), Gesellschaftsabend (*der*).
**intravedere** *v.tr.* **1** undeutlich erkennen **2** (*fig.*) erahnen.
**intrecciare** *v.tr.* **1** flechten, einflechten: *— un nastro nei capelli*, ein Band in das Haar einflechten **2** (*fig.*) anknüpfen: *— rapporti con qlcu*, Beziehungen mit jdm anknüpfen ♦ **intrecciarsi** *v.pron.* **1** sich verwirren **2** (*fig.*) sich verflechten.

**intreccio** *s.m.* **1** Geflecht (*das*), Flechtwerk (*das*); (*groviglio*) Gewirr (*das*) **2** (*trama*) Handlung (*die*).
**intrigo** *s.m.* Intrige (*die*); (*estens.*) Verwicklung (*die*).
**introdurre** *v.tr.* **1** (*infilare*) (ein-)stecken, einführen **2** einführen: *— qlcu in un ambiente*, jdn in einen Kreis einführen **3** (*avviare*) einleiten: *— un discorso*, eine Rede einleiten ♦ **introdursi** *v.pron.* (*in*) sich einschleichen (in + Acc), eindringen (in + Acc).
**introduzione** *s.f.* **1** Einführung (*die*) **2** (*di libro*) Einleitung (*die*).
**intromettersi** *v.pron.* sich einmischen, sich einmengen.
**introverso** *agg.* introvertiert.
**intrusione** *s.f.* Einmischung (*die*).
**intruso** *s.m.* [f. *-a*] Eindringling (*der*).
**intuire** *v.tr.* (er)ahnen.
**intuito** *s.m.* Intuition (*die*).
**intuizione** *s.f.* **1** Intuition (*die*) **2** (*presentimento*) Vorahnung (*die*).
**inumidire** *v.tr.* befeuchten ♦ **inumidirsi** *v.pron.* feucht werden.
**inutile** *agg.* **1** zwecklos, unnütz **2** (*superfluo*) überflüssig **3** (*vano*) vergeblich.
**inutilmente** *avv.* umsonst.
**invadente** *agg.* aufdringlich.
**invadere** *v.tr.* **1** eindringen, (*mil.*) einmarschieren **2** (*occupare*) besetzen **3** (*diffondersi*) sich verbreiten **4** (*inondare*) überschwemmen.
**invalidità** *s.f.invar.* **1** Invalidität (*die*): *pensione d' —*, Invalidenrente **2** (*dir.*) Rechtsungültigkeit (*die*).
**invalido** *agg.* **1** invalide: *— al lavoro*, arbeitsunfähig **2** (*dir.*) (rechts)ungültig ♦ *s.m.* [f. *-a*] Invalide (*der* e *die*).
**invano** *avv.* vergeblich, vergebens, umsonst.
**invariabile** *agg.* **1** unveränderlich **2** (*costante*) beständig.
**invasione** *s.f.* **1** Invasion (*die*), Einfall (*der*); Einmarsch (*der*) **2** (*inondazione*) Überschwemmung (*die*) (*anche fig.*).
**invasore** *agg.* einfallend ♦ *s.m.* Invasor (*der*), eindringender Feind.
**invecchiare** *v.intr.* **1** alt werden **2** (*fig.*) veralten **3** (*di alimenti*) (ab-)lagern

♦ *v.tr.* **1** alt machen **2** (*alimenti*) (ab-)lagern lassen.
**invece** *avv.* dagegen, statt dessen, hingegen ● – *di*, (an)statt (+ *Gen* o *Dat*); (an)statt... zu: – *di studiare Giacomo ascolta musica*, statt zu lernen, hört Giacomo Musik.
**inventare** *v.tr.* **1** erfinden **2** (*escogitare*) aus·denken; erdichten.
**inventario** *s.m.* **1** Inventur (*die*): *fare l'*—, Inventur machen **2** (*dir.*) Inventar (*das*).
**inventore** *s.m.* [f. *-trice*] Erfinder (*der; die* -in).
**invenzione** *s.f.* **1** Erfindung (*die*) **2** (*fig.*) Erfindung (*die*), Lüge (*die*).
**invernale** *agg.* winterlich, Winter...: *stagione* —, Wintersaison.
**inverno** *s.m.* Winter (*der*): *d'*—, im Winter.
**inversione** *s.f.* **1** Wenden (*das*), Umkehrung (*die*); – *di marcia*, Wenden; – *di tendenza*, Tendenzwende **2** (*gramm.*) Inversion (*die*).
**inverso** *agg.* umgekehrt ♦ *s.m.* Umgekehrte (*das*).
**invertire** *v.tr.* **1** wenden, um·kehren: – *la marcia*, wenden; – *la rotta*, den Kurs ändern **2** (*scambiare*) vertauschen: – *le parti*, die Rollen vertauschen.
**investigare** *v.intr.* (*su*) untersuchen, nach·forschen (+ *Dat*).
**investigatore** *s.m.* [f. *-trice*] Detektiv (*der; die* -in).
**investigazione** *s.f.* Untersuchung (*die*), Nachforschung (*die*).
**investimento** *s.m.* (*econ.*) Investition (*die*).
**investire** *v.tr.* **1** (*con veicolo*) an·fahren; (*a morte*) überfahren **2** (*econ.*) investieren **3** (*fig.*) (*in*) verwenden (auf + *Acc*): — *molte energie in un lavoro*, viel Energie auf eine Arbeit verwenden.
**inviare** *v.tr.* **1** übersenden, schicken **2** (*persone*) entsenden.
**inviato** *s.m.* [f. *-a*] (*giornalista*) Berichterstatter (*der; die* -in).
**invidia** *s.f.* Neid (*der*).
**invidiare** *v.tr.* (*per*) beneiden (um + *Acc*).

**invidioso** *agg.* neidisch.
**invincibile** *agg.* unbesiegbar.
**invio** *s.m.* **1** Übersendung (*die*) **2** (*di persone*) Entsendung (*die*).
**invisibile** *agg.* unsichtbar.
**invitare** *v.tr.* **1** ein·laden **2** (*esortare*) auf·fordern.
**invitato** *s.m.* [f. *-a*] Eingeladene (*der e die*).
**invito** *s.m.* **1** Einladung (*die*) **2** (*esortazione*) Aufforderung (*die*).
**invocare** *v.tr.* **1** an·rufen: — *Dio*, Gott anrufen **2** (*implorare*) rufen (um + *Acc*): — *aiuto*, um Hilfe rufen.
**involontario** *agg.* unabsichtlich.
**involucro** *s.m.* Hülle (*die*).
**inzuppare** *v.tr.* **1** (*intingere*) ein·tauchen **2** (*impregnare*) durchnässen.
**io** *pron.pers.sing.* ich: *gliene parlerò – stesso*, darüber werde ich selbst mit ihm reden ♦ *s.m.invar.* Ich (*das*).
**ipertensione** *s.f.* (*med.*) Bluthochdruck (*der*).
**ipnosi** *s.f.invar.* Hypnose (*die*).
**ipnotizzare** *v.tr.* hypnotisieren.
**ipocrisia** *s.f.* Heuchelei (*die*).
**ipocrita** *agg.* heuchlerisch ♦ *s.m.* e *f.* Heuchler (*der; die* -in).
**ipoteca** *s.f.* (*dir.*) Hypothek (*die*).
**ipotecare** *v.tr.* mit einer Hypothek belasten.
**ipotesi** *s.f.invar.* Hypothese (*die*), Vermutung (*die*): *per* —, hypothetisch; *nella migliore delle* —, bestenfalls.
**ippica** *s.f.* Reitsport (*das*).
**ippico** *agg.* Reit...: *concorso* —, Reitturnier.
**ippodromo** *s.m.* Pferderennbahn (*die*).
**ippopotamo** *s.m.* Nilpferd (*das*), Flusspferd (*das*).
**ira** *s.f.* Zorn (*der*).
**iracheno** *agg.* irakisch ♦ *s.m.* [f. *-a*] Iraker (*der; die* -in).
**Iran** *n.pr.m.* Iran (*der*).
**iraniano** *agg.* iranisch ♦ *s.m.* [f. *-a*] Iraner (*der; die* -in).
**Iraq** *n.pr.m.* Iraq (*der*), Irak (*der*).
**iride** *s.f.* **1** (*anat.*) Regenbogenhaut (*die*), Iris (*die*) **2** (*arcobaleno*) Regenbogen (*der*).

**Irlanda** *n.pr.f.* Irland (das).
**irlandese** *agg.* irisch ♦ *s.m.* e *f.* Ire (der; die Irin) ♦ *s.m.* (lingua) Irisch(e) (das).
**ironia** *s.f.* Ironie (die).
**ironico** *agg.* ironisch.
**irradiazione** *s.f.* Ausstrahlung (die); (med.) Bestrahlung (die).
**irreale** *agg.* unwirklich, irreal.
**irregolare** *agg.* 1 unregelmäßig 2 (di procedure ecc.) irregulär.
**irrequieto** *agg.* unruhig.
**irresistibile** *agg.* unwiderstehlich.
**irresponsabile** *agg.* unverantwortlich, verantwortungslos.
**irrigare** *v.tr.* bewässern.
**irrigazione** *s.f.* Bewässerung (die).
**irrigidirsi** *v.pron.* sich versteifen.
**irripetibile** *agg.* 1 nicht wiederholbar 2 (unico) einmalig.
**irritabile** *agg.* 1 reizbar, erregbar 2 (di pelle ecc.) irritabel, empfindlich.
**irritare** *v.tr.* irritieren, reizen ♦ **irritarsi** *v.pron.* sich auf·regen.
**irritazione** *s.f.* Irritation (die), Reizung (die).
**iscritto**[1] *agg.* eingeschrieben, eingetragen ♦ *s.m.* [f. -a] Eingeschriebene (der e die), Mitglied (das).
**iscritto**[2] *s.m.* ● *per* —, schriftlich.
**iscrivere** *v.tr.* an·melden, ein·tragen; (a un'università) ein·schreiben ♦ **iscriversi** *v.pron.* sich an·melden; (a un'università) sich ein·schreiben.
**iscrizione** *s.f.* 1 Einschreibung (die), Anmeldung (die); (registrazione) Eintrag (der) 2 (scritta) Inschrift (die).
**islamico** *agg.* islamisch ♦ *s.m.* [f. -a] Moslem (der; die Moslime).
**Islanda** *n.pr.f.* Island (das).
**islandese** *agg.* isländisch ♦ *s.m.* e *f.* Isländer (der; die -in) ♦ *s.m.* (lingua) Isländisch(e) (das).
**isola** *s.f.* Insel (die) (anche fig.) ● — *pedonale*, Fußgängerzone.
**isolamento** *s.m.* 1 Vereinsamung (die), Einsamkeit (die) 2 (tecn., med.) Isolierung (die).
**isolano** *agg.* Insel... ♦ *s.m.* [f. -a] Inselbewohner (der; die -in).

**isolante** *agg.* isolierend, Isolier...: *materiale* —, Isoliermaterial.
**isolare** *v.tr.* 1 isolieren, ab·sondern: *una persona*, eine Person isolieren 2 (fis.) isolieren ♦ **isolarsi** *v.pron.* sich isolieren, sich absondern.
**isolato**[1] *agg.* 1 isoliert; (di luogo) abgelegen 2 (distinto) Einzel...: *caso* —, Einzelfall.
**isolato**[2] *s.m.* Häuserblock (der).
**ispettore** *s.m.* [f. -trice] Inspektor (der; die -in).
**ispezionare** *v.tr.* inspizieren; (controllare) kontrollieren.
**ispezione** *s.f.* Inspektion (die).
**ispirare** *v.tr.* 1 ein·flößen, erwecken: — *simpatia*, Sympathie einflößen 2 (arte) inspirieren ♦ **ispirarsi** *v.pron.* 1 sich an·lehnen 2 (trarre ispirazione) (a) sich inspirieren lassen (durch).
**ispirazione** *s.f.* Eingebung (die), Inspiration (die) ● *trarre* — *da qlco*, sich durch etw inspirieren lassen.
**Israele** *n.pr.m.* Israel (das).
**israeliano** *agg.* israelisch ♦ *s.m.* [f. -a] Israeli (der e die).
**issare** *v.tr.* hissen.
**istantanea** *s.f.* (fot.) Momentaufnahme (die).
**istante** *s.m.* Augenblick (der) ● *all'*—, augenblicklich.
**isterico** *agg.* hysterisch.
**istintivo** *agg.* instinktiv.
**istinto** *s.m.* Instinkt (der): *d'*—, *per* —, instinktiv.
**istituire** *v.tr.* ein·richten; (fondare) gründen.
**istituto** *s.m.* 1 Institut (das), Anstalt (die) 2 (istituzione) Institution (die).
**istituzione** *s.f.* 1 Gründung (die) 2 (ente) Einrichtung (die): — *sociale*, soziale Einrichtung 3 (istituto) Institution (die): *l'* — *del matrimonio*, die Institution der Ehe.
**istruire** *v.tr.* unterweisen: — *qlcu in qlco*, jdn in etw (Dat) unterweisen ♦ **istruirsi** *v.pron.* sich bilden ● (dir.) — *un processo*, ein Verfahren einleiten.
**istruttivo** *agg.* lehrreich.

**istruttore** *s.m.* [f. *-trice*] Lehrer (*der*; *die* -in).
**istruzione** *s.f.* **1** Unterricht (*der*); Unterrichten (*das*) **2** (*cultura*) Bildung (*die*) **3** (*spec.pl.*) Anweisung (*die*), Anleitung (*die*): *istruzioni per l'uso*, Gebrauchsanleitung **4** (*dir.*) Untersuchung (*die*).
**Italia** *n.pr.f.* Italien (*das*).
**italiano** *agg.* italienisch ♦ *s.m.* **1** [f. *-a*] Italiener (*der*; *die* -in) **2** (*lingua*) Italienisch(e) (*das*).
**itinerario** *s.m.* Route (*die*), Weg (*der*) ● *— turistico*, Reiseroute; (*in una città*) Rundgang.
**itterizia** *s.f.* **ittero** *s.m.* (*med.*) Gelbsucht (*die*), Ikterus (*der*).
**IVA** *s.f.invar.* (*Imposta sul Valore Aggiunto*) MwSt. (Mehrwertsteuer).

# Jj

**jazz** *s.m.invar.* Jazz (*der*) ● *musica* —, Jazzmusik.
**jeans** *s.m.pl.* Jeans (*pl.*).
**jeep** *s.f.invar.* Jeep (*der*).
**jet** *s.m.invar.* Jet (*der*).
**jetlag** *s.m.invar.* Jetlag (*der*).
**jogging** *s.m.invar.* Jogging (*das*): *fare* —, joggen.
**jolly** *s.m.invar.* Joker (*der*).
**judo** *s.m.invar.* Judo (*das*).
**jumbo** *s.m.invar.* (*aer.*) Jumbo (*der*), Jumbojet (*der*).
**junior** *agg.invar.* junior, jünger ♦ *s.m.invar.* Junior (*der*).

# Kk

**kamikaze** *s.m.invar.* Kamikazeflieger (*der*).
**karate** *s.m.invar.* Karate (*das*).
**kayak** *s.m.invar.* Kajak (*der*).
**kebab** *s.m.invar.* Kebab (*der*).
**ketchup** *s.m.invar.* Ket(s)chup (*das* o *der*).
**killer** *s.m.invar.* Mörder (*der*; *die* -in), Killer (*der*).

**kiwi** *s.m.invar.* **1** (*bot.*) Kiwi (*die*) **2** (*zool.*) Kiwi (*der*).
**k.o.** *avv.* (*fam.*) k.o.: *mettere qlcu —,* jdn k.o. schlagen; *questo lavoro mi ha messo —,* diese Arbeit hat mich fertiggemacht.
**koala** *s.m.invar.* Koala (*der*).

# LI

**la¹** *art.det.f.sing.* **1** die, der, das: — *madre*, die Mutter; — *luna*, der Mond; — *ruota*, das Rad **2** (*spesso non si traduce*): — *Germania*, Deutschland **3** (*distributivo*) jede, jeder, jedes: *spende 100 euro — settimana*, er gibt jede Woche 100 Euro aus.

**la²** *pron.pers.f.sing.* **1** (*compl.*) sie: — *vedo tutti i giorni*, ich sehe sie jeden Tag **2** (*forma di cortesia*) Sie: *La prego, stia comodo*, bitte, bleiben Sie sitzen ● *per farla breve*, kurzum, kurz gesagt.

**la³** *s.m.invar.* (mus.) A ● *dare il —*, den Ton angeben.

**là** *avv.* **1** (*stato in luogo*) dort: — *dentro*, dort drinnen; — *fuori*, da draußen; *vorrei quel libro —*, ich möchte das Buch da ● *al di — di*, jenseits (+ Gen) | *essere più di — che di qua*, im Sterben liegen.

**labbro** *s.m.* Lippe (*die*) ● *pendere dalle labbra di qlcu*, an jds Lippen hängen.

**labirinto** *s.m.* Labyrinth (*das*).

**laboratorio** *s.m.* **1** Laboratorium (*das*), (*fam.*) Labor (*das*): — *linguistico*, Sprachlabor **2** (*di artigiani ecc.*) Werkstatt (*die*).

**laborioso** *agg.* **1** fleißig, eifrig **2** (*complicato*) schwierig, mühsam.

**lacca** *s.f.* **1** Lack (*der*) **2** (*per capelli*) Haarspray (*das*).

**laccio** *s.m.* **1** Schlinge (*die*); (*lazo*) Lasso (*das*) **2** (*stringa*) Schuhband (*das*) ● *— emostatico*, Abbindungsschlauch.

**lacerare** *v.tr.* zerreißen.

**lacrima** *s.f.* Träne (*die*).

**lacrimare** *v.intr.* tränen.

**lacuna** *s.f.* Lücke (*die*).

**ladro** *s.m.* [f. *-a*] **1** Dieb (*der*; *die* -in); (*scassinatore*) Einbrecher (*der*; *die* -in) **2** (*estens.*) Halsabschneider (*der*; *die* -in) ● *al —!*, haltet den Dieb!

**laggiù** *avv.* **1** (*stato in luogo*) dort (*o* da) unten, da drüben **2** (*moto a luogo*) dort hinunter, dort hinüber.

**lagnarsi** *v.pron.* (*di*) jammern (über + *Acc*); (*lamentarsi*) sich beklagen (über + *Acc*).

**lago** *s.m.* **1** See (*der*): — *artificiale*, Stausee; — *salato*, Salzsee **2** (*estens.*) Lache (*die*).

**Lago di Costanza** *n.pr.m.* Bodensee (*der*)

**laguna** *s.f.* (geogr.) Lagune (*die*).

**L'Aia** *n.pr.f.* Den Haag (*das*).

**laico** *agg.* Laien..., weltlich ♦ *s.m.* [f. *-a*] Laie (*der*).

**lama¹** *s.f.* **1** Klinge (*die*) **2** (*di macchinari*) Schneide (*die*).

**lama²** *s.m.invar.* (zool.) Lama (*das*).

**lamentarsi** *v.pron.* (*di*) sich beklagen (über + *Acc*), sich beschweren (über + *Acc*).

**lamentela** *s.f.* Beschwerde (*die*), Klage (*die*).

**lamento** *s.m.* **1** Klage (*die*) **2** (*per dolore fisico*) Wimmern (*das*) **3** (*di animale*) Wimmern (*das*).

**lametta** *s.f.* Rasierklinge (*die*).

**FALSCHER FREUND**
Da non confondere con il tedesco *Lametta*, che significa 'fili argentati'.

**lamiera** *s.f.* Blech (*das*).
**lamina** *s.f.* Blatt (*das*), Folie (*die*).
**lampada** *s.f.* Lampe (*die*): *da tavolo*, Tischlampe ● *– abbronzante*, UV-Lampe.
**lampadario** *s.m.* Deckenlampe (*die*).
**lampadina** *s.f.* Glühbirne (*die*), Birne (*die*).
**lampeggiare** *v.intr.* 1 blitzen 2 (*aut.*) blinken.
**lampeggiatore** *s.m.* (*aut.*) Blinker (*der*).
**lampione** *s.m.* Straßenlaterne (*die*).
**lampo** *s.m.* Blitz (*der*) ♦ *s.f.invar.* (*fam.*) (*cerniera*) Reißverschluss (*der*) ● *guerra –*, Blitzkrieg | *in un –*, im Nu | *– di genio*, Geistesblitz.
**lampone** *s.m.* (*frutto*) Himbeere (*die*).
**lana** *s.f.* Wolle (*die*): *pura – vergine*, reine Schurwolle ● *– di*..., wollern.
**lancetta** *s.f.* Uhrzeiger (*der*), Zeiger (*der*).
**lancia**¹ *s.f.* Lanze (*die*) ● *spezzare una – in favore di qlcu*, für jdn eine Lanze brechen.
**lancia**² *s.f.* (*mar.*) Beiboot (*das*).
**lanciare** *v.tr.* 1 (zu-)werfen; (*scagliare*) schleudern; (*fig.*) *– un'occhiata a qlcu*, jdm einen Blick zuwerfen 2 (*pubblicizzare*) lancieren ♦ **lanciarsi** *v.pron.* sich stürzen | *– un grido*, einen Schrei ausstoßen | (*mil.*) *– un missile*, eine Rakete abschießen | *– una bomba*, eine Bombe abwerfen | *lanciarsi in un'impresa*, sich in ein Unternehmen stürzen.
**lancinante** *agg.* stechend.
**lancio** *s.m.* 1 Wurf (*der*) 2 (*sport*) Werfen (*das*); Sprung (*der*): *– con il paracadute*, Fallschirmabsprung 3 (*sul mercato*) Lancierung (*die*) ● *– del giavellotto*, Speerwerfen | (*mil.*) *– di bombe*, Bombenabwurf.
**lanterna** *s.f.* 1 Laterne (*die*) 2 (*faro*) Leuchtturm (*der*).
**lapide** *s.f.* 1 Grabstein (*der*) 2 (*sui muri*) Gedenktafel (*die*).

**lapsus** *s.m.invar.* Lapsus (*der*), Versprecher (*der*).
**lardo** *s.m.* Speck (*der*).
**larghezza** *s.f.* Breite (*die*); (*ampiezza*) Weite (*die*) ● (*fig.*) *– di vedute*, Weitblick.
**largo** *agg.* breit, weit: *una strada larga*, eine breite Straße ♦ *s.m.* 1 Breite (*die*); Weite (*die*): *ha girato l'Italia in lungo e in –*, er ist kreuz und quer durch Italien gereist 2 (*alto mare*) offene See, offenes Meer: *prendere il –*, aufs offene Meer hinausfahren; (*fig.*) das Weite suchen; *al – di Palermo*, auf hoher See vor Palermo ● *farsi – tra la folla*, sich (*Dat*) einen Weg durch die Menge bahnen | *prenderla alla larga*, um den heißen Brei herumreden | *stare alla larga da qlcu*, sich von jdm fernhalten.
**larice** *s.m.* (*bot.*) Lärche (*die*).
**laringe** *s.f.* (*anat.*) Kehlkopf (*der*), Larynx (*der*).
**laringite** *s.f.* (*med.*) Kehlkopfentzündung (*die*).
**larva** *s.f.* (*zool.*) Larve (*die*).
**lasciapassare** *s.m.invar.* Passierschein (*der*).
**lasciare** *v.tr.* 1 lassen 2 (*smettere di tenere*) los-lassen: *lasciami!*, lass mich! 3 (*non prendere con sé*) (übrig) lassen, da-lassen: *– i bambini a casa*, die Kinder zu Hause lassen 4 (*abbandonare*) verlassen: *– il marito*, den Mann verlassen; *– la città*, die Stadt verlassen; *– un impiego*, eine Stelle aufgeben 5 (*per testamento*) überlassen: *– in eredità*, hinterlassen 6 (*permettere*) lassen, erlauben: *lasciami lavorare*, lass mich arbeiten; *lascia fare a me*, überlass das mir ♦ **lasciarsi** *v.pron.* sich lassen: *lasciarsi andare*, sich gehen lassen; (*senza paura*) sich entspannen; *lasciarsi convincere*, sich überzeugen lassen | (*reciproco*) (*separarsi*) sich trennen ● *– andare* (*o correre o perdere*), sich nicht mehr um etw kümmern | *– fuori*, draußen lassen; (*fig.*) ausschließen; auslassen | *– libero qlcu*, jdn freilassen | *– qlcu nell'incertezza*, jdn in der Schwebe lassen.

**lassativo** *agg.* abführend, Abführ... ♦ *s.m.* Abführmittel (das).

**lassù** *avv.* 1 (*stato in luogo*) dort (*o* da) oben 2 (*moto a luogo*) dort (*o* da) hinauf.

**lastra** *s.f.* 1 Platte (die): — di ghiaccio, Eisscholle; — di vetro, Glasscheibe 2 (*radiografia*) Röntgenbild (das).

**lastricare** *v.tr.* pflastern.

**laterale** *agg.* Seiten...: strada —, Seitenstraße.

**lateralmente** *avv.* seitlich, auf der Seite.

**latino** *agg.* 1 (*dell'antica Roma*) römisch 2 (*della lingua*) lateinisch ♦ *s.m.* (*lingua*) Latein (das) ● cultura latina, römische Kultur.

**latitudine** *s.f.* Breite (die).

**lato** *s.m.* Seite (die) ● a — di (*o* da — a), neben (*o* an der Seite + Gen) | d'altro —, andererseits | da un — sono contento, dall'altro mi dispiace, einerseits bin ich froh, andererseits tut es mir leid.

**latrare** *v.intr.* kläffen.

**latta** *s.f.* 1 Blech (das) 2 (*contenitore*) Blechdose (die).

**lattaio** *s.m.* [f. -a] Milchmann (der; die -frau).

**lattante** *s.m. e f.* Säugling (der).

**latte** *s.m.* Milch (die) ● in polvere, Trockenmilch, Milchpulver | — intero, Vollmilch | — materno, Muttermilch | — solare, Sonnenmilch.

**latteria** *s.f.* (*fabbrica*) Molkerei (die).

**latticini** *s.m.pl.* Milchprodukte (pl.).

**lattina** *s.f.* Dose (die).

**lattosio** *s.m.* Milchzucker (der), Laktose (die).

**lattuga** *s.f.* Kopfsalat (der).

**laurea** *s.f.* akademischer Titel, der einem Magistergrad oder einem Diplom entspricht: — ad honorem, Ehrendoktor.

**laurearsi** *v.pron.* den Universitätsabschluss erwerben.

**lava** *s.f.* Lava (die).

**lavabile** *agg.* waschbar.

**lavabo** *s.m.* Waschbecken (das).

**lavaggio** *s.m.* 1 Reinigung (die), Wäsche (die), Waschen (das) 2 (*tecn.*) Spülung (die).

**lavagna** *s.f.* Tafel (die): — luminosa, Overheadprojektor.

**lavanda**[1] *s.f.* (*med.*) Spülung (die): — gastrica, Magenspülung.

**lavanda**[2] *s.f.* (*bot.*) Lavendel (der).

**lavanderia** *s.f.* 1 Wäscherei (die) 2 (*stanza*) Waschküche (die).

**lavandino** *s.m.* Waschbecken (das).

**lavapiatti** *s.m. e f.invar.* Tellerwäscher (der; die -in).

**lavare** *v.tr.* waschen ♦ lavarsi *v.pron.* sich waschen ● a secco, reinigen | — i panni, die Wäsche waschen | — i piatti, spülen | — i vetri, Fenster putzen | — il pavimento, den Fußboden wischen | lavarsi i capelli, sich (Dat) die Haare waschen | lavarsi i denti, die Zähne putzen.

**lavastoviglie** *s.f.invar.* Spülmaschine (die).

**lavatrice** *s.f.* Waschmaschine (die).

**lavello** *s.m.* Spülbecken (das).

**lavorare** *v.intr.* arbeiten: — sodo, hart arbeiten; — in proprio, selbstständig arbeiten ♦ *v.tr.* bearbeiten: — l'oro, Gold bearbeiten; — la terra, das Land bestellen.

**lavorativo** *agg.* Arbeits...: settimana, giornata lavorativa, Arbeitswoche, Arbeitstag.

**lavoratore** *s.m.* [f. -trice] Arbeiter (der; die -in).

**lavorazione** *s.f.* 1 Bearbeitung (die); (*di materie prime*) Verarbeitung (die) 2 (*del terreno*) Bestellung (die), Bebauung (die) ● essere in —, in Arbeit sein | — a mano, Handarbeit | — in serie, Serienfertigung.

**lavoro** *s.m.* Arbeit (die), (*opera*) Werk (das) ● che — fai?, Was bist du von Beruf? | lavori in corso, (*cantiere*) Baustelle; (*in strada*) Straßenarbeiten | — a tempo pieno, Ganztagsarbeit | mettersi al —, sich ans Werk (*o* an die Arbeit) machen.

**lazzarone** *s.m.* [f. -a] (*pigro*) Faulenzer (der; die -in).

**le**[1] *art.det.f.pl.* die.

**le**[2] *pron.pers.f.sing.* 1 ihr: cosa — regali?*, was schenkst du ihr? **2** *(forma di cortesia)* Ihnen: *desidero comunicarLe che...*, ich möchte Ihnen mitteilen, dass....

**leader** *s.m.* e *inv.* **1** Führer *(der; die -in)* **2** *(sport)* *(in classifica)* Tabellenführer *(der; die -in)*; *(in una gara)* Spitzenführer *(der; die -in)* ♦ *agg.inv.* führend: *azienda —*, führendes Unternehmen.

**leale** *agg.* **1** ehrlich, fair **2** *(fedele)* treu, loyal.

**lealtà** *s.f.inv.* **1** Ehrlichkeit *(die)*, Fairness *(die)* **2** *(fedeltà)* Treue *(die)*, Loyalität *(die)*.

**lebbra** *s.f.* (med.) Lepra *(die)*, Aussatz *(der)*.

**lecca-lecca** *s.m.inv.* Lutscher *(der)*.

**leccare** *v.tr.* **1** lecken **2** *(fam.)* schmeicheln.

**lecito** *agg.* erlaubt; *(consentito)* gestattet.

**ledere** *v.tr.* (be)schädigen, schaden (+ Dat): *— gli interessi di qlcu*, jds Interessen schädigen; *— la reputazione di qlcu*, jds Ruf schaden.

**lega** *s.f.* **1** Bund *(der)*, Liga *(die)* *(anche pol.)*; *(associazione)* Verein *(der)*: *— sindacale*, Gewerkschaftsbund **2** *(di metalli)* Legierung *(die)*.

**legaccio** *s.m.* Schnürband *(das)*.

**legale** *agg.* *(del diritto)* rechtlich, Rechts...; *(della legge)* gesetzlich; legal: *rappresentante —*, gesetzlicher Vertreter; *via —*, Rechtsweg ♦ *s.m.* e *f.* *(consulente)* Rechtsbeistand *(der)*; *(avvocato)* Rechtsanwalt *(der)* ● *studio —*, Rechtsanwaltskanzlei.

**legalità** *s.f.inv.* Gesetzlichkeit *(die)*, Legalität *(die)*.

**legalizzare** *v.tr.* legalisieren.

**legame** *s.m.* Verbindung *(die)*, Bindung *(die)*: *— di parentela*, Verwandtschaftbeziehung; *avere un — di amicizia con qlcu*, jdm freundschaftlich verbunden sein.

**legamento** *s.m.* *(anat.)* Band *(das)*.

**legare** *v.tr.* **1** binden; *(fermare)* anbinden: *legarsi i capelli*, sich *(Dat)* die Haare zusammenbinden **2** *(metall.)* legieren ♦ *v.intr.* **1** *(metalli)* legieren **2** *(fig.)* *(con)* sich (gut) verstehen (mit) ♦ **legarsi** *v.pron.* binden *(anche fig.)*.

**legge** *s.f.* **1** Gesetz *(das)*: *progetto (di) —*, Gesetzentwurf; *la — è uguale per tutti*, vor dem Gesetz sind alle gleich **2** *(materia)* Jura *(das)*: *studiare —*, Jura studieren.

**leggenda** *s.f.* Legende *(die)* *(anche fig.)*.

**leggendario** *agg.* sagenhaft.

**leggere** *v.tr.* lesen ● *— nel pensiero di qlcu*, jds Gedanken lesen.

**leggerezza** *s.f.* **1** Leichtigkeit *(die)* **2** *(fig.)* Leichtsinn *(der)*: *agire con —*, leichtsinnig handeln.

**leggero** *agg.* **1** leicht *(anche fig.)*: *— come una piuma*, leicht wie eine Feder **2** *(sottile)* dünn **3** *(di bevanda)* leicht; (spreg.) dünn **4** *(minimo)* klein, gering **5** *(poco serio)* leichtfertig; *(sconsiderato)* leichtsinnig ♦ *avv.* leicht ● *avere il sonno —*, einen leichten Schlaf haben | *prendere qlco alla leggera*, etw auf die leichte Schulter nehmen.

**leggio** *s.m.* Pult *(der)*, Lesepult *(der)*; *(per musica)* Notenständer *(der)*, Notenpult *(der)*.

**legislativo** *agg.* gesetzgebend, legislativ.

**legislatura**, **legislazione** *s.f.* Legislatur *(die)*.

**legittimo** *agg.* **1** rechtmäßig: *erede —*, rechtmäßiger Erbe **2** *(lecito)* erlaubt **3** *(giustificato, fondato)* gerechtfertigt, berechtigt ● *agire per legittima difesa*, aus Notwehr handeln.

**legna** *s.f.inv.* Holz *(das)* ● *fare —*, Holz sammeln | *— (da ardere)*, Brennholz.

**legno** *s.m.* Holz *(das)*.

**legumi** *s.m.pl.* Hülsenfrüchte *(die)*.

**lei** *pron.pers.f.sing.* **1** *(sogg. e ogg.)* sie; *(forma di cortesia)* Sie **2** *(compl.indir.)* ihr, sie; *(forma di cortesia)* Ihnen, Sie ● *dare del — a qlcu*, jdn siezen, jdn mit Sie anreden.

**lembo** *s.m.* Saum *(der)*, Rand *(der)*; *(di ferita)* Wundrand *(der)* ● *— di terra*, Landstreifen.

**lenire** *v.tr.* lindern: *— il dolore*, den Schmerz lindern.

**lentamente** *avv.* langsam.
**lente** *s.f.* 1 Linse (die): — d'ingrandimento, Vergrößerungsglas; — a contatto, Kontaktlinse 2 (di occhiali) Brillenglas (das).
**lentezza** *s.f.* Langsamkeit (die).
**lenticchia** *s.f.* Linse (die).
**lentiggini** *s.f.pl.* Sommersprossen (pl.).
**lento** *agg.* langsam ♦ *s.m.* (ballo) langsamer Tanz.
**lenza** *s.f.* Angelschnur (die).
**lenzuolo** *s.m.* Betttuch (das), Laken (das).
**leone** *s.m.* (astr., zool.) Löwe (der) ● *fare la parte del* —, sich (Dat) den Löwenanteil sichern | — *marino*, Seelöwe.
**leonessa** *s.f.* Löwin (die).
**leopardo** *s.m.* (zool.) Leopard (der).
**lepre** *s.f.* (zool.) Hase (der).
**lesbica** *s.f.* Lesbierin (die); (fam.) Lesbe (die).
**leso** *agg.* beschädigt: (dir.) la parte lesa, der Geschädigte.
**lessare** *v.tr.* kochen, garen.
**lesso** *s.m.* (gastr.) Kochfleisch (das).
**letale** *agg.* tödlich, letal.
**letame** *s.m.* Mist (der).
**letargo** *s.m.* 1 Winterschlaf (der) 2 (fig.) Tiefschlaf (der).
**lettera** *s.f.* 1 (dell'alfabeto) Buchstabe (der): — maiuscola, minuscola, Großbuchstabe, Kleinbuchstabe 2 (missiva) Brief (der); (amm.) Schreiben (das): — d'accompagnamento, Begleitschreiben ● *prendere alla* —, wörtlich nehmen.
**letterale** *agg.* wörtlich.
**letterario** *agg.* literarisch, Literatur...: critico —, Literaturkritik.
**letteratura** *s.f.* Literatur (die).
**lettiga** *s.f.* (barella) Tragbahre (die).
**lettino** *s.m.* Kinderbett (das) ● — *da spiaggia*, Liege.
**letto** *s.m.* Bett (das) ● — *a castello*, Stockbett, Etagenbett | — *singolo, matrimoniale*, Einzelbett, Ehebett.
**lettone** *agg.* lettisch ♦ *s.m. e f.* Lette (der; die Lettin) ♦ *s.m.* (lingua) Lettisch(e) (das).
**Lettonia** *n.pr.f.* Lettland (das).

**lettore** *s.m.* 1 [f. -trice] Leser (der; die -in) Lettin 2 [f. -trice] (università) Lektor (der; die -in): — ottico, Klarschriftleser; — DVD, DVD-Spieler.
**lettura** *s.f.* 1 Lesen (das) 2 (rilevamento) Ablesen (das) 3 (libro) Lektüre (die) 4 (in pubblico) Lesung (die).
**leucemia** *s.f.* (med.) Leukämie (die).
**leva**[1] *s.f.* Hebel (der): — del cambio, Schalthebel.
**leva**[2] *s.f.* (mil.) 1 Einberufung (die) (zum Wehrdienst) 2 (classe) Jahrgang (der).
**levante** *s.m.* 1 Osten (der) 2 (vento) Ostwind (der).
**levare** *v.tr.* 1 (togliere) ab-nehmen, weg-nehmen; (abbigl.) aus-ziehen 2 (sollevare) heben, auf-heben, hoch-heben ♦ **levarsi** *v.pron.* auf-stehen: il sole si leva alle sei, die Sonne geht um sechs Uhr auf ● *farsi* — *un dente*, sich (Dat) ein Zahn ziehen lassen | (fam.) *levarsi dai piedi*, sich jdm von Halse schaffen | *levarsi in volo*, abfliegen.
**levigare** *v.tr.* schleifen.
**levriere, levriero** *s.m.* Windhund (der).
**lezione** *s.f.* 1 Unterrichtsstunde (die); (università) Vorlesung (die): prendere, dare lezioni, Stunden nehmen, geben 2 (compito a casa) Hausaufgabe (die) 3 (fig.) Lehre (die): dare una — a qlcu, jdm eine Lehre erteilen.
**li** *pron.pers.m.pl.* sie: — ho incontrati ieri, ich habe sie gestern getroffen.
**lì** *avv.* 1 (stato in luogo) da, dort: eri — anche tu?, warst du auch dort? 2 (moto a luogo) dorthin, dahin 3 (moto da luogo) dort, dorther: vai via di —!, geh weg da! ● *di* — *a poco*, nach kurzer Zeit | *per* —, im ersten Augenblick | *quella donna* —, die Frau da.
**liana** *s.f.* Liane (die).
**libanese** *agg.* libanesisch ♦ *s.m. e f.* Libanese (der; die Libanesin).
**Libano** *n.pr.m.* Libanon (der).
**libbra** *s.f.* Pfund (das).
**libellula** *s.f.* Libelle (die).
**liberale** *agg.* (pol.) liberal ♦ *s.m. e f.* Liberale (der e die).

**liberare** *v.tr.* 1 befreien 2 (*lasciare andare*) frei·setzen, frei·lassen 3 (*rilasciare*) befreien, entlassen 4 (*lasciare vacante*) frei·machen, frei·geben 5 (*chim.*) frei·setzen ♦ **liberarsi** *v.pron.* sich befreien, sich frei·machen: *liberarsi di qlcu*, sich von jdm befreien; *liberarsi da un impegno*, sich von einer Verpflichtung frei·machen.

**liberazione** *s.f.* Befreiung (*anche fig.*) (*die*); (*rilascio*) Freilassung (*die*).

**libero** *agg.* frei ● — *professionista*, Freiberufler | (*sport*) *stile* —, Freistil | *tempo* —, Freizeit | *via libera*, freier Weg: *dare via libera*, grünes Licht geben.

**libertà** *s.f.invar.* Freiheit (*die*): — *di stampa*, Pressefreiheit ● *essere in* —, auf freiem Fuß sein.

**libraio** *s.m.* [*f. -a*] Buchhändler (*der*; *die* -*in*).

**libreria** *s.f.* 1 Buchhandlung (*die*) 2 (*mobile*) Bücherschrank (*der*).

**libretto** *s.m.* kleines Buch, Büchlein (*das*) ● — *degli assegni*, Scheckheft | — *di circolazione*, Fahrzeugschein | — *di istruzioni*, Gebrauchsanweisung | — *d'opera*, Libretto | — *universitario*, Studienbuch.

**libro** *s.m.* Buch (*das*): — *illustrato*, Bilderbuch; — *d'arte*, Kunstbuch ● *fiera del* —, Buchmesse.

**licenza** *s.f.* 1 Erlaubnis (*die*), Genehmigung (*die*) 2 (*documento*) Schein (*der*): — *di caccia*, Jagdschein; — *di esercizio*, Gewerbeschein 3 (*mil.*) Urlaub (*der*).

**licenziamento** *s.m.* Entlassung (*die*), Kündigung (*die*).

**licenziare** *v.tr.* entlassen, kündigen (+ *Dat*) ♦ **licenziarsi** *v.pron.* kündigen.

**liceo** *s.m.* Gymnasium (*das*).

**lichene** *s.m.* (*bot.*) Flechte (*die*).

**lido** *s.m.* Strand (*der*), Lido (*der*).

**lieto** *agg.* fröhlich, froh; (*che suscita gioia*) freudig: *sono — di conoscerLa*, es freut mich, Sie kennenzulernen; *molto* —!, sehr erfreut!

**lieve** *agg.* 1 leicht (*anche fig.*) 2 (*piccolo*) gering.

**lievitare** *v.intr.* auf·gehen: *far — la pasta del pane*, den Brotteig gehen lassen; *pasta lievitata*, Hefeteig ● *i prezzi lievitano*, (*fig.*) die Preise steigen an.

**lievito** *s.m.* Hefe (*die*) ● — *di birra*, Bierhefe | — *in polvere*, Backpulver.

**lifting** *s.m.invar.* Lifting (*das*): (*fam.*) *farsi il* —, sich liften lassen.

**ligneo** *agg.* aus Holz, Holz...: *statua lignea*, Holzstatue.

**lilla** *agg.invar.* lila ♦ *s.m.invar.* Lila (*das*).

**lillà** *s.m.invar.* (*bot.*) Flieder (*der*).

**lima** *s.f.* Feile (*die*).

**limare** *v.tr.* 1 feilen 2 (*fig.*) aus·feilen: — *un lavoro*, eine Arbeit ausfeilen.

**limitare** *v.tr.* beschränken, ein·schränken ♦ **limitarsi** *v.pron.* (*a*) sich beschränken (auf + *Acc*), sich ein·schränken (bei): *limitarsi nelle spese*, sich bei den Ausgaben einschränken.

**limitazione** *s.f.* 1 Beschränkung (*die*) 2 (*restrizione*) Einschränkung (*die*).

**limite** *s.m.* 1 Grenze (*die*): — *di età*, Altersgrenze 2 (*mat.*) Grenzwert (*der*) ● *al* —, höchstens; — *di velocità*, Geschwindigkeitsbeschränkung | *nei limiti del possibile*, im Rahmen des Möglichen.

**limitrofo** *agg.* angrenzend: *zone limitrofe*, angrenzende Gebiete.

**limonata** *s.f.* Zitronenlimonade (*die*).

**limone** *s.m.* (*frutto*) Zitrone (*die*): *succo di* —, Zitronensaft ● *giallo* —, zitronengelb.

**limpido** *agg.* klar (*anche fig.*).

**lince** *s.f.* Luchs (*der*).

**linciare** *v.tr.* lynchen.

**linea** *s.f.* 1 Linie (*die*) (*anche estens.*) 2 (*elettr.*) Leitung (*die*): — *elettrica*, Stromleitung 3 (*contorno*) Figur (*die*); (*sagoma*) Form (*die*): *avere una bella* —, eine gute Figur haben ● *a grandi linee*, in großen Zügen | *di* —, Linien...: *servizio di* —, Linienverkehr; *volo di* —, Linienflug | *essere in prima* —, in vorderster Linie stehen | *in — di massima*, im Großen und Ganzen | *in — di principio*, grundsätzlich | *in — generale*, generell | — *aerea*, Oberleitung | — *ferroviaria*, Eisenbahnlinie | (*tel.*) *restare in* —, am Apparat bleiben; *è caduta la* —,

**lineamenti / livrea**

wir sind unterbrochen worden | *vincere su tutta la —,* auf ganzer Linie siegen.
**lineamenti** *s.m.pl.* Züge (*pl.*).
**lineare** *agg.* linear (*anche fig.*).
**lineetta** *s.f.* Strich (*der*); (*in parole composte*) Bindestrich (*der*); (*nel discorso diretto*) Gedankenstrich (*der*).
**linfa** *s.f.* 1 Lymphe (*die*) 2 (*bot.*) Pflanzensaft (*der*).
**lingotto** *s.m.* Barren (*der*).
**lingua** *s.f.* 1 Zunge (*die*) 2 (*linguaggio*) Sprache (*die*): *la — tedesca,* die deutsche Sprache; *di — tedesca,* deutschsprachig; *— straniera,* Fremdsprache; *— scritta, parlata,* Schriftsprache, Umgangssprache; *conoscenza delle lingue,* Sprachkenntnis ♦ *avere la — lunga,* ein loses Mundwerk haben | *ce l'ho sulla punta della —,* es liegt mir auf der Zunge | *non aver peli sulla —,* kein Blatt vor den Mund nehmen.
**linguaggio** *s.m.* Sprache (*die*): *— tecnico,* Fachsprache; *— giuridico,* Rechtssprache.
**lino** *s.m.* Lein (*der*): *di —,* leinen.
**liofilizzato** *agg.* gefriergetrocknet.
**Lipsia** *n.pr.f.* Leipzig (*das*).
**liquefare** *v.tr.* 1 (*fis.*) verflüssigen 2 (*fondere*) schmelzen.
**liquidare** *v.tr.* 1 begleichen, (aus-)zahlen, bezahlen: *— un conto,* eine Rechnung begleichen 2 liquidieren: *un'impresa,* ein Unternehmen liquidieren 3 (*a fine rapporto*) ab·finden 4 (*svendere*) aus·verkaufen.
**liquidazione** *s.f.* 1 (*di un impresa*) Liquidation (*die*) 2 (*indennità di fine porto*) Abfindung (*die*) 3 (*svendita*) Ausverkauf (*der*).
**liquidità** *s.f.invar.* Liquidität (*die*).
**liquido** *agg.* flüssig (*anche fig.*): *denaro —,* flüssiges Geld; *cristalli liquidi,* flüssige Kristalle ♦ *s.m.* Flüssigkeit (*die*).
**liquirizia** *s.f.* Lakritze (*die*).
**liquore** *s.m.* Likör (*der*).
**lira** *s.f.* (*moneta*) Lira (*die*) ♦ *non avere una —,* keinen Pfennig haben.
**lirica** *s.f.* Lyrik (*die*).
**lirico** *agg.* 1 lyrisch 2 (*mus.*) Opern...: *cantante —,* Opernsänger.
**Lisbona** *n.pr.f.* Lissabon (*das*).

**lisca** *s.f.* Gräte (*die*).
**lisciare** *v.tr.* 1 (*levigare*) glätten 2 (*accarezzare*) streicheln 3 (*adulare*) schmeicheln (+ Dat).
**liscio** *agg.* 1 glatt 2 (*fig.*) einfach 3 (*puro*) pur ♦ *andare — come l'olio,* wie am Schnürchen laufen (*o* klappen) | (*fam.*) *passarla liscia,* ungeschoren davon·kommen.
**lista** *s.f.* Liste (*die*) ♦ *essere sulla — nera,* auf der schwarzen Liste stehen | *— d'attesa,* Warteliste | *— dei vini,* Weinkarte | *— della spesa,* Einkaufszettel.
**listello** *s.m.* Leiste (*die*).
**listino** *s.m.* Liste (*die*): *prezzo di —,* Listenpreis ♦ (*econ.*) *— dei cambi,* Kurszettel | *— (dei) prezzi,* Preisliste | (*econ.*) *— di Borsa,* Kursbericht.
**litania** *s.f.* Litanei (*die*) (*anche fig.*).
**lite** *s.f.* Streit (*der*) (*anche fig.*).
**litigare** *v.intr.* (*per*) streiten (um + Acc), sich zanken: *mettersi a — con qlcu,* mit jdm in Streit geraten.
**litigata** *s.f.* *litigio s.m.* Streit (*der*), Zank (*der*): *fare una litigata,* einen Zank austragen.
**litigioso** *agg.* streitsüchtig, zänkisch.
**litografia** *s.f.* Lithographie (*die*).
**litorale** *agg.* litoral, Küsten... ♦ *s.m.* Litoral (*das*); (*marino*) Meeresküste (*die*).
**litro** *s.m.* Liter (*der*): *un — di vino,* ein Liter Wein.
**Lituania** *n.pr.f.* Litauen (*das*).
**lituano** *agg.* litauisch ♦ *s.m.* 1 [f. *-a*] Litauer (*der*; *die -in*) 2 (*lingua*) Litauisch(e) (*das*).
**liturgia** *s.f.* (*relig.*) Liturgie (*die*).
**liutaio** *s.m.* Geigenbauer (*der*).
**liuto** *s.m.* Laute (*die*).
**livellare** *v.tr.* 1 ebnen 2 (*fig.*) aus·gleichen.
**livello** *s.m.* 1 Stand (*der*); (*altezza*) Höhe (*die*) 2 (*qualità*) Niveau (*das*), Rang (*der*), Standard (*der*): *— di vita,* Lebensstandard ♦ *a — teorico,* theoretisch | *sul, sotto il — del mare,* über, unter dem Meeresspiegel.
**livido** *agg.* bläulich, blau ♦ *s.m.* blauer Fleck.
**livrea** *s.f.* Livree (*die*).

**lo**[1] *art.det.m.sing.* der.

**lo**[2] *pron.pers.m.sing.* 1 (*lui*) ihn; — *conosco bene*, ich kenne ihn gut 2 (*ciò*) es, das: *non — dire*, sag es nicht; — *sapevo già*, das wusste ich schon.

**lobo** *s.m.* (*dell'orecchio*) Ohrläppchen (*das*).

**locale**[1] *agg.* 1 Lokal..., lokal: *cronaca —*, Lokalbericht; *giornale —*, Lokalblatt; *notiziario —*, Lokalnachrichten 2 (*med.*) örtlich: *anestesia —*, örtliche Betäubung.

**locale**[2] *s.m.* 1 Lokal (*das*): — *notturno*, Nachtlokal 2 (*stanza*) Raum (*der*), Zimmer (*das*).

**località** *s.f.invar.* Ort (*der*), Ortschaft (*die*).

**localizzare** *v.tr.* lokalisieren, örtlich bestimmen.

**locanda** *s.f.* Gasthaus (*das*), Wirtshaus (*das*).

**locandina** *s.f.* Spielplan (*der*).

**locatario** *s.m.* [f. -*a*] (*dir.*) Mieter (*der*; *die* -in).

**locatore** *s.m.* [f. -*trice*] (*dir.*) Vermieter (*der*; *die* -in); Verpächter (*der*; *die* -in).

**locazione** *s.f.* Vermietung (*die*).

**locomotiva** *s.f.* Lokomotive (*die*).

**lodare** *v.tr.* loben ● *sia lodato il cielo!*, Gott sei Dank!

**lode** *s.f.* 1 Lob (*das*) 2 (*università*) Auszeichnung (*die*).

**logica** *s.f.* Logik (*die*).

**logico** *agg.* logisch.

**logistica** *s.f.* Logistik (*die*).

**logorante** *agg.* abnutzend, verschleißend.

**logorare** *v.tr.* abnutzen, verschleißen; (*fig.*) abzehren ♦ **logorarsi** *v.pron.* 1 sich abnutzen 2 (*fig.*) sich aufreiben: *logorarsi nell'attesa*, sich durch das lange Warten aufreiben.

**logorio** *s.m.* 1 Abnutzung (*die*) 2 (*fig.*) Aufreibung (*die*), Zerrüttung (*die*).

**logoro** *agg.* abgenutzt, verbraucht; (*di vestiti*) abgetragen; (*di nervi*) zerrüttet.

**Lombardia** *n.pr.f.* Lombardei (*die*).

**lombardo** *agg.* lombardisch ♦ *s.m.* [f. -*a*] Lombarde (*der*; *die* Lombardin).

**lombrico** *s.m.* (*zool.*) Regenwurm (*der*).

**Londra** *n.pr.f.* London (*das*).

**longevo** *agg.* langlebig.

**longitudine** *s.f.* (*geogr.*) Länge (*die*): *grado di —*, Längengrad.

**lontanamente** *avv.* weit, entfernt ● *non te lo immagini neanche —*, du kannst es dir überhaupt nicht vorstellen.

**lontananza** *s.f.* Ferne (*die*), (*distanza*) Entfernung (*die*): *in —*, in der Ferne ● *soffrire molto per la — di qlcu*, jdn sehr vermissen.

**lontano** *agg.* fern, weit; entfernt (*anche fig.*) ♦ *avv.* weit entfernt ● *andare —*, weit weg gehen | *da* (o *di*) *—*, von weitem | *un — parente*, er ist ein entfernter Verwandter | *— da*, weit entfernt von | *tempi lontani*, längst vergangene Zeiten | *vedere —*, weit vorausschen (*anche fig.*).

**loquace** *agg.* redselig, gesprächig.

**lordo** *agg.* (*comm.*) Brutto...; Roh... ● *— peso*, Bruttogewicht.

**loro**[1] *agg.poss.* ihr; (*forma di cortesia*) Ihr: *la — macchina*, ihr Auto ♦ *pron. poss.pl.* ihrer; (*forma di cortesia*) Ihrer.

**loro**[2] *pron.pers.m.* e *f.pl.* sie; ihnen: *ho detto — di venire*, ich habe ihnen gesagt, sie sollen kommen ● *— due*, beide (*o* die beiden).

**losco** *agg.* krumm, finster: *affari loschi*, krumme Geschäfte; *loschi figuri*, finstere Gestalten.

**loto** *s.m.* (*bot.*) Lotos (*der*): *fiore di —*, Lotosblüte.

**lotta** *s.f.* 1 Kampf (*der*): *— contro la droga*, Drogenbekämpfung 2 (*sport*) Ringen (*das*), Ringkampf (*der*): *fare —*, ringen.

**lottare** *v.intr.* kämpfen.

**lottatore** *s.m.* [f. -*trice*] Kämpfer (*der*; *die* -in).

**lotteria** *s.f.* Lotterie (*die*).

**lotto** *s.m.* 1 Lotto (*das*): *giocare al —*, (im) Lotto spielen 2 (*di terreno*) Parzelle (*die*) 3 (*comm.*) Posten (*der*), Partie (*die*).

**lozione** *s.f.* Wasser (*das*), Lotion (*die*).

**lubrificante** *agg.* Schmier...: *olio —*, Schmieröl ♦ *s.m.* Schmiermittel (*das*).

**lubrificare** *v.tr.* schmieren.
**lucchetto** *s.m.* Hängeschloss (das), Vorhängeschloss (das).
**luccicare** *v.intr.* glänzen, glitzern.
**luccichio** *s.m.* Gefunkel (das), Schimmer (der).
**luccio** *s.m.* Hecht (der).
**lucciola** *s.f.* Leuchtkäfer (der), Glühwürmchen (das).
**luce** *s.f.* Licht (das): — *del giorno*, Tageslicht ● *accendere, spegnere la —*, das Licht einschalten, ausschalten | *agire alla — del sole*, offen handeln | *dare alla — un bambino*, ein Kind zur Welt bringen | *è saltata la —*, (la corrente) der Strom ist ausgefallen | (aut.) *luci — di posizione*, Standlichter | *mettere qlcu in buona, cattiva —*, jdn gut, schlecht darstellen | *venire alla —*, an den Tag kommen.
**lucente** *agg.* glänzend, blank.
**Lucerna** *n.pr.f.* Luzern (das).
**lucertola** *s.f.* Eidechse (die).
**lucidalabbra** *s.m.invar* Lipgloss (das).
**lucidare** *v.tr.* polieren: — *le scarpe*, die Schuhe polieren; — *il pavimento*, den Fußboden bohnern.
**lucidatrice** *s.f.* Bohnermaschine (die).
**lucido** *agg.* 1 glänzend, blank: *avere gli occhi lucidi*, feuchte Augen haben 2 (fig.) klar: *mente lucida*, klarer Verstand; *non essere —*, nicht bei klarem Verstand sein ♦ *s.m.* Politur (die), Poliermittel (das) ● — *da scarpe*, Schuhcreme.
**lucro** *s.m.* Gewinn (der) ● *a scopo di —*, zu Gewinnzwecken.
**luglio** *s.m.* Juli (der) → gennaio.
**lugubre** *agg.* finster, düster.
**lui** *pron.pers.m.sing.* 1 (sogg.) er: *non sembra più —*, er scheint nicht mehr derselbe zu sein 2 (compl.) ihn, ihm: *raccontalo a —*, erzähl es ihm.
**lumaca** *s.f.* Schnecke (die); (gastr.) Weinbergschnecke (die) ● *a passo di —*, in Schneckentempo.
**lume** *s.m.* Lampe (die), Leuchte (die) ● *perdere il — della ragione*, den Verstand verlieren.
**lumino** *s.m.* Grablicht (das).
**luminoso** *agg.* 1 leuchtend, Leucht...: *segnale —*, Leuchtsignal 2 (pieno di luce) hell.
**luna** *s.f.* 1 Mond (der): — *calante*, abnehmender Mond; — *nuova*, Neumond; — *piena*, Vollmond 2 (umore) Laune (die): *avere la — storta*, schlechter Laune sein ● *chiaro di —*, Mondschein.
**luna park** *s.m.invar.* Vergnügungspark (der).
**lunario** *s.m.* Almanach (der) ● *sbarcare il —*, um die Runden kommen.
**lunatico** *agg.* launenhaft.
**lunedì** *s.m.invar.* Montag (der) ● *al (o di) —*, montags | *ci vediamo —*, wir treffen uns am Montag | — *mattina*, Montagmorgen.
**lunghezza** *s.f.* Länge (die).
**lungo¹** *agg.* 1 (tempo e spazio) lang 2 (fam.) (lento) langsam 3 (diluito) lang, dünn, verdünnt ♦ *s.m.* Länge (die): *percorrere in — e in largo*, kreuz und quer laufen ● *a —*, lang(e) | *alla lunga, a —*, *andare*, auf die Dauer | *andare per le lunghe*, sich in die Länge ziehen | *da — tempo*, seit langem | *di gran lunga*, weitaus | *più a —*, länger | *saperla lunga*, Bescheid wissen | *tirare le cose in —*, etw in die Länge ziehen | *vestirsi in —*, lang tragen.
**lungo²** *prep.* 1 (luogo) entlang (+ Acc) längs (+ Gen): *camminare — il fiume*, den Fluss entlang gehen 2 (tempo) hindurch (+ Acc), während (+ Gen).
**lungolago** *s.m.* Seepromenade (die).
**lungomare** *s.m.* Strandpromenade (die).
**lunotto** *s.m.* (aut.) Heckscheibe (die): — *termico*, heizbare Heckscheibe.
**luogo** *s.m.* Ort (der), Stelle (die); (posto) Platz (der); (località) Örtlichkeit (die): — *di nascita*, Geburtsort ● *avere —*, stattfinden | *dare — a*, Anlass geben zu | *essere fuori —*, fehl am Platze sein | *in — di*, anstelle (+ Gen) | *in nessun —*, nirgends, nirgendwo | *in primo —*, zuallererst, an erster Stelle | *in secondo —*, zweitens, an zweiter Stelle | — *comune*, Gemeinplatz.
**lupa** *s.f.* Wölfin (die).
**lupo** *s.m.* Wolf (der) ● *fame da lupi*, Bä-

renhunger | *in bocca al —!*, Hals- und Beinbruch!
**luppolo** *s.m.* Hopfen (*der*).
**lusingare** *v.tr.* schmeicheln (+ *Dat*).
**lussazione** *s.f.* (*med.*) Verrenkung (*die*), Luxation (*die*).
**Lussemburgo** *n.pr.m.* Luxemburg (*das*).
**lusso** *s.m.* Luxus (*der*): *articolo di —*, Luxusartikel.
**lussuoso** *agg.* luxuriös.
**lussureggiante** *agg.* üppig.
**lustrare** *v.tr.* wischen, polieren.
**lustrino** *s.m.* Flitter (*der*), Paillette (*die*).
**lutto** *s.m.* Trauer (*die*) ● *essere in — per qlcu*, um jdn trauern.

# Mm

**ma** *cong.* **1** aber, jedoch, doch **2** (*preceduto da negazione*) sondern: *non chiamerò lei, — lui*, ich werde nicht sie, sondern ihn anrufen **3** (*rafforzativo*) sogar, aber: *cattivo, — proprio cattivo*, böse, wirklich böse **4** (*in apertura di frase*) nun, also: *— parliamo d'altro*, nun, sprechen wir von etwas anderem **5** (*escl.*) doch, wohl: *— sei impazzito?*, bist du wohl verrückt? **6** (*interr.*) denn: *— perché?*, wieso denn? ♦ *s.m.* Aber (*das*): *non c'è — che tenga*, da gibt es kein Wenn und Aber.
**macché** *inter.* ach was, ach wo.
**maccheroni** *s.m.pl.* Makkaroni (*pl.*).
**macchia** *s.f.* **1** (*der*) **2** (*fig.*) Fleck (*der*), Makel (*der*): *una reputazione senza —*, ein makelloser Ruf.
**macchiare** *v.tr.* beflecken ♦ *v.intr.* klecksen.
**macchiato** *agg.* befleckt ● *caffè —*, Kaffee mit Milch.
**macchina** *s.f.* **1** Maschine (*die*), Apparat (*der*): *— fotografica*, Fotoapparat **2** (*automobile*) Auto (*das*), Wagen (*der*): *andare in —*, fahren.
**macchinario** *s.m.* Maschinen (*pl.*).
**macchinista** *s.m. e f.* **1** (*ferr.*) Lokomotivführer (*der; die* -in) **2** (*mar.*) Machinist (*der; die* -in).
**macedonia** *s.f.* Obstsalat (*der*).
**macellaio** *s.m.* [f. -a] Fleischer (*der; die* -in), Metzger (*der; die* -in).
**macelleria** *s.f.* Fleischerei (*die*), Metzgerei (*die*).
**maceria** *s.f.* (*spec.pl.*) Trümmer (*pl.*).

**macigno** *s.m.* Fels(block) (*der*); Bruchstein (*der*).
**macinare** *v.tr.* mahlen; (*carne*) hacken.
**macinato** *agg.* gemahlen; (*di carne*) gehackt ♦ *s.m.* **1** (*prodotto*) Gemahlene (*das*); (*farina*) Mehl (*das*) **2** (*carne*) Hackfleisch (*das*).
**macrobiotica** *s.f.* Makrobiotik (*die*).
**macroscopico** *agg.* makroskopisch; (*fig.*) riesig: *un errore —*, ein offensichtlicher Fehler.
**Madonna** *s.f.* (*relig.*) Madonna (*die*).
**madre** *s.f.* **1** Mutter (*die*) **2** (*di animali*) Muttertier (*das*); Mutter (*die*) **3** (*suora*) Schwester (*die*) ● *ragazza —*, ledige Mutter.
**madrelingua** *s.f.* Muttersprache (*die*) ♦ *s.m. e f.invar.* Muttersprachler (*der; die* -in).
**madreperla** *s.f.* Perlmutt (*das*).
**madrina** *s.f.* Patin (*die*), Patentante (*die*).
**maestà** *s.f.invar.* **1** (*imponenza*) Majestät (*die*), Erhabenheit (*die*) **2** (*titolo*) Majestät (*die*).
**maestoso** *agg.* majestätisch, erhaben.
**maestra** *s.f.* Lehrerin (*die*).
**maestrale** *s.m.* Mistral (*der*); Nordwestwind (*der*).
**maestro** *s.m.* **1** Lehrer (*der*) **2** (*esperto*) Meister (*der*) ♦ *agg.* **1** (*abile*) meisterhaft, Meister...: *colpo —*, Meisterstreich **2** (*principale*) Haupt...: *strada maestra*, Hauptstraße ● (*mar.*) *albero —*, Großbaum, Großmast.

**mafia** *s.f.* Mafia (die).
**mafioso** *agg.* Mafia...: *delitto —*, Mafiaverbrechen ♦ *s.m.* [f. *-a*] Mafioso (der).
**magari** *avv.* vielleicht, wahrscheinlich ♦ *cong.* auch wenn, selbst wenn, wenn doch: *— fosse già arrivato!*, wenn er doch schon da wäre! ♦ *inter.* und ob, das wäre schön: *ti piacerebbe andare al concerto?, Magari!*, möchtest du ins Konzert gehen?, Und ob!
**magazzino** *s.m.* Lager (das), Warenlager (das) ● *grande —*, Kaufhaus.
**Magdeburgo** *n.pr.m.* Magdeburg (das).
**maggio** *s.m.* Mai (der) → gennaio.
**maggiolino** *s.m.* (fam.) Maikäfer (der).
**maggiorana** *s.f.* Majoran (der).
**maggioranza** *s.f.* Mehrheit (die).
**maggiordomo** *s.m.* Diener (der), Butler (der).
**maggiore** *agg.compar.* **1** (*più grande*) größer **2** (*di età*) älter **3** (*riferito a numeri*) höher **4** (mus.) Dur ♦ *agg.superl.* **1** größte: *la maggior parte*, der größte Teil **2** (*di età*) älteste: *è il — dei fratelli*, er ist der älteste der Brüder **3** (*più importante*) bedeutendste, wichtigste ♦ *s.m.* e *f.* Älteste (der e die) ♦ *s.m.* (mil.) Major (der) ● *a maggior ragione*, gerade deshalb | *andare per la —*, den größten Erfolg haben | *— età*, Volljährigkeit | (mil.) *stato —*, Generalstab.
**maggiorenne** *agg.* volljährig ♦ *s.m.* e *f.* Volljährige (der e die).
**maggiormente** *avv.* (viel)mehr, umso mehr.
**magi** *s.m.pl.* ● *i Re Magi*, die Heiligen Drei Könige.
**magia** *s.f.* **1** Magie (die), Zauberei (die) **2** (*incantesimo*) Zauber (der) **3** (*fascino*) Zauber (der), Magie (die).
**magico** *agg.* **1** magisch, Zauber...: *formula magica*, Zauberformel **2** (*affascinante*) zauberhaft.
**magistrato** *s.m.* Richter (der).
**magistratura** *s.f.* Richterschaft (die).
**maglia** *s.f.* **1** Masche (die) **2** (*tessuto*) Trikot (das) **3** (*maglione*) Pullover (der); (*maglietta*) T-Shirt (das); (*intima*) Unterhemd (das) **4** (sport) Trikot: *— rosa*, rosa Trikot ● *lavorare a —*, stricken.
**maglione** *s.m.* Pullover (der).
**magnete** *s.m.* Magnet (der).
**magnetico** *agg.* magnetisch (anche fig.); Magnet...: *campo —*, Magnetfeld.
**magnifico** *agg.* wunderbar, herrlich.
**mago** *s.m.* [f. *-a*] Zauberer (der; die Zauberin).
**magro** *agg.* **1** (*di persona*) mager, dünn; (*snello*) schlank **2** (*di cibi*) mager, fettarm **3** (fig.) dürftig, erbärmlich ♦ *s.m.* (*parte magra di carni*) fettarmer Teil o *—*, fleischlos.
**mai** *avv.* **1** nie, niemals: *lo faresti? Mai!*, würdest du das tun?, Niemals! **2** je, jemals: *gli hai — parlato?*, hast du jemals mit ihm gesprochen? **3** (*dubitativo*) denn (je): *è — stato a Milano?*, ist er denn je in Mailand gewesen? **4** nur, wohl: *chi sarà —?*, wer mag das nur sein?

> NOTA A differenza dell'italiano, in tedesco non si può usare la doppia negazione all'interno di una frase:
> *Non l'ho mai incontrata.*
> *Er hat sie **nie** wieder gesehen.*

**maiale** *s.m.* **1** Schwein (das) (anche fig.) **2** (*carne*) Schweinefleisch (das).
**maionese** *s.f.* Majonäse (die).
**mais** *s.m.invar.* Mais (der).
**maiuscola** *s.f.* Großbuchstabe (der).
**maiuscolo** *agg.* groß(geschrieben).
**malafede** *s.f.* ● *in —*, böswillig.
**malandato** *agg.* **1** ruiniert, in schlechtem Zustand **2** (*trasandato*) verlottert.
**malanno** *s.m.* Unheil (das), Krankheit (die).
**malapena** *s.f.* ● *a —*, kaum, mit Mühe und Not: *si teneva in piedi a —*, mit Mühe und Not hielt er sich aufrecht.
**malato** *agg.* krank (anche fig.) ♦ *s.m.* [f. *-a*] Kranke (der e die).
**malattia** *s.f.* Krankheit (die), Erkrankung (die).
**malaugurio** *s.m.* böses Omen.
**malavita** *s.f.* Verbrechertum (das).
**malavoglia** *s.f.* ● *di —*, unlustig.

**malconcio** *agg.* übel zugerichtet.
**malcontento** *agg.* unzufrieden ♦ *s.m.* Unzufriedenheit (*die*).
**maldestro** *agg.* ungeschickt.
**maldicenza** *s.f.* 1 (*atteggiamento*) Lästern (*das*) 2 (*discorso*) Lästerei (*die*), üble Nachrede (*die*) ♦ üble Gerede.
**male** *s.m.* 1 Übel (*das*), Böse (*das*) 2 (*dolore, sofferenza*) Schmerz (*der*), Weh (*das*): *mal di denti, di testa*, Zahnschmerzen, Kopfschmerzen; *farsi —, sich* (*Dat*) Weh tun 3 (*malattia*) Krankheit (*die*), Leiden (*das*) ♦ *avv.* 1 schlecht, schlimm, übel: *sentirsi —*, sich nicht wohl fühlen 2 falsch, nicht recht, nicht richtig: *hai capito —*, das hast du falsch verstanden ● *come va? Non c'è —*, wie geht es?, Ganz gut | *meno —!*, zum Glück!, Gott sei Dank!
**maledetto** *agg.* verdammt, verflucht.
**maledire** *v.tr.* verfluchen, verwünschen.
**maledizione** *s.f.* Verwünschung (*die*) ● *—! verflucht noch eins!*
**maleducato** *agg.* ungezogen.
**maleducazione** *s.f.* Ungezogenheit (*die*).
**maleodorante** *agg.* übel riechend.
**malessere** *s.m.* Unwohlsein (*das*), Unpässlichkeit (*die*).
**malfamato** *agg.* verrufen.
**malfatto** *agg.* 1 missraten, misslungen 2 (*di persona*) schlecht gebaut.
**malfattore** *s.m.* [f. *-trice*] Übeltäter (*der; die -in*), Missetäter (*der; die -in*).
**malfermo** *agg.* 1 wackelig 2 (*estens.*) schwach.
**malformazione** *s.f.* Missbildung (*die*).
**malgrado** *avv.* gegen den Willen: *fu costretto, suo —, ad accettare l'invito*, er musste die Einladung gegen seinen Willen annehmen ♦ *prep.* trotz (+ Gen o Dat), ungeachtet (+ Gen) ♦ *cong.* obwohl, obgleich, auch wenn.
**maligno** *agg.* 1 boshaft, böse 2 (*med.*) bösartig ♦ *s.m.* [f. *-a*] Bösewicht (*der*).
**malinconia** *s.f.* Melancholie (*die*), Schwermut (*die*).
**malinconico** *agg.* melancholisch.
**malincuore** *avv.* ● *a —*, schweren Herzens.

**malintenzionato** *agg.* übel gesinnt ♦ *s.m.* [f. *-a*] Person mit bösen Absichten.
**malinteso** *agg.* missverstanden ♦ *s.m.* Missverständnis (*das*).
**malizioso** *agg.* boshaft, maliziös.
**malleolo** *s.m.* (*anat.*) Knöchel (*der*).
**malmenare** *v.tr.* verprügeln.
**malnutrito** *agg.* unterernährt, schlecht ernährt.
**malnutrizione** *s.f.* Unterernährung (*die*).
**malore** *s.m.* Unwohlsein (*das*), Übelsein (*das*).
**malridotto** *agg.* 1 (*di persone*) arg zugerichtet 2 (*di oggetti*) ruiniert.
**malta** *s.f.* Mörtel (*der*).
**maltempo** *s.m.* Unwetter (*das*).
**malto** *s.m.* Malz (*das*).
**maltrattamento** *s.m.* Misshandlung (*die*).
**maltrattare** *v.tr.* misshandeln; quälen.
**malumore** *s.m.* 1 schlechte Laune (*die*), Verdrießlichkeit (*die*) 2 (*malcontento*) Unzufriedenheit (*die*).
**malva** *s.f.* (*bot.*) Malve (*die*).
**malvagio** *agg.* gemein, böse ♦ *s.m.* [f. *-a*] Bösewicht (*der*).
**malvivente** *s.m.* e *f.* Verbrecher (*der; die -in*), Übeltäter (*der; die -in*).
**malvolentieri** *avv.* ungern.
**mamma** *s.f.* (*fam.*) Mama (*die*), Mutti (*die*) ● *— mia!*, mein Gott!
**mammella** *s.f.* (*anat.*) Brust (*die*).
**mammifero** *s.m.* Säugetier (*das*).
**manager** *s.m.* e *f.invar.* Manager (*der; die -in*).
**mancanza** *s.f.* 1 (*il mancare*) Mangel (*der*): *— di tempo*, Zeitmangel; *sentire la — di qlcu*, jdn vermissen 2 (*assenza*) Abwesenheit (*die*) 3 (*errore*) Verfehlung (*die*).
**mancare** *v.intr.* 1 (*di*) fehlen, mangeln (an + *Dat*): *gli manca il coraggio*, ihm fehlt der Mut; ihm mangelt es an Mut; *non farsi — nulla*, es sich an nichts fehlen lassen 2 (*venire meno*) ausgehen, aussterben: *gli mancano le forze*, ihm geht die Kraft aus (*sentire la mancanza*) vermissen 4 (*espressioni di tempo e*

**spazio**) sein: *mancano ancora due ore alla partenza*, es sind noch zwei Stunden bis zur Abfahrt **5** (*essere assente*) fehlen: *manca da scuola da una settimana*, er fehlt seit einer Woche in der Schule **6** (*morire*) sterben ♦ *v.tr.* (*perdere*) versäumen: — *l'occasione*, die Gelegenheit versäumen ● *ci mancava anche questa!*, das hat (uns) gerade noch gefehlt! | *ci mancherebbe altro!*, das wäre ja noch schöner! | — *il bersaglio*, das Ziel verfehlen.

**mancato** *agg.* missglückt; verfehlt (*anche fig.*).

**mancia** *s.f.* Trinkgeld (*das*).

**manciata** *s.f.* ● *una —*, eine Hand voll.

**mancino** *agg.* **1** linkshändig **2** (*fig.*) tückisch ♦ *s.m.* [f. *-a*] Linkshänder (*der; die -in*).

**mandare** *v.tr.* **1** schicken (*an*) **2** (*emettere; grido*) ausstoßen; (*luce, calore*) ausstrahlen ● *— a chiamare qlcu*, jdn holen lassen | *— a prendere qlcu, qlco*, jdn, etw abholen lassen | *— via*, wegschicken.

**mandarino** *s.m.* (*bot.*) Mandarine (*die*).

**mandato** *s.m.* **1** (*pol., dir.*) Mandat (*das*) **2** (*ingiunzione*) Auftrag (*der*), Befehl (*der*).

**mandibola** *s.f.* Unterkiefer (*der*).

**mandolino** *s.m.* Mandoline (*die*).

**mandorla** *s.f.* Mandel (*die*) ● *occhi a —*, Schlitzaugen.

**mandria** *s.f.* Herde (*die*).

**maneggiare** *v.tr.* hantieren (*mit*).

**maneggio** *s.m.* (*di cavalli*) Reitbahn (*die*).

**manetta** *s.f.* **1** (*tecn.*) Handhebel (*die*) **2** (*pl.*) Handschellen (*pl.*).

**manganello** *s.m.* Schlagstock (*der*).

**mangiare** *v.tr.* e *intr.* **1** essen; (*di animali*) fressen: *fare da —*, (*Essen*) kochen; *etwas zu essen machen* **2** (*corrodere*) zerfressen **3** (*dissipare*) durchbringen, verschwenden.

**mangime** *s.m.* Futter (*das*).

**mango** *s.m.* (*bot.*) Mango (*die*).

**mania** *s.f.* Wahn (*der*), Manie (*die*).

**maniaco** *agg.* **1** manisch **2** (*fig.*) fanatisch ♦ *s.m.* [f. *-a*] **1** Wahnsinnige (*der* e *die*) **2** (*fig.*) Fanatiker (*der; die -in*).

**manica** *s.f.* Ärmel (*der*) ● *essere di — larga*, großzügig sein, schon mal ein Auge zudrücken | *è un altro paio di maniche*, das ist ein anderes Paar Schuhe.

**manicaretto** *s.m.* Leckerbissen (*der*).

**manichino** *s.m.* Schaufensterpuppe (*die*); (*di sartoria*) Schneiderpuppe (*die*).

**manico** *s.m.* Griff (*der*); (*di scopa ecc.*) Stiel (*der*).

**manicomio** *s.m.* Irrenanstalt (*die*) (*anche fig.*).

**manicure** *s.f.invar.* Maniküre (*die*).

**maniera** *s.f.* **1** Weise (*die*), Art (*die*) **2** (*pl.*) Manieren (*pl.*).

**manifestante** *s.m.* e *f.* Demonstrant (*der; die -in*).

**manifestare** *v.tr.* e *intr.* **1** bezeigen, äußern: — *i propri sentimenti*, seine Gefühle äußern **2** (*mostrare*) zeigen **3** (*in corteo*)(*contro*) demonstrieren (*gegen*).

**manifestazione** *s.f.* **1** Bezeigung (*die*), Äußerung (*die*) **2** (*spettacolo*) Veranstaltung (*die*) **3** (*corteo*) Demonstration (*die*).

**manifesto** *s.m.* **1** Plakat (*das*) **2** (*programma*) Manifest (*das*).

**maniglia** *s.f.* Türklinke (*die*).

**mano** *s.f.* **1** Hand (*die*): *a —*, mit der Hand; *fatto a —*, handgemacht **2** (*stile*) Hand (*die*) **3** (*strato di vernice*) Schicht (*die*) ● *a — a —*, allmählich, nach und nach | *andare contro —*, gegen die Fahrtrichtung fahren | *di seconda —*, gebraucht, aus zweiter Hand | *farsi prendere la — da qlco*, sich gehen lassen | *fuori —*, abgelegen, entlegen | *sotto —*, erreichbar, greifbar | *venire alle mani*, handgreiflich werden.

**manodopera** *s.f.* Arbeitskraft (*die*).

**manopola** *s.f.* **1** Drehknopf (*der*) **2** (*impugnatura*) Griff (*der*).

**manoscritto** *agg.* handschriftlich, handgeschrieben ♦ *s.m.* Manuskript (*das*) (*anche edit.*).

**manovra** *s.f.* **1** Manöver (*das*); (*ferr.*) Rangiermanöver (*das*) **2** (*provvedimento*) Maßnahmen (*pl.*) ● (*aut.*) *fare —*, manövrieren.

**manovrare** *v.tr.* e *intr.* manövrieren (*anche fig.*).

**mansarda** *s.f.* Mansarde (die), Dachkammer (die).

**mansione** *s.f.* (*spec.pl.*) Aufgabe (die).

**mansueto** *agg.* zutraulich, gutartig.

**mantello** *s.m.* 1 Umhang (der), Cape (das) 2 (*di animali*) Fell (das) 3 (*fig.*) Mantel (der): — *di neve*, Schneedecke.

**mantenere** *v.tr.* 1 halten; (*custodire*) wahren: — *la parola* (*data*), sein Wort halten 2 (*provvedere al sostentamento*) unterhalten ♦ **mantenersi** *v.pron.* 1 sich halten: *mantenersi in forma*, *in buona salute*, in Form, gesund bleiben 2 (*finanziarsi*) sich selbst finanzieren: *mantenersi agli studi*, sein Studium selbst finanzieren.

**mantenimento** *s.m.* 1 (*conservazione*) Erhaltung (die) 2 (*sostentamento*) Unterhalt (der).

**manto** *s.m.* 1 Mantel (der) 2 (*strato*) Decke (die): — *di neve*, Schneedecke 3 (*di animali*) Fell (das).

**manuale**[1] *agg.* Hand...: *abilità* —, Handfertigkeit.

**manuale**[2] *s.m.* Handbuch (das), Lehrbuch (das).

**manualmente** *avv.* mit der (o von) Hand.

**manubrio** *s.m.* Lenker (der), Lenkstange (die).

**manutenzione** *s.f.* Instandhaltung (die); Unterhalt (der).

**manzo** *s.m.* Rind (das): *arrosto di* —, Rinderbraten.

**mappa** *s.f.* Karte (die), Landkarte (die).

**mappamondo** *s.m.* 1 Globus (der) 2 (*planisfero*) Erdkarte (die).

**maratona** *s.f.* Marathonlauf (der).

**marca** *s.f.* Marke (die) ● — **da bollo**, Steuermarke | **prodotti di** —, Markenartikel.

**marcare** *v.tr.* 1 markieren 2 (*sport*) decken: — *l'avversario*, den Gegenspieler decken.

**marcato** *agg.* 1 markiert, gekennzeichnet 2 (*spiccato*) ausgeprägt.

**marchesa** *s.f.* 1 Marquise (die) 2 (*in Italia*) Marchesa (die).

**marchese** *s.m.* 1 Marquis (der) 2 (*in Italia*) Marchese (der).

**marchio** *s.m.* Zeichen (das), Marke (die): — *di fabbrica*, Fabrikmarke, Warenzeichen ● — *registrato* (o *depositato*), eingetragenes Warenzeichen.

**marcia** *s.f.* 1 Marsch (der) (*anche mus.*) 2 (*aut.*) Gang (der) ● (*fig.*) **fare** — **indietro**, rückwärts fahren, alles zurücknehmen.

**marciapiede** *s.m.* Gehweg (der), Bürgersteig (der).

**marciare** *v.intr.* 1 marschieren 2 (*di veicoli*) fahren 3 (*procedere*) fortschreiten.

**marcio** *agg.* faul, verfault; (*di legno*) morsch.

**marcire** *v.intr.* verrotten; (*andare a male*) verfaulen.

**marco** *s.m.* (*st.*) Mark (die).

**mare** *s.m.* 1 See (die), Meer (das) 2 (*luogo di mare*) Meer (das) (*fig.*): *andare al* —, ans Meer, an die See fahren 3 (*fig.*) Menge (die), Haufen (der): *un* — *di gente*, eine Menge Leute.

**Mare del Nord** *n.pr.m.* Nordsee (die).

**marea** *s.f.* (*geogr.*) Gezeiten (pl.): *alta* —, Flut; *bassa* —, Ebbe.

**mareggiata** *s.f.* Sturmflut (die).

**maremoto** *s.m.* (*geogr.*) Seebeben (das).

**maresciallo** *s.m.* 1 Marschall (der) 2 (*nella polizia*) Polizeimaster (der).

**margarina** *s.f.* Margarine (die).

**margherita** *s.f.* Margerite (die).

**margine** *s.m.* 1 Rand (der) 2 (*intervallo di tempo*) Zeitspanne (die).

**marijuana** *s.f.invar.* Marihuana (das).

**marina** *s.f.* 1 (*litorale*) Küste (die) 2 (*mil.*) Marine (die).

**marinaio** *s.m.* Seemann (der).

**marinare** *v.tr.* 1 (*gastr.*) marinieren 2 (*fam.*) schwänzen: — *la scuola*, die Schule schwänzen.

**marino** *agg.* See..., Meer...: *acqua marina*, Meerwasser.

**marionetta** *s.f.* Marionette (die) (*anche fig.*).

**marito** *s.m.* Ehemann (der), Mann (der).

**marittimo** *agg.* See...: *trasporto —*, Seefracht.
**marmellata** *s.f.* Marmelade (die).
**marmitta** *s.f.* **1** (*recipiente da cucina*) Kochkessel (der) **2** (*aut.*) Auspuff (der): *— catalitica*, Katalysator.
**marmo** *s.m.* Marmor (der).
**marmotta** *s.f.* **1** Murmeltier (das) **2** (*fam.*) Schlafmütze (die).
**marocchino** *agg.* marokkanisch ♦ *s.m.* [f. -a] Marokkaner (der; die -in).
**Marocco** *s.m.pr.n.* Marokko (das).
**marrone**[1] *agg.* braun ♦ *s.m.* Braun (das).
**marrone**[2] *s.m.* **1** (*albero*) Edelkastanie (die) **2** (*frutto*) Marone (die).
**marsupio** *s.m.* Bauchtasche (die), Beutel (der) (*anche estens*).
**martedì** *s.m.invar.* Dienstag (der) → lunedì ● *— grasso*, Fastnacht, Faschingsdienstag.
**martellare** *v.tr.* hämmern (*anche estens.*).
**martello** *s.m.* Hammer (der).
**martire** *s.m.* e *f.* Märtyrer (der; die -in).
**marzapane** *s.m.* Marzipan (das).
**marziale** *agg.* Kriegs...; kriegerisch ● *corte —*, Kriegsgericht.
**marziano** *s.m.* [f. -a] **1** Marsbewohner (der; die -in); Marsmensch (der) **2** (*extraterrestre*) außerirdisches Wesen.
**marzo** *s.m.* März (der) → gennaio.
**mascalzone** *s.m.* [f. -a] Gauner (der; die -in), Schurke (der; die Schurkin).
**mascara** *s.m.invar.* Mascara (der), Wimperntusche (die).
**mascella** *s.f.* Kiefer (der).
**maschera** *s.f.* **1** Maske (die) **2** (*travestimento*) Maske (die) **3** (*teatr.*) Platzanweiser (der).
**mascherare** *v.tr.* **1** maskieren; (*travestire*) verkleiden **2** (*celare*) verschleiern ♦ **mascherarsi** *v.pron.* sich verkleiden; sich maskieren.
**maschile** *agg.* **1** männlich; Männer...: *voce —*, Männerstimme **2** (*gramm.*) männlich, maskulin ♦ *s.m.* (*gramm.*) Maskulinum (das).
**maschio** *s.m.* **1** (*uomo*) Mann (der); (*biol.*) Männchen (das) **2** (*ragazzo*) Junge (der), Knabe (der) **3** (*tecn.*) Zapfen (der) ♦ *agg.* **1** männlich: *un figlio —*, ein Sohn **2** (*virile*) männlich; maskulin.
**massa** *s.f.* **1** Masse (die) (*anche fis.*): *— di terra*, Erdmasse **2** (*estens.*) Menge (die); (*fam.*) Haufen (der) **3** (*quantità di persone*) Masse (die) **4** (*elettr.*) Erde (die).
**massacrare** *v.tr.* massakrieren.
**massacro** *s.m.* Massaker (das) (*anche fig.*).
**massaggiare** *v.tr.* massieren.
**massaggiatore** *s.m.* [f. *-trice*] Masseur (der; die -in).
**massaggio** *s.m.* Massage (die).
**massaia** *s.f.* Hausfrau (die).
**massiccio** *agg.* massiv: *legno —*, massives Holz ♦ *s.m.* (*geogr.*) Massiv (das), Gebirgsmassiv (das).
**massimo** *agg.superl.* **1** größte **2** höchste ● *al —*, höchstens | *il — della pena*, die Höchststrafe | (*sport*) *peso —*, Schwergewichtler.
**mass media** *s.m.pl.* Massenmedien (*pl.*).
**masso** *s.m.* Felsblock (der).
**masterizzatore** *s.m.* CD-Brenner (der).
**masticare** *v.tr.* kauen.
**mastice** *s.m.* **1** Kitt (der) **2** (*resina*) Mastix (der).
**mastino** *s.m.* **1** Mastiff (der) **2** (*persona*) Bluthund (der).
**masturbare** *v.tr.* masturbieren ♦ **masturbarsi** *v.pron.* masturbieren.
**matassa** *s.f.* Strang (der).
**matematica** *s.f.* Mathematik (die).
**matematico** *agg.* **1** mathematisch **2** (*estens.*) absolut ♦ *s.m.* [f. -a] Mathematiker (der; die -in).
**materassino** *s.m.* (*sport*) Matte (die) ● *— gonfiabile*, Luftmatratze.
**materasso** *s.m.* Matratze (die).
**materia** *s.f.* **1** (*sostanza*) Stoff (der): *— plastica*, Plastik (o Kunststoff) **2** (*argomento*) Thema (das), Stoff (der), Gegenstand (der) **3** (*campo*) Gebiet (das) **4** (*disciplina*) Fach (das).
**materiale** *agg.* materiell, stofflich ♦ *s.m.* Material (das).

**maternità** s.f.invar. 1 Mutterschaft (die) 2 (reparto ospedaliero) Entbindungsstation (die).

**materno** agg. 1 mütterlich, Mutter...: grembo —, Mutterleib 2 (da parte di madre) mütterlicherseits.

**matita** s.f. Stift (der), Bleistift (der) ● — per gli occhi, Kajal.

**matricola** s.f. 1 Verzeichnis (das), Register (der) 2 (università) Matrikel (die) 3 (studente) Erstsemestler (der).

**matrigna** s.f. Stiefmutter (die).

**matrimoniale** agg. Ehe..., Heirats...: agenzia —, Heiratsvermittlung.

**matrimonio** s.m. 1 Ehe (die) 2 (cerimonia) Hochzeit (die), Trauung (die).

**mattina** s.f. Morgen (der), Vormittag (der) ● di —, morgens, vormittags.

**mattinata** s.f. Vormittag (der).

**mattino** s.m. Morgen (der).

**matto** agg. wahnsinnig, verrückt (anche estens.) ♦ s.m. [f. -a] Wahnsinnige (der e die), Verrückte (der e die) ● mi piace da matti, das gefällt mir unheimlich gut | roba da matti!, nicht zu fassen! | scacco —, schachmatt.

**mattone** s.m. Ziegel (der), Backstein (der).

**mattonella** s.f. Fliese (die), Kachel (die).

**mattutino** agg. Morgen...: aria mattutina, Morgenluft.

**maturare** v.intr. 1 reifen 2 (comm.) gli interessi sono maturati, die Zinsen sind fällig ♦ v.tr. reifen.

**maturità** s.f.invar. 1 Reife (die) 2 (età) reifes Alter 3 (diploma) Abitur (das); (fam.) Abi (das).

**maturo** agg. reif (anche fig.).

**mazza** s.f. 1 Knüppel (der) 2 (martello) Vorschlaghammer (der) 3 (sport) (da baseball) Baseballschläger (der); (da golf) Golfschläger (der).

**mazzo** s.m. 1 Bündel (das), Bund (der) 2 (di carte) Kartenspiel (das).

**me** pron.pers.sing. 1 (compl.ogg.) mich 2 (compl. indiretto) mich, mir: parlavano di —, sie sprachen von (o über mich); — lo disse, er sagte es mir ● per —, meinetwegen, was mich betrifft | povero —!, ich Armer!

**meccanica** s.f. 1 (fis.) Mechanik (die) 2 (tecn.) Maschinenbau (der) 3 (meccanismo) Hergang (der).

**meccanico** agg. mechanisch ♦ s.m. [f. -a] Mechaniker (der; die -in).

**meccanismo** s.m. Mechanismus (der).

**mecenate** s.m. e f. Mäzen (der; die -in).

**medaglia** s.f. Medaille (die).

**medaglione** s.m. Medaillon (das).

**medesimo** agg. e pron. → **stesso**.

**media¹** s.f. 1 Durchschnitt (der), Mittelwert (der) 2 (scol.) Notendurchschnitt (der).

**media²** s.m.pl. Massenmedien (pl.).

**mediamente** avv. durchschnittlich, im Durchschnitt.

**mediano** agg. Mittel...: valore —, Mittelwert ♦ s.m. (sport) Läufer (der).

**mediante** prep. durch (+ Acc), mittels (+ Gen), mit (+ Dat).

**mediare** v.intr. vermitteln, als Vermittler handeln.

**mediatore** s.m. [f. -trice] Vermittler (der; die -in).

**medicare** v.tr. (ärztlich) behandeln.

**medicazione** s.f. (ärztliche) Behandlung.

**medicina** s.f. Medizin (die).

**medicinale** agg. Heil..., erbe medicinali, Heilkräuter ♦ s.m. Medikament (das), Arzneimittel (das).

**medico** s.m. Arzt (der) ● — legale, Gerichtsarzt.

**medievale** agg. mittelalterlich.

**medio** agg. 1 Mittel...: statura media, Mittelgröße 2 (di valore intermedio) Durchschnitts...: temperatura media, Durchschnittstemperatur ♦ s.m. (dito) Mittelfinger (der).

**mediocre** agg. mittelmäßig.

**medioevo** s.m. Mittelalter (das).

**meditare** v.tr. nachdenken (über + Acc); (riflettere su) überlegen 2 (progettare) planen ♦ v.intr. nach-sinnen (über + Acc), meditieren (über + Acc).

**meditazione** s.f. Meditation (die); (riflessione) Überlegung (die).

**mediterraneo** agg. mediterran, Mit-

**medusa** *s.f.* Qualle *(die)*.
**megafono** *s.m.* Sprachrohr *(das)*, Megaphon *(das)*.
**megalomania** *s.f.* Größenwahnsinn *(der)*; Megalomanie *(die)*.
**meglio** *avv.compar.* **1** besser **2** *(di più)* mehr, besser **3** *(con part.pass.)* besser, am besten: *le foto — riuscite,* die Fotos, die am besten gelungen sind ♦ *agg.compar.* e *superl.invar.* **1** besser, am besten: *questo registratore mi pare — dell'altro,* dieser Recorder scheint mir besser zu sein als der andere; *— non parlarne,* am besten spricht man nicht darüber **2** *(con il partitivo)* besser: *non c'è niente di —,* es gibt nichts Besseres ♦ *s.m.invar.* Beste *(das)*: *fare del proprio —,* sein Bestes tun ● *alla —,* so gut es geht | *avere le —,* sich durchsetzen | *per — dire,* genauer gesagt.
**mela** *s.f.* Apfel *(der)*.
**melanzana** *s.f.* Aubergine *(die)*.
**melma** *s.f.* Schlamm *(der)*.
**melo** *s.m.* Apfelbaum *(der)*.
**melodia** *s.f.* Melodie *(die)*.
**melograno** *s.m.* Granatapfelbaum *(der)*.
**melone** *s.m.* Honigmelone *(die)*.
**membrana** *s.f.* *(anat., biol.)* Membrane *(die)*.
**membro** *s.m.* **1** Glied *(das)* **2** *(fig.)* Mitglied *(das)*.
**memoria** *s.f.* **1** Gedächtnis *(das)*: *imparare qlco a —,* etw auswendig lernen **2** *(ricordo)* Andenken *(das)*, Gedenken *(das)* **3** *(inform.)* Speicher *(der)* **4** *(pl.)* *(autobiografia)* Memoiren *(pl.)*.
**memorizzare** *v.tr.* memorieren, sich *(Dat)* ins Gedächtnis einprägen.
**mendicante** *s.m.* e *f.* Bettler *(der; die -in)*.
**mendicare** *v.tr.* erbetteln, betteln *(mit + Acc)* ♦ *v.intr.* betteln.
**meningite** *s.f.* *(med.)* Hirnhautentzündung *(die)*.
**menisco** *s.m.* Meniskus *(der)*.
**meno** *avv.compar.* **1** weniger, nicht so: *ci andrò — volentieri,* ich gehe nicht mehr so gern dorthin **2** *(compar. di minoranza)* weniger... als, nicht so...wie: *corre — veloce di me,* er läuft nicht so schnell wie ich; *non — di,* nicht weniger als; *il — possibile,* so wenig wie möglich **3** *(mat.)* weniger, minus **4** *(orario)*: *le 7 — 10,* 10 vor 7 ♦ *agg.compar.invar.* weniger: *impiegare — tempo,* weniger Zeit brauchen ● *a — che* (o *di*), es sei denn | *fare a — di qlcu* (o *qlco*), auf jdn (o etw) verzichten | *in men che non si dica,* im Handumdrehen | *— male,* Gott sei Dank | *non essere da — di qlcu* (o *qlco*), jdm (o etw) nicht unterlegen sein.
**menopausa** *s.f.* Menopause *(die)*.
**mensa** *s.f.* **1** *(tavola)* Tafel *(die)*; Tisch *(der)* **2** *(locale di ristorazione)* Kantine *(die)*: *— universitaria,* Mensa.
**mensile** *agg.* Monats...: *affitto —,* Monatsmiete ♦ *s.m.* *(rivista)* Monatsschrift *(die)*.
**mensilità** *s.f.invar.* Monatsgehalt *(das)*, Monatslohn *(der)*.
**mensilmente** *avv.* monatlich.
**mensola** *s.f.* *(ripiano)* Brett *(das)*; Bord *(das)*.
**menta** *s.f.* Minze *(die)*: *— piperita,* Pfefferminze.
**mentale** *agg.* **1** geistig, Geistes...: *disturbo —,* Geistesstörung **2** *(a mente)* Kopf...: *calcolo —,* Kopfrechnen.
**mentalità** *s.f.invar.* Mentalität *(die)*.
**mente** *s.f.* **1** Verstand *(der)*; *(estens.)* Kopf *(der)* **2** *(memoria)* Gedächtnis *(das)* ● *a —,* *(mentalmente)* im Kopf | *a — fredda,* nüchtern | *come ti è venuto in —?,* wie bist du darauf gekommen? | *tenere a —,* etw im Kopf behalten, sich *(Dat)* etw merken.
**mentire** *v.intr.* lügen.
**mento** *s.m.* Kinn *(das)*.
**mentre** *cong.* **1** *(temporale)* während **2** *(avversativo)* während, hingegen: *si lamenta sempre — dovrebbe essere soddisfatto,* er beklagt sich immer, während er doch zufrieden sein müsste **3** *(finché)* solange ♦ *s.m.* Augenblick *(der)*, Moment *(der)*.
**menu, menù** *s.m.invar.* **1** *(lista)* Speisekarte *(die)*; *(estens.)* Menü *(das)* **2** *(inform.)* Menü *(das)*.
**meraviglia** *s.f.* **1** Wunder *(das)* **2** *(stu-*

*pore*) Verwunderung ● *a* —, wunderbar, ausgezeichnet.

**meravigliare** *v.tr.* (ver)wundern ♦ **meravigliarsi** *v.pron.* (*di*) sich wundern (über + Acc).

**meraviglioso** *agg.* wunderbar.

**mercante** *s.m.* e *f.* Händler (*der*; *die* -in).

**mercanteggiare** *v.intr.* (*su*) handeln (um); (*spreg.*) feilschen (um).

**mercantile** *agg.* Handels...: *marina mercantile*, Handelsflotte ♦ *s.m.* Handelsschiff (*das*).

**mercanzia** *s.f.* Ware (*die*); (*spreg.*) Kram (*der*).

**mercato** *s.m.* 1 Markt (*der*) 2 (*econ.*) Markt (*der*): *prezzo di* —, Marktpreis ● *a buon* —, günstig.

**merce** *s.f.* Ware (*die*); (*nella spedizione*) Gut (*das*).

**merceria** *s.f.* 1 Kurzwarengeschäft (*das*) 2 (*articoli per cucire*) Kurzwaren (*pl.*).

**mercoledì** *s.m.invar.* Mittwoch (*der*) → lunedì ● *Mercoledì delle ceneri*, Aschermittwoch.

**mercurio** *s.m.* 1 (*astr.*) Merkur (*das*) 2 (*chim.*) Quecksilber (*das*).

**merda** *s.f.* (*volg.*) Scheiße (*die*).

**merenda** *s.f.* Imbiss (*der*); (*region.*) Vesper (*die*).

**meridiana** *s.f.* 1 Sonnenuhr (*die*) 2 (*astr.*) Mittagslinie (*die*).

**meridiano** *s.m.* Meridian (*der*).

**meridionale** *agg.* südlich, Süd... ♦ *s.m.* e *f.* Südländer (*der*; *die* -in).

**meridione** *s.m.* Süden (*der*).

**meringa** *s.f.* Baiser (*das*), Meringe (*die*).

**meritare** *v.tr.* 1 verdienen 2 (*essere degno*) wert sein: *quell'uomo non merita il mio amore*, dieser Mann ist meiner Liebe nicht wert.

**merito** *s.m.* Verdienst (*das*): *dare a qlcu il* — *di qlco*, jdm etw als Verdienst anrechnen, zum Kern der Sache kommen | *in* — *a*, bezüglich (+ Gen), in Bezug (auf + Acc).

**merlo**[1] *s.m.* (*zool.*) Amsel (*die*).

**merlo**[2] *s.m.* (*arch.*) Zinne (*die*).

**merluzzo** *s.m.* Kabeljau (*der*).

**meschino** *agg.* 1 kleinlich; (*ristretto*) engstirnig 2 (*disgraziato*) armselig.

**mescolare** *v.tr.* 1 (ver)mischen (*anche fig.*) 2 (*agitare*) (um)rühren 3 (*unire mescolando*) verrühren: — *la panna alla salsa*, die Sahne in der Soße verrühren ♦ **mescolarsi** *v.pron.* sich (ver)mischen.

**mese** *s.m.* Monat (*der*).

**messa**[1] *s.f.* (*relig.catt.*) Messe (*die*).

**messa**[2] *s.f.* ● — *a fuoco*, Scharfeinstellung | — *a punto*, Einstellung | — *in moto*, Ingangsetzen | — *in opera*, Installation | — *in piega*, Wasserwelle | — *in scena*, Inszenierung.

**messaggero** *s.m.* [f. *-a*] Bote (*der*; *die* Botin).

**messaggio** *s.m.* 1 Botschaft (*die*) (*anche fig.*); (*breve nota*) Nachricht (*die*) 2 (*annuncio*) Rede (*die*), Ansprache (*die*).

**messicano** *agg.* mexikanisch ♦ *s.m.* [f. *-a*] Mexikaner (*der*; *die* -in).

**Messico** *n.pr.m.* Mexiko (*das*).

**messinscena** *s.f.* Inszenierung (*die*) (*anche fig.*).

**mestiere** *s.m.* 1 Beruf (*der*); Handwerk (*das*): *essere del* —, vom Fach sein.

**mestolo** *s.m.* Schöpfkelle (*die*).

**mestruazione** *s.f.*, **mestruo** *s.m.* Menstruation (*die*).

**meta** *s.f.* Ziel (*das*) (*anche fig.*): *vagare senza* —, ziellos umherirren; *prefiggersi una* —, sich (*Dat*) ein Ziel setzen.

**metà** *s.f.invar.* 1 Hälfte (*die*): *dire le cose a* —, nur die halbe Wahrheit sagen 2 (*punto di mezzo*) Mitte (*die*), Hälfte (*die*): *a* — *strada*, auf halbem Weg.

**metabolismo** *s.m.* (*biol.*) Stoffwechsel (*der*), Metabolismus (*der*).

**metafora** *s.f.* Metapher (*die*).

**metallico** *agg.* 1 Metall..., metallen: *lega metallica*, Metalllegierung 2 (*estens.*) metallisch.

**metallo** *s.m.* Metall (*das*).

**metalmeccanico** *agg.* Metall- und Maschinenbau...: *industria metalmeccanica*, Metall- und Maschinenbauindustrie ♦ *s.m.* [f. *-a*] Metallarbeiter (*der*; *die* -in).

**metamorfosi** *s.f.invar.* 1 (biol.) Metamorphose (die) 2 (estens.) Verwandlung (die).
**metano** *s.m.* (chim.) Methan (das).
**meteora** *s.f.* Meteor (der).
**meteorite** *s.m.* Meteorit (der).
**meteorologico** *agg.* meteorologische, Wetter...: *condizioni meteorologiche*, Wetterlage.
**meticcio** *agg.* Mestizen... ♦ *s.m.* [f. *-a*] Mestize (der e die).
**metodico** *agg.* methodisch.
**metodo** *s.m.* Methode (die) ● *procedere con —*, methodisch vorgehen.
**metro** *s.m.* 1 Meter (der o das) 2 (*mezzo di misurazione*) Metermaß (das) 3 (fig.) Maß (das), Maßstab (der) ● *— cubo*, Kubikmeter (der) | *— quadrato*, Quadratmeter.
**metronotte** *s.m.invar.* Nachtwächter (der).
**metropoli** *s.f.invar.* Weltstadt (die), Großstadt (die).
**metropolitana** *s.f.* U-Bahn (die).
**metropolitano** *agg.* Großstadt...: *popolazione metropolitana*, Großstadtbevölkerung.
**mettere** *v.tr.* 1 (*verticalmente*) stellen; (*orizzontalmente*) legen; (*a sedere*) setzen; (*infilare*) stecken (*indossare*) anziehen; (*cappello, occhiali*) (auf)setzen 3 (*causare*) *— allegria, tristezza a qlcu*, jdn fröhlich, traurig stimmen ♦ **mettersi** *v.pron.* 1 (*verticalmente*) sich stellen; (*orizzontalmente*) sich legen; (*a sedere*) sich (hin-)setzen 2 (*iniziare*) beginnen, an·fangen: *mettersi al lavoro*, sich an die Arbeit machen ● *metterci* (*tempo*) rein·tun; (*impiegare*) brauchen: *metterecela tutta*, alles daran setzen; *quanto* (*tempo*) *ci hai messo per farlo?*, wieviel Zeit hast du dafür gebraucht? | *— alla prova*, auf die Probe stellen | *— i denti*, Zähne bekommen, zahnen | *— insieme*, (*radunare*) zusammen·bringen; (*montare, assemblare*) zusammen·setzen; (*allestire*) auf·bauen; (*organizzare*) auf·bauen; (*indossare*) an·ziehen | *mettiamo che...*, nehmen wir an, dass....
**mezzaluna** *s.f.* 1 Halbmond (der) 2 (*utensile*) Wiegemesser (das).

**mezzanotte** *s.f.* Mitternacht (die).
**mezzo¹** *agg.* 1 halb: *mezz'ora*, eine halbe Stunde 2 (*medio*) mittlere: *di mezza età*, in mittleren Jahren ♦ *avv.* halb: *— vuoto*, halbleer ♦ *s.m.* Mitte (die) ● *andarci di —*, (mit) hineingezogen werden | *in —*, (*stato in luogo*) mittendrin, in der Mitte; (*moto a luogo*) mittenhinein, in die Mitte | *in — a*, (*stato in luogo*) mitten auf (o in) (+ Dat); (*moto a luogo*) mitten auf (o in) (+ Acc); (*fra molti; stato*) unter (+ Dat o Acc); (*fra due*) zwischen (+ Dat o Acc) | *un litro e —*, eineinhalb Liter.
**mezzo²** *s.m.* 1 (*modo*) Mittel (das) 2 (*veicolo*) Verkehrsmittel (das) 3 (pl.) (*denaro*) Mittel (pl.), Geldmittel (pl.) ● *mezzi pubblici*, öffentliche Verkehrsmittel | *per —*, durch.
**mezzogiorno** *s.m.* 1 Mittag (der) 2 (*sud*) Süden (der).
**mezz'ora** *s.f.* halbe Stunde.
**mi¹** *pron.pers.sing.* 1 (*compl.ogg.*) mich: *— ha invitato*, er hat mich eingeladen 2 (*compl. di termine*) mir: *ditemi se è vero*, sagt mir, ob es wahr ist 3 (*pron. rifl.*) mich: *— vesto*, ich ziehe mich an.
**mi²** *s.m.invar.* (mus.) E, e (das).
**miagolare** *v.intr.* miauen.
**mica** *avv.* (fam.) 1 (*rafforzativo di negazione*) ja, doch: *non ti sarai — offeso?*, du bist doch nicht etwa beleidigt? 2 (*senza altra negazione*) nicht, kein: *sono fatti, — frottole*, sind Tatsachen, keine Märchen | *— male*, nicht übel, nicht schlecht | *— tanto*, nicht besonders, nicht sehr.
**miccia** *s.f.* Lunte (die), Zündschnur (die).
**micidiale** *agg.* mörderisch, tödlich (anche fig.).
**microbo** *s.m.* Mikrobe (die), Mikrobion (das).
**microfono** *s.m.* Mikrofon (das).
**microonda** *s.f.* (fis.) Mikrowelle (die): *forno a microonde*, Mikrowellenherd.
**microscopio** *s.m.* Mikroskop (das).
**midollo** *s.m.* (anat., bot.) Mark (das).
**miele** *s.m.* Honig (der).
**mietere** *v.tr.* (agr.) mähen; (raccoglie-

**migliaio** *s.m.* Tausend (*das*).

**miglio**[1] *s.m.* Meile (*die*).

**miglio**[2] *s.m.* (*bot.*) Hirse (*die*).

**miglioramento** *s.m.* Verbesserung (*die*), Besserung (*die*).

**migliorare** *v.tr.* (ver)bessern ♦ *v.intr.* besser werden, sich bessern.

**migliore** *agg.compar.* **1** besser: *un posto* —, ein besserer Platz **2** (*più conveniente*) günstiger, besser ♦ *agg.superl.* best...: *nel* — *dei casi*, im besten Fall; *nel miglior modo*, so gut wie möglich; *la persona* —, der Beste ♦ *s.m. e f.* Beste (*der e die*).

**mignolo** *s.m.* (*della mano*) kleiner Finger; (*del piede*) kleiner Zeh.

**migrare** *v.intr.* **1** wandern **2** (*zool.*) (weg·)ziehen.

**migrazione** *s.f.* Migration (*die*), Wanderung (*die*): — *degli uccelli*, Vogelzug; — *di popoli*, Völkerwanderung.

**milanese** *agg.* Mailänder, mailändisch ♦ *s.m. e f.* Mailänder (*der*; *die* -in) ● *cotoletta alla* —, Mailänder Schnitzel.

**Milano** *n.pr.f.* Mailand (*das*).

**miliardario** *agg.* Milliarden...: *furto* —, Millionenraub ♦ *s.m.* [f. -*a*] Milliardär (*der*; *die* -in).

**miliardo** *s.m.* Milliarde (*die*).

**milionario** *agg.* Millionen... ♦ *s.m.* [f. -*a*] Millionär (*der*; *die* -in).

**milione** *s.m.* Million (*die*).

**militare**[1] *agg.* Militär..., militärisch: *base* —, Militärstützpunkt ♦ *s.m.* Soldat (*der*).

**militare**[2] *v.intr.* **1** Wehrdienst leisten **2** (*estens.*) aktiv sein: — *in un partito*, in einer Partei aktiv sein.

**milite** *s.m.* Soldat (*der*).

**mille** *agg.num.card.invar.* tausend.

**millennio** *s.m.* Jahrtausend (*das*).

**millepiedi** *s.m.invar.* (*zool.*) Tausendfüßler (*der*).

**millesimo** *agg.num.ord.* tausendst ♦ *s.m.* (*frazione*) Tausendstel (*das*).

**millimetro** *s.m.* Millimeter (*der*).

**milza** *s.f.* (*anat.*) Milz (*die*).

**mimare** *v.tr.* mimisch dar·stellen, mimen.

**mimetico** *agg.* **1** (*mimetizzante*) Tarn...: *tuta mimetica*, Tarnanzug **2** (*zool.*) mimetisch.

**mimetizzare** *v.tr.* tarnen ♦ **mimetizzarsi** *v.pron.* sich tarnen, sich (der Umgebung) an·passen (*anche fig.*).

**mimo** *s.m.* [f. -*a*] Mime (*der e die*).

**mimosa** *s.f.* (*bot.*) Mimose (*die*).

**mina** *s.f.* Mine (*die*).

**minaccia** *s.f.* Drohung (*die*).

**minacciare** *v.tr.* drohen (+ *Dat*), bedrohen: — *qlcu di morte*, jdm mit dem Tod drohen ♦ *v.impers.* drohen: *minaccia un temporale*, es droht ein Gewitter.

**minaccioso** *agg.* drohend.

**minare** *v.tr.* **1** (*mil.*) verminen **2** (*compromettere*) untergraben.

**minatore** *s.m.* Bergmann (*der*).

**minerale** *agg.* mineralisch, Mineral...: *acqua* —, Mineralwasser ♦ *s.m.* Mineral (*das*).

**minestra** *s.f.* Suppe (*die*).

**minestrone** *s.m.* Gemüsesuppe (*die*).

**miniatura** *s.f.* **1** Miniaturmalerei (*die*) **2** (*dipinto*) Miniatur (*die*).

**miniera** *s.f.* **1** Bergwerk (*das*) **2** (*fig.*) Fundgrube (*die*).

**minigonna** *s.f.* Minirock (*der*).

**minima** *s.f.* **1** (*mus.*) halbe Note **2** (*meteor.*) Tiefsttemperatur (*die*).

**minimo** *agg.* **1** kleinst, mindest..., geringst: *non ho il* — *dubbio*, ich habe nicht den geringsten Zweifel **2** (*piccolissimo*) minimal **3** (*il più basso*) tiefst...: *temperatura minima*, Tiefsttemperatur ♦ *s.m.* **1** Minimum (*das*), Mindeste (*das*): *il* — *indispensabile*, das Mindestmaß **2** (*aut.*) Leerlauf (*der*) ● *al* —, mindestens; (*aut.*) im Leerlauf.

**ministero** *s.m.* Ministerium (*das*) ● (*pol.*) — *degli esteri*, Außenministerium | (*dir.*) *pubblico* —, Staatsanwalt.

**ministro** *s.m.* [f. -*i*] Minister (*der*; *die* -in).

**minoranza** *s.f.* Minderheit (*die*).

**minorato** *agg.* behindert ♦ *s.m.* [f. -*a*] Behinderte (*der e die*).

**minore** *agg.compar.* **1** (*più piccolo*)

**minorenne / mittente** 486

kleiner; (*più breve*) kürzer 2 (*di età*) jünger 3 (*riferito a numeri*) weniger: (*mat.*) — *di*, kleiner als ♦ *agg.superl.* geringst..., kleinst ♦ *s.m.* e *f.* 1 (*di età*) Jüngste (*der e die*) 2 (*minorenne*) Minderjährige (*der e die*).

**minorenne** *agg.* minderjährig ♦ *s.m.* e *f.* Minderjährige (*der e die*).

**minuscolo** *agg.* 1 klein: *lettera minuscola*, Kleinbuchstabe (*der*) 2 (*estens*) klitzeklein.

**minuto**[1] *s.m.* Minute (*die*): (*fig.*) *in un* —, sofort.

**minuto**[2] *agg.* 1 (*piccolissimo*) winzig 2 (*fine*) klein, fein: *lineamenti minuti*, feine Gesichtszüge 3 (*esile*) zierlich ● *vendita* (*o commercio*) *al* —, Einzelhandel.

**mio** *agg.poss.* mein: *un* — *amico*, einer meiner Freunde; *un Freund von mir* ♦ *pron.poss.* meiner: *i miei*, meine Familie.

**miope** *agg.* kurzsichtig ♦ *s.m.* e *f.* kurzsichtiger Mensch, Myope (*der e die*).

**miopia** *s.f.* Kurzsichtigkeit (*die*), Myopie (*die*).

**mira** *s.f.* 1 Zielen (*das*): (*fig.*) *prendere di* — *qlcu*, jdn aufs Korn nehmen 2 (*fine*) Ziel (*das*).

**miracolo** *s.m.* Wunder (*das*).

**miracoloso** *agg.* wunderbar; Wunder...: *cura miracolosa*, Wunderkur.

**miraggio** *s.m.* 1 Luftspiegelung (*die*) 2 (*fig.*) Wunderglaube (*der*).

**mirare** *v.intr.* 1 (*a*) zielen (auf + Acc) 2 (*fig.*) (*a*) hin·zielen (nach).

**mirino** *s.m.* 1 Visier (*das*) 2 (*fot.*) Sucher (*der*).

**mirtillo** *s.m.* Heidelbeere (*die*), Blaubeere (*die*): — *rosso*, Preiselbeere.

**miscela** *s.f.* Mischung (*die*), Gemisch (*das*).

**miscelare** *v.tr.* (ver)mischen.

**miscelatore** *agg.* Misch...: *macchina miscelatrice*, Mischmaschine ♦ *s.m.* (*recipiente*) Mixer (*der*).

**mischia** *s.f.* Gewühl (*das*), Gedränge (*das*).

**mischiare** *v.tr.* mischen, vermischen ♦ **mischiarsi** *v.pron.* sich mischen.

**miscuglio** *s.m.* Mischung (*die*), Gemisch (*das*).

**miserabile** *agg.* 1 elend, miserabel 2 (*spregevole*) gemein, niederträchtig ♦ *s.m.* e *f.* Elende (*der e die*).

**miseria** *s.f.* 1 Elend (*das*), Notlage (*die*) 2 (*inezia*) Kleinigkeit (*die*) ● *cadere in* —, in Not geraten | *per la* —!, Donnerwetter!

**misericordia** *s.f.* Erbarmen (*das*) ♦ *inter.* barmherziger Gott!

**misero** *agg.* 1 ärmlich 2 (*insufficiente*) mager 3 (*infelice*) unglücklich.

**missile** *s.m.* Rakete (*die*).

**missionario** *agg.* missionarisch, Missions... ♦ *s.m.* [f. -a] Missionar (*der; die -in*).

**missione** *s.f.* Mission (*die*).

**misterioso** *agg.* geheimnisvoll, mysteriös.

**mistero** *s.m.* Mysterium (*das*); (*segreto*) Geheimnis (*das*).

**mistico** *agg.* mystisch ♦ *s.m.* [f. -a] Mystiker (*der; die -in*).

**misto** *agg.* 1 gemischt, Misch...: *classe mista*, gemischte Klasse; *matrimonio* —, Mischehe 2 (*mescolato*) gemischt, vermischt ♦ *s.m.* Mischung (*die*), Gemisch (*das*).

**misura** *s.f.* 1 Maß (*das*) 2 (*taglia*) Größe (*die*); (*di scarpe*) Schuhgröße (*die*) 3 (*pl.*) (*provvedimenti*) Maßnahmen (*pl.*) ● *oltre* —, überaus | *un vestito su* —, ein Kleid nach Maß.

**misurare** *v.tr.* 1 (ab-)messen 2 (*provare*) an·probieren ♦ *v.intr.* messen ♦ **misurarsi** *v.pron.* 1 sich messen: *misurarsi con qlcu*, mit jdm wetteifern 2 (*cimentarsi*) (*in*) sich versuchen (an + Acc).

**misurazione** *s.f.* Messung (*die*), Vermessung (*die*).

**misurino** *s.m.* Messbecher (*das*).

**mite** *agg.* mild(e); (*mansueto*) zahm.

**mitico** *agg.* 1 mythisch 2 (*leggendario*) sagenhaft.

**mito** *s.m.* Mythos (*der*).

**mitologia** *s.f.* Mythologie (*die*).

**mitra** *s.m.invar.* Maschinenpistole (*die*).

**mitragliatrice** *s.f.* Maschinengewehr (*das*).

**mittente** *s.m.* e *f.* Absender (*der; die -in*).

**mobile** *agg.* beweglich; (*su ruote*) fahrbar; Roll...: *scala* —, Rolltreppe; (*econ.*) Lohn-Preis-Spirale ♦ *s.m.* Möbel(stück) (*das*), Möbel (*pl.*).

**moca** *s.f.invar.* Kaffeemaschine (*die*).

**moda** *s.f.* Mode (*die*); *alla* —, modisch, modebewusst; *fuori* —, altmodisch.

**modalità** *s.f.invar.* 1 Beschaffenheit (*die*): — *d'uso*, Gebrauchsanweisungen 2 (*amm.*) Bestimmung (*die*); (*condizione*) Bedingung (*die*).

**modella** *s.f.* 1 Modell (*das*) 2 (*indossatrice*) Mannequin (*das*).

**modellare** *v.tr.* 1 modellieren 2 (*fig.*) nach·bilden ♦ **modellarsi** *v.pron.* 1 sich formen 2 (*fig.*) (*su*) sich richten (nach).

**modellino** *s.m.* Modell (*das*) (in verkleinertem Maßstab).

**modello** *s.m.* 1 Modell (*das*) 2 (*esempio*) Muster (*das*): *prendere qlcu come* —, sich (Dat) jdn zum Vorbild nehmen 3 (*abito*) Modell(kleid) (*das*) ♦ *agg.* Muster...: *scolaro* —, Musterschüler.

**modem** *s.m.invar.* (*inform.*) Modem (*der o das*).

**moderare** *v.tr.* mäßigen: — *i termini*, die Worte mäßigen ♦ **moderarsi** *v.pron.* sich mäßigen: *moderarsi nel mangiare*, sich beim Essen mäßigen.

**moderatore** *agg.* mäßigend ♦ *s.m.* [f. -*trice*] Diskussionsleiter (*der*; *die* -in); (*tv*) Moderator (*der*; *die* -in).

**moderno** *agg.* modern.

**modesto** *agg.* bescheiden.

**modico** *agg.* mäßig.

**modifica** *s.f.* Änderung (*die*), Veränderung (*die*).

**modificare** *v.tr.* (ver)ändern.

**modo** *s.m.* 1 Weise (*die*), Art (*die*) 2 (*occasione*) Gelegenheit (*die*); (*possibilità*) Möglichkeit (*die*) 3 (*spec.pl.*) (*comportamento*) Benehmen (*das*): *essere una persona a* —, ein anständiger Mensch sein; *in malo* —, grob, unhöflich 4 (*gramm.*) Modus (*der*) ● *ad ogni* —, auf jeden Fall, auf alle Fälle | *di* — *che*, so dass | *fare in* — *che...*, es so einrichten, dass... | *per* — *di dire*, Redewendung.

**modulo** *s.m.* 1 Formular (*das*), Vordruck (*der*) 2 (*parte di un insieme*) Modul (*das*).

**mogano** *s.m.* Mahagoni (*das*).

**moglie** *s.f.* Ehefrau (*die*), Frau (*die*).

**molare** *s.m.* (*dente*) Backenzahn (*der*).

**mole** *s.f.* 1 Ausmaß (*das*) 2 (*fig.*) (*quantità*) Menge (*die*).

**molecola** *s.f.* Molekül (*das*).

**molestare** *v.tr.* stören, belästigen.

**molestia** *s.f.* 1 (*fastidio*) Plage (*die*), Lästigkeit (*die*) 2 (*azione molesta*) Belästigung (*die*) (*anche dir.*).

**molla** *s.f.* 1 Feder (*die*); (*di materassi e divani*) Sprungfeder (*die*) 2 (*fig.*) (*stimolo*) Antrieb (*der*), Ansporn (*der*) 3 (*pl.*) Zange (*die*); (*del fuoco*) Feuerzange (*die*).

**mollare** *v.tr.* 1 (*allentare*) lockern, locker·lassen; (*lasciar andare*) los·lassen 2 (*fam.*) (*piantare*) sitzen lassen 3 (*fam.*) (*appioppare*) verpassen, aus·teilen: — *uno schiaffo a qlcu*, jdm eine Ohrfeige verpassen ♦ *v.intr.* 1 (*cedere*) nach·geben, locker·lassen 2 (*smettere*) auf·hören.

**molle** *agg.* 1 weich, locker 2 (*fig.*) (*fiacco*) weichlich.

**molletta** *s.f.* 1 (*per bucato*) Wäscheklammer (*die*) 2 (*per capelli*) Haarklemme (*die*).

**mollica** *s.f.* Brotinnere (*das*).

**mollusco** *s.m.* (*zool.*) Weichtier (*das*); Molluske (*die*).

**molo** *s.m.* Hafenmole (*die*).

**molteplice** *agg.* vielfach, vielfältig; (*svariato*) vielseitig.

**moltiplicare** *v.tr.* 1 (*mat.*) (*per*) multiplizieren (mit) 2 (*estens.*) vermehren, vervielfältigen ♦ **moltiplicarsi** *v.pron.* sich vermehren.

**moltiplicazione** *s.f.* 1 (*mat.*) Multiplikation (*die*) 2 (*estens.*) Vermehrung (*die*).

**moltitudine** *s.f.* 1 Menge (*die*), Vielzahl (*die*) 2 (*folla*) Masse (*die*).

**molto** *agg.* e *pron.indef.* 1 viel 2 (*pl.*) viele: *molti di noi*, viele von uns 3 (*tempo*) lange: *dopo* — *tempo*, nach langer Zeit; *fra non* —, in Kürze 4 (*di distanza*) weit, groß ♦ *avv.* 1 (*quantità*) viel: *scrive* —, er schreibt viel 2 (*davanti a compar.*)

viel: *è — meglio*, das ist viel besser **3** (*intensità*) sehr: *guida — bene*, er fährt sehr gut Auto **4** (*tempo*) lange: *ho aspettato —*, ich habe lange gewartet **5** (*prezzo*) teuer, viel: *l'ho pagato —*, es war teuer.

> **NOTA** **Molto: viel o sehr?**
>
> L'avverbio 'molto' si traduce con **viel** quando precede un comparativo o quando accompagna un verbo ed esprime quantità:
>
> *La cucina è molto più piccola della sala.*
> Die Küche ist **viel** kleiner als das Wohnzimmer.
>
> *Lavora molto.*
> Er arbeitet **viel**.
>
> Si traduce invece con **sehr** quando precede un aggettivo o quando accompagna un verbo ed esprime intensità:
>
> *Il film è stato molto interessante.*
> Der Film war **sehr** interessant.
>
> *Lo ama molto.*
> Sie liebt ihn **sehr**.

**momentaneamente** *avv.* augenblicklich, im Augenblick.
**momentaneo** *agg.* augenblicklich, momentan; vorübergehend.
**momento** *s.m.* Augenblick (*der*), Moment (*der*) ● *al —*, zur Zeit | *al — giusto* (*o opportuno*), im richtigen Moment | *all'ultimo —*, im letzten Moment | *dal che...*, da... | *in ogni —*, zu jeder Zeit | *per il —*, vorläufig, einstweilen.
**monaca** *s.f.* Nonne (*die*), Klosterschwester (*die*).
**monaco** *s.m.* Mönch (*der*).
**Monaco** *n.pr.f.* München (*das*).
**monarca** *s.m. e f.* Monarch (*der; die -in*); Herrscher (*der; die -in*).
**monarchia** *s.f.* Monarchie (*die*).
**monarchico** *agg.* monarchisch **2** (*pro monarchia*) monarchistisch ◆ *s.m.* [f. -a] Monarchist (*der; die -in*).
**monastero** *s.m.* Kloster (*das*).
**mondiale** *agg.* Welt...; *di fama —*, weltberühmt; *campionato —*, Weltmeisterschaft.
**mondo** *s.m.* Welt (*die*) (*anche estens.*) ● *com'è piccolo il —!*, wie klein doch die Welt ist! | *il — animale*, die Tierwelt | *lo sa mezzo —*, das weiß alle Welt | *mettere al —*, zur Welt bringen; (*fam.*) in die Welt setzen | *per nulla al —!*, nicht um alles in der Welt! | *un — di gente*, eine Menge Leute | *un uomo di —*, ein Mann von Welt.
**monello** *s.m.* [f. -a] **1** Straßenjunge (*der; das* Straßenmädchen) **2** (*estens.*) Schelm (*der; das*), Schlingel (*der*).
**moneta** *s.f.* **1** Münze (*die*); Geldstück (*das*) **2** (*spiccioli*) Kleingeld (*das*) **3** (*fin.*) (*valuta*) Währung (*die*).
**monetario** *agg.* (*econ.*) Münz...; Geld...; *mercato —*, Geldmarkt.
**mongolfiera** *s.f.* Montgolfiere (*die*), Heißluftballon (*das*).
**monitor** *s.m.invar.* Monitor (*der*).
**monolocale** *s.m.* Einzimmerwohnung (*die*).
**monopattino** *s.m.* Roller (*der*).
**monopolio** *s.m.* Monopol (*das*).
**monotono** *agg.* monoton, eintönig.
**monsone** *s.m.* (*geogr.*) Monsun (*der*).
**montacarichi** *s.m.invar.* Lastenaufzug (*der*), Warenaufzug (*der*).
**montaggio** *s.m.* **1** Montage (*die*), Einbau (*der*) **2** (*cinem.*) Montage (*die*), Schnitt (*der*) ● *catena di —*, Fließband.
**montagna** *s.f.* **1** Berg (*der*) **2** (*zona montuosa*) Gebirge (*das*), Berge (*pl.*).
**montanaro** *agg.* Berg..., Gebirgs... ◆ *s.m.* [f. -a] Bergbewohner (*der; die -in*).
**montano** *agg.* Berg...: *comunità montana*, Berggemeinschaft.
**montare** *v.tr.* **1** montieren; auf-stellen: *— un'antenna sul tetto*, eine Antenne auf dem Dach montieren **2** (*zootecnia*) decken **3** (*cavalcare*) reiten **4** (*cinem.*) montieren **5** (*gastr.*) schlagen **6** (*incastonare*) ein-fassen ◆ *v.intr.* **1** (*salire*) hinauf-steigen, (*auf-*)steigen: *— in cima alle scale*, die Treppe hinaufsteigen **2** (*aumentare di livello*) steigen ● *montarsi la testa per qlco*, sich (*Dat*) etw zu Kopf steigen lassen.
**montatura** *s.f.* **1** Fassung (*die*); (*di occhiali*) Brillengestell (*das*) **2** (*fig.*) Übertreibung (*die*).
**monte** *s.m.* **1** Berg (*der*) **2** (*gran quantità*) Haufen (*der*), Menge (*die*) ● *a —*,

talaufwärts, stromaufwärts | *il progetto è andato a —*, der Plan ist gescheitert | *mandare a —*, über den Haufen werfen | *— di pietà* (o *dei pegni*), Pfandhaus, Leihhaus.

**montone** *s.m.* Hammel (*der*).

**montuoso** *agg.* Gebirgs..., bergig: *regione montuosa*, Gebirgsland.

**monumento** *s.m.* Denkmal (*das*).

**mora**[1] *s.f.* Brombeere (*die*): *— di gelso*, Maulbeere.

**mora**[2] *s.f.* (*dir.*) Verzug (*der*).

**morale** *agg.* moralisch ♦ *s.f.* 1 Moral (*die*) 2 (*etica*) Ethik (*die*) ● (*fam.*) *essere giù di —*, einen Moralischen haben.

**morbidezza** *s.f.* Weichheit (*die*).

**morbido** *agg.* 1 weich (*anche fig.*) 2 (*di abito*) weich fallend.

**morbillo** *s.m.* (*med.*) Masern (*pl.*).

**morbo** *s.m.* Krankheit (*die*).

**mordere** *v.tr.* 1 beißen (in + *Acc*), anbeißen: *— una mela*, in einen Apfel beißen 2 (*fam.*) (*di insetti*) stechen.

**morfina** *s.f.* (*farm.*) Morphin (*das*).

**morire** *v.intr.* sterben, um-kommen | *— dal ridere*, sich totlachen | *un caldo da —*, eine Mordshitze.

**mormorare** *v.intr.* 1 rauschen 2 (*di persone*) murmeln, flüstern; (*sparlare*) munkeln ♦ *v.tr.* murmeln, brummen.

**mormorio** *s.m.* 1 Rauschen (*das*) 2 (*di persone*) Murmeln (*das*), Geflüster (*das*).

**moro** *agg.* (*scuro di capelli*) dunkelhaarig; (*scuro di carnagione*) dunkelhäutig ♦ *s.m.* [f. *-a*] (*scuro di capelli*) Dunkelhaarige (*der* e *die*); (*scuro di carnagione*) Dunkelhäutige (*der* e *die*).

**morsa** *s.f.* (*mecc.*) Schraubstock (*der*).

**morsetto** *s.m.* Zwinge (*die*); (*elettr.*) Klemme (*die*).

**morsicare** *v.tr.* → mordere.

**morso** *s.m.* 1 Biss (*der*) 2 (*fam.*) (*di insetto*) Stich (*der*) 3 (*boccone*) Bissen (*der*) 4 (*di briglia*) Mundstück (*der*).

**mortadella** *s.f.* Mortadella (*die*).

**mortaio** *s.m.* Mörser (*der*).

**mortale** *agg.* 1 sterblich (*letale*) tödlich; (*relig.*) *peccato —*, Todsünde ♦ *s.m.* e *f.* Sterbliche (*der* e *die*).

**mortalità** *s.f.invar.* Sterblichkeit (*die*).

**mortaretto** *s.m.* Böller (*der*).

**morte** *s.f.* Tod (*der*) ● *avercela a — con qlcu*, jdn auf den Tod leiden können | *offeso a —*, tödlich beleidigt.

**morto** *agg.* tot (*anche fig.*): *stanco —*, todmüde ♦ *s.m.* [f. *-a*] Tote (*der* e *die*) ● *giorno dei morti*, Totensonntag.

**mosaico** *s.m.* Mosaik (*das*) (*anche fig.*).

**Mosca** *n.pr.f.* Moskau (*das*).

**mosca** *s.f.* Fliege (*die*) ● *essere una — bianca*, ein weißer Rabe sein | *giocare a — cieca*, Blindekuh spielen | *non si sente volare una —*, es ist so still, dass man eine Stecknadel fallen hören kann.

**moscerino** *s.m.* kleine Fliege.

**moschea** *s.f.* Moschee (*die*).

**moscone** *s.m.* (*zool.*) Brummer (*der*).

**mossa** *s.f.* 1 Bewegung (*die*) 2 (*giochi*) Zug (*der*); (*sport*) Schlag (*der*), Stoß (*der*).

**mosso** *agg.* 1 (*agitato*) bewegt: *mare —*, bewegtes Meer 2 (*ondulato*) gewellt.

**mostarda** *s.f.* Senf (*der*).

**mosto** *s.m.* Most (*der*).

**mostra** *s.f.* 1 Ausstellung (*die*), Messe (*die*) 2 (*sfoggio*) Schau (*die*): (*fig.*) *mettersi in —*, sich in Szene setzen.

**mostrare** *v.tr.* 1 zeigen 2 (*esibire*) vor-zeigen ♦ **mostrarsi** *v.pron.* 1 sich zeigen: *mostrarsi in pubblico*, sich in der Öffentlichkeit zeigen 2 (*dimostrarsi*) sich erweisen.

**mostro** *s.m.* 1 Monstrum (*das*), Ungeheuer (*das*) (*anche fig.*) 2 (*persona crudele*) Unmensch (*der*) 3 (*prodigio*) Wunder (*das*) ● (*fam.*) *un — d'intelligenza*, eine Intelligenzbestie.

**motel** *s.m.* Motel (*das*).

**motivo** *s.m.* 1 Grund (*der*) 2 (*tema*) Motiv (*das*) 3 (*mus.*) Motiv (*das*).

**moto**[1] *s.m.* Bewegung (*die*) ● *fare un po' di —*, sich (*Dat*) etwas Bewegung verschaffen | (*aut.*) *mettere o —*, anlassen, in Gang bringen (*o* in Bewegung setzen).

**moto**[2] *s.f.invar.* Motorrad (*das*).

**motocicletta** *s.f.* Motorrad (*das*).

**motociclismo** *s.m.* Motorradsport (*der*).

**motociclista** *s.m.* e *f.* Motorradfahrer (*der; die* -in).

**motore** *agg.* bewegend, Trieb... ♦ *s.m.* **1** Motor (*der*): *avviare il* —, den Motor anlassen (*o* anmachen) **2** (*fig.*) Triebwerk (*das*) ● *albero* —, Kurbelwelle | — *a scoppio*, Verbrennungsmotor.

**motorino** *s.m.* Mofa (*das*).

**motoscafo** *s.m.* Motorboot (*das*).

**motto** *s.m.* **1** Witz (*der*) **2** (*massima*) Motto (*der*), Wahlspruch (*der*).

**mouse** *s.m. invar.* (*inform.*) Maus (*die*).

**movente** *s.m.* Beweggrund (*der*), Motiv (*das*).

**movimento** *s.m.* **1** Bewegung (*die*) **2** (*animazione*) Belebtheit (*die*), Verkehr (*der*) **3** (*mus.*) Satz (*der*).

**mozzafiato** *agg. invar.* atemberaubend.

**mozzare** *v.tr.* ab-schneiden, ab-schlagen; (*fig.*) — *il fiato*, den Atem rauben.

**mozzarella** *s.f.* Mozzarella (*die*).

**mozzicone** *s.m.* Stummel (*der*).

**mozzo** *s.m.* (*mar.*) Schiffsjunge (*der*).

**mucca** *s.f.* Kuh (*die*).

**mucchio** *s.m.* Haufen (*der*): *a mucchi*, haufenweise.

**muco** *s.m.* Schleim (*der*).

**mucosa** *s.f.* (*anat.*) Schleimhaut (*die*).

**muffa** *s.f.* Schimmel (*der*) ● *fare la* —, verschimmeln; (*fig.*) versauern.

**muggire** *v.intr.* muhen.

**muggito** *s.m.* Muhen (*das*).

**mughetto** *s.m.* (*bot.*) Maiglöckchen (*das*).

**mulatto** *s.m.* [*f. -a*] Mulatte (*der; die* Mulattin).

**mulinello** *s.m.* **1** Wirbel (*der*) **2** (*di canna da pesca*) Rolle (*die*).

**mulino** *s.m.* Mühle (*die*): — *a vento, ad acqua*, Wind-mühle, Wassermühle ● *tirare l'acqua al proprio* —, alle Wasser auf seine Mühle leiten.

**mulo** *s.m.* [*f. -a*] Maultier (*das*).

**multa** *s.f.* Geldstrafe (*die*); (*estens.*) Bußgeld (*das*).

**multare** *v.tr.* mit einem Bußgeld (*o* mit einer Geldstrafe) belegen.

**multimediale** *agg.* multimedial.

**multinazionale** *agg.* multinational ♦ *s.f.* multinationaler Konzern.

**multiplo** *agg.* vielfach, mehrfach ♦ *s.m.* (*mat.*) Vielfache (*das*).

**mummia** *s.f.* Mumie (*die*).

**mungere** *v.tr.* melken (*anche fig.*).

**municipale** *agg.* Gemeinde...: *giunta* —, Gemeinderat.

**municipio** *s.m.* (*edificio*) Rathaus (*das*).

**munire** *v.tr.* (*di*) aus-statten (mit), versehen (mit) ♦ **munirsi** *v.pron.* (*di*) sich aus-rüsten (mit).

**munizione** *s.f.* (*spec.pl.*) Munition (*die*).

**muovere** *v.tr.* **1** bewegen **2** (*far muovere*) in Bewegung setzen, an-treiben ♦ *v.intr.* **1** (*dirigersi*) fahren, gehen, sich begeben: — *alla volta di...*, nach... fahren **2** (*partire da*) beginnen: *il corteo muove da piazza del Duomo*, der Umzug beginnt am Domplatz ♦ **muoversi** *v.pron.* **1** sich bewegen, sich in Bewegung setzen **2** (*allontanarsi*) (weg-)gehen: *non muoverti!*, steh (*o* sitz) still! **3** (*fig.*) (*adoperarsi*): *tutta la famiglia si è mossa in suo aiuto*, die ganze Familie ist ihm zu Hilfe gekommen **4** (*sbrigarsi*) sich beeilen: *muoviti!*, beeile dich!

**murare** *v.tr.* zu-mauern.

**muratore** *s.m.* Maurer (*der*).

**muro** *s.m.* **1** Mauer (*die*); (*parete*) Wand (*die*) **2** (*pl.*) Stadtmauer (*die*) ● (*st.*) *il Muro di Berlino*, die Berliner Mauer | *trovarsi con le spalle al* —, mit dem Rücken an der Wand stehen.

**musa** *s.f.* Muse (*die*) (*anche fig.*).

**muschio** *s.m.* Moos (*das*).

**muscolatura** *s.f.* Muskulatur (*die*).

**muscolo** *s.m.* (*anat.*) Muskel (*der*) ● (*fig.*) *essere tutto muscoli*, nur aus Muskeln bestehen.

**museo** *s.m.* Museum (*das*).

**museruola** *s.f.* Maulkorb (*der*).

**musica** *s.f.* Musik (*die*): — *leggera*, Unterhaltungsmusik (*o* U-Musik); — *sacra*, Kirchenmusik, geistliche Musik ● *sempre la stessa* —, immer die selbe Leier.

**musicale** *agg.* **1** Musik...: *brano* —,

Musikstück **2** (*portato per la musica*) musikalisch: *talento —*, musikalisches Talent.
**musicista** *s.m.* e *f.* **1** Musiker (*der; die* -in) **2** (*compositore*) Komponist (*der; die* -in).
**muso** *s.m.* Maul (*das*), Schnauze (*die*) ● *fare il —*, ein langes Gesicht machen; schmollen.
**musulmano** *agg.* moslemisch ♦ *s.m.* [f. -*a*] Moslem (*der; die* Moslime).
**muta**¹ *s.f.* (*biol.*) Mausern (*das*); (*di serpenti*) Häutung (*die*) ● *— subacquea*, Taucheranzug.
**muta**² *s.f.* (*di cani*) Meute (*die*).
**mutamento** *s.m.* **1** (*trasformazione*) Veränderung (*die*) **2** (*cambiamento*) Wechsel (*der*).
**mutande** *s.f.pl.* Unterhose(n) (*die*).
**mutandina** *s.f.* (*spec.pl.*) Slip (*der*).
**mutare** *v.tr.* verändern, wechseln ♦ *v.intr.* sich (ver)ändern ♦ **mutarsi** *v.pron.* sich verwandeln.
**mutazione** *s.f.* (*biol.*) Mutation (*die*).
**muto** *agg.* stumm ♦ *s.m.* **1** [f. -*a*] Stumme (*der* e *die*) **2** (*cinem.*) Stummfilm (*der*).
**mutua** *s.f.* Krankenkasse (*die*).
**mutuo**¹ *agg.* gegenseitig, wechselseitig.
**mutuo**² *s.m.* Darlehen (*das*): *accendere un —*, ein Darlehen aufnehmen.

# Nn

**N** *sigla* (*Nord*) N.
**n.** *abbr.* (*numero*) Nr. (Nummer).
**nafta** *s.f.* (*gasolio*) Dieselkraftstoff (*der*).
**naftalina** *s.f.* (*chim.*) Naphthalin (*das*): *mettere in —*, einmotten.
**nano** *agg.* zwergenhaft, Zwerg...: *barboncino —*, Zwergpudel ♦ *s.m.* [f. *-a*] Zwerg (*der*; *die* -in).
**napoleonico** *agg.* napoleonisch.
**napoletano** *agg.* neapolitanisch, Neapolitaner... ♦ *s.m.* [f. *-a*] Neapolitaner (*der*; *die* -in) **2** (*dialetto*) neapolitanischer Dialekt.
**Napoli** *n.pr.f.* Neapel (*das*).
**nappa** *s.f.* **1** (*ornamento*) Quaste (*die*), Troddel (*der*) **2** (*pelle*) Nappaleder (*das*).
**narciso** *s.m.* (*bot.*) Narzisse (*die*).
**narcotico** *agg.* (*med.*) narkotisch ♦ *s.m.* (*med.*) Narkosemittel (*das*); (*estens.*) Narkotikum (*das*).
**narice** *s.f.* Nasenloch (*das*); (*di animali*) Nüster (*die*).
**narrare** *v.tr.* erzählen ♦ *v.intr.* (*di*) erzählen (von).
**narratore** *s.m.* [f. *-trice*] Erzähler (*der*; *die* -in).
**nasale** *agg.* nasal, Nasen..: *plastica —*, Nasenkorrektur.
**nascere** *v.intr.* **1** geboren werden; (*di animali*) geworfen werden: *quando sei nato?*, wann bist du geboren?; *è nato il 15 marzo*, er ist (*o* wurde) am 15. März geboren **2** (*di piante, fiori*) sprießen, keimen **3** (*di fiume*) entspringen **4** (*di sole*) auf·gehen **5** (*fig.*) entstehen: *nacque una violenta discussione*, es entstand eine heftige Diskussion ● *al — del giorno*, bei Tagesanbruch | *soffocare qualcosa sul —*, etw im Keim ersticken.

NOTA 'Nascere' è reso in tedesco con la forma passiva **geboren werden**:

Il bambino nascerà fra pochi giorni.
Das Baby wird in wenigen Tagen **geboren werden**.

Volendo evitare il passivo, si può usare l'espressione **auf die Welt kommen**:

Das Baby wird in wenigen Tagen auf die Welt kommen.

**nascita** *s.f.* **1** Geburt (*die*): *data di —*, Geburtsdatum **2** (*inizio*) Anbruch (*der*).
**nascondere** *v.tr.* **1** (*a*) verstecken (vor + *Dat*) **2** (*fig.*) (*a*) verbergen (vor + *Dat*): *nascondere le proprie intenzioni a qlcu*, vor jdm die eigenen Absichten verbergen ♦ **nascondersi** *v.pron.* **1** sich·verstecken **2** (*fig.*) sich·verbergen.
**nascondiglio** *s.m.* Versteck (*das*), Unterschlupf (*der*).
**nascondino** *s.m.* Versteckspiel (*das*): *giocare a —*, Versteck spielen.
**nascosto** *agg.* **1** versteckt, verborgen **2** (*segreto*) geheim, heimlich: *di — da qlcu*, hinter jds Rücken.
**nasello** *s.m.* (*zool.*) Seehecht (*der*).
**naso** *s.m.* Nase (*die*): *soffiarsi il —*, sich schnäuzen; *perdere sangue dal —*, Nasenbluten haben ● *non vedere più in là del proprio —*, nicht über die Nasenspitze hinaussehen.

**nastro** *s.m.* Band (*das*): *portare un — tra i capelli*, ein Band im Haar tragen ● *— adesivo*, Klebestreifen | *— magnetico*, Magnetband.

**natale** *agg.* Geburts...: *città —*, Geburtsstadt.

**Natale** *s.m.* Weihnachten (*die*) ● *a* (o *per*) *—*, zu Weihnachten | *babbo —*, Weihnachtsmann | *buon —!*, fröhliche (o frohe) Weihnacht(en)!.

**natalità** *s.f.invar.* Geburtenrate (*die*).

**natalizio** *agg.* weihnachtlich, Weihnachts...: *periodo —*, Weihnachtszeit.

**natica** *s.f.* (*anat.*) Gesäßbacke (*die*).

**nativo** *agg.* (*originario*) gebürtig ♦ *s.m.* [f. *-a*] Eingeborene (*der e die*).

**nato** *agg.* geboren ♦ *s.m.* [f. *-a*] Geborene (*der e die*): *i nati del 1965*, der Jahrgang 1965; *il primo —*, der Erstgeborene.

**natura** *s.f.* Natur (*die*) ● (*pitt.*) *— morta*, Stillleben.

**naturale** *agg.* 1 Natur..., natürlich: *bellezze naturali*, Naturschönheiten; *lago —*, natürlicher See 2 (*ovvio*) natürlich: *verrai anche tu?, Naturale!*, kommst du auch mit?, Natürlich! ● *acqua —*, stilles Wasser | *vita natural durante*, das ganze Leben lang.

**naturalezza** *s.f.* Natürlichkeit (*die*): *con —*, natürlich.

**naturalmente** *avv.* 1 (*per natura*) natürlich, von Natur aus 2 (*certamente*) natürlich, selbstverständlich.

**naturista** *s.m. e f.* Anhänger (*der; die -in*) der Freikörperkultur.

**naufragare** *v.intr.* 1 auf-laufen, (*di persone*) Schiffbruch erleiden 2 (*fig.*) scheitern.

**naufragio** *s.m.* 1 Schiffbruch (*der*): *far —*, Schiffbruch erleiden 2 (*fig.*) Scheitern (*das*).

**naufrago** *s.m.* [f. *-a*] Schiffbrüchige (*der e die*).

**nausea** *s.f.* 1 Übelkeit (*die*) 2 (*fig.*) Ekel (*der*), Überdruss (*der*): *fino alla —*, bis zum Überdruss.

**nauseare** *v.tr.* 1 Übelkeit erregen 2 (*fig.*) an-widern, an-ekeln.

**nautico** *agg.* nautisch: *carta nautica*, Seekarte.

**navale** *agg.* See...: *potenza —*, Seemacht.

**navata** *s.f.* (*arch.*) Kirchenschiff (*das*).

**nave** *s.f.* Schiff (*das*): *— da guerra*, Kriegsschiff; *— spaziale*, Raumschiff.

**navetta** *s.f.* 1 (*mezzo di trasporto*) Pendelfahrzeug (*das*) 2 (*astr.*) Raumfähre (*die*).

**navigabile** *agg.* schiffbar.

**navigante** *s.m. e f.* Seefahrer (*der; die -in*) ● *personale navigante*, (*mar.*) Schiffspersonal; (*aer.*) Flugpersonal.

**navigare** *v.intr.* 1 (*mar.*) zur See fahren 2 (*inform.*) surfen: *— in Internet*, im Internet surfen ♦ *v.tr.* befahren: *— gli oceani*, die Ozeane befahren ● *— in cattive acque*, sich in einer schwierigen Lage befinden.

**navigatore** *s.m.* [f. *-trice*] 1 Seefahrer (*der; die -in*) 2 (*aer., mar., sport*) Kopilot (*der; die -in*) ● *— satellitare*, GPS.

**navigazione** *s.f.* 1 Schifffahrt (*die*): *— marittima*, Seeschifffahrt 2 (*teoria*) Navigation (*die*).

**nazionale** *agg.* National...; (*dello Stato*) Staats...: (*sport*) *squadra —*, Nationalmannschaft ♦ *s.f.* (*sport*) Nationalmannschaft (*die*).

**nazionalista** *s.m. e f.* Nationalist (*der; die -in*).

**nazionalità** *s.f.invar.* Staatsangehörigkeit (*die*), Nationalität (*die*).

**nazionalsocialista** *s.m. e f.* Nationalsozialist (*der; die -in*).

**nazione** *s.f.* Nation (*die*), Land (*das*).

**nazismo** *s.m.* Nazionalsozialismus (*der*).

**nazista** *agg.* nationalsozialistisch, Nazi...: *periodo —*, Nazizeit ♦ *s.m. e f.* Nationalsozialist (*der; die -in*); Nazi (*der e die*).

**ne** *pron.m. e f.sing. e pl.* 1 (*riferito a persona*): *appena la vide se — innamorò*, sobald er sie sah, verliebte er sich in sie 2 (*riferito a cosa*) davon, darüber, daza, damit; welche, einige: *che — dici?*, was sagst du dazu?; *gliene voglio parlare*, ich will mit ihm darüber sprechen; *devo comprare lo zucchero, non — ho proprio più*, ich muss Zucker kaufen, ich habe keinen mehr ♦ *avv.* von hier, von dort:

*ora me* — *vado,* jetzt gehe ich; *se* — *sta là tutto solo,* er sitzt da ganz allein; *vattene!,* geh weg!

**né** *cong.* und nicht, auch nicht: *non vuole più occuparsene,* — *io posso farci niente,* er will sich damit nicht mehr beschäftigen, und ich kann auch nichts daran ändern; *non rispondere* — *sì no,* weder ja noch nein sagen ● *— —,* weder... noch...

**NE** *sigla (Nord-Est)* NO.

**neanche** *avv.* nicht einmal: *— lui ti darebbe ragione,* nicht einmal er würde dir recht geben ♦ *cong.* auch nicht: *non gli ho scritto e* — *voglio scrivergli,* ich habe ihm nicht geschrieben, und ich habe es auch nicht vor ● *— uno,* kein einziger | *non ci penso* —*!,* ich denke nicht (einmal) im Traum daran!

**nebbia** *s.f.* Nebel *(der).*

**nebbioso** *agg.* 1 neblig 2 *(confuso)* verschwommen.

**necessariamente** *avv.* notwendigerweise.

**necessario** *agg.* notwendig, nötig ♦ *s.m.* Notwendige *(das),* Nötige *(das): lo stretto* —*,* das Allernotwendigste.

**necessità** *s.f.invar.* 1 Notwendigkeit *(die)* 2 *(fabbisogno)* Bedarf *(der),* Bedürfnis *(das)* 3 *(indigenza)* Not *(die)* ● *in caso di* —*,* im Notfall | *per* —*,* aus Not.

**necrologio** *s.m.* Todesanzeige *(die).*

**necropoli** *s.f.invar.* Nekropole *(die).*

**negare** *v.tr.* 1 verneinen, leugnen: *l'evidenza,* das Offensichtliche leugnen; *non si può* — *che...,* es lässt sich nicht leugnen, dass... 2 *(contestare)* abstreiten 3 *(rifiutare)* versagen, verweigern ♦ **negarsi** *v.pron.* sich verleugnen lassen.

**negativo** *agg.* 1 negativ 2 *(fis.)* Minus...: *polo* —*,* Minuspol 3 *(gramm.)* Verneinungs...: *proposizione negativa,* Verneinungssatz ♦ *s.m. (fot.)* Negativ *(das).*

**negato** *agg. (per)* unbegabt (für).

**negli** *prep.art.* (*in + gli*) → **in**.

**negoziante** *s.m.* e *f.* Kaufmann *(der;* die -frau*).*

**negozio** *s.m.* Geschäft *(das).*

**negro** *agg.* schwarz ♦ *s.m.* [f. -a] Schwarze *(der* e *die); (spreg.)* Neger *(der; die* -in*).*

**nei** *prep.art.* (*in + i*) → **in**.

**nel** *prep.art.* (*in + il*) → **in**.

**nella** *prep.art.* (*in + la*) → **in**.

**nelle** *prep.art.* (*in + le*) → **in**.

**nemico** *s.m.* [f. -a] Feind *(der; die* -in*)* ♦ *agg.* feindlich.

**nemmeno** *avv.* e *cong.* → **neanche**.

**neo** *s.m.* 1 Leberfleck *(der)* 2 *(fig.)* Schönheitsfehler *(der).*

**neon** *s.m.invar.* Neon *(das).*

**neonato** *agg.* neugeboren ♦ *s.m.* [f. -a] Neugeborene *(das).*

**neozelandese** *agg.* neuseeländisch ♦ *s.m.* e *f.* Neuseeländer *(der; die* -in*).*

**neppure** *avv.* e *cong.* → **neanche**.

**nero** *agg.* 1 schwarz: *capelli neri,* schwarze Haare 2 *(sporco)* dreckig, schwarz 3 *(illegale)* schwarz: *lavoro* —*,* Schwarzarbeit ♦ *s.m.* 1 *(colore)* Schwarz *(das),* Schwärze *(die)* 2 *(giochi d'azzardo)* Noir *(das)* 3 [f. -a] *(persona di colore)* Schwarze *(der* e *die)* ● *lavorare in* —*,* schwarz arbeiten | *vedere tutto* —*,* schwarz sehen.

**nervo** *s.m. (med.)* Nerv *(der)* ● *dare sui nervi a qlcu,* jdm auf die Nerven gehen.

**nervosismo** *s.m.* Nervosität *(die),* Reizbarkeit *(die).*

**nervoso** *agg.* 1 *(dei nervi)* Nerven...: *malattia nervosa,* Nervenkrankheit 2 *(irascibile)* nervös, reizbar: *essere* —*,* nervös sein ● *far venire il* — *a qlcu,* jdn nervös machen.

**nessuno** *agg.indef.* 1 kein: *non c'è nessun dubbio,* es gibt keinen Zweifel 2 *(preceduto da senza)* jeglich: *senza nessuna fretta,* ohne jegliche Eile 3 *(qualche)* irgendein: *(non) hai nessun suggerimento da darmi?,* kannst du mir irgendeinen Rat geben? ♦ *pron.indef.* 1 niemand; *(con partitivo)* keiner: *non è venuto* —*,* niemand ist gekommen; *— di loro se n'è accorto,* keiner von ihnen hat es bemerkt 2 *(qualcuno)* jemand: *c'è* —*?,* ist hier jemand?

**nettezza** *s.f.* 1 *(pulizia)* Sauberkeit *(die)* 2 *(precisione)* Klarheit *(die),* Deutlichkeit *(die)* ● — *urbana,* Müllabfuhr.

**netto** *agg.* 1 (*pulito*) sauber, rein (*anche fig.*) 2 (*preciso, deciso*) klar, eindeutig: *netta maggioranza*, eindeutige Mehrheit 3 (*comm.*) Rein...; Netto... ♦ *s.m.* Nettobetrag (*der*) ● *peso* —, Nettogewicht.

**netturbino** *s.m.* [f. -a] Müllmann (*der; die* -frau); (*spazzino*) Straßenkehrer (*der; die* -in).

**neurologo** *s.m.* [f. -a] Neurologe (*der; die* Neurologin); Nervenarzt (*der; die* -ärztin).

**neutrale** *agg.* neutral.
**neutralità** *s.f.invar.* Neutralität (*die*).
**neutro** *agg.* neutral: (*chim.*) *reazione neutra*, neutrale Reaktion ♦ *s.m.* (*gramm.*) Neutrum (*das*).

**neve** *s.f.* Schnee (*der*).
**nevicare** *v.impers.* schneien: *nevica*, es schneit.
**nevicata** *s.f.* Schneefall (*der*).
**nevralgia** *s.f.* (*med.*) Neuralgie (*die*); Nervenschmerz (*der*).
**nevrosi** *s.f.invar.* Neurose (*die*).
**nevrotico** *agg.* neurotisch ♦ *s.m.* [f. -a] Neurotiker (*der; die* -in).

**nicchia** *s.f.* 1 Nische (*die*) 2 (*nelle rocce*) Felsnische (*die*) 3 (*fig.*) ruhiges Plätzchen.

**nicotina** *s.f.* Nikotin (*das*).
**nidiata** *s.f.* Brut (*die*): *una — di bambini*, eine Kinderschar.
**nido** *s.m.* 1 Nest (*das*); (*di rapace*) Horst (*der*): *fare il —*, das Nest bauen 2 (*asilo*) Kinderkrippe (*die*).

**niente** *pron.indef.invar.* 1 (*nessuna cosa*) nichts: *non avere — a che fare con qlcu*, nichts mit jdm zu tun haben; *non entrarci — con qlco*, nichts mit etwas zu tun haben 2 (*qualcosa*) etwas: *ti serve —?*, brauchst du etwas? 3 (*poca cosa*) Kleinigkeit (*die*): *è una cosa da —*, es ist eine Kleinigkeit ♦ *agg.invar.* (*fam.*) (*poca cosa*) Nichts (*das*): *ridursi in —*, sich in Nichts auflösen ♦ *avv.* gar nicht: *non è* (*per*) — *vero*, das ist überhaupt nicht wahr ● *nient'altro*, nichts anderes | — *affatto*, ganz und gar nicht | — *di meno che*, nicht weniger als | — *di nuovo*, nichts Neues | — *male*, nicht schlecht | *di* —, nichts zu danken | *non fa* —, das macht nichts.

NOTA A differenza dell'italiano, in tedesco non si può usare la doppia negazione all'interno di una frase:
*Non mangia niente per colazione.*
Er isst zum Frühstück **nichts**.

**ninfea** *s.f.* (*bot.*) Seerose (*die*).
**ninnananna** *s.f.* Schlaflied (*das*).
**nipote** *s.m. e f.* 1 (*di zio*) Neffe (*der; die* Nichte) 2 (*di nonno*) Enkel (*der; die* -in).
**nitido** *agg.* 1 scharf: *immagine nitida*, scharfes Bild 2 (*limpido*) klar: *ricordo —*, klare Erinnerung.
**nitrire** *v.intr.* wiehern.
**nitrito** *s.m.* Wiehern (*das*).
**no** *avv.* 1 (*nelle risposte negative*) nein: *l'hai visto?, No*, hast du ihn gesehen?, Nein!; —, *grazie!*, nein, danke; *ma* —!, aber nein! 2 (*nelle frasi negative*) nicht: — *di certo*, sicher nicht; *e perché* —?, und warum nicht?; *penso di* —, ich glaube nicht ♦ *s.m.invar.* Nein (*das*): *decidersi per il* —, sich dagegen entscheiden ♦ *agg.invar.* (*fam.*) schlecht, ungünstig: *una giornata* —, ein schlechter Tag ● *se* —, sonst, wenn nicht | *ti piace, —?*, es gefällt dir, oder?

**NO** *sigla* (*Nord-Ovest*) NW.
**nobile** *agg.* 1 adlig 2 (*fig.*) edel, vornehm: *animo* —, edles Gemüt; *aspetto* —, vornehmes Aussehen ♦ *s.m. e f.* Adlige (*der e die*).
**nobiltà** *s.f.invar.* Adel (*der*): (*fig.*) — *d'animo*, Seelenadel.
**nocciola** *s.f.* Haselnuss (*die*) ♦ *agg.* (*colore*) nussbraun.
**nocciolina** *s.f.* (*fam.*) Erdnuss (*die*).
**nocciolo**¹ *s.m.* (*bot.*) Haselnussstrauch (*der*), Haselnuss (*die*).
**nocciolo**² *s.m.* 1 Kern (*der*) 2 (*punto centrale*) Kern (*der*): *venire al — della questione*, zum Kern der Sache kommen.
**noce**¹ *s.m.* 1 (*albero*) Walnussbaum (*der*), Nussbaum (*der*) 2 (*legno*) Nussbaum (*der*).
**noce**² *s.f.* 1 Walnuss (*die*), Nuss (*die*) 2

**nocivo / norma**

(*pezzo*) Stückchen (*das*) ● — *di cocco*, Kokosnuss | — *moscata*, Moskatnuss.
**nocivo** *agg.* schädlich.
**nodo** *s.m.* **1** Knoten (*der*) (*anche mar.*) **2** (*punto di incrocio*) Knotenpunkt (*der*) ● *farsi il* — *alla cravatta*, die Krawatte binden | — *linfatico*, Lymphknoten | — *scorsoio*, Schlinge, Schlaufe.
**noi** *pron.pers.pl.* **1** (*sogg.*) wir: *chi è?, Siamo* —, wer ist das? Wir sind es; *poveri* —!, wir Arme! **2** (*compl.*) uns: *hanno chiamato* —, man hat uns gerufen **3** (*con valore impers.*) wir, man: *quando* (—) *consideriamo che...*, wenn wir bedenken, dass.....
**noia** *s.f.* **1** Langeweile (*die*): *che* —!, so etwas Langweiliges! **2** (*fastidio*) Störung (*die*): *mi dà* — *il fumo*, der Rauch stört mich; *dare* — *a qlcu*, jdn stören **3** (*pl.*) (*seccature*) Unannehmlichkeiten (*pl.*).
**noioso** *agg.* **1** langweilig **2** (*fastidioso*) lästig; (*di bambino*) quengelig.
**noleggiare** *v.tr.* **1** (*prendere a nolo*) mieten, aus·leihen: — *una macchina*, ein Auto mieten **2** (*dare in affitto*) vermieten, verleihen.
**noleggio** *s.m.* **1** Verleih (*der*); (*di veicoli*) Vermietung (*die*) **2** (*prezzo*) Leihgebühr (*die*); (*di veicoli*) Mietpreis (*der*).
**nomade** *agg.* nomadisch, Nomaden..., wandernd ● *s.m.* e *f.* Nomade (*der* e *die*); (*zingaro*) Zigeuner (*der*; *die* -in).
**nome** *s.m.* **1** Name (*der*): — (*di battesimo*), Vorname; *conoscere qlcu solo di* —, jdn nur dem Namen nach kennen; *senza* —, namenlos **2** (*estens.*) Name (*der*), Ruf (*der*) **3** (*gramm.*) Nomen (*das*): — *composto*, zusammengesetztes Substantiv ● *a* — *di qlcu*, in jds Namen | *in* — *di*, im Namen von (o + Gen) | *in* — *della legge*, im Namen des Gesetzes.
**nomignolo** *s.m.* Spitzname (*der*).
**nomina** *s.f.* **1** Ernennung (*die*) **2** (*scol.*) Einstellung (*die*); (*università*) Ruf (*der*).
**nominare** *v.tr.* **1** nennen, erwähnen **2** (*conferire la nomina*) ernennen; (*scol.*) ein·stellen ● *mai sentito* —, nie gehört.
**nominativo** *agg.* Namen...: *elenco* —,

Namensliste ♦ *s.m.* **1** Namen (*der*) **2** (*gramm.*) Nominativ (*der*).
**non** *avv.* **1** (*negazione del verbo*) nicht: — *è venuto*, er kam nicht **2** (*negazione di sostantivo senza art. o con art.indet.*) kein: — *c'è alcun dubbio*, es gibt keinen Zweifel **3** (*seguito da un'altra negazione, non si traduce*): — *è venuto nessuno*, es ist niemand gekommen **4** (*riferito ad agg.* e *avv.*) nicht, kein: — *sempre*, nicht immer **5** (*come prefisso negativo*) Nicht..., Un...: *i* — *credenti*, die Ungläubigen; *la* — *violenza*, die Gewaltlosigkeit; *i* — *fumatori*, die Nichtraucher ● — *appena*, sobald | *c'è di che*, nichts zu danken | — *è vero?*, nicht wahr?
**nondimeno** *cong.* dennoch, nichtsdestoweniger.
**nonna** *s.f.* Großmutter (*die*); (*fam.*) Oma (*die*).
**nonno** *s.m.* Großvater (*der*); (*fam.*) Opa (*der*) ● *i nonni*, die Großeltern.
**nono** *agg.num.ord.* neunte ● *s.m.* **1** Neunte (*der*) **2** (*frazione*) Neuntel (*das*).
**nonostante** *prep.* trotz (+ Gen): *ciò* —, trotzdem ♦ *cong.* obwohl, obgleich.
**nord** *s.m.invar.* Norden (*der*): *a* — *di*, im Norden von; *da*, *verso* —, von, nach Norden; *del* —, Nord... **2** (*regione settentrionale*) Norden (*der*) **3** (*Italia Settentrionale*) Norditalien (*das*).
**nord-est** *s.m.invar.* Nordosten (*der*) ● nord.
**nordico** *agg.* **1** (*scandinavo*) nordisch, nordländisch **2** (*estens.*) nordeuropäisch ♦ *s.m.* [f. -a] Nordeuropäer (*der*; *die* -in).
**nord-ovest** *s.m.invar.* Nordwesten (*der*) ● nord.
**Norimberga** *n.pr.f.* Nürnberg (*das*).
**norma** *s.f.* **1** (*regola*) Norm (*die*); (*istruzione scritta*) Vorschrift (*die*); (*criterio, principio*) Bestimmung (*die*) **2** (*consuetudine*) Gewohnheit (*die*), Angewohnheit (*die*) ● *a* — *di legge*, den gesetzlichen Bestimmungen entsprechend | *come* —, wie üblich | *di* —, üblicherweise | *norme di sicurezza*, Sicherheitsvorschriften.

**normale** *agg.* normal ♦ *s.m.* Normale (das): *fuori dal —*, nicht normal.
**normalmente** *avv.* 1 normal 2 (*generalmente*) normalerweise.
**normativa** *s.f.* Rechtsvorschriften (pl.).
**norvegese** *agg.* norwegisch ♦ *s.m.* e *f.* Norweger (der; die -in) ♦ *s.m.* (*lingua*) Norwegisch(e) (das).
**Norvegia** *n.pr.f.* Norwegen (das).
**nostalgia** *s.f.* 1 Nostalgie (die); (*di casa, patria*) Heimweh (das) 2 (*desiderio struggente*) Sehnsucht (die).
**nostrano** *agg.* 1 (*locale*) aus unserer Gegend 2 (*estens.*) für uns typisch.
**nostro** *agg.poss.* unser: *nostra madre*, unsere Mutter ♦ *pron.poss.* unserer ● *state dalla nostra?*, seid ihr auf unserer Seite?
**nota** *s.f.* 1 (*segno*) Merkmal (das), Kennzeichen (das) 2 (*mus.*) Note (die), Ton (der) 3 (*annotazione*) Anmerkung (die); *prendere — di qlco*, sich (Dat) etw aufschreiben; *degno di —*, bemerkenswert 4 (*di testo*) Anmerkung (die): *— a piè di pagina*, Fußnote 5 (*giudizio*) Beurteilung (die); *— di merito*, positive Beurteilung 6 (*scol.*) Vermerk (der); (*sul registro*) Eintrag (der) 7 (*lista*) Liste (die), Zettel (der).
**notaio** *s.m.* [f. -a] Notar (der; die -in).
**notare** *v.tr.* 1 bemerken: *si noti...*, man bemerke... 2 (*annotare*) aufschreiben, notieren | *far — qlco a qlcu*, jdn auf etw aufmerksam machen | *farsi —*, auffallen | *nota bene*, wohlbemerkt.
**notarile** *agg.* Notar...; notariell: *atto —*, notarielle Urkunde.
**notevole** *agg.* bemerkenswert, beträchtlich.
**notizia** *s.f.* 1 Nachricht (die) 2 (*giornalismo*) Meldung (die): *ultime notizie*, letzte Meldungen.

**FALSCHER FREUND**
Da non confondere con il tedesco *Notiz*, che significa 'annotazione, appunto'.

**notiziario** *s.m.* 1 (*giornalistico*) Nachrichten (pl.) 2 (*pubblicazione*) Bulletin (das).
**noto** *agg.* bekannt: *rendere — qlco*, etw bekannt machen.

**notoriamente** *avv.* bekanntlich.
**notorietà** *s.f.invar.* Berühmtheit (die).
**nottambulo** *s.m.* [f. -a] Nachtschwärmer (der; die -in).
**nottata** *s.f.* (*una*) ganze Nacht.
**notte** *s.f.* Nacht (die) ● *buona —*, gute Nacht | *di —*, nachts, bei Nacht | *in piena —*, mitten in der Nacht | *nella — dei tempi*, in grauer Vorzeit | *per tutta la —*, die ganze Nacht über | *si fa —*, es wird dunkel.
**notturno** *agg.* nächtlich, Nacht...: *vita notturna*, Nachtleben ♦ *s.m.* (*mus.*) Nocturne (die).
**novanta** *agg.num.card.invar.* neunzig.
**novantenne** *agg.* neunzigjährig ♦ *s.m.* e *f.* Neunzigjährige (der e die).
**novantesimo** *agg.num.ord.* neunzigste ♦ *s.m.* (*frazione*) Neunzigstel (das).
**nove** *agg.num.card.invar.* neun → cinque.
**novecento** *agg.num.card.invar.* neunhundert ● *il Novecento*, das zwanzigste Jahrhundert.
**novella** *s.f.* Novelle (die) ● (*relig.*) *la buona Novella*, die frohe Botschaft.
**novello** *agg.* ● *patate novelle*, neue Kartoffeln | *vino —*, Heurige.
**novembre** *s.m.* November (der) → gennaio.
**novità** *s.f.invar.* 1 Neuheit (die): *le ultime —*, die letzten Neuheiten 2 (*fatto*) Neuigkeit (die) ● (*iron.*) *che —!*, das ist nichts Neues!
**nozione** *s.f.* 1 Begriff (der) 2 (pl.) (*conoscenze*) Kenntnisse (pl.).
**nozze** *s.f.pl.* Hochzeit (die), Ehe (die): *— d'argento, d'oro, di diamante*, silberne, goldene, diamantene Hochzeit ● *viaggio di —*, Hochzeitsreise.
**nube** *s.f.* Wolke (die).
**nubifragio** *s.m.* Wolkenbruch (der).
**nubile** *agg.* ledig, unverheiratet ♦ *s.f.* ledige Frau.
**nuca** *s.f.* Genick (das), Nacken (der).
**nucleare** *agg.* Kern..., Atom..., Nuklear... ● *centrale —*, Atomkraftwerk, Kernkraftwerk.
**nucleo** *s.m.* Kern (der): *— terrestre*, Erdkern.

**nudismo** *s.m.* Nudismus (*der*), Freikörperkultur (*die*), FKK (*die*).
**nudista** *s.m. e f.* Nudist (*der*; *die* -in), FKKler (*der*; *die* -in).
**nudo** *agg.* nackt, bloß: *mezzo* —, halb nackt; *a piedi nudi*, mit bloßen Füßen ♦ *s.m.* (*pitt.*) Akt (*der*); (*fot.*) Nacktfoto (*das*).
**nulla** *pron.indef.* nichts: *un buono a* —, ein Taugenichts ♦ *s.m.* Nichts (*das*): *creare qlco dal* —, etwas aus dem Nichts schaffen ♦ *avv.* nichts: *non fa* —, das macht nichts.

> NOTA A differenza dell'italiano, in tedesco non si può usare la doppia negazione all'interno di una frase:
> *Non ha detto nulla.*
> *Er hat **nichts** gesagt.*

**nulla osta** *s.m.invar.* (*amm.*) Genehmigung (*die*), Erlaubnis (*die*).
**nullità** *s.f.invar.* **1** (*dir.*) Nichtigkeit (*die*) **2** (*di persone*) Null (*die*).
**nullo** *agg.* (*dir.*) nichtig, ungültig: *dichiarare* —, für ungültig erklären; *il guadagno è quasi* —, der Gewinn ist beinahe (*o* gleich *o* fast) null.
**numerale** *s.m.* Zahlwort (*das*) ● *sistema* —, Zahlensystem.
**numerare** *v.tr.* numerieren, beziffern.
**numerazione** *s.f.* Numerierung (*die*), Bezifferung (*die*) ● (*mat.*) — *romana*, römische Zahlen.
**numero** *s.m.* **1** (*mat.*) Zahl (*die*): — *cardinale*, *ordinale*, Kardinalzahl, Ordinalzahl; *numeri arabi*, *romani*, arabische, römische Zahlen **2** (*cifra*) Nummer (*die*) **3** (*estens.*) Zahl (*die*), Anzahl (*die*): *un buon* —, eine große Anzahl (*o* Zahl) **4** (*di scarpe*) Schuhgröße (*die*) **5** (*al lotto*) Zahl (*die*), Lottozahl (*die*) ● — *civico*, Hausnummer | — *di camera*, Zimmernummer | — *di telefono*, Telefonnummer.
**numeroso** *agg.* zahlreich.
**nuocere** *v.intr.* (*a*) schaden (+ *Dat*), schädigen (+ *Dat*).
**nuora** *s.f.* Schwiegertochter (*die*).
**nuotare** *v.tr. e intr.* schwimmen.
**nuotatore** *s.m.* [f. -*trice*] Schwimmer (*der*; *die* -in).
**nuoto** *s.m.* Schwimmen (*das*) ● *a* —, schwimmend.
**nuovamente** *avv.* wieder, noch einmal.
**nuovo** *agg.* neu: *come* —, wie neu ♦ *s.m.* Neue (*das*): *che c'è di* —?, was gibt es Neues?; *nulla di* —!, nichts Neues! ● *di* —, (*un'altra volta*) noch einmal, wieder, erneut; (*nuovamente*) nochmals; (*da capo*) noch einmal ● *fiammante* (*o di zecca*), funkelnagelneu | *questa è nuova!*, das ist ja was ganz Neues! | *rimettere a* — *qlco*, etw instand setzen.
**nutriente** *agg.* nahrhaft; Nähr...: *crema* —, Nährcreme.
**nutrimento** *s.m.* Nahrung (*die*).
**nutrire** *v.tr.* **1** (er)nähren **2** (fig.) hegen, nähren: — *odio*, *speranza*, Hass, Hoffnung hegen ♦ *v.intr.* (*essere nutriente*) nahrhaft sein ♦ **nutrirsi** *v.pron.* (*di*) sich (er)nähren (von).
**nutritivo** *agg.* Nähr...: *valore* —, Nährwert.
**nuvola** *s.f.* Wolke (*die*) ● *cadere dalle nuvole*, aus allen Wolken fallen.
**nuvolo, nuvoloso** *agg.* bedeckt, wolkig.
**nylon** *s.m.invar.* Nylon (*das*): *calza di* —, Nylonstrumpf.

# Oo

**o** *cong.* oder; *ci vai — no?*, gehst du hin oder nicht? ● *— ...—*, entweder... oder; *viene (o) oggi o domani*, sie kommt entweder heute oder morgen.

**O** *sigla* (Ovest) W.

**oasi** *s.f.invar.* Oase (die).

**obbedire** e deriv. → **ubbidire** e deriv.

**obbligare** *v.tr.* 1 verpflichten 2 (*costringere*) zwingen.

**obbligatorio** *agg.* Pflicht..., obligatorisch: *materia obbligatoria*, Pflichtfach.

**obbligo** *s.m.* Pflicht (die), Verpflichtung (die): *sentirsi in — verso qlcu*, sich jdm gegenüber verpflichtet fühlen ● *— di frequenza*, Anwesenheitspflicht.

**obeso** *agg.* übergewichtig.

**obiettare** *v.tr.* einwenden, entgegnen.

**obiettivo** *agg.* objektiv, sachlich ♦ *s.m.* 1 (*fot.*) Objektiv (das) 2 (*scopo*) Ziel (das): *raggiungere, mancare l'—*, das Ziel erreichen, verfehlen.

**obiettore** *s.m.* ● *— di coscienza*, (*al servizio militare*) Kriegsdienstverweigerer; (*chi presta servizio civile*) Zivildienstleistende; (*medico*) Arzt, der aus ethischen Gründen keine Abtreibungen vornimmt.

**obiezione** *s.f.* Einwand (der); (*dir.*) Einspruch (der), Widerspruch (der).

**obitorio** *s.m.* Leichenschauhaus (das).

**obliquo** *agg.* schräg.

**obliterare** *v.tr.* entwerten.

**oblò** *s.m.invar.* Bullauge (das).

**oboe** *s.m.* Oboe (die).

**obsoleto** *agg.* veraltet, obsolet.

**oca** *s.f.* 1 Gans (die); (*maschio*) Gänserich (der): *avere la pelle d'—*, Gänsehaut haben 2 (*spreg.*) Schnepfe (die), Zicke (die).

**occasionale** *agg.* Gelegenheits..., gelegentlich: *lavoro —*, Gelegenheitsarbeit.

**occasione** *s.f.* 1 Gelegenheit (die): *cogliere, perdere un'—*, eine Gelegenheit nutzen, verpassen 2 (*motivo*) Anlass (der), Grund (der) 3 (*comm.*) Gelegenheitskauf (der) ● *all'—*, bei Gelegenheit | *d'—*, günstig | *in — di*, anlässlich (+ Gen).

**occhiaia** *s.f.* 1 (*anat.*) Augenhöhle (die) 2 (*pl.*) Ränder (*pl.*), Augenringe (*pl.*).

**occhiali** *s.m.pl.* Brille (die): *portare gli —*, eine Brille tragen ● *— da sole*, Sonnenbrille.

**occhiata** *s.f.* Blick (der): *dare un'— al giornale*, einen Blick in die Zeitung werfen.

**occhiello** *s.m.* 1 (*abbigl.*) Knopfloch (das) 2 (*tip.*) Schmutztitel (der) ● (*fig.*) *un fiore all'—*, ein Glanzstück.

**occhio** *s.m.* Auge (das) ● *a occhi chiusi, aperti*, mit geschlossenen, offenen Augen | *a —*, nach Augenmaß | *a — nudo*, mit bloßem Auge | *dare nell'—*, auffallen | *guardarsi negli occhi*, sich in die Augen gucken | *in un batter d'—*, in einem Augenblick | *non chiudere —*, kein Auge zutun | *non credere ai propri occhi*, seinen Augen nicht trauen | *—!*, pass auf! | *parlare a quatt'occhi*, unter vier

Augen sprechen | *strizzare l'*—, mit dem Auge zwinkern.

**occidentale** *agg.* westlich, West...: *costa* —, Westküste ● *s.m.* e *f.* Bewohner (*der*; *die* -in) der westlichen Welt.

**occidente** *s.m.* Westen (*der*); *a* — *di*, westlich von ● (*st., pol.*) *l'Occidente*, der Westen, das Abendland.

**occorrente** *agg.* erforderlich, nötig, notwendig ● *s.m.* Nötige (*das*), Notwendige (*das*).

**occorrenza** *s.f.* Bedarf (*der*); *all'*—, bei Bedarf, im Bedarfsfall.

**occorrere** *v.tr.impers.* (*aver bisogno di*) brauchen, benötigen: *mi occorre del denaro*, ich brauche Geld ♦ *v.intr.impers.* 1 (*essere necessario*) müssen; nötig sein; brauchen: *occorre far presto*, wir müssen uns beeilen; *non occorre che tu venga*, du brauchst nicht zu kommen 2 (*servire*) brauchen: *occorrono due ore*, man braucht zwei Stunden.

**occupare** *v.tr.* 1 besetzen, belegen: — *un territorio*, ein Gebiet besetzen 2 (*uno spazio*) ein·nehmen, beanspruchen 3 (*fig.*) inne·haben, bekleiden: — *un posto di responsabilità*, eine verantwortungsvolle Stellung bekleiden 4 (*dare lavoro*) an·stellen 5 (*tempo*) verbringen, zu·bringen 6 (*mente*) beschäftigen ♦ **occuparsi** *v.pron.* (*di*) 1 sich beschäftigen (mit) 2 (*prendersi cura*) sich kümmern (um) 3 (*impicciarsi*) sich ein·mischen (in + *Acc*).

**occupato** *agg.* 1 besetzt, belegt 2 (*di persona*) beschäftigt ♦ *s.m.* [f. -a] Berufstätige (*der* e *die*).

**occupazione** *s.f.* 1 Besetzung (*die*); — (*abusiva*) *di uno stabile*, Hausbesetzung 2 (*lavoro*) Beschäftigung (*die*); *senza* —, arbeitslos.

**oceano** *s.m.* Ozean (*der*).

**oculare** *agg.* Aug(en)...: *testimone* —, Augenzeuge.

**oculista** *s.m.* e *f.* Augenarzt (*der*; *die* -ärztin).

**odiare** *v.tr.* hassen ♦ **odiarsi** *v.pron.* sich hassen.

**odierno** *agg.* heutig: *in data odierna*, heute.

**odio** *s.m.* Hass (*der*); *venire in* — *a qlcu*, sich bei jdm verhasst machen.

**odioso** *agg.* gehässig.

**odontoiatra** *s.m.* e *f.* Zahnarzt (*der*; *die* -ärztin).

**odontotecnico** *s.m.* [f. -a] Zahntechniker (*der*; *die* -in).

**odorare** *v.tr.* riechen (an + *Dat*): — *un profumo*, an einem Parfüm riechen ♦ *v.intr.* (*di*) riechen (nach).

**odorato** *s.m.* Geruch(ssinn) (*der*).

**odore** *s.m.* (*di*) Geruch (*der*) (nach); — *di chiuso*, muffiger Geruch; *buon* —, Wohlgeruch; *sentire* — *di qlco*, etw riechen.

**offendere** *v.tr.* 1 beleidigen, kränken 2 (*oltraggiare*) verstoßen gegen, verletzen: — *il buon gusto*, gegen den guten Geschmack verstoßen 3 (*lesionare*) schädigen ♦ **offendersi** *v.pron.* 1 (*sentirsi offeso*) sich beleidigt fühlen, gekränkt sein 2 (*reciproco*) sich gegenseitig beleidigen.

**offensiva** *s.f.* Offensive (*die*).

**offensivo** *agg.* 1 beleidigend, kränkend, verletzend 2 (*mil.*) offensiv, Angriffs...: *manovra offensiva*, Angriffsmanöver.

**offerta** *s.f.* 1 Angebot (*das*) 2 (*obolo*) Spende (*die*) ● — *speciale*, Sonderangebot.

**offesa** *s.f.* Beleidigung (*die*), Kränkung (*die*), Verletzung (*die*): — *al pudore*, Verletzung des Schamgefühls.

**officina** *s.f.* Werkstatt (*die*); Werkstätte (*die*).

**offrire** *v.tr.* an·bieten, bieten: — *un impiego*, eine Stelle anbieten; — *in vendita*, zum Verkauf anbieten ♦ **offrirsi** *v.pron.* sich an·bieten ● *chi offre di più?*, wer bietet mehr? | *cosa posso offrirti?*, was darf ich dir anbieten? | *offro io!*, das geht auf meine Rechnung.

**oggettivo** *agg.* objektiv, sachlich.

**oggetto** *s.m.* 1 Gegenstand (*der*) 2 (*fig.*) Gegenstand (*der*), Objekt (*das*): *essere* — *di attenzione*, der Gegenstand der Aufmerksamkeit sein; *avere per* —, zum Gegenstand haben ● (*comm.*) *in* —, obengenannt | *oggetti di valore*,

**oggi** *avv.* **1** heute: *quanti ne abbiamo —?*, der Wievielte ist heute? **2** *(oggigiorno)* heutzutage ♦ *s.m.invar.* Heute *(die)* ● *al giorno d'—*, heutzutage | *dall'— al domani*, von heute auf morgen | *da — in poi*, von heute an | *il giornale di —*, die heutige Zeitung | *— come —*, wie es heute steht | *quest'—*, heute.

**oggigiorno** *avv.* heutzutage.

**OGM** *sigla (Organismo Geneticamente Modificato)* GVO, gentechnisch veränderter Organismus.

**ogni** *agg.indef.* **1** *(ciascuno)* jeder: *— giorno c'è una novità*, jeden Tag gibt's was Neues **2** *(qualsiasi, qualunque)* jeder (beliebige), jeglicher **3** *(distributivo)* alle, jeder: *— mezz'ora*, alle halbe Stunde; *— due giorni*, jeden zweiten Tag ● *con — mezzo*, mit allen Mitteln | *in — caso*, jedenfalls | *in — momento*, jederzeit | *— tanto*, hin und wieder, von Zeit zu Zeit, ab und zu.

**Ognissanti** *s.m.invar.* Allerheiligen *(das)*.

**ognuno** *pron.indef.* jedermann, jeder, (ein) jeder.

**Olanda** *n.pr.f.* Holland *(das)*.

**olandese** *agg.* holländisch, niederländisch ♦ *s.m.* e *f.* Holländer *(der; die* -in), Niederländer *(der; die* -in) ♦ *s.m. (lingua)* Holländisch(e) *(das)*; Niederländisch(e) *(das)*.

**olfatto** *s.m.* Geruch(ssinn) *(der)*.

**oliare** *v.tr.* (ein-)ölen; *(lubrificare)* schmieren.

**oliera** *s.f.* Ölflasche *(die)*.

**olimpiade** *s.f.* Olympiade *(die)*.

**olimpico** *agg.* olympisch; Olympia...: *giochi olimpici*, olympische Spiele; *stadio —*, Olympiastadion.

**olio** *s.m.* Öl *(das)* ● *cambio dell'—*, Ölwechsel | *(pitt.) dipinto a —*, Ölgemälde | *— di semi*, Keimöl | *Olio santo*, Heilige Öle | *— solare*, Sonnenöl | *— vegetale*, Pflanzenöl | *tutto è andato liscio come l'—*, alles ist glatt gegangen.

**oliva** *s.f.* Olive *(die)*: *olio d'—*, Olivenöl ● *— verde*, olivgrün.

**olivo** *s.m.* Olivenbaum *(der)*.

**olmo** *s.m.* Ulme *(die)*.

**olocausto** *s.m.* Holocaust *(der)*; Judenvernichtung *(die)*.

**oltraggio** *s.m.* Beleidigung *(die)*: *— a pubblico ufficiale*, Beamtenbeleidigung.

**oltralpe** *avv.* jenseits der Alpen.

**oltre** *avv.* **1** *(luogo)* weiter: *(fig.) è andato troppo —*, er ist zu weit gegangen **2** *(tempo)* länger: *non aspettate più —*, wartet nicht länger ♦ *prep.* **1** *(stato in luogo)* jenseits (+ Gen): *— il muro*, jenseits der Mauer; *— ogni limite*, über alle Maßen **2** *(moto a luogo)* über (+ Acc): *vada — il ponte*, gehen Sie über die Brücke **3** *(tempo)* über (+ Acc), länger als: *piove da — due settimane*, es regnet schon seit mehr als zwei Wochen **4** *(quantità)* mehr als, über (+ Acc) ● *— a*, neben, außer (+ Dat): *— a ciò*, außerdem, überdies | *— che*, nicht nur... sondern auch, sowohl... als auch: *— che bello è anche utile*, es ist nicht nur schön, sondern auch nützlich.

**oltremare** *avv.* **1** *(stato in luogo)* in Übersee **2** *(moto a luogo)* nach Übersee ● *commercio d'—*, Überseehandel.

**oltrepassare** *v.tr.* überschreiten, überfahren: *— il limite*, das Maß überschreiten.

**omaggio** *s.m.* **1** *(ossequio)* Huldigung *(die)* **2** *(regalo)* Beigabe *(die)*: *ricevere un libro in —*, ein Buch als Beigabe bekommen | *copia —*, Freiexemplar *(o* Gratisexemplar*)*.

**ombelicale** *agg.* (anat.) Nabel...: *cordone —*, Nabelschnur.

**ombelico** *s.m.* (anat.) Nabel *(der)*.

**ombra** *s.f.* **1** Schatten *(der)*: *all'—*, im Schatten **2** *(fig.)* Spur *(die)*, Hauch *(der)*: *un'— di tristezza*, ein Hauch von Traurigkeit ● *senza — di dubbio*, ohne den geringsten Zweifel.

**ombrello** *s.m.* Regenschirm *(der)*, Schirm *(der)*: *— pieghevole*, Taschenschirm.

**ombrellone** *s.m.* *(da spiaggia)* Sonnenschirm *(der)*; *(da terrazza)* Balkonschirm *(der)*.

**ombretto** *s.m.* Lidschatten *(der)*.

**ombroso** *agg.* **1** schattig **2** *(di persona)* leicht zu kränken.

**omeopatia** *s.f.* Homöopathie (die).
**omeopatico** *agg.* homöopathisch.
**omero** *s.m.* (anat.) Oberarmknochen (der).
**omettere** *v.tr.* aus-lassen.
**omicida** *agg.* mörderisch, Tötungs..., Mord...: *intenzioni omicide*, Tötungsabsichten ♦ *s.m.* e *f.* Mörder (der; die -in).
**omicidio** *s.m.* Mord (der), Totschlag (der), Tötung (die): *tentato* —, versuchter Mord.
**omissione** *s.f.* 1 Auslassung (die) 2 (dir.) Unterlassung (die); Versäumnis (das): — *di soccorso*, unterlassene Hilfeleistung.
**omogeneizzato** *agg.* homogenisiert ♦ *s.m.* Babynahrung (die).
**omogeneo** *agg.* 1 homogen 2 (estens.) gleichartig, einheitlich: *un tutto —*, ein einheitliches Ganzes.
**omologato** *agg.* 1 zugelassen; (tecn.) typengeprüft 2 (fig.) angepasst.
**omosessuale** *agg.* homosexuell ♦ *s.m.* e *f.* Homosexuelle (der e die).
**oncologo** *s.m.* [f. -a] Onkologe (der; die Onkologin).
**onda** *s.f.* Welle (die) (anche estens.) ● — *corta, lunga*, Kurzwelle, Langwelle | *lunghezza d'—*, Wellenlänge | *mandare in —*, senden, aus-strahlen.
**ondata** *s.f.* Welle (die) (anche fig.): — *di freddo*, Kältewelle; *un'— di entusiasmo*, eine Welle der Begeisterung.
**ondeggiare** *v.intr.* wogen, wallen.
**ondulato** *agg.* 1 wellenförmig, Well(en)...: *linea ondulata*, Wellenlinie 2 (di capelli) wellig.
**onere** *s.m.* Last (die): — *fiscale*, Steuerbelastung.
**onestà** *s.f.invar.* Ehrlichkeit (die), Aufrichtigkeit (die).
**onestamente** *avv.* ehrlich.
**onesto** *agg.* 1 ehrlich, aufrichtig 2 (di prezzo) angemessen.
**onnipotente** *agg.* allmächtig ● (relig.) *l'Onnipotente*, der Allmächtige.
**onnivoro** *agg.* allesfressend.
**onomastico** *s.m.* Namenstag (der).
**onorare** *v.tr.* 1 ehren 2 (fare onore) Ehre machen (+ Dat) 3 (adempiere) ein-halten, nach-kommen: — *i propri impegni*, seinen Verpflichtungen nachkommen.
**onorario**¹ *agg.* Ehren...: *carica onoraria*, Ehrenamt.
**onorario**² *s.m.* Honorar (das), Vergütung (die).
**onorato** *agg.* geehrt: *sono molto — di fare la Sua conoscenza*, es ist mir eine Ehre, Ihre Bekanntschaft zu machen.
**onore** *s.m.* 1 Ehre (die): *parola d'—*, Ehrenwort; *uomo d'—*, Ehrenmann; *farsi — in qlco*, in etw zu Ehren kommen 2 (omaggio) Ehre (die): *in — di*, zu Ehren von; *in — a un ospite*, einem Gast zu Ehren.
**onorevole** *agg.* ehrenwert ♦ *s.m.* e *f.* Abgeordnete (der e die).
**ONU** *sigla* (Organizzazione delle Nazioni Unite) UNO.
**opaco** *agg.* 1 undurchsichtig; (di vetro) milchig 2 (privo di lucentezza) glanzlos; (di legno, metallo) matt.
**opera** *s.f.* 1 (azione) Werk (das), Arbeit (die): *mettersi all'—*, sich ans Werk machen (o an die Arbeit gehen); *compiere un'— buona*, ein gutes Werk tun; *per — di*, durch 2 (prodotto di attività) Werk (das): — *d'arte*, Kunstwerk 3 (tecn.) Werk (das), Anlage (die) 4 (mus.) Oper (die); (teatro) Opernhaus (das).
**operaio** *s.m.* [f. -a] Arbeiter (der; die -in) ● Arbeiter...: *classe operaia*, Arbeiterklasse.
**operare** *v.tr.* 1 (fare) tun, bewirken: — *un miracolo*, ein Wunder tun 2 (med.) operieren ♦ *v.intr.* 1 (agire) handeln: — *nel proprio interesse*, im eigenen Interesse handeln 2 (produrre un effetto) wirken.
**operativo** *agg.* 1 operativ 2 (esecutivo) Vollstreckungs...: *ordine —*, Vollstreckungsbefehl ● (inform.) *sistema —*, Betriebssystem.
**operatore** *s.m.* [f. -trice] 1 Fachmann (der; die -frau): — *turistico*, Reiseveranstalter 2 (econ.) Makler (der; die -in): — *di borsa*, Börsenmakler 3 [f. -trice] (cinem.) Kameramann (der; die -frau).
**operatorio** *agg.* Operations...: *sala operatoria*, Operationssaal.

**operazione** *s.f.* **1** Unternehmen (*das*); (*azione*) Aktion (*die*) **2** (*med., mil.*) Operation (*die*): *subire un —*, sich einer Operation unterziehen **3** (*econ.*) Geschäft (*das*) **4** (*mat.*) Operation (*die*).

**opinione** *s.f.* Meinung (*die*), Ansicht (*die*): *la pubblica —*, die öffentliche Meinung; *sono dell'— che...*, ich bin der Meinung, dass.....

**oppio** *s.m.* Opium (*das*).

**opporre** *v.tr.* entgegensetzen, entgegenstellen; Widerstand leisten; *— un rifiuto*, ablehnen ♦ **opporsi** *v.pron.* sich entgegensetzen (+ *Dat*): *nulla si oppone al progetto*, nichts setzt sich dem Plan entgegen.

**opportunista** *s.m.* e *f.* Opportunist (*der*; *die* -in) ♦ *agg.* opportunistisch.

**opportunità** *s.f.invar.* **1** Angemessenheit (*die*) **2** (*occasione*) Gelegenheit (*die*).

**opportuno** *agg.* gelegen; (*favorevole*) günstig: *momento —*, günstiger Moment.

**opposizione** *s.f.* **1** Widerspruch (*der*): *incontrare l'— dei genitori*, auf den Widerspruch der Eltern stoßen **2** (*pol.*) Opposition (*die*).

**opposto** *agg.* **1** gegenüberliegend **2** (*contrario*) entgegengesetzt ♦ *s.m.* Gegenteil (*das*): *all'—*, im Gegenteil.

**oppressione** *s.f.* **1** Unterdrückung (*die*) **2** (*fig.*) Beklemmung (*die*).

**opprimere** *v.tr.* **1** unterdrücken: *— un popolo*, ein Volk unterdrücken **2** (*fig.*) überlasten: *essere oppresso dal lavoro*, beruflich überlastet sein.

**oppure** *cong.* **1** oder **2** (*altrimenti*) sonst, ansonsten, andernfalls.

**optional** *s.m.invar.* Extra (*das*).

**opuscolo** *s.m.* Prospekt (*der*), Broschüre (*die*).

**opzione** *s.f.* Wahlmöglichkeit (*die*); (*dir., pol.*) Option (*die*).

**ora¹** *s.f.* **1** Stunde (*die*) **2** (*nelle indicazioni orarie*) Uhr (*die*): *a che — parti?*, um wie viel Uhr fährst du ab? ● *a tarda —*, zu später Stunde | *che — è?, che ore sono?*, wieviel Uhr ist es?, wie spät ist es? | *di buon'—*, früh, am frühen Morgen | (*iron.*) *era —!*, es war höchste Zeit! | *non vedere l'— di fare qlco*, es nicht abwarten können, etw zu tun | *— legale, solare*, Sommerzeit, Normalzeit | *per ore e ore*, stundenlang.

> **NOTA** **Ora**: *Stunde* **o** *Uhr*?
> 'Ora' è reso in tedesco con **Stunde** quando indica la parte del giorno che corrisponde a 60 minuti:
> *Lavoro otto ore al giorno.*
> Ich arbeite acht **Stunden** am Tag.
> Quando invece 'ora' indica un orario preciso, si traduce con **Uhr**.
> *A che ora sei arrivato?*
> Um wieviel **Uhr** bist du angekommen?

**ora²** *avv.* **1** (*in questo momento*) jetzt, nun, im Augenblick **2** (*poco fa*) soeben, gerade jetzt **3** (*passato lontano*) vor (+ *Dat*): *alcuni anni or sono*, vor einigen Jahren **4** (*tra poco*) gleich: *— lo chiamo*, ich rufe ihn gleich an ♦ *cong.* nun, also: *— si deve sapere che...*, nun muss man also wissen, dass... ● *d'— in poi, d'— in avanti*, von jetzt an, von nun an | *fin d'—*, von diesem Augenblick an | *— che*, nun: *— che ci penso, hai ragione*, nun, wenn ich darüber nachdenke, muss ich dir recht geben | *or —*, soeben | *per —*, im Augenblick, zur Zeit | *prima d'—*, zuvor.

**orafo** *s.m.* [f. -a] Goldschmied (*der*; *die* -in) ♦ *agg.* Goldschmiede...: *arte orafa*, Goldschmiedekunst.

**orale** *agg.* **1** Mund..., oral: *igiene —*, Mundpflege **2** (*a voce*) mündlich: *tradizione —*, mündliche Überlieferung ♦ *s.m.* (*scol.*) mündliche Prüfung ● (*farm.*) *assumere per via —*, oral einnehmen.

**orario** *agg.* Stunden...: *velocità oraria*, Stundengeschwindigkeit ♦ *s.m.* **1** Stunde (*die*); Zeit (*die*) **2** (*quadro, tabella*) Plan (*der*) ● *essere in —*, pünktlich sein | *— delle lezioni*, Stundenplan | *— di apertura*, Öffnungszeit | *— di lavoro*, Arbeitszeit | *— ferroviario*, Fahrplan.

**oratore** *s.m.* [f. -trice] Redner (*der*; *die* -in).

**orbita** *s.f.* **1** (*astr.*) Umlaufbahn (*die*): *— terrestre*, Erdumlaufbahn **2** (*fig.*)

(*ambito*) Bereich (der) **3** (*anat.*) Augenhöhle (die).
**orchestra** *s.f.* Orchester (das).
**orchidea** *s.f.* Orchidee (die).
**ordigno** *s.m.* Sprengkörper (der).
**ordinamento** *s.m.* Ordnung (die): — *scolastico*, Schulordnung.
**ordinare** *v.tr.* **1** (*disporre*) ordnen **2** (*comandare*) befehlen, an-ordnen **3** (*al ristorante*) bestellen **4** (*medicine*) verschreiben **5** (*relig.*) weihen.
**ordinario** *agg.* **1** gewöhnlich **2** (*dir.*) ordentlich ♦ *s.m.* (*professore*) Ordinarius (der) ● *fuori dall'—*, außergewöhnlich.
**ordinatamente** *avv.* geordnet.
**ordinato** *agg.* **1** aufgeräumt, ordentlich **2** (*di persona*) ordentlich.
**ordinazione** *s.f.* **1** Bestellung (die), Auftrag (der); *su —*, auf Bestellung **2** (*relig.*) Weihe (die).
**ordine** *s.m.* **1** Ordnung (die): *in — cronologico*, in chronologischer Ordnung **2** (*comando*) Befehl (der): *ricevere, eseguire un —*, einen Befehl erhalten, ausführen; *su — di*, auf Befehl von **3** (*comm.*) Auftrag (der), Bestellung (die) **4** (*categoria*) Rang (der), Klasse (die) **5** (*carattere*) Natur (die) **6** (*associazione*) Verband (der) **7** (*relig.*) Orden (der) ● *di prim'—*, ersten Ranges | *— dei medici*, Ärztekammer | *— del giorno*, Tagesordnung | *— di consegna*, Lieferungsauftrag.
**orecchino** *s.m.* Ohrring (der).
**orecchio** *s.m.* Ohr (das) ● *avere — per la musica*, ein Ohr für Musik haben | *essere tutt'orecchi*, ganz Ohr sein | *non credere alle proprie orecchie*, seinen Ohren nicht trauen | *orecchie a sventola*, Segelohren.
**orecchioni** *s.m.pl.* (*fam.*) Ziegenpeter (der).
**orefice** *s.m.* e *f.* Juwelier (der; die -in).
**oreficeria** *s.f.* **1** (*arte*) Goldschmiedekunst (die) **2** (*laboratorio*) Goldschmiedewerkstatt (die); (*negozio*) Juweliergeschäft (das).
**orfano** *agg.* verwaist ♦ *s.m.* [f. -*a*] Waisenkind (das).
**organico** *agg.* **1** organisch, lebend: *disturbo —*, organisches Leiden **2** (*fig.*) einheitlich; (*funzionale*) organisch ♦ *s.m.* (*personale*) Personal (das).
**organismo** *s.m.* **1** (*essere vivente*) Organismus (der), Lebewesen (das) **2** (*corpo umano*) Körper (der) **3** (*fig.*) Organismus (der), Gebilde (das): *— statale*, Staatsorganismus.
**organista** *s.m.* e *f.* Organist (der; die -in), Orgelspieler (der; die -in).
**organizzare** *v.tr.* organisieren.
**organizzatore** *agg.* [f. -*trice*] Veranstalter (der; die -in), Organisator (der; die -in).
**organizzazione** *s.f.* **1** Organisation (die); (*di feste ecc.*) Veranstaltung (die) **2** (*ente*) Organisation (die).
**organo** *s.m.* **1** Organ (das): *organi vitali*, lebenswichtige Organe **2** (*mus.*) Orgel (die): *musica per —*, Orgelmusik.
**orgasmo** *s.m.* **1** Orgasmus (der) **2** (*fig.*) Aufregung (die).
**orgoglio** *s.m.* Stolz (der), Hochmut (der) **2** (*vanto*) Stolz (der).
**orgoglioso** *agg.* (*di*) stolz (auf + Acc.)
**orientale** *agg.* Ost...; östlich: *Europa —*, Osteuropa ♦ *s.m.* e *f.* Bewohner (der; die -in) der östlichen Länder.
**orientamento** *s.m.* **1** Orientierung (die) (*anche fig.*): *senso dell'—*, Orientierungssinn **2** (*consulenza*) Beratung (die): *— professionale*, Berufsberatung.
**orientare** *v.tr.* **1** orientieren **2** (*fig.*) (*verso*) richten (nach); (*indirizzare*) lenken (nach) ♦ *orientarsi* *v.pron.* **1** sich orientieren; sich zurecht-finden (*anche fig.*) **2** (*indirizzarsi*) (*verso*) sich zu-wenden (+ Dat.)
**oriente** *s.m.* **1** Ost(en) (der): *a — (di)*, im Osten (+ Gen) **2** (*Asia*) Orient (der) ● *Medio, Estremo Oriente*, Naher, Ferner Osten.
**origano** *s.m.* **1** (*bot.*) Origanum (das), Dost (der) **2** (*spezia*) Oregano (der).
**originale** *agg.* **1** (*autentico*) original, Original...: *in lingua —*, in Originalsprache **2** (*fuori dal comune*) originell **3** (*delle origini*) ursprünglich ♦ *s.m.* **1** Original (das): *conforme all'—*, originalgetreu **2** (*tipo strano*) Sonderling (der).
**originariamente** *avv.* ursprünglich.

**origine** *s.f.* 1 Ursprung (der); (*provenienza*) Herkunft (die): *di — tedesca*, deutscher Herkunft 2 (*causa*) Ursache (die) ● *in —*, am Anfang.
**origliare** *v.intr.* horchen: *— alla porta*, an der Tür horchen.
**orizzontale** *agg.* waagerecht.
**orizzonte** *s.m.* Horizont (der) (*anche fig.*).
**orlo** *s.m.* 1 Rand (der) 2 (*tess.*) Saum (der) 3 (*di tavolo*) Kante (die).
**orma** *s.f.* Fußstapfe (die); (*traccia*) Spur (die).
**ormai** *avv.* 1 (*adesso*) nun, jetzt: *— non si può più fare niente*, jetzt kann man nichts mehr daran ändern 2 (*già*) schon, bereits.
**ormeggiare** *v.tr.* vertäuen.
**ormeggio** *s.m.* 1 Vertäuung (die); (*luogo*) Ankerplatz (der) 2 (*pl.*) (*cavi*) Halteleinen (*pl.*).
**ormone** *s.m.* (*biol.*) Hormon (das).
**ornamento** *s.m.* Schmuck (der), Verzierung (die).
**ornare** *v.tr.* schmücken.
**oro** *s.m.* 1 Gold (das): *d'—*, golden, Gold-, 2 (*pl.*) (*gioielli*) Goldschmuck (der) ● *un'occasione d'—*, eine ausgezeichnete Gelegenheit.
**orologiaio** *s.m.* [f. *-a*] Uhrmacher (der; die *-in*).
**orologio** *s.m.* Uhr (die): *l' — va avanti, resta indietro*, die Uhr geht vor, nach ● *— da polso*, Armbanduhr.
**oroscopo** *s.m.* Horoskop (das).
**orrendo** *agg.* schrecklich.
**orribile** *agg.* grauenvoll, schrecklich: *un — delitto*, ein grauenvolles Verbrechen; *tempo —*, schreckliches Wetter.
**orrido** *agg.* schauderhaft, schrecklich ◆ *s.m.* Schreckliche (das).
**orrore** *s.m.* 1 Grausen (das), Entsetzen (das) 2 (*estens.*) Greuel (der), Schrecken (der).
**orsa** *s.f.* (*zool.*) Bärin (die) ● (*astr.*) *Orsa Maggiore, Minore*, Großer, Kleiner Bär.
**orsacchiotto** *s.m.* 1 Bärchen (das), kleiner Bär 2 (*giocattolo*) Teddybär (der).
**orso** *s.m.* 1 Bär (der) 2 (*fig.*) Eigenbrötler (der) ● *— bruno*, Braunbär | *— polare*, Eisbär.
**ortaggio** *s.m.* Gemüse (das).
**ortica** *s.f.* Brennnessel (die).
**orticaria** *s.f.* (*med.*) Nesselsucht (die).
**orto** *s.m.* Gemüsegarten (der).
**ortodosso** *agg.* orthodox ◆ *s.m.* [f. *-a*] (*relig.*) Orthodoxe (der e die).
**ortografia** *s.f.* Rechtschreibung (die), Orthographie (die).
**ortolano** *s.m.* [f. *-a*] 1 Gemüsegärtner (der; die *-in*) 2 (*venditore*) Gemüsehändler (der; die *-in*).
**ortopedico** *agg.* orthopädisch ◆ *s.m.* [f. *-a*] Orthopäde (der; die Orthopädin).
**orzo** *s.m.* Gerste (die).
**osare** *v.tr.* wagen: *oserei dire che ha ragione*, ich würde sagen, dass er recht hat; *ma come osa?*, was erlauben Sie sich?
**osceno** *agg.* 1 obszön, unzüchtig, unanständig 2 (*estens.*) ekelhaft, abscheulich.
**oscillare** *v.intr.* 1 schwingen 2 (*fig.*) schwanken: *— tra due idee opposte*, zwischen zwei Ideen schwanken.
**oscurare** *v.tr.* verdunkeln, verfinstern.
**oscurità** *s.f.invar.* 1 Dunkelheit (die), Finsternis (die) 2 (*fig.*) Unverständlichkeit (die).
**oscuro** *agg.* dunkel, finster ● *essere all'— di qlco*, von etw keine Ahnung haben | *tenere qlcu all'— di qlco*, jdn über etw im dunklen lassen.
**ospedale** *s.m.* Krankenhaus (das).
**ospitale** *agg.* gastfreundlich; (*di luoghi*) gastlich.
**ospitalità** *s.f.invar.* Gastfreundschaft (die).
**ospitare** *v.tr.* 1 zu Gast haben; (*alloggiare*) unterbringen: *— degli amici per la notte*, Freunde über Nacht unterbringen 2 (*custodire*) beherbergen.
**ospite** *s.m.* e *f.* 1 (*chi ospita*) Gastgeber (der) 2 (*persona ospitata*) Gast (der): *stanza degli ospiti*, Gästezimmer; *— d'onore*, Ehrengast; *— indesiderato*, unerwünschter Gast ◆ *agg.* Gast-..: *paese —*, Gastland.
**ospizio** *s.m.* Altenheim (das), Altersheim (das).

**osseo** *agg.* Knochen...; knöchern: *frattura ossea*, Knochenbruch.

**osservare** *v.tr.* **1** (*esaminare*) beobachten, betrachten **2** (*notare*) bemerken, feststellen: *faccio — che...*, ich mache Sie darauf aufmerksam, dass... **3** (*rispettare*) befolgen, ein·halten: — *un divieto*, ein Verbot befolgen; — *il digiuno*, das Fasten einhalten.

**osservatore** *agg.* beobachtend, betrachtend ♦ *s.m.* [f. *-trice*] Beobachter (*der*; *die* -in); Betrachter (*der*; *die* -in).

**osservatorio** *s.m.* Observatorium (*das*) ● — *astronomico*, Sternwarte.

**osservazione** *s.f.* **1** Beobachtung (*die*), Betrachtung (*die*): *spirito d'—*, Beobachtungsgabe; *in* (*o sotto*) —, unter Beobachtung **2** (*considerazione*) Bemerkung (*die*).

**ossessionare** *v.tr.* **1** quälen **2** (*estens.*) plagen: *non ossessionarmi con le tue domande!*, plag mich nicht mit deinen Fragen!

**ossessione** *s.f.* **1** (*med.*) Zwangsvorstellung (*die*), Obsession (*die*) **2** (*estens.*) Besessenheit (*die*): *avere l'— dei soldi*, vom Gedanken ans Geld besessen sein.

**ossia** *cong.* das heißt, oder auch, beziehungsweise.

**ossidarsi** *v.pron.* oxydieren.

**ossido** *s.m.* (chim.) Oxyd (*das*) ● — *di carbonio*, Kohlenoxyd.

**ossigeno** *s.m.* (chim.) Sauerstoff (*der*).

**osso** *s.m.* Knochen (*der*) ● *avere le ossa rotte*, sich zerschlagen fühlen | — *sacro*, Kreuzbein | *rompersi l'— del collo*, sich (*Dat*) das Genick brechen | *un — duro*, ein harter Brocken.

**ostacolare** *v.tr.* (be)hindern: — *la vista*, die Sicht versperren ♦ **ostacolarsi** *v.pron.* (*reciproco*) behindern.

**ostacolo** *s.m.* **1** Hindernis (*das*): *essere d'— a qlco* (*o qlcu*), für etw (o jdn) ein Hindernis sein **2** (*sport*) Hürde (*die*): *corsa a ostacoli*, Hürdenlauf.

**ostaggio** *s.m.* Geisel (*die*).

**oste** *s.m.* [f. *-essa*] Gastwirt (*der*; *die* -in), Wirt (*der*; *die* -in).

**ostello** *s.m.* Herberge (*die*): — *della gioventù*, Jugendherberge.

**osteria** *s.f.* Gasthaus (*das*); Gaststätte (*die*).

**ostetrica** *s.f.* Hebamme (*die*), Geburtshelferin (*die*).

**ostetrico** *agg.* Entbindungs..., Geburts...: *clinica ostetrica*, Entbindungsheim ♦ *s.m.* Geburtshelfer (*der*).

**ostia** *s.f.* **1** (*relig.*) Hostie (*die*) **2** (*cialda*) Oblate (*die*).

**ostile** *agg.* feindselig, feindlich.

**ostilità** *s.f.invar.* **1** Feindseligkeit (*die*), Feindlichkeit (*die*) **2** (*pl.*) (*mil.*) Feindseligkeiten (*pl.*).

**ostinarsi** *v.pron.* (*in*, *su*, *a*) beharren (auf + *Dat*), sich versteifen (auf + *Acc*).

**ostinato** *agg.* hartnäckig.

**ostrica** *s.f.* Auster (*die*).

**ostruire** *v.tr.* **1** versperren **2** (*intasare*) verstopfen.

**otite** *s.f.* (*med.*) Ohrenentzündung (*die*), Otitis (*die*).

**otorinolaringoiatra** *s.m. e f.* Hals-Nasen-Ohren-Arzt (*der*; *die* -Ärztin).

**ottanta** *agg.num.card.invar.* achtzig.

**ottantesimo** *agg.num.ord.* achtzigst ♦ *s.m.* (*frazione*) Achtzigstel (*das*).

**ottavo** *agg.num.ord.* acht ♦ *s.m.* **1** Achte (*der*) **2** (*frazione*) Achtel (*das*).

**ottenere** *v.tr.* **1** erhalten **2** (*estens.*) (*vittoria*, *successo*) erzielen.

**ottica** *s.f.* **1** Optik (*die*) **2** (*fig.*) Gesichtswinkel (*der*).

**ottico** *agg.* **1** Seh...: *nervo —*, Sehnerv **2** (*fis.*) optisch ♦ *s.m.* [f. *-a*] Optiker (*der*; *die* -in).

**ottimale** *agg.* optimal.

**ottimismo** *s.m.* Optimismus (*der*).

**ottimista** *s.m. e f.* Optimist (*der*; *die* -in).

**ottimo** *agg.superl.* **1** sehr gut, hervorragend, ausgezeichnet: *essere in ottima forma*, in Höchstform sein **2** (*di cibi e simili*) köstlich, ausgezeichnet, vorzüglich ♦ *s.m.* **1** (*il risultato migliore*) das Optimum **2** (*valutazione*) sehr gut.

**otto** *agg.num.card.invar.* acht → *cinque*.

**ottobre** *s.m.* Oktober (*der*) → *gennaio*.

**ottocento** *agg.num.card.invar.* acht-

hundert ● *l'Ottocento*, das neunzehnte Jahrhundert.
**ottone** *s.m.* **1** Messing (*das*) **2** (*pl.*) (*mus.*) Blechblasinstrumente (*pl.*).
**otturare** *v.tr.* **1** verstopfen **2** (*denti*) plombieren, füllen.
**otturazione** *s.f.* (*di dente*) Plombe (*die*), Zahnfüllung (*die*).
**ottuso** *agg.* **1** (*geom.*) stumpf **2** (*fig.*) stumpfsinnig, beschränkt.
**ovaia** *s.f.* (*anat.*) Eierstock (*der*).
**ovale** *agg.* oval ♦ *s.m.* Oval (*das*).
**ovatta** *s.f.* Watte (*die*).
**overdose** *s.f.invar.* Überdosis (*die*).
**ovest** *s.m.invar.* West (*der*), Westen (*der*) → nord.
**ovile** *s.m.* Schafstall (*der*).
**ovini** *s.m.pl.* Schafe (*pl.*).
**ovino** *agg.* Schaf...: *carne ovina*, Schaffleisch.
**ovulo** *s.m.* **1** (*biol.*) Ei (*das*) **2** (*farm.*) Scheidenzäpfchen (*das*).
**ovunque** *avv.* → dovunque.
**ovvero** *cong.* das heißt, oder auch, beziehungsweise.
**ovvio** *agg.* **1** natürlich, selbstverständlich **2** (*evidente*) offensichtlich.
**ozio** *s.m.* Müßiggang (*der*), Nichtstun (*das*).
**ozono** *s.m.* (*chim.*) Ozon (*das*): *buco dell'—*, Ozonloch.

# Pp

**pacchetto** *s.m.* Päckchen (das).
**pacco** *s.m.* Paket (das).
**pace** *s.f.* 1 Frieden (der) 2 (estens.) Ruhe (die) ● *fare la — con qlcu*, sich mit jdm versöhnen | *lasciami in —!*, lass mich in Ruhe!
**pacemaker** *s.m.invar.* (med.) Herzschrittmacher (der).
**pacifico** *agg.* friedlich.
**Pacifico** *n.pr.m.* Pazifik (der) ● *Oceano —*, Pazifischer Ozean.
**pacifista** *agg.* pazifistisch, Pazifist...: *movimento —*, Friedensbewegung ◆ *s.m. e f.* Pazifist (der; die -in).
**padella** *s.f.* 1 Pfanne (die) 2 (per malati) Schieber (der) ● *cadere dalla — alla brace*, vom Regen in die Traufe kommen.
**padiglione** *s.m.* 1 Pavillon (der), Halle (die) 2 (anat.) Hörmuschel (die).
**padre** *s.m.* 1 Vater (der) 2 (relig.) Pfarrer (der); (monaco) Pater (der).
**padrino** *s.m.* Pate (der).
**padrone** *s.m. agg.* 1 Eigentümer (der; die -in), Besitzer (der; die -in) 2 (datore di lavoro) Arbeitgeber (der; die -in) ● (fig.) *farla da —*, den Herrn spielen.
**paesaggio** *s.m.* Landschaft (die).
**paesano** *agg.* ländlich, dörflich ◆ *s.m.* [*f. -a*] Dorfbewohner (der; die -in), Landsmann (der; die Landsmännin).
**paese** *s.m.* 1 (nazione) Land (das) 2 (villaggio) Dorf (das) ● *mandare qlcu a quel —*, jdn zum Teufel jagen.
**paga** *s.f.* Lohn (der).

**pagamento** *s.m.* Zahlung (die), Bezahlung (die): *condizioni di —*, Zahlungsbedingungen; *ingresso a —*, Eintritt gegen Bezahlung.
**pagano** *agg.* heidnisch, Heiden... ◆ *s.m.* [*f. -a*] Heide (der; die Heidin).
**pagare** *v.tr.* zahlen, bezahlen ● *— da bere*, einen ausgeben | *questa me la paghi!*, das wirst du mir büßen!
**pagella** *s.f.* Zeugnis (das).
**pagina** *s.f.* Seite (die) ● *pagine gialle*, gelbe Seiten.
**paglia** *s.f.* Stroh (das).
**pagliaccio** *s.m.* Clown (der).
**pagnotta** *s.f.* Brotlaib (der).
**paio** *s.m.* 1 Paar (das): *un — di scarpe*, ein Paar Schuhe 2 zwei; (estens.) ein paar: *un — di volte*, ein paarmal.
**pala** *s.f.* 1 Schaufel (die) 2 (tecn.) Flügel (der) ● (arte) *— d'altare*, Altarbild.
**palato** *s.m.* (anat.) Gaumen (der).
**palazzo** *s.m.* 1 Palast (der) (edificio) Gebäude (das); (condominio) Hochhaus (das).
**palco** *s.m.* 1 (impalcatura) Gerüst (das) 2 (palcoscenico) Bühne (die) 3 (teatr.) Loge (die).
**palcoscenico** *s.m.* Bühne (die).
**Palestina** *n.pr.f.* Palästina.
**palestinese** *agg.* palästinisch ◆ *s.m. e f.* Palästinenser (der; die -in).
**palestra** *s.f.* (scol.) Turnhalle (die); (a pagamento) Fitnesscenter (das).
**paletta** *s.f.* 1 (kleine) Schaufel 2 (del

**paletto / parabrezza**

capostazione) Kelle (*die*) **3** (*per dolci*) Tortenheber (*der*).

**FALSCHER FREUND**
Da non confondere con il tedesco *Palette*, che significa 'tavolozza, gamma'.

**paletto** *s.m.* Pflock (*der*).
**palio** *s.m.* Palio (*der*): *mettere in* —, als Preis aussetzen.
**palizzata** *s.f.* Palisade (*die*).
**palla** *s.f.* **1** Ball (*der*); (*sfera*) Kugel (*die*); — *da tennis*, Tennisball **2** (*proiettile*) Kugel (*die*) **3** (*pl.*) (*volg.*) Eier (*pl.*) ● *cogliere la* — *al balzo*, die Gelegenheit beim Schopf packen.
**pallido** *agg.* blass, bleich.
**pallina** *s.f.* kleine Kugel.
**palloncino** *s.m.* Luftballon (*der*).
**pallone** *s.m.* **1** großer Ball: *gioco del* —, Fußball **2** (*aer.*) Ballon (*der*).
**pallottola** *s.f.* Kugel (*die*), Geschoss (*das*).
**palma** *s.f.* (*bot.*) Palme (*die*) ● *domenica delle Palme*, Palmsonntag.
**palmo** *s.m.* Handbreit (*die*).
**palo** *s.m.* **1** Pfahl (*der*) **2** (*sport*) Pfosten (*der*) **3** (*gerg.*) Schmiere (*die*): *fare il* (o *da*) —, Schmiere stehen.
**palpebra** *s.f.* (*anat.*) Augenlid (*das*).
**palpitazione** *s.f.* **1** (*med.*) Herzklopfen (*das*) **2** (*fig.*) Erregung (*die*).
**palude** *s.f.* Sumpf (*der*).
**panca** *s.f.* Bank (*die*).
**pancarré** *s.m.invar.* Toastbrot (*das*).
**pancetta** *s.f.* **1** (*gastr.*) Schweinebauch (*der*) **2** (*fam.*) Bäuchlein (*das*).
**panchetto** *s.m.* Hocker (*der*).
**panchina** *s.f.* Gartenbank (*die*).
**pancia** *s.f.* Bauch (*der*): *mal di* —, Bauchschmerzen.
**pancreas** *s.m.invar.* (*anat.*) Bauchspeicheldrüse (*die*).
**panda** *s.m.invar.* Panda (*der*).
**pane** *s.m.* Brot (*das*) ● — *bianco*, Weißbrot | — *nero*, Schwarzbrot.
**panetteria** *s.f.* Bäckerei (*die*).
**panettiere** *s.m.* [f. *-a*] Bäcker (*der*; *die* -in).
**panettone** *s.m.* Panettone (*der*) (Mai-

länder Hefekuchen mit gehackten kandierten Früchten).
**pangrattato** *s.m.* Paniermehl (*das*).
**panico** *s.m.* Panik (*die*) ● *farsi prendere dal* —, in Panik geraten.
**paniere** *s.m.* Korb (*der*).
**panificio** *s.m.* Bäckerei (*die*).
**panino** *s.m.* Brötchen (*das*): — *imbottito*, belegtes Brötchen.
**panna** *s.f.* Sahne (*die*): — *montata*, Schlagsahne.
**pannello** *s.m.* Platte (*die*), Tafel (*die*): — *di comando*, Schalttafel.
**panno** *s.m.* **1** Tuch (*das*) **2** (*pl.*) Kleidung (*der*), Kleider (*pl.*); (*biancheria*) Wäsche (*die*) ● (*fig.*) *mettiti nei miei panni*, versetz dich in meine Lage.
**pannocchia** *s.f.* Maiskolben (*der*).
**pannolino** *s.m.* **1** (*per neonato*) Windel (*die*) **2** (*assorbente igienico*) Damenbinde (*die*).
**panorama** *s.m.* Panorama (*das*).
**panoramica** *s.f.* **1** (*fot.*) Panoramafoto (*das*); (*cinem.*) Panoramaaufnahme (*die*) **2** (*quadro d'insieme*) Überblick (*der*).
**panoramico** *agg.* Panorama..., Aussichts...: *strada panoramica*, Panoramastraße.
**pantalone** *s.m.* (*spec.pl.*) Hose (*die*) ♦ *agg.* Hosen...: *gonna* —, Hosenrock.
**pantera** *s.f.* Panther (*der*).
**pantofola** *s.f.* Pantoffel (*der*).
**papa** *s.m.* Papst (*der*).
**papà** *s.m.invar.* (*fam.*) Papa (*der*).
**papavero** *s.m.* Mohn (*der*).
**papera** *s.f.* **1** junge Gans **2** (*errore*) Versprecher (*der*).
**papero** *s.m.* Gänserich (*der*).
**papiro** *s.m.* Papyrus (*der*).
**pappa** *s.f.* Brei (*der*).
**pappagallo** *s.m.* Papagei (*der*) (*anche fig.*).
**paprica** *s.f.* Paprika (*der*).
**parabolico** *agg.* parabolisch, Parabol...: *antenna parabolica*, Parabolantenne.
**parabrezza** *s.m.invar.* Windschutzscheibe (*die*).

**paracadute** *s.m.invar.* Fallschirm (*der*).
**paracarro** *s.m.* Prellstein (*der*).
**paradiso** *s.m.* Paradies (*das*), Himmel (*der*).
**paradosso** *s.m.* Paradox(on) (*das*).
**parafango** *s.m.* Kotflügel (*der*).
**parafulmine** *s.m.* Blitzableiter (*der*).
**paraggi** *s.m.pl.* ● *nei* — (*di*), in der Nähe (+ *Gen o von*).
**paragonare** *v.tr.* 1 (*con*) vergleichen (mit) 2 (*ritenere simile*) (*a*) gleich·setzen (+ *Dat*).
**paragone** *s.m.* Vergleich (*der*): *fare un* —, einen Vergleich anstellen.
**paragrafo** *s.m.* 1 Abschnitt (*der*) 2 (*dir.*) Paragraph (*der*).
**paralisi** *s.f.invar.* 1 (*med.*) Lähmung (*die*), Paralyse (*die*) 2 (*fig.*) Lahmlegung (*die*).
**paralizzare** *v.tr.* 1 (*med.*) lähmen 2 (*fig.*) lahm legen.
**parallela** *s.f.* 1 Parallele (*die*) 2 (*pl.*) (*ginnastica*) Barren (*der*).
**parallelo** *agg.* parallel, Parallel...: (*strada*) *parallela*, Parallelstraße ◆ *s.m.* 1 Parallelkreis (*der*) 2 (*geogr.*) Breitenkreis (*der*) 3 (*paragone*) Vergleich (*der*) ● *in* —, parallel.
**paralume** *s.m.* Lampenschirm (*der*).
**parapetto** *s.m.* Geländer (*das*).
**parare** *v.tr.* 1 (*proteggere*) schützen 2 (*respingere*) ab·wehren ◆ *v.intr.* hinaus·wollen: *non so dove voglia andare a* —, ich weiß nicht, worauf er hinauswill.
**parasole** *s.m.invar.* Sonnenschirm (*der*).
**parassita** *s.m.* Parasit (*der*); Schmarotzer (*der*) (*anche fig.*).
**parata** *s.f.* Parade (*die*).
**paraurti** *s.m.invar.* (*aut.*) Stoßstange (*die*).
**paravento** *s.m.* Wandschirm (*der*).
**parcella** *s.f.* Honorarforderung (*die*).
**parcheggiare** *v.tr.* parken.
**parcheggio** *s.m.* Parkplatz (*der*).
**parchimetro** *s.m.* Parkuhr (*die*).
**parco** *s.m.* Park (*der*) ● — *giochi*, Spielplatz | — *naturale*, Naturpark.
**parecchio** *agg.* 1 (*sing.*) ziemlich viel: *c'era parecchia gente*, es waren ziemlich viele Leute da 2 (*pl.*) etliche, einige 3 (*tempo*) ziemlich lange ◆ *pron.indef.* 1 ziemlich viel; (*fam.*) ganz schön viel: *ho speso* —, ich habe ganz schön viel ausgegeben 2 (*tempo*) lange 3 (*pl.*) ziemlich viele, mehrere: *eravamo in parecchi*, wir waren ziemlich viele ◆ *avv.* 1 ziemlich viel, viel, sehr 2 (*tempo*) lange: *ci ho riflettuto* —, ich habe lange darüber nachgedacht.
**pareggiare** *v.tr.* 1 (*tagliare pari*) gleich schneiden 2 (*econ.*) aus·gleichen ◆ *v.intr.* (*sport*) unentschieden spielen.
**pareggio** *s.m.* (*econ., sport*) Ausgleich (*der*).
**parente** *s.m. e f.* Verwandte (*der e die*) ● — *stretto*, enger (*o* naher) Verwandter.
**parentela** *s.f.* Verwandtschaft (*die*).
**parentesi** *s.f.invar.* 1 Klammer (*die*): — *tonda, quadra, graffa*, runde, eckige, geschweifte Klammer 2 (*fig.*) Zwischenzeit (*die*).
**parere**¹ *v.intr.* 1 scheinen: *a quanto pare*, anscheinend 2 (*ritenere*) meinen, halten; (*credere*) glauben: *che te ne pare?*, was meinst du dazu? 3 (*volere*) wollen: *fai un po' come ti pare!*, mach was du willst!
**parere**² *s.m.* Meinung (*die*): *a mio* —, meiner Meinung nach.
**paresi** *s.f.* (*med.*) Parese (*die*).
**parete** *s.f.* Wand (*die*).
**pari** *agg.invar.* 1 gleich; (*allo stesso livello*) ebenbürtig 2 (*livellato*) gleichmäßig 3 (*di numero*) gerade ◆ *s.m. e f.invar.* Gleichgestellte (*der e die*) ● *alla* —, au pair | (*gioco*) — *e dispari*, (italienisches) Fingerspiel | — *a* —, Wort für Wort.
**Parigi** *n.pr.f.* Paris (*das*).
**parigino** *agg.* Pariser, pariserisch ◆ *s.m.* [f. -*a*] Pariser (*der; die* -in).
**parità** *s.f.invar.* 1 (*uguaglianza*) Gleichheit (*die*) 2 (*sport*) Unentschieden (*das*).
**parlamentare** *agg.* parlamentarisch; Parlament...: *seduta* —, Parlamentssitzung ◆ *s.m. e f.* Parlamentsmitglied

**parlamento** *s.m.* **1** Parlament (*das*); (*in Germania*) Bundestag (*der*) **2** (*edificio di Berlino*) Reichstag (*der*).
**parlare** *v.intr.* sprechen, reden: — *a* (*o con*) *qlcu*, mit jdm sprechen; — *di*, sprechen (*o* reden) von (*o* über + *Acc*) ◆ *v.tr.* sprechen ◆ **parlarsi** *v.pron.* (*reciproco*) miteinander sprechen ● **non se ne parla nemmeno!**, das kommt überhaupt nicht in Frage!
**parmigiano** *s.m.* (*formaggio*) Parmesan(käse) (*der*).
**parola** *s.f.* Wort (*das*): *mancare di —*, sein Wort nicht halten.
**parolaccia** *s.f.* Schimpfwort (*das*).
**parrocchia** *s.f.* **1** (*circoscrizione*) Pfarrei (*die*) **2** (*chiesa*) Pfarrkirche (*die*).
**parroco** *s.m.* Pfarrer (*der*).
**parrucca** *s.f.* Perücke (*die*).
**parrucchiere** *s.m.* [f. -a] Friseur (*der*; *die* Friseuse).
**parte** *s.f.* **1** Teil (*der*) **2** (*lato*) Seite (*die*) **3** (*luogo, direzione*) Gegend (*die*); Richtung (*die*) **4** (*dir.*) Partei (*die*) ● *a —*, außer (+ *Dat*); (*separato*) getrennt, extra: *— ciò*, abgesehen davon | *da — di*, von seiten (+ *Gen*), seitens (+ *Gen*): *da — mia*, meinerseits | *in —*, teilweise, zum Teil | *mettere da — qlco*, etwas beiseite legen | *prendere — a qlco*, an etw (*Dat*) teilnehmen | *stare dalla — di qlcu*, auf jds Seite stehen.
**partecipante** *s.m. e f.* Teilnehmer (*der; die* -in).
**partecipare** *v.intr.* (*prendere parte*) teilnehmen (an + *Dat*).
**partecipazione** *s.f.* **1** Teilnahme (*die*), Beteiligung (*die*) **2** (*annuncio scritto*) Mitteilung (*die*), Anzeige (*die*).
**partenza** *s.f.* **1** Abreise (*die*), Abfahrt (*die*): *essere in —*, vor der Abreise stehen **2** (*sport*) Start (*der*).
**particella** *s.f.* **1** (*fis.*) Teilchen (*das*) **2** (*gramm.*) Partikel (*die*).
**participio** *s.m.* (*gramm.*) Partizip (*das*).
**particolare** *agg.* **1** bestimmt, besonder... **2** (*speciale*) speziell, Spezial... ◆ *s.m.* **1** (*caso particolare*) Besondere (*das*), Einzelfall (*der*) **2** (*dettaglio*) Detail (*das*), Einzelheit (*die*).
**particolarità** *s.f.invar.* **1** Besonderheit (*die*) **2** (*dettaglio*) Einzelheit (*die*).
**partigiano** *s.m.* [f. -a] (*st.*) Partisan (*der*; *die* -in).
**partire** *v.intr.* (ab-)fahren, ab-reisen; (*con aereo*) ab-fliegen; (*sport*) starten: *il treno parte alle 7.42*, der Zug fährt um 7.42 Uhr ab ● *a — da*, ab.
**partita** *s.f.* **1** Spiel (*das*) **2** (*comm.*) Posten (*der*), Partie (*die*).
**partito** *s.m.* Partei (*die*).
**parto** *s.m.* (*med.*) Geburt (*die*).
**partorire** *v.tr.* **1** (*med.*) gebären, auf die Welt bringen **2** (*fig.*) hervor-bringen.
**part-time** *agg.invar.* Teilzeit...: *lavoro —*, Teilzeitjob.
**parziale** *agg.* **1** Teil..., partiell **2** (*non obiettivo*) parteiisch ◆ *s.m.* (*sport*) Zwischenergebnis (*das*).
**pascolo** *s.m.* (*prato*) Weide (*die*) **2** Weiden (*das*).
**Pasqua** *s.f.* **1** (*cristianesimo*) Ostern (*das*) **2** (*ebraismo*) Passah(fest) (*das*).
**pasquale** *agg.* österlich, Oster...: *vacanze pasquali*, Osterferien.
**passaggio** *s.m.* **1** Vorbeigehen (*das*), Vorbeifahren (*das*) **2** (*luogo*) Durchgang (*der*), Durchgang (*das*) **3** (*sport*) Pass (*der*) ● *dare un — a qlcu*, jdn (im Auto) mitnehmen | *essere di —*, auf der Durchreise sein | *— a livello*, Bahnübergang.
**passante** *s.m.* (*di cintura*) Schlaufe (*die*) ◆ *s.m. e f.* (*persona*) Passant (*der; die* -in) ● *— ferroviario*, Verbindungslinie.
**passaporto** *s.m.* Pass (*der*), Reisepass (*der*): *controllo dei passaporti*, Passkontrolle.
**passare** *v.intr.* **1** (*da*) vorbei-gehen (an + *Dat*); (*di veicoli*) vorbei-fahren (an + *Dat*) **2** (*attraversare*) (*per*) gehen (über + *Acc o* durch); (*di fiumi*) fließen (durch); *— dal centro*, durchs Zentrum fahren **3** (*visitare brevemente*) (*da*) vorbei-kommen (bei): *quando passi a salutarmi?*, wann kommst du bei mir

**passata / patito**

vorbei. 4 (*trascorrere*) vergehen: *come passa il tempo!*, wie die Zeit vergeht! 5 (*finire*) vorbei sein: *è passato il mal di testa?*, sind die Kopfschmerzen vorbei? ♦ *v.tr.* 1 (*attraversare*) gehen (über + Acc): — *la frontiera*, über die Grenze gehen 2 (*superare*) bestehen: — *un esame*, eine Prüfung bestehen 3 (*dare*) reichen, weiter-geben 4 (*fam.*) (*al telefono*) geben: *ti passo Tommaso*, ich gebe dir Tommaso 5 (*lasciare il passo*) vorbei-lassen: *scusi, mi fa* —?, entschuldigung, darf ich mal durch (o vorbei)? 6 (*il tempo*) verbringen 7 (*gastr.*) passieren ● *aver passato la quarantina*, die Vierzig überschritten haben | *mi è passato di mente*, ich habe es vergessen | — *per la testa*, durch den Kopf gehen.

**passata** *s.f.* 1 (*scorsa*) Überfliegen (*das*) 2 Wischen (*das*) 3 (*gastr.*) Püree (*das*).

**passatempo** *s.m.* Zeitvertreib (*der*).

**passato** *agg.* 1 vergangen, vorbei 2 (*scorso*) vorig, letzt ♦ *s.m.* Vergangenheit (*die*) 3 (*anche gramm.*).

**passeggero** *agg.* vorübergehend ♦ *s.m.* [f. -*a*] Reisende (*der* e *die*), Passagier (*der*).

**passeggiare** *v.intr.* spazieren (gehen).

**passeggiata** *s.f.* 1 Spaziergang (*der*) 2 (*strada*) Promenade (*die*).

**passeggino** *s.m.* Sportwagen (*der*), Buggy (*der*).

**passerella** *s.f.* 1 (*mar., aer.*) Steg (*der*), Gangway (*die*) 2 (*per sfilate*) Laufsteg (*der*).

**passero** *s.m.* Sperling (*der*), Spatz (*der*).

**passione** *s.f.* 1 Leidenschaft (*die*) (*anche estens.*) 2 (*relig.*) Passion (*die*).

**passivo** *agg.* passiv ♦ *s.m.* 1 (*gramm.*) Passiv (*das*) 2 (*econ.*) Soll (*das*).

**passo¹** *s.m.* 1 Schritt (*der*) 2 (*brano*) Abschnitt (*der*) ● *a* — *d'uomo*, im Schritttempo | *fare due* (*o quattro*) *passi*, einen kleinen Spaziergang machen | *fare un* — *falso*, einen Fehltritt tun | *tornare sui propri passi*, zurückgehen; (*fig.*) es sich noch einmal überlegen.

**passo²** *s.m.* 1 Durchgang (*der*) 2 (*valico*) Pass (*der*), Joch (*das*) ● — *carraio* (o *carrabile*), Einfahrt freihalten.

**pasta** *s.f.* 1 Nudeln (*pl.*) 2 (*impasto*) Teig (*der*).

**pastello** *s.m.* Pastell (*das*) | (*matita*) Buntstift (*der*).

**pasticceria** *s.f.* 1 Konditorei (*die*) 2 (*pasticcini*) Gebäck (*das*).

**pasticciare** *v.tr.* 1 (ver)pfuschen 2 (*sporcare*) beschmieren.

**pasticciere** *s.m.* [f. -*a*] Konditor (*der; die* -*in*).

**pasticcino** *s.m.* Törtchen (*das*), Gebäckstück (*das*).

**pasticcio** *s.m.* 1 (*gastr.*) Pastete (*die*) 2 (*fig.*) (*lavoro malfatto*) Pfusch (*der*) 3 (*fig.*) (*guaio*) Schlamassel (*der*), Patsche (*die*): *essere nei pasticci*, im Schlamassel sitzen; *togliere qlcu dai pasticci*, jdm aus der Patsche helfen.

**pastiglia** *s.f.* (*farm.*) Tablette (*die*).

**pastina** *s.f.* Suppennudeln (*pl.*).

**pasto** *s.m.* Mahlzeit (*die*), Essen (*das*): *consumare, saltare un* —, eine Mahlzeit einnehmen, überspringen.

**pastore** *s.m.* 1 [f. -*a*] Hirt (*der; die* -*in*) 2 (*relig.prot.*) Pastor (*der*) 3 (*teol.*) Pfarrer (*der*) 4 (*cane*) Schäferhund (*der*).

**pastorizzare** *v.tr.* pasteurisieren.

**patata** *s.f.* Kartoffel (*die*): *patate fritte*, Pommes frites; *patate arrosto, lessate*, Bratkartoffeln, Salzkartoffeln.

**patente** *s.f.* 1 Lizenz (*die*), Genehmigung (*die*) 2 (*di guida*) Führerschein (*der*).

**FALSCHER FREUND**
Da non confondere con il tedesco *Patent*, che significa 'brevetto'.

**paternità** *s.f.invar.* Vaterschaft (*die*).

**paterno** *agg.* 1 Vater...; väterlich: *figura paterna*, Vaterfigur 2 (*del lato paterno*) väterlicherseits.

**patetico** *agg.* 1 pathetisch 2 (*imbarazzante*) peinlich.

**patire** *v.tr.* 1 erleiden; (*soffrire*) leiden (unter + Dat) 2 (*ricevere danno*) Schaden erleiden ♦ *v.intr.* leiden (unter, an + Dat).

**patito** *agg.* abgezehrt: *un volto* —, ein

**abgezehrtes** Gesicht ♦ *s.m.* [f. *-a*] Fanatiker (*der; die* -in).
**patologico** *agg.* pathologisch.
**patria** *s.f.* Heimat (*die*), Vaterland (*das*).
**patrigno** *s.m.* Stiefvater (*der*).
**patrimonio** *s.m.* 1 Vermögen (*das*) 2 (*estens.*) Bestand (*der*), Gut (*das*).
**patriottico** *agg.* patriotisch.
**patrocinio** *s.m.* 1 (*dir.*) Verteidigung (*die*) 2 (*estens.*) Unterstützung (*die*).
**patrono** *s.m.* [f. *-a*] 1 (*st., relig.catt.*) Patron (*der; die* -in) 2 (*di iniziativa*) Schirmherr (*der*).
**patta** *s.f.* 1 Taschenklappe (*die*) 2 (*di pantaloni*) Hosenschlitz (*der*).
**pattinaggio** *s.m.* (*su ghiaccio*) Eislauf (*der*); (*a rotelle*) Rollschuhlauf (*der*).
**pattinare** *v.intr.* 1 (*su ghiaccio*) Schlittschuh laufen 2 (*su rotelle*) Rollschuh laufen.
**pattinatore** *s.m.* [f. *-trice*] 1 (*su ghiaccio*) Eisläufer (*der; die* -in), Schlittschuhläufer (*der; die* -in) 2 (*su rotelle*) Rollschuhläufer (*der; die* -in).
**pàttino** *s.m.* (*da ghiaccio*) Schlittschuh (*der*); (*a rotelle*) Rollschuh (*der*).
**patto** *s.m.* 1 Vereinbarung (*die*): *fare un — con qlcu*, eine Vereinbarung mit jdm treffen 2 (*pol.*) Pakt (*der*) ♦ *a — che*, unter der Voraussetzung (*o* Bedingung), dass....
**pattuglia** *s.f.* Patrouille (*die*).
**pattumiera** *s.f.* Mülleimer (*der*), Abfalleimer (*der*).
**paura** *s.f.* (*di*) Angst (*die*), Furcht (vor + Dat) (*die*): *avere — che...*, befürchten, dass....
**pauroso** *agg.* 1 ängstlich, furchtsam 2 (*che incute paura*) fürchterlich, erschreckend.
**pausa** *s.f.* Pause (*die*) (*anche mus.*).
**pavimento** *s.m.* Fußboden (*der*).
**pavone** *s.m.* Pfau (*der*).
**paziente** *agg.* 1 geduldig 2 (*accurato*) genau, sorgfältig ♦ *s.m.* e *f.* Patient (*der; die* -in).
**pazienza** *s.f.* Geduld (*die*).
**pazzesco** *agg.* unglaublich, wahnsinnig, irrsinnig.
**pazzia** *s.f.* Wahnsinn (*der*), Irrsinn (*der*), Verrücktheit (*die*).
**pazzo** *agg.* verrückt, wahnsinnig ♦ *s.m.* [f. *-a*] Verrückte (*der e die*), Wahnsinnige (*der e die*).
**PC** *s.m.invar.* (*Personal Computer*) PC (*der*).
**p.e.** *abbr.* (*per esempio*) z.B. (zum Beispiel).
**peccare** *v.intr.* sündigen.
**peccato** *s.m.* (*relig.*) Sünde (*die*) ● (*che*) —!, schade!: — *che tu non venga*, schade, dass du nicht kommst | — *originale*, Erbsünde.
**peccatore** *s.m.* [f. *-trice*] Sünder (*der; die* -in).
**Pechino** *n.pr.f.* Peking (*das*).
**pecora** *s.f.* Schaf (*das*).
**pecorino** *s.m.* Schafskäse (*der*).
**pedaggio** *s.m.* Gebühr (*die*).
**pedalare** *v.intr.* in die Pedale treten.
**pedale** *s.m.* Pedal (*das*) (*anche mus.*).
**pedana** *s.f.* 1 Trittbrett (*das*) 2 (*sport*) Sprungbrett (*das*).
**pedata** *s.f.* Fußtritt (*der*).
**pediatra** *s.m.* e *f.* Kinderarzt (*der; die* -ärztin).
**pediluvio** *s.m.* Fußbad (*das*).
**pedina** *s.f.* 1 Spielfigur (*die*), Figur (*die*) 2 (*fig.*) Nebenfigur (*die*).
**pedinare** *v.tr.* beschatten.
**pedofilo** *s.m.* [f. *-a*] Pädophile (*der e die*).
**pedonale** *agg.* Fußgänger...: *zona —*, Fußgängerzone.
**pedone** *s.m.* 1 [f. *-a*] Fußgänger (*der; die* -in) 2 (*negli scacchi*) Bauer (*der*).
**peggio** *avv.compar.* schlechter, schlimmer: *sta — di ieri*, ihm geht es schlechter als gestern ♦ *avv.superl.* am schlechtesten ♦ *agg.compar.invar.* schlechter, schlimmer ♦ *s.m.* Schlimmste (*das*), Schlechteste (*das*) ● *alla —*, im schlimmsten Fall | *c'è (anche) di —*, es gibt auch Schlimmeres.
**peggioramento** *s.m.* Verschlechterung (*die*).
**peggiorare** *v.tr.* verschlechtern ♦ *v.intr.* sich verschlechtern.
**peggiore** *agg.compar.* schlechter,

**schlimmer** ♦ *agg.superl.* schlechtest, schlimmst: *nella — delle ipotesi*, im schlimmsten Fall ♦ *s.m. e f.* Schlechteste (*der e die*), Übelste (*der e die*).

**pegno** *s.m.* 1 Pfand (*das*) 2 (*fig.*) Unterpfand (*das*).

**pelare** *v.tr.* 1 häuten, (*spennare*) rupfen 2 (*sbucciare*) schälen 3 (*tagliare i capelli*) kahl scheren.

**pelato** *agg.* 1 Glatz...: *testa pelata*, Glatzkopf 2 (*gastr.*) geschält: *pomodori pelati*, geschälte Tomaten.

**pellame** *s.m.* Leder (*das*).

**pelle** *s.f.* 1 Haut (*die*) 2 (*di animali*) Fell (*das*) 3 (*cuoio*) Leder (*das*) 4 (*buccia*) Schale (*die*) ● *lasciarci la —*, ums Leben kommen | *salvare la — a qlcu*, jdm das Leben retten.

**pellegrinaggio** *s.f.* 1 Wallfahrt (*die*), Pilgerfahrt (*die*).

**pellegrino** *s.m.* [f. -a] Wallfahrer (*der; die -in*).

**pelletteria** *s.f.* 1 Lederwaren (*pl.*) 2 (*negozio*) Lederwarengeschäft (*das*) 3 (*fabbrica*) Lederwarenfabrik (*die*).

**pellicano** *s.m.* Pelikan (*der*).

**pelliccieria** *s.f.* 1 (*negozio*) Pelzgeschäft (*das*) 2 (*lavorazione*) Kürschnerei (*die*).

**pelliccia** *s.f.* 1 Fell (*das*) 2 (*indumento*) Pelz (*der*).

**pellicola** *s.f.* 1 (*fot., cinem.*) Film (*der*) 2 (*sottile membrana*) Haut (*die*).

**pelo** *s.m.* 1 Haar (*das*) 2 (*pelliccia*) Fell (*das*), Pelz (*der*) ● *cercare il — nell'uovo*, in jeder Suppe ein Haar finden | *per un —*, um ein Haar.

**peloso** *agg.* behaart, haarig.

**pena** *s.f.* 1 (*sofferenza*) Leid (*das*), Qual (*die*) 2 (*pietà*) Mitleid (*das*) 3 (*sanzione*) Strafe (*die*) ● (*ne*) *vale la —*, es lohnt sich; es ist der Mühe wert | *stare in — per qlcu*, um jdn in Sorge sein.

**penale** *agg.* (*dir.*) Straf..., strafrechtlich ♦ *s.f.* (*dir.*) Strafgeld (*das*).

**pendente** *agg.* 1 hängend 2 (*inclinato*) schief ♦ *s.m.* 1 Anhänger (*der*) 2 (*orecchino*) Hängeohrring (*der*).

**pendenza** *s.f.* 1 Neigung (*die*) 2 (*dir.*) schwebendes Verfahren.

**pendere** *v.intr.* 1 hängen 2 (*essere inclinato*) schief stehen.

**pendio** *s.m.* Hang (*der*).

**pendolare** *s.m. e f.* Pendler (*der; die -in*) ♦ *agg.* Pendel...: *traffico —*, Pendelverkehr.

**pendolo** *s.m.* Pendel (*der*).

**pene** *s.m.* (*anat.*) Penis (*der*).

**penetrare** *v.tr.* durchdringen ♦ *v.intr.* eindringen.

**penicillina** *s.f.* (*farm.*) Penizillin (*das*).

**penisola** *s.f.* Halbinsel (*die*).

**penitenza** *s.f.* 1 Buße (*die*) 2 (*estens.*) Strafe (*die*).

**penitenziario** *s.m.* Haftanstalt (*die*), Vollzugsanstalt (*die*).

**penna** *s.f.* 1 (*di uccelli*) Feder (*die*) 2 (*per scrivere*) Feder (*die*), Stift (*der*): *— a sfera*, Kugelschreiber; *— stilografica*, Füllfederhalter.

**pennarello** *s.m.* Farbstift (*der*).

**pennello** *s.m.* Pinsel (*der*).

**penombra** *s.f.* Halbschatten (*der*).

**penoso** *agg.* 1 schmerzvoll 2 (*imbarazzante*) peinlich, unangenehm.

**pensare** *v.intr.* 1 (*a*) denken (an + Acc) 2 (*riflettere*) nachdenken (über + Acc), sich (*Dat*) überlegen (+ Acc) 3 (*provvedere*) (*a*) sich kümmern (um) ♦ *v.tr.* 1 denken 2 (*avere un'opinione*) (*di*) meinen (zu), halten (von): *cosa ne pensa?*, was halten Sie davon?; was meinen Sie dazu? 3 (*immaginare*) sich (*Dat*) vorstellen.

**pensiero** *s.m.* 1 Gedanke (*der*) 2 (*opinione*) Meinung (*die*) ● *stare in — per qlcu*, um jdn in Sorge sein.

**pensilina** *s.f.* Schutzdach (*das*); Vordach (*das*).

**pensionato** *agg.* pensioniert ♦ *s.m.* 1 [f. -a] Rentner (*der; die -in*) 2 (*residenza*) Wohnheim (*das*).

**pensione** *s.f.* 1 (*somma*) Rente (*die*) 2 (*condizione*) Pension (*die*): *andare in —*, in Pension gehen 3 (*locanda*) Pension (*die*).

**Pentecoste** *s.f.* Pfingsten (*das*).

**pentimento** *s.m.* Reue (*die*).

**pentirsi** *v.pron.* (*di*) bereuen (+ *Acc*).
**pentito** *agg.* reuig; reuevoll.
**pentola** *s.f.* Kochtopf (*der*).
**penultimo** *agg.* vorletzt ♦ *s.m.* [f. *-a*] Vorletzte (*der* e *die*).
**pepe** *s.m.* Pfeffer (*der*).
**peperoncino** *s.m.* Paprika (*der*).
**peperone** *s.m.* **1** (*pianta*) Paprika (*der*) **2** (*frutto*) Paprika (*der*), Paprikaschote (*die*).
**per** *prep.* **1** (*moto per luogo*) durch, über (+ *Acc*): *entrare — la porta principale*, durch den Haupteingang hineingehen; *il treno passa — Milano*, der Zug fährt über Mailand **2** (*moto per luogo circoscritto*) durch (+ *Acc*), in (+ *Dat*): *passeggiare — il parco*, im Park spazieren gehen **3** (*stato in luogo*) auf (+ *Dat*), in (+ *Dat*): *stare seduto — terra*, auf dem Boden sitzen; *— aria*, in der Luft **4** (*moto a luogo*) nach, in (+ *Dat*): *l'aereo — Francoforte*, die Maschine nach Frankfurt **5** (*tempo*) lang: *— tutta la settimana*, die ganze Woche (lang) **6** (*tempo determinato*) zu, an (+ *Dat*): gegen: *— Pasqua*, zu Ostern **7** (*mezzo*) per, mit: *spedire — posta aerea*, per (o mit) Luftpost **8** (*causa*) wegen (+ *Gen*), infolge, aufgrund (+ *Gen*); vor, aus (+ *Dat*): *non si vedeva — la nebbia*, infolge des Nebels konnte man nichts sehen **9** (*fine*) zu: *— il suo compleanno gli regalo un libro*, zu seinem Geburtstag schenke ich ihm ein Buch **10** (*mat.*) mal: *tre — quattro fa dodici*, drei mal vier macht zwölf ♦ *cong.* (*al fine di*) um... zu, damit: *gli ho scritto — ringraziarlo*, ich habe ihm geschrieben, um mich zu bedanken ● *— Giove!*, Donnerwetter!

**pera** *s.f.* Birne (*die*).
**peraltro** *avv.* übrigens.
**perbene, per bene** *agg.invar* anständig, ehrbar ♦ *avv.* sorgfältig, genau.
**percento, per cento** *s.m.* Prozent (*das*).
**percentuale** *agg.* prozentual, Prozent...: *calcolo —*, Prozentrechnung ♦ *s.f.* **1** (*mat.*) Prozentsatz (*der*); Anteil (*der*) **2** (*compenso*) Provision (*die*).

**percepire** *v.tr.* **1** wahrnehmen, merken **2** (*comm.*) beziehen.
**percezione** *s.f.* Wahrnehmung (*die*).
**perché** *avv.interr.* warum, wieso, weshalb: *— mai?*, warum das denn? ♦ *cong.* **1** (*poiché*) weil, da, denn **2** (*affinché*) damit ♦ *s.m.invar.* Grund (*der*), Warum (*das*): *senza un —*, ohne Grund.

> **NOTA** Nelle domande 'perché' è reso in tedesco con **warum**; nelle risposte si usa invece **weil**.
>
> *Perché non mi hai chiamato? – Perché ho perso il tuo numero di telefono.*
> **Warum** hast du mich nicht angerufen?
> – **Weil** ich deine Telefonnummer verloren habe.

**perciò** *cong.* deshalb, daher, darum, deswegen.
**percorrere** *v.tr.* zurück·legen.
**percorso** *agg.* **1** (*distanza*) Strecke (*die*) **2** (*tragitto*) Fahrt (*die*).
**percuotere** *v.tr.* schlagen, (ver·)prügeln.
**percussione** *s.f.* Perkussion (*die*). (*mus.*) *strumenti a —*, Perkussionsinstrumente.
**perdere** *v.tr.* **1** verlieren **2** (*sprecare*) verpassen, versäumen: *un'occasione*, eine Gelegenheit versäumen (*o* verpassen); *— tempo*, Zeit vergeuden **3** (*mancare*) verpassen ♦ *v.intr.* **1** (*di*) verlieren (an + *Dat*) **2** *— d'importanza*, an Wichtigkeit verlieren **2** (*comm.*) Verluste machen ♦ **perdersi** *v.pron.* (*smarrirsi*) sich verirren; sich verlaufen.

> **NOTA** 'Perdere' è reso in tedesco con **verlieren** quando assume il significato di 'non avere più':
>
> *Ho perso le chiavi della macchina.*
> Ich habe die Autoschlüssel **verloren**.
>
> Quando invece significa 'non riuscire a raggiungere, mancare' o 'sprecare', si traduce con **verpassen**.
>
> *Ho perso l'ultimo treno.*
> Ich habe den letzten Zug **verpasst**.

**perdita** *s.f.* **1** Verlust (*der*) **2** (*fuoriuscita*) Ausströmen (*das*): *— di gas*, Ausströmen von Gas.

**perdonare** *v.tr.* 1 verzeihen, vergeben 2 (*scusare*) entschuldigen ♦ *v.intr.* verzeihen.

**perdono** *s.m.* 1 Vergebung (*die*) 2 (*scusa*) Entschuldigung (*die*), Verzeihung (*die*).

**perenne** *agg.* 1 ewig, immerwährend 2 (*continuo*) dauernd, ständig.

**perfettamente** *avv.* 1 (*del tutto*) vollkommen, völlig 2 (*benissimo*) perfekt.

**perfetto** *agg.* 1 (*ottimo*) ausgezeichnet, perfekt 2 (*completo*) vollkommen, völlig ♦ *s.m.* (*gramm.*) Perfekt (*das*).

**perfezionare** *v.tr.* 1 (*migliorare*) vervollkommnen 2 (*completare*) vollenden, vervollständigen ♦ **perfezionarsi** *v.pron.* (*in*) 1 sich vervollkommnen (*in* + *Dat*) 2 (*negli studi*) sich fortbilden (*in* + *Dat*).

**perfezione** *s.f.* Vollkommenheit (*die*), Perfektion (*die*).

**perfino** *avv.* sogar.

**pergamena** *s.f.* Pergament (*das*).

**pergola** *s.f.* Laube (*die*).

**pericolo** *s.m.* Gefahr (*die*).

**pericoloso** *agg.* gefährlich.

**periferia** *s.f.* Peripherie (*die*); (*di città*) Stadtrand (*der*).

**periferico** *agg.* 1 peripher; Rand...: *zona periferica*, Randgebiet 2 (*fig.*) nebensächlich.

**perimetro** *s.m.* (*geom.*) Umfang (*der*); (*estens.*) Begrenzungslinie (*die*).

**periodico** *agg.* periodisch (*anche mat.*): *pubblicazione periodica*, Zeitschrift ♦ *s.m.* Zeitschrift (*die*) ● (*chim.*) *sistema* —, Periodensystem.

**periodo** *s.m.* 1 Periode (*die*), Zeit (*die*) 2 (*gramm.*) Satzgefüge (*das*) 3 (*mus.*, *scient.*) Periode (*die*).

**peripezia** *s.f.* Missgeschick (*das*).

**perito** *s.m.* [f. -*a*] Sachverständige (*der e die*).

**perizia** *s.f.* 1 Fertigkeit (*die*) 2 (*esame*) Gutachten (*das*).

**perla** *s.f.* Perle (*die*) ♦ *agg.* perl...: *grigio* —, perlgrau.

**perlomeno** *avv.* 1 (*almeno*) wenigstens, zumindest 2 (*a dir poco*) mindestens.

**perlopiù, per lo più** *avv.* meistens.

**permaloso** *agg.* überempfindlich.

**permanente** *agg.* permanent, Dauer...: *mostra* —, Dauerausstellung ♦ *s.f.* Dauerwelle (*die*).

**permanenza** *s.f.* 1 Andauern (*das*), Fortdauer (*die*) 2 (*soggiorno*) Aufenthalt (*der*).

**permesso¹** *agg.* erlaubt, gestattet: *è* —?, gestatten Sie?, darf ich?

**permesso²** *s.m.* 1 Erlaubnis (*die*): — *di lavoro*, Arbeitserlaubnis 2 (*amm.*) Urlaub (*der*): *essere in* —, in Urlaub sein ● — *di soggiorno*, Aufenthaltsgenehmigung.

**permettere** *v.tr.* erlauben, gestatten ● *potersi* — *qualcosa*, sich (*Dat*) etw leisten können.

**perno** *s.m.* 1 Stift (*der*) 2 (*fig.*) Stütze (*die*): *far* — *su qlco*, sich auf etw stützen.

**pernottamento** *s.m.* Übernachtung (*die*).

**pernottare** *v.intr.* übernachten.

**pero** *s.m.* 1 Birnbaum (*der*), Birne (*die*) 2 (*legno*) Birnbaum (*der*).

**però** *cong.* 1 aber, jedoch, doch 2 (*ciò nonostante*) trotzdem, dennoch, doch.

**perpendicolare** *agg.* senkrecht, lotrecht ♦ *s.f.* Senkrechte (*die*), Lotrechte (*die*).

**perpetuo** *agg.* 1 (*eterno*) ewig 2 (*continuo*) dauernd.

**perplesso** *agg.* ratlos, verblüfft.

**perquisire** *v.tr.* durchsuchen.

**persecuzione** *s.f.* 1 Verfolgung (*die*) 2 (*fig.*) Qual (*die*).

**perseguitare** *v.tr.* verfolgen (*anche fig.*).

**persiana** *s.f.* Fensterladen (*der*); (*avvolgibile*) Rollladen (*der*).

**persiano** *agg.* Perser..., persisch: *tappeto* —, Perserteppich ♦ *s.m.* (*st.*) 1 [f. -*a*] Perser (*der*, *die* -*in*) 2 (*lingua*) Persisch(e) (*das*).

**persino** *avv.* → **perfino**.

**persona** *s.f.* 1 Person (*die*); (*uomo*) Mensch (*der*) 2 (*pl.*) (*gente*) Leute (*pl.*) ● *di* —, persönlich.

**personaggio** *s.m.* 1 Charakter (*der*);

**Figur** (die) 2 (*personalità*) Persönlichkeit (die).
**personale** *agg.* 1 personal, Personal...: *dati personali*, Personalangaben 2 (*privato*) persönlich ♦ *s.m.* Personal (das): *ufficio* (*del*) —, Personalabteilung.
**personalità** *s.f.invar.* Persönlichkeit (die).
**personalmente** *avv.* (höchst) persönlich.
**perspicace** *agg.* scharfsinnig.
**persuadere** *v.tr.* überreden ♦ **persuadersi** *v.pron.* sich überzeugen.
**pertanto** *cong.* deshalb, daher, deswegen.
**pertica** *s.f.* 1 Rute (die) 2 (*attrezzo per ginnastica*) Kletterstange (die).
**pertosse** *s.f.* (*med.*) Keuchhusten (der).
**perturbazione** *s.f.* (*meteor.*) Störung (die).
**Perù** *n.pr.m.* Peru (das).
**peruviano** *agg.* peruanisch ♦ *s.m.* [f. -a] Peruaner (der; die -in).
**perversione** *s.f.* Perversion (die).
**pervertito** *s.m.* [f. -a] Perverse (der e die).
**pesante** *agg.* 1 schwer (*anche fig.*) 2 (*caldo*) schwül 3 (*duro*) hart: *gioco* —, hartes Spiel 4 (*insopportabile*) unerträglich ♦ *avv.* schwer.
**pesantezza** *s.f.* Schwere (die).
**pesare** *v.tr.* 1 wiegen 2 (*valutare*) abwägen ♦ *v.intr.* 1 wiegen 2 (*risultare gravoso*) (a) schwer fallen (+ Dat) 3 (*essere determinante*) von Gewicht sein ♦ **pesarsi** *v.pron.* sich wiegen.
**pesca**[1] *s.f.* Pfirsich (der).
**pesca**[2] *s.f.* Fischfang (der), Fischerei (die); (*con la canna*) Angeln (das).
**pescare** *v.tr.* 1 fischen; (*con la canna*) angeln 2 (*fam.*) aufsammeln: *dove l'hai pescato?*, wo hast du den aufgesammelt? 3 (*fam.*) (*sorprendere*) erwischen, ertappen.
**pescatore** *s.m.* [f. -trice] Fischer (der; die -in); (*con la canna*) Angler (der; die -in).
**pesce** *s.m.* 1 Fisch (der) 2 (*pl.*) (*astr.*) Fische (*pl.*). ● *non sapere che pesci pigliare*, zwischen zwei Stühlen sitzen | *sentirsi un — fuor d'acqua*, sich wie ein Fisch auf dem Trockenen fühlen.
**pescecane** *s.m.* Hai(fisch) (der).
**peschereccio** *s.m.* Fischkutter (der).
**pescheria** *s.f.* Fischhalle (die), Fischgeschäft (das).
**pescivendolo** *s.m.* [f. -a] Fischverkäufer (der; die -in).
**pesco** *s.m.* Pfirsichbaum (der).
**peso** *s.m.* 1 Gewicht (das): *— netto, lordo*, Nettogewicht, Bruttogewicht 2 (*oggetto pesante*) Gewicht (das), Last (die) ● *— massimo*, Schwergewicht | *— piuma*, Federgewicht | *sollevamento pesi*, Gewichtheben.
**pessimismo** *s.m.* Pessimismus (der).
**pessimista** *s.m. e f.* Pessimist (der; die -in).
**pessimo** *agg.superl.* sehr schlecht, übel.
**pestare** *v.tr.* 1 zerstoßen: *— il sale*, das Salz zerstoßen 2 (*calpestare*) zertreten 3 (*fam.*) (*picchiare*) zusammenschlagen.
**peste** *s.f.* 1 Pest (die) 2 (*bambino*) kleiner Teufel.
**pesticida** *s.m.* Pflanzenschutzmittel (das), Pestizid (das).
**pesto** *agg.* zerstoßen ♦ *s.m.* (*gastr.*) (*alla genovese*) Nudelsoße aus Basilikum, Olivenöl, Schafskäse und Pinienkernen ● *buio —*, stockdunkel | *occhio —*, blaues Auge.
**petalo** *s.m.* (*bot.*) Blütenblatt (das).
**petardo** *s.m.* Knallfrosch (der).
**petizione** *s.f.* Petition (die); (*istanza*) Bittschrift (die).
**petroliera** *s.f.* Tanker (der), Tankschiff (das).
**petrolifero** *agg.* Erdöl..., Mineralöl..., Öl...: *industria petrolifera*, Mineralölindustrie.
**petrolio** *s.m.* Erdöl (das); (*raffinato*) Öl (das).
**pettegolezzo** *s.m.* Klatsch (der), Tratsch (der).
**pettegolo** *agg.* geschwätzig ♦ *s.m.* [f. -a] Klatschmaul (das).

**pettinare** *v.tr.* kämmen; (*acconciare*) frisieren ♦ **pettinarsi** *v.pron.* sich kämmen; (*acconciarsi*) sich frisieren.

**pettinatura** *s.f.* Frisur (*die*).

**pettine** *s.m.* Kamm (*der*).

**pettirosso** *s.m.* (*zool.*) Rotkehlchen (*das*).

**petto** *s.m.* **1** Brust (*die*) **2** (*seno*) Busen (*der*) ● *prendere di — qlco*, etw direkt anpacken.

**pezza** *s.f.* **1** Lappen (*der*), Fetzen (*der*) **2** (*toppa*) Flick(en) (*der*) **3** (*rotolo di stoffa*) Stoffballen (*der*).

**pezzo** *s.m.* **1** Stück (*das*) (*anche estens.*): *andare in pezzi*, entzweigehen; auseinanderfallen **2** (*tempo*) Weile (*die*) **3** (*tratto di strada*) Strecke (*die*) ● (*costume a*) *due pezzi*, zweiteiliger Badeanzug | *è da un bel — che...*, es ist eine ganze Weile her, dass...

**piacere¹** *v.intr.* **1** gefallen: *ti è piaciuto il film?*, hat dir der Film gefallen? **2** (*gradire*) mögen, gern haben: *mi piace viaggiare*, ich reise gern; *mi piacerebbe avere più tempo libero*, ich hätte gern mehr Freizeit; *non le piace l'insalata*, sie mag keinen Salad **3** (*di cibo*) schmecken, mögen ● *che ti piaccia o no*, ob es dir passt oder nicht.

**piacere²** *s.m.* **1** Freude (*die*): *mi ha fatto — rivederlo*, es hat mich gefreut, ihn wieder zu sehen **2** (*nelle presentazioni*) angenehm!: *— di fare la Sua conoscenza*, (es) freut mich Sie kennen zu lernen **3** (*favore*) Gefallen (*der*): *fare un — a qlcu*, jdm einen Gefallen tun ● *a —*, nach Belieben | *per —*, bitte.

**piacevole** *agg.* angenehm, gefällig.

**piaga** *s.f.* **1** Wunde (*die*) **2** (*fig.*) Übel (*das*).

**pianeggiante** *agg.* flach.

**pianerottolo** *s.m.* **1** Treppenabsatz (*der*) **2** (*roccia*) Felsabsatz (*der*).

**pianeta** *s.m.* (*astr.*) Planet (*der*).

**piangere** *v.tr.* e *intr.* weinen: *— per qlcu* (o *qlco*), um jdn (o etw) weinen.

**pianificare** *v.tr.* planen.

**pianista** *s.m.* e *f.* Pianist (*der*; *die* -in), Klavierspieler (*der*; *die* -in).

**piano¹** *agg.* eben, flach ♦ *avv.* **1** (*adagio*) langsam **2** (*a bassa voce*) leise.

**piano²** *s.m.* **1** (*livello*) Ebene (*die*) Niveau (*das*) **3** (*di edificio*) Stockwerk (*das*), Geschoss (*das*), Etage (*die*) ● *in primo, in secondo —*, im Vordergrund, im Hintergrund.

**piano³** *s.m.* (*progetto*) Plan (*der*), Projekt (*das*): *secondo i piani*, plangemäß.

**piano⁴, pianoforte** *s.m.* Klavier (*das*) ● *— a coda*, Konzertflügel.

**pianta** *s.f.* **1** Pflanze (*die*) **2** (*anat.*) Sohle (*die*) **3** (*cartina*) Plan (*der*): *— della città*, Stadtplan.

**piantare** *v.tr.* **1** pflanzen, bepflanzen **2** (*conficcare*) schlagen, treiben **3** (*fam.*) (*abbandonare*) im Stich lassen.

**pianterreno** *s.m.* Erdgeschoss (*das*).

**pianto** *s.m.* Weinen (*das*).

**pianura** *s.f.* Ebene (*die*).

**piastra** *s.f.* Platte (*die*).

**piastrella** *s.f.* Fliese (*die*), Kachel (*die*).

**piastrina** *s.f.* (*med.*) Blutplättchen (*das*) ● *— di riconoscimento*, Erkennungsmarke.

**piattaforma** *s.f.* Plattform (*die*).

**piatto** *agg.* **1** flach, eben **2** (*scialbo*) flach, eintönig: *vita piatta*, eintöniges Leben ♦ *s.m.* **1** Teller (*der*): *— piano, fondo*, flacher, tiefer Teller **2** (*pietanza*) Gericht (*das*); (*portata*) Gang (*der*) ● *— del giorno*, Tagesgericht.

**piazza** *s.f.* Platz (*der*) ● *fare — pulita*, reinen Tisch machen.

**piazzale** *s.m.* Platz (*der*).

**piazzare** *v.tr.* **1** auf stellen **2** (*comm.*) absetzen ♦ **piazzarsi** *v.pron.* **1** (*sistemarsi*) sich ein richten **2** (*sport*) sich plazieren.

**piazzola** *s.f.* Ausweichstelle (*die*): *— di emergenza*, Notparkplatz.

**picca** *s.f.* **1** Pike (*der*) **2** (*pl.*) (*nelle carte da gioco*) Pik (*das*).

**piccante** *agg.* **1** (*gastr.*) scharf **2** (*fig.*) pikant.

**picchiare** *v.tr.* **1** schlagen, verprügeln **2** (*battere*) stoßen (mit) ♦ *v.intr.* **1** schlagen **2** (*bussare*) klopfen ♦ **picchiarsi**

**v.pron.** (reciproco) sich schlagen, sich prügeln.
**picchio** s.m. (zool.) Specht (der).
**picciolo** s.m. (bot.) Stiel (der).
**piccione** s.m. Taube (die) ● *prendere due piccioni con una fava*, zwei Fliegen mit einer Klappe schlagen.
**picco** s.m. 1 Bergspitze (die) 2 (mar.) Gaffel (die) ● *a —*, steil, senkrecht | *colare (o andare) a —*, sinken.
**piccolo** agg. 1 klein 2 (breve) kurz ♦ s.m. 1 [f. -a] (bambino) Kleine (der e die): *da —*, als Kind 2 (cucciolo) Junge (das) ● *in —*, verkleinert.
**piccone** s.m. Spitzhacke (die).
**piccozza** s.f. Eispickel (der).
**picnic** s.m.invar. Picknick (das).
**pidocchio** s.m. Laus (die).
**piede** s.m. Fuß (der): *andare a piedi*, zu Fuß gehen; *stare in piedi*, stehen ● *essere tra i piedi*, im Weg stehen | *mettere in piedi qlco*, etw auf die Beine stellen | *su due piedi*, unverzüglich.
**piedistallo** s.m. Sockel (der).
**piega** s.f. 1 Falte (die) 2 (fig.) (andamento) Wendung (die).
**piegare** v.tr. 1 beugen; biegen: *— una sbarra di ferro*, einen Eisenstab biegen; *— le ginocchia*, die Knie beugen 2 (ripiegare) falten, zusammen·legen ♦ v.intr. ab·biegen ♦ **piegarsi** v.pron. 1 sich biegen 2 (sottomettersi) sich beugen.
**pieghevole** agg. 1 biegsam, biegbar 2 (su se stesso) zusammenklappbar, Klapp...: *sedia —*, Klappstuhl ♦ s.m. Faltprospekt (der).
**piena** s.f. Hochwasser (das).
**pieno** agg. 1 voll 2 (fam.) (sazio) satt ● (aut.) *fare il —*, volltanken | *in piena notte*, mitten in der Nacht | *in — giorno*, am hellichten Tag | *nel — delle forze*, bei vollen Kräften | *— di*, voll mit, voller: *essere — di gioia*, voller Freude sein.
**pietà** s.f.invar. 1 Mitleid (das), Erbarmen (das) 2 (relig.) Frömmigkeit (die).
**pietanza** s.f. 1 Gericht (das) 2 (secondo piatto) zweiter Gang.
**pietra** s.f. Stein (der): *— preziosa*, Edelstein.

**piffero** s.m. Pfeife (die), (kleine) Flöte.
**pigiama** s.m. Schlafanzug (der), Pyjama (der).
**pigiare** v.tr. 1 drücken 2 (spingere) drängen ● *— l'uva*, Trauben keltern.
**pigna** s.f. Tannenzapfen (der).
**pignolo** agg. kleinlich ♦ s.m. [f. -a] Krämergeist (der).
**pigrizia** s.f. Faulheit (die).
**pigro** agg. faul, träge.
**pila** s.f. 1 (cumulo) Stapel (der), Stoß (der) 2 (batteria) Batterie (die) 3 (lampadina tascabile) Taschenlampe (die).
**pilastro** s.m. 1 Pfeiler (der), Pilaster (der) 2 (fig.) Stütze (die), Säule (die).
**pillola** s.f. 1 Pille (die); Tablette (die) 2 (anticoncezionale) (Antibaby)pille (die).
**pilota** s.m. e f. 1 Pilot (der, die -in) 2 (mar.) Lotse (der; die Lotsin) ● *— automatico*, Autopilot | *— d'aereo*, Flugzeugpilot.
**pinacoteca** s.f. Pinakothek (die).
**pineta** s.f. Pinienwald (der).
**ping-pong** s.m.invar. Tischtennis (das), Pingpong (das) (anche fig.).
**pinguino** s.m. Pinguin (der).
**pinna** s.f. 1 Flosse (die) 2 (per il nuoto) (Schwimm)flosse (die).
**pino** s.m. (bot.) Kiefer (die).
**pinolo** s.m. Pinienkern (der).
**pinta** s.f. Pint (das).
**pinza** s.f. (spec.pl.) Zange (die).
**pinzare** v.tr. stechen, beißen.
**pinzetta** s.f. Pinzette (die).
**pioggia** s.f. Regen (der).
**piombare**¹ v.intr. herunter·stürzen, (herab-)stürzen ● *— addosso a* (o *su*) *qlcu*, sich auf jdn stürzen.
**piombare**² v.tr. 1 verbleien 2 (sigillare) verplomben.
**piombino** s.m. 1 (di filo a piombo e scandaglio) Senkblei (das); (di lenza) Angelblei (das); Netzblei (das) 2 (sigillo) Plombe (die) 3 (proiettile) Bleikugel (die).
**piombo** s.m. Blei (das).
**pioppo** s.m. (bot.) Pappel (die).
**piovano** agg. Regen...: *acqua piovana*, Regenwasser.

**piovere** *v.impers.* regnen: *piove a catinelle*, es gießt in Strömen ♦ *v.intr.* regnen.

**piovigginare** *v.impers.* tröpfeln, nieseln.

**piovoso** *agg.* regnerisch, Regen...: *una giornata piovosa*, ein Regentag.

**piovra** *s.f.* Polyp (*der*).

**pipa** *s.f.* Pfeife (*die*): *tabacco da —*, Pfeifentabak.

**pipì** *s.f.invar.* (*fam.*) Pipi (*das*): *fare la —*, Pipi machen.

**pipistrello** *s.m.* Fledermaus (*die*).

**piramide** *s.f.* Pyramide (*die*).

**pirata** *s.m.* Pirat (*der*), Seeräuber (*der*) ♦ *agg.* Piraten...: *nave —*, Piratenschiff | *— della strada*, Verkehrsrowdy | *— informatico*, Hacker.

**pirofila** *s.f.* feuerfeste Form.

**piroscafo** *s.m.* Dampfer (*der*).

**pirotecnico** *agg.* Feuer..., Feuerwerks...: *spettacolo —*, Feuerwerk.

**pisciare** *v.tr.* (*volg.*) pissen.

**piscina** *s.f.* Schwimmbad (*das*) ● *— coperta*, Hallenbad | *— scoperta, all'aperto*, Freibad.

**pisello** *s.m.* 1 Erbse (*die*) 2 (*fam.*) (*pene*) Pimmel (*der*).

**pisolino** *s.m.* (*fam.*) Schläfchen (*das*).

**pista** *s.f.* 1 (*traccia*) Spur (*die*) 2 (*sentiero*) Weg (*der*) 3 (*sport*) Piste (*die*) 4 (*aer.*) Bahn (*die*): *— di decollo e atterraggio*, Start- und Landebahn | (*fam.*) *essere di nuovo in —*, wieder am Ball sein | *— ciclabile*, Fahrradweg, Radweg | *— da ballo*, Tanzfläche | *— da sci*, Skipiste.

**pistacchio** *s.m.* Pistazie (*die*).

**pistola** *s.f.* Pistole (*die*): *— ad acqua*, Wasserpistole.

**pistone** *s.m.* 1 Kolben (*der*) 2 (*mus.*) Ventil (*das*).

**pitone** *s.m.* (*zool.*) Python (*die*).

**pittore** *s.m.* [f. *-trice*] 1 Maler (*der*; *die -in*) 2 (*imbianchino*) Anstreicher (*der*; *die -in*).

**pittoresco** *agg.* malerisch, pittoresk.

**pittura** *s.f.* 1 Malerei (*die*) 2 (*vernice*) Anstrich (*der*).

**pitturare** *v.tr.* (an-)streichen, bemalen

♦ **pitturarsi** *v.pron.* (*fam.*) sich anmalen.

**più** *avv.* 1 (*nel compar.*) -er: *è — spiritoso di te*, er ist witziger als du 2 (*nel superl.*): *è il libro — bello che abbia mai letto*, das ist das schönste Buch, das ich je gelesen habe 3 (*frasi negative*) mehr: *non ne vuole sapere — niente*, er möchte nichts mehr davon wissen 4 (*tempo*) länger: *voglio starci di — *, (*sing.*) mehr: *occorre — denaro di quanto pensassi*, es ist mehr Geld als erwartet nötig 2 (*parecchi*) mehrere ♦ *prep.* plus (+ Acc) ♦ *s.m.invar.* (*sing.*) meiste (*das*), Großteil (*der*), größter Teil: *il — è fatto*, das meiste ist getan ● *al — tardi*, spätestens | *a — tardi*, bis später | *il — delle volte*, meistens | *il — presto possibile*, so bald wie möglich | *i —*, die meisten | *mai —*, nie wieder | *parlare dei — e del meno*, über dies und jenes sprechen | *che mai*, mehr denn je | (*quanto*) *—* ..., (*tanto*) *—* ..., je..., desto...: *— lo conosco, — lo apprezzo*, je besser ich ihn kenne, desto mehr schätze ich ihn.

**piuma** *s.f.* Daune (*die*), Feder (*die*).

**piumino** *s.m.* 1 Daune (*der*) 2 (*abbigl.*) Daunenjacke (*die*) 3 (*per cipria*) Puderquaste (*die*) 4 (*per spolverare*) Staubwedel (*der*).

**piumone** *s.m.* Daunenbett (*das*).

**piuttosto** *avv.* 1 (*alquanto*) ziemlich: *sono — stanco*, ich bin ziemlich müde 2 (*o meglio*) oder besser, vielmehr 3 (*invece*) stattdessen ● *— che*, (an)statt zu: *— che scriverle dovresti telefonarle*, anstatt ihr zu schreiben, solltest du sie anrufen.

**pizza** *s.f.* Pizza (*die*).

**pizzaiolo** *s.m.* [f. *-a*] Pizzabäcker (*der*; *die -in*).

**pizzeria** *s.f.* Pizzeria (*die*).

**pizzicare** *v.tr.* 1 kneifen, zwicken 2 (*pungere*) stechen ♦ *v.intr.* (*prudere*) jucken ♦ **pizzicarsi** *v.pron.* sich kneifen.

**pizzico** *s.m.* 1 Bisschen (*das*): *un — di sale*, eine Prise Salz 2 (*pizzicotto*) Kniff (*der*).

**pizzicotto** *s.m.* Kniff (der).
**pizzo** *s.m.* **1** Spitze (die) **2** (*cima*) Bergspitze (die) **3** (*barba*) Spitzbart (der), Kinnbart (der) **4** (*gerg.*) Schutzgeld (das).
**placca** *s.f.* **1** Platte (die) **2** (*targhetta*) Plakette (die) **3** (*med.*) Belag (der): — *batterica* (o *dentaria*), Zahnbelag.
**placenta** *s.f.* (*anat.*) Mutterkuchen (der), Plazenta (die).
**placido** *agg.* ruhig, still.
**planare** *v.intr.* (*aer.*) gleiten.
**planetario** *agg.* Planeten...: *sistema* —, Planetensystem ♦ *s.m.* Planetarium (das).
**plantare** *agg.* (*anat.*) plantar ♦ *s.m.* Schuheinlage (die).
**plastica** *s.f.* Plastik (das): *sacchetto di* —, Plastiktüte.
**plastico** *agg.* **1** Plastik..., aus Plastik: *materiale* —, Plastikmaterial **2** (*estens*) plastisch: *chirurgia plastica*, plastische Chirurgie ♦ *s.m.* **1** Relief (das) **2** (*esplosivo*) plastischer Sprengstoff.
**platano** *s.m.* (*bot.*) Platane (die).
**platea** *s.f.* Zuschauerraum (der); (*estens.*) Publikum (das).
**platino** *s.m.* Platin (das).
**plenilunio** *s.m.* Vollmond (der).
**plettro** *s.m.* (*mus.*) Plektron (das).
**plico** *s.m.* **1** (*busta*) Umschlag (der) **2** (*Poste*) Sendung (die) **3** (*insieme di carte*) Aktenbündel (das).
**plotone** *s.m.* (*mil.*) Abteilung (die): — *d'esecuzione*, Exekutionskommando.
**plurale** *agg.* (*gramm.*) Plural..., pluralisch ♦ *s.m.* (*gramm.*) Plural (der).
**pneumatico** *agg.* Luft..., Preßluft...: *martello* —, Preßlufthammer ♦ *s.m.* Reifen (der).
**po'** *agg.indef.* → poco.
**poco** *agg.indef.* **1** wenig, nicht viel: *ha poca pazienza*, er hat wenig Geduld **2** (*scarso*) gering, knapp: *c'è — tempo*, die Zeit ist knapp **3** (*tempo*) kurz, nicht lang: *da — tempo*, seit kurzer Zeit ♦ *avv.* **1** wenig, nicht sehr: — *lontano*, nicht sehr weit; *molto* —, sehr wenig **2** (*tempo*) kurz, nicht lange: — *dopo, di lì a* —, kurz darauf, danach; — *fa, poc'anzi*, vor kurzem, eben, gerade; *da* —, seit kurzem; *fra* —, in Kürze, bald **3** (*prezzo*) billig, preiswert ♦ *pron.indef.* **1** (*pl.*) (*persone*) wenige **2** (*cose*) wenig: (*fig.*) *c'è — da fare*, es gibt wenig zu tun, da kann man nichts machen ♦ *s.m.* Wenige (das), Geringe (das): *accontentarsi di* —, sich mit wenig zufrieden geben ● *a — a* —, nach und nach | *dimmi un po'*, sag mal | *sta — bene*, es geht ihm nicht gut | *un — un po'*, ein wenig, ein bisschen, etwas: *sta un po' meglio*, es geht ihm etwas besser | *un po' di*, ein bisschen, ein wenig; (*alcuni*) einige: *un po' di gente*, einige Leute.
**podere** *s.m.* Gut (das).
**podio** *s.m.* **1** (*sport*) Podium (das) **2** (*mus.*) Dirigentenpult (das).
**podismo** *s.m.* Gehen (das).
**poema** *s.m.* **1** Gedicht (das): — *epico*, Epos **2** (*iron.*) Meisterwerk (das).
**poesia** *s.f.* **1** Dichtung (die), Poesie (die) **2** (*componimento*) Gedicht (das), Dichtung (die) **3** (*fig.*) Gedicht (das).
**poeta** *s.m.* [f. -*essa*] Dichter (der; die -in).
**poetico** *agg.* dichterisch, poetisch.
**poggiatesta** *s.m.invar.* Kopfstütze (die).
**poi** *avv.* **1** (*dopo*) später, dann **2** (*dopodiché*) danach, darauf, nachher, hinterher **3** (*inoltre*) außerdem ● *questa* —!, na sowas!
**poiché** *cong.* da, weil.
**polacco** *agg.* polnisch ♦ *s.m.* **1** [f. -*a*] Pole (der; die Polin) **2** (*lingua*) Polnisch(e) (das).
**polare** *agg.* polar, Polar... ● *stella* —, Polarstern, Nordstern.
**polemica** *s.f.* Polemik (die).
**polemico** *agg.* polemisch.
**polenta** *s.f.* Polenta (die) (Maisbrei).
**poligono** *s.m.* **1** (*geom.*) Vieleck (das) **2** (*mil.*) Schießplatz (der).
**polipo** *s.m.* (*zool., med.*) Polyp (der).
**politecnico** *agg.* polytechnisch ♦ *s.m.* Polytechnikum (das).
**politica** *s.f.* Politik (die) (*anche fig.*): —

**estera**, *interna*, Außenpolitik, Innenpolitik.
**politico** *agg.* politisch ♦ *s.m.* [f. -a] Politiker (*der; die* -in).
**polizia** *s.f.* Polizei (*die*): — *stradale*, Verkehrspolizei; — *giudiziaria*, Kriminalpolizei.
**poliziesco** *agg.* 1 polizeilich, Polizei...: *indagine poliziesca*, polizeiliche Ermittlungen 2 (*di film, libri*) Kriminal... ● *film* —, Kriminalfilm, Krimi.
**poliziotto** *s.m.* [f. -a] Polizist (*der; die* -in).
**polizza** *s.f.* Schein (*der*): — *assicurativa*, Police.
**pollaio** *s.m.* Hühnerstall (*der*).
**pollame** *s.m.* Geflügel (*das*).
**pollice** *s.m.* 1 Daumen (*der*) 2 (*unità di misura*) Zoll (*der*).
**polline** *s.m.* (*bot.*) Blütenstaub (*der*).
**pollo** *s.m.* 1 Huhn (*das*) 2 (*fam.*) dummes Huhn.
**polmone** *s.m.* Lunge (*die*).
**polmonite** *s.f.* (*med.*) Lungenentzündung (*die*).
**polo** *s.m.* 1 Pol (*der*): — *Nord*, Nordpol; — *Sud*, Südpol 2 (*fig.*) Zentrum (*das*).
**Polonia** *n.pr.f.* Polen (*das*).
**polpa** *s.f.* Fleisch (*das*); (*di frutto*) Fruchtfleisch (*das*).
**polpaccio** *s.m.* Wade (*die*).
**polpetta** *s.f.* Frikadelle (*die*), Fleischkloß (*der*).
**polpettone** *s.m.* Hackbraten (*der*).
**polsino** *s.m.* Manschette (*die*).
**polso** *s.m.* 1 (*anat.*) Handgelenk (*das*) 2 (*abbigl.*) Manschette (*die*) 3 (*med.*) Puls(schlag) (*der*).
**poltrona** *s.f.* 1 Sessel (*der*) 2 (*in teatro*) Parkettplatz (*der*).
**poltrone** *s.m.* [f. -a] Faulenzer (*der; die* -in), Faulpelz (*der*).
**polvere** *s.f.* 1 Staub (*der*) 2 (*estens.*) Pulver (*das*): — *di cacao*, Kakaopulver; — *da sparo*, Schießpulver.
**polveroso** *agg.* staubig, staubbedeckt.
**pomata** *s.f.* Salbe (*die*).
**pomeridiano** *agg.* Nachmittags...: *ore pomeridiane*, Nachmittagsstunden.

**pomeriggio** *s.m.* Nachmittag (*der*): *di* —, am Nachmittag; *ogni* —, jeden Nachmittag; *il lunedì* —, (am) Montagnachmittag.
**pomodoro** *s.m.* 1 Tomate (*die*) 2 (*pianta*) Tomatenpflanze (*die*).
**pompa** *s.f.* 1 Pumpe (*die*) 2 (*colonnina di benzina*) Zapfsäule (*die*); (*distributore*) Tankstelle (*die*).
**pompare** *v.tr.* 1 pumpen 2 (*fig.*) (*esagerare*) auf-bauschen.
**pompelmo** *s.m.* 1 (*pianta*) Pampelmuse (*die*) (*frutto*) Grapefruit (*die*), Pampelmuse (*die*).
**pompiere** *s.m.* Feuerwehrmann (*der*).
**ponente** *s.m.* 1 Westen (*der*) 2 (*vento*) Westwind (*der*).
**ponte** *s.m.* 1 Brücke (*die*) 2 (*mar.*) Deck (*das*) 3 (*odontoiatria*) Brücke (*die*) 4 (*ferie*) verlängertes Wochenende ● *tagliare i ponti*, eine Beziehung abbrechen.
**pontefice** *s.m.* (*relig.catt.*) Papst (*der*).
**pontile** *s.m.* Landungsbrücke (*die*).
**popolare**¹ *v.tr.* 1 bevölkern, besiedeln 2 (*abitare*) bewohnen ♦ **popolarsi** *v.pron.* sich bevölkern.
**popolare**² *agg.* Volks..., volkstümlich: *musica* —, Volksmusik 2 (*famoso*) populär.
**popolarità** *s.f.invar.* Popularität (*die*).
**popolazione** *s.f.* Bevölkerung (*die*).
**popolo** *s.m.* Volk (*das*).
**poppa** *s.f.* Heck (*das*): *vento in* —, Rückenwind.
**poppante** *s.m.* e *f.* Säugling (*der*).
**porcellana** *s.f.* Porzellan (*das*).
**porcheria** *s.f.* 1 (*atto riprovevole*) Schweinerei (*die*) 2 (*cosa fatta male*) Mist (*der*).
**porcile** *s.m.* Schweinestall (*der*) (*anche fig.*).
**porco** *s.m.* Schwein (*das*).
**porcospino** *s.m.* (*zool.*) Stachelschwein (*das*).
**porgere** *v.tr.* 1 bieten 2 (*il braccio ecc.*) reichen, hin-halten.
**pornografia** *s.f.* Pornografie (*die*).
**poro** *s.m.* Pore (*die*).
**porre** *v.tr.* 1 (*verticalmente*) stellen;

(*orizzontalmente*) legen **2** (*rivolgere*) stellen: — *una domanda*, eine Frage stellen **3** (*supporre*) an-nehmen ♦ **porsi** *v.pron.* sich stellen: *il problema non si pone*, die Frage stellt sich nicht.

**porro** *s.m.* **1** (*bot.*) Lauch (*der*), Porree (*der*) **2** (*med.*) Warze (*die*).

**porta** *s.f.* **1** Tür (*die*) **2** (*della città*) Tor (*das*), Stadttor (*das*) ● *mettere qlcu alla* —, jdn vor die Tür setzen (*anche fig.*).

**portabagagli** *s.m.invar.* **1** (*facchino, struttura*) Gepäckträger (*der*) **2** (*bagagliaio*) Kofferraum (*der*) ● *carrello* —, Kofferkuli.

**portacenere** *s.m.invar.* Aschenbecher (*der*).

**portachiavi** *s.m.invar.* Schlüsselanhänger (*der*).

**portafoglio** *s.m.* Brieftasche (*die*).

**portafortuna** *s.m.invar.* Glücksbringer (*der*).

**portale** *s.m.* **1** Pforte (*die*), Tor (*das*) **2** (*Internet*) Portal (*das*).

**portamonete** *s.m.invar.* Geldbeutel (*der*), Portmonee (*das*).

**portaombrelli** *s.m.invar.* Schirmständer (*der*).

**portare** *v.tr.* **1** tragen: — *la valigia*, den Koffer tragen **2** (*recare*) bringen; (*portare con sé*) mit-bringen; (*prendere con sé*) mit-nehmen: — *in dono*, als Geschenk mitbringen; — *via*, forttragen; (*rubare*) stehlen **3** (*indossare*) tragen: *porta gli occhiali*, er trägt eine Brille **4** (*condurre*) führen: — *i bambini a spasso*, mit den Kindern spazieren gehen; — *a termine*, zu Ende führen.

**portata** *s.f.* **1** Reichweite (*die*) **2** (*capacità di carico*) Tragfähigkeit (*die*) **3** (*a tavola*) Gang (*der*).

**portatile** *agg.* tragbar: *computer* —, tragbarer Computer.

**portatore** *s.m.* [f. -*trice*] **1** (*biol.*) Träger (*der*; *die* -in), Überträger (*der*; *die* -in) **2** (*fin.*) Überbringer (*der*; *die* -in), Inhaber (*der*; *die* -in).

**portico** *s.m.* Laubengang (*der*).

**portiera** *s.f.* (*aut.*) Tür (*die*).

**portiere** *s.m.* [f. -*a*] **1** Pförtner (*der*; *die* -in); (*di albergo*) Portier (*der*); Portiersfrau (*die*) **2** (*sport*) Torwart (*der*).

**portinaio** *s.m.* [f. -*a*] Pförtner (*der*; *die* -in), Hausmeister (*der*; *die* -in).

**portineria** *s.f.* Pförtnerloge (*die*).

**porto** *s.m.* **1** Hafen (*der*) ● (*fig.*) *l'affare è andato in* —, das Geschäft hat geklappt.

**Portogallo** *n.pr.m.* Portugal (*das*).

**portoghese** *agg.* portugiesisch ♦ *s.m.* e *f.* Portugiese (*der*; die Portugiesin) ♦ *s.m.* (*lingua*) Portugiesisch (*das*).

**portone** *s.m.* Tor (*das*), Eingang (*der*).

**porzione** *s.f.* **1** Portion (*die*) **2** (*parte*) Teil (*der*).

**posa** *s.f.* **1** Legen (*das*), Legung (*die*) **2** (*atteggiamento*) Pose (*die*): *mettersi in* —, eine Pose annehmen **3** (*fot.*) Aufnahme (*die*).

**posare** *v.tr.* (ab-)legen, (ab-)stellen: — *il capo sul cuscino*, den Kopf auf das Kissen legen; *posa pure la valigia per terra*, stell doch den Koffer auf den Boden (*die*) ♦ *v.intr.* (*stare in posa*) posieren ♦ **posarsi** *v.pron.* (*di uccelli*) sich setzen, sich nieder-lassen.

**posata** *s.f.* (*spec.pl.*) Besteck (*das*).

**poscritto** *s.m.* Nachschrift (*die*), Postskript(um) (*das*).

**positivo** *agg.* positiv.

**posizione** *s.f.* Stellung (*die*), Lage (*die*): *prendere* — *su qlco, a favore di qlco*, zu etw, für etw Stellung nehmen.

**possedere** *v.tr.* **1** besitzen, haben **2** (*conoscere a fondo*) beherrschen.

**possessivo** *agg.* **1** (*gramm.*) Possessiv...: *pronome* —, Possessivpronomen **2** (*fig.*) possessiv, besitzergreifend.

**possesso** *s.m.* Besitz (*der*).

**possessore** *s.m.* [f. *posseditrice*] Besitzer (*der*; *die* -in).

**possibile** *agg.* möglich: *appena* —, sobald wie möglich.

**possibilità** *s.f.invar.* **1** Möglichkeit (*die*) **2** (*pl.*) (*mezzi*) Möglichkeiten (*pl.*).

**possibilmente** *avv.* möglichst.

**posta** *s.f.* **1** Post (*die*): *inviare per* —, durch die (*o per*) Post schicken **2** (*al gioco*) Einsatz (*der*), Spieleinsatz (*der*) ● — *aerea*, Luftpost | — *celere*, Eilpost.

**postale** *agg.* Post...: *ufficio —*, Postamt; *timbro —*, Poststempel.
**posteggiare** *v.tr.* parken.
**posteggiatore** *s.m.* [f. *-trice*] Parkwächter *(der; die -in).*
**posteggio** *s.m.* Parkplatz *(der).*
**posteriore** *agg.* **1** Hinter..., hinter: *uscita —*, Hinterausgang **2** *(di tempo)* nachfolgend, später.
**posticipare** *v.tr.* auf·schieben, verschieben.
**postino** *s.m.* [f. *-a*] Briefträger *(der; die -in).*
**posto** *s.m.* **1** Platz *(der)* **2** *(località)* Ort *(der)* **3** *(impiego)* Stelle *(die)* ● *al — di*, an Stelle von (+ Dat) | *a —*, in Ordnung | *sentirsi fuori —*, sich fehl am Platze fühlen | *sul —*, vor Ort.
**potabile** *agg.* trinkbar: *acqua —*, Trinkwasser.
**potare** *v.tr.* stutzen, schneiden.
**potassio** *s.m.* Kalium *(das).*
**potente** *agg.* **1** stark *(che ha grande potere)* mächtig, stark.
**potenza** *s.f.* **1** Macht *(die)*, Gewalt *(die)* **2** *(fis.)* Kraft *(die)*, Leistung *(die)* **3** *(mat.)* Potenz *(die).*
**potenziale** *agg.* potenziell ♦ *s.m.* Potenzial *(das) (anche fis.).*
**potere¹** *v.modale* **1** *(essere in grado, avere la possibilità)* können: *posso portarti in macchina alla stazione*, ich kann dich zum Bahnhof fahren **2** *(essere lecito, avere il permesso)* dürfen: *qui non si può fumare*, hier darf man nicht rauchen **3** *(essere probabile, possibile)* mögen, können: *potrà avere al massimo dieci anni*, sie mag höchstens zehn Jahre alt sein ● *può darsi che...*, (es) kann sein, dass...
**potere²** *s.m.* **1** *(capacità)* Fähigkeit *(die)*; *(possibilità)* Möglichkeit *(die)* **2** *(autorità)* Macht *(die)* **3** *(fig.)* Gewalt *(die)*: *— legislativo*, gesetzgebende Gewalt.
**povero** *agg.* *(di)* arm (an + Dat) ♦ *s.m.* [f. *-a*] Arme *(der e die).*
**povertà** *s.f.invar.* **1** Armut *(die)* **2** *(scarsità)* Mangel *(der)* (an + Dat).
**pozzanghera** *s.f.* Pfütze *(die).*

**pozzo** *s.m.* Brunnen *(der)*: *attingere acqua dal —*, Wasser aus dem Brunnen schöpfen.
**Praga** *n.pr.f.* Prag *(das).*
**pranzare** *v.intr.* zu Mittag essen.
**pranzo** *s.m.* Mittagessen *(das).*
**pratica** *s.f.* **1** Praxis *(die)* **2** *(esperienza)* Erfahrung *(die)*, Übung *(die)* **3** *(amm.)* Vorgang *(der)*, Akten *(pl.)* ● *in —*, *(in realtà)* in Wirklichkeit.
**praticamente** *avv.* praktisch.
**praticare** *v.tr.* **1** in die Praxis umsetzen **2** *(eseguire)* machen, durch·führen ● *— uno sport*, einen Sport treiben.
**pratico** *agg.* **1** praktisch **2** *(esperto)* erfahren: *essere — del luogo*, mit dem Ort vertraut sein.
**prato** *s.m.* Wiese *(die)*; *(coltivato)* Rasen *(der).*
**preavviso** *s.m.* **1** Benachrichtigung *(die)* **2** *(di licenziamento)* Kündigung *(die)*, Kündigungsfrist *(die).*
**precario** *agg.* prekär, unsicher: *situazione precaria*, prekäre Situation ♦ *s.m.* [f. *-a*] Aushilfe *(die)* im öffentlichen Dienst mit befristetem Arbeitsvertrag.
**precauzione** *s.f.* **1** Vorsicht *(die)* **2** *(pl.) (provvedimenti)* Vorsichtsmaßnahmen *(pl.).*
**precedente** *agg.* vorhergehend, vorherig, Vor...: *il giorno —*, am vorhergehenden Tag ♦ *s.m.* Präzedenzfall *(der)*: *avere precedenti (penali)*, vorbestraft sein.
**precedentemente** *avv.* vorher, im voraus, zuvor.
**precedenza** *s.f.* **1** Vortritt *(der)* **2** *(su strada)* Vorfahrt *(die)*: *strada con diritto di —*, Vorfahrtsstraße.
**precedere** *v.tr. e intr.* **1** voran·gehen (+ Dat); *(con veicolo)* vor·fahren **2** *(venire prima)* voraus·gehen (+ Dat), vorangehen.
**precipitare** *v.intr.* **1** herab·stürzen, ab·stürzen **2** *(peggiorare)* schlimmer werden **3** *(chim.)* aus·fällen, präzipitieren ♦ *v.tr.* **1** stürzen **2** *(chim.)* fällen ● **precipitarsi** *v.pron.* sich stürzen.
**precipitazione** *s.f.* **1** *(meteor.)* Nie

derschlag (*der*) **2** (*fretta*) Übereilung (*die*).
**precipitoso** *agg.* **1** überstürzt: *fuga precipitosa*, überstürzte Flucht **2** (*frettoloso*) voreilig, übereilt.
**precipizio** *s.m.* Abgrund (*der*): *a — sul mare*, steil ins Meer abfallend.
**precisamente** *avv.* **1** (*proprio*) gerade; (*appunto*) genau **2** (*con precisione*) präzise.
**precisare** *v.tr.* genauer bestimmen, präzisieren; (*spiegare meglio*) besser erklären.
**precisazione** *s.f.* genauere Erklärung, Präzisierung (*die*).
**precisione** *s.f.* Präzision (*die*), Genauigkeit (*die*).
**preciso** *agg.* genau ● *di —*, genau.
**precoce** *agg.* **1** frühreif **2** (*prematuro*) früh(zeitig), zeitig.
**precotto** *agg.* vorgekocht.
**precursore** *agg.* Vorläufer (*der*), Wegbereiter (*der*).
**preda** *s.f.* Beute (*die*) ● *essere in — al panico*, von Panik ergriffen werden.
**predecessore** *s.m.* [f. *-a*] Vorgänger (*der*; *die -in*).
**predica** *s.f.* Predigt (*die*).
**predicare** *v.tr.* predigen.
**predire** *v.tr.* wahr(sagen, voraus·sagen; vorher·sagen.
**predisporre** *v.tr.* vor·bereiten.
**predisposizione** *s.f.* **1** Neigung (*die*), Veranlagung (*die*) **2** (*med.*) Anfälligkeit (*die*), Prädisposition (*die*).
**prefabbricato** *agg.* vorgefertigt ♦ *s.m.* Fertighaus (*das*).
**preferenza** *s.f.* Vorliebe (*die*).
**preferibile** *agg.* besser: *è — prenotare*, es ist besser zu buchen.
**preferire** *v.tr.* vor·ziehen: *preferisco la montagna al mare*, ich ziehe das Gebirge dem Meer vor.
**preferito** *agg.* Lieblings..., bevorzugt: *l'allievo —*, der Lieblingsschüler ♦ *s.m.* [f. *-a*] Liebling (*der*).
**prefetto** *s.m.* Präfekt (*der*).
**prefettura** *s.f.* Präfektur (*die*).
**prefiggersi** *v.pron.* sich vor·nehmen:

*— uno scopo*, sich (*Dat*) ein Ziel vornehmen.
**prefisso** *s.m.* (*gramm.*) Vorsilbe (*die*), Präfix (*das*) ● (*tel.*) — (*teleselettivo*), Vorwahl(nummer).
**pregare** *v.tr.* **1** (*chiedere*) bitten: *ti prego, aiutami!*, ich bitte dich, hilf mir! **2** (*relig.*) beten (zu): *— Dio*, zu Gott beten.

> NOTA 'Pregare' è reso in tedesco con *bitten* quando significa 'chiedere':
> *Ti prego, dimmi la verità.*
> Ich **bitte** dich, sag mir die Wahrheit.
> Si usa invece **beten** quando assume il significato di 'recitare una preghiera':
> *Vogliamo pregare per la pace.*
> Wir wollen für den Frieden **beten**.

**preghiera** *s.f.* **1** (*richiesta*) Bitte (*die*) **2** (*relig.*) Gebet (*das*).
**pregiato** *agg.* wertvoll, kostbar.
**pregiudicato** *s.m.* [f. *-a*] (*dir.*) Vorbestrafte (*der* e *die*).
**pregiudizio** *s.m.* Vorurteil (*das*): *avere dei pregiudizi nei confronti di qlcu*, jdm gegenüber Vorurteile haben.
**prego** *inter.* bitte.
**preistorico** *agg.* vorgeschichtlich, prähistorisch.
**prelevare** *v.tr.* **1** entnehmen: *— sangue*, Blut entnehmen **2** (*Banca*) ab·heben, entnehmen **3** (*catturare*) fest·nehmen.
**prelibato** *agg.* köstlich.
**prelievo** *s.m.* **1** Abnahme (*die*): *— di sangue*, Blutabnahme **2** (*Banca*) Abhebung (*die*).
**prematuro** *agg.* voreilig, verfrüht ♦ *s.m.* [f. *-a*] Frühgeborene (*der* e *die*).
**premere** *v.tr.* **1** drücken (auf): *— l'acceleratore*, auf das Gaspedal treten **2** (*incalzare*) bedrängen ♦ *v.intr.* **1** (*su*) drücken (auf + *Acc*) **2** (*fig.*) (*stare a cuore*) am Herzen liegen.
**premessa** *s.f.* **1** (*presupposto*) Voraussetzung (*die*) **2** (*introduzione*) Vorwort (*das*).
**premiare** *v.tr.* aus·zeichnen, prämieren.

**premiazione** *s.f.* Preisverleihung (*die*), Preisverteilung (*die*).

**premio** *s.m.* 1 Preis (*der*) 2 (*dir., comm.*) Prämie (*die*) 3 (*vincita alla lotteria*) Gewinn (*der*) ♦ *agg.* Gewinn..., Preis...: *viaggio* —, Gewinnreise.

**premura** *s.f.* 1 (*fretta*) Eile (*die*): *avere* —, es eilig haben 2 (*riguardo, attenzione*) Sorge (*die*), Aufmerksamkeit (*die*).

**premuroso** *agg.* zuvorkommend, aufmerksam.

**prendere** *v.tr.* 1 nehmen: — *l'autobus*, den Bus nehmen 2 (*afferrare*) fassen, packen: *l'ho preso!*, ich habe ihn gefasst 3 (*catturare*) fangen; (*fig.*) ergreifen, packen 4 (*ricevere*) bekommen: — *un premio*, einen Preis bekommen 5 (*comprare*) holen, kaufen: *mandare a* —, holen lassen 6 (*contrarre*) sich (*Dat*) holen: *prendere un raffreddore*, sich einen Schnupfen holen 7 (*cibo, bevande*) (zu) sich nehmen; (*medicine*) ein·nehmen 8 (*imboccare*) nehmen, ein·schlagen: — *la direzione sbagliata*, die falsche Richtung einschlagen 9 (*prendere con sé*) mit·nehmen ♦ *v.intr.* (*dirigersi*) gehen (*o* fahren) ♦ **prendersi** *v.pron.* (*reciproco*) sich nehmen: *prendersi per mano*, sich an der Hand nehmen ● — *in giro qlcu*, jdn auf den Arm nehmen | — *per*, (*scambiare*) verwechseln mit; (*considerare*) halten für: *per chi mi prendi?*, für wen hältst du mich? | **prendersela con** *qlcu*, sich über jdn ärgern.

**prendisole** *s.m.invar.* Strandkleid (*das*).

**prenotare** *v.tr.* vorbestellen; (*viaggi*) buchen; (*riservare*) reservieren ♦ **prenotarsi** *v.pron.* sich vormerken (lassen).

**prenotazione** *s.f.* Vorbestellung (*die*), Reservierung (*die*); (*di viaggi*) Buchung (*die*).

**preoccupare** *v.tr.* Sorgen bereiten (*o* machen) (+ *Dat*) ♦ **preoccuparsi** *v.pron.* 1 (*di*) sich (*Dat*) Sorgen machen (um) 2 (*curarsi*) (*di*) sich kümmern (um); sorgen (für).

**preoccupazione** *s.f.* Sorge (*die*).

**preparare** *v.tr.* 1 vor·bereiten 2 (*riservare*) bringen, bereit·halten ♦ **prepararsi** *v.pron.* 1 (*accingersi a*) sich fertig machen 2 (*fare preparativi*) sich vor·bereiten (auf, für + *Acc*), (sich) rüsten (zu) ● — *da mangiare*, das Essen zubereiten.

**preparativo** *s.m.* Vorbereitung (*die*).

**preparazione** *s.f.* 1 Vorbereitung (*die*); (*di cibo*) Zubereitung (*die*) 2 (*formazione*) Bildung (*die*).

**preposizione** *s.f.* (*gramm.*) Präposition (*die*).

**prepotente** *agg.* anmaßend.

**presa** *s.f.* Griff (*der*) ♦ *fare* — *su qlcu*, jdn beeindrucken | — *di corrente*, Steckdose | — *di posizione*, Stellungnahme.

**presbite** *agg.* weitsichtig ♦ *s.m.* e *f.* Weitsichtige (*der* e *die*).

**prescindere** *v.intr.* (*da*) ab·sehen (von): *a* — *da*, abgesehen von.

**prescrivere** *v.tr.* 1 vor·schreiben 2 (*med.*) verschreiben, verordnen.

**prescrizione** *s.f.* 1 Vorschrift (*die*) 2 (*med.*) Verschreibung (*die*), Verordnung (*die*) 3 (*dir.*) Verjährung (*die*): *cadere in* —, verjähren.

**presentare** *v.tr.* 1 vor·stellen: *Le presento il signor Rossi*, darf ich Ihnen Herrn Rossi vorstellen? 2 (*inoltrare*) ein·reichen: — *le dimissioni*, Rücktrittsgesuch einreichen 3 (*comportare*) auf·weisen, bereiten ♦ **presentarsi** *v.pron.* 1 sich vor·stellen 2 (*apparire*) erscheinen 3 (*sembrare*) scheinen 4 (*offrirsi*) sich bieten: *si è presentata l'occasione giusta*, die richtige Gelegenheit hat sich mir geboten.

**presentatore** *s.m.* [f. -*trice*] Showmaster (*der*; *die* -in).

**presentazione** *s.f.* 1 Vorstellung (*die*) 2 (*di documenti*) Vorlage (*die*).

**presente**[1] *agg.* 1 (*attuale*) gegenwärtig ♦ *s.m.* Gegenwart (*die*); (*gramm.*) Präsens (*das*) ♦ *s.m.* e *f.* (*persona*) Anwesende (*der* e *die*) ♦ *aver* — *qlco* (*o qlcu*), etw (*o* jdn) präsent haben | *fare* — *qlco a qlcu*, jdn auf etw aufmerksam machen | *tener* — *qlco*, sich (*Dat*) etw merken.

**presente**[2] *s.m.* (*regalo*) Geschenk (*das*).

**presentimento** *s.m.* Vorahnung (die), Vorgefühl (das).

**presenza** *s.f.* 1 Anwesenheit (die) 2 (*aspetto*) Aussehen (das).

**presepio** *s.m.* Krippe (die).

**preservare** *v.tr.* (*da*) bewahren (vor).

**preservativo** *s.m.* Kondom (das), Präservativ (das).

**preside** *s.m.* e *f.* Schulleiter (der; die -in); (*di facoltà*) Dekan (der).

**presidente** *s.m.* e *f.* 1 Vorsitzende (der e die) 2 (*pol.*) Präsident (der; die -in) ● — *della repubblica*, Staatspräsident.

**pressappoco** *avv.* ungefähr.

**pressione** *s.f.* Druck (der): *avere la — alta, bassa*, einen hohen, zu niedrigen Blutdruck haben; (*fig.*) *essere sotto —*, unter Druck stehen ● — *sanguigna*, Blutdruck.

**presso** *prep.* bei, neben (+ Dat) ● *nei pressi di*, in der Nähe von.

**prestare** *v.tr.* (ver)leihen: *— qlco a qlcu*, jdm etw leihen ♦ **prestarsi** *v.pron.* (*a*) sich hergeben (für) ● *— aiuto*, Hilfe leisten ● *— attenzione a*, Aufmerksamkeit schenken (+ Dat) ● *— servizio*, Dienst leisten.

**prestazione** *s.f.* Leistung (die).

**prestigiatore** *s.m.* [f. -trice] Taschenspieler (der; die -in), Zauberkünstler (der; die -in).

**prestigio** *s.m.* Prestige (das) ● *gioco di —*, Zauberei.

**prestito** *s.m.* (*banca*) Darlehen (das) ● *dare, prendere in —*, leihen, ausleihen | *fare un —*, Geld leihen.

**presto** *avv.* 1 (*tra poco*) bald: *torna —!*, komm bald wieder! 2 (*rapidamente*) schnell, rasch 3 (*di buon'ora*) früh.

**presumere** *v.tr.* 1 vermuten, annehmen 2 (*pretendere*) sich (Dat) etw anmaßen.

**presunto** *agg.* mutmaßlich, vermutlich.

**presuntuoso** *agg.* anmaßend, vermessen.

**presunzione** *s.f.* 1 Anmaßung (die), Vermessenheit (die) 2 (*dir.*) Vermutung (die).

**presupporre** *v.tr.* 1 vermuten, annehmen 2 (*implicare*) voraus·setzen.

**prete** *s.m.* Priester (der).

**pretendere** *v.tr.* verlangen.

**pretesa** *s.f.* Anspruch (der), Anforderung (die).

**pretesto** *s.m.* Vorwand (der): *con il — di*, unter dem Vorwand von (o + Gen).

**prevalente** *agg.* vorherrschend.

**prevedere** *v.tr.* voraus·sehen.

**prevenire** *v.tr.* vor·beugen.

**preventivo** *agg.* vorbeugend, Präventiv...: *medicina preventiva*, Präventivmedizin ♦ *s.m.* Kostenvoranschlag (der).

**prevenuto** *agg.* (*nei confronti di*) voreingenommen (gegen, gegenüber).

**prevenzione** *s.f.* 1 Vorbeugung (die); Vorsorge (die) 2 (*pregiudizio*) Voreingenommenheit (die).

**previdente** *agg.* vorausschauend, vorsichtig.

**previdenza** *s.f.* 1 Voraussicht (die) 2 (*ente*) Fürsorge (die): *— sociale*, Sozialfürsorge.

**previsione** *s.f.* Voraussicht (die), Voraussage (die): *previsioni del tempo*, Wettervorhersage.

**previsto** *agg.* vor(aus)gesehen ♦ *s.m.* Vorgesehene (das): *i lavori sono durati più del —*, die Arbeiten haben länger als vorgesehen gedauert.

**prezioso** *agg.* kostbar, wertvoll ♦ *s.m.* (*gioiello*) Schmuckstück (das).

**prezzemolo** *s.m.* Petersilie (die).

**prezzo** *s.m.* Preis (der).

**prigione** *s.f.* Gefängnis (das).

**prigioniero** *agg.* gefangen ♦ *s.m.* [f. -a] Gefangene (der e die).

**prima**[1] *avv.* 1 (*in precedenza*) früher, vorher; (*prima di ciò*) davor, zuvor: *— o poi*, früher oder später 2 (*più presto*) schneller, so bald wie möglich 3 (*in anticipo*) im voraus, vorher 4 (*in primo luogo*) zuerst, zunächst, erstens ● (*nel tempo*) *— di*, vor (+ Dat): *di tutto*, vor allem, vor allen Dingen | *— di —, — che*, bevor: *— che sia troppo tardi*, bevor es zu spät ist; *— di uscire vorrei riposarmi*,

bevor ich ausgehe, möchte ich mich ausruhen.
**prima²** *s.f.* **1** (*teatr.*) Erstaufführung (*die*) **2** (*aut.*) erster Gang: *mettere la —*, den ersten Gang einschalten **3** (*scol.*) erste Klasse.
**primario** *agg.* **1** primär **2** (*essenziale*) wesentlich ♦ *s.m.* **1** (*medico*) Chefarzt (*der*) **2** (*settore*) primärer Sektor.
**primato** *s.m.* **1** (*supremazia*) Vorrang (*der*) **2** (*miglior risultato*) Spitzenleistung (*die*).
**primavera** *s.f.* Frühling (*der*), Frühjahr (*das*).
**primaverile** *agg.* Frühlings..., frühlingshaft: *tempo —*, frühlingshaftes Wetter.
**primitivo** *agg.* primitiv.
**primo** *agg.num.ord.* **1** erste **2** (*principale*) Haupt...: *il — attore*, der Hauptdarsteller ♦ *s.m.* **1** [f. *-a*] Erste (*der e die*) **2** (*piatto*) erster Gang ♦ *avv.* zuerst ● *al — piano*, im ersten Stock | *di prima qualità*, erster Qualität | *il — venuto*, der erstbeste | *in prima persona*, selbst | *in — luogo, per prima cosa*, an erster Stelle | *oggi è il — di agosto*, heute ist der erste August | *per —*, zuerst, als erster.
**primogenito** *agg.* erstgeboren ♦ *s.m.* [f. *-a*] Erstgeborene (*der e die*).
**primula** *s.f.* (*bot.*) Primel (*die*).
**principale** *agg.* Haupt..., hauptsächlich: *motivo —*, Hauptgrund ♦ *s.m. e f.* Chef (*der*) ● *al* (*gramm.*) (*proposizione*) *—*, Hauptsatz.
**principalmente** *avv.* hauptsächlich.
**principato** *s.m.* **1** (*territorio*) Fürstentum (*das*) **2** (*titolo*) Fürstentitel (*der*).
**principe** *s.m.* Prinz (*der*); Fürst (*der*) ● *— azzurro*, Märchenprinz.
**principessa** *s.f.* Prinzessin (*die*); Fürstin (*die*).
**principiante** *s.m. e f.* Anfänger (*der*; *die -in*).
**principio** *s.m.* **1** Anfang (*der*): *in —*, im Anfang **2** (*fondamento*) Grundsatz (*der*), Prinzip (*das*).
**priorità** *s.f.invar.* Priorität (*die*).
**privacy** *s.f.invar.* Privatleben (*das*), Privatsphäre (*die*).
**privare** *v.tr.* (*di*) berauben (+ *Gen*).
**privato** *agg.* privat, Privat...: *indirizzo —*, Privatadresse ♦ *s.m.* [f. *-a*] Privatperson (*die*) ● *in —*, privat.
**privo** *agg.* (*di*) ohne (+ *Acc*), ...los: *— di mezzi*, mittellos.
**pro¹** *prep.* für (+ *Acc*), zugunsten (+ *Gen*): *votare — o contro una proposta*, für oder gegen einen Vorschlag stimmen.
**pro²** *s.m.invar.* Für (*das*), Pro (*das*): *discutere i — e i contro*, das Für und Wider (*o das Pro und Kontra*) diskutieren; *a che —?*, wozu?
**probabile** *agg.* wahrscheinlich.
**probabilità** *s.f.invar.* **1** Wahrscheinlichkeit (*die*) **2** (*possibilità*) Aussicht (*die*).
**probabilmente** *avv.* wahrscheinlich.
**problema** *s.m.* Problem (*das*), Aufgabe (*die*).
**proboscide** *s.f.* Rüssel (*der*).
**procedere** *v.intr.* **1** (*avanzare*) vor·gehen **2** (*progredire*) voran·gehen, fort·schreiten **3** (*agire*) vor·gehen, verfahren (*anche dir.*).
**procedimento** *s.m.* **1** Vorgang (*der*); (*metodo*) Verfahren (*das*) **2** (*dir.*) Verfahren (*das*).
**procedura** *s.f.* **1** Prozedur (*die*) **2** (*dir.*) Verfahren (*das*).
**processare** *v.tr.* prozessieren (gegen).
**processione** *s.f.* Prozession (*die*).
**processo** *s.m.* Prozess (*der*).
**processore** *s.m.* (*inform.*) Prozessor (*der*).
**proclamare** *v.tr.* **1** aus·rufen, proklamieren **2** (*dichiarare*) erklären: *— qlcu innocente*, jdn für unschuldig erklären.
**procreare** *v.tr.* zeugen.
**procura** *s.f.* **1** (*dir.*) Vollmacht (*die*); (*comm.*) Prokura (*die*): *per —*, in Vollmacht **2** (*ufficio*) Anwaltschaft (*die*).
**procurare** *v.tr.* **1** verschaffen **2** (*causare*) schaffen, bereiten.
**procuratore** *s.m.* [f. *-trice*] **1** Bevollmächtigte (*der e die*); (*comm.*) Prokurist

**prodigio / proiezione**

(*der*; *die* -in) **2** (*dir.*) (*della repubblica*) Staatsanwalt (*der*).
**prodigio** *s.m.* Wunder (*das*) ● *bambino* —, Wunderkind.
**prodotto** *s.m.* Produkt (*das*) ● — *nazionale lordo*, Bruttosozialprodukt.
**produrre** *v.tr.* **1** hervor-bringen (*anche fig.*) **2** (*fabbricare*) produzieren, her-stellen.
**produttività** *s.f.invar.* Produktivität (*die*).
**produttivo** *agg.* **1** fruchtbar, produktiv **2** (*econ.*) Produktions...: *processo* —, Produktionsprozess.
**produttore** *agg.* Herstellungs..., produzierend: *casa produttrice*, Herstellerfirma ♦ *s.m.* [f. *-trice*] **1** Erzeuger (*der*; *die* -in) (*fabbricante*) Hersteller (*der*; *die* -in) **2** (*di film ecc.*) Produzent (*der*; *die* -in).
**produzione** *s.f.* **1** Produktion (*die*), Erzeugung (*die*); (*fabbricazione*) Herstellung (*die*) **2** (*creazione*) Schaffen (*das*) **3** (*cinem.*) Produktion (*die*) ● — *in serie*, Serienherstellung.
**profano** *agg.* **1** weltlich, profan **2** (*incompetente*) laienhaft ♦ *s.m.* **1** Weltliche (*das*), Profane (*das*) **2** [f. *-a*] (*incompetente*) Laie (*der* e *die*).
**professare** *v.tr.* (sich) bekennen ♦ **professarsi** *v.pron.* sich bekennen (für).
**professionale** *agg.* Berufs..., professionell: *formazione* —, Berufsausbildung.
**professione** *s.f.* **1** Beruf (*der*) **2** (*relig.*) Bekenntnis (*das*): — *di fede*, Glaubensbekenntnis.
**professionista** *s.m.* e *f.* **1** Berufstätige (*der* e *die*); *libero* —, Freiberufler **2** (*sport*) Berufssportler (*der*; *die* -in); (*fam.*) Profi (*der*).
**professore** *s.m.* [f. *-essa*] **1** Lehrer (*der*; *die* -in) **2** (*di università*) Professor (*der*; *die* -in).
**profeta** *s.m.* [f. *-essa*] Prophet (*der*; *die* -in).
**proficuo** *agg.* gewinnbringend.
**profilattico** *agg.* (*med.*) prophylaktisch ♦ *s.m.* Präservativ (*das*).
**profilo** *s.m.* **1** Profil (*das*); (*estens.*) Schnitt (*der*) **2** (*linea*) Kontur (*die*) **3** (*fig.*) Porträt (*das*).
**profitto** *s.m.* **1** (*econ.*) Gewinn (*der*), Profit (*der*) **2** (*fig.*) Gewinn (*der*).
**profondamente** *avv.* tief.
**profondità** *s.f.invar.* Tiefe (*die*) (*anche estens.*).
**profondo** *agg.* **1** tief **2** (*fig.*) tief, tiefgehend: *sonno* —, tiefer Schlaf.
**profugo** *agg.* flüchtig ♦ *s.m.* [f. *-a*] Flüchtling (*der*).
**profumare** *v.tr.* parfümieren ♦ *v.intr.* duften.
**profumeria** *s.f.* Parfümerie (*die*).
**profumo** *s.m.* **1** Duft (*der*) **2** (*essenza*) Parfüm (*das*).
**progettare** *v.tr.* **1** planen **2** (*tecn.*) entwerfen, planen.
**progetto** *s.m.* **1** Plan (*der*) **2** (*tecn.*) Entwurf (*der*), Projekt (*das*): — *di legge*, Gesetzentwurf.
**prognosi** *s.f.invar.* (*med.*) Prognose (*die*).
**programma** *s.m.* **1** Programm (*das*) (*anche inform.*) **2** (*estens.*) Plan (*der*): *avere qlco in* —, etw vorhaben (*scol.*) Lehrplan (*der*).
**programmare** *v.tr.* **1** planen (*anche econ.*) **2** (*inform.*) programmieren.
**programmatore** *s.m.* **1** (*inform.*) Programmierer (*der*) **2** (*econ.*) Wirtschaftsplaner (*der*).
**programmazione** *s.f.* **1** (*inform.*) Programmierung (*die*) **2** (*econ.*) Wirtschaftsplanung (*die*).
**progredire** *v.intr.* fortschreiten, (*fig.*) Fortschritte machen.
**progressivamente** *avv.* fortschreitend, allmählich.
**progressivo** *agg.* fortschreitend.
**progresso** *s.m.* Fortschritt (*der*).
**proibire** *v.tr.* verbieten, untersagen.
**proiettare** *v.tr.* **1** werfen, projizieren **2** (*scagliare*) hinaus-werfen **3** (*film, foto*) vor-führen, spielen.
**proiettile** *s.m.* Geschoss (*das*), Kugel (*die*).
**proiettore** *s.m.* Projektor (*der*).
**proiezione** *s.f.* **1** (*di film, foto*) Vorfüh-

rung (die), Projektion (die) 2 (geom.) Projektion (die).
**proletariato** *s.m.* Proletariat (das).
**proletario** *agg.* proletarisch, Proletarier... ♦ *s.m.* [f. -a] Proletarier (der; die -in).
**prolunga** *s.f.* 1 Verlängerung (die) 2 (elettr.) Verlängerungsschnur (die).
**prolungamento** *s.m.* Verlängerung (die).
**prolungare** *v.tr.* verlängern ♦ **prolungarsi** *v.pron.* sich in die Länge ziehen (anche estens.).
**promemoria** *s.m.invar.* Merkzettel (der).
**promessa** *s.f.* Versprechen (das).
**promesso** *agg.* versprochen.
**promettere** *v.tr.* versprechen ● — *mare e monti*, goldene Berge versprechen.
**promontorio** *s.m.* Kap (das).
**promosso** *agg.* versetzt ♦ *s.m.* [f. -a] versetzter Schüler (versetzte -in).
**promotore** *agg.* Förderungs...: *comitato* —, Förderungskomitee ♦ *s.m.* [f. -trice] Förderer (der; die -in).
**promozione** *s.f.* 1 (*avanzamento*) Beförderung (die) 2 (*scol.*) Versetzung (die) 3 (*econ.*) Promotion (die).
**promuovere** *v.tr.* 1 fördern: — *un'iniziativa*, eine Initiative fördern 2 (*far avanzare di grado*) befördern 3 (*scol.*) versetzen.

**FALSCHER FREUND**
Da non confondere con il tedesco *promovieren*, che significa 'conseguire' o 'conferire il dottorato'.

**pronipote** *s.m.* e *f.* 1 (*di nonno*) Urenkel (der; die -in) 2 (*di zio*) Großneffe (der; die -nichte) 3 (*spec.pl.*) (*discendente*) Nachkomme (der).
**pronome** *s.m.* Pronomen (das), Fürwort (das).
**pronosticare** *v.tr.* voraus·sagen.
**pronostico** *s.m.* Voraussage (die).
**prontezza** *s.f.* Schnelligkeit (die).
**pronto** *agg.* 1 fertig 2 (*disposto*) bereit: *essere — a tutto*, zu allem bereit sein ♦ *inter.* (*al telefono*) hallo! ● — *soccorso*, Erste Hilfe; (*in ospedale*) Notaufnahme.

**NOTA** Pronto: fertig o bereit?
**Fertig** significa 'pronto' nel senso di 'finito, concluso':
Il caffè è pronto.
Der Kaffee ist **fertig**.
**Bereit** significa invece 'pronto' nel senso di 'pronto per un nuovo inizio, disposto':
Il treno è pronto a partire.
Der Zug steht zur Abfahrt **bereit**

**pronuncia** *s.f.* 1 Aussprache (die) 2 (dir.) Richtspruch (der).
**pronunciare** *v.tr.* aus·sprechen ♦ **pronunciarsi** *v.pron.* (su) sich aus·sprechen (über + Acc): *pronunciarsi a favore, contro qlco*, sich für, gegen etw aussprechen.
**propaganda** *s.f.invar.* Propaganda (die).
**propagare** *v.tr.* verbreiten ♦ **propagarsi** *v.pron.* 1 sich verbreiten 2 (*moltiplicarsi*) sich vermehren.
**proporre** *v.tr.* 1 vor·schlagen 2 (*prefiggersi*) sich (Dat) vor·nehmen.
**proporzione** *s.f.* 1 Proportion (die) (*rapporto*) Verhältnis (das): *in — a*, im Verhältnis zu 2 (*pl.*) Ausmaße (*pl.*): *un incendio di notevoli proporzioni*, ein Brand von beachtlichen Ausmaßen.
**proposito** *s.m.* Absicht (die), Vorsatz (der) ● *a —...*, apropos... | *a — di*, in bezug auf (+ Acc) | *di —*, mit Absicht (o absichtlich).
**proposta** *s.f.* Vorschlag (der) ● (dir.) — *di legge*, Gesetzesvorlage | — *di matrimonio*, Heiratsantrag.
**proprietà** *s.f.invar.* 1 Besitz (der); (dir.) Eigentum (das): — *privata*, Privateigentum 2 (*qualità*) Eigenheit (die).
**proprietario** *s.m.* [f. -a] Besitzer (der; die -in); (dir.) Eigentümer (der; die -in).
**proprio** *agg.* eigen, eigentümlich ♦ *agg.poss.* eigen, sein, ihr: *amor —*, Eigenliebe ♦ *avv.* 1 (*veramente*) wirklich, wahrhaftig: *sei — bravo*, du bist wirklich gut 2 (*precisamente*) gerade, eben, genau, ausgerechnet: *ho finito — adesso*, ich bin gerade fertig geworden 3 (*affatto*) überhaupt, bestimmt, wirklich:

**prora / provvedere**

non è — vero, das stimmt überhaupt nicht ● **lavorare in** —, selstständig arbeiten.
**prora** *s.f.* Bug (der).
**proroga** *s.f.* Fristverlängerung (die).
**prorogare** *v.tr.* verlängern; (*differire*) auf·schieben.
**prosa** *s.f.* Prosa (die).
**prosciugare** *v.tr.* 1 trocken·legen 2 (*fig.*) aus·trocknen.
**prosciutto** *s.m.* Schinken (der).
**proseguire** *v.tr.* fort·setzen ♦ *v.intr.* 1 (*avanzare*) weiter·gehen 2 (*continuare*) fortgesetzt werden.
**prospettiva** *s.f.* 1 Perspektive (die) 2 (*fig.*) Aussicht (die).
**prospetto** *s.m.* 1 (*disegno*) Aufriss (der) 2 (*tabella*) Übersicht (die).
**prossimamente** *avv.* demnächst.
**prossimità** *s.f.invar.* Nähe (die) ● **in** — **di**, (*luogo*) in der Nähe von; (*tempo*) kurz (o unmittelbar) vor (+ Dat)
**prossimo** *agg.* 1 (*tempo*) nächst, kommend: *la prossima volta*, das nächste Mal 2 (*stato in luogo*) nächst 3 (*molto vicino, spazio e tempo*) nah(e), fast an, bei, kurz vor (+ Dat): *essere prossimi a fare qlco*, kurz davor sein, etw zu tun ♦ *s.m.* (*sing.*) Nächste (der), Mitmensch (der).
**prostituta** *s.f.* Prostituierte (die).
**prostituzione** *s.f.* Prostitution (die).
**protagonista** *s.m. e f.* 1 Hauptfigur (die), Protagonist (der; die -in) (*anche fig.*) 2 (*cinem., teatr.*) Hauptdarsteller (der; die -in).
**proteggere** *v.tr.* schützen ♦ **proteggersi** *v.pron.* sich schützen: *proteggersi dal freddo*, sich vor der Kälte schützen.
**proteina** *s.f.* (*biol.*) Protein (das), Ei·weiß (das).
**protesi** *s.f.invar.* Prothese (die).
**protesta** *s.f.* Protest (der).
**protestante** *agg.* evangelisch, protestantisch ♦ *s.m. e f.* Evangelische (der e die).
**protestarsi** *v.intr.* protestieren ● *protestarsi innocente*, sich für unschuldig erklären..

**protettivo** *agg.* Schutz...: *involucro* —, Schutzhülle.
**protetto** *agg.* geschützt, Schutz...: *zona protetta*, Naturschutzgebiet.
**protettore** *s.m.* 1 [f. *-trice*] Beschützer (der; die -in) 2 (*di prostituta*) Zuhälter (der) ● *santo* —, Schutzheilige.
**protezione** *s.f.* 1 Schutz (der) 2 (*inform.*) Sicherung (die).
**protocollo** *s.m.* Protokoll (das) ● *carta* —, Kanzleipapier.
**protrarre** *v.tr.* hin·ziehen, hinaus·ziehen ♦ **protrarsi** *v.pron.* sich hinaus·ziehen.
**prova** *s.f.* 1 Probe (die) 2 (*esame*) Prüfung (die), Test (der) 3 (*dimostrazione*) Beweis (der) 4 (*tentativo*) Versuch (der) ● *dare* — *di qlco*, etw zeigen, beweisen | *fino a* — *contraria*, bis zum Beweis des Gegenteils.
**provare** *v.tr.* 1 proben, (an·)probieren 2 (*sperimentare*) (aus·)probieren 3 (*tentare*) versuchen 4 (*dimostrare*) beweisen: — *la propria innocenza*, seine Unschuld beweisen 5 (*sentire*) empfinden: — *provare gioia*, Freude empfinden 6 (*fare esperienza*) erleben.
**provenienza** *s.f.* Herkunft (die).
**provenire** *v.intr.* 1 (her·)kommen 2 (*derivare*) (ab·)stammen.
**proverbio** *s.m.* Sprichwort (das).
**provetta** *s.f.* Reagenzglas (das).
**provincia** *s.f.* Provinz (die).
**provinciale** *agg.* 1 Provinz..., Land... 2 (*estens.*) provinziell ♦ *s.m. e f.* (*spreg.*) Provinzler (der; die -in) ♦ *s.f.* (*strada*) Landstraße (die).
**provino** *s.m.* 1 (*cinem., tv*) Probeaufnahme (die) 2 (*fot.*) Probefoto (das).
**provocante** *agg.* aufreizend.
**provocare** *v.tr.* 1 (*causare*) verursachen, hervor·rufen 2 (*suscitare*) aus·lösen, erregen 3 (*irritare*) provozieren.
**provocatore** *agg.* herausfordernd, aufreizend ♦ *s.m.* [f. *-trice*] Provokateur (der; die -in), Aufwiegler (der; die -in).
**provocazione** *s.f.* Herausforderung (die), Provokation (die).
**provvedere** *v.intr.* (*a*) sich kümmern

**provvedimento / puntare**

(um) ♦ *v.tr.* (*di*) versehen (mit), ausstatten (mit).
**provvedimento** *s.m.* Maßnahme (*die*): *prendere provvedimenti*, Maßnahmen ergreifen.
**provvigione** *s.f.* (*comm.*) Provision (*die*).
**provvisorio** *agg.* vorläufig, provisorisch.
**provvista** *s.f.* Vorrat (*der*).
**provvisto** *agg.* (*di*) versehen (mit).
**prua** *s.f.* (*mar.*) Bug (*der*).
**prudente** *agg.* vorsichtig, umsichtig.
**prudenza** *s.f.* Vorsicht (*die*); Umsicht (*die*).
**prudere** *v.intr.* jucken (*anche fig.*).
**prugna** *s.f.* Pflaume (*die*); (*region.*) Zwetschke (*die*).
**prurito** *s.m.* Jucken (*das*).
**PS** *sigla* (*Post Scriptum*) PS.
**pseudonimo** *s.m.* Pseudonym (*das*), Deckname (*der*).
**psichiatra** *s.m. e f.* Psychiater (*der*; *die* Psychiatrin).
**psicofarmaco** *s.m.* Psychopharmakon (*das*).
**psicologia** *s.f.* Psychologie (*die*).
**psicologico** *agg.* psychologisch.
**psicologo** *s.m.* [f. -a] Psychologe (*der*; *die* Psychologin).
**psicoterapeuta** *s.m. e f.* Psychotherapeut (*der*; *die* -in).
**pubblicare** *v.tr.* veröffentlichen, herausgeben.
**pubblicazione** *s.f.* 1 Veröffentlichung (*die*), Herausgabe (*die*) 2 (*opera*) Publikation (*die*).
**pubblicità** *s.f.invar.* Werbung (*die*), Reklame (*die*): *fare — a qlco*, für etw Werbung machen, für etw werben.
**pubblicitario** *agg.* Werbe...: *campagna pubblicitaria*, Werbeaktion ♦ *s.m.* [f. -a] Werbefachmann (*der*; *die* -frau).
**pubblicizzare** *v.tr.* werben für.
**pubblico** *agg.* öffentlich: *ordine —*, öffentliche Ordnung ♦ *s.m.* 1 Öffentlichkeit (*die*), Allgemeinheit (*die*): *in —*, in der Öffentlichkeit, öffentlich 2 (*spettatori*) Publikum (*das*), Zuschauer (*pl.*); (*ascoltatori*) Zuhörer (*pl.*).

**pube** *s.m.* (*anat.*) Schambein (*das*).
**pubertà** *s.f.invar.* Pubertät (*die*).
**pudore** *s.m.* Schamhaftigkeit (*die*), Scham (*die*).
**pugilato** *s.m.* Boxen (*das*), Boxsport (*der*).
**pugile** *s.m. e f.* Boxer (*der*).
**pugnalare** *v.tr.* (*ferire*) einen Dolchstoß versetzen (+ Dat) ● (*fig.*) — *qlcu alle spalle*, jdm einen Dolchstoß von hinten versetzen.
**pugnale** *s.m.* Dolch (*der*).
**pugno** *s.m.* 1 Faust (*die*) 2 (*colpo*) Faustschlag (*der*) ● *un — di riso*, eine Hand voll Reis.
**pulce** *s.f.* Floh (*der*) ● *mercato delle pulci*, Trödelmarkt, Flohmarkt | *mettere la — nell'orecchio a qlcu*, jdm einen Floh ins Ohr setzen.
**pulcino** *s.m.* Küken (*das*).
**puledro** *s.m.* [f. -a] Fohlen (*das*).
**pulire** *v.tr.* putzen, sauber-machen ♦
**pulirsi** *v.pron.* sich putzen.
**pulito** *agg.* sauber.
**pulizia** *s.f.* 1 Sauberkeit (*die*) 2 (*azione*) Säuberung (*die*), Putzen (*das*): *fare le pulizie*, saubermachen.
**pullman** *s.m.invar.* Autobus (*der*).
**pullover** *s.m.invar.* Pullover (*der*).
**pulpito** *s.m.* Kanzel (*die*).
**pulsante** *s.m.* Knopf (*der*).
**pulsare** *v.intr.* pulsieren (*anche fig.*).
**pulsazione** *s.f.* Pulsschlag (*der*).
**puma** *s.m.invar.* Puma (*der*).
**pungente** *agg.* 1 stechend 2 (*acuto*) beißend: *freddo —*, beißende Kälte 3 (*fig.*) bissig: *risposta —*, bissige Antwort.
**pungere** *v.tr.* stechen.
**pungiglione** *s.m.* Stachel (*der*).
**punire** *v.tr.* strafen.
**punizione** *s.f.* Strafe (*die*).
**punta**[1] *s.f.* 1 Spitze (*die*) 2 (*geogr.*) Landzunge (*die*) ● *ora di —*, Hauptverkehrszeit, Stoßzeit.
**punta**[2] *s.f.* Vorstehen (*das*): *cane da —*, Vorstehhund.
**puntare** *v.tr.* 1 stemmen, stechen: *— il bastone in terra*, den Stock in den Boden stechen 2 (*dito, arma*) (*contro*) rich-

ten (auf + *Acc*) **3** (*scommettere*) (*su*) setzen (auf + *Acc*) ♦ *v.intr.* **1** (*verso*) zusteuern (auf + *Acc*) **2** (*mirare*) (*a*) streben (nach).

**puntata**¹ *s.f.* **1** (*mil.*) Vorstoß (*der*): *fare una — in città*, kurz in die Stadt fahren (*o gehen*) **2** (*somma*) Einsatz (*der*).

**puntata**² *s.f.* Fortsetzung (*die*), Folge (*die*): *romanzo a puntate*, Fortsetzungsroman.

**punteggiatura** *s.f.* (*gramm.*) Interpunktion (*die*), Zeichensetzung (*die*).

**punteggio** *s.m.* Wertung (*die*), Punktzahl (*die*).

**puntina** *s.f.* (*da disegno*) Reißzwecke (*die*).

**puntino** *s.m.* Tüpfelchen (*das*), Pünktchen (*das*) ● *a —*, vollkommen.

**punto** *s.m.* **1** Punkt (*der*) **2** (*punteggiatura*) Punkt (*der*), Zeichen (*das*): *— esclamativo*, Ausrufezeichen; *— interrogativo*, Fragezeichen **3** (*luogo*) Punkt (*der*), Stelle (*die*) **4** (*cucito*) Stich (*der*); (*maglia, uncinetto*) Masche (*die*) ● *alle sei in —*, Punkt sechs (Uhr) | *a tal che...*, derart dass... | *a un certo —*, irgendwann | *di — in bianco*, Knall auf Fall | *mettere a — una macchina*, eine Maschine einstellen | *mettere a — un piano*, einen Plan ausarbeiten | *— di partenza*, Ausgangspunkt | *per —*, Punkt für Punkt | *venire al —*, zur Sache kommen.

**puntuale** *agg.* **1** pünktlich **2** (*esatto*) genau.

**puntualità** *s.f.invar.* Pünktlichkeit (*die*).

**puntura** *s.f.* **1** Stich (*der*) **2** (*fam.*) Spritze (*die*) **3** (*med.*) Punktion (*die*).

**pupazzo** *s.m.* Puppe (*die*) ● *— di neve*, Schneemann.

**pupilla** *s.f.* (*anat.*) Pupille (*die*).

**puramente** *avv.* rein.

**purché** *cong.* nur wenn, wenn nur, vorausgesetzt, dass.

**pure** *cong.* **1** (*sebbene*) obwohl, auch wenn **2** (*tuttavia*) doch **3** (*al fine di*) um... zu: *farò di tutto pur di accontentarLa*, ich werde mein möglichstes tun, um Sie zufrieden zu stellen ♦ *avv.* **1** auch **2** (*persino*) sogar **3** (*rafforzativo, esortativo*) doch, nur, ruhig: *resta —*, bleib doch.

**purè** *s.m.invar.* Püree (*das*).

**purezza** *s.f.* Reinheit (*die*).

**purga** *s.f.* **purgante** *s.m.* Abführmittel (*das*).

**purgatorio** *s.m.* Fegefeuer (*das*).

**puro** *agg.* rein.

**purosangue** *agg.invar.* vollblütig ● (*cavallo*) *purosangue*, Vollblut.

**purtroppo** *avv.* leider.

**puzza** *s.f.* Gestank (*der*).

**puzzare** *v.intr.* (*di*) stinken (nach).

**puzzola** *s.f.* (*zool.*) Stinktier (*das*).

**puzzolente** *agg.* stinkend.

# Qq

**qua** *avv.* 1 (*stato in luogo*) da, hier: *eccolo —*, da ist er; *di — e di là*, hier und dort 2 (*mat.*) Quadrat (*das*): *elevare un numero al —*, eine Zahl quadrieren (*o* ins Quadrat erheben).
dort 2 (*mat.*) Quadrat (*der*), Viertelkreis (*der*).
**quadrare** *v.intr.* 1 (*corrispondere*) (*con*) entsprechen (+ *Dat*), übereinstimmen (mit) 2 (*essere giusto*) stimmen: *i conti non quadrano*, die Rechnung stimmt nicht.
**quadrato** *agg.* 1 quadratisch; Quadrat...: *metro —*, Quadratmeter 2 (*estens.*) stämmig, kräftig ♦ *s.m.* (*geom., mat.*) Quadrat (*das*): *elevare un numero al —*, eine Zahl quadrieren (*o* ins Quadrat erheben).
**quadretto** *s.m.* 1 Kästchen (*das*) 2 (*piccolo quadro*) kleines Bild ● *a quadretti*, kariert.
**quadriennale** *agg.* 1 vierjährig 2 (*che ricorre ogni quattro anni*) vierjährlich.
**quadrifoglio** *s.m.* vierblättriges Kleeblatt, Glücksklee (*der*).
**quadrimestre** *s.m.* 1 vier Monate 2 (*somma*) Viermonatsrate (*die*).
**quadro** *s.m.* 1 Bild (*das*), Gemälde (*das*) 2 (*superficie quadrata*) Viereck (*das*): *tessuto a quadri*, karierter Stoff 3 (*pl.*) (*personale direttivo*) leitende Angestellte, Führungskräfte (*pl.*) 4 (*pl.*) (*nelle carte da gioco*) Karo (*das*), Schelle (*die*).
**quadrupede** *agg.* vierbeinig, vierfüßig ♦ *s.m.* Vierbeiner (*der*).
**quadruplo** *agg.* vierfach ♦ *s.m.* Vierfache (*das*).
**quaggiù** *avv.* 1 (*stato in luogo*) hier unten, da unten 2 (*moto a luogo*) hier herunter, hinunter.
**quaglia** *s.f.* Wachtel (*die*).
**qualche** *agg.indef.* 1 (*alcuni*) einige 2 (*pochi*) wenige, ein paar: *— giorno*, ein paar Tage 3 (*uno qualsiasi*) irgend...: *troverò (una) — scusa*, ich werde irgendeine Ausrede finden 4 (*certo*) gewiss: *un film di un — interesse*, ein Film von gewissem Interesse.
**qualcosa** *pron.indef.* etwas, (*fam.*) was: *c'è — di vero nelle sue parole?*, ist etwas Wahres an seinen Worten?; *in lui c'è — che non va*, bei ihm stimmt etwas nicht ♦ *s.m.invar.* Etwas (*das*): *c'è un — che mi attrae in lei*, sie hat ein gewisses Etwas.
**qualcuno** *pron.indef.* 1 (*riferito a persone*) jemand; (*alcuni*) einige; irgendeiner: *— ha bussato*, jemand hat geklopft; *qualcun altro*, jemand anders; *conosci — dei suoi amici?*, kennst du einige von seinen Freunden? 2 (*riferito a cose*) einige; (irgend)einer, etwas: *ho letto — dei suoi romanzi*, ich habe einige von seinen Romanen gelesen.
**quale** *agg.* (*interr.*) welcher; was für ein: *con quali amici sei stato a teatro?*, mit welchen Freunden warst du im Thea-

ter?; *quali libri preferisci?*, was für Bücher magst du am liebsten? ♦ *pron.* **1** (*interr.*) welcher, was für einer: — *dei due è il tuo capo?*, welcher von den beiden ist dein Chef? **2** (*rel.*) der: *l'uomo del — tutti parlano*, der Mann, von dem alle sprechen ● — *onore!*, welche Ehre! | *tale e* —, ganz (wie).

**qualifica** *s.f.* **1** Bezeichnung (*die*) **2** (*doti professionali*) Qualifikation (*die*), Befähigung (*die*) **3** (*titolo professionale*) Titel (*der*).

**qualificare** *v.tr.* **1** bezeichnen **2** (*determinare*) kennzeichnen **3** (*professionalmente*) ausbilden ♦ **qualificarsi** *v.pron.* **1** (*dire il proprio nome, titolo*) sich ausweisen: *qualificarsi come giornalista*, sich als Journalist ausweisen **2** sich erweisen: *qualificarsi idoneo*, sich als geeignet erweisen **3** (*sport*) sich qualifizieren.

**qualificativo** *agg.* **1** qualifizierend **2** (*gramm.*) Eigenschafts...: *aggettivo* —, Eigenschaftswort.

**qualificato** *agg.* **1** gelernt, qualifiziert: *operaio* —, Facharbeiter **2** (*dotato*) geeignet, begabt.

**qualificazione** *s.f.* **1** Qualifikation (*die*), Qualifizierung (*die*) **2** (*titolo*) Titel (*der*).

**qualità** *s.f.invar.* **1** Qualität (*die*): *la — della vita*, die Lebensqualität **2** (*varietà*) Sorte (*die*) ● *in — di...*, als...

**qualitativo** *agg.* qualitativ.

**qualora** *cong.* falls, in dem Falle dass, wenn.

**qualsiasi** *agg.indef.* **1** irgendein, irgendwelcher, jeder; beliebig **2** unbedeutend: *è uno scrittore* —, er ist ein unbedeutender Schriftsteller ● *a — prezzo*, um jeden Preis | — *cosa*, alles.

**qualunque** *agg.indef.* → qualsiasi ● *l'uomo* —, der Mann von der Straße.

**quando** *avv.* (*interr.*) wann: — *partirai?*, wann fährst du? ♦ *cong.* **1** (*nel passato*) als: *stavamo per uscire* — *squillò il telefono*, wir wollten gerade ausgehen, als das Telefon klingelte **2** (*nel presente e futuro*) wenn: *verrò* — *avrò finito*, ich werde kommen, wenn ich fertig bin **3** (*ogni volta che*) wenn: — *andava a trovare la nonna, le portava sempre i fiori*, wenn er die Großmutter besuchte, brachte er ihr immer Blumen mit ● *da —?*, seit wann? | *da — vivo qui*, seitdem ich hier lebe | *di — in* —, dann und wann; ab und zu.

**quantificare** *v.tr.* bestimmen, festlegen, quantifizieren.

**quantità** *s.f.invar.* **1** Menge (*die*), Anzahl (*die*) **2** (*gran numero*) Menge (*die*).

**quanto** *agg.* **1** (*interr.*) wie viel: — *denaro hai speso?*, wie viel Geld hast du ausgegeben?; *quanti anni hai?*, wie alt bist du? **2** (*tanto quanto*) so viel... wie: *prendi — denaro ti occorre*, nimm so viel Geld, wie du brauchst; *c'erano tanti posti quanti erano gli invitati*, es gab ebenso viele Plätze wie Gäste ♦ *pron.* **1** (*interr.*) wie viel: — *ne vuoi?*, wie viel möchtest du (davon)? **2** (*dopo un comparat.*) so viel... wie: *ne hai tanto — te*, ich habe so viel wie du; *è più ricco di — pensassi*, er ist reicher als ich dachte ♦ *avv.* (*interr.*) wie viel; wie: — *costa?*, wie kostet das?, wie teuer ist das?; — *sei alto?*, wie groß bist du? ● *in* —, da, wie; (*in qualità di*) als | *per* — *ne sappia*, so viel ich weiß | *quanti ne abbiamo oggi?*, den Wievielten haben wir heute? | — *a me*, was mich betrifft | — *più..., tanto più...*, je..., desto...: — *più guadagna, tanto più spende*, je mehr er verdient, desto mehr Geld gibt er aus | — *prima*, so bald wie möglich | *questo è* —, das ist alles.

**quantomeno** *avv.* wenigstens.

**quaranta** *agg.num.card.invar.* vierzig.

**quarantesimo** *agg.num.ord.* vierzigst ♦ *s.m.* (*frazione*) Vierzigstel (*das*).

**quarantina** *s.f.* vierzig, etwa vierzig: *una — di persone*, ungefähr vierzig Personen; *essere sulla* —, um die Vierzig sein.

**quaresima** *s.f.* Fastenzeit (*die*).

**quarta** *s.f.* **1** (*scol.*) vierte Klasse **2** (*aut.*) vierter Gang ● (*fig.*) *partire in* —, losgehen.

**quartetto** *s.m.* (*mus.*) Quartett (*das*).

**quartiere** *s.m.* **1** (*di città*) Stadtviertel (*das*): — *residenziale*, Wohnviertel **2**

**quarto / quinta**

(mil.) Quartier (das), — generale, Hauptquartier.

**quarto** agg.num.ord. vierte ♦ s.m. **1** Vierte (der) **2** (frazione) Viertel (das) ● — d'ora, Viertelstunde.

**quarzo** s.m. Quarz (der).

**quasi** avv. **1** (circa, pressoché) fast, beinahe; — le sei, es ist fast acht Uhr **2** (indica incertezza) fast; vielleicht: — — vengo anch'io, vielleicht komme ich auch mit; — cadevo, ich wäre fast gefallen.

**quassù** avv. **1** (stato in luogo) hier (o da) oben **2** (moto a luogo) nach oben.

**quattordici** agg.num.card.invar. vierzehn.

**quattrino** s.m. Heller (der), Pfennig (der) **2** (pl.) Geld (das): guadagnare fior di quattrini, haufenweise Geld verdienen.

**quattro** agg.num.card.invar. vier → cinque ● farsi in — per qlcu., sich für jdn in Stücke reißen (lassen) | in — e quattr'otto, im Handumdrehen.

**quattrocento** agg.num.card.invar. vierhundert ● il Quattrocento, das fünfzehnte Jahrhundert.

**quello** agg.dimostr. der (dort), jener: dammi quel libro, gib mir das Buch dort; in quell'anno, in jenem Jahr ♦ pron.dimostr. **1** der, die, das: — è il nuovo direttore, das ist der neue Direktor; quelli di Roma, die aus Rom **2** (dopo i comparativi non si traduce): è più intelligente di — che pensavo, er ist klüger als ich dachte ● per quel che ne so io, soviel ich weiß | — che, das, was: non è — che cerco, es ist nicht das, was ich suche.

**quercia** s.f. **1** Eiche (die), Eichbaum (der) **2** (legno) Eichenholz (das).

**querela** s.f. Klage (die), Strafantrag (der): sporgere — contro qlcu., gegen jdn Klage erheben, jdn verklagen.

**querelare** v.tr. (dir.) verklagen, Klage erheben gegen.

**quesito** s.m. Frage (die), Problem (das).

**questionario** s.m. Fragebogen (der).

**questione** s.f. **1** Problem (das) **2** Frage (die): è — di tempo, es ist eine Frage der Zeit **3** (discussione) Auseinandersetzung (die), Diskussion (die) ● è — di vita o di morte, es ist eine Frage von Leben und Tod | la persona in —, der (o die) Betreffende | — di gusti, Geschmackssache.

**questo** agg.dimostr. **1** dieser, der: quest'ombrello è mio, dieser Regenschirm gehört mir **2** (simile) dieser, der, solcher: è meglio non uscire con — freddo, bei dieser Kälte geht man am besten nicht aus dem Haus ♦ pron.dimostr. **1** dieser, der; das, dies: — è il nuovo direttore, das ist der neue Direktor; questi sono i miei figli, das sind meine Kinder **2** (ciò) das: — mi preoccupa, das macht mir Sorgen ● con questo?, na und? | questa poi!, auch das noch! | questa sera, heute Abend | quest'oggi, heute | su — è inutile discutere, darüber zu diskutieren, hat keinen Zweck.

> NOTA Quando 'questo' e 'questi' sono seguiti dal verbo essere, in tedesco si usa sempre **das** o **dies**:
> 
> Questa è la mia fidanzata.
> **Das** ist meine Freundin.
> 
> Questi sono i miei genitori.
> **Das** sind meine Eltern.

**questore** s.m. Polizeipräsident (der).

**questura** s.f. Polizeipräsidium (das).

**qui** avv. **1** (stato in luogo) hier, da: sei —?, bist du da? **2** (moto a luogo) hierher, her: vieni —, komm her ● di — a poco, bald | di — a un anno, in einem Jahr.

**quietanza** s.f. (comm.) Quittung (die).

**quiete** s.f. Ruhe (die), Stille (die).

**quieto** ag. ruhig; friedlich.

**quindi** cong. daher, also folglich: ero stanco, — andai a dormire, ich war müde, daher ging ich ins Bett ♦ avv. dann, danach, darauf.

**quindici** agg.num.card.invar. fünfzehn.

**quinquennio** s.m. Jahrfünft (das).

**quinta** s.f. **1** (teatr.) Kulisse (die) **2** (scol.) fünfte Klasse **3** (aut.) fünfter Gang ● dietro le quinte, hinter den Kulissen (anche fig.).

**quintale** *s.m.* Doppelzentner (*der*).
**quinto** *agg.num.ord.* fünfte ♦ *s.m.* **1** Fünfte (*der*) **2** (*frazione*) Fünftel (*das*).
**quintuplo** *agg.* fünffach ♦ *s.m.* Fünffache (*das*).
**quota** *s.f.* **1** Anteil (*der*), Quote (*die*) **2** (*altezza*) Höhe (*die*).
**quotare** *v.tr.* **1** den Anteil fest-setzen **2** (*econ.*) quotieren; notieren **3** (*stimare*) schätzen.
**quotazione** *s.f.* **1** (*econ.*) Quotation (*die*); Kursnotierung (*die*) **2** (*valore*) Ansehen (*das*).
**quotidiano** *agg.* täglich, Tages...; (*consueto*) alltäglich: *stampa quotidiana*, Tagespresse ♦ *s.m.* Tageszeitung (*die*).

# Rr

**rabbia** *s.f.* 1 Ärger (*der*); (*ira*) Zorn (*der*), Wut (*die*) 2 (*vet., med.*) Tollwut (*die*).
**rabbioso** *agg.* 1 (*iroso*) verärgert, zornig 2 (*med., vet.*) tollwütig.
**rabbrividire** *v.intr.* schaudern.
**raccapricciante** *agg.* schauderhaft.
**racchetta** *s.f.* 1 (*da tennis*) Tennisschläger (*der*), Schläger (*der*) 2 (*da sci*) Skistock (*der*) 3 (*da neve*) Schneereifen (*der*).
**racchiudere** *v.tr.* 1 ein-schließen 2 (*contenenere*) enthalten; (*fig.*) beinhalten.
**raccogliere** *v.tr.* 1 auf-heben, auf-lesen 2 (*prodotti della terra*) ernten 3 (*fig.*) (*radunare*) sammeln: — *le idee*, seine Gedanken sammeln 4 (*collezionare*) sammeln ♦ **raccogliersi** *v.pron.* 1 (*riunirsi*) sich versammeln 2 (*meditare*) sich sammeln.
**raccoglitore** *s.m.* Ordner (*der*); (*cartellina*) Mappe (*die*).
**raccolta** *s.f.* 1 Sammlung (*die*) 2 (*agr.*) Ernte (*die*) 3 (*collezione*) Sammlung (*die*) ● — *differenziata* (*dei rifiuti*), Mülltrennung.
**raccolto** *agg.* 1 (*di capelli*) zusammengebunden 2 (*assorto*) gesammelt 3 (*tranquillo*) behaglich ♦ *s.m.* (*agr.*) Ernte (*die*).
**raccomandabile** *agg.* 1 empfehlenswert 2 (*affidabile*) vertrauenerweckend.
**raccomandare** *v.tr.* 1 empfehlen 2 (*esortare*) raten 3 (*affidare*) an-vertrauen 4 (*appoggiare, favorire*) begünstigen ♦ **raccomandarsi** *v.pron.* sich anvertrauen ● *mi raccomando!*, vergiss es nicht!
**raccomandata** *s.f.* Einschreiben (*das*).
**raccomandazione** *s.f.* 1 Empfehlung (*die*) 2 (*suggerimento*) Ratschlag (*der*).
**raccontare** *v.tr.* erzählen.
**racconto** *s.m.* Erzählung (*die*), Geschichte (*die*).
**raccordo** *s.m.* Zubringerstraße (*die*): — *autostradale*, Autobahnzubringer.
**racimolare** *v.tr.* zusammen-kratzen.
**radar** *s.m.invar.* Radar (*der o das*) ♦ *agg.* Radar...: *controllo* —, Radarkontrolle.
**raddoppiamento** *s.m.* Verdoppelung (*die*).
**raddoppiare** *v.tr.* verdoppeln ♦ *v.intr.* sich verdoppeln.
**raddoppio** *s.m.* Verdoppelung (*die*).
**raddrizzare** *v.tr.* gerade biegen ♦ **raddrizzarsi** *v.pron.* sich auf-richten.
**radere** *v.tr.* 1 rasieren 2 (*distruggere*): — *al suolo una città*, eine Stadt dem Erdboden gleichmachen ♦ **radersi** *v.pron.* sich rasieren.
**radiatore** *s.m.* 1 (*aut.*) Kühler (*der*) 2 (*calorifero*) Heizkörper (*der*).
**radiazione**[1] *s.f.* Strahlung (*die*).
**radiazione**[2] *s.f.* (*amm.*) Ausschluss (*der*).
**radicale** *agg.* 1 (*bot.*) Wurzel... 2 (*fig.*) radikal (*anche pol.*) ♦ *s.m. e f.* (*pol.*) Ra-

dikale (*der* e *die*) ♦ *s.m.* (*mat.*, *chim.*) Radikal (*das*).
**radicato** *agg.* (*bot.*) verwurzelt (*anche fig.*).
**radice** *s.f.* 1 Wurzel (*die*) 2 (*mat.*) Wurzel (*die*) 3 (*gramm.*) Stamm (*der*) ● **mettere radici**, Wurzeln schlagen (*o* fassen) (*anche fig.*).
**radio** *s.f.invar.* Radio (*das*) ♦ *agg.invar.* Rundfunk..., Radio...: *giornale* —, Rundfunknachrichten.
**radioamatore** *s.m.* [f. *-trice*] Radioamateur (*der*; *die* -in).
**radioascoltatore** *s.m.* [f. *-trice*] Rundfunkhörer (*der*; *die* -in).
**radioattività** *s.f.* Radioaktivität (*die*).
**radioattivo** *agg.* radioaktiv.
**radiofonico** *agg.* Rundfunk..., Radio...: *programma* —, Rudnfunkprogramm.
**radiografia** *s.f.* (*med.*) Röntgenaufnahme (*die*), Radiografie (*die*).
**radiologia** *s.f.* Radiologie (*die*).
**radiologico** *agg.* radiologisch, Röntgen...: *esame* —, Röntgenuntersuchung.
**radiologo** *s.m.* [f. *-a*] Radiologe (*der*; *die* Radiologin), Röntgenarzt (*der*; *die* -ärztin).
**radiosveglia** *s.f.* Radiowecker (*der*).
**radiotaxi** *s.m.invar.* Funktaxi (*das*).
**radiotelevisivo** *agg.* Rundfunk- und Fernseh-...: *ente* —, Rundfunk- und Fernsehanstalt.
**radioterapia** *s.f.* (*med.*) Strahlentherapie (*die*), (*con raggi x*) Röntgentherapie (*die*).
**rado** *agg.* 1 (*di tessuto*) grobmaschig 2 (*non fitto*) schütter, licht: *capelli radi*, schütteres Haar ● *di* —, selten.
**radunare** *v.tr.* 1 (*persone*) versammeln, sammeln 2 (*di cose*) an-sammeln; (*accumulare*) an-häufen ♦ **radunarsi** *v.pron.* sich versammeln, sich sammeln.
**raduno** *s.m.* Zusammenkunft (*die*), Treffen (*das*).
**radura** *s.f.* Lichtung (*die*).
**rafano** *s.m.* (*bot.*) Meerrettich (*der*).
**raffermo** *agg.* altbacken.
**raffica** *s.f.* 1 Bö (*die*), Windstoß (*der*) 2 (*di mitra*) Garbe (*die*) ● *una — di proteste*, ein Hagel von Protesten.
**raffigurare** *v.tr.* 1 dar-stellen: *cosa raffigura il quadro?*, was stellt das Bild dar? 2 (*simboleggiare*) symbolisieren.
**raffinare** *v.tr.* 1 raffinieren: — *lo zucchero*, Zucker raffinieren 2 (*fig.*) verfeinern: — *il gusto*, den Geschmack verfeinern ♦ **raffinarsi** *v.pron.* sich verfeinern.
**raffinatezza** *s.f.* 1 Feinheit (*die*) 2 (*ricercatezza*) Kostbarkeit (*die*).
**raffinato** *agg.* 1 raffiniert 2 (*ricercato*) erlesen.
**raffineria** *s.f.* Raffinerie (*die*).
**rafforzamento** *s.m.* 1 Verstärkung (*die*) 2 (*fig.*) Festigung (*die*).
**rafforzare** *v.tr.* 1 verstärken 2 (*fig.*) stärken ♦ **rafforzarsi** *v.pron.* 1 sich verstärken 2 (*fig.*) sich festigen.
**raffreddare** *v.tr.* (*ab-*)kühlen (*anche fig.*) ♦ **raffreddarsi** *v.pron.* 1 (sich) ab-kühlen (*anche fig.*): *il motore non si è ancora raffreddato*, der Motor ist noch nicht abgekühlt 2 (*fam.*) sich erkälten: *con questo tempo mi sono raffreddato*, bei diesem Wetter habe ich mich erkältet.
**raffreddore** *s.m.* Erkältung (*die*); Schnupfen (*der*): *prendersi un* —, eine Erkältung bekommen; — *da fieno*, Heuschnupfen.
**raffronto** *s.m.* Gegenüberstellung (*die*).
**ragazza** *s.f.* 1 Mädchen (*das*) 2 (*fam.*) (*fidanzata*) Freundin (*die*).
**ragazzo** *s.m.* 1 Junge (*der*); (*region.*) Bub (*der*) 2 (*fam.*) (*fidanzato*) Freund (*der*) 3 (*garzone*) Laufbursche (*der*) 4 (*pl.*) (*giovani*) Jugendliche (*pl.*) ● *da* —, als Kind | — *mio!*, mein lieber Junge!
**raggiante** *agg.* strahlend: — *di felicità*, *di gioia*, glückstrahlend, freudestrahlend.
**raggio** *s.m.* 1 Strahl (*der*) (*anche fig.*): *un — di speranza*, ein Strahl der Hoffnung 2 (*geom.*) Radius (*der*) 3 (*estens.*) Umkreis (*der*): *nel — di un chilometro*, im Umkreis von einem Kilometer 4 (*di ruota*) Speiche (*die*) ● *a largo* —, weitreichend | *farsi fare i raggi*, sich

röntgen lassen | **raggi x**, Röntgenstrahlen.
**raggirare** *v.tr.* hintergehen, betrügen.
**raggiungere** *v.tr.* 1 erreichen (*anche fig.*): (*fig.*) — *un scopo*, ein Ziel erreichen 2 (*prendere*) ein-holen.
**raggomitolarsi** *v.pron.* sich zusammen-kauern.
**raggrinzire** *v.tr.* runzeln.
**raggruppare** *v.tr.* gruppieren ♦ **raggrupparsi** *v.pron.* sich gruppieren.
**ragionamento** *s.m.* 1 Gedankengang (*der*) 2 (*argomentazione*) Argumente (*pl.*), Argumentation (*die*).
**ragionare** *v.intr.* 1 (*riflettere*) (*su*) nach-denken (über + Acc): *cerca di —!*, denk mal ein bisschen nach! 2 (*scambiare opinioni*) vernünftig reden.
**ragione** *s.f.* 1 (*raziocinio*) Vernunft (*die*) 2 (*motivo*) Grund (*der*): *per questa —*, aus diesem Grund ● *a —*, zu Recht | *avere —*, Recht haben | *per nessuna — al mondo*, nicht um alles in der Welt | *per ragioni di sicurezza*, aus Sicherheitsgründen | (*comm.*) *— sociale*, Unternehmensform.
**ragioneria** *s.f.* 1 Buchhaltung (*die*) 2 (*scuola*) kaufmännische Fachschule.
**ragionevole** *agg.* 1 vernünftig 2 (*di compenso, prezzo*) angemessen.
**ragioniere** *s.m.* [f. -*a*] Buchhalter (*der*; *die* -*in*).
**ragnatela** *s.f.* Spinnennetz (*das*), Spinngewebe (*das*).
**ragno** *s.m.* Spinne (*die*).
**ragù** *s.m.invar.* Ragout (*das*) ● *al —*, mit Hackfleischsoße.
**RAI** *sigla* (*Radio Televisione Italiana*) Italienische Rundfunk-und Fernsehanstalt.
**rallegrare** *v.tr.* erfreuen, auf-heitern ♦ **rallegrarsi** *v.pron.* (*di*, *per*) sich erfreuen (an + Acc) 2 (*congratularsi*) (*per*) gratulieren (zu).
**rallentare** *v.tr.* verlangsamen ♦ *v.intr.* (*di veicolo*) ab-bremsen.
**rallentatore** *s.m.* Zeitlupe (*die*).
**rame** *s.m.* Kupfer (*das*) ● *color —*, kupferrot.
**ramificato** *agg.* verzweigt.

**rammaricarsi** *v.pron.* (*di*, *per*) bedauern (+ Acc).
**rammarico** *s.m.* Bedauern (*das*).
**rammendare** *v.tr.* stopfen.
**rammendo** *s.m.* 1 Stopfen (*das*) 2 (*parte rammendata*) Stopfarbeit (*die*).
**ramo** *s.m.* 1 Ast (*der*) 2 (*estens.*) Zweig (*der*).
**rampa** *s.f.* 1 (*di scale*) Treppe (*die*) 2 (*estens.*) Rampe (*die*): *— di lancio*, Abschussrampe.
**rampone** *s.m.* 1 (*grossa fiocina*) Harpune (*die*) 2 (*alpinismo*) Steigeisen (*das*).
**rana** *s.f.* Frosch (*der*).
**rancido** *agg.* ranzig.
**rancore** *s.m.* Groll (*der*): *serbare — a qlcu*, mit jdm grollen.
**randagio** *agg.* streunend: *cane —*, streunender Hund.
**randello** *s.m.* Knüppel (*der*).
**rango** *s.m.* 1 (*mil.*) Reihe (*die*) 2 (*ceto sociale*) Stand (*der*) ● (*fig.*) *rientrare nei ranghi*, zur Ordnung zurückkehren.
**rannicchiarsi** *v.pron.* sich kauern.
**rannuvolarsi** *v.pron.* 1 sich bewölken, sich betrüben 2 (*fig.*) sich verfinstern.
**ranocchio** *s.m.* Frosch (*der*).
**rapa** *s.f.* Rübe (*die*) ● (*fam.*) *testa di —*, Holzkopf.
**rapace** *agg.* Raub...: *uccelli rapaci*, Raubvögel ♦ *s.m.* Raubvogel (*der*).
**rapare** *v.tr.* (*fam.*) glatt scheren ♦ **raparsi** *v.pron.* (*fam.*) sich scheren (lassen).
**rapidamente** *avv.* schnell.
**rapidità** *s.f.invar.* Schnelligkeit (*die*).
**rapido** *agg.* schnell, rasch.
**rapimento** *s.m.* 1 Entführung (*die*) 2 (*estasi*) Verzückung (*die*).
**rapina** *s.f.* Raub (*der*), Überfall (*der*): *— in banca*, Banküberfall; *— a mano armata*, bewaffneter Raubüberfall.
**rapinare** *v.tr.* aus-rauben.
**rapinatore** *s.m.* [f. -*trice*] Räuber (*der*; *die* -*in*).
**rapire** *v.tr.* entführen.
**rapitore** *s.m.* [f. -*trice*] Entführer (*der*; *die* -*in*).
**rapporto** *s.m.* 1 Verhältnis (*das*), Be-

ziehung (die): — di amicizia, freundschaftliche Beziehung 2 (connessione) Zusammenhang (der), Verhältnis (das) 3 (resoconto) Bericht (der), Meldung (die) ● essere in buoni rapporti con qlcu, ein gutes Verhältnis zu jdm haben | in — a, im Verhältnis zu | *rapporti commerciali*, Handelsbeziehungen | — *sessuale*, Geschlechtsverkehr.

**rapprendersi** *v.pron.* gerinnen.

**rappresaglia** *s.f.* Vergeltungsmaßnahme (die).

**rappresentante** *s.m.* e *f.* Vertreter (der; die -in), Repräsentant (der; die -in).

**rappresentanza** *s.f.* Vertretung (die): in — di, in Vertretung von; — *esclusiva*, Alleinvertretung.

**rappresentare** *v.tr.* 1 dar-stellen 2 (*agire per conto di*) vertreten, repräsentieren 3 (*teatr.*) auf-führen, inszenieren 4 (*simboleggiare*) symbolisieren.

**rappresentazione** *s.f.* 1 Darstellung (die) 2 (*teatr.*) Aufführung (die).

**raramente** *avv.* selten.

**rarità** *s.f.invar.* Rarität (die).

**raro** *agg.* rar, selten.

**rasare** *v.tr.* 1 rasieren 2 (*erba*) mähen ◆ **rasarsi** *v.pron.* sich rasieren.

**rasato** *agg.* 1 rasiert 2 (*tess.*) satiniert.

**raschiare** *v.tr.* ab-kratzen.

**rasentare** *v.tr.* 1 dicht entlang-gehen 2 (*fig.*) grenzen (an + Acc).

**rasente** *prep.* dicht an (+ Dat).

**raso**[1] *agg.* 1 kurzhaarig 2 (*pieno*) randvoll: *un bicchiere* —, ein randvolles Glas.

**raso**[2] *s.m.* (*tess.*) Satin (der).

**rasoio** *s.m.* Rasiermesser (das): — *elettrico*, (elektrischer) Rasierapparat.

**raspo** *s.m.* Traubenkamm (der).

**rassegna** *s.f.* 1 (*mil.*) Parade (die) 2 (*estens.*) Überprüfung (die): *passare in — qlco,* (*fig.*) etw Revue passieren lassen 3 (*mostra*) Ausstellung (die), Festival (das) ● — *stampa*, Presseschau.

**rassegnare** *v.tr.* nieder-legen, auf-geben: — *le dimissioni*, seinen Abschied einreichen ◆ **rassegnarsi** *v.pron.* (*a*) resignieren, sich ab-finden (mit).

**rassegnazione** *s.f.* Resignation (die).

**rasserenare** *v.tr.* auf-hellen, auf-heitern ◆ **rasserenarsi** *v.pron.* sich auf-heitern (*anche fig.*).

**rassicurare** *v.tr.* beruhigen ◆ **rassicurarsi** *v.pron.* sich beruhigen.

**rastrellare** *v.tr.* 1 (*agr.*) harken 2 (*fig.*) durch-kämmen.

**rastrello** *s.m.* Harke (die).

**rata** *s.f.* Rate (die) ● *a rate*, ratenweise | *comprare qlco a rate*, etw auf Raten zahlen | *pagare a rate*, in Raten zahlen.

**rateale** *agg.* ratenweise, Raten...: *acquisto* —, Ratenkauf.

**rateizzare** *v.tr.* in Raten auf-teilen.

**ratifica** *s.f.* 1 (*dir.*) Ratifizierung (die) 2 (*estens.*) Bestätigung (die).

**ratificare** *v.tr.* 1 (*dir.*) ratifizieren 2 (*estens.*) bestätigen.

**ratto** *s.m.* (*zool.*) Ratte (die).

**rattoppare** *v.tr.* zusammen-flicken (*anche fig.*).

**rattristare** *v.tr.* traurig machen, betrüben ◆ **rattristarsi** *v.pron.* traurig werden.

**raucedine** *s.f.* Heiserkeit (die).

**rauco** *agg.* heiser.

**ravanello** *s.m.* Radieschen (das).

**ravvicinare** *v.tr.* an-nähern, näher bringen: *far — due persone*, zwei Personen einander näher bringen ◆ **ravvicinarsi** *v.pron.* 1 sich an-nähern (+ Dat) 2 (*reciproco*) sich versöhnen.

**ravvivare** *v.tr.* auf-frischen ◆ **ravvivarsi** *v.pron.* wieder auf-leben, sich beleben.

**razionale** *agg.* 1 (*dotato di ragione*) vernünftig 2 (*basato sulla ragione*) rational, Vernunft...: *una scelta* —, eine vernünftige Entscheidung 3 (*funzionale*) rationell, zweckmäßig 4 (*mat.*) rational.

**razionalità** *s.f.invar.* 1 Vernünftigkeit (die) 2 (*funzionalità*) Zweckmäßigkeit (die).

**razionamento** *s.m.* Rationierung (die).

**razionare** *v.tr.* rationieren.

**razione** *s.f.* Ration (die); (*porzione*) Portion (die).

**razza** *s.f.* 1 Rasse (die) 2 (*tipo*) Sorte (die) ● *cavallo di* —, Rassenpferd.

**razzia** *s.f.* Raubzug (der).
**razziale** *agg.* Rassen...: *legge* —, Rassengesetz.
**razzismo** *s.m.* Rassismus (der).
**razzista** *agg.* rassistisch ♦ *s.m.* e *f.* Rassist (der; die -in).
**razzo** *s.m.* Rakete (die) ● (fig.) *partire a* —, wie eine Rakete starten.
**re**[1] *s.m.invar.* König (der) (anche fig.): — *di cuori*, Herzkönig.
**re**[2] *s.m.invar.* (mus.) D, d (das).
**reagire** *v.intr.* (a) reagieren (auf + Acc) (anche chim.).
**reale**[1] *agg.* 1 (concreto) wirklich, real 2 (mat.) reell ♦ *s.m.* (realtà) Wirklichkeit (die).
**reale**[2] *agg.* (regale) königlich: *palazzo* —, Königspalast ♦ *s.m.pl.* Königspaar (das) ● (zool.) *aquila* —, Königsadler.
**realismo** *s.m.* Realismus (der).
**realistico** *agg.* realistisch.
**realizzabile** *agg.* realisierbar, verwirklichbar.
**realizzare** *v.tr.* 1 verwirklichen, realisieren 2 (comm.) erzielen, veräußern 3 (sport) erzielen: — *un goal*, ein Tor erzielen 4 (rendersi conto di) begreifen, erfassen ♦ **realizzarsi** *v.pron.* sich verwirklichen: *realizzarsi nel lavoro*, sich in der Arbeit verwirklichen.
**realizzazione** *s.f.* Realisierung (die), Verwirklichung (die).
**realmente** *avv.* wirklich, tatsächlich.
**realtà** *s.f.invar.* Wirklichkeit (die), Realität (die).
**reato** *s.m.* (dir.) Straftat (die), Vergehen (das).
**reattore** *s.m.* 1 (motore) Düsentriebwerk (das) 2 (aer.) Düsenflugzeug (das) 3 (fis.) Reaktor (der): — *nucleare*, Kernreaktor.
**reazionario** *agg.* reaktionär ♦ *s.m.* Reaktionär (der).
**recapitare** *v.tr.* zu-stellen.
**recapito** *s.m.* 1 Anschrift (die), Adresse (die) 2 (consegna) Zustellung (die).
**recare** *v.tr.* 1 überbringen 2 (avere) tragen 3 (arrecare) verursachen ♦ **recarsi** *v.pron.* sich begeben, gehen.

**recente** *agg.* neu, jüngst, letzt: *di* —, neulich, kürzlich, unlängst.
**recentemente** *avv.* neulich, kürzlich.
**recessione** *s.f.* 1 Zurücktreten (das) 2 (econ.) Rezession (die).
**recidere** *v.tr.* (ab-)schneiden.
**recidivo** *agg.* (dir., med.) rückfällig ♦ *s.m.* 1 (dir.) Wiederholungstäter (der), Rückfalltäter (der) 2 (med.) rückfälliger Patient.
**recintare** *v.tr.* ein-frieden, ein-zäunen.
**recinto** *s.m.* (spazio circoscritto) eingezäuntes Gelände; (per animali) Pferch (der).
**recinzione** *s.f.* 1 Umzäunung (die) 2 (azione) Einfrieden (das).
**recipiente** *s.m.* Behälter (der), Gefäß (das).
**reciprocamente** *avv.* gegenseitig, einander.
**reciproco** *agg.* wechselseitig, gegenseitig.
**recita** *s.f.* Aufführung (die), Vorstellung (die).
**recitare** *v.tr.* 1 (a memoria) auf-sagen; (declamare) vor-tragen 2 (teatr., cinem.) spielen: — *una parte*, eine Rolle spielen ♦ *v.intr.* 1 (fingere) schauspielern 2 (affermare) (geschrieben) stehen.
**recitazione** *s.f.* 1 Rezitation (die), Vortrag (der) 2 (disciplina) Schauspielkunst (die).
**reclamare** *v.intr.* sich beschweren ♦ *v.tr.* 1 fordern, verlangen: — *la propria parte di eredità*, seinen Erbteil verlangen 2 (necessitare) erfordern, benötigen.
**reclamizzare** *v.tr.* werben für.
**reclamo** *s.m.* Reklamation (die), Beschwerde (die).
**reclinabile** *agg.* zurückklappbar.
**reclusione** *s.f.* Gefängnis (das) (anche estens.).
**recluso** *agg.* 1 eingeschlossen 2 (dir.) inhaftiert ♦ *s.m.* [f. -*a*] Häftling (der).
**recluta** *s.f.* 1 (mil.) Rekrut (der) 2 (estens.) Nachwuchs (der).
**reclutare** *v.tr.* 1 (mil.) ein-berufen 2 (estens.) rekrutieren.
**record** *s.m.* Rekord...: *tempo* —, Spit-

**zenzeit** ♦ *s.m.invar.* (sport) Rekord (der).
**recriminare** *v.intr.* sich beklagen.
**recriminazione** *s.f.* Klage (die).
**recuperare** *v.tr.* 1 (ritrovare) wiederbekommen 2 (riguadagnare) nachholen, auf·holen: — il tempo perduto, die verlorene Zeit aufholen 3 (riciclare) wieder·verwenden 4 (sport) nach·holen.
**recupero** *s.m.* 1 Sicherstellung (die) 2 (miglioramento) Aufholen (das): il — dell'euro sul dollaro, das Aufholen des Euros im Vergleich zum Dollar 3 (tecn.) Sanierung (die), Wiederinstandsetzung (die) 4 (riciclaggio) Recycling (das): materiali di —, Recyclingmaterial 5 (sport, scol.) Nachholen (das): partita di —, Nachholspiel.
**redattore** *s.m.* [f. -trice] 1 (curatore) Verfasser (der; die -in) 2 (edit.) Redakteur (der; die -in).
**redazione** *s.f.* 1 (stesura) Abfassung (die) 2 (edit.) Redaktion (die).
**redditizio** *agg.* einträglich, rentabel.
**reddito** *s.m.* (econ.) Einkommen (das).
**redenzione** *s.f.* Erlösung (die).
**redimere** *v.tr.* befreien, erlösen (anche relig.).
**redini** *s.f.pl.* Zügel (pl.) (anche fig.).
**reduce** *agg.* heimgekehrt ♦ *s.m.* Heimkehrer.
**referendum** *s.m.invar.* (dir.) Volksentscheid (der), Referendum (das).
**referenza** *s.f.* (spec.pl.) Referenz (die), Empfehlung (die).
**referto** *s.m.* (med.) Befund (der).
**refrattario** *agg.* 1 feuerbeständig, feuerfest 2 (med.) unempfindlich, immun 3 (fig.) unempfindlich.
**refrigerare** *v.tr.* kühlen.
**refurtiva** *s.f.* Diebesgut (das), Beute (die).
**regalare** *v.tr.* schenken.
**regale** *agg.* Königs..., königlich (anche fig.).
**regalo** *s.m.* Geschenk (das) ♦ *agg.* Geschenk...: confezione —, Geschenkverpackung.
**regata** *s.f.* Regatta (die).
**reggere** *v.tr.* 1 halten, tragen 2 (sopportare) ertragen, vertragen 3 (governare) regieren 4 (gramm.) regieren ♦ *v.intr.* 1 (resistere) halten; stand·halten; aus·halten 2 (durare) halten: il tempo non regge, das Wetter hält nicht ♦ **reggersi** *v.pron.* sich halten: non reggersi in piedi, sich nicht auf den Beinen halten können.
**reggia** *s.f.* 1 Königshof (der) 2 (fig.) Traumhaus (das).
**reggimento** *s.m.* Regiment (das).
**reggipetto, reggiseno** *s.m.* Büstenhalter (der), BH (der).
**regia** *s.f.* Regie (die) (anche fig.).
**regime** *s.m.* 1 Regime (das) 2 (dieta) Diät (die) 3 (dir.) System (das), Ordnung (die).
**regina** *s.f.* 1 Königin (die) 2 (gioco delle carte, scacchi) Dame (die).
**regionale** *agg.* regional, Regional...: governo —, Regierung einer Region.
**regione** *s.f.* Region (die).
**regista** *s.m.* e *f.* Regisseur (der; die -in) (anche fig.).
**registrare** *v.tr.* 1 (amm.) ein·tragen 2 (su nastro magnetico) auf·nehmen, auf·zeichnen 3 (rilevare) registrieren 4 (tecn.) (mettere a punto) ein·stellen.
**registratore** *s.m.* Recorder (der) ● — di cassa, Registrierkasse.
**registrazione** *s.f.* 1 Aufnahme (die) 2 (dir.) Eintragung (die) 3 (tecn.) (controllo) Einstellung (die).
**registro** *s.m.* Register (das).
**regnare** *v.intr.* herrschen (anche fig.).
**regno** *s.m.* 1 Königreich (das), Reich (das): — animale, vegetale, Tierreich, Pflanzenreich 2 (durata) Herrschaft (die).
**regola** *s.f.* 1 Regel (die): fare qlco a — d'arte, etw nach allen Regeln der Kunst tun 2 (misura) Maß (das) 3 (relig.) Ordensregel (die).
**regolamento** *s.m.* Ordnung (die), Vprscrjoftrem (pl.) ● — di conti, Abrechnung (die).
**regolare¹** *v.tr.* regeln, regulieren: — l'orologio, die Uhr stellen 2 (pagare, estinguere) begleichen ♦ **regolarsi** *v.pron.* 1 (moderarsi) sich mäßigen,

Maß halten **2** (*comportarsi*) sich verhalten.
**regolare²** *agg.* **1** regelmäßig **2** (*secondo le regole*) regulär, ordnungsgemäß.
**regolarizzare** *v.tr.* **1** (*gesetzlich*) regeln **2** (*rendere regolare*) stabilisieren.
**regolatore** *agg.* regelnd, regulierend ♦ *piano —*, Bebauungsplan.
**relatività** *s.f.invar.* Relativität (*die*).
**relativo** *agg.* (*a*) betreffend (+ *Acc*); bezüglich (+ *Gen*)
**relatore** *s.m.* [f. *-trice*] Berichterstatter (*der; die* -in); (*università*) Referent (*der; die* -in).
**relax** *s.m.invar.* Entspannung (*die*).
**relazione** *s.f.* **1** Zusammenhang (*der*), Verbindung (*die*) **2** (*rapporto*) Verhältnis (*das*), Beziehung (*die*) **3** (*resoconto*) Bericht (*der*) ● *— amorosa*, Liebesverhältnis.
**religione** *s.f.* Religion (*die*).
**religioso** *agg.* **1** Religions...; kirchlich: *comunità religiosa*, Religionsgemeinschaft; *matrimonio —*, kirchliche Trauung **2** (*devoto*) religiös **3** (*riverente*) ehrfürchtig ♦ *s.m.* [f. *-a*] Geistliche (*der e die*).
**reliquia** *s.f.* Reliquie (*die*).
**relitto** *s.m.* Wrack (*das*).
**remare** *v.intr.* rudern.
**remissivo** *agg.* gefügig, nachgiebig.
**remo** *s.m.* Ruder (*das*).
**remoto** *agg.* entfernt; (*lontano nel tempo*) weit zurückliegend.
**Renania** *n.pr.f.* Rheinland (*das*).
**Renania-Palatinato** *n.pr.f.* Rheinland-Pfalz (*das*).
**rendere** *v.tr.* **1** zurück·geben: *— un libro avuto in prestito*, ein geliehenes Buch zurückgeben **2** (*dare, offrire*) erweisen, ab·legen: *— conto di qlco*, über etw Rechenschaft ablegen **3** (*esprimere*) aus·drücken **4** (*fruttare*) ein·bringen **5** (*far diventare*) machen ♦ **rendersi** *v.pron.* sich machen: *rendersi utile*, sich nützlich machen.
**rendiconto** *s.m.* Bericht (*der*).
**rendimento** *s.m.* Leistung (*die*).
**rendita** *s.f.* Ertrag (*der*).
**rene** *s.m.* (*anat.*) Niere (*die*).

**renna** *s.f.* **1** (*zool.*) Ren(tier) (*das*) **2** (*pelle conciata*) Rentierleder (*das*).
**Reno** *n.pr.m.* Rhein (*der*).
**reparto** *s.m.* **1** Abteilung (*die*) (*anche mil.*): *— vendite*, Verkaufsabteilung **2** (*di ospedale*) Station (*die*).
**repellente** *agg.* abstoßend.
**repentaglio** *s.m.* ● *mettere a — la vita di qlcu*, jds Leben gefährden.
**reperto** *s.m.* **1** Fund (*der*) **2** (*med.*) Befund (*der*).
**repertorio** *s.m.* **1** Repertoire (*das*) **2** (*raccolta*) Sammlung (*die*) ● *immagini di —*, Archivaufnahmen.
**replica** *s.f.* **1** Wiederholung (*die*) **2** (*obiezione*) Einspruch (*der*), Widerspruch (*der*).
**replicare** *v.tr.* **1** wiederholen **2** (*rispondere*) erwidern, entgegnen.
**repressione** *s.f.* Unterdrückung (*die*).
**represso** *agg.* unterdrückt.
**reprimere** *v.tr.* unterdrücken.
**repubblica** *s.f.* Republik (*die*).
**Repubblica Ceca** *n.pr.f.* Tschechei (*die*).
**repubblicano** *agg.* republikanisch ♦ *s.m.* [f. *-a*] Republikaner (*der; die* -in).
**reputazione** *s.f.* Ruf (*der*).
**requisire** *v.tr.* beschlagnahmen.
**requisito** *s.m.* Erfordernis (*das*).
**resa** *s.f.* **1** Übergabe (*die*), Kapitulation (*die*) **2** (*restituzione*) Rückgabe (*die*) **3** (*rendimento*) Leistung (*die*) ● *— dei conti*, Abrechnung.
**residente** *agg.* wohnhaft ♦ *s.m. e f.* Ansässige (*der e die*).
**residenza** *s.f.* **1** (*amm.*) Wohnsitz (*der*) **2** (*sede*) Sitz (*der*) **3** (*edificio*) Wohnsitz (*der*).
**residenziale** *agg.* Wohn...: *zona —*, Wohngebiet.
**residuo** *agg.* restlich, Rest...: *importo —*, Restbetrag ♦ *s.m.* (*spec.pl.*) Rückstand (*der*), Abfall (*der*).
**resina** *s.f.* Harz (*das*).
**resistente** *agg.* **1** (*a*) widerstandsfähig (gegen) **2** (*di tessuto*) strapazierfähig.
**resistenza** *s.f.* **1** Widerstand (*der*) (*anche pol.*) **2** (*di stoffe*) Strapazierfä-

higkeit (*die*) **3** (*di materiale*) Festigkeit (*die*).
**resistere** *v.intr.* widerstehen, standhalten: — *alle pressioni di qlcu*, jds Druck standhalten.
**resoconto** *s.m.* **1** Bericht (*der*) **2** (*rendiconto*) Aufstellung (*die*).
**respingere** *v.tr.* **1** zurück-drängen, zurück-schlagen **2** (*rifiutare*) ab-lehnen.
**respirare** *v.tr.* e *intr.* atmen.
**respiratorio** *agg.* Atem..., Atmungs...: *vie respiratorie*, Atemwege.
**respirazione** *s.f.* Atmung (*die*).
**respiro** *s.m.* Atem (*der*): *trattenere il* —, den Atem anhalten ● *non avere un attimo di* —, nicht einmal Zeit zum Verschnaufen haben | *un'opera di ampio* —, ein umfassendes Werk.
**responsabile** *agg.* **1** (*di*) verantwortlich (für) **2** (*affidabile*) verantwortungsbewusst ♦ *s.m. e f.* Verantwortliche (*der e die*).
**responsabilità** *s.f.invar.* Verantwortung (*die*) ● (*dir.*) — *civile*, Haftpflicht.
**ressa** *s.f.* Gedränge (*das*).
**restare** *v.intr.* **1** bleiben **2** (*avanzare*) übrig bleiben.
**restaurare** *v.tr.* **1** restaurieren, wieder-herstellen **2** (*fig.*) (*ristabilire*) wieder-herstellen.
**restauratore** *agg.* wiederherstellend ♦ *s.m.* **1** Restaurator (*der*) **2** (*pol.*) Wiederhersteller (*der*).
**restauro** *s.m.* Restaurierung (*die*), Restauration (*die*).
**restituire** *v.tr.* **1** zurück-geben, wieder-geben **2** (*contraccambiare*) erwidern.
**resto** *s.m.* **1** Rest (*der*), Übrige (*das*) **2** (*di denaro*) Wechselgeld (*das*) **3** (*mat.*) Rest (*der*) **4** (*pl.*) (*avanzi*) Reste (*pl.*), Überreste (*pl.*) ● *del* —, übrigens.
**restringere** *v.tr.* enger machen, verengen ♦ **restringersi** *v.pron.* **1** sich verengen, enger werden **2** (*abbigl.*) ein-laufen.
**restrittivo** *agg.* beschränkend.
**restrizione** *s.f.* Beschränkung (*die*).
**resurrezione** *s.f.* Auferstehung (*die*).
**rete** *s.f.* **1** Netz (*das*): — *stradale*, Straßennetz **2** (*goal*) Tor (*das*) **3** (*tv*) Sender (*der*) **4** (*inform.*) Netzwerk (*das*).

**retina** *s.f.* (*anat.*) Netzhaut (*die*).
**retribuire** *v.tr.* **1** entlohnen, bezahlen **2** (*ricompensare*) belohnen.
**retribuzione** *s.f.* **1** Entlohnung (*die*), Lohn (*der*) **2** (*ricompensa*) Belohnung (*die*).
**retro** *s.m.* **1** Rückseite (*die*) **2** (*retrobottega*) Hinterzimmer (*das*).
**retrocedere** *v.intr.* **1** zurück-weichen **2** (*sport*) ab-steigen **3** auf-geben ♦ *v.tr.* (*mil.*) (*a*) degradieren (zu).
**retromarcia** *s.f.* (*aut.*) Rückwärtsgang (*der*).
**retroscena** *s.m.invar.* Hintergrund (*der*).
**retrovisore** *s.m.* Rückspiegel (*der*).
**retta**[1] *s.f.* (*geom.*) Gerade (*die*).
**retta**[2] *s.f.* (*di pensionato, convitto*) Pension (*die*), Geld (*das*).
**retta**[3] *s.f.* ● *dare — a qlcu*, auf jdn hören.
**rettangolare** *agg.* rechteckig.
**rettangolo** *agg.* rechtwink(e)lig ♦ *s.m.* Rechteck (*das*).
**rettifica** *s.f.* **1** Begradigung (*die*): *la — di una strada*, die Begradigung einer Straße **2** (*correzione*) Richtigstellung (*die*).
**rettificare** *v.tr.* **1** begradigen **2** (*correggere*) richtig stellen **3** (*tecn.*) schleifen.
**rettile** *s.m.* (*zool.*) Reptil (*das*), Kriechtier (*das*).
**rettilineo** *agg.* gerade: *in* —, geradlinig ♦ *s.m.* Gerade (*die*).
**retto** *agg.* **1** gerade **2** (*fig.*) redlich **3** (*geom.*) recht ♦ *s.m.* (*anat.*) Rektum (*das*).
**rettore** *s.m.* [f. *-trice*] **1** Rektor (*der*; *die* -*in*) (*anche relig.*) **2** (*estens.*) Leiter (*der*; *die* -*in*).
**reumatismo** *s.m.* (*med.*) Rheumatismus (*der*).
**reverendo** *agg.* ehrwürdig ♦ *s.m.* Priester (*der*).
**reversibile** *agg.* **1** reversibel, umkehrbar **2** (*dir.*) übertragbar.
**revisionare** *v.tr.* **1** (*tecn.*) überholen **2** (*amm.*) überprüfen, revidieren.
**revisione** *s.f.* **1** (*tecn.*) Überholung

**revisore** *s.m.* [f. -a] (*amm.*) Prüfer (*der; die* -in).
**revocare** *v.tr.* **1** widerrufen **2** (*rimuovere da una carica*) ab·setzen, entheben.
**riabilitare** *v.tr.* **1** rehabilitieren **2** (*ripristinare*) wieder auf·bauen ♦ **riabilitarsi** *v.pron.* sich rehabilitieren.
**riabilitazione** *s.f.* Rehabilitation (*die*).
**rialzare** *v.tr.* **1** (*alzare di nuovo*) wieder auf·richten, wieder auf·heben **2** höher machen, erhöhen **3** (*aumentare*) steigern, erhöhen.
**rialzo** *s.m.* **1** Steigerung (*die*): — *dei prezzi*, Preissteigerung **2** (*altura*) Erhebung (*die*).
**rianimare** *v.tr.* **1** wieder beleben (*anche med.*) **2** (*fig.*) ermutigen ♦ **rianimarsi** *v.pron.* **1** wieder zu sich kommen **2** (*fig.*) wieder Mut fassen (*o* schöpfen).
**rianimazione** *s.f.* (*med.*) Wiederbelebung (*die*) ● *reparto di* —, Intensivstation.
**riapparire** *v.intr.* wieder erscheinen.
**riaprire** *v.tr.* **1** wieder öffnen **2** wieder eröffnen: — *un museo*, ein Museum wieder eröffnen ♦ *v.intr.* wieder auf·machen.
**riassumere** *v.tr.* **1** zusammen·fassen **2** (*nel lavoro*) wieder ein·stellen.
**riassunto** *s.m.* Zusammenfassung (*die*).
**riavere** *v.tr.* zurück·bekommen, wieder·bekommen ♦ **riaversi** *v.pron.* wieder zu sich kommen.
**ribalta** *s.f.* **1** Klappe (*die*) **2** (*teatr.*) Rampe (*die*).
**ribaltabile** *agg.* Klapp...; Kipp...: — *sedile* —, Klappsitz.
**ribaltare** *v.tr.* **1** um·klappen; (*verso l'alto*) hoch·klappen; (*verso il basso*) herunter·klappen **2** (*modificare*) vollkommen verändern, um·kehren ♦ **ribaltarsi** *v.pron.* sich überschlagen.
**ribassare** *v.tr.* herab·setzen, senken.
**ribasso** *s.m.* **1** Senkung (*die*) **2** (*sconto*) Nachlass (*der*), Rabatt (*der*).
**ribattere** *v.tr.* **1** (*respingere*) zurück·weisen **2** (*sport*) zurück·schlagen **3** (*replicare*) ein·wenden, widersprechen ♦ *v.intr.* (*insistere*) (*su*) bestehen (auf).
**ribellarsi** *v.pron.* **1** (*insorgere*) rebellieren, sich erheben **2** (*opporsi*) (*a*) protestieren (gegen + *Acc*), sich widersetzen (+ *Dat*).
**ribelle** *s.f.* **1** rebellisch, aufständisch **2** (*insubordinato*) widerspenstig, störrisch ♦ *s.m.* e *f.* Rebell (*der; die* -in).
**ribellione** *s.f.* **1** (*rivolta*) Aufstand (*der*), Rebellion (*die*) **2** (*opposizione*) Auflehnung (*die*).
**ribes** *s.m.invar.* (*bot.*) **1** (*arbusto*) Johannisbeerstrauch (*der*) **2** (*frutto*) Johannisbeere (*die*).
**ricadere** *v.intr.* **1** wieder fallen (*cadere giù*) zurück·fallen **3** (*di capelli, vestiti*) fallen **4** (*fig.*) wieder verfallen, zurück·fallen: — *nei vecchi errori*, in die alten Fehler verfallen **5** (*riversarsi*) zu·fallen (+ *Dat*): *la responsabilità ricade su di lui*, die Verantwortung fällt ihm zu.
**ricaduta** *s.f.* Rückfall (*der*).
**ricalcare** *v.tr.* (*un disegno*) durch·pausen ● (*fig.*) — *le orme di qlcu*, in jds Fußstapfen treten.
**ricamare** *v.tr.* sticken.
**ricambiare** *v.tr.* **1** (*cambiare di nuovo*) wieder wechseln, wieder tauschen **2** (*contraccambiare*) erwidern; (*sdebitarsi*) sich revanchieren: *vorrei — la piacevole serata*, ich möchte mich bei dir für den netten Abend revanchieren.
**ricambio** *s.m.* **1** Austausch (*der*); Ersatz (*der*) **2** (*avvicinamento*) Wechsel (*der*).
**ricamo** *s.m.* **1** Sticken (*das*) **2** (*prodotto ricamato*) Stickerei (*die*).
**ricattare** *v.tr.* erpressen.
**ricatto** *s.m.* Erpressung (*die*).
**ricavare** *v.tr.* **1** (*estrarre*) gewinnen **2** (*ottenere*) heraus·bekommen **3** (*guadagnare*) verdienen.
**ricavo** *s.m.* Erlös (*der*), Ertrag (*der*).
**ricchezza** *s.f.* **1** Reichtum (*der*) (*anche fig.*) **2** (*patrimonio*) Vermögen (*das*).
**riccio¹** *agg.* lockig, kraus.
**riccio²** *s.m.* (*zool.*) Igel (*der*).
**ricciolo** *s.m.* **1** Locke (*die*) **2** (*estens.*) Kringel (*der*).
**ricco** *agg.* **1** reich, vermögend **2** (*di va-*

**ricerca / ricordare**

*lore*) wertvoll ♦ *s.m.* [f. *-a*] Reiche (*der* e *die*).

**ricerca** *s.f.* **1** Suche (*die*) **2** (*indagine*) Forschung (*die*): — *di mercato*, Marktforschung; *fare su* —, Forschungen über etw anstellen **3** (*della polizia*) Fahndung (*die*).

**ricercare** *v.tr.* **1** erforschen, ergründen: — *le cause di un fenomeno*, die Ursachen eines Phänomens erforschen **2** (*della polizia*) fahnden nach.

**ricercato** *agg.* **1** gesucht **2** (*scelto*) gewählt ♦ *s.m.* [f. *-a*] Gesuchte (*der* e *die*).

**ricercatore** *s.m.* [f. *-trice*] Forscher (*der*; *die* -in).

**ricetta** *s.f.* **1** (*med.*) Rezept (*das*) **2** (*gastr.*) Kochrezept (*das*), Rezept (*das*).

**ricevere** *v.tr.* **1** erhalten, bekommen; kriegen **2** (*accogliere*) empfangen: — *gli invitati*, die Gäste empfangen ♦ *v.intr.* **1** (*di medico, professore*) Sprechstunde haben **2** (*radiotelefonia*) empfangen.

**ricevimento** *s.m.* **1** Eingang (*der*): *al* — *della merce*, bei Erhalt der Ware **2** (*festa*) Empfang (*der*) ● *orario di* —, Sprechstunde.

**ricevitore** *s.m.* Hörer (*der*): *abbassare il* —, den Hörer auglegen.

**ricevuta** *s.f.* Quittung (*die*) ● — *di ritorno*, Rückschein.

**ricezione** *s.f.* **1** Empfang (*der*) **2** (*di fax*) Übermittlung (*die*): *in caso di* — *errata...*, bei fehlerhafter Übermittlung....

**richiamare** *v.tr.* **1** (*chiamare indietro*) zurück-rufen **2** (*tel.*) noch einmal an-rufen, zurück-rufen **3** (*rimproverare*) ermahnen ♦ **richiamarsi** *v.pron.* (*a*) sich beziehen (auf + *Acc*) ● — *l'attenzione su qlco*, die Aufmerksamkeit auf etw lenken.

**richiamo** *s.m.* **1** Ruf (*der*) **2** (*fig.*) Lockmittel (*das*) **3** (*caccia*) Lockruf (*der*) **4** (*rimprovero*) Verweis (*der*), Ermahnung (*die*).

**richiedere** *v.tr.* **1** (*per sapere*) wieder (*o nochmal*) fragen (nach); (*per ottenere*) bitten (um) **2** (*esigere*) erfordern, verlangen **3** (*fare richiesta di*) bestellen, an-fordern **4** (*amm.*) beantragen.

**richiesta** *s.f.* **1** Bitte (*die*), Wunsch (*der*); Forderung (*die*) **2** (*comm.*) Anfrage (*die*) ● *a* —, auf Verlangen.

**riciclaggio** *s.m.* Wiederverwertung (*die*), Recycling (*das*) ● — *dei rifiuti*, Müllverwertung, Abfallverwertung | — *di denaro sporco*, Geldwäsche.

**riciclare** *v.tr.* wieder verwerten, recyceln ● — *denaro*, Geld waschen.

**ricompensa** *s.f.* Belohnung (*die*).

**ricompensare** *v.tr.* belohnen.

**riconciliare** *v.tr.* versöhnen ♦ **riconciliarsi** *v.pron.* (*reciproco*) sich versöhnen.

**riconoscente** *agg.* dankbar.

**riconoscenza** *s.f.* Dankbarkeit (*die*).

**riconoscere** *v.tr.* **1** erkennen **2** (*ammettere*) ein-erkennen: — *i propri errori*, seine Fehler einsehen ♦ **riconoscersi** *v.pron.* **1** sich bekennen: *riconoscersi colpevole*, sich schuldig bekennen (+ *Gen*) **2** (*reciproco*) sich wieder-erkennen ● — *un figlio*, ein Kind anerkennen.

**riconoscibile** *agg.* erkennbar.

**riconoscimento** *s.m.* **1** Wiedererkennen (*das*), Erkennen (*die*) **2** (*accettazione*) Anerkennung (*die*): — *di un diritto*, Anerkennung eines Rechtes **3** (*ricompensa*) Anerkennung (*die*).

**riconquista** *s.f.* **1** (*mil.*) Wiedereroberung (*die*) **2** (*fig.*) Wiedergewinnen (*das*).

**riconquistare** *v.tr.* **1** (*mil.*) zurück-erobern **2** (*fig.*) wieder gewinnen: *dover-si* — *la fiducia di qlcu*, jds Vertrauen wieder gewinnen müssen.

**riconsegnare** *v.tr.* zurück-geben.

**ricopiare** *v.tr.* wieder ab-schreiben **2** (*copiare in bella copia*) in Reinschrift übertragen.

**ricoprire** *v.tr.* **1** (*coprire di nuovo*) wieder bedecken **2** (*rivestire*) beziehen, überziehen **3** (*occupare*) bekleiden: — *una carica*, ein Amt bekleiden ● — *di attenzioni*, mit Aufmerksamkeiten überhäufen.

**ricordare** *v.tr.* **1** sich erinnern (an + *Acc*) **2** (*avere alla memoria*) im Gedächtnis haben (an + *Acc*): — *qlco (o qlcu) a qlcu*, jdn an etw (*o* jdn) erinnern; *questo paesaggio ricorda la Toscana*, diese Landschaft erinnert an die Toskana ♦ **ricordarsi** *v.pron.* (*di*) sich erinnern (an + Acc.)

**ricordo** *s.m.* 1 Erinnerung (*die*) 2 (*memoria*) Gedenken (*das*) 3 (*oggetto*) Andenken (*das*).

**ricorrenza** *s.f.* 1 Wiederkehr (*die*) 2 (*anniversario*) Jahrestag (*der*).

**ricorrere** *v.intr.* 1 (*rivolgersi*) (*a*) greifen (zu), an·wenden, sich wenden (an): — *a un medico*, sich an einen Arzt wenden 2 (*nel tempo*) sich jähren, sein: *oggi ricorre il loro anniversario di matrimonio*, heute ist ihr Hochzeitstag ● — *alla violenza*, zur Gewalt greifen ● — *in giudizio*, den Rechtsweg beschreiten.

**ricorso** *s.m.* 1 Anwendung (*die*), Anwenden (*das*) 2 (*dir.*) Beschwerde (*die*): *fare* —, Beschwerde einlegen 3 (*nel tempo*) Wiederkehr (*die*).

**ricostituente** *agg.* kräftigend, stärkend ♦ *s.m.* Stärkungsmittel (*das*).

**ricostruire** *v.tr.* 1 wieder auf·bauen 2 (*fig.*) rekonstruieren: — *la dinamica dei fatti*, den Tathergang rekonstruieren.

**ricostruzione** *s.f.* 1 Wiederaufbau (*der*) 2 (*fig.*) Rekonstruktion (*die*).

**ricotta** *s.f.* Ricotta (quarkähnlicher Frischkäse).

**ricoverare** *v.tr.* 1 ein·liefern: — *un ammalato in ospedale*, einen Kranken ins Krankenhaus einliefern 2 (*offrire riparo a*) Unterschlupf gewähren.

**ricovero** *s.m.* 1 (*med.*) Einlieferung (*die*) 2 (*riparo*) Unterstand (*der*), Unterschlupf 3 (*ospizio*) Heim (*das*).

**ricreativo** *agg.* erholend: *attività ricreative*, erholende Tätigkeiten.

**ricreazione** *s.f.* 1 Erholung (*die*), Ablenkung (*die*) 2 (*scol.*) Pause (*die*).

**ricuperare** e *deriv.* → **recuperare** e *deriv.*

**ridacchiare** *v.intr.* kichern.

**ridare** *v.tr.* 1 wieder geben 2 (*restituire*) zurück·geben.

**ridere** *v.intr.* lachen: — *alle spalle di qlcu*, hinter jds Rücken lachen.

**ridicolo** *agg.* lächerlich ♦ *s.m.* Lächerliche (*das*): *cadere nel* —, sich lächerlich machen.

**ridire** *v.tr.* 1 wiederholen 2 (*riferire*) berichten 3 (*criticare*) aus·setzen, ein·wenden.

**ridotto** *agg.* reduziert, gekürzt ● *biglietto* —, reduzierte Eintrittskarte | *essere* — *male*, in einem schlechten Zustand sein.

**ridurre** *v.tr.* 1 reduzieren, verringern, kürzen: — *le spese*, die Ausgaben kürzen 3 (*adattare*) bearbeiten 4 (*chim., mat.*) reduzieren ♦ **ridursi** *v.pron.* sich reduzieren ● *ridursi in miseria*, in Not geraten | — *qlcu al silenzio*, jdn zum Schweigen bringen.

**riduttore** *s.m.* 1 (*mecc.*) Untersetzungsgetriebe (*das*) 2 (*elettr.*) Transformator (*der*).

**riduzione** *s.f.* 1 (*sconto*) Ermäßigung (*die*) 2 (*diminuzione*) Senkung (*die*), Verkürzung (*die*) 3 (*adattamento*) Bearbeitung (*die*).

**rielaborare** *v.tr.* neu bearbeiten.

**riempimento** *s.m.* Füllung (*die*), Füllen (*das*); (*di moduli*) Ausfüllen (*das*).

**riempire** *v.tr.* 1 (*voll*) füllen; voll stopfen: — *il serbatoio di benzina*, den Tank mit Benzin füllen; — *una valigia di vestiti*, einen Koffer mit Kleidung voll stopfen 2 (*fig.*) erfüllen: — *qlcu di gioia*, jdn mit Freude erfüllen 3 (*compilare*) aus·füllen ♦ **riempirsi** *v.pron.* 1 sich füllen 2 (*fam.*) (*rimpinzarsi*) (*di*) sich voll stopfen (mit).

**rientrare** *v.intr.* 1 wieder ein·treten 2 (*tornare*) zurück·kommen 3 (*far parte*) (*in*) gehören (zu): *questo non rientra nei miei compiti*, das gehört nicht zu meinen Aufgaben ● — *in casa*, nach Hause kommen | — *in sé*, wieder zu sich kommen.

**rientro** *s.m.* 1 Wiedereintritt (*der*) 2 (*ritorno*) Rückkehr (*die*); (*a casa*) Heimkehr (*die*) 3 (*tip.*) Einzug (*der*).

**riepilogo** *s.m.* Zusammenfassung (*die*).

**rifacimento** *s.m.* 1 Neubearbeitung (*die*), Neuerstellung (*die*) 2 (*opera rifatta*) Neufassung (*die*).

**rifare** *v.tr.* 1 neu machen, wiederholen 2 (*rinnovare*) erneuern 3 (*ricostruire*) wieder auf·bauen 4 (*rielaborare*) neu be·arbeiten 5 (*riordinare*) auf·räumen ♦ **ri-**

**farsi** *v.pron.* 1 wieder werden 2 (*recuperare*) wett-machen; auf-holen 3 (*prendere la rivincita*) (*di*) revanchieren (für) 4 (*richiamarsi*) (*a*) sich beziehen (auf + Acc) ● — *il letto*, das Bett machen | *rifarsi una vita*, von vorne anfangen | *rifarsi vivo*, sich wieder melden.

**riferimento** *s.m.* 1 Bezug (*der*) 2 (*accenno*) Verweis (*der*), Hinweis (*der*) ● *fare* — *a qlco*, auf etw verweisen | *in* —*a*, bezüglich (+ Gen) | *punto di* —, Anhaltspunkt.

**riferire** *v.tr.* 1 berichten, mit-teilen: — *l'accaduto*, den Vorfall berichten 2 (*collegare*) (*a*) zurück-führen (zu), beziehen (auf + Acc): — *un effetto a una causa*, eine Wirkung auf eine Ursache zurück-führen ♦ *v.intr.* Bericht erstatten: — *a chi di dovere*, den Verantwortlichen Bericht erstatten ♦ **riferirsi** *v.pron.* (*a*) sich beziehen (auf + Acc).

**rifinire** *v.tr.* präzisieren, überarbeiten.

**rifinito** *agg.* vollendet, beendet.

**rifiutare** *v.tr.* 1 ab-lehnen 2 (*negare*) verweigern ♦ **rifiutarsi** *v.pron.* sich weigern.

**rifiuto** *s.m.* 1 Ablehnung (*die*), Verweigerung (*die*): *ricevere un* —, eine Absage erhalten 2 (*scarto*) Abfall (*der*), Müll (*der*) ● *rifiuti tossici*, Giftmüll | *smaltimento dei rifiuti*, Entsorgung.

**riflessione** *s.f.* 1 Überlegung (*die*) 2 (*osservazione*) Beobachtung (*die*) 3 (*fis.*) Reflexion (*die*).

**riflessivo** *agg.* 1 nachdenklich, besonnen 2 (*gramm.*) reflexiv.

**riflesso**[1] *s.m.* 1 Widerschein (*der*), Reflex (*der*): *il* — *del sole*, der Widerschein der Sonne 2 (*fig.*) Auswirkung (*die*), Folge (*die*): *i riflessi di un avvenimento*, die Auswirkungen eines Ereignisses 3 (*med.*) Reflex (*der*).

**riflesso**[2] *agg.* reflektiert: *raggio* —, reflektierter Strahl 2 (*rispecchiato*) Spiegel...: *immagine riflessa*, Spiegelbild.

**riflettere** *v.tr.* 1 zurück-werfen, widerspiegeln 2 (*fis.*) reflektieren ♦ *v.intr.* überlegen, nach-denken: — *su un problema*, über ein Problem nachdenken ♦ **riflettersi** *v.pron.* 1 sich (wider-)spiegeln 2 (*fis.*) reflektiert werden 3 (*fig.*) sich aus-wirken.

**riflettore** *s.m.* 1 Scheinwerfer (*der*) 2 (*tecn.*) Reflektor (*der*).

**riflusso** *s.m.* 1 Rückfluss (*der*) 2 (*del mare*) Ebbe (*die*).

**riforma** *s.f.* 1 Reform (*die*): *la* — *della scuola*, die Schulreform 2 (*relig.*) Reformation (*die*) 3 (*mil.*) Ausmusterung (*die*).

**riformare** *v.tr.* 1 (*formare di nuovo*) wieder bilden, neu bilden 2 (*sottoporre a riforma*) umgestalten, reformieren 3 (*mil.*) aus-mustern.

**riformatorio** *s.m.* (*dir.*) Erziehungsheim (*das*).

**rifornimento** *s.m.* Versorgung (*die*): *fare* — *di qlco*, sich mit etw versorgen.

**rifornire** *v.tr.* versorgen: — *un negozio di merce*, ein Geschäft mit Waren beliefern ♦ **rifornirsi** *v.pron.* sich ein-decken: *rifornirsi di viveri*, sich mit Lebensmitteln eindecken.

**rifrazione** *s.f.* (*fis.*) Brechung (*die*).

**rifugiato** *agg.* geflüchtet ♦ *s.m.* [f. -*a*] Flüchtling (*der*).

**rifugio** *s.m.* 1 Zuflucht (*die*) (*anche fig.*) 2 (*luogo*) Zufluchtsort (*der*): — *alpino*, Berghütte; — *antiatomico*, Atombunker.

**riga** *s.f.* 1 Linie (*die*), Strich (*der*) 2 (*di scritto*) Zeile (*die*) 3 (*di tessuto, carta*) Streifen (*der*) 4 (*fila*) Reihe (*die*) ● *a righe*, (*di tessuto*) gestreift; (*di quaderno*) lini(i)ert.

**rigato** *agg.* lini(i)ert.

**rigattiere** *s.m.* Trödler (*der*).

**rigenerare** *v.tr.* 1 regenerieren 2 (*tecn.*) auf-frischen ♦ **rigenerarsi** *v.pron.* sich regenerieren (*anche fig.*).

**rigenerazione** *s.f.* Regeneration (*die*) (*anche fig.*).

**rigetto** *s.m.* 1 Abstoßung (*die*) 2 (*fig.*) Ablehnung (*die*).

**righello** *s.m.* Lineal (*das*).

**rigidità** *s.f.invar.* 1 Starre (*die*), Starrheit (*die*) 2 (*di clima*) Rauheit (*die*).

**rigido** *agg.* 1 starr, steif 2 (*di clima*) rau.

**rigoglioso** *agg.* 1 üppig 2 (*fig.*) blühend.

**rigonfiamento** *s.m.* Anschwellung (*die*), (*med.*) Schwellung (*die*).

**rigore** *s.m.* **1** Strenge (*die*); (*durezza*) Härte (*die*) **2** (*sport*) Elfmeter (*der*) **3** (*precisione*) Genauigkeit (*die*).

**rigoroso** *agg.* **1** streng, rigoros **2** (*logico*) folgerichtig.

**riguardare** *v.tr.* **1** wieder schauen **2** (*rivedere*) nach·sehen, durch·sehen **3** (*concernere*) an·gehen, betreffen: *per quanto* (o *per quel che*) *mi riguarda, sono d'accordo*, was mich betrifft, bin ich einverstanden ♦ **riguardarsi** *v.pron.* sich in Acht nehmen, sich schonen.

**riguardo** *s.m.* (*per*) **1** (*cura*) Rücksicht (*die*) (auf + Acc) **2** (*considerazione*) Achtung (*die*) (vor), Hochachtung (*die*) (vor) ● **a questo —**, in diesem Zusammenhang.

**rilanciare** *v.tr.* **1** wieder werfen, zurück·werfen: — *la palla*, den Ball zurückwerfen **2** (*fig.*) wieder lancieren: — *una moda*, eine Mode wieder lancieren.

**rilasciare** *v.tr.* **1** (*lasciare di nuovo*) wieder lassen **2** (*lasciare libero*) frei·lassen **3** (*documenti*) aus·stellen **4** (*concedere*) ab·geben: — *una dichiarazione*, eine Erklärung abgeben.

**rilascio** *s.m.* **1** (*liberazione*) Freilassung (*die*), Befreiung (*die*) **2** (*di documenti*) Ausstellung (*die*).

**rilassamento** *s.m.* Entspannung (*die*).

**rilassare** *v.tr.* entspannen ♦ **rilassarsi** *v.pron.* sich entspannen.

**rilegare** *v.tr.* ein·binden.

**rileggere** *v.tr.* noch einmal lesen.

**rilevamento** *s.m.* **1** Erhebung (*die*) **2** (*topografia*) Aufnahme (*die*), Vermessung (*die*) **3** (*passaggio di proprietà*) Übernahme (*die*).

**rilevante** *agg.* relevant, erheblich.

**rilevare** *v.tr.* **1** (*notare*) an·nehmen: *far — qlco a qlcu*, jdn auf etw aufmerksam machen **2** (*raccogliere dati su*) erheben, bestimmen **3** (*subentrare*) übernehmen.

**rilievo** *s.m.* **1** Relief (*das*) **2** (*risalto*) Bedeutung (*die*): *mettere qlco in —*, etw hervorheben **3** (*geogr.*) Erhöhung (*die*).

**rima** *s.f.* **1** Reim (*der*): *in —*, gereimt **2** (*pl.*) (*estens.*) Verse (*pl.*).

**rimandare** *v.tr.* **1** wieder schicken **2** (*mandare indietro*) zurück·schicken **3** (*fare riferimento*) (*a*) verweisen (auf + Acc) **4** (*differire*) auf·schieben, verschieben.

**rimanente** *agg.* übrig, restlich ♦ *s.m.* Übrige (*das*).

**rimanenza** *s.f.* **1** (*comm.*) Restposten (*der*) **2** (*resto*) Rest (*der*).

**rimanere** *v.intr.* **1** bleiben **2** (*avanzare, restare*) übrig bleiben ● *che rimanga tra noi*, das bleibt unter uns | — *deluso*, enttäuscht sein | — *di stucco*, wie angewurzelt dastehen | — *ferito*, verwundet werden | — *ucciso*, ums Leben kommen.

**rimarginare** *v.tr.* heilen ♦ **rimarginarsi** *v.pron.* verheilen.

**rimbalzare** *v.intr.* auf·prallen; (*indietro*) zurück·prallen.

**rimbambito** *agg.* verkalkt, vertrottelt ♦ *s.m.* Trottel (*der*).

**rimbecillire** *v.tr.* blöd machen, verblöden ♦ **rimbecillirsi** *v.pron.* verblöden.

**rimbecillito** *agg.* verblödet ♦ *s.m.* Blödian (*der*).

**rimboccare** *v.tr.* **1** um·schlagen: — *la coperta*, die Decke umschlagen **2** (*abbigl.*) hoch·krempeln ● *rimboccarsi le maniche*, die Ärmel hochkrempeln (*anche fig.*).

**rimbombare** *v.intr.* dröhnen (*anche fig.*).

**rimbombo** *s.m.* Dröhnen (*das*).

**rimborsare** *v.tr.* zurück·zahlen, erstatten.

**rimborso** *s.m.* Erstattung (*die*), Rückzahlung (*die*).

**rimediare** *v.intr.* (*a*) wieder gutmachen (+ Acc), ab·helfen (+ Dat) ♦ *v.tr.* **1** wieder gutmachen, beheben **2** (*fam.*) (*procurarsi*) zusammen·bringen, sich (*Dat*) beschaffen.

**rimedio** *s.m.* **1** Abhilfe (*die*) **2** (*med.*) Heilmittel (*das*), Medikament (*das*).

**rimessa** *s.f.* **1** Schuppen (*der*); (*deposito*) Depot (*das*) **2** (*sport*) Einwurf (*der*).

**rimettere** *v.tr.* **1** (*mettere di nuovo*) wieder stellen, wieder setzen: — *in ordine*, wieder in Ordnung bringen **2** (*indossare di nuovo*) wieder an-ziehen **3** (*affidare*) an-vertrauen **4** (*spedire*) (zu-)senden; (*denaro*) überweisen **5** (*condonare*) vergeben, erlassen **6** (*vomitare*) erbrechen ♦ **rimettersi** *v.pron.* **1** (*mettersi a nuovo*) sich wieder stellen; sich wieder setzen **2** (*riprendersi*) sich erholen: *rimettersi da una malattia*, sich von einer Krankheit erholen **3** (*affidarsi*) vertrauen, sich anvertrauen ♦ *non ci rimetti niente!*, das kostet dich nichts! ♦ (*fam.*) *rimetterci*, verlieren | (*sport*) — *in gioco* (*la palla*), (den Ball) einwerfen.

**rimodernare** *v.tr.* modernisieren; erneuern.

**rimorchiatore** *s.m.* (*mar.*) Schlepper (*der*).

**rimorchio** *s.m.* **1** (*il rimorchiare*) Schleppen (*das*) **2** (*veicolo*) Anhänger (*der*).

**rimorso** *s.m.* Schuldgefühl (*das*), Reue (*die*); — *di coscienza*, Gewissensbiss.

**rimozione** *s.f.* **1** Wegschaffung (*die*), Entfernung (*die*) **2** (*da una carica*) Absetzung (*die*) **3** (*psic.*) Verdrängung (*die*) ● — *forzata*, Zwangsabschleppung.

**rimpiangere** *v.tr.* bedauern; (*una persona*) trauern (um).

**rimpianto** *s.m.* Bedauern (*das*).

**rimpiazzare** *v.tr.* (*fam.*) ersetzen.

**rimpicciolire** *v.tr.* verkleinern ♦ **rimpicciolirsi** *v.pron.* sich verkleinern, kleiner werden.

**rimpinzarsi** *v.pron.* (*di*) sich voll stopfen (mit).

**rimproverare** *v.tr.* Vorwürfe machen, vor-werfen: — *qlco a qlcu*, jdm etw vorwerfen.

**rimprovero** *s.m.* Vorwurf (*der*).

**rimuovere** *v.tr.* **1** weg-schaffen, entfernen **2** (*da una carica*) ab-setzen **3** (*psic.*) verdrängen.

**rinascere** *v.intr.* **1** wiedergeboren werden **2** (*rispuntare*) nach-wachsen **3** (*rifiorire*) wieder auf-blühen; wieder aufleben (*anche fig.*).

**rinascimentale** *agg.* Renaissance...: *stile* —, Renaissancestil.

**rinascimento** *s.m.* (*arte*) Renaissance (*die*).

**rinascita** *s.f.* **1** Wiedergeburt (*die*) **2** (*fig.*) Wiederaufkommen (*das*); (*il rifiorire*) Wiederaufblühen (*das*).

**rincarare** *v.tr.* verteuern; (*un prezzo*) erhöhen ♦ *v.intr.* teurer werden; (*di prezzi*) sich erhöhen.

**rincaro** *s.m.* Verteuerung (*die*); (*dei prezzi*) Erhöhung (*die*); Steigerung (*die*).

**rincasare** *v.intr.* nach Hause kommen.

**rinchiudere** *v.tr.* ein-schließen, einsperren ♦ **rinchiudersi** *v.pron.* **1** sich einschließen **2** (*fig.*) sich zurück-ziehen: *rinchiudersi in se stesso*, sich in sich selbst zurückziehen.

**rincorrere** *v.tr.* nach-laufen (+ *Dat*) ♦ **rincorrersi** *v.pron.* (*reciproco*) sich fangen.

**rincorsa** *s.f.* Anlauf (*der*).

**rincrescere** *v.intr.* **1** (*far dispiacere*) Leid tun: *mi rincresce vederlo soffrire*, es tut mir Leid, ihn leiden zu sehen **2** (*in formule di cortesia*) können: *ti rincresce chiudere la finestra?*, könntest (*o würdest*) du bitte das Fenster schließen?

**rinforzare** *v.tr.* befestigen, verstärken ♦ *v.intr.* stärker werden ♦ **rinforzarsi** *v.pron.* stärker werden, sich verstärken.

**rinforzo** *s.m.* Verstärkung (*die*).

**rinfrescante** *agg.* erfrischend, kühlend.

**rinfrescare** *v.tr.* **1** erfrischen; frisch machen **2** (*estens.*) auf-frischen: — *la memoria a qlcu*, jds Gedächtnis auffrischen ♦ *v.intr.* kühler werden: *oggi* (*il tempo*) *è rinfrescato*, heute ist es kühler geworden ♦ **rinfrescarsi** *v.pron.* sich erfrischen.

**rinfresco** *s.m.* kaltes Büffet.

**rinfusa** *s.f.* ● *a* —, durcheinander, kunterbunt.

**ringhiare** *v.intr.* knurren (*anche fig.*).

**ringhiera** *s.f.* Geländer (*das*).

**ringiovanire** *v.tr.* jünger machen ♦ *v.intr.* (sich) verjüngen.

**ringraziamento** *s.m.* Dank (*der*).

**ringraziare** *v.tr.* danken (+ *Dat*), sich bedanken bei: — *qlcu di qlco*, jdm für etw danken.

**rinnegare** *v.tr.* verleugnen, untreu werden (+ *Dat*).

**rinnovamento** *s.m.* Erneuerung (*die*).

**rinnovare** *v.tr.* 1 erneuern: — *l'arredamento*, die Einrichtung erneuern; — *un abbonamento*, ein Abonnement erneuern 2 (*ripetere*) wiederholen: — *una richiesta*, eine Frage wiederholen ♦ **rinnovarsi** *v.pron.* 1 sich erneuern 2 (*ripetersi*) sich wiederholen.

**rinnovo** *s.m.* Erneuerung (*die*).

**rinoceronte** *s.m.* Nashorn (*das*), Rhinozeros (*das*).

**rinomato** *agg.* berühmt, bekannt.

**rinsaldare** *v.tr.* festigen, stärken: — *un'amicizia*, eine Freundschaft festigen ♦ **rinsaldarsi** *v.pron.* fester, stärker werden.

**rintocco** *s.m.* Schlag (*der*).

**rintracciare** *v.tr.* auffinden, aufspüren, (*al telefono*) erreichen.

**rinuncia** *s.f.* Verzicht (*der*).

**rinunciare** *v.intr.* (*a*) verzichten (auf + *Acc*).

**rinvenire** *v.tr.* (*scoprire*) auffinden, entdecken.

**rinviare** *v.tr.* 1 zurückschicken, zurücksenden 2 (*posporre*) aufschieben, verschieben.

**rinvio** *s.m.* 1 (*nel tempo*) Verschiebung (*die*), Aufschub (*die*) 2 (*di merce ecc.*) Zurückschicken (*das*) ● (*dir.*) — *a giudizio*, Anklageerhebung.

**rione** *s.m.* Stadtviertel (*das*).

**riordinare** *v.tr.* 1 aufräumen 2 (*dare un nuovo ordinamento*) neu ordnen.

**riorganizzare** *v.tr.* reorganisieren, umorganisieren.

**ripagare** *v.tr.* 1 wieder (be)zahlen 2 (*indennizzare*) wieder gutmachen ● — *qlcu con la stessa moneta*, jdm etw mit gleicher Münze heimzahlen.

**riparabile** *agg.* reparabel 2 (*rimediabile*) behebbar.

**riparare** *v.tr.* 1 reparieren 2 (*proteggere*) schützen 3 (*torto ecc.*) wieder gutmachen ♦ *v.intr.* (*a*) abhelfen (+ *Dat*) ♦ **ripararsi** *v.pron.* (*da*) sich schützen (vor + *Dat*).

**riparato** *agg.* geschützt.

**riparazione** *s.f.* 1 (*aggiustatura*) Reparatur (*die*) 2 (*di un torto*) Wiedergutmachung (*die*) 3 (*risarcimento*) Entschädigung (*die*).

**riparo** *s.m.* 1 Schutz (*der*) 2 (*rimedio*) Abhilfe (*die*).

**ripartire**¹ *v.intr.* 1 wieder abfahren, wieder abreisen 2 (*di motori ecc.*) wieder anspringen.

**ripartire**² *v.tr.* (*dividere in parti*) einteilen.

**ripassare** *v.tr.* 1 noch einmal reichen 2 (*scol.*) wiederholen ♦ *v.intr.* wieder vorbeikommen.

**ripensare** *v.intr.* (*a*) 1 nachdenken (über + *Acc*) 2 (*ricordare*) denken (an + *Acc*) ● *ci ho ripensato*, ich habe es mir anders überlegt.

**ripercorrere** *v.tr.* 1 noch einmal fahren 2 (*fig.*) in Gedanken an etw vorbeiziehen lassen.

**ripercuotersi** *v.pron.* 1 widerhallen 2 (*fig.*) (*su*) sich auswirken (auf + *Acc*).

**ripetere** *v.tr.* wiederholen.

**ripetitivo** *agg.* eintönig.

**ripetizione** *s.f.* Wiederholung (*die*) ● (*ora di*) —, Nachhilfestunde.

**ripetutamente** *avv.* wiederholt.

**ripiano** *s.m.* 1 Terrasse (*die*), Ebene (*die*) 2 (*di mobili*) Fach (*das*).

**ripido** *agg.* steil.

**ripiegare** *v.tr.* (zusammen-)falten ♦ *v.intr.* 1 (*mil.*) zurückweichen 2 (*fig.*) (*su*) ausweichen (auf + *Acc*) ♦ **ripiegarsi** *v.pron.* sich biegen, sich krümmen.

**ripiego** *s.m.* Notbehelf (*der*).

**ripieno** *agg.* (*di*) gefüllt (mit) ♦ *s.m.* Füllung (*die*).

**riporre** *v.tr.* 1 legen 2 (*posizione verticale*) stellen ● (*fig.*) — *fiducia in qlcu*, in jdn Vertrauen setzen.

**riportare** *v.tr.* 1 (*portare indietro*) zurückbringen 2 (*riferire*) wiedergeben 3 (*trasferire*) übertragen ● — *una ferita*, eine Verletzung davontragen.

**riposante** *agg.* erholsam ● *collant riposanti*, Stützstrümpfe.

**riposare** *v.intr.* sich erholen, sich ausruhen.

**riposo** *s.m.* Erholung (die), Ruhe (die) ● *casa di* —, Altersheim | *buon* —!, Schlaf wohl!

**ripostiglio** *s.m.* Abstellkammer (die).

**riprendere** *v.tr.* 1 wieder nehmen; (*riafferrare*) wieder auf·fangen 2 (*cominciare di nuovo*) wieder auf·nehmen 3 (*rimproverare*) zurecht·weisen ♦ (*filmare*) auf·nehmen ♦ *v.intr.* wieder an·fangen ♦ **riprendersi** *v.pron.* sich wieder erholen. ● *i sensi*, wieder zu Bewusstsein kommen.

**ripresa** *s.f.* 1 Wiederaufnahme (die) 2 (*sport*) zweite Halbzeit 3 (*cinem.*) Aufnahme (die) ♦ (*aut.*) *avere una buona, cattiva* —, gut, schlecht fahren.

**riprodurre** *v.tr.* 1 wiederholen 2 (*tecn.*) wieder·geben 3 (*raffigurare*) dar·stellen; (*copiare*) reproduzieren ♦ **riprodursi** *v.pron.* 1 sich vermehren 2 (*biol.*) sich fort·pflanzen.

**riproduzione** *s.f.* 1 (*biol.*) Fortpflanzung (die) 2 (*di disegno ecc.*) Reproduktion (die) 3 (*di suoni ecc.*) Wiedergabe (die).

**riproporre** *v.tr.* wieder vor·schlagen ♦ **riproporsi** *v.pron.* sich wieder ergeben.

**riprova** *s.f.* Beweis (der), Bestätigung (die) ● *a* — *di*, zum Beweis (+ Gen).

**riprovare** *v.tr.* (*abbigl.*) wieder probieren ♦ *v.intr.* (*ritentare*) wieder versuchen.

**ripugnante** *agg.* widerlich, widerwärtig.

**ripulire** *v.tr.* (wieder) säubern.

**riquadro** *s.m.* 1 Quadrat (das) 2 (*tabella*) Tafel (das), Feld (das).

**risacca** *s.f.* Widersee (die).

**risaia** *s.f.* Reisfeld (das).

**risalire** *v.tr.* 1 (*salire di nuovo*) wieder hinauf·steigen 2 (*salire*) hinauf·steigen: — *un fiume*, flussaufwärts fahren ♦ *v.intr.* 1 (*fig.*) steigen 2 zurück·gehen: — *alle origini*, auf die Ursprünge zurückgehen 3 zurück·liegen: *questo risale a dieci giorni fa*, das liegt zehn Tage zurück.

**risaltare** *v.intr.* hervor·treten, sich ab·heben.

**risalto** *s.m.* Hervorhebung (die): *mettere in* — *qlco*, *dar* — *a qlco*, etw hervorheben.

**risarcimento** *s.m.* Entschädigung (die).

**risarcire** *v.tr.* entschädigen: — *i danni*, den Schaden ersetzen.

**risata** *s.f.* Gelächter (das), Lachen (das).

**riscaldamento** *s.m.* 1 (*impianto*) Heizung (die): *impianto di* —, Heizanlage; — *centrale*, Zentralheizung 2 (*sport*) Warmspielen (das).

**riscaldare** *v.tr.* 1 (*una pietanza*) er·wärmen, auf·wärmen 2 (*una casa*) be·heizen 3 (*fig.*) erhitzen, entflammen ♦ *v.intr.* wärmen; heizen ♦ **riscaldarsi** *v.pron.* (*tecn.*) sich erhitzen.

**riscatto** *s.m.* 1 Lösegeld (das) 2 Befreiung (die).

**rischiarare** *v.tr.* auf·hellen, erleuchten ♦ **rischiararsi** *v.pron.* 1 sich auf·hellen 2 (*fig.*) sich verklären.

**rischiare** *v.tr.* e *intr.* riskieren.

**rischio** *s.m.* Risiko (das), Gefahr (die): *correre un* —, ein Risiko eingehen ● *a* —, gefährdet.

**rischioso** *agg.* riskant.

**risciacquare** *v.tr.* (ab·)spülen: — *i piatti*, das Geschirr abspülen.

**risciacquo** *s.m.* Spülung (die).

**riscontro** *s.m.* 1 Vergleich (der) 2 (*comm.*) Antwort (die).

**riscoperta** *s.f.* Wiederentdeckung (die).

**riscoprire** *v.tr.* wieder entdecken.

**riscossa** *s.f.* Wiedereroberung (die) ● *andare alla* —, zum Angriff übergehen.

**riscossione** *s.f.* Eintreiben (das).

**riscuotere** *v.tr.* ein·treiben, kassieren: — *le tasse*, Steuern einziehen; — *un grande successo*, großen Erfolg haben.

**risentimento** *s.m.* Groll (der).

**risentire** *v.tr.* 1 (*riascoltare*) wieder hören 2 (*soffrire*) (*di*) leiden (unter) ♦ **risentirsi** *v.pron.* 1 (*reciproco*) sich wieder hören 2 (*offendersi*) gekränkt sein ● *a risentirci*, auf Wiederhören.

**riserva** *s.f.* 1 Reserve (die) 2 (*perplessità*) Vorbehalt (der): *avere delle riserve contro qlcu* (*o qlco*), Vorbehalte gegen jdn (*o* etw) haben; *senza riserve*, vorbe-

**riservare / risuscitare**

haltlos **3** (*sport*) Reservespieler (*der*) ● — *naturale*, Naturschutzgebiet | *tenere qlco di —*, etw. aufheben.
**riservare** *v.tr.* reservieren ● *riservarsi di fare qlco*, sich (*Dat*) vorbehalten, etw zu tun.
**riservatezza** *s.f.* Zurückhaltung (*die*); (*di persona*) Reserviertheit (*die*).
**riservato** *agg.* **1** reserviert **2** (*privato*) vertraulich **3** (*discreto*) zurückhaltend, reserviert.
**risiedere** *v.intr.* **1** ansässig sein **2** (*di regnanti*) residieren, seine Residenz haben **3** (*fig.*) bestehen (in).
**riso**[1] *s.m.* Reis (*der*).
**riso**[2] *s.m.* (*il ridere*) Lachen (*das*).
**risoluto** *agg.* entschlossen, resolut.
**risoluzione** *s.f.* **1** (*il risolvere*) Auflösen (*das*); (*soluzione*) Lösung (*die*) **2** (*delibera*) Beschluss (*der*) **3** (*pol.*) Resolution (*die*).
**risolvere** *v.tr.* **1** (auf-)lösen **2** (*dir.*) auflösen: — *un contratto*, einen Vertrag auflösen ♦ **risolversi** *v.pron.* **1** sich lösen **2** (*concludersi*) ausgehen **3** (*decidersi*) beschließen.
**risonanza** *s.f.* **1** (*fis., mus.*) Resonanz (*die*) **2** (*fig.*) Widerhall (*der*).
**risorgere** *v.intr.* **1** (*rig.*) auferstehen **2** (*rifiorire*) wieder auf-blühen.
**risorsa** *s.f.* **1** Reichtum (*der*), Quelle (*die*) **2** (*capacità*) Fähigkeit (*die*), Einfall (*der*): *essere pieno di risorse*, einfallsreich sein.
**risparmiare** *v.tr.* **1** sparen; (*mettere da parte*) zurück-legen **2** (*evitare*) ersparen: — *una fatica a qlcu*, jdm eine Mühe ersparen ♦ **risparmiarsi** *v.pron.* sich schonen.
**risparmio** *s.m.* Sparen (*das*), Ersparnis (*die*); — *di tempo*, Zeitersparnis.
**rispecchiare** *v.tr.* wider-spiegeln (*anche fig.*).
**rispettabile** *agg.* **1** ehrbar, achtbar **2** (*considerevole*) beträchtlich, stattlich.
**rispettare** *v.tr.* **1** respektieren, Respekt haben (vor + *Dat*): — *i genitori*, vor den Eltern Respekt haben **2** (*osservare*) beachten: — *la legge*, das Gesetz beachten ♦ **rispettarsi** *v.pron.* (*reciproco*) sich (gegenseitig) respektieren.

**rispettivamente** *avv.* beziehungsweise.
**rispetto** *s.m.* **1** Respekt (*der*), Achtung (*die*): *portare — a qlcu*, jdm Respekt entgegenbringen **2** (*osservanza*) Beachtung (*die*) ● — *a*, (*riguardo a*) in bezug auf; (*in confronto a*) im Vergleich zu.
**rispettoso** *agg.* respektvoll.
**risplendere** *v.intr.* strahlen, glänzen.
**rispondere** *v.intr.* **1** antworten, beantworten: — *a una domanda*, auf eine Frage antworten **2** (*per posta*) zurück-schreiben **3** (*essere responsabile*) (*di*) sich verantworten (für) ● (*al telefono*) *non risponde nessuno*, es meldet sich niemand | — *di sì*, mit Ja antworten.
**risposta** *s.f.* **1** Antwort (*die*), Beantwortung (*die*) **2** (*reazione*) Reaktion (*die*).
**rissa** *s.f.* Rauferei (*die*).
**ristabilire** *v.tr.* (wieder)her-stellen ♦ **ristabilirsi** *v.pron.* **1** sich erholen **2** (*di tempo*) wieder schön werden.
**ristagnare** *v.intr.* **1** (*di acqua*) still-stehen, versumpfen **2** (*fig.*) stagnieren, stocken.
**ristampa** *s.f.* Nachdruck (*der*).
**ristorante** *s.m.* Restaurant (*das*).
**ristoratore** *agg.* erquickend; stärkend ♦ *s.m.* e *f.* Gastwirt (*der*; *die* -in).
**ristretto** *agg.* **1** begrenzt **2** (*limitato*) eng **3** (*scarso*) beschränkt **4** (*concentrato*) kräftig, Kraft..., stark: *caffè —*, starker Kaffee.
**ristrutturare** *v.tr.* renovieren, um-bauen.
**ristrutturazione** *s.f.* Renovierung (*die*), Umbau (*der*).
**risucchiare** *v.tr.* **1** saugen **2** (*trascinare*) in den Sog ziehen.
**risultare** *v.intr.* **1** sich ergeben, entstehen **2** (*emergere*) hervor-gehen, sich ergeben **3** (*dimostrarsi*) sich heraus-stellen, sich erweisen.
**risultato** *s.m.* Ergebnis (*das*), Resultat (*das*).
**risuonare** *v.intr.* **1** (*echeggiare*) dröhnen **2** (*di suoni*) erklingen.
**risurrezione** *s.f.* Auferstehung (*die*).
**risuscitare** *v.tr.* **1** auf-erwecken **2**

**risvegliare / riunire**

(fig.) wieder aufleben lassen ♦ v.intr. 1 auf-erstehen 2 (fam.) wieder auf-leben.

**risvegliare** v.tr. 1 wieder (auf)wecken 2 (fig.) wieder wecken ♦ **risvegliarsi** v.pron. wieder erwachen.

**risveglio** s.m. Erwachen (das), Aufwachen (das).

**risvolto** s.m. 1 Aufschlag (der) 2 (aspetto secondario) Kehrseite (die).

**ritagliare** v.tr. 1 wieder schneiden 2 (tagliare i contorni) aus-schneiden.

**ritaglio** s.m. (di giornale) Ausschnitt (der); (di carta, stoffa) Schnipsel (der o das).

**ritardare** v.intr. 1 zögern 2 (ad arrivare) Verspätung haben: il treno ritarda, der Zug hat Verspätung ♦ v.tr. 1 verzögern 2 (rallentare) verlangsamen 3 (differire) auf-schieben.

**ritardatario** s.m. [f. -a] Nachzügler (der; die -in), Zuspätkommende (der e die).

**ritardo** s.m. 1 Verspätung (die) 2 (rinvio) Verzögerung (die), Verzug (der) — di pagamento, Zahlungsverzug ● (psic.) — mentale, geistige Behinderung.

**ritenere** v.tr. 1 (trattenere) zurück-halten 2 (ricordare) behalten 3 (detrarre) ein-behalten 4 (considerare) halten für 5 (credere) glauben, meinen ♦ **ritenersi** v.pron. sich halten für.

**ritenuta** s.f. Abzug (der), Einbehalt (der) ● — d'acconto, Steuervorauszahlung.

**ritirare** v.tr. 1 (tirare di nuovo) wieder ziehen 2 (lanciare di nuovo) wieder werfen 3 (ritrarre) zurück-ziehen 4 (andare a prendere) ab-holen 5 (riscuotere) beziehen 6 (togliere) entziehen: — la patente a qlcu, jdm den Führerschein entziehen 7 (togliere dalla circolazione) aus dem Verkehr ziehen ♦ **ritirarsi** v.pron. 1 sich zurück-ziehen (anche mil.): (fig.) ritirarsi in se stesso, sich in sich selbst zurückziehen 2 (dimettersi) sich zurück-ziehen 3 (restringersi) ein-laufen.

**ritirata** s.f. (mil.) Rückzug (der).

**ritiro** s.m. 1 (mil.) Rückzug (der) 2 (di pacco) Abholen (das) 3 (dalla circolazione) Einzug (der) 4 (di patente, passaporto) Entzug (der) 5 (dimissioni)

Rücktritt (der) 6 (da una gara) Ausscheiden (das).

**ritmico** agg. rhythmisch.

**ritmo** s.m. 1 Rhythmus (der) 2 (andamento) Tempo (das).

**rito** s.m. 1 Ritus (der) 2 (liturgia) Liturgie (die) 3 (estens.) Ritual (das).

**ritoccare** v.tr. (correggere) überarbeiten: — una fotografia, ein Foto retuschieren.

**ritornare** v.intr. 1 zurück-kehren, zurück-kommen 2 (ripresentarsi) wieder erscheinen, wieder-kehren 3 (ridiventare) wieder werden ♦ v.tr. (restituire) zurück-geben; (per posta) zurück-senden.

**ritornello** s.m. (mus.) Refrain (der).

**ritorno** s.m. 1 Rückkehr (die) 2 (periodico) Wiederkehr (die) 3 (restituzione) Rückgabe (die) 4 (econ.) Gewinn (der).

**ritrarre** v.tr. 1 (tirare indietro) zurückziehen 2 (rappresentare) dar-stellen 3 (fare un ritratto) porträtieren, ab-bilden ♦ **ritrarsi** v.pron. (tirarsi indietro) sich zurück-ziehen.

**ritrattare** v.tr. 1 wieder behandeln 2 (smentire) zurück-nehmen, widerrufen.

**ritratto** s.m. 1 Porträt (das) 2 (descrizione) Schilderung (die) 3 (fig.) Ebenbild (das), Abbild (das).

**ritroso** agg. spröd(e), widerspenstig ● a —, rückwärts.

**ritrovamento** s.m. 1 Auffindung (die), Wiederfinden (das) 2 (scoperta) Entdeckung (die).

**ritrovare** v.tr. 1 wieder finden 2 (incontrare di nuovo) wieder an-treffen ♦ **ritrovarsi** v.pron. 1 (incontrarsi di nuovo) sich wieder treffen 2 erneut geraten, wieder geraten: ritrovarsi nei guai, erneut in Schwierigkeiten geraten 3 (raccapezzarsi) sich zurecht-finden.

**ritrovo** s.m. 1 Treffen (das) 2 (locale) Treffpunkt (der), Lokal (das).

**rituale** agg. 1 rituell 2 (estens.) üblich: domanda —, übliche Frage ♦ s.m. Ritual (das).

**riunione** s.f. 1 (riunificazione) Wiedervereinigung (die) 2 (convegno) Versammlung (die), Treffen (das).

**riunire** v.tr. 1 wieder vereinen 2 (radunare) versammeln ♦ **riunirsi** v.pron.

sich versammeln 2 (*tornare insieme*) sich wieder vereinen.

**riuscire** *v.intr.* 1 (*essere capace*) können, es schaffen: *non riesco a leggere senza occhiali*, ohne Brille kann ich nicht lesen; *è riuscita a finire il lavoro in tempo*, sie hat es geschafft, die Arbeit rechtzeitig zu beenden 2 (*avere un buon esito*) gelingen: *la festa è riuscita*, das Fest ist gelungen 3 (*realizzarsi*) erfolgreich sein, Erfolg haben ● — *male*, mißlingen.

**riuscita** *s.f.* Ausgang (der); (*buona riuscita*) Erfolg (der).

**riutilizzare** *v.tr.* wieder verwerten.

**riva** *s.f.* Ufer (das).

**rivale** *agg.* rivalisierend, gegnerisch ♦ *s.m.* e *f.* Rivale (der; die Rivalin).

**rivalutare** *v.tr.* auf·werten ♦ **rivalutarsi** *v.pron.* an Wert zu·nehmen.

**rivedere** *v.tr.* 1 wieder sehen 2 (*ripassare*) wiederholen 3 (*controllare*) durch·sehen, prüfen 4 (*revisionare*) nach·sehen ♦ **rivedersi** *v.pron.* sich wieder sehen.

**rivelare** *v.tr.* enthüllen, verraten: — *un segreto a qlcu*, jdm ein Geheimnis enthüllen ♦ **rivelarsi** *v.pron.* sich erweisen.

**rivelazione** *s.f.* 1 Enthüllung (die) 2 (*persona*) Entdeckung (die) 3 (*teol.*) Offenbarung (die).

**rivendere** *v.tr.* wieder verkaufen.

**rivendita** *s.f.* 1 Wiederverkauf (der) 2 (*negozio*) Laden (der).

**rivenditore** *s.m.* [f. -trice] Verkäufer (der; die -in).

**rivestimento** *s.m.* Verkleidung (die).

**rivestire** *v.tr.* 1 (*ricoprire*) verkleiden 2 (*occupare*) bekleiden: — *una carica*, ein Amt bekleiden ♦ **rivestirsi** *v.pron.* sich wieder an·ziehen.

**riviera** *s.f.* Küste (die).

**rivincita** *s.f.* Revanche (die) (*anche fig.*).

**rivista** *s.f.* Zeitschrift (die); — *illustrata*, Illustrierte; — *di moda*, Modezeitschrift (die) 2 (*teatr.*) Revue (die).

**rivivere** *v.intr.* 1 wieder zum Leben erwachen 2 (*fig.*) wieder auf·leben ♦ *v.tr.* wieder erleben.

**rivolgere** *v.tr.* (*a*) richten (an), wenden (an): — *la parola a qlcu*, das Wort an jdn richten; — *gli occhi al cielo*, die Augen zum Himmel richten ♦ **rivolgersi** *v.pron.* 1 (*rigirarsi*) sich wieder um·drehen 2 (*indirizzarsi*) (*a*) sich wenden (an + Acc).

**rivolta** *s.f.* Revolte (die), Aufstand (der).

**rivoltante** *agg.* ekelhaft, widerlich.

**rivoltare** *v.tr.* 1 um·drehen 2 (*disgustare*) an·ekeln ♦ **rivoltarsi** *v.pron.* 1 (*rigirarsi*) sich um·drehen 2 (*ribellarsi*) sich auf·lehnen.

**rivoltella** *s.f.* Revolver (der).

**rivoluzionare** *v.tr.* 1 um·wälzen, um·stürzen 2 (*estens.*) revolutionieren.

**rivoluzionario** *agg.* revolutionär ♦ *s.m.* [f. -a] Revolutionär (der; die -in).

**rivoluzione** *s.f.* 1 Revolution (die) (*anche fig.*) 2 (*astr.*) Umdrehung (die) 3 (*fig.*) (*confusione*) Chaos (das).

**rizzare** *v.tr.* 1 auf·stellen, auf·richten 2 (*erigere*) errichten, auf·bauen ♦ **rizzarsi** *v.pron.* sich auf·richten, auf·stehen.

**roba** *s.f.* 1 (*cosa*) Sache, Zeug (das); (*cose*) Sachen (*pl.*) 2 (*abiti*) Kleidung (die) ● — *da matti!*, Wahnsinn!

**robusto** *agg.* robust, kräftig.

**rocca** *s.f.* 1 Festung (die), Burg (die) 2 (*cima*) Fels (der).

**rocchetto** *s.m.* 1 Garnspule (die) 2 (*elettr.*) Spule (die).

**roccia** *s.f.* 1 Fels (der), Felsen (der) 2 (*geol.*) Gestein (das) 3 (*alpinismo*) Klettern (das).

**roccioso** *agg.* Fels..., felsig, Stein...: *giardino* —, Steingarten.

**rodaggio** *s.m.* 1 Einfahren (das) 2 (*periodo*) Einlaufzeit (die), Einfahrzeit (die) 3 (*fig.*) Eingewöhnungszeit (die).

**rodare** *v.tr.* 1 einlaufen lassen; (*di auto*) ein·fahren 2 (*fig.*) ein·gewöhnen.

**rodere** *v.tr.* nagen (an + Dat) (*anche fig.*) ♦ **rodersi** *v.pron.* sich verzehren: *rodersi dalla gelosia*, sich vor Eifersucht verzehren.

**roditore** *s.m.* (*zool.*) Nagetier (das), Nager (der).

**rododendro** *s.m.* Rhododendron (der o das).

**rogna** *s.f.* **1** (*med., vet.*) Krätze (*die*) **2** (*fam.*) Plage (*die*).
**rognone** *s.m.* (*gastr.*) Niere (*die*).
**rogo** *s.m.* **1** Scheiterhaufen (*der*) **2** (*incendio*) Brand (*der*), Feuer (*das*).
**Roma** *n.pr.f.* Rom (*das*).
**Romania** *n.pr.f.* Rumänien (*das*).
**romanico** *agg.* (*arte*) romanisch ♦ *s.m.* Romanik (*die*).
**romano** *agg.* römisch, Römer..., Röm... ♦ *s.m.* [f. *-a*] Römer (*der*; *die* -in).
**romanticismo** *s.m.* **1** Romantik (*die*) **2** (*estens.*) Gefühlsseligkeit (*die*).
**romantico** *agg.* romantisch ♦ *s.m.* [f. *-a*] Romantiker (*der*; *die* -in).
**romanzesco** *agg.* **1** Roman... **2** (*fig.*) abenteuerlich.
**romanzo** *s.m.* Roman (*der*).
**rombare** *v.intr.* dröhnen, donnern.
**rombo**[1] *s.m.* (*rumore*) Dröhnen (*das*), Donner (*der*).
**rombo**[2] *s.m.* (*geom.*) Raute (*die*), Rhombus (*der*).
**rombo**[3] *s.m.* (*zool.*) Steinbutt (*der*).
**romeno** *agg.* e *s.m.* → **rumeno**.
**rompere** *v.tr.* brechen: — *un piatto*, einen Teller zerschlagen ♦ **rompersi** *v.pron.* brechen, zerbrechen ● — *le scatole a qlcu*, jdm auf den Keks gehen | — *una promessa*, ein Versprechen brechen | *rompersi la testa*, sich (*Dat*) den Kopf zerbrechen.
**rompicapo** *s.m.* **1** Sorge (*die*) **2** (*indovinello*) Rätsel (*das*).
**rompiscatole** *s.m.* e *f.invar.* (*fam.*) Nervensäge (*die*).
**rondine** *s.f.* Schwalbe (*die*).
**ronzare** *v.intr.* (*di insetti*) summen ● *il* — *dei motori*, das Brummen der Motoren.
**ronzio** *s.m.* **1** (*il ronzare*) Gesumme (*das*), Summen (*das*), Gebrumme (*das*) **2** (*brusio*) Sausen (*das*).
**rosa** *s.f.* **1** Rose (*die*) **2** (*fig.*) (*cerchia*) Kreis (*der*), Gruppe (*die*) ♦ *s.m.invar.* Rosa (*das*) ♦ *agg.invar.* rosa, rosafarbig.
**rosario** *s.m.* Rosenkranz (*der*).
**roseo** *agg.* rosig (*anche fig.*).
**rosicchiare** *v.tr.* nagen (an + *Dat*).
**rosmarino** *s.m.* (*bot.*) Rosmarin (*der*).

**rosolare** *v.tr.* schmoren ♦ **rosolarsi** *v.pron.* schmoren.
**rosolia** *s.f.* (*med.*) Röteln (*pl.*).
**rospo** *s.m.* (*zool.*) Kröte (*die*).
**rossetto** *s.m.* Lippenstift (*der*).
**rosso** *agg.* rot ♦ *s.m.* (*colore*) Rot (*das*) **2** (*pol. fam.*) Rote (*der*) ● *attraversare la strada col* —, bei Rot über die Straße gehen | *dai capelli rossi*, rothaarig.
**rossore** *s.m.* Röte (*die*); (*per pudore, vergogna*) Scham (*die*).
**rosticceria** *s.f.* Rostbraterei (*die*).
**rotaia** *s.f.* **1** (*ferr.*) Schiene (*die*) **2** (*solco*) Radspur (*die*), Bahn (*die*).
**rotazione** *s.f.* Umdrehung (*die*), Rotation (*die*): — *terrestre*, Erdumdrehung.
**rotella** *s.f.* Rädchen (*das*) ● (*fam.*) *gli manca una* —, er hat nicht alle Tassen im Schrank.
**rotolare** *v.tr.* wälzen ♦ *v.intr.* rollen.
**rotolo** *s.m.* Rolle (*die*) ● *andare a rotoli*, den Bach runtergehen.
**rotonda** *s.f.* **1** Rundbau (*der*) **2** (*fam.*) (*di strada*) Kreisverkehr (*der*).
**rotondo** *agg.* rund.
**rotta** *s.f.* Kurs (*der*).
**rottamare** *v.tr.* verschrotten.
**rottame** *s.m.* Schrott (*der*).
**rotto** *agg.* **1** kaputt **2** (*spezzato*) gebrochen, (*in più pezzi*) zerbrochen ● (*fig.*) *avere le ossa rotte*, sich zerschlagen fühlen.
**rottura** *s.f.* **1** Bruch (*der*) **2** (*drastica interruzione*) Abbruch (*der*) ● *che* — *di scatole!*, so eine Nerverei!
**roulotte** *s.f.invar.* Wohnwagen (*der*).
**rovente** *agg.* glühend (*anche fig.*).
**rovesciare** *v.tr.* **1** um-kehren, um-drehen: — *una situazione*, (*fig.*) eine Situation umkehren **2** (*versare*) vergießen **3** (*pol.*) stürzen ♦ **rovesciarsi** *v.pron.* **1** sich um-kehren **2** (*versarsi*) sich ergießen **3** (*riversarsi*) (*in*) strömen (auf + *Acc*).
**rovescio** *agg.* verkehrt ♦ *s.m.* **1** (*lato contrario*) Kehrseite (*die*) **2** (*tennis*) Rückhand (*die*) **3** (*di pioggia*) Platzregen (*der*) ● *alla rovescia*, umgekehrt.
**rovina** *s.f.* **1** Verderben (*das*), Ruin

**rovinare / ruzzolare** 558

(*der*) 2 (*pl.*) Ruinen (*pl.*) ● *andare in —*, verkommen; (*fig.*) zugrunde gehen.
**rovinare** *v.tr.* ruinieren, verderben: *— la reputazione di qlcu*, jds Ruf ruinieren; *rovinarsi lo stomaco*, sich (*Dat*) den Magen verderben.
**rovistare** *v.tr.* (*in*) kramen (in + *Dat*).
**rovo** *s.m.* (*bot.*) Brombeere (*die*).
**rozzo** *agg.* grob, roh.
**ruba** *s.f.* ● *andare a —*, wie warme (*o* frische) Semmeln weggehen.
**rubare** *v.tr.* stehlen.
**rubinetto** *s.m.* Hahn (*der*): *acqua del —*, Leitungswasser; *— dell'acqua*, Wasserhahn.
**rubino** *s.m.* Rubin (*der*).
**rubrica** *s.f.* 1 alphabetisches Verzeichnis: *— telefonica*, Telefonverzeichnis 2 (*su giornali*) Rubrik (*die*).
**rudere** *s.m.* 1 (*spec.pl.*) Ruine (*die*) 2 (*casa in rovina*) verfallenes Haus.
**rudimentale** *agg.* 1 Grund...: *conoscenze rudimentali*, Grundkenntnisse 2 (*abbozzato*) unentwickelt.
**ruga** *s.f.* Falte (*die*).
**ruggine** *s.f.* Rost (*der*) (*anche agr.*).
**ruggire** *v.intr.* brüllen.
**rugiada** *s.f.* Tau (*der*).
**rugoso** *agg.* runz(e)lig, faltig.
**rullare** *v.intr.* (*di tamburi*) dröhnen.
**rullino** *s.m.* (*fot.*) Film (*der*).
**rullo** *s.m.* 1 Rolle (*die*), Walze (*die*) 2 (*di tamburo*) Trommelwirbel (*der*).
**rum** *s.m.invar.* Rum (*der*).
**rumeno** *agg.* rumänisch ♦ *s.m.* 1 [f. *-a*]

Rumäne (*der*; *die* Rumänin) 2 (*lingua*) Rumänisch(e) (*das*).
**ruminante** *s.m.* (*zool.*) Wiederkäuer (*der*).
**ruminare** *v.tr.* 1 (*zool.*) wieder·käuen 2 (*fig.*) grübeln (über + *Acc*).
**rumore** *s.m.* 1 Geräusch (*das*); (*chiasso*) Lärm (*der*), Krach (*der*) 2 (*scalpore*) Aufsehen (*das*).
**rumoroso** *agg.* laut, lärmend.
**ruolo** *s.m.* 1 Rolle (*die*) 2 (*amm.*) Stellenplan (*der*): *di —*, beamtet.
**ruota** *s.f.* 1 Rad (*das*): *— anteriore, posteriore*, Vorderrad, Hinterrad; *— di scorta*, Reserverad 2 (*del lotto*) Lottoziehung (*die*).
**ruotare** *v.intr.* 1 sich drehen 2 (*volare in circolo*) kreisen ♦ *v.tr.* drehen.
**rupe** *s.f.* Felsen (*der*).
**rurale** *agg.* ländlich, Land...: *popolazione —*, Landbevölkerung.
**ruscello** *s.m.* Bach (*der*).
**ruspa** *s.f.* Bagger (*der*).
**russare** *v.intr.* schnarchen.
**Russia** *n.pr.f.* Russland (*das*).
**russo** *agg.* russisch ♦ *s.m.* 1 [f. *-a*] Russe (*der*; *die* Russin) 2 (*lingua*) Russisch(e) (*das*).
**rustico** *agg.* 1 ländlich, rustikal 2 (*scontroso*) grob 3 (*grezzo*) roh ♦ *s.m.* Bauernhaus (*das*).
**ruttare** *v.intr.* rülpsen.
**rutto** *s.m.* Rülpser (*der*).
**ruvido** *agg.* rau.
**ruzzolare** *v.tr.* (hinunter·)purzeln.

# Ss

**S** *sigla* (*Sud*) S.
**sabato** *s.m.* Sonnabend (*der*), Samstag (*der*) → lunedì.
**sabbia** *s.f.* Sand (*der*).
**sabotaggio** *s.m.* Sabotage (*die*).
**sabotare** *v.tr.* sabotieren (*anche fig.*).
**sacca** *s.f.* Sack (*der*).
**saccarina** *s.f.* (*chim.*) Saccharin (*das*).
**sacchetto** *s.m.* Tüte (*die*), Beutel (*der*): — *di plastica*, Plastiktüte.
**sacco** *s.m.* 1 Sack (*der*) 2 (*fam.*) Haufen (*der*), Menge (*die*): *un — di soldi*, ein Haufen Geld; *un — di gente*, eine Menge Leute ● *— a pelo*, Schlafsack | *vuotare il —*, auspacken, gestehen.
**sacerdote** *s.m.* [f. -*essa*] Priester (*der*; -in).
**sacramento** *s.m.* Sakrament (*das*).
**sacrificare** *v.tr.* e *intr.* opfern (*anche fig.*) ♦ **sacrificarsi** *v.pron.* sich opfern.
**sacrificio** *s.m.* Opfer (*das*) (*anche fig.*): *spirito di —*, Opfergeist.
**sacrilegio** *s.m.* Sakrileg (*das*).
**sacro** *agg.* heilig ● (*anat.*) *osso —*, Kreuzbein.
**sadico** *agg.* sadistisch ♦ *s.m.* [f. -*a*] Sadist (*der*; die -in).
**safari** *s.m.invar.* Safari (*die*).
**saggezza** *s.f.* Weisheit (*die*).
**saggio**¹ *agg.* weise, klug ♦ *s.m.* [f. -*a*] Weise (*der* e *die*).
**saggio**² *s.m.* 1 (*campione*) Probe (*die*), Muster (*das*) 2 (*dimostrazione*) Beweis (*der*) 3 (*scritto critico*) Essay (*der* o *das*).
**sagittario** *s.m.* (*astr.*) Schütze.
**sagoma** *s.f.* 1 Profil (*das*), Form (*die*) 2 (*bersaglio*) Zielscheibe (*die*).
**sagra** *s.f.* Fest (*das*).
**sagrato** *s.m.* Kirchplatz (*der*).
**sagrestano** *s.m.* Kirchendiener (*der*).
**sagrestia** *s.f.* Sakristei (*die*).
**saio** *s.m.* Kutte (*die*).
**sala** *s.f.* 1 Saal (*der*), Raum (*der*), Zimmer (*das*) 2 (*salotto*) Wohnzimmer (*das*) ● *— d'aspetto*, Wartezimmer | *— da pranzo*, Esszimmer | *— operatoria*, Operationssaal.
**salame** *s.m.* Salami (*die*).
**salamoia** *s.f.* Salzlake (*die*), Pökel (*der*) ● *olive in —*, eingelegte Oliven.
**salare** *v.tr.* salzen.
**salario** *s.m.* Lohn (*der*).
**salatino** *s.m.* Salzgebäck (*das*).
**salato** *agg.* gesalzen (*anche fig.*), Salz...: *aringhe salate*, Salzheringe; *una multa salata*, eine gesalzene Geldstrafe.
**saldare** *v.tr.* 1 (*tecn.*) löten, (zusammen-)schweißen 2 (*fig.*) zusammenfügen, vereinigen 3 (*comm.*) saldieren, begleichen: *— il conto*, die Rechnung begleichen ♦ **saldarsi** *v.pron.* (*di ossa*) sich verhärten.
**saldatore** *s.m.* 1 (*utensile*) Lötkolben (*der*) 2 (*operaio*) Schweißer (*der*).
**saldo**¹ *agg.* 1 fest (*anche fig.*) 2 (*irremovibile*) unerschütterlich.
**saldo**² *s.m.* 1 (*comm.*) Saldo (*der*) 2 (*spec.pl.*) Ausverkauf (*der*), Schlussverkauf (*der*) ● *saldi di fine stagione*, Saisonschlussverkauf.

**sale** *s.m.* Salz (das): — *fino, grosso*, feines, grobes Salz.
**salice** *s.m.* (bot.) Weide (die).
**saliera** *s.f.* Salzstreuer (der).
**salina** *s.f.* 1 (*deposito naturale*) Salzgrube (die) 2 (*impianto*) Saline (die).
**salire** *v.intr.* 1 steigen, hinauf·steigen: — *sulla montagna*, auf den Berg hinauf gehen (*o* hinaufsteigen) 2 (*su veicolo*) ein·steigen: — *in macchina*, ins Auto einsteigen 3 (*aumentare*) (an·)steigen ♦ *v.tr.* hinauf·steigen, hinauf·gehen: — *le scale*, die Treppe hinaufgehen ● — *al trono*, den Thron besteigen.
**Salisburgo** *n.pr.m.* Salzburg (die).
**salita** *s.f.* 1 (*tratto in salita*) Steigung (die), Anstieg (der) 2 (*il salire*) Aufstieg (der) ● *in* —, bergauf.
**saliva** *s.f.* Speichel (der).
**salma** *s.f.* Leichnam (der), Leiche (die).
**salmo** *s.m.* Psalm (der).
**salmone** *s.m.* Lachs (der): — *affumicato*, Räucherlachs.
**salmonellosi** *s.f.invar.* (med., vet.) Salmonellenvergiftung (die).
**salone** *s.m.* 1 Saal (der); (*di albergo, scuola ecc.*) Halle (die) 2 (*fiera*) Salon (der) ● — *di bellezza*, Schönheitssalon.
**salotto** *s.m.* (*camera, mobili*) Wohnzimmer (das).
**salpare** *v.intr.* den Anker lichten; (*partire*) ab·fahren, in See stechen.
**salsa** *s.f.* Soße (die): — *di pomodoro*, Tomatensoße.
**salsiccia** *s.f.* Bratwurst (die).
**salsiera** *s.f.* Sauciere (die), Soßenschüssel (die).
**saltare** *v.tr.* 1 springen 2 (*fig.*) über·springen; (*tralasciare*) aus·lassen ♦ *v.intr.* springen ● — *fuori*, (her)ausspringen | — (*in aria*), (*esplodere*) springen | — *in mente*, einfallen | (*gastr.*) — *in padella*, kurz anbraten | — *via*, (*venir via*) ab·gehen.
**saltellare** *v.intr.* hüpfen, hopsen.
**salto** *s.m.* Sprung (der) (*anche fig.*) ● *domani farò un* — *da loro*, (fam.) morgen gehe ich auf einen Sprung zu ihnen | *fare i salti mortali*, (fig.) alles Mögliche tun | — *di qualità*, Verbesserung der Qualität | (sport) — *in alto, in lungo*, Hochsprung, Weitsprung | *un* — *nel buio*, ein Sprung ins Ungewisse.
**saltuario** *agg.* gelegentlich, Gelegenheits...: *lavoro* —, Gelegenheitsarbeit.
**salume** *s.m.* Wurst (der *m*).
**salumeria** *s.f.* Wurstwarenhandlung (die).
**salutare¹** *agg.* 1 gesund 2 (fig.) (*utile*) heilsam, nützlich.
**salutare²** *v.tr.* grüßen; (*accogliere*) begrüßen ♦ *salutarsi v.pron.* (*reciproco*) sich grüßen ● *ti saluto!*, lebe wohl!
**salute** *s.f.* Gesundheit (die); (*benessere*) Wohl (das): — *precaria*, angegriffene Gesundheit ● (*alla*) —*!*, zum Wohl! | *alla vostra* —*!*, auf euer Wohl! | (*a chi starnutisce*) —*!*, Gesundheit!
**saluto** *s.m.* Gruß (der) ● *affettuosi saluti*, herzlichst | *cari saluti*, liebe Grüße | *cordiali saluti*, herzliche Grüße.
**salvadanaio** *s.m.* Sparbüchse (die).
**salvagente** *s.m.* 1 Rettungsring (der) 2 (*della strada*) Verkehrsinsel (die).
**salvare** *v.tr.* 1 retten 2 (*preservare*) (be)wahren, schützen 3 (*inform.*) speichern ● *salvarsi v.pron.* (*da*) 1 sich retten (*vor* + Dat) 2 (*sfuggire*) entgehen (+ Dat) ● *si salvi chi può!*, rette sich, wer kann!
**salvaslip** *s.m.invar.* Slipeinlage (die).
**salvataggio** *s.m.* Rettung (die) (*anche fig.*).
**salvatore** *s.m.* [f. -trice] Retter (der; die -in) ● (*relig.*) *il Salvatore*, der Heiland.
**salvavita** *s.m.invar.* Sicherungsschalter (der).
**salve** *inter.* grüß dich, (*a più persone*) grüß euch.
**salvezza** *s.f.* Heil (das), Rettung (die).
**salvia** *s.f.* Salbei (der).
**salvo** *agg.* 1 heil, unversehrt 2 (teol.) gerettet ♦ *prep.* außer (+ Dat); abgesehen von ● *mettersi in* —, sich in Sicherheit bringen | — *che*, es sei denn; außer dass.
**sandalo¹** *s.m.* Sandale (die).
**sandalo²** *s.m.* (*albero*) Sandelbaum (der).

**sangue** *s.m.* Blut (*das*) ● **analisi del —**, Blutuntersuchungen | **rosso —**, blutrot.

**sanguinare** *v.intr.* bluten (*anche fig.*).

**sanità** *s.f.invar.* Gesundheitswesen (*das*) ● **ministro della —**, Gesundheitsminister.

**sanitario** *agg.* Gesundheits...; (*igienico*) sanitär ♦ *s.m.* **1** (*medico*) Sanitäter (*der*) **2** (*pl.*) Sanitäranlagen (*pl.*) ● **servizio — (*nazionale*)**, (nationales) Gesundheitsamt.

**sano** *agg.* **1** gesund (*anche fig.*) **2** (*fam.*) (*intatto*) heil, unzerbrochen ● **— e salvo**, wohlbehalten.

**santificare** *v.tr.* heilig halten; (*rendere santo*) heiligen.

**santità** *s.f.invar.* Heiligkeit (*die*).

**santo** *agg.* heilig; (*nei toponimi*) Sankt...; *sant'Antonio*, der heilige Antonius ♦ *s.m.* [f. -a] Heilige (*der*) ● **è un sant'uomo**, er ist ein guter Mensch | **il — patrono**, der Schutzheilige | **ma — cielo!**, Himmel nochmal! | **per tutto il — giorno**, für den lieben langen Tag.

**santuario** *s.m.* Wallfahrtskirche (*die*).

**sanzione** *s.f.* Sanktion (*die*).

**sapere** *v.tr.* **1** wissen: *sai dove abita Marco?*, weißt du, wo Marco wohnt? **2** (*venire a sapere*) erfahren: *l'ho saputo solo ieri*, das habe ich erst gestern erfahren **3** (*per aver imparato*) können: *sai il tedesco?*, kannst du Deutsch?; *non so nuotare*, ich kann nicht schwimmen ♦ *v.intr.* (*di*) (*aver sapore*) schmecken (nach); (*aver odore*) riechen (nach) ♦ *s.m.* Wissen (*das*) ● **buono a sapersi**, gut zu wissen | **che io sappia...**, soviel ich weiß... | **non si sa mai**, man kann nie wissen | **qlco a memoria**, etw auswendig kennen.

> **NOTA** 'Sapere' nel senso di 'venire a sapere' è reso in tedesco con **erfahren**:
> *Come l'hai saputo?*
> Wie hast du das **erfahren**?
> Quando invece 'sapere' significa 'essere in grado', si usa **können**:
> *Non sa sciare.*
> Er **kann** nicht Ski fahren.

**sapone** *s.m.* Seife (*die*).

**saponetta** *s.f.* Seifenstück (*das*).

**sapore** *s.m.* **1** Geschmack (*der*) **2** (*fig.*) (*tono*) Klang (*der*), Ton (*der*).

**saporito** *agg.* schmackhaft.

**saracinesca** *s.f.* Rollladen (*der*).

**sarcastico** *agg.* sarkastisch.

**sarda, sardina** *s.f.* Sardine (*die*).

**Sardegna** *n.pr.f.* Sardinien (*das*).

**sardo** *agg.* sardisch ♦ *s.m.* [f. -a] Sardinier (*der; die* -in).

**sarto** *s.m.* [f. -a] Schneider (*der; die* -in).

**sartoria** *s.f.* **1** (*laboratorio*) Schneiderei (*die*) **2** (*produzione, attività*) Schneiderhandwerk (*das*).

**sasso** *s.m.* Stein (*der*).

**sassofono** *s.m.* (*mus.*) Saxophon (*das*).

**Sassonia** *n.pr.f.* Sachsen (*das*).

**Sassonia-Anhalt** *n.pr.f.* Sachsen-Anhalt (*das*).

**satellite** *s.m.* **1** (*astr., aer.*) Satellit (*der*), Trabant (*der*) **2** (*tv*) Fernsehsatellit (*der*) ♦ *agg.* Satelliten...; (*anche fig.*): *città* —, Trabantenstadt.

**satirico** *agg.* satirisch.

**sauna** *s.f.* Sauna (*die*).

**saziare** *v.tr.* **1** sättigen **2** (*fig.*) befriedigen ♦ **saziarsi** *v.pron.* **1** sich sättigen, satt werden **2** (*fig.*) genug haben.

**sazio** *agg.* satt.

**sbadato** *agg.* zerstreut, unachtsam.

**sbadigliare** *v.intr.* gähnen.

**sbadiglio** *s.m.* Gähnen (*das*).

**sbagliare** *v.intr.* verfehlen ♦ *v.intr.* sich irren; einen Fehler machen: **— nell'esprimersi**, sich falsch ausdrücken ♦ **sbagliarsi** *v.pron.* sich irren ● **— numero** (*telefonico*), sich verwählen | **— strada**, (*a piedi*) sich verlaufen, (*in auto*) sich verfahren.

**sbagliato** *agg.* falsch.

**sbaglio** *s.m.* Fehler (*der*) ● **per —**, aus Versehen.

**sbalordito** *agg.* **1** bestürzt **2** (*meravigliato*) erstaunt.

**sbandare** *v.intr.* **1** (*aut.*) schleudern; (*mar.*) krängen; (*aer.*) sich quer legen **2** (*fig.*) entgleisen.

**sbarcare** *v.tr.* löschen, landen: **— la**

merce, die Ware löschen ♦ *v.intr.* **1** (*aer.*) aus-steigen; (*mar.*) an Land gehen **2** (*mil.*) landen ● — *il lunario*, über die Runden kommen ● — *i passeggeri*, die Passagiere an Land bringen.

**sbarco** *s.m.* Ausschiffung (*die*); Landung (*die*) (*anche mil.*).

**sbarra** *s.f.* **1** Schranke (*die*); (*spranga*) Stange (*die*) **2** (*degli imputati*) Gerichtsschranke (*die*) **3** (*ginnastica*) Reck (*das*).

**sbarramento** *s.m.* Sperre (*die*), Sperrung (*die*).

**sbarrare** *v.tr.* **1** (ver)sperren **2** (*barrare*) durch-streichen ● — *gli occhi*, die Augen aufreißen.

**sbattere** *v.tr.* schlagen: — *la porta*, die Tür zuschlagen ♦ *v.intr.* schlagen **2** (*urtare*) stoßen: *ho sbattuto contro la porta*, ich bin gegen die Tür gestoßen ● **sbattersi** *v.pron.* (*pop.*) (*impegnarsi*) sich sehr bemühen, sich (*Dat*) ein Bein aus-reißen ● (*gastr.*) — *le uova con lo zucchero*, die Eier mit dem Zucker schaumig schlagen.

**sberla** *s.f.* Ohrfeige (*die*).

**sbiadire** *v.intr.* verblassen; (*scolorire*) aus-bleichen ♦ *v.tr.* aus-bleichen ● **sbiadirsi** *v.pron.* verblassen.

**sbiancare** *v.tr.* bleichen, weiß machen.

**sbieco** *s.m.* (*abbigl.*) Schrägstreifen (*der*) ● *di —*, schräg, von der Seite | *guardare qlcu di —*, jdn schief ansehen.

**sboccare** *v.intr.* münden (*anche fig.*): *il Po sbocca nell'Adriatico*, der Po mündet in die Adria.

**sbocciare** *v.intr.* auf-blühen.

**sbocco** *s.m.* Mündung (*die*); (*uscita*) Ausgang (*der*) ● *sbocchi professionali*, Berufsaussichten.

**sbollire** *v.intr.* (*calmarsi*) verdampfen.

**sbornia** *s.f.* Rausch (*der*).

**sbottonare** *v.tr.* auf-knöpfen ♦ **sbottonarsi** *v.pron.* (*fam.*) sich öffnen.

**sbranare** *v.tr.* **1** zerfleischen **2** (*fig.*) zerreißen.

**sbriciolare** *v.tr.*, **sbriciolarsi** *v.pron.* zerbröckeln, zerkrümeln.

**sbrigare** *v.tr.* erledigen: — *una pratica*, eine Akte bearbeiten ♦ **sbrigarsi** *v.pron.* sich beeilen ● **sbrigarsela**, fertig werden (mit), zurecht-kommen (mit).

**sbrogliare** *v.tr.* **1** entwirren: — *una matassa*, einen Strang entwirren **2** (*risolvere*) lösen.

**sbronza** *s.f.* (*fam.*) Rausch (*der*).

**sbronzo** *agg.* (*fam.*) besoffen, (stock)blau.

**sbruffone** *s.m.* [f. *-a*] Angeber (*der*; *die* -in).

**sbucciare** *v.tr.* **1** schälen: — *un'arancia*, eine Orange schälen **2** (*estens.*) auf-schürfen ● *sbucciarsi un ginocchio*, sich (*Dat*) ein Knie aufschürfen.

**sbuffare** *v.intr.* **1** schnauben **2** (*di locomotiva*) schnaufen.

**scacchiera** *s.f.* Schachbrett (*das*).

**scacciare** *v.tr.* vertreiben, (ver)jagen, verscheuchen: — *un pensiero dalla mente*, einen Gedanken aus dem Kopf vertreiben.

**scacco** *s.m.* Schach (*das*): — *matto*, Schachmatt.

**scadente** *agg.* schlecht, minderwertig.

**scadenza** *s.f.* **1** Ablauf (*der*), Verfall (*der*) **2** (*termine di tempo*) Frist (*die*), Fälligkeit (*die*): *a lunga —*, langfristig; *a breve —*, kurzfristig.

**scadere** *v.intr.* **1** ab-laufen **2** (*perdere pregio*) sinken.

**scaffale** *s.m.* Regal (*das*).

**scafo** *s.m.* (*mar.*) Schiffsrumpf (*der*).

**scagionare** *v.tr.* entlasten.

**scaglia** *s.f.* (*zool.*) Schuppe.

**scagliare** *v.tr.* schleudern, werfen ♦ **scagliarsi** *v.pron.* sich stürzen: *scagliarsi su qlcu*, sich auf jdn stürzen.

**scala** *s.f.* **1** Treppe (*die*), Leiter (*die*) **2** (*mus.*) Tonleiter (*die*) **3** (*cartografia*) Maßstab (*der*) ● *in — ridotta*, klein, im Kleinformat | — *a chiocciola*, Wendeltreppe | *su — mondiale, nazionale*, weltweit, landesweit.

**scalare** *v.tr.* **1** besteigen **2** (*disporre in scala*) ab-stufen **3** (*detrarre*) ab-ziehen.

**scalata** *s.f.* Besteigung (*die*).

**scalatore** *s.m.* [f. *-trice*] Bergsteiger (*der*; *die* -in).

**scaldabagno** *s.m.* Boiler (*der*).

**scaldare** *v.tr.* **1** wärmen, erwärmen, warm machen **2** (*eccitare*) erhitzen.

**scaletta** *s.f.* (*schema*) Schema (*das*), Gliederung (*die*); (*sequenza*) Abfolge (*die*).

**scalinata** *s.f.* Freitreppe (*die*).

**scalino** *s.m.* Stufe (*die*) (*anche fig.*).

**scalo** *s.m.* **1** (*mar.*) Landungsplatz (*der*) **2** (*aer.*) Zwischenlandung (*die*) **3** (*ferr.*) Bahnhof (*der*); Güterbahnhof (*der*) ♦ **fare —**, (*mar.*) vor Anker gehen, (*aer.*) zwischenlanden.

**scalpello** *s.m.* Meißel (*der*); (*per legno*) Stechbeitel (*der*).

**scalpore** *s.m.* Aufsehen (*das*): *fare, suscitare —*, Aufsehen erregen.

**scaltro** *agg.* schlau, verschlagen.

**scalzo** *agg.* (*attr.*) barfüßig; (*pred.*) barfuß ♦ *avv.* barfuß.

**scambiare** *v.tr.* **1** (*con*) (um-)tauschen (gegen) **2** (*prendere per altro*) (*per*) verwechseln (mit) **3** (*opinioni ecc.*) austauschen **4** (*sostituire*) vertauschen ♦ **scambiarsi** *v.pron.* (*reciproco*) tauschen.

**scambio** *s.m.* **1** Austausch (*der*): *— di vedute*, Meinungsaustausch **2** (*errore*) Verwechslung (*die*): *— di persona*, Personenverwechslung **3** (*ferr.*) Weiche (*die*).

**scampare** *v.intr.* überleben ♦ *v.tr.* entgehen (+ Dat).

**scandalizzare** *v.tr.* schockieren, Anstoß erregen (an + Dat) ♦ **scandalizzarsi** *v.pron.* schockiert sein, Anstoß nehmen.

**scandalo** *s.m.* Skandal (*der*), Anstoß (*der*).

**scandaloso** *agg.* skandalös.

**Scandinavia** *n.pr.f.* Skandinavien (*das*).

**scandinavo** *agg.* skandinavisch ♦ *s.m.* [f. -a] Skandinavier (*der*; *die* -in).

**scanner** *s.m.invar.* Scanner (*der*).

**scannerizzare** *v.tr.* ein-scannen.

**scantinato** *s.m.* Kellergeschoss (*das*).

**scapito** *s.m.* ♦ *a — di*, auf Kosten (+ Gen).

**scapola** *s.f.* (*anat.*) Schulterblatt (*das*).

**scapolo** *agg.* ledig ♦ *s.m.* Junggeselle (*der*).

**scappamento** *s.m.* (*aut.*) Auspuff (*der*) ● **tubo di —**, Auspuffrohr.

**scappare** *v.intr.* fliehen, weg-laufen: *— di prigione*, aus dem Gefängnis fliehen; *è tardi, devo —*, es ist spät, ich muss jetzt wirklich weg ♦ **farsi — un'occasione**, eine Gelegenheit verpassen.

**scappatella** *s.f.* Seitensprung (*der*).

**scappatoia** *s.f.* Ausweg (*der*): *trovare una —*, einen Ausweg finden.

**scarabeo** *s.m.* (*zool.*) Skarabäus (*der*).

**scarabocchio** *s.m.* **1** Gekritzel (*das*) **2** (*disegno*) Kritzelei (*die*).

**scarafaggio** *s.m.* (*zool.*) Kakerlak (*der*), Küchenschabe (*die*).

**scaramanzia** *s.f.* Beschwörung (*die*) ● **per —**, aus Aberglauben.

**scaraventare** *v.tr.* werfen, schleudern.

**scarcerare** *v.tr.* aus der Haft entlassen.

**scarica** *s.f.* **1** Salve (*die*): *una — di mitra*, eine Maschinengewehrsalve **2** (*fig.*) Hagel (*der*) **3** (*elettr.*) Stromschlag (*der*).

**scaricare** *v.tr.* aus-laden, entladen; ab-laden (*anche fig.*): *— i bagagli*, das Gepäck ausladen **2** (*inform.*) herunter-laden ♦ **scaricarsi** *v.pron.* **1** sich entladen: *le batterie si scaricano*, die Batterien entladen sich **2** (*med.*) Stuhlgang haben, ab-führen (*fam.*) **— qlcu**, jdn. sitzen lassen.

**scarico** *agg.* leer, unbeladen; (*di orologio*) abgelaufen ♦ *s.m.* **1** Ausladen (*das*), Entladen (*das*): *— della merce*, Entladen **2** (*deflusso*) Abfluss (*der*) ● **gas di —**, Abgas (*das*).

**scarno** *agg.* **1** hager, mager: *viso —*, hageres Gesicht **2** (*fig.*) schmucklos.

**scarpa** *s.f.* Schuh (*der*).

**scarpone** *s.m.* Bergschuh (*der*) ● **scarponi da sci**, Skistiefel.

**scarseggiare** *v.intr.* **1** (*mancare*) mangeln **2** (*diventare scarso*) sich verknappen.

**scarsezza** *s.f.*, **scarsità** *s.f.invar.* Mangel (*der*), Knappheit (*die*).

**scarso** *agg.* **1** mager, wenig **2** (*debole*)

schwach 3 (di misura) knapp: *quattro etti scarsi*, knapp vierhundert Gramm.

**scartare¹** *v.tr.* 1 aus·packen, aus·wickeln 2 (*giochi di carte*) ab·legen 3 (*respingere, rifiutare*) verwerfen.

**scartare²** *v.intr.* aus·brechen: *il cavallo scartò bruscamente*, das Pferd brach plötzlich aus.

**scarto¹** *s.m.* (*cosa scartata*) Abfall (*der*), Ausschuss (*der*).

**scarto²** *s.m.* 1 Seitensprung (*der*) 2 (*differenza*) Abstand (*der*); (*mat.*) Abweichung (*die*).

**scassare** *v.tr.* (*fam.*) kaputt machen.

**scassinare** *v.tr.* auf·brechen; (*fam.*) knacken.

**scassinatore** *s.m.* [f. -trice] Einbrecher (*der*; *die* -in).

**scasso** *s.m.* Einbruch (*der*): *furto con —*, Einbruch(s)diebstahl.

**scatenare** *v.tr.* entfesseln ♦ **scatenarsi** *v.pron.* 1 los·brechen, sich entfesseln 2 (*di persone*) sich ab·reagieren, sich aus·toben.

**scatola** *s.f.* Schachtel (*die*); (*spec. di latta*) Dose (*die*).

**scattare** *v.intr.* 1 los·gehen, zu·schnappen: *la trappola non è scattata*, die Falle hat nicht zugeschnappt 2 (*balzare*) springen (*anche sport*): — *in piedi*, auf·springen ♦ — *una fotografia*, ein Foto schießen.

**scatto** *s.m.* 1 (*di congegno*) Losgehen (*das*); (*di trappola*) Zuschnappen (*das*) 2 (*moto brusco*) Ausbruch (*der*): — *d'ira*, Wutausbruch 3 (*sport*) Spurt (*der*) ♦ *girarsi di —*, plötzlich herumdrehen.

**scavare** *v.tr.* 1 graben, aus·heben: — *una buca*, ein Loch graben 2 (*indagare*) nach·forschen.

**scegliere** *v.tr.* 1 wählen 2 (*selezionare*) aus·suchen, aus·wählen.

**scellino** *s.m.* (*st.*) Schilling (*der*).

**scelta** *s.f.* Wahl (*die*), Auswahl (*die*) ♦ *a —*, nach Wahl.

**scelto** *agg.* 1 gewählt 2 (*prescelto*) ausgewählt; (*di qualità*) auserlesen.

**scemo** *agg.* (*fam.*) dämlich, dumm ♦ *s.m.* [f. -a] Dummkopf (*der*).

**scena** *s.f.* (*teatr., cinem.*) Szene (*die*); (*palcoscenico*) Bühne (*die*) ● **entrare in —**, die Bühne betreten, (*fig.*) sich einschalten | *uscire di —*, von der Bühne abtreten (*anche fig.*).

**scenario** *s.m.* (*teatr.*) Szenerie (*die*) (*anche fig.*).

**scenata** *s.f.* Szene (*die*), Theater (*das*): *fare una — a qlcu*, jdm eine Szene machen.

**scendere** *v.intr.* 1 (*andare giù*) hinunter·gehen, hinab·gehen; (*con un veicolo*) hinunter·fahren 2 (*venir giù*) herunter·kommen, herab·kommen 3 (*diminuire*) sinken, (ab-)fallen: — *di prezzo*, im Preis sinken 4 (*andare a valle*) bergab gehen; (*con un veicolo*) bergab fahren ♦ *v.tr.* hinunter·gehen ● — *dalla macchina, dal treno*, aus dem Wagen, aus dem Zug (aus)steigen.

**sceneggiatore** *s.m.* [f. -trice] Drehbuchautor (*der*; *die* -in).

**scenografia** *s.f.* 1 Bühnenbild (*das*) 2 (*cinem.*) Szenario (*das*).

**scenografo** *s.m.* [f. -a] Bühnenbildner (*der*; *die* -in).

**scervellarsi** *v.pron.* (*su*) sich (*Dat*) den Kopf zerbrechen (*über + Acc*).

**scettico** *agg.* skeptisch.

**scettro** *s.m.* Zepter (*das*).

**scheda** *s.f.* Zettel (*der*), Karte (*die*); (*di schedario*) Karteikarte (*die*) ● — *elettorale*, (*elettorale*) Stimmzettel (*der*) | — *telefonica*, Telefonkarte.

**schedare** *v.tr.* ein·tragen, registrieren.

**schedario** *s.m.* Kartei (*die*).

**schedina** *s.f.* 1 Zettelchen (*das*), Kärtchen (*das*) 2 (*totocalcio ecc.*) Tippschein (*der*).

**scheggia** *s.f.* Splitter (*der*).

**scheletro** *s.m.* 1 (*anat.*) Skelett (*das*), Knochengerüst (*das*) 2 (*estens.*) Gerüst (*das*): *lo — di una nave*, das Gerüst eines Schiffes.

**schema** *s.m.* 1 Schema (*das*), Plan (*der*): — *elettrico*, Schaltplan 2 (*fig.*) Klischee (*das*).

**scherma** *s.f.* Fechten (*das*).

**schermo** *s.m.* 1 Schirm (*der*); (*del computer*) Bildschirm (*der*); (*tv*) Fernsehschirm 2 (*protezione*) Schutz (*der*) (an-

*che fig.*) **3** (*per proiezione*) Leinwand (*die*).

**scherzare** *v.intr.* (*su*) scherzen (über + Acc): *non —!*, mach keine Scherze! ♦ (*fig.*) *— col fuoco*, mit dem Feuer spielen.

**scherzo** *s.m.* **1** Scherz (*der*), Spaß (*der*) **2** (*fig.*) (*impresa facile*) Kinderspiel (*das*) ♦ *per —*, aus (*o im o zum*) Scherz | *scherzi a parte*, Spaß beiseite | *stare allo —*, einen Spaß vertragen.

**scherzoso** *agg.* Scherz..., scherzhaft; (*di persona*) lustig.

**schiaccianoci** *s.m.invar.* Nussknacker (*der*).

**schiacciare** *v.tr.* **1** quetschen, zerdrücken: *— le noci*, Nüsse knacken **2** (*premere*) drücken (auf + Acc), erdrücken: *— un bottone*, einen Knopf drücken **3** (*fig.*) (*sopraffare*) schlagen, erdrücken.

**schiaffeggiare** *v.tr.* ohrfeigen.

**schiaffo** *s.m.* **1** Ohrfeige (*die*) **2** (*fig.*) Schlag (*der*).

**schiarire** *v.tr.* aufhellen, heller machen ♦ *v.intr.* ausbleichen ♦ **schiarirsi i capelli**, sich (*Dat*) die Haare aufhellen | *schiarirsi la voce*, sich räuspern.

**schiavitù** *s.f.invar.* Sklaverei (*die*) (*anche fig.*): *ridurre in —*, versklaven.

**schiavo** *agg.* versklavt ♦ *s.m.* [*f. -a*] Sklave (*der*; *die* Sklavin) (*anche fig.*).

**schiena** *s.f.* Rücken (*der*), (*fam.*) Kreuz (*das*) ♦ *mal di —*, Rückenschmerzen.

**schienale** *s.m.* Rückenlehne (*die*).

**schiera** *s.f.* Schar (*die*), (*fila*) Reihe (*die*).

**schierare** *v.tr.* aufstellen: *— una squadra, una truppa*, eine Mannschaft, eine Truppe aufstellen ♦ **schierarsi** *v.pron.* **1** sich aufstellen **2** (*mettersi in fila*) sich aufreihen **3** (*fig.*) (*con*) Partei ergreifen (für); (*opporsi*) sich wehren.

**schietto** *agg.* **1** (*puro*) rein, echt **2** (*sincero*) ehrlich, aufrichtig ♦ *avv.* aufrichtig.

**schifo** *s.m.* Ekel (*der*) ♦ *che —!*, pfui Teufel! | *fare —*, anekeln, anwidern.

**schifoso** *agg.* ekelhaft, widerlich; (*fam.*) Mist...: *un lavoro —*, eine Mistarbeit.

**schioccare** *v.intr.* e *tr.* schnalzen: *— le dita*, mit den Fingern schnippen.

**schiudere** *v.tr.* halb öffnen, halb aufmachen: *— le labbra*, die Lippen halb öffnen ♦ **schiudersi** *v.pron.* sich öffnen, aufgehen.

**schiuma** *s.f.* Schaum (*der*) ♦ *— da barba*, Rasierschaum.

**schivare** *v.tr.* **1** ausweichen (+ *Dat*), entkommen (+ *Dat*): *— un pericolo*, einer Gefahr entkommen **2** (*evitare*) meiden: *— una persona*, einen Menschen meiden.

**schivo** *agg.* zurückhaltend, scheu.

**schizzare** *v.intr.* **1** spritzen: *l'acqua schizza sul pavimento*, das Wasser spritzt auf den Boden **2** (*saltar fuori*) schießen, springen ♦ *v.tr.* **1** spritzen **2** (*sporcare*) bespritzen: *— d'inchiostro la camicia*, die Bluse mit Tinte bespritzen.

**schizzinoso** *agg.* zimperlich, heikel.

**schizzo** *s.m.* **1** Spritzer (*der*): *— d'acqua*, Wasserspritzer **2** (*disegno*) Skizze (*die*): *fare uno — di qlco*, etw skizzieren.

**sci** *s.m.invar.* **1** Ski (*der*), Schi (*der*) **2** (*sport*) Skisport (*der*) ♦ *— di fondo*, Skilanglauf | *— nautico*, Wasserski.

**scia** *s.f.* **1** Kielwasser (*das*) **2** (*estens.*) Wolke (*die*): *lasciare una — di profumo*, eine Wolke Parfüm hinterlassen ♦ *seguire la — di qlcu*, in jds Kielwasser segeln (*anche fig.*).

**sciacallo** *s.m.* **1** (*zool.*) Schakal (*der*) **2** (*chi ruba*) Plünderer (*der*) **3** (*approfittatore*) Aasgeier (*der*).

**sciacquare** *v.tr.* abspülen, ausspülen: *— i piatti*, das Geschirr abspülen ♦ **sciacquarsi** *v.pron.* (*darsi una rinfrescata*) sich frisch waschen.

**sciagura** *s.f.* Unglück (*das*).

**scialle** *s.m.* Schultertuch (*das*), Schal (*der*).

**scialuppa** *s.f.* Beiboot (*das*), Schaluppe (*die*).

**sciame** *s.m.* Schwarm (*anche fig.*) (*der*).

**sciare** *v.intr.* Ski laufen (*o* fahren).

**sciarpa** *s.f.* Schal (der), Halstuch (das).
**sciatore** *s.m.* [f. -trice] Skiläufer (der; die -in).
**sciatto** *agg.* schlampig.
**scientifico** *agg.* wissenschaftlich.
**scienza** *s.f.* Wissenschaft (die).
**scienziato** *s.m.* [f. -a] Wissenschaftler (der; die -in).
**scimmia** *s.f.* Affe (der).
**scimmiottare** *v.tr.* nach·äffen; nach·machen.
**scimpanzé** *s.m.invar.* Schimpanse (der).
**scintilla** *s.f.* Funke(n) (der).
**scintillare** *v.intr.* glitzern, sprühen.
**scioccante** *agg.* schockierend.
**scioccare** *v.tr.* schockieren.
**sciocchezza** *s.f.* 1 Dummheit (die) 2 (*cosa da poco*) Kleinigkeit (die).
**sciocco** *agg.* dumm, töricht ◆ *s.m.* [f. -a] Dummkopf (der).
**sciogliere** *v.tr.* 1 (*slegare*) lösen: — *un nodo*, einen Knoten lösen 2 (*liquefare*) auf·lösen; (*gastr.*) zerlassen 3 (*risolvere*) lösen ◆ **sciogliersi** *v.pron.* 1 schmelzen 2 (*disciogliersi*) sich lösen ● — *un dubbio*, einen Zweifel beseitigen | — *una società*, eine Gesellschaft auflösen.
**sciolto** *agg.* 1 (*disciolto*) gelöst, geschmolzen 2 (*slegato*) gelöst, offen 3 (*sfuso*) offen.
**scioperare** *v.intr.* streiken.
**sciopero** *s.m.* Streik (der): — *generale*, Generalstreik.
**scippatore** *s.m.* [f. -trice] Handtaschendieb (der; die -in).
**sciroppo** *s.m.* 1 (*di frutta*) Sirup (der) 2 (*med.*) Saft (der).
**scissione** *s.f.* Spaltung (die) (*anche scient.*).
**sciupare** *v.tr.* 1 (*rovinare*) zu·richten 2 (*sprecare*) verschwenden, vergeuden ◆ **sciuparsi** *v.pron.* sich ruinieren (*anche fig.*).
**scivolare** *v.intr.* 1 rutschen 2 (*cadere*) aus·rutschen.
**scivolata** *s.f.* Ausrutscher (der).

**scivolo** *s.m.* Rutsche (die), Rutschbahn (die).
**scivoloso** *agg.* rutschig.
**scoccare** *v.tr.* 1 ab·schießen: — *una freccia*, einen Pfeil abschießen 2 (*battere le ore*) schlagen ◆ *v.intr.* 1 ab·schießen 2 (*di ore*) schlagen.
**scocciare** *v.tr.* (*fam.*) auf die Nerven gehen, lästig sein (+ *Dat*) ◆ **scocciarsi** *v.pron.* 1 (*non avere più voglia*) die Lust verlieren 2 (*seccarsi*) sich ärgern.
**scodella** *s.f.* (*ciotola*) Schüssel (die); (*piatto fondo*) Suppenteller (der).
**scodinzolare** *v.intr.* wedeln.
**scogliera** *s.f.* Klippe (die); (*barriera di scogli*) Riff (das).
**scoglio** *s.m.* 1 (*in mare*) Klippe (die) 2 (*fig.*) Hürde (die).
**scoiattolo** *s.m.* Eichhörnchen (das).
**scolare** *v.tr.* ab·gießen: — *la pasta*, die Nudeln abgießen ◆ *v.intr.* ab·fließen; (*sgocciolare*) ab·tropfen lassen ● *scolarsi una bottiglia*, eine Flasche hinunterschütten.
**scolaro** *s.m.* [f. -a] Schüler (der; die -in).
**scolastico** *agg.* Schul..., schulisch: *anno* —, Schuljahr.
**scollare** *v.tr.* (*staccare*) ab·lösen.
**scollatura** *s.f.* (*abbigl.*) Ausschnitt (der), Dekolleté (das).
**scolorire** *v.tr.* entfärben, aus·bleichen ◆ *v.intr.* verblassen ◆ **scolorirsi** *v.pron.* verblassen.
**scolpire** *v.tr.* 1 meißeln 2 (*incidere*) ein·graben.
**scommessa** *s.f.* 1 Wette (die) 2 (*somma*) Einsatz (der).
**scommettere** *v.tr. e intr.* wetten (um) (+ *Acc*): — *100 Euro*, um 100 Euro wetten.
**scomodare** *v.tr.* bemühen, stören (*anche fig.*) ◆ **scomodarsi** *v.pron.* sich bemühen, sich (*Dat*) Umstände machen.
**scomodo** *agg.* unbequem (*anche fig.*).
**scomparire** *v.intr.* verschwinden (*anche fig.*).
**scomparsa** *s.f.* Verschwinden (das).
**scompartimento** *s.m.* (*ferr.*) Abteil (das).

**scomparto** *s.m.* Fach (das).
**scomporre** *v.tr.* zerlegen ♦ **scomporsi** *v.pron.* (turbarsi) die Fassung verlieren.
**sconcio** *agg.* unanständig, schmutzig.
**sconfiggere** *v.tr.* 1 schlagen 2 (estens.) besiegen (anche sport) 3 (superare) überwinden.
**sconfinare** *v.intr.* die Grenze überschreiten ● — *dall'argomento*, vom Thema abweichen.
**sconfinato** *agg.* grenzenlos; unbegrenzt (anche fig.).
**sconfitta** *s.f.* Niederlage (die).
**sconforto** *s.m.* Verzagtheit (die), Mutlosigkeit (die).
**scongelare** *v.tr.* auf-tauen.
**scongiurare** *v.tr.* 1 beschwören 2 (allontanare) ab-wehren, ab-wenden: — *un pericolo*, eine Gefahr abwenden.
**sconosciuto** *agg.* unbekannt ♦ *s.m.* [f. -a] Unbekannte (der e die).
**sconsigliare** *v.tr.* ab-raten von ● — *qlco a qlcu*, jdm von etw abraten: *ti sconsiglio di parlarne con lui*, ich rate dir davon ab, mit ihm darüber zu sprechen.
**scontare** *v.tr.* 1 (ribassare) ermäßigen 2 (detrarre) ab-ziehen 3 (espiare) (ab-)büßen, verbüßen.
**scontato** *agg.* 1 (ribassato) ermäßigt 2 (prevedibile) voraussehbar, voraussichtlich ● *dare qlco per* —, etw für selbstverständlich halten.
**scontento** *agg.* unzufrieden ♦ *s.m.* Unzufriedenheit (die).
**sconto** *s.m.* Preisnachlass (der), Rabatt (der).
**scontrarsi** *v.pron.* (reciproco) 1 zusammen-stoßen, aufeinander stoßen 2 (avere un contrasto) eine Auseinandersetzung haben, aneinander geraten.
**scontrino** *s.m.* Zettel (der): — *di cassa*, Kassenzettel.
**scontro** *s.m.* 1 Zusammenstoß (der) 2 (contrasto) Auseinandersetzung (die), Streit (der).
**scontroso** *agg.* unverträglich.
**sconveniente** *agg.* unanständig, unpassend.
**sconvolgente** *agg.* erschütternd.

**sconvolgere** *v.tr.* 1 erschüttern 2 (devastare) verwüsten.
**sconvolto** *agg.* erschüttert, verwüstet.
**scooter** *s.m.invar.* Motorroller (der).
**scopa** *s.f.* Besen (der).
**scopare** *v.tr.* 1 fegen, kehren 2 (volg.) bumsen.
**scoperchiare** *v.tr.* ab-decken: — *una pentola*, den Deckel eines Topfes abnehmen.
**scoperta** *s.f.* Entdeckung (die).
**scoperto** *agg.* 1 offen: *a capo* —, mit offenem Kopf 2 (senza tetto) unbedeckt, ohne Decke *a carte scoperte*, mit offenen Karten | *allo* —, (all'aperto) im Freien; (apertamente) offen | *un assegno* —, ein ungedeckter Scheck.
**scopo** *s.m.* Ziel (das), Zweck (der): *prefiggersi uno* —, sich (Dat) ein Ziel setzen (o stecken) ● *a che* —?, wozu? | *senza* —, ziellos, ohne Ziel.
**scoppiare** *v.intr.* aus-brechen, platzen; (di bomba) explodieren ● — *a piangere, a ridere*, in Tränen, in Lachen ausbrechen | — *di caldo*, vor Hitze umfallen | — *di rabbia*, vor Wut platzen | — *di salute*, vor Gesundheit strotzen.
**scoppio** *s.m.* 1 (rumore) Knall (der) 2 (fig.) Ausbruch (der): *lo — della guerra*, der Ausbruch des Krieges.
**scoprire** *v.tr.* 1 ab-decken 2 (fig.) entdecken: — *i resti di un'antica città*, die Reste einer alten Stadt entdecken 3 (individuare) heraus-finden: — *la verità*, die Wahrheit herausfinden ♦ **scoprirsi** *v.pron.* 1 sich aus-ziehen 2 (rivelarsi) sich zeigen.
**scoraggiare** *v.tr.* entmutigen, mutlos machen ♦ **scoraggiarsi** *v.pron.* verzagen.
**scorciatoia** *s.f.* 1 Abkürzung (die) 2 (fig.) kürzester Weg.
**scordare** *v.tr.* vergessen ♦ **scordarsi** *v.pron.* vergessen: *mi sono scordato di telefonarti*, ich habe vergessen, dich anzurufen.
**scordato** *agg.* (mus.) verstimmt.
**scorgere** *v.tr.* erblicken, aus-machen.
**scoria** *s.f.* (residuo) Abfall (der):

**scorpacciata / scuderia**

*scorie radioattive*, radioaktive Abfälle 2 *(metall.)* Schlacke *(die).*

**scorpacciata** *s.f.* Fresserei *(die)*, übermäßiges Essen: *farsi una — di qlco*, sich mit etw vollschlagen.

**scorpione** *s.m. (zool., astr.)* Skorpion *(der).*

**scorrere** *v.intr.* 1 fließen, strömen: *il sangue scorre nelle vene*, das Blut fließt in den Adern 2 *(di tempo)* vergehen ♦ *v.tr.* überfliegen: *— un libro*, ein Buch überfliegen.

**scorretto** *agg.* unkorrekt.

**scorrevole** *agg.* 1 verschiebbar, Schiebe...: *porta —*, Schiebetür 2 *(fig.)* flüssig: *prosa —*, flüssige Prosa.

**scorso** *agg.* vorig, vergangen, letzt ● *l'anno —*, voriges Jahr.

**scorta** *s.f.* 1 Geleit *(das)*, Eskorte *(die)*; *(per protezione)* Personenschutz *(der)* 2 *(provvista)* Vorrat *(der)*, Reserve *(die).*

**scortare** *v.tr.* geleiten, eskortieren.

**scortese** *agg.* unhöflich.

**scorza** *s.f.* 1 *(bot.)* Rinde *(die)* 2 *(di agrumi)* Schale *(die) (anche fig.).*

**scosceso** *agg.* abschüssig, steil.

**scossa** *s.f.* Schlag *(der)*, Schock *(der)* ● *— di terremoto*, Erdstoß | — *(elettrica)*, Stromschlag.

**scosso** *agg.* erschüttert.

**scostare** *v.tr.* weg-rücken ♦ **scostarsi** *v.pron.* weg-gehen.

**scotch** *s.m.invar. (nastro adesivo)* Tesafilm® *(der).*

**scottare** *v.tr.* 1 verbrennen; *(con acqua bollente)* verbrühen 2 *(gastr.)* kurz in kochendes Wasser tauchen ♦ *v.intr.* 1 brennen: *il sole scotta*, die Sonne brennt 2 *(essere caldo)* glühen, heiß sein: *la minestra scotta*, die Suppe ist heiß ♦ **scottarsi** *v.pron.* sich verbrennen; *(al sole)* sich *(Dat)* einen Sonnenbrand holen.

**scottatura** *s.f.* Verbrennung *(die)*; *(da acqua bollente)* Verbrühung *(die)* 2 *(di sole)* Sonnenbrand *(der).*

**scotto¹** *agg.* verkocht.

**scotto²** *s.m.* ● *pagare lo —*, die Zeche bezahlen.

**scout** *s.m.* e *f.invar.* Pfadfinder *(der; die -in).*

**Scozia** *n.pr.f.* Schottland *(das).*

**scozzese** *agg.* schottisch, Schotten...: *gonna —*, Schottenrock ♦ *s.m.* e *f.* Schotte *(der; die Schottin)* ♦ *s.m.* *(lingua)* Schottisch(e) *(das).*

**screpolarsi** *v.pron.* rissig werden.

**scricchiolare** *v.intr.* 1 knirschen; *(del legno)* knarren 2 *(fig.)* wackeln.

**scrigno** *s.m.* Schrein *(der).*

**scritta** *s.f.* Aufschrift *(die).*

**scritto** *agg.* geschrieben, schriftlich ● *esame —*, schriftliche Prüfung.

**scrittore** *s.m.* [f. *-trice*] Schriftsteller *(der; die -in).*

**scrittura** *s.f.* 1 Schrift *(die)* 2 *(teatr., cinem.)* Vertrag *(der).*

**scrivania** *s.f.* Schreibtisch *(der).*

**scrivere** *v.tr.* e *v.intr.* schreiben.

**scroccone** *s.m.* [f. *-a*] Schmarotzer *(der; die -in).*

**scrofa** *s.f.* Sau *(die).*

**scrollare** *v.tr.* (aus)schütteln, rütteln ● *scrollarsi di dosso qlco*, *(fig.)* etw von sich abschütteln.

**scrosciare** *v.intr.* rauschen, tosen.

**scroscio** *s.m.* ● *— di applausi*, tosender Beifall | *— di pioggia*, Platzregen.

**scrostare** *v.tr.* 1 die Kruste entfernen von 2 *(estens.)* ab-kratzen, ab-schaben: — *l'intonaco dal muro*, den Putz von der Wand abkratzen ♦ **scrostarsi** *v.pron.* ab-bröckeln.

**scrupolo** *s.m.* 1 Skrupel *(der)* 2 *(cura)* Gewissenhaftigkeit *(die)*: *un lavoro eseguito con —*, eine gewissenhaft ausgeführte Arbeit ● *senza scrupoli*, skrupellos.

**scrupoloso** *agg. (coscienzioso)* gewissenhaft; *(meticoloso)* sorgfältig, genau.

**scrutare** *v.tr.* 1 beobachten 2 *(indagare)* untersuchen.

**scrutinio** *s.m.* 1 *(pol.)* Stimmenauszählung *(die)* 2 *(scol.)* Bewertung *(die).*

**scucire** *v.tr. (sartoria)* auf-trennen ♦ **scucirsi** *v.pron.* sich auf-trennen, aufgehen.

**scuderia** *s.f.* 1 *(per cavalli)* Reitstall

(der) (anche estens.) 2 (astr.) Rennstall (der).
**scudetto** *s.m.* 1 (*distintivo*) kleiner Schild 2 (*sport*) Meistertitel (der).
**scudo** *s.m.* 1 Schild (der) 2 (*protezione*) Schutz (der) (anche fig.).
**sculacciare** *v.tr.* ● — *qlcu*, jdm den Hintern versohlen.
**scultore** *s.m.* [f. -*trice*] Bildhauer (der; die -in).
**scultura** *s.f.* 1 (*arte*) Bildhauerei (die), Bildhauerkunst (die) 2 (*opera*) Skulptur (die), Plastik (die).
**scuola** *s.f.* Schule (die): *andare a —*, in die Schule gehen ● *— di ballo*, Tanzschule | *— di lingue*, Sprachschule | *— guida*, Fahrschule.
**scuotere** *v.tr.* 1 aus·schütteln, rütteln 2 (fig.) (*sollecitare*) auf·rütteln, wach·rütteln: *— la coscienza di qlcu*, jds Gewissen wachrütteln 3 (*turbare*) erschüttern ♦ **scuotersi** *v.pron.* 1 auf·fahren 2 (*turbarsi*) erschüttert sein.
**scure** *s.f.* Beil (das).
**scuro** *agg.* dunkel, finster (anche fig.) ♦ *s.m.* 1 (*buio*) Dunkelheit (die), Finsternis (die) 2 (*colore*) Dunkle (das).
**scurrile** *agg.* schlüpfrig.
**scusa** *s.f.* 1 Entschuldigung (die) 2 (*pretesto*) Ausrede (die) ● *chiedere —*, um Verzeihung bitten | *chiedo —*, *potrebbe…?*, Verzeihung (o Entschuldigung), könnten Sie…?
**scusare** *v.tr.* entschuldigen ♦ **scusarsi** *v.pron.* sich entschuldigen: *scusarsi con qlcu*, sich bei jdm entschuldigen; *scusarsi per qlco*, sich für etw entschuldigen ● *scusi, può ripetere?*, wie bitte?, können Sie das wiederholen? | *scusa!*, *scusi!*, *scusate!*, Entschuldigung!
**sdebitarsi** *v.pron.* 1 sich entschulden 2 (fig.) sich revanchieren.
**sdegnato** *agg.* (*per*) empört, entrüstet (über + Acc).
**sdegno** *s.m.* Empörung (die), Entrüstung (die).
**sdoganare** *v.tr.* verzollen, ab·fertigen.
**sdraiare** *v.tr.* (hin·)legen, nieder·legen ♦ **sdraiarsi** *v.pron.* sich hin·legen, sich nieder·legen.

**sdraio** *s.f.* (*sedia*) Liegestuhl (der).
**se¹** *pron.pers.m. e f. 3ª pers.sing. e pl.* (spesso non si traduce): *— ne andò*, er ging weg.
**se²** *cong.* 1 (*ipotetico*) wenn, falls: *— ben ricordo*, wenn ich mich recht erinnere; *— dovesse arrivare, avvisami*, falls er kommen sollte, sag mir Bescheid ● (*interrogativo o dubitativo*) ob: *non so — posso venire*, ich weiß nicht, ob ich kommen kann ● *anche —*, auch wenn, obwohl | *come —*, als ob: *si comporta come — avesse dieci anni*, er benimmt sich, als ob er zehn wäre | *— solo*, wenn… nur…: *— solo me l'avesse detto!*, wenn er es mir nur gesagt hätte!
**SE** *sigla* (Sud-Est) SO.
**sé** *pron.pers.m. e f. 3ª pers.sing. e pl.* sich ● *di per —*, an und für sich | *essere fuori di —*, außer sich sein | *essere pieno di —*, von sich selbst eingenommen sein | *fare da —*, allein tun.
**sebbene** *cong.* obwohl, obgleich: *— fosse malato, riuscì a finire il lavoro*, obwohl er krank war, konnte er die Arbeit beenden.
**sebo** *s.m.* Talg (der).
**secca** *s.f.* 1 Untiefe (die) 2 (*mancanza d'acqua*) Wassermangel (der), Trockenheit (die): *essere in —*, ausgetrocknet sein.
**seccante** *agg.* nervend, lästig.
**seccare** *v.tr.* 1 aus·trocknen 2 (*gastr.*) dörren, trocknen 3 (fig.) belästigen, auf die Nerven gehen (+ Dat) ♦ *v.intr.* aus·trocknen, verdorren ♦ **seccarsi** *v.pron.* 1 vertrocknen, verdorren 2 (*prosciugarsi*) trocknen, trocken werden 3 (fig.) sich ärgern: *mi sono seccato di aspettare*, die Warterei ging mir auf die Nerven.
**seccatore** *s.m.* [f. -*trice*] Quälgeist (der).
**seccatura** *s.f.* Belästigung (die), Schererei (die).
**secchio** *s.m.* Eimer (der).
**secco** *agg.* 1 trocken; ausgetrocknet; (*essiccato*) dürr, gedörrt, verdorrt 2 (*molto magro*) hager, dürr 3 (fig.) (*scortese*) schroff 4 (*di vino*) trocken, herb ♦ *s.m.* (*siccità*) Trockenheit (die) ● *a —*,

Trocken..., trocken: *lavaggio a —*, Trockenreinigung.

**secolare** *agg.* 1 jahrhundertealt; *(che dura da un secolo)* hundertjährig; *(che dura secoli)* jahrhundertelang 2 *(laico)* säkular, weltlich.

**secolo** *s.m.* Jahrhundert *(das)*.

**seconda** *s.f.* 1 *(aut.)* zweiter Gang 2 *(ferr., mar., aer.)* zweite Klasse.

**secondo**[1] *agg.num.ord.* 1 zweite *(inferiore)* zweit; unterlegen; *(in ordine di grandezza)* zweitgrößt; *(in ordine di altezza)* zweithöchst: *non essere — a nessuno*, niemandem unterlegen sein ♦ *avv. (in secondo luogo)* zweitens ♦ *s.m.* 1 Zweite *(der)* 2 *(minuto secondo)* Sekunde *(die)* 3 *(gastr.)* zweiter Gang.

**secondo**[2] *prep.* gemäß, nach: *— me questo è sbagliato*, meiner Meinung nach ist das falsch ● *— il suo umore*, je nach seiner Laune | *vivere — le proprie possibilità*, seinen Möglichkeiten gemäß leben.

**secrezione** *s.f.* *(med.)* Ausscheidung *(die)*, Sekretion *(die)*.

**sedano** *s.m.* Sellerie *(die)*.

**sedativo** *s.m.* *(farm.)* Beruhigungsmittel *(das)*, Nervenberuhigungsmittel *(das)*.

**sede** *s.f.* 1 Sitz *(der)*, Niederlassung *(die)* 2 *(luogo)* Ort *(der)*, Stelle *(die)*: *in — di esame*, während der Prüfung.

**sedere**[1] *v.intr.* sitzen ● **sedersi** *v.pron.* sich (hin)setzen ● *mettersi a —*, sich (hin)setzen | *— a tavola*, bei Tisch sitzen | *sedersi a tavola*, sich zu Tisch setzen.

**sedere**[2] *s.m.* Gesäß *(das)*, Hintern *(der)*.

**sedia** *s.f.* Stuhl *(der)* ● *— a rotelle*, Rollstuhl.

**sedici** *agg.num.card.invar.* sechzehn.

**sedile** *s.m.* Sitz *(der)*.

**seducente** *agg.* verführerisch *(anche fig.)*.

**sedurre** *v.tr.* verführen *(anche fig.)*.

**seduta** *s.f.* Sitzung *(die)* ● *— stante*, auf der Stelle.

**seduzione** *s.f.* Verführung *(die)*.

**sega** *s.f.* Säge *(die)*.

**segale** *s.f.* Roggen *(der)*.

**segare** *v.tr.* sägen, absägen.

**segatura** *s.f.* Sägemehl *(das)*; *(in trucioli)* Sägespäne *(pl.)*.

**seggio** *s.m.* 1 Sitz *(der)* 2 *(elettorale)* Wahllokal *(das)*.

**seggiovia** *s.f.* Sessellift *(der)*.

**segheria** *s.f.* Sägewerk *(das)*.

**segmento** *s.m.* Segment *(das)*.

**segnalare** *v.tr.* 1 *(comunicare con segnali)* signalisieren 2 *(rendere noto, far presente)* melden, anzeigen 3 *(raccomandare)* hinweisen (auf + Acc) ♦ **segnalarsi** *v.pron.* *(distinguersi)* sich auszeichnen.

**segnalazione** *s.f.* 1 Signalisieren *(das)* 2 *(comunicazione)* Meldung *(die)*.

**segnale** *s.m.* Signal *(das)*, Zeichen *(das)*.

**segnaletica** *s.f.* *(stradale)* Verkehrszeichen *(pl.)*.

**segnalibro** *s.m.* Lesezeichen *(das)*.

**segnare** *v.tr.* 1 *(indicare)* zeigen: *l'orologio segna le dodici*, die Uhr zeigt zwölf Uhr 2 *(annunciare)* markieren, anzeigen; *(rappresentare)* darstellen 3 *(prendere nota di)* aufschreiben 4 *(sport)* erzielen; *(un goal)* schießen 5 *(lasciare il segno)* zeichnen.

**segno** *s.m.* 1 Zeichen *(das)* *(anche fig.)*: *non dar — di vita*, kein Lebenszeichen von sich geben 2 *(indizio)* Anzeichen *(das)*, Vorzeichen *(das)* 3 *(segno zodiacale)* Sternzeichen *(das)* ● *(das) per filo e per —*, ausführlich; in allen Einzelheiten.

**segregare** *v.tr.* absondern; *(separare)* trennen.

**segregazione** *s.f.* Segregation *(die)* ● *— razziale*, Rassentrennung.

**segretario** *s.m.* [f. -a] Sekretär *(der; die -in)*.

**segreteria** *s.f.* Sekretariat *(das)* ● *— telefonica*, Anrufbeantworter.

**segretezza** *s.f.* Verborgenheit *(die)*, Zurückhaltung *(die)*: *massima —*, strengste Zurückhaltung.

**segreto** *s.m.* Geheimnis *(das)* ♦ *agg.* geheim, Geheim...: *servizio —*, Geheimdienst.

**seguace** *s.m.* e *f.* Anhänger *(der; die -in)*.

**seguente** *agg.* folgend, darauffolgend.

**seguire** *v.tr.* 1 folgen (+ Dat): *un sentiero*, einem Weg folgen; *mi segua, per favore!*, folgen Sie mir, bitte! 2 (*attenersi a*) befolgen, folgen (+ Dat): *— i consigli di qlcu*, jds Ratschläge befolgen 3 (*frequentare*) besuchen: *— un corso*, einen Kurs besuchen 4 (*sovrintendere, curare*) beaufsichtigen, überwachen ♦ *v.intr.* folgen: *come segue...*, folgendermaßen.

**seguito** *s.m.* 1 Gefolge (*das*) 2 (*continuazione*) Fortsetzung (*die*) 3 (*conseguenza*) Folge (*die*) ● *di —*, hintereinander: *per due ore di —*, zwei Stunden hintereinander | *in —*, später, nachher | *in — a*, infolge (+ Gen).

**sei** *agg.num.card.invar.* sechs → cinque.

**seicento** *agg.num.card.invar.* sechshundert ● *il Seicento*, das Siebzehnte Jahrhundert.

**selciato** *s.m.* Straßenpflaster (*das*).

**selezionare** *v.tr.* (aus-)wählen, (aus-)sortieren.

**selezione** *s.f.* 1 Auswahl (*die*) 2 (*biol.*) Auslese (*die*): *— naturale*, natürliche Auslese.

**sella** *s.f.* Sattel (*der*).

**selva** *s.f.* 1 Wald (*der*) 2 (*fig.*) Haufen (*der*), Menge (*die*).

**selvaggina** *s.f.* Wild (*das*).

**selvaggio** *agg.* wild ♦ *s.m.* [f. *-a*] Wilde (*der e die*).

**selvatico** *agg.* wild.

**semaforo** *s.m.* Verkehrsampel (*die*), Ampel (*die*).

**sembrare** *v.intr.* 1 scheinen: *sembri stanco*, du scheinst müde zu sein 2 (*assomigliare*) aus-sehen (wie) 3 (*ritenere*) meinen; (*credere*) glauben ● *mi sembra di sì*, ich glaube schon | *sembra che il peggio sia passato*, das Schlimmste scheint vorüber zu sein | *sembra impossibile*, es scheint unmöglich.

**seme** *s.m.* 1 (*bot.*) Samen (*der*) 2 (*delle carte*) Farbe (*die*).

**semestre** *s.m.* 1 Halbjahr (*das*), halbes Jahr 2 (*università*) Semester (*das*).

**semicerchio** *s.m.* Halbkreis (*der*).

**semifinale** *s.f.* (*sport*) Halbfinale (*das*).

**semina** *s.f.* 1 Aussaat (*die*) 2 (*periodo*) Saatzeit (*die*).

**seminare** *v.tr.* (aus-)säen, besäen: *— il campo a grano*, das Feld mit Weizen besäen.

**seminario** *s.m.* 1 (*relig.*) Priesterseminar (*das*) 2 (*università*) Seminar (*das*).

**semmai** *cong.* wenn je; wenn überhaupt ♦ *avv.* eventuell, allenfalls; (*al massimo*) höchstens.

**semola** *s.f.* Grieß (*der*).

**semolino** *s.m.* (*gastr.*) Grießbrei (*der*).

**semplice** *agg.* 1 einfach 2 (*modesto*) schlicht 3 (*soltanto*) nur, bloß, rein: *un — sospetto*, nur ein Verdacht.

**semplicemente** *avv.* 1 einfach, schlicht 2 (*soltanto*) nur, bloß.

**semplicità** *s.f.invar.* (*anche fig.*) Einfachheit (*die*).

**sempre** *avv.* 1 immer 2 (*continuamente*) dauernd, ständig ● *— che*, vorausgesetzt, dass.

**senape** *s.f.* Senf (*der*).

**senato** *s.m.* Senat (*der*).

**senatore** *s.m.* [f. *-trice*] Senator (*der*; *die* -in).

**seno** *s.m.* 1 Busen (*der*), Brust (*die*) 2 (*mat.*) Sinus (*der*).

**sensazionale** *agg.* sensationell.

**sensazione** *s.f.* 1 Gefühl (*das*) (*anche fig.*): *ho la — di aver dimenticato qualcosa*, ich habe das Gefühl, etwas vergessen zu haben 2 (*scalpore*) Sensation (*die*), Aufsehen (*das*).

**sensibile** *agg.* 1 (*di carattere*) sensibel 2 (*a uno stimolo*) empfindlich 3 (*rilevante*) merklich.

**senso** *s.m.* 1 Sinn (*der*) 2 (*sensazione, sentimento*) Gefühl (*das*) 3 (*significato*) Sinn (*der*) 4 (*direzione*) Richtung (*die*) ● *il buon —*, der gesunde Menschenverstand | *in — orario*, im Uhrzeigersinn | *— unico*, Einbahnstraße.

**sensuale** *agg.* sinnlich.

**sentenza** *s.f.* (*dir.*) Urteil (*das*).

**sentiero** *s.m.* Pfad (*der*), Weg (*der*).

**sentimentale** *agg.* 1 Gefühls-...: *vita*

—, Gefühlsleben **2** (*estens.*) sentimental.
**sentimento** *s.m.* Gefühl (*das*).
**sentinella** *s.f.* Wache (*die*), Wachposten (*der*).
**sentire** *v.tr.* **1** hören: *l'ho sentito parlare*, ich habe ihn sprechen hören **2** (*ascoltare*) zu·hören: *stammi a —!*, hör mal gut zu! **3** (*provare*) fühlen, empfinden, spüren **4** (*consultare*) fragen, zu Rate ziehen **5** (*al tatto*) fühlen **6** (*odori*) riechen ♦ **sentirsi** *v.pron.* sich fühlen, spüren: *non mi sento bene*, ich fühle mich nicht wohl ● *fatti —!*, melde dich! | (*fam.*) *non me la sento*, ich pack's nicht | *non sentirci*, (*essere sordi*) taub sein | *si sente odore di gas*, es riecht nach Gas.

NOTA 'Sentire' nel senso di 'sentire col gusto' si traduce con **schmecken** seguito da **nach**:
 *Si sente il gusto di limone.*
 **Es schmeckt nach** Zitrone.

**sentito** *agg.* (*sincero*) herzlich, aufrichtig.
**senza** *prep.* ohne (+ Acc), ...los: *— dubbio*, zweifellos; *— dire una parola*, ohne ein Wort zu sagen ● *— che*, ohne dass | *— contare che...*, abgesehen davon, dass... | *senz'altro*, ohne weiteres.

NOTA Spesso 'senza' seguito da sostantivo è reso in tedesco con un composto che termina in **-los**:
 *Una coppia senza figli.*
 Ein **kinderloses** Paar.

**senzatetto** *s.m.* e *f.invar.* Obdachlose (*der* e *die*).
**separabile** *agg.* trennbar (*anche gramm.*).
**separare** *v.tr.* **1** trennen **2** (*chim.*) aus·scheiden ♦ **separarsi** *v.pron.* sich trennen.
**separatamente** *avv.* getrennt; (*uno alla volta*) allein.
**separato** *agg.* getrennt.
**separazione** *s.f.* Trennung (*die*).
**sepolcro** *s.m.* Grab (*das*).
**sepoltura** *s.f.* Begräbnis (*das*).
**seppellire** *v.tr.* begraben.

**seppia** *s.f.* Tintenfisch (*der*), Sepia (*die*).
**seppure** *cong.* auch wenn, selbst wenn.
**sequenza** *s.f.* **1** (*ordine*) Reihenfolge (*die*) **2** (*serie*) Serie (*die*), Folge (*die*) **3** (*cinem.*) Sequenz (*die*).
**sequestrare** *v.tr.* **1** (*dir.*) (*beni*) beschlagnahmen **2** (*rapire*) entführen.
**sera** *s.f.* Abend (*der*).
**serale** *agg.* abendlich.
**serata** *s.f.* Abend (*der*).
**serbatoio** *s.m.* **1** Behälter (*der*), Tank (*der*) **2** (*idrico*) Speicherbecken (*das*).
**Serbia** *n.pr.f.* Serbien (*das*).
**serbo** *agg.* serbisch ♦ *s.m.* **1** Serbe (*der*) **2** (*lingua*) Serbisch(e) (*das*).
**serenata** *s.f.* Serenade (*die*); (*canto*) Ständchen (*das*): *fare una — a qlcu*, jdm ein Ständchen halten.
**serenità** *s.f.invar.* Heiterkeit (*die*), Ruhe (*die*).
**sereno** *agg.* **1** (*di cielo*) heiter **2** (*fig.*) unbeschwert ♦ *s.m.* heiteres Wetter.
**seriamente** *avv.* **1** ernsthaft **2** (*fortemente*) stark: *— danneggiato*, stark beschädigt.
**serie** *s.f.invar.* **1** Reihe (*die*), Serie (*die*): *in (o di) —*, serienmäßig **2** (*sport*) Liga (*die*), Klasse (*die*).
**serietà** *s.f.invar.* Ernst (*der*), Ernsthaftigkeit (*die*).
**serigrafia** *s.f.* Siebdruck (*der*), Serigraphie (*die*).
**serio** *agg.* ernst, ernsthaft ● *fare sul —*, es ernst meinen | *prendere qlco sul —*, etw ernst nehmen.
**sermone** *s.m.* (*relig.*) Predigt (*die*).
**serpente** *s.m.* Schlange (*die*): *— a sonagli*, Klapperschlange.
**serpentina** *s.f.* **1** Serpentine (*die*) **2** (*tubo a spirale*) Schlange (*die*).
**serra** *s.f.* Treibhaus (*das*), Gewächshaus (*das*) ● *effetto —*, Treibhauseffekt.
**serranda** *s.f.* Rollladen (*der*).
**serrare** *v.tr.* **1** verschließen, verriegeln: *— il portone*, die Haustür verriegeln **2** (*chiudere stringendo*) an·ziehen ● *— i pugni*, die Fäuste ballen.
**serratura** *s.f.* Schloss (*das*): *forzare una —*, ein Schloss aufbrechen.

**serva** *s.f.* Dienstmädchen (*das*).
**servire** *v.tr.* **1** dienen (+ Dat) **2** (*in un negozio*) bedienen: *è già stato servito?*, werden Sie schon bedient? **3** (*portare a tavola*) servieren, auf-tischen ♦ *v.intr.* **1** dienen: — *come maggiordomo*, als Butler dienen **2** (*occorrere*) brauchen: *mi servono 10 Euro*, ich brauche 10 Euro ♦ **servirsi** *v.pron.* **1** (*usare*) (*di*) benutzen, Gebrauch machen von, sich bedienen (+ Gen) **2** (*prendere*) sich bedienen: *prego, si serva*, bitte, bedienen Sie sich **3** (*essere cliente*) kaufen: *da molti anni mi servo in quel negozio*, seit Jahren kaufe ich in diesem Geschäft ● *in che cosa posso servirla?*, womit kann ich (Ihnen) dienen? | — *d'esempio*, als Beispiel dienen | (*sport*) — *la palla*, bedienen, den Ball zu·spielen.
**servitore** *s.m.* [f. *-trice*] Diener (*der; die -in*) (*anche fig.*).
**servitù** *s.f.invar.* **1** Knechtschaft (*die*), Sklaverei (*die*) **2** (*persone di servizio*) Dienstpersonal (*das*).
**servizievole** *agg.* dienstfertig, anstellig.
**servizio** *s.m.* **1** Dienst (*der*): *essere al — di qlcu*, bei jdm im Dienst sein; *prendere qlcu al proprio —*, jdn in Dienst nehmen **2** (*al ristorante*) Bedienungsgeld (*das*), Bedienung (*die*) **3** (*spec.pl.*) (*econ.*) Dienstleistungen (*pl.*) **4** (*giornalismo*) Bericht (*der*), Reportage (*die*) ● *fuori —*, außer Dienst | *servizi igienici*, Toiletten | — *da tavola*, Tafelservice | — *postale*, Postverkehr.
**servo** *s.m.* [f. *-a*] Knecht (*der*), Diener (*der; die -in*).
**sessanta** *agg.num.card.invar.* sechzig.
**sessantesimo** *agg.num.ord.* sechzigste ♦ *s.m.* (*frazione*) Sechzigstel (*das*).
**sessione** *s.f.* Tagung (*die*); (*seduta*) Sitzung (*die*) **2** (*università*) — *autunnale d'esami*, Prüfungstermine im Herbst.
**sesso** *s.m.* **1** Geschlecht (*das*) **2** (*sessualità*) Sex (*der*).
**sessuale** *agg.* Geschlechts..., Sexual..., sexuell ● *rapporti sessuali*, Geschlechtsverkehr.

**sesto** *agg.num.ord.* sechste ♦ *s.m.* **1** Sechste (*der*) **2** (*frazione*) Sechstel (*das*).
**seta** *s.f.* Seide (*die*): *di —*, seiden.
**setacciare** *v.tr.* **1** sieben, durch ein Sieb geben: — *la farina*, Mehl sieben **2** (*fig.*) durch·kämmen: — *un quartiere*, ein Viertel durchkämmen.
**setaccio** *s.m.* Sieb (*das*).
**sete** *s.f.* Durst (*der*) ● *avere —*, Durst haben, durstig sein.
**setola** *s.f.* Borste (*die*).
**setta** *s.f.* Sekte (*die*).
**settanta** *agg.num.card.invar.* siebzig.
**settantesimo** *agg.num.ord.* siebzig ♦ *s.m.* (*frazione*) Siebzigstel (*das*).
**sette** *agg.num.card.invar.* sieben → *cinque*.
**settecento** *agg.num.card.invar.* siebenhundert ● *il Settecento*, das Achzehnte Jahrhundert.
**settembre** *s.m.* September (*der*) → *gennaio*.
**settentrionale** *agg.* nördlich, Nord... ♦ *s.m.* e *f.* Nordländer (*der; die -in*).
**settentrione** *s.m.* Norden (*der*).
**settimana** *s.f.* Woche (*die*): *due volte la —*, zweimal in der Woche ● *il fine —*, das Wochenende; *nel fine —*, am Wochenende | — *bianca*, Skiwoche | *Settimana Santa*, Karwoche.
**settimanale** *agg.* Wochen..., wöchentlich ♦ *s.m.* (*giornale*) Wochenzeitung (*die*), Wochenblatt (*das*) ● *abbonamento —*, Wochenkarte.
**settimo** *agg.num.ord.* siebte ♦ *s.m.* **1** Siebte (*der*) **2** (*frazione*) Siebtel (*das*).
**settore** *s.m.* **1** (*geom.*) Ausschnitt (*der*) **2** (*parte*) Teil (*der*) **3** (*fig.*) Sektor (*der*), Bereich (*der*): — *terziario*, Tertiärsektor.
**severo** *agg.* streng.
**sezione** *s.f.* **1** (*geom.*) Schnitt (*der*), Querschnitt (*der*) **2** (*ripartizione*) Abteilung (*die*), Sektion (*die*) **3** (*fig.*) Teil (*der*), Abschnitt (*der*) **4** (*scol.*) Abteilung (*die*), Kurs (*der*).
**sfacciato** *agg.* unverschämt, unverfroren, frech.
**sfamare** *v.tr.* ernähren ♦ **sfamarsi** *v.pron.* seinen Hunger stillen.

**sfarzo** *s.m.* Prunk (*der*), Pracht (*die*).

**sfasciare**[1] *v.tr.* den Verband ab·nehmen von.

**sfasciare**[2] *v.tr.* (*distruggere*) kaputt·machen ♦ **sfasciarsi** *v.pron.* 1 kaputt·gehen 2 (*fig.*) sich zerrütten.

**sfavillare** *v.intr.* glitzern (*anche fig.*).

**sfavorevole** *agg.* ungünstig.

**sfera** *s.f.* 1 (*geom.*) Kugel (*die*) (*anche estens.*): — *celeste*, Himmelskugel 2 (*fig.*) Bereich (*der*), Sphäre (*die*) ● *le alte sfere*, die höheren Kreise.

**sferico** *agg.* kugelförmig.

**sferrare** *v.tr.* 1 versetzen: — *un calcio*, einen Tritt versetzen 2 (*mil.*) unternehmen: — *un attacco*, einen Angriff unternehmen.

**sfida** *s.f.* Herausforderung (*die*) (*anche fig.*).

**sfidare** *v.tr.* herausfordern ♦ **sfidarsi** *v.pron.* (*reciproco*) eine Herausforderung aus·tragen ● *sfido (io)!*, das glaube ich gern!

**sfiducia** *s.f.* Misstrauen (*das*).

**sfilare**[1] *v.tr.* 1 aus·fädeln 2 (*togliersi*) aus·ziehen: *sfilare gli stivali*, sich (*Dat*) die Stiefel ausziehen ♦ **sfilarsi** *v.pron.* 1 sich aus·fransen, (*di collana*) reißen (*perdere i fili*) laufen.

**sfilare**[2] *v.intr.* vorbei·gehen, vorbei·ziehen: *il corteo sfilava*, der Zug zog vorbei.

**sfilata** *s.f.* Defilé (*das*); (*mil.*) Aufmarsch (*der*): — *di moda*, Modenschau.

**sfilza** *s.f.* Reihe (*die*).

**sfinge** *s.f.* Sphinx (*die*).

**sfinito** *agg.* erschöpft.

**sfiorare** *v.tr.* streifen (*anche fig.*).

**sfiorire** *v.intr.* verblühen, verwelken (*anche fig.*).

**sfitto** *agg.* unvermietet, frei.

**sfizio** *s.m.* Lust (*die*), Laune (*die*): *togliersi uno* —, sich (*Dat*) einen Wunsch erfüllen.

**sfizioso** *agg.* lustvoll, frivol.

**sfocato** *agg.* unscharf.

**sfociare** *v.intr.* münden (*anche fig.*).

**sfoderato** *agg.* ungefüttert.

**sfogare** *v.tr.* aus·lassen, freien Lauf lassen (+ *Dat*) ♦ *v.intr.* (*fumo*) ab·ziehen

♦ **sfogarsi** *v.pron.* sich Luft machen, sich aus·lassen: *sfogarsi con qlcu*, jdm sein Herz ausschütten.

**sfoggiare** *v.tr.* zur Schau stellen, prunken (mit): — *un nuovo vestito*, ein neues Kleid vorführen; — *la propria cultura*, die eigene Kultur zur Schau stellen.

**sfoggio** *s.m.* Prunken (*das*): *fare* — *di eleganza*, mit Eleganz prunken.

**sfoglia** *s.f.* (*lamina*) Folie (*die*), Blättchen (*das*) ● (*gastr.*) *pasta* —, Blätterteig.

**sfogliare** *v.tr.* durch·blättern: — *una rivista*, eine Zeitschrift durchblättern.

**sfogo** *s.m.* 1 Abzug (*der*); (*di liquidi*) Abfluss (*der*) 2 (*sbocco*) Zugang (*der*) 3 (*fig.*) (*lo sfogarsi*) Ausbruch (*der*) 4 (*fam.*) (*eruzione cutanea*) Ausschlag (*der*).

**sfondare** *v.tr.* 1 durchbrechen, einschlagen, auf·brechen: — *la porta*, die Tür aufbrechen 2 (*oltrepassare*) überschreiten ♦ *v.intr.* (*affermarsi*) sich durch·setzen.

**sfondo** *s.m.* Hintergrund (*der*) (*anche fig.*).

**sformato** *agg.* verformt ♦ *s.m.* (*gastr.*) Auflauf (*der*).

**sfornare** *v.tr.* 1 aus dem Backofen nehmen 2 (*fig.*) heraus·bringen, erzeugen.

**sfortuna** *s.f.* Unglück (*das*), Pech (*das*).

**sfortunatamente** *avv.* unglücklicherweise.

**sfortunato** *agg.* 1 unglücklich 2 (*infelice*) unglücklich, missglückt ♦ *s.m.* Unglückliche (*der*); (*fam.*) Pechvogel (*der*) ● (*prov.*) — *al gioco, fortunato in amore*, Unglück im Spiel, Glück in der Liebe.

**sforzare** *v.tr.* (über)an·strengen; (über·)beanspruchen (*anche tecn.*). ♦ **sforzarsi** *v.pron.* sich an·strengen, sich bemühen; (*costringersi*) sich zwingen: *sforzarsi di fare qlco*, sich anstrengen, etw zu tun.

**sforzo** *s.m.* 1 Anstrengung (*die*), Mühe (*die*), Bemühung (*die*): — *di volontà*,

Willensanstrengung 2 (tecn.) Beanspruchung (die).
**sfrattare** v.tr. kündigen, auf-kündigen (+ Dat.).
**sfratto** s.m. Mietkündigung (die), Zwangsräumung (die).
**sfrecciare** v.intr. (vorbei-)flitzen; (vorbei-)sausen.
**sfregare** v.tr. reiben: *sfregarsi gli occhi*, sich (Dat.) die Augen reiben.
**sfregio** s.m. 1 Schnitt (der); (cicatrice) Narbe (die) 2 (taglio, graffio) Schnitt (der); Kratzer (der).
**sfrenato** agg. 1 zügellos; (incontrollato) unbeherrscht 2 (scatenato) wild, hemmungslos.
**sfrontato** agg. frech.
**sfruttamento** s.m. Ausbeutung (die); Ausnutzung (die) (anche fig.).
**sfruttare** v.tr. aus-beuten, (aus-)nützen (anche fig.): — *ogni buona occasione*, jede gute Gelegenheit ausnützen.
**sfruttatore** s.m. Ausbeuter (der).
**sfuggente** agg. flüchtig.
**sfuggire** v.intr. entkommen; entgehen (anche fig.): *lasciarsi — un'occasione*, sich (Dat.) eine Gelegenheit entgehen lassen; *non gli sfugge nulla*, ihm entgeht nichts ♦ v.tr. fliehen, entgehen (+ Dat.) ● — (a) un pericolo, einer Gefahr entgehen.
**sfumare** v.intr. 1 (dissolversi) schattieren, verfliegen 2 (andare a monte) ins Wasser fallen: (fig.) *il nostro progetto è sfumato*, unser Plan ist ins Wasser gefallen 3 (divenire meno netto) verschwimmen; (di colori) ab-tönen, ab-stufen ♦ v.tr. (colori) ab-tönen, schattieren, nuancieren; (suoni) verschmelzen.
**sfumatura** s.f. 1 (pittura) Schattierung (die) 2 (gradazione) Abtönung (die), Nuancierung (die); (tonalità) Nuance (die) (anche fig.).
**sfuriata** s.f. Wutausbruch (der); (sgridata) Anschreien (das).
**sgabello** s.m. Hocker (der), Schemel (der).
**sgabuzzino** s.m. Abstellraum (der).
**sgambetto** s.m. ● *fare uno — a qlcu*, jdm ein Bein stellen (anche fig.).

**sganciare** v.tr. 1 ab-hängen: — *un vagone*, einen Wagon abhängen 2 (fam.) heraus-rücken ♦ **sganciarsi** v.pron. 1 sich lösen 2 (fig.) (da) sich lösen (von).
**sgangherato** agg. 1 ausgehoben 2 (sfasciato) klapprig.
**sgarbato** agg. unhöflich, unfreundlich.
**sgarbo** s.m. Unhöflichkeit (die).
**sgargiante** agg. schreiend, grell.
**sghignazzare** v.intr. kichern.
**sgocciolare** v.intr. tröpfeln, tropfen.
**sgomberare** v.tr. 1 räumen 2 (evacuare) evakuieren.
**sgombro¹** agg. frei, leer.
**sgombro²** s.m. (zool.) Makrele (die).
**sgomento** s.m. Bestürzung (die) ♦ agg. bestürzt, erschüttert.
**sgominare** v.tr. zerschlagen, nieder-werfen.
**sgonfiare** v.tr. die Luft heraus-lassen (aus) ♦ **sgonfiarsi** v.pron. 1 Luft verlieren 2 (med.) ab-schwellen.
**sgonfio** agg. ohne Luft, platt.
**sgorgare** v.intr. sprudeln ♦ v.tr. reinigen.
**sgozzare** v.tr. schlachten.
**sgradevole** agg. unangenehm.
**sgradito** agg. unerwünscht, unangenehm.
**sgranchire** v.tr. ● **sgranchirsi le gambe**, sich (Dat.) die Beine vertreten.
**sgranocchiare** v.tr. (fam.) knabbern.
**sgraziato** agg. ungraziös, plump; (sgradevole) unangenehm.
**sgridare** v.tr. aus-schimpfen, schimpfen (mit).
**sgridata** s.f. Schelte (die): *prendersi una —*, ausgeschimpft werden.
**sguaiato** agg. unanständig, unflätig.
**sguardo** s.m. Blick (der).
**shampoo** s.m.invar. Shampoo (das).
**shopping** s.m.invar. Einkaufsbummel (der).
**si¹** pron. pers.m. e f.3 pers.sing. e pl. 1 sich: — *veste con gusto*, er kleidet sich mit Geschmack 2 (reciproco) sich, einander: — *incontrarono a Parigi*, sie trafen sich in Paris; *è importante aiutarsi*, es ist wichtig einander zu helfen 3 (im-

**pers.**) (sogg.) man: — *dice*, man sagt; *qui si fanno fotocopie*, hier werden Fotokopien gemacht.

**si²** *s.m.invar.* (mus.) H (*das*), h (*das*).

**sì** *avv.* **1** ja; jawohl: *hai capito? Sì*, hast du verstanden? Ja; —, *certamente*, ja, sicher **2** (*risposta a domanda negativa*) doch: *non hai freddo? Sì!*, frierst du nicht? Doch! ♦ *s.m.invar.* **1** Ja (*das*) **2** (*voto favorevole*) Jastimme (*die*) ● *questa — che è bella!*, das ist ja unglaublich! | *un giorno — e uno no*, jeden zweiten Tag.

NOTA Quando 'sì' è la risposta a una domanda negativa, in tedesco si usa **doch**:
*Ma non l'hai invitato? – Sì (che l'ho invitato)!*
Hast du ihn denn nicht eingeladen? – **Doch**!

**sia** *cong.* sowohl... als auch...: *— che venga, — che non venga per me fa lo stesso*, ob er kommt oder nicht, ist mir egal.

**siamese** *agg.* siamesisch ♦ *s.m. e f.* Siamese (*der; die* Siamesin) ♦ *s.m.* (*gatto*) Siamkatze (*die*) ● *gemelli siamesi*, siamesische Zwillinge.

**Siberia** *n.pr.f.* Sibirien (*das*).

**sibilare** *v.intr.* **1** (*di serpente*) zischen **2** (*fig.*) (*fischiare*) pfeifen.

**sibilo** *s.m.* **1** (*di serpente*) Zischen (*das*) **2** (*fig.*) (*fischio*) Pfeifen (*das*).

**sicché** *cong.* **1** so dass **2** (*quindi, dunque*) also: *ormai ho deciso, — è inutile parlarne*, ich habe mich entschlossen, es hat also keinen Sinn mehr, darüber zu sprechen.

**siccità** *s.f.invar.* Dürre (*die*), Trockenheit (*die*).

**siccome** *cong.* da, weil: *— era tardi, non sono passato da te*, da es spät war, bin ich nicht bei dir vorbeigekommen.

**Sicilia** *n.pr.f.* Sizilien (*das*).

**siciliano** *agg.* sizilianisch ♦ *s.m.* **1** [*f. -a*] Sizilianer (*der;* die *-in*) **2** (*dialetto*) Sizilianisch(e) (*das*).

**sicurezza** *s.f.* Sicherheit (*die*): *misure di —*, Sicherheitsmaßnahmen.

**sicuro** *agg.* sicher: *essere — di qlco*,

etw (Gen) sicher sein; *sono — di aver chiuso la porta*, ich bin mir sicher, die Tür geschlossen zu haben ♦ *s.m.* Sicherheit (*die*), sichere Stelle ♦ *avv.* sicherlich, gewiss ♦ *di —*, sicher | *essere al — da*, sicher vor (+ Dat) | *— di sé*, selbstbewusst, selbstsicher.

**sidro** *s.m.* Obstwein (*der*); (*di mele*) Apfelwein (*der*).

**siepe** *s.f.* Hecke (*die*).

**siero** *s.m.* Serum (*das*): (*med.*) *— antivipera*, Immunserum gegen Schlangengift **2** (*del latte*) Molke (*die*).

**sieropositivo** *agg.* (*med.*) HIV-positiv ♦ *s.m. e f.* Infizierte (*der e die*).

**sifone** *s.m.* (*bot.*) Siphon (*der*), Saugheber (*der*).

**sigaretta** *s.f.* Zigarette (*die*): *accendersi una —*, sich (*Dat*) eine Zigarette anzünden.

**sigaro** *s.m.* Zigarre (*die*).

**sigillare** *v.tr.* **1** versiegeln (*anche dir.*) **2** (*estens.*) verschließen.

**sigillo** *s.m.* Siegel (*das*) (*anche fig.*).

**sigla** *s.f.* **1** Kennzeichen (*das*); (*abbreviazione*) Abkürzung (*die*) **2** (*firma*) Signatur (*die*), Namenszeichen (*das*) **3** (*breve motivo*) Erkennungszeichen (*das*).

**significare** *v.tr.* bedeuten (*anche fig.*).

**significato** *s.m.* Bedeutung (*die*).

**signora** *s.f.* Frau (*die*), Dame (*die*): *signore e signori...*, meine Damen und Herren...

**signore** *s.m.* **1** Herr (*der*); (*uomo*) Mann (*der*): *Signor Rossi*, Herr Rossi; *buona sera, signori!*, guten Abend, meine Herren! **2** (*pl.*) Herrschaften (*pl.*); (*ricchi*) Reichen (*pl.*): *i signori possono accomodarsi*, die Herrschaften können Platz nehmen ● (*relig.*) *Nostro Signore*, der Herrgott.

**signorile** *agg.* herrschaftlich; (*da signore*) vornehm.

**signorina** *s.f.* **1** Frau (*die*); Fräulein (*das*) **2** (*donna giovane*) junge Frau, junge Dame.

**sig.ra** *abbr.* (*signora*) Fr. (Frau).

**silenzio** *s.m.* **1** Stille (*die*) **2** (*il tacere*)

Schweigen (*das*) ● *Silenzio!*, Ruhe! | *stare in* (o *fare*) —, still sein.
**silenzioso** *agg.* ruhig, schweigsam.
**silicone** *s.m.* (*chim.*) Silikon (*das*).
**sillaba** *s.f.* Silbe (*die*).
**sillabare** *v.tr.* 1 die einzelnen Silben betonen 2 (*fare lo spelling di*) buchstabieren.
**silurare** *v.tr.* (*mil.*) torpedieren (*anche fig.*).
**siluro** *s.m.* (*mil.*) Torpedo (*der*).
**simbiosi** *s.f.* Symbiose (*die*).
**simbolico** *agg.* symbolisch, sinnbildlich.
**simbolo** *s.m.* Symbol (*das*), Sinnbild (*das*); (*segno*) Zeichen (*das*).
**simile** *agg.* 1 ähnlich 2 (*tale*) solch, derartig ◆ *s.m. e f.* Nächste (*der* e *die*), Mitmensch (*der*).
**simmetrico** *agg.* symmetrisch.
**simpatia** *s.f.* Sympathie (*die*).
**simpatico** *agg.* (*di persona*) sympathisch; (*di cosa*) nett.
**simulare** *v.tr.* 1 vor-täuschen, heucheln: — *interesse*, Interesse heucheln 2 (*imitare*) nach-ahmen, nach-machen.
**simultaneo** *agg.* gleichzeitig, simultan.
**sinagoga** *s.f.* Synagoge (*die*).
**sincerità** *s.f.invar.* Ehrlichkeit (*die*), Aufrichtigkeit (*die*).
**sincero** *agg.* ehrlich, aufrichtig.
**sincronizzare** *v.tr.* synchronisieren.
**sindacalista** *s.m. e f.* Gewerkschaft(l)er (*der*; *die* -in).
**sindacato** *s.m.* Gewerkschaft (*die*).
**sindaco** *s.m.* [f. -*a*] Bürgermeister (*der*; *die* -in).
**sindrome** *s.f.* (*med.*) Syndrom (*das*).
**sinfonia** *s.f.* Synfonie (*die*).
**singhiozzare** *v.intr.* schluchzen.
**singhiozzo** *s.m.* 1 Schluckauf (*der*) 2 (*di pianto*) Schluchzer (*der*).
**singolare** *agg.* 1 (*gramm.*) singular 2 (*unico*) einzigartig, einmalig ◆ *s.m.* 1 (*gramm.*) Singular (*der*) 2 (*sport*) Single (*das*).
**singolo** *agg.* 1 einzeln 2 (*per una persona*) Einzel...: *camera singola*, Einzelzimmer ◆ *s.m.* 1 Einzelne (*der*) 2 (*sport*) Einzel (*das*).
**sinistra** *s.f.* 1 linke Seite: *a — di*, links von 2 (*mano sinistra*) linke Hand 3 (*pol.*) Linke (*die*).
**sinistro** *agg.* 1 link 2 (*inquietante*) unheimlich 3 (*di persona*) finster ◆ *s.m.* (*incidente*) Schaden (*der*); Unfall (*der*); Versicherungsfall (*der*).
**sinonimo** *agg.* (*di*) synonym, sinnverwandt (*mit*) ◆ *s.m.* Synonym (*das*).
**sintesi** *s.f.invar.* Zusammenfassung (*die*) ● *in —*, zusammenfassend.
**sintetico** *agg.* 1 knapp, zusammenfassend 2 (*chim.*) synthetisch: *fibre sintetiche*, synthetische Fasern.
**sintetizzare** *v.tr.* 1 zusammen·fassen 2 (*chim.*) synthetisieren.
**sintomo** *s.m.* (*di*) Symptom (*das*), Anzeichen (*das*) (*für*, *von*) (*anche fig.*).
**sintonia** *s.f.* Einklang (*der*): *essere in — con qlcu*, auf gleicher Wellenlänge mit jdm sein (*o* mit jdm übereinstimmen).
**sintonizzare** *v.tr.* 1 ab·stimmen 2 (*fig.*) (*con*) in Einklang bringen (*mit*) ● *sintonizzarsi su un canale*, einen Sender einstellen.
**sinusite** *s.f.* (*med.*) Stirnhöhlenentzündung (*die*).
**sipario** *s.m.* Vorhang (*der*) (*anche fig.*).
**sirena** *s.f.* Sirene (*die*).
**Siria** *n.pr.f.* Syrien (*das*).
**siriano** *agg.* syrisch ◆ *s.m.* [f. -*a*] Syrer (*der*; *die* -in).
**siringa** *s.f.* Spritze (*die*).
**sisma** *s.m.* Erdbeben (*das*).
**sismico** *agg.* Erdbeben...: *zona sismica*, Erdbebengebiet.
**sistema** *s.m.* System (*das*) ● (*anat.*) — *immunitario*, Immunsystem; — *nervoso*, Nervensystem | (*inform.*) — *operativo*, Betriebssystem.
**sistemare** *v.tr.* 1 (*mettere a posto*) in Ordnung bringen 2 (*collocare*) stellen; (*alloggiare*) unter·bringen 3 (*sbrigare*) erledigen 4 (*trovare un impiego a*) unter·bringen ◆ *sistemarsi* *v.pron.* 1 sich ein·richten; (*presso qlcu*) unter·kommen

**sistematico / smontare**

**2** (*trovare un impiego*) unter·kommen **3** (*aggiustarsi*) in Ordnung kommen.
**sistematico** *agg.* systematisch.
**sistemazione** *s.f.* **1** (*disposizione*) Anordnung (*die*) **2** (*posto*) Platz (*der*) **3** (*alloggio*) Unterbringung (*die*), Unterkunft (*die*) **4** (*lavoro*) Stelle (*die*).
**sito** *s.m.* (*luogo*) Ort (*der*), Stelle (*die*) ● — *Internet*, Internetseite.
**situare** *v.tr.* setzen, stellen; (*in orizzontale*) legen: *la casa è situata in riva al mare*, das Haus befindet sich am Meeresufer.
**situazione** *s.f.* Lage (*die*), Situation (*die*).
**skilift** *s.m.invar.* Skilift (*der*).
**slacciare** *v.tr.* auf·machen; (*sbottonare*) auf·knöpfen ♦ **slacciarsi** *v.pron.* sich lösen, auf·gehen.
**slanciato** *agg.* schlank.
**slancio** *s.m.* **1** Schwung (*der*), Anlauf (*der*) **2** (*fig.*) Schwung (*der*), Elan (*der*).
**slargo** *s.m.* Verbreiterung (*die*), Erweiterung (*die*).
**slavina** *s.f.* Lawine (*die*).
**slavo** *agg.* slawisch ♦ *s.m.* **1** [f. *-a*] Slawe (*der*; *die* Slawin) **2** (*lingua*) Slawisch(e) (*das*).
**sleale** *agg.* unehrlich, unfair ● (*comm.*) *concorrenza —*, unlauterer Wettbewerb.
**slegare** *v.tr.* auf·knoten, los·binden ♦ **slegarsi** *v.pron.* **1** auf·gehen, sich los·machen **2** (*fig.*) sich lösen, sich los·lösen.
**slitta** *s.f.* Schlitten (*der*).
**slittare** *v.intr.* **1** (*con la slitta*) schlittern **2** (*a*) (*essere rimandato*) sich verschieben (*auf*).
**slogare** *v.tr.* verrenken, verstauchen ♦ **slogarsi** *v.pron.* sich verrenken.
**slogatura** *s.f.* Verrenkung (*die*), Verstauchung (*die*).
**Slovacchia** *n.pr.f.* Slowakei (*die*).
**slovacco** *agg.* slowakisch ♦ *s.m.* **1** [f. *-a*] Slowake (*der*; *die* Slowakin) **2** (*lingua*) Slowakisch(e) (*das*).
**Slovenia** *n.pr.f.* Slowenien (*das*).
**sloveno** *agg.* slowenisch ♦ *s.m.* [f. *-a*] **1** Slowene (*der*; *die* Slowenin) **2** (*lingua*) Slowenisch(e) (*das*).

**smacchiare** *v.tr.* die Flecken entfernen von.
**smacchiatore** *s.m.* Fleckenentferner (*der*).
**smagliante** *agg.* glänzend, strahlend.
**smaltare** *v.tr.* emaillieren, glasieren ● *smaltarsi le unghie*, sich (*Dat*) die Nägel lackieren.
**smaltire** *v.tr.* **1** (*eliminare*) entsorgen: — *i rifiuti*, Müll entsorgen **2** (*digerire*) verdauen ● — *la rabbia*, die Wut verrauchen lassen.
**smalto** *s.m.* **1** Email (*das*), Glasur (*die*) **2** (*per unghie*) Nagellack (*der*) **3** (*di denti*) Zahnschmelz (*der*).
**smania** *s.f.* **1** Aufregung (*die*), Unruhe (*die*) **2** (*desiderio*) Sucht (*die*).
**smarrimento** *s.m.* **1** Verlust (*der*) **2** (*fig.*) Verwirrung (*die*).
**smarrire** *v.tr.* verlieren ♦ **smarrirsi** *v.pron.* sich verlaufen, sich verirren; (*in auto*) sich verfahren.
**smarrito** *agg.* **1** verlegt, verloren **2** (*fig.*) verwirrt.
**smemorato** *agg.* vergesslich.
**smentire** *v.tr.* **1** dementieren (*dir.*) widerrufen.
**smeraldo** *s.m.* Smaragd (*der*) ● *verde —*, smaragdgrün.
**smettere** *v.tr.* **1** auf·hören: *smettila!*, hör auf! **2** (*abiti*) ab·legen ♦ *v.intr.* auf·hören: — *di bere*, aufhören zu trinken.
**smistare** *v.tr.* **1** sortieren **2** (*ferr.*) verschieben, rangieren.
**smisurato** *agg.* grenzenlos, unermesslich.
**smodato** *agg.* unmäßig, maßlos.
**smoking** *s.m.invar.* Smoking (*der*).
**smontabile** *agg.* zerlegbar.
**smontaggio** *s.m.* **1** Abmontierung (*die*) **2** (*di mobili componibili*) Zerlegung (*die*).
**smontare** *v.tr.* **1** ab·montieren, demontieren; (*mobili componibili*) zerlegen **2** (*fig.*) (*demotivare*) einen Dämpfer geben (+ *Dat*) ♦ *v.intr.* **1** (*da un veicolo*) aus·steigen; (*da moto, cavallo*) ab·steigen **2** (*smettere di lavorare*) zusammen·packen ♦ **smontarsi** *v.pron.* (*perdere*

*entusiasmo*) einen Dämpfer bekommen.

**smorfia** *s.f.* Grimasse (*die*), Fratze (*die*): *fare una —*, eine Grimasse schneiden (*o* ziehen).

**smorto** *agg.* **1** blass, bleich **2** (*sbiadito*) verblasst.

**smorzare** *v.tr.* (*suono*) dämpfen; (*luce*) (ab-)dämpfen ♦ **smorzarsi** *v.pron.* **1** (*di suono*) ab-klingen, verebben **2** (*fig.*) schwinden, verebben ● (*fig.*) — *gli entusiasmi di qlcu*, jds Begeisterung dämpfen.

**smottamento** *s.m.* (*geol.*) Erdrutsch (*der*).

**SMS** *s.m.invar.* SMS (*der*).

**smuovere** *v.tr.* **1** weg-wälzen **2** (*fig.*) ab-bringen: — *qlcu dalle proprie opinioni*, jdn von seiner Meinung abbringen.

**snaturato** *agg.* entartet ● (*spreg.*) *madre snaturata*, Rabenmutter.

**snello** *agg.* schlank.

**snervante** *agg.* entnervend, nervenaufreibend.

**snodare** *v.tr.* auf-knoten ♦ **snodarsi** *v.pron.* **1** (*di fune*, *strada*) sich winden **2** (*articolarsi*) gelenkig sein.

**snodo** *s.m.* (*mecc.*) Gelenk (*das*) ● — *autostradale*, Autobahnkreuz.

**SO** *sigla* (Sud-Ovest) SW.

**soave** *agg.* süß, angenehm.

**sobbalzare** *v.intr.* **1** holpern **2** (*di persona*) (*per*) zusammen-fahren (vor).

**sobbalzo** *s.m.* Aufschrecken (*das*).

**sobbarcare** *v.tr.* (*di*) belasten (mit) ● **sobbarcarsi** *qlco*, sich (*Dat*) etw auf-bürden.

**sobborgo** *s.m.* Vorort (*der*).

**sobrio** *agg.* **1** nüchtern **2** (*moderato*) mäßig **3** (*semplice*) einfach.

**socchiudere** *v.tr.* **1** halb schließen **2** (*porte ecc.*) an-lehnen; (*aprendo*) einen Spalt öffnen.

**soccorrere** *v.tr.* zur Hilfe kommen (+ *Dat*).

**soccorritore** *s.m.* [f. *-trice*] Helfer (*der*; *die* -in).

**soccorso** *s.m.* Hilfe (*die*) ● — *alpino*, Bergwacht | — *stradale*, Pannendienst.

**sociale** *agg.* **1** gesellschaftlich; Sozial...: *assistente —*, Sozialarbeiter **2** (*comm.*) Gesellschafts...: *capitale —*, Gesellschaftskapital.

**socialismo** *s.m.* Sozialismus (*der*).

**socialista** *agg.* sozialistisch ♦ *s.m.* e *f.* Sozialist (*der*; *die* -in).

**società** *s.f.invar.* **1** Gesellschaft (*die*) **2** (*club*, *associazione*) Verein (*der*); Klub (*der*) ● — *per azioni*, Aktiengesellschaft | — *sportiva*, Sportklub.

**socievole** *agg.* gesellig, umgänglich.

**socio** *s.m.* [f. *-a*] **1** Mitglied (*das*) **2** (*dir.*) Teilhaber (*der*; *die* -in), Gesellschafter (*der*; *die* -in) ● — *fondatore*, Gründungsmitglied.

**sociologia** *s.f.* Soziologie (*die*).

**soda** *s.f.* (*chim.*) Natriumkarbonat (*das*) ● (*acqua di*) —, Soda(wasser).

**soddisfacente** *agg.* zufriedenstellend, befriedigend.

**soddisfare** *v.tr.* e *intr.* befriedigen, zufrieden stellen ● — *un desiderio*, einen Wunsch erfüllen.

**soddisfatto** *agg.* (*di*) befriedigt, zufrieden (mit).

**soddisfazione** *s.f.* Befriedigung (*die*), Zufriedenheit (*die*).

**sodo** *agg.* fest, hart ♦ *avv.* fest, hart: *lavorare —*, hart arbeiten; *dormire —*, fest schlafen ● (*fig.*) *venire al —*, zur Sache kommen.

**sofà** *s.m.invar.* Sofa (*das*).

**sofferenza** *s.f.* Leiden (*das*).

**soffiare** *v.tr.* **1** blasen **2** (*di vento*) wehen, blasen ♦ *v.intr.* blasen: *soffiarsi il naso*, sich (*Dat*) die Nase schneuzen ● — *il vetro*, Glas blasen.

**soffice** *agg.* weich.

**soffio** *s.m.* **1** Blasen (*das*), Hauch (*der*) **2** (*med.*) Geräusch (*das*): *avere un — al cuore*, ein Herzgeräusch haben.

**soffitta** *s.f.* Dachboden (*der*).

**soffitto** *s.m.* Decke (*die*).

**soffocare** *v.tr.* **1** ersticken **2** (*reprimere*) unterdrücken.

**soffriggere** *v.tr.* an-braten.

**soffrire** *v.tr.* e *intr.* (*di*, *per*) leiden (an + *Dat*; unter + *Acc*) ● *non poter — qlco*, *qlco*, jdn, etw nicht ausstehen können | — *di cuore*, ein Herzleiden haben.

**sofisticato** *agg.* 1 verfälscht; (*di vino*) gepanscht 2 (*ricercato*) gesucht, gekünstelt 3 (*tecnicamente avanzato*) hochentwickelt.

**software** *s.m.* Software (*die*).

**soggetto**[1] *agg.* 1 unterworfen 2 verpflichtet: — *a imposta*, steuerpflichtig 3 (*predisposto*) (*a*) anfällig (für), empfindlich (gegen).

**soggetto**[2] *s.m.* 1 (*argomento*) Thema (*das*), Gegenstand (*der*) 2 (*gramm.*) Subjekt (*das*) 3 (*tipo*) Typ (*der*), Kerl (*der*).

**soggezione** *s.f.* Befangenheit (*die*): *avere — di qlcu*, sich vor jdm befangen fühlen.

**sogghignare** *v.intr.* gewöhnlich, üblich.

**soggiornare** *v.intr.* sich auf-halten.

**soggiorno** *s.m.* 1 Aufenthalt (*der*) 2 (*sala*) Wohnzimmer (*das*).

**soglia** *s.f.* Schwelle (*die*) (*anche fig.*): *varcare la —*, über die Schwelle treten.

**sogliola** *s.f.* Seezunge (*die*).

**sognare** *v.tr.* e *intr.* träumen • *non me lo sogno nemmeno!*, ich denke nicht mal im Traum daran | *te lo sogni!*, das kannst du vergessen!

**sognatore** *s.m.* träumend, träumerisch ♦ *s.m.* [f. *-trice*] Träumer (*der*; *die* -in).

**sogno** *s.m.* e f. Traum (*der*) • *sogni d'oro!*, träume süß!

**soia** *s.f.* (*bot.*) Sojabohne (*die*): *salsa di —*, Sojasoße.

**sol** *s.m.invar.* (*mus.*) G, g (*das*).

**solaio** *s.m.* Dachboden (*der*).

**solare** *agg.* 1 Sonnen...: *energia —*, Sonnenenergie 2 (*fig.*) sonnig: *carattere —*, sonniges Gemüt.

**solco** *s.m.* (*anche fig.*) Furche (*die*).

**soldato** *s.m.* [f. *-essa*] Soldat (*der*; *die* -in).

**soldo** *s.m.* 1 (*pl.*) (*denaro*) Geld (*das*): *avere tanti soldi*, viel Geld haben 2 (*st.*) Pfennig (*der*); (*austr.*) Groschen (*der*) • *essere senza un —*, keinen Pfennig haben | *roba da quattro soldi*, wertloses Zeug.

**sole** *s.m.* Sonne (*die*): *c'è il —*, die Sonne scheint; *prendere il —*, sich sonnen; *colpo di —*, Sonnenstich.

**solenne** *agg.* 1 feierlich 2 (*fam.*) Erz...: *è un — bugiardo*, er ist ein Erzlügner.

**solennità** *s.f.invar.* 1 Feierlichkeit (*die*) 2 (*festività religiosa*) Festtag (*der*).

**solidale** *agg.* solidarisch.

**solidarietà** *s.f.invar.* Solidarität (*die*).

**solidità** *s.f.invar.* Festigkeit (*die*), Solidität (*die*) (*anche fig.*).

**solido** *agg.* 1 fest, solide 2 (*geom.*) räumlich ♦ *s.m.* (*geom.*) Körper (*der*).

**solista** *agg.* solistisch, Solo...: *voce —*, Solostimme ♦ *s.m.* e *f.* Solist (*der*; *die* -in), Solo (*das*).

**solitamente** *avv.* gewöhnlich, üblich.

**solitario** *agg.* 1 einsam 2 (*deserto*) verlassen ♦ *s.m.* 1 (*gioco di carte*) Patience (*die*) 2 (*brillante*) Solitär (*der*).

**solito** *agg.* üblich, gewöhnlich: *al — posto*, am üblichen Platz ♦ *s.m.* Übliche (*das*) • *come al —*, wie üblich | *cosa desidera? Il —*, was wünschen Sie? Wie immer | *di —*, gewöhnlich | *siamo alle solite*, da haben wir es wieder.

**solitudine** *s.f.* Einsamkeit (*die*).

**sollecitare** *v.tr.* 1 an-mahnen 2 (*comm.*) mahnen 2 (*per ottenere*) drängen (auf).

**sollecito** *s.m.* (*comm.*) Mahnbrief (*der*), Mahnschreiben (*das*).

**solletico** *s.m.* Kitzel (*der*): *fare il — a qlcu*, jdn kitzeln; *soffrire il —*, kitz(e)lig sein.

**sollevamento** *s.m.* Heben (*das*) • (*sport*) *pesi*, Gewichtheben.

**sollevare** *v.tr.* 1 heben 2 (*liberare*) entheben: — *qlcu da un incarico*, jdn seines Amtes entheben 3 (*porre*) auf-werfen: — *un problema*, ein Problem aufwerfen ♦ **sollevarsi** *v.pron.* 1 sich erheben, auf-steigen 2 (*riprendersi*) sich wieder erholen 3 (*ribellarsi*) sich erheben.

**sollievo** *s.m.* Erleichterung (*die*).

**solo** *agg.* 1 allein: *rimanere —*, allein bleiben 2 (*unico*) einzig: *essere il — responsabile*, der einzig Verantwortliche sein 3 (*solitario*) einsam: *sentirsi —*, sich einsam fühlen ♦ *s.m.* [f. *-a*] Einzige (*der* e *die*): *sei il — a credermi*, du bist der Einzige, der mir glaubt ♦ *avv.* 1 nur; allein:

**non —, ma anche...**, nicht nur, sondern auch... **2** (*non prima, appena*) erst: *posso venire — domani*, ich kann erst morgen kommen; *ha — nove anni*, er ist erst neun Jahre alt ♦ **da —**, allein, selbst: *abita da —*, er wohnt allein; *ho fatto la torta da sola*, den Kuchen habe ich selbst gebacken | **— che**, nur: *costa poco, — che non mi piace*, es kostet wenig, nur gefällt es mir nicht.

**solstizio** *s.m.* (*astr.*) Sonnenwende (*die*).

**soltanto** *avv.* → **solo**.

**solubile** *agg.* **1** löslich, auflösbar **2** (*fig.*) lösbar.

**soluzione** *s.f.* Lösung (*die*) (*anche chim.*).

**solvente** *agg.* **1** lösend, auflösend **2** (*comm.*) zahlungsfähig, solvent ♦ *s.m.* (*chim.*) Lösungsmittel (*das*).

**somaro** *s.m.* [f. -*a*] Esel (*der; die* -*in*) (*anche fig.*).

**somigliante** *agg.* ähnlich.

**somiglianza** *s.f.* Ähnlichkeit (*die*).

**somigliare** *v.intr.* (*a*) ähneln (+ *Dat*), gleichen (+ *Dat*) ♦ **somigliarsi** *v.pron.* (*reciproco*) sich ähneln.

**somma** *s.f.* **1** (*mat.*) Summe (*die*) **2** (*quantità di denaro*) Summe (*die*), Betrag (*der*).

**sommare** *v.tr.* **1** (*mat.*) zusammenzählen, addieren **2** (*aggiungere*) hinzurechnen ● **tutto sommato**, alles in allem.

**sommergere** *v.tr.* **1** überschwemmen, überfluten **2** (*colmare*) (*di*) überhäufen (mit).

**sommergibile** *s.m.* Unterseeboot (*das*), U-Boot (*das*).

**sommerso** *agg.* **1** überschwemmt, überflutet **2** (*oberato*) überhäuft.

**somministrare** *v.tr.* **1** verabreichen (*sacramenti, viveri*) erteilen.

**sommo** *agg.* höchst: *per sommi capi*, in großen Zügen.

**sommossa** *s.f.* Aufstand (*der*), Aufruhr (*der*).

**sommozzatore** *s.m.* [f. -*trice*] **1** Taucher (*der; die* -*in*) **2** (*mil.*) Froschmann (*der*).

**sonaglio** *s.m.* Schelle (*die*); (*per bambini*) Rassel (*die*).

**sonda** *s.f.* Sonde (*die*): **— spaziale**, Raumsonde.

**sondaggio** *s.m.* **1** Sondierung (*die*) **2** (*fig.*) Umfrage (*die*): **— di opinioni**, Meinungsumfrage.

**sondare** *v.tr.* sondieren.

**sonnambulo** *s.m.* [f. -*a*] Schlafwandler (*der; die* -*in*).

**sonnecchiare** *v.intr.* schlummern, schlafen.

**sonnifero** *s.m.* Schlafmittel (*das*).

**sonno** *s.m.* Schlaf (*der*) ● **avere —**, müde (*o* schläfrig) sein | **prendere —**, einschlafen.

**sonnolenza** *s.f.* Schläfrigkeit (*die*).

**sonoro** *agg.* Schall..., schallend: *onda sonora*, Schallwelle ♦ *s.m.* (*cinem.*) Tonfilm (*der*) ● **colonna sonora**, Soundtrack.

**sontuoso** *agg.* prächtig, prunkvoll.

**sopportare** *v.tr.* ertragen, aushalten: **— il caldo**, die Hitze ertragen.

**sopprimere** *v.tr.* **1** aufheben **2** (*eliminare*) umbringen.

**sopra** *prep.* **1** (*stato in luogo*) auf (+ *Dat*); (*moto a luogo*) auf (+ *Acc*): *il telefono è — la scrivania*, das Telefon ist auf dem Schreibtisch; *ho messo la valigia — l'armadio*, ich habe den Koffer auf den Schrank gelegt **2** (*senza contatto, oltre*) (*stato in luogo*) über (+ *Dat*); (*moto a luogo*) über (+ *Acc*): *il quadro è appeso — il camino*, das Bild hängt über dem Kamin; *ho appeso il poster — il mio letto*, ich habe das Poster über mein Bett gehängt ♦ *agg.invar.* ober, Ober... ♦ *s.m.invar.* Oberteil (*das*), Oberseite (*die*): *il — è di plastica*, das Oberteil ist aus Plastik ♦ *avv.* **1** (*stato in luogo*) oben; darauf: *là — c'è un giardino pensile*, da oben ist ein Dachgarten; *un gelato con — le amarene*, ein Eis mit Sauerkirschen darauf **2** (*moto a luogo*) nach oben; hinauf; herauf: *vado di —*, ich gehe nach oben ● **al di — di —**, über | (*fig.*) *passare — a qlco*, über etwas hinwegsehen | **— ogni cosa**, über alles | **—**

**soprabito** / **sospensione** 582

*pensiero*, in Gedanken versunken | *vedi —*, siehe oben.
**soprabito** *s.m.* Überzieher (*der*).
**sopracciglio** *s.m.* Augenbraue (*die*).
**sopraffare** *v.tr.* überwältigen (*anche fig.*).
**sopraggiungere** *v.intr.* 1 plötzlich kommen 2 (*venire ad aggiungersi*) dazwischen·kommen.
**soprammobile** *s.m.* Nippes (*pl.*).
**soprannaturale** *agg.* übersinnlich, übernatürlich; (*ulterreno*) überirdisch ♦ *s.m.* Übernatürliche (*das*).
**soprannome** *s.m.* Beiname (*der*); (*scherz.*) Spitzname (*der*).
**soprano** *s.m.* (*mus.*) Sopran (*der*), Sopranistin (*die*).
**soprattutto** *avv.* 1 vor allem 2 (*particolarmente*) besonders.
**sopravvalutare** *v.tr.* über·bewerten.
**sopravvento** *s.m.* Oberhand (*die*) (*anche fig.*): *prendere il — su qlcu*, die Oberhand über jdn gewinnen.
**sopravvissuto** *agg.* überlebend ♦ *s.m.* [f. *-a*] Überlebende (*der* e *die*).
**sopravvivere** *v.intr.* 1 überleben (a + *Acc*) 2 (*fig.*) weiter·leben; lebendig bleiben.
**soqquadro** *s.m.* Durcheinander (*das*); (*fig.*) Umsturz (*der*): *mettere qlco a —*, etw durcheinanderbringen; (*fig.*) umstürzen.
**sorbetto** *s.m.* Sorbett (*das* o *der*)
**sordità** *s.f.invar.* Taubheit (*die*); (*parziale*) Schwerhörigkeit (*die*).
**sordo** *agg.* 1 taub; (*parzialmente*) schwerhörig 2 (*estens.*) dumpf ♦ *s.m.* [f. *-a*] Taube (*der* e *die*).
**sordomuto** *agg.* taubstumm ♦ *s.m.* [f. *-a*] Taubstumme (*der* e *die*).
**sorella** *s.f.* Schwester (*die*) (*anche rel.*).
**sorellastra** *s.f.* Stiefschwester (*die*), Halbschwester (*die*).
**sorgente** *s.m.* Quelle (*die*) (*anche estens.*).
**sorgere** *v.intr.* 1 (*levarsi*) auf·gehen 2 (*di corsi d'acqua*) entspringen 3 (*ergersi*) sich erheben 4 (*nascere*) entstehen ♦ *s.m.* 1 (*di astri*) Aufgang (*der*): *al —*

*del sole*, bei Sonnenaufgang 2 (*insorgere*) Entstehen (*das*), Aufkommen (*das*).
**sorpassare** *v.tr.* 1 (*veicoli*) überholen 2 (*essere superiore*) überragen.
**sorpasso** *s.m.* Überholen (*das*): *corsia di —*, Überholspur.
**sorprendere** *v.tr.* 1 überraschen, wundern 2 (*cogliere sul fatto*) ertappen, überraschen: *è stato sorpreso a rubare*, er wurde beim Stehlen ertappt ♦ **sorprendersi** *v.pron.* 1 sich ertappen 2 (*stupirsi*) überrascht sein, sich wundern.
**sorpresa** *s.f.* Überraschung (*die*).
**sorreggere** *v.tr.* 1 stützen 2 (*fig.*) aufrecht·erhalten ♦ **sorreggersi** *v.pron.* sich stützen.
**sorridente** *agg.* lächelnd.
**sorridere** *v.intr.* (*a*) lächeln; an·lächeln (+ *Acc*), zu·lächeln (+ *Dat*).
**sorriso** *s.m.* Lächeln (*das*).
**sorseggiare** *v.tr.* Schluck für Schluck trinken, schlürfen.
**sorso** *s.m.* Schluck (*der*).
**sorta** *s.f.* Sorte (*die*), Art (*die*): *di ogni —*, jeglicher Art.
**sorte** *s.f.* Schicksal (*das*) ● *estrarre a —*, auslosen | *tentare la —*, sein Glück versuchen | *toccare in — a qlcu*, jdm zuteil werden.
**sorteggiare** *v.tr.* verlosen.
**sortilegio** *s.m.* Zauber (*der*).
**sorveglianza** *s.f.* Aufsicht (*die*), Überwachung (*die*).
**sorvegliare** *v.tr.* überwachen; (*vigilare su*) auf·passen (auf + *Acc*).
**sorvolare** *v.tr.* e *intr.* 1 überfliegen 2 (*fig.*) hinweg·gehen (über + *Acc*).
**SOS** *s.m.invar.* SOS-Ruf (*der*): *lanciare un —*, SOS senden.
**sosia** *s.m.* e *f.invar.* Doppelgänger (*der*; *die* -in).
**sospendere** *v.tr.* 1 (*appendere*) auf·hängen 2 (*interrompere*) unterbrechen, ein·stellen 3 (*allontanare*) suspendieren, (seines Amtes) entheben.
**sospensione** *s.f.* 1 (*interruzione*) Unterbrechung (*die*), Einstellung (*die*) 2 (*allontanamento*) Suspendierung (*die*) 3 (*spec.pl.*) (*aut.*) Aufhängung (*die*), Federung (*die*) 4 (*chim.*) Suspension (*die*).

**sospeso** *agg.* 1 hängend 2 *(interrotto)* unterbrochen ♦ *s.m.* *(comm.)* unerledigte Angelegenheit ♦ *avere un conto in — con qlcu*, eine Rechnung mit jdm zu begleichen haben | *col fiato —*, mit angehaltenem Atem | *essere — in aria*, in der Luft schweben | *in —*, unerledigt.

**sospettare** *v.tr.* 1 *(di)* verdächtigen (+ *Gen*): *essere sospettato di omicidio*, des Mordes verdächtigt sein 2 *(supporre)* vermuten; *(immaginare)* ahnen.

**sospetto** *agg.* verdächtig ♦ *s.m.* 1 Verdacht *(der)* 2 [f. *-a*] *(persona sospetta)* Verdächtige *(der e die)*.

**sospettoso** *agg.* 1 argwöhnisch 2 *(diffidente)* misstrauisch.

**sospirare** *v.tr.* ersehnen, schmachten (nach) ♦ *v.intr.* seufzen.

**sospiro** *s.m.* Seufzer *(der)*.

**sosta** *s.f.* 1 *(di veicoli)* Halt *(der)*, Anhalten *(das)* 2 *(pausa)* Rast *(die)* ● *— vietata*, Halteverbot.

**sostantivo** *s.m.* *(gramm.)* Substantiv *(das)*.

**sostanza** *s.f.* Substanz *(die)* ● *in —*, im Wesentlichen.

**sostanzioso** *agg.* nahrhaft.

**sostare** *v.intr.* halten, an-halten.

**sostegno** *s.m.* 1 Stütze *(die)* 2 *(fig.)* Unterstützung *(die)* ● *— morale*, Rückenstärkung.

**sostenere** *v.tr.* 1 stützen 2 *(fig.)* unterstützen: *— finanziariamente un'iniziativa*, eine Initiative finantiell unterstützen 3 *(affermare)* behaupten: *sostiene di aver ragione*, sie behauptet, Recht zu haben 4 *(difendere)* vertreten: *— una tesi*, eine These vertreten 5 *(sottoporsi a)* sich unterziehen (+ *Dat*): *— un colloquio*, sich einem Gespräch unterziehen 6 *(accollarsi)* tragen: *— una parte delle spese*, ein Teil der Kosten tragen ● **sostenersi** *v.pron.* 1 aufrecht stehen 2 *(mantenersi)* für seinen Unterhalt sorgen.

**sostenibile** *agg.* 1 *(di spesa)* tragbar 2 *(di tesi)* vertretbar.

**sostenitore** *s.m.* [f. *-trice*] Anhänger *(der, die* -in).

**sostituire** *v.tr.* 1 *(con)* ersetzen (durch) 2 *(fare le veci di)* vertreten; *(momentaneamente)* ein-springen (für): *— un collega*, einen Kollegen vertreten ♦ **sostituirsi** *v.pron.* *(a)* an jds Stelle treten, ersetzo.

**sostituto** *s.m.* [f. *-a*] Stellvertreter *(der; die* -in).

**sostituzione** *s.f.* 1 Ersatz *(der)* 2 *(persone)* Vertretung *(die)* ● *in — di*, anstelle von.

**sotterraneo** *agg.* unterirdisch ♦ *s.m.* Untergeschoss *(das)*.

**sotterrare** *v.tr.* 1 ein-graben 2 *(seppellire)* begraben, beerdigen.

**sottile** *agg.* 1 dünn 2 *(esile)* zierlich 3 *(fig.)* scharf, fein.

**sotto** *prep.* 1 *(stato in luogo)* unter (+ *Dat*), *(moto a luogo)* unter (+ *Acc*): *il cane dorme — il tavolo*, der Hund schläft unter dem Tisch; *sediamoci — l'albero*, setzen wir uns unter den Baum 2 *(dipendenza)* unter (+ *Dat*): *ha molti impiegati — di sé*, er hat viele Angestellte unter sich 3 *(non oltre)* unter (+ *Dat*): *i bambini — i dieci anni*, Kinder unter 10 Jahren ♦ *avv.* 1 *(stato in luogo)* unten 2 *(moto a luogo)* nach unten; *(allontanamento)* hinunter; *(avvicinamento)* herunter ♦ *s.m.invar.* Unterteil *(das)*, Unterseite *(die)*: *il — è di legno*, das Unterteil ist aus Holz ● *(fam.) mettere, tirare — qlcu*, *(investire)* jdn überfahren | *qui c'è — qlco*, da steckt etwas dahinter.

**sottobosco** *s.m.* Unterholz *(das)*.

**sottobraccio** *avv.* eingehakt: *andare — a qlcu*, mit jdm eingehakt gehen.

**sottofondo** *s.m.* *(di suoni, rumori)* Hintergrund *(der)*.

**sottolineare** *v.tr.* unterstreichen *(anche fig.)*: *— l'importanza di qlco*, die Wichtigkeit einer Sache betonen.

**sottomarino** *agg.* unterseeisch ♦ *s.m.* Unterseeboot *(das)*, U-Boot *(das)*.

**sottomettere** *v.tr.* unterwerfen ♦ **sottomettersi** *v.pron.* sich unterwerfen: *sottomettersi alla volontà di qlcu*, sich jds Willen unterwerfen.

**sottopassaggio** *s.m.* Unterführung *(die)*.

**sottoporre** *v.tr.* 1 unterziehen, aus-

setzen 2 (proporre) unterbreiten, vor-legen: — a qlcu un'offerta, jdm ein Angebot unterbreiten ♦ **sottoporsi** v.pron. sich unterziehen: sottoporsi a una cura, sich einer Behandlung unterziehen.
**sottoscala** s.m.invar. Raum unter der Treppe.
**sottoscritto** agg. unterzeichnet, unterschrieben ♦ s.m. [f. -a] Unterzeichnete (der e die); ich.
**sottoscrivere** v.tr. unterschreiben, unterzeichnen.
**sottoscrizione** s.f. (raccolta di fondi) Spendenaktion (die).
**sottosopra** avv. 1 umgekehrt 2 (in disordine) in Unordnung: mettere — una stanza, ein Zimmer in Unordnung bringen.
**sottostante** agg. darunter liegend.
**sottostare** v.intr. 1 unterstehen: — ai superiori, den Vorgesetzten unterstehen 2 (essere soggetto) unterliegen.
**sottosuolo** s.m. Untergrund (der), Unterboden (der).
**sottosviluppato** agg. unterentwickelt.
**sottoterra** avv. 1 (stato in luogo) unter der Erde 2 (moto a luogo) unter die Erde.
**sottovalutare** v.tr. unterschätzen.
**sottoveste** s.f. Unterrock (der).
**sottovoce** avv. leise, halblaut.
**sottovuoto** avv. (tecn.) vakuumverpackt ♦ agg.invar. Vakuum...: confezione —, Vakuumverpackung.
**sottrarre** v.tr. 1 (rubare) entwenden 2 (mat.) subtrahieren, ab-ziehen ♦ **sottrarsi** v.pron. entgehen, sich entziehen.
**sottrazione** s.f. Subtraktion (die).
**sovraccaricare** v.tr. überlasten.
**sovraffollato** agg. überfüllt.
**sovranità** s.f. Souveränität (die).
**sovrano** agg. souverän ♦ s.m. [f. -a] Souverän (der; die -in), Herrscher (der; die -in).
**sovrapporre** v.tr. übereinander legen, übereinander setzen ♦ **sovrapporsi** v.pron. übereinander liegen, sich überlagern.
**sovrumano** agg. übermenschlich.

**sovvenzionare** v.tr. subventionieren, fördern.
**sovvenzione** s.f. Subvention (die).
**sovversivo** agg. subversiv ♦ s.m. [f. -a] Subversive (der e die).
**S.p.A.** abbr. (Società per Azioni) AG (Aktiengesellschaft).
**spaccare** v.tr. 1 (vendere illecitamente) in Umlauf bringen; (droga) dealen 2 (far passare) ausgeben (für) ♦ **spacciarsi** v.pron. (per) sich ausgeben (für).
**spacciatore** s.m. [f. -trice] (di droga) Dealer (der; die -in).
**spaccio** s.m. 1 (vendita al pubblico) Direktverkauf (der) 2 (vendita illecita) Handel (der).
**spacco** s.m. 1 Spaltung (die), Spalt (der) 2 (strappo) Riss (der) 3 (abbigl.) Schlitz (der).
**spada** s.f. 1 Schwert (das) 2 (sport) Degen (der).
**Spagna** n.pr.f. Spanien (das).
**spagnolo** agg. spanisch ♦ s.m. [f. -a] Spanier (der; die -in) 2 (lingua) Spanisch(e) (das).
**spago** s.m. Schnur (die), Bindfaden (der).
**spalancare** v.tr. auf-reißen: — le braccia, die Arme ausbreiten ♦ **spalancarsi** v.pron. auf-gehen.
**spalare** v.tr. schaufeln; (fam.) schippen.
**spalla** s.f. Schulter (die), Achsel (die): alzare le spalle, die Achseln zucken ● **voltare le spalle a qlcu**, jdm den Rücken kehren (anche fig.).
**spalliera** s.f. 1 Rückenlehne (die) 2 (ginnastica) Sprossenwand (die).
**spalmare** v.tr. 1 (be)streichen 2 (creme) ein-schmieren, verreiben.
**sparare** v.tr. e intr. schießen ● **spararsi**, sich erschießen.
**sparatoria** s.f. Schießerei (die), Schusswechsel (der).

**sparecchiare** *v.tr.* ab-decken, ab-räumen.

**spareggio** *s.m.* 1 (*disavanzo*) Unterschied (*der*), Ungleichheit (*die*) 2 (*sport*) Entscheidungsspiel (*das*).

**spargere** *v.tr.* 1 (*semi, fiori*) verstreuen, aus-streuen 2 (*diffondere*) verbreiten ♦ **spargersi** *v.pron.* sich verbreiten.

**sparire** *v.intr.* verschwinden.

**sparlare** *v.intr.* (*di*) schlecht sprechen (über), übel nach-reden (+ *Dat*)

**sparo** *s.m.* Schuss (*der*).

**sparpagliare** *v.tr.* verstreuen, zerstreuen.

**spartire** *v.tr.* (ver)teilen.

**spartito** *s.m.* (*mus.*) 1 Klavierauszug (*der*) 2 (*partitura*) Partitur (*die*).

**spartizione** *s.f.* Teilung (*die*), Aufteilung (*die*); Verteilung (*die*).

**spasso** *s.m.* (*divertimento*) Vergnügen (*das*) ● *andare a —*, spazieren gehen.

**spaventare** *v.tr.* erschrecken ♦ **spaventarsi** *v.pron.* (sich) erschrecken.

**spaventato** *agg.* erschrocken.

**spavento** *s.m.* Schreck (*der*).

**spaventoso** *agg.* schrecklich, erschreckend.

**spaziale** *agg.* Raum..., räumlich: *ricerca —*, Raumforschung.

**spazientirsi** *v.pron.* ungeduldig werden.

**spazio** *s.m.* 1 Raum (*der*) 2 (*cosmo*) Weltraum (*der*), Raum (*der*).

**spazzacamino** *s.m.* Schornsteinfeger (*der*).

**spazzare** *v.tr.* kehren, fegen.

**spazzatura** *s.f.* Müll (*der*), Abfall (*der*), Kehricht (*der* o *das*).

**spazzino** *s.m.* [f. *-a*] Straßenkehrer (*der; die -in*).

**spazzola** *s.f.* Bürste (*die*).

**spazzolare** *v.tr.* (aus-)bürsten.

**spazzolino** *s.m.* Bürstchen (*das*): *— da denti*, Zahnbürste.

**specchiarsi** *v.pron.* (*in*) sich spiegeln (in + *Dat*): *— in una vetrina*, sich in einem Schaufenster spiegeln.

**specchietto** *s.m.* kleiner Spiegel; (*da borsa*) Handspiegel (*der*) ● (*aut.*) *— retrovisore*, Rückspiegel.

**specchio** *s.m.* Spiegel (*der*).

**speciale** *agg.* speziell, besonder, Sonder...: *prezzo —*, Sonderpreis.

**specialista** *s.m.* e *f.* 1 Fachmann (*der; die -frau*), Spezialist (*der; die -in*) 2 (*medico*) Facharzt (*der; die -ärztin*).

**specialità** *s.f.invar.* Spezialität (*die*).

**specializzare** *v.tr.* spezialisieren ♦ **specializzarsi** *v.pron.* (*in*) sich spezialisieren (auf + *Acc*).

**specializzazione** *s.f.* (*in*) Spezialisierung (*die*) (auf + *Acc*).

**specialmente** *avv.* besonders.

**specie** *s.f.invar.* (*zool.*) Art (*die*): *— umana*, menschliche Art (*o* Gattung).

**specificare** *v.tr.* einzeln an-führen, genau an-geben.

**specifico** *agg.* 1 arteigen, spezifisch (*anche fis.*) 2 (*determinato*) bestimmt.

**speculazione** *s.f.* Spekulation (*die*).

**spedire** *v.tr.* 1 (ab-)senden, zu-senden, versenden, (zu-)schicken: *— un telegramma*, ein Telegramm aufgeben 2 (*persone*) (ver)schicken.

**spedito** *agg.* 1 schnell, rasch 2 (*senza difficoltà*) mühelos.

**spedizione** *s.f.* 1 (*invio*) Versendung (*die*), Versand (*der*), Spedition (*die*) 2 (*trasporto*) Beförderung (*die*), Fracht (*die*) 3 (*mil.*) Expedition (*die*).

**spegnere** *v.tr.* 1 (aus-)löschen: *— il fuoco*, das Feuer löschen; *— un fiammifero*, ein Streichholz ausblasen; *— una sigaretta*, eine Zigarette ausdrücken 2 (*apparecchi*) aus-schalten, aus-machen ♦ **spegnersi** *v.pron.* 1 erlöschen, verlöschen; (*a poco a poco*) verglimmen 2 (*di apparecchi*) aus-gehen 3 (*morire*) entschlafen.

**spendere** *v.tr.* aus-geben.

> **FALSCHER FREUND**
> Da non confondere con il tedesco *spendieren*, che significa 'offrire, pagare'.

**spennare** *v.tr.* rupfen (*anche fig.*).

**spensierato** *agg.* sorglos, unbeschwert.

**spento** *agg.* 1 aus(gelöscht), gelöscht:

*la luce è spenta*, das Licht ist aus; *è spenta la radio?*, ist das Radio aus? **2** *(fig.)*: *uno sguardo —*, ein erloschener Blick.

**speranza** *s.f.* Hoffnung (die).

**sperare** *v.tr.* e *intr.* (*in*) hoffen (auf + Acc.).

**sperduto** *agg.* **1** verloren **2** *(isolato)* abgelegen.

**sperimentale** *agg.* experimentell: *metodi sperimentali*, experimentelle Methoden.

**sperimentare** *v.tr.* **1** erproben, versuchen **2** *(fig.)* *(mettere alla prova)* auf die Probe stellen, erproben **3** *(fare esperienza)* erfahren ♦ *v.intr.* *(su)* experimentieren (mit).

**sperma** *s.m.* Sperma (das).

**spermatozoo** *s.m.* Spermatozoon (das), Samenfaden (der).

**spesa** *s.f.* **1** Ausgabe (die) **2** *(fam.)* *(compere)* Einkauf (der) **3** *(comm.)* Kosten *(pl.)*, Unkosten *(pl.)*: *a proprie spese*, auf eigene Kosten ● *andare a fare la —*, einkaufen gehen.

**spesso** *agg.* dick; *(fitto)* dicht ♦ *avv.* oft, häufig.

**spessore** *s.m.* Dicke (die).

**spettacolare** *agg.* spektakulär, aufsehenerregend; *(grandioso)* großartig.

**spettacolo** *s.m.* Vorstellung (die), Aufführung (die).

**spettare** *v.intr.* *(competere)* *(a)* zufallen, zu·stehen (+ Dat): *questo spetta a Lei farlo*, dafür sind Sie zuständig.

**spettatore** *s.m.* [f. *-trice*] Zuschauer (der; die *-in*).

**spettinare** *v.tr.* zerzausen ♦ **spettinarsi** *v.pron.* sich (Dat) die Haare zerzausen.

**spettro** *s.m.* **1** Gespenst (das) **2** *(fis., chim.)* Spektrum (das).

**spezia** *s.f.* Gewürz (das).

**spezzare** *v.tr.*, **spezzarsi** *v.pron.* (ab-)brechen; *(frantumare, frantumarsi)* zerbrechen.

**spia** *s.f.* **1** Spion (der) **2** *(tecn.)* Anzeiger (der) **3** *(fig.)* Anzeichen (das); Signal (das).

**spiacente** *agg.* ● *essere —* (*di*), bedauern (+ Acc.)

**spiacere** *v.impers.* **1** leid tun: *mi spiace*, es tut mir leid **2** *(in formule di cortesia)* etw dagegen haben; etw aus·machen: *Le spiace se fumo?*, haben Sie etwas dagegen (o macht es Ihnen etwas), wenn ich rauche?

**spiacevole** *agg.* unerfreulich; *(increscioso)* bedauerlich.

**spiaggia** *s.f.* Strand (der): *sulla —*, am Strand.

**spianare** *v.tr.* ebnen; *(rendere liscio)* glätten ● *(fig.)* — *la strada a qlcu*, jdm die Steine aus dem Weg räumen.

**spiare** *v.tr.* **1** aus·spionieren **2** *(origliare)* (be)lauschen.

**spiazzo** *s.m.* **1** freier Platz **2** *(radura)* Lichtung (die).

**spicchio** *s.m.* Schnitz (der), Scheibe (die): *uno — d'arancia*, ein Orangenschnitz; — *d'aglio*, Knoblauchzehe.

**spicciolo** *agg.* klein, Wechsel...: *moneta spicciola*, Wechselgeld ♦ *s.m.* *(spec.pl.)* Kleingeld (das).

**spiedo** *s.m.* Spieß (der): *allo —*, am Spieß.

**spiegare** *v.tr.* **1** *(distendere)* aus·breiten: — *il tovagliolo*, die Serviette ausbreiten **2** *(fig.)* erklären: — *un concetto*, einen Begriff erklären ♦ *v.intr.* *(scol.)* erklären ♦ **spiegarsi** *v.pron.* **1** sich erklären **2** *(esprimersi)* sich aus·drücken.

**spiegazione** *s.f.* Erklärung (die), Erläuterung (die).

**spiegazzare** *v.tr.* zerknittern.

**spietato** *agg.* erbarmungslos, unbarmherzig.

**spiffero** *s.m.* *(fam.)* Luftzug (der).

**spiga** *s.f.* Ähre (die).

**spigliato** *agg.* unbefangen, ungezwungen.

**spigolo** *s.m.* Kante (die).

**spigoloso** *agg.* **1** kantig, eckig **2** *(fig.)* schroff: *un carattere —*, ein schroffes Wesen.

**spilla** *s.f.* **1** *(ornamentale)* Brosche (die) **2** *(spillo)* Nadel (die).

**spillare** *v.tr.* (an-)zapfen: — *birra*, Bier zapfen ♦ *v.intr.* *(di liquidi)* tropfen ● *(fam.)* — *denaro a qlcu*, jdm Geld ab·knöpfen.

**spillo** *s.m.* Nadel (*die*).
**spina** *s.f.* 1 Dorne (*die*) 2 (*lisca*) Fischgräte (*die*), Gräte (*die*) 3 (*elettr.*) Stecker (*der*) ● (*anat.*) — *dorsale*, Rückgrat (*das*).
**spinacio** *s.m.* (*bot.*) Spinat (*der*).
**spingere** *v.tr.* 1 schieben; (*urtare*) stoßen 2 (*premere*) drücken ◆ *v.intr.* drängeln ◆ **spingersi** *v.pron.* (*arrivare*) vordringen.
**spinoso** *agg.* 1 dornig, stachelig 2 (*fig.*) heikel, schwierig: *una questione spinosa*, eine heikle Frage.
**spinta** *s.f.* 1 Schub (*der*); (*spintone*) Stoß (*der*) 2 (*fig.*) Ansporn (*der*).
**spionaggio** *s.m.* Spionage (*die*).
**spioncino** *s.m.* Guckloch (*das*), Spion (*der*).
**spiraglio** *s.m.* 1 Spalt (*der*) 2 (*fig.*) Lichtblick (*der*), Hoffnungsschimmer (*der*).
**spirale** *s.f.* 1 Spirale (*die*) 2 (*fig.*) Eskalation (*die*): *una — di violenza*, eine Eskalation der Gewalt.
**spirito**¹ *s.m.* Geist (*der*) (*anche fig.*) ● *fare dello* —, humorvoll (*o* geistreich) sein | *Spirito Santo*, Heiliger Geist.
**spirito**² *s.m.* (*alcol*) Spiritus (*der*), Alkohol (*der*).
**spiritoso** *agg.* humorvoll, geistreich.
**spirituale** *agg.* geistig; (*relig.*) geistlich.
**splendente** *agg.* glänzend, strahlend.
**splendere** *v.intr.* 1 (*di sole*) scheinen 2 (*estens.*) glänzen, strahlen.
**splendido** *agg.* 1 strahlend 2 (*fig.*) prächtig, wunderschön: *che splendida idea!*, sagenhafte Idee!
**splendore** *s.m.* (*anche fig.*) Glanz (*der*).
**spogliare** *v.tr.* aus·ziehen, entkleiden ◆ **spogliarsi** *v.pron.* sich aus·ziehen.
**spogliarello** *s.m.* Striptease (*der o das*).
**spogliatoio** *s.m.* Umkleideraum (*der*).
**spola** *s.f.* Spule (*die*) ● *fare la* —, hin- und herlaufen.
**spolverare** *v.tr.* 1 ab·stauben 2 (*gastr.*) bestreuen.

**sponda** *s.f.* 1 Ufer (*das*) 2 (*di letto*) Bettkante (*die*).
**sponsorizzare** *v.tr.* sponsern.
**spontaneità** *s.f.invar.* Spontaneität (*die*).
**spontaneo** *agg.* 1 spontan, ungezwungen 2 (*di vegetazione*) wild.
**sporcare** *v.tr.* beschmutzen, schmutzig machen.
**sporcizia** *s.f.* 1 Schmutzigkeit (*die*), Unsauberkeit (*die*) 2 (*sporco*) Schmutz (*der*), Dreck (*der*).
**sporco** *agg.* schmutzig, dreckig, unsauber ◆ *s.m.* Schmutz (*der*), Dreck (*der*).
**sporgere** *v.intr.* hinaus·strecken ◆ *v.intr.* vor·springen, vor·stehen ◆ **sporgersi** *v.pron.* sich (hinaus·)lehnen ● (*dir.*) — *querela*, Klage erheben.
**sport** *s.m.invar.* Sport (*der*), Sportart (*die*) ● *fare* —, Sport treiben.
**sportello** *s.m.* 1 Tür (*die*) 2 (*di ufficio*) Schalter (*der*) ● — *automatico*, Geldautomat.
**sportivo** *agg.* Sport..., sportlich: *giornale* —, Sportzeitung ◆ *s.m.* [f. -a] 1 (*atleta*) Sportler (*der; die* -in) 2 (*tifoso*) Sportfreund (*der; die* -in).
**sposa** *s.f.* 1 Braut (*die*) 2 (*moglie*) Ehefrau (*die*), Frau (*die*) ● *abito da* —, Brautkleid.
**sposare** *v.tr.* 1 heiraten 2 (*unire in matrimonio*) trauen, vermählen ◆ **sposarsi** *v.pron.* heiraten ● *essere sposato*, verheiratet sein.
**sposo** *s.m.* 1 Bräutigam (*der*) 2 (*marito*) Ehemann (*der*), Mann (*der*) ● *gli sposi*, das Brautpaar, das Ehepaar.
**spostamento** *s.m.* Verschiebung (*die*), Verlegung (*die*).
**spostare** *v.tr.* verrücken, verschieben 2 (*trasferire*) versetzen 3 (*rimandare*) verschieben ◆ **spostarsi** *v.pron.* zur Seite gehen, rücken.
**spranga** *s.f.* 1 Stange (*die*) 2 (*chiavistello*) Riegel (*der*).
**sprecare** *v.tr.* verschwenden, vergeuden: — *tempo, denaro*, Zeit, Geld verschwenden.
**spreco** *s.m.* Verschwendung (*die*), Vergeudung (*die*).

**spregevole** *agg.* verachtenswert, verächtlich.

**spremere** *v.tr.* aus·pressen ● *spremersi il cervello*, sich (*Dat*) den Kopf zerbrechen.

**spremuta** *s.f.* (*bibita*) Fruchtsaft (*der*), Saft (*der*).

**sprezzante** *agg.* verächtlich, geringschätzig, wegwerfend.

**sprizzare** *v.tr.* 1 (aus-)spritzen, sprühen ♦ *v.tr.* spritzen, sprühen ● — *gioia*, vor Freude strahlen.

**sprofondare** *v.tr.* versenken (*anche fig.*) ♦ *v.intr.* (*cedere*) nach·geben, ab·sinken ● *sprofondarsi nella lettura*, sich in die Lektüre versenken.

**spronare** *v.tr.* an·spornen (*anche fig.*).

**sprovvisto** *agg.* (*di*) nicht versehen (mit), ohne (+ *Acc*) ● *alla sprovvista*, unvorbereitet, überraschend: *prendere qlcu alla sprovvista*, jdn überraschen.

**spruzzare** *v.tr.* 1 spritzen, sprühen 2 (*di*) bespritzen (mit), besprühen (mit) ♦ **spruzzarsi** *v.pron.* (*di*) sich bespritzen (mit).

**spruzzo** *s.m.* Spritzer (*der*).

**spugna** *s.f.* Schwamm (*der*) (*anche zool.*) ● *colpo di* —, Tilgung (*die*) ● *gettare la* —, das Handtuch werfen.

**spumante** *s.m.* Sekt (*der*).

**spuntare** *v.tr.* 1 (*rompere la punta a*) die Spitze ab·brechen von; (*smussare*) stumpf machen 2 (*barba, capelli*) stutzen ♦ *v.intr.* 1 (*di germogli*) sprießen; (*di denti*) durch·brechen; (*di capelli, peli*) wachsen 2 (*sorgere*) auf·gehen 3 (*apparire*) auf·tauchen ● *allo — del giorno*, bei Tagesanbruch | *spuntarla su qlcu*, sich gegen jdn durch·setzen.

**spuntino** *s.m.* Imbiss (*der*), Zwischenmahlzeit (*die*).

**sputare** *v.intr.* spucken, speien ♦ *v.tr.* 1 aus·spucken 2 (*estens.*) aus·stoßen, speien.

**sputo** *s.m.* Spucke (*die*).

**squadra**[1] *s.f.* (*strumento*) Winkel (*der*), Winkeldreieck (*das*).

**squadra**[2] *s.f.* Gruppe (*die*), Mannschaft (*die*), Team (*das*): — *di calcio*, Fußballmannschaft ● *lavoro di* —, Teamarbeit.

**squadrare** *v.tr.* quadratisch zu·schneiden, ab·vieren ● (*fig.*) — *qlcu da capo a piedi*, jdn von Kopf bis Fuß mustern.

**squalifica** *s.f.* Disqualifizierung (*die*) (*anche sport*); Ausschluss (*der*).

**squalificare** *v.tr.* disqualifizieren, aus·schließen.

**squallido** *agg.* 1 trostlos, elend: *vita squallida*, trostloses Leben 2 (*sciatto*) schäbig; (*spoglio*) kahl.

**squallore** *s.m.* 1 Trostlosigkeit (*die*); (*di luoghi*) Öde (*die*) 2 (*abbandono*) Verlassenheit (*die*) 3 (*miseria*) Elend (*das*).

**squalo** *s.m.* Hai(fisch) (*der*).

**squama** *s.f.* Schuppe (*die*).

**squarciagola** ● *a* —, aus vollem Halse.

**squillante** *agg.* schrill: *voce* —, schrille Stimme.

**squillare** *v.intr.* klingeln, schellen.

**squillo** *s.m.* Klingeln (*das*): *lo — del telefono*, das Klingeln des Telefons ♦ *s.f.inv.* (*ragazza*) Callgirl.

**squisito** *agg.* 1 köstlich, erlesen 2 (*fig.*) fein: *una persona squisita*, ein feiner Mensch.

**S.r.l.** *abbr.* (*Società a responsabilità limitata*) GmbH (Gesellschaft mit beschränkter Haftung).

**srotolare** *v.tr.* aus·rollen, entrollen.

**stabile** *agg.* 1 stabil (*durevole*) dauerhaft, stabil ♦ *s.m.* Gebäude (*das*).

**stabilimento** *s.m.* 1 Werk (*das*), Fabrik (*die*) 2 (*impianto*) Anstalt (*die*) ● — *balneare*, Strandbad.

**stabilire** *v.tr.* 1 (*fissare*) fest·setzen, fest·legen 2 (*decidere*) beschließen; (*concordare*) vereinbaren ♦ **stabilirsi** *v.pron.* sich niederlassen.

**stabilità** *s.f.invar.* Stabilität (*die*), Festigkeit (*die*).

**staccare** *v.tr.* 1 ab·nehmen; (*allontanare*) entfernen 2 (*sganciare*) ab·hängen 3 (*recidere*) ab·trennen 4 (*elettr.*) aus·schalten, ab·stellen: — *il telefono*, das Telefon abstellen ♦ *v.intr.* (*fam.*) (*dal lavoro*) Feierabend machen ♦ **staccarsi**

**v.pron.** sich (los-)lösen: *staccarsi dalla famiglia*, sich von der Familie lösen.
**staccionata** *s.f.* Lattenzaun (der), Bretterzaun (der).
**stacco** *s.m.* (*intervallo*) Pause (die), Zäsur (die).
**stadio** *s.m.* 1 Stadion (das) 2 (*fase*) Stadium (das), Phase (die): *all'ultimo —*, im Endstadium.
**staffetta** *s.f.* 1 (*sport*) Staffellauf (der) 2 (*fig.*) (*avvicendamento*) Wechseln (das).
**stagionale** *agg.* 1 jahreszeitlich 2 (*estens.*) Saison...: *lavoro —*, Saisonarbeit ♦ *s.m. e f.* Saisonarbeiter (der; die -in).
**stagione** *s.f.* 1 Jahreszeit (die) 2 (*estens.*) Saison (die): *— teatrale*, Theatersaison.
**stagnante** *agg.* 1 stehend: *acqua —*, stehendes Gewässer 2 (*econ.*) stagnierend.
**stagno**[1] *s.m.* (*chim.*) Zinn (das).
**stagno**[2] *s.m.* (*laghetto*) Weiher (der), Teich (der).
**stagno**[3] *agg.* dicht, hermetisch.
**stagnola** *s.f.* (*per alimenti*) Alufolie (die).
**stalla** *s.f.* Stall (der).
**stallone** *s.m.* Zuchthengst (der).
**stampa** *s.f.* 1 (*tecnica*) Druck (der) 2 (*giornali*) Presse (die) ● *agenzia di —*, Presseagentur.
**stampante** *s.f.* (*inform.*) Drucker (der).
**stampare** *v.tr.* 1 drucken 2 (*pubblicare*) veröffentlichen.
**stampella** *s.f.* Krücke (die).
**stampo** *s.m.* 1 Form (die) 2 (*fig.*) (*tipo*) Schlag (der), Art (die).
**stancare** *v.tr.* ermüden; (*far*) anstrengen ♦ **stancarsi** *v.pron.* 1 müde werden, sich an-strengen 2 (*estens.*): *stancarsi di qlco*, etw satt bekommen.
**stanchezza** *s.f.* Müdigkeit (die).
**stanco** *agg.* 1 müde 2 (*stufo*): *essere — di fare qlco*, es satt haben, etw zu tun.
**stanga** *s.f.* Stange (die).
**stanza** *s.f.* Zimmer (das), Raum (der) ● *— attigua*, Nebenzimmer.

**stappare** *v.tr.* entkorken; (*aprire*) aufmachen, öffnen.
**stare** *v.intr.* 1 (*rimanere*) bleiben, sein 2 (*essere*) sein, stehen: *mi sta antipatico*, er ist mir unsymphatisch 3 (*in posizione orizzontale*) liegen: *— a letto*, im Bett liegen 4 (*in posizione verticale*) stehen: *dove stanno le tazze?*, wo stehen die Tassen? 5 (*abitare*) wohnen 6 (*seguito da gerundio*) gerade + Verb: *sto scrivendo*, ich schreibe gerade ● (*fam.*) *ci sto!*, abgemacht! | *come stai?*, wie geht's dir?; *sto bene, sto male*, mir geht es gut, schlecht | *lasciar —*, (sein) lassen; liegen lassen; stehen lassen | *— in piedi*, stehen | *— per fare qlco*, im Begriff sein, etw zu tun | *— seduto*, sitzen | *ti sta bene!*, das geschieht dir recht!
**starnutire** *v.intr.* niesen.
**starnuto** *s.m.* Niesen (das).
**stasera** *avv.* heute Abend.
**statale** *agg.* staatlich, Staats...: *scuola —*, staatliche Schule ♦ *s.m. e f.* (*impiegato*) Beamte (der; die Beamtin).
**statistica** *s.f.* Statistik (die).
**statistico** *agg.* statistisch.
**Stati Uniti d'America** *n.pr.m.pl.* Vereinigten Staaten von Amerika (die).
**stato** *s.m.* 1 (*condizione*) Zustand (der) 2 (*amm.*) Stand (der): *— civile*, Familienstand 3 (*pol.*) Staat (der).
**statua** *s.f.* Statue (die).
**statunitense** *agg.* der Vereinigten Staaten von Amerika; aus den USA ♦ *s.m. e f.* Nordamerikaner (der; die -in), Amerikaner (der; die -in).
**statura** *s.f.* Körperbau (der), Statur (die) (*anche fig.*).
**statuto** *s.m.* Statut (das), Satzung (die).
**stavolta** *avv.* (*fam.*) diesmal, dieses Mal.
**stazionario** *agg.* unverändert.
**stazione** *s.f.* Bahnhof (der) ● *— balneare*, Badeort | *— di polizia*, Polizeirevier | *— di servizio*, Tankstelle.
**stecca** *s.f.* 1 (*di ombrello*) Stab (der) 2 (*di sigarette*) Stange (die) 3 (*del biliardo*) Billiardstock (der) 4 (*mus.*) falscher Ton.

**steccare** *v.tr.* (med.) (an-)schienen ♦ *v.intr.* **1** (nel biliardo) kicksen **2** (mus.) (di cantante) falsch singen.

**steccato** *s.m.* Lattenzaun (der).

**stecchino** *s.m.* Zahnstocher (der).

**stella** *s.f.* **1** Stern (der) **2** (attrice) Star (der): — *del cinema*, Filmstar ♦ *albergo a quattro stelle*, Vier-Sterne-Hotel | (bot.) — *alpina*, Edelweiß | (zool.) — *marina*, Seestern.

**stelo** *s.m.* Stengel (der), Stiel (der).

**stemma** *s.m.* Wappen (das).

**stendere** *v.tr.* **1** aus-strecken: — *le gambe*, die Beine ausstrecken **2** (mettere a giacere) legen, hin-legen **3** (bucato) auf-hängen **4** (spalmare) streichen ♦ **stendersi** *v.pron.* sich (aus-)strecken, sich hin-legen: *stendersi sul divano*, sich auf dem Sofa ausstrecken.

**stendibiancheria** *s.m.invar.* Wäscheständer (der).

**stento** *s.m.* Mühe (die), Anstrengung (die): *una vita di stenti*, ein kümmerliches Leben ♦ *a —*, mit Mühe, kaum.

**steppa** *s.f.* Steppe (die).

**sterco** *s.m.* Kot (der), Mist (der).

**stereo** *s.m.invar.* Stereoanlage (die).

**sterile** *agg.* steril, unfruchtbar.

**sterilità** *s.f.invar.* Sterilität (die).

**sterilizzare** *v.tr.* sterilisieren.

**sterminare** *v.tr.* aus-rotten, vernichten.

**sterminato** *agg.* grenzenlos, unendlich.

**sterminio** *s.m.* Ausrottung (die), Vernichtung (die).

**sterno** *s.m.* (anat.) Brustbein (das).

**sterzare** *v.intr.* steuern (anche fig.).

**sterzo** *s.m.* Lenkung (die).

**stesso** *agg.* **1** (medesimo) derselbe: *abitano nella stessa casa*, sie wohnen im selben Haus **2** (uguale) gleich: *abbiamo la stessa età*, wir sind gleich alt (o gleichaltrig) **3** (riferito a persone) selbst: *pensa solo a sé*, er denkt nur an sich (selbst); *io — non ne sapevo niente*, ich (selbst) auch wusste nichts davon ♦ *pron.* **1** (la stessa persona) derselbe: *non è più lo —*, er ist nicht mehr derselbe **2** (la stessa cosa) dasselbe ♦ *lo —*, trotz-

dem, sowieso: *verrò lo —*, ich werde trotzdem kommen | *nello — tempo*, *al tempo —*, gleichzeitig | *per me è (o fa) lo —*, mir ist es gleich.

**stile** *s.m.* Stil (der): (nuoto) — *libero*, Freistil.

**stilista** *s.m.* e *f.* Modeschöpfer (der; die -in), Modedesigner (der; die -in).

**stilografica** *s.f.* Füllfederhalter (der).

**stima** *s.f.* **1** Achtung (die) **2** (valutazione) Schätzung (die).

**stimare** *v.tr.* **1** achten; schätzen **2** (valutare) schätzen: *fare — un quadro*, ein Bild schätzen lassen.

**stimolare** *v.tr.* **1** (incitare) an-spornen, stimulieren **2** (eccitare) erregen, an-regen: — *l'appetito*, den Appetit anregen **3** (med.) an-regen, stimulieren.

**stimolo** *s.m.* **1** Antrieb (der), Ansporn (der) **2** (biol.) Reiz (der).

**stinco** *s.m.* Schienbein (das).

**stingere** *v.tr.* aus-bleichen ♦ *v.intr.* ab-färben.

**stipendio** *s.m.* Gehalt (das).

---

**FALSCHER FREUND**

Da non confondere con il tedesco *Stipendium*, che significa 'borsa di studio'.

---

**stipite** *s.m.* Pfosten (der): *lo — della porta*, der Türpfosten.

**stipulare** *v.tr.* **1** ab-schließen **2** (redigere) ab-fassen.

**stiramento** *s.m.* (med.) Zerrung (die).

**stirare** *v.tr.* **1** bügeln **2** (stiracchiare) aus-strecken **3** (un arto) zerren ♦ **stirarsi** *v.pron.* sich aus-strecken.

**Stiria** *n.pr.f.* Steiermark (die).

**stirpe** *s.f.* Geschlecht (das).

**stitichezza** *s.f.* Verstopfung (die).

**stiva** *s.f.* (mar., aer.) Laderaum (der).

**stivale** *s.m.* Stiefel (der).

**stizza** *s.f.* Ärger (der); Grimm (der).

**stizzoso** *agg.* reizbar, grimmig (pieno di stizza) ärgerlich.

**stoccaggio** *s.m.* (comm.) Lagerung (die).

**stoccata** *s.f.* **1** (scherma) Hieb (der) **2** (fig.) Seitenhieb (der).

**stoffa** *s.f.* Stoff (der) ● (fig.) *ha la —*

**stolto / strato**

dell'oratore, er hat (o in ihm steckt) das Zeug zum Redner.
**stolto** *agg.* töricht, dumm ♦ *s.m.* [f. -a] Tor (der; die Törin).
**stomaco** *s.m.* Magen (der): *mal di* —, Magenschmerzen.
**stonare** *v.tr.* (di cantanti) falsch singen; (di musicisti) falsch spielen ♦ *v.intr.* (con) nicht passen (zu).
**stonato** *agg.* falsch: *una nota stonata*, eine falsche Note; *un pianoforte* —, ein verstimmtes Klavier.
**stop** *s.m.invar.* 1 (segnale) Stoppschild (das) 2 (punto) Stop (das), Punkt (der).
**stoppa** *s.f.* Werg (das).
**stoppino** *s.m.* 1 Docht (der) 2 (miccia) Zündschnur (die).
**stordire** *v.tr.* 1 betäuben 2 (fig.) (sbalordire) verblüffen.
**storia** *s.f.* 1 Geschichte (die); — *dell'arte*, Kunstgeschichte 2 (pl.) (fandonie) Märchen (pl.) ● *non fare tante storie!*, mach keine Geschichten!
**storico** *agg.* Geschichts..., geschichtlich, historisch: *opera storica*, Geschichtswerk ♦ *s.m.* [f. -a] Historiker (der; die -in).
**storione** *s.m.* (zool.) Stör (der).
**stormo** *s.m.* 1 (zool.) Schwarm (der) 2 (aer.) Geschwader (das).
**storpio** *agg.* verkrüppelt ♦ *s.m.* [f. -a] Krüppel (der).
**storta** *s.f.* (fam.) Verstauchen (das).
**storto** *agg.* 1 krumm 2 (non allineato) schief: *il quadro è* —, das Bild hängt schief 3 (fam.) schlecht: *una giornata storta*, ein Tag, an dem alles schief geht.
**stoviglia** *s.f.* (spec.pl.) Geschirr (das).
**strabico** *agg.* schielend ♦ *s.m.* [f. -a] Schielende (der e die).
**stracciare** *v.tr.* zerreißen; (ridurre in brandelli) zerfetzen ♦ **stracciarsi** *v.pron.* zerreißen.
**straccio** *s.m.* Lappen (der); (cencio) Lumpen (der).
**straccione** *s.m.* [f. -a] Bettler (der; die -in).
**strada** *s.f.* 1 Straße (die); Weg (der): *per* —, auf der Straße 2 (cammino; varco) Weg (der); (percorso) Strecke (die) ● *essere sulla buona* —, auf dem richtigen (o rechten) Weg sein (anche fig.) | — *facendo*, unterwegs.
**stradale** *agg.* Straßen..., Verkehrs...: *carta* —, Straßenkarte ♦ *s.f.* Verkehrspolizei (die).
**stradario** *s.m.* Straßenverzeichnis (das).
**strage** *s.f.* 1 Blutbad (das) 2 (estens.) Verheerung (die).
**stranezza** *s.f.* Sonderbarkeit (die), Merkwürdigkeit (die).
**strangolare** *v.tr.* 1 erwürgen 2 (estens.) würgen.
**straniero** *agg.* fremd; (estero) ausländisch: *paese* —, fremdes Land ♦ *s.m.* [f. -a] Fremde (der e die), Ausländer (der; die -in).
**strano** *agg.* sonderbar, komisch; (singolare) merkwürdig, eigenartig.
**straordinarietà** *s.f.* Außerordentliche (das), Außergewöhnliche (das).
**straordinario** *agg.* 1 außerordentlich; (speciale) Extra..., Sonder...: *avvenimento* —, außerordentliches Ereignis 2 (grandissimo) außergewöhnlich ♦ *s.m.* (di lavoro) Überstunde (die).
**strapiombo** *s.m.* Überhang (der).
**strappare** *v.tr.* 1 ab-reißen, aus-reißen 2 (sottrarre) entreißen: — *qlco di mano a qlcu*, jdm etwas entreißen 3 (stracciare) zerreißen ♦ **strapparsi** *v.pron.* zerreißen.
**strappo** *s.m.* 1 (tirata) Ruck (der) 2 (lacerazione) Riss (der): (med.) — *muscolare*, Muskelriss, Muskelzerrung 3 (fig.) Bruch (der) ● (fam.) *dare uno* — *a qlcu*, jdn mitnehmen | *fare uno* — *alla regola*, eine Ausnahme machen.
**straripare** *v.intr.* über die Ufer treten, über-fließen.
**strascico** *s.m.* 1 Schleppen (das) 2 (abbigl.) Schleppe (die) 3 (fig.) Nachwirkung (die).
**stratagemma** *s.m.* List (die), Trick (der).
**strategia** *s.f.* Strategie (die).
**strato** *s.m.* Schicht (die) (anche scient.).

**stravagante** *agg.* extravagant.
**stravolto** *agg.* 1 verdreht; (*di viso*) verzerrt 2 (*sconvolto*) verstört.
**straziante** *agg.* quälend.
**strazio** *s.m.* 1 Zerfleischung (*die*), Zerreißung (*die*) 2 (*tormento*) Qual (*die*), Pein (*die*) (*anche fig.*).
**strega** *s.f.* Hexe (*die*).
**stregare** *v.tr.* verhexen, behexen (*anche fig.*).
**stremato** *agg.* erschöpft.
**stretta** *s.f.* Druck (*der*) ● **mettere qlcu alle strette**, jdn in die Enge treiben | — **di mano**, Händedruck.
**stretto¹** *agg.* eng, schmal; (*di abiti*) essere, stare, andare —, eng sein ● **lo — necessario**, das Allernötigste.
**stretto²** *s.m.* Meerenge (*die*); Meeresstraße (*die*): lo — di Messina, die Straße von Messina.
**strettoia** *s.f.* Engpass (*der*) (*anche fig.*).
**stridere** *v.intr.* 1 kreischen, quietschen 2 (*fig.*) in krassem Gegensatz stehen.
**stridulo** *agg.* schrill, kreischend.
**strillare** *v.intr.* schreien, brüllen ♦ *v.tr.* rufen.
**strillo** *s.m.* Schrei (*der*).
**stringa** *s.f.* Schnürband (*das*).
**stringere** *v.tr.* 1 drücken; pressen: — la mano a qlcu, jdm die Hand drücken 2 (*sintetizzare*) kürzen: stringi!, fasse dich kurz! 3 (*stipulare*) schließen 4 (*rendere più stretto*) enger machen ♦ *v.intr.* eng sein ♦ **stringersi** *v.pron.* 1 (*restringersi*) eng werden 2 (*farsi più vicini*) zusammen-rücken ● **il tempo stringe**, die Zeit wird knapp (*o* drängt) | — **i denti**, die Zähne zusammenbeißen (*anche fig.*).
**striscia** *s.f.* Streifen (*der*): strisce pedonali, Zebrastreifen.
**strisciare** *v.intr.* kriechen.
**striscione** *s.m.* Transparent (*das*), Spruchband (*das*).
**stritolare** *v.tr.* zermalmen; zerquetschen.
**strizzare** *v.tr.* aus-wringen ● — **l'occhio a qlcu**, jdm zuzwinkern.
**strofa** *s.f.* Strophe (*die*).

**strofinaccio** *s.m.* Scheuerlappen (*der*); Putzlappen (*der*).
**strofinare** *v.tr.* reiben, scheuern ♦ **strofinarsi** *v.pron.* sich reiben, sich scheuern.
**strombazzare** *v.intr.* (*di clacson*) laut (und lästig) hupen.
**stroncare** *v.tr.* 1 ab-reißen 2 (*affaticare*) brechen 3 (*fig.*) (*uccidere*) erliegen 4 (*fig.*) (*criticare*) verreißen.
**stronzo** *s.m.* [f. -a] (*volg.*) Arschloch (*das*).
**stropicciare** *v.tr.* 1 zerknittern 2 (*sfregare*) reiben: stropicciarsi gli occhi, sich (*Dat*) die Augen reiben ♦ **stropicciarsi** *v.pron.* knittern.
**strozzare** *v.tr.* 1 (er)würgen 2 (*soffocare*) ersticken ♦ **strozzarsi** *v.pron.* ersticken.
**struccare** *v.tr.* ab-schminken.
**strumento** *s.m.* 1 Werkzeug (*das*), Instrument (*das*) 2 (*mus.*) Instrument (*das*).
**strutto** *s.m.* Schweineschmalz (*das*); Schmalz (*das*).
**struttura** *s.f.* 1 Struktur (*die*); Aufbau (*der*) 2 (*intelaiatura*) Gestell (*das*), Rahmen (*der*).
**struzzo** *s.m.* (*zool.*) Strauß (*der*).
**stuccare** *v.tr.* 1 verkitten; (*chiudere con lo stucco*) mit Kitt aus-füllen 2 (*decorare*) stuckieren.
**stucco** *s.m.* Stuck (*der*) ● (*fam.*) **rimanere di —**, baff sein.
**studente** *s.m.* [f. -essa] Schüler (*der; die* -in); (*di università*) Student (*der; die* -in).
**studiare** *v.tr.* 1 lernen; (*all'università*) studieren 2 (*esaminare*) untersuchen, beobachten ♦ *v.intr.* lernen: non ha voglia di —, er hat keine Lust zu lernen.
**studio** *s.m.* 1 Lernen (*das*), Studium (*das*) 2 (*di medico*) Praxis (*die*); (*di avvocato*) Kanzlei (*die*); (*di artisti ecc.*) Atelier (*das*); (*tv, cinem.*) Studio (*das*) 3 (*mus.*) Etüde (*die*).
**studioso** *agg.* fleißig ♦ *s.m.* [f. -a] Gelehrte (*der e die*), Forscher (*der; die* -in).
**stufa** *s.f.* Ofen (*der*).
**stufare** *v.tr.* 1 (*gastr.*) schmoren 2

**stufo / suddividere**

(*fam.*) langweilen ♦ **stufarsi** *v.pron.* sich langweilen.
**stufo** *agg.* (*fam.*) überdrüssig, müde • (*fam.*) *essere — di qlco, qlcu,* etw, jdn satt haben.
**stuoia** *s.f.* Matte (*die*).
**stupefacente** *agg.* erstaunlich, verblüffend ♦ *s.m.* Rauschmittel (*das*), Rauschgift (*das*).
**stupendo** *agg.* fantastisch, wunderbar.
**stupido** *agg.* dumm, blöd(e), stupid(e).
**stupire** *v.tr.* erstaunen, verwundern ♦ **stupirsi** *v.pron.* sich wundern, staunen, erstaunt sein.
**stupore** *s.m.* Staunen (*das*), Erstaunen (*das*).
**stuprare** *v.tr.* vergewaltigen, stuprieren.
**stupro** *s.m.* Vergewaltigung (*die*), Stuprum (*das*).
**sturare** *v.tr.* 1 (*stappare*) entkorken 2 (*sgorgare*) aus•räumen.
**stuzzicadenti** *s.m.invar.* Zahnstocher (*der*).
**stuzzicare** *v.tr.* (*infastidire*) reizen, sticheln • **stuzzicarsi i denti**, in den Zähnen stochern.
**su** *prep.* 1 (*con contatto*) (*stato in luogo*) auf (+ *Dat*); (*moto a luogo*) auf (+ *Acc*): *la lampada è sul tavolo,* die Lampe steht auf dem Tisch; *metti il vaso sul tavolo,* stell die Vase auf den Tisch 2 (*senza contatto*) (*stato in luogo*) über (+ *Dat*); (*moto a luogo*) über (+ *Acc*): *un ponte sul fiume,* eine Brücke über dem Fluss 3 (*con nomi di corsi d'acqua e laghi*) (*stato in luogo*) an (+ *Dat*); (*moto a luogo*) an (+ *Acc*): *andiamo sul lago di Garda,* wir fahren an den Gardasee 4 (*con mezzi di trasporto*) (*stato in luogo*) in (+ *Dat*); (*moto a luogo*) in (+ *Acc*): *salire sul treno,* in den Zug einsteigen 5 (*argomento*) über (+ *Acc*) 6 (*tempo, età, prezzo, misura*) ungefähr, etwa ♦ *avv.* 1 (*stato in luogo*) oben; darauf 2 (*moto a luogo*) nach oben; herauf; hinauf: *vieni —!,* komm herauf! • *la mia camera dà sulla strada,* mein Zimmer liegt zur Straße hin | *sul giornale c'è*

*scritto che...,* in der Zeitung steht, dass... | (*per incitare*) *—, —!,* los, los!
**subacqueo** *agg.* Unterwasser..., Tauch...: *sport —,* Unterwassersport ♦ *s.m.* [*f. -a*] Taucher (*der; die -in*).
**subaffittare** *v.tr.* untervermieten, weiter•vermieten.
**subire** *v.tr.* erleiden: *— le conseguenze di qlco,* die Folgen von etw tragen.
**subito** *avv.* sofort, unverzüglich, gleich: *— prima,* unmittelbar zuvor; *— dopo,* unmittelbar danach.
**subordinato** *agg.* 1 untergeordnet 2 (*di lavoro*) abhängig, unselbstständig.
**succedere** *v.intr.* 1 (*subentrare*) (*a*) folgen (+ *Dat*) 2 (*accadere*) passieren, geschehen ♦ **succedersi** *v.pron.* aufeinander folgen.
**successione** *s.f.* 1 Nachfolge (*die*), Folge (*die*) • *al trono,* Thronfolge 2 (*susseguirsi*) Abfolge (*die*): *una — di avvenimenti,* eine Abfolge von Ereignissen.
**successivamente** *avv.* später, nachher, danach.
**successivo** *agg.* (nach)folgend.
**successo** *s.m.* Erfolg (*der*) • *di —,* Erfolgs..., erfolgreich: *persona di —,* Erfolgsmensch.
**successore** *s.m.* [*f. succeditrice*] Nachfolger (*der; die -in*).
**succhiare** *v.tr.* saugen, lutschen.
**succo** *s.m.* 1 Saft (*der*): *— di frutta,* Fruchtsaft 2 (*fig.*) Kern (*der*): *il — del discorso,* der Kern des Gesprächs.
**succulento** *agg.* saftig.
**succursale** *s.f.* Filiale (*die*), Zweigstelle (*die*).
**sud** *s.m.invar.* 1 Süden (*der*) → nord 2 (*Italia Meridionale*) Süditalien.
**Sudafrica** *n.pr.m.* Südafrika (*das*).
**sudafricano** *agg.* südafrikanisch ♦ *s.m.* [*f. -a*] Südafrikaner (*der; die -in*).
**sudare** *v.intr.* schwitzen ♦ *v.tr.* (aus-)schwitzen.
**sudato** *agg.* 1 verschwitzt, schweißig 2 (*fig.*) mit Mühe verdient.
**suddito** *s.m.* [*f. -a*] Untertan (*der; die -in*).
**suddividere** *v.tr.* unterteilen.

**sud-est** *s.m.invar.* Südosten (der) → nord.

**sudicio** *agg.* schmutzig, dreckig.

**sudore** *s.m.* Schweiß (der): *essere in un bagno di —*, in Schweiß gebadet sein.

**sud-ovest** *s.m.invar.* Südwesten (der) → nord.

**sufficiente** *agg.* genügend, ausreichend.

**sufficienza** *s.f.* **1** Genüge (die) **2** (*scol.*) Ausreichend (das) **3** (*boria*) Süffisanz (die), Überheblichkeit (die) ● *a —*, zur Genüge.

**suffisso** *s.m.* Suffix (das), Nachsilbe (die).

**suffragio** *s.m.* **1** Wahlrecht (das) **2** (*voto*) Stimme (die).

**suggerimento** *s.m.* Ratschlag (der), Empfehlung (die).

**suggerire** *v.tr.* **1** vor·sagen **2** (*proporre*) vor·schlagen **3** (*consigliare*) empfehlen, raten.

**sughero** *s.m.* **1** (*bot.*) Korkeiche (die) **2** (*corteccia*) Kork (der).

**sugli** *prep.art.* (*su* + *gli*) → **su**.

**sugo** *s.m.* **1** Soße (die) **2** (*succo*) Saft (der).

**sui** *prep.art.* (*su* + *i*) → **su**.

**suicida** *s.m. e f.* Selbstmörder (der; die -in) ♦ *agg.* selbstmörderisch, Selbstmord...: *mania —*, Selbstmordsucht.

**suicidarsi** *v.pron.* Selbstmord begehen.

**suicidio** *s.m.* Selbstmord (der).

**suino** *agg.* Schweine...: *carne suina*, Schweinefleisch ♦ *s.m.* Schwein (das).

**sul** *prep.art.* (*su* + *il*) → **su**.

**sulla** *prep.art.* (*su* + *la*) → **su**.

**sulle** *prep.art.* (*su* + *le*) → **su**.

**sullo** *prep.art.* (*su* + *lo*) → **su**.

**sultano** *s.m.* Sultan (der).

**suo** *agg.poss.* *3ᵉ pers. sing.* **1** (*di lui*) sein; (*di lei*) ihr; (*forma di cortesia*) Ihr: *scusi, questo è il — posto?*, entschuldigen Sie, ist das Ihr Platz? **2** (*proprio*) eigen, eigene...: *ogni cosa a — tempo*, alles zu seiner Zeit ♦ *pron.poss.* (*di lui*) seiner; (*di lei*) ihrer; (*forma di cortesia*) Ihrer ● *i suoi*, (*i genitori di lui*) seine Eltern; (*di lei*) ihre Eltern; (*forma di cortesia*) Ihre Eltern.

**suocera** *s.f.* Schwiegermutter (die).

**suocero** *s.m.* Schwiegervater (der) ● *i suoceri*, (*fam.*) die Schwiegereltern.

**suola** *s.f.* Sohle (die), Schuhsohle (die).

**suolare** *v.tr.* besohlen.

**suolo** *s.m.* Boden (der), Grund (der).

**suonare** *v.tr.* spielen ♦ *v.intr.* **1** spielen; (*di campanello*) klingeln; (*di sveglia*) läuten **2** (*scoccare*) schlagen: *è suonato mezzogiorno*, es hat Mittag geschlagen ● (*alla porta*) *hanno suonato*, es hat geklingelt | *mi suona strano*, das klingt seltsam | *— il campanello*, klingeln | *— il clacson*, hupen | (*fam.*) *suonarle a qlcu*, es jdm geben.

**suoneria** *s.f.* **1** (*di orologio*) Schlagwerk (das) **2** (*di telefono*) Klingel (die), Glocke (die).

**suono** *s.m.* Ton (der), Klang (der).

**suora** *s.f.* Nonne (die), Schwester (die).

**super** *agg.invar.* Super... ♦ *s.f.invar.* (*benzina*) Superbenzin (das).

**superare** *v.tr.* **1** (*in altezza*) überragen, übersteigen; (*in grandezza*) größer sein (als) **2** (*in quantità*) überschreiten **3** (*sorpassare*) überholen (*anche aut.*) **4** (*essere più bravo*) (*in*) übertreffen (an + Dat) **5** (*difficoltà*) überwinden **6** (*esame*) bestehen.

**superbia** *s.f.* Hochmut (der), Stolz (der).

**superbo** *agg.* **1** hochmütig, stolz **2** (*fig.*) (*grandioso*) großartig, souverän.

**superficiale** *agg.* oberflächlich.

**superficie** *s.f.* **1** Oberfläche (die) **2** (*geom.*) Fläche (die).

**superfluo** *agg.* überflüssig ♦ *s.m.* Überflüssige (das).

**superiore** *agg.* **1** ober, Ober... **2** (*di altezza, misura, prezzo*) höher, größer **3** (*in valore*) besser, best ♦ *s.m. e f.* Vorgesetzte (der e die) **4** [f. *-a*] (*relig.*) Obere (der) ● *al piano —*, im Obergeschoss | (*fig.*) *essere — a qlcu*, jdm überlegen sein | *— alla media*, überdurchschnittlich.

**superiorità** *s.f.invar.* Überlegenheit (die).

**superlativo** *agg.* 1 (*gramm.*) superlativisch 2 (*fig.*) höchst, vorzüglich, großartig ♦ *s.m.* (*gramm.*) Superlativ (*der*).
**supermercato** *s.m.* Supermarkt (*der*).
**superstite** *agg.* überlebend ♦ *s.m.* e *f.* Überlebende (*der* e *die*).
**superstizione** *s.f.* Aberglaube (*der*).
**superstizioso** *agg.* abergläubisch.
**superstrada** *s.f.* Schnellstraße (*die*).
**supino** *agg.* auf dem Rücken.
**supplementare** *agg.* zusätzlich, ergänzend ● (*sport*) *tempi supplementari*, Verlängerung.
**supplemento** *s.m.* 1 Ergänzung (*die*) 2 (*di treni*) Zuschlag (*der*) 3 (*di un giornale*) Beilage (*die*).
**supplente** *s.m.* e *f.* 1 Aushilfskraft (*die*) 2 (*scol.*) Hilfslehrer (*der*, *die* -in).
**supplenza** *s.f.* Vertretung (*die*).
**supplicare** *v.tr.* anflehen.
**supporre** *v.tr.* annehmen, vermuten.
**supporto** *s.m.* Stütze (*die*) (*anche fig.*).
**supposizione** *s.f.* Annahme (*die*), Vermutung (*die*).
**supposta** *s.f.* Zäpfchen (*das*).
**supremazia** *s.f.* Vorherrschaft (*die*), Vormacht (*die*).
**surf** *s.m.invar.* Surfing (*das*), Surfen (*das*) ● *la tavola da* —, das Surfbrett.
**surgelare** *v.tr.* tiefkühlen.
**surgelato** *agg.* tiefgekühlt ● *prodotti surgelati*, Tiefkühlkost.
**surriscaldare** *v.tr.* 1 überheizen 2 (*fis.*, *tecn.*) überhitzen ♦ **surriscaldarsi** *v.pron.* erhitzen.
**surrogato** *s.m.* Ersatz (*der*), Ersatzmittel (*das*).
**suscettibile** *agg.* 1 (*di*) fähig (zu) 2 (*permaloso*) empfindlich.
**suscitare** *v.tr.* erregen, hervorrufen, auslösen, (er)wecken.
**susina** *s.f.* Pflaume (*die*), Zwetsch(g)e (*die*).
**sussidio** *s.m.* 1 (*aiuto*) Unterstützung (*die*); Hilfsmittel (*das*) 2 (*economico*) Beihilfe (*die*), Zuschuss (*der*).
**sussultare** *v.intr.* 1 zucken, zusammenfahren 2 (*per un sisma*) beben.

**sussurrare** *v.tr.* (zu-)flüstern.
**sussurro** *s.m.* Flüstern (*das*), Murmeln (*das*).
**suturare** *v.tr.* (zu-)nähen.
**svagarsi** *v.pron.* (*distrarsi*) sich ablenken; sich zerstreuen.
**svago** *s.m.* 1 (*lo svagarsi*) Erholung (*die*); Ablenkung (*die*) 2 (*passatempo*) Zeitvertreib (*der*); (*divertimento*) Vergnügen (*das*).
**svaligiare** *v.tr.* ausrauben, plündern.
**svalutare** *v.tr.* 1 abwerten, entwerten 2 (*sminuire*) herabwürdigen ♦ **svalutarsi** *v.pron.* 1 an Wert verlieren 2 (*sminuirsi*) sich herabwürdigen.
**svalutazione** *s.f.* Entwertung (*die*), Abwertung (*die*).
**svanire** *v.intr.* 1 (*disperdersi*) sich auflösen 2 (*scomparire*) verschwinden, schwinden 3 (*di odori*) verfliegen; (*di suoni*) verklingen.
**svantaggio** *s.m.* 1 Nachteil (*der*) 2 (*sport*) Rückstand (*der*) ● *essere in — rispetto a qlcu*, jdm gegenüber im Nachteil sein.
**svantaggioso** *agg.* nachteilig, ungünstig.
**svedese** *agg.* schwedisch ♦ *s.m.* e *f.* Schwede (*der*; *die* Schwedin) ♦ *s.m.* (*lingua*) Schwedisch (*das*).
**sveglia** *s.f.* 1 Wecken (*das*) 2 (*orologio*) Wecker (*der*).
**svegliare** *v.tr.* (auf-)wecken ♦ **svegliarsi** *v.pron.* aufwachen, erwachen.
**sveglio** *agg.* 1 wach 2 (*fig.*) aufgeweckt, gewieft.
**svelare** *v.tr.* enthüllen, verraten: — *un segreto a qlcu*, jdm ein Geheimnis enthüllen.
**svelto** *agg.* 1 (*veloce*) schnell, rasch: *alla svelta*, schnell 2 (*sveglio*, *pronto*) aufgeweckt, flink.
**svendita** *s.f.* (*di rimanenze*) Ausverkauf (*der*).
**svenire** *v.intr.* in Ohnmacht fallen.
**sventolare** *v.tr.* schwenken: — *il fazzoletto*, das Taschentuch schwenken ♦ *v.intr.* flattern, wehen.
**sventrare** *v.tr.* 1 ausnehmen 2 (*edil.*) einreißen, niederreißen.

**sventura** *s.f.* Unglück (*das*).
**svestire** *v.tr.* aus·ziehen ♦ **svestirsi** *v.pron.* sich aus·ziehen.
**Svevia** *n.pr.f.* Schwaben (*das*).
**Svezia** *n.pr.f.* Schweden (*das*).
**svezzare** *v.tr.* entwöhnen, ab·stillen.
**svignarsela** *v.pron.* sich verdrücken, ab·hauen.
**sviluppare** *v.tr.* 1 entwickeln (*anche fot.*), aus·arbeiten 2 (*produrre*) ab·geben: — *calore*, Wärme abgeben ♦ **svilupparsi** *v.pron.* 1 sich entwickeln 2 (*estendersi*) sich aus·dehnen.
**sviluppo** *s.m.* Entwicklung (*die*).
**svincolo** *s.m.* Befreiung (*die*) ● — *autostradale*, Autobahnkreuz.
**svista** *s.f.* Versehen (*das*).
**svitare** *v.tr.* lösen; ab·schrauben ♦ **svitarsi** *v.pron.* sich lockern.
**svitato** *s.m.* [f. -*a*] (*fam.*) Spinner (*der*; *die* -in).

**Svizzera** *n.pr.f.* Schweiz (*die*).
**svizzero** *agg.* schweizerisch ♦ *s.m.* [f. -*a*] Schweizer (*der*; *die* -in).
**svogliato** *agg.* lustlos.
**svolgere** *v.tr.* 1 ab·wickeln: — *una matassa*, einen Strang abwickeln 2 (*trattare*) behandeln 3 (*attività*) aus·üben ♦ **svolgersi** *v.pron.* 1 ab·rollen 2 (*realizzarsi*) verlaufen, sich ab·spielen 3 (*aver luogo*) statt·finden; (*essere ambientato*) spielen ● — *un tema*, einen Aufsatz schreiben.
**svolgimento** *s.m.* 1 (*andamento*) Ablauf (*der*) 2 (*trattazione*) Behandlung (*die*).
**svolta** *s.f.* 1 Abbiegen (*das*) 2 (*curva*) Kurve (*die*) 3 (*fig.*) (*cambiamento radicale*) Wende (*die*), Umschwung (*der*).
**svoltare** *v.intr.* ab·biegen.
**svuotare** *v.tr.* leeren; entleeren: — *una bottiglia*, eine Flasche leeren.

# Tt

**tabaccaio** *s.m.* [f. -a] Tabakwarenverkäufer (der; die -in).
**tabaccheria** *s.f.* Tabakladen (der).
**tabacco** *s.m.* Tabak (der).
**tabella** *s.f.* Tafel (die); (*prospetto*) Tabelle (die); — *dei prezzi*, Preistafel | (*sport*) — *di marcia*, Zeitplan; (*fig.*) Zeittafel.
**tabellone** *s.m.* **1** (*grande*) Tafel (die) **2** (*manifesto*) Plakat (das).
**tabù** *s.m.invar.* Tabu (das) ♦ *agg.invar.* tabu.
**TAC** *s.f.invar.* (*tomografia assiale computerizzata*) CT (die), Computertomographie (die).
**taccagno** *agg.* knickerig, knauserig ♦ *s.m.* Knicker (der), Knauser (der).
**tacchino** *s.m.* (*maschio*) Truthahn (der); (*femmina*) Truthenne (die).
**tacco** *s.m.* Absatz (der).
**taccuino** *s.m.* Notizbuch (das).
**tacere** *v.intr.* **1** (*su*) schweigen (zu o über + Acc); (*di rumori, suoni ecc.*) verstummen **2** (*fare silenzio*) still sein ♦ *v.tr.* verschweigen ● *far* — *qlco*, jdn zum Schweigen bringen.
**tachicardia** *s.f.* (*med.*) Tachykardie (die).
**taciturno** *agg.* schweigsam; (*di poche parole*) wortkarg.
**taglia** *s.f.* **1** Kopfgeld (das) **2** (*abbigl.*) Größe (die).
**tagliando** *s.m.* Abschnitt (der).
**tagliare** *v.tr.* **1** schneiden: *tagliarsi i capelli*, sich (Dat) die Haare (ab)schneiden **2** (*interrompere*) unterbrechen: — *le comunicazioni*, die Verbindungen unterbrechen **3** (*eliminare*) streichen ♦ *v.intr.* schneiden ♦ *tagliarsi v.pron.* sich schneiden ● — *corto*, es kurz machen | — *la corda*, sich aus dem Staub machen.
**tagliato** *agg.* **1** geschnitten **2** (*diviso*) geteilt, durchgeschnitten **3** (*eliminato*) gestrichen ● *essere* — *per qlco*, für etw geeignet sein.
**tagliente** *agg.* scharf (*anche fig.*).
**taglio** *s.m.* Schnitt (der).
**tailandese** *agg.* thailändisch ♦ *s.m. e f.* Thailänder (der; die -in).
**Tailandia** *n.pr.f.* Thailand (das).
**talco** *s.m.* (*polvere*) Talkum (das).
**tale** *agg.* solcher, dieser, solch ein, so ein: *in tal caso*, in diesem Fall; *in una* — *circostanza*, bei so einer Angelegenheit ♦ *agg.indef.* (*certo*) (*preceduto da art.indet.*) gewiss: *un* — *Maurizio*, ein gewisser Maurizio ♦ *pron.dimostr.* der, derjenige: *lui è il* — *che cerchi*, er ist der (*o* derjenige), den du suchst ♦ *pron.indef.* **1** (*preceduto da art.indet.*) einer, jemand: *c'è un* — *di là che ti aspetta*, drüben wartet jemand auf dich **2** (*preceduto da quel, quella*) der, derjenige: *c'è quel* — *dell'assicurazione*, der Versicherungstyp ist da ● — *e quale a te*, genau wie du | — *padre* — *figlio*, wie der Vater, so der Sohn.
**talento** *s.m.* Talent (das): *un artista di* —, ein talentierter Künstler.
**talismano** *s.m.* Talisman (der).

**tallone** *s.m.* Ferse (die), Fersenbein (das) ● – *d'Achille*, Achilles Ferse.
**talmente** *avv.* so, dermaßen, derart.
**talpa** *s.f.* **1** (zool.) Maulwurf (der) **2** (fig.) Spitzel (der).
**talvolta** *avv.* manchmal, ab und zu, zuweilen ● –..., *talaltra*..., einmal..., einmal...
**tamburello** *s.m.* Tamburin (das), Schellentrommel (die).
**tamburo** *s.m.* Trommel (die).
**tamponare** *v.tr.* **1** stopfen, verstopfen **2** (med.) tamponieren: – *una ferita*, eine Wunde tamponieren **3** (veicoli) auffahren (auf + Acc.)
**tampone** *s.m.* (med.) Tupfer (der), Tampon (der).
**tana** *s.f.* **1** Höhle (die); (covo) Bau (der) **2** (estens.) (nascondiglio) Schlupfwinkel (der).
**tanfo** *s.m.* Modergeruch (der), dumpfer Geruch.
**tangente** *agg.* tangierend, tangential ♦ *s.f.* **1** (geom.) Tangente (die) **2** (bustarella) Schmiergeld (das).
**tangenziale** *s.f.* Umgehungsstraße (die).
**tanica** *s.f.* Kanister (der).
**tanto**[1] *agg.* e *pron.indef.* **1** viel, soviel, viele: *tanta gente*, viele Leute **2** (tempo) lange: *dopo* – *tempo*, nach langer Zeit **3** (intensità) groß, stark: *ho tanta sete*, ich habe großen Durst **4** (prop.compar.) so viel, so viele: *non ho tanti libri quanti ne hai tu*, ich habe nicht so viele Bücher wie du ♦ *s.m.* **1** (quantità determinata) so viel: *ne vorrei* – *così*, ich möchte so viel; *ne più* o –, nicht mehr als **2** (quantità generica) soundsoviel: *costa un* – *al metro*, es kostet soundsoviel pro Meter ● *è già* – *se*..., ist es schon viel, wenn... | *non sono mai arrivato a* –, so weit ist es bei mir noch nie gekommen | *se* – *mi dà* –, unter diesen Umständen | *tante grazie*, vielen Dank | *tanti saluti*, viele Grüße.
**tanto**[2] *avv.* **1** (talmente) so, sehr **2** (molto) (intensità) so sehr; (quantità) viel; (tempo) lange **3** (prop. comparative) so...wie: *è* – *noioso quanto inutile*, es ist so langweilig wie sinnlos **4** (sia... sia) sowohl... als auch **5** (seguito da compar.) um so mehr ● *di* – *in* –, von Zeit zu Zeit | *ogni* –, ab und zu | *ogni che*..., jedesmal wenn.
**tappa** *s.f.* **1** (sosta) Rast (die) **2** (distanza percorsa) Teilstrecke (die); (sport, mil.) Etappe (die).
**tappare** *v.tr.* verschließen; (con tappo di sughero) verkorken ♦ **tapparsi** *v.pron.* **1** verstopfen: *si è tappato il lavandino*, das Waschbecken ist verstopft **2** (rinchiudersi) sich ein-schließen, sich ein-sperren: *tapparsi in casa*, sich zu Hause einschließen ● – *la bocca a qlcu*, jdm den Mund verbieten.
**tapparella** *s.f.* Rollladen (der).
**tappeto** *s.m.* **1** Teppich (der) **2** (sport) Matte (die) ● *a* –, gründlich.
**tappezzare** *v.tr.* **1** tapezieren **2** (estens.) (di) voll-kleben (mit).
**tappezzeria** *s.f.* Tapete (die).
**tappo** *s.m.* Pfropfen (der); (di sughero) Korken (der); (a vite) Schraubverschluss (der).
**tara** *s.f.* **1** Tara (die) **2** (genetica, ereditaria) Fehler (der), Belastung (die) ● *affetto da* – *ereditaria*, erblich belastet.
**tarare** *v.tr.* **1** (misurare la tara di) tarieren **2** (uno strumento) eichen.
**tardare** *v.intr.* sich verspäten.
**tardi** *avv.* spät: *non fare* – *stasera*, komm nicht zu spät heim heute Abend ● *più* –, später.
**tardo** *agg.* spät, Spät...: *fino a tarda notte*, bis spät in die Nacht hinein.
**targa** *s.f.* **1** Schild (das) **2** (di veicolo) Nummernschild (das).
**tariffa** *s.f.* Tarif (der), Gebühr (die).
**tarlo** *s.m.* Holzwurm (der).
**tarma** *s.f.* Motte (die), Kleidermotte (die).
**tartaro** *s.m.* (dentario) Zahnstein (der).
**tartaruga** *s.f.* Schildkröte (die) ● *lento come una* –, langsam wie eine Schnecke.
**tartina** *s.f.* belegtes Brot.
**tartufo** *s.m.* (bot.) Trüffel (die).
**tasca** *s.f.* Tasche (die) ● (fam.) *ne ho le*

**tasche piene**, ich habe die Nase voll (davon).
**tascabile** *agg.* Taschen...: *lampada* —, Taschenlampe; *libro* —, Taschenbuch.
**taschino** *s.m.* (*della giacca*) Brusttasche (*die*).
**tassa** *s.f.* 1 Gebühr (*die*) 2 (*imposta*) Steuer (*die*).
**tassametro** *s.m.* Fahrpreisanzeiger (*der*), Taxameter (*der*).
**tassare** *v.tr.* besteuern, mit Steuern belegen.
**tassello** *s.m.* 1 (*tecn.*) Dübel (*der*) 2 (*pezzo*) Stück (*das*) (*anche fig.*).
**tassista** *s.m. e f.* Taxifahrer (*der; die -in*).
**tasso**¹ *s.m.* (*zool.*) Dachs (*der*).
**tasso**² *s.m.* Rate (*die*) ● — *di mortalità*, Sterblichkeitsrate | — *di natalità*, Geburtsrate | — (*Banca*) *d'interesse*, Zinssatz | (*med.*) — *glicemico*, Blutzuckerspiegel.
**tastare** *v.tr.* tasten ● — *il terreno*, das Terrain sondieren, vorfühlen.
**tastiera** *s.f.* (*mus., inform.*) Tastatur (*die*) ● (*mus.*) — *elettronica*, Keyboard.
**tasto** *s.m.* Taste (*die*).
**tattica** *s.f.* Taktik (*die*).
**tatto** *s.m.* 1 Tastsinn (*der*) 2 (*fig.*) Takt (*der*).
**tatuaggio** *s.m.* Tätowierung (*die*).
**tatuare** *v.tr.* tätowieren.
**taverna** *s.f.* Taverne (*die*), Kellerbar (*die*).
**tavola** *s.f.* 1 Brett (*das*) 2 (*tavolo*) Tisch (*der*) ● *a* —!, zu Tisch! | *mettere le carte in* —, die Karten auf den Tisch legen.
**tavolata** *s.f.* Tischgesellschaft (*die*); (*fam.*) Tafelrunde (*die*).
**tavolato** *s.m.* 1 Holzboden (*der*) 2 (*geogr.*) Hochebene (*die*).
**tavolo** *s.m.* Tisch (*der*): — *da gioco*, Spieltisch; — *da disegno*, Zeichentisch.
**tavolozza** *s.f.* Palette (*die*).
**taxi** *s.m.invar.* Taxi (*das*).
**tazza** *s.f.* Tasse (*die*).
**tazzina** *s.f.* Mokkatasse (*die*).
**te** *pron.pers.sing.* 1 (*compl.ogg.*) dich; (*compl. di termine*) dir: — *ne ho già parlato?*, habe ich dir schon davon erzählt? 2 (*compl. introdotti da prep.*) dich, dir: *ci vediamo da* — *domani*, morgen treffen wir uns bei dir; ● *beato* —!, du Glücklicher! | *fallo da* —!, mach das selbst! | *ne so quanto* —, ich weiß soviel wie du.
**tè** *s.m.invar.* 1 (*bot.*) Teestrauch (*der*) 2 (*bevanda*) Tee (*der*).
**teatro** *s.m.* Theater (*das*).
**tecnica** *s.f.* Technik (*die*).
**tecnico** *agg.* technisch, Fach... ♦ *s.m.* [*f. -a*] Techniker (*der; die -in*); Fachmann (*der; die -frau*).
**tecnologia** *s.f.* Technologie (*die*); (*tecnica*) Technik (*die*).
**tecnologico** *agg.* technologisch.
**tedesco** *agg.* deutsch ♦ *s.m.* 1 [*f. -a*] Deutsche (*der e die*) 2 (*lingua*) Deutsch(e) (*das*).
**tegame** *s.m.* flacher Kochtopf.
**teglia** *s.f.* Auflaufform (*die*).
**tegola** *s.f.* Dachziegel (*der*).
**teiera** *s.f.* Teekanne (*die*).
**tela** *s.f.* 1 (*tessuto*) Gewebe (*das*) 2 (*dipinto*) Leinwand (*die*) ● — *cerata*, Wachstuch.
**telaio** *s.m.* 1 Webstuhl (*der*) 2 (*aut.*) Untergestell (*das*) 3 (*di finestra*) Rahmen (*der*).
**telecamera** *s.f.* Fernsehkamera (*die*).
**telecomando** *s.m.* Fernbedienung(*die*).
**telecomunicazione** *s.f.* Fernmeldewesen (*das*).
**telecronaca** *s.f.* Fernsehreportage (*die*).
**telecronista** *s.m. e f.* Fernsehreporter (*der; die -in*).
**telefilm** *s.m.invar.* Fernsehfilm (*der*).
**telefonare** *v.intr.* (*a*) an·rufen, telefonieren (mit).
**telefonata** *s.f.* Anruf (*der*), Telefonanruf (*der*); (*comunicazione*) Telefongespräch (*das*).
**telefonico** *agg.* telefonisch, Telefon....
**telefono** *s.m.* Telefon (*das*): — *cellulare*, Mobiltelefon, Handy; *dare un colpo di* — *a qlcu*, jdn kurz anrufen; *essere al* — *con qlcu*, mit jdm telefonieren.
**telegiornale** *s.m.* Tagesschau (*die*), Fernsehnachrichten (*pl.*).

**telegrafare** *v.tr.* e *intr.* telegrafieren.
**telegramma** *s.m.* Telegramm (*das*).
**teleobbiettivo** *s.m.* Teleobjektiv (*das*).
**telescopio** *s.m.* Teleskop (*das*).
**telespettatore** *s.m.* [f. *-trice*] Fernsehzuschauer (*der; die* -in).
**televideo** *s.m.invar.* Bildschirmtext (*der*), Videotext (*der*).
**televisione** *s.f.* 1 Fernsehen (*das*) 2 (*televisore*) Fernseher (*der*).
**televisivo** *agg.* Fernseh...: *programma* —, Fernsehprogramm.
**telo** *s.m.* Tuch (*das*).
**tema** *s.m.* 1 (*argomento*) Thema (*das*), Gegenstand (*der*) 2 (*motivo ricorrente*) Motiv (*das*) 3 (*scol.*) Aufsatz (*der*).
**temere** *v.tr.* fürchten: *temo di non poter venire*, ich fürchte, dass ich nicht kommen kann ♦ *v.intr.* (*per*) sich fürchten, fürchten (um + *Acc*): — *per la vita di qlcu*, um jds Leben fürchten ● *non —*, keine Angst!.
**tempera** *s.f.* Tempera (*die*).
**temperamento** *s.m.* Temperament (*das*).
**temperare** *v.tr.* (*matita*) spitzen.
**temperato** *agg.* gemäßigt: *clima* —, gemäßigtes Klima.
**temperatura** *s.f.* Temperatur (*die*).
**temperino** *s.m.* 1 Taschenmesser (*das*) 2 (*temperamatite*) Spitzer (*der*).
**tempesta** *s.f.* Sturm (*der*).
**tempestare** *v.tr.* ● *qlcu di domande*, jdn mit Fragen bombardieren.
**tempestivo** *agg.* rechtzeitig.
**tempestoso** *agg.* stürmisch (*anche fig.*).
**tempia** *s.f.* (*anat.*) Schläfe (*die*).
**tempio** *s.m.* Tempel (*der*) (*anche fig.*).
**tempo** *s.m.* 1 Zeit (*die*) 2 (*meteor.*) Wetter (*das*) 3 (*sport*) Halbzeit (*die*), Spielhälfte (*die*) 4 (*ritmo*) Takt (*der*) 5 (*teatr., cinem.*) Teil (*der*); (*mus.*) Satz (*der*) ● *allo stesso —*, gleichzeitig | *che — fa?*, wie ist das Wetter? | *un —*, damals, früher.
**temporale** *s.m.* Gewitter (*das*).
**temporaneo** *agg.* vorübergehend, vorläufig.

**tenace** *agg.* zäh, fest; (*ostinato*) hartnäckig.
**tenacia** *s.f.* Zähigkeit (*die*).
**tenaglia** *s.f.* 1 Zange (*die*) 2 (*pl.*) (*chele*) Schere (*die*).
**tenda** *s.f.* 1 Vorhang (*der*) 2 (*da campo*) Zelt (*das*).
**tendenza** *s.f.* 1 Tendenz (*die*) 2 (*inclinazione*) Neigung (*die*).
**tendere** *v.tr.* 1 spannen 2 (*stendere*) aus-strecken, reichen: — *la mano a qlcu*, jdm die Hand reichen ♦ *v.intr.* neigen: *tende a ingrassare*, er neigt dazu dick zu werden ♦ **tendersi** *v.pron.* sich spannen ● — *una trappola*, eine Falle stellen.
**tendina** *s.f.* Gardine (*die*).
**tendine** *s.m.* (*anat.*) Sehne (*die*).
**tendone** *s.m.* Zelt (*das*) ● — *da circo*, Zirkuszelt.
**tenebra** *s.f.* Finsternis (*die*), Dunkelheit (*die*) (*anche fig.*).
**tenebroso** *agg.* finster, dunkel (*anche fig.*).
**tenente** *s.m.* (*mil.*) Oberleutnant (*der*).
**tenere** *v.tr.* 1 halten: — *il vino in* (*o al*) *fresco*, den Wein kühl halten (*o aufbewahren*); — *la finestra aperta*, das Fenster offenlassen (*o auflassen*) 2 (*occupare*) ein-nehmen; (*contenere*) fassen ♦ *v.intr.* halten; dicht sein: *la corda tiene bene*, das Seil hält gut ♦ **tenersi** *v.pron.* 1 (*attaccarsi*) sich fest-halten 2 (*mantenersi, attenersi*) sich halten: *tenersi in piedi*, sich aufrecht halten 3 (*reciproco*) sich halten ● *ci tengo molto che...*, es liegt mir sehr daran, dass... | — *duro*, durchhalten | — *per una squadra*, zu einer Mannschaft halten | — *presente qlco*, sich etw (*Dat*) vor Augen halten | *tienilo per te*, behalt(e) es für dich.
**tenerezza** *s.f.* Zärtlichkeit (*die*).
**tenero** *agg.* 1 zart, weich 2 (*fig.*) zärtlich: *sguardo* —, zärtlicher Blick.
**tennis** *s.m.invar.* Tennis (*das*).
**tennista** *s.m.* e *f.* Tennispieler (*der; die* -in).
**tenore** *s.m.* (*mus.*) Tenor (*der*).
**tensione** *s.f.* (*elettr.*) Spannung (*die*) (*anche fig.*).

**tentacolo** *s.m.* (zool.) Fangarm (der), Tentakel (der o das).

**tentare** *v.tr.* versuchen (anche fig.).

**tentativo** *s.m.* Versuch (der).

**tentazione** *s.f.* Versuchung (die).

**tentennare** *v.intr.* **1** schwanken **2** (fig.) zaudern, zögern ♦ *v.tr.* wiegen.

**tentoni** *avv.* tastend ● *andare (a) —*, sich tasten.

**tenue** *agg.* dünn; (*lieve*) leicht; (*debole*) schwach: *colore —*, zarte Farbe/*luce —*, schwaches Licht.

**tenuta** *s.f.* **1** Halten (*das*) **2** (tecn.) Dichte (*die*) **3** (*capacità*) Kapazität (*die*), Fassungsvermögen (*das*) **4** (*possedimento*) Landgut (*das*).

**teorema** *s.m.* Lehrsatz (der), Theorem (das).

**teoria** *s.f.* Theorie (die).

**teoricamente** *avv.* theoretisch.

**teorico** *agg.* theoretisch.

**tepore** *s.m.* angenehme Wärme (die).

**teppista** *s.m.* e *f.* Rowdy (der).

**terapeutico** *agg.* therapeutisch, Heil...: *virtù terapeutica*, Heilkraft.

**terapia** *s.f.* Therapie (die), Heilbehandlung (die).

**tergicristallo** *s.m.* (aut.) (spec.pl.) Scheibenwischer (der).

**termale** *agg.* Thermal... ● *stazione —*, Badeort.

**terme** *s.f.pl.* Therme (die), Thermalbad (das).

**termico** *agg.* Wärme..., thermisch ● *centrale termica*, Wärmekraftwerk.

**terminale** *agg.* End...: *un malato —*, ein Kranker im Endstadium ♦ *s.m.* (inform.) Terminal (das).

**terminare** *v.tr.* beenden; (*concludere*) abschließen: *— un lavoro*, eine Arbeit beenden ♦ *v.intr.* enden, aufhören.

**termine** *s.m.* **1** (*di tempo*) Frist (die), Zeit (die); (*scadenza*) Termin (der): *fino al — ultimo*, bis zum letzten Termin **2** (*fine*) Ende (*das*): *portare a — qlco*., etw zu Ende bringen **3** (*parola, espressione*) Wort (*das*), Ausdruck (*der*): *— tecnico*, Fachausdruck ● *a —*, auf Zeit: *contratto a —*, Zeitvertrag.

**termometro** *s.m.* Thermometer (das) (anche med.).

**termosifone** *s.m.* Heizkörper (der).

**termostato** *s.m.* Thermostat (der), Temperaturregler (der).

**terno** *s.m.* Terne (die): *— al lotto*, Hauptgewinn im Lotto.

**terra** *s.f.* **1** (*mondo*) Erde (die); (*estens.*) Welt (die) **2** (*terriccio*) Erde (die); (*argilla*) Ton (der) **3** (*suolo*) Boden (der), Erdboden (der) **4** (*paese*) Land (das) ● *a —*, (*stato in luogo*) am Boden; (*moto a luogo*) auf den Boden: *avere il morale a —*, niedergeschlagen (o am Boden) sein | *in*, *per —*, (*stato in luogo*) auf dem Boden; (*moto a luogo*) zu Boden, auf den Boden | *sentirsi mancare la — sotto i piedi*, den Boden unter den Füßen verlieren | *stare con i piedi per —*, mit beiden Beinen fest auf der Erde stehen.

**terracotta** *s.f.* Terrakotta (die), gebrannter Ton.

**terrazza** *s.f.* **terrazzo** *s.m.* Terrasse (die) (anche estens.).

**terremoto** *s.m.* **1** Erdbeben (das) **2** (fig.) Umsturz (der).

**terreno** *agg.* **1** irdisch, weltlich **2** (*a livello del suolo*) Erd... ♦ *s.m.* **1** Boden (der): *— coltivabile*, bebaubarer Boden **2** (*proprietà*) Grund (der), Grundstück (das) ● *piano —*, Erdgeschoss.

**terrestre** *agg.* Erd... ♦ *s.m.* Erdbewohner (der) ● *superficie —*, Erdoberfläche.

**terribile** *agg.* schrecklich, furchtbar.

**terrificante** *agg.* schrecklich, entsetzlich.

**territorio** *s.m.* Territorium (das); (zona) Gebiet (das).

**terrore** *s.m.* Schrecken (der), Terror (der).

**terrorismo** *s.m.* Terrorismus (der); Terror (der).

**terrorista** *s.m.* e *f.* Terrorist (der; die -in).

**terroristico** *agg.* terroristisch, Terror... ● *attentato —*, von Terroristen verübtes Attentat.

**terrorizzare** *v.tr.* terrorisieren.

**terso** *agg.* sauber, rein; (*di vetri*) klar.

**terzetto** *s.m.* (*mus.*) Terzett (*das*).
**terzo** *agg.num.ord.* dritte ♦ *s.m.* **1** Dritte (*der*) **2** (*frazione*) Drittel (*das*) ● (*comm.*) (*agire*) *per conto terzi*, für fremde Rechnung (handeln) | *la terza età*, die Senioren.
**teschio** *s.m.* Schädel (*der*), Totenkopf (*der*).
**tesi** *s.f.invar.* These (*die*) ● — *di laurea*, Examensarbeit.
**teso** *agg.* **1** gespannt, angespannt **2** (*proteso*) (aus)gestreckt **3** (*fig.*) gerichtet (auf + *Acc.*)
**tesoreria** *s.f.* Schatzkammer (*die*).
**tesoriere** *s.m.* [f. -*a*] Schatzmeister (*der*; *die* -in).
**tesoro** *s.m.* **1** Schatz (*der*) (*anche fig.*) **2** (*spec.pl.*) (*ricchezze*) Schätze (*pl.*), Reichtümer (*pl.*) ● *ministero del Tesoro*, Finanzministerium.
**tessera** *s.f.* **1** Karte (*die*); (*per mezzi pubblici*) Zeitkarte (*die*) **2** (*di abbonamento a spettacoli*) Abonnement (*das*) **3** (*di riconoscimento*) Ausweis (*der*) **4** (*di mosaico*) Mosaikstein (*der*).
**tessere** *v.tr.* weben; (*intrecciare*) flechten ● — *le lodi di qlcu*, jdn in höchsten Tönen loben.
**tessile** *agg.* Textil...: *industria* —, Textilindustrie ♦ *s.m.pl.* Textilien (*pl.*).
**tessitura** *s.f.* Weben (*das*); (*di stuoie*) Flechten (*das*).
**tessuto** *s.m.* Gewebe (*das*) (*anche anat.*).
**test** *s.m.invar.* Test (*der*), Probe (*die*).
**testa** *s.f.* Kopf (*der*) ● *a* —, pro Kopf | *dalla* — *ai piedi*, von Kopf bis Fuß | *dare alla* —, zu (*o* in den) Kopf steigen | *essere in* —, an der Spitze stehen | *mettersi in* — *qlco*, sich (*Dat*) etw in den Kopf setzen; (*memorizzare*) sich (*Dat*) etw einprägen.
**testamento** *s.m.* Testament (*das*): *fare* —, sein Testament machen ● (*Bibbia*) *Vecchio*, *Nuovo Testamento*, Altes, Neues Testament.
**testardo** *agg.* starrsinnig ♦ *s.m.* [f. -*a*] Dickkopf (*der*).
**testata** *s.f.* **1** Kopfstoß (*der*) **2** (*di letto*) Kopfende (*das*) **3** (*mil.*) Sprengkopf (*der*) **4** (*di giornale*) Zeitungskopf (*der*) ● *dare una* — *contro il muro*, mit dem Kopf gegen die Wand stoßen.
**testicolo** *s.m.* (*anat.*) Hoden (*der*).
**testimone** *s.m. e f.* (*dir.*) Zeuge (*der*; *die* Zeugin); (*di matrimonio*) Trauzeuge (*der*; *die* -zeugin).
**testimonianza** *s.f.* (*dir.*) Zeugnis (*das*), Zeugenaussage (*die*).
**testimoniare** *v.tr.* **1** Zeugnis ablegen **2** (*dimostrare*) zeugen (von), beweisen ♦ *v.intr.* aussagen.
**testo** *s.m.* Text (*der*) ● *fare* —, maßgebend sein.
**testuggine** *s.f.* Schildkröte (*die*).
**tetano** *s.m.* (*med.*) Wundstarrkrampf (*der*).
**tetro** *agg.* (*scuro*) dunkel; (*lugubre*) düster, finster.
**tetto** *s.m.* Dach (*das*).
**tettoia** *s.f.* Vordach (*das*).
**thermos** *s.m.invar.* Thermosflasche (*die*).
**ti** *pron.pers.sing.* **1** (*compl.ogg.*) dich: *fatti sentire!*, melde dich! **2** (*compl. di termine*) dir: *che cosa — ha detto?*, was hat er dir gesagt? **3** (*pron.rifl.*) dich: — *stai preparando?*, machst du dich gerade fertig?
**tibia** *s.f.* (*anat.*) Schienbein (*das*).
**tic** *s.m.invar.* (*med.*) Tic(k) (*der*) ● — *nervoso*, nervöse Zuckungen.
**ticchettio** *s.m.* Ticktack (*das*); Ticken (*das*).
**tiepido** *agg.* **1** lau(warm) **2** (*fig.*) kühl, kalt: *un'accoglienza tiepida*, ein kühler Empfang.
**tifare** *v.intr.* (*fam.*) (*per*) schwärmen (für); Fan sein (von).
**tifo** *s.m.* **1** (*med.*) Typhus (*der*) **2** (*sport*) Begeisterung (*die*).
**tifone** *s.m.* (*meteor.*) Taifun (*der*).
**tifoso** *agg.* (*sport*) begeistert, fanatisch ♦ *s.m.* [f. -*a*] Anhänger (*der*; *die* -in), Fan (*der*).
**tiglio** *s.m.* Linde (*die*).
**tigrato** *agg.* getigert: *gatto* —, getigerter Kater.
**tigre** *s.f.* Tiger (*der*).

**timbrare** *v.tr.* 1 (ab-)stempeln 2 (*il cartellino*) stechen.
**timbro** *s.m.* 1 Stempel (der) 2 (mus.) Timbre (das); Klangfarbe (die).
**timidezza** *s.f.* Schüchternheit (die), Scheu (die).
**timido** *agg.* scheu, schüchtern ♦ *s.m.* [f. *-a*] schüchterner Mensch.
**timo** *s.m.* (bot.) Thymian (der).
**timone** *s.m.* (mar., aer.) Ruder (das), Steuer (das).
**timoniere** *s.m.* [f. *-a*] (mar.) Steuermann (der; die -frau).
**timore** *s.m.* 1 Furcht (die), Angst (die) 2 (*soggezione*) Ehrfurcht (die).
**timoroso** *agg.* ängstlich, furchtsam.
**timpano** *s.m.* 1 (anat.) Paukenhöhle (die); (*membrana*) Trommelfell (das) 2 (mus.) Pauke (die).
**tingere** *v.tr.* färben (*anche fig.*): — di blu le scarpe, die Schuhe blau färben; tingersi i capelli, sich (Dat) die Haare färben ♦ **tingersi** *v.pron.* sich färben.
**tinozza** *s.f.* 1 Bottich (der) 2 (*per bucato*) Waschbütte (die).
**tinta** *s.f.* Farbe (die).
**tintarella** *s.f.* (fam.) Sonnenbräune (die).
**tinteggiare** *v.tr.* an-streichen.
**tintinnare** *v.intr.* klingeln, bimmeln.
**tintinnio** *s.m.* Geklingel (das), Gebimmel (das).
**tintoria** *s.f.* Reinigung (die).
**tintura** *s.f.* 1 Färbung (die) 2 (*vernice*) Farbmittel (das) 3 (chim.) Tinktur (die): — *di iodio*, Jodtinktur.
**tipico** *agg.* typisch.
**tipo** *s.m.* 1 Typ (der) 2 (*sorta*) Art (die); *merci di tutti i tipi*, Waren aller Art • *famiglia* —, typische Familie.
**tipografia** *s.f.* Typographie (die).
**tiranno** *s.m.* [f. *-a*] Tyrann (der; die *-in*).
**tirare** *v.tr.* 1 ziehen: — *un carro*, einen Wagen ziehen; — *le tende*, die Gardinen zuziehen 2 (*lanciare*) werfen; (*con il piede*) schießen 3 (*sparare*) schießen 4 (*tendere*) spannen, ziehen: — *una corda*, ein Seil spannen 5 (*spostare*) rücken: *tira il tavolo verso la finestra*, rück den Tisch ans Fenster ♦ *v.intr.* 1 ziehen: *il camino non tira*, der Kamin zieht schlecht 2 (*di vento*) wehen 3 (*sparare*) schießen 4 (*essere teso*) spannen: *la gonna tira in vita*, der Rock spannt um die Taille 5 (fig.) (*avere successo*) an-kommen, gut gehen ♦ **tirarsi** *v.pron.* 1 (*reciproco*) sich (gegenseitig) ziehen 2 (*spostarsi*) rücken: *tirarsi in là*, da parte, zur Seite treten; (*da seduto*) zur Seite rücken • *tirarsi indietro*, (*arretrare*) zu-rück-treten; (*ritirarsi*) sich zurück-ziehen.
**tiratore** *s.m.* [f. *-trice*] Schütze (der; die Schützin).
**tirchio** *agg.* (fam.) knauserig ♦ *s.m.* Pfennigfuchser (der).
**tiro** *s.m.* 1 Zug (der) 2 (*di arma*) Schuss (der) 3 (sport) (*lancio*) Wurf (der); (*calcio, pedata*) Schuss (der) 4 (*scherzo*) Streich (der) • — *a segno*, Scheiben-schießen.
**tirocinante** *s.m.* e *f.* Lehrling (der).
**tirocinio** *s.m.* Lehre (die).
**tiroide** *s.f.* (anat.) Schilddrüse (die).
**Tirolo** *n.pr.m.* Tirol (das).
**tisana** *s.f.* Aufguss (der), Tee (der).
**titolo** *s.m.* Titel (der) • — *di studio*, Ausbildung.
**toccare** *v.tr.* 1 berühren, an-fassen 2 (*commuovere*) rühren, treffen: *il suo discorso mi ha toccato profondamente*, seine Worte haben mich tief gerührt 3 (*riguardare*) betreffen, an-gehen: *un problema che tocca tutti*, ein Problem, das alle betrifft ♦ *v.intr.* 1 (*capitare*) treffen: *gli è toccata una bella fortuna*, er hat großes Glück gehabt 2 (*essere costretto*) müssen: *mi tocca partire oggi*, ich muss heute abfahren 3 (*spettare*) zu-stehen: *il premio tocca a lui*, der Preis steht ihm zu • *tocca a te*, du bist an der Reihe (o du bist dran) | — *con mano*, mit Händen greifen.
**toga** *s.f.* 1 (st.) Toga (die) 2 (*di giudici, accademici*) Talar (der), Robe (die).
**togliere** *v.tr.* 1 nehmen, weg-nehmen 2 (*di indumenti*) aus-ziehen, ab-legen; (*cappello, occhiali*) ab-nehmen, ab-setzen: *togliti la giacca*, zieh die Jacke aus 3 (*ritirare, sospendere*) auf-heben,

**tollerante / torsione** 604

entziehen ♦ **togliersi** *v.pron.* (*andarsene*) weg-gehen ● *farsi — un dente*, sich (*Dat*) einen Zahn ziehen lassen | — *qlcu da un impiccio*, jdm aus der Patsche helfen | *togliersi la vita*, sich (*Dat*) das Leben nehmen | *togliersi qlco dalla testa*, sich (*Dat*) etw aus dem Kopf schlagen.
**tollerante** *agg.* tolerant.
**tolleranza** *s.f.* Toleranz (*die*) (*anche tecn.*).
**tollerare** *v.tr.* 1 (*sopportare*) ertragen, vertragen: — *il freddo*, die Kälte ertragen 2 (*ammettere*) dulden, tolerieren.
**tomba** *s.f.* Grab (*das*).
**tombino** *s.m.* Gully (*der*).
**tombola** *s.f.* Bingo (*das*).
**tonaca** *s.f.* (*di frati*) Kutte (*die*); (*di preti*) Talar (*der*); (*di monache*) Schwesterntracht (*die*).
**tonalità** *s.f.invar.* 1 (*mus.*) Tonalität (*die*) 2 (*di colore*) Farbton (*der*).
**tonante** *agg.* schallend, tönend: *voce —*, schallende Stimme.
**tondo** *agg.* rund, Rund...: *viso —*, rundes Gesicht ● *chiaro e —*, klipp und klar | *girare in —*, sich im Kreis drehen.
**tonfo** *s.m.* dumpfer Schlag.
**tonico** *agg.* 1 (*ling.*) betont, Ton...: *accento —*, Betonung 2 (*mus., med.*) tonisch 3 (*stimolante*) kräftigend, anregend ♦ *s.m.* (*farm.*) Kräftigungsmittel (*das*).
**tonificare** *v.tr.* kräftigen, beleben.
**tonnellata** *s.f.* Tonne (*die*).
**tonno** *s.m.* Thunfisch (*der*).
**tono** *s.m.* Ton (*der*) ● *darsi un —*, Haltung annehmen.
**tonsilla** *s.f.* (*anat.*) Mandel (*die*).
**tonsillite** *s.f.* (*med.*) Mandelentzündung (*die*).
**tonto** *agg.* dumm, blöde ♦ *s.m.* [f. -a] Dumme (*der* e *die*).
**top** *s.m.invar.* 1 (*abbigl.*) Top (*das*) 2 (*vertice*) Spitze (*die*), Gipfel (*der*).
**topazio** *s.m.* Topas (*der*).
**topo** *s.m.* Maus (*die*) ● — *di biblioteca*, Bücherwurm.
**topografia** *s.f.* Topographie (*die*).
**toppa** *s.f.* 1 Flicken (*der*) 2 (*serratura*) Schlüsselloch (*das*).

**torace** *s.m.* Torax (*der*), Brustkorb (*der*).
**torbido** *agg.* trübe (*anche fig.*).
**torcere** *v.tr.* verdrehen ● *dare del filo da —*, eine harte Nuss zu knacken sein | *non gli torcerò un capello se...*, ich werde ihm kein Haar krümmen, wenn...
**torchiare** *v.tr.* pressen.
**torchio** *s.m.* Presse (*die*).
**torcia** *s.f.* 1 Fackel (*die*) 2 (*lampada tascabile*) Taschenlampe (*die*).
**torcicollo** *s.m.* ● *avere il —*, einen steifen Hals haben.
**tordo** *s.m.* (*zool.*) Drossel (*die*).
**Torino** *n.pr.f.* Turin (*das*).
**tormenta** *s.f.* Schneesturm (*der*).
**tormentare** *v.tr.* peinigen, quälen ♦ **tormentarsi** *v.pron.* sich quälen.
**tormento** *s.m.* Qual (*die*): — *interiore*, Seelenqual.
**tormentoso** *agg.* quälend.
**tornaconto** *s.m.* Gewinn (*der*), Vorteil (*der*).
**tornante** *s.m.* Kehre (*die*).
**tornare** *v.intr.* 1 zurück-kehren, zurück-kommen; (*con veicolo*) zurückfahren: — *a casa*, nach Hause kommen 2 (*andare, venire di nuovo*) wieder-kommen, wieder-gehen ● *i conti tornano*, die Rechnung geht auf (*anche fig.*) | — *in sé*, wieder zu sich kommen | — *sui propri passi*, umkehren, zu seiner ursprünglichen Meinung (Haltung) zurückkehren | — *utile*, nützlich sein.
**torneo** *s.m.* Turnier (*das*) (*anche st.*): — *di tennis*, Tennisturnier.
**tornio** *s.m.* Drehbank (*die*).
**tornire** *v.tr.* drechseln.
**toro** *s.m.* 1 (*zool.*) Stier (*der*), Bulle (*der*) 2 (*astr.*) Stier (*der*).
**torre** *s.f.* Turm (*der*).
**torrente** *s.m.* Wildbach (*der*).
**torrenziale** *agg.* strömend ● *sotto una pioggia —*, bei strömendem Regen.
**torretta** *s.f.* (*mil., aer., mar.*) Turm (*der*).
**torrido** *agg.* sehr drückend heiß: *clima —*, heißes Klima.
**torsione** *s.f.* 1 (*fis., tecn.*) Torsion (*die*) 2 (*ginnastica*) Drehung (*die*).

**torso** *s.m.* 1 (*torsolo*) Kerngehäuse (*das*) 2 (*anat.*) Rumpf (*der*), Oberkörper (*der*).
**torta** *s.f.* Torte (*die*), Kuchen (*der*).
**tortiera** *s.f.* Kuchenform (*die*).
**torto** *s.m.* Unrecht (*das*) ● *essere in* —, im Unrecht sein | *fare un* — *a qlcu*, jdm Unrecht antun, jdm unrecht tun.
**tortora** *s.f.* (*zool.*) Turteltaube (*die*).
**tortuoso** *agg.* 1 gewunden 2 (*fig.*) verschlungen: *ragionamento* —, verschlungene Überlegung.
**tortura** *s.f.* 1 Folter (*die*), Tortur (*die*) 2 (*fig.*) Qual (*die*), Pein (*die*).
**torturare** *v.tr.* 1 foltern 2 (*fig.*) quälen, peinigen.
**torvo** *agg.* finster.
**tosaerba** *s.m.invar.* Rasenmäher (*der*).
**tosare** *v.tr.* scheren: — *le pecore*, die Schafe scheren ● — *il prato*, den Rasen mähen | — *le siepi*, Hecken schneiden.
**Toscana** *n.pr.f.* Toskana (*die*).
**tosse** *s.f.* Husten (*der*).
**tossico** *agg.* Gift..., toxisch: *nube tossica*, Giftwolke.
**tossicodipendente, tossicomane** *s.m.* e *f.* Rauschgiftsüchtige (*der* e *die*).
**tossire** *v.intr.* husten.
**tostapane** *s.m.invar.* Toaster (*der*).
**tostare** *v.tr.* rösten; (*pane e simili*) toasten.
**totale** *agg.* 1 total, Gesamt...: *importo* —, Gesamtbetrag 2 (*assoluto*) absolut ♦ *s.m.* Summe (*die*): *fare il* —, die Summe ziehen.
**totalmente** *avv.* vollkommen, völlig.
**totocalcio** *s.m.invar.* Fußballtoto (*das*), Toto (*das*).
**tovaglia** *s.f.* Tischdecke (*die*).
**tovagliolo** *s.m.* Serviette (*die*).
**tozzo** *agg.* (*di persona*) gedrungen, untersetzt; (*di cosa*) breit und niedrig.
**tra** *prep.* → **fra**.
**traballare** *v.intr.* 1 (*di persona*) taumeln; (*di cosa*) wackeln 2 (*fig.*) schwanken.
**traboccare** *v.intr.* über-laufen; überfließen (*anche fig.*).
**trabocchetto** *s.m.* Falltür (*die*).

**traccia** *s.f.* Spur (*die*).
**tracciare** *v.tr.* (*strade, ferrovie*) trassieren; vorzeichnen ● — *una riga*, eine Linie ziehen.
**tracciato** *s.m.* 1 (*di strade, ferrovie*) Trasse (*die*) 2 (*estens.*) Plan (*der*).
**trachea** *s.f.* (*anat.*) Trachea (*die*), Luftröhre (*die*).
**tradimento** *s.m.* 1 Verrat (*der*) 2 (*infedeltà*) Untreue (*die*) ● *a* —, hinterrücks.
**tradire** *v.tr.* 1 verraten (*anche fig.*) 2 (*ingannare*) trügen: *se la memoria non mi tradisce...*, wenn mich mein Gedächtnis nicht trügt... ♦ **tradirsi** *v.pron.* sich verraten ● — *il marito*, den Ehemann betrügen.
**traditore** *agg.* 1 verräterisch 2 (*che inganna*) trügerisch ♦ *s.m.* [f. -*trice*] Verräter (*der*; *die* -in).
**tradizionale** *agg.* traditionell.
**tradizione** *s.f.* 1 Tradition (*die*) 2 (*usanza*) Brauch (*der*).
**tradurre** *v.tr.* übersetzen, übertragen: — *un testo dall'italiano in tedesco*, einen Text aus dem Italienischen ins Deutsche übersetzen.
**traduttore** *s.m.* [f. -*trice*] Übersetzer (*der*; *die* -in).
**traduzione** *s.f.* Übersetzung (*die*), Übertragung (*die*): — *simultanea*, Simultandolmetschen.
**traffico** *s.m.* 1 Verkehr (*der*): — *stradale*, Straßenverkehr 2 (*commercio*) Handel (*der*).
**traforo** *s.m.* 1 Durchbohren (*das*) 2 (*galleria*) Tunnel (*der*).
**tragedia** *s.f.* Tragödie (*die*) (*anche fig.*).
**traghetto** *s.m.* Fähre (*die*) ● *nave* —, Fährschiff.
**tragico** *agg.* tragisch (*anche fig.*).
**tragitto** *s.m.* 1 (*viaggio*) Fahrt (*die*) 2 (*percorso*) Strecke (*die*).
**traguardo** *s.m.* (*sport*) Ziel (*das*) (*anche fig.*) ● *tagliare il* —, durchs Ziel gehen.
**traiettoria** *s.f.* Bahn (*die*).
**tralasciare** *v.tr.* aus-lassen, weg-lassen.

**tralcio** *s.m.* Schössling (der), Trieb (der).

**tram** *s.m.invar.* Straßenbahn (die).

**trama** *s.f.* 1 (tess.) Schussfaden (der) 2 (fig.) Handlung (die).

**tramandare** *v.tr.* übertragen, überliefern.

**tramezzino** *s.m.* Sandwich (der o das).

**tramite** *s.m.* Vermittler (der) ♦ *prep.* mittels (+ *Gen*), durch (+ *Acc*) ● *fare da —*, als Vermittler handeln.

**tramontana** *s.f.* Nordwind (der).

**tramontare** *v.intr.* unter-gehen.

**tramonto** *s.m.* Untergang (der) (*anche fig.*).

**trampolino** *s.m.* Sprungbrett (das) (*anche fig.*) ● (*sci*) *— di lancio*, Sprungschanze.

**trampolo** *s.m.* (*spec.pl.*) Stelze (die).

**tramutare** *v.tr.* verwandeln.

**tranello** *s.m.* Falle (die).

**tranne** *prep.* außer (+ *Dat*), mit Ausnahme von; bis auf (+ *Acc*) ● *— che*, es sei denn, außer wenn.

**tranquillante** *s.m.* (*farm.*) Tranquilizer (der).

**tranquillità** *s.f.invar.* Ruhe (die).

**tranquillizzare** *v.tr.* beruhigen.

**tranquillo** *agg.* ruhig.

**transatlantico** *agg.* transatlantisch, überseeisch ♦ *s.m.* (*mar.*) Überseedampfer (der), Ozeandampfer (der).

**transenna** *s.f.* Sperre (die), Schranke (die).

**transito** *s.m.* Transit (der); (*con veicoli*) Durchfahrt (die); (*a piedi*) Durchgang (der).

**transizione** *s.f.* Übergang (der).

**transoceanico** *agg.* Ozean...: *traversata transoceanica*, Ozeanüberquerung.

**trapano** *s.m.* Bohrer (der), Bohrmaschine (die).

**trapezio** *s.m.* 1 Trapez (das) (*anche sport*) 2 (*anat.*) Trapezmuskel (der).

**trapiantare** *v.tr.* 1 (*bot.*) um-pflanzen; (*alberi*) verpflanzen 2 (*med.*) transplantieren ♦ **trapiantarsi** *v.pron.* übersiedeln.

**trapianto** *s.m.* Transplantation (die), Verpflanzung (die) ● (*med.*) *— cardiaco*, Herztransplantation.

**trappola** *s.f.* Falle (die) (*anche fig.*) ● *tendere una — a qlcu*, jdm eine Falle stellen.

**trapunta** *s.f.* Steppdecke (die).

**trarre** *v.tr.* ziehen: *— le conclusioni*, Schlüsse ziehen ● *— in inganno*, täuschen | *— in salvo qlcu*, jdn retten | *trarsi d'impaccio*, sich aus einer Verlegenheit helfen.

**trasalire** *v.intr.* zusammen-zucken; (*sobbalzare*) hoch-fahren.

**trasandato** *agg.* nachlässig, ungepflegt.

**trascinare** *v.tr.* schleppen: *— una valigia*, einen Koffer schleppen ♦ **trascinarsi** *v.pron.* 1 sich schleppen 2 (*fig.*) sich hin-ziehen.

**trascorrere** *v.tr.* verbringen ♦ *v.intr.* vergehen: *sono trascorsi due mesi da allora*, seit damals sind zwei Monate vergangen.

**trascrivere** *v.tr.* ab-schreiben.

**trascurare** *v.tr.* vernachlässigen.

**trascurato** *agg.* 1 (*abbandonato*) vernachlässigt 2 (*poco curato*) ungepflegt.

**trasferibile** *agg.* übertragbar.

**trasferimento** *s.m.* 1 (*di persone*) Versetzung (die); (*di cose*) Verlegung (die) 2 (*di denaro*) Überweisung (die), Transfer (der).

**trasferire** *v.tr.* 1 (*persone*) versetzen; (*cose*) verlegen 2 (*denaro*) überweisen, transferieren ♦ **trasferirsi** *v.pron.* ziehen; (*traslocare*) um-ziehen.

**trasferta** *s.f.* 1 Dienstreise (die): *andare in —*, auf Dienstreise gehen 2 (*sport*) Auswärtsspiel (das): *giocare in —*, auswärts spielen.

**trasformare** *v.tr.* verwandeln, ändern ♦ **trasformarsi** *v.pron.* (*in*) sich verwandeln (in + *Acc*).

**trasformatore** *s.m.* (*elettr.*) Transformator (der).

**trasformazione** *s.f.* Verwandlung (die), Veränderung (die).

**trasfusione** *s.f.* Transfusion (die): *— di sangue*, Bluttransfusion, Blutübertragung.

**trasgredire** *v.tr.* e *intr.* übertreten, zuwiderhandeln (+ Dat).
**trasgressione** *s.f.* Übertretung (die), Zuwiderhandlung (die).
**traslocare** *v.tr.* versetzen, verlegen ♦ *v.intr.* um-ziehen.
**trasloco** *s.m.* Umzug (der).
**trasmettere** *v.tr.* 1 übertragen; (*per eredità*) vererben 2 (*inoltrare*) übermitteln 3 (*radio, tv*) senden, übertragen.
**trasmettitore** *s.m.* 1 (*persona*) Telegraphist (der) 2 (*elettr.*) Sender (der), Sendestation (die).
**trasmissione** *s.f.* 1 Übertragung (die) (*anche fis., mecc.*); Vererbung (die) 2 (*radio, tv*) Sendung (die).
**trasmittente** *agg.* Sende...: *apparecchio* —, Sendegerät ♦ *s.f.* Sender (der), Sendestation (die).
**trasparente** *agg.* 1 durchsichtig, transparent: *una camicetta* —, eine durchsichtige Bluse 2 (*chiaro*) deutlich; (*schietto*) ehrlich, aufrichtig.
**trasparenza** *s.f.* Durchsichtigkeit (die), Transparenz (die) (*anche fig.*).
**trasparire** *v.intr.* durch-scheinen.
**trasportabile** *agg.* 1 transportabel; (*portatile*) tragbar 2 (*di persone*) transportfähig.
**trasportare** *v.tr.* befördern, transportieren; (*via nave*) verschiffen ● *lasciarsi — dall'entusiasmo*, sich von der Begeisterung mitreißen lassen.
**trasporto** *s.m.* Beförderung (die), Transport (der): *— merci*, Güterbeförderung ● *trasporti pubblici*, öffentliche Verkehrsmittel.
**trasversale** *agg.* 1 quer, Quer... 2 (*geom., fis.*) transversal, Transversal...: *retta* —, Transversale.
**tratta** *s.f.* 1 (*ferr.*) Strecke (die) 2 (*di persone*) Menschenhandel (der) 3 (*comm.*) Tratte (die), Wechsel (der).
**trattabile** *agg.* 1 auszuhandelnd 2 (*fig.*) umgänglich.
**trattamento** *s.m.* 1 Behandlung (die) (*anche med.*): (*fig.*) — *di favore*, bevorzugte Behandlung 2 (*servizio*) Bewirtung (die).
**trattare** *v.tr.* 1 behandeln 2 (*persone, bambini*) um-gehen (mit) 3 (*negoziare*) verhandeln über: — *un grosso affare*, über ein großes Geschäft verhandeln 4 (*commerciare*) führen, verkaufen ♦ *v.intr.* 1 (*di argomento*) (*di*) handeln (von) 2 (*avere a che fare*) verhandeln ♦ **trattarsi** *v.pron.* (*di*) sich handeln (um), gehen (um): *di cosa si tratta?*, worum handelt es sich?; worum geht es?
**trattativa** *s.f.* Verhandlung (die).
**trattato** *s.m.* 1 Abhandlung (die), Traktat (der) 2 (*accordo*) Vertrag (der), Abkommen (das): — *di pace*, Friedensvertrag.
**trattenere** *v.tr.* zurück-halten, aufhalten: *non vorrei trattenervi*, ich möchte euch nicht aufhalten 2 (*conservare*) zurück-behalten ♦ **trattenersi** *v.pron.* 1 (*rimanere*) sich auf-halten, bleiben 2 (*frenarsi*) sich beherrschen, sich zurück-halten ● — *una percentuale*, einen Prozentsatz einbehalten.
**trattenuta** *s.f.* Abzug (der).
**tratto** *s.m.* 1 Strich (der), Zug (der): *cancellare con un — di penna*, mit einem Federstrich durchstreichen 2 (*spec.pl.*) (*lineamenti*) Gesichtszüge (*pl.*) 3 (*parte*) Strecke (die), Teil (der o das): *un — di mare*, ein Teil des Meeres.
**trattore** *s.m.* Traktor (der).
**trattoria** *s.f.* Gaststätte (die).
**trauma** *s.m.* Trauma (das) (*anche fig.*).

> **FALSCHER FREUND**
> Da non confondere con il tedesco *Traum*, che significa 'sogno'.

**travaglio** *s.m.* (*sofferenza*) Leiden (*das*); (*affanno*) Sorge (die) ● (*med.*) — (*di parto*), Geburtswehen.
**travasare** *v.tr.* um-füllen.
**trave** *s.f.* Balken (der), Träger (der).
**traversa** *s.f.* 1 (*trave*) Querbalken (der), Querträger (der) 2 (*strada*) Querstraße (die) 3 (*calcio*) Latte (die) 4 (*per il letto*) Betteinlage (die).
**traversata** *s.f.* Überquerung (die), Durchquerung (die); (*per mare*) Überfahrt (die); (*in aereo*) Überflug (der); (*a nuoto*) Durchschwimmen (das).
**traverso** *agg.* Quer..., *via traversa*, Querstraße ● *andare di* —, sich an etw

(*Dat*) verschlucken: *mi è andata di — la minestra*, ich habe mich an der Suppe verschluckt | *di —*, quer.
**travestimento** *s.m.* **1** Verkleidung (*die*) **2** (*fig.*) Verwandlung (*die*).
**travestire** *v.tr.* (*da*) verkleiden (als) ♦ **travestirsi** *v.pron.* (*da*) sich verkleiden (als).
**travestito** *s.m.* Transvestit (*der*).
**travolgere** *v.tr.* **1** fort·reißen; (*in auto*) überfahren **2** (*fig.*) mit·reißen.
**trazione** *s.f.* **1** Zug (*der*) **2** (*mecc.*) Antrieb (*der*) **3** (*med.*) Traktion (*die*) (*aut.*) — *anteriore, integrale, posteriore*, Frontantrieb, Vollradantrieb, Hinterradantrieb.
**tre** *agg.num.card.invar.* drei → *cinque*.
**treccia** *s.f.* Zopf (*der*).
**trecento** *agg.num.card.invar.* dreihundert ● *il Trecento*, das vierzehnte Jahrhundert.
**tredicesima** *s.f.* dreizehntes Monatsgehalt.
**tredici** *agg.num.card.invar.* dreizehn.
**tregua** *s.f.* **1** Waffenstillstand (*der*) **2** (*fig.*) Ruhe (*die*), Pause (*die*): *il dolore non gli dà —*, die Schmerzen lassen ihm keine Ruhe.
**tremare** *v.intr.* zittern, beben: *— di paura*, vor Angst zittern.
**tremendo** *agg.* furchtbar, schrecklich.
**tremito** *s.m.* Zittern (*das*).
**treno** *s.m.* Zug (*der*): *— merci, passeggeri*, Güterzug, Reisezug; *— locale*, Nahverkehrszug.
**trenta** *agg.num.card.invar.* dreißig.
**trentesimo** *agg.num.ord.* dreißigste ♦ *s.m.* (*frazione*) Dreißigstel (*das*).
**Trento** *n.pr.f.* Trient (*das*).
**triangolare** *agg.* (*geom.*) dreieckig **2** (*estens.*) dreiseitige.
**triangolo** *s.m.* **1** Dreieck (*das*): *— industriale*, Industrie-Dreieck **2** (*mus.*) Triangel (*das*).
**tribù** *s.f.invar.* Stamm (*der*).
**tribuna** *s.f.* Tribüne (*die*).
**tribunale** *s.m.* Gericht (*das*).
**tributo** *s.m.* **1** (*dir.*) Steuer (*die*), Abgabe (*die*) **2** (*fig.*) Tribut (*der*), Zoll (*der*).
**tricheco** *s.m.* Walross (*das*).
**tricolore** *agg.* dreifarbig ♦ *s.m.* Trikolore (*die*).
**triennale** *agg.* **1** (*che dura tre anni*) dreijährig **2** (*ogni tre anni*) dreijährlich, alle drei Jahre stattfindend.
**triennio** *s.m.* drei Jahre, Triennium (*das*).
**Trieste** *n.pr.f.* Triest (*das*).
**trifoglio** *s.m.* Klee (*der*).
**trigemino** *s.m.* (*anat.*) Trigeminus (*der*), Drillingsnerv (*der*) ● *parto —*, Drillingsgeburt.
**triglia** *s.f.* (*zool.*) Meerbarbe (*die*), Seebarbe (*die*).
**trilogia** *s.f.* Trilogie (*die*).
**trimestrale** *agg.* vierteljährlich.
**trimestre** *s.m.* Vierteljahr (*das*), Quartal (*das*).
**trincea** *s.f.* (*mil.*) Schützengraben (*der*).
**trionfale** *agg.* Triumph..., triumphal: *marcia —*, Triumphmarsch.
**trionfare** *v.intr.* (*su*) triumphieren (über + Acc).
**trionfo** *s.m.* Triumph (*der*).
**triplicare** *v.tr.* verdreifachen.
**triplice** *agg.* **1** dreifach **2** (*fra tre parti*) Drei..., Tripel... ● (*st.*) *Triplice alleanza*, Tripelallianz.
**triplo** *agg.* dreifach ♦ *s.m.* Dreifache (*das*).
**triste** *agg.* (*per*) traurig (über + Acc).
**tristezza** *s.f.* Traurigkeit (*die*), Betrübnis (*die*).
**tritacarne** *s.m.invar.* Fleischwolf (*der*).
**tritare** *v.tr.* **1** zerkleinern **2** (*gastr.*) hacken.
**trito** *agg.* gehackt ● (*fig.*) *— e ritrito*, abgedroschen.
**trivella** *s.f.* (*tecn.*) Bohrer (*der*).
**trivellare** *v.tr.* bohren.
**trofeo** *s.m.* Trophäe (*die*).
**tromba** *s.f.* Trompete (*die*) ● *— d'aria*, Windhose | *— delle scale*, Treppenhaus | (*anat.*) *— di Eustachio*, Ohrtrompete, Eustachische Röhre.
**trombone** *s.m.* (*mus.*) Posaune (*die*).
**trombosi** *s.f.invar.* (*med.*) Thrombose (*die*).
**troncare** *v.tr.* ab·brechen (*anche fig.*).

**tronco** *s.m.* 1 (*bot.*) Stamm (*der*) 2 (*anat.*) Rumpf (*der*) 3 (*troncone*) Stumpf (*der*).

**trono** *s.m.* Thron (*der*) ● **erede al** —, Thronerbe | **salire al** —, den Thron besteigen.

**tropicale** *agg.* tropisches, Tropen...: *clima* —, tropisches Klima.

**tropico** *s.m.* 1 (*geogr.*) Wendekreis (*der*) 2 (*pl.*) Tropen (*pl.*).

**troppo** *agg.indef.* 1 (*sing.*) zu viel: *c'è — traffico*, es ist zuviel Verkehr 2 (*pl.*) zu viel(e): *c'erano troppe persone*, es waren zu viele Leute da ♦ *pron.indef.* 1 zu viel: *ho — da fare*, ich habe zu viel zu tun 2 (*pl.*) zu viele ♦ *avv.* 1 (*con agg. e avv.*) zu; (*intensità*) sehr, besonders: — *caro*, zu teuer; — *poco*, zu wenig; *lei è — gentile*, das ist sehr nett von Ihnen 2 (*con i verbi*) zu viel; (*intensità*) zu sehr: *lavori* —, du arbeitest zu viel 3 (*tempo*) zu lange: *ci abbiamo messo* —, wir haben zu lange gebraucht ● *questo è* —!, das geht zu weit!

**trota** *s.f.* Forelle (*die*).

**trottare** *v.intr.* traben (*anche fig.*).

**trotto** *s.m.* Trab (*der*): *andare al* —, im Trab laufen.

**trottola** *s.f.* Kreisel (*der*).

**trovare** *v.tr.* 1 finden 2 (*incontrare*) stoßen auf (+ *Acc*): — *delle difficoltà*, auf Schwierigkeiten stoßen 3 (*sorprendere*) erwischen, ertappen ♦ **trovarsi** *v.pron.* 1 (*reciproco*) sich treffen 2 (*essere*) liegen, sich befinden, sein 3 (*sentirsi*) sich fühlen: *trovarsi a proprio agio*, sich wohl fühlen | *trovarsi in difficoltà*, in Schwierigkeiten geraten.

**trovata** *s.f.* Einfall (*der*).

**truccare** *v.tr.* 1 schminken 2 (*camuffare*) verkleiden ● — *il motore*, den Motor frisieren.

**truccatore** *s.m.* [f. -*trice*] (*teatr., cinem.*) Maskenbildner (*der*; *die* -in).

**trucco** *s.m.* 1 Schminke (*die*); Make-up (*das*) 2 (*artificio*) Trick (*der*); Kniff (*der*).

**truce** *agg.* 1 (*feroce*) grausam 2 (*bieco*) grimmig, finster.

**truciolo** *s.m.* Span (*der*).

**truffa** *s.f.* Betrug (*der*).

**truffare** *v.tr.* betrügen.

**truffatore** *s.m.* [f. -*trice*] Betrüger (*der*; *die* -in), Schwindler (*der*; *die* -in).

**truppa** *s.f.* (*mil.*) Truppe (*die*).

**tu** *pron.pers.sing.* 1 du 2 (*impersonale*) man: *quando* — *desideri una cosa...*, wenn man sich etwas wünscht... ● **dare del** — **a qlcu**, jdn duzen.

**tuba** *s.f.* 1 (*st., mus.*) Tuba (*die*) 2 (*cappello*) Zylinder(hut) (*der*) 3 (*anat.*) Tube (*die*).

**tubatura** *s.f.* Rohrleitung (*die*) ● — *dell'acqua*, Wasserleitung.

**tubercolosi** *s.f.invar.* (*med.*) Tuberkulose (*die*).

**tubetto** *s.m.* (*di dentifricio ecc.*) Tube (*die*).

**tubo** *s.m.* 1 Rohr (*das*), Röhre (*die*); (*flessibile*) Schlauch (*der*) 2 (*anat.*) Trakt (*der*) ● — *del gas*, Gasschlauch | — *dell'acqua*, Wasserrohr | (*anat.*) — *digerente*, Verdauungstrakt | (*aut.*) — *di scappamento*, Auspuffrohr | — *di scarico*, Abflussrohr.

**tuffare** *v.tr.* (ein-)tauchen ♦ **tuffarsi** *v.pron.* 1 springen 2 (*lanciarsi*) sich stürzen: *tuffarsi nella mischia*, sich in die Menge stürzen 3 (*fig.*) sich vertiefen, sich versenken: *tuffarsi nella lettura*, sich in die Lektüre vertiefen.

**tuffo** *s.m.* Sprung (*der*) (*anche fig.*).

**tulipano** *s.m.* (*bot.*) Tulpe (*die*).

**tumore** *s.m.* (*med.*) Tumor (*der*), Geschwulst (*die*).

**tumulto** *s.m.* Tumult (*der*).

**Tunisia** *n.pr.f.* Tunesien (*das*).

**tunisino** *agg.* tunesisch ♦ *s.m.* [f. -*a*] Tunesier (*der*; *die* -in).

**tuo** *agg.poss.* dein ♦ *pron.poss.* deiner ● *salutami i tuoi*, Grüße an deine Familie.

**tuono** *s.m.* Donner (*der*).

**tuorlo** *s.m.* Eigelb (*das*), Eidotter (*der o das*).

**turacciolo** *s.m.* Korken (*der*).

**turare** *v.tr.* zu-stopfen; (*con un turacciolo*) verkorken: *turarsi il naso*, sich (*Dat*) die Nase zuhalten ♦ **turarsi** *v.pron.* verstopfen.

**turbante** *s.m.* Turban (*der*).

**turbare** *v.tr.* stören, verwirren ♦ **turbarsi** *v.pron.* in Verwirrung geraten.
**turbina** *s.f.* (*mecc.*) Turbine (*die*).
**turbine** *s.m.* Wirbel (*der*) (*anche fig.*).
**turbo** *agg.* Turbo...: *motore —*, Turbomotor.
**turbolento** *agg.* turbulent (*anche fig.*).
**turchese** *s.f.* Türkis (*das*) ♦ *agg.* türkis.
**Turchia** *n.pr.f.* Türkei (*die*).
**turchino** *agg.* tiefblau ♦ *s.m.* Tiefblau (*das*).
**turco** *agg.* türkisch, Türken...: *bagno —*, Dampfbad ♦ *s.m.* 1 [f. *-a*] Türke (*der*; *die* Türkin) 2 (*lingua*) Türkisch(e) (*das*).
**Turingia** *n.pr.f.* Thüringen (*das*).
**turismo** *s.m.* Tourismus (*der*), Fremdenverkehr (*der*) ● *fare del —*, als Tourist unterwegs sein.
**turista** *s.m.* e *f.* Tourist (*der*; *die* -in).
**turistico** *agg.* (*aer.*) touristisch, Touristen..., Reise... ● *agenzia turistica*, Reisebüro.
**turno** *s.m.* Schicht (*die*); (*servizio*) Dienst (*der*) ● *a —*, abwechselnd | *è il tuo —*, du bist dran | *essere di —*, Dienst haben.
**tuta** *s.f.* Anzug (*der*), Overall (*der*) ● *— da ginnastica*, Sportanzug | *— da lavoro*, Arbeitsanzug | *— da sci*, Skianzug.

**tutela** *s.f.* 1 (*dir.*) Vormundschaft (*die*) 2 (*estens.*) Schutz (*der*); *a — di*, zum Schutz (+ *Gen*).
**tutelare** *v.tr.* wahren, schützen: *— i propri interessi*, seine Interessen wahren ♦ **tutelarsi** *v.pron.* sich schützen.
**tutore** *s.m.* [f. *-trice*] 1 (*dir.*) Vormund (*der*) 2 (*estens.*) Hüter (*der*; *die* -in).
**tuttavia** *cong.* (*avversativo*) dennoch, jedoch, trotzdem.
**tutto** *agg.* 1 ganz: *hai letto — il libro?*, hast du das ganze Buch gelesen? 2 (*con sostantivi astratti*) all, voll: *a tutta velocità*, bei voller Geschwindigkeit 3 (*con agg.*) (*completamente*) sehr, ganz, völlig: *è — solo*, er ist ganz allein; *era tutta felice*, sie war überglücklich 4 (*pl.*) alle: *tutti gli anni*, alle Jahre wieder ♦ *pron.indef.* 1 (*ogni cosa*) alles 2 (*pl.*) alle, jedermann ♦ *s.m.* Ganze (*das*) ● *del —*, ganz, völlig | *di —*, alles | *fare di —*, alles Mögliche tun | *quanto fa in —?*, was macht das zusammen? | *tutt'al più*, höchstens | *tutt'altro*, höchstens | *tutti e due*, alle beide | *tutti e quattro*, alle vier | *— compreso*, alles inbegriffen | *— questo*, all das | *— sommato*, insgesamt | (*va*) *— bene?*, (ist) alles in Ordnung?
**tuttora** *avv.* noch (immer), immer noch.

# U u

**ubbidiente** *agg.* gehorsam, folgsam.
**ubbidienza** *s.f.* Gehorsam (*der*).
**ubbidire** *v.intr.* (*a*) gehorchen (+ *Dat*): *— alla mamma*, der Mutter gehorchen; *— alle leggi, a un ordine*, einen Befehl befolgen.
**ubriacare** *v.tr.* betrunken machen ♦ **ubriacarsi** *v.pron.* sich betrinken.
**ubriacatura** *s.f.* Rausch (*der*) (*anche fig.*).
**ubriaco** *agg.* betrunken ♦ *s.m.* [f. *-a*] Betrunkene (*der* e *die*).
**uccello** *s.m.* **1** Vogel (*der*) **2** (*volg.*) Schwanz (*der*).
**uccidere** *v.tr.* **1** töten, um·bringen; (*assassinare*) ermorden **2** (*macellare*) schlachten ♦ **uccidersi** *v.pron.* **1** sich um·bringen **2** (*reciproco*) sich gegenseitig um·bringen.
**ucciso** *agg.* getötet; (*assassinato*) ermordert.
**Ucraina** *n.pr.f.* Ukraine (*die*).
**ucraino** *agg.* ukrainisch ♦ *s.m.* **1** [f. *-a*] Ukrainer (*der*; *die* -in) **2** (*lingua*) Ukrainisch(e) (*das*).
**udienza** *s.f.* **1** Audienz (*die*) **2** (*dir.*) Verhandlung (*die*).
**udire** *v.tr.* hören.
**uditivo** *agg.* Hör...: *facoltà uditiva*, Hörvermögen.
**udito** *s.m.* Gehör (*das*).
**UE** *sigla* (*Unione Europea*) EU (Europäische Union).
**ufficiale**[1] *agg.* offiziell: *comunicazione —*, offizielle Mitteilung; *fidanzamento —*, offizielle Verlobung.
**ufficiale**[2] *s.m.* **1** Beamte (*der*) **2** (*mil.*) Offizier (*der*) ● *— giudiziario*, Gerichtsvollzieher | *— sanitario*, Amtsarzt.
**ufficio** *s.m.* (*das*); (*reparto*) Abteilung (*die*) **2** (*ufficio pubblico*) Amt (*das*), Stelle (*die*) ● *difensore d'—*, Pflichtverteidiger | *— personale*, Personalabteilung | *— postale*, Post(amt) | *— stranieri*, Ausländeramt | *— vendite*, Einkaufsabteilung.
**uguaglianza** *s.f.* Gleichheit (*die*).
**uguale** *agg.* **1** gleich; wie (+ *Nom*): *la tua giacca è — alla mia*, deine Jacke ist wie meine; *essere — di statura, peso, gleicher Größe, gleichen Gewichts sein* **2** (*lo stesso*) gleich, derselbe **3** (*indifferente*) gleich(gültig), egal ♦ *avv.* gleich, egal ● *uno più uno — due*, eins und eins ist (gleich) zwei.
**ugualmente** *avv.* **1** (*nella stessa misura*) in gleicher Weise, gleich **2** (*in modo uniforme*) gleichmäßig, gleichförmig **3** (*tuttavia*) doch, dennoch, gleichermaßen.
**ulcera** *s.f.* (*med.*) Geschwür (*das*).
**ulteriore** *agg.* weiter.
**ultimamente** *avv.* kürzlich, neulich, in der letzten Zeit.
**ultimo** *agg.* **1** (*spazio, tempo*) letzt: *all'— momento*, im letzten Augenblick **2** (*più recente*) neu(e)ste, jüngste: *le ultime notizie*, die neu(e)sten Nachrichten **3** (*al termine*) äußerst, letzt ♦ *s.m.* **1** [f. *-a*] Letzte (*der* e *die*): *dal primo*

*all'—*, vom Ersten bis zum Letzten (*o letzten*) **2** (*punto estremo*) zuletzt, Schluss (*der*), Ende (*das*): *da —*, zuletzt (*o zum Schluss*); *fino all'—*, bis zuletzt.
**ultrà** *s.m. e f.inv.* **1** (*pol.*) Ultra (*der*), Extremist (*der*; *die -in*) **2** (*tifoso*) Hooligan (*der*), Rowdy (*der*).
**ultrasuono** *s.m.* (*fis.*) Ultraschall (*der*).
**ultraterreno** *agg.* überirdisch.
**ultravioletto** *agg.* (*fis.*) ultraviolett.
**ululare** *v.intr.* heulen (*anche estens.*).
**umanamente** *avv.* menschlich.
**umanità** *s.f.invar.* **1** (*genere umano*) Menschheit (*die*) **2** (*sentimento*) Menschlichkeit (*die*), Humanität (*die*).
**umanitario** *agg.* humanitär.
**umano** *agg.* menschlich; Menschen..., human: *corpo —*, menschlicher Körper ♦ *s.m.* **1** Menschliche (*das*) **2** (*spec.pl.*) Mensch (*der*).
**Umbria** *n.pr.f.* Umbrien (*das*).
**umidificatore** *s.m.* Luftbefeuchter (*der*).
**umidità** *s.f.invar.* Feuchtigkeit (*die*).
**umido** *agg.* feucht; (*bagnato*) nass ● *cuocere in —*, dünsten.
**umile** *agg.* **1** demütig **2** (*modesto*) bescheiden; (*basso*) niedrig: *di umili origini*, aus bescheidenen Verhältnissen ♦ *s.m. e f.* Demütige (*der e die*).
**umiliare** *v.tr.* demütigen, erniedrigen ♦ **umiliarsi** *v.pron.* sich demütigen, sich erniedrigen.
**umiltà** *s.f.invar.* **1** Demut (*die*) **2** (*modestia*) Bescheidenheit (*die*).
**umore** *s.m.* (*stato d'animo*) Laune (*die*), Stimmung (*die*): *essere di buon —*, guter Laune (*o* gutgelaunt) sein; *essere di cattivo —*, schlechter Laune (*o* schlechtgelaunt) sein.
**umorismo** *s.m.* Humor (*der*): *avere* (*il*) *senso dell'—*, Humor haben.
**umoristico** *agg.* humorvoll, witzig, humoristisch.
**un** *agg.num. e pron.indef. e art.indet.* → **uno**.
**una** *art.indet.f.sing. e pron.indef.* → **uno** ♦ *s.f.invar.* (*ora*) eins Uhr: *è l'—*, es ist eins Uhr; *l'— e mezza*, halb zwei.

**unanime** *agg.* einstimmig.
**unanimità** *s.f.invar.* Einstimmigkeit (*die*) ● *all'—*, einstimmig.
**uncinetto** *s.m.* Häkelnadel (*die*): *lavorare all'—*, häkeln.
**uncino** *s.m.* Haken (*der*).
**undicenne** *agg.* elfjährig ♦ *s.m. e f.* Elfjährige (*der e die*).
**undici** *agg.num.card.invar.* elf → **cinque**.
**ungere** *v.tr.* **1** ein-fetten; (*lubrificare*) (ab-)schmieren: *— una teglia*, eine Backform einfetten; *— gli ingranaggi*, das Getriebe abschmieren **2** (*sporcare*) mit Fett beschmutzen ♦ **ungersi** *v.pron.* **1** sich ein-cremen, sich ein-schmieren **2** (*sporcarsi*) sich (mit Fett) beschmutzen.
**ungherese** *agg.* ungarisch ♦ *s.m. e f.* Ungar (*der*; *die -in*) ♦ *s.m.* (*lingua*) Ungarisch(e) (*das*).
**Ungheria** *n.pr.f.* Ungarn (*das*).
**unghia** *s.f.* **1** Fingernagel (*der*), Nagel (*der*) **2** (*di animali*) Klaue (*die*), Kralle (*die*) ● *mangiarsi le unghie*, an den Fingernägeln nagen; *sich* (*Dat*) *die Nägel kauen* | *tirare fuori le unghie*, die Krallen zeigen.
**unguento** *s.m.* (*farm.*) Salbe (*die*); (*estens.*) Creme (*die*).
**unicamente** *avv.* nur, einzig und allein.
**unico** *agg.* **1** einzig, Einzel..., Allein...: *figlio —*, Einzelkind **2** (*senza uguale*) einmalig: *è un'occasione unica*, es ist eine einmalige Gelegenheit ♦ *s.m.* [f. -a] einzige (*der e die*): *è l'— che abbiamo*, das ist der einzige, den wir haben.
**uniforme** *agg.* gleichförmig; gleichmäßig ♦ *s.f.* Uniform (*die*).
**unilaterale** *agg.* **1** einseitig **2** (*dir.*) einseitig, unilateral **3** (*parziale*) einseitig, parteiisch.
**unione** *s.f.* **1** Verbindung (*die*), Vereinigung (*die*) **2** (*alleanza*) Verband (*der*), Union (*die*).
**Unione Europea** *n.pr.f.* Europäische Union.
**unire** *v.tr.* **1** vereinen, vereinigen, verbinden **2** (*avvicinare*) zusammen-stellen **3** (*allegare*) bei-legen ♦ **unirsi** *v.pron.*

**unisono** *s.m.* Unisono (*das*) ● *all'—*, unisono; (*fig.*) übereinstimmen, im Einklang.

**unità** *s.f.invar.* **1** Einheit (*die*) **2** (*mat.*) Einer (*der*) ● *— di misura*, Maßeinheit.

**unitamente** *avv.* (*a*) zusammen (mit).

**unitario** *agg.* einheitlich, Einheits...: *prezzo —*, Einheitspreis.

**unito** *agg.* **1** vereint, vereinigt **2** (*affiatato, concorde*) einig, einträchtig.

**universale** *agg.* **1** Welt...: *storia —*, Weltgeschichte **2** (*estens.*) universal, Universal...: *erede —*, Universalerbe **3** (*di tutti*) allgemein.

**università** *s.f.invar.* Universität (*die*); Hochschule (*die*) ● *fare l'—*, studieren.

**universitario** *agg.* Universitäts...; Hochschul...: *carriera universitaria*, Universitätslaufbahn ♦ *s.m.* [f. -a] **1** (*studente*) Student (*der*; *die* -in) **2** (*professore*) Universitätsprofessor (*der*; *die* -in).

**universo** *s.m.* **1** Universum (*das*), Weltall (*das*) **2** (*fig.*) Welt (*die*): *l'— della moda*, die Welt der Mode.

**univoco** *agg.* **1** eindeutig **2** (*mat.*) einnamig.

**uno** *agg.num.card.* ein: *un Euro*, ein Euro ♦ *pron.indef.* **1** einer: *— dei miei libri*, ein(e)s meiner Bücher; *l'— o l'altro*, der eine oder (der) andere **2** (*qualcuno*) einer, jemand **3** (*impers.*) man, einer: *se — vuole può farlo*, wenn man will, geht es ♦ *art.indet.m.* **1** ein: *— caffè, per favore!*, einen Kaffee, bitte! **2** (*pressappoco*) etwa, rund, an (+ *Acc*): *mancherà una mezz'ora*, noch etwa eine halbe Stunde ♦ *s.m.invar.* Eins (*die*) ● *a pagina —*, auf Seite eins | *l'— l'altro*, gegenseitig (o einander) | *— alla volta*, einer nach dem anderen.

**unto** *agg.* schmierig, fettig; ölig ♦ *s.m.* Fett (*das*): *macchia d'—*, Fettfleck(en).

**unzione** *s.f.* (*relig.*) Ölung (*die*), Salbung (*die*): *l'estrema —*, die Letzte Ölung (o Salbung).

**uomo** *s.m.* **1** (*essere umano*) Mensch (*der*) **2** (*individuo di sesso maschile*) Mann (*der*) ● *— d'affari*, Geschäftsmann.

**uovo** *s.m.* Ei (*das*); (*di pesci e anfibi*) Laich (*der*) ● *rompere le uova nel paniere a qlcu*, jdm die Suppe versalzen | *uova al tegamino*, Spiegeleier | *uova sode*, hart gekochte Eier | *— di Pasqua*, Osterei.

**uragano** *s.m.* **1** (*in America centrale*) Hurrikan (*der*) **2** (*ciclone*) Orkan (*der*).

**uranio** *s.m.* Uran (*das*).

**urbano** *agg.* städtisch, Stadt...: *trasporto —*, städtische Verkehrsmittel **2** (*estens.*) (*civile*) urban.

**uretra** *s.f.* (*anat.*) Urethra (*die*), Harnröhre (*die*).

**urgente** *agg.* dringend, (vor)dringlich.

**urgentemente** *avv.* dringend.

**urgenza** *s.f.* Dringlichkeit (*die*), Eile (*die*).

**urina** *s.f.* Harn (*der*), Urin (*der*).

**urinare** *v.intr.* urinieren.

**urlare** *v.intr.* schreien, brüllen: *— di dolore*, vor Schmerz brüllen (o schreien) ♦ *v.tr.* schreien, brüllen.

**urlo** *s.m.* Schrei (*der*).

**urna** *s.f.* Urne (*die*): *— elettorale*, Wahlurne.

**urrà** *inter.* hurra.

**urtare** *v.tr.* stoßen, (*fig.*) *— la sensibilità di qlcu*, jds Feingefühl verletzen; *il suo comportamento mi sta sui nervi*, sein Verhalten irritiert mich ♦ *v.intr.* stoßen: *ho urtato contro il tavolo*, ich bin gegen den Tisch gestoßen.

**urto** *s.m.* Stoß (*der*) ● *d'—*, Stoß...: (*med.*) *terapia d'—*, Stoßtherapie.

**USA** *n.pr.m.pl.* (*United States of America*) USA (*pl.*).

**usanza** *s.f.* Brauch (*der*).

**usare** *v.tr.* (*servirsi di*) benutzen, gebrauchen; (*impiegare*) verwenden, anwenden: *— le minacce, le buone maniere*, Drohungen, gute Manieren anwenden **2** (*essere solito*): *— fare qlco*, pflegen, etw zu tun ♦ *v.intr.* (*essere di moda*) Mode sein; (*essere consuetudine*) üblich sein.

**usato** *agg.* **1** gebraucht; (*di seconda mano*) Secondhand..., aus zweiter Hand:

**usciere / uva**

*macchina usata*, Gebrauchtwagen; *libri usati*, Bücher aus zweiter Hand **2** (*utilizzato*) benutzt ♦ *s.m.* Gebrauchte (*das*).
**usciere** *s.m.* [f. -a] Amtsdiener (*der*; *die* -in).
**uscio** *s.m.* Tür (*die*).
**uscire** *v.intr.* **1** (*andare fuori*) hinausgehen; (*venire fuori*) heraus-kommen, (*con veicolo*) hinaus-fahren, heraus-fahren; (*con imbarcazione*) auslaufen **2** (*per divertirsi*) aus-gehen: *stasera non esco*, heute abend gehe ich nicht aus **3** (*lasciare un luogo*) (*di, da*) gehen (aus), verlassen; (*con veicolo*) fahren (aus), heraus-kommen (aus) **4** (*fuoruscire*) heraus-kommen | (*di liquidi*) aus-fließen; (*di gas*) aus-strömen **5** (*di pubblicazioni*) erscheinen, heraus-kommen: *il libro è appena uscito*, das Buch ist gerade erschienen **6** (*essere estratto*) gezogen werden ● — *di strada*, von der Fahrbahn abkommen | *gli esce il sangue dal naso*, er blutet aus der Nase.
**uscita** *s.f.* **1** Ausgang (*der*); (*per veicoli*) Ausfahrt (*die*); (*su veicoli*) Austieg (*der*) **2** (*comm.*) Ausgabe (*die*) **3** (*fig.*) (*osservazione, battuta*) Bemerkung (*die*) **4** (*inform.*) Ausgabe (*die*) ● — *dall'autostrada*, Autobahnausfahrt | — *di sicurezza*, Notausgang.
**usignolo** *s.m.* Nachtigall (*die*).
**uso** *s.m.* **1** Gebrauch (*der*), Benutzung (*die*): *agitare prima dell'*—, vor Gebrauch schütteln **2** (*usanza*) Brauch (*der*), Sitte (*die*): *usi e costumi*, Sitten und Bräuche ● *di* (o *in*) —, im Gebrauch, gebräuchlich: *parola di* — *corrente*, geläufiger Ausdruck | *fuori* —, (*inutilizzabile*) unbrauchbar.

**ustionare** *v.tr.* verbrennen; (*con liquidi*) verbrühen ♦ **ustionarsi** *v.pron.* sich verbrennen; (*con liquidi*) sich verbrühen.
**ustione** *s.f.* (*med.*) Verbrennung (*die*).
**usuale** *agg.* üblich.
**usufruire** *v.intr.* **1** (*dir.*) nutznießen **2** (*estens.*) (*di*) genießen.
**usura**¹ *s.f.* Wucher (*der*).
**usura**² *s.f.* (*logoramento*) Abnutzung (*die*), Verschleiß (*der*).
**usuraio** *s.m.* [f. -a] Wucherer (*der*; *die* Wucherin).
**utensile** *s.m.* Gerät (*das*); (*attrezzi*) Werkzeug (*das*): *utensili da cucina*, Küchengeräte.
**utente** *s.m.* e *f.* Teilnehmer (*der*; *die* -in), Abnehmer (*der*; *die* -in): — *del telefono, del gas*, Telefonteilnehmer, Gasabnehmer.
**utero** *s.m.* (*anat.*) Gebärmutter (*die*), Uterus (*der*).
**utile** *agg.* nützlich: *rendersi* —, sich nützlich machen ♦ *s.m.* (*econ.*) Gewinn (*der*), Profit (*der*) ● *in tempo* —, rechtzeitig.
**utilità** *s.f.invar.* **1** Nützlichkeit (*die*) **2** (*vantaggio*) Nutzen (*der*).
**utilitaria** *s.f.* Gebrauchswagen; (*estens.*) Kleinwagen (*der*).
**utilizzare** *v.tr.* **1** (be)nutzen; (*impiegare*) verwenden **2** (*sfruttare*) aus-nutzen, verwerten, utilisieren.
**utopia** *s.f.* Utopie (*die*).
**uva** *s.f.* Trauben (*pl.*) ● — *bianca, nera*, grüne, blaue Trauben | — *passa*, Rosinen.

# V v

**v.** *abbr.* (*vedi*) s. (siehe).
**vacanza** *s.f.* Urlaub (*der*), Ferien (*pl.*): *essere in —*, in Ferien sein; Urlaub haben ● *vacanze estive*, Sommerferien.
**vacanziere** *s.m.* [f. *-a*] Urlauber (*der*; *die -in*).
**vaccinare** *v.tr.* impfen; (*fig.*) *essere vaccinato contro qlco*, gegen etw geimpft sein, gegen etw gefeit sein.
**vaccinazione** *s.f.* Impfung (*die*): *— antinfluenzale*, Grippeschutzimpfung.
**vaccino** *agg.* Kuh...: *latte —*, Kuhmilch ♦ *s.m.* Impfstoff (*der*).
**vademecum** *s.m.invar.* Leitfaden (*der*), Lehrbuch (*das*), Ratgeber (*der*).
**vagabondo** *agg.* Vagabunden...: *vita vagabonda*, Vagabundenleben ♦ *s.m.* [f. *-a*] **1** Vagabund (*der*), Landstreicher (*der*; *die -in*) **2** (*giramondo*) Weltenbummler (*der*; *die -in*).
**vagina** *s.f.* (*anat.*) Scheide (*die*).
**vaglia** *s.m.invar.* Anweisung (*die*): *— postale*, Postanweisung.
**vago** *agg.* vage, unbestimmt ● *tenersi (o rimanere) nel —*, sich nicht klar äußern.
**vagone** *s.m.* (*ferr.*) Wagen (*der*), Waggon (*der*) ● *— letto*, Schlafwagen | *— ristorante*, Speisewagen.
**valanga** *s.f.* **1** Lawine (*die*) **2** (*fig.*) Lawine (*die*), Haufen (*der*).
**valere** *v.tr. e intr.* **1** (*aver valore*) wert sein: *— molto, poco, niente*, viel, wenig, nichts wert sein **2** (*aver capacità*) taugen, tüchtig sein **3** (*essere valido*) gelten, gültig sein, Gültigkeit haben: *il biglietto del treno vale due mesi*, die Zugfahrkarte gilt zwei Monate **4** (*contare*) zählen: *la sua opinione non vale nulla*, seine Meinung zählt nichts **5** (*servire*) nützen ● *farsi —*, sich durchsetzen | *ne vale la pena!*, es lohnt sich! | *non vale!*, das gilt nicht! | *vale a dire*, (*cioè*) das heisst | *valersi di qlco*, sich (*Dat*) etw zunutze machen.
**valico** *s.m.* Pass (*der*): *— di frontiera*, Grenzübergang.
**validità** *s.f.invar.* Gültigkeit (*die*).
**valido** *agg.* **1** gültig **2** (*efficace*) wirksam: *un — aiuto*, eine wirksame Hilfe.
**valigia** *s.f.* Koffer (*der*) ● *disfare la —*, den Koffer auspacken | *fare le valigie*, die Koffer packen; (*fig.*) verschwinden.
**vallata** *s.f.* Tal (*das*), Talebene (*die*).
**valle** *s.f.* Tal (*das*) ● *Val(le) d'Aosta*, Aostatal.
**valore** *s.m.* **1** Wert (*der*) **2** (*significato*) Bedeutung (*die*) **3** (*spec.pl.*) Wertsachen (*pl.*), Wertpapiere (*pl.*) ● *valori bollati*, Wertsachen.
**valorizzare** *v.tr.* aufwerten ♦ **valorizzarsi** *v.pron.* sich aufwerten.
**valuta** *s.f.* **1** Währung (*die*) **2** (*Banca*) Valuta (*die*), Wertstellung (*die*).
**valutare** *v.tr.* **1** schätzen **2** (*giudicare*) bewerten **3** (*considerare*) abwägen.
**valutazione** *s.f.* **1** Schätzung (*die*) **2** (*scol.*) Bewertung (*die*).
**valvola** *s.f.* **1** (*mecc.*) Ventil (*das*), Klappe (*die*) **2** (*elettr.*) Sicherung (*die*) ● (*anat.*) *— cardiaca*, Herzklappe.
**valzer** *s.m.invar.* Walzer (*der*).

**vandalo** *s.m.* [f. -a] Wandale (*der*; *die* Wandalin).
**vanga** *s.f.* Spaten (*der*).
**vangelo** *s.m.* Evangelium (*das*).
**vaniglia** *s.f.* Vanille (*die*).
**vanità** *s.f.invar.* **1** Eitelkeit (*die*) **2** (*inefficacia*) Vergeblichkeit (*die*).
**vanitoso** *agg.* eitel.
**vano** *agg.* vergeblich ♦ *s.m.* **1** Öffnung (*die*): *il — della finestra*, Fensteröffnung **2** (*stanza*) Raum (*der*).
**vantaggio** *s.m.* **1** Vorteil (*der*): *trarre — da qlco*, aus etw Nutzen ziehen, sich (*Dat*) etw zunutze machen **2** (*sport*) Vorteil (*der*), Vorsprung (*der*): *avere un — di cinque punti*, fünf Punkte Vorsprung haben.
**vantaggioso** *agg.* vorteilhaft.
**vantare** *v.tr.* **1** sich rühmen (+ *Gen*); (*lodare*) loben **2** (*estens.*) hervorkehren: — *i propri meriti*, seine Verdienste herauskehren ♦ **vantarsi** *v.pron.* (*di*) angeben (mit), prahlen (mit).
**vapore** *s.m.* Dampf (*der*): *cuocere a —*, dünsten.
**vaporetto** *s.m.* Dampfer (*der*).
**varare** *v.tr.* vom Stapel laufen lassen | *— una legge*, ein Gesetz verabschieden.
**varcare** *v.tr.* überschreiten.
**varco** *s.m.* Durchgang (*der*): *aprirsi un — tra la folla*, sich (*Dat*) einen Weg durch die Menge bahnen.
**variabile** *agg.* veränderlich: *tempo —*, veränderliches Wetter; *essere di umore —*, launig sein **2** (*mat.*) variabel, veränderlich ♦ *s.f.* (*mat.*) Variable (*die*).
**variare** *v.tr.* (ver)ändern, ab ändern **2** (*rendere vario*) variieren ♦ *v.intr.* **1** sich ändern **2** (*essere diverso*) variieren: *il dialetto varia da regione a regione*, der Dialekt variiert von Region zu Region.
**variazione** *s.f.* **1** Veränderung (*die*), Änderung (*die*) **2** (*mus.*) Variation (*die*).
**varicella** *s.f.* (*med.*) Windpocken (*pl.*).
**variegato** *agg.* **1** gestreift; (*multicolore*) vielfarbig, bunt **2** (*fig.*) vielfältig, verschieden.
**varietà¹** *s.f.invar.* **1** Vielfalt (*die*): *— di opinioni*, Meinungsvielfalt **2** (*tipo*) Sorte (*die*): *una — di marmo*, eine Sorte Marmor.
**varietà²** *s.m.invar.* (*teatr.*) Varietee (*das*).
**vario** *agg.* **1** abwechslungsreich; wechselhaft; verschiedenartig **2** (*diverso, molteplice*) verschieden, vielfältig.
**variopinto** *agg.* bunt.
**varo** *s.m.* **1** (*mar.*) Stapellauf (*der*) **2** (*fig.*) Verabschiedung (*die*): *il — di una legge*, die Verabschiedung eines Gesetzes.
**Varsavia** *n.pr.s.f.* Warschau (*die*).
**vasaio** *s.m.* [f. -a] Töpfer (*der*; die -in).
**vasca** *s.f.* **1** Wanne (*die*): *— da bagno*, Badewanne **2** (*piscina*) Becken (*das*), Schwimmbecken (*das*).
**vascello** *s.m.* Schiff (*das*).
**vasellame** *s.m.* Geschirr (*das*).
**vaso** *s.m.* Vase (*die*) ● *— da fiori*, Blumentopf | *— da notte*, Nachttopf | (*anat.*) *— sanguigno*, Blutgefäß.
**vassoio** *s.m.* Tablett (*das*).
**vastità** *s.f.invar.* Weite (*die*).
**vasto** *agg.* **1** weit **2** (*fig.*) umfangreich, umfassend.
**Vaticano**, **Città del** *n.pr.s.f.* Vatikanstadt (*die*).
**ve** *pron.pers.pl.* euch: *— l'ho già detto*, ich habe es euch schon gesagt ♦ *avv.*: *— ne sono diversi*, davon gibt es viele.
**vecchia** *s.f.* alte Frau, Alte (*die*).
**vecchiaia** *s.f.* Alter (*das*).
**vecchio** *agg.* alt: *un — amico*, ein alter Freund; *una vecchia abitudine*, eine alte Gewohnheit ♦ *s.m.* alter Mann, Alte (*der*).
**vedere** *v.tr.* **1** sehen; (*guardare*) ansehen; (*incontrare*) treffen **2** (*mostre e simili*) besichtigen, sich (*Dat*) ansehen, sich (*Dat*) anschauen **3** (*capire*) wissen, verstehen ♦ *v.intr.* sehen ♦ **vedersi** *v.pron.* **1** sich sehen, sich betrachten **2** (*reciproco*) (*incontrarsi*) sich treffen ● *farsi —*, sich sehen lassen; (*farsi visitare*) sich untersuchen lassen | *non — l'ora di fare qlco*, es nicht abwarten können, etw zu tun | *stare a —*, zuschauen, zugucken; (*aspettare*) abwarten | *vedia-*

**mo un po'...**, sehen wir mal... | *visto che ormai è tardi...*, da es schon spät ist....

**vedetta** *s.f.* **1** Wache *(die)*; *(sulla nave)* Ausguck *(der)*: *stare di —*, auf Wache sein *(o* stehen*)* **2** *(mar.)* Wachboot *(das)*.

**vedova** *s.f.* Witwe *(die)*.

**vedovo** *agg.* verwitwet ♦ *s.m.* Witwer *(der)*.

**veduta** *s.f.* **1** *(vista)* Sicht *(die)*, Blick *(der)* **2** *(fot.)* Aufnahme *(die)*; *(pitt.)* Vedute *(die)* **3** *(fig.)* *(opinione)* Ansicht *(die)*.

**vegetale** *agg.* Pflanzen..., pflanzlich: *grasso —*, Pflanzenfett ♦ *s.m.* Pflanze *(die)*.

**vegetare** *v.intr.* **1** *(di piante)* gedeihen **2** *(fig.)* vegetieren.

**vegetariano** *agg.* vegetarisch: *essere —*, Vegetarier sein ♦ *s.m.* [f. -*a*] Vegetarier *(der;* die -in*)*.

**vegetazione** *s.f.* Pflanzenwelt *(die)*, Vegetation *(die)*.

**veglia** *s.f.* Wache *(die)*: *stato di —*, Wachzustand; *— funebre*, Totenwache.

**vegliare** *v.intr.* **1** wachen **2** *(vigilare)* *(su)* wachen (über + Acc) ♦ *v.tr.* wachen (bei).

**veglione** *s.m.* Feier *(die)*, Ball *(der)*: *— di capodanno*, Silvesterfeier.

**veicolo** *s.m.* **1** Fahrzeug *(das)* **2** *(portatore)* Überträger *(der)*, Träger *(der)*.

**vela** *s.f.* Segel *(das)*: *andare in barca a —*, segeln ● *a gonfie vele*, mit vollen Segeln.

**veleno** *s.m.* Gift *(das)*.

**velenoso** *agg.* giftig *(anche fig.)*.

**veliero** *agg.* Segelschiff *(das)*, Segler *(der)*.

**velivolo** *s.m.* Flugzeug *(das)*.

**velluto** *s.m.* Samt *(der)*; *(a coste)* Cord *(der)*, Kord *(der)*.

**velo** *s.m.* **1** Schleier *(der)* **2** *(estens.)* Schicht *(die)*: *un — di polvere*, eine Staubschicht.

**veloce** *agg.* schnell.

**velocità** *s.f.invar.* **1** Geschwindigkeit *(die)*; Tempo *(das)* **2** *(marcia)* Gang *(der)* ● *a tutta —*, in vollem Tempo.

**vena** *s.f.* **1** Ader *(die)* *(anche fig.)*: *— varicosa*, Krampfader **2** *(fig.)* Spur *(die)*, Hauch *(der)*: *una — di malinconia*, eine Spur von Melancholie ● *non essere in — di fare qlco*, nicht in der Stimmung sein, etw zu tun.

**vendemmia** *s.f.* Weinlese *(die)*.

**vendemmiare** *v.tr.* Wein lesen.

**vendere** *v.tr.* verkaufen ♦ *v.intr.* sich verkaufen: *è un modello che vende bene*, es ist ein Modell, das sich gut verkauft ♦ **vendersi** *v.pron.* sich verkaufen ● *— cara la pelle*, sein Leben teuer verkaufen | *— fumo*, Schaum schlagen | *vendesi*, zu verkaufen.

**vendetta** *s.f.* Rache *(die)*: *fare qlco per —*, etw aus Rache tun.

**vendicare** *v.tr.* rächen ♦ **vendicarsi** *v.pron.* sich rächen, Rache üben: *vendicarsi su qlcu di qlco*, sich an jdn für etw rächen.

**vendita** *s.f.* Verkauf *(der)*: *in —*, verkäuflich; *mettere in —*, zum Verkauf anbieten.

**venditore** *s.m.* [f. -*trice*] Verkäufer *(der;* die -in*)*, Kaufmann *(der)*.

**venduto** *agg.* **1** verkauft **2** *(fig.)* gekauft, bestochen.

**venerare** *v.tr.* verehren.

**venerdì** *s.m.invar.* Freitag *(der)* → lunedì ● *Venerdì Santo*, Karfreitag.

**venereo** *agg.* ● *malattia venerea*, Geschlechtskrankheit.

**veneto** *agg.* venetisch ♦ *s.m.* **1** [f. -*a*] Veneter *(der;* die -in*)* **2** *(dialetto)* Venetischer Dialekt.

**Veneto** *n.pr.* Venetien *(das)*.

**Venezia** *n.pr.f.* Venedig *(das)*.

**veneziana** *s.f.* *(serramento)* Jalousie *(die)* **2** *(dolce)* Veneziana *(die)*.

**veneziano** *agg.* venezianisch ♦ *s.m.* [f. -*a*] Venezianer *(der;* die -in*)*.

**venire** *v.intr.* **1** *(recarsi)* kommen: *verrò da voi a Roma*, ich werde zu euch nach Rom kommen **2** *(presentarsi, manifestarsi)* kommen, ein-fallen: *mi è venuto un dubbio*, mir ist ein Zweifel gekommen **3** *(riuscire)* werden, gelingen, heraus-kommen: *come ti è venuto il lavoro?*, wie ist dir die Arbeit geworden? **4** *(ausiliare nella forma passiva)* werden: *le lenzuola vengono cambiate ogni giorno*, die Bettwäsche wird jeden Tag gewechselt ● *da dove vieni? Vengo da Colonia*, woher kommst du? Ich komme aus Köln | *mi è venuta fame*, ich habe Hunger bekommen | — *a noia*, langweilig werden | — *a sapere qlco*, etw erfahren | — *via*, (*andarsene*) weg·gehen; (*di macchie*) heraus·gehen; (*staccarsi*) ab·gehen | *vieni anche tu?*, kommst du mit?

**ventaglio** *s.m.* Fächer (*der*).

**ventata** *s.f.* 1 Windstoß (*der*) 2 (*fig.*) Welle (*die*).

**ventennale** *agg.* 1 zwanzigjährig 2 (*che ricorre ogni vent'anni*) zwanzigjährlich, Zwanzigjahr... ♦ *s.m.* zwanzigster Jahrestag.

**ventenne** *agg.* zwanzigjährig ♦ *s.m.* e *f.* Zwanzigjährige (*der*).

**ventennio** *s.m.* Zeitraum von zwanzig Jahren; zwanzig Jahre.

**ventesimo** *agg.num.ord.* zwanzigste ♦ *s.m.* (*frazione*) Zwanzigstel (*das*).

**venti** *agg.num.card.invar.* zwanzig.

**ventilato** *agg.* luftig.

**ventilatore** *s.m.* Ventilator (*der*).

**ventina** *s.f.* zwanzig, etwa zwanzig: *una — di persone*, ungefähr zwanzig Personen ● *essere sulla —*, um die Zwanzig sein.

**vento** *s.m.* Wind (*der*) ● *gridare una notizia ai quattro venti*, eine Nachricht in alle vier Himmelsrichtungen aus·posaunen | *parlare al —*, in den Wind reden.

**ventola** *s.f.* 1 (*per il fuoco*) Blasebalg (*der*) 2 (*mecc.*) Gebläse (*das*).

**ventosa** *s.f.* Saugnapf (*der*).

**ventoso** *agg.* windig.

**ventre** *s.m.* 1 Bauch (*der*) 2 (*grembo*) Schoß (*der*), Leib (*der*).

**ventricolo** *s.m.* (*anat.*) Kammer (*die*), Ventrikel (*der*).

**vera** *s.f.* (*anello*) Trauring (*der*).

**veramente** *avv.* wirklich.

**veranda** *s.f.* Veranda (*die*).

**verbale** *s.m.* Protokoll (*das*): *far mettere qlco a —*, etw zu Protokoll geben.

**verbo** *s.m.* (*gramm.*) Verb (*das*).

**verde** *agg.* grün ♦ *s.m.* Grün (*das*) ● *essere al —*, abgebrannt sein.

**verdetto** *s.m.* 1 (*dir.*) Urteilspruch (*der*) 2 (*fig.*) (*giudizio*) Urteil (*das*).

**verdura** *s.f.* Gemüse (*das*).

**vergine** *agg.* 1 (*incontaminato*) unberührt 2 (*di prodotti*) rein ♦ *s.f.* 1 Jungfrau (*die*) 2 (*astr.*) Jungfrau (*die*).

**verginità** *s.f.invar.* Jungfräulichkeit (*die*).

**vergogna** *s.f.* 1 Scham (*die*) 2 (*onta*) Schande (*die*).

**vergognarsi** *v.pron.* 1 (*di, per*) sich schämen (+ Gen, für) 2 (*provare ritegno*) sich genieren.

**vergognoso** *agg.* 1 (*indegno*) schändlich 2 (*timido*) schamhaft, verschämt.

**verifica** *s.f.* Überprüfung (*die*), Kontrolle (*die*).

**verificare** *v.tr.* überprüfen, kontrollieren.

**verità** *s.f.invar.* Wahrheit (*die*).

**verme** *s.m.* 1 Wurm (*der*) 2 (*fig.*) Schurke (*der*).

**vermut** *s.m.invar.* Wermut (*der*).

**vernice** *s.f.* Lack (*der*), Anstrich (*der*) ● *— protettiva*, (*incolore*) Schutzlack; (*colorata*) Schutzanstrich.

**verniciare** *v.tr.* firnissen; (*laccare*) lackieren.

**verniciatura** *s.f.* 1 (*il verniciare*) Lackieren (*das*), Anstreichen (*das*) 2 (*strato di vernice*) Lackierung (*die*), Anstrich (*der*).

**vero** *agg.* 1 wahr, richtig 2 (*autentico, genuino*) echt, wahr: *un'amicizia vera*, eine wahre Freundschaft | — *piacere*, es ist eine große Freude 3 (*effettivo*) eigentlich ♦ *s.m.* Wahre (*das*); Wahre (*das*): *a dire il —*, ehrlich gesagt ● *è —?*, stimmt es? | *non è —?*, nicht wahr?

**verosimile** *agg.* wahrscheinlich ♦ *s.m.* Wahrscheinliche (*das*).

**verruca** *s.f.* Warze (*die*).

**versamento** *s.m.* 1 (*comm.*) Einzahlung (*die*) 2 (*med.*) Erguss (*der*).

**versante** *s.m.* Abhang (*der*), Hang (*der*).

**versare** *v.tr.* 1 gießen; (*mescere*) ein·gießen, ein·schenken: — *l'acqua nel bicchiere*, das Wasser in das Glas gießen 2 (*rovesciare*) verschütten: — *l'acqua sul* *pavimento*, das Wasser auf den Boden schütten **3** (*comm.*) ein-zahlen, überweisen ♦ *v.intr.* sich befinden: — *in cattive condizioni*, sich in einer üblen Lage befinden ♦ **versarsi** *v.pron.* (*di fiumi*) sich ergießen ● — *un anticipo*, einen Vorschuss leisten.

**versatile** *agg.* vielseitig.

**versione** *s.f.* **1** (*traduzione*) Übersetzung (*die*) **2** (*interpretazione*) Darstellung (*die*), Version (*die*) **3** (*cinem., letter.*) Fassung (*die*).

**verso¹** *s.m.* **1** (*di poesia*) Vers (*der*), Zeile (*die*) **2** (*di animali*) Laut (*der*), Ruf (*der*) **3** (*senso, direzione*) Richtung (*die*) ● *fare il* — *a qlcu*, jdm nachäffen.

**verso²** *prep.* **1** (*stato in luogo*) in der Nähe von; bei **2** (*moto a luogo*) in Richtung; auf (+ *Acc*) nach **3** (*tempo*) gegen; auf... zu: — *mezzogiorno*, gegen Mittag **4** (*nei confronti di*) gegenüber, zu: *è molto cortese — di noi*, er ist sehr höflich zu uns.

**vertebra** *s.f.* Wirbel (*der*).

**vertebrale** *agg.* Wirbel...: *colonna* —, Wirbelsäule.

**vertebrati** *s.m.pl.* Wirbeltiere (*die*).

**verticale** *agg.* senkrecht; vertikal ♦ *s.f.* **1** (*geom.*) Vertikale (*die*), Senkrechte (*die*) **2** (*ginnastica*) (*posizione ritta*) Handstand (*der*).

**vertice** *s.m.* **1** Spitze (*die*), Gipfel (*der*) **2** (*fig.*) (*livello più alto*) Spitze (*die*), Führung (*die*) ● (*pol.*) *conferenza al* —, Gipfelkonferenz.

**vertigine** *s.f.* (*spec.pl.*) Schwindel (*der*): *ho le vertigini*, mir ist schwind(e)lig.

**vescica** *s.f.* (*med.*) Blase (*die*).

**vescovo** *s.m.* Bischof (*der*).

**vespa** *s.f.* Wespe (*die*).

**vestaglia** *s.f.* Morgenrock (*der*).

**veste** *s.f.* **1** (*da donna*) Kleid (*das*) **2** (*spec.pl.*) Gewand (*das*) ● *in* — *di amico*, als Freund.

**vestiario** *s.m.* Kleidung (*die*).

**vestire** *v.tr.* **1** an-ziehen, kleiden **2** (*indossare*) tragen ♦ *v.intr.* (*abbigl.*) kleiden ♦ **vestirsi** *v.pron.* **1** sich an-ziehen, sich (an-)kleiden **2** (*travestirsi*) (*da*) sich verkleiden (als).

**vestito** *s.m.* (*da donna*) Kleid (*das*); (*da uomo*) Anzug (*der*) ● — *da sposa*, Brautkleid.

**veterinario** *agg.* Tier...: *clinica veterinaria*, Tierklinik ♦ *s.m.* [f. *-a*] Tierarzt (*der*; *die* -ärztin), Veterinär (*der*; *die* -in).

**veto** *s.m.* Veto (*das*).

**vetraio** *s.m.* [f. *-a*] **1** Glaser (*der*; *die* -in) **2** (*soffiatore*) Glasbläser (*der*; *die* -in).

**vetrata** *s.f.* **1** (*parete in vetro*) Glaswand (*die*) **2** (*di chiesa*) Glasfenster (*das*).

**vetrato** *agg.* Glas...: *porta vetrata*, Glastür ● *carta vetrata*, Sandpapier.

**vetreria** *s.f.* **1** Glaserei (*die*) **2** (*stabilimento*) Glashütte (*die*).

**vetrina** *s.f.* **1** Schaufenster (*das*) **2** (*mobile*) Vitrine (*die*).

**vetro** *s.m.* **1** Glas (*das*) **2** (*di finestra*) Fensterscheibe (*die*), Scheibe (*die*) **3** (*frammento*) Glasscherbe (*die*).

**vetta** *s.f.* Gipfel (*der*); (*di torre ecc.*) Spitze (*die*).

**vettore** *s.m.* (*mat., fis.*) Vektor (*der*) ● (*astr.*) — *spaziale*, Trägerrakete.

**vettovaglia** *s.f.* (*spec.pl.*) Proviant (*der*).

**vettura** *s.f.* **1** (*ferr.*) Waggon (*der*), Wagen (*der*) **2** (*aut.*) Wagen (*der*).

**vi¹** *pron.pers.pl.* **1** (*compl.ogg.*) euch; (*forma di cortesia*) Sie **2** (*compl. di termine*) euch; (*forma di cortesia*) Ihnen **3** (*riflessivo e reciproco*) euch, einander; (*forma di cortesia*) sich, einander.

**vi²** *avv.* → **ci**.

**via¹** *s.f.* **1** Straße (*die*), Weg (*der*) **2** (*percorso*) Weg (*der*) ● *in* — *di guarigione*, auf dem Weg der Besserung | *in* — *eccezionale*, ausnahmsweise | *per* — *aerea*, per Luftpost | *per* — *di*, wegen (+ *Gen*) | (*astr.*) *Via Lattea*, Milchstraße.

**via²** *avv.* **1** weg: *andare* —, weggehen; *buttare* —, wegwerfen **2** (*mentre*) während: — *che le ore passavano*, während die Zeit verging ♦ *s.m.* Startzeichen (*das*): *dare il* —, das Startzeichen geben ● *e così* —, *e* — *dicendo*, und so weiter |

**pronti, partenza, —!**, achtung, fertig, los! | **— di qui!**, raus, verschwinde!

**viabilità** *s.f.invar.* Straßenzustand (der).

**viadotto** *s.m.* Überführung (die), Viadukt (der o das).

**viaggiare** *v.intr.* 1 reisen 2 (di veicolo) fahren.

**viaggiatore** *s.m.* [f. -trice] Reisende (der e die) ♦ **commesso —**, Handlungsreisender.

**viaggio** *s.m.* Reise (die): *mettersi in —*, sich auf die Reise machen; *buon —!*, gute Reise!, gute Fahrt! ● **— di nozze**, Hochzeitsreise | **— organizzato**, Pauschalreise.

**viale** *s.m.* Allee (die), (in un parco) Weg (der).

**viandante** *s.m.* e *f.* Wanderer (der; die Wanderin).

**viavai** *s.m.invar.* Hin und Her (das), Kommen und Gehen (das).

**vibrare** *v.tr.* (sferrare) versetzen ♦ *v.intr.* vibrieren.

**vibrazione** *s.f.* Vibration (die); Schwingung (die).

**vice** *s.m.* e *f.invar.* Stellvertreter (der; die -in); (fam.) Vize (der).

**vicedirettore** *s.m.* [f. -trice] stellvertretender Direktor (-in), Vizedirektor (der; die -in).

**vicenda** *s.f.* 1 (vicissitudine) Wechselfälle (pl.) 2 (serie) Reihe (die) ● *a —*, (reciprocamente) gegenseitig.

**viceversa** *avv.* 1 umgekehrt 2 (fam.) (invece) dagegen, aber.

**vichingo** *agg.* (st.) wikingisch, Wikinger...; *popolo —*, wikingisches Volk ♦ *s.m.* [f. -a] (st.) Wiking (der), Wikinger (der; die -in).

**vicinanza** *s.f.* Nähe (die): *in — di*, *nelle vicinanze di*, in der Nähe (+ Gen).

**vicinato** *s.m.* 1 Nachbarschaft (die) 2 (vicini) Nachbarn (pl.).

**vicino¹** *agg.* 1 nah, naheliegend 2 (adiacente, accanto) nebenan ● **da —**, von nahem, aus der Nähe | **— a**, (stato in luogo) in der Nähe von; neben (+ Dat); (moto a luogo) neben (+ Acc).

**vicino²** *s.m.* [f. -a] Nachbar (der; die -in): *i vicini di casa*, die Nachbarn.

**vicissitudine** *s.f.* (spec.pl.) Wechselfälle (pl.).

**vicolo** *s.m.* Gasse (die).

**video** *s.m.invar.* 1 Videogerät (das) 2 (schermo) Bildschirm (der) 3 (videoclip) Videoclip (der).

**videocassetta** *s.f.* Videokassette (die).

**videogame** *s.m.* Videospiel (das).

**videoregistratore** *s.m.* Videorecorder (der).

**videoteca** *s.f.* Videothek (die).

**Vienna** *n.pr.f.* Wien (das).

**viennese** *agg.* wienerisch, Wiener ♦ *s.m.* e *f.* Wiener (der; die -in).

**vietare** *v.tr.* verbieten, untersagen.

**vietato** *agg.* verboten: *è — fumare!*, Rauchen verboten!

**vigente** *agg.* geltend.

**vigere** *v.intr.* gelten, in Kraft sein.

**vigilanza** *s.f.* 1 Wachsamkeit (die) 2 (sorveglianza) Aufsicht (die), Überwachung (die).

**vigilare** *v.intr.* e *tr.* 1 überwachen, beaufsichtigen: *— (su) qlcu*, jdn überwachen (o beaufsichtigen) 2 (essere vigile) wachsam sein.

**vigile** *agg.* wachsam ● *i vigili del fuoco*, die Feuerwehr | **— urbano**, (städtischer) Polizist.

**vigilia** *s.f.* Vorabend (der); (giorno) Vortag (der) ● **la — di Natale**, der Heilige Abend.

**vigliaccheria** *s.f.* 1 Feigheit (die) 2 (azione) Gemeinheit (die).

**vigliacco** *agg.* feig ♦ *s.m.* [f. -a] Feigling (der).

**vigna** *s.f.* (vite) Reben (pl.).

**vigneto** *s.m.* Weinberg (der); (in pianura) Weingarten (der).

**vignetta** *s.f.* Vignette (die).

**vigore** *s.m.* Kraft (die): *perdere —*, an Kraft verlieren ● (amm.) *entrare in —*, in Kraft treten | *essere in —*, in Kraft sein.

**vigoroso** *agg.* kräftig, kraftvoll.

**vile** *agg.* 1 feig 2 (ignobile) gemein, niedrig.

**villa** *s.f.* Villa (die).

**villaggio** *s.m.* Dorf (das).

**villano** *s.m.* [f. *-a*] (*maleducato*) Flegel (*der*), Lümmel (*der*).

**villeggiatura** *s.f.* ● **andare in —**, in Urlaub fahren | **località di —**, Ferienort.

**vimine** *s.m.* Weide (*die*): *mobili di vimini*, Korbmöbel.

**vinaio** *s.m.* Weinhändler (*der*).

**vincere** *v.tr.* **1** gewinnen **2** (*battere*) besiegen, schlagen **3** (*superare*) überwinden: — *la paura*, die Angst überwinden ♦ *v.intr.* (*su*) gewinnen, siegen (*über* + *Acc*): *hanno vinto tre a uno*, sie haben drei zu eins gewonnen ♦ **vincersi** *v.pron.* sich überwinden, sich beherrschen.

**vincita** *s.f.* Gewinn (*der*).

**vincitore** *agg.* siegreich, Sieger...: *esercito —*, siegreiches Heer ♦ *s.m.* [f. *-trice*] **1** Sieger (*der*; *die* -in) (*anche sport*) **2** (*nel gioco*) Gewinner (*der*; *die* -in).

**vincolare** *v.tr.* verpflichten, binden.

**vincolo** *s.m.* Bindung (*die*), Band (*das*).

**vinicolo** *agg.* Wein...: *regione vinicola*, Weinanbaugebiet.

**vino** *s.m.* Wein (*der*).

**viola**[1] *s.f.* (*bot.*) Veilchen (*das*) ♦ *s.m.invar.* Violett (*das*), Veilchenblau (*das*) ♦ *agg.invar.* violett, veilchenblau.

**viola**[2] *s.f.* (*mus.*) Viola (*die*).

**violentare** *v.tr.* vergewaltigen (*anche fig.*).

**violento** *agg.* **1** gewalttätig, gewaltsam **2** (*fig.*) heftig: *una discussione violenta*, eine heftige Diskussion.

**violenza** *s.f.* **1** (*forza*) Gewalt (*die*) **2** (*brutalità*) Gewalttätigkeit (*die*) ● **— sessuale** *o* **carnale**, Vergewaltigung.

**violetta** *s.m.* (*bot.*) Veilchen (*das*).

**violinista** *s.m.* e *f.* Geiger (*der*; *die* -in), Violinist (*der*; *die* -in).

**violino** *s.m.* Geige (*die*), Violine (*die*) ● *primo —*, Konzertmeister, erster Violinist.

**violoncellista** *s.m.* e *f.* Cellist (*der*; *die* -in), Violoncellist (*der*; *die* -in).

**violoncello** *s.m.* Violoncello (*das*), Cello (*das*).

**viottolo** *s.m.* Pfad (*der*), Weg (*der*).

**vipera** *s.f.* **1** (*zool.*) Otter (*die*), Viper (*die*) **2** (*fig.*) Giftschlange (*die*).

**virale** *agg.* (*med.*) Virus...: *infezione —*, Virusinfektion.

**virare** *v.intr.* **1** (*mar., aer.*) abdrehen **2** (*nuoto*) wenden **3** (*fig.*) den Kurs ändern.

**virata** *s.f.* **1** (*mar., aer.*) Abdrehen (*das*) **2** (*nuoto*) Wende (*die*).

**virgola** *s.f.* Komma (*das*).

**virile** *agg.* **1** Mannes..., männlich: *un tipo —*, ein männlicher Typ **2** (*fig.*) mannhaft.

**virtù** *s.f.invar.* **1** Tugend (*die*) **2** (*proprietà*) Eigenschaft (*die*), Wirkungskraft (*die*) ● **in — di**, kraft (+ *Gen*).

**virtuale** *agg.* **1** potentiell **2** (*fis.*) virtuell.

**virus** *s.m.invar.* Virus (*das* o *der*) (*anche fig.*).

**vischio** *s.m.* (*bot.*) Mistel (*die*).

**vischioso** *agg.* klebrig, leimig.

**viscido** *agg.* **1** schlüpfrig; (*scivoloso*) rutschig **2** (*fig.*) (*subdolo*) schleimig, schmierig.

**visibile** *agg.* sichtbar.

**visiera** *s.f.* **1** (*di elmo, casco*) Visier (*das*) **2** (*di berretto*) Schirm (*der*).

**visionare** *v.tr.* **1** (*cinem.*) sich (*Dat*) ansehen **2** (*estens.*) prüfen.

**visione** *s.f.* **1** (*capacità di vedere*) Sehvermögen (*das*) **2** (*esame*) Ansicht (*die*), Einsicht (*die*): *prendere — di un documento*, in eine Akte Einsicht nehmen **3** (*vista*) Anblick (*der*); Vision (*die*) ● *prima —*, Erstaufführung | *— del mondo*, Weltanschauung | *— d'insieme*, Überblick.

**visita** *s.f.* **1** Besuch (*der*): — *di cortesia*, Höflichkeitsbesuch **2** (*a musei ecc.*) Besichtigung (*die*) **3** (*med.*) Untersuchung (*die*).

**visitare** *v.tr.* **1** (*fare visita a*) besuchen **2** (*una città*) besichtigen **3** (*un paziente*) untersuchen.

**visitatore** *s.m.* [f. *-trice*] Besucher (*der*; *die* -in).

**viso** *s.m.* Gesicht (*das*) ● *fare buon — a cattivo gioco*, gute Miene zum bösen Spiel machen.

**visone** *s.m.* (*zool.*) Nerz (*der*).

**vispo** *agg.* lebhaft.

**vista** *s.f.* 1 Sehvermögen (*das*), Sehkraft (*die*) 2 (*panorama*) Aussicht (*die*), Blick (*der*) 3 (*visuale*) Ansicht (*die*), Sicht (*die*) ● *a prima —*, auf den ersten Blick | *in — di*, im (o in) Hinblick auf (+ Acc) | *perdere di —*, aus den Augen verlieren | *punto di —*, Gesichtspunkt.

**vistare** *v.tr.* (*amm.*) mit einem Visum versehen.

**visto** *agg.* gesehen ♦ *s.m.* 1 (*amm.*) Sichtvermerk (*der*) 2 (*sul passaporto*) Visum (*das*) ● *— consolare*, Konsularvisum.

**vistoso** *agg.* auffällig, auffallend.

**vita**[1] *s.f.* Leben (*das*) ● *che —!*, was für ein Leben! | *è la —!*, so ist das Leben!.

**vita**[2] *s.f.* (*parte del corpo*) Taille (*die*).

**vitale** *agg.* 1 Lebens..., lebens...: *è di importanza —*, das ist lebenswichtig 2 (*pieno di vita*) lebhaft.

**vitamina** *s.f.* Vitamin (*das*).

**vite**[1] *s.f.* (*bot.*) Rebe (*die*), Weinrebe (*die*).

**vite**[2] *s.f.* Schraube (*die*).

**vitello** *s.m.* Kalb (*das*).

**viticoltore** *s.m.* [f. *-trice*] Weinbauer (*der*; *die* Weinbäuerin), Winzer (*der*; *die* -in).

**viticoltura** *s.f.* Wein(an)bau (*der*).

**vitreo** *agg.* 1 (*di vetro*) gläsern, Glas... 2 (*simile a vetro*) glasig...: *occhio —*, starrer Blick.

**vittima** *s.f.* Opfer (*das*): *— di guerra, della strada*, Kriegsopfer, Verkehrsopfer.

**vitto** *s.m.* Kost (*die*), Verpflegung (*die*) ● *— e alloggio*, Kost und Logis.

**vittoria** *s.f.* Sieg (*der*).

**vittorioso** *agg.* siegreich.

**viva** *inter.* es lebe, hoch lebe...: *— gli sposi!*, hoch lebe das Brautpaar!

**vivace** *agg.* 1 lebhaft 2 (*di colore*) leuchtend, grell, lebhaft.

**vivaio** *s.m.* 1 (*di piante*) Baumschule (*die*) 2 (*di pesci*) Fischteich (*der*), Fischzucht (*die*).

**vivamente** *avv.* lebhaft; (*espressamente*) nachdrücklich.

**vivanda** *s.f.* Speise (*die*), Gericht (*das*), Essen (*das*).

**vivavoce** *s.m.invar.* Freisprechanlage (*die*).

**vivente** *agg.* lebend, Lebe... ● *essere —*, Lebewesen.

**vivere**[1] *v.intr.* 1 leben: *vivo a Milano*, ich lebe in Mailand 2 (*fig.*) (*sopravvivere*) weiter-leben, fort-leben ♦ *v.tr.* erleben: *abbiamo vissuto momenti felici*, wir haben glückliche Augenblicke erlebt.

**vivere**[2] *s.m.* Leben (*das*): *modo di —*, Lebensweise.

**viveri** *s.m.pl.* Lebensmittel (*pl.*).

**vivisezione** *s.f.* Vivisektion (*die*).

**vivo** *agg.* 1 lebendig, lebend 2 (*vivace*) lebhaft ♦ *s.m.* [f. *-a*] Lebende (*der* e *die*) ● *dal —*, Live-, live | *entrare nel — della questione*, zur Sache kommen | *— e vegeto*, gesund und munter.

**viziare** *v.tr.* verwöhnen; (*fam.*) verhätscheln: *— un bambino*, ein Kind verwöhnen ♦ *viziarsi* *v.pron.* sich verwöhnen.

**viziato** *agg.* verwöhnt, verzogen ● *aria viziata*, verbrauchte Luft.

**vizio** *s.m.* 1 Laster (*das*) 2 (*difetto*) Fehler (*der*): *— cardiaco*, Herzfehler.

**vizioso** *agg.* lasterhaft ♦ *s.m.* [f. *-a*] lasterhafter Mensch ● *circolo —*, Teufelskreis.

**vocabolario** *s.m.* Wörterbuch (*das*).

**vocabolo** *s.m.* Vokabel (*die*), Wort (*das*).

**vocale**[1] *agg.* 1 (*della voce*) Stimm...: *corde vocali*, Stimmbänder 2 (*mus.*) vokal; Vokal...: *musica —*, Vokalmusik.

**vocale**[2] *s.f.* Vokal (*der*).

**vocazione** *s.f.* Berufung (*die*).

**voce** *s.f.* Stimme (*die*): *tono di —*, Klang der Stimme; *ad alta, bassa voce*, laut, leise ● *corre — che...*, es geht das Gerücht um, dass....

**voga** *s.f.* 1 (*mar.*) Rudern (*das*), Ruderschlag (*der*) 2 (*moda*) Mode (*die*) ● *essere in —*, Mode sein.

**vogatore** *s.m.* [f. *-trice*] Ruderer (*der*; *die* Ruderin) 2 (*attrezzo ginnico*) Rudergerät (*das*).

# voglia / votare

**voglia** *s.f.* 1 Lust (*die*): *ho — di un gelato*, ich habe Lust auf ein Eis 2 (*fam.*) (*macchia*) Muttermal (*das*).

**voi** *pron.pers.pl.* 1 (*sogg.*) ihr: *venite anche —?*, kommt ihr mit? 2 (*compl.*) euch.

**volano** *s.m.* 1 (*sport*) Federball (*der*) 2 (*mecc.*) Schwungrad (*das*).

**volante**[1] *agg.* 1 fliegend, Flug...: *oggetto —*, Flugobjekt 2 (*sciolto*): *foglio —*, loses Blatt ♦ *s.f.* Polizeistreife (*die*).

**volante**[2] *s.m.* (*aut.*) Steuer (*das*), Lenkrad (*das*).

**volantino** *s.m.* Flugblatt (*das*), Handzettel (*der*).

**volare** *v.intr.* fliegen.

**volatile** *agg.* (*chim.*) flüchtig ♦ *s.m.* Vogel (*der*).

**volente** *agg.* ● *— o nolente*, wohl oder übel.

**volenteroso** *agg.* eifrig.

**volentieri** *avv.* gern(e).

**volere** *v.modale* 1 wollen: *voglio essere pagato*, ich will bezahlt werden 2 (*desiderare*) mögen, wünschen: *vorrei venire anch'io*, ich möchte auch mitkommen ♦ *v.tr.* 1 (*volere, desiderare*) wollen, mögen: *vorrei una tazza di tè*, ich möchte eine Tasse Tee 2 (*richiedere*) verlangen: *quanto vuole per questo quadro?*, wie viel verlangen Sie für dieses Bild? 3 (*essere necessario*) brauchen, nötig sein: *qui ci vuole un esperto*, hier braucht man einen Experten; *quanto ci vuole fino in cima?*, wie lange braucht man bis zum Gipfel? ● *senza —*, unabsichtlich | *voler bene a qlcu*, jdn gern haben, jdn mögen | *voler dire*, (*significare*) bedeuten; (*intendere*) meinen.

**volgare** *agg.* vulgär ♦ *s.m.* Vulgärsprache (*die*).

**volo** *s.m.* 1 Flug (*der*): *il — degli uccelli*, der Vogelflug 2 (*caduta*) Fall (*der*), Sturz (*der*): (*fam.*) *fare un — dalla bicicletta*, vom Fahrrad fliegen.

**volontà** *s.f.invar.* Wille (*der*) ● *a —*, nach Wunsch.

**volontariamente** *avv.* freiwillig.

**volontario** *agg.* freiwillig ♦ *s.m.* [pl. -a] Freiwillige (*der* e *die*).

**volpe** *s.f.* Fuchs (*der*).

**volt** *s.m.* (*elettr.*) Volt (*das*).

**volta**[1] *s.f.* 1 Mal (*das*) ● *c'era una — ...*, es war einmal... | *certe volte*, manchmal | (*fam.*) *gli ha dato di — il cervello*, er ist durchgedreht | *ogni — che...*, jedesmal wenn... | *un po' per* (o *alla*) *—*, nach und nach.

**volta**[2] *s.f.* (*arch.*) Gewölbe (*das*) ● *a —*, gewölbt | *— a crociera*, Kreuzgewölbe.

**voltaggio** *s.m.* (*elettr.*) Spannung (*die*).

**voltare** *v.tr.* 1 wenden, drehen 2 (*dirigere*) richten: *— lo sguardo verso qlcu*, den Blick auf jdn richten 3 (*girare*) wenden, um-drehen: *— una frittata*, ein Omelette wenden 4 (*oltrepassare*) biegen: *— l'angolo*, um die Ecke biegen ♦ *v.intr.* ab-biegen: *la strada volta a sinistra*, die Straße biegt nach links ab ♦ **voltarsi** *v.pron.* sich (um-)drehen, sich wenden: *voltarsi indietro*, sich umwenden ● *— le spalle a qlcu*, jdm den Rücken zudrehen.

**volto** *s.m.* Antlitz (*das*), Gesicht (*das*).

**volubile** *agg.* unbeständig, wechselhaft.

**volume** *s.m.* 1 (*geom.*) Volumen (*das*) 2 (*quantità*) Umfang (*der*), Volumen (*das*) 3 (*intensità del suono*) Lautstärke (*die*) 4 (*libro*) Band (*der*), Buch (*das*).

**voluminoso** *agg.* voluminös, umfangreich, groß.

**vomitare** *v.tr.* brechen, erbrechen ♦ *v.intr.* sich erbrechen.

**vomito** *s.m.* Erbrechen (*das*), Brechen (*das*).

**vongola** *s.f.* Venusmuschel (*die*).

**vorace** *agg.* gefräßig.

**voragine** *s.f.* Schlund (*der*), Abgrund (*der*).

**vortice** *s.m.* Wirbel (*der*), Strudel (*der*).

**vostro** *agg.poss.* 1 euer: *il — medico*, euer Arzt; *la vostra villa*, eure Villa 2 (*comm.*) (*forma di cortesia*) Ihr: *la Vostra lettera*, Ihr Brief ♦ *pron.poss.* euer.

**votare** *v.tr.* 1 wählen: *— un candidato*, einen Kandidaten wählen 2 (*una legge*)

ab·stimmen ♦ *v.intr.* **1** stimmen: — *a favore, contro qlco*, für, gegen etw stimmen **2** (*dare il voto*) wählen ♦ **votarsi** *v.pron.* sein Leben weihen.
**votazione** *s.f.* **1** Abstimmung (*die*) **2** (*scol.*) Zensuren (*pl.*), Noten (*pl.*).
**voto** *s.m.* **1** (*dir.*) Stimme (*die*) **2** (*scol.*) Note (*die*), Zensur (*die*) **3** (*relig.*) Gelübde (*das*), Gelöbnis (*das*).
**vulcanico** *agg.* **1** vulkanisch **2** (*fig.*) sprühend.
**vulcano** *s.m.* **1** Vulkan (*der*) **2** (*persona attiva*) Energiebündel (*das*).

**vulnerabile** *agg.* **1** verletzlich, verwundbar **2** (*estens.*) wund, schwach.
**vulva** *s.f.* (*anat.*) Vulva (*die*), Scham (*die*).
**vuotare** *v.tr.* leeren: — *un cassetto*, eine Schublade leeren ♦ **vuotarsi** *v.pron.* sich leeren.
**vuoto** *agg.* leer ♦ *s.m.* **1** Leere (*das*) **2** (*recipiente vuoto*) Leergut (*das*) **3** (*fis.*) Vakuum (*das*) ● *confezionato sotto* —, vakuumverpackt | — *a perdere, a rendere*, Einwegflasche, Pfandflasche | (*aer.*) — *d'aria*, Luftloch.

# Ww

**wafer** *s.m.invar.* Waffel (*die*).
**walkman** *s.m.invar.* Walkman (*der*).
**water** *s.m.invar.* Toilettenschüssel (*die*).
**WC** *s.m.invar.* WC (*das*), Klo (*das*).

**weekend** *s.m.invar.* Wochenende (*das*): nel —, am Wochenende.
**whisky** *s.m.invar.* Whisky (*der*).
**windsurf** *s.m.invar.* **1** Windsurfen (*das*) **2** (*disciplina*) Windsurfing (*das*).
**würstel** *s.m.invar.* Würstchen (*das*).

# Xx

**x** *s.f.* o *m.invar.* x ● *(fis.) raggi* —, Röntgenstrahlen, X-Strahlen.
**xenofobia** *s.f.* Ausländerfeindlichkeit (*die*).

**xenofobo** *agg.* ausländerfeindlich ♦ *s.m.* [f. -a] Ausländerfeind (*der; die* -in).
**xilofono** *s.m.* Xylophon (*das*).

# Y y

**yacht** *s.m.invar.* Jacht (*die*), Yacht (*die*).

**yoga** *s.m.invar.* Yoga (*der* o *das*).
**yogurt** *s.m.invar.* Joghurt (*der* o *das*).

# Zz

**zafferano** *s.m.* Safran (der).
**zaffiro** *s.m.* Saphir (der).
**zaino** *s.m.* Rucksack (der).
**zampa** *s.f.* (zool.) Bein (das); Fuß (der); (di cani e gatti) Pfote (die); (di orso) Tatze (die) ● **camminare a quattro zampe**, auf allen vieren gehen.
**zampillare** *v.intr.* heraus-spritzen.
**zanzara** *s.f.* Mücke (die).
**zanzariera** *s.f.* Moskitonetz (das).
**zappa** *s.f.* Hacke (die) ● **darsi la —** *sui piedi*, den Ast absägen, auf dem man sitzt.
**zappare** *v.tr.* hacken.
**zattera** *s.f.* (mar.) Floß (das).
**zavorra** *s.f.* Ballast (der) (anche fig.).
**zebra** *s.f.* 1 (zool.) Zebra (das) 2 (pl.) (segnaletica) Zebrastreifen (pl.).
**zecca**[1] *s.f.* Münze (die), Münzstätte (die) ● *nuovo di —*, nagelneu.
**zecca**[2] *s.f.* (zool.) Zecke (die).
**zelo** *s.m.* Eifer (der).
**zenzero** *s.m.* (bot.) Ingwer (der).
**zeppa** *s.f.* 1 Keil (der) 2 (per calzature) Sohle aus Kork.
**zeppo** *agg.* (di) vollgestopft (mit): *un locale pieno —*, ein überfülltes Lokal; *un albero — di ciliegie*, ein Baum voller Kirschen.
**zerbino** *s.m.* Fußmatte (die); Fußabtreter (der).
**zero** *agg.num.card.invar.* null ◆ *s.m.* Null (die): *siamo a 10 gradi sotto —*, wir haben 10 Grad unter Null (o 10 Grad minus) ● *ripartire da —*, ganz von vorne anfangen.
**zia** *s.f.* Tante (die).
**zigomo** *s.m.* (anat.) Jochbogen (der).
**zigote** *s.m.* (biol.) Zygote (die).
**zimbello** *s.m.* Lockvogel (der) ● *diventare, essere lo — di tutti*, die Zielscheibe des Spotts werden, sein.
**zinco** *s.m.* (chim.) Zink (das).
**zingaro** *s.m.* [f. -a] Zigeuner (der; die -in) (anche fig.).
**zio** *s.m.* Onkel (der).
**zip** *s.f.invar.* Reißverschluss (der).
**zitella** *s.f.* unverheiratete Frau ● (fam.) *una vecchia —*, eine alte Jungfer.
**zitto** *agg.* still ◆ *inter.* halt den Mund! ● *— —*, heimlich, still und leise.
**zoccolo** *s.m.* 1 Holzschuh (der); (da spiaggia) Holzpantoffel (der) 2 (di animale) Huf (der) 3 (basamento) Sockel (der); (battiscopa) Zierleiste (die).
**zodiacale** *agg.* ● *segno —*, Sternzeichen.
**zodiaco** *s.m.* Tierkreis (der).
**zolfo** *s.m.* Schwefel (der).
**zolla** *s.f.* Scholle (die), Erdscholle (die).
**zolletta** *s.f.* ● *— di zucchero*, Würfelzucker.
**zona** *s.f.* 1 Zone (die), Gegend (die), Gebiet (das); *— pedonale*, Fußgängerzone; *— industriale, residenziale*, Industriegebiet; Wohngebiet 2 (amm.) Bezirk (der).
**zonzo** *s.m.invar.* ● *andare, essere a —*, bummeln.

**zoo** *s.m.invar*. Zoo (*der*).
**zoologia** *s.f.* Zoologie (*die*), Tierkunde (*die*).
**zoom** *s.m.* (*fot.*) Zoom(objektiv) (*das*).
**zoppicare** *v.intr*. **1** hinken; (*fam.*) humpeln **2** (*estens.*) (*traballare*) wackeln **3** (*fig.*) schwach sein.
**zoppo** *agg*. **1** lahm, hinkend **2** (*estens.*) (*traballante*) wack(e)lig ♦ *s.m.* [f. -a] Hinkende (*der e die*), Lahme (*der; die* -in) ● (*prov.*) **chi va con lo — impara a zoppicare**, schlechte Beispiele verderben gute Sitten.
**zotico** *agg*. grob, ungeschliffen ♦ *s.m.* [f. -a] Grobian (*der*).
**zucca** *s.f.* (*bot.*) Kürbis (*der*) ● **non avere sale in —**, nichts im Kopf haben.

**zuccherare** *v.tr*. zuckern: — *il caffè*, den Kaffee zuckern.
**zuccheriera** *s.f.* Zuckerdose (*die*).
**zucchero** *s.m.* Zucker (*der*) ● — *a velo*, Puderzucker | — *di canna*, Rohrzucker | — *filato*, Zuckerwatte.
**zucchina** *s.f.* **zucchino** *s.m.* Zucchini (*die*).
**zuccone** *s.m.* [f. -a] (*fam.*) Dummkopf (*der*): *essere uno* —, ein Dickschädel sein.
**zuffa** *s.f.* Rauferei (*die*), Handgemenge (*das*).
**zuppa** *s.f.* Suppe (*die*).
**zuppiera** *s.f.* Suppenschüssel (*die*).
**zuppo** *agg*. (*fam.*) klatschnass.
**Zurigo** *n.pr.f.* Zürich (*das*).

# HINWEISE ZUR BENUTZUNG DES WÖRTERBUCHS

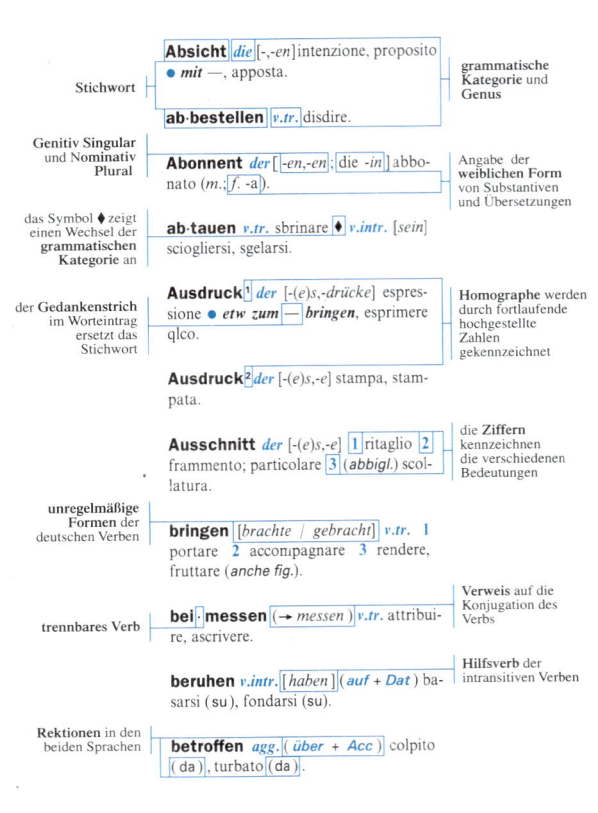

| | | |
|---|---|---|
| Stichwort | **Absicht** *die* [-,-*en*] intenzione, proposito ● *mit* —, apposta. | grammatische Kategorie und Genus |
| | **ab·bestellen** *v.tr.* disdire. | |
| Genitiv Singular und Nominativ Plural | **Abonnent** *der* [-*en*,-*en*; *die* -*in*] abbonato (*m.*; *f.* -a). | Angabe der weiblichen Form von Substantiven und Übersetzungen |
| das Symbol ♦ zeigt einen Wechsel der grammatischen Kategorie an | **ab·tauen** *v.tr.* sbrinare ♦ *v.intr.* [*sein*] sciogliersi, sgelarsi. | |
| der Gedankenstrich im Worteintrag ersetzt das Stichwort | **Ausdruck**[1] *der* [-(*e*)*s*,-*drücke*] espressione ● *etw zum* — *bringen*, esprimere qlco. | Homographe werden durch fortlaufende hochgestellte Zahlen gekennzeichnet |
| | **Ausdruck**[2] *der* [-(*e*)*s*,-*e*] stampa, stampata. | |
| | **Ausschnitt** *der* [-(*e*)*s*,-*e*] [1] ritaglio [2] frammento; particolare [3] (*abbigl.*) scollatura. | die Ziffern kennzeichnen die verschiedenen Bedeutungen |
| unregelmäßige Formen der deutschen Verben | **bringen** [*brachte / gebracht*] *v.tr.* [1] portare [2] accompagnare [3] rendere, fruttare (*anche fig.*). | |
| trennbares Verb | **bei·messen** (→ *messen*) *v.tr.* attribuire, ascrivere. | Verweis auf die Konjugation des Verbs |
| | **beruhen** *v.intr.* [*haben*] (*auf + Dat*) basarsi (su), fondarsi (su). | Hilfsverb der intransitiven Verben |
| Rektionen in den beiden Sprachen | **betroffen** *agg.* (*über + Acc*) colpito (da), turbato (da). | |